ISBN 978-88-8398-083-1

Florence, Italy

www.e-p-a-p.com
www.europeanpress.eu

Les procédures budgétaires de l'Union européenne de 2015 à 2017

De la crise à la relance

Ilkka Saarilahti

À MARJA ET MIKAEL

PRÉFACE

Les finances de l'Union ne figurent pas parmi les aspects de l'intégration européenne les plus étudiés, et ce alors même qu'elles constituent un prisme d'analyse fécond tant de ses spécificités que de sa trajectoire.

La supranationalité de la désormais éteinte Communauté européenne du charbon et de l'acier ne s'incarnait-elle pas remarquablement dans la capacité reconnue à la Haute Autorité d'opérer auprès des entreprises du secteur un prélèvement sur la production de charbon et d'acier ? Ayant conduit au fameux compromis du Luxembourg, la violente "crise de la chaise vide" déclenchée par la France en 1965 n'avait-elle pour origine un différend relatif au financement pérenne de la politique agricole commune ? Décidé le 21 avril 1970, le remplacement des rudimentaires contributions financières alimentant le budget général des Communautés européennes par des ressources propres n'a-t-il pas enclenché la spirale vertueuse de la démocratisation de l'organisation en conduisant "les maîtres des traités" à conférer une partie du pouvoir budgétaire au Parlement européen, ce qui a ensuite justifié l'affermissement de la légitimité de ses membres favorisant finalement l'élévation au rang de colégislateur de l'institution représentant les citoyens de l'Union européenne ? Introduite par la décision sur les ressources propres de 1985, la correction pérenne par les recettes accordée au Royaume-Uni n'a-t-elle pas légitimé le calcul méthodologiquement discutable des soldes nets et n'a-t-elle pas finalement scellé, sinon dans les textes, du moins dans les esprits – ce qui peut s'avérer bien plus durable – l'idée que, si entre États membres solidarité il doit y avoir conformément d'ailleurs aux traités, celle-ci se doit d'être strictement plafonnée ?

Il n'est en tout état de cause pas rare que de grands enjeux, notamment politiques et institutionnels, se dissimulent derrière d'obscurs mécanismes techniques que seule une poignée de spécialistes maîtrise pleinement car cela suppose, entre autres, d'être précisément instruit de la pratique institutionnelle et du positionnement des acteurs sous peine de commettre, sur la base finalement d'une analyse strictement formelle, de significatifs contresens. Poursuivant le sillon tracé par le regretté Daniel STRASSER, y compris à la Revue du marché commun et de l'Union européenne (devenue depuis la Revue de l'Union européenne) dont il est un contributeur récurrent, l'œuvre de M. Ilkka SAARILAHTI, spécialiste et observateur privilégié du système financier et budgétaire de l'UE, répond pleinement à cette préoccupation en offrant depuis de nombreuses années aux chercheurs, aux praticiens et aux étudiants un exposé exhaustif des procédures budgétaires de l'Union européenne. En l'occurrence, après trois premiers volumes respectivement consacrés aux procédures 2004-2008, 2009-2011 et 2012-2014, l'auteur livre ici un quatrième tome portant sur la période 2015-2017 dans lequel il met en exergue le passage de la crise à la relance.

Le souci tant de la précision que de la complétude conduit M. SAARILAHTI à y présenter successivement, dans le cadre d'une démarche chronologique, les procédures budgétaires sous examen. Pour le moins méticuleux, l'exercice relève pour partie du verbatim, et ce pour le plus grand bonheur du chercheur qui y trouve nombre d'informations précises et "sourcées" parfois passées relativement inaperçues, à l'instar par exemple de la modification en 2016 du tableau des effectifs du Parlement européen acté dans le projet commun du comité de conciliation. Qui plus est, l'auteur ne se borne pas à traiter de la procédure budgétaire annuelle, il prend le soin de la replacer dans son environnement, ce qui le conduit à aborder non seulement le processus d'adoption des budgets rectificatifs, de mobilisation des instruments spéciaux mais aussi l'évolution de la législation financière lato sensu (ressources propres, règlement financier, encadrement financier pluriannuel, actes de base etc…). De cette description pointilleuse transparaissent les spécificités de la dynamique procédurale en matière budgétaire ainsi que les stratégies des acteurs consistant par exemple à privilégier ou à refuser la négociation par "paquet" (budget annuel et budgets rectificatifs, budget annuel et réexamen du cadre financier etc…). L'ouvrage de M. SAARILAHTI présente un intérêt supplémentaire en ce qu'il collige au sein de plusieurs substantielles annexes non seulement un grand nombre de documents officiels relatifs aux procédures budgétaires – pas toujours aisément accessibles malgré le droit d'accès aux documents des institutions – mais aussi une grande variété de tableaux récapitulatifs particulièrement instructifs et auxquels l'auteur de ces lignes ne manquera ni de se reporter périodiquement ni de renvoyer.

Aymeric POTTEAU

Professeur de droit public à l'Université de Lille

INTRODUCTION

Cet ouvrage est le quatrième Tome[1] d'une série d'études dédiées à l'examen des procédures budgétaires annuelles de l'Union européenne depuis 2004. Il a été rédigé entre 2014 et 2018 au *Robert Schuman Centre for Advanced Studies* (RSCAS) de l'Institut universitaire européen (IUE) à Florence en Italie et à la *Harvard Kennedy School of Government* à Cambridge (Massachusetts) aux États-Unis et se concentre sur les procédures budgétaires de l'Union européenne de 2015 à 2017.

Ces procédures budgétaires ont été importantes dans l'histoire financière notamment en raison des différentes crises (les "polycrises") auxquelles l'Union a dû faire face, y inclus par le biais de financements à partir du budget général de l'UE. De plus, la procédure budgétaire pour 2017 a été historique dans le sens qu'elle a inclus une procédure de conciliation budgétaire (introduite par le traité de Lisbonne) couronnée de succès et ce pour la deuxième année consécutive[2], ce qui n'était jamais arrivée auparavant.

Par ailleurs, l'ouvrage poursuit, à la manière des tomes précédents, l'examen des changements apportés année après année, au système de finances publiques et aux pratiques budgétaires de l'Union européenne.

À ce titre, il attache une part importante à l'examen du fonctionnement effectif du règlement du Conseil fixant le cadre financier pluriannuel pour 2014-2020[3] (ci-après : le "CFP") et de l'application de l'accord interinstitutionnel sur la discipline budgétaire, la coopération en matière budgétaire et la bonne gestion financière[4] (ci-après : l'"AII de 2013"), du 2 décembre 2013.

En outre, l'ouvrage présente, sous forme de graphiques et de tableaux, le contenu des budgets de l'Union européenne pour 2015-2017 et leur mise en œuvre. Tous les graphiques et les tableaux présentés sont en euros et à prix courants, sauf indication contraire.

S'agissant des pourcentages d'augmentation d'une année sur l'autre, et dans un souci de ne reprendre que les montants *in fine* retenus par l'autorité budgétaire (Parlement européen et Conseil), les chiffres présentés ne tiennent compte[5] que des budgets rectificatifs formellement adoptés au moment donné.

S'agissant de la mise en œuvre du budget de l'Union européenne, l'ouvrage traite avant tout des budgets rectificatifs et de la mobilisation des instruments spéciaux, et surtout de la marge pour imprévus, de l'instrument de flexibilité, de la réserve pour aides d'urgences, du Fonds de solidarité de l'Union européenne et du Fonds européen d'ajustement à la mondialisation[6].

Cet ouvrage est basé sur une série d'articles relatifs aux innovations des procédures budgétaires de

---

[1] Le Tome I (intitulé "*Les procédures budgétaires de l'Union européenne de 2004 à 2008. Du règlement financier de 2002 et de l'élargissement de 2004 à l'élargissement de 2007 et au nouveau cadre financier pour 2007-2013*") a été publié en 2008 ;

- Le Tome II (intitulé "*Les procédures budgétaires de l'Union européenne de 2009 à 2011. Du traité de Nice au traité de Lisbonne*") a été publié en 2011, et

- Le Tome III (intitulé "*Les procédures budgétaires de l'Union européenne de 2012 à 2014. Le passage du cadre financier 2007-2013 au nouveau cadre financier 2014-2020*") a été publié en 2015.

[2] Voir troisième partie (pages 283-381). Cet état de fait signifie notamment que la nouvelle procédure de conciliation budgétaire (introduite par le traité de Lisbonne) est sans doute finalement arrivée à "maturité", après plusieurs années de "recherche de repères" (voir Tome III et première partie). En même temps, il ne faut pas minimiser les effets de la situation économique et financière (voir page 423).

[3] Règlement (UE, Euratom) n° 1311/2013 du Conseil fixant le cadre financier pluriannuel pour la période 2014-2020 (JO L 347 du 20.12.2013, pp. 884/891).

[4] JO C 373 du 20.12.2013, pp. 1/11.

[5] À la différence notable de la Commission, qui inclut systématiquement dans ses documents, en plus des budgets rectificatifs définitivement adoptés, également les *projets* de budgets rectificatifs soumis pour adoption aux deux branches de l'autorité budgétaire.

[6] Ces instruments ont une grande importance pendant l'adoption (avant tout concernant la marge pour imprévus et l'instrument de flexibilité) et la mise en œuvre du budget de l'Union européenne (notamment afin de pouvoir faire face à des situations imprévues).

l'Union, publiés dans la Revue de l'Union européenne[7]. L'approche et la présentation adoptées sont chronologiques avec, en conclusion, dans des chapitres récapitulatifs spécifiques, un examen horizontal des points marquants lors des différentes procédures budgétaires annuelles de l'Union.

Les termes utilisés sont ceux qui apparaissent dans les bases légales publiées au *Journal officiel de l'Union européenne* (le "JO").

Par ailleurs :

- le terme "*institution*" est utilisé au sens des règlements financiers de l'Union européenne, c'est-à-dire qu'il couvre en ce moment[8] le *Parlement européen*, le *Conseil européen*, le *Conseil de l'Union européenne*, la *Commission européenne*, la *Cour de justice de l'Union européenne*, la *Cour des comptes européenne*, le *Comité économique et social européen*, le *Comité des régions*, le *Médiateur européen*, le *Contrôleur européen de la protection des données* et le *Service européen pour l'action extérieure* ;

- les termes "*autorité budgétaire*" ou "*les deux branches de l'autorité budgétaire* " sont utilisés pour des raisons historiques et pratiques pour désigner le Parlement européen et le Conseil quand ceux-ci délibèrent dans le domaine budgétaire, même si ces termes ne sont pas employés par le traité et bien que la procédure budgétaire soit devenue, suite à l'entrée en vigueur du traité de Lisbonne, une procédure *législative* spéciale ;

- les acronymes "*ABB*" (pour "*Activity-based budgeting*") et "*BFOR*" (pour "*Budgeting for results*") sont préféré aux acronymes "*EBA*" (pour "*établissement du budget par activités*") et "*BAP*" (pour "*budgétisation axée sur la performance*"), car ce sont les termes qui s'est imposés dans l'usage quotidien, et

- les termes "*crédits pour engagements*" et "*crédits pour paiements*" sont utilisés lorsque l'on se place manifestement au niveau du *montant global du cadre financier pluriannuel (CFP)* ou du *total du budget de l'Union européenne*. Dans les autres cas, on préfèrera les termes "*crédits d'engagement*" et "*crédits de paiement*".

L'auteur remercie le Professeur Aymeric POTTEAU pour la préface, le Centre Robert Schuman de l'Institut universitaire européen et sa Directrice, le Professeur Brigid LAFFAN, pour l'inclusion de cet ouvrage dans sa série et l'Union européenne pour son financement.

De grands remerciements sont adressés à Messieurs Philippe BERTRAND, Merrick BRYAN-KINNS, Emmanuel COLS, Jean-Paul GROSSIR, Laurent LABOURÉ et Tobias PABSCH, ainsi qu'à Madame Agnieszka RUMINSKA, pour l'aide apportée à différents stades de la préparation de cet ouvrage et les précieux commentaires.

Les opinions exprimées dans cet ouvrage reflètent les vues personnelles de l'auteur et n'engagent donc ni les différentes personnes mentionnées ci-dessus, ni les institutions de l'Union européenne.

Finalement, un grand merci à Fàbio PEREIRA pour la mise en page.

Cambridge, Massachusetts, mars 2017 et
San Domenico, Fiesole, mars 2018

---

[7] Il s'agit des neuf numéros suivants de la Revue de l'Union européenne :
- n° 594 de janvier 2016, pp. 56/64 ;
- n° 595 de février 2016, pp. 116/126 ;
- n° 596 de mars 2016, pp. 171/191 ;
- n° 601 de septembre 2016, pp. 499/511 ;
- n° 602 d'octobre-novembre 2016, pp. 576/584 ;
- n° 603 de décembre 2016, pp. 637/647 ;
- n° 608 de mai 2017, pp. 297/306 ;
- n° 609 de juin 2017, pp. 369/384, et
- n° 610 de juillet-août 2017, pp. 437/450.

Les manuscrits des différentes parties, qui reflètent la situation au moment de leur rédaction, ont été achevés comme suit : première partie (pages 17-160) : mai 2015 ; deuxième partie (pages 161-282) : avril 2016, et troisième partie (pages 283-422) : mars 2017.

[8] Conformément à l'article 2, point b) du règlement financier du 25 octobre 2012 (ci-après : le "RF de 2012" ; JO L 298 du 26.10.2012, p. 17).

SOMMAIRE

Deuxième partie. Le budget de l'Union européenne pour 2016 – un budget sous d'importantes contraintes

Troisième partie. Le budget de l'Union européenne pour 2017 – une année de réexamen/ révision à mi-parcours du cadre financier pluriannuel pour 2014-2020

TABLEAUX

ANNEXES

Annexes concernant les procédures budgétaires de l'Union européenne de 2015 à 2017 :

ABRÉVIATIONS

ABB	*Activity-based budgeting* (EBA)
ABM	*Activity-based management* (GPA)
ACP	Afrique, Caraïbes, Pacifique
AD	Administrateur
AII de 1988	Accord interinstitutionnel, du 29 juin 1988, sur la discipline budgétaire et l'amélioration de la procédure budgétaire[1]
AII de 1993	Accord interinstitutionnel, du 29 octobre 1993, sur la discipline budgétaire et l'amélioration de la procédure budgétaire[2]
AII de 1999	Accord interinstitutionnel, du 6 mai 1999, sur la discipline budgétaire et l'amélioration de la procédure budgétaire[3]
AII de 2006	Accord interinstitutionnel, du 17 mai 2006, sur la discipline budgétaire et la bonne gestion financière[4]
AII de 2013	Accord interinstitutionnel, du 2 décembre 2013, sur la discipline budgétaire, la coopération en matière budgétaire et la bonne gestion financière[5]
AM	Amendement
AMF	Assistance macrofinancière
AMIF	Fonds "Asile, migration et intégration"
APB	Avant-projet de budget
APBR	Avant-projet de budget rectificatif
APD	Accords de pêche durable
AST	Assistant
BBI	*Bio-based Industries* (*Bio-industries*)
BCE	Banque centrale européenne
BEI	Banque européenne d'investissement
BFOR	*Budget Focused on Results* (Budget axé sur la performance)
BR	Budget rectificatif
BRS	Budget rectificatif et supplémentaire
BUDG	Commission des budgets du PE (Cobu)
CCR	Centre commun de recherche
CCRP	Comité consultatif des ressources propres
CdR	Comité des régions
CE	Communauté européenne
CEPD	Contrôleur européen de la protection des données
CESE	Comité économique et social européen
CF	Cadre financier pluriannuel pour 2007-2013
CFP	Cadre financier pluriannuel pour 2014-2020
CNS	Conseil de l'Union européenne
Cobu	Commission des budgets du PE (BUDG)
Cocobu	Commission du contrôle budgétaire du PE (CONT)
COM	Commission européenne
COMBUD	Comité budgétaire du Conseil
CONT	Commission du contrôle budgétaire du PE (Cocobu)
Coreper	Comité des représentants permanents
COSME	Programme pour la compétitivité des entreprises et des petites et moyennes entreprises
CRU	Conseil de résolution unique
CSC	Cadre stratégique commun
CTE	Coopération territoriale européenne
c/e	Crédits d'engagement (crédits pour engagements)
c/p	Crédits de paiement (crédits pour paiements)
DAS	Déclaration d'assurance
DG	Direction générale
DNO	Dépenses non obligatoires
DO	Dépenses obligatoires
EaSI	*Employment and social innovation* (Emploi et innovation sociale)

[1] JO L 185 du 15.7.1988, pp. 33/37.
[2] JO C 331 du 7.12.1993, pp. 1/10.
[3] JO C 172 du 18.6.1999, pp. 1/22 et rectificatif au JO C 303 du 20.10.1999, p. 6.
[4] JO C 139 du 14.6.2006, pp. 1/17 et modification au JO C 326 du 20.12.2008, p. 3.
[5] JO C 373 du 20.12.2013, pp. 1/11.

EBA Établissement du budget par activité(s)

ECSEL *Electronic Components and Systems for European Leadership* (Composants et systèmes électroniques pour un leadership européen)

Egnos *European Geostationary Navigation Overlay Service* (Système européen de navigation par recouvrement géostationnaire)

EPSO Office de sélection du personnel des Communautés européennes/ Office européen de sélection du personnel

Eurodac Base de données européenne des empreintes digitales

EUSA *European School of Administration* (École européenne d'administration)

FC Fonds de cohésion

FEAD Fonds européen d'aide aux plus démunis

Feader Fonds européen agricole pour le développement rural

FEAGA Fonds européen agricole de garantie

FEAMP Fonds européen pour les affaires maritimes et la pêche

FEDD Fonds européen pour le développement durable

FEDER Fonds européen de développement régional

FEI Fonds européen d'investissement

FEIS Fonds européen pour les investissements stratégiques

FEM Fonds européen d'ajustement à la mondialisation

FEOGA Fonds européen d'orientation et de garantie agricole

FEP Fonds européen pour la pêche

FET *Future and emerging technologies* (Technologies futures et émergentes)

FSE Fonds social européen

FSI Fonds pour la sécurité intérieure

FSIE Fonds structurels et d'investissement européens

F4E *Fusion for Energy* (Développement de l'énergie de fusion)

GECT Groupement européen de coopération territoriale

GMES *Global Monitoring for Environment and Security* (Surveillance mondiale de l'environnement et de la sécurité)

GNSS *Global Navigation Satellite System* (Système mondial de (radio)navigation par satellite)

GPA Gestion par activité(s)

IAP Instrument d'aide de préadhésion

ICD Instrument de financement de la coopération au développement

ICSN Instrument de (Instrument relatif à la) coopération en matière de sûreté nucléaire

IdS Instrument contribuant à la stabilité et à la paix (Instrument de stabilité)

IEDDH Instrument européen pour la démocratie et les droits de l'homme

IEJ Initiative pour l'emploi des jeunes

IET Institut européen d'innovation et de technologie

IEV(P) Instrument européen de voisinage (et de partenariat)

IFOP Instrument financier d'orientation de la pêche

IMI Initiative en matière de médicaments innovants

IP Instrument de partenariat pour la coopération avec les pays tiers (Instrument de partenariat)

IPI Instrument financier de coopération avec les pays industrialisés (et les autres pays et territoires à revenu élevé)

ISPA Instrument structurel de préadhésion

ITC Initiative technologique conjointe

ITER *International Thermonuclear Experimental Reactor* (Réacteur thermonucléaire expérimental international)

JO Journal officiel de l'Union européenne (jusqu'au 31 janvier 2003 : Journal officiel des Communautés européennes)

LR Lettre rectificative

ME Règlement (CE, Euratom) n° 2342/2002 de la Commission, du 23 décembre 2002, établissant les modalités d'exécution du règlement (CE, Euratom) n° 1605/2002 du Conseil portant règlement financier applicable au budget général des Communautés européennes[6]

MGE Marge globale pour des engagements en faveur de la croissance et de l'emploi, en particulier celui des jeunes

MGP Marge globale pour les paiements

---

[6] JO L 357 du 31.12.2002, pp. 1/71 et rectificatif au JO L 345 du 28.12.2005, pp. 35/36. Modifié par :
- le règlement (CE, Euratom) n° 1261/2005 de la Commission du 20 juillet 2005 (JO L 201 du 2.8.2005, pp. 3/22) ;
- le règlement (CE, Euratom) n° 1248/2006 de la Commission du 7 août 2006 (JO L 227 du 19.8.2006, pp. 3/21), et
- le règlement (CE, Euratom) n° 478/2007 de la Commission du 23 avril 2007 (JO L 111 du 28.4.2007, pp. 13/45).

MIE	Mécanisme pour l'interconnexion en Europe
n.d.	Non disponible
OCM	Organisation commune de marché
OIB	Office pour les infrastructures et la logistique à Bruxelles
OIL	Office pour les infrastructures et la logistique à Luxembourg
OLAF	Office européen de lutte antifraude
OP	Office des publications de l'Union européenne
OPOCE	Office des publications officielles des Communautés européennes
ORGP	Organisations régionales de gestion des pêches
PAC	Politique agricole commune
PAR	*Potentially abnormal RAL* (RAL potentiellement anormal)
PARS	Programme d'appui à la réforme structurelle
PB	Projet de budget
PBB	*Performance-based Budgeting* (Budgétisation basée sur la performance)
PBR	Projet de budget rectificatif
PCH	Piles à combustible et Hydrogène
PCP	Politique commune de la pêche
PCR	Programme-cadre de recherche, de développement technologique et de démonstration
PCR Euratom	Programme-cadre de la Communauté européenne de l'énergie atomique pour des activités de recherche et de formation en matière nucléaire
PdM	Proposition de modification
PE	Parlement européen
PEAD	Programme européen d'aide aux démunis (Programme d'aide alimentaire en faveur des personnes les plus démunies dans l'Union européenne)
PESC	Politique étrangère et de sécurité commune
PESD	Politique européenne de sécurité et de défense
PF	Perspectives financières pour 2000-2006
PIC	Programme-cadre pour l'innovation et la compétitivité
p.m.	Pour mémoire
PMO	*Paymaster's Office* (Office de gestion et de liquidation des droits individuels)
PSDC	Politique de sécurité et de défense commune
PSP	Planification stratégique et de programmation
RAA	Régime applicable aux autres agents des Communautés européennes/ de l'Union européenne
RAL	Reste(s) à liquider
RD	Règlement délégué (UE) n° 1268/2012 de la Commission, du 29 octobre 2012, relatif aux règles d'application du règlement (UE, Euratom) n° 966/2012 du Parlement européen et du Conseil relatif aux règles financières applicables au budget général de l'Union[7]
RDT	Recherche et développement technologique
RF de 2002	Règlement (CE, Euratom) n° 1605/2002 du Conseil, du 25 juin 2002, portant règlement financier applicable au budget général des Communautés européennes[8]
RF de 2012	Règlement (UE, Euratom) n° 966/2012 du Parlement européen et du Conseil, du 25 octobre 2012, relatif aux règles financières applicables au budget général de l'Union et abrogeant le règlement (CE, Euratom) n° 1605/2002 du Conseil[9]
RNB	Revenu national brut
RP	Ressources propres
RPDC	Règlement portant dispositions communes
RPT	Ressources propres traditionnelles
RSUE	Représentant spécial (représentants spéciaux) de l'Union européenne
RTE	Réseaux transeuropéens

[7] JO L 362 du 31.12.2012, pp. 1/111.

[8] JO L 248 du 16.9.2002, pp. 1/48 et rectificatif au JO L 25 du 30.1.2003, p. 43. Modifié par :

- le règlement (CE, Euratom) n° 1995/2006 du Conseil du 13 décembre 2006 (JO L 390 du 30.12.2006, pp. 1/26 et rectificatif au JO L 48 du 22.2.2008, p. 88) ;
- le règlement (CE) n° 1525/2007 du Conseil du 17 décembre 2007 (JO L 343 du 27.12.2007, pp. 9/10), et
- le règlement (UE, Euratom) n° 1081/2010 du Parlement européen et du Conseil du 24 novembre 2010 (JO L 311 du 26.11.2010, pp. 9/14).

[9] JO L 298 du 26.10.2012, pp. 1/96 et rectificatif au JO L 188 du 16.7.2015, p. 55. Modifié par :

- le règlement (UE, Euratom) n° 547/2014 du Parlement européen et du Conseil du 15 mai 2014 (JO L 163 du 29.5.2014, pp. 18/21) ;
- le règlement (UE, Euratom) n° 1142/2014 du Parlement européen et du Conseil du 22 octobre 2014 (JO L 317 du 4.11.2014, pp. 28/34), et
- le règlement (UE, Euratom) n° 2015/1929 du Parlement européen et du Conseil du 28 octobre 2015 (JO L 286 du 30.10.2015, pp. 1/29).

S.	Section
Sapard	Programme spécial d'adhésion pour l'agriculture et le développement rural
SC	Secrétaire
SEAE	Service européen pour l'action extérieure
SEC	Système européen de comptes
SESAR	*Single European Sky Air Traffic Management (ATM) Research* (Recherche sur la gestion du trafic aérien dans le ciel unique européen)
SIS	Système d'information Schengen
SPA	Stratégie politique annuelle
S2R	*Shift2Rail*
TFUE	Traité sur le fonctionnement de l'Union européenne
TIC	Technologies de l'information et de la communication
TMA	Taux maximal d'augmentation (des DNO)
TUE	Traité sur l'Union européenne
TVA	Taxe sur la valeur ajoutée
UE	Union européenne
UNRWA	*United Nations Relief and Works Agency for Palestine Refugees in the Near East* (Office de secours et de travaux des Nations unies pour les réfugiés de Palestine dans le Proche-Orient)
VAUE	Corps volontaire européen d'aide humanitaire – Volontaires de l'aide de l'UE
VIS	*Visa Information System* (Système d'information sur les visas)

Agences décentralisées de l'Union européenne

ACER	*Agency for the Cooperation of Energy Regulators* (Agence de coopération des régulateurs de l'énergie ; Ljubljana)
BEREC (Office)	*(Office of the) Body of European Regulators for Electronic Communications* ((Office de l') Organe des régulateurs européens des communications électroniques (ORECE) ; Riga)
CdT	Centre de traduction des organes de l'Union européenne (Luxembourg)
Cedefop	Centre européen pour le développement de la formation professionnelle (Thessalonique)
Cepol	Collège européen de police (Bramshill, puis depuis 2014 Budapest)
CPVO	*Community Plant Variety Office* (Office communautaire des variétés végétales (OCVV) ; Angers)
EASA	*European Aviation Safety Agency* (Agence européenne de la sécurité aérienne (AESA) ; Cologne)
EASO	*European Asylum Support Office* (Bureau européen d'appui en matière d'asile (BEAA) ; La Valette)
EBA	*European Banking Authority* (Autorité bancaire européenne (ABE) ; Londres)
ECDC	*European Centre for Disease Prevention and Control* (Centre européen de prévention et de contrôle des maladies ; Stockholm)
ECHA	*European Chemicals Agency* (Agence européenne des produits chimiques ; Helsinki)
EEA	*European Environment Agency* (Agence européenne pour l'environnement (AEE) ; Copenhague)
EFCA	*European Fisheries Control Agency* (Agence européenne de contrôle des pêches (AECP) ; Vigo)
EFSA	*European Food Safety Authority* (Autorité européenne de sécurité des aliments ; Parme)
EIGE	*European Institute for Gender Equality* (Institut européen pour l'égalité entre les hommes et les femmes ; Vilnius)
EIOPA	*European Insurance and Occupational Pensions Authority* (Autorité européenne des assurances et des pensions professionnelles (AEAPP) ; Francfort-sur-le-Main)
EMA	*European Medicines Agency* (Agence européenne des médicaments (AEM) ; Londres)
EMCDDA	*European Monitoring Centre for Drugs and Drug Addiction* (Observatoire européen des drogues et des toxicomanies (OEDT) ; Lisbonne)
EMSA	*European Maritime Safety Agency* (Agence européenne pour la sécurité maritime (AESM) ; Lisbonne)
ENISA	*European Network and Information Security Agency* (Agence européenne chargée dela sécurité des réseaux et de l'information ; Heraklion)
ERA	*European Railway Agency* (Agence ferroviaire européenne (AFE) ; Lille-Valenciennes)
ESMA	*European Securities and Markets Authority* (Autorité européenne des marchés financiers (AEMF) ; Paris)
ETF	*European Training Foundation* (Fondation européenne pour la formation ; Turin)
eu-LISA	*Agency for the Operational Management of Large-Scale IT Systems in the Area of Freedom, Security and Justice* (Agence européenne pour la gestion opérationnelle des systèmes d'information à grande échelle au sein de l'espace de liberté, de sécurité et de justice ; Tallinn - Strasbourg)

EU-OSHA	*European Agency for Safety and Health at Work* (Agence européenne pour la sécurité et la santé au travail ; Bilbao)
Eurofound	*European Foundation for the Improvement of Living and Working Conditions* (Fondation européenne pour l'amélioration des conditions de vie et de travail ; Dublin)
Eurojust	*European Union's Judicial Cooperation Unit* (Unité de coopération judiciaire de l'Union européenne ; La Haye)
Europol	*European Police Office/ European Union Agency for Law Enforcement Cooperation* (Office européen de police/ Agence de l'Union européenne pour la coopération des services répressifs ; La Haye)
FRA	*European Union Agency for Fundamental Rights* (Agence des droits fondamentaux de l'Union européenne ; Vienne)
Frontex	Agence européenne pour la gestion de la coopération opérationnelle aux frontières extérieures (Varsovie)
GSA	*European GNSS Agency* (Agence du GNSS européen ; Prague)
OHIM	*Office for Harmonization in the Internal Market* (Office de l'harmonisation dans le marché intérieur (OHMI) ; Alicante)

Agences exécutives

AECER	Agence exécutive du Conseil européen de la recherche (*European Research Council Executive Agency ERCEA* ; Bruxelles)
AECI	Agence exécutive pour la compétitivité et l'innovation (*Executive Agency for Competitiveness and Innovation EACI* ; Bruxelles)
AECSA	Agence exécutive pour les consommateurs, la santé et l'alimentation (*Executive Agency for Consumers, Health and Food CHAFEA* ; Luxembourg)
AEEAC	Agence exécutive "Éducation, audiovisuel et culture" (*Education, Audiovisual and Culture Executive Agency EACEA* ; Bruxelles)
AEIR	Agence exécutive pour l'innovation et les réseaux (*Innovation and Networks Executive Agency INEA* ; Bruxelles)
AEPME	Agence exécutive pour les petites et moyennes entreprises (*Executive Agency for Small and Medium-sized Enterprises EA SME* ; Bruxelles)
AER	Agence exécutive pour la recherche (*Research Executive Agency REA* ; Bruxelles)
AE RTE-T	Agence exécutive du réseau transeuropéen de transport (*Trans-European Networks-Transport Executive Agency TEN-T EA* ; Bruxelles)
AESC	Agence exécutive pour la santé et les consommateurs (*Executive Agency for Health and Consumers EAHC* ; Luxembourg)

PREMIÈRE PARTIE

LE BUDGET DE L'UNION EUROPÉENNE POUR 2015 – UNE PROCÉDURE BUDGÉTAIRE PARTICULIÈREMENT COMPLEXE

La procédure budgétaire pour 2015 a été particulièrement difficile, et il a fallu toute la volonté politique des trois institutions impliquées dans la procédure (Parlement européen, Conseil et Commission) pour réussir à éviter un recours au système des "douzièmes provisoires" début 2015[1], et ce grâce à une "procédure budgétaire d'urgence" – compliquée elle aussi – menée en décembre 2014.

L'histoire retiendra qu'en 2014 la procédure de conciliation budgétaire instaurée par le traité de Lisbonne n'a de nouveau pas abouti, et ce pour la troisième fois en cinq ans[2]. La procédure de conciliation concernant le projet de budget rectificatif (PBR) nº 2/2014[3] (traitant de la budgétisation du solde de l'exercice 2013), qui s'est déroulée en parallèle, a également abouti à un échec.

Le sujet majeur de discorde a été la façon de faire face aux factures impayées[4], l'autorité budgétaire mobilisant in fine, *par le biais du budget rectificatif (BR) nº 2/2014, un montant de 3,5 milliards d'euros de crédits de paiement supplémentaires en 2014, dans le cadre de l'accord global conclu en décembre 2014 sur le budget pour 2015. Cet accord comporte la mobilisation de la marge pour imprévus[5], pour un montant de 3,2 milliards d'euros, ainsi que l'adoption d'un record historique de six projets de budgets rectificatifs pour 2014 en attente, mais également la mise en place dès 2015 d'un plan visant à réduire le niveau des factures impayées.*

Les négociations ont été compliquées par la question du traitement (dans le cadre du plafond des crédits pour paiements du CFP) des crédits de paiement pour les instruments spéciaux[6], ainsi que par les montants historiquement élevés des ajustements apportés en 2014 aux ressources propres fondées sur la taxe sur la valeur ajoutée (TVA) et sur le revenu national brut (RNB), faisant l'objet du projet de budget rectificatif nº 6/2014.

I. – Introduction

Le budget de l'Union européenne (UE) pour l'exercice 2015[7], arrêté le 17 décembre 2014, s'élève à 145 322 millions d'euros en crédits pour engagements (+1,8 % par rapport au budget pour 2014[8]) et à 141 214 millions d'euros en crédits pour paiements (+1,6 %). Ceci représente 1,04 % et 1,01 % respectivement du revenu national brut estimé de l'UE. Les marges laissées sous les plafonds du CFP sont donc de 1 760 millions

---

[1] Conformément à l'article 315 du traité sur le fonctionnement de l'UE (TFUE), suite à l'absence de budget adopté en début d'année.

[2] L'UE a ainsi connu des procédures de conciliation budgétaire infructueuses en 2010, lors de la première procédure budgétaire entièrement conduite conformément aux nouvelles règles du traité de Lisbonne (la procédure budgétaire pour 2011 ; voir Tome II, pp. 165/247), en 2012, lors de la procédure budgétaire pour 2013 (voir Tome III, pp. 135/217), et en 2014. En d'autres termes, à ce jour, seuls les budgets de l'UE pour 2012 et pour 2014 ont été adoptés sans devoir passer par une "procédure budgétaire d'urgence" en novembre/décembre *n-1*.

[3] Il s'agit de la deuxième procédure de conciliation budgétaire portant sur un PBR dans l'histoire financière de l'UE. La première, portant sur le PBR nº 3/2010 lié au financement des mesures d'accompagnement dans le secteur de la banane, s'est également soldée par un échec (voir Tome II, pp. 169/171).

[4] La désormais fameuse "boule de neige" (des factures impayées). Fin 2013, le montant des "impayés" relevant de la période de programmation 2007-2013 s'élevait dans le domaine de la politique régionale et de la cohésion à quelque 23,4 milliards d'euros. Fin 2014, il s'élevait à 24,7 milliards d'euros.

[5] La marge pour imprévus a été créée par l'article 13 du règlement fixant le cadre financier pluriannuel pour 2014-2020 (le "CFP" ; JO L 347 du 20.12.2013, pp. 884/891).

[6] Il s'agit dans ce contexte avant tout de la réserve pour aides d'urgence (RAU), du Fonds de solidarité de l'UE et du Fonds européen d'ajustement à la mondialisation (FEM).

[7] Le budget de l'UE pour l'exercice 2015 a été publié au JO L 69 du 13.3.2015 en deux tomes (pp. 1/1248 et 1249/2239), avec un rectificatif (concernant la section III – Commission – du budget) au JO L 102 du 21.4.2015, p. 96.

[8] Budgets rectificatifs nº 1-7/2014 compris (voir chapitre II).

d'euros en crédits pour engagements[9] et de 1 050 millions d'euros en crédits pour paiements[10].

L'échec de la procédure de conciliation – le 17 novembre 2014 – a conduit l'autorité budgétaire à devoir se prononcer, dans un délai de moins de trois semaines dans le cadre de ce qu'il est convenu d'appeler une "procédure budgétaire d'urgence", sur un nouveau projet de budget (PB). La Commission a présenté ce nouveau PB pour 2015 le 28 novembre 2014, soit seulement onze jours après la fin de la conciliation infructueuse. Suite à un record de quatre trilogues budgétaires formels successifs, dont le dernier le 8 décembre 2014[11], le Conseil a adopté sa position sur le nouveau projet de budget pour 2015 quatorze jours après sa présentation, le Parlement européen approuvant la position du Conseil sans amendement cinq jours après (voir chapitre III).

Un tel résultat n'a été possible que grâce à la volonté politique des deux branches de l'autorité budgétaire, avec l'aide de la Commission, de conclure la procédure budgétaire avant la fin de l'année 2014, ce qui a permis d'adopter le budget avant le début de 2015, et d'éviter ainsi de devoir recourir au système des "douzièmes provisoires". Néanmoins depuis bien longtemps, le risque d'un échec de la procédure budgétaire n'avait jamais été aussi grand.

Avant d'aborder les différents aspects détaillés de la procédure budgétaire pour 2015, il convient de présenter l'environnement budgétaire en 2014 (chapitre II).

Dans ce contexte, il convient de rappeler que l'année 2014 a été une "année électorale", avec des élections du Parlement européen, qui se sont déroulées du 22 au 25 mai 2014. Le nouveau PE a tenu sa première session du 1er au 3 juillet 2014. En outre, une nouvelle Commission a pris ses fonctions le 1er novembre 2014[12]. Ceci a conduit à avoir de nombreux nouveaux acteurs[13] en charge des négociations budgétaires interinstitutionnelles en 2014, avec des conséquences incontestables sur leur déroulement (voir chapitres II et III).

II. – L'environnement budgétaire en 2014

1. Sept budgets rectificatifs

Les budgets rectificatifs[14] adoptés en 2014[15] sont récapitulés, avec leur montant, dans le tableau 1[16] (page 19).

---

[9] L'instrument de flexibilité est mobilisé pour un montant de 83,3 millions d'euros en crédits d'engagement afin de compléter en 2015 le financement des programmes des Fonds structurels pour Chypre au titre de la sous-rubrique *1b* (*Cohésion économique, sociale et territoriale*) du CFP (voir chapitre III).

[10] Selon la présentation de la Commission. Ce montant ne tient pas compte des 176,7 millions d'euros inscrits dans le budget pour 2015 pour le Fonds de solidarité de l'UE, des 150 millions d'euros inscrits pour la réserve pour aides d'urgence et des 25 millions d'euros inscrits pour le Fonds européen d'ajustement à la mondialisation, ainsi que des 11,3 millions d'euros en crédits de paiement liés aux 83,3 millions d'euros mobilisés en crédits d'engagement par le biais de l'instrument de flexibilité (soit d'un montant de 363 millions d'euros en crédits de paiement ; voir chapitre III).

[11] Lors de ce trilogue du 8 décembre 2014, les deux branches de l'autorité budgétaire sont parvenues, avec l'aide de la Commission, à un accord global "*ad referendum*" portant sur le budget pour 2015 et sur six projets de budgets rectificatifs pour 2014 (voir chapitres II et III).

[12] JO L 311 du 31.10.2014, pp. 36/38. Cette situation a conduit à avoir, en 2014, *trois* membres successifs de la Commission en charge de la programmation financière et du budget.

[13] Le Conseil a naturellement été représenté en 2014 – comme chaque année – par une "nouvelle" présidence tournante (voir page 429).

[14] Les budgets rectificatifs sont traités à l'article 41 du RF de 2012 et dans la Partie F de l'annexe de l'AII de 2013.

[15] Il convient de noter que la Commission a présenté en 2014 huit projets de budgets rectificatifs.

Le PBR n° 2/2014 (concernant la budgétisation de l'excédent résultant de l'exécution de l'exercice 2013) n'a pas été approuvé, suite à une procédure de conciliation infructueuse (voir tableau 1 et *infra*).

Il convient de relever qu'il ne s'agit que de la deuxième procédure de conciliation budgétaire (introduite par l'article 314 du TFUE) portant sur un projet de budget rectificatif. Celui-ci a donc échoué, tout comme la première procédure de conciliation concernant le PBR n° 3/2010, lié au financement des mesures d'accompagnement dans le secteur de la banane (voir Tome II, pp. 169/171).

Les deux procédures de conciliation portant sur des PBR se sont déroulées en parallèle avec des procédures de conciliation infructueuses portant sur des budgets annuels, ce qui en grande partie explique ces échecs. En même temps, la conciliation sur le projet de budget rectificatif n° 2/2014 a échoué non pas à cause de l'objet ou du contenu du PBR (basés sur l'article 18, paragraphe 3 du RF de 2012), mais suite au souhait du Parlement européen de garder ce projet de budget rectificatif "solde" dans le "paquet" avec les autres PBR en attente (voir chapitre III).

Le contenu du PBR n° 2/2014 a été repris par la Commission dans le PBR n° 8/2014, qui deviendra le BR n° 7/2014, adopté, ensemble avec cinq autres PBR, le 17 décembre 2014 (voir pages 89-90).

[16] Un tiret dans la colonne "dépenses" du tableau 1 indique que le budget rectificatif ne concerne que la partie "recettes" du budget de l'UE.

Tableau 1. Les budgets rectificatifs adoptés en 2014

Section III – Commission – sauf indication contraire, en millions d'euros

PBR		Lectures		Procédure de	Budget rectificatif			Dépenses		Remarques
N:o	*Date*	*Conseil*	*PE*	*conciliation*	*N:o*	*Date*	*JO L*	*c/e*	*c/p*	
1/14	11.2.	9.4.	16.4.	–	**1/14**	16.4.	204 du 11.7.2014, pp. 1/67	0	0	Fonds européen d'investissement, "Horizon 2020" et entreprise commune "Shift2Rail"
2/14	15.4.	14.7.	22.10. (1)	28.10.–17.11.	–	–	–	-	-	Inscription du solde définitif (article 18, paragraphe 3 du RF de 2012)
3/14	28.5.	12.12.	17.12.	–	**2/14**	17.12.	73 du 17.3.2015, pp. 1/365 ** **	-2,0	3.529,6*	Augmentation des crédits de paiement pour différentes rubriques et sous-rubriques du CFP, redéploiements de crédits de paiement et diminution de crédits non dissociés ; tableaux des effectifs des sections III, VII (CdR) et IX (CEPD) ; recettes additionnelles
4/14	9.7.**	12.12.	17.12.	–	**3/14**	17.12.	73 du 17.3.2015, pp. 366/459 ** ** *	-74,9	0	Actualisation des montants des ressources propres etc. ; FEAMP et réserve pour les accords internationaux de pêche ; redéploiements de crédits de la section IX (CEPD) à la section III (aide humanitaire)
5/14	8.9.	12.12.	17.12.	–	**4/14**	17.12.	73 du 17.3.2015, pp. 460/467	47,0	0	Fonds de solidarité (Croatie, Grèce, Italie et Slovénie)
6/14	17.10.***	12.12.	17.12.	–	**5/14**	17.12.	73 du 17.3.2015, pp. 468/492	-	-	Actualisation des montants des ressources propres
7/14	17.10.	12.12.	17.12.	–	**6/14**	17.12.	73 du 17.3.2015, pp. 493/500	79,7	0	Fonds de solidarité (Bulgarie et Croatie ; Serbie)
8/14	28.11.	12.12. (2)	17.12.	–	**7/14**	17.12.	73 du 17.3.2015, pp. 501/523 ** ** **	-	-	Inscription du solde définitif (article 18, paragraphe 3 du RF de 2012)

(1) Le PE a adopté un amendement "multiple" à la position du Conseil

(2) Réduction du délai de consultation des Parlements nationaux afin de permettre l'adoption de la position du Conseil le 12 décembre 2014

** Recours à la marge pour imprévus, pour un montant de 3.168,2 millions d'euros (y inclus le montant de 350 millions d'euros concernant les instruments spéciaux ; voir page 28) (JO L 72 du 17.3.2015, pp. 4/5)*

*** La Commission a présenté une lettre rectificative au PBR n°* 4/2014 le 16 octobre 2014

**** La Commission a présenté une lettre rectificative au PBR n°* 6/2014 le 3 décembre 2014

*** ** Rectificatif au JO L 108 du 28.4.2015, p. 7*

*** ** * Rectificatif au JO L 143 du 9.6.2015, pp. 17/23*

*** ** ** Rectificatif au JO L 127 du 22.5.2015, p. 61*

Il convient avant tout de relever que, pour la première fois dans l'histoire financière de l'UE, un "paquet" record de *six* budgets rectificatifs a été adopté le même jour (le 17 décembre 2014), suite à l'accord global sur le budget pour 2015 et les projets de budgets rectificatifs pour 2014 en attente conclu "*ad referendum*" lors du trilogue du 8 décembre 2014. Ceci est un indicateur incontestable de l'extrême complexité de la procédure budgétaire pour 2015 (voir chapitre III).

Comme les budgets rectificatifs (à part le BR n° 1/2014, voir *infra*) ont grandement marqué les négociations budgétaires en 2014, ils sont présentés plus en détail ci-dessous.

Le *BR n° 1/2014* porte sur :

- des adaptations budgétaires nécessaires à la suite de la mise en œuvre de l'augmentation du capital du Fonds européen d'investissement (FEI) afin d'améliorer l'accès des petites et moyennes entreprises au financement[17] ;

- des changements découlant de l'adoption, le 11 décembre 2013, de la base légale pour "Horizon 2020"[18] (et notamment de la répartition révisée des crédits entre actions pour la recherche indirecte et actions pour la recherche directe), et

- la création de la structure budgétaire pour la nouvelle entreprise commune (dans le contexte de la mise en place d'une nouvellle initiative technologique conjointe) "Shift2Rail"[19].

Par ailleurs, le BR modifie le commentaire d'un article[20] et remplace les tirets prévus pour trois lignes budgétaires concernant des projets pilotes et des actions préparatoires relevant du titre *21* (*Développement et coopération*) par des mentions "pour mémoire" ("p.m.")[21].

Ce budget rectificatif "technique"[22] est neutre du point de vue budgétaire pour ce qui est du montant total des crédits d'engagement et de paiement. Il est en même temps le seul BR à avoir été adopté en 2014 sans aucune complication.

Le *BR n° 2/2014*[23] a été au centre des négociations budgétaires en 2014 (voir chapitre III). Il augmente les crédits de paiement du budget pour 2014 (avant

---

[17] JO L 156 du 24.5.2014, pp. 1/4.

[18] Règlement (UE) n° 1291/2013 du Parlement européen et du Conseil portant établissement du programme-cadre pour la recherche et l'innovation "Horizon 2020" (2014-2020) et abrogeant la décision n° 1982/2006/CE (JO L 347 du 20.12.2013, pp. 104/173).

[19] L'entreprise commune "Shift2Rail" (S2R) a été créée le 16 juin 2014 par le règlement (UE) n° 642/2014 du Conseil, comme les autres entreprises communes jusqu'au 31 décembre 2024 (JO L 177 du 17.6.2014, pp. 9/33 ; voir Tome III, p. 355).

Il s'agit d'un partenariat public-privé établi dans le cadre du programme européen pour la recherche et l'innovation "Horizon 2020". L'objectif de l'entreprise commune "Shift2Rail" est, par le financement de la recherche et de l'innovation ferroviaires européennes, d'accélérer la mise en œuvre de l'espace ferroviaire européen unique et de conforter l'attractivité et la compétitivité du secteur ferroviaire européen.

Les entreprises communes (et les initiatives technologiques conjointes) existantes sont présentées page 160.

[20] Il s'agit de l'article *05 08 80*, intitulé "*Participation de l'UE à l'exposition universelle Milan 2015 "Nourrir la planète – Énergie pour la vie*"".

[21] Ce changement est fait en prévision de paiements éventuels en 2014 car, à la différence d'une ligne budgétaire munie d'un tiret (et qui a ainsi "cessé d'exister"), une ligne dotée d'une mention "p.m." peut être destinataire d'un virement de crédits.

[22] Car se concentrant avant tout sur la mise en œuvre des conséquences sur le budget pour 2014 des accords intervenus sur un nombre de bases légales seulement fin 2013 ou en 2014, soit trop tard pour avoir pu être inclus dans le budget pour 2014, adopté le 20 novembre 2013.

[23] Dans le PBR n° 3/2014 correspondant, la Commission avait proposé 4 738,1 millions d'euros en crédits de paiement, avec une mobilisation de la marge pour imprévus pour un montant de 4 026,7 millions d'euros (soit le montant maximal ; doc. *COM(2013) 928* du 20 décembre 2013, p. 3). La Commission indique (conformément à l'article 13, paragraphe 1 du règlement fixant le CFP) les "circonstances imprévues" suivantes justifiant les besoins de crédits de paiement supplémentaires et la mobilisation de la marge pour imprévus à cet effet :

- arriérés de paiements plus importants que prévus dans la sous-rubrique *1b* du CFP (3 296 millions d'euros) ;
- concentration en amont ("*frontloading*") pour "Horizon 2020", "Erasmus+" et "COSME" (sous-rubrique *1a*) (282 millions d'euros) ;
- paquet de soutien pour l'Ukraine (rubrique *4*) (250 millions d'euros) ;
- "*top up*" des taux de co-financement pour les programmes de développement rural et pour la pêche pour la période 2007-2013 (rubrique *2*) (100 millions d'euros), et
- préfinancements au titre du Fonds européen d'aide aux plus démunis (sous-rubrique *1b*) (99 millions d'euros).

La différence serait couverte par la marge sous le plafond des crédits pour paiements, s'élevant selon la Commission

tout pour payer les "impayés" ; voir chapitre III) pour un montant total de 3 529,6 millions d'euros[24]. Ce budget rectificatif est accompagné par une mobilisation, conformément à l'article 13 du règlement fixant le CFP[25] et au point 14 de la Partie I de l'AII de 2013[26], de la marge pour imprévus[27] (voir pages 27-29).

Le BR inclut (en crédits de paiement) 90 millions d'euros de moins que proposé par la Commission dans le PBR pour l'achèvement des programmes de développement rural pour la période 2007-2013 (compte tenu du niveau moins élevé que prévu des déclarations de paiement présentées par les États membres en novembre 2014) et 20 millions d'euros de moins pour les programmes pour la période 2014-2020. Il contient en outre une réduction de 420 millions d'euros pour l'Initiative pour l'emploi des jeunes[28] (IEJ) et une réduction à hauteur de 648,1 millions d'euros, répartie entre plusieurs lignes budgétaires.

Par ailleurs, le redéploiement des crédits de paiement proposé par la Commission dans le "virement global"[29] est inclus dans le BR, ainsi que des redéploiements de crédits supplémentaires[30], pour un montant total de 716 millions d'euros[31].

Ce BR n° 2/2014 diminue en outre les crédits non dissociés pour la Commission (section III du budget de l'UE), le Comité des régions (section VII) et le Contrôleur européen de la protection des données (section IX), pour un montant total de 2 millions d'euros, et modifie les tableaux des effectifs des sections III, VII et IX (afin d'y inclure des effets de la création du nouveau groupe de fonctions AST/SC[32]).

à 711,4 millions d'euros (voir tableau 32, page 105). Par ailleurs, la Commission proposait de budgétiser 1 568 millions d'euros de recettes supplémentaires, découlant avant tout du produit d'amendes supplémentaires (doc. *COM(2014) 328* et *329 final* du 28 mai 2014).

[24] Avant que la Commission ne propose de mobiliser la marge pour imprévus en 2014, huit États membres (Allemagne, Autriche, Danemark, Finlande, France, Pays-Bas, Royaume-Uni et Suède) ont adopté une déclaration qui expose les raisons de leur opposition à une telle mobilisation. Cette déclaration est reproduite page 130 (voir également page 49, note en bas de page 157).

[25] Règlement (UE, Euratom) n° 1311/2013 du Conseil, du 2 décembre 2013, fixant le cadre financier pluriannuel pour la période 2014-2020 (JO L 347 du 20.12.2013, pp. 884/891).

[26] Accord interinstitutionnel, du 2 décembre 2013, sur la discipline budgétaire, la coopération en matière budgétaire et la bonne gestion financière (JO C 373 du 20.12.2013, pp. 1/11).

[27] JO L 72 du 17.3.2015, pp. 4/5.

[28] Cette réduction de 420 millions d'euros a été accompagnée par une augmentation de 440 millions d'euros des crédits de paiement pour l'IEJ dans le budget pour 2015 (voir chapitre III). La Commission a fait dans ce contexte la déclaration suivante concernant le préfinancement des programmes opérationnels en 2014 et l'IEJ : "*Dans le cadre d'une mise en œuvre effective et en temps voulu du CFP pour 2014-2020, la Commission européenne confirme le préfinancement, en 2014, de programmes opérationnels qui ont été officiellement présenté en 2014 et qui remplissent les conditions nécessaires fixées dans les actes législatifs correspondants.*

En outre, la Commission confirme que l'Initiative pour l'emploi des jeunes reste une priorité politique de premier ordre et que le transfert de 2014 à 2015 des crédits de paiement y afférents ne retardera pas sa mise en œuvre" (doc. *PE P8_TA(2014)0100* du 17 décembre 2014, annexe, et *Conseil 16707/1/14 REV 1 FIN 988 INST 616 PE-L 94* du 11 décembre 2014, p. 17).

[29] Il s'agit de la proposition de virement de crédits DEC n° 31/2014, s'élevant à 175,1 millions d'euros (voir page 448), que le Conseil avait refusé le 6 novembre 2014 (doc. *Conseil 14861/14 FIN 801 INST 535 PE-L 71* du 3 novembre 2014). Le Parlement européen et la Commission ont vivement regretté ce rejet, les montants proposés pour des virements étant notamment destinés à faire face au grave problème des "impayés" en 2014.

[30] Dans le PBR n° 3/2014, la Commission proposait un redéploiement de crédits de 65 millions d'euros de la réserve au titre des accords de partenariat dans le domaine de la pêche durable vers l'objectif "convergence" du Fonds européen pour la pêche pour la période 2007-2013 (voir tableau 32, page 105).

[31] Voir tableau 32, page 105. Un montant de 6,2 millions d'euros provient du Fonds européen pour les affaires maritimes et la pêche (il s'agit des dépenses d'appui administratif du FEAMP) et de la réserve pour les accords internationaux de partenariat dans le domaine de la pêche durable (transféré vers l'aide humanitaire), et 30,4 millions d'euros des lignes budgétaires "*Aide macrofinancière*", "*Progress*", "*Marché intérieur*", "*Santé publique*", "*Prévenir et combattre la criminalité*", "*Instrument de financement de la coopération au développement – Asie*", "*Promouvoir la non-discrimination et l'égalité*" et "*Statistiques*" (voir pages 145-146).

Le fait qu'une partie du financement des "impayés" en 2014 soit fait par redéploiements de crédits (et non avec de l'"argent frais") reflète une revendication essentielle pour un nombre d'États membres "contributeurs nets" (et formant une "minorité de blocage" au sein du Conseil ; voir chapitre III), l'inclusion de redéploiements supplémentaires permettant l'obtention d'un accord sur le BR n° 2/2014.

[32] AST pour "assistant" et SC pour "secrétaire/commis".

Enfin, il augmente le montant des recettes budgétisées de 1 568 millions d'euros.

Le *BR nº 3/2014*[33] concerne une révision, sur la base des prévisions économiques les plus récentes, y compris en ce qui concerne la correction en faveur du Royaume-Uni, des prévisions relatives aux ressources propres, une révision des prévisions relatives aux autres recettes, découlant d'amendes et d'intérêts (pour un montant total de 2 433 millions d'euros), et une modification du budget du Contrôleur européen de la protection des données (CEPD).

Par rapport à la proposition de la Commission (lettre rectificative incluse) et suite à l'accord "*ad referendum*" lors du trilogue du 8 décembre 2014 (voir chapitre III), le BR nº 3/2014 comprend l'inclusion des crédits au titre du PBR n° 6/2014 (voir *infra*) concernant les dépenses d'appui administratif pour le Fonds européen pour les affaires maritimes et la pêche et la réserve pour les accords internationaux de partenariat dans le domaine de la pêche durable.

Par ailleurs, un montant de 248 460 euros en crédits de paiement est redéployé de la section IX (CEPD) vers l'aide humanitaire (article *23 02 01*, relevant de la section III – Commission – du budget de l'UE), le CEPD ayant indiqué ces montants disponibles suite au report de la désignation du nouveau Contrôleur européen de la protection des données et de son adjoint.

Le *BR nº 4/2014* traite du financement de l'intervention du Fonds de solidarité de l'UE en faveur de la Croatie, de la Grèce, de l'Italie et de la Slovénie et à la suite de catastrophes naturelles qui se sont produites à la fin 2013 et au début 2014 (voir page 26), en inscrivant un total de 47 millions d'euros en crédits d'engagement à l'article *13 06 01* (*Fonds de solidarité de l'UE – États membres*) du budget pour 2014.

Conformément à l'accord "*ad referendum*" conclu lors du trilogue du 8 décembre 2014 et contrairement à la position de la Commission (qui dans son PBR nº 5/2014 proposait de financer les crédits de paiement en 2014 avec de l'"argent frais"[34]), les crédits de paiement correspondant sont inscrits dans le budget pour 2015 (voir chapitre III), selon le modèle déjà utilisé pour financer la mobilisation (en crédits de paiement) du Fonds de solidarité pour l'Allemagne, l'Autriche, la République tchèque et la Roumanie en novembre 2013 par le biais du budget rectificatif nº 9/2013 (voir Tome III, pp. 226/227).

Le *BR nº 5/2014* est lié avant tout à la révision des soldes TVA et RNB pour l'exercice 2014, mais également à une révision des prévisions de ressources propres traditionnelles.

Suite aux montants historiquement élevés des ajustements apportés en 2014 aux ressources propres fondées sur la TVA et sur le RNB[35] et au délai réglementaire très court réservé au paiement (c'est-à-dire le 1er décembre 2014), le PBR nº 6/2014[36], présenté par la Commission le 17 octobre 2014, a non seulement conduit un certain nombre de chefs d'État ou de gouvernement[37] à intervenir en marge du Conseil européen des 23 et 24 octobre 2014 pour dénoncer une situation exceptionnelle et imprévue qui fait peser sur les États membres des contraintes budgétaires d'une "lourdeur déraisonnable" juste avant la fin de l'année, mais il a également influencé le déroulement des négociations budgétaires interinstitutionnelles en 2014 (voir chapitre III).

---

[33] Le BR nº 3/2014 est basé sur le PBR nº 4/2014, présenté par la Commission le 9 juillet 2014 (voir tableau 1, page 19). Le 16 octobre 2014, la Commission a présenté une lettre rectificative (LR) au PBR concernant la budgétisation de nouvelles amendes et d'intérêts supplémentaires, pour un montant de 374 millions d'euros.

[34] C'est-à-dire avec un appel à de nouvelles ressources propres de la part des États membres.

[35] Soit un total de plus de 9,5 milliards d'euros (voir tableau 2, page 24). Ces ajustements sont notamment liés à la levée de réserves subsistantes, la plus ancienne remontant (pour un État membre) à 1995.

L'ajustement antérieur le plus important (soit celui de 2007) s'élevait à quelque 3,8 milliards d'euros.

[36] Qui deviendra suite à la non-adoption du PBR nº 2/2014 le BR nº 5/2014 (voir tableau 1, page 19).

Le PBR nº 6/2014 présenté par la Commission contenait aussi des dépenses. Suite au retard pris dans son adoption, elles ont été incluses partiellement, conformément à l'accord "*ad referendum*" obtenu lors du trilogue du 8 décembre 2014 (voir chapitre III), dans les BR nº 2 et 3/2014 (voir *supra*).

[37] Le Premier ministre britannique est certainement allé le plus loin, en indiquant carrément que le Royaume-Uni ne paiera pas le montant additionnel requis le 1er décembre 2014.

Cette situation a amené le Conseil à modifier de toute urgence, sur base d'une proposition de la Commission présentée le 12 novembre 2014[38], le règlement (CE, Euratom) n° 1150/2000 portant application de la décision 2007/436/CE, Euratom relative au système des ressources propres des Communautés européennes[39], sur lequel cet exercice était basé[40] (voir pages 30-31).

Suite aux problèmes causés par les montants très importants en jeu, à sa proposition de modification du règlement n° 1150/2000 et afin de ne pas devoir garder une trop grande trésorerie (la Commission insistant qu'elle n'avait "pas besoin d'une telle rentrée d'argent fin 2014"), la Commission a présenté, le 3 décembre 2014, une lettre rectificative au PBR n° 6/2014, adaptant les montants des soldes TVA et RNB conformément au contenu de la proposition de modification du règlement.

Le tableau 2 (page 24) récapitule les montants liés aux ajustements des soldes TVA et RNB en 2014, ainsi que l'impact du projet de budget rectificatif n° 6/2014 et de sa lettre rectificative. Il indique également les montants finalement retenus par l'autorité budgétaire dans le BR n° 5/2014.

Le Parlement européen et le Conseil ont inclus le PBR n° 6/2014 dans l'accord "*ad referendum*" global obtenu lors du trilogue du 8 décembre 2014 (voir chapitre III). Selon l'accord, le PBR n° 6/2014 tel que modifié par sa lettre rectificative est approuvé en ce qui concerne les ressources propres (voir page 90).

Ainsi, le BR n° 5/2014 compense des montants supplémentaires qui doivent être fournis par les États membres en raison des révisions opérées dans les données relatives à leur TVA et RNB pour les exercices antérieurs. Le montant total de l'ajustement des soldes TVA et RNB retenu en 2014 est de 4 095,5 millions d'euros (voir tableau 2). Le BR n° 5/2014 budgétise également des ressources propres traditionnelles supplémentaires, pour un montant total de 420 millions d'euros.

Le *BR n° 6/2014* est lié à la mobilisation du Fonds de solidarité de l'UE en faveur de la Bulgarie, de la Croatie et de la Serbie à la suite de catastrophes naturelles qui se sont produites pendant l'été 2014 (voir page 26), pour un montant total de 79,7 millions d'euros[41]. Comme pour le BR n° 4/2014 (voir page 22), les crédits de paiement sont inscrits conformément à l'accord "*ad referendum*" trouvé lors du trilogue du 8 décembre 2014 dans le budget pour 2015 (voir chapitre III).

Enfin, le *BR n° 7/2014*[42] traite, conformément à l'article 18, paragraphe 3 du règlement financier du 25 octobre 2012[43] (le "RF de 2012"), de la budgétisation du solde définitif de l'année antérieure. L'excédent résultant de l'exécution de l'exercice budgétaire 2013 s'élève à 1 005 millions d'euros[44].

2. Cinq appels à la réserve pour aides d'urgence

La réserve pour aides d'urgence[45] a été mobilisée cinq fois en 2014, pour un montant total de 98,1

---

[38] Doc. *COM(2014) 704 final*. Cette proposition fait suite à une invitation du Conseil "Ecofin" du 7 novembre 2014 à la Commission "*à présenter une proposition de modification ciblée et limitée du règlement n° 1150/2000 du Conseil pour tenir compte de* [...] *circonstances exceptionnelles. Cela devrait permettre aux États membres concernés de reporter le paiement requis sur une période raisonnable de temps (au plus tard le 1er septembre). Dans un souci de traitement équitable de tous les États membres, le report devrait alors être une option pour tous si la somme globale des soldes RNB est exceptionnellement élevée. Compte tenu de ces délais serrés, cette modification devrait prendre effet avant le 1er décembre de cette année (de manière rétroactive si nécessaire)*" (voir chapitre III).

[39] JO L 130 du 31.5.2000, pp. 1/12.

[40] Il s'agit de l'article 10 du règlement n° 1150/2000.

[41] Ce montant est inscrit, en ce qui concerne la Bulgarie et la Croatie, à l'article *13 06 01* et, en ce qui concerne la Serbie, à l'article *13 06 02* (*Fonds de solidarité de l'UE – Pays dont l'adhésion est en cours de négociation*) du budget pour 2014.

[42] Ce BR est basé sur le PBR n° 8/2014, qui fait suite au PBR n° 2/2014 qui n'a pas abouti (voir tableau 1, page 19).

[43] JO L 298 du 26.10.2012, pp. 1/96.

[44] L'excédent pour 2013 se compose comme suit : enregistrement de recettes plus important que le montant budgétisé (+771 millions d'euros), sous-exécution des crédits de paiement (+276 millions d'euros) et solde négatif des échanges monétaires (-42 millions d'euros).

Pour rappel, l'excédent pour 2010 s'élevait à 4,5 milliards d'euros, celui pour 2011 à 1,5 milliard d'euros et celui pour 2012 à 1 milliard d'euros (voir page 437).

[45] Les mobilisations en 2014 de la réserve pour aides d'urgence, du Fonds de solidarité de l'UE et du Fonds européen d'ajustement à la mondialisation sont récapitulées dans le tableau 3, page 25.

Tableau 2. Le budget rectificatif n° 5/2014

En millions d'euros

État membre	Soldes TVA et RNB pour 1995-2013***	PBR n° 6/2014 Impact sur les contributions au titre du RNB	*Effet net*	Lettre rectificative au PBR n° 6/2014	Nouveau montant pour les soldes TVA et RNB	BR n° 5/2014** ** ** Impact sur les contributions au titre du RNB	*Effet net*
	(1)	(2)	*(3) = (1) + (2)*	(4)	(5) = (1) + (4)	(6)	*(7) = (5) + (6)*
Belgique	+118,9	-289,4	*-170,5*	–	+118,9	-131,4	*-12,5*
Bulgarie*	+36,5	-29,5	*+7,0*	-36,5	0,0	-13,4	*-13,4*
République tchèque	+78,5	-100,1	*-21,6*	–	+78,5	-45,4	*+33,1*
Danemark	-125,7	-195,7	*-321,4*	–	-125,7	-88,8	*-214,5*
Allemagne	+1.359,0	-2.138,2	*-779,2*	–	+1.359,0	-970,6	*+388,4*
Estonie	+7,3	-13,7	*-6,4*	–	+7,3	-6,2	*+1,1*
Irlande	+112,2	-105,7	*+6,5*	–	+112,2	-48,0	*+62,4*
Grèce	+222,0	-132,6	*+89,4*	–	+222,0	-60,2	*+161,8*
Espagne	+589,2	-758,1	*-168,9*	–	+589,2	-344,1	*+245,1*
France*	+562,3	-1.578,6	*-1.016,3*	-525,3	+37,0	-716,5	*-679,5*
Croatie	-1,4	-31,1	*-32,5*	–	-1,4	-14,1	*-15,5*
Italie*	+1.502,3	-1.162,2	*+340,1*	-1.174,0	+328,3	-527,5	*-199,2*
Chypre*	+53,7	-11,3	*+42,4*	-53,7	0,0	-5,1	*-5,1*
Lettonie	+24,6	-18,1	*+6,5*	–	+24,6	-8,2	*+16,4*
Lituanie	+7,5	-25,7	*-18,2*	–	+7,5	-11,7	*-4,2*
Luxembourg	-66,9	-24,0	*-90,9*	–	-66,9	-10,9	*-77,8*
Hongrie	+39,8	-72,2	*-32,4*	–	+39,8	-32,8	*+7,0*
Malte*	+18,3	-5,2	*+13,1*	-18,3	0,0	-2,4	*-2,4*
Pays-Bas	+1.103,4	-460,7	*+642,7*	–	+1.103,4	-209,1	*+894,3*
Autriche	-57,1	-237,2	*-294,3*	–	-57,1	-107,7	*-164,8*
Pologne	-26,8	-289,9	*-316,7*	–	-26,8	-131,6	*-158,4*
Portugal	+121,6	-122,1	*-0,5*	–	+121,6	-55,4	*+66,2*
Roumanie	+75,1	-106,5	*-31,4*	–	+75,1	-48,3	*+26,8*
Slovénie*	+8,1	-26,0	*-17,9*	-8,1	0,0	-11,8	*-11,8*
Slovaquie	-6,7	-53,5	*-60,2*	–	-6,7	-24,3	*-31,0*
Finlande	-34,3	-146,2	*-180,5*	–	-34,3	-66,4	*-100,7*
Suède	+190,1	-322,9	*-132,8*	–	+190,1	-146,6	*+43,5*
Royaume-Uni*	+3.616,5	-1.491,2	*+2.125,3*	-3.616,5	0,0	-676,9	*-676,9*
Total	**9.527,8****	**-9.947,7** **	***-419,9***	**-5.432,3** ** ***	**4.095,5**	**-4.515,5** ****	***-420,0***

** États membres ayant demandé, conformément au règlement du Conseil n° 1377/2014 modifiant le règlement (CE, Euratom) n° 1150/2000 portant application de la décision 2007/436/CE, Euratom relative au système des ressources propres des Communautés européennes, de différer la mise à disposition de la Commission de certains montants* ** *Articles 3 1 0 (Résultat de l'application de l'article 10, paragraphes 4, 5 et 8, du règlement (CE, Euratom) n° 1150/2000 concernant les exercices à partir de 1995) et 3 2 0 (Résultat de l'application de l'article 10, paragraphes 6, 7 et 8, du règlement (CE, Euratom) n° 1150/2000 concernant les exercices à partir de 1995)* *** *Un "+" indique un montant à créditer sur le compte "ressources propres" de la Commission, un "-" indique un montant à débiter du compte "ressources propres" de la Commission. Selon le règlement (CE, Euratom) n° 1150/2000 ces montants sont dus le premier jour ouvrable de décembre 2014*

** ** *Le PBR n° 6/2014 (et le BR n° 5/2014) propose en outre la budgétisation de 420 millions d'euros au titre des ressources propres traditionnelles supplémentaires (voir page 23)*

** ** * *Ce montant sera budgétisé en 2015* ** ** ** *Suite à la non-adoption du PBR n° 2/2014, le PBR n° 6/2014 est devenu le BR n° 5/2014 (voir tableau 1, page 19)*

Tableau 3. Les recours à la réserve pour aides d'urgence, au Fonds de solidarité et au Fonds européen d'ajustement à la mondialisation en 2014

En crédits d'engagement (sauf indication contraire) et en millions d'euros

Réserve pour aides d'urgence :

Date	Montant c/e	Montant c/p	Destination	
Avril 2014	0	50,0	Augmentation des crédits de paiement destinés à l'aide humanitaire et alimentaire d'urgence	–
Juillet 2014	50,0	50,0	Syrie (aide humanitaire)	–
Septembre 2014	20,0	20,0	Soudan du Sud (aide humanitaire et alimentaire)	–
Novembre 2014	17,0	17,0	Épidémie d'Ebola en Guinée, au Libéria et en Sierra Leone (aide humanitaire)	
Décembre 2014	11,1	13,0	Iraq et Syrie (aide humanitaire)	
Total :	***98,1***	***150,0***		

Fonds de solidarité de l'Union européenne :

Date	Montant*	Destination et fait générateur	JO L
17 décembre 2014	47,0	Croatie (tempêtes de verglas et inondations), Grèce (tremblement de terre), Italie (inondations) et Slovénie (tempêtes de verglas)	72 du 17.3.2015, p. 6
17 décembre 2014	79,7	Bulgarie et Croatie ; Serbie** (inondations)	72 du 17.3.2015, p. 7
Total :	***126,7***		

** Les crédits de paiement proviennent du budget pour 2015 (voir pages 22-23 et 90)   ** Pays dont l'adhésion est en cours de négociation*

Fonds européen d'ajustement à la mondialisation :

Date	Montant	Destination et secteur	JO L
11 mars 2014	0,8	Espagne (industrie textile) *	90 du 26.3.2014, pp. 18/19
16 avril 2014	5,0	Espagne (industrie automobile) * et Italie (fabrication de produits électroniques et techniques) *	134 du 7.5.2014, pp. 42/45
25 septembre 2014	10,0	Grèce (industrie alimentaire) **, Roumanie (production d'acier) * et Commission (assistance technique) ***	292 du 8.10.2014, pp. 12/17
22 octobre 2014	18,5	Belgique (production d'acier et industrie automobile) *, Espagne (travail du bois) *, Espagne (restauration et fabrication de produits métalliques) **, France (industrie automobile) ** et Pays-Bas (construction de bâtiments) **	333 du 20.11.2014, pp. 9/22
26 novembre 2014	11,1	France (industrie alimentaire) **, Finlande (construction navale) **, Grèce (commerce de détail) ** et Irlande (jouaillerie et bijouterie) **	350 du 6.12.2014, pp. 7/14
17 décembre 2014	3,1	Pologne (industrie automobile) * et Italie (fabrication d'équipements électriques) **	8 du 14.1.2015, pp. 12/15
17 décembre 2014	32,4** **	France (transport aérien) * et Grèce (commerce de détail) **	8 du 14.1.2015, pp. 16/19
Total :	***81,0***		

** Mobilisation sur la base du règlement n° 1927/2006 portant création du FEM, tel que modifié par le règlement n° 546/2009 (JO L 167 du 29.6.2009, pp. 26/29)*

*** Mobilisation sur la base du règlement n° 1309/2013 relatif au FEM (JO L 347 du 20.12.2013, pp. 855/864)*

**** Conformément à l'article 11, paragraphe 2 du règlement n° 1309/2013   ** ** Financés majoritairement à partir de recettes affectées*

millions d'euros en crédits d'engagement et de 150 millions d'euros en crédits de paiement[46].

La première mobilisation, intervenue en avril 2014 pour un montant de 50 millions d'euros en crédits de paiement, était destinée à augmenter le montant des crédits de paiement inscrits dans le budget pour 2014 pour l'aide humanitaire et alimentaire d'urgence. Il convient de relever qu'il s'agit de la première fois depuis sa création que la réserve pour aides d'urgence est mobilisée uniquement en crédits de paiement.

La deuxième mobilisation, intervenue en juillet 2014 pour un montant de 50 millions d'euros en crédits d'engagement et de paiement, était destinée à faire face à la situation humanitaire en Syrie.

La troisième mobilisation, intervenue en septembre 2014 pour un montant de 20 millions d'euros en crédits d'engagement et de paiement, a été effectuée dans le contexte d'une crise humanitaire et alimentaire au Soudan du Sud.

La quatrième mobilisation, intervenue en novembre 2014 pour un montant de 17 millions d'euros en crédits d'engagement et de paiement, a été effectuée afin de financer une aide humanitaire pour répondre aux besoins croissants provoqués par la crise engendrée par l'épidémie d'Ebola en Afrique de l'Ouest.

Enfin, la dernière mobilisation, intervenue en décembre 2014 pour un montant de 11,1 millions d'euros en crédits d'engagement et de 13 millions d'euros en crédits de paiement, été destinée à faire face à la crise humanitaire en Iraq et en Syrie.

3. Deux appels au Fonds de solidarité de l'UE

Le Fonds de solidarité de l'UE a été mobilisé deux fois en 2014, pour un montant total de 126,7 millions d'euros en crédits d'engagement. Ces deux mobilisations ont été signées le 17 décembre 2014[47], suite à l'accord "*ad referendum*" obtenu lors du trilogue du 8 décembre 2014 sur un projet d'ensemble comprenant le nouveau projet de budget pour 2015 et les six PBR pour 2014 en attente (voir chapitre III).

La première mobilisation, pour un montant de 47 millions d'euros[48], fait suite aux dégâts causés entre novembre 2013 et début février 2014 par des tempêtes de verglas et des inondations en Croatie, par un tremblement de terre qui s'est produit en Grèce (Céphalonie), par des inondations survenues en Italie (Sardaigne) et par des tempêtes de verglas en Slovénie.

La deuxième mobilisation, pour un montant de 79,7 millions d'euros[49], fait suite aux inondations qui se sont produites en Serbie et en Croatie en mai 2014, et à celles qui ont eu lieu en Bulgarie en juin 2014.

Comme exposé sous le point 1 *supra* (et comme en 2013 dans le cas du budget rectificatif n° 9/2013 ; voir Tome III, pp. 226/227), les crédits de paiement correspondants sont inscrits dans le budget de l'année à venir.

4. Vingt et un appels au Fonds européen d'ajustement à la mondialisation

Le Fonds européen d'ajustement à la mondialisation (FEM) a été mobilisé vingt et une fois en 2014, pour un montant total de 81 millions d'euros en crédits d'engagement et de paiement.

Douze des mobilisations, pour un montant de 42,2 millions d'euros, ont été effectuées sur la base du nouveau règlement (UE) n° 1309/2013 du Parlement européen et du Conseil, du 17 décembre 2013, relatif au Fonds européen d'ajustement à la mondialisation pour la période 2014-2020 et abrogeant le règlement (CE) n° 1927/2006[50]. En même temps,

---

[46] Soit la totalité des crédits de paiement inscrits dans le budget pour 2014. En même temps les mobilisations de la réserve pour aides d'urgence en 2014 conduisent à une situation où elle a été mobilisée pour un montant supérieur en crédits de paiement qu'en crédits d'engagement, ce qui est également une première dans l'histoire de la réserve pour aides d'urgence.

[47] JO L 72 du 17.3.2015, pp. 6/7.

[48] Dont 18,4 millions d'euros pour la Slovénie, 16,3 millions d'euros pour l'Italie, 8,6 millions d'euros pour la Croatie et 3,7 millions d'euros pour la Grèce. Cette mobilisation a été effectuée par le biais du budget rectificatif n° 4/2014 (voir page 22).

[49] Dont 60,2 millions d'euros pour la Serbie, 10,5 millions d'euros pour la Bulgarie et 9 millions d'euros pour la Croatie. Il convient de relever que dans le cas de la Serbie, il s'agit d'un pays dont l'adhésion à l'UE est en cours de négociation. Cette mobilisation a été effectuée par le biais du BR n° 6/2014 (voir page 23).

[50] JO L 347 du 20.12.2013, pp. 855/ 864.

les deux dernières mobilisations, pour un montant de 32,4 millions d'euros, ont été majoritairement financées à partir de recettes affectées[51].

Les mobilisations du FEM en 2014 sont résumées pages 127-129.

5. Mobilisation de la marge pour imprévus en 2014

Le Parlement européen et le Conseil sont arrivés à un accord[52] pour mobiliser en 2014, conformément à l'article 13 du règlement fixant le CFP[53] et au point 14 de l'AII de 2013[54], la marge pour imprévus[55] pour un montant total de 3 168,2 millions d'euros au-delà du plafond des crédits pour paiements du CFP[56]. Les montants supplémentaires en crédits de paiement pour les lignes budgétaires concernées ont été inscrits dans le budget pour 2014 par le biais du budget rectificatif n° 2/2014[57] (voir pages 20-22).

Un total de 2 818,2 millions d'euros en crédits de paiement est compensé, en trois tranches de 939,4 millions d'euros, sur les marges sous les plafonds des crédits pour paiements pour les exercices 2018, 2019 et 2020.

Cette mobilisation est accompagnée par la déclaration commune suivante, agréée dans le cadre de l'accord sur le budget pour 2015 et les projets de budgets rectificatifs pour 2014 en attente (voir chapitre III) :

"*En 2014, on a observé un nombre record de paiements en attente pour les fonds structurels et de cohésion au début du cadre financier, tandis qu'un certain nombre de nouveaux programmes se sont concentrés tout particulièrement en début de période. Compte tenu de cette situation unique et exceptionnelle qui n'est pas compatible avec le plafond des paiements pour 2014, les trois institutions conviennent que, en dernier recours, la marge pour imprévus sera mobilisée pour l'exercice 2014.*

---

[51] C'est-à-dire provenant de montants destinés au FEM en 2013 mais non utilisés.

[52] Cet accord a été trouvé lors du trilogue du 8 décembre 2014, dans le cadre de l'accord "*ad referendum*" sur un projet d'ensemble comprenant le budget pour 2015 et six PBR pour 2014 en attente (voir chapitre III).

[53] Selon l'article 13 du règlement fixant le CFP, "*1. Une marge pour imprévus pouvant atteindre 0,03 % du revenu national brut de l'UE est constituée en dehors des plafonds du cadre financier, en tant que dernier recours face à des circonstances imprévues. Elle peut être mobilisée uniquement dans le cadre d'un budget rectificatif ou d'un budget annuel.*

2. Le recours à la marge pour imprévus n'excède pas, au cours d'une année donnée, le montant maximal prévu dans le cadre de l'ajustement technique annuel du cadre financier, et est compatible avec le plafond des ressources propres.

3. Les montants rendus disponibles par la mobilisation de la marge pour imprévus sont entièrement compensés sur les marges existantes dans une ou plusieurs rubriques du cadre financier pour l'exercice financier en cours ou les exercices futurs.

4. Les montants ainsi prélevés ne sont plus mobilisables dans le contexte du cadre financier. Le recours à la marge pour imprévus n'occasionne pas de dépassement du total des plafonds de crédits d'engagement et de paiement qui sont fixés dans le cadre financier pour l'exercice financier en cours et les exercices futurs".

[54] Selon le point 14 de la Partie I de l'AII de 2013, "*La mobilisation de tout ou partie de la marge pour imprévus est proposée par la Commission à l'issue d'un examen en profondeur de toutes les autres possibilités financières. Une telle proposition peut être faite uniquement en rapport avec un projet de budget rectificatif ou de budget annuel pour l'adoption duquel cette proposition serait nécessaire. La Commission assortit la proposition de mobiliser la marge pour imprévus d'une proposition de réaffectation, dans le cadre du budget existant, d'un montant significatif, dans la mesure justifiée par l'examen de la Commission. La décision de mobiliser la marge pour imprévus est prise conjointement par le Parlement européen et le Conseil en même temps que leur approbation du budget rectificatif ou du budget général de l'UE dont la marge pour imprévus facilite l'adoption. Le Parlement européen et le Conseil statuent conformément aux règles de vote prévues à l'article 314 du TFUE concernant l'approbation du budget général de l'UE*".

[55] Il convient de rappeler que la marge pour imprévus remplace la possibilité de *réviser* le cadre financier pluriannuel jusqu'à 0,03 % du produit national brut (de 2000 à 2006) ou du RNB (de 2007 à 2013) à la *majorité qualifiée* au Conseil, conformément aux point 20, deuxième alinéa de la Partie I de l'AII de 1999 (JO C 172 du 18.6.1999, p. 4) et 22, deuxième alinéa de la Partie I de l'AII de 2006 (JO C 139 du 14.6.2006, p. 3 ; voir Tome II, p. 209, et Tome III, p. 239).

[56] Le Parlement européen et le Conseil ont signé la décision de mobilisation le 17 décembre 2014 à Strasbourg (JO L 72 du 17.3.2015, pp. 4/5). La Commission avait proposé de mobiliser la marge pour imprévus en 2014 pour le montant maximal disponible, soit 4 026,7 millions d'euros (doc. *COM(2014) 328 final* du 28 mai 2014).

[57] Il convient de relever que le Parlement européen, lors de l'adoption de ses amendements sur la position du Conseil sur le projet de budget initial pour 2015, a proposé de mobiliser la marge pour imprévus en 2015, pour un montant de 4 milliards d'euros en crédits de paiement (soit quasiment le montant maximal de 4 175,4 millions d'euros ; voir tableau 6, page 34). Cette proposition (de caractère avant tout "tactique", afin d'"inciter" le Conseil à accepter la mobilisation de la marge pour imprévus en 2014 comme proposé par la Commission) n'a pas été suivie dans le contexte de l'accord sur le budget pour 2015 (voir chapitre III).

Les institutions rappellent que l'article 13 du règlement sur le cadre financier pluriannuel (CFP) dispose que "Les montants rendus disponibles par la mobilisation de la marge pour imprévus sont entièrement compensés sur les marges existantes dans une ou plusieurs rubriques du cadre financier pour l'exercice financier en cours ou les exercices futurs*".*

Les institutions conviennent de mettre tout en œuvre pour trouver des solutions appropriées de manière à ce que le niveau exceptionnellement élevé des paiements en attente pour les fonds structurels et de cohésion sur la période 2007-2013 ne se maintienne pas au-delà de 2014 et pour que, dès lors, tous les efforts soient déployés pour veiller à ce que la marge pour imprévus ne soit pas mobilisée au cours des exercices 2015 à 2020 pour financer des engagements restant à liquider provenant de programmes relevant des fonds structurels et de cohésion"[58].

Un montant de 350 millions d'euros en crédits de paiement[59] est inclus dans la mobilisation de la marge pour imprévus, dans l'attente qu'un accord intervienne sur le traitement des crédits de paiement pour les instruments spéciaux.

Une déclaration commune relative aux instruments spéciaux, également agréée dans le cadre de l'accord sur le budget pour 2015 et les budgets rectificatifs pour 2014 (voir chapitre III) indique :

"*Les institutions rappellent que la marge pour imprévus est un instrument envisageable en dernier recours qui ne devrait donc pas être mobilisé s'il existe encore des possibilités financières. Dans le cadre du budget général pour l'exercice 2014, les avis divergent quant à savoir si un montant de 350 millions d'euros en crédits de paiement couvrant d'autres instruments spéciaux*[60] *est toujours disponible dans la marge non allouée.*

Les institutions reconnaissent qu'il est essentiel de trouver dans les plus brefs délais un accord de principe concernant la mobilisation d'autres instruments spéciaux pour les paiements.

Toutefois, étant donné qu'il n'a pas été possible de parvenir à un tel accord dans le cadre des négociations sur le paquet comprenant les PBR pour 2014 et le budget général pour 2015, les institutions conviennent de ce qui suit pour permettre l'adoption dudit paquet en temps voulu :

- le montant de 350 millions d'euros en crédits de paiement est ajouté à la marge pour imprévus ;

- tout sera mis en œuvre pour trouver rapidement un accord sur la question de savoir si et dans quelle mesure d'autres instruments spéciaux peuvent être mobilisés en sus des plafonds de paiement du CFP en vue de déterminer si et dans quelle mesure il y a lieu de prélever le montant de 350 millions d'euros sur les marges du CFP pour les paiements pour l'exercice financier en cours ou les exercices futurs ;

- le cas échéant, ce qui précède s'accompagnera des modifications nécessaires de la décision concernant la mobilisation de la marge pour imprévus pour l'exercice 2014 ou de toute autre action juridiquement nécessaire pour garantir le plein respect du règlement CFP, notamment son article 13, paragraphe 3"[61].

Le Parlement européen a fait dans ce contexte une déclaration sur la mobilisation de la marge pour imprévus en dernier recours[62] et le Conseil sur

---

[58] Doc. *PE P8_TA(2014)0100*, annexe, et *Conseil 16707/1/14 REV 1 FIN 988 INST 616 PE-L 94* du 11 décembre 2014, p. 16.

[59] Ce montant correspond aux 150 millions d'euros inscrits dans le budget pour 2014 pour la réserve pour aides d'urgences, aux 150 millions d'euros inscrits pour le Fonds de solidarité de l'UE et aux 50 millions d'euros inscrits pour le Fonds européen d'ajustement à la mondialisation (voir Tome III, p. 246).

[60] Par "autres instruments spéciaux" (que la marge pour imprévus), on entend ici la réserve pour aides d'urgence, le Fonds de solidarité de l'UE et le Fonds européen d'ajustement à la mondialisation.

[61] Doc. *PE P8_TA(2014)0100*, annexe, et *Conseil 16707/1/14 REV 1 FIN 988 INST 616 PE-L 94*, pp. 16/17. Selon l'article 13, paragraphe 3 du règlement fixant le CFP, "*Les montants rendus disponibles par la mobilisation de la marge pour imprévus sont entièrement compensés sur les marges existantes dans une ou plusieurs rubriques du cadre financier pour l'exercice financier en cours ou les exercices futurs*".

[62] Selon la déclaration du Parlement européen sur la mobilisation de la marge pour imprévus en dernier recours : "*Le Parlement européen déplore que le Conseil ne partage pas son interprétation selon laquelle les 350 millions d'euros*

la mobilisation des instruments spéciaux[63] (voir chapitre III).

6. *Deux modifications du règlement financier de 2012*

Le Parlement européen et le Conseil ont adopté, le 15 mai 2014, une première modification[64] du RF de 2012. Elle a pour objet de prendre en compte l'accord sur le règlement fixant le CFP pour la période 2014-2020. Ainsi, la modification inclut dans le RF de nouvelles règles concernant le report des crédits d'engagement du Mécanisme pour l'interconnexion en Europe (MIE) et de la réserve pour aides d'urgence, ainsi que concernant la reconstitution des crédits en lien avec la réserve de performance et l'instrument financier spécifique en faveur des PME[65].

Cette modification est entrée en vigueur en juin 2014.

L'autorité législative a adopté, le 22 octobre 2014, une seconde modification du RF de 2012[66]. Elle a pour objet d'inclure dans la deuxième partie du RF un nouveau titre VIII intitulé "*Contributions en faveur des partis politiques européens*" à la suite de l'adoption du règlement relatif au statut et au financement des partis politiques européens et des fondations politiques européennes[67]. Cette modification du RF (tout comme le règlement n° 1141/2014) est d'application à partir du 1er janvier 2017.

7. *Adoption du paquet "ressources propres" pour la période 2014-2020*

Le Conseil a adopté le 26 mai 2014 le paquet "ressources propres" pour la période 2014-2020, composé :

- de la décision du Conseil (2014/335/UE, Euratom) relative au système des ressources propres de l'UE[68] ;

---

en crédits de paiement mobilisés en 2014 en ce qui concerne les instruments spéciaux prévus dans le règlement CFP devraient être comptabilisés en dehors des plafonds de paiement, ce qui laisserait une marge de 711 millions d'euros devant être utilisée avant de recourir à la marge pour imprévus.

Le Parlement européen rappelle que, conformément à l'article 13, paragraphe 1, du règlement CFP, la marge pour imprévus est un instrument à utiliser en dernier recours. Dès lors, il est nécessaire d'utiliser pleinement toutes les autres possibilités financières avant de recourir à la marge pour imprévus. Dans le cadre du différend entre le Parlement européen et le Conseil concernant le calcul de la marge disponible en dessous du plafond des paiements en 2014, il n'a pas été possible de parvenir à un accord politique sur l'utilisation d'une marge disponible de 350 millions d'euros avant de recourir à la marge pour imprévus. Rappelant que le règlement CFP est fondé sur le principe d'une "flexibilité spécifique et qui soit la plus grande possible" afin de permettre à l'UE de remplir ses obligations juridiques en conformité avec l'article 323 du TFUE (considérant 4 du règlement CFP), le Parlement estime qu'il est essentiel de mettre à disposition des crédits supplémentaires pour honorer les engagements juridiques restant à liquider en mobilisant la marge pour imprévus. Le Parlement accepte donc une mobilisation de la marge pour imprévus, bien qu'il estime que 350 millions d'euros restent disponibles sous le plafond des paiements.

Le Parlement européen invite la Commission à reporter la marge non utilisée de 350 millions d'euros dans le cadre de l'ajustement technique qu'elle réalisera en 2015 de la marge globale pour les paiements prévue à l'article 6, paragraphe 1, point d), du règlement CFP".

[63] Selon la déclaration du Conseil sur la mobilisation des instruments spéciaux : "*Le Conseil rappelle que les instruments spéciaux peuvent uniquement être utilisés pour faire face à des situations réellement imprévues.*

Il rappelle que la marge pour imprévus n'occasionne pas de dépassement du total des plafonds de crédits d'engagement et de paiement.

En ce qui concerne les autres instruments spéciaux, le Conseil rappelle que l'article 3, paragraphe 2, du règlement CFP dispose que les crédits d'engagement peuvent être inscrits au budget en sus des plafonds des rubriques concernées.

Le Conseil invite la Commission, lors du calcul de la marge globale, à agir conformément au règlement CFP et sans compromettre l'accord intervenu entre les trois institutions concernant une déclaration commune relative aux instruments spéciaux [voir page 28]".

[64] JO L 163 du 29.5.2014, pp. 18/21.

[65] Le Parlement européen, le Conseil et la Commission ont également adopté dans ce contexte une déclaration commune sur des décharges distinctes pour les entreprises communes (JO L 163 du 29.5.2014, p. 21 ; voir Tome III, p. 243).

[66] JO L 317 du 4.11.2014, pp. 28/34.

[67] Règlement (EU, Euratom) n° 1141/2014 du Parlement européen et du Conseil, du 22 octobre 2014, relatif au statut et au financement des partis politiques européens et des fondations politiques européennes (JO L 317 du 4.11.2014, pp. 1/27).

[68] JO L 168 du 7.6.2014, pp. 105/111.

Par rapport à la décision "ressources propres" de 2007, et suite aux conclusions du Conseil européen des 7 et 8 février 2013 (doc. *Conseil européen 37/13 CO EUR 5 CONCL 3* du 8 février 2013, points 111 à 118), la nouvelle décision apporte les changements principaux suivants :

- passage du système européen de comptes de 1995 (SEC 95) à celui de 2010 (SEC 2010) ;
- un taux réduit d'appel à la ressource propre fondée sur la TVA de 0,15 % (au lieu de 0,30 %) sera appliqué, pendant

- du règlement (UE, Euratom) n° 608/2014 du Conseil portant mesures d'exécution du système des ressources propres de l'UE[69], et

- du règlement (UE, Euratom) n° 609/2014 du Conseil relatif aux modalités et à la procédure de mise à disposition des ressources propres traditionnelles, de la ressource propre fondée sur la TVA et de la ressource propre fondée sur le RNB et aux mesures visant à faire face aux besoins de trésorerie (refonte)[70].

Ces trois actes entreront en vigueur une fois que la décision "ressources propres" aura été approuvée par tous les États membres, conformément à leurs règles constitutionnelles respectives[71], avec effet rétroactif au 1er janvier 2014[72].

8. Modification du règlement n° 1150/2000 portant application de la décision "ressources propres"

Suite aux problèmes posés par les ajustements apportés en 2014 aux ressources propres fondées sur la TVA et sur le RNB en raison des montants historiquement élevés (voir chapitres III et V), le Conseil a adopté, le 18 décembre 2014, le règlement n° 1377/2014 modifiant le règlement (CE, Euratom) n° 1150/2000 portant application de la décision 2007/436/CE, Euratom relative au système des ressources propres des Communautés européennes[73].

Cette modification permet à tout État membre, sous certaines conditions[74] et s'il en fait la demande formelle à la Commission, de différer la mise à disposition des montants concernés jusqu'au premier jour ouvrable du mois de septembre *n+1*.

---

la période 2014-2020 uniquement, à l'Allemagne, aux Pays-Bas et à la Suède ;

- le Danemark, les Pays-Bas et la Suède bénéficieront de réductions brutes de leur contribution annuelle fondée sur le RNB pendant la période 2014-2020 de 130 millions d'euros, de 695 millions d'euros et de 185 millions d'euros respectivement. L'Autriche bénéficiera d'une réduction brute de sa contribution annuelle fondée sur le RNB s'élevant à 30 millions d'euros en 2014, à 20 millions d'euros en 2015 et à 10 millions d'euros en 2016, et

- les États membres pourront retenir 20 % (au lieu de 25 % pendant la période 2007-2013) à titre de frais de perception des montants des ressources propres traditionnelles qu'ils ont perçus.

Le mécanisme de correction en faveur du Royaume-Uni et les corrections à la correction resteront d'application pendant la période 2014-2020.

Lors de l'adoption de la nouvelle décision, le Conseil a inscrit au procès-verbal de sa session du 26 mai 2014 la déclaration suivante : "*Le Conseil approuve à l'unanimité la méthode envisagée par la Commission pour le calcul de la correction accordée au Royaume-Uni, qui est décrite en détail dans le document de travail de la Commission* [*COM(2014) 271 final* du 14 mai 2014]. *Le Conseil convient à l'unanimité que la méthode de calcul susmentionnée respecte pleinement la présente décision, ainsi que les conclusions du Conseil européen des 7 et 8 février 2013 et l'accord intervenu au sein du Conseil européen les 27 et 28 juin 2013*" (doc. *Conseil 9823/14 RESPR 14 FIN 357 CADREFIN 77 POLGEN 64* du 15 mai 2014, p. 4).

[69] JO L 168 du 7.6.2014, pp. 29/38. Il s'agit de la première fois que le Conseil adopte un tel règlement, sur la base de l'article 311, quatrième alinéa du TFUE.

[70] JO L 168 du 7.6.2014, pp. 39/52. Lors de l'adoption du règlement, le Conseil a inscrit au procès-verbal de sa session du 26 mai 2014 la déclaration suivante : "*Le Conseil et la Commission conviennent que, au plus tard à la fin de mars 2015, la Commission présentera une proposition concernant l'article 12 du règlement du Conseil relatif aux modalités et à la procédure de mise à disposition des ressources propres traditionnelles, de la ressource propre fondée sur la TVA et de la ressource propre fondée sur le RNB et aux mesures visant à faire face aux besoins de trésorerie, afin de permettre une révision du calcul des intérêts sur les montants mis à disposition tardivement. En outre, le(s) taux d'intérêt devra(ont) respecter le principe de proportionnalité tout en assurant le bon fonctionnement du système visant à faire face aux besoins de trésorerie*" (doc. *Conseil 9826/14 RESPR 16 FIN 359 CADREFIN 79 POLGEN 66* du 15 mai 2014, p. 4).

La Commission a finalement adopté sa proposition de règlement du Conseil modifiant le règlement (UE, Euratom) n° 609/2014 relatif aux modalités et à la procédure de mise à disposition des ressources propres traditionnelles, de la ressource propre fondée sur la TVA et de la ressource propre fondée sur le RNB et aux mesures visant à faire face aux besoins de trésorerie le 14 septembre 2015 (doc. *COM(2015) 447 final*).

[71] Article 311, troisième paragraphe du TFUE.

[72] Les trois premiers États membres à avoir notifié la ratification de la nouvelle décision "ressources propres" ont été l'Autriche (le 13 janvier 2015), le Danemark (le 15 janvier 2015) et la Finlande (le 3 février 2015), suivis par la République tchèque (le 12 mars 2015) et la Suède (le 19 mars 2015).

[73] JO L 367 du 23.12.2014, pp. 14/15.

[74] Il s'agit de l'une des deux conditions suivantes :

a) le premier jour ouvrable du mois de décembre *n*, l'État membre doit inscrire au compte de la Commission un montant supérieur à deux douzièmes de la somme résultant pour cet État membre du budget au titre des ressources TVA et RNB, tel qu'il est applicable au 15 novembre *n* ; *ou*

"*Afin d'empêcher* [qu'une] *situation exceptionnelle et imprévue ne fasse peser sur les États membres des contraintes budgétaires d'une lourdeur déraisonnable juste avant la fin de l'année*", la possibilité prévue par la modification du règlement n° 1150/2000 d'"échelonner" les paiements "*devrait être applicable aux ajustements qui, conformément au règlement (CE, Euratom) nº 1150/2000, devaient être inscrits aux comptes de la Commission le premier jour ouvrable du mois de décembre 2014*"[75].

À ce titre, sept États membres[76] ont recouru en 2014 à cette nouvelle possibilité d'"échelonnement des paiements".

III. – La procédure budgétaire pour 2015

Le budget de l'UE pour 2015 est présenté par rubrique et sous-rubrique du cadre financier pluriannuel (en crédits d'engagement et de paiement) page 114. Les différentes étapes chiffrées de la procédure budgétaire pour 2015 sont présentées pages 118-126. Elles sont résumées dans le tableau 4 (page 32).

1. Le calendrier des travaux

Le calendrier des travaux qui ont conduit à l'adoption du budget de l'UE pour 2015 est résumé dans le tableau 5 (page 32). Un calendrier plus complet est présenté page 117.

Le Parlement européen, le Conseil et la Commission ont organisé en 2014 un record de *dix* trilogues formels dans le domaine budgétaire, dont *trois* trilogues dans le contexte de la procédure de conciliation en novembre 2014 et *quatre* trilogues dans le contexte de la "procédure budgétaire d'urgence" en décembre 2014.

Par ailleurs, le Parlement européen, le Conseil et la Commission ont organisé le 24 septembre 2014 une réunion interinstitutionnelle sur les crédits de paiement[77].

A. Lors du trilogue du *2 avril 2014* (organisé dans les locaux du PE à Bruxelles), les deux branches de l'autorité budgétaire et la Commission ont avant tout discuté, conformément au point 2 de l'annexe de l'AII de 2013, des priorités budgétaires pour 2015 (voir page 34).

Elles ont convenu, conformément aux points 1er et 19 de l'annexe de l'AII de 2013, sous forme d'une déclaration commune, du calendrier de la procédure budgétaire pour 2015[78].

S'agissant du budget pour 2014, les trois institutions ont discuté de la situation des crédits de paiement, ainsi que sur l'adoption du PBR nº 1/2014 (concernant l'augmentation du capital du FEI, "Horizon 2020" et la nouvelle entreprise commune "Shift2Rail") présentée par la Commission le 11 février 2014[79].

Enfin, sous le point "divers", les trois institutions ont fait le point sur le financement du programme global de soutien à l'Ukraine, tel que proposé par la Commission le 5 mars 2014 et discuté par les chefs

---

b) le premier jour ouvrable du mois de décembre *n*, les États membres dans leur ensemble doivent inscrire au compte de la Commission un montant total supérieur à la moitié d'un douzième des sommes résultant du budget au titre des ressources TVA et RNB, et en appliquant les taux de change définis, tel qu'il est applicable au 15 novembre *n*.

Par ailleurs, les États membres ne peuvent différer la mise à disposition au compte de la Commission des montants concernés que s'ils ont transmis à cette dernière, avant le premier jour ouvrable du mois de décembre *n*, une demande formelle comportant un échéancier des paiements, indiquant la date ou les dates de l'inscription du montant des ajustements au compte de la Commission. "*Dès réception d'une demande formelle, la Commission confirme que les conditions énoncées* [ci-dessus] *ont été remplies et en informe les États membres. Tout retard dans l'inscription du montant des ajustements* [...] *à la date ou aux dates ayant été communiquées à la Commission* [...] *donne lieu au paiement d'intérêts par l'État membre concerné dans les conditions prévues à l'article 11* [du règlement n° 1150/2000]".

[75] JO L 367 du 23.12.2014, p. 15.

[76] Il s'agit de la Bulgarie, de Chypre, de la France, de l'Italie, de Malte, du Royaume-Uni et de la Slovénie (voir tableau 2, page 24).

[77] De telles réunions interinstitutionnelles ont été organisées deux fois auparavant, les 26 septembre 2012 et 2013 (voir Tome III, pp. 157 et 275).

[78] La déclaration est reproduite page 135. Le Conseil a confirmé son accord sur cette déclaration commune (en tant que "point A") lors de sa session le 14 avril 2014.

[79] Ce PBR sera adopté comme proposé par la Commission le 16 avril 2014 (voir chapitre II).

Tableau 4. La procédure budgétaire pour 2015

En millions d'euros	Budget pour 2014*		CFP 2015**	PB initial***		Position du Conseil		Amendements du PE		Nouveau PB		Budget adopté** **		
	c/e	c/p	c/e	c/e	c/p	c/e	c/p	c/e	c/p	c/e	c/p	c/e	c/p	*Marges*
1. Croissance intelligente et inclusive	63.986	65.300	66.813	66.674	67.185	66.351	65.630	66.913	70.854	66.719	66.901	66.782	66.923	
1a Compétitivité pour la croissance et l'emploi	*16.484*	*11.863*	*17.666*	*17.447*	*15.583*	*17.124*	*14.248*	*17.666*	*15.893*	*17.488*	*15.833*	*17.552*	*15.798*	*114*
1b Cohésion économique, sociale et territoriale	*47.502*	*53.437*	*49.147*	*49.227*	*51.602*	*49.227*	*51.382*	*49.247*	*54.960*	*49.230*	*51.067*	*49.230*	*51.125*	** ** *
2. Croissance durable : ressources naturelles	59.191	56.444	59.599	59.254	56.907	59.183	56.762	59.306	56.955	58.809	56.231	58.809	55.999	*790*
dont dépenses de marché et paiements directs	*43.778*	*43.777*	*44.313*	*43.904*	*43.897*	*43.855*	*43.849*	*43.945*	*43.938*	*43.456*	*43.448*	*43.456*	*43.448*	*734*
3. Sécurité et citoyenneté	2.172	1.666	2.246	2.131	1.881	2.100	1.853	2.216	1.920	2.147	1.884	2.147	1.860	*99*
4. L'Europe dans le monde	8.325	6.841	8.749	8.413	7.327	8.343	6.943	8.748	7.512	8.356	7.428	8.408	7.422	*341*
5. Administration	8.405	8.405	9.076	8.612	8.612	8.585	8.585	8.683	8.672	8.680	8.668	8.660	8.659	*416*
dont dépenses administratives des institutions	*6.797*	*6.798*	*7.351*	*6.893*	*6.893*	*6.866*	*6.866*	*6.964*	*6.953*	*6.961*	*6.949*	*6.941*	*6.939*	*410*
Commission	*3.266*	*3.267*		*3.297*	*3.297*	*3.281*	*3.281*	*3.275*	*3.275*	*3.274*	*3.273*	*3.275*	*3.273*	
Autres institutions	*3.532*	*3.532*		*3.596*	*3.596*	*3.585*	*3.585*	*3.689*	*3.679*	*3.687*	*3.676*	*3.666*	*3.666*	
Pensions	*1.442*	*1.442*		*1.559*	*1.559*	*1.559*	*1.559*	*1.559*	*1.559*	*1.559*	*1.559*	*1.559*	*1.559*	
Écoles européennes	*165*	*165*		*160*	*160*	*160*	*160*	*160*	*160*	*160*	*160*	*160*	*160*	
6. Compensations	29	29	0	p.m.	p.m.	p.m.	p.m.	p.m.	p.m.	p.m.	p.m.	p.m.	p.m.	-
Total	**142.107**	**138.684**	**146.483**	**145.084**	**141.912**	**144.562**	**139.772**	**145.866**	**145.914**	**144.711**	**141.112**	**144.806**	**140.862**	*1.760*
Instruments spéciaux :														
Réserve pour aides d'urgence	297	150	-	303	150	303	150	303	303	303	150	303	150	
Fonds européen d'ajustement à la mondialisation	159	50	-	162	25	162	25	162	150	162	25	162	25	
Fonds de solidarité de l'Union européenne	127	150	-	50	50	50	50	50	50	50	50	50	177	
Total	**583**	**350**	-	**515**	**225**	**515**	**225**	**515**	**503**	**515**	**225**	**515**	**352**	
Total général	**142.690**	**139.034**		**145.599**	**142.137**	**145.077**	**139.997**	**146.381**	**146.417**	**145.226**	**141.337**	**145.322**	**141.214**	
c/e et c/p (% du RNB)	1,06%	1,04%		1,04%	1,02%	1,04%	1,00%	1,05%	1,05%	1,04%	1,01%	1,04%	1,01%	

** Budgets rectificatifs n° 1-7/2014 compris   ** Voir tableau 6, page 34   *** Lettre rectificative n° 1/2015 non comprise   ** ** Et positions du Conseil et du Parlement européen sur le nouveau projet de budget*

*** ** * Mobilisation de l'instrument de flexibilité (83,3 millions d'euros)*

Tableau 5. Calendrier de la procédure budgétaire pour 2015 et des réunions interinstitutionnelles en 2014

18 février 2014	Adoption des orientations budgétaires du Conseil (Bruxelles)
13 mars 2014	Adoption des orientations budgétaires du Parlement européen (section III) (Strasbourg)
2 avril 2014	*Trilogue – priorités budgétaires (Bruxelles)*
11 juin 2014	**Adoption du projet de budget* (PB) initial (Commission)**
20 juin 2014	Présentation du projet de budget initial au Conseil (Luxembourg)
10 juillet 2014	*Trilogue – position du Conseil sur le PB initial (Bruxelles)*
2 septembre 2014	**Position du Conseil sur le projet de budget initial** (Bruxelles)**
16 septembre 2014	Présentation de la position du Conseil au Parlement européen (Strasbourg)
24 septembre 2014	Réunion interinstitutionnelle sur les crédits de paiement (Bruxelles)
15 octobre 2014	***Lettre rectificative n° 1/2015 au PB initial (agriculture etc.)****
15 octobre 2014	*Trilogue – amendements du Parlement européen (Bruxelles)*
22 octobre 2014	**Amendements du Parlement européen** ** (Strasbourg)**
22 octobre 2014	Lettre du Conseil au Parlement européen** ** *
28 octobre 2014	Début de la période de conciliation** ** **
6 novembre 2014	**Réunion du comité de conciliation (Bruxelles)**
11 novembre 2014	*Trilogue (Bruxelles)*
13 novembre 2014	*Trilogue (Bruxelles)*
14 novembre 2014	**Réunion du comité de conciliation (Bruxelles)**
17 novembre 2014	*Trilogue (Bruxelles)*
17 novembre 2014	**Réunion du comité de conciliation (Bruxelles)**
17 novembre 2014	Fin de la période de conciliation
28 novembre 2014	**Adoption d'un nouveau projet de budget (Commission)** ** ** ***
2, 3 et 4 décembre 2014	*Trilogue – nouveau PB pour 2015 et PBR pour 2014 (Bruxelles)*
8 décembre 2014	*Trilogue – accord politique conditionnel sur un "projet de paquet" (Bruxelles)*
12 décembre 2014	**Position du Conseil sur le nouveau projet de budget** ** ** ** (Bruxelles)**
17 décembre 2014	**Position du Parlement européen** ** ** ** * (Strasbourg)**
17 décembre 2014	**Constatation de l'adoption définitive et signature du budget par le président du PE (Strasbourg)**

** Adoption formelle du PB initial et mise à disposition de l'autorité budgétaire et des parlements nationaux dans toutes les langues officielles de l'UE le 25 juin 2014*

*** Adoption par "procédure écrite"*

**** Adoption par la Commission*

*** ** Et convocation, en accord avec le président du Conseil, du comité de conciliation*

*** ** * Confirmation que le Conseil ne peut pas accepter tous les amendements votés par le Parlement européen*

*** ** ** En parallèle, procédure de conciliation sur le PBR n° 2/2014 (voir chapitre II)*

*** ** ** * Mise à disposition dans toutes les langues officielles de l'UE le même jour*

*** ** ** ** Adoption en tant que "point A"*

*** ** ** ** * Approbation de la position du Conseil*

d'État ou de gouvernement de l'UE lors de leur réunion extraordinaire du 6 mars 2014 à Bruxelles[80]. Elles ont également évoqué la question de l'amélioration du fonctionnement du comité de conciliation en 2014, suite aux expériences des années précédentes[81].

B. Les autres trilogues organisés en 2014 sont traités pages 49-92.

2. Les travaux préparatoires (décembre 2013 – mai 2014)

A. La Direction générale du budget de la Commission a établi, le 17 décembre 2013, sa note concernant les paramètres à retenir pour établir les états prévisionnels des institutions et le projet de budget pour 2015[82]. Elle a envoyé sa circulaire budgétaire pour 2015 aux directions générales de la Commission fin décembre 2013.

La Commission a présenté le 17 janvier 2014 une programmation financière 2015-2020 mise à jour suite à l'adoption du budget pour 2014, conformément au point 30 de la Partie III de l'AII de 2013[83].

Selon une démarche similaire à celle suivie lors des trois procédures budgétaires précédentes (voir Tome III, pp. 34, 146/147 et 248), le membre de la Commission chargé de la programmation financière et du budget a adressé, le 9 janvier 2014, aux présidents des institutions, au Médiateur européen, au Contrôleur européen de la protection des données et à la Haute représentante de l'UE pour les affaires étrangères et la politique de sécurité une lettre concernant la préparation des états prévisionnels des institutions pour 2015[84].

La Commission invite ainsi toutes les institutions à élaborer leurs estimations notamment sur la base des lignes directrices générales suivantes :

- inclure 0,9 % d'adaptation des salaires (situation au 9 janvier 2014) pour chacune des deux années 2011 et 2012 ;

- inclure 1,7 % d'adaptation des salaires (avec un impact de six mois) pour l'année 2015 ;

- viser un gel nominal au niveau de 2014 de toutes les dépenses non liées aux salaires, et

- continuer de réduire de 1 % le nombre de postes inscrits dans les tableaux des effectifs, conformément au point 27 de l'AII de 2013 visant à réduire le niveau des effectifs des institutions de 5 % sur cinq ans[85].

---

[80] Déclaration des chefs d'État ou de gouvernement sur l'Ukraine, 6 mars 2014, point 7.

[81] Le Parlement européen a notamment indiqué considérer la première réunion du comité de conciliation telle qu'elle s'est déroulée tous les ans depuis la mise en place de la nouvelle procédure budgétaire de l'UE, suite à l'entré en vigueur du TFUE, comme "inutile, car ne débouchant sur aucun accord, même partiel", et dénonçant les avancées au "compte-goutte" et les résultats "à l'arraché, à la dernière minute" lors de la seconde réunion du comité de conciliation. Le PE a également été très critique envers le Conseil suite à l'absence de ministres pour le représenter lors des réunions du comité de conciliation.
Le Conseil, pour sa part, a avant tout insisté sur le "manque de transparence" pendant la période de conciliation, insistant notamment sur la nécessité d'obtenir de la Commission les documents et des tableaux chiffrés "suffisamment tôt afin de pouvoir se prononcer", et d'"être alerté à temps" notamment sur des demandes de crédits supplémentaires.

[82] Doc. *Ares(2013)3747754* (voir pages 131-132). Les évolutions du coût de vie sont estimées à +1,5 % à Bruxelles et à +1,7 % à Luxembourg pour 2014-2015. La note propose également que, suite au transfert des pensions des anciens membres du PE de la section I – Parlement européen – à la section III – Commission – du budget, effectué suite à une demande du PE dans le cadre du budget pour 2014 (voir Tome III, p. 293), et dans un souci de cohérence entre institutions, "*les pensions des membres des autres institutions concernées soient également transférées à la section de la Commission du budget*". Il s'agit de la Cour de justice (section IV), de la Cour des comptes (section V), du Médiateur européen (section VIII) et du Contrôleur européen de la protection des données (section IX).

[83] Doc. *Ares(2014)95733*. La Commission a présenté une programmation financière mise à jour pour une seconde fois en juin 2014, ensemble avec le projet de budget initial pour 2015 (doc. *SEC(2014) 357*).

[84] "Détermination des estimations de dépenses administratives des institutions pour le projet de budget 2015" (doc. *Ares(2014)33539*). Cette lettre est reproduite pages 133-134.

[85] Selon le point 27 de la Partie II de l'AII de 2013, intitulé "*Coopération des institutions à la procédure budgétaire en matière de dépenses administratives*" : "*Les économies induites par le plafond de la rubrique 5 prévu à l'annexe du règlement CFP sont réparties proportionnellement entre l'ensemble des institutions et autres organes de l'UE en fonction de leur part respective des budgets administratifs.*
Chaque institution, organe ou agence est appelé à présenter des estimations de dépenses dans le cadre de la procédure budgétaire annuelle, qui sont conformes aux orientations visées au premier alinéa.

B. Le Conseil et le Parlement européen ont adopté leurs "orientations budgétaires" pour 2015 le 18 février et le 13 mars 2014 respectivement[86].

Ces orientations ont fait l'objet d'une présentation et d'un échange de vues (conformément au point 2 de l'annexe de l'AII de 2013) lors du trilogue du 2 avril 2014 (voir page 31).

3. Le cadre financier pour l'exercice 2015

Conformément à l'article 6 du règlement fixant le CFP, la Commission a présenté, le 28 mai 2014[87], l'ajustement technique du CFP à l'évolution du RNB et des prix[88].

Le cadre financier pour l'exercice 2015 tel qu'il ressort de cet ajustement technique est présenté dans le tableau 6 ci-après.

4. Le projet de budget initial pour 2015 (11 juin 2014[89])

A. Le projet de budget initial pour 2015 adopté par la Commission s'élève à 145 599 millions d'euros en crédits pour engagements (+2,1 % par rapport au budget pour 2014[90]) et à 142 137 millions d'euros

Tableau 6. Le cadre financier pluriannuel pour l'exercice 2015

UE-28, crédits pour engagements (sauf indication contraire), en millions d'euros

Rubrique ou sous-rubrique du CFP	**Montant**
1. Croissance intelligente et inclusive	66.813
1a Compétitivité pour la croissance et l'emploi	*17.666*
1b Cohésion économique, sociale et territoriale	*49.147*
2. Croissance durable : ressources naturelles	59.599
*dont : dépenses relatives au marché et paiements directs**	*44.313*
3. Sécurité et citoyenneté	2.246
4. L'Europe dans le monde	8.749
5. Administration	9.076
dont : dépenses administratives des institutions	*7.351*
6. Compensations	0
Instruments spéciaux :	
Fonds de solidarité de l'Union européenne	541
Réserve pour aides d'urgence	303
Fonds européen d'ajustement à la mondialisation	162
Instrument de flexibilité	*510*
Marge pour imprévus	*4.175*
Total des crédits pour engagements	146.483
Crédits pour engagements (en % du RNB**)	1,05
Total des crédits pour paiements	141.901
Crédits pour paiements (en % du RNB**)	1,02
Marge disponible (%)	0,21
Plafond des ressources propres (en % du RNB)	1,23

** Ce montant ne tient pas compte du transfert net entre le FEAGA et le Feader (123 millions d'euros)*
*** Avec un RNB pour UE-28 estimé à 13.918.050 millions d'euros*

en crédits pour paiements (+4,9 %[91]). Ceci représente 1,04 % et 1,02 % respectivement du RNB escompté de l'UE.

Suite à un appel du Conseil européen des 27 et 28 juin 2013 et "*dans la logique de l'accord conclu dans le cadre des négociations sur le CFP et du budget pour 2014*"[92], la Commission propose de mobiliser l'instrument de flexibilité[93], pour un

---

Afin de neutraliser la capacité additionnelle générée par l'augmentation du temps de travail à 40 heures par semaine, le Parlement européen, le Conseil et la Commission conviennent d'une réduction progressive de 5 % des effectifs figurant dans le tableau des effectifs à la date du 1er janvier 2013. [Le Conseil et la Commission ont déjà procédé à une première réduction de 1 % des effectifs figurant dans leur tableau des effectifs à la date du 1er janvier 2013]. Cette réduction devrait s'appliquer à l'ensemble des institutions, organes et agences et être effectuée entre 2013 et 2017. Cela ne préjuge pas les droits budgétaires du Parlement européen et du Conseil".

[86] Doc. *Conseil 5852/14 FIN 75 PE-L 10 INST 69* du 5 février 2014 et *PE P7_TA(2014)0247*. Il convient de relever qu'en raison des élections du PE, celui-ci n'a pas adopté d'orientations budgétaires concernant les autres sections que la section III – Commission – du budget.

[87] Doc. *COM(2014) 307 final*.

[88] Il est rappelé qu'un déflateur fixe de 2 % est appliqué à toutes les rubriques et sous-rubriques du CFP.

[89] Comme les années précédentes, la Commission a adopté, le 11 juin 2014, l'état prévisionnel de la Commission [pour l'exercice 2015] (doc. *SEC(2014) 357 final*). Elle a adopté le projet de budget (initial) pour 2015 le 25 juin 2014 (doc. *COM(2014) 300 final*) et l'a mis à la disposition de l'autorité budgétaire et des parlements nationaux dans toutes les langues officielles de l'UE. Tous les montants présentés sous ce point concernent ce PB initial "formel".

Le Comité des représentants permanents a approuvé l'état prévisionnel pour 2015 pour le Conseil européen et le Conseil le 27 mars 2014 (doc. *Conseil 7071/14 FIN 161* du 6 mars 2014). Le Parlement européen a arrêté l'état prévisionnel pour 2015 pour la section I en plénière le 17 avril 2014 (doc. *PE P7_TA(2014)0450*).

[90] Budget rectificatif nº 1/2014 compris (voir chapitre II).

[91] Ou +1,4 % en tenant également compte du PBR nº 3/2014, présenté par la Commission le 28 mai 2014 (voir chapitre II).

[92] Doc. *Conseil européen 104/13* du 28 juin 2013, point 18 (voir Tome III, p. 303), et *COM(2014) 300 final*, p. 6.

[93] Selon la Commission, "*(le PB pour 2015 doit) remédier à la situation particulière de Chypre, en octroyant une deuxième tranche équivalente de crédits supplémentaires issus des Fonds structurels en 2015 (à savoir 100,0 millions d'euros en crédits d'engagement et 11,3 millions d'euros en crédits de paiement), sommes pour lesquelles la Commission propose de mobiliser l'instrument de flexibilité, de la même manière qu'en 2014* [en ce qui concerne les crédits d'engagement]" (doc. *COM(2014) 300 final*, p. 6).

montant de 79,8 millions d'euros en crédits d'engagement et de 11,3 millions d'euros en crédits de paiement[94], afin de compléter le financement des programmes des Fonds structurels pour Chypre au titre de la sous-rubrique *1b* (*Cohésion économique, sociale et territoriale*) du CFP.

B. Selon la Commission, le "*projet de budget pour 2015 est le premier à être établi conformément au cadre budgétaire intégral prévu par le traité de Lisbonne. À présent que le règlement fixant le cadre financier pluriannuel (CFP) pour la période 2014-2020 et les actes juridiques relatifs à la nouvelle génération de programmes de dépenses* [pour la période 2014-2020] *ont été adoptés par le législateur, toutes les conditions préalables sont réunies en vue d'une mise en œuvre adéquate des nouveaux programmes et des nouvelles mesures.*

Toutefois, la programmation financière pour 2014-2020 et la gestion des budgets annuels sont confrontées à la rareté des ressources, comme en témoignent les plafonds annuels limités du CFP. La principale priorité pour 2015 sera de veiller à doter le budget de l'UE des moyens requis pour qu'il puisse fournir pleinement sa contribution renforcée à la croissance et à l'emploi ainsi qu'à la mise en place d'une solidarité entre les États membres et les régions, tout en subissant ces contraintes manifestes.

Le projet de budget pour 2015 se concentrera sur les mesures qui apporteront des progrès réels dans la vie des citoyens européens en ciblant le soutien à l'emploi, aux entreprises, à l'éducation et à la recherche, tout en proposant des solutions pour limiter le volume croissant des demandes de paiement en souffrance, imputable à la pénurie de ressources financières observée ces dernières années"[95].

La Commission identifie les quatre priorités suivantes à la base de son PB initial pour 2015 : 1) soutenir la relance, la croissance et l'emploi, 2) accroître la réactivité de l'UE, 3) respecter les obligations de l'UE, et 4) faire preuve de rigueur administrative.

S'agissant de la première priorité (*soutenir la relance, la croissance et l'emploi*), la Commission considère notamment que la "*relance économique devrait se confirmer dans toute l'Europe en 2015. Si les prévisions de croissance restent fondées sur l'hypothèse d'une mise en œuvre telle que convenue des réformes structurelles et des mesures stratégiques actuellement en cours, il faut continuer de mettre l'accent sur l'innovation et la réforme afin de créer davantage d'emplois pour les Européens et de renforcer le potentiel de croissance. Le rôle du budget de l'UE en tant qu'outil d'investissement visant à stimuler la croissance, l'emploi et la compétitivité a été reconnu et renforcé dans le nouveau CFP. À cet égard, il convient notamment de citer l'"Initiative pour l'emploi des jeunes"*[96] *(IEJ), qui vise ceux d'entre eux qui sont sans emploi et qui ne suivent ni études ni formation, ou l'amélioration de l'accès aux financements pour les petites et moyennes entreprises (PME), de manière à développer les compétences, la formation et l'employabilité et à renforcer la recherche et l'innovation, afin de créer des effets de levier allant au-delà des possibilités propres à chaque État membre et par la réalisation d'économies d'échelle au niveau de l'UE*"[97].

S'agissant de l'*accroissement de la réactivité de l'UE*, la Commission indique que : "*Tandis que la stratégie "Europe 2020" détermine les grandes*

---

[94] Il convient de relever le peu de marges laissées par la Commission dans son PB initial pour 2015 : 1 479 millions d'euros en ce qui concerne les crédits pour engagements (et une mobilisation de l'instrument de flexibilité) et mobilisation de l'instrument de flexibilité en ce qui concerne les crédits pour paiements.

Il s'agit de la première fois depuis sa création en 2000 que la Commission propose de mobiliser l'instrument de flexibilité pour des crédits de paiement.

Selon l'interprétation des "contributeurs nets" (voir page 49), et abstraction faite des crédits de paiement rendus disponibles par une mobilisation de l'instrument de flexibilité, le PB initial dépasse le plafond des crédits pour paiements de 225 millions d'euros (soit le montant total proposé en crédits de paiement pour la réserve pour aides d'urgence, le Fonds de solidarité de l'UE et le Fonds européen d'ajustement à la mondialisation).

[95] Doc. *COM(2014) 300 final*, p. 6.

[96] Voir Tome III, pp. 250/251.

[97] Doc. *COM(2014) 300 final*, p. 6.

priorités visant à favoriser la croissance à moyen terme[98]*, la Commission doit également se positionner face aux événements les plus récents*[99]. [...] *Compte tenu de l'évolution récente sur le plan international et des discussions qui en ont découlé dans l'UE, il est clair que le renforcement de la sécurité énergétique de l'UE requiert également une attention particulière. Des moyens et actions visant à mettre en place des projets d'intérêt commun et des mesures destinées à développer les interconnexions figurent dans* [le projet de budget]"[100].

La Commission rappelle en outre, dans ce contexte, le montant de 50 millions d'euros en crédits d'engagement et de paiement inclus dans le PB initial, et destiné à "(augmenter) *la réactivité et à renforcer la solidarité entre les États membres et les pays candidats*", en permettant de préfinancer des mesures en cas de catastrophe, conformément à la base légale modifiée du Fonds de solidarité de l'UE[101] (voir page 97). S'agissant enfin de l'aide humanitaire, la Commission indique que la capacité d'intervention à bref délai de l'UE est renforcée dans le PB initial pour 2015 "*grâce à la mise en adéquation* [proposée] *du niveau des crédits de paiement avec celui des engagements*"[102].

S'agissant du *respect des obligations de l'UE,* "*comme la Commission l'a indiqué à maintes reprises, les plafonds des paiements du cadre financier pluriannuel 2014-2020 sont particulièrement limités*[103] [...]. *Les besoins en crédits de paiement en 2015 demeureront* [toutefois] *à un niveau* [...] *élevé. Ce phénomène est dû au financement anticipé de certains programmes clés soutenant la croissance et l'emploi, à la décision de prolonger jusqu'en 2016 la majoration de 10 % des taux de cofinancement pour la politique de cohésion, le développement rural et le Fonds européen pour la pêche pour les États membres connaissant des difficultés budgétaires temporaires et aux efforts continus visant à ramener à un niveau convenable le niveau des engagements restant à liquider.*

Les demandes de paiement liées à la mise en œuvre des nouveaux programmes sur le terrain seront en hausse au cours de la deuxième année de la période 2014-2020, tandis que la clôture des programmes de la période 2007-2013 nécessitera encore que des exigences strictes soient satisfaites pour plusieurs grands domaines politiques, étant donné que les plafonds des paiements sont limités, tout en ayant donné lieu à une exécution intégrale ces dernières années.

---

[98] Voir également la Communication de la Commission au Parlement européen, au Conseil, au Comité économique et social européen et au Comité des régions sur l'état des lieux de la stratégie Europe 2020 pour une croissance intelligente, durable et inclusive (doc. *COM(2014) 130* du 5 mars 2014).

[99] La Commission met en avant dans ce contexte notamment les mesures en relation avec la crise en Ukraine. "(La proposition de la Commission concernant le financement de l'Ukraine) *comporte un programme financier en vue d'un "contrat d'appui à la consolidation de l'État" sous forme de soutien budgétaire, d'un montant total de 355 millions d'euros en crédits de paiement, assorti d'un calendrier de décaissement rapide s'étalant sur l'exercice 2014 (pour lequel 250 millions d'euros ont été proposés dans le PBR nº 3/2014* [voir chapitre II]*) et l'exercice 2015* [un montant de 105 millions d'euros étant proposé dans le PB initial pour 2015]" (doc. *COM(2014) 300 final*, p. 6).

[100] *Ibid.*, p. 6. Selon la Commission, étant donné que "*ces investissements s'inscrivent dans le moyen terme et que des contraintes générales pèsent sur le niveau des crédits de paiement* [...], *le soutien est axé sur des crédits d'engagement s'élevant à 487,2 millions d'euros au titre de l'enveloppe financière du programme MIE–Énergie. Le niveau correspondant des paiements proposé dans le projet de budget est modéré, et il se peut qu'il doive être ajusté dans le courant de 2015 en fonction de l'avancement dans la mise en œuvre des projets prioritaires mentionnés dans la communication de la Commission sur la stratégie européenne de sécurité énergétique* [doc. *COM(2014) 330 final* du 28.5.2014]. *En outre, des dotations supplémentaires pour les infrastructures énergétiques seront programmées au titre de la politique de cohésion dans le cadre des enveloppes nationales respectives, selon les programmes opérationnels des États membres*" (*COM(2014) 300 final*, p. 6).

[101] JO L 189 du 27.6.2014, pp. 143/154.

[102] Doc. *COM(2014) 300 final*, p. 7.

[103] Ceci confirme selon la Commission notamment la "*nécessité d'une flexibilité spécifique et aussi grande que possible au sein du CFP*" (doc. *COM(2014) 300 final*, p. 6).

Dans ce cadre, la Commission rappelle que "*confrontée ces dernières années à des pénuries de crédits de paiement et à des niveaux d'exécution élevés et en croissance constante, ayant abouti à un renforcement des paiements de 11,2 milliards d'euros au cours de l'année 2013* [voir Tome III, pp. 219/226], *(elle) a proposé, à la fin du mois de mai 2014, de recourir à la flexibilité prévue par le règlement relatif au CFP, en demandant la mobilisation intégrale de la marge pour imprévus pour les paiements (4 milliards d'euros) en 2014, en plus du recours à la marge non allouée restant disponible sous le plafond des paiements de l'exercice (711 millions d'euros* [voir chapitre II et page 29]*).*

Les paiements supplémentaires demandés dans le projet de budget rectificatif nº 3/2014, d'un montant de 4,7 mil-

C'est la raison pour laquelle, dans son projet de budget 2015, la Commission demande à utiliser intégralement le plafond des paiements pour 2015 (141,9 milliards d'euros, soit +1,4 % par rapport au budget 2014 tel que modifié par les projets de budgets rectificatifs [n° 1 à 3/2014[104]]*).*

Même si le projet de budget pour 2015 porte les paiements en 2015 à un niveau supérieur de 2 milliards d'euros au niveau correspondant de 2014[105] *(compte tenu de la mobilisation de la marge pour imprévus), le montant considéré sera toujours inférieur de 2 milliards d'euros à celui du budget exécuté en 2013*[106]*, alors que les demandes de paiement devraient se maintenir à un niveau constant en 2015. L'afflux soutenu de demandes de paiement signifie que les contraintes de trésorerie enregistrées chaque mois limiteront elles aussi la capacité de la Commission à rembourser rapidement les demandes de paiement au titre des cinq Fonds structurels et d'investissement européens relevant de la gestion partagée avec les États membres*[107]*, en particulier dans les premiers mois de 2015. Les programmes gérés directement par la Commission, par exemple dans le domaine de la recherche, ne seront pas autant concernés par les contraintes de trésorerie en début d'année, mais la situation des paiements, généralement tendue, se répercute sur ces programmes, notamment parce qu'il faut veiller à disposer des paiements de préfinancement correspondants avant la signature des nouveaux contrats et surtout éviter d'avoir à payer des intérêts de retard*[108] *pour les contrats en cours*"[109].

S'agissant enfin de la *rigueur administrative*, la Commission souligne que "*les dépenses administratives de la Commission en 2015 vont diminuer en termes réels*[110]. [...] *En ce qui concerne ses propres dépenses administratives, la Commission a maintenu la hausse à +1,1 % (+0,7 % si on exclut*

---

liards d'euros [voir chapitre II], *sont indispensables à l'UE pour qu'elle puisse au moins contrecarrer l'effet boule de neige dû à la dangereuse multiplication des demandes de paiement en souffrance, qui constituent des obligations juridiques de l'UE, à un moment où le niveau de ces demandes reste élevé.*

Globalement, les besoins en crédits de paiement et l'exécution en 2014 concordent davantage avec le niveau du budget 2013 tel qu'exécuté (144,5 milliards d'euros [c'est-à-dire budget pour 2013, budgets rectificatifs n° 1 à 9/2013 inclus]*), tandis que le plafond des paiements pour 2014 est inférieur de 8,1 milliards d'euros* [comparé à 2013], *s'établissant à 135,9 milliards d'euros* [voir Tome III, p. 249]. *Les besoins supplémentaires en 2014 découlent en grande partie du niveau élevé des demandes de paiement au titre de la politique de cohésion reçues des États membres, qui sont restées en souffrance (23,4 milliards d'euros) à la fin de 2013*" (doc. *COM(2014) 300 final*, p. 7).

[104] Voir chapitre II.

[105] Projets de budgets rectificatifs n° 1 à 3/2014 inclus (voir chapitre II). Hors budgets rectificatifs, le montant du PB initial pour 2015 est (en crédits pour paiements) de 6,6 milliards d'euros supérieur au budget pour 2014 arrêté le 20 novembre 2013 (voir Tome III, p. 219).

[106] C'est-à-dire le budget pour 2013 budgets rectificatifs n° 1 à 9/2013 inclus. Hors budgets rectificatifs, le montant du PB initial pour 2015 est (en crédits pour paiements) de 9,3 milliards d'euros supérieur au budget pour 2013 arrêté le 12 décembre 2012 (voir Tome III, p. 135).

[107] Il s'agit du Fonds européen de développement régional (FEDER), du Fonds social européen (FSE), du Fonds de cohésion, du Fonds européen agricole pour le développement rural (Feader) et du Fonds européen pour les affaires maritimes et la pêche (FEAMP).

[108] Selon la Commission, elle a dû payer en 2014 plus de 3 millions d'euros d'intérêts de retard, à comparer à 0,7 million d'euros en 2012 et 2013 ("*Éléments d'un échéancier de paiement pour ramener le budget de l'UE sur une trajectoire viable*", 23 mars 2015, p. 30).

[109] Doc. *COM(2014) 300 final*, p. 8. La Commission indique néanmoins qu'"*à ce stade de la procédure, (elle) ne propose pas de mobiliser la marge pour imprévus pour les paiements en 2015, dans l'attente d'une confirmation de l'évolution escomptée de l'exécution dans le courant de l'année 2015. Sachant que le projet de budget pour 2015 représente une estimation prudente des demandes de paiement pour l'exercice, la Commission va continuer à suivre attentivement l'exécution des paiements, et elle proposera des mesures correctrices en cas de besoin pour s'assurer qu'elle pourra mettre en œuvre intégralement les politiques qui lui ont été confiées : à cet égard, de nouvelles mesures pourraient être nécessaires dans le courant de 2015*" (*Ibid.*, p. 6).

[110] "*Pour la troisième année consécutive, la Commission propose une diminution de 1 % de ses effectifs dans le PB pour 2015, en vue de procéder à la réduction de 5 % des effectifs sur cinq ans, convenue dans le cadre de la réforme du statut et qui s'applique à l'ensemble des institutions, organes et organismes de l'UE, conformément au point 27 de (l'AII de 2013). En plus de la réduction de 1 % de ses propres effectifs et d'une nouvelle diminution de son personnel liée à la délégation de certaines tâches d'exécution aux agences exécutives, la Commission, pour assumer de nouvelles responsabilités, comme dans le cadre du groupe de soutien à l'Ukraine ou de l'élaboration d'une stratégie européenne de sécurité énergétique, procède à un grand nombre de redéploiements internes (548 postes en 2014 et 2015) entre les directions générales et en leur sein*" (doc. *COM(2014) 300 final*, p. 8).

les dépenses administratives liées à l'adhésion de la Croatie), soit un taux inférieur à l'inflation prévue à Bruxelles et à Luxembourg[111]. [...] *Pour l'ensemble des institutions, les dépenses administratives resteront, en moyenne, stables en termes réels.*

En ce qui concerne le personnel, à l'instar de la Commission, les autres institutions (à l'exception du Parlement européen, qui se saisira de cette question après la formation de la nouvelle Assemblée) ont soit appliqué une réduction de 1 % à leurs effectifs soit fait part de leur intention de procéder de la sorte d'ici à 2017. Cependant, le projet de budget prévoit une augmentation du nombre d'emplois auprès de la Cour de justice de l'UE et du Contrôleur européen de la protection des données, afin de tenir compte de l'évolution structurelle dans ces institutions"[112].

Il convient de relever que la Commission a prévu dans son projet de budget initial pour 2015 une *révision à la baisse* des projets d'états prévisionnels[113] du *Conseil européen et du Conseil*[114], de la *Cour de justice*[115] et du *Comité des régions*[116], "*afin que l'objectif de réduction du personnel soit respecté et que leurs niveaux de dépenses cadrent mieux avec le taux d'inflation prévu en 2015.* [...] *En conséquence, les dépenses administratives toutes institutions confondues s'établissent à 6 893,1 millions d'euros (+1,6 %), ce qui, en termes réels, constitue une stabilisation de ces dépenses*"[117].

---

[111] Voir page 33. Selon la Commission, cette "*situation résulte de l'application de la réduction de -1,0 % pour les dépenses administratives autres que salariales, ainsi que du ralentissement de l'évolution des rémunérations du personnel sous l'effet de la réforme du statut, notamment des restrictions dans la progression des carrières dans les groupes de fonctions des tableaux des effectifs des administrateurs (AD) et des assistants (AST) et de la création du nouveau groupe de fonctions pour les secrétaires et commis (AST/SC). Cette situation reflète également les adaptations annuelles relatives à 2011 (0 %) et 2012 (+0,8 %), le gel des salaires et des pensions en 2013 et 2014 et le chiffre pour 2015 fondé sur le nouvel échantillon d'évolution salariale dans onze États membres de référence (estimé à +1,7 %, sur une base de six mois)*" (doc. *COM(2014) 300 final*, p. 8).

[112] *Ibid.*, p. 8. Selon la Commission, les "*dépenses administratives* [proposées] *des autres institutions* [que la Commission] *augmentent en moyenne de 2,1 %, dans une fourchette comprise entre +1,5 % pour le Comité économique et social européen et +8,1 % pour le Contrôleur européen de la protection des données, à la suite de la création d'une task-force chargée de mettre en place le nouveau comité européen de la protection des données. L'écart à la hausse dans certaines institutions pourrait compromettre la réalisation de l'objectif* [de la rigueur administrative] *fixé*" (doc. *COM(2014) 300 final*, p. 7).

[113] La Commission a commencé à modifier les états prévisionnels des institutions en 2012 (voir Tome III, p. 149), en ligne avec l'article 314, paragraphe 1, premier alinéa du TFUE, et suite aux lettres envoyées aux institutions, leur enjoignant de limiter l'augmentation des dépenses administratives à la manière de la Commission (voir page 33 et Tome III, pp. 34 et 146/147).

[114] S'agissant du Conseil européen et du Conseil (section II du budget de l'UE), la Commission a révisé les dépenses à la baisse de 7,4 millions d'euros par rapport à l'état prévisionnel, afin de les ramener au taux d'inflation attendu à Bruxelles (soit +1,5 %, au lieu des +2,9 % proposés). La Commission a réduit les deux lignes budgétaires suivantes :
- frais de voyage des délégations (-5,5 millions d'euros), et
- frais d'interprétation (-5 millions d'euros).

Par la même occasion, la Commission a inclus l'incidence de l'adaptation salariale de +0,8 % pour 2012 pour la section II (soit +3,1 millions d'euros).

Il convient de relever qu'il s'agit de la première fois que la Commission modifie l'état prévisionnel d'une des deux branches de l'autorité budgétaire.

[115] S'agissant de la Cour de justice (section IV du budget), la Commission n'a pas retenu douze postes supplémentaires (9 AD et 3 AST) demandés par la Cour pour son tableau des effectifs (et liés à la création de deux nouveaux postes d'avocats généraux, qui eux ont été retenus par la Commission), pour un montant de 0,6 million d'euros sur une base de six mois. Cette réduction ramène le taux d'augmentation pour la section IV (par rapport à 2014) à +1,7 %, au lieu de +1,8 %.

[116] S'agissant du Comité des régions (section VII), la Commission a revu le taux d'augmentation des dépenses proposé à la baisse (de +2,5 % à +1,8 %), avec l'application d'un gel nominal aux dépenses autres que salariales (-0,6 million d'euros). La Commission indique également que "(l)*'accord de coopération conclu le 5 février 2014 entre le Parlement européen et le Comité des régions* [voir Tome III, p. 287] *prévoit le transfert de 32 emplois du tableau des effectifs du Comité vers le tableau des effectifs du Parlement européen d'ici à la fin de 2015, parallèlement à un renforcement de l'influence du Comité sur la législation et les politiques de l'UE. Sur la base d'une actualisation des estimations relatives au rythme des transferts, le Comité devrait être en mesure, dans les mois à venir, d'estimer de manière plus précise le nombre d'emplois à transférer en faveur du Parlement européen. Sur cette base, le budget 2015 du Comité pourra être adapté à un stade ultérieur de la procédure budgétaire en vue de l'intégration des économies correspondantes*" (doc. *COM(2014) 300 final*, p. 64).

Il convient de rappeler que le Comité économique et social européen (section VI) est dans une situation similaire, ayant lui aussi conclu un tel accord de coopération avec le PE (voir Tome III, p. 287).

[117] Doc. *COM(2014) 300 final*, p. 8.

Selon la Commission, "*le projet de budget pour 2015 tel que proposé reflète les priorités politiques qui ont été fixées dans les nouveaux programmes relevant du CFP pour 2014-2020 et procure les moyens nécessaires au démarrage de leur mise en œuvre. Dans le même temps, la clôture des programmes 2007-2013 doit être progressivement menée à bonne fin ; pour ce faire, un niveau suffisant de crédits de paiement est nécessaire pour honorer les obligations envers les bénéficiaires des financements de l'UE, à un moment où les demandes de paiement restent à un niveau élevé. Enfin, les propositions de la Commission se rapportant aux dépenses en faveur des institutions et organes de l'UE témoignent des restrictions imposées, malgré des demandes visant à intensifier et/ou étendre leurs actions au titre du nouveau cadre financier*"[118].

S'agissant des *agences décentralisées de l'UE*, la Commission[119] indique que la "*demande en effectifs et en crédits pour les organismes décentralisés dans le PB pour 2015 repose sur la communication de la Commission "Programmation des ressources humaines et financières destinées aux organismes décentralisés pour 2014-2020"*[120]. *Elle remplit l'objectif visant à réduire de 5 % le niveau global des effectifs de ces organismes sur cinq ans, tout en permettant encore à certains d'entre eux de renforcer leur personnel afin d'accomplir de nouveaux mandats*"[121].

La Commission a inclus dans le PB initial pour 2015 un nouvel organisme, à savoir le Conseil de résolution unique[122] (CRU). "*À la suite de l'adoption du mécanisme de résolution unique en juin 2014, la Commission propose de créer une nouvelle ligne budgétaire et un tableau des effectifs correspondant pour qu'une contribution temporaire issue du budget de l'UE permette de couvrir les frais de fonctionnement du CRU durant la période de démarrage. Ce nouvel organisme sera entièrement autofinancé, à partir du deuxième trimestre de 2015, grâce aux redevances versées par le secteur bancaire sur une base structurelle*"[123].

S'agissant des *agences exécutives*, la Commission indique qu'en 2015, "*pour la gestion des nouveaux programmes de dépenses, (elle) va davantage recourir aux agences exécutives en leur déléguant des tâches d'exécution lorsqu'elles peuvent apporter des gains d'efficacité et d'efficience par rapport à une gestion "en interne" par les services de la Commission. Les effectifs et les niveaux de sub-*

[118] Doc. *COM(2014) 300 final*, p. 9.

[119] La Commission a également tenu compte, dans son projet budget initial pour 2015, des résultats de la procédure de conciliation sur le budget pour 2014. Dans ce contexte, les deux branches de l'autorité budgétaire ont décidé d'une augmentation globale de 27 postes pour les agences décentralisées par rapport au PB pour 2014, notamment pour les trois autorités de surveillance financière (Autorité bancaire européenne, Autorité européenne des assurances et des pensions professionnelles et Autorité européenne des marchés financiers ; voir Tome III, p. 295).

[120] Doc. *COM(2013) 519* du 10 juillet 2013. En d'autres termes, la Commission a continué la mise en œuvre de son "*pool* de redéploiement" du personnel des agences destiné à faciliter la mise en œuvre de l'objectif de réduction de 5 % du personnel inscrit aux tableaux des effectifs des agences en 2013-2017, mis en place dans le cadre de son PB pour 2014, et ce malgré les critiques exprimées par le PE (voir Tome III, pp. 274/280) et par de nombreuses agences. Selon la Commission, ce "*pool* de redéploiement" consiste à appliquer un "*prélèvement de 1 % sur les emplois de l'ensemble des agences. Il est proposé d'attribuer les emplois résultant de cet exercice en particulier aux agences en "phase de démarrage"* [...], *ainsi qu'à celles relevant de la catégorie "nouveau mandat"* [...]" (doc. *COM(2013) 450* du 28 juin 2013, p. 82).

[121] Doc. *COM(2014) 300 final*, p. 9. Compte tenu des délais nécessaires pour la mise en place effective du CRU et pour la création de la structure de financement par les redevances, la Commission a inclus dans le PB initial pour 2015 une "contribution-relais", d'un montant de 3,3 millions d'euros. "*Il s'agit principalement de financer les dépenses salariales et immobilières, en fonction du rythme prévu des recrutements, pour lesquels 122 postes inscrits au tableau des effectifs seront nécessaires en 2015. En fonction des progrès réalisés dans la mise en place immédiate du CRU, la Commission pourra éventuellement proposer de créer dans le budget pour 2014 la structure de financement correspondante, dans le cadre d'un prochain projet de budget rectificatif. Dans le courant de l'exercice 2015, la contribution-relais sera reversée au budget de l'UE, ce qui compensera les besoins financiers temporaires de cet organisme autofinancé*" (doc. *COM(2014) 300 final*, p. 9). Il convient de relever que la Commission n'a pas présenté en 2014 de PBR concernant le CRU.

[122] Le CRU a été institué sur la base de l'article 42 du règlement (UE) n° 806/2014 du Parlement européen et du Conseil, du 15 juillet 2014, établissant des règles et une procédure uniformes pour la résolution des établissements de crédit et de certaines entreprises d'investissement dans le cadre d'un mécanisme de résolution unique et d'un Fonds de résolution bancaire unique, et modifiant le règlement (UE) n° 1093/2010 (JO L 225 du 30.7.2014, pp. 1/90).

[123] Doc. *COM(2014) 300 final*, p. 9.

ventions prévus pour les agences dans le PB pour 2015 sont conformes au "paquet délégation"[124] *de la Commission pour la période 2014-2020. L'augmentation des effectifs des agences entraîne une hausse de 17,5 millions d'euros de la contribution de l'UE pour couvrir leurs dépenses de fonctionnement. Cette hausse est toutefois compensée par une réduction supplémentaire de 166 "têtes" dans les tableaux des effectifs de la Commission et parmi les agents contractuels de cette dernière, s'ajoutant à son propre objectif de réduction de 5 % du personnel. Cela donne lieu à une diminution de 18,0 millions d'euros des dépenses administratives correspondantes de la Commission, de sorte qu'il en résulte plus qu'une neutralité budgétaire avec la délégation de tâches aux agences exécutives*"[125].

Enfin, la Commission a prévu dans le PB initial pour 2015, sous différentes rubriques et sous-rubriques du CFP, un total de 64,5 millions d'euros en crédits de paiement pour les *projets pilotes* et les *actions préparatoires*. Comme l'année précédente, elle n'a pas inclus de crédits d'engagement pour les projets pilotes ou les actions préparatoires[126] "*étant donné que les nouvelles bases légales relevant du nouveau cadre financier viennent d'être adoptées*"[127].

C. Le projet de budget initial pour 2015 se présente par rubrique et sous-rubrique du cadre financier pluriannuel pour 2014-2020 comme suit :

- la Commission propose de doter la sous-rubrique *1a* (*Compétitivité pour la croissance et l'emploi*) de 17 447 millions d'euros en crédits d'engagement (5,8 % par rapport à 2014[128]) et de 15 583 millions d'euros en crédits de paiement (+36,2 %). La marge restante sous le plafond de cette sous-rubrique s'établit ainsi à 219 millions d'euros.

Les augmentations proposées en crédits d'engagement concernent avant tout le programme-cadre pour la recherche et l'innovation "Horizon 2020", le Mécanisme pour l'interconnexion en Europe (MIE) et les "grands projets d'infrastructures" ITER[129] et "Copernicus"[130].

Les crédits de paiement proposés sont destinés non seulement à faire face au nombre croissant de crédits d'engagement à liquider, mais également pour permettre la mise en œuvre des nouveaux programmes pour la période de programmation 2014-2020, notamment en ce qui concerne les préfinancements relatifs aux appels à propositions.

Les propositions de la Commission concernant la sous-rubrique *1a* sont récapitulées dans le tableau 7 (page 41) ;

- les crédits proposés pour la sous-rubrique *1b* (*Cohésion économique, sociale et territoriale*) s'élèvent à 49 227 millions d'euros en crédits d'engagement (+3,6 %) et à 51 602 millions d'euros en crédits de paiement (+1,3 %). La Commission propose de mobiliser l'instrument de flexibilité pour un montant de 79,8 millions d'euros en crédits d'engagement afin de compléter le financement des programmes des Fonds structurels pour Chypre.

La Commission a inclus les effets de la "concentration en amont" ("*frontloading*") des crédits d'engagement et de paiement en faveur de l'Initiative pour l'emploi des jeunes[131] (IEJ) décidée en 2013, dans le cadre de l'accord sur le cadre financier pluriannuel pour 2014-2020 (voir Tome III, pp. 237 et 251), pour un montant de 1 407,2 et 600 millions d'euros respectivement.

---

[124] Note d'information de la Commission au Parlement européen et au Conseil, du 4 octobre 2013.

[125] Doc. *COM(2014) 300 final*, p. 83.

[126] La Commission n'a inclus dans le PB initial pour 2015 que des mentions "p.m." en ce qui concerne les crédits d'engagement pour les projets pilotes et les actions préparatoires (voir Tome III, p. 254, et tableau 16, page 64).

[127] Doc. *COM(2014) 300 final*, p. 9.

[128] Budget rectificatif n° 1/2014 compris.

[129] *International Thermonuclear Experimental Reactor* ou réacteur thermonucléaire expérimental international (JO L 349 du 21.12.2013, pp. 100/102).

[130] Il s'agit d'un programme d'observation de la Terre (JO L 122 du 24.4.2014, pp. 44/66).

[131] Il s'agit de l'enveloppe spécifique complémentaire (voir Tome III, p. 259).

Tableau 7. Proposition de la Commission concernant la sous-rubrique *1a* (*Compétitivité pour la croissance et l'emploi*) du cadre financier pluriannuel dans le PB initial pour 2015

En millions d'euros et en pourcentage

	Crédits d'engagement			Crédits de paiement		
	PB pour 2015	**%**	**Budget pour 2014***	**PB pour 2015**	**%**	**Budget pour 2014***
Cadre stratégique commun (CSC) pour la recherche et l'innovation	9.862	*56,5*	9.308	9.312	*59,8*	6.488
- Horizon 2020 (2014-2020)	*9.560*	*54,8*	*9.022*	*8.970*	*57,6*	*6.240*
Excellence scientifique	*2.892*	*16,6*	*2.881*	*1.194*	*7,7*	*235*
Défis de société	*2.543*	*14,6*	*2.788*	*1.370*	*8,8*	*189*
Primauté industrielle	*1.905*	*10,9*	*1.772*	*1.095*	*7,0*	*423*
Entreprises communes	*1.077*	*6,2*	*610*	*346*	*2,2*	*77*
Dépenses d'appui	*634*	*3,6*	*637*	*634*	*4,1*	*637*
Institut européen d'innovation et de technologie (IET)	*279*	*1,6*	*235*	*229*	*1,5*	*121*
Propager l'excellence et élargir la participation	*148*	*0,8*	*67*	*88*	*0,6*	*5*
Activités horizontales de "Horizon 2020"	*48*	*0,3*	*0*	*10*	*0,1*	*0*
Activités non nucléaires du centre commun de recherches (CCR)	*35*	*0,2*	*34*	*28*	*0,2*	*10*
Achèvement des activités antérieures (avant 2014)	*0*	*0,0*	*0*	*3.976*	*25,5*	*4.542*
- Programme Euratom de recherche et de formation (2014-2018)	*302*	*1,7*	*287*	*342*	*2,2*	*248*
Euratom	*187*	*1,1*	*151*	*187*	*1,2*	*66*
Dépenses d'appui	*115*	*0,7*	*136*	*115*	*0,7*	*136*
Achèvement des activités antérieures (avant 2014)	*0*	*0,0*	*0*	*41*	*0,3*	*46*
Grands projets d'infrastructures	2.509	*14,4*	2.417	1.966	*12,6*	1.945
- Systèmes européens de navigation par satellite (GNSS) "Egnos" et "Galileo"	*1.061*	*6,1*	*1.326*	*935*	*6,0*	*1.193*
- Réacteur thermonucléaire expérimental international (ITER)	*892*	*5,1*	*728*	*518*	*3,3*	*563*
- Programme européen d'observation de la Terre (Copernicus)	*556*	*3,2*	*363*	*514*	*3,3*	*188*
Mécanisme pour l'interconnexion en Europe (MIE)	2.225	*12,8*	1.976	1.452	*9,3*	823
- Transports	*1.646*	*9,4*	*1.482*	*1.301*	*8,3*	*793*
- Énergie	*487*	*2,8*	*410*	*79*	*0,5*	*13*
- Technologies de l'information et des communications (TIC)	*92*	*0,5*	*84*	*73*	*0,5*	*16*
Éducation, formation, jeunesse et sport ("Erasmus+")	1.592	*9,1*	1.559	1.390	*8,9*	1.424
Compétitivité des entreprises et des petites et moyennes entreprises ("COSME")	281	*1,6*	254	316	*2,0*	221
- Améliorer l'accès au financement	*163*	*0,9*	*141*	*99*	*0,6*	*77*
- Promouvoir l'esprit d'entreprise	*107*	*0,6*	*103*	*72*	*0,5*	*15*
- Dépenses d'appui	*12*	*0,1*	*11*	*12*	*0,1*	*11*
- Achèvement des activités antérieures (avant 2014)	*0*	*0,0*	*0*	*132*	*0,8*	*120*
Sûreté nucléaire et démantèlement	133	*0,8*	130	158	*1,0*	180
Programme pour l'emploi et l'innovation sociale	123	*0,7*	123	90	*0,6*	102
Programmes "Douane 2020" et "Fiscalis 2020" et lutte contre la fraude	122	*0,7*	118	85	*0,5*	90
Projets énergétiques en vue d'aider à la relance économique (plan de relance)	p.m.		p.m.	263	*1,7*	140
Autres programmes et actions	217	*1,2*	203	184	*1,2*	237
Prérogatives et compétences spécifiques de la Commission	132	*0,8*	136	104	*0,7*	111
Projets pilotes et actions préparatoires	p.m.		19	16	*19,0*	28
Subventions pour quinze agences décentralisées*** et l'IET***	251	*1,4*	239	249	*1,6*	239
Total	**17.447**	***100,0***	**16.484**	**15.583**	***100,0***	**12.028**

** Budget rectificatif n° 1/2014 et projets de budgets rectificatifs n° 2 et 3/2014 inclus   ** Y inclus le nouveau Conseil de résolution unique (voir page 39)   *** Voir tableau 30, page 99*

S'agissant des crédits de paiement proposés, la Commission indique qu'ils ne suffiront pas, "*selon toute probabilité*", à réduire de manière notable les arriérés de paiements en souffrance en fin d'année. Cette situation "*a des répercussions négatives sur la capacité de la Commission à tenir le délai de paiement de 60 jours pour les demandes qui arrivent dans les derniers mois de l'année civile. Dans le même temps, cela entraîne des problèmes de trésorerie pour les États membres et rend plus difficile le préfinancement national de nouvelles opérations*"[132].

Les propositions de la Commission concernant la sous-rubrique *1b* sont reprises dans le tableau 8 (page 43). Le tableau 9 (page 43) récapitule les propositions de la Commission par Fonds ;

- les crédits proposés pour la rubrique *2* (*Croissance durable : ressources naturelles*) sont de 59 254 millions d'euros en crédits d'engagement (-0,02 %), dont 43 904 millions d'euros pour les dépenses de marché et paiements directs (+0,3 %), et de 56 907 millions d'euros en crédits de paiement (+0,8 %), dont 43 897 millions d'euros pour les dépenses de marché et paiements directs (+0,3 %). La marge restante sous le plafond de la rubrique est de 345 millions d'euros.

La marge pour les dépenses de marché et paiements directs est de 286 millions d'euros. Une marge subsiste même si la Commission a demandé l'activation du mécanisme de discipline financière afin de constituer la réserve pour les crises dans le secteur agricole[133] (voir page 101).

S'agissant plus spécialement du Fonds européen agricole de garantie, la Commission indique notamment que "(c)*ompte tenu d'un montant de recettes affectées estimé à 1 030,0 millions d'euros, les prévisions budgétaires concernant les dépenses du FEAGA en 2015 restent inférieures de 286,0 millions d'euros au sous-plafond net du FEAGA. Néanmoins, en mars 2014, la Commission a proposé de réduire le niveau des paiements directs au moyen du mécanisme de discipline financière*[134]*, en vue de la constitution de la "réserve pour les crises dans le secteur agricole" 135 pour 2015, pour un montant de 433,0 millions d'euros, à inscrire dans un article budgétaire distinct du chapitre budgétaire 05 03 ("Aides directes"). L'ajustement au titre de la discipline financière s'applique uniquement aux montants supérieurs à 2 000 euros et ne concerne pas les États membres qui sont toujours dans la phase d'introduction progressive des aides directes. Le taux proposé de discipline financière nécessaire pour établir la réserve pour les crises et qui doit être appliqué au chapitre budgétaire 05 03 ("Aides directes") dans son ensemble s'élève à 1,301951 %*[136]"[137].

Concernant le développement rural, "*les crédits de paiement* [proposés] *diminuent de -0,5 % par rapport au budget 2014 tel que modifié par le projet de budget rectificatif n° 3/2014. Si une part significative des crédits de paiement devrait servir, en 2015, à rembourser les dépenses liées aux programmes 2007-2013, il est peu probable que le niveau des crédits de paiement soit suffisant pour réduire l'arriéré de demandes en souffrance attendu à la fin de*

---

[132] Doc. *COM(2014) 300 final*, p. 13.

[133] En ligne avec la proposition de règlement du Parlement européen et du Conseil fixant un taux d'ajustement des paiements directs prévu par le règlement (CE) n° 73/2009 du Conseil en ce qui concerne l'année civile 2014 (doc. *COM(2014) 175* du 21 mars 2014).

[134] Les dispositions précises sur la discipline financière sont fixées à l'article 26 du règlement (UE) n° 1306/2013 du Parlement européen et du Conseil, du 17 décembre 2013, relatif au financement, à la gestion et au suivi de la politique agricole commune (JO L 347 du 20.12.2013, pp. 549/607).

[135] Conformément à l'article 25 du règlement (UE) n° 1306/2013. Les crédits en faveur de la réserve pour les crises dans le secteur agricole sont destinés à financer les mesures nécessaires au traitement des situations de crise majeure affectant la production ou la distribution dans le secteur agricole, dans le cas où les crédits disponibles sur les autres lignes opérationnelles, en particulier celles qui financent les interventions sur les marchés agricoles, ne sont pas suffisants.

Lorsque la Commission considère qu'il y a lieu de faire appel à la réserve, elle présente à l'autorité budgétaire, conformément à l'acte législatif pertinent concernant les mesures concrètes à prendre, une proposition de transfert de crédits de la réserve vers les lignes budgétaires correspondantes finançant les mesures jugées nécessaires. Les crédits non utilisés de la réserve pour les crises dans le budget pour 2014 (424,5 millions d'euros) seront reportés sur l'exercice budgétaire 2015 et serviront à rembourser les bénéficiaires des aides directes. De la même manière que dans le PB initial pour 2015, une nouvelle réserve est créée chaque année par application du mécanisme de discipline financière aux aides directes.

[136] Doc. *COM(2014) 175*.

[137] Doc. *COM(2014) 300 final*, p. 36.

Tableau 8. Proposition de la Commission concernant la sous-rubrique *1b* (*Cohésion économique, sociale et territoriale*) du cadre financier pluriannuel dans le PB initial pour 2015

En millions d'euros et en pourcentage

	Crédits d'engagement			Crédits de paiement		
	PB pour 2015	%	Budget pour 2014*	PB pour 2015	%	Budget pour 2014*
Investissement pour la croissance et l'emploi	45.147	*91,7*	43.514	48.823	*94,6*	51.645
- Convergence régionale (régions moins développées)	*24.203*	*49,2*	*23.264*	*27.804*	*53,9*	*32.203*
- Compétitivité (régions plus développées)	*7.529*	*15,3*	*7.403*	*7.053*	*13,7*	*8.075*
- Régions en transition	*4.854*	*9,9*	*4.698*	*931*	*1,8*	*276*
- Régions ultrapériphériques et à faible densité de population	*213*	*0,4*	209	*39*	*0,1*	*13*
- Fonds de cohésion	*8.347*	*17,0*	*7.939*	*12.996*	*25,2*	*11.078*
Coopération territoriale européenne	738	*1,5*	506	1.196	*2,3*	1.702
Assistance technique et actions innovatrices	193	*0,4*	189	185	*0,4*	135
Initiative pour l'emploi des jeunes (IEJ)**	1.407	*2,9*	1.804	600	*1,2*	450
Mécanisme pour l'interconnexion en Europe (MIE)***	1.217	*2,5*	983	410	*0,8*	p.m.
Aide européenne aux plus démunis (FEAD)	525	*1,1*	501	379	*0,7*	406
Projets pilotes et actions préparatoires	p.m.		6	9	*0,0*	9
Total	**49.227**	***100,0***	**47.502**	**51.602**	***100,0***	**54.346**

** Budget rectificatif n° 1/2014 et projets de budgets rectificatifs n° 2 et 3/2014 inclus ** Enveloppe spécifique complémentaire *** Contribution du Fonds de cohésion*

Tableau 9. Proposition de la Commission concernant la sous-rubrique *1b* (*Cohésion économique, sociale et territoriale*) du cadre financier pluriannuel dans le PB initial pour 2015 par Fonds

En millions d'euros et en pourcentage

Période		Crédits d'engagement			Crédits de paiement		
		PB pour 2015	%	Budget pour 2014*	PB pour 2015	%	Budget pour 2014*
2000-2006	FEDER	0		0	0		0
	Fonds de cohésion	p.m.		p.m.	450	*0,9*	570
	FSE	0		0	0		0
	Total	**0**		**0**	**450**	***0,9***	**570**
2007-2013	FEDER	0		0	22.005	*42,6*	30.174
	Fonds de cohésion	p.m.		p.m.	10.834	*21,0*	10.003
	FSE	0		0	7.376	*14,3*	9.766
	Total	**0**		**0**	**40.215**	***77,9***	**49.943**
2014-2020	FEDER	26.694	*54,2*	24.859	5.656	*11,0*	1.569
	Fonds de cohésion	8.347	*17,0*	7.939	1.712	*3,3*	505
	FSE	12.252	*24,9*	13.025	2.535	*4,9*	1.142
	- dont enveloppe spécifique complémentaire de l'IEJ	*1.407*	*2,9*	*1.804*	*600*	*1,2*	*450*
	FEAD	525	*1,1*	501	379	*0,7*	406
	Contribution MIE	1.217	*2,5*	983	410	*0,8*	p.m.
	Total	**49.034**	***99,6***	**47.308**	**10.692**	***20,7***	**3.622**
Total	FEDER	26.694	*54,2*	24.859	27.661	*53,6*	31.743
	Fonds de cohésion	8.347	*17,0*	7.939	12.996	*25,2*	11.078
	FSE	12.252	*24,9*	13.025	9.911	*19,2*	10.908
	- dont enveloppe spécifique complémentaire de l'IEJ	*1.407*	*2,9*	*1.804*	*600*	*1,2*	*450*
	FEAD	525	*1,1*	501	379	*0,7*	406
	Contribution MIE	1.217	*2,5*	983	410	*0,8*	p.m.
	Total	**49.034**	***99,6***	**47.308**	**51.357**	***99,5***	**54.135**
Assistance technique et actions innovatrices		193	*0,4*	189	185	*0,4*	135
Autres		0	*0,0*	6	59	*0,1*	77
Total général		**49.227**	***100,0***	**47.502**	**51.602**	***100,0***	**54.346**

** Budget rectificatif n° 1/2014 et projets de budgets rectificatifs n° 2 et 3/2014 inclus*

2014. Ce phénomène pourrait limiter la capacité de la Commission à tenir le délai de paiement de 45 jours pour les demandes qui arrivent dans les derniers mois de l'année civile. Cela entraînerait, dans le même temps, des problèmes de trésorerie pour les États membres et rendrait plus difficile le financement national du développement rural"[138].

Les propositions de la Commission concernant la rubrique *2* sont reprises dans le tableau 10 (page 45) ;

- les crédits proposés pour la rubrique *3* (*Sécurité et citoyenneté*) s'élèvent à 2 131 millions d'euros en crédits d'engagement (-1,9 %) et à 1 881 millions d'euros en crédits de paiement (+12,2 %). La marge restante sous le plafond de la rubrique s'établit ainsi à 115 millions d'euros.

Les crédits de paiement proposés augmentent avant tout suite au lancement du Fonds "Asile, migration et intégration"[139] (FAM) et du Fonds pour la sécurité intérieure[140] (FSI).

Les propositions de la Commission concernant la rubrique *3* sont reprises dans le tableau 11 (page 45) ;

- les crédits proposés pour la rubrique *4* (*L'Europe dans le monde*) s'élèvent à 8 413 millions d'euros en crédits d'engagement (+1,1 %) et à 7 327 millions d'euros en crédits de paiement (+18,3 %). La marge restante sous le plafond de cette rubrique est ainsi de 336 millions d'euros.

"*L'enveloppe financière pour les trois plus grands instruments financiers à finalité politique*[141] *est globalement maintenue au même niveau qu'en 2014 (-0,6 %). Ces instruments ont été rationalisés et leur flexibilité a été accrue. Ensemble, ils continuent de représenter près des trois quarts du financement de l'action extérieure.*

Le plus grand instrument suivant est l'aide humanitaire. Le montant prévu en 2015 (918,8 millions d'euros) est lui aussi globalement maintenu au même niveau qu'en 2014 (-0,2 %). L'UE continuera de venir en aide aux groupes les plus vulnérables de la société mondiale touchés par des catastrophes d'origine naturelle et/ou humaine. La possibilité de recourir à la "réserve d'aide d'urgence" offre une flexibilité supplémentaire pour couvrir les besoins d'aide humanitaire.

Le financement au titre de l'Instrument européen pour la démocratie et les droits de l'homme (IEDDH) garde son importance primordiale pour la diffusion des valeurs européennes dans les domaines de la démocratie et des droits de l'homme et est maintenu globalement au même niveau qu'en 2014. Les dépenses au titre de cet instrument couvrent aussi les missions d'observation électorale entreprises en coopération avec le Parlement européen et les États membres. 320,8 millions d'euros sont alloués à l'Instrument contribuant à la stabilité et à la paix ainsi qu'à la politique étrangère et de sécurité commune[142] *(PESC), ce qui, par rapport à 2014, représente une hausse de 0,8 % et de 2,0 %, respectivement. L'enveloppe financière du nouvel Instrument de partenariat reste globalement stable, les crédits d'engagement s'élevant à 119,2 millions d'euros (+ 0,3 %)*"[143].

Les propositions de la Commission concernant la rubrique *4* sont reprises dans le tableau 12 (page 46) ;

- les crédits proposés pour la rubrique *5* (*Administration*) s'élèvent à 8 612 millions d'euros (+2,5 %). La marge restante sous le plafond de cette rubrique s'établit ainsi à 464 millions d'euros.

Les crédits proposés pour les dépenses administratives des institutions s'élèvent à 6 893 millions d'euros (+1,5 %). La marge est de 458 millions d'euros.

---

[138] Doc. *COM(2014) 300 final*, p. 13.
[139] JO L 150 du 20.5.2014, pp. 168/194.
[140] *Ibid.*, pp. 143/167.
[141] Il s'agit de l'Instrument d'aide de préadhésion (IAP), de l'Instrument européen de voisinage (IEV) et de l'Instrument de financement de la coopération au développement (ICD).
[142] La Commission propose de doter la PESC en 2015 de 268,5 millions d'euros en crédits de paiement (chapitre *19 03* et poste *19 01 04 02*, ce dernier pour les dépenses d'appui pour la PESC).
[143] Doc. *COM(2014) 300 final*, p. 53.

Tableau 10. Proposition de la Commission concernant la rubrique *2* **(*Croissance durable : ressources naturelles*) du cadre financier pluriannuel dans le PB initial pour 2015**

En millions d'euros et en pourcentage

	Crédits d'engagement			Crédits de paiement		
	PB pour 2015	*%*	**Budget pour 2014***	**PB pour 2015**	*%*	**Budget pour 2014***
Fonds européen agricole de garantie (FEAGA)**	43.904	*74,1*	43.778	43.897	*77,1*	43.777
Fonds européen agricole pour le développement rural (Feader)	13.824	*23,3*	13.991	11.647	*20,5*	11.705
Fonds européen pour les affaires maritimes et la pêche (FEAMP)	885	*1,5*	866	810	*1,4*	658
Accords de pêche durable et contributions aux organisations régionales et internationales	151	*0,3*	151	150	*0,3*	84
Environnement et action pour le climat (Life+)	435	*0,7*	405	330	*0,6*	261
- Politique environnementale au niveau de l'UE et au niveau international	*327*	*0,6*	*304*	*95*	*0,2*	*31*
- Action pour le climat au niveau de l'UE et au niveau international	*108*	*0,2*	*101*	*59*	*0,1*	*15*
- Achèvement des activités antérieures (avant 2014)	*0*	*0,0*	*0*	*177*	*0,3*	*215*
Prérogatives et compétences spécifiques de la Commission	5	*0,0*	7	5	*0,0*	3
Projets pilotes et actions préparatoires	p.m.		19	18	*0,0*	27
Subventions pour trois agences décentralisées***	50	*0,1*	50	50	*0,1*	50
Total	**59.254**	***100,0***	**59.267**	**56.907**	***100,0***	**56.565**

** Budget rectificatif n° 1/2014 et projets de budgets rectificatifs n° 2 et 3/2014 inclus* *** Dépenses relatives aux marchés et paiements directs* **** Voir tableau 30, page 99*

Tableau 11. Proposition de la Commission concernant la rubrique *3* **(*Sécurité et citoyenneté*) du cadre financier pluriannuel dans le PB initial pour 2015**

En millions d'euros et en pourcentage

	Crédits d'engagement			Crédits de paiement		
	PB pour 2015	*%*	**Budget pour 2014***	**PB pour 2015**	*%*	**Budget pour 2014***
Fonds "Asile, migration et intégration" (FAM)	417	*19,6*	403	351	*18,7*	146
Fonds pour la sécurité intérieure (FSI)	415	*19,5*	403	282	*15,0*	230
Denrées alimentaires et aliments pour animaux	259	*12,2*	253	225	*12,0*	218
Europe créative	178	*8,4*	181	166	*8,8*	184
Santé	60	*2,8*	59	59	*3,1*	45
Droits, égalité et citoyenneté	57	*2,7*	55	50	*2,7*	55
Justice	49	*2,3*	47	44	*2,3*	36
Mécanisme de protection civile de l'Union	29	*1,4*	28	29	*1,5*	30
Consommateurs	25	*1,2*	24	22	*1,2*	22
L'Europe pour les citoyens	24	*1,1*	25	19	*1,0*	28
Systèmes informatiques	19	*0,9*	19	23	*1,2*	10
- Système d'information Schengen (SIS II)	*9*	*0,4*	*9*	*10*	*0,5*	*5*
- Système d'information sur les visas (VIS)	*9*	*0,4*	*9*	*13*	*0,7*	*5*
- Base de données européenne des empreintes digitales (Eurodac)	*0*	*0,0*	*0*	*0*	*0,0*	*0*
Autres programmes et actions	p.m.		p.m.	p.m.		1
Prérogatives et compétences spécifiques de la Commission	85	*4,0*	167	89	*4,7*	163
- dont actions de communication	*84*	*3,9*	*86*	*88*	*4,7*	*82*
Projets pilotes et actions préparatoires	p.m.		17	10	*0,5*	18
Subventions pour douze agences décentralisées**	515	*24,2*	490	513	*27,3*	490
Total général	**2.131**	***100,0***	**2.172**	**1.881**	***100,0***	**1.677**

** Budget rectificatif n° 1/2014 et projets de budgets rectificatifs n° 2 et 3/2014 inclus* *** Voir tableau 30, page 99*

Tableau 12. Proposition de la Commission concernant la rubrique *4* (*L'Europe dans le monde*) du cadre financier pluriannuel dans le PB initial pour 2015

En millions d'euros et en pourcentage

	Crédits d'engagement			Crédits de paiement		
	PB pour 2015	*%*	**Budget pour 2014***	**PB pour 2015**	*%*	**Budget pour 2014***
Instrument de financement de la coopération au développement (ICD)	2.468	*29,3*	2.341	2.082	*28,4*	1.776
Instrument européen de voisinage (IEV)	2.027	*24,1*	2.192	1.546	*21,1*	1.630
Instrument d'aide de préadhésion (IAP II)	1.580	*18,8*	1.578	1.567	*21,4*	1.437
Aide humanitaire	919	*10,9*	920	919	*12,5*	1.035
Instrument contribuant à la stabilité et à la paix (IdS)	321	*3,8*	318	225	*3,1*	258
Politique étrangère et de sécurité commune (PESC)	321	*3,8*	315	269	*3,7*	235
Instrument européen pour la démocratie et les droits de l'homme (IEDDH)	183	*2,2*	184	151	*2,1*	120
Fonds de garantie relatif aux actions extérieures	144	*1,7*	58	144	*2,0*	58
Instrument de partenariat pour la coopération avec les pays tiers (IP)	119	*1,4*	119	95	*1,3*	38
Assistance macrofinancière (AMF)	78	*0,9*	60	74	*1,0*	52
Instrument relatif à la coopération en matière de sûreté nucléaire (ICSN)	61	*0,7*	31	60	*0,8*	56
Mécanisme de protection civile de l'Union	17	*0,2*	20	13	*0,2*	6
Initiative "Volontaires de l'aide de l'UE" (VAUE)	15	*0,2*	13	11	*0,2*	3
Autres programmes et actions	76	*0,9*	74	66	*0,9*	52
Prérogatives et compétences spécifiques de la Commission	64	*0,8*	65	72	*1,0*	45
Projets pilotes et actions préparatoires	p.m.		17	13	*0,2*	20
Subvention pour la Fondation européenne pour la formation	20	*0,2*	20	20	*0,3*	20
Total général	**8.413**	***100,0***	**8.325**	**7.327**	***100,0***	**6.842**

** Budget rectificatif n° 1/2014 et projets de budgets rectificatifs n° 2 et 3/2014 inclus*

L'approche retenue par la Commission en ce qui concerne ses dépenses administratives a été présentée *supra*, pages 37-38.

La Commission souligne une hausse attendue du nombre de pensionnés en 2015 (+3,9 % par rapport à 2014). Les dépenses proposées pour les pensions et les Écoles européennes s'établissent ainsi à 1 719,3 millions d'euros (soit +6 %).

Il convient également de tenir compte du transfert, à la section III – Commission – du budget, des pensions des anciens membres du Parlement européen (à partir du budget pour 2014[144]), ainsi que les pensions de la Cour de justice, de la Cour des comptes, du Médiateur européen et du Contrôleur européen de la protection des données (à partir du PB initial pour 2015).

S'agissant des autres institutions, la Commission rappelle que compte tenu "*des modifications apportées par la Commission pour faire en sorte que les projets d'états prévisionnels des dépenses du Conseil, de la Cour de justice et du Comité des régions cadrent mieux avec le niveau d'inflation attendu en 2015* [voir page 33], *les dépenses requises pour les institutions laissent une marge de 457,9 millions d'euros en deçà du sous-plafond pour les dépenses administratives des institutions (hors pensions et Écoles européennes). Cette situation témoigne des efforts constants déployés par la Commission et les autres institutions pour limiter leurs propres dépenses administratives grâce aux réductions de personnel et à d'autres économies, dans la logique de la diminution de 5 % sur cinq ans des effectifs dans l'ensemble des institutions et organes de l'UE, telle que prévue par l'accord interinstitutionnel du 2 décembre 2013 dans le cadre de la réforme du statut*"[145].

Les montants proposés par la Commission concernant la rubrique *5* sont présentées dans le tableau 13 ci-après.

Tableau 13. Montants proposés pour la rubrique *5* (*Administration*) du cadre financier pluriannuel dans le PB initial pour 2015

En crédits d'engagement (en millions d'euros) et en pourcentage

Parlement européen	1.795	*20,8%*
Conseil européen et Conseil	542	*6,3%*
Commission*	3.297	*38,3%*
OP	*80*	*0,9%*
OLAF	*58*	*0,7%*
EPSO et EUSA	*27*	*0,3%*
PMO	*37*	*0,4%*
OIB	*69*	*0,8%*
OIL	*24*	*0,3%*
Cour de justice	354	*4,1%*
Cour des comptes	134	*1,6%*
CESE	130	*1,5%*
Comité des régions	89	*1,0%*
Médiateur européen*	10	*0,1%*
CEPD	9	*0,1%*
SEAE	531	*6,2%*
Écoles européennes**	160	*1,9%*
Pensions	1.559	*18,1%*
- Fonctionnaires etc.	*1.540*	*17,9%*
- Anciens membres des institutions	*20*	*0,2%*
Total	**8.612**	***100,0%***

** Hors contribution aux Écoles européennes de type "II"*
*** Y compris les contributions des institutions aux Écoles européennes de type "II" (pour la Commission et le Médiateur européen)*

Les modifications aux tableaux des effectifs des institutions proposées dans le projet de budget initial pour 2015 sont présentées dans le tableau 28 (page 98).

Enfin, s'agissant des *instruments spéciaux* disposant de lignes budgétaires spécifiques dans le budget de l'UE[146], la Commission propose :

- 303 millions d'euros en crédits d'engagement et 150 millions d'euros en crédits de paiement pour la réserve pour aides d'urgence (article *40 02 42*) ;

- 162,4 millions d'euros en crédits d'engagement et 25 millions d'euros en crédits de paiement pour le Fonds européen d'ajustement à la mondialisation (articles *04 04 01* et *40 02 43*[147]), et

[144] Voir Tome III, p. 293.

[145] Doc. *COM(2014) 300final*, p. 14. Le document présente, pp. 72/73, l'évolution de la réduction des effectifs par institution depuis 2012, ainsi que les réductions restant à atteindre jusqu'à 2017 (voir également page 54, note en bas de page 178).

[146] Il s'agit de la réserve pour aides d'urgence, du Fonds de solidarité de l'UE et du Fonds européen d'ajustement à la mondialisation.

[147] Intitulés "*FEM – pour soutenir les travailleurs licenciés et les travailleurs indépendants en cessation d'activité en raison de la mondialisation*" et "*Réserve pour le Fonds européen d'ajustement à la mondialisation*" respectivement. Le premier article est dôté d'un "p.m." en crédits d'engagement et de 25 millions d'euros en crédits de paiement et le second de 162,4 millions d'euros en crédits d'engagement et d'un "p.m." en crédits de paiement.

- 50 millions d'euros en crédits d'engagement et de paiement pour le Fonds de solidarité de l'UE (article *13 06 01*[148]). Ces montants sont destinés au paiement d'avances[149] en cas de catastrophe naturelle dans les États membres. À ce titre, la Commission a présenté, ensemble avec le PB initial, une proposition de décision de mobilisation du Fonds de solidarité de l'UE[150].

5. La position du Conseil sur le projet de budget initial pour 2015 (2 septembre 2014[151])

A. La position du Conseil sur le projet de budget initial pour 2015 s'élève à 145 077 millions d'euros en crédits pour engagements et à 139 997 millions d'euros en crédits pour paiements[152], ce qui correspond à une augmentation de 1,7 % et de 3,3 % respectivement par rapport au budget pour 2014[153]. Les crédits pour engagements correspondent à 1,04 % et les crédits pour paiements à 1 % du RNB. Les marges laissées sous les plafonds du CFP sont de 2 001 millions d'euros en crédits pour engagements et de 2 129 millions d'euros en crédits pour paiements[154].

Le Conseil a retenu la proposition de la Commission de mobiliser l'instrument de flexibilité, pour un montant de 79,8 millions d'euros en crédits d'engagement, afin de ccompléter le financement des programmes des Fonds structurels pour Chypre. Par contre, il n'a pas retenu la proposition de le mobiliser pour des crédits de paiement[155].

Lors de l'adoption de la position du Conseil sur le PB initial pour 2015, certains États membres "bénéficiaires nets"[156] d'une part, et certains États mem-

---

[148] Intitulé "*Assistance aux États membres en cas de catastrophe naturelle majeure ayant de graves répercussions sur les conditions de vie, l'environnement naturel et l'économie*". L'article *13 06 02* (*Assistance aux pays dont l'adhésion est en cours de négociation en cas de catastrophe naturelle majeure ayant de graves répercussions sur les conditions de vie, l'environnement naturel et l'économie*) contient des "p.m.".

[149] C'est-à-dire que ces montants sont destinés à un "préfinancement" des dépenses encourues par les États membres, si ceux-ci en font la demande.

[150] Doc. *COM(2014) 348final* du 11 juin 2014.

[151] Afin de respecter les délais prévus à l'article 4 du protocole n° 1 (sur le rôle des parlements nationaux dans l'UE) annexé aux traités (JO C 83 du 30.3.2010, p. 204), le Conseil a adopté sa position sur le projet de budget initial pour 2015 par "procédure écrite". Le Royaume-Uni s'est abstenu.

La décision arrêtant la position du Conseil a été publiée au JO C 295 du 3.9.2014, p. 1. Afin de respecter les 42 jours réservés au PE par l'article 314, paragraphe 4 du TFUE, la lettre de transmission de la position du Conseil au Parlement européen est datée du 12 septembre 2014 (voir page 117).

Suite à cette position, mais également pour souligner l'importance d'adopter le PBR n° 3/2014 le plus rapidement possible, le président de la Commission a envoyé, le 30 septembre 2014, une lettre au Conseil (doc. *Ares(2014)3221094*). Cette lettre rappelle également l'existence de recettes exceptionnelles en 2014, pouvant contribuer utilement à faciliter l'obtention d'un accord au sein du Conseil, et la position de la Commission en ce qui concerne le traitement des crédits de paiement pour les instruments spéciaux. Elle est reproduite pages 136-137.

[152] En d'autres termes, le Conseil a réduit les crédits pour engagements proposés par la Commission dans son PB initial (hors LR) de 522 millions d'euros et les crédits pour paiements de 2 140 millions d'euros (soit plus du double par rapport à l'année précédente). Par rapport au budget pour 2014 (budget rectificatif n° 1/2014 inclus), la position du Conseil augmente les crédits pour engagements de 2 437 millions d'euros et les crédits pour paiements de 4 492 millions d'euros.

[153] Budget rectificatif n° 1/2014 compris (voir chapitre II).

[154] Selon la présentation de la Commission, et abstraction faite de la question du traitement des crédits de paiement liés à la mobilisation de l'instrument de flexibilité en crédits d'engagement. Le Conseil a retenu dans sa position les 150 millions d'euros en crédits de paiement proposés pour la réserve pour aides d'urgence, les 50 millions d'euros en crédits de paiement proposés pour le Fonds de solidarité de l'UE et les 25 millions d'euros en crédits de paiement proposés pour le Fonds européen d'ajustement à la mondialisation.

[155] Abstraction faite de la question plus générale de la "souhaitabilité" d'une mobilisation de l'instrument de flexibilité pour des crédits de paiement, le Conseil n'a pas considéré sa mobilisation pour des crédits de paiement nécessaire, ayant dégagé une marge sous le plafond des crédits pour paiements.

[156] Selon la déclaration de la Bulgarie, la Croatie, l'Estonie, la Hongrie, la Lettonie, la Lituanie, Malte, la Pologne, le Portugal, la République tchèque, la Roumanie, la Slovaquie et la Slovénie inscrite au procès-verbal du Conseil lors de l'adoption de la position du Conseil sur le PB initial pour 2015 : "*La Bulgarie, la Croatie, la République tchèque, l'Estonie, la Hongrie, la Lettonie, la Lituanie, Malte, la Pologne, le Portugal, la Roumanie, la Slovaquie et la Slovénie appuient la position du Conseil sur le projet de budget de l'UE pour 2015 afin de parvenir à un compromis ; toutefois ces États membres sont convaincus que le niveau des crédits de paiement qui a été approuvé risque d'être insuffisant et pourrait ainsi grandement peser sur le respect en temps et en heure des obligations juridiques de l'UE et des engagements déjà pris dans le cadre financier pluriannuel actuel et le précédent.*

Eu égard à ce qui précède, les délégations susmentionnées estiment que le budget pour 2015 ne sera exécutable et gé-

bres "contributeurs nets"[157] d'autre part, ont fait chacun une déclaration au procès-verbal du Conseil. Ces déclarations démontrent non seulement les discussions compliquées au sein du Conseil lors de la préparation de sa position[158], mais également les divergences d'opinion en ce qui concerne la prise en compte ou non, lors du calcul de la marge existant sous le plafond des crédits pour paiements, des crédits de paiement des instruments spéciaux.

B. Lors du trilogue du *10 juillet 2014*[159] qui, conformément au point 10 de l'annexe de l'AII de 2013, a précédé la lecture du Conseil, les deux branches de l'autorité budgétaire et la Commission ont en premier lieu abordé la question du contenu de la position du Conseil sur le PB initial.

Le Conseil a avant tout indiqué que les négociations se poursuivaient au sein de ses instances préparatoires afin de trouver un accord sur une position du Conseil qui soit acceptable pour une majorité qualifiée d'États membres[160], et que cette position sera basée sur les orientations budgétaires pour 2015, adoptées par le Conseil "Ecofin" le 18 février 2014 (voir page 34). Il a également souligné que sa position combinera "rigueur budgétaire" et "promotion de la croissance et des emplois".

Par ailleurs, le Conseil a rappelé la situation économique des États membres, "impliquant des contraintes budgétaires sévères au niveau national", et "conduisant notamment à devoir prévoir au niveau du budget de l'UE suffisamment de marges sous

---

rable que si les crédits de paiement supplémentaires prévus dans le projet de budget rectificatif nº 3/2014, en particulier pour la politique de cohésion, sont inscrits au budget de cette année. La mobilisation de la marge pour imprévus peut répondre au niveau croissant des demandes de paiement en souffrance (en ce qui concerne la politique de cohésion).

En conséquence, conformément à la déclaration commune sur les crédits de paiement [voir page 53], *ces délégations demandent instamment au Conseil d'adopter sa position sur le projet de budget rectificatif nº 3/2014, y compris la mobilisation de la marge pour imprévus en application de l'article 13 du règlement CFP, dans un délai aussi bref que possible afin d'éviter de nouveaux déficits dans les crédits de paiement*" (doc. *Conseil 11778/14 FIN 478 PE-L 40* du 24 juillet 2014, p. 20).

[157] Selon la déclaration de l'Allemagne, de l'Autriche, du Danemark, de la Finlande, de la France, des Pays-Bas, du Royaume-Uni et de la Suède : "*À la lumière des négociations menées sur le projet de budget pour 2015, l'Autriche, le Danemark, la Finlande, la France, l'Allemagne, la Suède, le Royaume-Uni et les Pays-Bas soulignent la nécessité de respecter strictement les plafonds fixés dans le cadre financier pluriannuel (CFP) pour la période 2014-2020.*

Les pays soussignés rappellent l'importance d'une bonne gestion financière du budget de l'UE, selon les principes budgétaires énoncés dans le règlement financier. Cela signifie, entre autres, que la Commission gère les crédits dans les limites du budget qui a été voté. En cas de besoins imprévus, la Commission examine de façon approfondie les possibilités de réaffectation, en tenant notamment compte de toute sous-exécution éventuelle des crédits. Les pays soussignés rappellent qu'il y a donc lieu d'effectuer un suivi actif de l'état de la mise en œuvre du budget annuel conformément au point 36 de l'annexe de l'AII de 2013.

Compte tenu de ces principes, les pays soussignés sont préoccupés par le niveau des crédits de paiement proposé par la Commission dans son projet de budget pour 2015, qui se situait au-dessus du plafond des paiements [voir page 35, note en bas de page 94]. *Les pays soussignés estiment que le niveau des paiements pour 2015 approuvés par le Conseil est plus que suffisant pour que l'UE soit en mesure de remplir toutes ses obligations financières.*

Par conséquent, l'Autriche, le Danemark, la Finlande, la France, l'Allemagne, la Suède, le Royaume-Uni et les Pays-Bas insistent, en vue des prochaines négociations avec le Parlement européen sur le projet de budget pour 2015, sur le fait qu'une marge importante en-dessous des plafonds doit être conservée afin de pouvoir faire face à des dépenses imprévues au cours de l'année. Cette marge devrait en particulier être suffisante pour financer les instruments spéciaux, dans les limites du plafond des paiements.

C'est pourquoi nous estimons qu'une future mobilisation de la marge pour imprévus en 2015 ne devrait pas être nécessaire. Qui plus est, cette marge est destinée à être mobilisée en cas d'événement imprévu et en dernier ressort.

Nous considérons que les instruments spéciaux ne devraient pas être utilisés pour dépasser le plafond annuel des paiements et, de ce fait, qu'ils ne devraient pas être "hors budget".

La mobilisation des instruments spéciaux en dépassement du plafond des paiements est juridiquement contestable, dès lors que le règlement CFP, ainsi que les travaux préparatoires au CFP, mentionnent uniquement la possibilité de mobiliser les instruments spéciaux au-dessus des plafonds fixés pour les engagements, mais pas au-dessus des plafonds des paiements" (doc. *Conseil 11778/14 FIN 478 PE-L 40*, pp. 21/22).

Il convient de prendre note que le Royaume-Uni, qui n'a pas été en mesure d'appuyer la position du Conseil sur le projet de budget initial pour 2015 (voir page 48, note en bas de page 151), s'est joint à cette déclaration.

[158] Ainsi, il aura par exemple fallu deux longues discussions au Comité des représentants permanents (les 9 et 15 juillet 2014) avant que celui-ci ne parvienne à un accord politique sur la position du Conseil sur le projet de budget initial pour 2015.

[159] Ce trilogue a été organisé dans les locaux du Conseil à Bruxelles.

[160] Comme indiqué *supra*, le Comité des représentants permanents est parvenu à un accord politique sur la position du Conseil sur le PB initial pour 2015 le 15 juillet 2014.

les différents plafonds du CFP afin de garantir une flexibilité suffisante du cadre financier pluriannuel, ainsi que la capacité de l'UE de réagir à des situations imprévues lors de l'exercice budgétaire pour 2015". Le Conseil s'est néanmoins déclaré confiant du fait que le budget pour 2015 "contiendra par rapport au budget pour 2014 une augmentation aussi bien en crédits d'engagement que de paiement".

Le Parlement européen a, pour sa part, fortement insisté sur la nécessité de lier les discussions sur le budget pour 2015 avec le projet de budget rectificatif n° 3/2014 (voir chapitre II et *infra*), car "ces deux dossiers sont intrinsèquement liés. Une adoption sans modification du PBR n° 3/2014 est une nécessité, afin d'éviter que le budget pour 2015 ne soit d'emblée à court de crédits de paiement". En même temps, "tenant compte du fait que le PB pour 2015 proposé par la Commission est inférieur au montant du budget pour 2013 PBR inclus [voir page 37], le PE s'opposera fermement à toutes coupes de crédits non justifiées proposées par le Conseil".

Par ailleurs, le Parlement a rappelé son attachement à un financement "suffisant" au niveau européen de ses priorités visant à promouvoir avant tout la croissance et les emplois, notamment pour les jeunes. À ce titre, il a rappelé les conclusions du Conseil européen des 26 et 27 juin 2014[161] tout en soulignant que – même si au niveau des grandes orientations les vues du PE et du Conseil semblent converger – quand il s'agit de traduire ces engagements en termes budgétaires concrets, les positions des deux branches de l'autorité budgétaire peuvent diverger grandement. Sur la base de ce constat, le Parlement européen s'est déclaré "sceptique quant à l'obtention d'un accord rapide avec le Conseil", ce dernier insistant selon le PE à créer "année après année, et sans tenir compte des besoins réels, des marges artificielles et virtuelles sous les différents plafonds du CFP"[162].

La Commission a elle aussi souligné qu'il ne restait que "peu de temps pour trouver une solution en 2014 à la question des paiements en attente". Elle a également rappelé que les négociateurs seront confrontés en 2014 à deux aspects parfois difficilement conciliables : d'une part, la volonté affichée par les deux branches de l'autorité budgétaire et la Commission de créer davantage de croissance et des emplois (et construire, à ce titre, "un futur pour les citoyens de l'UE") et, d'autre part, les restrictions imposées par le nouveau CFP. La Commission a de nouveau indiqué dans ce contexte que le PB pour 2015 est de 2,3 milliards d'euros inférieur au montant (en crédits pour paiements) du budget pour 2013[163] (le dernier budget de la période couverte par le cadre financier pluriannuel pour 2007-2013), et que pour cette raison "les augmentations de crédits proposées sont toutes relatives"[164].

Enfin, la Commission a confirmé qu'elle a appliqué une approche "stricte et rigoureuse" aux dépenses administratives, qu'il s'agisse des institutions, des organes ou des agences décentralisées de l'UE.

Les trois institutions ont également discuté, conformément au point 11 de l'annexe de l'AII de 2013, des projets pilotes et des actions préparatoires[165] à retenir dans le budget de l'UE pour 2015, sur la base d'une réponse écrite de la Commission à un projet de liste du Parlement européen de projets et actions à retenir en 2015[166].

---

[161] Doc. *Conseil européen 79/14 CO EUR 4 CONCL 2* du 27 juin 2014.

[162] Le Parlement européen a rappelé dans ce contexte l'effet "boule de neige" concernant le montant des "factures impayées" liées avant tout aux programmes et projets de politique régionale et de cohésion pour la période 2007-2013, et s'élevant à plus de 23 milliards d'euros fin 2013, et reportés à 2014. Selon le Parlement, "ce problème devra être résolu en travaillant de concert avec le projet de budget pour 2015 et le projet de budget rectificatif n° 3/2014, tels que proposés par la Commission". À ce titre, le PE a appelé le Conseil à "adopter le plus rapidement possible sa position sur le PBR n° 3/2014".

[163] Voir page 37, note en bas de page 105.

[164] Dans ce contexte, la Commission a rappelé que les augmentations les plus importantes proposées concernent la sous-rubrique *1a* (*Compétitivité pour la croissance et l'emploi*) du CFP, suite à sa volonté de privilégier la croissance et les emplois – deux domaines qui font également partie des priorités du PE et du Conseil et dans lesquels il y a un besoin d'accroître les financements afin de pouvoir atteindre les objectifs de la stratégie "Europe 2020".

[165] Les projets pilotes et les actions préparatoires sont traités plus en détail à l'article 54, paragraphe 2 du RF de 2012.

[166] Doc. *Ares(2014)2279691* du 9 juillet 2014.

Dans sa réponse, la Commission a rappelé que le Parlement européen avait proposé à ce stade un total de 69 projets pilotes et actions préparatoires, et qu'elle estimait après examen que :

- 30 projets et actions pourraient être mis en œuvre (en totalité ou partiellement) tel que proposés par le PE, mais que :

- 35 projets et actions étaient déjà couverts par des bases légales proposées ou existantes.

Par ailleurs, quatre projets et actions étaient encore en cours d'examen[167].

Tout en considérant les réponses fournies par la Commission "utiles", le Parlement européen a indiqué envisager un ajout à la liste (lors du vote de ses amendements à la position du Conseil sur le PB initial pour 2015) de quelque 75 projets pilotes et actions préparatoires supplémentaires[168].

Le Conseil s'est limité à rappeler l'importance d'une "approche sélective en examinant la valeur ajoutée des projets pilotes et des actions préparatoires proposés".

S'agissant du budget de l'UE pour 2014, les trois institutions ont entamé leurs discussions sur les projets de budgets rectificatifs n° 2/2014 (adopté par la Commission le 15 avril 2014 et concernant le solde définitif de l'exécution de l'exercice budgétaire 2013) et 3/2014 (adopté par la Commission le 28 mai 2014 et concernant avant tout une augmentation des crédits de paiement pour différentes rubriques et sous-rubriques du CFP. Ce PBR est accompagné par une proposition de mobilisation de la marge pour imprévus en 2014).

Par ailleurs, la Commission a présenté le contenu du PBR n° 4/2014 (concernant avant tout une actualisation des montants des ressources propres), adopté par la Commission la veille du trilogue (voir chapitre II).

La Commission a suggéré de traiter ces trois projets de budgets rectificatifs ensemble, "compte tenu du fait qu'ils constituent un paquet". Selon la Commission, "en prenant compte des recettes supplémentaires incluses dans les PBR n° 2 et 4/2014 et en les déduisant des dépenses supplémentaires proposées dans le PBR n° 3/2014, le montant additionnel net d'"argent frais" demandé aux États membres ne serait que de l'ordre de 105 millions d'euros"[169]. La Commission "ne veut pas créer ou financer de nouveaux besoins. Elle souhaite seulement disposer des moyens budgétaires supplémentaires nécessaires afin de pouvoir s'acquitter de ses obligations légales de paiement. En même temps, la rentrée de recettes supplémentaires extraordinaires devrait rendre cette opération quasiment neutre du point de vue des finances publiques des États membres".

La Commission a également confirmé qu'elle ne proposait de mobiliser (dans le contexte du PBR n° 3/2014 ; voir chapitre II) la marge pour imprévus qu'en "dernier ressort", pour couvrir des dépenses nécessaires dans une situation où le total des "impayés" liés à la période de programmation 2007-2013 n'avait cessé d'augmenter (voir page 17), et où le montant des paiements nécessaires notamment pour les nouveaux programmes pour la période 2014-2020 n'était pas prévisible au moment où les plafonds du nouveau CFP ont été établis.

Le Conseil, tout en prenant note de la position de la Commission, a indiqué que s'agissant du PBR n° 2/2014, il adoptera sa position le 14 juillet 2014, étant en mesure d'accepter la proposition de la Commission, et que s'agissant du PBR n° 3/2014, ses instances préparatoires n'avaient pas encore finalisé leur examen. Il a également pris note du contenu du PBR n° 4/2014.

---

[167] La Commission a communiqué au Parlement européen et au Conseil le résultat de son examen le 18 juillet 2014 (doc. *Ares(2014)2403236*).

[168] Le PE retiendra *in fine* dans ses amendements, le 22 octobre 2014, un "paquet" de 59 projets pilotes et d'actions préparatoires sous les différentes rubriques et sous-rubriques du CFP (voir page 63).

[169] Il convient néanmoins de relever que ce chiffre de 105 millions d'euros comprend également le montant des ressources propres traditionnelles additionnelles inclus dans les projets de budgets rectificatifs. En excluant ce montant, l'impact (du point de vue des États membres) des PBR n° 2 et 3/2014 tels que proposés par la Commission (hors lettre rectificative) s'élève à 751 millions d'euros.

Le Parlement européen a appuyé la demande de traiter ces PBR ensemble, avec le budget pour 2015. S'agissant des PBR augmentant les recettes du budget de l'UE ou traitant du solde, il a fortement insisté pour que "l'argent supplémentaire serve à réduire le montant des "impayés" en 2014, comme proposé par la Commission". Finalement, le Parlement a rappelé les "divergences de vues" en ce qui concerne l'inclusion ou non, sous le plafond global des crédits pour paiements, des crédits de paiement liés aux instruments spéciaux[170] (voir page 48).

Enfin, sous le point "divers", le Parlement européen, le Conseil et la Commission ont continué à évoquer (suite aux discussions entamées lors du trilogue du 2 avril 2014 ; voir page 33) la question de l'amélioration du fonctionnement de la procédure de conciliation annuelle, sur la base des expériences passées.

Le Parlement européen a avant tout insisté sur la nécessité d'éviter de longs temps d'attente lors de la seconde réunion du Comité de conciliation en novembre, tout en regrettant que les négociations budgétaires se poursuivent "année après année tard dans la nuit, voire jusqu'au petit matin, sans garantie de résultat"[171].

Le Conseil quant à lui, tout en partageant le souci exprimé par le Parlement européen (et la Commission) d'améliorer l'efficacité et l'efficience des négociations budgétaires (par exemple par un "emploi accru de nouveaux moyens de communication"), a souhaité éviter de trop "rigidifier" la procédure, au détriment de la conduite politique des négociations, en "écartant fermement toute tentative de limiter de quelque manière que ce soit la marge politique des négociateurs dans l'organisation et le déroulement effectif des négociations interinstitutionnelles sur le budget de l'UE" lors de la seconde réunion du comité de conciliation.

C. Lors de l'adoption de sa position sur le projet de budget initial pour 2015, le Conseil a tenu compte notamment des principes suivants[172] :

- s'inscrire dans le cadre des orientations budgétaires définies pour le budget pour 2015 dans les conclusions du Conseil adoptées le 18 février 2014 (voir page 34) ;

- suivre une approche débouchant sur un budget respectant la discipline budgétaire et la bonne gestion financière, et tenant également dûment compte des contraintes budgétaires et économiques actuelles dans les États membres ;

- veiller à ce que les différentes priorités de l'UE bénéficient d'un financement adéquat, en déterminant les crédits sur la base de l'exécution budgétaire passée et en cours et de capacités d'absorption réalistes ;

- prévoir les crédits nécessaires pour permettre le démarrage des nouveaux programmes au cours de la deuxième année du cadre financier pluriannuel pour 2014-2020 ;

---

[170] Le Parlement européen défendant sa position selon laquelle ces crédits de paiement sont "sans conteste" (car découlant de l'accord sur le règlement fixant le CFP) en dehors du plafond des crédits pour paiements, ceci étant également la position de la Commission. Voir également les points 6 et 17 de la résolution du Parlement européen, du 13 mars 2014, sur les orientations générales pour la préparation du budget 2015, section III – Commission : "[le PE] *espère que le Conseil s'abstiendra d'imposer une interprétation restrictive de dispositions spécifiques, notamment en ce qui concerne la nature et la portée des instruments spéciaux ; réaffirme son intention d'utiliser pleinement tous les moyens dont dispose l'autorité budgétaire dans le cadre de la procédure budgétaire annuelle afin d'apporter au budget européen la flexibilité nécessaire* [...] *; insiste sur le fait que l'utilisation de l'ensemble des instruments spéciaux en matière de paiements (instrument de flexibilité, réserve pour imprévus, Fonds de solidarité de l'UE, Fonds européen d'ajustement à la mondialisation et réserve d'aide d'urgence) doit être inscrite dans le budget en sus des plafonds fixés dans le CFP concernant les paiements*" (doc. *PE P7_TA(2014)0247*, p. 2). Le Conseil est resté divisé sur cette question (voir pages 48-49).

[171] Ainsi, le Parlement européen a indiqué qu'il ne trouvait pas "optimal de devoir attendre jusqu'à "après minuit" que le Conseil soit enfin prêt à entrer dans la phase finale des négociations". Le PE a notamment évoqué la possibilité de recourir à "différents moyens techniques" afin de diminuer les temps d'attente (ou à rendre ces temps d'attentes parfois inévitables "plus prévisibles"), ou de commencer formellement la seconde réunion du Comité de conciliation "plus tard que de coutume".

Il est rappelé que la seconde réunion du Comité de conciliation a traditionnellement débuté entre 11h et midi.

[172] Doc. *Conseil 12608/14 BUDGET 16* du 2 septembre 2014, p. 11.

- dégager des marges suffisantes sous les plafonds de toutes les rubriques et sous-rubriques du cadre financier pluriannuel, sauf en ce qui concerne la sous-rubrique *1b*[173] (*Cohésion économique, sociale et territoriale*), afin de pouvoir faire face à des situations imprévues, et

- conserver une maîtrise rigoureuse des crédits de paiement pour toutes les rubriques et sous-rubriques du CFP et créer une marge suffisante pour faire face à des événements imprévus, ce qui entraîne une diminution des crédits de paiement par rapport aux propositions de la Commission, en particulier pour les sous-rubriques *1a* (*Compétitivité pour la croissance et l'emploi*) et *1b* et les rubriques *2* (*Croissance durable : ressources naturelles*) et *4* (*L'Europe dans le monde*) du CFP.

Le Conseil a, à ce titre, approuvé la déclaration "traditionnelle" suivante relative aux crédits de paiement[174] : "*Le Conseil demande à la Commission de présenter le plus rapidement possible la lettre rectificative portant sur l'agriculture (en incluant les informations relatives à un éventuel report des recettes affectées) afin de déterminer le niveau adéquat des ressources devant figurer au budget pour 2015 pour la rubrique 2 (Croissance durable : ressources naturelles).*

Le Conseil demande en outre à la Commission de présenter un projet de budget rectificatif si les crédits de paiement inscrits dans le budget pour 2015 se révélaient insuffisants pour couvrir les dépenses relevant de la sous-rubrique 1a (Compétitivité pour la croissance et l'emploi), de la sous-rubrique 1b (Cohésion économique, sociale et territoriale), de la rubrique 2 et de la rubrique 4 (L'Europe dans le monde) du cadre financier pluriannuel.

Il demande instamment à la Commission de présenter le plus rapidement possible des chiffres actualisés concernant la situation et les estimations relatives aux crédits de paiement relevant de la sous-rubrique 1b et, si nécessaire, de présenter un projet de budget rectificatif à cette seule fin. Le Conseil se prononcera sur le projet de budget rectificatif dans les plus brefs délais afin d'éviter toute insuffisance dans les crédits de paiement"[175].

En ce qui concerne les *dépenses administratives*[176], le Conseil a rappelé qu'il importait de limiter l'augmentation pour l'exercice 2015 et de réduire les effectifs conformément à l'objectif d'une diminution de 5 % au cours de la période 2013-2017 fixé dans l'AII de 2013[177]. Le Conseil a adopté à ce titre la déclaration suivante sur la réduction de 5 % du personnel :

"*Le Conseil rappelle que le Parlement européen, le Conseil et la Commission sont convenus d'une réduction progressive de 5 % des effectifs figurant dans le tableau des effectifs à la date du 1er janvier 2013, qui devrait être effectuée entre 2013 et 2017, ainsi que le prévoit, au point 27, l'accord interinstitutionnel du 2 décembre 2013 entre le Parlement européen, le Conseil et la Commission sur la discipline budgétaire, la coopération en matière budgétaire et la bonne gestion financière.*

---

[173] Le point 8 la Partie I de l'AII de 2013 prévoit que : "*Les institutions, par souci d'une bonne gestion financière, veillent à laisser, dans la mesure du possible, lors de la procédure budgétaire et de l'adoption du budget, des marges suffisantes disponibles sous les plafonds pour les différentes rubriques du CFP, sauf pour la sous-rubrique "Cohésion économique, sociale et territoriale"*". Voir également l'article 176 du RF de 2012.

[174] Il convient de noter que le contenu de la déclaration n'a pas changé par rapport à l'année précédente (voir Tome III, pp. 226/227).

[175] Doc. *Conseil 12608/14 BUDGET 16*, p. 13.

[176] Parlement européen exclu, conformément au "*Gentlemen's agreement*". En effet, selon l'accord, le Conseil ne modifie pas le projet de budget du PE (crédits et effectifs) et *vice versa*. Le "*Gentlemen's agreement*" tient son origine de la résolution du Conseil suivante, inscrite au procès-verbal de sa session du 22 avril 1970 : "*Le Conseil s'engage à ne pas modifier l'état prévisionnel des dépenses* [du Parlement européen]. *Cet engagement ne vaut que pour autant que cet état prévisionnel ne porte atteinte aux dispositions communautaires, notamment en ce qui concerne le statut des fonctionnaires et le régime applicable aux autres agents ainsi que le siège des institutions*" (Recueil des Traités instituant les Communautés européennes, Édition 1978, Office des publications officielles des Communautés européennes, Luxembourg 1978, p. 885).

Le "*Gentlemen's agreement*" a été appliqué à partir de la procédure budgétaire pour 1971, le Parlement procédant depuis de la même façon avec les états prévisionnels du Conseil (et à partir de 2010 du Conseil européen et du Conseil).

[177] Voir page 33, note en bas de page 85.

Le Conseil prend note du suivi effectué par la Commission concernant les progrès qui ont déjà été enregistrés à ce jour, en ce qui concerne l'objectif de réduction de 5 % du personnel, dans un certain nombre d'institutions, d'organes et d'agences. Il demande à l'ensemble des institutions et organes de continuer de mettre en œuvre la réduction d'effectifs restant à accomplir jusqu'à la fin de la période de cinq ans 2013-2017, comme indiqué dans le tableau figurant à l'annexe[178].

Le Conseil souligne en outre l'importance d'un suivi attentif des crédits en ce qui concerne toutes les catégories de personnel externe, en gardant à l'esprit la capacité supplémentaire résultant de l'augmentation du temps de travail à 40 heures par semaine. Conformément à l'article 38, paragraphe 3, point b), du règlement financier, il invite la Commission à présenter un aperçu des données consolidées relatives à tout le personnel externe employé par l'UE, ventilées par type de contrat et comparables d'une institution et d'un organe à l'autre et d'une année à l'autre"[179].

Plus précisément, le Conseil a établi les budgets administratifs des institutions (à l'exception du Parlement européen) sur la base des éléments suivants :

- conserver une maîtrise rigoureuse du volume des dépenses administratives, conformément à l'approche suivie par les États membres pour leurs fonctions publiques respectives ;

- fixer au niveau approprié le budget administratif de chaque institution, en tenant compte de ses spécificités et de ses besoins réels et justifiés ;

- procéder à des réductions ciblées et augmenter l'abattement forfaitaire standard sur les salaires[180]

---

[178] La déclaration du Conseil est accompagnée du tableau suivant (repris du document de la Commission *SEC(2014) 357* de juin 2014, p. 79) :

Postes figurant au tableau des effectifs — Toutes institutions
Évolution à ce jour au regard de l'objectif de réduction de 5 % sur 5 ans 2013-2017

Institution	Budget 2012[(a)]	Objectif de reduction 2013-2017	Objectif annuel de référence[(b)]	Mise en œuvre de la réduction des postes[(c)]				Écart restant par rapport à l'objectif de -5 %	
		-5 %	-1 %	2013	2014	2015	Total	Postes[(d)]	Points %
Parlement européen	6 560	-328	-66	29	30		59	387	5,9 %
Conseil européen et Conseil	3 153	-158	-32	-46	-42	-22	-110	48	1,5 %
Commission	25 063	-1 253	-251	-250	-250	-263	-763	490	2,0 %
Cour de justice de l'UE	1 952	-98	-20	-20	-20	-19	-59	39	2,0 %
Cour des comptes	887	-44	-9	-9	-9	-9	-27	17	1,9 %
Comité économique et social européen	721	-36	-7	-7	-7	-7	-21	15	2,1 %
Comité des régions	524	-26	-5		-5	-5	-10	16	3,1 %
Médiateur européen	64	-3[(e)]	-1	1		-1	0	2	4,7 %
Contrôleur européen de la protection des données	43	-2[(e)]	0	2		-1	1	1	7,0 %
Service européen pour l'action extérieure	1 670	-84	-17		-17	-17	-34	50	3,0 %
Total institutions	**40 637**	**-2 032**	**-408**	**-300**	**-320**	**-344**	**-964**	**1 068**	**2,6 %**

(a) Emplois 2012 autorisés, hors emplois liés à l'élargissement à la Croatie.
(b) Projection linéaire sur 5 ans à 1 % par an, chiffres arrondis.
(c) Sources :
- budget pour 2013, y compris budget rectificatif n° 1/2013, hors élargissement à la Croatie.
- projet de budget pour 2014 (*SEC(2013) 370* du 26.6.2013), document I page 65, adapté en fonction des transformations de postes en crédits / transformations de crédits en postes et transferts entre institutions.
- projet de budget pour 2015.

(d) Dont les postes supplémentaires accordés par l'autorité budgétaire en 2013, comme suit : 29 pour le Parlement européen, 1 pour le Médiateur européen, 2 pour le Contrôleur européen de la protection des données ; dont 30 postes demandés en 2014 pour le Parlement européen.
(e) D'ici fin 2017, le Médiateur européen et le Contrôleur européen de la protection des données devraient réduire de 2 et 3 respectivement les postes dont ils disposent.

[179] Doc. *Conseil 12608/14 BUDGET 16*, p. 14.

[180] C'est-à-dire l'application d'une réduction forfaitaire du montant des traitements afin de tenir compte des postes qui resteront vacants notamment pour cause de "délais de remplacement".

pour certaines institutions et certains offices[181], en tenant compte de leur exécution budgétaire passée et en cours et de leurs taux de vacance ;

- suivre l'approche de la Commission visant à réduire les effectifs de 1 % par an à partir de 2013, et

- accepter toutes les conversions, transformations, revalorisations et transferts de postes demandés[182], en conformité avec le statut des fonctionnaires et le régime applicable aux autres agents de l'UE.

Selon le Conseil, "*cette approche s'est traduite par un niveau de dépenses administratives approprié pour assurer le bon fonctionnement des institutions*"[183].

Le Conseil a également axé ses travaux sur les *dépenses d'appui administratif* liées aux programmes opérationnels et aux *agences exécutives*. À cet égard, il a décidé de procéder à des réductions ciblées en se fondant sur les mêmes principes que ceux suivis pour les dépenses administratives des institutions[184].

S'agissant des *agences décentralisées de l'UE*, le Conseil a décidé de réduire de 7 millions d'euros le niveau général des crédits proposés dans le PB initial pour 2015. Seules des agences dont le budget a augmenté par rapport à celui de 2014 sont concernées par ces réductions. Le Conseil a estimé que, pour ces agences, les capacités d'absorption seront inférieures aux prévisions de la Commission.

S'agissant des *projets pilotes* et des *actions préparatoires*, le Conseil a accepté les propositions présentées par la Commission dans le PB initial.

En ce qui concerne enfin la *nomenclature* du budget de l'UE, le Conseil a accepté les propositions de la Commission.

Le tableau 14 (page 56) résume les montants des réductions de crédits opérées par le Conseil dans sa position sur le projet de budget initial pour 2015. Il indique également le montant des marges laissées par le Conseil sous les différentes rubriques et sous rubriques du CFP.

En règle générale, le Conseil n'a pas réduit dans sa position les montants proposés par la Commission dans le PB initial pour les dépenses opérationnelles des programmes prioritaires pour la croissance et les emplois relevant de la sous-rubrique *1a* (*Compétitivité pour la croissance et l'emploi*) du CFP, tels que le programme de l'UE pour l'éducation, la formation, la jeunesse et le sport ("Erasmus+") ou le programme pour la compétitivité des entreprises et des petites et moyennes entreprises ("COSME").

S'agissant par contre du programme-cadre pour la recherche et l'innovation ("Horizon 2020"), et à la différence de l'année précédente, le Conseil a réduit (pour un montant total de -183,2 millions d'euros en crédits d'engagement et de -986,2 millions d'euros en crédits de paiement) les montants proposés pour

---

[181] Il s'agit :
- de la Commission (de 3,5 à 4,5 % pour le personnel statutaire au siège et de 5,8 à 6 % pour le personnel statutaire dans les délégations) ;
- de l'Office des publications (OP ; de 5,1 à 6 %) ;
- de l'Office européen de lutte antifraude (OLAF ; de 5,3 à 6 %) ;
- de l'Office européen de sélection du personnel (EPSO ; de 1 à 2 %) ;
- de l'Office de gestion et de liquidation des droits individuels (PMO ; de 1,1 à 2,1 %) ;
- de l'Office pour les infrastructures et la logistique à Bruxelles (OIB ; de 1 à 2 %) ;
- de l'Office pour les infrastructures et la logistique à Luxembourg (OIL ; de 2 à 3 %) ;
- de la Cour de justice (de 3 à 4 %) ;
- de la Cour des comptes (de 2,1 à 3,1 %) ;
- du Comité économique et social européen (de 4,5 à 5,5 %), et
- du Service européen pour l'action extérieure (de 5,3 à 6 % pour le personnel statutaire au siège et de 2,7 à 3,7 % pour le personnel statutaire dans les délégations).

[182] Le Conseil a néanmoins ajouté par rapport au PB initial le transfert d'un poste AST 4 du Conseil (section II) au SEAE (section X), suite au transfert des tâches correspondantes.

[183] Doc. *Conseil 12608/14 BUDGET 16*, p. 12.

[184] Voir pages 53-54.

Tableau 14. Les réductions de crédits opérées par le Conseil dans sa position sur le projet de budget initial pour 2015

En millions d'euros

Rubrique ou sous-rubrique du CFP	Crédits d'engagement*	Crédits de paiement*	Agences décentr.		Total		*Marge*	
			Montant	*Nb*	c/e	c/p	*c/e*	*c/p***
1a (*Compétitivité pour la croissance et l'emploi*)	320,7	1.332,0	2,9	*9*	323,6	1.334,9	*542,2*	
1b (*Cohésion économique, sociale et territoriale*)	0	220,0	0	*0*	0	220,0	*[79,8]****	
2 (*Croissance durable : ressources naturelles*)	70,5	145,2	0,1	*2*	70,6	145,3	*415,9*	
3 (*Sécurité et citoyenneté*)	26,2	24,5	4,0	*6*	30,2	28,5	*145,5*	
4 (*L'Europe dans le monde*)	70,0	384,1	0	*0*	70,0	384,1	*405,9*	
5 (*Administration*)** **	27,6	27,6	0	*0*	27,6	27,6	*491,3*	
Instruments spéciaux	0	0	–	–	0	0	–	
Total	**515,0**	**2.133,4**	**7,0**	*17*	**521,9**	**2.140,4**	***2.000,8***	***2.129,1***

* *Hors subventions pour les agences décentralisées de l'Union européenne*

** *Selon la présentation de la Commission*

*** *Mobilisation de l'instrument de flexibilité (voir page 48)*

** ** *Pour le détail, voir tableau 17, page 73*

des lignes budgétaires affichant un important taux d'augmentation par rapport à 2014, notamment en raison des délais probables dans le lancement des programmes sous-jacents.

Le Conseil a également réduit pour ces mêmes raisons (pour un montant total de -34,5 millions d'euros en crédits d'engagement et de -152,1 millions d'euros en crédits de paiement) les crédits proposés par la Commission pour les trois composantes du Mécanisme pour l'interconnexion en Europe (énergie, transports et TIC).

Enfin, basé sur les expériences passées en ce qui concerne leur mise en œuvre effective, le Conseil a réduit (pour un montant total de -74,2 millions d'euros en crédits d'engagement et de -112,7 millions d'euros en crédits de paiement) les crédits proposés pour les grands projets d'infrastructures (Egnos[185] et Galileo[186], ITER et Copernicus), en raison des délais probables dans leur avancement ou leur lancement.

S'agissant plus particulièrement de la rubrique *4* (*L'Europe dans le monde*) du CFP, le Conseil a surtout réduit, sur la base des taux d'exécution passées, les crédits proposés pour l'Instrument de financement de la coopération au développement. En revanche, il n'a pas modifié les montants proposés par la Commission pour les dépenses opérationnelles financées par l'Instrument européen de voisinage ou pour l'aide humanitaire.

D. Les résultats de la lecture du Conseil s'établissent par rubrique et sous-rubrique du cadre financier pluriannuel comme suit :

- les crédits de la sous-rubrique *1a* (*Compétitivité pour la croissance et l'emploi*) s'élèvent à 17 124 millions d'euros en crédits d'engagement et à 14 248 millions d'euros en crédits de paiement (respectivement +3,9 % et +24,5 % par rapport à 2014[187]).

La marge sous le plafond de la sous-rubrique s'élève ainsi à 542 millions d'euros.

Le Conseil a procédé à une réduction des crédits d'engagement proposés de 323,6 millions d'euros pour 63 lignes budgétaires, y compris des lignes budgétaires destinés aux dépenses d'appui administratif[188].

S'agissant des crédits de paiement, le Conseil a opéré une réduction d'un montant total de 1 335 millions d'euros, dont :

- 998 millions d'euros en ce qui concerne le cadre stratégique commun (CSC) pour la recherche et l'innovation ;

- 152,1 millions d'euros en ce qui concerne le Mécanisme pour l'interconnexion en Europe ;

- 112,7 millions d'euros dans le domaine des grands projets d'infrastructures, et

- 73 millions d'euros pour d'autres programmes relevant de la sous-rubrique *1a* du CFP.

Les montants (et le nombre de lignes budgétaires concernées) mentionnés ci-dessus tiennent également compte des réductions opérées dans les contributions destinées aux agences décentralisées, pour un montant total de 2,9 millions d'euros en crédits d'engagement et de paiement (pour neuf agences au total relevant de cette sous-rubrique) ;

- les crédits de la sous-rubrique *1b* (*Cohésion économique, sociale et territoriale*) s'élèvent à 49 227 millions d'euros en crédits d'engagement (+3,6 %) et à 51 382 millions d'euros en crédits de paiement (+0,8 %).

Le Conseil a retenu la proposition de la Commission de mobiliser l'instrument de flexibilité, pour un montant de 79,8 millions d'euros en crédits d'engagement,

[185] *European Geostationary Navigation Overlay Service* ou système européen de navigation par recouvrement géostationnaire.

[186] "Egnos" et "Galileo" sont les deux programmes européens de (radio)navigation par satellite, dans le cadre du GNSS (pour *Global Navigation Satellite System* ou Système mondial de (radio)navigation par satellite).

[187] Budget rectificatif n° 1/2014 compris (voir chapitre II).

[188] Ces lignes contenant des crédits non-dissociés ne faisant pas de distinction entre crédits d'engagement et de paiement.

afin de compléter le financement des programmes des Fonds structurels pour Chypre (voir pages 34-35).

Le Conseil a maintenu le niveau des crédits d'engagement comme il est demandé dans le PB initial pour 2015.

S'agissant des crédits de paiement, le Conseil a opéré une réduction, d'un montant total de 220 millions d'euros, pour les programmes relevant de la nouvelle période de programmation 2014-2020, dont :

- 90,5 millions d'euros dans le domaine de la compétitivité ;

- 41,5 millions d'euros pour les régions en transition ;

- 39,4 millions d'euros pour le Fonds de cohésion ;

- 25 millions d'euros pour la coopération territoriale européenne ;

- 8,2 millions d'euros dans le domaine de l'assistance technique et des actions innovantes ;

- 5,4 millions d'euros pour le Mécanisme pour l'interconnexion en Europe ;

- 5 millions d'euros pour les régions ultrapériphériques et à faible densité de population, et

- 5 millions d'euros pour le Fonds européen d'aide aux plus démunis[189] ;

- les crédits de la rubrique *2* (*Croissance durable : ressources naturelles*) s'élèvent à 59 183 millions d'euros en crédits d'engagement (-0,1 %), dont 43 855 millions d'euros pour les dépenses de marché et paiements directs (+0,2 %), et à 56 762 millions d'euros en crédits de paiement (+0,5 %), dont 43 849 millions d'euros pour les dépenses de marché et paiements directs (+0,2 %).

La marge laissée par le Conseil sous le plafond de cette rubrique est ainsi de 416 millions d'euros. La marge pour les dépenses de marché et paiements directs est de 335 millions d'euros.

Le Conseil a réduit le niveau des crédits d'engagement demandé dans le PB initial pour 2015 de 70,6 millions d'euros sur les lignes budgétaires relatives aux dépenses d'appui administratif, sur les lignes de dépenses de soutien du marché et sur les lignes opérationnelles au titre du Fonds européen agricole de garantie (FEAGA), du Fonds européen pour les affaires maritimes et la pêche (FEAMP) et du programme pour l'environnement et l'action pour le climat (programme "Life+").

S'agissant des crédits de paiement, le Conseil a opéré une réduction d'un montant total de 145,3 millions d'euros, dont :

- 48,5 millions d'euros en ce qui concerne le Fonds européen agricole de garantie ;

- 45 millions d'euros en ce qui concerne le Fonds européen agricole pour le développement rural ;

- 30,1 millions d'euros en ce qui concerne le Fonds européen pour les affaires maritimes et la pêche et les actions annuelles concernant la pêche, et

- 21,6 millions d'euros en ce qui concerne le programme "Life+".

Selon le Conseil "*ces montants, estimés sur la base des informations actuellement disponibles, sont susceptibles d'être réexaminés à la lumière de la lettre rectificative pour l'agriculture attendue à l'automne*"[190].

Les montants mentionnés ci-dessus tiennent également compte des réductions opérées dans la contribution à l'Agence communautaire de contrôle des pêches, ainsi qu'aux activités de l'Agence européenne des produits chimiques dans le domaine de la législation relative aux biocides[191], soit 0,1 million d'euros en crédits d'engagement et de paiement ;

---

[189] Le FEAD fait l'objet du nouveau règlement (UE) n° 223/2014 du Parlement européen et du Conseil, adopté le 11 mars 2014 (JO L 72 du 12.3.2014, pp. 1/41).
[190] Voir pages 101-103.
[191] Voir tableau 30, page 99.

- les crédits de la rubrique *3* (*Sécurité et citoyenneté*) s'élèvent à 2 100 millions d'euros en crédits d'engagement (-3,3 %) et à 1 853 millions d'euros en crédits de paiement (+10,5 %). La marge restante sous le plafond de cette rubrique est ainsi de 146 millions d'euros.

Le Conseil a réduit les crédits d'engagement de 30,2 millions d'euros au total concernant 28 lignes budgétaires liées aux dépenses opérationnelles pour les nouveaux programmes (-25,8 millions d'euros) et les dépenses d'appui administratif (-455 000 euros).

Il a réduit les crédits de paiement demandés d'un montant de 28,5 millions d'euros concernant 32 lignes budgétaires liées aux dépenses opérationnelles pour les nouveaux programmes (-24 millions d'euros) et les dépenses d'appui administratif (-455 000 euros). Ces réductions portent essentiellement sur les nouveaux programmes dont le taux d'exécution est faible, en tenant compte également de leur capacité d'absorption, ainsi que sur les dépenses d'appui, en tenant compte des taux d'exécution antérieurs.

Les montants mentionnés ci-dessus tiennent également compte des réductions opérées dans les contributions pour les agences décentralisées, soit -4 millions d'euros en crédits d'engagement et de paiement pour six agences (dont -1,6 million d'euros pour Europol);

- les crédits de la rubrique *4* (*L'Europe dans le monde*) s'élèvent à 8 343 millions d'euros en crédits d'engagement (+0,2 %) et à 6 943 millions d'euros en crédits de paiement (+12,1 %). La marge est de 406 millions d'euros.

Le Conseil a réduit les crédits d'engagement proposés de 70 millions d'euros.

S'agissant les crédits de paiement, il a opéré une réduction dans les crédits demandés d'un montant total de 384 millions d'euros, dont 179 millions d'euros concernent l'Instrument de financement de la coopération au développement et 159,5 millions d'euros l'Instrument d'aide de préadhésion.

S'agissant du "budget PESC"[192], le Conseil a accepté les montants proposés dans le projet de budget initial, soit 320,8 millions d'euros en crédits d'engagement et 268,5 millions d'euros en crédits de paiement ;

- les crédits de la rubrique *5* (*Administration*) s'élèvent à 8 585 millions d'euros en crédits d'engagement (+2,1 %) et de paiement. La marge restante sous le plafond de cette rubrique est ainsi de 491 millions d'euros.

Les crédits pour les dépenses administratives des institutions s'élèvent à 6 866 millions d'euros. La marge est ainsi de 485 millions d'euros.

Suite à l'application de l'approche et des principes présentés *supra* (voir pages 53-55), le Conseil a réduit les montants proposés dans les budgets administratifs des institutions, pour un montant total de 27,6 millions d'euros, comme suit[193] :

- Commission (section III), y inclus les offices[194] : -16,7 millions d'euros (ce qui conduit à retenir un taux d'augmentation de +0,6 % par rapport à 2014) ;

---

[192] Y inclus les crédits pour les dépenses d'appui pour la PESC.

[193] S'agissant de la section II – Conseil européen et Conseil – le Conseil, dans sa position, a retenu le montant global de 542,3 millions d'euros proposé par la Commission dans le PB initial pour 2015 (ce qui représente une augmentation +1,5 % par rapport au budget pour 2014), mais il a :
- d'une part réduit les crédits proposés liés aux paiements anticipés concernant le bâtiment "Europa" (-4 millions d'euros) et à la réserve pour imprévus (-1 million d'euros), et
- d'autre part augmenté les crédits proposés pour les frais de voyage des délégations (+3 millions d'euros) et pour l'interprétation (+2 millions d'euros).
En d'autres termes, le Conseil a retenu le montant global des réductions apportées par la Commission à l'état prévisionnel du Conseil européen et du Conseil dans son PB initial (soit -7,4 millions d'euros ; voir page 38), mais il la réparti les réductions différemment.

[194] Pour un montant de total 1,2 million d'euros, dont :
- Office des publications (OP) : -388 967 euros (-1,6 %) ;
- Office européen de lutte antifraude (OLAF) : -222 841 euros (+0,6 %) ;
- Office européen de sélection du personnel (EPSO) : -75 430 euros (-4,7 %) ;
- Office de gestion et de liquidation des droits individuels (PMO) : -134 226 euros (+0,4 %) ;
- Office pour les infrastructures et la logistique à Bruxelles (OIB) : -267 102 euros (-0,8 %), et

- Cour de justice (section IV) : -2,2 millions d'euros (+1 %) ;

- Cour des comptes (section V) : -2,5 millions d'euros, dont -1,4 million d'euros suite à une demande de la Cour des comptes, qui a indiqué au cours des délibérations ne pas avoir besoin de ce montant destiné à l'origine pour l'aménagement de ses bâtiments en 2015[195] (+1,4 %) ;

- Comité économique et social européen (section VI) : -503 450 euros (+1,1 %) ;

- Comité des régions (section VII) : -282 601 euros (+1,5 %) ;

- Médiateur européen (section VIII) : -168 000 euros (+1,7 %) ;

- Contrôleur européen de la protection des données (section IX) : -104 000 euros (+6,7 %), et

- Service européen pour l'action extérieure (section X) : -5,1 millions d'euros (+1,5 %).

Les modifications aux tableaux des effectifs retenues par le Conseil dans sa position sur le projet de budget initial pour 2015 sont récapitulées pour leur part dans le tableau 28 (page 98).

S'agissant enfin des *instruments spéciaux* disposant de lignes budgétaires spécifiques dans le budget de l'UE[196], le Conseil a accepté les propositions de la Commission.

En tout, le Conseil a modifié dans sa position (par rapport au projet de budget initial pour 2015, lettre rectificative n° 1/2015 incluse) *248 lignes budgétaires*[197] concernant les dépenses de la section III – Commission – relevant des différentes rubriques et sous-rubriques du CFP, *hors* rubrique *5* (*Administration*). Le nombre des lignes réduites par rubrique et sous-rubrique du CFP est résumé dans le tableau 15 ci-dessous.

6. Les amendements du Parlement européen (22 octobre 2014)

A. Le projet de budget initial pour 2015 assorti des amendements du PE s'élève à 146 381 millions d'euros en crédits pour engagements et à 146 417 millions d'euros en crédits pour paiements, en augmentation de 2,6 % et de 8,1 % respectivement par rapport au budget pour 2014[198]. Les crédits pour engagements et pour paiements correspondent à 1,05 % du RNB de l'UE[199].

Le Parlement européen propose de mobiliser l'instrument de flexibilité pour un montant de 100 mil-

Tableau 15. Lignes budgétaires modifiées par le Conseil dans sa position sur le projet de budget initial pour 2015

Crédits opérationnels et pour la gestion administrative et lignes destinées aux subventions aux agences décentralisées (section III – Commission)

Rubrique ou sous-rubrique du CFP	Nombre de lignes modifiées	Dont lignes avec c/e	Dont lignes avec c/p	Dont lignes avec crédits non dissociés	Dont lignes concernant les agences décentralisées
1a (Compétitivité pour la croissance et l'emploi)	112	38	85	16	9
1b (Cohésion économique, sociale et territoriale)	12	0	12	0	0
2 (Croissance durable : ressources naturelles)	45	15	22	21	2
3 (Sécurité et citoyenneté)	32	16	20	6	6
4 (L'Europe dans le monde)	87	21	68	12	0
Instruments spéciaux	0	0	0	–	–
Total	**288**	**90**	**207**	**55**	**17**

- Office pour les infrastructures et la logistique à Luxembourg (OIL) : -94 751 euros (-2,2 %).

195 Les autres réductions retenues par le Conseil concernent avant tout une baisse liée à l'augmentation de l'abattement forfaitaire, ainsi qu'une réduction des crédits destinés aux agents contractuels (-125 000 euros) et aux experts nationaux détachés (-125 000 euros).

196 Voir page 47, note en bas de page 146.

197 Il convient de relever qu'il s'agit d'un nombre de lignes budgétaires plus important qu'en 2014 (219 lignes ; voir page 449).

198 Budget rectificatif n° 1/2014 compris (voir chapitre II).

199 En d'autres termes, le Parlement européen a augmenté les crédits pour engagements de 1 230 millions d'euros et les crédits pour paiements de 4 279 millions d'euros par rapport au projet de budget initial pour 2015.

En tenant compte de la LR n° 1/2015, le Parlement européen a augmenté les crédits pour engagements de 782 millions d'euros et les crédits pour paiements de 4 279 millions d'euros par rapport au PB initial pour 2015.

Par rapport à la position du Conseil sur le PB initial pour 2015, le PE a augmenté les crédits pour engagements de 1 304 millions d'euros et les crédits pour paiements de 6 420 millions d'euros.

lions d'euros en crédits d'engagement[200], soit le total du financement complémentaire en 2015 des programmes des Fonds structurels pour Chypre (voir pages 34-35).

S'agissant des crédits de paiement, le PE a non seulement retenu la proposition de la Commission de mobiliser l'instrument de flexibilité pour un montant de 11,3 millions d'euros, mais il propose également de mobiliser la marge pour imprévus (prévu à l'article 13 du règlement fixant le CFP et au point 14 de la Partie I de l'AII de 2013), pour un montant de 4 milliards d'euros, surtout afin de payer les "impayés" avant tout sous la sous-rubrique *1b* (*Cohésion économique, sociale et territoriale*) du CFP (voir page 17).

B. Les difficultés interinstitutionnelles liées à la procédure budgétaire pour 2015 se sont fait sentir pour la première fois lors du trilogue du *15 octobre 2014* qui, conformément à la possibilité offerte par le point 12 de l'annexe de l'AII de 2013, a précédé la lecture du PE[201].

Ce trilogue a été dominé par des questions de procédure, les deux branches de l'autorité budgétaire ne parvenant pas à s'entendre sur l'ordre du jour provisoire, et avant tout sur l'ordre du traitement des points. Le Conseil a souhaité garder l'ordre "traditionnel" (budget de l'année à venir en premier, suivi des projets de budgets rectificatifs pour l'année en cours en suspens[202]), et le Parlement européen insistant pour évoquer les PBR en premier, "le souci majeur du Parlement demeurant les "impayés" en 2014".

Selon le PE, ces "impayés" (et le manque de crédits dans le budget de l'UE dont ils résultent) présentent en réalité une "dette sournoise". "Cette dette de l'UE – contraire au traité – croît d'année en année, créant un "effet boule de neige", qu'il est primordial de stabiliser à défaut de pouvoir le régler en 2014 et 2015". À ce titre, un accord sur les PBR pour 2014 en attente doit être trouvé de toute urgence et en premier, avant d'évoquer la question du budget pour 2015. "Aucune discussions sur le budget de l'année à venir n'est possible tant que la question des PBR (et avant tout du PBR n° 3/2014 visant à accroitre les crédits de paiement en 2014, afin d'arrêter de reporter encore sur des années à venir les factures impayées) ne soit résolue"[203].

Le Conseil, tout en reconnaissant la nécessité de trouver une réponse en 2014 à la question des montants impayés, a fortement contesté cette "précondition" posée par le PE pour entrer dans des négociations avec le Conseil sur le budget pour 2015.

En définitive, les deux branches de l'autorité budgétaire et la Commission n'ont pas du tout évoqué directement au cours du trilogue ni le contenu du budget pour 2015, ni celui des PBR pour 2014 en attente.

Pour terminer, la Commission a présenté le contenu du projet de budget rectificatif n° 5/2014 (concernant la mobilisation du Fonds de solidarité pour la Croatie, la Grèce, l'Italie et la Slovénie), adopté le 8 septembre 2014. Elle a informé l'autorité budgétaire du contenu des projets de budgets rectificatifs[204] n° 6/2014 (concernant avant tout la révision des sol-

---

[200] Si l'on ne tient pas compte de la mobilisation de l'instrument de flexibilité, les amendements du PE laissent une marge de 749 millions d'euros sous le plafond des crédits pour engagements.

[201] Ce trilogue a été organisé dans les locaux du Conseil à Bruxelles. Il s'agit du premier trilogue auquel ont participé les membres du nouveau Parlement européen, qui a tenu sa première session en juillet 2014 (voir chapitre I).

[202] Le Conseil a maintenu tout au long du trilogue sa position de principe selon laquelle le but principal du trilogue d'octobre est, s'il est convoqué conformément au point 12 de la Partie D de l'annexe de l'AII de 2013, de discuter des amendements que le PE se propose d'adopter à la position du Conseil sur le projet de budget de l'UE pour l'année à venir (les PBR étant mentionnés séparément plus tard, dans la Partie F de l'Annexe).

[203] La Commission, tout en considérant la position défendue par le PE comme "logique", s'est bornée à regretter que le Conseil n'ait pas encore été en mesure d'adopter de position sur le PBR n° 3/2014, tout en soulignant "les conséquences négatives pour la procédure de conciliation à venir si le Conseil persistait à ne pas adopter de position claire sur la proposition de la Commission". Le Parlement européen a fortement appuyé cette position, en demandant au Conseil de ne pas attendre le "dernier moment" pour adopter sa position. Par ailleurs, le PE a rappelé que les recettes supplémentaires engendrées par les PBR (notamment sous forme de produits d'amendes plus importantes que prévu) devraient "aider les États membres dans leur décision", et que les crédits de paiement supplémentaires seront "au bénéfice des États membres".

[204] La Commission a adopté les PBR n° 6 et 7/2014 le 17 octobre 2014 (voir chapitre II).

des TVA et RNB pour l'exercice 2014[205]) et 7/2014 (concernant la mobilisation du Fonds de solidarité pour la Bulgarie, la Croatie et la Serbie), ainsi que de la lettre rectificative au PBR nº 4/2014[206].

Elle a également présenté le contenu de la lettre rectificative "agricole" nº 1/2015 au PB initial pour 2015, adoptée le matin même (voir pages 101-103).

C. La lecture du Parlement européen a notamment été marquée par les éléments suivants :

Le financement des mesures générant une croissance durable et de l'emploi, renforçant la compétitivité et améliorant la cohésion économique et sociale dans l'ensemble de l'UE a été une des grandes priorités du Parlement européen lors de la procédure budgétaire pour 2015.

Ainsi, "*tout en reconnaissant les contraintes économiques et budgétaires qui subsistent à l'échelon national ainsi que les efforts d'assainissement budgétaire réalisés par les États membres*", et "*malgré la persistance de certains facteurs (économiques et financiers) défavorables*", le PE a considéré que le budget européen pour 2015 doit encourager la reprise économique, en "*reforçant l'investissement stratégique dans des actions à valeur ajoutée européenne de manière à contribuer à remettre l'économie européenne sur ses rails*"[207].

À ce titre, le Parlement européen a notamment insisté sur les investissements dans des secteurs tels que l'éducation et la mobilité, la recherche et l'innovation, les PME et l'entreprenariat, dans le but de stimuler la compétitivité de l'UE et de contribuer à la création d'emploi, en particulier pour les jeunes et les plus de 50 ans.

D'autres secteurs prioritaires pour le Parlement lors de sa lecture ont été les investissements dans des secteurs comme les énergies renouvelables, la stratégie numérique, les infrastructures, les technologies de l'information et de la communication et la connectivité transfrontalière, y inclus en recourant davantage aux instruments financiers innovants, notamment pour ce qui est des investissements à long terme.

Par ailleurs, le PE a attaché une attention au renforcement des financements à l'industrie européenne en tant que "moteur de la création d'emploi et de la croissance", avec un accent tout particulier sur les investissements dans l'innovation.

D'une manière plus spécfique, le Parlement européen a souligné l'importance d'inclure dans le budget pour 2015, conformément à l'accord sur le CFP de 2013, la concentration en amont ("*fronloading*"[208]) des crédits relatifs à "Horizon 2020", "Erasmus+", "COSME" et à l'Initiative pour l'emploi des jeunes, telle que proposée par la Commission dans son projet de budget initial pour 2015.

Enfin, le Parlement a souhaité garantir que des ressources suffisantes soient affectées aux actions extérieures de l'UE, en rappelant notamment l'engagement international pris par l'UE et les États membres de faire passer l'aide publique au développement à 0,7 % du RNB et de réaliser les objectifs du Millénaire pour le développement d'ici 2015.

Le Parlement a également insisté sur la nécessité d'inclure dans le budget pour 2015 suffisamment de crédits de paiement afin de pouvoir financer toutes les priorités de l'UE et afin d'assurer ainsi le succès de la deuxième année du nouveau CFP, "déterminante pour la bonne mise en œuvre des nouveaux programmes pluriannuels 2014-2020"[209], tout en garantissant le paiement des factures se rapportant à la période pour 2007-2013. Dans ce contexte le PE, tout en soulignant que "le manque récurrent

---

[205] La Commission a surtout souligné le contenu exceptionnel de cet exercice en 2014 (voir chapitre II).

[206] La Commission a adopté la lettre rectificative au PBR nº 4/2014 le 16 octobre 2014 (voir chapitre II).

[207] Doc. *PE P7_TA(2014)0247*, point 1.

[208] Ce "*frontloading*" poursuit celui inclus dans le budget pour 2014 (voir Tome III, pp. 248/301). En contrepartie de cette concentration en amont, le PE se déclare "*préoccupé par les éventuels effets néfastes d'une concentration en fin de période pour le programme énergie du Mécanisme pour l'interconnexion en Europe en 2015 et demande à la Commission de fournir une information adéquate sur la façon dont une telle décision pourrait influencer la réussite de la mise en œuvre de ce nouveau programme*" (doc. *PE P7_TA(2014)0247*, point 9).

[209] Le PE souligne dans ce contexte qu'"*afin de ne pas entraver la mise en œuvre des principales politiques de l'UE, tous les programmes devront être pleinement opérationnels le plus rapidement possible ; souligne que le budget 2015*

de crédits de paiement a été la principale cause de l'ampleur sans précédent des engagements restant à liquider (RAL), en particulier ces dernières années", et tout en faisant part de "vives préoccupations quant au fait que le montant historiquement élevé de factures en souffrance à la fin de l'exercice 2013 (qui atteint 23,4 milliards d'euros pour la sous-rubrique *1b* (*Cohésion économique, sociale et territoriale*) du CFP), ne pourra pas être couvert dans la limite des plafonds de 2014", a proposé de mobiliser la marge pour imprévus également en 2015 (voir page 61). Le Parlement a également pris compte de la "situation alarmante" du niveau des crédits de paiement notamment dans le domaine de l'aide humanitaire.

S'agissant des *dépenses administratives* des institutions, le Parlement européen a prôné une approche au cas par cas, tenant compte des spécificités de chaque institution (voir pages 71-72).

Le Parlement a de nouveau rejeté[210] l'approche horizontale retenue par la Commission (et suivie par le Conseil dans sa position) concernant les *agences décentralisées de l'UE*, et notamment leur classification en des groupes distincts, ainsi que le recours à un "*pool* de redéploiement" (ou "cadre de redéploiement inter-agences"; voir pages 108-109). Il a de nouveau opté pour une approche au cas par cas pour les agences, conduisant soit à rétablir les montants proposés pour leur subvention dans le projet de budget initial pour 2015 quand ceux-ci ont été réduites par le Conseil dans sa position[211], soit à augmenter les montants proposés dans le PB initial, pour un montant total de 32,6 millions d'euros en crédits d'engagement et de 35,7 millions d'euros en crédits de paiement (ou les deux). Le PE propose également d'augmenter le nombre des postes des agences de 184[212].

Le Parlement européen a, par ailleurs, adopté un "paquet" de 59 *projets pilotes* et *actions préparatoires* sous les différentes rubriques et sous-rubriques du CFP, pour un montant total de 57,1 millions d'euros en crédits d'engagement et de 105,7 millions d'euros en crédits de paiement, soit 41,1 millions d'euros en crédits de paiement au-delà de ce qui était proposé par la Commission dans le projet de budget initial (la Commission n'ayant pas proposé de crédits d'engagement[213]).

L'*approche générale* du Parlement européen lors de l'adoption de ses amendements a été :

- d'accroître les crédits d'engagement et de paiement proposés par la Commission dans le projet de budget initial pour 2015 et destinés aux programmes et actions qu'il considère prioritaires, et avant tout liés au financement de la stratégie "Europe 2020", ainsi qu'à la complétion des programmes liés au

---

sera, en termes réels, inférieur à celui de 2013 ; demande instamment, à cet égard, à la Commission et aux États membres de mettre tout en œuvre pour une adoption rapide de tous les accords de partenariat et programmes opérationnels en 2014, afin de ne pas perdre plus de temps dans la mise en œuvre des nouveaux programmes d'investissement ; souligne l'importance du soutien sans faille de la Commission aux administrations nationales à tous les stades de ce processus" (doc. *PE P7_TA(2014)0247*, point 7).

[210] Le PE soulignant notamment qu'il est "*nécessaire d'évaluer chacune des agences au cas par cas en termes de budget et de ressources humaines et de leur allouer, dans le budget pour 2015 et celui des exercices suivants, des moyens financiers et des effectifs suffisants de façon à ce qu'elles puissent remplir correctement les missions qui leur sont confiées par l'autorité budgétaire ;* [le PE] *souligne par conséquent que la communication de la Commission intitulée "Programmation des ressources humaines et financières destinées aux organismes décentralisés pour 2014-2020" (COM(2013) 519) ne doit pas constituer la base* [...] *à l'égard (du traitement) des agences ;* [le PE] *souligne par ailleurs le rôle important du nouveau groupe de travail interinstitutionnel sur les agences décentralisées* [voir pages 108-109], *qui devrait entreprendre un examen plus détaillé et plus suivi de l'évolution des agences pour garantir une approche cohérente* [...]" (doc. *PE P7_TA(2014)0247*, point 12).

[211] L'Office européen de police (Europol) faisant figure d'exception, le PE ayant retenu la réduction de -1,6 million d'euros agréée par le Conseil (voir page 59 et *infra*). Il convient de relever qu'il s'agit de la *seule* réduction de crédits par rapport au PB initial pour 2015 adoptée par le Conseil et retenue par le PE (la réduction du budget administratif de la Cour des comptes ayant été effectuée par le Conseil à la demande de la Cour des comptes ; voir page 60).

[212] Dans sa lettre d'exécutabilité (voir page 76), la Commission réaffirme son point de vue selon lequel le PB présente l'estimation la plus précise des besoins, aussi bien en personnel qu'en crédits, des différentes agences décentralisées, en émettant des doutes à l'égard de certaines augmentations de postes votées par le Parlement européen et non accompagnées par une augmentation correspondante des crédits. La Commission souligne également dans ce contexte la difficulté de concilier, d'une part, l'augmentation proposée du nombre de postes et, d'autre part, l'objectif de réduction des postes des agences de -5 % en cinq ans.

[213] Les montants proposés par la Commission dans le PB initial pour 2015 pour les projets pilotes et les actions pré-

7ème programme-cadre de recherche, de développement technologique et de démonstration, ainsi qu'aux programmes et projets de développement régional et de cohésion pour la période 2007-2013 (voir page 62) ;

- de rétablir les montants proposés par la Commission dans le projet de budget initial pour 2015 concernant la quasi-totalité des lignes budgétaires réduites par le Conseil dans sa position[214], à l'exception des cas par rubrique et sous-rubrique du CFP mentionnés ci-dessous ;

- de rétablir en grande partie les montants demandés pour les budgets administratifs des institutions[215] et réduits par le Conseil dans sa position ;

- d'accepter les modifications concernant les postes repris aux tableaux des effectifs des institutions telles que retenues dans la position du Conseil, à l'exception de la Cour de justice (voir page 71), tout en diminuant de 47 postes par rapport au PB initial le nombre total des postes repris au tableau des effectifs du Parlement européen[216] ;

- de créer de nouveaux projets pilotes et de nouvelles actions préparatoires sous différentes rubriques et sous-rubriques du CFP (voir tableau 16 ci-dessous), et

- d'inscrire en réserve un certain nombre de crédits, inscriptions assorties de conditions pour "lever" ces réserves (voir pages 66-71).

S'agissant de la *nomenclature* du budget, le Parlement européen a créé un certain nombre de nouvelles lignes budgétaires sous différentes rubriques et sous-rubriques du CFP (voir pages 65-72).

Le PE propose également de transférer, comme l'année précédente[217] et suite à la déclaration agréée en novembre 2013, dans le cadre de l'accord sur le budget pour 2014[218], la ligne budgétaire et les crédits proposés[219] concernant les représentants spéciaux de l'UE (RSUE) de la section III – Commission – à la section X – Service européen pour l'action extérieure – du budget (et de la rubrique *4* (*L'Europe dans le monde*) à la rubrique *5* (*Administration*) du CFP). En outre, le PE propose de transférer les crédits liés

paratoires, ainsi que les montants retenus par le Parlement européen sont repris par rubrique et sous-rubrique du CFP dans le tableau 16 ci-dessous :

Tableau 16. Les montants proposés et retenus pour les projets pilotes et les actions préparatoires pour 2015

En euros

Rubrique ou sous-rubrique du CFP	PB initial pour 2015*		Amendements du PE		Position du PE		*Montants retenus*	
	c/e	*c/p*	*c/e*	*c/p*	*c/e*	*c/p*	*c/e*	*c/p*
1a (Compétitivité pour la croissance et l'emploi)	p.m.	15.518.250	22.370.000	17.739.997	22.370.000	33.258.247	*22.370.000*	*26.005.535*
1b (Cohésion économique, sociale et territoriale)	p.m.	8.515.315	3.500.000	1.000.000	3.500.000	9.515.315	*3.500.000*	*9.365.315*
2 (Croissance durable : ressources naturelles)	p.m.	17.652.218	2.900.000	2.300.000	2.900.000	19.952.218	*2.900.000*	*18.902.218*
3 (Sécurité et citoyenneté)	p.m.	10.202.807	16.350.000	12.413.813	16.350.000	22.616.620	*16.350.000*	*18.127.807*
4 (L'Europe dans le monde)	p.m.	12.525.259	8.990.000	4.876.720	8.990.000	17.401.979	*8.990.000*	*16.390.655*
5 (Administration)	p.m.	120.000	3.000.000	2.800.000	3.000.000	2.920.000	*3.000.000*	*1.620.000*
Total	**p.m.**	**64.533.849**	**57.110.000**	**41.130.530**	**57.110.000**	**105.664.379**	***57.110.000***	***90.411.530***

** Et position du Conseil*

[214] Ces deux facteurs ont conduit le PE à proposer d'augmenter les crédits de paiement proposés par la Commission de plus de 4 milliards d'euros, et ceci au-delà du plafond des crédits pour paiement. La différence entre les positions du Conseil et du PE s'élève ainsi à plus de 6,4 milliards d'euros en crédits de paiement, ce qui est le montant le plus élevé lors des procédures budgétaires sous le traité de Lisbonne.

[215] Conseil européen et Conseil exclus, dans le respect du *Gentlemen's agreement.*

[216] Ceci est sans préjudice du transfert éventuel de postes du Comité économique et social européen et du Comité des régions au Parlement européen, dans le cadre de l'accord de coopération, de février 2014, entre ces trois institutions (voir Tome III, p. 287).

[217] Voir Tome III, p. 284.

[218] Selon la déclaration commune sur les représentants spéciaux de l'UE : "*Le Parlement européen et le Conseil conviennent d'examiner le transfert des crédits pour les représentants spéciaux de l'UE du budget de la Commission (section III) vers le budget du Service européen pour l'action extérieure (section X) dans le contexte de la procédure budgétaire 2015*" (doc. *PE P7_TA(2013)0472* du 20 novembre 2013, p. 13 de l'annexe, et *Conseil 16025/13 PV/ CONS 54 ECOFIN 1004 BUDGET 63* du 21 janvier 2014, p. 13 ; voir Tome III, pp. 292/293).

[219] Il s'agit du poste *19 03 01 07*, doté de 20 millions d'euros en crédits d'engagement et 9,2 millions d'euros en crédits de paiement.

aux coûts administratifs communs des délégations de l'UE de la section III à la section X[220] (voir page 72).

S'agissant enfin des *commentaires*, le Parlement européen a introduit plusieurs modifications notamment dans le but d'inciter la Commission à mettre en œuvre le budget pour 2015 dans le sens souhaité par le Parlement.

D. La lecture du Parlement européen s'établit par rubrique et sous-rubrique du cadre financier pluriannuel pour 2014-2020 comme suit :

- le montant total de la sous-rubrique *1a* (*Compétitivité pour la croissance et l'emploi*) s'élève à 17 666 millions d'euros en crédits d'engagement (+7,2 % par rapport à 2014[221]) et à 15 893 millions d'euros en crédits de paiement (+38,9 %), ce qui laisse une marge de 234 000 euros seulement sous le plafond de cette sous-rubrique.

Le Parlement européen propose ainsi d'augmenter les crédits de cette sous-rubrique de 218,4 millions d'euros en crédits d'engagement et de 310,7 millions d'euros en crédits de paiement au-delà de ce qui était proposé dans le PB initial pour 2015.

Dans ce contexte, le PE a augmenté au-delà de ce qui était proposé dans le PB initial :

- les crédits d'engagement de 34 lignes budgétaires, pour un montant total de 189 millions d'euros[222], dont :

+28,5 millions d'euros pour *renforcer la recherche aux frontières de la connaissance au Conseil européen de la recherche* (poste *08 02 01 01*) ;

+18,5 millions d'euros pour les *actions Marie Skłodowska-Curie – produire, développer et transférer de nouvelles compétences, de nouveaux savoirs et de l'innovation* (poste *15 03 01 01*) ;

+18 millions d'euros pour *promouvoir l'excellence et la coopération dans le domaine de l'éducation et de la formation en Europe ainsi que son adéquation par rapport au marché du travail* (poste *15 02 01 01*) ;

+12 millions d'euros pour *améliorer l'accès au financement pour les PME, sous forme d'investissements en capital-risque et sous forme de prêts* (article *02 02 02*) ;

+10 millions d'euros pour *promouvoir l'interopérabilité, le déploiement durable, l'exploitation et la mise à niveau des infrastructures de services numériques transeuropéennes, ainsi que la coordination au niveau européen* (article *09 03 03*) ;

+10 millions d'euros pour *l'intégration plus poussée du marché intérieur de l'énergie et l'interopérabilité des réseaux d'électricité et de gaz à travers les frontières* (poste *32 02 01 01*) ;

+10 millions d'euros pour *renforcer la sécurité d'approvisionnement énergétique de l'UE* (poste *32 02 01 02*), et

+10 millions d'euros pour *contribuer au développement durable et à la protection de l'environnement* (poste *32 02 01 03*) ;

- les crédits de paiement de 35 lignes budgétaires, pour un montant total de 282,9 millions d'euros[223], dont :

+220 millions d'euros pour *l'achèvement du 7ème programme-cadre de recherche (2007-2013) – action indirecte* (article *08 02 51*) ;

+9,5 millions d'euros pour le poste *08 02 01 01* ;

+6,2 millions d'euros pour le poste *15 03 01 01* ;

+6 millions d'euros pour le poste *15 02 01 01*, et

[220] Soit un montant total de 71,5 millions d'euros en crédits d'engagement et de paiement, dont 46,3 millions d'euros avaient été inscrits dans le PB initial pour 2015 sous la sous-rubrique *1a* (*Compétitivité pour la croissance et l'emploi*) et les rubriques *2* (*Croissance durable : ressources naturelles*) et *4* (*L'Europe dans le monde*), et 25,2 millions d'euros sous la rubrique *5* (*Administration*) du CFP.

[221] Budget rectificatif n° 1/2014 compris.

[222] Onze de ces lignes avaient été réduites par le Conseil dans sa position.

[223] Dix-sept de ces lignes avaient été réduites par le Conseil dans sa position.

+4 millions d'euros pour l'article *02 02 02*.

Il a réduit les montants de deux lignes budgétaires liées à la gestion administrative des programmes de recherche et d'innovation, pour un montant de 0,6 million d'euros en crédits d'engagement et paiement par rapport à la proposition de la Commission, dans le cadre du transfert des crédits liés aux coûts administratifs communs des délégations de l'UE sous la section X – Service européen pour l'action extérieure – du budget (qui relève de la rubrique *5* (*Administration*) du CFP).

Le Parlement a également créé une nouvelle ligne budgétaire (nouvel article *15 02 10*) pour les événements annuels spéciaux, doté de 1,5 million d'euros en crédits d'engagement et de paiement[224].

S'agissant des agences décentralisées relevant de cette sous-rubrique[225], le PE a renforcé au-delà de ce qui était proposé dans le PB initial les montants proposés pour leurs subventions de 6,1 millions d'euros en crédits d'engagement et de 9,2 millions d'euros en crédits de paiement.

S'agissant des projets pilotes et des actions préparatoires, le Parlement a créé de nouveaux projets et de nouvelles actions ou a renforcé des actions et des projets existants pour un montant total de 22,4 millions d'euros en crédits d'engagement et de 17,7 millions d'euros en crédits de paiement par rapport au PB initial.

Enfin, le PE a inscrit en réserve 1,2 million d'euros en crédits d'engagement et 1,3 million d'euros en crédits de paiement pour l'article *12 03 01* (*Normes dans les domaines de l'information financière et du contrôle des comptes*), avec la condition de la "*pleine mise en œuvre des recommandations prévues dans le rapport Maystadt sur la réforme de la gouvernance*" pour lever la réserve[226] ;

- le montant de la sous-rubrique *1b* (*Cohésion économique, sociale et territoriale*) s'élève à 49 247 millions d'euros en crédits d'engagement (+3,7 %) et à 54 960 millions d'euros en crédits de paiement (+7,9 %).

Le Parlement européen propose d'augmenter les crédits de cette sous-rubrique de 20,2 millions d'euros en crédits d'engagement et de 3 358,3 millions d'euros en crédits de paiement au-delà de ce qui était proposé dans le PB initial pour 2015.

En raison de la très petite marge existante sous le plafond, le PE a souhaité financer les besoins complémentaire en 2015 des programmes des Fonds structurels pour Chypre intégralement par voie de mobilisation de l'instrument de flexibilité (soit un montant de 100 millions d'euros en crédits d'engagement). Ceci a permis au Parlement d'augmenter, de 16,7 millions d'euros, les crédits d'engagement proposés dans le PB initial pour *favoriser la cohésion sociale et atténuer les formes les plus graves de pauvreté dans l'UE* (article *04 06 01*[227]),

---

[224] Cette ligne est accompagnée du commentaire suivant : "*La semaine européenne MOVE est un événement phare européen de promotion du sport et de l'activité physique à l'échelon local ainsi que de leur impact positif pour la société et les citoyens européens. Il s'agit d'une plateforme européenne ouverte dont la coordination est assurée par l'Association internationale Sport et Culture.*

Dans le cadre du projet visant à encourager 100 millions d'Européens de plus à pratiquer une activité sportive et physique d'ici 2020, la semaine MOVE 2015 est une initiative qui associe les collectivités locales, les clubs sportifs, les écoles, les lieux de travail et les municipalités dans le cadre d'une vaste célébration du sport et de l'activité physique. Elle fait partie intégrante de la campagne européenne NowWeMove et constitue dès lors une contribution durable à une existence plus saine et plus active pour les citoyens européens.

La semaine MOVE 2015 regroupera au moins 1 500 manifestations des 28 États membres de l'UE et d'au moins 250 municipalités par la présentation de nouvelles initiatives dans le domaine du sport et de l'activité physique et la mise en valeur d'un très grand nombre d'actions réussies".

[225] Il s'agit des trois autorités de surveillance financière (Autorité bancaire européenne, Autorité européenne des assurances et des pensions professionnelles et Autorité européenne des marchés financiers), ainsi que des mesures antipollution gérées par l'Agence européenne pour la sécurité maritime (poste *06 02 03 02*).

[226] Dans sa lettre d'exécutabilité, la Commission est contre cette inscription de montants en réserve, ceci pouvant "compromettre la pleine mise en œuvre des tâches du nouveau groupe consultatif européen pour l'information financière en Europe (*European Financial Reporting Advisory Group* ou EFRAG)". En même temps, la Commission rappelle que la réforme de la gouvernance "est en cours".

[227] Dans sa lettre d'exécutabilité, la Commission considère cette augmentation au-delà du PB initial "problématique", l'augmentation du montant destiné au Fonds européen d'aide aux plus démunis devant être accompagnée par une diminution correspondante des dotation des États membres au titre des Fonds structurels.

ainsi que de proposer de créer de nouveaux projets pilotes et de nouvelles actions préparatoires, pour un montant total de 3,5 millions d'euros (voir page 63).

S'agissant des crédits de paiement, et en lien avec sa proposition de mobiliser la marge pour imprévus pour un montant de 4 milliards d'euros (voir page 61), le PE a augmenté, pour un montant total de 3 357,4 millions d'euros, les lignes budgétaires suivantes (tous concernant le financement de la période 2007-2013) :

+1 520 millions d'euros pour *l'achèvement du Fonds européen de développement régional (FEDER) – Convergence* (article *13 03 16*) ;

+910 millions d'euros pour *l'achèvement du Fonds de cohésion* (article *13 04 02*) ;

+410 millions d'euros pour *l'achèvement du Fonds social européen – Convergence* (article *04 02 17*) ;

+250 millions d'euros pour *l'achèvement du Fonds européen de développement régional (FEDER) – Compétitivité régionale et emploi* (article *13 03 18*) ;

+200 millions d'euros pour *l'achèvement du Fonds social européen – Compétitivité régionale et emploi* (article *04 02 19*) ;

+61,8 millions d'euros pour *l'achèvement du Fonds européen de développement régional (FEDER) – Coopération territoriale européenne* (article *13 03 19*), et

+5,6 millions d'euros pour l'article *04 06 01*.

Le PE a créé de nouveaux projets pilotes et de nouvelles actions préparatoires ou a renforcé des actions et des projets existants pour un montant de 3,5 millions d'euros en crédits d'engagement et 1 million d'euros en crédits de paiement par rapport au PB initial ;

- le montant de la rubrique *2* (*Croissance durable : ressources naturelles*) s'élève à 59 306 millions d'euros en crédits d'engagement (+0,1 %), dont 43 945 millions d'euros pour les dépenses de marché et paiements directs (+0,4 %), et à 56 955 millions d'euros en crédits de paiement (+0,9 %), dont 43 938 millions d'euros pour les dépenses de marché et paiements directs (+0,4 %). La marge sous le plafond de la rubrique est de 293 millions d'euros. La marge pour les dépenses de marché et paiements directs est de 245 millions d'euros.

Le Parlement européen propose d'augmenter les crédits de cette rubrique de 51,9 millions d'euros en crédits d'engagement et de 47,9 millions d'euros en crédits de paiement au-delà de ce qui était proposé dans le PB initial pour 2015.

Il a augmenté au-delà de ce qui était proposé dans le PB initial pour 2015 les crédits des trois lignes budgétaires suivantes, pour un total de 41 millions d'euros[228] :

+30 millions d'euros pour les *actions de promotion – paiements par les États membres* (poste *05 02 10 01*) ;

+7 millions d'euros pour le *programme en faveur de la consommation de fruits à l'école* (poste *05 02 08 12*), et

+4 millions d'euros pour le *lait aux écoliers* (poste *05 02 12 08*).

Le Parlement propose également de renforcer la *promotion d'une pêche et d'une aquaculture durables et compétitives ainsi que le développement territorial équilibré et solidaire des zones tributaires de la pêche, et favorisant la mise en œuvre de la politique commune de la pêche* (article *11 06 60*) de 5 millions d'euros en crédits d'engagement et de 1,7 million d'euros en crédits de paiement[229].

---

[228] Le Conseil, dans sa position, avait réduit les montants pour ces trois lignes budgétaires.
Dans sa lettre d'exécutabilité, la Commission indique ne pas supporter les augmentations des montants proposés pour le programme en faveur de la consommation de fruits à l'école, pour le lait aux écoliers et pour les actions de promotion au-delà du PB initial, car allant au-delà des besoins identifiés, y inclus dans la lettre rectificative "agricole" n° 1/2015.

[229] Ceci afin d'apporter un soutien supplémentaire, par le biais du Fonds européen pour les affaires maritimes et la pêche, aux pêcheurs affectés par le ban instauré par la Russie sur les importations des produits de la pêche européenne. Dans sa lettre d'exécutabilité, la Commission a toutefois souligné que ces montants supplémentaires ne pourront pas être

Il a réduit un montant de 0,1 million d'euros en crédits d'engagement et paiement dans le cadre du transfert de montants sous la section X – Service européen pour l'action extérieure – du budget (voir page 64).

S'agissant des agences décentralisées, le Parlement européen propose de renforcer au-delà de ce qui était proposé dans le PB initial le montant de la contribution de l'UE à l'Agence communautaire de contrôle des pêches de 3,1 millions d'euros en crédits d'engagement et de paiement.

S'agissant des projets pilotes et des actions préparatoires, le Parlement a créé de nouveaux projets et de nouvelles actions ou a renforcé des actions et des projets existants pour un montant total de 2,9 millions d'euros en crédits d'engagement et de 2,3 millions d'euros en crédits de paiement par rapport au PB initial ;

- le montant de la rubrique *3* (*Sécurité et citoyenneté*) s'élève à 2 216 millions d'euros en crédits d'engagement (+2 %) et à 1 920 millions d'euros en crédits de paiement (+14,5 %), ce qui laisse une marge sous le plafond de la rubrique de 62 millions d'euros.

Le Parlement européen propose d'augmenter les crédits de cette rubrique de 85,2 millions d'euros en crédits d'engagement et de 39,2 millions d'euros en crédits de paiement au-delà de ce qui était proposé dans le PB initial pour 2015.

Dans ce contexte, le PE a augmenté au-delà de ce qui était proposé dans le PB initial :

- les crédits d'engagement de sept lignes budgétaires, pour un montant total de 46,1 millions d'euros[230], dont :

+11 millions d'euros pour *renforcer et développer le régime d'asile européen commun et approfondir la solidarité et le partage des responsabilités entre les États membres* (poste *18 03 01 01*) ;

+11 millions d'euros pour *favoriser la migration légale vers l'UE et promouvoir l'intégration effective des ressortissants de pays tiers, et promouvoir des stratégies de retour équitables et efficaces* (poste *18 03 01 02*) ;

+10 millions d'euros pour *prévenir et combattre la criminalité organisée transfrontière et gérer plus efficacement les risques sécuritaires et les crises* (poste *18 02 01 02*), et

+6,3 millions d'euros pour les *actions multimédia* (poste *16 03 01 01*) ;

- les crédits de paiement de quatre lignes budgétaires, pour un montant total de 4,7 millions d'euros[231], dont :

+2,1 millions d'euros pour le poste *16 03 01 01*, et

+1,2 million d'euros pour le *sous-programme MEDIA – opérer à l'échelle transnationale et internationale et promouvoir la circulation transnationale et la mobilité* (article *15 04 03*).

Le Parlement a également proposé de créer une nouvelle ligne budgétaire (nouvel article *16 02 04*) pour la *mise en œuvre des initiatives citoyennes européennes et autres instruments de démocratie participative*, doté de 1 million d'euros en crédits d'engagement et de 0,3 million d'euros en crédits de paiement[232].

S'agissant des agences décentralisées, le PE propose de renforcer au-delà de ce qui était proposé dans le PB initial les montants destinés à l'Agence européenne pour la gestion de la coopération opérationnelle aux frontières extérieures (l'agence "Frontex" ; +20 millions d'euros[233]), pour le Bureau

exécutés en raison des enveloppes budgétaires fixées dans l'acte de base.

[230] Trois des lignes avaient été réduites par le Conseil dans sa position.

[231] Ces quatre lignes budgétaires avaient été réduites par le Conseil dans sa position.

[232] Cette ligne est accompagnée du commentaire suivant : "*Ce crédit est destiné à la communication, à l'administration et au soutien au sujet des initiatives citoyennes européennes*". Dans sa lettre d'exécutabilité, la Commission est contre la création d'une telle nouvelle ligne, les crédits ne pouvant pas être exécutés en l'absence de base légale.

[233] Le Parlement européen a inscrit ces 20 millions d'euros en crédits d'engagement et de paiement en réserve. Selon le PE, ces "*crédits mis en réserve ou bien une partie de ceux-ci seront débloqués en cas de situations de crise imprévues, nécessitant des dépenses opérationnelles supplémentaires pour l'Agence*".

européen d'appui en matière d'asile (+2,7 millions d'euros) et pour l'Observatoire européen des drogues et des toxicomanies (+0,7 million d'euros).

Concernant par contre la subvention proposée à l'Office européen de police, le Parlement a retenu la position du Conseil (-1,6 million d'euros en crédits d'engagement et de paiement par rapport au PB initial pour 2015).

S'agissant enfin des projets pilotes et des actions préparatoires, le Parlement a créé de nouveaux projets et de nouvelles actions ou a renforcé des actions et des projets existants pour un montant total de 16,4 millions d'euros en crédits d'engagement et de 12,4 millions d'euros en crédits de paiement par rapport au PB initial ;

- le montant de la rubrique *4* (*L'Europe dans le monde*) s'élève à 8 748 millions d'euros en crédits d'engagement (+5,1 %) et à 7 512 millions d'euros en crédits de paiement (+21,3 %), ce qui laisse une marge sous le plafond de la rubrique de 1 million d'euros seulement.

Le Parlement européen propose ainsi d'augmenter les crédits de cette rubrique de 334,9 millions d'euros en crédits d'engagement et de 185 millions d'euros en crédits de paiement au-delà de ce qui était proposé dans le PB initial pour 2015.

Dans ce contexte, le PE a augmenté au-delà de ce qui était proposé dans le PB initial :

- les crédits d'engagement de trente lignes budgétaires, pour un montant total de 391,6 millions d'euros[234], dont :

+57,5 millions d'euros pour une *mise à disposition rapide et efficace d'une aide humanitaire et d'une aide alimentaire en fonction des besoins* (article *23 02 01*) ;

+35,5 millions d'euros pour le *soutien au processus de paix et aide financière à la Palestine et à l'Office de secours et de travaux des Nations unies pour les réfugiés de Palestine (UNRWA)* (poste *21 03 01 04*) ;

+35 millions d'euros pour la *réduction de la pauvreté et développement durable dans les pays méditerranéens* (poste *21 03 01 02*) ;

+35 millions d'euros pour la *réduction de la pauvreté et développement durable dans le cadre du partenariat oriental* (poste *21 03 02 02*) ;

+34 millions d'euros pour les *droits de l'homme et mobilité dans le cadre du partenariat oriental* (poste *21 03 02 01*) ;

+25,7 millions d'euros pour la *prévention des catastrophes, réduction des risques de catastrophe et préparation en la matière* (article *23 02 02*) ;

+23 millions d'euros pour des *mesures propres à instaurer la confiance, sécurité et prévention et règlement des conflits dans les pays méditerranéens* (poste *21 03 01 03*) ;

+19,3 millions d'euros pour les *droits de l'homme et la mobilité dans les pays méditerranéens* (poste *21 03 01 01*), et

+19 millions d'euros pour le *développement humain* (poste *21 02 07 03*) ;

- les crédits de paiement de ces mêmes trente lignes budgétaires, pour un montant total de 235 millions d'euros[235], dont :

+81,4 millions d'euros pour le poste *21 03 01 04* ;

+50,8 millions d'euros pour l'article *23 02 01* ;

+11,7 millions d'euros pour le poste *21 03 01 02* ;

+11,7 millions d'euros pour le poste *21 03 02 02* ;

+11,3 millions d'euros pour le poste *21 03 02 01*, et

+11 millions d'euros pour le poste *21 03 01 02*.

Par ailleurs, le PE a réduit les montants de six lignes budgétaires destinées au financement de la

234 Treize de ces lignes avaient été réduites par le Conseil dans sa position.

235 Dix-huit de ces lignes avaient été réduites par le Conseil.

gestion administrative des instruments de la politique extérieure de l'UE, pour un montant total de 45,7 millions d'euros en crédits d'engagement et de paiement par rapport au PB initial, et les a transférés sous la section X – Service européen pour l'action extérieure – du budget.

Il convient de relever que le Parlement européen n'a pas déposé d'amendement concernant le montant du "budget PESC" tel que proposé par la Commission dans son PB initial et retenu par le Conseil, mais il propose de transférer la ligne budgétaire et les crédits concernant les représentants spéciaux de l'UE de la section III – Commission – à la section X du budget (soit un total de 20 millions d'euros en crédits d'engagement et de 9,2 millions d'euros en crédits de paiement[236]).

S'agissant enfin des projets pilotes et des actions préparatoires, le Parlement a créé de nouveaux projets et de nouvelles actions ou a renforcé des actions et des projets existants pour un montant total de 9 millions d'euros en crédits d'engagement et de 4,9 millions d'euros en crédits de paiement par rapport au PB initial ;

- le montant de la rubrique *5* (*Administration*) s'élève à 8 683 millions d'euros en crédits d'engagement (+3,3 %) et à 8 672 millions d'euros en crédits de paiement (+3,2 %), ce qui laisse une marge sous le plafond de la rubrique de 393 millions d'euros.

Les crédits pour les dépenses administratives des institutions s'élèvent à 6 964 millions d'euros en crédits d'engagement (+2,5 %) et à 6 953 millions d'euros en crédits de paiement (+2,4 %). La marge est ainsi de 387 millions d'euros.

Le Parlement européen propose d'augmenter les crédits de cette rubrique de 71 millions d'euros en crédits d'engagement et de 60 millions d'euros en crédits de paiement au-delà de ce qui était proposé dans le PB initial pour 2015[237].

Le Parlement européen a en grande partie rétabli les montants proposés dans le PB initial pour 2015 pour la section III – Commission – et modifiés par le Conseil dans sa position, tout en proposant de transférer un montant de 25,2 millions d'euros en crédits d'engagement et de paiement à la section X – Service européen pour l'action extérieure (voir page 64).

Le PE propose de nouveau, comme l'année précédente[238], de créer une nouvelle ligne budgétaire pour les dépenses destinées au secrétariat du comité de surveillance[239] de l'OLAF.

---

[236] Le PE propose de créer à cet effet, sous la section X, une nouvelle ligne *1 6 0 0* intitulée "*Rémunérations et dépenses concernant les représentants spéciaux de l'UE*", et munie du commentaire suivant : "*Ce crédit est destiné à couvrir toutes les dépenses liées à la nomination des représentants spéciaux de l'UE (RSUE) conformément à l'article 33 du traité sur l'UE.*
Les RSUE devraient être désignés dans le respect des politiques d'égalité des chances et d'intégration dela dimension de genre, c'est pourquoi il convient de promouvoir la nomination de femmes à ce poste.
Ce crédit est destiné à couvrir les dépenses liées au traitement des RSUE et à la mise en place de leurs équipes et/ ou de leurs structures d'appui, y compris les frais de personnel autres que ceux liés au personnel détaché par des États membres ou les institutions de l'UE. Il couvre aussi les coûts relatifs aux projets éventuels mis en œuvre sous la responsabilité directe d'un RSUE.
Les recettes éventuelles provenant des contributions financières des États membres et de pays tiers, y compris, dans les deux cas, de leurs agences publiques, d'entités ou de personnes physiques, relatives à certains projets ou programmes d'aide extérieure financés par l'UE et gérés pour leur compte par la Commission, pourront donner lieu à l'ouverture de crédits supplémentaires. Ces contributions imputées à l'article 6 3 3 de l'état des recettes constituent des recettes affectées conformément à l'article 21, paragraphe 2, point b), du règlement financier. Les montants inscrits sur la ligne qui se réfère aux dépenses d'appui administratif seront déterminés, sans préjudice de l'article 187, paragraphe 7, du règlement financier, par la convention de contribution pour chaque programme opérationnel et ne dépasseront pas, en moyenne, 4 % des contributions allouées au programme correspondant pour chaque chapitre".

[237] Ces montants tiennent compte de la proposition de transférer la ligne budgétaire et les crédits concernant les représentants spéciaux de l'UE de la section III – Commission – à la section X – Service européen pour l'action extérieure – du budget et de la rubrique *4* (*L'Europe dans le monde*) à la rubrique *5* (voir page 64).

[238] Voir Tome III, pp. 285/286.

[239] Selon le PE, ceci est destiné à "*Accroître la transparence du déploiement de personnel au sein du secrétariat du comité de surveillance de l'OLAF, pour refléter l'extension du mandat de ce comité et le renforcement de son indépendance, comme le prévoit le nouveau règlement OLAF adopté par le Parlement européen et le Conseil* [JO L 248 du 18.9.2013, pp. 1/22] : *huit postes sont affectés au secrétariat du comité de surveillance pour assurer son bon fonctionnement, ainsi que l'ont demandé plusieurs fois le comité de surveillance et le Parlement européen. Aucun nouveau poste*

Par ailleurs concernant les *frais de conférences, réunions et groupes d'experts* (ligne *XX 01 02 11 02*), le PE a inscrit en réserve[240] un montant de 3,9 millions d'euros, dans l'attente que *"la Commission modifiera les règles applicables aux groupes d'experts"*[241].

Le Parlement a créé sous la rubrique *5* de nouveaux projets pilotes et de nouvelles actions préparatoires ou a renforcé des actions et des projets existants pour un montant total de 3 millions d'euros en crédits d'engagement et de 2,8 millions d'euros en crédits de paiement par rapport au PB initial.

Pour ce qui est des autres sections[242], le PE a adopté la position suivante par institution :

- Parlement européen : confirmation du montant total demandé dans le projet de budget initial pour 2015 (soit 1 794,9 millions d'euros ou +2,2 % par rapport à 2014), avec cependant des modifications dans les montants demandés par ligne budgétaire[243]. Ainsi par exemple les lignes budgétaires destinées au financement des partis et fondations politiques ou de l'aménagement des bâtiments ont été renforcées notamment au détriment de la réserve pour imprévus. Le nombre de postes repris au tableau des effectifs a été réduit de 47, sans préjudice d'un transfert éventuel de postes du Comité économique et social européen (30 postes, avec la possibilité de transférer 6 postes additionnels à la mi-2015) et du Comité des régions (12 postes, avec la possibilité de transférer 12 postes additionnels à la mi-2015), à la suite de la mise en œuvre de l'accord de coopération interinstitutionnelle ;

- Cour de justice : augmentation du montant total et des postes au-delà de ce qui était proposé dans le PB initial, soit +0,6 million d'euros et 12 postes additionnels[244]. En outre, le PE a retenu un montant supplémentaire de 2 millions d'euros, inscrits en réserve[245], et lié à l'éventuelle nomination de neuf nouveaux juges[246] ;

---

et aucuns moyens supplémentaires ne sont demandés. Les crédits correspondants sont virés sur une ligne distincte".

Dans sa lettre d'exécutabilité, la Commission a indiqué que la question de la "transparence accrue" des ressources du comité de surveillance de l'OLAF et de son secrétariat pourrait aussi bien être adressée dans un document séparé, et que la création de la nouvelle ligne budgétaire proposée par le PE n'était ainsi pas nécessaire.

240 Selon le PE, *"La réserve sera débloquée lorsque la Commission modifiera les règles applicables aux groupes d'experts comme indiqué ci-dessous et veillera à ce que toutes ses directions générales les appliquent :*

1. interdire aux lobbyistes et aux dirigeants de sociétés de siéger dans des groupes à titre personnel. La Commission devrait préciser si les membres d'un groupe d'experts le sont en tant que parties prenantes ou en tant qu'experts agissant dans l'intérêt public. Dans ce dernier cas, elle doit contrôler attentivement l'absence de conflit d'intérêts, et la "déclaration d'activités professionnelles" des experts concernés devrait se trouver dans le domaine public ;

2. adopter des critères de sélection communs dans l'ensemble des DG, qui garantissent un équilibre entre les différentes catégories de parties prenantes et l'absence de conflit d'intérêts pour les experts, établir une procédure de sélection ouverte et obligatoire, avec un appel public aux candidatures, et donner à chaque groupe d'experts un mandat, qui est publié et qui va au-delà d'une simple représentation des autorités des États membres ;

3. toutes les informations concernant les membres (y compris les affiliations), les ordres du jour, les procès-verbaux et les contributions des participants devraient être disponibles en ligne, à moins qu'il y ait une raison claire, et publiée, de ne pas fournir cette information. Les rapports des groupes devraient être publiés avant leur adoption par la Commission ;

4. un réexamen des règles existantes doit être effectué après la clôture de l'enquête du Médiateur européen afin d'en transposer les résultats dans les règles de la Commission relatives aux groupes d'experts".

241 Dans sa lettre d'exécutabilité, la Commission s'oppose à une telle inscription de crédits en réserve, contestant la "non-transparence" des groupes d'experts. Elle rappelle le travail déjà effectué sur les règles régissant ces groupes et visant à assurer une représentation adéquate des différents intérêts au sein de tels groupes, ainsi que la création d'un registre spécifique les concernant.

242 S'agissant de la section II – Conseil européen et Conseil – le Parlement européen a respecté le *"Gentlemen's agreement"*.

243 Y compris l'ajout d'une contribution de 200 000 euros du PE aux Écoles européennes de type "II" (voir tableau 17, page 73).

Les Écoles européennes de type "II" sont des écoles appartenant au système national d'un État membre mais comportant une ou plusieurs sections linguistiques habilitées à délivrer le baccalauréat européen.

244 En d'autres termes, le PE a retenu les montants et demandes de nouveaux postes présentés par la Cour de justice dans son état prévisionnel (et non retenus par la Commission ; voir page 38).

245 Cette réserve est accompagnée du commentaire suivant : *"Les crédits mis en réserve peuvent être débloqués sur accord des deux branches de l'autorité budgétaire sur la base de la décision de modification du protocole sur le statut de la Cour de justice de l'UE concernant le renforcement du Tribunal par la création de 9 juges supplémentaires"*.

246 La réforme correspondante de la Cour de justice ne sera décidée que fin 2015 (voir le règlement (UE, Euratom) 2015/2422 du Parlement européen et du Conseil, du 16 décembre 2015, modifiant le protocole n° 3 sur le statut de la Cour de justice de l'Union européenne ; JO L 341 du 24.12.2015, pp. 14/17).

- Cour des comptes : rétablissement des montants proposés dans le PB initial, à l'exception des 1,4 million d'euros destinés à l'aménagement des bâtiments, à la suite d'une demande de la Cour des comptes (et déjà retenue par le Conseil dans sa position ; voir page 60) ;

- Comité économique et social européen : renforcement des crédits pour les frais de voyage et pour les services de traduction au-delà de ce qui était demandé dans le PB initial, et réduction des montants pour les rémunérations en-deçà de ce qui était proposé dans le PB due au transfert d'un premier groupe de 30 postes sous la section I – Parlement européen (voir *supra*). Par ailleurs, le PE a inscrit des crédits en réserve en lien avec le transfert éventuel de 6 postes supplémentaires à partir du 1er juillet 2015. L'effet net est une réduction du montant de la section VI de 1,4 million d'euros ;

- Comité des régions : renforcement des crédits pour les frais de voyage, pour les services de traduction et pour les publications au-delà de ce qui était proposé dans le PB initial[247], et réduction des montants pour les rémunérations en-deçà de ce qui était proposé dans le PB due au transfert d'un premier groupe de 12 postes sous la section I (voir *supra*). Par ailleurs, le PE a inscrit des crédits en réserve en lien avec le transfert éventuel de 12 postes supplémentaires à partir du 1er juillet 2015. L'effet net est une diminution du montant de la section VII de 0,4 million d'euros ;

- Médiateur européen : rétablissement des montants proposés dans le PB initial ;

- Contrôleur européen de la protection des données : rétablissement des montants proposés dans le PB initial, et

- Service européen pour l'action extérieure : augmentation des crédits au-delà de ce qui était demandé dans le PB initial afin de couvrir les frais liés à l'instauration d'une nouvelle délégation de l'UE dans la région du Golfe en 2015 (+2,3 millions d'euros). Par ailleurs, le PE a renforcé trois lignes budgétaires avec des crédits transférés de quinze différentes lignes budgétaires de la section III – Commission, pour un montant total de 71,5 millions d'euros (dont 25,2 millions d'euros transférés à l'intérieur de la rubrique *5* (*Administration*) du CFP), dans le contexte du transfert des crédits liés aux coûts administratifs communs des délégations de l'UE sous la section X[248] (voir page 64). Enfin, le Parlement a créé une nouvelle ligne budgétaire (nouveau poste *1 6 0 0*) pour les représentants spéciaux de l'UE, transférant les montants correspondants de la section III (rubrique *4* du CFP), soit 20 millions d'euros en crédits d'engagement et 9,2 millions d'euros en crédits de paiement.

Le tableau 17 (page 73) récapitule les montants par institution retenus par le Parlement européen. Les modifications des postes inscrits aux tableaux des effectifs retenues sont présentées dans le tableau 28, page 98.

S'agissant des *instruments spéciaux* disposant de lignes budgétaires spécifiques dans le budget de l'UE, le Parlement européen a augmenté les crédits de paiement proposés par la Commission (et retenus par le Conseil dans sa position) de :

+153 millions d'euros pour la réserve pour aides d'urgences, et

+125 millions d'euros pour le Fonds européen d'ajustement à la mondialisation.

Au total, le Parlement européen a adopté 469 amendements à la position du Conseil (voir page 453). Dix des amendements concernent sa section I du budget de l'UE.

Le tableau 18 (page 74) récapitule les augmentations de crédits, les réductions et les transferts entre rubriques et sous-rubriques par rapport au projet de budget initial pour 2015 adoptés par le Parlement

---

[247] En d'autres termes, le PE a retenu pratiquement dans leur ensemble les demandes présentées par le Comité des régions dans son état prévisionnel (voir page 38).

[248] Dans sa lettre d'exécutabilité, la Commission indique qu'elle peut soutenir un transfert "budgétairement neutre", de la section III à la section X, des dépenses administratives communes des délégations de l'UE et des dépenses pour les RSUE.

Tableau 17. Montants pour 2015 par institution retenus par le Parlement européen

Rubrique 5 (Administration) du CFP, en euros

Institution(s)	Montants demandés dans le PB initial pour 2015		Montants retenus par le Conseil		Montants retenus par le PE		*Différence par rapport au PB*	*Différence par rapport au CNS*
	c/e	c/p	c/e	c/p	c/e	c/p	*c/e*	*c/e*
Parlement européen	1.794.929.112	1.794.929.112	1.794.929.112	1.794.929.112	1.794.729.112	1.794.729.112	*-200.000*	*-200.000*
Conseil européen et Conseil*	542.295.500	542.295.500	542.295.500	542.295.500	542.295.500	542.295.500	*0*	*0*
Commission**	3.003.812.000	3.003.852.000	2.988.329.823	2.988.369.823	2.978.632.000	2.978.672.000	*-25.180.000*	*-9.697.823*
OP	*79.839.000*	*79.839.000*	*79.450.033*	*79.450.033*	*79.839.000*	*79.839.000*	*0*	*388.967*
OLAF	*57.769.000*	*57.769.000*	*57.546.159*	*57.546.159*	*57.746.000*	*57.746.000*	*-23.000*	*199.841*
EPSO et EUSA	*26.648.000*	*26.648.000*	*26.572.570*	*26.572.570*	*26.648.000*	*26.648.000*	*0*	*75.430*
PMO	*36.521.000*	*36.521.000*	*36.386.774*	*36.386.774*	*36.521.000*	*36.521.000*	*0*	*134.226*
OIB	*68.528.000*	*68.528.000*	*68.260.898*	*68.260.898*	*68.528.000*	*68.528.000*	*0*	*267.102*
OIL	*24.083.000*	*24.083.000*	*23.988.249*	*23.988.249*	*24.083.000*	*24.083.000*	*0*	*94.751*
Commission (total)	3.297.200.000	3.297.240.000	3.280.534.506	3.280.574.506	3.271.997.000	3.272.037.000	*-25.203.000*	*-8.537.506*
Écoles européennes	*159.702.965*	*159.702.965*	*159.702.965*	*159.702.965*	*159.902.965*	*159.902.965*	*200.000*	*200.000*
Pensions (toutes institutions)	*1.559.377.435*	*1.559.377.435*	*1.559.377.435*	*1.559.377.435*	*1.559.377.435*	*1.559.377.435*	*0*	*0*
Projets pilotes et actions préparatoires	*0*	*120.000*	*0*	*120.000*	*3.000.000*	*2.920.000*	*3.000.000*	*3.000.000*
Section III – Commission***	5.016.280.400	5.016.440.400	4.999.614.906	4.999.774.906	4.994.277.400	4.994.237.400	*-22.003.000*	*-5.337.506*
Cour de justice*	354.425.000	354.425.000	352.258.000	352.258.000	357.062.000	357.062.000	*2.637.000*	*4.804.000*
Cour des comptes	134.306.000	134.306.000	131.778.000	131.778.000	132.906.000	132.906.000	*-1.400.000*	*1.128.000*
CESE	130.479.720	130.479.720	129.976.270	129.976.270	129.055.970	129.055.970	*-1.423.750*	*-920.300*
Comité des régions*	89.233.680	89.233.680	88.951.079	88.951.079	88.867.199	88.867.199	*-366.481*	*-83.880*
Médiateur européen	10.091.105	10.091.105	9.923.105	9.923.105	10.091.105	10.091.105	*0*	*168.000*
CEPD	8.883.891	8.883.891	8.779.891	8.779.891	8.883.891	8.883.891	*0*	*104.000*
SEAE	531.300.500	531.300.500	526.164.201	526.164.201	625.086.886** **	614.240.722** ** *	*93.786.386*	*98.922.685*
Total "autres institutions"	***3.595.944.508***	***3.595.944.508***	***3.585.055.158***	***3.585.055.158***	***3.688.977.663***	***3.678.131.499***	***93.033.155***	***103.922.505***
Total général	**8.612.224.908**	**8.612.384.908**	**8.584.670.064**	**8.584.830.064**	**8.683.255.063**	**8.672.368.899**	***71.030.155***	***98.584.999***

* *La Commission a réduit dans le PB initial pour 2015 les montants demandés par le Conseil européen et le Conseil (-7,4 millions d'euros), la Cour de justice (-0,6 million d'euros) et le Comité des régions (-0,6 million d'euros ; voir page 38)*

** *Hors offices européens, Écoles européennes et pensions*

*** *Y inclus les projets pilotes et les actions préparatoires relevant de la rubrique 5 du CFP*

** ** *Dont 71,5 millions d'euros pour les coûts administratifs communs des délégations de l'UE et 20 millions d'euros pour les RSUE (transférés de la section III – Commission)*

** ** * *Dont 71,5 millions d'euros pour les coûts administratifs communs des délégations de l'UE et 9,2 millions d'euros pour les RSUE (transférés de la section III – Commission)*

Tableau 18. Les augmentations, transferts et réductions de crédits par rapport au projet de budget initial pour 2015 adoptés par le Parlement européen

Nouvelles lignes budgétaires incluses, en millions d'euros

Rubrique ou sous-rubrique du CFP	Total*		Dont agences décentralisées			Dont projets pilotes et act. prép.		Transferts et réductions		*Marge***	
	c/e	c/p	c/e	c/p	*Nb*	c/e	c/p	c/e	c/p	*c/e*	*c/p*
1a (Compétitivité pour la croissance et l'emploi)	218,4	310,7	6,1	9,2	*4*	22,4	17,7	-0,6***	-0,6***	*0,2*	
1b (Cohésion économique, sociale et territoriale)	20,2	3.358,3	0	0	*0*	3,5	1,0	0	0	*[100]** ** ** **	
2 (Croissance durable : ressources naturelles)	51,9	47,9	3,1	3,1	*1*	2,9	2,3	-0,1***	-0,1***	*293,4*	
3 (Sécurité et citoyenneté)	85,2	39,2	23,4	23,4	*3*	16,4	12,4	-1,6** **	-1,6** **	*62,0*	
4 (L'Europe dans le monde)	334,9	185,0	0	0	*0*	9,0	4,9	-65,7** ** *	-54,8** ** *	*1,0*	
*5 (Administration)** ** ** ***	71,0	60,0	0	0	*0*	3,0	2,8	** ** **		*392,7*	
Instruments spéciaux	0	278,0	–	–	–	–	–	0	0	–	–
Total	**781,6**	**4.279,2**	**32,6**	**35,7**	***8***	**57,1**	**41,1**			***749,4***	*[4.001,2]** ** ** ***

** Y inclus les subventions pour les agences décentralisées de l'Union européenne, les projets pilotes et les actions préparatoires*
*** Selon la présentation de la Commission et du Parlement européen*
**** Transfert sous la rubrique 5 (section X – SEAE – du budget de l'Union)*
*** ** Réduction de la subvention proposée pour Europol (article 18 02 04)*
*** ** * Transfert sous la rubrique 5 (section X, dont 20 millions d'euros en crédits d'engagement et 9,2 millions d'euros en crédits de paiement concernant les RSUE)*
*** ** ** Pour le détail, voir tableau 17, page 73*
*** ** ** * Mobilisation de l'instrument de flexibilité (voir pages 60-61)*
*** ** ** ** Mobilisation de la marge pour imprévus et de l'instrument de flexibilité (voir pages 60-61)*

Tableau 19. Nombre de lignes budgétaires augmentées par le Parlement européen au-delà du projet de budget initial pour 2015

Crédits opérationnels et pour la gestion administrative et lignes destinées aux subventions aux agences décentralisées (section III – Commission)

Rubrique ou sous-rubrique du CFP	Nombre de lignes modifiées	Dont lignes avec c/e	Dont lignes avec c/p	Dont nouvelles lignes	Dont lignes concernant les agences décentralisées
1a (Compétitivité pour la croissance et l'emploi)	40	39	40	1*	4
1b (Cohésion économique, sociale et territoriale)	7	1	7	0	0
2 (Croissance durable : ressources naturelles)	4	4	4	0	1
3 (Sécurité et citoyenneté)	11	8	5	1**	3
4 (L'Europe dans le monde)	29	29	29	0	0
Instruments spéciaux	2	0	2	0	–
Total	**93**	**81**	**87**	**2**	**8**

** Article 15 02 10 (Événements annuels spéciaux), doté de 1,5 million d'euros en crédits d'engagement et de paiement*
*** Article 16 02 04 (Mise en œuvre des initiatives citoyennes européennes et autres instruments de démocratie participative), doté de 1 million d'euros en crédits d'engagement et de 0,3 million d'euros en crédits de paiement*

européen lors de sa lecture, ainsi que les marges laissées sous les différentes rubriques et sous-rubriques du CFP.

Enfin, le tableau 19 (page 74) présente le nombre de lignes budgétaires augmentées par le Parlement européen au-delà du projet de budget initial pour 2015.

7. La procédure de conciliation (28 octobre – 17 novembre 2014)

A. La procédure de conciliation s'est composée[249] :

- de trois trilogues[250], organisés les 11, 13 et 17 novembre 2014, et

- de deux réunions du comité de conciliation, qui se sont tenues les 6 et 14/17 novembre 2014.

Cette procédure de conciliation n'a pas permis aux deux branches de l'autorité budgétaire de parvenir à un accord sur le budget pour 2015.

Il convient de rappeler qu'en parallèle s'est déroulée une procédure de conciliation sur le projet de budget rectificatif n° 2/2014 portant sur l'excédent pour l'exercice 2013 (et faisant partie du "paquet" de PBR pour 2014 en attente). Cette procédure n'a pas débouché non plus sur un accord (voir chapitre II).

B. La première réunion du comité de conciliation, organisée dans les locaux du PE à Bruxelles le *6 novembre 2014*, a – comme les années précédentes – servi à ouvrir officiellement les négociations interinstitutionnelles finales sur le budget de l'année à venir.

À la suite d'un souhait du Parlement européen, et à la grande différence par rapport aux années précédentes, les deux branches de l'autorité budgétaire ont commencé la réunion en évoquant les six projets de budgets rectificatifs pour 2014 en attente (voir chapitre II), à savoir :

- n° 2/2014 (concernant le solde de l'exercice 2013. Ce PBR faisait l'objet d'une procédure de conciliation, à la suite d'un amendement[251] voté par le PE à la position du Conseil[252]) ;

- n° 3/2014 (concernant avant tout une augmentation des crédits de paiement de plusieurs rubriques et sous-rubriques du CFP. Ce PBR est accompagné par une proposition de mobilisation de la marge pour imprévus en 2014) ;

- n° 4/2014 (concernant avant tout une actualisation des montants des ressources propres. La Commission a présenté une lettre rectificative à ce PBR le 16 octobre 2014) ;

---

[249] En raison de la complexité des discussions budgétaires en 2014 et afin d'essayer de faire converger les positions des États membres, la présidence du Conseil a exceptionnellement organisé à Venise, le *31 octobre 2014*, une réunion budgétaire informelle de coordination des États membres. Cette réunion n'a néanmoins pas permis de faire de grandes avancées.
Il s'agit de la première réunion institutionnelle à laquelle a participé la vice-présidente chargée du budget et des ressources humaines de la nouvelle Commission européenne, nommée en 2014 (voir chapitre I).

[250] Il convient de noter que le trilogue du 11 novembre 2014 était le seul trilogue dont la date avait été fixée dans la déclaration commune, du 2 avril 2014, sur le calendrier de la procédure budgétaire pour 2015 (voir pages 31 et 135).
Il convient également de relever que lors du trilogue du 13 novembre 2014, le Conseil a été représenté de manière exceptionnelle par le représentant permanent, et non par un ministre du pays assumant la présidence tournante du Conseil (l'Italie en ce qui concerne la procédure budgétaire pour 2015).

[251] Il s'agit d'un amendement "multiple", qui concerne aussi bien la partie "recettes" que la partie "dépenses" du budget de l'UE (voir *infra*).

[252] Le Parlement européen souhaitant utiliser le solde pour le paiement des "impayés", en réduisant le montant proposé par la Commission dans le PBR concernant le chapitre *1 4* de l'état général des recettes, et créant une nouvelle réserve (intitulée "*Réserve pour besoins supplémentaires de paiements*") dans le budget pour 2014, dotée de 1 005 millions d'euros en crédits de paiement (nouvel article *40 04 01*, muni du commentaire suivant : "*Les crédits inscrits au présent article sont destinés à couvrir les besoins supplémentaires de paiements énumérés par la Commission dans le PBR n° 3/2014*"). Le Parlement présente la justification suivante à son amendement : "*Étant donné la pression très importante sur les paiements en 2014 et la consolidation demandée par la Commission dans le PBR n° 3/2014, il est proposé d'affecter l'excédent de l'année 2013 au financement d'une nouvelle ligne budgétaire,* [...] *et figurant dans le volet dépenses du budget, plutôt que de réduire les ressources propres fondées sur le RNB. Si le PBR n° 3/2014 est adopté par le Conseil sans modification, cet amendement sera retiré*" (doc. *PE P8_TA(2014)0035* du 22 octobre 2014, pp. 3/8).
Le PE indique dans sa résolution que l'intention est bien de "*préserver le lien politique et procédural entre les projets de budgets rectificatifs n° 2, 3 et 4/2014*" (voir chapitre II).

- nº 5/2014 (concernant la mobilisation du Fonds de solidarité de l'UE pour la Croatie, la Grèce, l'Italie et la Slovénie) ;

- nº 6/2014 (concernant avant tout la révision des soldes TVA et RNB pour l'exercice 2014[253]), et

- nº 7/2014 (concernant la mobilisation du Fonds de solidarité pour la Bulgarie, la Croatie et la Serbie).

Le Parlement européen a également évoqué la question de la proposition de "virement global"[254], que le Conseil avait refusé le jour même[255] (voir chapitre II).

Suite aux PBR, les deux branches de l'autorité budgétaire avaient l'intention d'entamer, avec l'aide de la Commission, leurs travaux sur le budget pour 2015, comme les années précédentes par "blocs thématiques", cette fois dans l'ordre suivant :

- lettre rectificative nº 1/2015 (concernant avant tout les dépenses agricoles ; voir pages 101-103) ;

- niveau des crédits d'engagement (par rubrique et sous-rubrique du CFP) ;

- questions horizontales :

i) agences décentralisées de l'UE,

ii) projets pilotes et actions préparatoires,

iii) réserves, et

iv) nomenclature et commentaires budgétaires ;

- niveau des crédits de paiement ;

- proposition de mobilisation de l'instrument de flexibilité (concernant le financement additionnel des programmes des Fonds structurels pour Chypre), et

- proposition de mobilisation du Fonds de solidarité de l'UE (concernant le paiement d'avances éventuelles ; voir page 48).

Le comité de conciliation devait, en outre, prendre note de la "lettre d'exécutabilité" présentée par la Commission[256], ainsi que des "lettres d'exécutabilités" rédigées à l'attention du comité, comme les années précédentes, par un certain nombre d'autres institutions[257].

Dans la pratique, et suite à l'absence de position du Conseil sur les projets de budgets rectificatifs nº 3 à 7/2014[258] et avant tout sur le PBR nº 3/2014, et ce malgré les appels répétés du Parlement européen et de la Commission pour que le Conseil adopte rapidement sa position afin de permettre aux négociations de démarrer, les discussions lors de cette première réunion du comité de conciliation en 2014 ont été relativement brèves, les deux branches

---

[253] Il convient de rappeler une fois de plus le contenu exceptionnel de cet exercice en 2014 (voir chapitre II).

[254] Il s'agit de la proposition de virement de crédits DEC nº 31/2014 (voir chapitre II). Le PE a accepté la proposition de la Commission, mais suite au refus du Conseil, et conformément à l'article 27, paragraphe 4 du RF de 2012, le virement de crédits proposé par la Commission n'a pas pu être fait.

[255] Le 6 novembre 2014 étant la fin des six semaines accordées par l'article 27, paragraphe 4 du RF de 2012 aux deux branches de l'autorité budgétaire pour arrêter leur décision.

[256] Doc. *Ares(2014)3529246* du 24 octobre 2014. Cette lettre, rédigée par la Commission pour la première fois dans le cadre de la procédure budgétaire pour 2003, a pour objet d'attirer l'attention des deux branches de l'autorité budgétaire sur le caractère "exécutable" des amendements adoptés par le PE. Suite à l'entrée en vigueur du traité de Lisbonne, la lettre d'exécutabilité couvre également la position du Conseil sur le projet de budget. Les lettres d'exécutabilité sont mentionnées au point 20 de l'annexe de l'AII de 2013.

[257] Il s'agit en 2014 de la Cour de justice (concernant la section IV du budget), du Comité économique et social européen (section VI), du Médiateur européen (section VIII) et du Service européen pour l'action extérieure (section X).

[258] À la différence des PBR nº 5 et 7/2014 où une "minorité de blocage" d'États membres continuait à s'opposer – pour des questions de principe mais également suite à des considérations liées à la marge existant sous le plafond des crédits pour paiements – au financement des crédits de paiement avec de l'"argent frais", comme proposé par la Commission, le Conseil n'avait pas encore adopté de position sur le PBR nº 4/2014 uniquement en raison de son inclusion dans le "paquet" avec les autres projets de budgets rectificatifs (ainsi qu'en raison de la lettre rectificative au PBR annoncée par la Commission, ce qui a amené le Conseil à repousser l'adoption de sa position).

S'agissant enfin du PBR nº 6/2014, l'absence de position du Conseil était liée au problème plus général des révisions importantes du RNB de plusieurs États membres en 2014 et des contributions supplémentaires considérables au budget de l'UE en découlant (ce qui a beaucoup compliqué les travaux au sein du Conseil sur ce dossier ; voir chapitre II et *infra*).

de l'autorité budgétaire n'abordant par exemple pratiquement pas la question du contenu du budget pour 2015.

Pour conclure, le Conseil a indiqué que la question de l'état d'avancement des négociations budgétaires en 2014 serait exceptionnellement à l'ordre du jour du Conseil "Ecofin" du 7 novembre 2014[259].

C. Suite à un manque de progrès lors de la première réunion du comité de conciliation (mais également suite aux discussions lors du Conseil "Ecofin" du 7 novembre 2014 ; voir *infra*), le premier trilogue, organisé dans les locaux du PE à Bruxelles le *11 novembre 2014*, s'est déroulé dans un climat tendu.

Le Parlement européen a critiqué, dans des termes très durs[260], l'absence de position du Conseil sur les PBR pour 2014 en attente. Il a de nouveau insisté, comme lors des deux précédentes réunions interinstitutionnelles[261], sur l'importance de résoudre la question du montant des "impayés", en "croissance constante", en utilisant notamment les recettes additionnelles et imprévues disponibles en 2014 (et découlant avant tout du produit d'amendes supplémentaires, inclus par la Commission dans ses PBR, également par voie de lettre rectificative) pour couvrir les besoins, conformément au principe de bonne gestion financière des fonds de l'UE. Le Parlement a insisté qu'il s'agissait là d'une "position très ferme du PE, partagée par l'ensemble des groupes politiques", les citoyens de l'UE "ne comprenant pas si les deux branches de l'autorité budgétaire ne parvenaient pas à résoudre leurs différences"[262].

---

[259] La Présidence du Conseil a retenu des discussions au sein du Conseil "Ecofin" du 7 novembre 2014 les conclusions suivantes – elles incluent une demande adressée à la Commission de présenter une proposition de modification du règlement n° 1150/2000 portant application de la décision "ressources propres" de 2007 (voir chapitre II) : "*La Commission a fourni des informations sur le résultat des rectifications annuelles des ressources propres basées sur la TVA et le RNB, en application de l'article 10, paragraphes 4 à 8, du règlement (CE, Euratom) n° 1150/2000. En raison notamment des révisions importantes du RNB de plusieurs États membres, leurs contributions supplémentaires au budget de l'UE seront considérables. En outre, le délai réglementaire jusqu'à la date du paiement au premier jour ouvrable de décembre est court. Cela peut entraîner des incidences budgétaires exceptionnellement élevées pour ces États membres.*

Le Conseil invite dès lors la Commission à présenter une proposition de modification ciblée et limitée du règlement n° 1150/2000 du Conseil pour tenir compte de ces circonstances exceptionnelles. Cela devrait permettre aux États membres concernés de reporter le paiement requis sur une période raisonnable de temps (au plus tard le 1er septembre). Dans un souci de traitement équitable de tous les États membres, le report devrait alors être une option pour tous si la somme globale des soldes RNB est exceptionnellement élevée. Compte tenu de ces délais serrés, cette modification devrait prendre effet avant le 1er décembre de cette année (de manière rétroactive si nécessaire).

Reconnaissant dans le même temps qu'il est nécessaire de faire face à l'augmentation sans précédent des demandes impayées dans toutes les rubriques et tous les programmes du budget de l'UE, le Conseil convient d'œuvrer de manière constructive, y compris en recourant aux instruments de flexibilité approuvés dans le CFP pour 2014-2020, pour adopter en temps utile une position sur les projets de budgets rectificatifs pour 2014, tout en rappelant la position déjà adoptée par le Conseil sur le projet de budget pour 2015" (Communiqué de presse du Conseil, du 7 novembre 2014, p. 3).

[260] Le Parlement européen allant jusqu'à formellement protester contre l'"inaction" du Conseil, considérant l'absence de position du Conseil comme une "insulte". Le PE a notamment posé la question de savoir "si le Conseil voulait un accord sur le budget de l'UE pour 2015", en soulignant que le PE nouvellement élu voulait débuter "sur de nouvelles bases", sans devoir gérer "un fardeau d'impayés du passé".

Ce manque de "volonté politique" perçu par le Parlement de la part du Conseil d'adopter une position a "érodé la confiance du Parlement européen en la volonté du Conseil de vouloir commencer à travailler sur un compromis sur le budget pour 2015", le PE maintenant cependant sa position selon laquelle "ce n'est qu'une fois que la question des PBR aura été réglée que le Parlement sera prêt à ouvrir les discussions avec le Conseil sur le budget pour 2015".

[261] Il s'agit du trilogue ayant précédé la lecture du Parlement européen, du 15 octobre 2014 (voir page 61), et de la première réunion du comité de conciliation, du 6 novembre 2014 (voir page 75).

[262] Le PE a également trouvé "problématique" de constater que le Conseil puisse parvenir en son sein (comme cela "concerne les intérêts financiers des États membres") à un accord politique sur la modification du règlement n° 1150/2000 "dans quelques semaines", alors qu'après "plusieurs mois de discussions, il n'est pas arrivé à adopter de position sur les PBR en attente".

Ce dernier a répondu que le Conseil "Ecofin" du 7 novembre 2014 n'a pas seulement débattu de l'ajustement en 2014 des soldes TVA et RNB et du PBR n° 6/2014, mais également de la nécessité d'adresser la question des "impayés". Comme le Conseil est encore en train d'attendre la proposition de la Commission de modification du règlement n° 1150/2000, "il y a nécessairement un délai dans les travaux. Mais dès que la Commission aura présenté la proposition, tous les PBR, ensemble avec tous les autres sujets ouverts, et notamment le contenu du budget pour 2015, pourront être débattus".

La Commission a indiqué qu'elle soumettrait une proposition visant à modifier le règlement n° 1150/2000 le 12 novembre 2014 (voir chapitre II). En conséquence, le PBR n° 6/2014 devrait selon la Commission être sorti "soit totale-

Le PE a également rappelé que l'année 2015 serait cruciale pour la mise en œuvre concrète des nouveaux programmes pour la période de programmation 2014-2020, qui ont urgemment besoin "des moyens financiers adéquats".

S'agissant des instruments spéciaux, le PE a continué à rappeler que sa position (selon laquelle les crédits de paiement les concernant doivent être "hors et au dessus" du plafond des crédits pour paiements ; voir page 52) est "non-négociable", car "clairement basée sur l'accord sur le CFP", et qu'ainsi tous les PBR traitant par exemple de la mobilisation du Fonds de solidarité de l'UE doivent être financés au dessus du plafond des crédits pour paiements, comme proposé par la Commission.

Enfin, s'agissant de la lettre rectificative "agricole" nº 1/2015, le PE a rappelé que son contenu avait soulevé beaucoup d'interrogations en son sein, tout comme au sein Conseil, le Parlement rappelant dans ce contexte le contenu de la déclaration faite en marge du Conseil "Agriculture et pêche" du 10 novembre 2014 par les ministres de l'Agriculture de vingt-deux États membres, dénonçant la proposition de la Commission de réduire le budget agricole proposé pour 2015 de 448 millions d'euros (voir pages 103 et 156).

Le Conseil, pour sa part, a continué à dénoncer la "précondition" posée par le PE de ne démarrer les discussions sur le budget pour 2015 qu'une fois que le Conseil ait adopté (en ce qui le concerne) les PBR tels que proposés par la Commission.

Il a fait état des discussions au sein du Conseil "Ecofin" du 7 novembre 2014, pendant lesquelles il a été indiqué (en plus d'un souhait d'une révision "limitée" et "rapide" du règlement nº 1150/2000 ; voir page 77) :

- qu'il est nécessaire d'adresser la question de l'augmentation sans précédent des demandes impayées dans toutes les rubriques et sous-rubriques du CFP et dans tous les programmes relevant du budget de l'UE ;

- qu'il convient d'œuvrer de "manière constructive", y compris en recourant aux moyens de flexibilité prévus dans le règlement fixant le CFP pour 2014-2020[263], pour adopter "en temps utile" une position sur les projets de budgets rectificatifs pour 2014 en attente ;

- que les deux branches de l'autorité budgétaire doivent absolument arriver à un accord *global* incluant les projets de budgets rectificatifs pour 2014 en suspens *et* le budget pour 2015 ("la seule solution permettant de parvenir à un accord en 2014"), et

- que pour le Conseil, sa position adoptée sur la PB initial pour 2015, le 2 septembre 2014 (voir pages 52-60), doit rester la base des négociations.

Le Conseil a regretté, tout comme le PE et la Commission, qu'il s'agissait maintenant de la troisième réunion interinstitutionnelle de suite pendant laquelle "aucun progrès véritable n'avait pu être réalisé en vue d'un accord".

La Commission a exhorté le Conseil de trouver un accord politique sur sa position sur les PBR en attente "le plus rapidement possible". Par ailleurs, en vue de préparer la seconde réunion du comité de conciliation, et afin de "faire avancer les négociations", elle a proposé de soumettre aux deux

---

ment, soit en partie du "paquet" des PBR, en fonction du nombre d'États membres souhaitant reporter leurs paiements à 2015 et des montants concernés".

Le Parlement européen a, à ce titre, questionné en général le lien entre le PBR nº 6/2014 et les autres PBR pour 2014 en attente, tout en indiquant qu'il ne s'agissait pour les États membres concernés que de payer ce qui est dû (et qu'ils devaient se considérer satisfaits que l'UE ait attendu si longtemps pour réclamer les soldes de TVA et de RNB, ceux-ci ayant dû être payés depuis longtemps). Par ailleurs, il a rappelé que si le PE et le Conseil n'arrivaient pas à s'entendre sur la question des "impayés" en 2014, tous les montants en attente devront être payés en 2015.

[263] Il s'agit là d'un développement important au sein du Conseil, une "minorité de blocage" d'États membres n'existant plus contre la proposition de mobilisation de la marge pour imprévus en 2014 (dans le contexte du PBR nº 3/2014), ces États membres étant désormais prêts à accepter un montant certes moins important que celui proposé par la Commission (voir chapitre II et *infra*).

branches de l'autorité budgétaire, à la manière des années précédentes et "en temps utile", un "projet de conclusions communes"[264].

Pour conclure, le Parlement européen a demandé au Conseil quand celui-ci comptait adopter sa position. Ce dernier a indiqué que le Comité des représentants permanents discuterait de la question le 13 novembre 2014. Le Parlement a pris note de cette information, en demandant au Conseil de présenter sa position lors du prochain trilogue, organisé à cette fin le 13 novembre 2014. Le PE a également indiqué s'attendre à la présence de nombreux ministres représentant le Conseil lors de la seconde réunion du comité de conciliation.

D. Le Comité des représentants permanents n'ayant pas été en mesure d'adopter de position sur les PBR pour 2014 en attente à cause de la subsistance d'une "minorité de blocage", le deuxième trilogue, organisé le *13 novembre 2014* dans les locaux du Conseil à Bruxelles, a été de courte durée, les négociateurs ne faisant dans l'essentiel que reprendre les arguments déjà présentés auparavant (voir pages 49-79).

E. Lors de sa deuxième réunion, organisée le *14 novembre 2014* dans les locaux du Conseil à Bruxelles, le comité de conciliation n'a guère progressé non plus dans ses travaux, le Conseil n'ayant toujours pas adopté de position sur les PBR pour 2014 en attente.

F. Le Comité des représentants permanents est parvenu à un accord politique sur la position du Conseil (ou plus exactement sur un mandat de négociation) sur un "paquet" comportant le budget pour 2015 et les PBR n° 3, 4, 5 et 7/2014[265] lors de sa réunion le samedi *15 novembre 2014*. Cet accord est composé des éléments suivants :

- acceptation du *PBR n° 3/2014* avec les modifications suivantes[266] :

i) mobilisation de la marge pour imprévus, pour un montant de 2 011 millions d'euros en crédits de paiement ;

ii) recours à la marge restante sous le plafond des crédits pour paiements, pour un montant de 361 millions d'euros[267] ;

iii) redéploiements supplémentaires de crédits de paiement à l'intérieur du budget pour 2014, pour un montant de 48 millions d'euros, en utilisant des lignes budgétaires proposées par la Commission dans la proposition de "virement global" DEC n° 31/2014 (voir pages 76 et 448), et

iv) redéploiements supplémentaires de crédits de paiement à partir de la ligne budgétaire pour l'Initiative pour l'emploi des jeunes, pour un montant de 440 millions d'euros, ce montant (basé sur une sous-exécution constatée en 2014) devant être inscrit dans le budget pour 2015[268] (voir *infra*) ;

---

[264] Ce document, rédigé dans le format des projets communs de budget (et incluant aussi bien le budget de l'année à venir que les PBR en attente destinés à faire partie de l'accord final), est une "suggestion" (et non une proposition formelle) de la Commission, destinée à servir de base aux négociations en présentant des premières "pistes en vue d'un compromis".

Les années précédentes, les premières versions des projets de conclusions communes préparées par la Commission ne mentionnaient pas les crédits de paiement (mais seulement les crédits d'engagement), laissant la question des crédits de paiement à des phases plus avancées des négociations.

En 2014, suite aux négociations compliquées (les deux branches de l'autorité budgétaire n'ayant par exemple pratiquement pas abordé, lors de leurs rencontres, la question du contenu du budget pour 2015), la Commission ne sera en mesure de présenter sa première version du "projet de conclusions communes" que lors de la poursuite de la deuxième réunion du comité de conciliation, le 17 novembre 2014 (voir page 80). Exceptionnellement, et compte tenu de sa présentation tardive, elle traitera également des crédits de paiement.

[265] Il convient de relever que le PBR n° 6/2014 (concernant avant tout la révision des soldes TVA et RNB) ne faisait pas partie du paquet, en raison des discussions encore en cours sur les montants impliqués (et suite au souhait de la Commission de voir ce PBR retiré du paquet ; voir page 77). L'accord au sein du Comité des représentants permanents comprend néanmoins une acceptation tacite d'une révision du règlement n° 1150/2000, dans le cadre du "paquet" agréé.

[266] Soit une acceptation du PBR n° 3/2014 pour un montant total de 2 372 millions d'euros, plus des redéploiements de crédits en 2014 pour un montant de 553 millions d'euros (voir tableau 32, page 105), et une réduction en conséquence du montant proposé par la Commission pour certaines lignes budgétaires.

[267] Soit un montant total de 2 372 millions d'euros d'"argent frais" (ce qui représente environ la moitié du montant proposé par la Commission ; voir tableau 32, page 105).

[268] Il s'agit ainsi d'un exercice de "*backloading*" entre 2014 et 2015, "budgétairement neutre" au niveau du total.

- acceptation du *PBR n° 4/2014* tel que proposé par la Commission, lettre rectificative comprise ;

- acceptation des *PBR n° 5* et *7/2014* comme proposés par la Commission en ce qui concerne les crédits d'engagement. Les crédits de paiement correspondants (soit 126,7 millions d'euros) sont couverts par des redéploiements à partir de sept lignes budgétaires contenues dans la proposition de "virement global" DEC n° 31/2014, et

- modification de la position du Conseil sur le PB initial pour 2015, adoptée le 2 septembre 2014, comme suit en ce qui concerne la sous-rubrique *1b* (*Cohésion économique, sociale et territoriale*) du CFP[269] (en crédits de paiement) :

i) augmentation du montant pour la ligne budgétaire pour l'Initiative pour l'emploi des jeunes de 440 millions d'euros (article *04 02 64*), et

ii) diminution des coupes apportées par le Conseil sur toutes les lignes relevant de la sous-rubrique *1b* du CFP, pour un montant total de 220 millions d'euros, et

iii) augmentation du montant de la ligne budgétaire pour l'"*Achèvement du Fonds européen de développement régional (FEDER) – Convergence*" de 117 millions d'euros (article *13 03 16*).

Par ailleurs, le Comité des représentants permanents convient que 448,5 millions d'euros de coupes supplémentaires en crédits d'engagement s'ajouteront à la position du Conseil, du 2 septembre 2014, à la suite de l'intégration de la lettre rectificative n° 1/2015[270] (voir pages 101-102).

G. Lors du troisième trilogue, organisé le *17 novembre 2014* matin dans les locaux du PE à Bruxelles, le Conseil a présenté au Parlement européen le contenu de l'accord sur le budget pour 2015 et les PBR pour 2014 en attente obtenu deux jours auparavant au niveau du Comité des représentants permanents (voir *supra*, point F).

Le Parlement européen a considéré l'accord comme "nettement insuffisant", avant tout en raison du fait que le "paquet" proposé par le Conseil ne contenait pas l'acceptation du PBR n° 3/2014 comme proposé par la Commission. Le PE a également critiqué l'emploi de montants proposés dans le "virement global" pour financer les crédits de paiement des PBR n° 5 et 7/2014. Enfin, s'agissant du budget pour 2015, le Parlement a insisté que la position "modifiée" du Conseil continue de rester "trop basse, car ne permettant pas de répondre de façon adéquate aux besoins de financement de l'UE en 2015".

Le PE a également critiqué le Conseil de ne vouloir augmenter que les crédits de paiement de la sous-rubrique *1b* (*Cohésion économique, sociale et territoriale*), et non des autres rubriques et sous-rubriques du CFP importantes pour le PE, et notamment la sous-rubrique *1a* (*Compétitivité pour la croissance et l'emploi*) et la rubrique *4* (*L'Europe dans le monde*).

H. Lors de la poursuite de la deuxième réunion du comité de conciliation, le *17 novembre 2014*[271], les négociateurs ont tenté en vain de rapprocher leurs positions encore très divergentes.

La Commission a notamment présenté deux "projets de conclusions communes" (voir page 79) successifs visant à faciliter la naissance d'un compromis, le Conseil indiquant une certaine disponibilité à accepter d'augmenter le montant du recours à la marge pour imprévus et du PBR n° 3/2014 par rapport à sa position (mandat) du 15 novembre 2014, mais uniquement dans le cadre d'un accord global comprenant également le budget pour 2015.

Le Parlement européen a, pour sa part, continué à considérer les positions du Conseil sur le PBR n° 3/2014 trop en dessous de la proposition de la

---

[269] Soit un total de 777 millions d'euros en crédits de paiement.

[270] La position du Conseil sur le PB initial pour 2015 ainsi modifiée s'élèverait en conséquence à 144 629 millions d'euros en crédits pour engagements et à 140 774 millions d'euros en crédits pour paiements.

[271] Il s'agit du dernier jour de la période de 21 jours réservée à la procédure de conciliation (voir tableau 5, page 32). La réunion a débuté après le trilogue dans les locaux du Parlement européen à Bruxelles à 17h. Elle s'est terminée, sur une constatation de non-accord, à minuit, à la fin de la période de conciliation.

Commission, et ne répondant pas d'une façon adéquate aux besoins urgents en crédits de paiement en 2014, tout en maintenant fermement sa position de principe de ne pas discuter du budget pour 2015 avant un accord au préalable sur les projets de budgets rectificatifs en attente.

À la fin de la réunion, les négociateurs n'ont ainsi pu que prendre acte de l'échec de la procédure de conciliation, le comité de conciliation n'ayant pas été en mesure de parvenir à un accord sur un projet commun de budget pour 2015 dans le délai prévu à l'article 314, paragraphe 5, du TFUE. Le comité de conciliation a également pris acte de l'échec de la conciliation sur le projet de budget rectificatif n° 2/2014.

Il convient de relever qu'à la manière de la procédure budgétaire pour 2013 (mais à la différence de la procédure budgétaire pour 2011, qui a également comporté une procédure de conciliation infructueuse), aucun préaccord (ou "convergence de vues") n'a pu être trouvé lors de la procédure de conciliation en 2014 sur les montants à retenir dans le budget de l'année à venir (ou dans les PBR en attente).

8. Le nouveau projet de budget pour 2015 (28 novembre 2014[272])

A. Suite à l'échec de la procédure de conciliation, la Commission a présenté, conformément à l'article 314, paragraphe 8 du TFUE, le 28 novembre 2014 (soit onze jours après l'échec), un nouveau projet de budget pour 2015. Il s'élève à 145 226 millions d'euros en crédits pour engagements (+1,8 % par rapport au budget pour 2014[273]) et à 141 337 millions d'euros en crédits pour paiements (+4,3 %). Ceci représente 1,04 % et 1,01 % respectivement du RNB de l'UE[274].

La Commission propose de mobiliser l'instrument de flexibilité pour un montant de 83,3 millions d'euros en crédits d'engagement[275] et de 11,3 millions d'euros en crédits de paiement afin de compléter le financement des programmes des Fonds structurels pour Chypre[276].

B. Ce nouveau projet de budget reprend l'état des négociations à la fin de la procédure de conciliation le 17 novembre 2014 tel qu'interprété par la Commission[277]. Les *crédits d'engagement* proposés reprennent pour l'essentiel ceux proposés dans le

---

[272] Doc. *COM(2014) 723 final*. La Commission a mis le nouveau projet de budget pour 2015 à la disposition de l'autorité budgétaire et des parlements nationaux dans toutes les langues officielles de l'UE le même jour.

[273] Budget rectificatif n° 1/2014 compris (voir chapitre II).

[274] En d'autres termes, le nouveau projet de budget pour 2015 augmente les crédits pour engagements de 75,6 millions d'euros et diminue les crédits pour paiements de 800 millions d'euros par rapport au PB initial pour 2015, lettre rectificative n° 1/2015 incluse.

[275] Le montant est supérieur de 3,5 millions d'euros à celui de la proposition initiale de mobilisation de l'instrument de flexibilité, faite dans le cadre du PB initial pour 2015. Ceci s'explique par le fait que la Commission a souhaité inclure dans le nouveau PB, suite aux amendements adoptés par le Parlement européen, des crédits d'engagement pour de nouveaux projets pilotes et de nouvelles actions préparatoires sous la sous-rubrique *1b* (*Cohésion économique, sociale et territoriale*) du CFP (voir *infra*).

[276] Ceci laisse des marges de 1 855 millions d'euros en crédits pour engagements et (selon la présentation de la Commission) de 800 millions d'euros en crédits pour paiements sous les plafonds du CFP. Le dernier montant exclut (en plus de la mobilisation de l'instrument de flexibilité en crédits de paiement, pour un montant de 11,3 millions d'euros) les 150 millions d'euros proposés pour la réserve pour aides d'urgence, les 50 millions d'euros proposés pour le Fonds de solidarité de l'UE et les 25 millions d'euros proposés pour le Fonds européen d'ajustement à la mondialisation (soit un montant de 225 millions d'euros).

[277] À la suite du peu d'avancement des discussions sur le budget pour 2015 lors de la procédure de conciliation (voir pages 75-81), la Commission a eu un certain mal à évaluer l'état des négociations. Ainsi par exemple a-t-elle proposé dans le nouveau PB pour 2015, suite à un amendement du PE, de transférer les montants liés aux RSUE de la section III – Commission – à la section X – SEAE – du budget. Le Conseil s'est immédiatement et unanimement opposé, lors des négociations sur le budget pour 2015 en décembre 2014, à un tel transfert, qui n'a pas été retenu dans le budget pour 2015.

La Commission n'a pas modifié dans son nouveau PB les lignes budgétaires du PB initial "techniquement closes" (les "lignes clôturées"). On entend par "ligne budgétaire techniquement close" une ligne pour laquelle il n'existe aucun désaccord entre le Parlement européen et le Conseil (c'est-à-dire une ligne proposée par la Commission non modifée par le Conseil ou le Parlement européen, ou une ligne modifiée par le Conseil et qui n'a pas été amendée par le Parlement européen) et qui n'a fait l'objet d'aucune lettre rectificative.

projet de budget initial pour 2015, tel que modifié par la lettre rectificative nº 1/2015. La Commission a néanmoins retenu un certain nombre d'amendements votés par le Parlement européen (voir pages 60-75).

S'agissant des *crédits de paiement*[278], la Commission a retenu une réduction de 800 millions d'euros par rapport au PB initial pour 2015, tel que modifié par la LR nº 1/2015, tout en ayant "protégé" les crédits de paiement proposés pour la sous-rubrique *1a* (*Compétitivité pour la croissance et l'emploi*) et la rubrique *4* (*L'Europe dans le monde*), ainsi que pour l'objectif "convergence" de la sous-rubrique *1b* (*Cohésion économique, sociale et territoriale*) du CFP, et "*ceci afin de montrer les priorités politiques de la Commission pour 2015*"[279].

S'agissant des *agences décentralisées de l'UE*, le nouveau projet de budget reprend les montants proposés dans le PB initial tel que modifié par la lettre rectificative nº 1/2015 mais ajoute, suite à des amendements du Parlement européen, un total de 0,5 million d'euros et 22 nouveaux postes[280] pour l'Autorité bancaire européenne, l'Autorité européenne des assurances et des pensions professionnelles, l'Autorité européenne des marchés financiers, le Bureau européen d'appui en matière d'asile et l'Office européen de police[281]. De nouveau suite à un amendement du PE, il augmente en outre le montant proposé pour les dépenses opérationnelles de l'agence Frontex de 20 millions d'euros[282].

Pour les *agences exécutives*, le nouveau PB reprend les montants et les postes proposés dans le PB initial tel que modifié par la lettre rectificative nº 1/2015.

Concernant les *projets pilotes* et les *actions préparatoires*, il reflète la position du Parlement européen en ce qui concerne les crédits d'engagement[283].

S'agissant des *commentaires budgétaires*, le nouveau PB intègre les amendements introduits par le Parlement européen, sauf pour les postes *04 03 01 03* et *19 03 01 06*[284], "*étant entendu que ces amendements ne peuvent modifier ou étendre le champ d'application d'une base légale existante ou affecter l'autonomie administrative des institutions*"[285].

Enfin, concernant la *nomenclature budgétaire*, le nouveau projet de budget reprend le PB initial tel que modifié par la lettre rectificative nº 1/2015, mais inclut le transfert des crédits liés aux coûts ad-

---

[278] À la suite d'une demande insistante du Parlement européen, la Commission propose en outre l'adoption d'une déclaration commune sur un "plan de paiement". Le projet de déclaration inclut notamment le principe de l'organisation en 2015 d'une réunion interinstitutionnelle spécifique sur la situation des crédits de paiement, pendant laquelle la question des "impayés" et de leur résorption serait discutée.

[279] Intervention de la Commission au Parlement européen, le 28 novembre 2014.

[280] Ces montants et postes additionnels proposés se répartissent comme suit :
- Autorité bancaire européenne : +7 postes et +455 000 euros ;
- Autorité européenne des assurances et des pensions professionnelles : +3 postes et +195 000 euros ;
- Autorité européenne des marchés financiers : +3 postes et +195 000 euros ;
- Bureau européen d'appui en matière d'asile : +4 postes et +260 000 euros, et
- Europol : +5 postes, conjugués à une diminution de -600 000 euros (voir *infra*).

[281] Concernant Europol, le nouveau PB retient une réduction de 0,6 million d'euros par rapport au PB initial, suite aux positions du Conseil et du PE (-1,6 million d'euros ; voir pages 59 et 69).

[282] Ce montant est inscrit sur la ligne et non en réserve, comme proposé par le Parlement européen. Cette augmentation est compensée par une réduction correspondante des crédits proposés pour le poste *18 02 01 01* (*Appuyer la gestion des frontières et soutenir une politique commune des visas pour faciliter les voyages effectués de façon légitime*).

[283] Le nouveau PB pour 2015 contient ainsi un "paquet" de 59 projets pilotes et actions préparatoires, pour un montant total de 57,1 millions d'euros en crédits d'engagement. Pour fixer les crédits de paiement correspondants, la Commission a appliqué les principes suivants : les crédits de paiement pour tous les nouveaux projets pilotes et toutes les nouvelles actions préparatoires sont fixés à 50 % des crédits d'engagement correspondants ou au niveau proposé par le Parlement européen, si celui-ci est inférieur. En cas d'extension de projets pilotes et d'actions préparatoires existants, le niveau des crédits de paiement est celui défini dans le projet de budget, majoré de 50 % des nouveaux crédits d'engagement correspondants ou celui proposé par le Parlement européen, s'il est inférieur.

[284] Il s'agit des postes "*Libre circulation des travailleurs, coordination des régimes de sécurité sociale et actions en faveur des migrants, y compris les migrants provenant de pays tiers*" et "*Actions préparatoires et de suivi* [dans le domaine de la PESC]" respectivement.

[285] Doc. *COM(2014) 723 final*, p. 13.

ministratifs communs des délégations de l'UE[286] et des représentants spéciaux de l'UE[287] de la section III – Commission – à la section X – Service européen pour l'action extérieure – du budget.

Selon la Commission "(l')*impératif étant de parvenir à l'adoption du budget 2015 en temps utile, la proposition de la Commission en vue d'un nouveau projet de budget pour 2015 s'appuie sur les avancées enregistrées sur le budget 2015 au sein du comité de conciliation, qui ont, dans une large mesure, rétabli le projet de budget initial de la Commission tel que modifié par la lettre rectificative n° 1/2015*[288]*, notamment en ce qui concerne les engagements, en dépit d'une baisse du niveau des paiements. La présente proposition tient également compte des récentes discussions et propositions visant à optimiser la contribution du budget de l'UE à la croissance économique. À cet égard, la proposition de nouveau projet de budget est tout particulièrement axée sur le soutien aux politiques favorisant la compétitivité et la convergence économique, qui contribuent ainsi à la croissance et à l'emploi, ainsi qu'aux lignes budgétaires qui permettent à l'Europe de faire face aux crises, notamment dans son voisinage. Elle reflète également les dix domaines d'action prioritaires définis dans les orientations politiques pour la nouvelle Commission*[289]*, comme la stimulation de l'emploi, de la croissance et de l'investissement, la connexion du marché unique du numérique, le renforcement de la résilience de l'approvisionnement énergétique couplé à la lutte contre le réchauffement climatique, la sécurisation des frontières de l'Europe et une Europe plus forte en matière de politique étrangère*"[290].

Le tableau 20 ci-dessous présente les différences par rubrique et sous-rubrique du CFP entre le projet de budget initial et le nouveau projet de budget pour 2015.

C. Le nouveau PB se présente par rubrique et sous-rubrique du CFP comme suit :

- les crédits proposés pour la sous-rubrique *1a* (*Compétitivité pour la croissance et l'emploi*) s'élèvent à 17 488 millions d'euros en crédits d'engagement (soit +6,1 % par rapport au budget pour 2014[291]) et à 15 833 millions d'euros en crédits de paiement (+38,4 %).

Tableau 20. Différences entre le projet de budget initial et le nouveau projet de budget pour 2015

En euros

Rubrique ou sous-rubrique du CFP	PB initial pour 2015*		Nouveau PB pour 2015**		*Différence*	
	c/e	c/p	c/e	c/p	*c/e*	*c/p*
1. Croissance intelligente et inclusive	66.674.151.686	67.424.528.140	66.718.779.020	66.900.788.458	*44.627.334*	*-523.739.682*
1a Compétitivité pour la croissance et l'emploi	*17.447.366.091*	*15.822.597.982*	*17.488.493.425*	*15.833.342.601*	*41.127.334*	*10.744.619*
1b Cohésion économique, sociale et territoriale	*49.226.785.595*	*51.601.930.158*	*49.230.285.595*	*51.067.445.857*	*3.500.000*	*-534.484.301*
2. Croissance durable : ressources naturelles	58.805.749.930	56.510.282.506	58.808.572.540	56.231.089.200	*2.822.610*	*-279.193.306*
dont dépenses de marché et paiements directs	*43.455.780.762*	*43.449.011.789*	*43.455.780.762*	*43.448.253.444*	*0*	*-758.345*
3. Sécurité et citoyenneté	2.130.721.538	1.886.669.907	2.146.731.538	1.884.329.519	*16.010.000*	*-2.340.388*
4. L'Europe dans le monde	8.413.097.321	7.478.986.134	8.356.418.991	7.428.029.364	*-56.678.330*	*-50.956.770*
5. Administration	8.611.688.908	8.611.848.908	8.680.469.063	8.668.079.054	*68.780.155*	*56.230.146*
dont dépenses administratives des institutions	*6.892.608.508*	*6.892.768.508*	*6.961.188.663*	*6.948.798.654*	*68.580.155*	*56.030.146*
Total	**144.635.409.383**	**141.912.315.595**	**144.710.971.152**	**141.112.315.595**	***75.561.769***	***-800.000.000***
Instruments spéciaux :						
Réserve pour aides d'urgence	303.000.000	150.000.000	303.000.000	150.000.000	*0*	*0*
Fonds européen d'ajustement à la mondialisation	162.365.000	25.000.000	162.365.000	25.000.000	*0*	*0*
Fonds de solidarité de l'Union européenne	50.000.000	50.000.000	50.000.000	50.000.000	*0*	*0*
Total	**515.365.000**	**225.000.000**	**515.365.000**	**225.000.000**	***0***	***0***
Total général	**145.150.774.383**	**142.137.315.595**	**145.226.336.152**	**141.337.315.595**	***75.561.769***	***-800.000.000***

** Lettre rectificative n° 1/2015 incluse ** Pour mémoire : par rapport au PB initial, transfert sous la rubrique 5 des montants liés aux coûts administratifs communs des délégations de l'UE (sous-rubrique 1a : -0,6 million d'euros ; rubrique 2 : -0,1 million d'euros et rubrique 4 : -45,7 millions d'euros) et des RSUE (rubrique 4 : -20 millions d'euros en crédits d'engagement et -9,2 millions d'euros en crédits de paiement)*

[286] Soit un montant total de 71,5 millions d'euros, dont 46,3 millions d'euros avaient été inscrits dans le PB initial pour 2015 sous la sous-rubrique *1a* (*Compétitivité pour la croissance et l'emploi*) et les rubriques *2* (*Croissance durable : ressources naturelles*) et *4* (*L'Europe dans le monde*), et 25,2 millions d'euros sous la rubrique *5* (*Administration*) du CFP (voir page 65).

[287] Soit 20 millions d'euros en crédits d'engagement et 9,2 millions d'euros en crédits de paiement.

[288] Doc. *COM(2014) 637* du 15 octobre 2014 (voir pages 101-103).

[289] "*Programme pour l'Emploi, la Croissance, l'Équité et le Changement démocratique*" de juillet 2014.

[290] Doc. *COM(2014) 723 final*, pp. 5/6.

[291] Budget rectificatif n° 1/2014 inclus.

La Commission a renforcé les crédits d'engagement proposés, pour un montant de 18,5 millions d'euros par rapport au PB initial, afin d'améliorer, comme demandé par le Parlement européen, l'accès au financement, notamment pour les petites et moyennes entreprises[292].

Après prise en compte des projets pilotes et des actions préparatoires (+22,4 millions d'euros ; voir tableau 16, page 64), des agences décentralisées (+0,8 million d'euros ; voir page 82) et du transfert des coûts administratifs communs des délégations de l'UE (-0,6 million d'euros), la marge laissée sous le plafond de la sous-rubrique s'élève à 178 millions d'euros ;

- les crédits proposés pour la sous-rubrique *1b* (*Cohésion économique, sociale et territoriale*) s'élèvent à 49 230 millions d'euros en crédits d'engagement (+3,8 %) et à 51 067 millions d'euros en crédits de paiement (+0,2 %).

Les crédits d'engagement sont fixés au niveau proposé dans le projet de budget initial pour 2015.

Afin de pouvoir inclure les crédits d'engagement pour les projets pilotes et les actions préparatoires (+3,5 millions d'euros ; voir tableau 16, page 64), la Commission propose de mobiliser l'instrument de flexibilité pour un montant de 83,3 millions d'euros en crédits d'engagement afin de compléter le financement des programmes des Fonds structurels pour Chypre, soit 3,5 millions d'euros de plus qu'en lien avec le PB initial (voir page 100) ;

- les crédits de la rubrique *2* (*Croissance durable : ressources naturelles*) s'élèvent à 58 809 millions d'euros en crédits d'engagement (-0,8 %) et à 56 231 millions d'euros en crédits de paiement (-0,4 %). Les dépenses de marché et paiements directs agricoles s'élèvent à 43 456 millions d'euros en crédits d'engagement et à 43 448 millions d'euros en crédits de paiement, soit -0,7 % et -0,8 % par rapport à 2014.

Les crédits d'engagement sont fixés au niveau proposé par la Commission dans le projet de budget initial tel que modifié par la lettre rectificative nº 1/2015 dans sa partie "agricole" (voir pages 101-103), "*après intégration de la dernière mise à jour (+273,6 millions d'euros) des recettes affectées. Sur la base des nouveaux éléments intervenus depuis la présentation de la lettre rectificative nº 1/2015, comme les informations sur l'effet réel des mesures d'urgence prises depuis août 2014 pour faire face à l'embargo de la Russie sur les importations de denrées alimentaires, l'excédent final du FEAGA pour 2014 et les prévisions actualisées des corrections financières à percevoir en 2015, les mesures d'urgence* [...] *(notamment celles relatives au secteur laitier dans les pays baltes, pour lequel la Commission a adopté une nouvelle série de mesures le 26 novembre 2014*[293]*, ainsi que celles relatives à la Finlande, dès que les conditions seront réunies*[294]*) peuvent être financées dans les limites des crédits demandés dans la lettre rectificative nº 1/2015, sans recours à la réserve pour les crises dans le secteur agricole, grâce à ces recettes affectées supplémentaires*"[295].

En conséquence, et après prise en compte des projets pilotes et des actions préparatoires (+2,9 millions d'euros), ainsi que du transfert des coûts administratifs communs des délégations de l'UE à la section X (-0,1 million d'euros), la marge laissée sous le plafond de la rubrique s'élève à 790 millions

---

[292] La Commission propose à cet effet d'augmenter (par rapport au PB initial) les crédits d'engagement des trois lignes budgétaires suivantes :
- article *02 02 02* (*Améliorer l'accès au financement pour les petites et moyennes entreprises (PME), sous forme d'investissements en capital-risque et sous forme de prêts*) : +12 millions d'euros ;
- poste *04 03 02 03* (*Microfinance et entrepreneuriat social – Faciliter l'accès au financement pour les entrepreneurs, en particulier les personnes les plus éloignées du marché du travail, et pour les entreprises sociales*) : +1,5 million d'euros, et
- poste *08 02 02 02* (*Améliorer l'accès au capital-risque pour l'investissement dans la recherche et l'innovation*) : +5 millions d'euros.

[293] Règlement délégué (UE) nº 1263/2014 de la Commission arrêtant des mesures exceptionnelles de soutien temporaire en faveur des producteurs de lait en Estonie, en Lettonie et en Lituanie (JO L 341 du 27.11.2014, pp. 3/5).

[294] La Commission a adopté le règlement délégué (UE) nº 1370/2014 arrêtant des mesures exceptionnelles de soutien temporaire en faveur des producteurs de lait en Finlande le 19 décembre 2014 (JO L 366 du 20.12.2014, pp. 18/19).

[295] Doc. *COM(2014) 723 final*, pp. 10/11.

d'euros. La marge pour les dépenses de marché et paiements directs est de 734 millions d'euros ;

- les crédits de la rubrique *3* (*Sécurité et citoyenneté*) s'élèvent à 2 147 millions d'euros en crédits d'engagement (-1,2 %) et à 1 884 millions d'euros en crédits de paiement (+12,4 %).

Les crédits d'engagement sont fixés au niveau proposé par la Commission dans le projet de budget initial, moyennant les deux modifications suivantes :

- augmentation, à hauteur de 20 millions d'euros, des dépenses opérationnelles de Frontex (voir pages 68 et 82), et

- réduction correspondante des crédits d'engagement proposés pour le poste *18 02 01 01* (*Appuyer la gestion des frontières et soutenir une politique commune des visas pour faciliter les voyages effectués de façon légitime*).

Par conséquent, et après prise en compte des projets pilotes et des actions préparatoires (+16,4 millions d'euros), ainsi que des agences décentralisées relevant de cette rubrique (-0,3 million d'euros ; voir page 82), la marge sous le plafond de la rubrique s'établit à 99 millions d'euros ;

- les crédits de la rubrique *4* (*L'Europe dans le monde*) s'élèvent à 8 356 millions d'euros en crédits d'engagement (+0,4 %) et à 7 428 millions d'euros en crédits de paiement (+20 %).

Les crédits d'engagement sont fixés au niveau proposé par la Commission dans le projet de budget initial. Cependant, les coûts administratifs communs des délégations de l'UE (-45,7 millions d'euros) et les dépenses pour les représentants spéciaux de l'UE (-20 millions d'euros) sont transférés à la section X – SEAE – du budget, relevant de la rubrique *5* (*Administration*) du CFP.

En conséquence, et après prise en compte des projets pilotes et des actions préparatoires (+9 millions d'euros) et des transferts de crédits mentionnés ci-dessus, la marge sous le plafond de la rubrique est de 393 millions d'euros, et

- les dépenses de la rubrique *5* (*Administration*) s'élèvent à 8 680 millions d'euros en crédits d'engagement (+3,3 %) et à 8 668 en crédits de paiement (+3,1 %). Ceci laisse une marge sous le plafond de la rubrique de 396 millions d'euros.

Les crédits pour les dépenses administratives des institutions s'élèvent à 6 961 millions d'euros en crédits d'engagement (+2,5 %) et à 6 949 millions d'euros en crédits de paiement (+2,3 %). La marge est ainsi de 390 millions d'euros.

S'agissant de la section III (Commission), les postes repris dans les tableaux des effectifs et les crédits d'engagement ont été fixés au niveau proposé dans le projet de budget initial, tel que modifié par la lettre rectificative n° 1/2015.

S'agissant des autres institutions, et à l'exception du Service européen pour l'action extérieure, les postes et les crédits ont été fixés conformément à la position arrêtée par le Parlement européen[296] lors de sa lecture[297] (voir pages 71-72).

---

[296] Il convient de rappeler que le Parlement européen n'a pas modifié, lors de sa lecture, les crédits et les postes proposés par le Médiateur européen (section VIII du budget) et par le Contrôleur européen de la protection des données (section IX ; voir tableau 17, page 73).

Par ailleurs, concernant la Cour de justice (section IV), il a retenu les montants et les postes demandés dans l'état prévisionnel, et concernant la Cour des comptes (section V), il n'a fait que confirmer une réduction de crédits demandée par celle-ci (voir pages 38 et 60).

S'agissant enfin du Conseil européen et du Conseil (section II), le PE a respecté le "*Gentlemen's agreement*".

[297] Ceci se traduit, par rapport au PB initial pour 2015, à :

- une diminution nette de 35 postes dans les tableaux des effectifs des institutions, à la suite, d'une part, d'une réduction de 47 postes pour le Parlement européen (section I) et, d'autre part, d'une augmentation de 12 postes pour la Cour de justice (section IV), et

- une diminution nette des crédits à hauteur de 0,6 million d'euros, consécutive, d'une part, à une réduction de 1,4 million d'euros pour la Cour des comptes européenne (section V), de 1,4 million d'euros pour le Comité économique et social européen (section VI) et de 0,4 million d'euros pour le Comité des régions (section VII), et, d'autre part, à une augmentation de 2,6 millions d'euros pour la Cour de justice.

S'agissant du SEAE (section X du budget), le niveau des crédits proposé est celui retenu par la Commission dans le projet de budget initial mais augmenté, suite aux amendements du PE (voir page 72), pour tenir compte du transfert, neutre sur le plan global, des crédits liés aux coûts administratifs communs des délégations de l'UE et aux représentants spéciaux de l'UE (qui passent de la section III à la section X[298]).

En conséquence, compte tenu des projets pilotes et des actions préparatoires (+3 millions d'euros) et du transfert des coûts administratifs communs des délégations de l'UE (+46,3 millions d'euros) et des dépenses pour les RSUE (+20 millions d'euros), la marge sous le plafond des dépenses de la rubrique 5 s'établit à 396 millions d'euros. Les postes retenus dans le nouveau projet de budget pour 2015 sont repris dans le tableau 28, page 98.

S'agissant des *instruments spéciaux* disposant de lignes budgétaires spécifiques dans le budget de l'UE (réserve pour aides d'urgence, Fonds de solidarité de l'UE et Fonds européen d'ajustement à la mondialisation), le nouveau projet de budget reconduit les montants proposés dans le projet de budget initial aussi bien en crédits d'engagement que de paiement.

S'agissant enfin des *crédits de paiement*, la Commission a réparti[299] la diminution globale de 800 millions d'euros sur la base du projet de budget initial pour 2015 tel que modifié par la lettre rectificative nº 1/2015, *proportionnellement* sur toutes les lignes budgétaires comportant des crédits dissociés, à l'exception :

- des dépenses en faveur de la *Compétitivité pour la croissance et l'emploi* (sous-rubrique *1a*) et *L'Europe dans le monde* (rubrique *4* du CFP) ;

- des lignes budgétaires liées à l'objectif de convergence[300], et

- des crédits liés aux accords internationaux de partenariat dans le domaine de la pêche.

Selon la Commission "*La répartition des crédits de paiement proposée dans le nouveau projet de budget pour 2015 permettra de poursuivre la réduction de l'arriéré de factures impayées issu de la période de programmation précédente au titre de la Cohésion, de faire face au nombre croissant d'engagements restant à liquider pour la Compétitivité et "L'Europe dans le monde" et d'assurer le lancement réussi de la nouvelle génération de programmes de dépenses en 2015. À cet égard, la Commission est prête à contribuer à l'établissement, en étroite collaboration avec le Parlement européen et le Conseil, d'un échéancier de paiement visant à maîtriser l'évolution de l'arriéré de factures impayées*"[301].

D. Lors des trilogues des *2, 3* et *4 décembre 2014*[302], le Parlement européen, le Conseil et la Commission ont poursuivi leurs travaux en vue d'un accord sur

---

[298] Ceci conduit à une augmentation de 91,5 millions d'euros des crédits proposés pour le SEAE par rapport au PB initial, intégralement compensée par une diminution des crédits de la section III (-0,6 million d'euros concernent des crédits qui avaient été inscrits dans le PB initial sur des lignes budgétaires relevant de la sous-rubrique *1a*, -0,1 million d'euros concernent des lignes relevant de la rubrique *2*, -65,7 millions d'euros concernent des lignes relevant de la rubrique *4* et -25,2 millions d'euros concernent des lignes relevant de la rubrique *5*). Dans l'ensemble, ces transferts se soldent par une augmentation nette des crédits sous la rubrique *5* à hauteur de 66,3 millions d'euros.

[299] La Commission a tenu compte dans cet exercice des lignes budgétaires "clôturées", des crédits non dissociés (rubriques *2* (*Croissance durable : ressources naturelles*) et *5* (*Administration*) du CFP), des agences décentralisées, des projets pilotes et des actions préparatoires (voir page 63, note en bas de page 213), pour lesquels des exceptions ont été appliquées (voir doc. *COM(2014) 723final*, pp. 10/14).

[300] Il s'agit des cinq articles suivants :
- *04 02 17* (*Achèvement du Fonds social européen – Convergence (2007-2013)*) ;
- *04 02 60* (*Fonds social européen – Régions moins développées – Investissement pour la croissance et l'emploi*) ;
- *11 06 12* (*Achèvement du Fonds européen pour la pêche (FEP) – Objectif "convergence" (2007-2013)*) ;
- *13 03 16* (*Achèvement du Fonds européen de développement régional (FEDER) – Convergence*), et
-*13 03 60* (*Fonds européen de développement régional (FEDER) – Régions moins développées – Investissement pour la croissance et l'emploi*).

[301] Doc. *COM(2014) 723final*, pp. 13/14.

[302] Ces trilogues ont été organisés dans les locaux du Conseil à Bruxelles.

le budget de l'UE pour 2015, sur la base du nouveau projet de budget, ainsi que sur les six PBR pour 2014 en attente.

Les trois institutions ont travaillé, lors de ces trilogues "quotidiens", sur la base de "projets de conclusions communes" présentés par la Commission (voir page 79).

Il convient de rappeler que suite à l'échec de la procédure de conciliation sur le PBR n° 2/2014 concernant la budgétisation du solde de l'exercice 2013 (voir page 80), la Commission a présenté, le 28 novembre 2014, c'est-à-dire le même jour que le nouveau PB pour 2015, un nouveau PBR n° 8/2014, qui reprend le contenu du PBR n° 2/2014 n'ayant pas abouti (voir chapitre II).

Le Conseil a avant tout rappelé sa position selon laquelle le budget pour 2015 et les six projets de budgets rectificatifs pour 2014 en attente forment un "paquet indissociable", qui doit être négocié en "un tout", sans aucune "précondition", tout en insistant sur l'adoption d'un niveau de crédits pour paiements "proche" de celui retenu dans sa position du 2 septembre 2014 (soit de l'ordre de 140 milliards d'euros), mais en indiquant une "certaine flexibilité" concernant les crédits pour engagements. S'agissant des budgets rectificatifs, le Conseil a avant tout rappelé les problèmes liés aux crédits de paiement des instruments spéciaux (voir pages 48-49), tout en reconnaissant la nécessité de faire face à l'augmentation "sans précédent" des demandes impayées.

Le Parlement européen, pour sa part, a continué à insister sur l'importance d'adopter les projets de budgets rectificatifs pour 2014 (et avant tout le PBR n° 3/2014) comme proposés par la Commission, afin de pouvoir faire face au "cumul sans cesse croissant des impayés"[303]. Il convient néanmoins de souligner que le Parlement a finalement levé en décembre 2014 sa précondition au démarrage des négociations sur le budget pour 2015 (c'est-à-dire l'adoption des PBR tels que proposés par la Commission avant l'ouverture de toute discussion sur le budget pour 2015), en faisant de l'adoption des PBR (et de la mobilisation de la marge pour imprévus) seulement une "condition" à son accord sur le budget pour 2015. Ceci a ouvert la voie à un accord global, comme demandé depuis le début par le Conseil.

La Commission, quant à elle, a souligné que le nouveau projet de budget pour 2015 était basé sur le principe selon lequel les besoins en crédits de paiement pour 2014 seraient couverts par des crédits supplémentaires alloués pour cette même année. Elle a rappelé qu'avec son nouveau PB, elle "s'efforçait de créer les conditions favorables à une adoption rapide du budget pour 2015 dans l'intervalle de temps restreint qui subsistait" (c'est-à-dire avant la fin de l'année). Selon la Commission, "l'adoption et l'entrée en vigueur en temps utile du budget pour 2015 garantiront la bonne mise en œuvre des politiques et des programmes de l'UE", et elle "mettra tout en œuvre pour atteindre cet objectif".

Si les discussions lors de ces trois trilogues successifs ont été tendues et complexes (notamment en raison du calendrier très serré, mais également suite aux positions du PE et du Conseil encore très éloignées, notamment pour des raisons de principe), les trois institutions ont néanmoins toutes constamment souligné la nécessité de parvenir à un accord avant la dernière plénière du Parlement européen en 2014[304], afin d'éviter une grave crise budgétaire dans l'UE en 2015.

---

[303] Ainsi, le Parlement européen a invité le Conseil à "faire preuve de volonté politique pour s'attaquer à la pile croissante de factures impayées en 2014", tout en critiquant le fait que "le Conseil ait pu passer autant de temps à la question du rééquilibrage des contributions des États membres basées sur la TVA et le RNB dans le cadre du PBR n° 6/2014, plutôt que de se mettre d'accord sur une position sur les projets de budgets rectificatifs pour 2014 en attente". Dans ce contexte, le PE a, à de nombreuses reprises, rappelé soutenir les PBR tels que proposés par la Commission, car "ils sont une étape indispensable pour assurer la crédibilité du budget de l'UE pour 2015 qui, sinon, débutera l'année avec des dettes. La position du Parlement dans ce contexte est facile à défendre : l'UE est tenu de payer ce qu'il doit, et ne peut pas retarder année après année les paiements dus".

[304] Cette plénière s'est tenue du 15 au 18 décembre 2014. Après cette dernière plénière de l'année, le PE n'est plus en mesure d'adopter des budgets (pour l'année suivante) ou des budgets rectificatifs (pour l'année en cours).

9. L'accord politique sur le budget pour 2015 (8 décembre 2014)

Lors du trilogue du *8 décembre 2014*[305], le Parlement européen et le Conseil sont finalement parvenus, avec l'aide de la Commission, à un accord politique "*ad referendum*" sur un "projet de paquet" (appelé "projet d'ensemble") incluant le budget de l'UE pour 2015 (pour un montant de 145,3 milliards d'euros en crédits pour engagement et de 141,2 milliards d'euros en crédits pour paiements[306]) et les projets de budgets rectificatifs n° 3-8/2014.

L'accord contient une mobilisation de l'instrument de flexibilité en 2015, pour un montant de 83,3 millions d'euros en crédits d'engagement, comme proposé par la Commission. Suite à une forte opposition d'une "minorité de blocage" d'États membres au Conseil, l'accord ne retient pas de mobilisation de l'instrument de flexibilité pour des crédits de paiement[307].

Le "projet d'ensemble"[308] contient trois parties :

1. Budget pour 2015 ;

2. Budget pour 2014 – Projets de budgets rectificatifs n° 3 à 8/2014, et

3. Déclarations communes.

A. S'agissant du *budget pour 2015*, l'accord politique "*ad referendum*" contient l'acceptation du nouveau projet de budget pour 2015 présenté par la Commission, avec les modifications suivantes :

- sous-rubrique *1a* (*Compétitivité pour la croissance et l'emploi*) du CFP : suite à une demande du Parlement européen, renforcement des crédits d'engagement de onze lignes budgétaires liées à différentes priorités du Parlement (voir pages 62-66), pour un montant total de 63 millions d'euros (voir pages 140-141) ;

- rubrique *4* (*L'Europe dans le monde*) du CFP : de nouveau suite à une demande du Parlement européen, renforcement des crédits d'engagement des deux lignes budgétaires suivantes, pour un montant total de 32 millions d'euros :

- poste *21 03 01 04* (*Soutien au processus de paix et aide financière à la Palestine et à l'Office de secours et de travaux des Nations unies pour les réfugiés de Palestine (UNRWA)*) : +22 millions d'euros, et

- article *23 02 01* (*Mise à disposition rapide et efficace d'une aide humanitaire et d'une aide alimentaire en fonction des besoins*) : +10 millions d'euros.

Par ailleurs, si le transfert des dépenses liées aux *coûts administratifs communs des délégations de l'UE* de la section III – Commission – à la section X – SEAE – comme proposé dans le nouveau PB est approuvé, le transfert des *représentants spéciaux de l'UE* de la rubrique *4* à la rubrique *5* (à la section X), comme proposé dans le nouveau PB, n'a pas été accepté, suite à une opposition unanime du Conseil (voir page 81). Par conséquent, les crédits d'engagement (pour un montant de 20 millions d'euros) et les crédits de paiement (9,2 millions d'euros) sont rétablis selon la proposition figurant dans le PB initial pour 2015 à la ligne budgétaire *19 03 01 07* (*Représentants spéciaux de l'UE)* relevant de la rubrique *4*, et

- rubrique *5* (*Administration*) du CFP : prise en compte du rejet du transfert des crédits des RSUE de la section III – Commission – à la section X – SEAE (voir *supra*).

---

[305] Ce trilogue a été organisé dans les locaux du Parlement européen à Bruxelles.

[306] Soit une augmentation des crédits d'engagement de 95,2 millions d'euros et une diminution des crédits de paiement de 123,3 millions d'euros par rapport au nouveau projet de budget pour 2015. Un montant de 126,7 millions d'euros en crédits de paiement est inclus afin de financer les mobilisations du Fonds de solidarité liées aux PBR n° 5 et 7/2014 (voir page 90).

[307] L'accord inclut néanmoins la précision suivante : "*les crédits de paiement pour 2015 liés à la mobilisation de l'instrument de flexibilité pour l'aide supplémentaire à Chypre en 2014 et 2015 sont estimés par la Commission à 11,3 millions d'euros*" (voir page 138).

[308] Doc. *PE P8_TA(2014)0100*, annexe, et *Conseil 16707/1/14 REV 1 FIN 988 INST 616 PE-L 94* du 11 décembre 2014, annexe. Le "projet d'ensemble" est repris pages 138-155.

Par ailleurs, un transfert de postes et de crédits[309] du Conseil vers l'Office de gestion et de liquidation des droits individuels (PMO) est retenu, neutre sur le plan global, pour tenir compte du transfert au 1er janvier 2015 de la détermination et de la gestion des droits à pension des membres du personnel actif et retraité du Conseil vers le PMO.

S'agissant des *crédits pour paiements*, le montant arrêté dans le cadre de l'accord "*ad referendum*" (soit 141 214,0 millions d'euros) inclut, outre les 126,7 millions d'euros qui concernent les mobilisations du Fonds de solidarité de l'UE liées aux PBR nº 5 et 7/2014 (voir page 90), un montant de 440 millions d'euros, qui est lié au transfert des crédits de paiement pour l'Initiative pour l'emploi des jeunes du budget pour 2014 vers le budget pour 2015, suite aux retards dans sa mise en œuvre[310].

Concernant la répartition des crédits de paiement retenus dans le budget pour 2015 (c'est-à-dire la diminution de 123,3 millions d'euros par rapport au nouveau PB), l'autorité budgétaire a appliqué les mêmes principes que la Commission avait appliqués pour effectuer la coupe de 800 millions d'euros dans son nouveau projet de budget par rapport au PB initial pour 2015 (voir pages 86 et 144).

Sur la base des résultats obtenus, les "ajustements finals" suivants ont été effectués :

- un montant de 100 millions d'euros est ajouté à l'article *13 04 02* (*Achèvement des programmes du Fonds de cohésion (2007-2013)*), compensé par :

i) une réduction de 50 millions d'euros à l'article *13 03 18* (*Achèvement du Fonds européen de développement régional (FEDER) – Compétitivité régionale et emploi*), et

ii) une réduction de 50 millions d'euros (répartis sur les lignes budgétaires comportant des crédits dissociés, hors projets pilotes et actions préparatoires) pour les dépenses de la sous-rubrique *1a* (*Compétitivité pour la croissance et l'emploi*) et la rubrique *4* (*L'Europe dans le monde*) du CFP, à l'exception du chapitre *23 02* (*Aide humanitaire, aide alimentaire et préparation aux catastrophes*), pour lesquels les montants proposés dans le nouveau PB sont conservés.

S'agissant des *agences décentralisées de l'UE*, l'accord comporte les deux augmentations suivantes en postes et crédits par rapport au nouveau PB :

- Autorité bancaire européenne : +2 postes et +130 000 euros, et

- Autorité européenne des marchés financiers : +1 poste et +65 000 euros.

Les *projets pilotes*, les *actions préparatoires* et les montants et les postes concernant les *agences exécutives* sont adoptés comme proposés dans le nouveau PB. Il en va de même pour la *nomenclature* budgétaire. Par ailleurs, aucun montant n'est inscrit dans des *réserves* conditionnelles sous la section III – Commission – du budget.

Le tableau 21 (page 90) présente les différences par rubrique et sous-rubrique du CFP entre le nouveau projet de budget pour 2015 présenté par la Commission et les montants convenus dans l'accord "*ad referendum*".

B. S'agissant des six *projets de budgets rectificatifs* en attente :

- le PBR nº 3/2014 (concernant avant tout une augmentation des crédits de paiement de plusieurs

[309] Il s'agit de 6 postes AST 7 et de 504 000 euros, transférés ainsi (par rapport au nouveau PB) de la section II – Conseil européen et Conseil – à la section III – Commission – du budget. Ce transfert n'avait pas pu être inclus dans le projet de budget initial ou dans le nouveau projet de budget pour 2015 suite à la conclusion tardive de l'accord de prestation de services entre le Conseil et le PMO, signé seulement début décembre 2014.

[310] Un tel "transfert" des crédits de paiement de 2014 à 2015 avait été proposé par le Conseil afin de lui permettre de trouver un accord en son sein sur le budget pour 2015 et les PBR nº 3, 4, 5 et 7/2014, le 15 novembre 2014 (voir pages 79-80). Il convient de relever que le Conseil proposait un "*backloading*" complet de 440 millions d'euros, mais que dans l'accord retenu la ligne budgétaire pour l'IEJ est réduite de 420 millions d'euros en 2014, pour être augmentée de 440 millions d'euros en 2015.

Tableau 21. Différences entre le nouveau projet de budget pour 2015 et l'accord "*ad referendum*" du 8 décembre 2014

En euros

Rubrique ou sous-rubrique du CFP	Nouveau PB pour 2015**		Accord sur le budget pour 2015*		*Différence*	
	c/e	c/p	c/e	c/p	*c/e*	*c/p*
1. Croissance intelligente et inclusive	66.718.779.020	66.900.788.458	66.781.974.020	66.922.960.910	*63.195.000*	*22.172.452*
1a Compétitivité pour la croissance et l'emploi	*17.488.493.425*	*15.833.342.601*	*17.551.688.425*	*15.798.230.894*	*63.195.000*	*-35.111.707*
1b Cohésion économique, sociale et territoriale	*49.230.285.595*	*51.067.445.857*	*49.230.285.595*	*51.124.730.016*	*0*	*57.284.159*
2. Croissance durable : ressources naturelles	58.808.572.540	56.231.089.200	58.808.572.540	55.998.594.804	*0*	*-232.494.396*
dont dépenses de marché et paiements directs	*43.455.780.762*	*43.448.253.444*	*43.455.780.762*	*43.447.624.585*	*0*	*-628.859*
3. Sécurité et citoyenneté	2.146.731.538	1.884.329.519	2.146.731.538	1.859.513.795	*0*	*-24.815.724*
4. L'Europe dans le monde	8.356.418.991	7.428.029.364	8.408.418.991	7.422.489.907	*52.000.000*	*-5.539.457*
5. Administration	8.680.469.063	8.668.079.054	8.660.469.063	8.658.756.179	*-20.000.000*	*-9.322.875*
dont dépenses administratives des institutions	*6.961.188.663*	*6.948.798.654*	*6.941.188.663*	*6.939.475.779*	*-20.000.000*	*-9.322.875*
Total	**144.710.971.152**	**141.112.315.595**	**144.806.166.152**	**140.862.315.595**	***95.195.000***	***-250.000.000***
Instruments spéciaux :						
Réserve pour aides d'urgence	303.000.000	150.000.000	303.000.000	150.000.000	*0*	*0*
Fonds européen d'ajustement à la mondialisation	162.365.000	25.000.000	162.365.000	25.000.000	*0*	*0*
Fonds de solidarité de l'Union européenne	50.000.000	50.000.000	50.000.000	176.724.968	*0*	*126.724.968*
Total	**515.365.000**	**225.000.000**	**515.365.000**	**351.724.968**	***0***	***126.724.968***
Total général	**145.226.336.152**	**141.337.315.595**	**145.321.531.152**	**141.214.040.563**	***95.195.000***	***-123.275.032***

** Par rapport au nouveau PB pour 2015, pas de transfert des montants liés aux RSUE de la rubrique 4 à la rubrique 5 (20 millions d'euros en crédits d'engagement et 9,2 millions d'euros en crédits de paiement)*

rubriques et sous-rubriques du CFP) est approuvé pour un montant de 3 529,6 millions d'euros[311]. Il est accompagné d'une mobilisation de la marge pour imprévus en 2014, pour un montant de 2 818,2 millions d'euros plus 350 millions d'euros en crédits de paiement, conformément à la déclaration commune relative aux instruments spéciaux adoptée dans le cadre de l'accord "*ad referendum*" (voir chapitre II) ;

- le PBR n° 4/2014 (concernant avant tout une actualisation des montants des ressources propres) modifié par sa lettre rectificative, du 16 octobre 2014, est approuvé tel qu'il a été proposé par la Commission, moyennant l'inclusion des crédits d'engagement au titre du PBR n° 6/2014 concernant les dépenses d'appui administratif pour le Fonds européen pour les affaires maritimes et la pêche et la réserve pour les accords internationaux de partenariat dans le domaine de la pêche. Le montant de 248 460 euros en crédits de paiement disponibles, mis en évidence dans le PBR n° 4/2014 (et lié au budget du Contrôleur européen de la protection des données ; section IX du budget) est redéployé vers l'aide humanitaire (article *23 02 01*). La demande de crédits d'engagement et de paiement supplémentaires liés au Médiateur européen (section VIII), formulée dans le PBR n° 6/2014, est retirée, comme indiqué dans la lettre rectificative (voir chapitre II) ;

- le PBR n° 5/2014 (lié à la mobilisation du Fonds de solidarité de l'UE pour la Croatie, la Grèce, l'Italie et la Slovénie) est accepté en ce qui concerne les crédits d'engagement proposés. Les crédits de paiement correspondants sont inclus dans le budget pour 2015 ;

- le PBR n° 6/2014 (concernant avant tout la révision des soldes TVA et RNB pour l'exercice 2014) modifié par sa lettre rectificative est approuvé en ce qui concerne les ressources propres (voir chapitre II) tel qu'il a été proposé par la Commission ;

- le PBR n° 7/2014 (lié à la mobilisation du Fonds de solidarité pour la Bulgarie, la Croatie et la Serbie) est, comme le PBR n° 5/2014, accepté en ce qui concerne les crédits d'engagement. Les crédits de paiement sont inclus dans le budget pour 2015, et

- le PBR n° 8/2014 (concernant le solde de l'exercice 2013) est approuvé tel qu'il a été proposé par la Commission.

En conséquence, le niveau des crédits d'engagement dans le budget pour 2014 augmente de 49,8 millions d'euros (voir tableau 1, page 19), en raison de la mobilisation du Fonds de solidarité de l'UE (s'élevant à 126,7 millions d'euros) liée aux PBR n° 5/2014 et 7/2014, ce qui est en partie compensé par la réduction de 76,9 millions d'euros en crédits d'engagement dans les PBR n° 3, 4 et 6/2014 (principalement liés à la pêche). Le niveau des crédits de paiement dans le budget pour 2014 augmente de 3 529,6 millions d'euros (voir chapitre II).

[311] Le "projet d'ensemble" contient une description détaillée du contenu de l'accord sur le PBR n° 3/2014 par rapport à la proposition de la Commission (voir pages 145-150), y inclus l'inclusion dans le PBR des redéploiements proposés par la Commission dans le "virement global" DEC n° 31/2014 (rejeté par le Conseil le 6 novembre 2014 ; voir chapitre II).

La marge pour imprévus est mobilisée en 2014 pour un montant (en crédits de paiement) de 2 818,2 millions d'euros plus 350 millions d'euros, conformément à la déclaration commune relative aux instruments spéciaux (voir chapitre II).

C. L'accord comporte également l'approbation de six *déclarations communes* :

- sur le *projet de budget rectificatif n° 6/2014* et la *modification du règlement n° 1150/2000 du Conseil*[312] ;

- concernant la *mobilisation de la marge pour imprévus* (voir chapitre II) ;

- relative aux *instruments spéciaux* (voir chapitre II) ;

- concernant le financement des *mesures d'urgence prises pour faire face à l'interdiction des importations de denrées alimentaires imposée par la Russie* (voir page 103) ;

- relative aux *crédits de paiement*[313], et

---

[312] Selon la déclaration commune : "*Le Parlement européen et le Conseil sont d'accord pour adopter le projet de budget rectificatif (PBR) n° 6/2014 tel qu'il a été modifié par la lettre rectificative n° 1/2014.*

Au vu de la proposition de la Commission visant à modifier le règlement (CE, Euratom) n° 1150/2000 du Conseil portant application de la décision 2007/436/CE, Euratm relative au système des ressources propres des Communautés européennes présentée par la Commission le 12 novembre 2014, le Parlement européen s'engage à rendre son avis sur le règlement n° 1150/2000 modifié [...] *lors de sa séance plénière de décembre 2014* (afin que le Conseil puisse adopter la modification du règlement) *dans le cadre du paquet global*".

Après l'avis rendu par le Parlement européen le 17 décembre 2014, le Conseil a adopté le règlement n° 1377/2014 modifiant le règlement (CE, Euratom) n° 1150/2000 portant application de la décision 2007/436/CE, Euratom relative au système des ressources propres des Communautés européennes le jour suivant (voir chapitre II).

[313] Selon la déclaration commune relative aux crédits de paiement : "*Le Parlement européen, le Conseil et la Commission rappellent leur responsabilité partagée, consacrée par l'article 323 du traité sur le fonctionnement de l'UE (TFUE), qui dispose que* "le Parlement européen, le Conseil et la Commission veillent à la disponibilité des moyens financiers permettant à l'UE de remplir ses obligations juridiques à l'égard des tiers*"*.

Le Parlement européen et le Conseil rappellent la nécessité de veiller, en fonction de l'exécution, à une évolution ordonnée des paiements par rapport aux crédits d'engagement afin d'éviter un niveau anormal de factures impayées en fin d'exercice.

Le Parlement européen et le Conseil conviennent de fixer le niveau des crédits de paiement à 141 214 040 563 euros pour l'exercice 2015. Ils demandent à la Commission d'engager toute action nécessaire, sur la base des dispositions du règlement CFP et du règlement financier, pour couvrir la responsabilité conférée par le traité et, en particulier, après avoir examiné la possibilité de réaffectation des crédits concernés, en tenant notamment compte de toute sous-exécution prévisible des crédits (article 41, paragraphe 2, du règlement financier), pour demander des crédits de paiement supplémentaires dans un budget rectificatif à présenter dès qu'il apparaît que les crédits inscrits au budget pour 2015 sont insuffisants pour couvrir les dépenses.

Le Parlement européen et le Conseil se prononceront sur tout projet de budget rectificatif dans les plus brefs délais afin d'éviter toute insuffisance dans les crédits de paiement. Le Parlement européen et le Conseil s'engagent à traiter rapidement tout virement éventuel de crédits de paiement, y compris d'une rubrique du cadre financier à l'autre, de façon à utiliser au mieux les crédits de paiement inscrits au budget et à les adapter aux besoins concrets et à une exécution effective.

Le Parlement européen, le Conseil et la Commission suivront de près l'état de l'exécution du budget pour 2015 pendant tout l'exercice, et en particulier en ce qui concerne la sous-rubrique 1a (Compétitivité pour la croissance et l'emploi), la sous-rubrique 1b (Cohésion économique, sociale et territoriale) et le développement rural au titre de la rubrique 2 (Croissance durable: ressources naturelles). Ce suivi prendra la forme de réunions interinstitutionnelles spécialement organisées, conformément au point 36 de l'annexe de l'accord interinstitutionnel, afin de faire le point sur l'exécution des paiements et les prévisions révisées.

Ces réunions devraient se tenir au moins à trois reprises en 2015 (au printemps, lors de la présentation du projet de budget, en juillet avant la lecture, par le Conseil, du projet de budget pour 2016 et en octobre, avant le début de la conciliation) et se dérouler au niveau politique en présence de membres du Parlement européen, de membres du Conseil et du vice-président de la Commission chargé du budget et des ressources humaines. Le but de ces réunions devrait être de parvenir à une évaluation commune du niveau requis des besoins de paiement, fondée sur une analyse approfondie des factures existantes qui doivent être honorées et d'estimations pour le reste de l'exercice N et l'exercice N+1".

Il s'agit d'une déclaration "traditionnelle" adoptée dans le cadre des accords sur les budgets de l'UE. Cette déclaration commune fixe cependant pour la première fois *trois* réunions interinstitutionnelles sur la situation des paiements (au printemps, lors de la présentation du PB pour 2016, en juillet, avant l'adoption de la position du Conseil sur le PB, et en octobre, avant le début de la conciliation). Les années précédentes, seule une réunion avait été organisée par an (voir Tome III, pp. 157 et 245).

- relative à un *échéancier de paiement* (voir page 107).

Le *Parlement européen* a fait une déclaration sur la *mobilisation de la marge pour imprévus en dernier recours*, le *Conseil* sur la *mobilisation des instruments spéciaux* et la *Commission* sur le *préfinancement des programmes opérationnels en 2014* et *l'Initiative pour l'emploi des jeunes* (voir chapitre II).

10. La position du Conseil sur le nouveau projet de budget pour 2015 (12 décembre 2014[314])

A. La position du Conseil sur le nouveau projet de budget pour 2015[315] s'élève à 145 322 millions d'euros en crédits pour engagements (+1,9 % par rapport au budget pour 2014[316]) et à 141 214 millions d'euros en crédits pour paiements (+4,2 %). Ceci représente 1,04 % et 1,01 % respectivement du RNB de l'UE. Les marges laissées sous les plafonds du CFP sont de 1 760 millions d'euros en crédits pour engagements et de 1 050 millions d'euros en crédits pour paiements[317].

La position du Conseil est conforme à l'accord politique "*ad referendum*" sur le "projet de paquet" (le "projet d'ensemble") incluant le budget de l'UE pour 2015 et les projets budgets rectificatifs pour 2014 en attente, conclu lors du trilogue du 8 décembre 2014 (voir pages 88-92).

À ce titre, le Conseil a retenu une mobilisation de l'instrument de flexibilité pour un montant de 83,3 millions d'euros en crédits d'engagement (comme proposé par la Commission ensemble avec le nouveau projet de budget) afin de compléter le financement des programmes des Fonds structurels pour Chypre. Contrairement à la proposition de la Commission (mais conformément à l'accord "*ad referendum*" ; voir page 88), le Conseil n'a pas accepté de mobilisation de l'instrument de flexibilité en crédits de paiement.

B. La position du Conseil sur le nouveau projet de budget pour 2015 s'établit ainsi par rubrique et sous-rubrique du cadre financier pluriannuel pour 2014-2020 comme suit :

- les dépenses de la sous-rubrique *1a* (*Compétitivité pour la croissance et l'emploi*) s'élèvent à 17 552 millions d'euros en crédits d'engagement (soit +6,5 % par rapport au budget pour 2014[318]) et à 15 798 millions d'euros en crédits de paiement[319] (+38,1 %). La marge sous la sous-rubrique *1a* s'établit à 114 millions d'euros.

Par rapport au nouveau projet de budget pour 2015 proposé par la Commission (voir pages 81-86), le Conseil augmenté les crédits d'engagement de onze lignes budgétaires, pour un montant total de 63 millions d'euros, dont 19 millions d'euros pour renforcer la recherche sous l'égide du Conseil européen de la recherche (poste *08 02 01 01*), 12 millions d'euros pour promouvoir l'excellence et la coopération dans le domaine de l'éducation et de la formation en Europe (poste *15 02 01 01*) et 6 millions d'euros pour parvenir à une économie à basse consommation de ressources et résistante au changement climatique (poste *08 02 03 05*).

Par ailleurs, le Conseil a renforcé l'Autorité bancaire européenne (article *12 03 02*) de deux postes

[314] Eu égard au caractère d'urgence de la question, le Conseil, conformément à l'article 3, paragraphe 3 de son règlement intérieur, a décidé le 12 décembre 2014 de réduire la période de huit semaines ainsi que celle de dix jours prévues à l'article 4 du protocole n° 1 sur le rôle des parlements nationaux dans l'UE.
Le Conseil a adopté sa position en tant que "point A" lors du Conseil "Éducation, jeunesse, culture et sport".

[315] La décision arrêtant la position du Conseil a été publiée au JO C 461 du 20.12.2014, pp. 13/14. Le Royaume-Uni s'est abstenu.

[316] Budget rectificatif n° 1/2014 compris (voir chapitre II).

[317] Selon la présentation de la Commission. Ce montant exclut (en crédits de paiement) les 176,7 millions d'euros retenus pour le Fonds de solidarité de l'UE, les 150 millions d'euros retenus pour la réserve pour aides d'urgence, les 25 millions d'euros retenus pour le Fonds européen d'ajustement à la mondialisation et les 11,3 millions d'euros liés aux crédits d'engagement couverts par une mobilisation de l'instrument de flexibilité (soit un montant total de 363 millions d'euros).

[318] Budget rectificatif n° 1/2014 inclus.

[319] En d'autres termes le Conseil, conformément à l'accord "*ad referendum*" du 8 décembre 2014, a augmenté les crédits pour engagements proposés par la Commission dans le nouveau PB pour 2015 de 95,2 millions d'euros tout en réduisant les crédits pour paiements de 123,3 millions d'euros.

et de 130 000 euros et l'Autorité européenne des marchés financiers (article *12 03 04*) d'un poste et de 65 000 euros par rapport au nouveau PB.

Les crédits de paiement ont été réduits de 35,1 millions d'euros par rapport au nouveau PB pour 2015. Une attention particulière a été accordée au financement des programmes stimulant la croissance et l'emploi et liés à la stratégie "Europe 2020" ;

- les crédits de la sous-rubrique *1b* (*Cohésion économique, sociale et territoriale*) s'élèvent à 49 230 millions d'euros en crédits d'engagement (+3,6 %) et à 51 125 millions d'euros en crédits de paiement (+0,3 %).

L'instrument de flexibilité est mobilisé pour un montant de 83,3 millions d'euros en crédits d'engagement afin de compléter le financement des programmes des Fonds structurels pour Chypre.

Les crédits d'engagement reprennent les montants proposés dans le nouveau projet de budget pour 2015.

Les crédits de paiement augmentent pour leur part de 57,3 millions d'euros par rapport au nouveau PB, notamment afin de permettre de faire face aux "impayés" ;

- les crédits de la rubrique *2* (*Croissance durable : ressources naturelles*) s'élèvent à 58 809 millions d'euros en crédits d'engagement (-0,8 %) et à 55 999 millions d'euros en crédits de paiement (-0,8 %). Les dépenses de marché et paiements directs agricoles s'élèvent à 43 456 millions d'euros en crédits d'engagement (-0,7 %) et à 43 448 millions d'euros en crédits de paiement (-0,8 %).

La marge laissée sous le plafond de la rubrique est ainsi de 790 millions d'euros. La marge pour les dépenses de marché et paiements directs est de 734 millions d'euros.

La position du Conseil inclut une diminution des crédits de paiement proposés de 232,5 millions d'euros ;

- les crédits de la rubrique *3* (*Sécurité et citoyenneté*) s'établissent à 2 147 millions d'euros en crédits d'engagement (-1,2 %) et à 1 860 millions d'euros en crédits de paiement (+10,9 %).

Les crédits d'engagement reprennent les montants proposés dans le nouveau projet de budget pour 2015.

Les crédits de paiement ont été réduits de 24,8 millions d'euros.

La marge restante sous le plafond de cette rubrique est ainsi de 99 millions d'euros ;

- les crédits de la rubrique *4* (*L'Europe dans le monde*) s'établissent à 8 408 millions d'euros en crédits d'engagement (+1 %) et à 7 422 millions d'euros en crédits de paiement (+19,9 %). Ceci laisse une marge de 341 millions d'euros.

Le Conseil a augmenté les crédits d'engagement pour la Palestine et l'UNWRA de 22 millions d'euros, et pour l'aide humanitaire et alimentaire d'urgence de 10 millions d'euros.

Il a inscrit au poste *19 03 01 07* un total de 20 millions d'euros en crédits d'engagement et 9,2 millions d'euros en crédits de paiement liés au financement en 2015 des représentants spéciaux de l'UE.

Les crédits de paiement ont été réduits de 5,5 millions d'euros par rapport au nouveau PB pour 2015, et

- les dépenses de la rubrique *5* (*Administration*) s'élèvent à 8 660 millions d'euros en crédits d'engagement (+3 %) et à 8 659 millions d'euros en crédits de paiement (+3 %). Ceci laisse une marge sous le plafond de la rubrique de 416 millions d'euros.

Les crédits pour les dépenses administratives des institutions s'élèvent à 6 941 millions d'euros en crédits d'engagement (+2,2 %) et à 6 939 millions d'euros en crédits de paiement (+2,2 %). La marge est ainsi de 410 millions d'euros.

Le Conseil a retenu un transfert budgétairement neutre de 6 postes AST et de 504 000 euros de la section II – Conseil européen et Conseil – vers l'Office de gestion et de liquidation des droits individuels (relevant de la section III – Commission).

Conformément à l'accord politique "*ad referendum*", du 8 décembre 2014, il n'a pas retenu l'inscription des montants liés aux représentants spéciaux de l'UE sous la section X – Service européen pour l'action extérieure – du budget, comme proposé par la Commission dans le nouveau PB.

Le Conseil a accepté tous les *postes* proposés dans le nouveau projet de budget (voir tableau 28, page 98). Il a également retenu les montants proposés dans le nouveau PB pour les *projets pilotes*, les *actions préparatoires* et les *agences exécutives*. La *nomenclature* et les *réserves* sont également acceptées comme proposées par la Commission.

Enfin, s'agissant des *instruments spéciaux* disposant de lignes budgétaires spécifiques dans le budget de l'UE, le Conseil a retenu les montants (en crédits d'engagement et de paiement) proposés dans le nouveau projet de budget pour 2015. Conformément à l'accord "*ad referendum*" du 8 décembre 2014, le Conseil a toutefois ajouté un montant de 126,7 millions d'euros en crédits de paiement par rapport au nouveau PB destiné au financement des mobilisations du Fonds de solidarité de l'UE pour la Bulgarie, la Croatie, la Grèce, l'Italie, la Serbie et la Slovénie (voir chapitre II et page 90).

11. La position du Parlement européen et la constatation de l'adoption définitive du budget pour 2015 (17 décembre 2014)

Le Parlement européen, lors de sa plénière le 17 décembre 2014, a approuvé (par 443 votes pour, 250 contre et 7 abstentions) la position du Conseil sur le nouveau projet de budget pour 2015, adoptée le 12 décembre 2014, sans amendements.

Le Parlement européen a également approuvé le même jour, de nouveau sans amendements, les positions du Conseil sur les projets de budgets rectificatifs n° 3-8/2014 (qui deviendront les BR n° 2 à 7/2014 ; voir chapitre II).

Après avoir constaté, conformément à l'article 314, paragraphe 9 du TFUE, son adoption définitive, le président du PE a signé le budget de l'UE pour 2015 (et six budgets rectificatifs pour 2014).

12. Le budget de l'UE pour 2015

A. Le budget de l'UE pour 2015 s'élève comme déjà mentionné dans l'introduction à 145 322 millions d'euros en crédits pour engagements et à 141 214 millions d'euros en crédits pour paiements (voir page 17).

B. En termes de *recettes*, le budget de l'UE est destiné à être financé pour 12 % par des ressources fondées sur les ressources propres traditionnelles[320], pour 13 % par des ressources fondées sur la TVA et pour 74 % par des ressources fondées sur la ressource RNB. Les recettes diverses représentent environ 1 % du financement prévisionnel.

C. Le budget de l'UE pour 2015 s'établit par rubrique et sous-rubrique du cadre financier pluriannuel pour 2014-2020 comme suit :

- les dépenses de la sous-rubrique *1a* (*Compétitivité pour la croissance et l'emploi*) s'élèvent à 17 552 millions d'euros en crédits d'engagement (soit +6,5 % par rapport au budget pour 2014[321]) et à 15 798 millions d'euros en crédits de paiement (+33,2 %). La marge s'établit à 114 millions d'euros.

Les crédits (en engagement et en paiement) de la sous-rubrique *1a* inscrits dans le budget pour 2015 sont récapitulés dans le tableau 22 (page 95) ;

- les crédits de la sous-rubrique *1b* (*Cohésion économique, sociale et territoriale*) s'élèvent à 49 230 millions d'euros en crédits d'engagement (+3,6 %) et à 51 125 millions d'euros en crédits de paiement (-4,3 %).

L'instrument de flexibilité est mobilisé pour un montant de 83,3 millions d'euros en crédits d'engagement, afin de compléter le financement des programmes des Fonds structurels pour Chypre (voir page 100).

Les crédits d'engagement et de paiement retenus sont récapitulés dans le tableau 23 (page 95) ;

---

[320] Avant tout pour les droits de douane.
[321] Budgets rectificatifs n° 1-7/2014 compris (voir chapitre II).

Tableau 22. Montants retenus pour la sous-rubrique *1a* (*Compétitivité pour la croissance et l'emploi*) du cadre financier pluriannuel dans le budget pour 2015

En millions d'euros et en pourcentage

	Crédits d'engagement		Crédits de paiement	
CSC* pour la recherche et l'innovation	9.912	*56,5*	9.366	*59,3*
Grands projets d'infrastructures**	2.509	*14,3*	1.961	*12,4*
Mécanisme pour l'interconnexion en Europe (MIE)	2.225	*12,7*	1.449	*9,2*
Éducation, formation, jeunesse et sport (Erasmus+)	1.608	*9,2*	1.387	*8,8*
Compétitivité des entreprises et des PME (COSME)	295	*1,7*	321	*2,0*
Sûreté nucléaire et démantèlement	133	*0,8*	157	*1,0*
Emploi et innovation sociale	125	*0,7*	90	*0,6*
Douane 2020, Fiscalis 2020 et lutte contre la fraude	122	*0,7*	95	*0,6*
Projets énergétiques en vue d'aider à la relance économique	p.m.		407	*2,6*
Autres programmes et actions	217	*1,2*	187	*1,2*
Prérogatives et compétences spécifiques de la Commission	132	*0,8*	103	*0,7*
Projets pilotes et actions préparatoires	22	*0,1*	26	*0,2*
Agences décentralisées***	252	*1,4*	251** **	*1,6*
Total	**17.552**	***100,0***	**15.798**	***100,0***

** Cadre stratégique commun ** Copernicus, Egnos, Galileo et ITER *** Voir tableau 30, page 99*

*** ** La différence de 6,2 millions d'euros avec le montant repris dans le tableau 30 (page 99) s'explique par la prise en compte dans ce tableau de l'article 06 02 53 (Achèvement des mesures antipollution)*

Tableau 23. Montants retenus pour la sous-rubrique *1b* (*Cohésion économique, sociale et territoriale*) du cadre financier pluriannuel dans le budget pour 2015

En millions d'euros et en pourcentage

	Crédits d'engagement		Crédits de paiement	
Convergence régionale (régions moins développées)	24.203	*49,2*	27.804	*54,4*
Fonds de cohésion	8.347	*17,0*	12.561	*24,6*
Compétitivité (régions plus développées)	7.529	*15,3*	6.711	*13,1*
Régions en transition	4.854	*9,9*	893	*1,7*
Coopération territoriale européenne	738	*1,5*	1.146	*2,2*
Régions ultrapériphériques et à faible densité de pop.	213	*0,4*	37	*0,1*
Assistance technique et actions innovatrices	193	*0,4*	179	*0,4*
Initiative pour l'emploi des jeunes (IEJ)*	1.407	*2,9*	1.026	*2,0*
Mécanisme pour l'interconnexion en Europe (MIE)**	1.217	*2,5*	394	*0,8*
Aide européenne aux plus démunis (FEAD)	525	*1,1*	364	*0,7*
Projets pilotes et actions préparatoires	4	*0,0*	9	*0,0*
Total	**49.230**	***100,0***	**51.125**	***100,0***

** Enveloppe spécifique complémentaire ** Contribution du Fonds de cohésion*

- les crédits de la rubrique *2* (*Croissance durable : ressources naturelles*) s'élèvent à 58 809 millions d'euros en crédits d'engagement (-0,7 %) et à 55 999 millions d'euros en crédits de paiement (-0,8 %). Les dépenses de marché et paiements directs agricoles budgétisés s'élèvent à 43 456 millions d'euros en crédits d'engagement (-0,7 %) et à 43 448 millions d'euros en crédits de paiement (-0,8 %). La marge laissée sous le plafond de la rubrique est de 790 millions d'euros. La marge pour les dépenses de marché et paiements directs est de 734 millions d'euros.

Les principales catégories de dépenses retenues sont récapitulées dans le tableau 24 (page 96) ;

- les crédits de la rubrique *3* (*Sécurité et citoyenneté*) s'établissent à 2 147 millions d'euros en crédits d'engagement (-1,2 %) et à 1 860 millions d'euros en crédits de paiement (+11,7 %).

Les principaux domaines de dépenses sont récapitulés (en crédits d'engagement et de paiement) dans le tableau 25 (page 96).

La marge restante sous le plafond de cette rubrique est de 99 millions d'euros ;

- les crédits de la rubrique *4* (*L'Europe dans le monde*) s'établissent à 8 408 millions d'euros en crédits d'engagement (+1 %) et à 7 422 millions d'euros en

Tableau 24. Montants retenus pour la rubrique *2* (*Croissance durable : ressources naturelles*) du cadre financier pluriannuel dans le budget pour 2015

En millions d'euros et en pourcentage

	Crédits d'engagement		Crédits de paiement	
Fonds européen agricole de garantie (FEAGA)*	43.456	*73,9*	43.448	*77,6*
Fonds européen agricole pour le développement rural (Feader)	13.824	*23,5*	11.167	*19,9*
Fonds européen pour les affaires maritimes et la pêche (FEAMP)	884	*1,5*	810	*1,4*
Accords de pêche durables et contributions aux organisations régionales et internationales	151	*0,3*	150	*0,3*
Environnement et action pour le climat (Life+)	435	*0,7*	350	*0,6*
Prérogatives et compétences spécifiques de la Commission	5	*0,0*	5	*0,0*
Projets pilotes et actions préparatoires	3	*0,0*	19	*0,0*
Agences décentralisées**	50	*0,1*	50	*0,1*
Total	**58.809**	***100,0***	**55.999**	***100,0***

** Dépenses relatives au marché et paiements directs* *** Voir tableau 30, page 99*

Tableau 25. Montants retenus pour la rubrique *3* (*Sécurité et citoyenneté*) du cadre financier pluriannuel dans le budget pour 2015

En millions d'euros et en pourcentage

	Crédits d'engagement		Crédits de paiement	
Fonds "Asile, migration et intégration" (FAM)	417	*19,4*	337	*18,1*
Fonds pour la sécurité intérieure (FSI)	395	*18,4*	271	*14,6*
Denrées alimentaires et aliments pour animaux	259	*12,1*	215	*11,6*
Europe créative	178	*8,3*	165	*8,9*
Santé	60	*2,8*	57	*3,1*
Droits, égalité et citoyenneté	57	*2,7*	48	*2,6*
Justice	49	*2,3*	42	*2,3*
Mécanisme de protection civile de l'Union	29	*1,4*	27	*1,5*
Consommateurs	25	*1,2*	21	*1,1*
L'Europe pour les citoyens	24	*1,1*	18	*1,0*
Systèmes informatiques	19	*0,9*	22	*1,2*
Prérogatives et compétences spécifiques de la Commission	85	*4,0*	86	*4,6*
- dont actions de communication	*84*		*84*	
Projets pilotes et actions préparatoires	16	*0,7*	18	*1,0*
Agences décentralisées*	534	*24,9*	532	*28,6*
Total	**2.147**	***100,0***	**1.860**	***100,0***

** Voir tableau 30, page 99*

crédits de paiement (+8,5 %). La marge s'élève à 341 millions d'euros.

Les principaux domaines de dépenses sont récapitulés dans le tableau 26 (page 97), et

- les dépenses de la rubrique *5* (*Administration*) s'élèvent à 8 660 millions d'euros en crédits d'engagement (+3,1 %) et à 8 659 millions d'euros en crédits de paiement (+3 %). Ceci laisse une marge sous le plafond de la rubrique de 416 millions d'euros.

Les crédits pour les dépenses administratives des institutions s'élèvent à 6 941 millions d'euros en crédits d'engagement (+2,2 %) et à 6 939 millions d'euros en crédits de paiement (+2,2 %). La marge est ainsi de 410 millions d'euros.

Le montant des dépenses octroyées aux différentes institutions dans le budget pour 2015 est récapitulé dans le tableau 27 (page 97).

Les modifications concernant les postes inscrits aux tableaux des effectifs retenues lors de la procédure budgétaire pour 2015 sont récapitulées dans le tableau 28 (page 98).

Le tableau 29 (page 98) récapitule pour sa part les effectifs autorisés pour 2015 aussi bien dans les différentes institutions que dans différents organismes de l'UE.

S'agissant des différents *instruments spéciaux* disposant de lignes budgétaires spécifiques dans le budget de l'UE, le budget pour 2015 prévoit :

Tableau 26. Montants retenus pour la rubrique *4* (*L'Europe dans le monde*) du cadre financier pluriannuel dans le budget pour 2015

En millions d'euros et en pourcentage

	Crédits d'engagement		Crédits de paiement	
Instrument de financement de la coopération au développement (ICD)	2.446	*29,1*	2.142	*28,9*
Instrument européen de voisinage (IEV)	2.036	*24,2*	1.579	*21,3*
Instrument d'aide de préadhésion (IAP II)	1.572	*18,7*	1.555	*21,0*
Aide humanitaire	929	*11,0*	919	*12,4*
Politique étrangère et de sécurité commune (PESC)	321	*3,8*	268	*3,6*
Instrument contribuant à la stabilité et à la paix (IdS)	320	*3,8*	234	*3,2*
Instrument européen pour la démocratie et les droits de l'homme (IEDDH)	182	*2,2*	154	*2,1*
Fonds de garantie relatif aux actions extérieures	144	*1,7*	144	*1,9*
Instrument de partenariat pour la coopération avec les pays tiers (IP)	119	*1,4*	94	*1,3*
Assistance macrofinancière (AMF)	78	*0,9*	74	*1,0*
Instrument relatif à la coopération en matière de sûreté nucléaire (ICSN)	61	*0,7*	60	*0,8*
Mécanisme de protection civile de l'Union	17	*0,2*	13	*0,2*
Initiative "Volontaires de l'aide de l'UE" (VAUE)	15	*0,2*	11	*0,1*
Autres programmes et actions	76	*0,9*	66	*0,9*
Prérogatives et compétences spécifiques de la Commission	64	*0,8*	72	*1,0*
Projets pilotes et actions préparatoires	9	*0,1*	16	*0,2*
Subvention pour la Fondation européenne pour la formation	20	*0,2*	20	*0,3*
Total	**8.408**	***100,0***	**7.422**	***100,0***

Tableau 27. Montants retenus pour la rubrique *5* (*Administration*) du cadre financier pluriannuel dans le budget pour 2015

En millions d'euros et en pourcentage

	Crédits d'engagement		Crédits de paiement	
Parlement européen	1.795	*20,7*	1.795	*20,7*
Conseil européen et Conseil	542	*6,3*	542	*6,3*
Commission	3.275	*37,8*	3.273	*37,8*
OP	*80*	*0,9*	*80*	*0,9*
OLAF	*58*	*0,7*	*58*	*0,7*
EPSO et EUSA	*27*	*0,3*	*27*	*0,3*
PMO	*37*	*0,4*	*37*	*0,4*
OIB	*69*	*0,8*	*69*	*0,8*
OIL	*24*	*0,3*	*24*	*0,3*
Cour de justice	357	*4,1*	357	*4,1*
Cour des comptes	133	*1,5*	133	*1,5*
CESE	129	*1,5*	129	*1,5*
Comité des régions	89	*1,0*	89	*1,0*
Médiateur européen	10	*0,1*	10	*0,1*
CEPD	9	*0,1*	9	*0,1*
SEAE	603	*7,0*	603	*7,0*
Écoles européennes	160	*1,8*	160	*1,8*
Pensions	1.559	*18,0*	1.559	*18,0*
Total	**8.660**	***100,0***	**8.659**	***100,0***

- 303 millions d'euros en crédits d'engagement et 150 millions d'euros en crédits de paiement pour la *réserve pour aides d'urgence* ;

- 162,4 millions d'euros en crédits d'engagement et 25 millions d'euros en crédits de paiement pour le *Fonds européen d'ajustement à la mondialisation*, et

- 50 millions d'euros en crédits d'engagement et 176,7 millions d'euros en crédits de paiement pour le *Fonds de solidarité de l'UE*, dont :

50 millions d'euros en crédits d'engagement et de paiement sont destinés au paiement d'avances en cas de catastrophe naturelle dans les États membres ou dans un pays participant aux négociations d'adhésion avec l'UE[322], et

126,7 millions d'euros en crédits de paiement sont liés au financement des deux mobilisations du Fonds de solidarité de l'UE en 2014 (voir chapitre II).

Enfin, les montants retenus pour 2015 pour les subventions des agences décentralisées de l'UE relevant des différentes rubriques et sous-rubriques du CFP sont présentés quant à eux dans le tableau 30 (page 99).

13. Mobilisation de l'instrument de flexibilité

La Commission a présenté, ensemble avec son projet de budget initial pour 2015 et sur la base de

[322] Conformément à l'article 4 *bis*, paragraphe 4 du règlement (CE) nº 2012/2002 du Conseil, du 11 novembre 2002, instituant le Fonds de solidarité de l'UE (JO L 311 du 14.11.2002, pp. 3/8), tel qu'il résulte du règlement (UE) nº 661/2014 du Parlement européen et du Conseil, du 15 mai 2014, modifiant le règlement (CE) nº 2012/2002 (JO L 189 du 27.6.2014, pp. 143/154).
Ces 50 millions d'euros en crédits d'engagement et de paiement ont fait l'objet d'une décision de mobilisation spécifique du Fonds de solidarité, signée (ensemble avec le "paquet" sur le budget pour 2015 et les PBR pour 2014 en attente) le 17 décembre 2014 (JO L 68 du 13.3.2015, p. 47).

Tableau 28. Modifications concernant les postes repris aux tableaux des effectifs lors de la procédure budgétaire pour 2015

Postes permanents et temporaires

Institution(s)	Projet de budget initial			Position du Conseil			Position du PE			Nouveau projet de budget			**Budget adopté***		
Groupe de fonctions	AD	AST/SC	Total	AD	AST/SC	Total	AD	AST/SC	Total	AD	AST/SC	Total	AD	AST/SC	**Total**
Parlement européen**	15	-15	0	15	-15	0	-21	-26	-47	-21	-26	-47	-21	-26	**-47**
Conseil européen et Conseil***	6	-28	-22	6	-28	-22	6	-28	-22	6	-28	-22	6	-28	**-22**
Commission (hors offices)	-137	-152	-289	-137	-152	-289	-137	-152	-289	-137	-152	-289	-137	-152	**-289**
OP	*7*	*-29*	*-22*	*7*	*-29*	*-22*	*7*	*-29*	*-22*	*7*	*-29*	*-22*	*7*	*-29*	***-22***
OLAF	*-6*	*2*	*-4*	*-6*	*2*	*-4*	*-6*	*2*	*-4*	*-6*	*2*	*-4*	*-6*	*2*	***-4***
EPSO et EUSA	*-2*	*-10*	*-12*	*-2*	*-10*	*-12*	*-2*	*-10*	*-12*	*-2*	*-10*	*-12*	*-2*	*-10*	***-12***
*PMO*** / ** ** **	*1*	*-8*	*-7*	*1*	*-8*	*-7*	*1*	*-8*	*-7*	*1*	*-8*	*-7*	*1*	*-8*	***-7***
OIB	*0*	*-22*	*-22*	*0*	*-22*	*-22*	*0*	*-22*	*-22*	*0*	*-22*	*-22*	*0*	*-22*	***-22***
OIL	*0*	*-3*	*-3*	*0*	*-3*	*-3*	*0*	*-3*	*-3*	*0*	*-3*	*-3*	*0*	*-3*	***-3***
Commission (total)	-137	-222	-359	-137	-222	-359	-137	-222	-359	-137	-222	-359	-137	-222	**-359**
Cour de justice** **	6	-11	-5	6	-11	-5	15	-8	7	15	-8	7	15	-8	**7**
Cour des comptes** ** *	-5	-4	-9	-5	-4	-9	-5	-4	-9	-5	-4	-9	-5	-4	**-9**
CESE	-2	-5	-7	-2	-5	-7	-2	-5	-7	-2	-5	-7	-2	-5	**-7**
Comité des régions	-3	-2	-5	-3	-2	-5	-3	-2	-5	-3	-2	-5	-3	-2	**-5**
Médiateur européen	0	-1	-1	0	-1	-1	0	-1	-1	0	-1	-1	0	-1	**-1**
CEPD** ** **	1	0	1	1	0	1	1	0	1	1	0	1	1	0	**1**
SEAE***	-4	-13	-17	-4	-13	-17	-4	-13	-17	-4	-13	-17	-4	-13	**-17**
Total	**-123**	**-301**	**-424**	**-123**	**-301**	**-424**	**-150**	**-309**	**-459**	**-150**	**-309**	**-459**	**-150**	**-309**	**-459**

** Et positions du Conseil et du Parlement européen sur le nouveau projet de budget*

*** Le PE a réduit par voie d'amendement de 47 (21 AD et 26 AST/SC) le nombre de postes proposés dans le PB initial*

**** Et transfert de 1 poste AST/SC du Conseil au SEAE (repris dans la position du Conseil sur le PB initial) et de 6 postes AST/SC au PMO (repris dans la position du Conseil sur le nouveau PB)*

*** ** Dans son état prévisionnel des dépenses, la Cour de justice avait demandé 12 postes supplémentaires (9 AD et 3 AST/SC). Cette demande n'a pas été reprise par la Commission dans le PB initial*

*** ** * Et transfert de 1 poste AST/SC de la Cour des comptes au PMO*

*** ** ** Y inclus 2 nouveaux postes (1 AD et 1 AST/SC) pour la task-force dans le cadre de la préparation de la mise en place du futur comité européen de la protection des données*

Tableau 29. Les effectifs autorisés pour 2015

Personnel inscrit au tableau des effectifs
(Source : JO L 69 du 13.3.2015, p. 149)

Institution(s)	2015		2014		*Différence 2015-2014*	
	Permanents	Temporaires	Permanents	Temporaires	Permanents	Temporaires
Parlement européen	5.591	1.148	5.636	1.150	-45	-2
Conseil européen et Conseil	3.036	36	3.065	36	-29	0
Commission (fonctionnement)	18.645	394	18.857	364	-212	30
Commission (RDT)	3.570	-	3.677	-	-107	-
OP	*633*	-	*655*	-	*-22*	-
OLAF	*315*	*62*	*310*	*71*	*5*	*-9*
EPSO et EUSA	*110*	*2*	*121*	*3*	*-11*	*-1*
PMO	*179*	-	*180*	-	*-1*	-
OIB	*378*	-	*400*	-	*-22*	-
OIL	*140*	-	*143*	-	*-3*	-
Commission (total)	23.970	458	24.343	438	-373	20
Cour de justice	1.547	451	1.555	436	-8	15
Cour des comptes	733	139	743	139	-10	0
CESE	678	35	685	35	-7	0
Comité des régions	478	49	483	49	-5	0
Médiateur européen	47	19	45	22	2	-3
CEPD	46	-	45	-	1	-
SEAE	1.644	1	1.660	1	-16	0
Total	**37.770**	**2.336**	**38.260**	**2.306**	**-490**	**30**

Organismes	2015		2014		*Différence 2015-2014*	
	Permanents	Temporaires	Permanents	Temporaires	Permanents	Temporaires
Agences décentralisées de l'UE	120	5.103	128	5.004	-8	99
Institut européen de technologie	-	39	-	39	-	0
Agences exécutives	-	544	-	491	-	53
Entreprises communes	56	245	62	239	-6	6
Total	**176**	**5.931**	**190**	**5.773**	**-14**	**158**

Tableau 30. Les agences décentralisées de l'Union européenne dans le budget de l'Union pour 2015

En euros, crédits inscrits en réserve inclus

	*	Article	Montant c/e	Montant c/p
Sous-rubrique ***1a*** **(*Compétitivité pour la croissance et l'emploi*)**				
*Agence européenne des produits chimiques (Helsinki)****	A	*02 03 03*	*7.800.000*	*7.800.000*
Agence du GNSS européen (Prague)	B	*02 05 11*	*26.791.000*	*26.791.000*
Fondation européenne pour l'amélioration des conditions de vie et de travail (Dublin)	A	*04 03 11*	*20.371.000*	*20.371.000*
Agence européenne pour la sécurité et la santé au travail (Bilbao)	A	*04 03 12*	*14.534.000*	*14.534.000*
Agence européenne de la sécurité aérienne (Cologne)	B	*06 02 02*	*35.634.767*	*35.634.767*
Agence européenne pour la sécurité maritime (Lisbonne)	B	*06 02 03*	*50.882.323* [a]	*43.251.175* [a]
Agence ferroviaire européenne (Lille-Valenciennes)	B	*06 02 04*	*24.659.000*	*24.659.000*
Agence européenne chargée de la sécurité des réseaux et de l'information (Heraklion)	B	*09 02 03*	*9.100.612*	*9.100.612*
Office de l'Organe des régulateurs européens des communications électroniques (Riga)	A	*09 02 04*	*3.498.143*	*3.498.143*
Autorité bancaire européenne (Londres)	B	*12 03 02*	*11.163.000*	*11.163.000*
Autorité européenne des assurances et des pensions professionnelles (Francfort-sur-le-Main)	B	*12 03 03*	*7.889.151*	*7.889.151*
Autorité européenne des marchés financiers (Paris)	B	*12 03 04*	*8.120.000*	*8.120.000*
*Conseil de résolution unique (Bruxelles) ** ** **	D	*12 03 05***	*3.300.000*	*3.100.000*
Centre européen pour le développement de la formation professionnelle (Thessalonique)	A	*15 02 11*	*17.224.000*	*17.224.000*
Agence de coopération des régulateurs de l'énergie (Ljubljana)	B	*32 02 10*	*10.851.000*	*10.851.000*
Total			**251.817.996**	**243.986.848**
Rubrique ***2*** **(*Croissance durable : ressources naturelles*)**				
*Agence européenne des produits chimiques (Helsinki) ** ***	C	*07 02 05*	*6.604.360*	*6.604.360*
Agence européenne pour l'environnement (Copenhague)	A	*07 02 06*	*34.886.366*	*34.886.366*
Agence communautaire de contrôle des pêches (Vigo)	A	*11 06 64*	*8.957.000*	*8.957.000*
Total			**50.447.726**	**50.447.726**
Rubrique ***3*** **(*Sécurité et citoyenneté*)**				
Centre européen de prévention et de contrôle des maladies (Stockholm)	A	*17 03 10*	*56.766.000*	*56.403.470*
Autorité européenne de sécurité des aliments (Parme)	A	*17 03 11*	*76.412.000*	*74.912.000*
Agence européenne des médicaments (Londres)	B	*17 03 12*	*31.516.000* [b]	*31.516.000* [b]
Ag. eur. pour la gestion de la coopération opérationnelle aux frontières extérieures (Varsovie)	B	*18 02 03*	*106.100.000*	*106.100.000*
Office européen de police (La Haye)	B	*18 02 04*	*92.174.000*	*92.174.000*
Collège européen de police (Budapest)	B	*18 02 05*	*7.678.000*	*7.678.000*
Observatoire européen des drogues et des toxicomanies (Lisbonne)	A	*18 02 06*	*14.643.000*	*14.643.000*
Agence eur. pour la gestion opérationnelle des systèmes d'information à grande échelle (Tallinn)	C	*18 02 07*	*72.809.100*	*72.809.100*
Bureau européen d'appui en matière d'asile (La Valette)	C	*18 03 02*	*14.991.360*	*14.991.360*
Agence des droits fondamentaux de l'Union européenne (Vienne)	A	*33 02 06*	*21.155.000*	*21.155.000*
Institut européen pour l'égalité entre les hommes et les femmes (Vilnius)	A	*33 02 07*	*7.464.000*	*7.464.000*
Unité de coopération judiciaire de l'Union européenne (Eurojust ; La Haye)	A	*33 03 04*	*32.584.000*	*32.584.000*
Total			**534.292.460**	**532.429.930**
Rubrique ***4*** **(*L'Europe dans le monde*)**				
Fondation européenne pour la formation (Turin)	A	*15 02 12*	*19.945.000*	*19.945.000*
Total			**19.945.000**	**19.945.000**
Rubrique ***5*** **(*Administration*)**				
Centre de traduction des organes de l'Union européenne (Luxembourg)	A	*31 01 10*	*p.m.*	*p.m.*
Total			**p.m.**	**p.m.**
Total général			**856.503.182**	**846.809.504**
Sous-rubrique ***1a*** **(*Compétitivité pour la croissance et l'emploi*)**				
*Institut européen d'innovation et de technologie (IET ; Budapest)** ** **		*15 03 05*	*278.782.375*	*227.988.790*
Total général, y inclus l'IET			**1.135.285.557**	**1.074.798.294**

** Classification utilisée par la Commission dans le PB initial pour 2015 :* ***A*** *: en "vitesse de croisière" ;* ***B*** *: avec de nouvelles tâches ;* ***C*** *: nouvelle agence (ou en phase de démarrage) ;* ***D*** *: en voie de création*

*** Nouvelle ligne budgétaire par rapport au budget de l'Union pour 2014   *** Législation sur les produits chimiques*

*** ** Activités dans le domaine de la législation relative aux biocides et concernant les exportations et importations de produits chimiques dangereux*

*** ** * Cas spécial*

[a] *Avec les mesures antipollution (poste 06 02 03 02 ; 20,6 millions d'euros en crédits d'engagement et 13 millions d'euros en crédits de paiement)*

[b] *Avec la contribution spéciale en faveur des médicaments orphelins (poste 17 03 12 02 ; 6,8 millions d'euros en crédits d'engagement et de paiement)*

l'article 11 du règlement fixant le CFP et du point 12 de la Partie I de l'AII de 2013, une proposition de recours à l'instrument de flexibilité, à hauteur de 79,8 millions d'euros en crédits d'engagement et de 11,3 millions d'euros en crédits de paiement[323]. Cette proposition de mobilisation[324] était destinée à compléter le financement des programmes des Fonds structurels pour Chypre au titre de la sous-rubrique *1b* (*Cohésion économique, sociale et territoriale*) du CFP[325]. Ce volet avait déjà fait l'objet

[323] Doc. *COM(2014) 349 final* du 11 juin 2014.

[324] Le besoin de recourir à l'instrument de flexibilité s'explique par la très petite marge existante dans la sous-rubrique *1b* du cadre financier pluriannuel, les crédits d'engagement repris dans le CFP au titre de la sous-rubrique *1b* étant inscrits "automatiquement" dans le budget de l'UE, car ils sont basés sur des enveloppes inscrites dans les actes de base et sur des engagements "préprogrammés".

[325] Selon la Commission, les "*paiements associés au financement des Fonds structurels pour Chypre au moyen de l'ins-*

d'une mobilisation de l'instrument de flexibilité dans le contexte du budget de l'UE pour 2014, pour un montant de 89,3 millions d'euros en crédits d'engagement[326] (voir page 443).

Il convient de relever que, depuis sa création en 2000, il s'agit de la première fois que la Commission propose de mobiliser l'instrument de flexibilité en crédits de paiement[327].

Le Conseil, lors de l'adoption de sa position sur le projet de budget initial pour 2015, le 2 septembre 2014, a retenu une mobilisation de l'instrument de flexibilité à hauteur de 79,8 millions d'euros en crédits d'engagement comme proposée par la Commission[328], tout en écartant toute mobilisation en crédits de paiement, notamment car il avait dégagé une marge sous le plafond des crédits pour paiements (mais également suite à la forte opposition des "contributeurs nets" de mobiliser l'instrument de flexibilité pour des crédits de paiement ; voir page 48).

Le Parlement européen, lors de l'adoption de ses amendements sur la position du Conseil, le 22 octobre 2014, a pour sa part proposé de mobiliser l'instrument de flexibilité pour le montant total du financement complémentaire des programmes des Fonds structurels pour Chypre en 2015, c'est-à-dire 100 millions d'euros en crédits d'engagement (soit 20,2 millions d'euros de plus que ce qui était proposé par la Commission[329]). Il a rétabli la proposition de la Commission de mobiliser l'instrument de flexibilité par la même occasion pour un montant de 11,3 millions d'euros en crédits de paiement.

Dans le cadre du nouveau projet de budget pour 2015, la Commission a proposé de mobiliser l'instrument de flexibilité pour le financement complémentaire des programmes des Fonds structurels pour Chypre à hauteur de 83,3 millions d'euros en crédits d'engagement[330] et de nouveau de 11,3 millions d'euros en crédits de paiement[331].

Dans le cadre de l'accord global "*ad referendum*" sur le budget pour 2015 et les PBR pour 2014 en attente, conclu lors du trilogue du 8 décembre 2014 (voir page 88), le Parlement européen et le Conseil ont décidé de mobiliser l'instrument de flexibilité pour un montant de 83,3 millions d'euros en crédits d'engagement, afin de compléter le financement des programmes des Fonds structurels pour Chypre au titre de la sous-rubrique *1b* (*Cohésion économique, sociale et territoriale*) du CFP[332]. Ils n'ont pas retenu la mobilisation de l'instrument de flexibilité en crédits de paiement, comme proposé par la Commission.

La décision de mobilisation a été signée par les deux branches de l'autorité budgétaire le 17 décembre 2014 à Strasbourg[333]. Elle indique que "(l)*es paiements associés au financement des Fonds structurels pour Chypre au moyen de l'instrument*

---

trument de flexibilité en 2014 et 2015 se monteront à 157 800 000 euros pour la période 2016-2018. Le montant annuel exact sera fixé dans le projet de budget relatif à l'exercice présenté par la Commission" (*COM(2014) 349 final*, p. 3).

326 JO L 50 du 20.2.2014, p. 19 (voir Tome III, pp. 302/303).

327 En même temps, il ne s'agit que de la quatrième fois (après les avant-projets de budgets pour 2003, 2005 et 2006 ; voir page 444) que la Commission propose de mobiliser l'instrument de flexibilité ensemble avec le projet de budget (hors lettres rectificatives).

328 Il convient de relever que, depuis sa création, il s'agit de la première fois que le Conseil accepte de retenir une mobilisation de l'instrument de flexibilité lors de sa lecture (voir page 444).

329 Le Parlement européen souhaitant utiliser ce montant pour augmenter, de 16,7 millions d'euros, les crédits proposés pour l'article *04 06 01* (*Favoriser la cohésion sociale et atténuer les formes les plus graves de pauvreté dans l'UE*), ainsi que pour financer de nouveaux projets pilotes et de nouvelles actions préparatoires, pour un montant total de 3,5 millions d'euros, sous le plafond de la sous-rubrique *1b* du CFP (voir pages 66-67).

330 Cette augmentation s'explique par le fait que la Commission a voulu inclure, dans son nouveau projet de budget pour 2015, les crédits d'engagement votés par le Parlement européen pour de nouveaux projets pilotes et de nouvelles actions préparatoires sous la sous-rubrique *1b* du CFP, pour un montant total de 3,5 millions d'euros (voir page 67).

331 Il est intéressant de noter que la Commission n'a pas formellement présenté de proposition modifée de mobilisation de l'instrument de flexibilité ensemble avec son nouveau PB.

332 Articles *04 02 62* (*Fonds social européen – Régions plus développées – Objectif "Investissement pour la croissance et l'emploi"*) et *13 03 62* (*Fonds européen de développement régional (FEDER) – Régions plus développées – Objectif "Investissement pour la croissance et l'emploi"*).

333 JO L 68 du 13.3.2015, pp. 45/46.

de flexibilité en 2014 et en 2015 se monteront à 172 600 000 euros pour la période 2015-2018. Le montant annuel exact sera fixé dans le projet de budget relatif à l'exercice présenté par la Commission"[334].

14. Une lettre rectificative présentée lors de la procédure budgétaire pour 2015

La Commission a présenté au cours de la procédure budgétaire pour 2015 une lettre rectificative[335] au PB initial (voir tableau 5, page 32).

Cette lettre rectificative nº 1/2015, adoptée par la Commission le 15 octobre 2014[336], constitue la traditionnelle lettre rectificative d'octobre ("LR *ad hoc*") qui, conformément à l'article 39 du RF de 2012 et au point 9 de l'annexe de l'AII de 2013, a notamment pour objet d'actualiser les données concernant les dépenses agricoles et les accords internationaux de pêche.

La LR nº 1/2015 concerne ainsi :

- l'actualisation de l'estimation des besoins et des crédits pour les dépenses agricoles. Outre la modification des éléments de marché, la LR intègre l'impact des décisions agricoles adoptées depuis l'établissement du projet de budget initial pour 2015, les estimations révisées des besoins pour certains paiements directs, ainsi que les effets de différents autres nouveaux éléments qui sont susceptibles d'avoir un effet important au cours de l'exercice budgétaire à venir, et

- l'actualisation de la situation relative aux accords de partenariat dans le domaine de la pêche durable, afin de tenir compte des dernières informations disponibles.

S'agissant des *dépenses agricoles*, et même si les prévisions les plus récentes font état d'une légère augmentation des besoins financés par le Fonds européen agricole de garantie (+17 millions d'euros par rapport au PB initial pour 2015), une augmentation substantielle des recettes affectées disponibles pour le FEAGA en 2015 (+465 millions d'euros par rapport aux prévisions) permet, selon la Commission, le financement des dépenses prévisibles avec une réduction de 448 millions d'euros des crédits inscrits sur les lignes budgétaires correspondantes dans le budget pour 2015[337].

La lettre rectificative propose de redéployer ces 448 millions d'euros[338] afin de répondre aux besoins urgents en crédits de paiement sous la sous-rubrique *1a* (*Compétitivité pour la croissance et l'emploi*) et les rubriques *2* (*Croissance durable : ressources naturelles*), *3* (*Sécurité et citoyenneté*) et *4* (*L'Europe dans le monde*) du CFP, "*de manière à ce que les obligations qui découlent des engagements passés et actuels puissent être honorées et les sanctions financières évitées*"[339].

---

[334] JO L 68 du 13.3.2015, p. 46. Il convient de relever que la Commission (et le Parlement européen, le Conseil étant divisé sur cette question ; voir pages 48-49) considère que ces crédits de paiement (comme tous les crédits de paiement liés à des instruments spéciaux) n'entrent pas dans le calcul de la marge existant sous le plafond des crédits pour paiements.

[335] Selon l'article 314, paragraphe 2, deuxième alinéa du TFUE la Commission peut modifier son projet de budget jusqu'à la convocation du comité de conciliation. Les lettres rectificatives (LR) sont également mentionnées à l'article 39 du RF de 2012 et au point 9 de la Partie C de l'annexe de l'AII de 2013.

[336] Doc. *COM(2014) 637 final*.

[337] La Commission propose dès lors 43 456 millions d'euros pour les dépenses de marché et paiements directs. La marge s'établit ainsi à 734 millions d'euros.

[338] Ces 448 millions d'euros se répartissent comme suit :

- 240 millions d'euros pour la sous-rubrique *1a* (*Compétitivité pour la croissance et l'emploi*) du CFP, dont :
  • 145 millions d'euros pour les projets énergétiques en vue d'aider à la relance économique (afin d'éviter des intérêts de retard), et
  • 75 millions d'euros pour "Horizon 2020" (afin d'éviter des intérêts de retard et pour payer des préfinancements) ;
- 51 millions d'euros pour la rubrique *2* (*Croissance durable : ressources naturelles*), dont :
  • 35 millions d'euros pour le programme "Life+" (afin d'éviter des intérêts de retard), et
  • 16 millions d'euros pour le Fonds européen pour la pêche (afin de réduire le montant croissant d'impayés) ;
- 6 millions d'euros pour la rubrique *3* (*Sécurité et citoyenneté*), et
- 152 millions d'euros pour la rubrique *4* (*L'Europe dans le monde*), dont :
  • 87 millions d'euros pour l'Instrument de financement de la coopération au développement (afin de réduire le montant croissant d'impayés), et
  • 50 millions d'euros pour l'Instrument européen de voisinage (afin de réduire le montant croissant d'impayés).

[339] Doc. *COM(2014) 637 final*, p. 5. Dans la pratique, les étapes nécessaires pour un recours à la réserve pour les crises dans le secteur agricole sont :

Par ailleurs, la Commission propose d'allouer éventuellement un montant de 344,3 millions d'euros à partir de crédits de la réserve pour les crises dans le secteur agricole pour financer des mesures d'urgence, afin de pouvoir faire face aux conséquences budgétaires de l'interdiction des importations de denrées alimentaires imposée par la Russie. "*Les montants (inclus dans la lettre rectificative) sont (à ce stade) des estimations et l'utilisation effective de la réserve pour les crises sera évaluée, après l'approbation du budget pour 2015, au moment où les virements, de l'article 05 03 10 (Réserve pour les crises dans le secteur agricole) vers les lignes opérationnelles du chapitre budgétaire 05 02*[340]*, seront envisagés, conformément à la procédure prévue au point 22 de l'AII de 2013*"[341].

S'agissant des *accords de pêche*, la lettre rectificative propose la mobilisation d'un montant de 0,7 million d'euros de la réserve pour les accords de pêche (article *40 02 41*) afin de renforcer la ligne budgétaire opérationnelle concernant les accords de partenariat dans le domaine de la pêche durable avec les pays tiers[342], suite à la conclusion d'un accord avec Sao Tomé-et-Principe. Ce transfert est neutre du point de vue budgétaire au niveau global.

La LR nº 1/2015 propose en outre :

- un ajustement (budgétairement neutre au niveau global) des ressources humaines et financières en vue de la délégation des tâches de l'initiative pilote "Voie express pour l'innovation" à l'Agence exécutive pour les petites et moyennes entreprises et de celle des mesures de promotion en faveur des produits agricoles à l'Agence exécutive pour les consommateurs, la santé et l'alimentation, et

- une transformation de certains postes repris aux tableaux des effectifs de la Commission (section III du budget), du Médiateur européen (section VIII) et de l'Agence européenne pour l'environnement. Ces transformations demandées se traduisent par une réduction de 0,5 million d'euros des dépenses administratives au titre de la rubrique *5* (*Administration*) du CFP.

L'impact budgétaire net de toutes ces modifications incluses dans la lettre rectificative est ainsi une diminution de 448,5 millions d'euros en crédits d'engagement des dépenses proposées dans le projet de budget initial pour 2015[343]. Le niveau global des crédits de paiement demeure inchangé.

L'activation envisagée de la réserve pour les crises dans le secteur agricole[344] pour financer des mesures d'urgence et le transfert de 448 millions d'euros en crédits de paiement hors du "budget agricole" a soulevé beaucoup d'interrogations aussi bien au Parlement européen qu'au Conseil.

Selon le Parlement européen, les agriculteurs européens "ne devraient pas payer les conséquences d'une crise politique". Le Parlement a également été très critique envers un recours éventuel à la réserve pour les crises dans le secteur agricole "si

- identification précise des besoins supplémentaires, sur la base d'une analyse de l'exécution des montants sur les lignes budgétaires concernées ;
- examen des possibilités éventuelles de réaffectations de crédits ;
- utilisation en premier des montants inscrits sur les lignes budgétaires concernées, jusqu'à leur épuisement, et
- utilisation des montants additionnels éventuellement disponibles (tels que résultant par exemple de recettes affectées supplémentaires).

Ce n'est qu'après avoir effectué ces différentes étapes et une fois que les différentes possibilités alternatives de financement auront été épuisées que la Commission peut proposer, conformément au point 22 de la Partie II de l'AII de 2013, une mobilisation de la réserve pour les crises.

[340] Intitulé "*Améliorer la compétitivité du secteur agricole grâce aux interventions sur les marchés agricoles*".

[341] Doc. *COM(2014) 637 final*, p. 9.

[342] Il s'agit de l'article *11 03 01*, intitulé "*Établir un cadre de gouvernance pour les activités de pêche menées par des navires de pêche de l'UE dans les eaux des pays tiers*".

[343] Dont 448 millions d'euros concernent la rubrique *2* et 0,5 million d'euros la rubrique *5* du CFP.

[344] La réserve pour les crises dans le secteur agricole proposée dans le PB initial pour 2015 s'élevait à 433 millions d'euros, financés par le mécanisme de discipline financière (avec un taux de 1,3 % ; voir page 42). En d'autres termes, pour que la réserve puisse être approvisionnée, le montant des paiements directs aux agriculteurs doit être réduit de 1,3 %.

Le Conseil et le Parlement européen n'ont pas modifié les montants mentionnés ci-dessus lors de leurs lectures respectives du PB initial pour 2015.

tôt dans l'année, alors que la réserve doit être prête à couvrir toutes les crises agricoles éventuelles en 2015". Enfin, le PE a souligné les conséquences en général pour le budget de l'UE d'une chute possible des prix agricoles suite à l'embargo imposé par la Russie, et les "difficultés notamment dans le secteur laitier auxquelles les agriculteurs seraient confrontés dans le contexte économique et agricole actuel".

S'agissant du Conseil, les ministres de l'Agriculture de vingt-deux États membres[345] ont de manière tout à fait exceptionnelle fait une déclaration au sujet de la LR nº 1/2015 en marge du Conseil "Agriculture et pêche" du 10 novembre 2014, critiquant eux aussi la proposition de transfert de la Commission[346].

La Commission a intégré le contenu de la LR nº 1/2015 dans le nouveau projet de budget pour 2015, adopté le 28 novembre 2014.

Dans le nouveau PB, la Commission ne propose pourtant plus de recourir à la réserve pour les crises dans le secteur agricole (voir page 102). Les raisons en sont explicitées dans la déclaration commune suivante concernant le financement des mesures d'urgence prises pour faire face à l'interdiction des importations de denrées alimentaires imposée par la Russie, agréée dans le cadre de l'accord global "*ad referendum*" portant sur le budget pour 2015 et sur six projets de budgets rectificatifs pour 2014, conclu le 8 décembre 2014 :

"*À la suite de l'interdiction des importations de denrées alimentaires imposée par la Russie, une série de mesures d'urgence ont déjà été adoptées en août*[347] *et septembre 2014 et un nouvel ensemble de mesures concernant le secteur laitier dans les États baltes a été approuvé le 26 novembre 2014*[348]*. Dès que les conditions respectant les critères objectifs requis en matière d'éligibilité seront remplies, la Commission pourra proposer un autre ensemble de mesures concernant le secteur laitier en Finlande.*

Dans sa lettre rectificative nº 1/2015, la Commission a fait part de son intention de financer ces mesures, si nécessaire, en recourant à la réserve pour les crises.

Depuis la présentation de cette lettre, les trois nouveaux éléments suivants sont intervenus, permettant le financement de ces mesures d'urgence sans recourir à la réserve pour les crises :

- d'après les déclarations des États membres concernant l'effet réel des mesures adoptées en août et en septembre, le coût estimé initialement est passé de 344 millions d'euros à 234 millions d'euros environ ;

- l'excédent final de l'exercice 2014 du FEAGA est supérieur de près de 230 millions d'euros à ce qui avait été prévu dans la lettre rectificative nº 1/2015, qui se fondait encore sur des estimations ;

- le produit des corrections financières à percevoir en 2015 devrait être supérieur à ce qui avait été initialement prévu en octobre dernier.

Sur la base de ces trois éléments nouveaux, les mesures d'urgence mentionnées ci-dessus (notamment celles relatives au secteur laitier dans les États baltes[349]*, et celles relatives à la Finlande, dès que les conditions seront réunies*[350]*) peuvent être financées dans les limites des crédits demandés dans la lettre rectificative nº 1/2015 grâce à ces recettes affectées supplémentaires, sans avoir recours à la réserve pour les crises*"[351].

---

[345] Il s'agit de l'Autriche, de la Belgique, de la Bulgarie, de Chypre, de la Croatie, de l'Espagne, de l'Estonie, de la Finlande, de la France, de la Grèce, de la Hongrie, de l'Irlande, de la Lettonie, de la Lituanie, du Luxembourg, de Malte, de la Pologne, du Portugal, de la République tchèque, de la Roumanie, de la Slovaquie et de la Slovénie.

[346] Cette déclaration est reproduite pages 156-157.

[347] Dont la mise à disposition de 324 millions d'euros supplémentaires pour le secteur des fruits et des légumes et de 20 millions d'euros supplémentaires pour le secteur laitier.

[348] Voir page 84.

[349] JO L 341 du 27.11.2014, pp. 3/5.

[350] Les mesures exceptionnelles de soutien temporaire en faveur des producteurs de lait en Finlande ont été adoptées par la Commission le 19 décembre 2014 (JO L 366 du 20.12.2014, pp. 18/19).

[351] Doc. *PE P8_TA(2014)0100*, annexe, et *Conseil 16707/1/14 REV 1 FIN 988 INST 616 PE-L 94*, pp. 17/18.

Tableau 31. Les différentes phases de la procédure budgétaire pour 2015

En millions d'euros

			Différence par rapport au budget adopté	
	c/e	c/p	c/e	c/p
Projet de budget initial	*145.599*	*142.137*	*+278*	*+923*
*Projet de budget initial**	*145.151*	*142.137*	*-171*	*+923*
Position du Conseil	145.077	139.997	*-244*	*-1.217*
Amendements du PE	146.381	146.417	*+1.059*	*+5.203*
Nouveau projet de budget	*145.226*	*141.337*	*-95*	*+123*
Budget de l'UE pour 2015**	**145.322**	**141.214**	–	–

** Lettre rectificative n° 1/2015 telle que présentée par la Commission incluse*

*** Et positions du Conseil et du PE sur le nouveau projet de budget*

15. Quelques aspects importants de la procédure budgétaire pour 2015

A. Les différentes phases de la procédure budgétaire pour 2015 sont récapitulées dans le tableau 31 ci-dessus.

La procédure budgétaire a été compliquée avant tout du fait de la question du paiement des factures impayées et par l'absence de position du Conseil sur un nombre de projets de budgets rectificatifs proposés par la Commission.

L'absence de position du Conseil est due à plusieurs raisons, notamment à la condition posée par le Parlement européen de ne démarrer les discussions sur le contenu du budget pour 2015 qu'une fois que le Conseil aura adopté en ce qui le concerne les PBR pour 2014 en attente comme proposés par la Commission, et avant tout le PBR n° 3/2014[352], "afin de garantir le paiement des impayés". Une "minorité de blocage" d'États membres s'est fortement opposée à cette précondition, ne souhaitant pas traiter du PBR n° 3/2014 en dehors du contexte du budget pour 2015. Ainsi, le Conseil n'a été en mesure d'adopter sa position sur ce PBR (il s'agit en fait d'un premier mandat de négociation) que le 15 novembre 2014 (voir *infra*, point B), soit seulement deux jours avant la fin de la période de conciliation de vingt et un jours prévue par l'article 314, paragraphe 5 du TFUE. Ce n'est qu'une fois que le Parlement accepte, dans le cadre de la "procédure budgétaire d'urgence", en décembre 2014, de ne pas faire de l'adoption des PBR une précondition au démarrage des discussions sur le budget pour 2015 (mais seulement une condition à l'obtention d'un accord) que la voie a été véritablement ouverte à un accord global sur le budget pour 2015 et les six PBR pour 2014 en suspens[353].

B. Le projet de budget rectificatif n° 3/2014 (et la mobilisation de la marge pour imprévus en 2014 qui l'accompagne[354]) a ainsi certainement été l'un

[352] Le PBR n° 3/2014 avait pour objet d'octroyer en 2014 des crédits de paiement supplémentaires permettant de rembourser des demandes de paiements liées avant tout aux programmes et projets de développement régional et de cohésion relevant de la période de programmation 2007-2013 (voir *infra*, point B).

[353] En cela, le déroulement de la procédure budgétaire pour 2015 rappelle celui de la procédure budgétaire pour 2013 (voir Tome III, pp. 135/197).

Il convient dans ce contexte de différencier les différents "paquets" conçus par les négociateurs en 2014 : projets de budgets rectificatifs comme proposés par la Commission pour le PE (avec notamment le "blocage" du PBR n° 2/2014 concernant le solde pour l'exercice 2013 dans ce contexte), PBR n° 3/2014 et budget pour 2015 pour le Conseil. De nombreux États membres ont également souhaité inclure dans ce dernier paquet la modification du règlement n° 1150/2000 en ce qui concerne les adaptations des ressources TVA et RNB.

[354] En raison de son caractère de "dernier recours" face à des circonstances imprévues (conformément à l'article 13, paragraphe 1 du règlement fixant le CFP), l'autorité budgétaire a d'abord dû épuiser toute la marge existant sous le plafond des crédits pour paiements avant d'avoir recours à la marge pour imprévus pour faire face aux "impayés". Comme il existait une importante différence de vues entre les institutions et au sein du Conseil quant à la marge existant en 2014 sous le plafond des crédits pour paiements (711 ou 361 millions d'euros ; voir *supra*), il était essentiel pour les négociateurs de trouver une solution à cette question. Le fait que les crédits de paiement inscrits dans le budget pour 2014 liés aux instrument spéciaux (soit un montant total de 350 millions d'euros) aient été inclus dans la mobilisation de la marge pour imprévus en attendant un accord sur leur traitement (voir *infra*) a été un élément-clef permettant de trouver un accord au cours de la procédure budgétaire pour 2015.

Tableau 32. Le budget rectificatif n° 2/2014 et la mobilisation de la marge pour imprévus en 2014

En crédits de paiement et en millions d'euros

	Proposition de la Commission [1] du 28 mai 2014	Accord au sein du Coreper du 15 novembre 2014	% [2]	Accord *"ad referendum"* du 8 décembre 2014	% [2]
Projet de budget rectificatif n° 3/2014 ** ** (total)**	**4.738**	**2.372****	***50,1***	**3.530**	***74,5***
Mobilisation de la marge pour imprévus	4.027	2.011	*49,9*	3.168***	*78,7*
Recours à la marge existante sous le plafond des c/p	711	361	*50,8*	** **	
"Argent frais" (inclus dans le PBR)	4.738	2.372	*50,1*	3.530	*74,5*
Redéploiements de crédits (inclus dans le PBR** ** ** *)	65*	553**		716** ** *	
Total ("argent frais" et redéploiements ** ** **)**	**4.803**	**2.925**	***60,9***	**4.246**	***88,4***

[1] *Et position du Parlement européen* [2] *Par rapport à la proposition de la Commission*

* *Redéploiement de crédits inscrits en réserve au titre des accords de partenariat dans le domaine de la pêche durable vers l'objectif "convergence" du Fonds européen pour la pêche (période 2007-2013)*

** *Et lien avec le budget pour 2015 (voir pages 79-80)*

*** *Un montant de 350 millions d'euros est mobilisé afin de couvrir les montants inscrits dans le budget pour 2014 pour les instruments spéciaux suivants : réserve pour aides d'urgence (150 millions d'euros), Fonds de solidarité de l'Union européenne (150 millions d'euros) et Fonds européen d'ajustement à la mondialisation (50 millions d'euros)*

** ** *Une différence d'interprétation existe entre les institutions et au sein du Conseil en ce qui concerne le montant de la marge sous le plafond global des crédits pour paiements (et le montant du recours à la marge en 2014 : 711 ou 361 millions d'euros)*

** ** * *"Virement global" DEC n° 31/2014 inclus (175 millions d'euros ; voir pages 145-150)*

** ** ** *Le PBR n° 3/2014 deviendra le BR n° 2/2014 suite à la non-adoption du PBR n° 2/2014 (voir page 19)*

** ** ** * *Ces montants n'augmentent pas le total du PBR*

** ** ** ** *Montants destinés notamment à faire face aux "impayés" en 2014*

des points principaux des négociations budgétaires interinstitutionnelles en 2014. Le tableau 32 ci-dessus présente le contenu de la proposition de la Commission, du 28 mai 2014, le (premier) mandat de négociation du Conseil, adopté au niveau du Comité des représentants permanents le samedi 15 novembre 2014[355], et le contenu de l'accord final.

Le budget rectificatif tel qu'adopté le 17 décembre 2014 octroie 3,5 milliards d'euros de crédits de paiement supplémentaires permettant à la Commission de faire face notamment aux factures impayées sous différentes rubriques et sous-rubriques du CFP. Dans un premier temps, une grande majorité d'États membres "contributeurs nets" s'opposait à toute mobilisation de la marge pour imprévus, et ce dès la première année du CFP. Finalement, dans le cadre de l'accord global *"ad referendum"* portant sur le budget pour 2015 et sur six projets de budgets rectificatifs pour 2014, conclu le 8 décembre 2014, ces États membres ont accepté de mobiliser la marge pour imprévus pour un montant de 3,2 milliards d'euros[356]. En contrepartie, ils ont insisté pour augmenter d'une manière significative le montant des redéploiements de crédits pour faire face aux "impayés", qui sont ainsi passés de 65 millions d'euros de la proposition de la Commission à plus de 541 millions d'euros[357].

Un des aspects qui a encore compliqué les négociations sur le PBR n° 3/2014 a été la question de la prise en compte (ou non) des crédits de paiement des instruments spéciaux dans le calcul de la marge existant sous le plafond des crédits pour paiements. Les trois institutions ne sont pas parvenues à adopter de position commune sur ce point en 2014. Ainsi, les 350 millions d'euros concernés ont été inclus dans la mobilisation de la marge pour imprévus, *"dans l'attente qu'un accord intervienne sur le traitement des crédits de paiement pour les ins-*

[355] Il est exceptionnel en soi que le Comité des représentants permanents se réunisse pendant le week-end pour discuter de la procédure budgétaire annuelle de l'UE. Il s'agit là d'un indicateur supplémentaire de la difficulté des négociations budgétaires en 2014.

[356] 350 millions d'euros sont destinés à couvrir les crédits de paiement pour les instruments spéciaux (réserve pour aides d'urgence, Fonds de solidarité de l'Union européenne et Fonds européen d'ajustement à la mondialisation) inscrits dans le budget pour 2014 (voir *infra*).

[357] En excluant le "virement global" DEC n° 31/2014 également inclus dans le budget rectificatif, tel qu'adopté le 17 décembre 2014 (voir pages 145-150). Le recours à des redéploiements a montré ses limites notamment dans le cadre des discussions sur la lettre rectificative n° 1/2015, vingt-deux ministres de l'Agriculture s'opposant en 2014 fermement à l'utilisation proposée par la Commission de 448 millions d'euros destinés au "budget agricole" pour payer les "impayés" (voir pages 103 et 156-157).

Tableau 33. Les projets de budgets rectificatifs n° 2 à 7/2014

(Source : Commission)
En milliards d'euros, ressources propres traditionnelles (RPT) incluses

Projet de budget rectificatif n°	Dépenses (crédits de paiment supplémentaires)	Recettes (surplus, amendes, soldes TVA/RNB et RPT)	Appel à des fonds supplémentaires (+) ou remboursement (-)
2/2014 *(Surplus)*	–	1,005	-1,005
3/2014 *(Crédits de paiement)*	4,738	1,568	+3,170
4/2014* *(Recettes)*	–	2,433	-2,433
5/2014 *(Fonds de solidarité – Croatie, Grèce, Italie et Slovénie)*	0,047	–	+0,047
6/2014 *(Ajustements des soldes TVA et RNB)***	–	9,948	-9,948
7/2014 *(Fonds de solidarité – Bulgarie, Croatie et Serbie)*	0,080	–	+0,080
Total	**4,865**	**14,954**	**-10,089**
Impact des soldes TVA et RNB** et des RPT additionnelles	–	***-9,948***	***+9,948***
Total général	**4,865**	**5,006**	**-0,141**

** Lettre rectificative incluse   ** Voir tableau 2, page 24*

truments spéciaux"[358]. Il est peu probable qu'un tel accord intervienne à courte échéance, car ce point touche à la question de l'interprétation du contenu de l'accord sur le cadre financier pluriannuel pour 2014-2020 et du règlement du Conseil fixant le CFP (requérant ainsi notamment l'unanimité au sein du Conseil).

C. En raison de l'importance des montants en question (s'élevant à 9,5 milliards d'euros, ce qui est 2,5 fois supérieur à l'ajustement le plus important avant celui de 2014[359]), mais également suite au calendrier très serré des obligations de paiement en découlant et compte tenu du fait que les procédures budgétaires étaient déjà à des stades fort avancés dans de nombreux États membres au moment de la présentation du PBR, les ajustements des soldes TVA et RNB et le projet de budget rectificatif n° 6/2014 ont également compliqué d'une façon tout à fait inédite les négociations budgétaires en 2014[360].

Le Conseil a, à ce titre, et de manière très rapide et exceptionnelle, modifié le règlement régissant cet exercice[361], cette modification accordant aux États membres qui en font la demande un délai de paiement supplémentaire, afin qu'une telle situation ne se reproduise plus avec une telle ampleur et avec un calendrier aussi serré.

D. La Commission a souligné tout au long de 2014 que les rentrées de recettes "extraordinaires" enregistrées en 2014 (et notamment découlant du produit non prévu d'amendes[362]) devraient faciliter l'accord au sein du Conseil quant à l'octroi de crédits de paiement supplémentaires par voie de BR pour faire face aux "impayés", car compensant les appels à des fonds supplémentaires (voir tableau 33 ci-dessus[363]). Le Parlement européen a fortement partagé ce point de vue, critiquant à de nombreuses reprises lors des négociations la "réticence des États membres à allouer ces fonds pour payer les factures les plus urgentes en souffrance".

Un nombre important d'États membres "contributeurs nets", formant une "minorité de blocage" au sein du Conseil, a contesté cette approche, en rappelant que les recettes et les dépenses de l'UE relevaient de différents articles du traité et du règlement financier, et qu'il convenait en conséquence de les traiter séparément. Avant tout, ces États membres ont souligné la mise à disposition de l'UE d'importants montants de crédits de paiement supplémentaires par

---

[358] Déclaration commune relative aux instruments spéciaux, agréée dans le cadre de l'accord sur le budget pour 2015 et les projets de budgets rectificatifs pour 2014 en attente. Cette déclaration commune est accompagnée d'une déclaration du Parlement européen sur la mobilisation de la marge pour imprévus en dernier recours et du Conseil sur la mobilisation des instruments spéciaux (voir chapitre II), ce qui démontre la complexité de la question.

[359] Soit celui de 2007, s'élevant à quelque 3,8 milliards d'euros.

[360] Et conduit certains chefs de gouvernement à intervenir en marge du Conseil européen des 23 et 24 octobre 2014 (voir chapitre II).

[361] Il s'agit de la modification du règlement n° 1150/2000 portant application de la décision "ressources propres" (JO L 130 du 31.5.2000, pp. 1/12). Le règlement modifié a été publié au JO L 367 du 23.12.2014, pp. 14/15.

[362] Le produit des amendes (notamment versées par des entreprises suite à des condamnations pour non-respect des règles de concurrence de l'UE) n'est budgétisé qu'une fois que leur paiement est devenu définitif et exécutoire (c'est-à-dire seulement après exhaustion de toute possibilité de recours en cas de litige).

[363] Il convient de souligner que le tableau 33 ne fait pas de distinction entre les ressources propres traditionnelles et les autres ressources propres (basées sur la TVA et le RNB), les premières n'étant pas couvertes par des appels à des fonds supplémentaires de la part des États membres. En outre, le tableau ne distingue naturellement pas les positions individuelles des États membres, qui peuvent grandement diverger (voir tableau 2, page 24).

voie de budgets rectificatifs adoptés en 2012 (plus de 6 milliards d'euros) et surtout en 2013 (plus de 11 milliards d'euros), ces montants permettant légitimement de poser la question de savoir si ces rentrées de recettes imprévues pour l'UE ne devraient pas servir au moins en partie à réduire en 2014 les contributions des États membres, toujours confrontés à d'importantes contraintes budgétaires au niveau national. Comme il a été présenté *supra* (voir point B), les États membres "contributeurs nets" ont finalement accepté, dans le contexte d'un accord global incluant également le budget pour 2015, d'octroyer à l'UE de l'ordre des deux tiers des montants en question.

En même temps, cet aspect démontre l'influence de plus en plus présente des recettes sur les dépenses dans la procédure budgétaire de l'UE, pour le Parlement européen comme moyen de pression[364], et pour les États membres comme moyen non seulement d'éviter de recourir à de l'"argent frais", mais également de diminuer leurs contributions au titre du financement du budget de l'UE.

E. Une des conditions pour le Parlement européen pour donner son accord sur le budget pour 2015 et les PBR pour 2014 en attente a été la mise en place dès 2015 d'un "échéancier de paiement"[365] spécifique permettant dans l'avenir de faire face d'une façon ordonnée aux "impayés". La mise en place de cet échéancier est explicitée dans la déclaration commune suivante, agréée dans le cadre de l'accord "*ad referendum*", du 8 décembre 2014, sur le budget pour 2015 :

"*Les institutions souscrivent à l'objectif visant à réduire le niveau des factures impayées, l'accent étant mis en particulier sur la politique de cohésion, en fin d'exercice pour qu'il soit ramené à son niveau structurel au cours du CFP actuel.*

Pour atteindre cet objectif :

- la Commission accepte de présenter, parallèlement aux conclusions communes sur le budget pour 2015, les toutes dernières prévisions actualisées du niveau des factures qui seront impayées d'ici la fin 2014 ; elle mettra ces données à jour et présentera des scénarios alternatifs en mars 2015, lorsque l'on disposera, pour les principaux domaines d'action, d'une vue globale du niveau des factures impayées à la fin de 2014 ;

- sur cette base, les trois institutions s'efforceront de parvenir à un accord sur un niveau cible maximum de factures impayées en fin d'exercice pouvant être considéré comme viable ;

- sur cette base et dans le respect du règlement sur le CFP, des enveloppes financières arrêtées pour les programmes et de tout autre accord contraignant, les trois institutions s'engageront à mettre en œuvre, dès 2015, un plan visant à réduire, d'ici le réexamen à mi-parcours de l'actuel cadre financier pluriannuel, le niveau des factures impayées correspondant à la mise en œuvre des programmes pour la période 2007-2013 jusqu'au niveau approuvé d'un commun accord. Ce plan sera validé par les trois institutions en temps utile avant la présentation du projet de budget pour 2016. Compte tenu du niveau exceptionnellement élevé des factures impayées, les trois institutions conviennent d'examiner toutes les solutions envisageables pour réduire le niveau de ces factures.

La Commission accepte de joindre chaque année à son projet de budget un document évaluant le niveau des factures impayées et expliquant comment le projet de budget permettra de réduire le niveau de ces factures et dans quelles proportions. Ce document annuel fera le point des progrès réalisés jusqu'ici et proposera d'adapter le plan sur la base de données actualisées".

Suite à cette déclaration commune, la Commission a présenté, le 23 mars 2015, un document (intitulé "*Éléments d'un échéancier de paiement pour ramener le budget de l'UE sur une trajectoire viable*"[366]) qui contient une analyse approfondie des différentes causes, ainsi que du contenu et du montant exact

---

[364] Voir le traitement du PBR n° 2/2014 "solde" par le Parlement européen lors de la procédure budgétaire pour 2015.

[365] Un "plan de paiement" ou "plan d'apurement des factures en souffrance", selon la terminologie utilisée par le Parlement européen pendant les négociations budgétaires en 2014.

[366] Voir doc. *PE P8_TA(2015)0263* du 8 juillet 2015, annexe à l'Annexe II, et *Conseil 9115/15 FIN 369* du 26 mai 2015, pp. 7/48.

(jusqu'à fin 2014), des arriérés de paiement pour la période 2007-2013.

F. Les *institutions de l'UE* ont continué de faire preuve, en 2014, de rigueur administrative (voir pages 133-134). Dans ce contexte, la Commission a continué sa pratique (instaurée en 2012) de modifier, conformément à l'article 314, paragraphe 1, premier alinéa du TFUE, les états prévisionnels des institutions dans le cas où elle considère qu'ils ne respectent pas l'objectif de réduction du personnel de -1 % par an pendant la période 2013-2017 ou de maîtrise de l'augmentation des dépenses non salariales en 2015 (voir pages 37-38).

Ainsi, lors de l'établissement de son projet de budget initial pour 2015, la Commission a modifié à la baisse les états prévisionnels du Conseil européen et du Conseil (section II du budget de l'Union), de la Cour de justice (section IV) et du Comité des régions (section VII ; voir page 38). Il convient de relever qu'il s'agit de la première fois que la Commission modifie l'état prévisionnel d'une des deux branches de l'autorité budgétaire. En même temps, il est intéressant de noter que la Commission n'a pas modifié l'état prévisionnel du Parlement européen (section I), bien que celui-ci ne respecte pas les critères énoncés par la Commission[367].

Le Conseil a été très critique à l'égard du Parlement européen suite à l'absence, lors de l'accord "*ad referendum*" du 8 décembre 2014 sur le budget pour 2015, d'une déclaration commune sur la question du suivi, par les deux branches de l'autorité budgétaire, de la réduction de 5 % du nombre de postes inscrits dans les tableaux des effectifs des institutions pendant la période 2013-2017, conformément au point 27 de l'AII de 2013. Ce sujet, ensemble avec la question plus générale de la méthodologie devant être appliquée pour calculer les réductions de postes, refera certainement surface lors de la procédure budgétaire pour 2016, et ceci d'autant plus que les'"années butoirs" de 2017 et de 2018 s'approchent.

G. Compte tenu de la complexité de la procédure budgétaire pour 2015 (l'attention des négociateurs se focalisant sur d'autres questions), les *agences décentralisées de l'UE* n'ont pas fait l'objet en 2014 de la même attention interinstitutionnelle que lors des procédures budgétaires précédentes.

Ainsi, et même si le Parlement européen a continué à rejeter les principes énoncés dans la communication de la Commission intitulée "*Programmation des ressources humaines et financières destinées aux organismes décentralisés pour 2014-2020*"[368] et l'approche horizontale[369] suivie en conséquence par la Commission (et retenue également par le Conseil dans sa position), le *groupe de travail interinstitutionnel sur les ressources des agences*, mis en place suite à une déclaration commune agréée dans le cadre de l'accord sur le budget pour 2014[370] (et qui a notamment pour but d'examiner la possibilité de parvenir à la réduction des effectifs par

---

[367] La Commission justifie sa position "*en espérant que le Parlement européen* [...] *se saisira de cette question après la formation de la nouvelle assemblée* [suite aux élections du PE des 22 au 25 mai 2014 ; voir page 18]" (doc. *COM(2014) 300 final*, p. 8). Lors de sa lecture, le Parlement européen a procédé à une réduction de 47 postes à son tableau des effectifs pour 2015 par rapport à son état prévisionnel, tout en laissant le montant total des dépenses proposées pour la section I inchangé (voir page 71).

Par ailleurs, le PE ayant réussi à inclure dans le budget pour 2015 les montants et les nouveaux postes demandés par la Cour de justice, ainsi que la majeure partie des crédits demandés par le Comité des régions dans leurs états prévisionnels respectifs (voir pages 38 et 72), la section II (Conseil européen et Conseil) est demeurée la seule section du budget pour laquelle les montants réduits par la Commission dans son projet de budget initial par rapport à un état prévisionnel d'une institution (soit -7,4 millions d'euros) ont été maintenus dans le budget adopté pour 2015.

[368] Doc. *COM(2013) 519* du 10 juillet 2013.

[369] Cette approche conduit la Commission notamment à classer les agences en des groupes distincts (voir tableau 30, page 99) et à instaurer un "*pool* de redéploiement" afin de pouvoir s'assurer de la réduction de 5 % en cinq ans du nombre de postes inscrits dans les tableaux des effectifs des agences, conformément au point 27 de l'AII de 2013. Le Parlement européen a de nouveau opté en 2014 pour une approche au "cas par cas".

[370] Selon la déclaration commune (voir Tome III, pp. 295/296) : "*Le Parlement européen, le Conseil et la Commission rappellent l'importance de réduire progressivement les effectifs de l'ensemble des institutions, organes et agences de l'UE de 5 % dans les cinq années à venir, selon ce qui a été convenu au point 23 du projet d'accord interinstitutionnel sur la discipline budgétaire, la coopération en matière budgétaire et la bonne gestion financière.*

Le Parlement européen et le Conseil s'engagent à procéder progressivement à ladite réduction des effectifs de 5 % durant la période 2013-2017, tout en insistant sur le bon fonctionnement des agences, afin qu'elles puissent s'acquitter

d'autres moyens que par l'instauration d'un *"pool* de redéploiement"), ne s'est réuni en 2014 qu'à deux reprises, le 3 mars 2014, pour sa réunion constitutive, et le 1er avril 2014, avant tout pour adopter ses termes de référence[371]. Il est peu probable que le Parlement européen accepte en 2015 que le groupe de travail interinstitutionnel ne progresse pas dans son travail, conformément à son mandat, agréé en 2013.

H. Au niveau du *cadre financier pluriannuel pour 2014-2020,* la procédure budgétaire pour 2015 montre les limites dans les prévisions à sa base (qui ressortent désormais à chaque nouveau cadre financier), menant à une maîtrise difficile des crédits pour paiements au début de la nouvelle période de programmation[372]. En même temps, elle met en évidence les contraintes inhérentes à l'accord sur le CFP, que la Commission s'était empressée de souligner dès la conclusion de l'accord en 2013.

I. Enfin, il convient de relever que la procédure budgétaire de l'UE est devenue de moins en moins annuelle, devenant de fait une *procédure budgétaire "glissante"* dans le cadre de référence du CFP, comme le démontrent par exemple le *"frontloading*" des crédits d'engagement pour "Horizon 2020", "Erasmus+" et "COSME"[373] ou pour l'Initiative pour l'emploi des jeunes, ou le "report" de 2014 à 2015 des crédits de paiement pour l'IEJ, la mobilisation de la marge pour imprévus en 2014, pour anticiper l'utilisation de crédits de paiement destinés à l'origine dans le CFP à des années ultérieures, ou encore le lien fait entre les budgets rectificatifs d'une année et le budget de l'année suivante.

Ce "glissement dans le temps" est également à observer dans les procédures d'adoption de nombreux budgets rectificatifs, qui se sont étalées en 2014 pratiquement sur toute l'année, ou encore dans l'inclusion du "virement global" dans un BR, une fois la proposition de virement rejetée par le Conseil[374] (ce qui également est une première).

IV. – Développement de la nomenclature budgétaire

Les *35 titres* (et *domaines politiques,* à l'exception notable du titre *40)* de la section III – Commission – du budget de l'UE pour 2015 sont récapitulés dans le tableau 34 (page 110). Il convient de relever qu'ils restent les mêmes qu'en 2014.

---

des tâches qui leur ont été attribuées par l'autorité législative. À cet égard, ils estiment que des mesures supplémentaires, y compris d'ordre structurel, pourraient être nécessaires pour parvenir à cette réduction dans les organismes décentralisés. Dans ce contexte, la Commission continuera à examiner les possibilités de fusion et/ou de suppression de certaines des agences existantes, et/ou d'autres moyens d'obtenir des synergies.

Dans le prolongement des travaux effectués par le groupe de travail interinstitutionnel, dont le résultat a été l'approche commune sur les organismes décentralisés adoptée en juillet 2012 [telle que reprise dans la déclaration commune du Parlement européen, du Conseil et de la Commission sur les agences décentralisées, du 19 juillet 2012], *le Parlement européen, le Conseil et la Commission conviennent de la nécessité d'un contrôle plus étroit et plus permanent de l'évolution des organismes décentralisés afin de garantir une approche cohérente. Sans préjudice de leurs prérogatives respectives, ils conviennent d'instituer un groupe de travail interinstitutionnel spécifique dans le but de définir une trajectoire de développement claire pour les agences, sur la base de critères objectifs. Le groupe devrait en particulier débattre des points suivants :*

- évaluation des tableaux des effectifs au cas par cas ;

- moyens de fournir des crédits et des effectifs suffisants pour les missions supplémentaires attribuées aux différentes agences par l'autorité budgétaire ;

- traitement réservé aux agences qui sont intégralement ou partiellement financées par des redevances ;

- structure administrative des agences, modèles de financement, gestion des recettes affectées ;

- réévaluation des besoins ; fusions/fermetures potentielles ; transfert de tâches à la Commission.

Le Parlement européen et le Conseil tiendront dûment compte des résultats obtenus par le groupe de travail interinstitutionnel dans les délibérations qu'ils mèneront en leur qualité d'autorité législative et budgétaire" (doc. *PE P7_TA(2013)0472* du 20 novembre 2013, annexe, et *Conseil 16025/13 PV/CONS 54 ECOFIN 1004 BUDGET 63* du 21 janvier 2014, pp. 12/13).

371 Les termes de référence du groupe de travail interinstitutionnel sur les ressources des agences sont présentés pages 158-159.

372 Y inclus une sous-estimation des factures de la période précédente restant à payer, conjuguée à la difficulté plus générale d'estimer le rythme de la mise en œuvre des programmes et des projets de la période précédente ainsi que celui du démarrage des projets et programmes dans la nouvelle période.

373 Conformément à l'accord sur le nouveau CFP. Ces "concentrations en amont" sont compensées avant tout par un "*backloading*" des crédits d'engagement pour la partie "énergie" du Mécanisme pour l'interconnexion en Europe.

374 Le Conseil n'a pas rejeté le "virement global" DEC n° 31/2014 en raison d'une objection quelconque à des redéploiements de crédits, bien au contraire, mais parce qu'il souhaitait utiliser les lignes budgétaires identifiées par la Commission dans sa proposition de virement comme "excédentaires" pour financer des lignes budgétaires "à court d'argent" incluses dans le PBR n° 3/2014 (et pour réduire ainsi la part d'"argent frais" nécessaire pour faire face en

Tableau 34. Les domaines politiques dans la section III – Commission – du budget de l'Union européenne pour 2015

Titre	*Titre*
01 *Affaires économiques et financières*	***19*** *Instruments de politique étrangère*
02 *Entreprises et industrie*	***20*** *Commerce*
03 *Concurrence*	***21*** *Développement et coopération*
04 *Emploi, affaires sociales et inclusion*	***22*** *Élargissement*
05 *Agriculture et développement rural*	***23*** *Aide humanitaire et protection civile*
06 *Mobilité et transports*	***24*** *Lutte contre la fraude*
07 *Environnement*	***25*** *Coordination des politiques de la Commission et conseil juridique*
08 *Recherche et innovation*	***26*** *Administration de la Commission*
09 *Réseaux de communication, contenu et technologies*	***27*** *Budget*
10 *Recherche directe*	***28*** *Audit*
11 *Affaires maritimes et pêche*	***29*** *Statistiques*
12 *Marché intérieur et services*	***30*** *Pensions et dépenses connexes*
13 *Politique régionale et urbaine*	***31*** *Services linguistiques*
14 *Fiscalité et union douanière*	***32*** *Énergie*
15 *Éducation et culture*	***33*** *Justice*
16 *Communication*	***34*** *Action pour le climat*
17 *Santé et protection des consommateurs*	***40*** *Réserves*
18 *Affaires intérieures*	***XX*** *Dépenses administratives par domaine politique*

Le tableau 35 ci-contre retrace l'évolution de la nomenclature du budget de l'Union de 2014 à 2015.

La nomenclature du budget reste relative stable de 2014 à 2015 en ce qui concerne les autres institutions que la Commission.

S'agissant de la section III, le tableau 36 (page 111) présente le détail du développement de la nomenclature de la section de la Commission par titre de 2014 à 2015. Il convient avant tout de relever l'augmentation du nombre des postes.

La nomenclature des annexes de la section III (et qui concernent les offices européens[375]) reste par contre stable par rapport à 2014.

Tableau 35. Développement de la nomenclature du budget de l'Union européenne de 2014 à 2015

Année	**2014**	**2015**	***Différence***	**2014**	**2015**	***Différence***
Section I – Parlement européen :			***2015-2014***	**Section VI – CESE :**		***2015-2014***
Titres	5	5	*0*	3	3	*0*
Chapitres	19	19	*0*	12	12	*0*
Articles	42	43	*1*	25	26	*1*
Postes	62	59	*-3*	46	47	*1*
Imputations*	95	95	*0*	61	62	*1*
Section II – Conseil européen et Conseil :				**Section VII – Comité des régions :**		
Titres	3	3	*0*	3	3	*0*
Chapitres	9	9	*0*	12	12	*0*
Articles	21	22	*1*	26	27	*1*
Postes	72	72	*0*	45	46	*1*
Imputations*	77	78	*1*	61	62	*1*
Section III – Commission :**				**Section VIII – Médiateur :**		
Titres	35	35	*0*	4	4	*0*
Chapitres	126	126	*0*	13	13	*0*
Articles	615	625	*10*	26	27	*1*
Postes	784	832	*48*	26	27	*1*
Imputations*	1.165	1.182	*17*	42	43	*1*
Annexes de la section III* :**				**Section IX – CEPD :**		
Titres	6	6	*0*	4	4	*0*
Chapitres	17	17	*0*	6	6	*0*
Articles	58	58	*0*	12	12	*0*
Postes	18	18	*0*	51	51	*0*
Imputations*	68	68	*0*	54	52	*-2*
Section IV – Cour de justice :				**Section X – SEAE :**		
Titres	4	4	*0*	4	4	*0*
Chapitres	12	12	*0*	11	11	*0*
Articles	34	34	*0*	18	16	*-2*
Postes	36	36	*0*	52	57	*5*
Imputations*	60	60	*0*	60	61	*1*
Section V – Cour des comptes :				**Total :**		
Titres	3	3	*0*	**74**	**74**	*0*
Chapitres	11	11	*0*	**248**	**248**	*0*
Articles	33	33	*0*	**910**	**923**	*13*
Postes	35	28	*-7*	**1.227**	**1.273**	*46*
Imputations*	59	59	*0*	**1.802**	**1.822**	*20*

** Articles ou postes   ** Les chiffres n'incluent pas le titre "XX"   *** OP, OLAF, EPSO (avec l'EUSA), PMO, OIB et OIL*

2014 aux "impayés"), ainsi que pour financer les PBR n° 5 et 7/2014 (c'est-à-dire afin de couvrir les crédits de paiement nécessaires lors des deux mobilisations proposées du Fonds de solidarité de l'UE par des redéploiement de crédits, et d'éviter ainsi toute controverse quant à la prise en compte (ou non) de ces crédits de paiement dans le calcul de la marge existant sous le plafond des crédits pour paiements ; voir page 105).

Rejeter le "virement global" restait la seule possibilité pour le Conseil pour garder ces montants "excédentaires" disponibles, car à défaut de réaction de la part de l'autorité budgétaire, une proposition de virement est réputée adoptée à la fin d'un délai de six semaines, conformément à l'article 27, paragraphe 4 du RF de 2012.

Comme présenté *supra*, et conformément à l'accord "*ad referendum*" du 8 décembre 2014, le "virement global" a été inclus tel que proposé par la Commission dans le BR n° 2/2014 (qui sera adopté pour un montant de 3,5 milliards d'euros d'"argent frais", alors que la Commission proposait 4,7 milliards d'euros). Les deux mobilisations du Fonds de solidarité seront elles financées avec de l'"argent frais" inscrit dans le budget pour 2015.

[375] C'est-à-dire l'Office des publications de l'Union européenne, l'Office européen de lutte antifraude, l'Office européen de sélection du personnel (avec l'École européenne d'administration), l'Office de gestion et de liquidation des droits individuels, l'Office pour les infrastructures et la logistique à Bruxelles et l'Office pour les infrastructures et la logistique à Luxembourg.

Tableau 36. Le développement de la nomenclature de la section III – Commission – de 2014 à 2015

Titre	Chapitres			Articles			Postes			Imputations*		
	2014	2015	*Diff.*	2014	2015	*Diff.*	2014	2015	*Diff.*	2014	2015	*Diff.*
01 (Affaires économiques et financières)	4	4	*0*	15	17	*2*	6	8	*2*	17	20	*3*
02 (Entreprises et industrie)	6	6	*0*	24	29	*5*	37	41	*4*	54	58	*4*
03 (Concurrence)	1	1	*0*	4	4	*0*	2	2	*0*	5	5	*0*
04 (Emploi, affaires sociales et inclusion)	6	6	*0*	40	40	*0*	39	44	*5*	70	75	*5*
05 (Agriculture et développement rural)	9	9	*0*	46	48	*2*	114	115	*1*	129	126	*-3*
06 (Mobilité et transports)	3	3	*0*	21	21	*0*	26	29	*3*	37	40	*3*
07 (Environnement)	2	2	*0*	13	13	*0*	33	34	*1*	41	38	*-3*
08 (Recherche et innovation)	5	5	*0*	24	25	*1*	45	49	*4*	57	61	*4*
09 (Réseaux de communication, contenu et technologies)	4	4	*0*	24	23	*-1*	26	28	*2*	37	38	*1*
10 (Recherche directe)	5	5	*0*	13	13	*0*	14	14	*0*	23	20	*-3*
11 (Affaires maritimes et pêche)	3	3	*0*	26	26	*0*	19	19	*0*	39	35	*-4*
12 (Marché intérieur et services)	3	3	*0*	11	12	*1*	7	8	*1*	16	18	*2*
13 (Politique régionale et urbaine)	5	5	*0*	48	48	*0*	37	40	*3*	74	76	*2*
14 (Fiscalité et union douanière)	4	4	*0*	11	11	*0*	4	4	*0*	13	13	*0*
15 (Éducation et culture)	4	4	*0*	29	28	*-1*	29	31	*2*	48	46	*-2*
16 (Communication)	3	3	*0*	16	15	*-1*	26	28	*2*	33	32	*-1*
17 (Santé et protection des consommateurs)	4	4	*0*	22	22	*0*	34	39	*5*	49	53	*4*
18 (Affaires intérieures)	3	3	*0*	20	20	*0*	20	20	*0*	34	32	*-2*
19 (Instruments de politique étrangère)	6	6	*0*	18	18	*0*	23	23	*0*	33	32	*-1*
20 (Commerce)	2	2	*0*	5	5	*0*	8	8	*0*	10	10	*0*
21 (Développement et coopération)	9	9	*0*	39	40	*1*	76	77	*1*	99	101	*2*
22 (Élargissement)	3	3	*0*	12	12	*0*	21	21	*0*	23	23	*0*
23 (Aide humanitaire et protection civile)	4	4	*0*	13	13	*0*	12	13	*1*	18	19	*1*
24 (Lutte contre la fraude)	4	4	*0*	8	8	*0*	1	1	*0*	8	8	*0*
25 (Coordination des politiques de la Commission et conseil juridique)	2	2	*0*	10	10	*0*	10	9	*-1*	16	12	*-4*
26 (Administration de la Commission)	3	3	*0*	18	18	*0*	41	45	*4*	51	55	*4*
27 (Budget)	2	2	*0*	8	8	*0*	7	7	*0*	13	13	*0*
28 (Audit)	1	1	*0*	3	3	*0*	2	2	*0*	4	4	*0*
29 (Statistiques)	2	2	*0*	7	7	*0*	3	3	*0*	8	8	*0*
30 (Pensions et dépenses connexes)	1	1	*0*	4	4	*0*	12	15	*3*	12	15	*3*
31 (Services linguistiques)	1	1	*0*	7	7	*0*	9	9	*0*	12	12	*0*
32 (Énergie)	4	4	*0*	23	24	*1*	22	23	*1*	37	38	*1*
33 (Justice)	3	3	*0*	16	16	*0*	14	18	*4*	26	27	*1*
34 (Action pour le climat)	2	2	*0*	10	10	*0*	5	5	*0*	12	12	*0*
40 (Réserves)	3	3	*0*	7	7	*0*	0	0	*0*	7	7	*0*
Total	**126**	**126**	***0***	**615**	**625**	***10***	**784**	**832**	***48***	**1.165**	**1.182**	***17***

** Articles ou postes*

V. – Conclusion

Les négociations budgétaires de l'UE ont été en 2014 particulièrement difficiles pour plusieurs raisons. Différents facteurs tels que le montant des crédits de paiement inscrits dans les budgets annuels en deçà de ce que préconisait la Commission, le cycle de programmation de la politique régionale et de cohésion[376] conjugué aux effets du démarrage plus tardif que prévu initialement des nouveaux programmes en gestion partagée avec les États membres, la diminution du plafond global des crédits pour paiements dans le nouveau CFP par rapport au cadre financier pour 2007-2013 (et plus précisément la baisse des plafonds des crédits pour paiements en 2014 et 2015 par rapport à 2013[377]) ont d'une part entraîné une augmentation année après année des factures impayées.

D'autres éléments, notamment la persistance des problèmes économiques et financiers dans les États membres de l'UE, une rédaction du règlement fixant le CFP laissant manifestement une marge d'interprétation en ce qui concerne notamment le traitement des crédits de paiement pour les "instruments spéciaux"[378], les montants historiquement élevés inclus dans les ajustements des soldes TVA et RNB en 2014 et encore l'arrivée en 2014 de nouveaux acteurs avec peu ou pas d'expérience dans la conduite des négociations budgétaires interinstitutionnelles ont été d'autre part quelques-unes des autres causes qui ont contribué à la complexité de la procédure budgétaire pour 2015.

La volonté politique des trois institutions (Parlement européen, Conseil et Commission) impliquées dans la procédure budgétaire de trouver un accord encore

[376] Ce cycle (mais également l'adoption de différentes mesures destinées à améliorer la mise en œuvre des programmes, suite à des appels répétés du Parlement européen, du Conseil européen, du Conseil et de la Commission afin de contrer la crise économique et financière, et relancer la croissance et les emplois) a conduit en 2014 à un "pic" de demandes de crédits de paiement, après un début de mise en œuvre plus lent qu'escompté lors du précédent cadre financier.

[377] Ce n'est qu'en 2016 que le montant du plafond des crédits pour paiements dépassera celui de 2013.

[378] Et plus spécifiquement du traitement des crédits de paiement liés à la réserve pour aides d'urgence, au Fonds de solidarité de l'UE, au Fonds européen d'ajustement à la mondialisation et à l'instrument de flexibilité.

en 2014, dans le cadre de la "procédure budgétaire d'urgence", a néanmoins permis d'éviter – une fois de plus – une grave crise budgétaire dans l'Union européenne.

Cet accord comporte la mobilisation en 2014 de plus de 3,5 milliards d'euros de crédits de paiement supplémentaires (dont la majeure partie provient de la mobilisation, dès la première année de sa création, de la nouvelle marge pour imprévus, la marge existant sous le plafond des crédits pour paiements ayant été également épuisée dans ce contexte), afin de pouvoir faire face aux "impayés".

Avant tout par manque de temps (intrinsèquement lié à une "procédure budgétaire d'urgence" précédée, comme en 2014, par une procédure de conciliation budgétaire pendant laquelle la question du contenu du budget pour l'année à venir n'a été que très peu évoquée), les questions liées au traitement à moyen et à plus long terme des "impayés", au contenu lui-même du budget pour 2015, aux crédits de paiement des "instruments spéciaux" et à l'amélioration du déroulement de la procédure budgétaire annuelle de l'UE[379] n'ont pas pu être abordées en 2014 en profondeur.

S'agissant de la première question, et suite à une demande insistante du Parlement européen, les trois institutions se sont engagées à mettre en place dès 2015 un "plan de paiement" (voir page 107).

S'agissant de la deuxième question, suite aux importantes différences dans leurs positions respectives (voir chapitres I et III) et en raison des contraintes de temps, les deux branches de l'autorité budgétaire n'ont guère pu analyser dans le détail les effets du contenu de la nouvelle proposition de la Commission, obtenir un mandat de négociation en leur sein, et négocier en conséquence les montants, le nombre de postes ou les commentaires, et ainsi modifier le contenu du nouveau projet de budget. En d'autres termes, une "procédure budgétaire d'urgence" offre, en raison de ses caractéristiques intrinsèques, bien moins de possibilités aux deux branches de l'autorité budgétaire d'influencer le contenu du budget de l'UE qu'une procédure de conciliation budgétaire "classique".

S'agissant de la troisième question, les trois institutions ont adopté en 2014 un nombre de déclarations communes et unilatérales (voir chapitres II et III), ce qui démontre la complexité du sujet. Notamment en raison de l'unanimité requise au Conseil, il très peu probable que les deux branches de l'autorité budgétaire arriveront en 2015 à clarifier cette question.

Enfin, s'agissant du dernier point, il appartient aux deux branches de l'autorité budgétaire et à la Commission de dresser un bilan des procédures budgétaires sous le nouveau traité, et d'en tirer les conclusions non seulement politiques, mais également procédurales et pratiques[380].

---

[379] Suite à désormais trois échecs de la procédure de conciliation budgétaire, introduite par le traité de Lisbonne, sur les cinq procédures budgétaires en question.

[380] Ceci dit, et sans préjudice d'événements imprévus, la procédure budgétaire pour 2016 devrait être plus sereine notamment en raison de la hausse (par rapport à 2014 et 2015) du plafond des crédits pour paiements en 2016 et des différentes mesures prises par l'autorité budgétaire et la Commission en 2013, 2014 et 2015 afin de permettre à cette dernière de faire face aux "impayés".

ANNEXES CONCERNANT LA PROCÉDURE BUDGÉTAIRE POUR 2015

LE BUDGET DE L'UNION EUROPÉENNE POUR 2015 PAR RUBRIQUE DU CFP
(en crédits pour engagements)

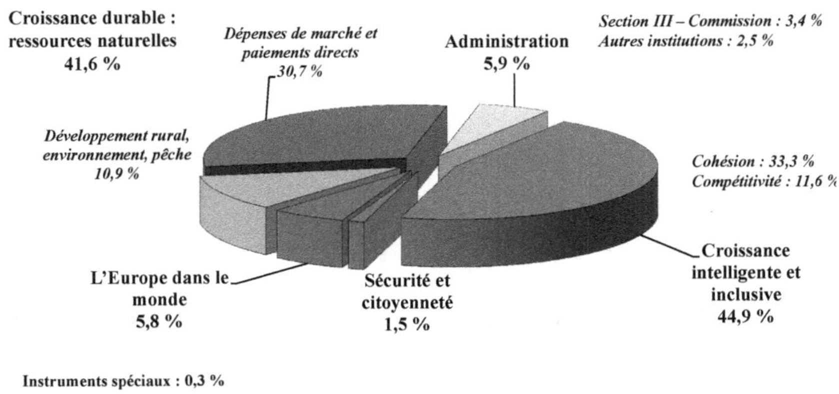

LE BUDGET DE L'UNION EUROPÉENNE POUR 2015 PAR RUBRIQUE DU CFP
(en crédits pour paiements)

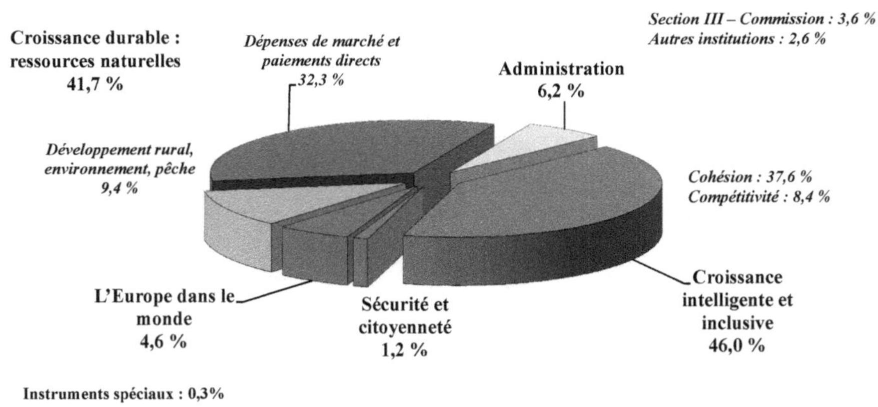

LA DYNAMIQUE DES NÉGOCIATIONS CONCERNANT LE BUDGET DE L'UNION EUROPÉENNE POUR 2015[1]

Crédits pour engagements *(en millions d'euros)*

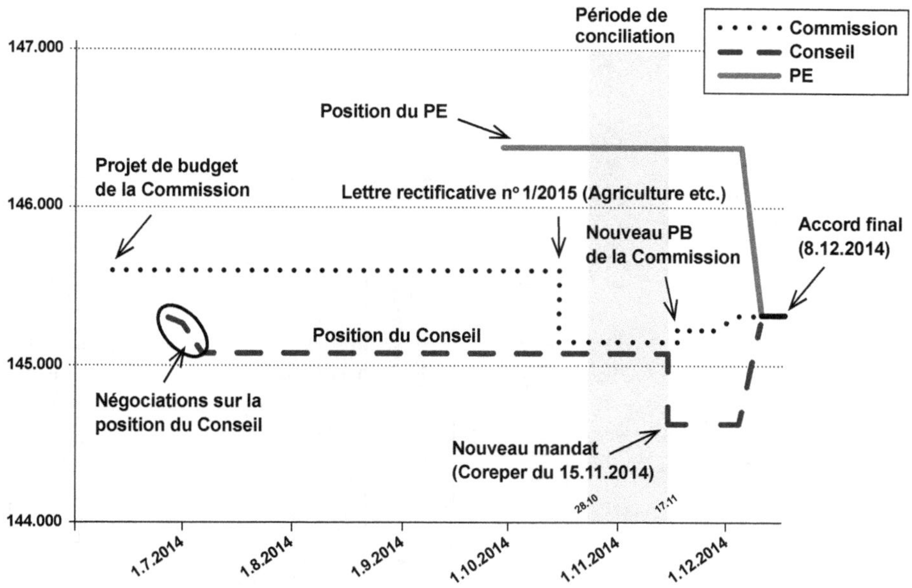

Crédits pour paiements *(en millions d'euros)*

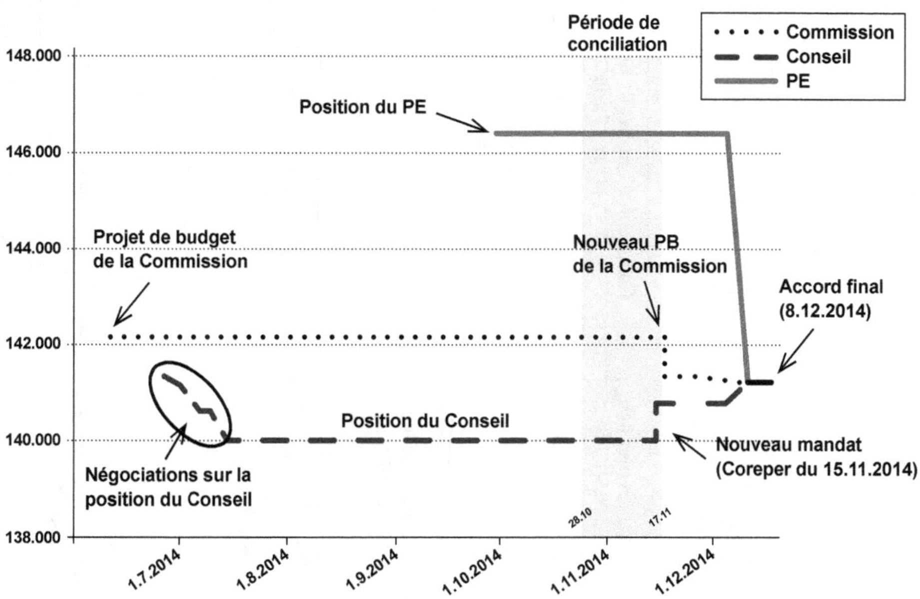

[1] Source : Ilkka SAARILAHTI et Luis PASCUAL HERCE: *The Negotiations on the EU Budget: Past, Present and Future*. Harvard Kennedy School of Government. Mars 2017.

LA PROCÉDURE BUDGÉTAIRE DE L'UNION EUROPÉENNE POUR 2015
(Article 314 du TFUE, AII de 2013 et déclaration commune du 2 avril 2014)

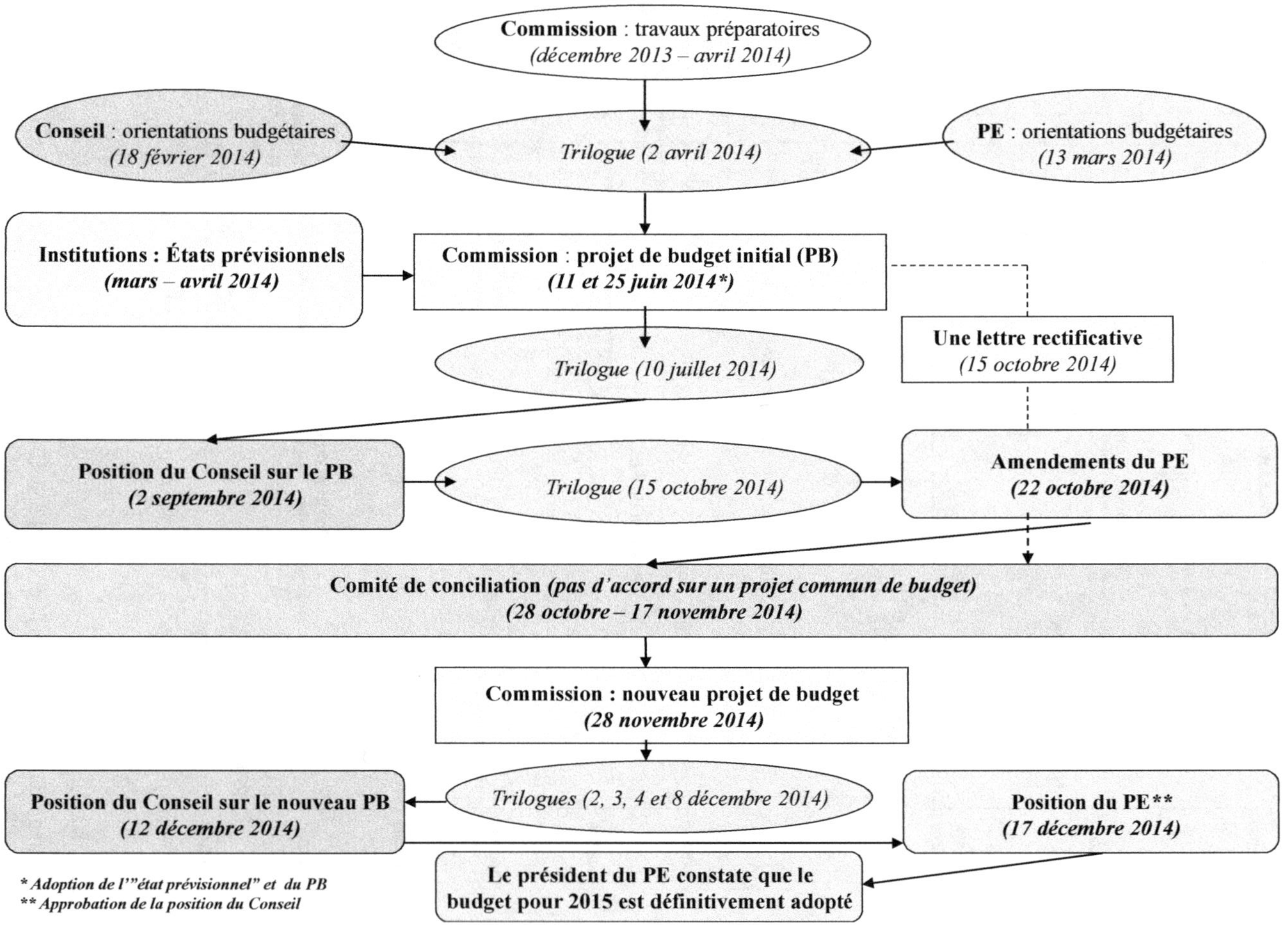

** Adoption de l'"état prévisionnel" et du PB*
*** Approbation de la position du Conseil*

LES ÉTAPES PRINCIPALES DE LA PROCÉDURE BUDGÉTAIRE POUR 2015

17 décembre 2013	Établissement des paramètres à retenir pour établir les états prévisionnels pour 2015 des institutions et le projet de budget pour 2015 (Commission)
9 janvier 2014	Lettre de la Commission aux institutions concernant l'établissement des états prévisionnels pour 2015 des institutions
18 février 2014	Adoption des orientations budgétaires du Conseil pour 2015 (Bruxelles)
13 mars 2014	Adoption des orientations budgétaires du Parlement européen pour 2015 (section III) (Strasbourg)
mars-avril 2014	Adoption des états prévisionnels pour 2015 des institutions[1]
2 avril 2014	*Trilogue – priorités budgétaires pour 2015 (Bruxelles)*
11 juin 2014	**Adoption de l'état prévisionnel de la Commission pour l'exercice 2015**
11 juin 2014	Présentation de l'état prévisionnel pour 2015 à la Commission des budgets du Parlement européen (Bruxelles)
20 juin 2014	Présentation de l'état prévisionnel pour 2015 au Conseil "Ecofin" (Luxembourg)
25 juin 2014	**Adoption du projet de budget (PB) initial pour 2015[2] (Commission)**
10 juillet 2014	*Trilogue – position du Conseil sur le PB initial pour 2015 (Bruxelles)*
15 juillet 2014	Accord au sein du Coreper sur la position du Conseil sur le PB initial pour 2015[3] (*pas* d'accord au niveau du Comité budgétaire) (Bruxelles)
2 septembre 2014	**Position du Conseil sur le projet de budget initial pour 2015[4] (Bruxelles)**
12 septembre 2014	Transmission de la position du Conseil sur le PB initial pour 2015 au Parlement européen
16 septembre 2014	Présentation de la position du Conseil au Parlement européen (Strasbourg)
24 septembre 2014	Réunion interinstitutionnelle sur les crédits de paiement (Bruxelles)
30 septembre 2014	Vote final sur les amendements du Parlement européen à la position du Conseil sur le PB initial pour 2015 par la COBU (Bruxelles)
15 octobre 2014	***Lettre rectificative n° 1/2015 au PB initial pour 2015[5] (agriculture et accords internationaux de pêche ; impayés)***
15 octobre 2014	*Trilogue – amendements du Parlement européen sur la position du Conseil sur le PB initial pour 2015 (Bruxelles)*
22 octobre 2014	**Amendements du Parlement européen sur la position du Conseil sur le PB initial pour 2015[6] (Strasbourg)**
22 octobre 2014	Lettre du Conseil au Parlement européen (confirmation que le Conseil ne peut pas accepter tous les amendements votés par le PE)
28 octobre 2014	Début de la période de conciliation[7]
6 novembre 2014	**Réunion du comité de conciliation (Bruxelles)**
11 novembre 2014	*Trilogue (Bruxelles)*
13 novembre 2014	*Trilogue (Bruxelles)*
14 novembre 2014	**Réunion du comité de conciliation (Bruxelles)**
17 novembre 2014	*Trilogue (Bruxelles)*
17 novembre 2014	**Poursuite de la réunion du comité de conciliation du 14 novembre 2014[8] (Bruxelles) (*pas* d'accord sur un projet commun de budget pour 2015)**
17 novembre 2014	Fin de la période de conciliation
28 novembre 2014	**Adoption d'un nouveau projet de budget[9] (Commission)**
2, 3 et 4 décembre 2014	*Trilogue – nouveau PB pour 2015 et PBR pour 2014 (Bruxelles)*
8 décembre 2014	*Trilogue – accord politique conditionnel sur un "projet de paquet" (Bruxelles)*
12 décembre 2014	**Position du Conseil sur le nouveau projet de budget pour 2015[10] (Bruxelles)**
17 décembre 2014	**Position du Parlement européen[11] (Strasbourg)**
17 décembre 2014	**Constatation de l'adoption définitive et signature du budget pour 2015 par le président du Parlement européen (Strasbourg)**
13 mars 2015	Publication du budget pour 2015 au JO[12]

[1] *Parlement européen (section I du budget de l'Union) en plénière le 17 avril 2014*

[2] *Et mise à disposition de l'autorité budgétaire et des parlements nationaux dans toutes les langues officielles de l'UE*

[3] *Sixième proposition de compromis de la Présidence (voir page 450)*

[4] *Adoption par "procédure écrite"*

[5] *Adoption par la Commission*

[6] *Et convocation, en accord avec le président du Conseil, du comité de conciliation*

[7] *En parallèle, procédure de conciliation sur le PBR n° 2/2014 (voir page 75)*

[8] *Présentation par la Commission de deux projets de "conclusions communes" (traitant aussi bien des crédits d'engagement que de paiement)*

[9] *Mise à disposition dans toutes les langues officielles de l'UE le même jour*

[10] *Adoption en tant que "point A"*

[11] *Approbation de la position du Conseil*

[12] *JO L 69 du 13.3.2015, pp. 1/1248 et 1249/2239 (avec un rectificatif au JO L 102 du 21.4.2015, p. 96)*

	Description	1		2		3		4		5		6		6/1	
		Budget pour 2014 (BR n° 1/2014 à 7/2014 inclus)		Projet de budget initial pour 2015 (hors lettre rectificative)		Position du Conseil sur le projet de budget initial pour 2015		Amendements du Parlement européen		Nouveau projet de budget pour 2015		Budget pour 2015		Différence (%)	
		c/e	c/p	c/e	c/p	c/e	c/p	c/e	c/p	c/e	c/p	c/e	c/p	c/e	c/p
1	**Croissance intelligente et inclusive**	**63 986 340 779**	**65 300 076 773**	**66 674 151 686**	**67 184 519 713**	**66 350 598 253**	**65 629 576 114**	**66 912 765 955**	**70 853 559 860**	**66 718 779 020**	**66 900 788 458**	**66 781 974 020**	**66 922 960 910**	**+4,37%**	**+2,49%**
	instrument de flexibilité			*79 785 595*		*79 785 595*		*100 000 000*		*83 285 595*		*83 285 595*			
	plafond			*66 813 000 000*		*66 813 000 000*		*66 813 000 000*		*66 813 000 000*		*66 813 000 000*			
	marge			*218 633 909*		*542 187 342*		*234 045*		*177 506 575*		*114 311 575*			
1a	***Compétitivité pour la croissance et l'emploi***	***16 484 010 779***	***11 863 003 730***	***17 447 366 091***	***15 582 589 555***	***17 123 812 658***	***14 247 645 956***	***17 665 765 955***	***15 893 278 416***	***17 488 493 425***	***15 833 342 601***	***17 551 688 425***	***15 798 230 894***	***+6,48%***	***+33,17%***
	plafond			*17 666 000 000*		*17 666 000 000*		*17 666 000 000*		*17 666 000 000*		*17 666 000 000*			
	marge			*218 633 909*		*542 187 342*		*234 045*		*177 506 575*		*114 311 575*			
	Grands projets d'infrastructures	2 417 137 805	1 864 476 490	2 508 893 000	1 965 665 825	2 434 643 000	1 852 915 825	2 508 893 000	1 965 665 825	2 508 893 000	1 965 665 825	2 508 893 000	1 960 993 495	+3,80%	+5,18%
	Systèmes européens de radionavigation par satellite (Egnos et Galileo) (02 — Entreprises et industrie)	1 326 180 000	1 193 150 928	1 060 599 000	934 541 000	1 025 349 000	904 791 000	1 060 599 000	934 541 000	1 060 599 000	934 541 000	1 060 599 000	932 309 989	-20,03%	-21,86%
	Réacteur thermonucléaire expérimental international (ITER) (08 — Recherche et innovation)	728 024 805	483 208 060	891 924 000	517 603 825	880 674 000	496 853 825	891 924 000	517 603 825	891 924 000	517 603 825	891 924 000	516 386 911	+22,51%	+6,87%
	Programme européen d'observation de la Terre (Copernicus) (02 — Entreprises et industrie)	362 933 000	188 117 502	556 370 000	513 521 000	528 620 000	451 271 000	556 370 000	513 521 000	556 370 000	513 521 000	556 370 000	512 296 595	+53,30%	+172,33%
	Sûreté nucléaire et démantèlement (32 — Énergie)	130 377 000	180 000 000	132 984 000	157 545 135	132 984 000	157 545 135	132 984 000	157 545 135	132 984 000	157 545 135	132 984 000	157 167 657	+2,00%	-12,68%
	Cadre stratégique commun (CSC) pour la recherche et l'innovation	9 309 690 600	6 484 933 787	9 862 104 000	9 312 261 127	9 667 144 166	8 314 361 127	9 952 016 334	9 561 773 461	9 866 516 334	9 386 673 461	9 911 516 334	9 365 976 082	+6,46%	+44,43%
	Horizon 2020	9 022 443 600	6 236 605 965	9 560 015 000	8 969 834 315	9 370 055 166	7 988 302 190	9 649 927 334	9 219 346 649	9 564 427 334	9 044 246 649	9 609 427 334	9 024 094 836	+6,51%	+44,70%
	02 — Entreprises et industrie	*424 720 474*	*509 758 862*	*456 366 451*	*447 892 643*	*434 702 220*	*393 067 722*	*465 366 451*	*450 882 643*	*456 366 451*	*447 892 643*	*461 366 451*	*446 862 078*	*+8,63%*	*-12,34%*
	05 — Agriculture et développement rural	*54 534 240*	*2 995 254*	*103 853 887*	*21 520 143*	*96 406 808*	*18 190 322*	*103 853 887*	*21 520 143*	*103 853 887*	*21 520 143*	*103 853 887*	*21 474 327*	*+90,44%*	*+616,95%*
	06 — Mobilité et transports	*221 521 688*	*36 784 381*	*242 136 329*	*186 264 479*	*236 720 271*	*166 217 744*	*242 136 329*	*186 264 479*	*242 136 329*	*186 264 479*	*242 136 329*	*185 837 404*	*+9,31%*	*+405,21%*
	08 — Recherche et innovation	*5 303 616 221*	*3 461 741 876*	*5 571 003 416*	*5 237 515 691*	*5 482 209 629*	*4 655 082 059*	*5 623 425 829*	*5 474 568 104*	*5 575 495 829*	*5 237 008 104*	*5 605 495 829*	*5 225 186 740*	*+5,69%*	*+50,94%*
	09 — Réseaux de communication, contenu et technologies	*1 487 419 806*	*988 697 412*	*1 563 172 828*	*1 534 626 016*	*1 526 614 438*	*1 321 067 941*	*1 571 162 749*	*1 537 275 937*	*1 563 092 749*	*1 591 545 937*	*1 570 092 749*	*1 587 889 088*	*+5,56%*	*+60,60%*
	10 — Recherche directe	*262 819 970*	*257 124 476*	*264 391 815*	*261 317 531*	*261 391 815*	*253 215 262*	*264 391 815*	*261 317 531*	*264 391 815*	*261 317 531*	*264 391 815*	*261 240 731*	*+0,60%*	*+1,60%*
	15 — Éducation et culture	*970 421 085*	*761 993 083*	*1 017 282 340*	*981 262 419*	*990 202 051*	*921 485 408*	*1 035 782 340*	*987 422 419*	*1 017 282 340*	*999 262 419*	*1 020 282 340*	*996 877 370*	*+5,14%*	*+30,82%*
	32 — Énergie	*297 390 116*	*217 510 621*	*341 807 934*	*299 435 393*	*341 807 934*	*259 975 732*	*343 807 934*	*300 095 393*	*341 807 934*	*299 435 393*	*341 807 934*	*298 727 098*	*+14,94%*	*+37,34%*
	Programme Euratom de recherche et de formation	287 247 000	248 327 822	302 089 000	342 426 812	297 089 000	326 058 937	302 089 000	342 426 812	302 089 000	342 426 812	302 089 000	341 881 246	+5,17%	+37,67%
	08 — Recherche et innovation	*157 464 000*	*119 469 343*	*190 283 600*	*231 617 400*	*185 283 600*	*215 249 525*	*190 283 600*	*231 617 400*	*190 283 600*	*231 617 400*	*190 283 600*	*231 094 749*	*+20,84%*	*+93,43%*
	10 — Recherche directe	*129 783 000*	*128 858 479*	*111 805 400*	*110 809 412*	*111 805 400*	*110 809 412*	*111 805 400*	*110 809 412*	*111 805 400*	*110 809 412*	*111 805 400*	*110 786 497*	*-13,85%*	*-14,02%*
	Compétitivité des entreprises et petites et moyennes entreprises (COSME)	254 067 275	227 935 459	281 256 725	315 899 177	281 256 725	315 899 177	301 256 725	322 559 177	293 256 725	321 407 604	295 256 725	320 666 032	+16,21%	+40,68%
	01 — Affaires économiques et financières	*p.m.*	*104 788 874*	*p.m.*	*95 000 000*	*p.m.*	*95 000 000*	*p.m.*	*95 000 000*	*p.m.*	*100 508 427*	*p.m.*	*100 267 609*		*-4,31%*
	02 — Entreprises et industrie	*254 067 275*	*123 146 585*	*281 256 725*	*220 899 177*	*281 256 725*	*220 899 177*	*301 256 725*	*227 559 177*	*293 256 725*	*220 899 177*	*295 256 725*	*220 398 423*	*+16,21%*	*+78,97%*
	Éducation, formation et sport (Erasmus+) (15 — Éducation et culture)	1 558 781 000	1 360 534 080	1 592 146 000	1 390 177 000	1 592 146 000	1 390 177 000	1 616 146 000	1 398 167 000	1 592 146 000	1 390 177 000	1 608 146 000	1 386 935 540	+3,17%	+1,94%

Emploi et innovation sociale (EaSI) (04 — Emploi, affaires sociales et inclusion)	122 776 000	92 306 771	123 143 000	89 973 998	116 643 000	89 723 998	128 643 000	91 793 998	124 643 000	89 973 998	124 643 000	89 768 723	+1,52%	-2,75%
Douane, Fiscalis et lutte contre la fraude	118 294 900	92 019 749	122 039 600	84 487 760	117 539 600	79 987 760	122 039 600	84 487 760	122 039 600	94 987 760	122 039 600	94 760 649	+3,17%	+2,98%
14 — Fiscalité et union douanière	*97 270 000*	*72 691 394*	*100 026 000*	*67 635 000*	*96 026 000*	*63 635 000*	*100 026 000*	*67 635 000*	*100 026 000*	*76 635 000*	*100 026 000*	*76 451 862*	*+2,83%*	*+5,17%*
24 — Lutte contre la fraude	*21 024 900*	*19 328 355*	*22 013 600*	*16 852 760*	*21 513 600*	*16 352 760*	*22 013 600*	*16 852 760*	*22 013 600*	*18 352 760*	*22 013 600*	*18 308 787*	*+4,70%*	*-5,27%*
Mécanisme pour l'interconnexion en Europe (MIE)	1 976 173 001	819 490 355	2 225 015 770	1 452 016 996	2 190 565 770	1 299 966 996	2 271 015 770	1 467 326 996	2 225 015 770	1 452 016 996	2 225 015 770	1 448 585 091	+12,59%	+76,77%
Énergie (32 — Énergie)	409 627 500	12 481 197	487 159 000	78 578 196	480 959 000	67 506 501	521 159 000	89 898 196	487 159 000	78 578 196	487 159 000	78 394 663	+18,93%	+528,10%
Transports (06 — Mobilité et transports)	1 482 442 498	793 086 563	1 645 891 000	1 300 470 000	1 620 641 000	1 174 030 410	1 645 891 000	1 300 470 000	1 645 891 000	1 300 470 000	1 645 891 000	1 297 395 687	+11,03%	+63,59%
Technologies de l'information et de la communication (TIC) (09 — Réseaux de communication, contenu et technologies)	84 103 003	13 922 595	91 965 770	72 968 800	88 965 770	58 430 085	103 965 770	76 958 800	91 965 770	72 968 800	91 965 770	72 794 741	+9,35%	+422,85%
Projets énergétiques en vue d'aider à la relance économique (plan de relance) (32 — Énergie)	—	150 259 157	p.m.	262 575 225	p.m.	207 575 225	p.m.	262 575 225	p.m.	407 575 225	p.m.	406 598 676		+170,60%
Autres actions et programmes	203 797 000	214 717 814	216 572 000	183 603 209	212 572 000	176 803 209	217 322 000	183 853 209	216 572 000	187 603 209	216 572 000	187 162 001	+6,27%	-12,83%
01 — Affaires économiques et financières	*42 500 000*	*42 500 000*	*50 000 000*	*43 619 000*	*50 000 000*	*43 619 000*	*50 000 000*	*43 619 000*	*50 000 000*	*43 619 000*	*50 000 000*	*43 514 489*	*+17,65%*	*+2,39%*
02 — Entreprises et industrie	*21 230 000*	*15 907 028*	*21 820 000*	*18 480 000*	*21 820 000*	*16 180 000*	*21 820 000*	*18 480 000*	*21 820 000*	*18 480 000*	*21 820 000*	*18 436 105*	*+2,78%*	*+15,90%*
04 — Emploi, affaires sociales et inclusion	*10 087 000*	*8 227 000*	*12 000 000*	*8 200 411*	*12 000 000*	*8 200 411*	*12 750 000*	*8 450 411*	*12 000 000*	*8 200 411*	*12 000 000*	*8 180 763*	*+18,97%*	*-0,56%*
06 — Mobilité et transports	—	*p.m.*	*p.m.*	*131 828*	*p.m.*	*131 828*	*p.m.*	*131 828*	*p.m.*	*131 828*	*p.m.*	*131 512*		
08 — Recherche et innovation	*p.m.*	*16 391 176*	*p.m.*	*3 989 337*	*p.m.*	*3 989 337*	*p.m.*	*3 989 337*	*p.m.*	*3 989 337*	*p.m.*	*3 979 778*		*-75,72%*
09 — Réseaux de communication, contenu et technologies	—	*p.m.*	*p.m.*	*p.m.*	*p.m.*	*p.m.*	*p.m.*	*p.m.*	*p.m.*	*p.m.*	*p.m.*	*p.m.*		
10 — Recherche directe	*26 999 000*	*29 000 000*	*27 773 000*	*30 097 253*	*27 773 000*	*25 597 253*	*27 773 000*	*30 097 253*	*27 773 000*	*30 097 253*	*27 773 000*	*30 025 140*	*+2,87%*	*+3,53%*
12 — Marché intérieur et services	*6 800 000*	*7 101 197*	*7 959 000*	*6 605 000*	*7 959 000*	*6 605 000*	*7 959 000*	*6 605 000*	*7 959 000*	*6 605 000*	*7 959 000*	*6 589 174*	*+17,04%*	*-7,21%*
13 — Politique régionale et urbaine	*p.m.*	*p.m.*	*p.m.*	*p.m.*	*p.m.*	*p.m.*	*p.m.*	*p.m.*	*p.m.*	*p.m.*	*p.m.*	*p.m.*		
26 — Administration de la Commission	*34 990 000*	*34 066 957*	*34 200 000*	*26 484 603*	*34 200 000*	*26 484 603*	*34 200 000*	*26 484 603*	*34 200 000*	*30 484 603*	*34 200 000*	*30 412 521*	*-2,26%*	*-10,73%*
27 — Budget	*p.m.*	*p.m.*	*p.m.*	*p.m.*	*p.m.*	*p.m.*	*p.m.*	*p.m.*	*p.m.*	*p.m.*	*p.m.*	*p.m.*		
29 — Statistiques	*56 291 000*	*55 302 417*	*57 822 000*	*39 714 611*	*53 822 000*	*39 714 611*	*57 822 000*	*39 714 611*	*57 822 000*	*39 714 611*	*57 822 000*	*39 626 403*	*+2,72%*	*-28,35%*
32 — Énergie	*4 900 000*	*6 222 039*	*4 998 000*	*6 281 166*	*4 998 000*	*6 281 166*	*4 998 000*	*6 281 166*	*4 998 000*	*6 281 166*	*4 998 000*	*6 266 116*	*+2,00%*	*+0,71%*
Actions financées dans le cadre des prérogatives de la Commission et des compétences spécifiques conférées à la Commission	135 765 000	109 352 094	132 434 000	103 687 857	130 434 000	100 887 857	136 184 000	105 937 857	132 434 000	103 687 857	132 434 000	103 439 420	-2,45%	-5,41%
01 — Affaires économiques et financières	*11 000 000*	*11 000 000*	*12 000 000*	*10 207 000*	*12 000 000*	*10 207 000*	*12 000 000*	*10 207 000*	*12 000 000*	*10 207 000*	*12 000 000*	*10 182 544*	*+9,09%*	*-7,43%*
02 — Entreprises et industrie	*18 100 000*	*16 210 176*	*18 696 000*	*14 046 000*	*18 696 000*	*13 246 000*	*18 696 000*	*14 046 000*	*18 696 000*	*14 046 000*	*18 696 000*	*14 012 346*	*+3,29%*	*-13,56%*
04 — Emploi, affaires sociales et inclusion	*42 210 000*	*31 366 655*	*41 448 000*	*25 517 236*	*41 448 000*	*25 517 236*	*43 698 000*	*26 267 236*	*41 448 000*	*25 517 236*	*41 448 000*	*25 456 097*	*-1,81%*	*-18,84%*
06 — Mobilité et transports	*22 529 000*	*15 408 463*	*14 945 000*	*19 153 719*	*14 945 000*	*18 153 719*	*14 945 000*	*19 153 719*	*14 945 000*	*19 153 719*	*14 945 000*	*19 107 826*	*-33,66%*	*+24,01%*
09 — Réseaux de communication, contenu et technologies	*3 150 000*	*2 696 800*	*3 220 000*	*3 402 298*	*3 220 000*	*3 402 298*	*3 220 000*	*3 402 298*	*3 220 000*	*3 402 298*	*3 220 000*	*3 394 146*	*+2,22%*	*+25,86%*
12 — Marché intérieur et services	*11 670 000*	*9 880 000*	*11 850 000*	*10 250 298*	*11 850 000*	*10 250 298*	*11 850 000*	*10 250 298*	*11 850 000*	*10 250 298*	*11 850 000*	*10 225 738*	*+1,54%*	*+3,50%*
14 — Fiscalité et union douanière	*3 000 000*	*2 900 000*	*3 100 000*	*2 704 000*	*3 100 000*	*2 704 000*	*3 100 000*	*2 704 000*	*3 100 000*	*2 704 000*	*3 100 000*	*2 697 521*	*+3,33%*	*-6,98%*
15 — Éducation et culture							*1 500 000*	*1 500 000*						
32 — Énergie	*24 106 000*	*19 890 000*	*27 175 000*	*18 407 306*	*25 175 000*	*17 407 306*	*27 175 000*	*18 407 306*	*27 175 000*	*18 407 306*	*27 175 000*	*18 363 202*	*+12,73%*	*-7,68%*

	Projets pilotes et actions préparatoires	18 640 000	28 215 713	p.m.	15 518 250	p.m.	15 518 250	22 370 000	33 258 247	22 370 000	26 005 535	22 370 000	26 005 535	+20,01%	-7,83%
	01 — Affaires économiques et financières							*500 000*	*500 000*	*500 000*	*250 000*	*500 000*	*250 000*		
	02 — Entreprises et industrie	*3 690 000*	*6 714 313*	*p.m.*	*4 014 000*	*p.m.*	*4 014 000*	*7 250 000*	*9 328 000*	*7 250 000*	*6 953 000*	*7 250 000*	*6 953 000*	*+96,48%*	*+3,55%*
	04 — Emploi, affaires sociales et inclusion	*6 000 000*	*10 965 000*	*p.m.*	*5 217 780*	*p.m.*	*5 217 780*	*3 500 000*	*8 717 780*	*3 500 000*	*6 967 780*	*3 500 000*	*6 967 780*	*-41,67%*	*-36,45%*
	06 — Mobilité et transports	*1 500 000*	*1 700 000*	*p.m.*	*1 313 600*	*p.m.*	*1 313 600*	*1 800 000*	*3 113 600*	*1 800 000*	*2 213 600*	*1 800 000*	*2 213 600*	*+20,00%*	*+30,21%*
	08 — Recherche et innovation							*1 750 000*	*1 375 000*	*1 750 000*	*875 000*	*1 750 000*	*875 000*		
	09 — Réseaux de communication, contenu et technologies	*3 500 000*	*1 750 000*	*p.m.*	*1 526 672*	*p.m.*	*1 526 672*	*2 000 000*	*2 872 384*	*2 000 000*	*2 526 672*	*2 000 000*	*2 526 672*	*-42,86%*	*+44,38%*
	12 — Marché intérieur et services	*2 950 000*	*2 675 000*	*p.m.*	*1 178 000*	*p.m.*	*1 178 000*	*3 950 000*	*3 765 000*	*3 950 000*	*3 153 000*	*3 950 000*	*3 153 000*	*+33,90%*	*+17,87%*
	15 — Éducation et culture	*1 000 000*	*4 191 400*	*p.m.*	*2 268 198*	*p.m.*	*2 268 198*	*500 000*	*2 506 483*	*500 000*	*2 506 483*	*500 000*	*2 506 483*	*-50,00%*	*-40,20%*
	17 — Santé et protection des consommateurs	*p.m.*	*80 000*	*p.m.*	*p.m.*	*p.m.*	*p.m.*	*p.m.*	*p.m.*	*p.m.*	*p.m.*	*p.m.*	*p.m.*		*-100,00%*
	32 — Énergie	—	*140 000*	*p.m.*	*p.m.*	*p.m.*	*p.m.*	*1 120 000*	*1 080 000*	*1 120 000*	*560 000*	*1 120 000*	*560 000*		*+300,00%*
	Organismes décentralisés	238 511 198	238 762 261	250 777 996	249 177 996	247 884 397	246 284 397	256 895 526	258 334 526	251 622 996	250 022 996	251 817 996	250 171 993	+5,58%	+4,78%
	02 — Entreprises et industrie	*24 587 000*	*24 587 000*	*34 591 000*	*34 591 000*	*33 135 259*	*33 135 259*	*34 591 000*	*34 591 000*	*34 591 000*	*34 591 000*	*34 591 000*	*34 591 000*	*+40,69%*	*+40,69%*
	04 — Emploi, affaires sociales et inclusion	*33 867 900*	*33 867 900*	*34 905 000*	*34 905 000*	*34 754 085*	*34 754 085*	*34 905 000*	*34 905 000*	*34 905 000*	*34 905 000*	*34 905 000*	*34 905 000*	*+3,06%*	*+3,06%*
	06 — Mobilité et transports	*108 125 730*	*108 376 793*	*111 176 090*	*109 776 090*	*110 038 244*	*108 638 244*	*111 176 090*	*112 815 090*	*111 176 090*	*109 776 090*	*111 176 090*	*109 730 087*	*+2,82%*	*+1,25%*
	09 — Réseaux de communication, contenu et technologies	*12 356 948*	*12 356 948*	*12 598 755*	*12 598 755*	*12 546 135*	*12 546 135*	*12 598 755*	*12 598 755*	*12 598 755*	*12 598 755*	*12 598 755*	*12 598 755*	*+1,96%*	*+1,96%*
	12 — Marché intérieur et services	*31 956 720*	*31 956 720*	*29 432 151*	*29 232 151*	*29 432 151*	*29 232 151*	*35 549 681*	*35 349 681*	*30 277 151*	*30 077 151*	*30 472 151*	*30 272 151*	*-4,65%*	*-5,27%*
	15 — Éducation et culture	*17 428 900*	*17 428 900*	*17 224 000*	*17 224 000*	*17 224 000*	*17 224 000*	*17 224 000*	*17 224 000*	*17 224 000*	*17 224 000*	*17 224 000*	*17 224 000*	*-1,18%*	*-1,18%*
	32 — Énergie	*10 188 000*	*10 188 000*	*10 851 000*	*10 851 000*	*10 754 523*	*10 754 523*	*10 851 000*	*10 851 000*	*10 851 000*	*10 851 000*	*10 851 000*	*10 851 000*	*+6,51%*	*+6,51%*
1b	***Cohésion économique, sociale et territoriale***	***47 502 330 000***	***53 437 073 043***	***49 226 785 595***	***51 601 930 158***	***49 226 785 595***	***51 381 930 158***	***49 247 000 000***	***54 960 281 444***	***49 230 285 595***	***51 067 445 857***	***49 230 285 595***	***51 124 730 016***	***+3,64%***	***-4,33%***
	instrument de flexibilité			*79 785 595*		*79 785 595*		*100 000 000*		*83 285 595*		*83 285 595*			
	plafond			*49 147 000 000*		*49 147 000 000*		*49 147 000 000*		*49 147 000 000*		*49 147 000 000*			
	marge			*0*		*0*		*0*		*0*		*0*			
	Investissement pour la croissance et l'emploi	43 513 700 000	51 372 072 244	45 146 571 797	48 823 063 754	45 146 571 797	48 646 663 754	45 146 571 797	52 113 063 754	45 146 571 797	48 349 419 822	45 146 571 797	48 006 648 981	+3,75%	-6,55%
	Convergence régionale (régions moins développées)	23 264 100 000	32 202 700 000	24 203 316 917	27 804 193 754	24 203 316 917	27 804 193 754	24 203 316 917	29 734 193 754	24 203 316 917	27 804 193 754	24 203 316 917	27 804 193 754	+4,04%	-13,66%
	04 — Emploi, affaires sociales et inclusion	*5 636 300 000*	*7 133 000 000*	*6 500 532 038*	*5 946 020 000*	*6 500 532 038*	*5 946 020 000*	*6 500 532 038*	*6 356 020 000*	*6 500 532 038*	*5 946 020 000*	*6 500 532 038*	*5 946 020 000*	*+15,33%*	*-16,64%*
	13 — Politique régionale et urbaine	*17 627 800 000*	*25 069 700 000*	*17 702 784 879*	*21 858 173 754*	*17 702 784 879*	*21 858 173 754*	*17 702 784 879*	*23 378 173 754*	*17 702 784 879*	*21 858 173 754*	*17 702 784 879*	*21 858 173 754*	*+0,43%*	*-12,81%*
	Régions en transition	4 697 700 000	276 190 792	4 854 219 812	931 000 000	4 854 219 812	889 500 000	4 854 219 812	931 000 000	4 854 219 812	910 020 637	4 854 219 812	892 623 429	+3,33%	+223,19%
	04 — Emploi, affaires sociales et inclusion	*1 832 300 000*	*108 366 526*	*1 668 335 386*	*297 000 000*	*1 668 335 386*	*289 500 000*	*1 668 335 386*	*297 000 000*	*1 668 335 386*	*290 307 335*	*1 668 335 386*	*284 757 420*	*-8,95%*	*+162,77%*
	13 — Politique régionale et urbaine	*2 865 400 000*	*167 824 266*	*3 185 884 426*	*634 000 000*	*3 185 884 426*	*600 000 000*	*3 185 884 426*	*634 000 000*	*3 185 884 426*	*619 713 302*	*3 185 884 426*	*607 866 009*	*+11,18%*	*+262,20%*
	Compétitivité (régions plus développées)	7 403 400 000	7 802 341 188	7 529 085 455	7 052 660 000	7 529 085 455	6 962 160 000	7 529 085 455	7 502 660 000	7 529 085 455	6 893 733 777	7 529 085 455	6 711 943 667	+1,70%	-13,98%
	04 — Emploi, affaires sociales et inclusion	*3 752 500 000*	*3 216 793 173*	*2 675 531 087*	*3 067 510 000*	*2 675 531 087*	*3 040 010 000*	*2 675 531 087*	*3 267 510 000*	*2 675 531 087*	*2 998 386 041*	*2 675 531 087*	*2 941 064 764*	*-28,70%*	*-8,57%*
	13 — Politique régionale et urbaine	*3 650 900 000*	*4 585 548 015*	*4 853 554 368*	*3 985 150 000*	*4 853 554 368*	*3 922 150 000*	*4 853 554 368*	*4 235 150 000*	*4 853 554 368*	*3 895 347 736*	*4 853 554 368*	*3 770 878 903*	*+32,94%*	*-17,77%*
	Régions ultrapériphériques et à faible densité de population (13 — Politique régionale et urbaine)	209 100 000	13 000 000	213 401 352	38 900 000	213 401 352	33 900 000	213 401 352	38 900 000	213 401 352	38 023 419	213 401 352	37 296 511	+2,06%	+186,90%

	Fonds de cohésion (13 — Politique régionale et urbaine)	7 939 400 000	11 077 840 264	8 346 548 261	12 996 310 000	8 346 548 261	12 956 910 000	8 346 548 261	13 906 310 000	8 346 548 261	12 703 448 235	8 346 548 261	12 560 591 620	+5,13%	+13,38%
	Mécanisme pour l'interconnexion en Europe (MIE) — Contribution du Fonds de cohésion (06 — Mobilité et transports)	983 000 000	p.m.	1 216 978 479	410 376 025	1 216 978 479	404 976 025	1 216 978 479	410 376 025	1 216 978 479	401 159 978	1 216 978 479	393 517 540	+23,80%	
	Coopération territoriale européenne	505 700 000	1 485 829 785	738 361 859	1 195 540 000	738 361 859	1 170 540 000	738 361 859	1 257 331 286	738 361 859	1 168 599 433	738 361 859	1 146 258 878	+46,01%	-22,85%
	13 — Politique régionale et urbaine	*505 700 000*	*1 417 829 785*	*738 361 859*	*1 144 670 000*	*738 361 859*	*1 119 670 000*	*738 361 859*	*1 206 461 286*	*738 361 859*	*1 118 875 749*	*738 361 859*	*1 097 485 780*	*+46,01%*	*-22,59%*
	21 — Développement et coopération	*p.m.*	*68 000 000*	*p.m.*	*50 870 000*	*p.m.*	*50 870 000*	*p.m.*	*50 870 000*	*p.m.*	*49 723 684*	*p.m.*	*48 773 098*		*-28,27%*
	Initiative pour l'emploi des jeunes (enveloppe spécifique complémentaire) (04 — Emploi, affaires sociales et inclusion)	1 804 100 000	30 000 000	1 407 161 806	600 000 000	1 407 161 806	600 000 000	1 407 161 806	600 000 000	1 407 161 806	586 479 465	1 407 161 806	1 026 479 465	-22,00%	+3321,60 %
	Assistance technique et actions innovatrices	188 600 000	134 600 000	192 628 945	185 324 764	192 628 945	177 124 764	192 628 945	185 324 764	192 628 945	181 844 923	192 628 945	178 959 251	+2,14%	+32,96%
	04 — Emploi, affaires sociales et inclusion	*25 500 000*	*27 500 000*	*30 100 000*	*30 400 000*	*30 100 000*	*30 400 000*	*30 100 000*	*30 400 000*	*30 100 000*	*30 061 987*	*30 100 000*	*29 781 688*	*+18,04%*	*+8,30%*
	13 — Politique régionale et urbaine	*163 100 000*	*107 100 000*	*162 528 945*	*154 924 764*	*162 528 945*	*146 724 764*	*162 528 945*	*154 924 764*	*162 528 945*	*151 782 936*	*162 528 945*	*149 177 563*	*-0,35%*	*+39,29%*
	Aide européenne aux plus démunis (FEAD) (04 — Emploi, affaires sociales et inclusion)	501 280 000	406 280 000	525 082 709	379 110 300	525 082 709	374 110 300	541 797 114	384 670 300	525 082 709	370 576 921	525 082 709	363 500 586	+4,75%	-10,53%
	Projets pilotes et actions préparatoires (13 — Politique régionale et urbaine)	5 950 000	8 291 014	p.m.	8 515 315	p.m.	8 515 315	3 500 000	9 515 315	3 500 000	9 365 315	3 500 000	9 365 315	-41,18%	+12,96%
2	**Croissance durable : ressources naturelles**	**59 190 929 284**	**56 443 752 595**	**59 253 722 357**	**56 907 254 933**	**59 183 130 197**	**56 761 982 275**	**59 305 601 117**	**56 955 193 693**	**58 808 572 540**	**56 231 089 200**	**58 808 572 540**	**55 998 594 804**	**-0,65%**	**-0,79%**
	plafond			*59 599 000 000*		*59 599 000 000*		*59 599 000 000*		*59 599 000 000*		*59 599 000 000*			
	marge			*345 277 643*		*415 869 803*		*293 398 883*		*790 427 460*		*790 427 460*			
	Fonds européen agricole de garantie (FEAGA) — dépenses relatives au marché et paiements directs	**43 778 100 000**	**43 776 648 374**	**43 903 753 189**	**43 896 984 216**	**43 855 280 197**	**43 848 502 442**	**43 944 753 189**	**43 937 984 216**	**43 455 780 762**	**43 448 253 444**	**43 455 780 762**	**43 447 624 585**	**-0,74%**	**-0,75%**
	sous-plafond			*44 313 000 000*		*44 313 000 000*		*44 313 000 000*		*44 313 000 000*		*44 313 000 000*			
	Transfert net entre le FEAGA et le Feader			*- 123 000 000*		*- 123 000 000*		*- 123 000 000*		*- 123 000 000*		*- 123 000 000*			
	exclu lors du calcul de la sous-marge (1)			*- 215 000*		*- 215 000*		*- 215 000*		*- 215 000*		*- 215 000*			
	sous-marge			*286 031 811*		*334 504 803*		*245 031 811*		*734 004 238*		*734 004 238*			
	Fonds européen agricole pour le développement rural (Feader) (05 — Agriculture et développement rural)	13 991 006 059	11 595 089 028	13 823 616 077	11 646 654 000	13 822 011 533	11 601 649 740	13 823 616 077	11 646 654 000	13 823 616 077	11 384 305 964	13 823 616 077	11 166 752 959	-1,20%	-3,69%
	Fonds européen pour les affaires maritimes et la pêche, accords de pêche durable et contributions obligatoires aux organisations régionales de gestion des pêches et autres organisations internationales	941 019 409	730 201 379	1 035 504 965	960 085 742	1 032 016 965	929 975 742	1 040 427 575	961 668 352	1 035 427 575	966 857 622	1 035 427 575	959 269 346	+10,03%	+31,37%
	Fonds européen pour les affaires maritimes et la pêche (FEAMP) (11 — Affaires maritimes et pêche)	860 989 409	651 097 080	884 472 965	810 285 742	881 284 965	783 475 742	889 395 575	811 868 352	884 395 575	817 165 786	884 395 575	809 667 206	+2,72%	+24,35%
	Accords de pêche durable et contributions obligatoires aux organisations régionales de gestion des pêches et autres organisations internationales (11 — Affaires maritimes et pêche)	80 030 000	79 104 299	151 032 000	149 800 000	150 732 000	146 500 000	151 032 000	149 800 000	151 032 000	149 691 836	151 032 000	149 602 140	+88,72%	+89,12%
	Environnement et action pour le climat (Life+)	404 612 000	264 059 888	435 097 000	330 103 000	418 170 923	308 526 923	435 097 000	330 103 000	435 097 000	357 114 258	435 097 000	350 489 565	+7,53%	+32,73%
	07 — Environnement	*303 892 999*	*237 297 623*	*327 199 120*	*265 402 370*	*313 223 043*	*251 426 293*	*327 199 120*	*265 402 370*	*327 199 120*	*293 795 359*	*327 199 120*	*288 316 471*	*+7,67%*	*+21,50%*
	34 — Action pour le climat	*100 719 001*	*26 762 265*	*107 897 880*	*64 700 630*	*104 947 880*	*57 100 630*	*107 897 880*	*64 700 630*	*107 897 880*	*63 318 899*	*107 897 880*	*62 173 094*	*+7,13%*	*+132,32%*

	Actions financées dans le cadre des prérogatives de la Commission et des compétences spécifiques conférées à la Commission (05 — Agriculture et développement rural)	7 300 000	3 000 000	5 303 400	5 328 031	5 303 400	5 328 031	5 303 400	5 328 031	5 303 400	5 207 968	5 303 400	5 108 405	-27,35%	+70,28%
	Projets pilotes et actions préparatoires	18 500 000	24 362 110	p.m.	17 652 218	p.m.	17 652 218	2 900 000	19 952 218	2 900 000	18 902 218	2 900 000	18 902 218	-84,32%	-22,41%
	02 — Entreprises et industrie	*p.m.*	*373 350*	*p.m.*	*597 360*	*p.m.*	*597 360*	*p.m.*	*597 360*	*p.m.*	*597 360*	*p.m.*	*597 360*		*+60,00%*
	05 — Agriculture et développement rural	*4 200 000*	*1 548 760*	*p.m.*	*3 549 905*	*p.m.*	*3 549 905*	*p.m.*	*3 549 905*	*p.m.*	*3 549 905*	*p.m.*	*3 549 905*	*-100,00%*	*+129,21%*
	07 — Environnement	*1 750 000*	*7 240 000*	*p.m.*	*5 520 000*	*p.m.*	*5 520 000*	*1 400 000*	*6 620 000*	*1 400 000*	*6 220 000*	*1 400 000*	*6 220 000*	*-20,00%*	*-14,09%*
	08 — Recherche et innovation	*p.m.*	*125 000*	*p.m.*	*p.m.*	*p.m.*	*p.m.*	*p.m.*	*p.m.*	*p.m.*	*p.m.*	*p.m.*	*p.m.*		*-100,00%*
	11 — Affaires maritimes et pêche	*4 100 000*	*3 300 000*	*p.m.*	*1 769 953*	*p.m.*	*1 769 953*	*1 500 000*	*2 819 953*	*1 500 000*	*2 319 953*	*1 500 000*	*2 319 953*	*-63,41%*	*-29,70%*
	17 — Santé et protection des consommateurs	*5 500 000*	*5 250 000*	*p.m.*	*3 105 000*	*p.m.*	*3 105 000*	*p.m.*	*3 255 000*	*p.m.*	*3 105 000*	*p.m.*	*3 105 000*	*-100,00%*	*-40,86%*
	23 — Aide humanitaire et protection civile	—	*p.m.*	*p.m.*	*p.m.*	*p.m.*	*p.m.*	*p.m.*	*p.m.*	*p.m.*	*p.m.*	*p.m.*	*p.m.*		
	32 — Énergie	*1 750 000*	*1 225 000*	*p.m.*	*500 000*	*p.m.*	*500 000*	*p.m.*	*500 000*	*p.m.*	*500 000*	*p.m.*	*500 000*	*-100,00%*	*-59,18%*
	34 — Action pour le climat	*1 200 000*	*5 300 000*	*p.m.*	*2 610 000*	*p.m.*	*2 610 000*	*p.m.*	*2 610 000*	*p.m.*	*2 610 000*	*p.m.*	*2 610 000*	*-100,00%*	*-50,75%*
	Organismes décentralisés	50 391 816	50 391 816	50 447 726	50 447 726	50 347 179	50 347 179	53 503 876	53 503 876	50 447 726	50 447 726	50 447 726	50 447 726	+0,11%	+0,11%
	07 — Environnement	*41 674 916*	*41 674 916*	*41 490 726*	*41 490 726*	*41 425 117*	*41 425 117*	*41 490 726*	*41 490 726*	*41 490 726*	*41 490 726*	*41 490 726*	*41 490 726*	*-0,44%*	*-0,44%*
	11 — Affaires maritimes et pêche	*8 716 900*	*8 716 900*	*8 957 000*	*8 957 000*	*8 922 062*	*8 922 062*	*12 013 150*	*12 013 150*	*8 957 000*	*8 957 000*	*8 957 000*	*8 957 000*	*+2,75%*	*+2,75%*
3	**Sécurité et citoyenneté**	**2 171 998 732**	**1 665 510 850**	**2 130 721 538**	**1 881 169 907**	**2 100 492 684**	**1 852 691 053**	**2 215 970 984**	**1 920 403 166**	**2 146 731 538**	**1 884 329 519**	**2 146 731 538**	**1 859 513 795**	**-1,16%**	**+11,65%**
	plafond			*2 246 000 000*		*2 246 000 000*		*2 246 000 000*		*2 246 000 000*		*2 246 000 000*			
	marge			*115 278 462*		*145 507 316*		*30 029 016*		*99 268 462*		*99 268 462*			
	Fonds "Asile, migration et intégration" (18 — Affaires intérieures)	403 259 040	165 817 390	416 736 382	350 962 000	416 736 382	350 962 000	438 736 382	350 962 000	416 736 382	343 101 793	416 736 382	336 583 689	+3,34%	+102,98%
	Fonds pour la sécurité intérieure (18 — Affaires intérieures)	403 259 040	213 588 000	414 757 696	282 222 000	414 757 696	282 222 000	424 757 696	282 222 000	394 757 696	275 910 794	394 757 696	270 677 206	-2,11%	+26,73%
	Systèmes informatiques (18 — Affaires intérieures)	18 571 000	9 890 732	18 943 000	23 000 000	17 943 000	22 600 000	18 943 000	23 000 000	18 943 000	22 481 713	18 943 000	22 051 921	+2,00%	+122,96%
	Justice (33 — Justice)	47 012 000	35 700 000	49 251 000	44 148 554	47 171 000	42 568 554	49 251 000	44 148 554	49 251 000	43 180 741	49 251 000	42 378 180	+4,76%	+18,71%
	Droits, égalité et citoyenneté (33 — Justice)	55 258 000	48 006 300	57 369 000	49 632 654	55 299 000	48 362 654	57 369 000	49 632 654	57 369 000	48 539 009	57 369 000	47 632 099	+3,82%	-0,78%
	Mécanisme de protection civile de l'Union (23 — Aide humanitaire et protection civile)	28 219 000	29 450 000	29 258 000	28 459 000	28 258 000	27 459 000	29 258 000	28 459 000	29 258 000	27 817 699	29 258 000	27 285 897	+3,68%	-7,35%
	L'Europe pour les citoyens (16 — Communication)	25 388 000	27 853 600	24 250 000	19 014 100	23 250 000	18 514 100	26 000 000	19 594 100	24 250 000	18 638 722	24 250 000	18 327 440	-4,48%	-34,20%
	Denrées alimentaires et aliments pour animaux (17 — Santé et protection des consommateurs)	253 394 000	218 466 000	258 530 000	224 470 000	256 450 000	219 390 000	258 530 000	224 470 000	258 530 000	219 471 908	258 530 000	215 327 226	+2,03%	-1,44%
	Santé (17 — Santé et protection des consommateurs)	58 579 000	44 776 500	59 750 000	59 250 000	51 750 000	54 250 000	59 750 000	59 250 000	59 750 000	58 043 495	59 750 000	57 042 997	+2,00%	+27,39%
	Consommateurs (17 — Santé et protection des consommateurs)	24 053 000	20 363 000	24 657 000	21 696 000	21 557 000	20 596 000	24 657 000	21 696 000	24 657 000	21 269 991	24 657 000	20 916 720	+2,51%	+2,72%
	Europe créative (15 — Éducation et culture)	180 572 900	184 291 291	177 674 000	166 153 000	171 874 000	161 103 000	183 674 000	168 143 000	177 674 000	168 108 186	177 674 000	165 168 638	-1,61%	-10,38%
	Autres actions et programmes (16 — Communication)	p.m.	645 000	p.m.	p.m.	p.m.	p.m.	1 000 000	330 000	p.m.	p.m.	p.m.	p.m.		-100,00%
	Actions financées dans le cadre des prérogatives de la Commission et des compétences spécifiques conférées à la Commission	166 665 000	168 152 374	84 913 000	89 189 862	84 838 000	85 714 862	91 253 000	91 299 862	84 913 000	87 207 731	84 913 000	85 564 045	-49,05%	-49,12%

	dont actions de communication (16 — Communication)	85 645 000	87 724 374	83 873 000	88 055 776	83 798 000	84 580 776	90 213 000	90 165 776	83 873 000	86 099 201	83 873 000	84 476 707	-2,07%	-3,70%
	09 — Réseaux de communication, contenu et technologies	*1 020 000*	*428 000*	*1 040 000*	*1 134 086*	*1 040 000*	*1 134 086*	*1 040 000*	*1 134 086*	*1 040 000*	*1 108 530*	*1 040 000*	*1 087 338*	*+1,96%*	*+154,05%*
	18 — Affaires intérieures	*80 000 000*	*80 000 000*	—	*p.m.*	—	*p.m.*	—	*p.m.*	—	*p.m.*	—	*p.m.*	*-100,00%*	*-100,00%*
	Projets pilotes et actions préparatoires	17 380 000	17 724 829	p.m.	10 202 807	p.m.	10 202 807	16 350 000	22 616 620	16 350 000	18 127 807	16 350 000	18 127 807	-5,93%	+2,27%
	02 — Entreprises et industrie	*p.m.*	*850 000*	*p.m.*	*350 000*	*p.m.*	*350 000*	*p.m.*	*350 000*	*p.m.*	*350 000*	*p.m.*	*350 000*		*-58,82%*
	09 — Réseaux de communication, contenu et technologies	*1 500 000*	*1 043 492*	*p.m.*	*1 091 867*	*p.m.*	*1 091 867*	*1 500 000*	*2 591 867*	*1 500 000*	*1 841 867*	*1 500 000*	*1 841 867*		*+76,51%*
	15 — Éducation et culture	*2 500 000*	*2 928 337*	*p.m.*	*679 167*	*p.m.*	*679 167*	*4 300 000*	*3 379 167*	*4 300 000*	*2 829 167*	*4 300 000*	*2 829 167*	*+72,00%*	*-3,39%*
	16 — Communication	*2 750 000*	*1 750 000*	*p.m.*	*1 153 714*	*p.m.*	*1 153 714*	*2 000 000*	*2 653 714*	*2 000 000*	*2 153 714*	*2 000 000*	*2 153 714*	*-27,27%*	*+23,07%*
	17 — Santé et protection des consommateurs	*3 030 000*	*2 805 000*	*p.m.*	*1 924 000*	*p.m.*	*1 924 000*	*4 050 000*	*5 824 000*	*4 050 000*	*3 949 000*	*4 050 000*	*3 949 000*	*+33,66%*	*+40,78%*
	18 — Affaires intérieures	*5 000 000*	*4 750 000*	*p.m.*	*1 875 603*	*p.m.*	*1 875 603*	*500 000*	*2 375 603*	*500 000*	*2 125 603*	*500 000*	*2 125 603*	*-90,00%*	*-55,25%*
	23 — Aide humanitaire et protection civile	*p.m.*	*p.m.*	*p.m.*	*p.m.*	*p.m.*	*p.m.*	*2 500 000*	*1 000 000*	*2 500 000*	*1 000 000*	*2 500 000*	*1 000 000*		
	33 — Justice	*2 600 000*	*3 598 000*	*p.m.*	*3 128 456*	*p.m.*	*3 128 456*	*1 500 000*	*4 442 269*	*1 500 000*	*3 878 456*	*1 500 000*	*3 878 456*	*-42,31%*	*+7,79%*
	Organismes décentralisés	490 388 752	480 785 834	514 632 460	512 769 930	510 608 606	508 746 076	536 441 906	534 579 376	534 292 460	532 429 930	534 292 460	532 429 930	+8,95%	+10,74%
	17 — Santé et protection des consommateurs	*170 644 000*	*161 041 082*	*164 694 000*	*162 831 470*	*164 577 588*	*162 715 058*	*164 694 000*	*162 831 470*	*164 694 000*	*162 831 470*	*164 694 000*	*162 831 470*	*-3,49%*	*+1,11%*
	18 — Affaires intérieures	*260 653 000*	*260 653 000*	*288 735 460*	*288 735 460*	*285 128 544*	*285 128 544*	*310 544 906*	*310 544 906*	*308 395 460*	*308 395 460*	*308 395 460*	*308 395 460*	*+18,32%*	*+18,32%*
	33 — Justice	*59 091 752*	*59 091 752*	*61 203 000*	*61 203 000*	*60 902 474*	*60 902 474*	*61 203 000*	*61 203 000*	*61 203 000*	*61 203 000*	*61 203 000*	*61 203 000*	*+3,57%*	*+3,57%*
4	**L'Europe dans le monde**	**8 325 000 000**	**6 840 903 616**	**8 413 097 321**	**7 326 986 134**	**8 343 097 321**	**6 942 836 134**	**8 747 979 051**	**7 512 015 474**	**8 356 418 991**	**7 428 029 364**	**8 408 418 991**	**7 422 489 907**	**+1,00%**	**+8,50%**
	plafond			*8 749 000 000*		*8 749 000 000*		*8 749 000 000*		*8 749 000 000*		*8 749 000 000*			
	marge			*335 902 679*		*405 902 679*		*1 020 949*		*392 581 009*		*340 581 009*			
	Instrument d'aide de préadhésion (IAP II)	1 578 425 933	1 424 351 430	1 580 117 354	1 566 802 900	1 566 817 354	1 407 302 900	1 576 287 624	1 560 293 170	1 572 287 624	1 558 973 170	1 572 287 624	1 555 339 842	-0,39%	+9,20%
	04 — Emploi, affaires sociales et inclusion	*p.m.*	*69 900 164*	*p.m.*	*74 726 845*	*p.m.*	*68 663 265*	*p.m.*	*74 726 845*	*p.m.*	*74 726 845*	*p.m.*	*74 547 800*		*+6,65%*
	05 — Agriculture et développement rural	*90 545 000*	*111 542 038*	*94 497 475*	*178 091 983*	*94 477 475*	*163 661 385*	*94 497 475*	*178 091 983*	*94 497 475*	*178 091 983*	*94 497 475*	*177 666 467*	*+4,37%*	*+59,28%*
	13 — Politique régionale et urbaine	*39 000 000*	*353 590 679*	*21 162 782*	*385 072 430*	*21 162 782*	*353 826 397*	*21 162 782*	*385 072 430*	*21 162 782*	*385 072 430*	*21 162 782*	*384 149 797*	*-45,74%*	*+8,64%*
	22 — Élargissement	*1 448 880 933*	*889 318 549*	*1 464 457 097*	*928 911 642*	*1 451 177 097*	*821 151 853*	*1 460 627 367*	*922 401 912*	*1 456 627 367*	*921 081 912*	*1 456 627 367*	*918 975 778*	*+0,53%*	*+3,33%*
	Instrument européen de voisinage	2 192 204 999	1 633 205 243	2 027 280 383	1 546 263 757	2 013 430 383	1 546 263 757	2 217 313 441	1 670 217 541	2 013 997 381	1 582 980 755	2 035 997 381	1 579 301 972	-7,13%	-3,30%
	13 — Politique régionale et urbaine	*p.m.*	*p.m.*	*p.m.*	*p.m.*	*p.m.*	*p.m.*	*p.m.*	*p.m.*	*p.m.*	*p.m.*	*p.m.*	*p.m.*		
	21 — Développement et coopération	*2 192 204 999*	*1 633 205 243*	*2 027 280 383*	*1 546 263 757*	*2 013 430 383*	*1 546 263 757*	*2 217 313 441*	*1 670 217 541*	*2 013 997 381*	*1 582 980 755*	*2 035 997 381*	*1 579 301 972*	*-7,13%*	*-3,30%*
	Instrument de coopération au développement (ICD) (21 — Développement et coopération)	2 341 000 200	1 802 239 202	2 467 688 999	2 081 869 384	2 437 688 999	1 902 869 384	2 527 501 297	2 087 021 682	2 445 501 297	2 146 681 682	2 445 501 297	2 141 729 802	+4,46%	+18,84%
	Instrument de partenariat pour la coopération avec les pays tiers	118 890 842	38 627 200	119 231 000	95 198 912	117 831 000	86 179 204	118 551 000	94 518 912	118 551 000	94 518 912	118 551 000	94 302 324	-0,29%	+144,13%
	19 — Instruments de politique étrangère	*118 890 842*	*25 402 999*	*119 231 000*	*72 085 298*	*117 831 000*	*63 870 042*	*118 551 000*	*71 405 298*	*118 551 000*	*71 405 298*	*118 551 000*	*71 244 090*	*-0,29%*	*+180,46%*
	21 — Développement et coopération	—	*13 224 201*	—	*23 113 614*	—	*22 309 162*	—	*23 113 614*	—	*23 113 614*	—	*23 058 234*		*+74,36%*
	Instrument européen pour la démocratie et les droits de l'homme (IEDDH)	184 243 699	123 332 465	182 894 000	150 654 720	181 194 000	138 399 927	189 825 927	152 256 647	181 825 927	154 586 647	181 825 927	154 241 160	-1,31%	+25,06%
	19 — Instruments de politique étrangère	*41 070 869*	*22 825 916*	*41 853 813*	*30 821 918*	*41 578 813*	*26 866 999*	*43 353 813*	*31 321 918*	*41 853 813*	*30 821 918*	*41 853 813*	*30 749 475*	*+1,91%*	*+34,71%*
	21 — Développement et coopération	*143 172 830*	*100 506 549*	*141 040 187*	*119 832 802*	*139 615 187*	*111 532 928*	*146 472 114*	*120 934 729*	*139 972 114*	*123 764 729*	*139 972 114*	*123 491 685*	*-2,24%*	*+22,87%*
	Instrument contribuant à la stabilité et à la paix	318 174 528	260 430 377	320 766 000	225 207 133	318 566 000	217 299 462	326 646 177	230 087 310	320 146 177	234 587 310	320 146 177	234 045 798	+0,62%	-10,13%

19 — Instruments de politique étrangère	233 831 560	209 500 237	254 666 000	175 224 304	252 516 000	169 086 295	259 046 177	179 604 481	254 046 177	184 604 481	254 046 177	184 177 696	+8,64%	-12,09%
21 — Développement et coopération	84 342 968	50 930 140	66 100 000	49 982 829	66 050 000	48 213 167	67 600 000	50 482 829	66 100 000	49 982 829	66 100 000	49 868 102	-21,63%	-2,09%
Aide humanitaire (23 — Aide humanitaire et protection civile)	920 276 000	1 041 824 709	918 842 000	918 842 000	911 442 000	918 442 000	1 002 086 000	978 250 000	918 842 000	918 842 000	928 842 000	918 842 000	+0,93%	-11,80%
Politique étrangère et de sécurité commune (PESC) (19 — Instruments de politique étrangère)	314 469 000	234 825 000	320 766 000	268 527 483	320 766 000	268 527 483	300 766 000	259 373 647	300 766 000	259 373 647	320 766 000	267 906 623	+2,00%	+14,09%
Instrument relatif à la coopération en matière de sûreté nucléaire (ICSN) (21 — Développement et coopération)	30 546 872	55 764 789	61 159 000	60 326 715	61 059 000	59 173 491	61 159 000	60 326 715	61 159 000	60 326 715	61 159 000	60 185 571	+100,21%	+7,93%
Assistance macrofinancière (AMF) (01 — Affaires économiques et financières)	60 000 000	23 193 011	77 955 000	74 396 314	77 955 000	68 832 189	77 955 000	74 396 314	77 955 000	74 396 314	77 955 000	74 218 061	+29,92%	+220,00%
Fonds de garantie relatif aux actions extérieures (01 — Affaires économiques et financières)	58 432 294	58 432 294	144 409 518	144 409 518	144 409 518	144 409 518	144 409 518	144 409 518	144 409 518	144 409 518	144 409 518	144 409 518	+147,14%	+147,14%
Mécanisme de protection civile de l'Union (23 — Aide humanitaire et protection civile)	19 546 000	5 994 416	16 934 000	13 128 762	16 934 000	11 693 170	16 934 000	13 128 762	16 934 000	13 128 762	16 934 000	13 097 306	-13,36%	+118,49%
Initiative "Volontaires de l'aide de l'UE" (VAUE) (23 — Aide humanitaire et protection civile)	12 677 000	3 288 416	14 765 000	11 000 019	14 715 000	10 153 341	14 765 000	11 000 019	14 765 000	11 000 019	14 765 000	10 975 812	+16,47%	+233,77%
Autres actions et programmes	74 173 103	47 931 382	76 404 067	66 117 697	76 404 067	64 519 311	77 404 067	66 447 697	76 404 067	66 117 697	76 404 067	65 959 864	+3,01%	+37,61%
01 — Affaires économiques et financières	p.m.	p.m.	p.m.	p.m.	p.m.	p.m.	p.m.	p.m.	p.m.	p.m.	p.m.	p.m.		
05 — Agriculture et développement rural	6 696 000	1 806 026	4 675 000	4 211 547	4 675 000	4 060 294	4 675 000	4 211 547	4 675 000	4 211 547	4 675 000	4 201 456	-30,18%	+132,64%
07 — Environnement	3 500 000	2 394 437	3 600 000	3 243 117	3 600 000	3 126 644	3 600 000	3 243 117	3 600 000	3 243 117	3 600 000	3 235 347	+2,86%	+35,12%
14 — Fiscalité et union douanière	1 218 352	1 218 352	1 218 352	1 097 571	1 218 352	1 097 571	1 218 352	1 097 571	1 218 352	1 097 571	1 218 352	1 094 941		-10,13%
17 — Santé et protection des consommateurs	476 000	476 000	486 000	437 821	486 000	437 821	486 000	437 821	486 000	437 821	486 000	436 772	+2,10%	-8,24%
21 — Développement et coopération	29 950 471	23 091 798	34 974 715	37 594 399	34 974 715	36 263 739	34 974 715	37 594 399	34 974 715	37 594 399	34 974 715	37 504 908	+16,78%	+62,42%
22 — Élargissement	31 482 280	18 169 738	30 600 000	18 767 506	30 600 000	18 767 506	31 600 000	19 097 506	30 600 000	18 767 506	30 600 000	18 722 539	-2,80%	+3,04%
34 — Action pour le climat	850 000	775 031	850 000	765 736	850 000	765 736	850 000	765 736	850 000	765 736	850 000	763 901		-1,44%
Actions financées dans le cadre des prérogatives de la Commission et des compétences spécifiques conférées à la Commission	64 481 018	47 571 807	63 940 000	71 770 561	63 940 000	66 300 738	67 440 000	72 940 561	63 940 000	71 770 561	63 940 000	71 598 599	-0,84%	+50,51%
19 — Instruments de politique étrangère	12 000 000	12 786 124	12 500 000	12 266 291	12 500 000	11 825 760	12 500 000	12 266 291	12 500 000	12 266 291	12 500 000	12 236 901	+4,17%	-4,30%
20 — Commerce	15 493 000	11 970 683	15 802 000	24 532 582	15 802 000	22 446 412	17 802 000	25 202 582	15 802 000	24 532 582	15 802 000	24 473 802	+1,99%	+104,45%
21 — Développement et coopération	36 988 018	22 815 000	35 638 000	34 971 688	35 638 000	32 028 566	37 138 000	35 471 688	35 638 000	34 971 688	35 638 000	34 887 896	-3,65%	+52,92%
Projets pilotes et actions préparatoires	17 440 012	19 873 375	p.m.	12 525 259	p.m.	12 525 259	8 990 000	17 401 979	8 990 000	16 390 655	8 990 000	16 390 655	-48,45%	-17,52%
07 — Environnement	p.m.	843 552	p.m.	335 789	p.m.	335 789	p.m.	335 789	p.m.	335 789	p.m.	335 789		-60,19%
08 — Recherche et innovation	—	112 500	p.m.	p.m.	p.m.	p.m.	p.m.	p.m.	p.m.	p.m.	p.m.	p.m.		-100,00%
18 — Affaires intérieures	p.m.	p.m.	p.m.	p.m.	p.m.	p.m.	p.m.	p.m.	p.m.	p.m.	p.m.	p.m.		
19 — Instruments de politique étrangère	1 000 000	725 000	p.m.	p.m.	p.m.	p.m.	p.m.	p.m.	p.m.	p.m.	p.m.	p.m.	-100,00%	-100,00%
21 — Développement et coopération	16 440 012	15 858 693	p.m.	10 566 235	p.m.	10 566 235	8 990 000	15 442 955	8 990 000	14 431 631	8 990 000	14 431 631	-45,32%	-9,00%
22 — Élargissement	p.m.	1 853 630	p.m.	934 869	p.m.	934 869	p.m.	934 869	p.m.	934 869	p.m.	934 869		-49,57%
23 — Aide humanitaire et protection civile	p.m.	480 000	p.m.	688 366	p.m.	688 366	p.m.	688 366	p.m.	688 366	p.m.	688 366		+43,41%
Organismes décentralisés (15 — Éducation et culture)	20 018 500	20 018 500	19 945 000	19 945 000	19 945 000	19 945 000	19 945 000	19 945 000	19 945 000	19 945 000	19 945 000	19 945 000	-0,37%	-0,37%

5	**Administration**	**8 404 517 081**	**8 405 389 881**	**8 612 224 908**	**8 612 384 908**	**8 584 670 064**	**8 584 830 064**	**8 683 255 063**	**8 672 368 899**	**8 680 469 063**	**8 668 079 054**	**8 660 469 063**	**8 658 756 179**	**+3,05%**	**+3,01%**
	plafond			*9 076 000 000*		*9 076 000 000*		*9 076 000 000*		*9 076 000 000*		*9 076 000 000*			
	marge			*463 775 092*		*491 329 936*		*392 744 937*		*395 530 937*		*415 530 937*			
	Pensions et Écoles européennes	1 612 316 643	1 612 316 643	1 719 080 400	1 719 080 400	1 719 080 400	1 719 080 400	1 719 280 400	1 719 280 400	1 719 280 400	1 719 280 400	1 719 280 400	1 719 280 400	+6,63%	+6,63%
	Pensions	1 446 903 000	1 446 903 000	1 559 377 435	1 559 377 435	1 559 377 435	1 559 377 435	1 559 377 435	1 559 377 435	1 559 377 435	1 559 377 435	1 559 377 435	1 559 377 435	+7,77%	+7,77%
	Écoles européennes	165 413 643	165 413 643	159 702 965	159 702 965	159 702 965	159 702 965	159 902 965	159 902 965	159 902 965	159 902 965	159 902 965	159 902 965	-3,33%	-3,33%
	Dépenses administratives des institutions	**6 792 200 438**	**6 793 073 238**	**6 893 144 508**	**6 893 304 508**	**6 865 589 664**	**6 865 749 664**	**6 963 974 663**	**6 953 088 499**	**6 961 188 663**	**6 948 798 654**	**6 941 188 663**	**6 939 475 779**	**+2,19%**	**+2,16%**
	sous-plafond			*7 351 000 000*		*7 351 000 000*		*7 351 000 000*		*7 351 000 000*		*7 351 000 000*			
	sous-marge			*457 855 492*		*485 410 336*		*387 025 337*		*389 811 337*		*409 811 337*			
	Parlement européen	1 755 631 742	1 755 631 742	1 794 929 112	1 794 929 112	1 794 929 112	1 794 929 112	1 794 729 112	1 794 729 112	1 794 729 112	1 794 729 112	1 794 729 112	1 794 729 112	+2,23%	+2,23%
	Conseil européen et Conseil	534 202 300	534 202 300	542 295 500	542 295 500	542 295 500	542 295 500	542 295 500	542 295 500	542 295 500	542 295 500	541 791 500	541 791 500	+1,42%	+1,42%
	Commission	3 260 818 000	3 261 690 800	3 297 200 000	3 297 360 000	3 280 534 506	3 280 694 506	3 274 997 000	3 274 957 000	3 274 461 000	3 272 917 155	3 274 965 000	3 273 252 116	+0,43%	+0,35%
	Commission (hors offices)	2 963 887 000	2 964 259 800	3 003 812 000	3 003 852 000	2 988 329 823	2 988 369 823	2 978 632 000	2 978 672 000	2 978 096 000	2 977 932 155	2 978 096 000	2 977 763 116	+0,48%	+0,46%
	Annexe 2 - Office des publications	80 733 000	80 733 000	79 839 000	79 839 000	79 450 033	79 450 033	79 839 000	79 839 000	79 839 000	79 839 000	79 839 000	79 839 000	-1,11%	-1,11%
	Annexe 3 - Office européen de lutte antifraude	57 196 000	57 196 000	57 769 000	57 769 000	57 546 159	57 546 159	57 746 000	57 746 000	57 746 000	57 746 000	57 746 000	57 746 000	+0,96%	+0,96%
	Annexe 4 - Office européen de sélection du personnel	27 883 000	27 883 000	26 648 000	26 648 000	26 572 570	26 572 570	26 648 000	26 648 000	26 648 000	26 648 000	26 648 000	26 648 000	-4,43%	-4,43%
	Annexe 5 - Office de gestion et de liquidation des droits individuels	36 260 000	36 260 000	36 521 000	36 521 000	36 386 774	36 386 774	36 521 000	36 521 000	36 521 000	36 521 000	37 025 000	37 025 000	+2,11%	+2,11%
	Annexe 6 - Office pour les infrastructures et la logistique — Bruxelles	68 833 000	68 833 000	68 528 000	68 528 000	68 260 898	68 260 898	68 528 000	68 528 000	68 528 000	68 528 000	68 528 000	68 528 000	-0,44%	-0,44%
	Annexe 7 - Office pour les infrastructures et la logistique — Luxembourg	24 526 000	24 526 000	24 083 000	24 083 000	23 988 249	23 988 249	24 083 000	24 083 000	24 083 000	24 083 000	24 083 000	24 083 000	-1,81%	-1,81%
	Projets pilotes et actions préparatoires	1 500 000	2 000 000	p.m.	120 000	p.m.	120 000	3 000 000	2 920 000	3 000 000	1 620 000	3 000 000	1 620 000	+100,00%	-19,00%
	Organismes décentralisés	p.m.	p.m.	p.m.	p.m.	p.m.	p.m.	p.m.	p.m.	p.m.	p.m.	p.m.	p.m.		
	Cour de justice de l'Union européenne	355 367 500	355 367 500	354 425 000	354 425 000	352 258 000	352 258 000	357 062 000	357 062 000	357 062 000	357 062 000	357 062 000	357 062 000	+0,48%	+0,48%
	Cour des comptes	133 497 575	133 497 575	134 306 000	134 306 000	131 778 000	131 778 000	132 906 000	132 906 000	132 906 000	132 906 000	132 906 000	132 906 000	-0,44%	-0,44%
	Comité économique et social européen	128 559 380	128 559 380	130 479 720	130 479 720	129 976 270	129 976 270	129 055 970	129 055 970	129 055 970	129 055 970	129 055 970	129 055 970	+0,39%	+0,39%
	Comité des régions	87 625 539	87 625 539	89 233 680	89 233 680	88 951 079	88 951 079	88 867 199	88 867 199	88 867 199	88 867 199	88 867 199	88 867 199	+1,42%	+1,42%
	Médiateur européen	9 857 002	9 857 002	10 091 105	10 091 105	9 923 105	9 923 105	10 091 105	10 091 105	10 091 105	10 091 105	10 091 105	10 091 105	+2,37%	+2,37%
	Contrôleur européen de la protection des données	8 012 953	8 012 953	8 883 891	8 883 891	8 779 891	8 779 891	8 883 891	8 883 891	8 883 891	8 883 891	8 883 891	8 883 891	+10,87%	+10,87%
	Service européen pour l'action extérieure	518 628 447	518 628 447	531 300 500	531 300 500	526 164 201	526 164 201	625 086 886	614 240 722	622 836 886	611 990 722	602 836 886	602 836 886	+16,24%	+16,24%
6	**Compensations**	**28 600 000**	**28 600 000**	**p.m.**	**p.m.**	**p.m.**	**p.m.**	**p.m.**	**p.m.**	**p.m.**	**p.m.**	**p.m.**	**p.m.**	**-100,00%**	**-100,00%**
	plafond			*0*		*0*		*0*		*0*		*0*			
	marge			*0*		*0*		*0*		*0*		*0*			
	Compensations (27 — Budget)	28 600 000	28 600 000	p.m.	p.m.	p.m.	p.m.	p.m.	p.m.	p.m.	p.m.	p.m.	p.m.	-100,00%	-100,00%
	Rubriques du CFP	**142 107 385 876**	**138 684 233 715**	**145 083 917 810**	**141 912 315 595**	**144 561 988 519**	**139 771 915 640**	**145 865 572 170**	**145 913 541 092**	**144 710 971 152**	**141 112 315 595**	**144 806 166 152**	**140 862 315 595**	**+1,90%**	**+1,57%**
	instrument de flexibilité			*79 785 595*	*11 315 595*	*79 785 595*	*0*	*100 000 000*	*11 315 595*	*83 285 595*	*11 315 595*	*83 285 595*	*0*		
	plafond			*146 483 000 000*	*141 901 000 000*	*146 483 000 000*	*141 901 000 000*	*146 483 000 000*	*141 901 000 000*	*146 483 000 000*	*141 901 000 000*	*146 483 000 000*	*141 901 000 000*		
	marge (2)			*1 478 867 785*	*0*	*2 000 797 076*	*2 129 084 360*	*717 427 830*	*- 4 001 225 497*	*1 855 314 443*	*800 000 000*	*1 760 119 443*	*1 038 684 405*		
	Crédits en % du RNB (3)(4)	**1,06%**	**1,03%**	**1,04%**	**1,02%**	**1,03%**	**1,00%**	**1,04%**	**1,04%**	**1,04%**	**1,01%**	**1,04%**	**1,01%**		

(1) Ce montant, résultant de l'arrondi des calculs du sous-plafond et du transfert net, est exclu lors du calcul de la sous-marge

(2) Ces montants sont calculés sans tenir compte des crédits pour instruments spéciaux (réserve pour aides d'urgence, Fonds européen d'ajustement à la mondialisation, Fonds de solidarité de l'UE)

(3) Le RNB pour 2014 est basé sur l'ajustement technique du cadre financier pour 2014 à l'évolution du RNB (COM(2013) 928 final) du 20 décembre 2013

(4) Le RNB pour 2015 est basé sur les prévisions de RNB publiées après la réunion tenue le 19 mai 2014 par le Comité consultatif des ressources propres (CCRP)

INSTRUMENTS SPÉCIAUX

Description	1		2		3		4		5		6		6/1	
	Budget pour 2014 (BR n° 1/2014 à 7/2014 inclus)		Projet de budget initial pour 2015 (hors lettre rectificative)		Position du Conseil sur le projet de budget initial pour 2015		Amendements du Parlement européen		Nouveau projet de budget pour 2015		Budget pour 2015		Différence (%)	
	c/e	c/p	c/e	c/p	c/e	c/p	c/e	c/p	c/e	c/p	c/e	c/p	c/e	c/p
Réserve pour aides d'urgence (40 — Réserves)	**297 000 000**	**150 000 000**	**303 000 000**	**150 000 000**	**303 000 000**	**150 000 000**	**303 000 000**	**303 000 000**	**303 000 000**	**150 000 000**	**303 000 000**	**150 000 000**	**+2,02%**	
Fonds européen d'ajustement à la mondialisation (FEM)	**159 181 000**	**50 000 000**	**162 365 000**	**25 000 000**	**162 365 000**	**25 000 000**	**162 365 000**	**150 000 000**	**162 365 000**	**25 000 000**	**162 365 000**	**25 000 000**	**+2,00%**	**-50,00%**
04 — Emploi, affaires sociales et inclusion	*p.m.*	*50 000 000*	*p.m.*	*25 000 000*	*p.m.*	*25 000 000*	*p.m.*	*150 000 000*	*p.m.*	*25 000 000*	*p.m.*	*25 000 000*		*-50,00%*
40 — Réserves	*159 181 000*	*p.m.*	*162 365 000*	*p.m.*	*162 365 000*	*p.m.*	*162 365 000*	*p.m.*	*162 365 000*	*p.m.*	*162 365 000*	*p.m.*	*+2,00%*	
Fonds de solidarité de l'Union européenne (FSUE) (13 — Politique régionale et urbaine)	**126 724 968**	**150 000 000**	**50 000 000**	**50 000 000**	**50 000 000**	**50 000 000**	**50 000 000**	**50 000 000**	**50 000 000**	**50 000 000**	**50 000 000**	**176 724 968**	**-60,54%**	**+17,82%**
Instruments spéciaux	**582 905 968**	**350 000 000**	**515 365 000**	**225 000 000**	**515 365 000**	**225 000 000**	**515 365 000**	**503 000 000**	**515 365 000**	**225 000 000**	**515 365 000**	**351 724 968**	**-11,59%**	**+0,49%**

TOTAL

Description	1		2		3		4		5		6		6/1	
	Budget pour 2014 (BR n° 1/2014 à 7/2014 inclus)		Projet de budget initial pour 2015 (hors lettre rectificative)		Position du Conseil sur le projet de budget initial pour 2015		Amendements du Parlement européen		Nouveau projet de budget pour 2015		Budget pour 2015		Différence (%)	
	c/e	c/p	c/e	c/p	c/e	c/p	c/e	c/p	c/e	c/p	c/e	c/p	c/e	c/p
Rubriques du CFP	**142 107 385 876**	**138 684 233 715**	**145 083 917 810**	**141 912 315 595**	**144 561 988 519**	**139 771 915 640**	**145 865 572 170**	**145 913 541 092**	**144 710 971 152**	**141 112 315 595**	**144 806 166 152**	**140 862 315 595**	**+1,90%**	**+1,57%**
Instruments spéciaux	**582 905 968**	**350 000 000**	**515 365 000**	**225 000 000**	**515 365 000**	**225 000 000**	**515 365 000**	**503 000 000**	**515 365 000**	**225 000 000**	**515 365 000**	**351 724 968**	**-11,59%**	**+0,49%**
Total général	**142 690 291 844**	**139 034 233 715**	**145 599 282 810**	**142 137 315 595**	**145 077 353 519**	**139 996 915 640**	**146 380 937 170**	**146 416 541 092**	**145 226 336 152**	**141 337 315 595**	**145 321 531 152**	**141 214 040 563**	**+1,84%**	**+1,57%**
Crédits en % du RNB (1)(2)	**1,06%**	**1,04%**	**1,04%**	**1,02%**	**1,04%**	**1,00%**	**1,05%**	**1,05%**	**1,04%**	**1,01%**	**1,04%**	**1,01%**		

(1) Le RNB pour 2014 est basé sur l'ajustement technique du cadre financier pour 2014 à l'évolution du RNB (COM(2013) 928 final) du 20 décembre 2013

(2) Le RNB pour 2015 est basé sur les prévisions de RNB publiées après la réunion tenue le 19 mai 2014 par le Comité consultatif des ressources propres (CCRP)

LES MOBILISATIONS DU FONDS EUROPÉEN D'AJUSTEMENT À LA MONDIALISATION EN 2014

Le Fonds européen d'ajustement à la mondialisation (FEM) a été mobilisé vingt et une fois en 2014, pour un montant total de 81 millions d'euros en crédits d'engagement et de paiement.

Douze des mobilisations, pour un montant total de 42,2 millions d'euros, ont été effectuées sur la base du nouveau règlement relatif au FEM[1].

Ces mobilisations peuvent être résumées comme suit :

- la première mobilisation, pour un montant de 0,8 million d'euros, est intervenue le 11 mars 2014 après 300 licenciements dans 198 entreprises exerçant leurs activités dans le secteur de l'industrie textile dans la *Comunidad Valenciana* en Espagne[2] ;

- la deuxième mobilisation, pour un montant de 2 millions d'euros, est intervenue le 16 avril 2014 suite à 285 licenciements au sein de l'entreprise Grupo Santana et chez quinze de ses fournisseurs et producteurs en aval exerçant leurs activités dans le secteur de l'industrie automobile en Espagne[3] ;

- la troisième mobilisation, pour un montant de 3 millions d'euros, est intervenue le 16 avril 2014 à la suite de 1 146 licenciements au sein de l'entreprise VDC technologies SpA et chez un de ses fournisseurs exerçant leurs activités dans le secteur de la fabrication de produits électroniques et techniques en Italie[4] ;

- la quatrième mobilisation, pour un montant de 3,6 millions d'euros, est intervenue le 25 septembre 2014 à la suite de 1 513 licenciements dans deux entreprises (SC Mechel Câmpia Turzii SA et un producteur en aval) exerçant leurs activités dans le secteur de la production d'acier en Roumanie[5] ;

- la cinquième mobilisation, pour un montant de 0,3 million d'euros, est intervenue le 25 septembre 2014[6]. Elle est destinée à financer l'assistance technique, conformément à l'article 11 du règlement n° 1309/2013 relatif au FEM[7] ;

- la sixième mobilisation, pour un montant de 6,1 millions d'euros, est intervenue le 25 septembre 2014 à la suite de 508 licenciements dans l'entreprise Nutriart S.A. et 25 fournisseurs et producteurs en aval, y inclus 24 travailleurs indépendants dont l'activité dépendait de l'entreprise principale, opérant dans le secteur de l'industrie alimentaire en Grèce[8] ;

---

[1] Règlement (UE) n° 1309/2013 du Parlement européen et du Conseil, du 17 décembre 2013, relatif au Fonds européen d'ajustement à la mondialisation pour la période 2014-2020 et abrogeant le règlement (CE) n° 1927/2006 (JO L 347 du 20.12.2013, pp. 855/864).
Le reste des mobilisations a été effecté sur la base du règlement n° 1927/2006 portant création du FEM, tel que modifié par le règlement n° 546/2009 (JO L 167 du 29.6.2009, pp. 26/29 ; voir tableau 3, page 25).

[2] JO L 90 du 26.3.2014, pp. 18/19.

[3] JO L 134 du 7.5.2014, pp. 42/43.

[4] *Ibid.*, pp. 44/45.

[5] JO L 292 du 8.10.2014, pp. 12/13.

[6] *Ibid.*, pp. 14/15.

[7] JO L 347 du 20.12.2013, p. 860.

[8] JO L 292 du 8.10.2014, pp. 16/17.

- la septième mobilisation, pour un montant de 0,9 million d'euros, est intervenue le 22 octobre 2014 à la suite de 939 licenciements dans l'entreprise Carsid SA exerçant son activité dans le secteur de la production d'acier brut issu de la coulée continue en Belgique[9] ;

- la huitième mobilisation pour un montant de 0,7 million d'euros, est intervenue le 22 octobre 2014 à la suite de 587 licenciements dans trois entreprises exerçant leurs activités dans le secteur du travail du bois dans la région de *Castilla y León* en Espagne[10] ;

- la neuvième mobilisation, pour un montant de 0,6 million d'euros, est intervenue le 22 octobre 2014 à la suite de 512 licenciements dans l'entreprise Ford Werke GmbH à Genk et chez dix de ses fournisseurs exerçant leurs activités dans le secteur de la production de voitures particulières en Belgique[11] ;

- la dixième mobilisation, pour un montant de 1,6 million d'euros, est intervenue le 22 octobre 2014 à la suite de 562 licenciements dans 89 entreprises exerçant leurs activités dans le secteur de la construction de bâtiments dans les régions de Gueldre et d'Overijssel aux Pays-Bas[12] ;

- la onzième mobilisation, pour un montant de 1 million d'euros, est intervenue le 22 octobre 2014 à la suite de 904 licenciements dans 661 entreprises exerçant leurs activités dans le secteur de la restauration dans la région *Aragón* en Espagne[13] ;

- la douzième mobilisation, pour un montant de 1 million d'euros, est intervenue le 22 octobre 2014 à la suite de 633 licenciements dans 142 entreprises exerçant leurs activités dans le secteur de la fabrication de produits métalliques dans la *Comunidad Valenciana* en Espagne[14] ;

- la treizième mobilisation, pour un montant de 12,7 millions d'euros, est intervenue le 22 octobre 2014 à la suite de 6 120 licenciements principalement dans les sites d'Aulnay (désormais fermé) en Île-de-France et de Rennes en Bretagne de l'entreprise Peugeot Citroën Automobiles (PSA) exerçant son activité dans le secteur de la fabrication de véhicules à moteur en France[15] ;

- la quatorzième mobilisation, pour un montant de 0,9 million d'euros, est intervenue le 26 novembre 2014 à la suite de 760 licenciements dans l'entreprise GAD SA exerçant son activité dans le secteur des industries alimentaires principalement en Bretagne et dans les Pays de la Loire en France[16] ;

- la quinzième mobilisation, pour un montant de 1,5 million d'euros, est intervenue le 26 novembre 2014 à la suite de 171 licenciements dans l'entreprise Andersen Ireland Limited exerçant son activité principalement dans la fabrication d'articles de joaillerie et de bijouterie en Irlande[17] ;

- la seizième mobilisation, pour un montant de 1,4 million d'euros, est intervenue le 26 novembre 2014 à la suite de 634 licenciements dans l'entreprise STX Finland Oy exerçant son activité dans le secteur de la construction navale à Rauma, en Finlande[18] ;

---

[9]JO L 333 du 20.11.2014, pp. 9/10.
[10]*Ibid.*, pp. 11/12.
[11]*Ibid.*, pp. 13/14.
[12]*Ibid.*, pp. 15/16.
[13]*Ibid.*, pp. 17/18.
[14]*Ibid.*, pp. 19/20.
[15]*Ibid.*, pp. 21/22.
[16]JO L 350 du 6.12.2014, pp. 7/8.
[17]*Ibid.*, pp. 9/10.
[18]*Ibid.*, pp. 11/12.

- la dix-septième mobilisation, pour un montant de 7,3 millions d'euros, est intervenue le 26 novembre 2014 à la suite de 761 licenciements dans l'entreprise Sprider Stores S.A. exerçant son activité dans le secteur du commerce de détail en Grèce[19] ;

- la dix-huitième mobilisation, pour un montant de 1,3 million d'euros, est intervenue le 17 décembre 2014 à la suite de 1 079 licenciements au sein de l'entreprise Fiat Auto Poland et chez vingt et un de ses fournisseurs et producteurs en aval exerçant leurs activités dans le secteur de la production de voitures particulières en Pologne[20] ;

- la dix-neuxième mobilisation, pour un montant de 1,9 million d'euros, est intervenue le 17 décembre 2014 à la suite de 608 licenciements dans l'entreprise Whirlpool Europe S.r.l. et cinq de ses fournisseurs exerçant leurs activités dans le secteur de la fabrication d'équipements électriques dans la *Provincia Autonoma di Trento* en Italie[21] ;

- la vingtième mobilisation, pour un montant de 6,4 millions d'euros, est intervenue le 17 décembre 2014 à la suite de 600 licenciements dans l'entreprise Odyssefs Fokas S.A. exerçant son activité dans le secteur du commerce de détail essentiellement dans les régions d'Attique, de Macédoine centrale et de Thessalie en Grèce[22], et

- la vingt et unième mobilisation, pour un montant de 25,9 millions d'euros, est intervenue le 17 décembre 2014 à la suite de 5 213 licenciements dans l'entreprise Air France exerçant son activité dans le secteur du transport aérien en France[23].

Lors des deux dernières mobilisations, les crédits de paiement proviennent majoritairement de recettes affectées.

---

[19]JO L 350 du 6.12.2014, pp. 13/14.
[20]JO L 8 du 14.1.2015, pp. 12/13.
[21]*Ibid.*, pp. 14/15.
[22]*Ibid.*, pp. 16/17.
[23]*Ibid.*, pp. 18/19.

DÉCLARATION COMMUNE DE L'ALLEMAGNE, DE L'AUTRICHE, DU DANEMARK, DE LA FINLANDE, DE LA FRANCE, DES PAYS-BAS, DU ROYAUME-UNI ET DE LA SUÈDE SUR LA MOBILISATION DE LA MARGE POURE IMPRÉVUS, DE MAI 2014

COMMON STATEMENT ON THE MOBILIZATION OF THE CONTINGENCY MARGIN BY AUSTRIA, DENMARK, FINLAND, FRANCE, GERMANY, SWEDEN, THE UNITED KINGDOM AND THE NETHERLANDS.

In light of the forthcoming draft budget 2015 and potential discussions on amending budgets to the 2014 budget, Austria, Denmark, Finland, France, Germany, Sweden, the United Kingdom and the Netherlands underline that any such proposal must strictly respect the MFF-regulation (EU, EURATOM) No 1311/2013 of 2 December 2013 laying down the multiannual financial framework (MFF) for the years 2014-2020. In particular, these Member States recall that the contingency margin is to be mobilised for unforeseen circumstances, and at last resort only. A mobilization of the contingency margin in 2014 to pay part of the outstanding commitments on the cohesion policy would both be legally questionable and unnecessary.

The mobilization of the contingency margin as planned by the Commission is legally questionable in light of the MFF-regulation:

- the MFF provisions regarding the special instruments as well as preparatory work of the MFF regulation only mention its mobilization above commitment appropriations'ceilings of the MFF, but not above payment appropriations'ceilings ;

- recourse to the contingency margin in order to pay for pre-2014 commitments, would not be in compliance with the MFF-regulation, as article 13 of this regulation states that the contingency margin may only be mobilized "as a last-resort instrument to react to unforeseen circumstances". Payments for pre-2014 commitments, i.e. RAL cannot by definition be considered as unforeseen circumstances. Hence using the contingency margin in order to cover part of the RAL on heading 1b, would not respect Article 13.

A proposal for the mobilization of the contingency margin in 2014 would not only be legally questionable but also unnecessary, premature and not a 'last resort' option. The Commission should consider alternative options to manage any 2014 payment pressures, including re-prioritisation and the reimbursement of end-2014 claims in early 2015. It would also threaten the sustainability of the MFF ceilings in light of the payment needs for 2014 and the following years :

- there are no particular payment needs on heading 1b in 2014 that would justify the mobilization of the contingency margin. Most of the payment claims are likely to be received by the Commission at the end of 2014, as it happened during the previous years. Thus, the payments will be delayed to 2015 for practical reasons, so there is no need for additional PA in 2014 ;

- the use of the contingency margin would only postpone the alleged problem of the level of PA, as Article 13 of the MFF-regulation clearly states that the amounts made available through the contingency margin should be fully offset against the margins in one or more MFF headings for the current or future financial years.

The above delegations recall their will to ensure the financing of humanitarian Aid programmes and Erasmus through appropriate procedures.

NOTE DE LA COMMISSION, DU 17 DÉCEMBRE 2013, SUR LES PARAMÈTRES À RETENIR POUR L'ÉTABLISSEMENT DES ÉTATS PRÉVISIONNELS ET DU PROJET DE BUDGET POUR 2015

EUROPEAN COMMISSION
Budget

Director-General

Brussels,
BUDG/HJJ D(2013)

NOTE TO

Mr VANHAEREN
Director General for Finance, European Parliament
Mr SHAPCOTT
Director General for Administration, Council
Mr ALEXOPOULOS
Acting Secretary General of European Economic and Social Committee
Mr STAHL
Secretary-General of the Committee of the Regions
Mr CALOT
Registrar of the European Court of Justice
Mr RUIZ GARCIA
Secretary General of the Court of Auditors
Ms O'REILLY
European Ombudsman
Mr HUSTINX
European Data Protection Supervisor
Mr O'SULLIVAN
Chief Operating Officer European External Action Service

Subject: Establishment of the 2015 Statement of estimates and Draft Budget (DB)

Please find hereafter the key parameters for establishing the 2015 Statement of estimates and Draft Budget (DB 2015).

1. ESTIMATION OF CREDITS IN EUROS

The exchange rate to be used, where necessary, corresponds to the value of the euro on 30 September 2013, which may be found at the following address:

http://ec.europa.eu/budget/inforeuro/

2. CREDITS OF CHAPTERS 10, 11 AND 12

The Commission requests the Institutions to base their assessments on the following estimates for the 2015 adaptations of the staff remuneration:

\\net1\budg\A\a05\2015\2 Budget procedure\2.4 Projet de budget\2.4.1 Circulaire Budgétaire\2.4.1.1 Prépa circulaire\Autres Institutions\2013-11-20 Budget Circular Other Institutions DB2015.docx
European Commission, B-1049 Brussels, Belgium. Telephone: (32-2) 299 11 11.
Office: BRE2 13/535. Telephone: direct line (32-2) 2995150.

Pay adjustment to be decided in December 2015 with effect from 1 July 2015

	Reference period	Estimates
Purchasing Power	1.7.2014 30.6.2015	0,2%
Cost of living	June 2014 June 2015	1,5%
2015 Adjustment of Staff remuneration		**1,7%**

Based on its proposal of 10/12/13, the Commission will also integrate in its 2015 budget request for salary expenditure a salary increase for 2011 and 2012 of 0.9% for each of the two years. However, as the final decision by the Parliament and Council on these adjustments is pending, this parameter may have to be revised at a later stage.

3. Macro-economic data (provisional figures)

The amounts for administrative expenditure should be given in current prices. The evolution of the cost of living for 2014 to 2015 is estimated at 1,5% for Brussels and 1,7% for Luxembourg.

4. Expenditure relating to pensions of members of the Institution

At the demand of the European Parliament, expenditure related to the pensions of Parliament Members was eventually shifted to the Commission section in the 2014 budget, which includes pension expenditure for the staff of all Institutions. For sake of consistency across Institutions, the Commission proposes to include expenditure related to the pensions of Members of all the relevant Institutions in the Commission section of the budget (identified by a separate budget item for each Institution), too. Accordingly, I would ask all Institutions concerned to provide the Commission with forecasts of pension expenditure for their Members, to enable the Commission to include this type of expenditure in its own section.

5. Calendar

In accordance with article 36 of the Financial Regulation, all the Institutions should send the Commission an estimate of their revenue and expenditure before 1 July.

However, to enable the Commission to comply with the pragmatic budget calendar, I would be grateful if you could send us the following:

- **by 28 March**, the total amount of revenue and expenditure of your DB 2015 estimates as well as the estimates for the years 2015-2020 for the total amount in expenditure and any additional posts
- **by 11 April**, a copy of the official transmission of your estimates to the Commission.

Hervé JOUANJEAN

c.c.: Messrs.: Kessler (OLAF), Bearfield (EPSO);
Mrs Souka (HR), Reicherts (OP);
Mrs Philaniotou, Hevicke, Vanderlinden (BUDG);
Messrs.: Presa, Bertrand (BUDG)
Messrs: Child, O'Neill (EEAS)

LETTRE DE LA COMMISSION, DU 9 JANVIER 2014, CONCERNANT L'ÉTABLISSEMENT DES ÉTATS PRÉVISIONNELS POUR 2015 DES INSTITUTIONS DE L'UNION EUROPÉENNE

JANUSZ LEWANDOWSKI
MEMBER OF THE EUROPEAN COMMISSION

B-1049 BRUSSELS

Mr Martin SCHULZ
President of the European Parliament
Mr Ioannis STOURNARAS
President of the Council
Mr Vassilios SKOURIS
President of the European Court of Justice
Mr Vítor Manuel DA SILVA CALDEIRA
President of the Court of Auditors
Ms Catherine ASHTON
High Representative, European External Action Service
Mr Henri MALOSSE
President of European Economic and Social Committee
Mr Ramón Luis VALCARCEL SISO
President of the Committee of the Regions
Ms Emily O'REILLY
European Ombudsman
Mr Peter HUSTINX
European Data Protection Supervisor

Brussels, 9th January 2014
MP/dn ARES(2014)S30341

Subject: **Establishment of estimates of administrative expenditure of Institutions for the 2015 Draft Budget**

Dear President,

The entry into force of the 2014-2020 multiannual financial framework on 1 January 2014 provides a clear frame for the preparation of the 2015 Draft Budget. Administrative expenditure will continue to be subject to close scrutiny, since substantial fiscal consolidation in Member States is set to continue.

Point 27 of the Interinstitutional Agreement on budgetary discipline, cooperation in budgetary matters and on sound financial management requires that all Institutions reduce staffing levels by 5% over five years. The Commission already implemented two annual 1% reduction steps in the 2013 and 2014 budgets. In 2015, the Commission will further reduce the number of its human resources (establishment plans and other personnel) by another 1%. This means that any new tasks will be met through available (and decreasing) human resources. I would like to recall that this is an undertaken commitment that all Institutions need to implement to structurally contribute to containing the evolution of administrative expenditure.

Further to the ruling of the Court of Justice on the outstanding salary adjustment for 2011, the Commission has recently proposed a salary increase for 2011 and 2012 of 0.9% for each of the two years (as opposed to 1.7%, as initially requested). At this stage, this is to be taken into account when establishing the estimates of expenditure, until the related decision-making process is completed. The Commission will base its budget request for salary expenditure on this proposal, the salary freeze for 2013/2014 and an expected annual increase of 1.7% for 2015 (i.e. 0.85% on a six month basis).

For all non-salary related expenditure (excluding pensions and the European Schools) the Commission will aim at a nominal freeze at the 2014 level. Since part of such expenditure is often subject to indexation (e.g. for rents), a nominal freeze will require further savings in other expenditure items. As in previous years, Institutions are invited to make similar efforts and exploit to the maximum extent all possibilities for rationalisation and savings.

At the demand of the European Parliament, expenditure related to the pensions of Parliament Members was shifted to the Commission section in the 2014 budget, which covers pension expenditure for the staff of all Institutions. For the sake of consistency across Institutions, the Commission proposes to include expenditure related to the pensions of Members of all the relevant Institutions in the Commission's section identified by a separate budget item for each Institution. Accordingly, I would ask the Institutions concerned to provide the Commission with forecasts of pension expenditure for their Members, to enable the Commission to include this type of expenditure in its own section.

Based on the expenditure levels authorised in the 2014 budget, the Commission's share of total administrative expenditure under Heading 5 is 39%, compared to 42% for the other Institutions (pensions and European schools, common to all Institutions, account for the remainder). Therefore, the overall evolution of administrative expenditure depends on budgetary demands from other Institutions at least as much as on the Commission.

That is why I would like to call on all Institutions to follow the Commission approach and pursue their efforts towards containing their requests when preparing their own estimates of expenditure for the draft budget 2015. It is of utmost importance to continue to demonstrate that the European Institutions are acting responsibly and to send the right signal to the European public opinion, in advance of the Parliamentary elections.

On this note, I would like to recall the Commission's role in consolidating the draft budget. Article 314§1 of the TFEU states that: "*...each Institution shall...draw up estimates of its expenditure for the following financial year. The Commission shall consolidate these estimates in a draft budget, which may contain different estimates.*"

I trust you share my concerns and count on your support for submitting estimates of expenditure that the Commission would be able to easily integrate, without modifications, in the 2015 draft budget.

Yours sincerely,

Copies: **Mr Klaus WELLE**, Secretary General of the European Parliament
Mr Roger VANHAEREN, Director General for Finance, European Parliament
Mr Uwe CORSEPIUS, Secretary General of the Council
Mr William SHAPCOTT, Director General for Personnel and Administration, Council
Ms Catherine DAY, Secretary General of the European Commission
Mr Emmanuel COULON, Registrar of the European Court of Justice
Mr Eduardo RUIZ GARCIA, Secretary General of the Court of Auditors
Mr David O'SULLIVAN, Chief Operating Officer of the European External Action Service
Mr Nicolas ALEXOPOULOS, Secretary General of European Economic and Social Committee
Mr Gerhard STAHL, Secretary General of the Committee of the Regions
Mr Alain LAMASSOURE, President of the Committee on Budgets, European Parliament
Ms Argyro NANOPOULOU, President of the Budget Committee, Council

DÉCLARATION COMMUNE, DU 2 AVRIL 2014, SUR LES DATES DE LA PROCÉDURE BUDGÉTAIRE POUR 2015 ET LES MODALITÉS DE FONCTIONNEMENT DU COMITÉ DE CONCILIATION EN 2014[1]

"A. Conformément à la partie A de l'annexe de l'accord interinstitutionnel entre le Parlement européen, le Conseil et la Commission sur la discipline budgétaire, la coopération en matière budgétaire et la bonne gestion financière, le Parlement européen, le Conseil et la Commission fixent les dates pivots ci-après pour la procédure budgétaire 2015 :

1. un trilogue sera convoqué le 10 juillet, avant l'adoption de la position du Conseil ;

2. le Conseil s'efforcera d'adopter sa position et la transmettre au Parlement européen pour la semaine 36 (première semaine de septembre) au plus tard, afin de dégager plus facilement en temps voulu un accord avec le Parlement européen ;

3. la commission des budgets du Parlement européen s'efforcera de voter sur les amendements à la position du Conseil avant la fin de la semaine 41 (mi-octobre) au plus tard ;

4. un trilogue sera convoqué le 15 octobre, avant la lecture du Parlement européen ;

5. le Parlement européen votera en séance plénière dans le cadre de la lecture du projet pendant la semaine 43 ;

6. la période de conciliation débutera le 28 octobre. En accord avec les dispositions de l'article 314, paragraphe 4, point c), du TFUE, le délai prévu pour la conciliation prendra fin le 17 novembre 2014 ;

7. le comité de conciliation se réunira le 6 novembre dans les locaux du Parlement européen et le 14 novembre dans ceux du Conseil ; les réunions du comité de conciliation seront préparées par un ou des trilogues. Un trilogue est prévu pour le 11 novembre. Un ou des trilogues supplémentaires peuvent être convoqués pendant les 21 jours que dure la période de conciliation.

B. Les modalités de fonctionnement du comité de conciliation figurent dans la partie E de l'annexe de l'accord interinstitutionnel susvisé."

---

[1] Doc. *Conseil 8582/14 FIN 288 INST 206* du 4 avril 2014, p. 2.

LETTRE DU PRÉSIDENT DE LA COMMISSION AU PRÉSIDENT DU CONSEIL SUR LA POSITION DU CONSEIL, DU 30 SEPTEMBRE 2014

Bruxelles, le 30 septembre 2014

Monsieur le Président,

Chacun de nous met tout en œuvre pour renforcer la croissance et améliorer les perspectives d'emploi pour nos concitoyens. Si le secteur public ne peut, à lui seul, produire la croissance dont nous avons besoin, des financements publics bien ciblés peuvent contribuer à la stimuler. C'est pourquoi nous avons travaillé sans relâche pour convenir d'un budget européen modernisé et tourné vers l'avenir au moment de l'adoption du cadre financier pluriannuel (CFP), l'année dernière. Il ne s'agit pas seulement d'un exercice technique ou purement budgétaire : il en va de la crédibilité des décisions politiques prises par le Conseil européen.

Lorsque nous avons décidé que le budget de l'UE devrait servir à investir dans la croissance, l'emploi et la compétitivité et à renforcer le rôle de l'Union sur la scène mondiale, nous nous sommes entendus sur un niveau total des paiements et un profil annuel et nous avons fait un effort concerté pour orienter les dépenses vers les priorités les plus impérieuses de l'Union. À l'heure où nous cherchons de nouveaux moyens de promouvoir les investissements en Europe, il serait judicieux de nous tourner d'abord vers les instruments déjà approuvés, en tête desquels figure le CFP.

Il était évident, à l'époque, qu'il serait difficile de concilier nos ambitions avec un budget plus restreint. C'est la raison pour laquelle j'avais subordonné mon accord à la faculté d'exploiter la flexibilité offerte par le budget, de façon à pouvoir utiliser pleinement les montants convenus. La Commission a toujours précisé que le plafond global des paiements défini dans le cadre du CFP pour 2014-2020 constituait le minimum indispensable pour mettre en œuvre les politiques convenues, et que cette mise en œuvre ne serait possible que si nous utilisions pleinement les mécanismes de flexibilité prévus dans le règlement relatif au CFP. Nous ne demandons pas davantage que ce que les États membres ont adopté à l'unanimité, avec l'accord du Parlement européen.

Si aucune décision n'est prise au plus haut niveau politique pour revenir à ce qui avait été convenu dans le CFP, les négociations budgétaires de cette année aboutiront à des niveaux de financement inférieurs à ceux convenus en décembre 2013. L'UE ne serait dès lors pas en mesure d'honorer les engagements pris dans le passé. La Commission ne disposerait pas des moyens nécessaires pour lancer tous les nouveaux programmes ou pour répondre comme il se doit aux crises préoccupantes qui secouent nos voisins et des pays plus éloignés.

../..

S.E.
M. Matteo Renzi
Président du Conseil

La solution à ce problème n'est pas du ressort de la Commission. Nous avons travaillé dur pour accroître le niveau d'exécution du budget. Les propositions de projet de budget pour 2015 et de projets de budgets rectificatifs en 2014 présentées par la Commission sont le fruit d'une approche responsable et réaliste. Elles sont pleinement conformes à l'obligation, faite par le traité aux trois institutions, de veiller à mettre à la disposition de l'Union les moyens financiers nécessaires pour lui permettre d'honorer ses obligations juridiques.

Dans le projet de budget rectificatif n° 3/2014, la Commission a proposé d'augmenter les crédits de paiement de 4,7 milliards d'euros, pour remédier aux pénuries de crédits de paiement que connaissent plusieurs programmes et faire face à une série de circonstances imprévues. Il s'agit, pour certaines, de circonstances défavorables, comme l'instabilité de notre voisinage. Dans d'autres cas, nous répondons à une évolution positive, comme un taux d'exécution supérieur aux prévisions dans le domaine de la politique de cohésion.

L'évolution des recettes en 2014 a contribué à alléger la situation et devrait permettre de trouver plus facilement un accord sur le budget rectificatif. Des recettes importantes provenant d'amendes infligées dans le cadre de l'application de la politique de concurrence seront versées au budget de l'UE cette année. Si ces ressources supplémentaires sont utilisées pour financer l'augmentation des crédits de paiement de 4,7 milliards d'euros prévue dans le projet de budget rectificatif n° 3/2014, le coût net pour les États membres sera modeste.

Pour 2015, la Commission a proposé, après une évaluation rigoureuse des besoins, un projet de budget qui utilise intégralement le plafond des paiements du cadre financier pluriannuel. Les propositions de la Commission correspondent au strict minimum requis pour enrayer la croissance des engagements restant à liquider et remplir les obligations qui nous incombent au titre des engagements des années précédentes. Les crédits de paiement demandés sont également nécessaires pour engager rapidement les nouveaux investissements dans les infrastructures, l'innovation, la croissance et l'emploi dont l'Europe a besoin. La Commission ne réclame pas"de l'argent pour Bruxelles" – celui-ci sera intégralement dépensé dans les États membres ou, dans une moindre mesure, dans des pays partenaires.

Nous ne serons pas en mesure de réaliser nos objectifs communs si les États membres remettent en cause les niveaux de paiement dont ils avaient déjà convenu ensemble. C'est pourquoi j'appelle le Conseil à faire preuve de la détermination nécessaire pour parvenir, dans les semaines à venir, à une décision budgétaire conforme à l'accord politique par lequel nous avons conclu les négociations sur le cadre financier pluriannuel pour 2014-2020.

José Manuel Barroso

c.c.
Président du Parlement européen, président du Conseil européen, membres du Conseil européen.

L'ACCORD "*AD REFERENDUM*", DU 8 DÉCEMBRE 2014, SUR LE BUDGET DE L'UNION POUR 2015 ET LES BUDGETS RECTIFICATIFS POUR 2014 EN ATTENTE[1]

PROJET D'ENSEMBLE
Budget pour 2015 – Conclusions communes

Le présent projet d'ensemble comprend les points suivants :

1. Budget pour 2015
2. Budget pour 2014 – Projets de budgets rectificatifs (PBR) n° 3/2014 à 8/2014
3. Déclarations communes

PRÉSENTATION SUCCINCTE

A. BUDGET POUR 2015

Selon le projet d'ensemble :

- le montant global des crédits d'engagement dans le budget pour 2015 s'élève à 145 321,5 millions d'euros. Dans l'ensemble, cela laisse une marge sous les plafonds du CFP pour 2015 de 1 760,1 millions d'euros en crédits d'engagement ;

- le montant global des crédits de paiement dans le budget pour 2015 s'élève à 141 214,0 millions d'euros. Ce chiffre inclut un montant de 126,7 millions d'euros qui concerne la mobilisation du Fonds de solidarité de l'UE liée aux PBR n° 5/2014 et 7/2014 ;

- l'instrument de flexibilité pour 2015 est mobilisé pour un montant de 83,3 millions d'euros en crédits d'engagement ;

- les crédits de paiement pour 2015 liés à la mobilisation de l'instrument de flexibilité pour l'aide supplémentaire à Chypre en 2014 et 2015 sont estimés par la Commission à 11,3 millions d'euros.

B. BUDGET POUR 2014

Selon le projet d'ensemble :

- Les PBR n° 3/2014 à 8/2014 sont acceptés tels que proposés par la Commission, avec les exceptions indiquées au point 2 ;

- en conséquence, le niveau des crédits d'engagement dans le budget pour 2014 augmente de 49,8 millions d'euros, en raison de la mobilisation du Fonds de solidarité de l'UE (s'élevant à 126,7 millions d'euros) liée aux PBR n° 5/2014 et 7/2014, ce qui est en partie compensé par la réduction de 76,9 millions d'euros en crédits d'engagement dans les PBR n° 3/2014, 4/2014 et 6/2014 (principalement liés à la pêche) ;

- en conséquence, le niveau des crédits de paiement dans le budget pour 2014 augmente de 3 529,6 millions d'euros ;

---

[1] Doc. *PE P8_TA(2014)0100* du 17 décembre 2014, annexe, et *Conseil 16707/1/14 REV 1 FIN 988 INST 616 PE-L 94* du 11 décembre 2014, pp. 16/20 de l'annexe 1.

- la marge pour imprévus pour 2014 est mobilisée pour un montant de 2 818,2 millions d'euros plus 350 millions d'euros en crédits de paiement, conformément à la déclaration commune relative aux instruments spéciaux figurant *[pages 151-152]*.

1. BUDGET POUR 2015

1.1. Lignes "clôturées"

Sauf indication contraire dans les conclusions ci-après, toutes les lignes budgétaires qui n'ont été modifiées ni par le Conseil ni par le Parlement européen, ainsi que celles pour lesquelles le Parlement européen a accepté les modifications apportées par le Conseil lors de leurs lectures respectives du budget sont confirmées.

Pour les autres lignes budgétaires, le Parlement européen et le Conseil ont approuvé les conclusions figurant aux points 1.2 à 1.7 ci-dessous.

1.2. Questions horizontales

a) Organismes décentralisés

La contribution de l'UE (en crédits d'engagement et en crédits de paiement) et le nombre de postes destinés à tous les organismes décentralisés sont fixés au niveau proposé par la Commission dans le nouveau projet de budget (PB) :

Augmentation des postes des tableaux des effectifs et des crédits connexes par rapport au PB initial :

- *Autorité bancaire européenne (ABE)* : +9 postes et +585 000 euros ;

- *Autorité européenne des assurances et des pensions professionnelles (AEAPP)* : +3 postes et +195 000 euros ;

- *Autorité européenne des marchés financiers (AEMF)* : +4 postes et +260 000 euros ;

- *Bureau européen d'appui en matière d'asile (EASO)* : +4 postes et +260 000 euros, et

- *Office européen de police (Europol)* : +5 postes, combinés à une réduction de -600 000 euros ;

Augmentation des dépenses opérationnelles de 20,0 millions d'euros en crédits d'engagement et en crédits de paiement pour *l'Agence "Frontex"*.

b) Agences exécutives

La contribution de l'UE (en crédits d'engagement et en crédits de paiement) et le nombre de postes destinés aux agences exécutives sont fixés au niveau proposé par la Commission dans le nouveau PB.

c) Projets pilotes/actions préparatoires

Un ensemble complet de 59 projets pilotes/actions préparatoires est approuvé, comme le propose le nouveau PB, pour les crédits tant d'engagement que de paiement. Lorsqu'un projet pilote ou une action préparatoire semble couvert par une base juridique existante, la Commission peut proposer le virement des crédits vers la base juridique correspondante afin de faciliter la mise en œuvre de l'action en question.

Cet ensemble de projets et d'actions respecte intégralement les plafonds prévus par le règlement financier pour les projets pilotes et les actions préparatoires.

d) Coûts administratifs communs des délégations de l'UE

Le transfert des "Coûts administratifs communs des délégations de l'UE" de la section "Commission" vers la section "SEAE" du budget, comme le propose le nouveau PB, est approuvé.

1.3. Dépenses par rubrique du cadre financier – crédits d'engagement

Compte tenu des conclusions qui précèdent sur les lignes budgétaires "clôturées", les agences, les projets pilotes et les actions préparatoires, le Parlement européen et le Conseil ont convenu de ce qui suit :

a) Sous-rubrique *1a*

Les crédits d'engagement sont fixés au niveau proposé par la Commission dans le nouveau PB, la priorité étant de contribuer au renforcement de l'accès au financement dans le cadre du budget de l'UE, en particulier pour les petites et moyennes entreprises (PME) :

(en milliers d'euros)

Ligne budgétaire	Intitulé	Renforcement des crédits d'engagement		
		PB 2015	Nouveau PB 2015	Différence
02 02 02	Améliorer l'accès au financement pour les petites et moyennes entreprises (PME), sous forme d'investissements en capital-risque et sous forme de prêts	162 791,7	174 791,7	12 000,0
04 03 02 03	Microfinance et entrepreneuriat social – Faciliter l'accès au financement pour les entrepreneurs, en particulier les personnes les plus éloignées du marché du travail, et pour les entreprises sociales	24 957,0	26 457,0	1 500,0
08 02 02 02	Améliorer l'accès au capital-risque pour l'investissement dans la recherche et l'innovation	337 534,7	342 534,7	5 000,0
	Total			**18 500,0**

En outre, les renforcements des crédits d'engagement ci-après par rapport au nouveau PB sont acceptés :

(en milliers d'euros)

Ligne budgétaire	Intitulé	Nouveau PB 2015	Budget 2015	Différence
02 02 01	Promouvoir l'esprit d'entreprise et améliorer la compétitivité et l'accès aux marchés des entreprises de l'Union	106 561,8	108 561,8	2 000,0
02 04 03 02	Promouvoir des sociétés européennes sûres	148 235,9	153 235,9	5 000,0
08 02 01 01	Renforcement de la recherche aux frontières de la connaissance au Conseil européen de la recherche	1 631 723,2	1 650 723,2	19 000,0

08 02 02 01	Position de tête dans les nanotechnologies, les matériaux avancés, les lasers, les biotechnologies, les productions et les processus avancés	498 592,7	498 592,7	5 000,0
08 02 03 05	Parvenir à une économie à basse consommation de ressources et résistante au changement climatique, et à un approvisionnement durable en matières premières	291 719,4	297 719,4	6 000,0
09 04 02 01	Primauté dans le domaine des technologies de l'information et des communications	819 154,4	824 154,4	5 000,0
09 04 03 02	Promouvoir des sociétés européennes assurant l'insertion de tous, innovantes et capables de réflexion	41 725,8	43 725,8	2 000,0
15 02 01 01	Promouvoir l'excellence et la coopération dans le domaine de l'éducation et de la formation en Europe ainsi que son adéquation par rapport au marché du travail	1 336 476,0	1 348 476,0	12 000,0
15 02 01 02	Promouvoir l'excellence et la coopération auprès de la jeunesse européenne ainsi que la participation des jeunes à la vie démocratique en Europe	161 745,0	165 245,0	3 500,0
15 02 03	Développer la dimension européenne du sport	20 439,0	20 939,0	500,0
15 03 01 01	Actions Marie Skłodowska-Curie – Produire, développer et transférer de nouvelles compétences, de nouveaux savoirs et de l'innovation	734 668,4	737 668,4	3 000,0
	Total			**63 000,0**

En conséquence, et après prise en compte des projets pilotes, des actions préparatoires et du transfert des coûts communs des délégations de l'UE à la section "SEAE", le niveau approuvé des engagements est fixé à 17 551,7 millions d'euros, ce qui laisse une marge de 114,3 millions d'euros sous le plafond des dépenses de la sous-rubrique *1a*.

b) Sous-rubrique *1b*

Les crédits d'engagement sont fixés au niveau proposé dans le nouveau PB.

Compte tenu des projets pilotes et des actions préparatoires, ainsi que de la mobilisation de l'instrument de flexibilité à hauteur de 83,3 millions d'euros pour l'aide supplémentaire à Chypre, le niveau approuvé des engagements est fixé à 49 230,3 millions d'euros.

c) Rubrique *2*

Les crédits d'engagement sont fixés au niveau proposé par la Commission dans le nouveau PB.

Sur la base des nouveaux éléments intervenus depuis la présentation de la lettre rectificative n° 1/2015, notamment les informations sur l'effet réel des mesures d'urgence prises depuis août 2014 pour faire face à l'embargo de la Russie sur les importations de denrées alimentaires, l'excédent final du FEAGA pour 2014 et les prévisions actualisées des corrections financières à percevoir en 2015, les mesures d'urgence mentionnées ci-dessus (notamment celles relatives au secteur laitier dans les pays baltes, pour lequel la Commission a adopté une nouvelle série de mesures le 26 novembre 2014, ainsi que celles relatives à la Finlande, dès que les conditions seront réunies) peuvent être financées dans les limites des crédits demandés dans la lettre rectificative n° 1/2015, sans recours à la réserve pour les crises dans le secteur agricole, grâce à ces recettes supplémentaires affectées.

En conséquence, et après prise en compte des projets pilotes, des actions préparatoires et du transfert des coûts communs des délégations de l'UE à la section "SEAE", le niveau approuvé des engagements est fixé à 58 808,6 millions d'euros, ce qui laisse une marge de 790,4 millions d'euros sous le plafond des dépenses de la rubrique *2*.

d) Rubrique *3*

Les crédits d'engagement sont fixés au niveau proposé par la Commission dans le nouveau PB. L'augmentation des dépenses opérationnelles de l'Agence "Frontex" est compensée par une diminution correspondante de la ligne budgétaire *18 02 01 01* (*Appuyer la gestion des frontières et soutenir une politique commune des visas pour faciliter les voyages effectués de façon légitime*).

Par conséquent, et après prise en compte des projets pilotes et des actions préparatoires, le niveau approuvé des engagements est fixé à 2 146,7 millions d'euros, ce qui laisse une marge de 99,3 millions d'euros sous le plafond des dépenses de la rubrique *3*.

e) Rubrique *4*

Les crédits d'engagement sont fixés au niveau proposé par la Commission dans le nouveau PB, en particulier en ce qui concerne le transfert des dépenses administratives communes des délégations de l'UE vers la section "SEAE" du budget.

En outre, les renforcements des crédits d'engagement ci-après par rapport au nouveau PB sont acceptés :

(en milliers d'euros)

Ligne budgétaire	Intitulé	Nouveau PB 2015	Budget 2015	Différence
21 03 01 04	Soutien au processus de paix et aide financière à la Palestine et à l'Office de secours et de travaux des Nations unies pour les réfugiés de Palestine (UNRWA)	264 500,0	286 500,0	22 000,0
23 02 01	Mise à disposition rapide et efficace d'une aide humanitaire et d'une aide alimentaire en fonction des besoins	872 446,0	882 446,0	10 000,0
	Total			**32 000,0**

Toutefois, le transfert des représentants spéciaux de l'UE de la rubrique *4* à la rubrique *5* (section "SEAE"), comme le propose le nouveau PB, n'est pas accepté. Par conséquent, les crédits d'engagement et de paiement à la ligne budgétaire *19 03 01 07* (*Représentants spéciaux de l'UE, rubrique 4*) sont rétablis selon la proposition figurant dans le PB initial.

En conséquence, et après prise en compte des projets pilotes, des actions préparatoires et du transfert des coûts communs des délégations de l'UE à la section "SEAE", le niveau approuvé des engagements est fixé à 8 408,4 millions d'euros, ce qui laisse une marge de 340,6 millions d'euros sous le plafond des dépenses de la rubrique *4*.

f) Rubrique *5*

Le nombre de postes dans les tableaux des effectifs des institutions et les crédits d'engagement sont fixés au niveau proposé par la Commission dans le nouveau PB, intégrant ainsi :

- les lectures respectives du Parlement européen et du Conseil concernant leurs sections du budget ;

- la lecture du Parlement européen concernant la Cour de justice ;

- la lecture du Parlement européen concernant la Cour des comptes européenne, le Comité économique et social européen et le Comité des régions, et

- pour le Service européen pour l'action extérieure, le niveau des crédits proposés par la Commission dans le PB initial a augmenté pour tenir compte du transfert, neutre sur le plan budgétaire, des crédits liés aux "coûts administratifs communs des délégations de l'UE" de la Commission vers la section "SEAE" du budget.

Toutefois, le transfert des représentants spéciaux de l'UE de la rubrique *4* à la section "SEAE" sous la rubrique *5*, comme le propose le nouveau PB, n'est pas accepté. Par conséquent, aucun crédit à cette fin ne figure dans la section "SEAE" du budget. Globalement, par rapport au PB initial, ces modifications donnent lieu à la situation suivante :

- une diminution nette de 35 postes des tableaux des effectifs, en raison d'une diminution de 47 postes pour le Parlement européen, qui est en partie compensée par une augmentation de 12 postes pour la Cour de justice ;

- une diminution nette des crédits à hauteur de 0,6 million d'euros, consécutive, d'une part, à une réduction de 1,4 million d'euros pour la Cour des comptes européenne, de 1,4 million d'euros pour le Comité économique et social européen et de 0,4 million d'euros pour le Comité des régions, et, d'autre part, à une augmentation de 2,6 millions d'euros pour la Cour de justice ;

- l'augmentation de 71,5 millions d'euros pour le SEAE s'explique par le transfert, neutre sur le plan budgétaire, des "coûts administratifs communs des délégations de l'UE", qui est intégralement compensé dans la section "Commission", sous-rubrique *1a* (0,6 million d'euros), rubrique *2* (0,1 million d'euros), rubrique *4* (45,7 millions d'euros) et rubrique *5* (25,2 millions d'euros). Dans l'ensemble, ces transferts se soldent par une augmentation nette des crédits sous la rubrique 5 à hauteur de 46,3 millions d'euros.

En outre, par rapport au nouveau PB, le transfert ci-après, neutre sur le plan budgétaire, des postes et des crédits d'engagement du Conseil vers le PMO est approuvé, pour tenir compte du transfert au 1er janvier 2015 de la détermination et de la gestion des droits à pension des membres du personnel actif et retraité du Conseil vers le PMO : une augmentation de 6 postes AST 7 figurant aux tableaux des effectifs ainsi qu'une augmentation de 504 000 euros en crédits d'engagement à la Commission (section III) est intégralement compensée par une réduction de 6 postes AST 7 figurant aux tableaux des effectifs ainsi qu'une réduction de 504 000 euros en crédits d'engagement au Conseil (section II).

En conséquence, et après prise en compte des projets pilotes, des actions préparatoires et du transfert des coûts communs des délégations de l'UE à la section "SEAE", le niveau approuvé des engagements est fixé à 8 660,5 millions d'euros, ce qui laisse une marge de 415,5 millions d'euros sous le plafond des dépenses de la rubrique *5*.

1.4. Crédits de paiement

Le montant global des crédits de paiement dans le budget pour 2015 s'élève à 141 214 040 563 euros.

Ce chiffre inclut un montant de 126,7 millions d'euros, qui concerne la mobilisation du Fonds de solidarité de l'UE liée aux PBR nº 5/2014 et 7/2014, ainsi qu'un montant de 440 millions d'euros, qui est lié au transfert des crédits de paiement pour l'Initiative pour l'emploi des jeunes du budget pour 2014 vers le budget pour 2015.

La répartition du montant global des crédits de paiement dans le budget pour 2015 tient compte des éléments suivants :

a) des crédits de paiement pour les dépenses non dissociées susmentionnées, en particulier sous les rubriques *2* et *5*, et

b) les crédits de paiement pour l'ensemble des projets pilotes et des actions préparatoires susmentionnés sont calculés comme suit : les crédits de paiement pour l'ensemble des nouveaux projets pilotes et actions préparatoires sont fixés à 50 % des engagements correspondants ou au niveau proposé par le Parlement européen, si ce dernier montant est inférieur; dans le cas d'une prolongation des projets pilotes et actions préparatoires existants, le niveau des paiements est celui défini dans le PB, plus 50 % des nouveaux engagements correspondants, ou le niveau proposé par le Parlement européen, si ce dernier montant est inférieur ;

c) la diminution de 123,3 millions d'euros en crédits de paiement par rapport au nouveau PB est répartie proportionnellement sur toutes les lignes budgétaires comportant des crédits dissociés qui ne sont pas concernés par le point b) ci-dessus, à l'exception des lignes budgétaires suivantes, pour lesquelles le niveau des crédits de paiement est fixé au niveau prévu dans le nouveau PB :

- les dépenses pour la sous-rubrique *1a* (*Compétitivité pour la croissance et l'emploi*) et la rubrique *4* (*L'Europe dans le monde*) ;

- les lignes budgétaires *04 02 17*, *04 02 60*, *11 06 12*, *13 03 16* et *13 03 60* pour l'objectif "convergence", et

- les accords internationaux de partenariat dans le domaine de la pêche.

d) sur la base des résultats obtenus au point c) ci-dessus, les ajustements finals suivants sont effectués :

- un montant de 100 millions d'euros est ajouté à la ligne budgétaire *13 04 02* (*Achèvement des programmes du Fonds de cohésion (2007-2013)*), compensé par :

- une réduction de 50 millions d'euros à la ligne budgétaire *13 03 18* (*Achèvement du Fonds européen de développement régional (FEDER) – Compétitivité régionale et emploi*), et
- une réduction de 50 millions d'euros répartis sur les lignes budgétaires comportant des crédits dissociés qui ne sont pas affectés par le point b) ci-dessus, pour les dépenses de la sous-rubrique *1a* (*Compétitivité pour la croissance et l'emploi*) et la rubrique *4* (*L'Europe dans le monde*), à l'exception de la ligne budgétaire *23 02* (*l'aide humanitaire, l'assistance alimentaire et la préparation aux catastrophes*), pour lesquels les montants fixés dans le nouveau PB sont conservés.

1.5. Commentaires budgétaires

En ce qui concerne les commentaires budgétaires, le nouveau PB est approuvé, intégrant ainsi les modifications introduites par le Parlement européen ou le Conseil, sauf pour les lignes budgétaires *04 03 01 03* et *19 03 01 06*, étant entendu que ces modifications ne peuvent concerner ou étendre le champ d'application d'une base légale existante ou affecter l'autonomie administrative des institutions.

1.6. Lignes budgétaires nouvelles

La nomenclature budgétaire proposée par la Commission dans le nouveau PB demeurera inchangée.

1.7. Réserves

Aucun montant n'est inscrit dans les réserves conditionnelles pour la section "Commission".

2. BUDGET POUR 2014

a) Les crédits d'engagement supplémentaires (126,7 millions d'euros) demandés pour le Fonds de solidarité de l'UE dans les PBR nº 5/2014 et 7/2014 sont approuvés. Les paiements correspondants sont renvoyés au budget pour 2015.

b) Le PRB nº 3/2014 est approuvé tel qu'il a été proposé par la Commission, les crédits de paiement étant réduits comme suit :

- développement rural : le montant de 90 millions d'euros pour l'achèvement des programmes de développement rural 2007-2013 n'est pas accepté compte tenu du niveau moins élevé que prévu de la déclaration de paiement présentée par les États membres en novembre 2014. Par ailleurs, une réduction de 20 millions d'euros pour les nouveaux programmes est acceptée ;

- Initiative pour l'emploi des jeunes : une réduction de 420 millions d'euros est acceptée. Cependant, un montant de 440 millions d'euros en crédits de paiement est ajouté au budget pour 2015 pour cette initiative (voir point 1.4 ci-dessus) ;

- une nouvelle réduction des crédits de paiement, à hauteur de 648,1 millions d'euros, est approuvée, répartie entre les lignes budgétaires renforcées via la marge pour imprévus, tout en maintenant inchangés les montants demandés pour les lignes budgétaires *13 03 16* (*FEDER Convergence), 04 06 01* (*Fonds européen d'aide aux plus démunis*), et *21 03 02 01* ainsi que *21 03 03 03* (*Soutien en faveur de l'Ukraine*).

Redéploiement des crédits de paiement :

- le redéploiement proposé par la Commission dans le "virement global" (DEC n° 31/2014) est accepté ;

- le redéploiement proposé par la Commission dans le PBR nº 6/2014 est accepté, les crédits de paiement disponibles au titre du FEAMP (dépenses d'appui administratif) et de la réserve pour les accords internationaux de partenariat dans le domaine de la pêche (6 150 900 euros au total) étant redéployés vers l'aide humanitaire (ligne budgétaire *23 02 01*) ;

- compte tenu de l'état actuel de l'exécution du budget et des perspectives pour la fin de l'année, un autre redéploiement à hauteur de 30,4 millions d'euros est accepté. Cela concerne les lignes budgétaires suivantes :

- article *01 03 02* (*Aide macrofinancière*) : 5 millions d'euros ;

- article *04 03 02* (*Progress*) : 10,0 millions d'euros ;

- article *12 02 01* (*Marché intérieur*) : 1,2 million d'euros ;

- article *17 03 51* (*Santé publique*) : 0,7 million d'euros ;

- poste *18 02 01 02* (*Prévenir et combattre la criminalité*) : 2,3 millions d'euros ;

- poste *21 09 51 01* (*Instrument de financement de la coopération au développement – Asie*) : 2,5 millions d'euros ;

- article *33 02 02* (*Promouvoir la non-discrimination et l'égalité*) : 2,2 millions d'euros, et

- articles *29 02 01* et *29 02 51* (*Statistiques*) : 6,5 millions d'euros.

Le tableau ci-dessous illustre les renforcements et les réductions des crédits de paiement dans le PBR n° 3/20104 (y compris le "virement global", le PBR n° 6/2014 et la dernière actualisation de l'état de l'exécution du budget), tels qu'ils ont été approuvés selon les indications figurant ci-dessus.

(en euros)

Lignes budgétaire	**Intitulé**	**PBR n° 3/2014 adopté**
01 03 02	Aide macrofinancière	-28 960 000
01 04 51	Achèvement des programmes dans le domaine des petites et moyennes entreprises (PME) (avant 2014)	12 000 000
02 02 02	Améliorer l'accès au financement pour les petites et moyennes entreprises (PME), sous forme d'investissements en capital-risque et sous forme de prêts	4 540 126
02 05 01	Développer et fournir des infrastructures et services mondiaux de radionavigation par satellite (Galileo) d'ici à 2019	70 000 000
04 02 64	Initiative pour l'emploi des jeunes	-420 000 000
04 03 02 01	Progress – Soutenir l'élaboration, la mise en œuvre, le suivi et l'évaluation de la politique sociale et de l'emploi ainsi que de la législation relative aux conditions de travail de l'Union	-2 950 000
04 03 02 03	Microfinance et entrepreneuriat social – Augmenter l'accès au financement et augmenter la disponibilité de ces financements pour les personnes physiques et morales, en particulier celles les plus éloignées du marché du travail, et pour les entreprises sociales	-7 114 776
04 06 01	Favoriser la cohésion sociale et atténuer les formes les plus graves de pauvreté dans l'Union	99 000 000
05 02 10 02	Actions de promotion – Paiements directs par l'Union	-308 029
05 04 60 01	Promouvoir le développement rural durable et un secteur agricole de l'Union plus équilibré d'un point de vue territorial et environnemental, plus respectueux du climat et plus innovant	-20 000 000
05 06 01	Accords internationaux en matière agricole	-3 784 411

05 08 77 06	Action préparatoire – Observatoire européen des prix et des marges agricoles	-612 329
05 08 77 09	Action préparatoire – Ressources génétiques végétales et animales dans l'Union	-600 000
05 08 77 10	Projet pilote – Agropol : développement d'une région transfrontalière européenne modèle de l'agro-industrie	-600 000
05 08 77 11	Projet pilote – Agro-foresterie	-350 000
05 09 03 01	Assurer des approvisionnements suffisants en aliments sûrs et de qualité et en autres bioproduits	-1 666 954
07 02 77 03	Action préparatoire – Évaluation stratégique de l'impact sur l'environnement du développement de l'Arctique européen	356 052
08 02 01 01	Renforcement de la recherche aux frontières de la connaissance au Conseil européen de la recherche	24 970 695
08 02 02 02	Améliorer l'accès au capital-risque pour l'investissement dans la recherche et l'innovation	4 540 126
08 02 51	Achèvement du programme-cadre de recherche précédent – Septième programme-cadre – Action indirecte CE (2007-2013)	50 000 000
08 04 01	Construction, fonctionnement et exploitation des installations ITER – Entreprise commune ITER – Fusion for Energy (F4E)	-8 800 000
08 04 51	Achèvement de l'entreprise commune ITER – Fusion for Energy (F4E) (2007-2013)	-71 200 000
09 02 01	Définition et mise en œuvre de la politique de l'Union dans le domaine des communications électroniques	-271 200
09 02 05	Actions concernant le contenu numérique, l'industrie audiovisuelle et les autres médias	-592 000
09 02 77 03	Projet pilote – Centre européen pour la liberté de la presse et des médias	-456 508
09 03 03	Promouvoir l'interopérabilité, le déploiement durable, l'exploitation et la mise à niveau des infrastructures de services numériques transeuropéennes, ainsi que la coordination au niveau européen	-1 898 831
09 03 51 01	Achèvement du programme "Internet plus sûr" (2009-2013)	-450 000
09 04 03 02	Promouvoir des sociétés européennes assurant l'insertion de tous, innovantes et capables de réflexion	2 784 852
09 04 51	Achèvement du septième programme-cadre (2007-2013)	105 000 000
11 01 04 01	Dépenses d'appui pour les affaires maritimes et la pêche – Assistance technique et administrative non opérationnelle	-774 900
11 01 06 01	Agence exécutive pour les petites et moyennes entreprises – Contribution du Fonds européen pour les affaires maritimes et la pêche (FEAMP)	-809 000
11 03 01 (réserve)	Établir un cadre de gouvernance pour les activités de pêche menées par les navires de pêche de l'Union dans les eaux des pays tiers	-69 567 000
11 06 12	Achèvement du Fonds européen pour la pêche (FEP) – Objectif "convergence" (2007-2013)	69 540 126
12 02 01	Mise en œuvre et développement du marché intérieur	-1 170 000
12 02 77 03	Action préparatoire – Forum du marché unique	-150 000

12 03 51	Achèvement des activités antérieures dans le domaine des services financiers, de l'information financière et du contrôle des comptes	-669 803
13 03 16	Achèvement du Fonds européen de développement régional (FEDER) – Convergence	2 400 700 000
13 03 18	Achèvement du Fonds européen de développement régional (FEDER) – Compétitivité régionale et emploi	227 006 319
13 03 19	Achèvement du Fonds européen de développement régional (FEDER) – Coopération territoriale européenne	179 334 992
13 03 77 09	Action préparatoire concernant le forum atlantique pour la stratégie atlantique de l'Union européenne	-433 000
13 05 63 02	Coopération transfrontalière (CTF) – Contribution de la rubrique 4	-12 338 481
14 02 01	Soutenir le fonctionnement et la modernisation de l'union douanière	7 500 000
14 03 01	Améliorer le fonctionnement approprié des systèmes fiscaux	2 500 000
15 02 01 01	Promouvoir l'excellence et la coopération dans le domaine de l'éducation et de la formation en Europe ainsi que son adéquation par rapport au marché du travail	138 119 479
15 03 01 01	Actions Marie Skłodowska-Curie – Produire, développer et transférer de nouvelles compétences, de nouveaux savoirs et de l'innovation	40 861 137
16 03 01 03	Relais d'information	1 600 000
16 03 01 04	Communication des représentations de la Commission et actions de partenariat	1 000 000
16 03 02 03	Outils d'information et de communication écrite et en ligne	2 900 000
17 02 01	Préserver l'intérêt des consommateurs et améliorer leur sécurité et leur information	-1 449 000
17 03 10	Centre européen de prévention et de contrôle des maladies	-2 000 000
17 03 12 01	Contribution de l'Union à l'Agence européenne des médicaments	-7 602 918
18 02 01 01	Appuyer la gestion des frontières et soutenir une politique commune des visas pour faciliter les voyages effectués de façon légitime	-7 446 000
18 02 01 02	Prévenir et combattre la criminalité organisée transfrontière et gérer plus efficacement les risques sécuritaires et les crises	-9 236 000
18 03 51	Achèvement des opérations et des programmes dans le domaine des mesures en matière de retour, de réfugiés et de flux migratoires	19 431 000
19 02 01	Réponse aux situations de crise et de crise émergente	50 765 835
19 05 51	Achèvement des actions dans le domaine des relations et de la coopération avec les pays tiers industrialisés (2007-2013)	3 600 000
20 02 01	Relations commerciales extérieures, y compris l'accès aux marchés des pays tiers	1 181 809
20 02 03	Aide au commerce – Initiatives multilatérales	1 000 000
21 02 07 06	Sécurité alimentaire et nutritionnelle et agriculture durable	6 000 000
21 02 40	Accords sur les produits de base	20 000

21 02 51 01	Coopération avec les pays tiers dans le domaine des migrations et de l'asile	4 000 000
21 02 51 02	Coopération avec les pays en développement d'Amérique latine	23 000 000
21 02 51 03	Coopération avec les pays en développement d'Asie, y compris d'Asie centrale et du Proche-Orient	44 000 000
21 02 51 05	Acteurs non étatiques du développement	2 000 000
21 02 51 06	Environnement et gestion durable des ressources naturelles, y compris l'énergie	2 000 000
21 03 02 01	Partenariat oriental – Droits de l'homme et mobilité	210 000 000
21 03 03 03	Soutien à d'autres coopérations plurinationales dans les pays relevant du voisinage	40 000 000
21 03 51	Achèvement des actions dans le domaine de la politique européenne de voisinage et des relations avec la Russie (avant 2014)	3 000 000
21 04 51	Achèvement de l'instrument européen pour la démocratie et les droits de l'homme (avant 2014)	3 000 000
21 05 51	Achèvement des actions dans le domaine des menaces pour la sécurité mondiale (antérieures à 2014)	2 000 000
21 09 51 01	Asie	-2 500 000
22 02 51	Achèvement de la précédente aide de préadhésion (antérieure à 2014)	45 000 000
23 02 01	Mise à disposition rapide et efficace d'une aide humanitaire et d'une aide alimentaire en fonction des besoins	256 150 900
23 03 51	Achèvement des programmes et actions dans le domaine de la protection civile au sein de l'Union (avant 2014)	-500 000
24 01 07	Office européen de lutte antifraude (OLAF)	-10 000
24 02 01	Prévenir et combattre la fraude, la corruption et toute autre activité illégale portant atteinte aux intérêts financiers de l'Union	942 750
24 04 01	Soutenir l'assistance mutuelle en matière douanière et favoriser les outils de communication électronique sûrs permettant aux États membres de communiquer les irrégularités	680 612
26 01 09	Office des publications	-22 000
26 01 23 01	Office pour les infrastructures et la logistique à Luxembourg	-13 000
26 02 01	Procédures de passation et de publication des marchés publics de fournitures, de travaux et de services	-250 000
26 03 01 01	Solutions d'interopérabilité pour les administrations publiques européennes	10 000 000
29 02 01	Fournir des informations statistiques de qualité, mettre en œuvre de nouvelles méthodes de production des statistiques européennes et renforcer le partenariat au sein du système statistique européen	-11 294 249
29 02 51	Achèvement des programmes statistiques (antérieurs à 2013)	-9 872 560
32 02 52	Achèvement des projets énergétiques en vue d'aider à la relance économique	65 000 000

33 02 01	Garantir la protection des droits et donner des moyens d'action aux citoyens	-2 000 000
33 02 02	Promouvoir la non-discrimination et l'égalité	-5 177 700
34 02 01	Réduire les émissions de gaz à effet de serre dans l'Union	6 000 000
34 02 04	Contribution aux accords multilatéraux et internationaux sur le climat	-74 969
34 02 51	Achèvement des anciens programmes d'action pour le climat	2 903 358
XX 01 01 01 01	Rémunération et indemnités	-317 000
SEC 7 - 1 2 0 0	Rémunération et indemnités	-10 992
SEC 9 - 1 1 0 0	Rémunération et indemnités	-5 843
	Total	**3 529 620 715**

Les crédits de paiement supplémentaires qui en résultent pour le PBR n° 3/2014 s'élèvent à 3 529,6 millions d'euros, dont 2 818,2 millions d'euros plus 350 millions d'euros concernent la mobilisation de la marge pour imprévus, conformément à la déclaration commune relative aux instruments spéciaux figurant *[pages 151-152]*.

c) Le PBR n 4/2014, modifié par sa lettre rectificative, est approuvé tel qu'il a été proposé par la Commission, moyennant l'inclusion des crédits d'engagement au titre du PBR n° 6/2014 concernant les dépenses d'appui administratif pour le Fonds européen pour les affaires maritimes et la pêche et la réserve pour les accords internationaux de partenariat dans le domaine de la pêche (section Commission). Le montant de 248 460 euros en crédits de paiement disponibles, mis en évidence dans le PBR n° 4/2014 (Contrôleur européen de la protection des données) est redéployé vers l'aide humanitaire (ligne budgétaire *23 02 01*). La demande de crédits de paiement et d'engagement supplémentaires liés au médiateur européen (section VIII), formulée dans le PBR n° 6/2014, est retirée, comme indiqué dans la lettre rectificative audit PBR.

d) Le PBR n 6/2014, modifié par sa lettre rectificative, est approuvé tel qu'il a été proposé par la Commission, en ce qui concerne les ressources propres.

e) Le PBR n 8/2014 (= nouveau PBR n° 2/2014) concernant l'excédent 2013 est approuvé tel qu'il a été proposé par la Commission.

3. DÉCLARATIONS

[Voir pages 151-155]

LES DÉCLARATIONS APPROUVÉES DANS LE CADRE DE L'ACCORD GLOBAL SUR LE BUDGET DE L'UNION POUR 2015 ET LES BUDGETS RECTIFICATIFS POUR 2014[1]

1. Déclaration commune concernant le projet de budget rectificatif n° 6/2014 (ressources propres) et la modification du règlement n° 1150/2000 du Conseil

"Le Parlement européen et le Conseil sont d'accord pour adopter le projet de budget rectificatif (PBR) n° 6/2014 tel qu'il a été modifié par la lettre rectificative n° 1/2014.

Au vu de la proposition de la Commission visant à modifier le règlement (CE, EURATOM) n° 1150/2000 du Conseil portant application de la décision 2007/436/CE, Euratom relative au système des ressources propres des Communautés européennes présentée par la Commission le 12 novembre 2014, le Parlement européen s'engage à rendre son avis sur le règlement n° 1150/2000 modifié en temps voulu pour qu'il puisse être adopté lors de sa séance plénière de décembre 2014 et par le Conseil dans le cadre du paquet global."

2. Déclaration commune concernant la mobilisation de la marge pour imprévus

"En 2014, on a observé un nombre record de paiements en attente pour les fonds structurels et de cohésion au début du cadre financier, tandis qu'un certain nombre de nouveaux programmes se sont concentrés tout particulièrement en début de période. Compte tenu de cette situation unique et exceptionnelle qui n'est pas compatible avec le plafond des paiements pour 2014, les trois institutions conviennent que, en dernier recours, la marge pour imprévus sera mobilisée pour l'exercice 2014.

Les institutions rappellent que l'article 13 du règlement sur le cadre financier pluriannuel (CFP) dispose que "*Les montants rendus disponibles par la mobilisation de la marge pour imprévus sont entièrement compensés sur les marges existantes dans une ou plusieurs rubriques du cadre financier pour l'exercice financier en cours ou les exercices futurs*".

Les institutions conviennent de mettre tout en œuvre pour trouver des solutions appropriées de manière à ce que le niveau exceptionnellement élevé des paiements en attente pour les fonds structurels et de cohésion sur la période 2007-2013 ne se maintienne pas au-delà de 2014 et pour que, dès lors, tous les efforts soient déployés pour veiller à ce que la marge pour imprévus ne soit pas mobilisée au cours des exercices 2015 à 2020 pour financer des engagements restant à liquider provenant de programmes relevant des fonds structurels et de cohésion."

3. Déclaration commune relative aux instruments spéciaux

"Les institutions rappellent que la marge pour imprévus est un instrument envisageable en dernier recours qui ne devrait donc pas être mobilisé s'il existe encore des possibilités financières. Dans le cadre du budget général pour l'exercice 2014, les avis divergent quant à savoir si un montant de 350 millions d'euros en crédits de paiement couvrant d'autres instruments spéciaux est toujours disponible dans la marge non allouée.

Les institutions reconnaissent qu'il est essentiel de trouver dans les plus brefs délais un accord de principe concernant la mobilisation d'autres instruments spéciaux pour les paiements.

---

[1]Doc. *PE P8_TA(2014)0100* du 17 décembre 2014, pp. 13/18 de l'annexe, et *Conseil 16707/1/14 REV 1 FIN 988 INST 616 PE-L 94* du 11 décembre 2014, pp. 16/20.

Toutefois, étant donné qu'il n'a pas été possible de parvenir à un tel accord dans le cadre des négociations sur le paquet comprenant les PBR pour 2014 et le budget général pour 2015, les institutions conviennent de ce qui suit pour permettre l'adoption dudit paquet en temps voulu :

- le montant de 350 millions d'euros en crédits de paiement est ajouté à la marge pour imprévus ;

- tout sera mis en œuvre pour trouver rapidement un accord sur la question de savoir si et dans quelle mesure d'autres instruments spéciaux peuvent être mobilisés en sus des plafonds de paiement du CFP en vue de déterminer si et dans quelle mesure il y a lieu de prélever le montant de 350 millions d'euros sur les marges du CFP pour les paiements pour l'exercice financier en cours ou les exercices futurs ;

- le cas échéant, ce qui précède s'accompagnera des modifications nécessaires de la décision concernant la mobilisation de la marge pour imprévus pour l'exercice 2014 ou de toute autre action juridiquement nécessaire pour garantir le plein respect du règlement CFP, notamment son article 13, paragraphe 3."

4. Déclaration de la Commission concernant le préfinancement des programmes opérationnels en 2014 et l'Initiative pour l'emploi des jeunes

"Dans le cadre d'une mise en œuvre effective et en temps voulu du CFP 2014-2020, la Commission confirme le préfinancement, en 2014, de programmes opérationnels qui ont été officiellement présenté en 2014 et qui remplissent les conditions nécessaires fixées dans les actes législatifs correspondants.

En outre, la Commission confirme que l'Initiative pour l'emploi des jeunes reste une priorité politique de premier ordre et que le transfert de 2014 à 2015 des crédits de paiement y afférents ne retardera pas sa mise en œuvre."

5. Déclaration commune concernant le financement des mesures d'urgence prises pour faire face à l'interdiction des importations de denrées alimentaires imposée par la Russie

"À la suite de l'interdiction des importations de denrées alimentaires imposée par la Russie, une série de mesures d'urgence ont déjà été adoptées en août et septembre 2014 et un nouvel ensemble de mesures concernant le secteur laitier dans les États baltes a été approuvé le 26 novembre 2014. Dès que les conditions respectant les critères objectifs requis en matière d'éligibilité seront remplies, la Commission pourra proposer un autre ensemble de mesures concernant le secteur laitier en Finlande.

Dans sa lettre rectificative n° 1/2015, la Commission a fait part de son intention de financer ces mesures, si nécessaire, en recourant à la réserve pour les crises.

Depuis la présentation de cette lettre, les trois nouveaux éléments suivants sont intervenus, permettant le financement de ces mesures d'urgence sans recourir à la réserve pour les crises :

- d'après les déclarations des États membres concernant l'effet réel des mesures adoptées en août et en septembre, le coût estimé initialement est passé de 344 millions d'euros à 234 millions d'euros environ ;

- l'excédent final de l'exercice 2014 du FEAGA est supérieur de près de 230 millions d'euros à ce qui avait été prévu dans la lettre rectificative n° 1/2015, qui se fondait encore sur des estimations ;

- le produit des corrections financières à percevoir en 2015 devrait être supérieur à ce qui avait été initialement prévu en octobre dernier.

Sur la base de ces trois éléments nouveaux, les mesures d'urgence mentionnées ci-dessus (notamment celles relatives au secteur laitier dans les États baltes et celles relatives à la Finlande, dès que les conditions seront réunies) peuvent être financées dans les limites des crédits demandés dans la lettre rectificative nº 1/2015 grâce à ces recettes affectées supplémentaires, sans avoir recours à la réserve pour les crises."

6. Déclaration commune relative aux crédits de paiement

"Le Parlement européen, le Conseil et la Commission rappellent leur responsabilité partagée, consacrée par l'article 323 du traité sur le fonctionnement de l'Union européenne (TFUE), qui dispose que "*le Parlement européen, le Conseil et la Commission veillent à la disponibilité des moyens financiers permettant à l'Union de remplir ses obligations juridiques à l'égard des tiers*".

Le Parlement européen et le Conseil rappellent la nécessité de veiller, en fonction de l'exécution, à une évolution ordonnée des paiements par rapport aux crédits d'engagement afin d'éviter un niveau anormal de factures impayées en fin d'exercice.

Le Parlement européen et le Conseil conviennent de fixer le niveau des crédits de paiement à 141 214 040 563 euros pour l'exercice 2015. Ils demandent à la Commission d'engager toute action nécessaire, sur la base des dispositions du règlement CFP et du règlement financier, pour couvrir la responsabilité conférée par le traité et, en particulier, après avoir examiné la possibilité de réaffectation des crédits concernés, en tenant notamment compte de toute sous-exécution prévisible des crédits (article 41, paragraphe 2, du règlement financier), pour demander des crédits de paiement supplémentaires dans un budget rectificatif à présenter dès qu'il apparaît que les crédits inscrits au budget pour 2015 sont insuffisants pour couvrir les dépenses.

Le Parlement européen et le Conseil se prononceront sur tout projet de budget rectificatif dans les plus brefs délais afin d'éviter toute insuffisance dans les crédits de paiement. Le Parlement européen et le Conseil s'engagent à traiter rapidement tout virement éventuel de crédits de paiement, y compris d'une rubrique du cadre financier à l'autre, de façon à utiliser au mieux les crédits de paiement inscrits au budget et à les adapter aux besoins concrets et à une exécution effective.

Le Parlement européen, le Conseil et la Commission suivront de près l'état de l'exécution du budget pour 2015 pendant tout l'exercice, et en particulier en ce qui concerne la sous-rubrique *1a* (*Compétitivité pour la croissance et l'emploi*), la sous-rubrique *1b* (*Cohésion économique, sociale et territoriale*) et le développement rural au titre de la rubrique *2* (*Croissance durable: ressources naturelles*). Ce suivi prendra la forme de réunions interinstitutionnelles spécialement organisées, conformément au point 36 de l'annexe de l'accord interinstitutionnel, afin de faire le point sur l'exécution des paiements et les prévisions révisées.

Ces réunions devraient se tenir au moins à trois reprises en 2015 (au printemps, lors de la présentation du projet de budget, en juillet avant la lecture, par le Conseil, du projet de budget pour 2016 et en octobre, avant le début de la conciliation) et se dérouler au niveau politique en présence de membres du Parlement européen, de membres du Conseil et du vice-président de la Commission chargé du budget et des ressources humaines. Le but de ces réunions devrait être de parvenir à une évaluation commune du niveau requis des besoins de paiement, fondée sur une analyse approfondie des factures existantes qui doivent être honorées et d'estimations pour le reste de l'exercice N et l'exercice N+1."

7. Déclaration commune relative à un échéancier de paiement

"Les institutions souscrivent à l'objectif visant à réduire le niveau des factures impayées, l'accent étant mis en particulier sur la politique de cohésion, en fin d'exercice pour qu'il soit ramené à son niveau structurel au cours du CFP actuel.

Pour atteindre cet objectif :

- la Commission accepte de présenter, parallèlement aux conclusions communes sur le budget pour 2015, les toutes dernières prévisions actualisées du niveau des factures qui seront impayées d'ici la fin 2014 ; elle mettra ces données à jour et présentera des scénarios alternatifs en mars 2015, lorsque l'on disposera, pour les principaux domaines d'action, d'une vue globale du niveau des factures impayées à la fin de 2014 ;

- sur cette base, les trois institutions s'efforceront de parvenir à un accord sur un niveau cible maximum de factures impayées en fin d'exercice pouvant être considéré comme viable ;

- sur cette base et dans le respect du règlement sur le CFP, des enveloppes financières arrêtées pour les programmes et de tout autre accord contraignant, les trois institutions s'engageront à mettre en œuvre, dès 2015, un plan visant à réduire, d'ici le réexamen à mi-parcours de l'actuel cadre financier pluriannuel, le niveau des factures impayées correspondant à la mise en œuvre des programmes pour la période 2007-2013 jusqu'au niveau approuvé d'un commun accord. Ce plan sera validé par les trois institutions en temps utile avant la présentation du projet de budget pour 2016. Compte tenu du niveau exceptionnellement élevé des factures impayées, les trois institutions conviennent d'examiner toutes les solutions envisageables pour réduire le niveau de ces factures.

La Commission accepte de joindre chaque année à son projet de budget un document évaluant le niveau des factures impayées et expliquant comment le projet de budget permettra de réduire le niveau de ces factures et dans quelles proportions. Ce document annuel fera le point des progrès réalisés jusqu'ici et proposera d'adapter le plan sur la base de données actualisées."

8. Déclaration du Parlement européen concernant la mobilisation de la marge pour imprévus en dernier recours

"Le Parlement européen déplore que le Conseil ne partage pas son interprétation selon laquelle les 350 millions d'euros en crédits de paiement mobilisés en 2014 en ce qui concerne les instruments spéciaux prévus dans le règlement CFP devraient être comptabilisés en dehors des plafonds de paiement, ce qui laisserait une marge de 711 millions d'euros devant être utilisée avant de recourir à la marge pour imprévus.

Le Parlement européen rappelle que, conformément à l'article 13, paragraphe 1, du règlement CFP, la marge pour imprévus est un instrument à utiliser en dernier recours. Dès lors, il est nécessaire d'utiliser pleinement toutes les autres possibilités financières avant de recourir à la marge pour imprévus. Dans le cadre du différend entre le Parlement européen et le Conseil concernant le calcul de la marge disponible en dessous du plafond des paiements en 2014, il n'a pas été possible de parvenir à un accord politique sur l'utilisation d'une marge disponible de 350 millions d'euros avant de recourir à la marge pour imprévus.

Rappelant que le règlement CFP est fondé sur le principe d'une "flexibilité spécifique et qui soit la plus grande possible" afin de permettre à l'Union de remplir ses obligations juridiques en conformité avec l'article 323 du TFUE (considérant 4 du règlement CFP), le Parlement estime qu'il est essentiel de mettre à disposition des crédits supplémentaires pour honorer les engagements juridiques restant à liquider en mobilisant la marge pour imprévus. Le Parlement accepte donc une mobilisation de la marge pour imprévus, bien qu'il estime que 350 millions d'euros restent disponibles sous le plafond des paiements.

Le Parlement européen invite la Commission à reporter la marge non utilisée de 350 millions d'euros dans le cadre de l'ajustement technique qu'elle réalisera en 2015 de la marge globale pour les paiements prévue à l'article 6, paragraphe 1, point d), du règlement CFP."

9. Déclaration du Conseil concernant la mobilisation des instruments spéciaux

"Le Conseil rappelle que les instruments spéciaux peuvent uniquement être utilisés pour faire face à des situations réellement imprévues.

Il rappelle que la marge pour imprévus n'occasionne pas de dépassement du total des plafonds de crédits d'engagement et de paiement.

En ce qui concerne les autres instruments spéciaux, le Conseil rappelle que l'article 3, paragraphe 2, du règlement CFP dispose que les crédits d'engagement peuvent être inscrits au budget en sus des plafonds des rubriques concernées.

Le Conseil invite la Commission, lors du calcul de la marge globale, à agir conformément au règlement CFP et sans compromettre l'accord intervenu entre les trois institutions concernant une déclaration commune relative aux instruments spéciaux (déclaration 3)."

DÉCLARATION DES MINISTRES DE L'AGRICULTURE DE VINGT-DEUX ÉTATS MEMBRES, DU 10 NOVEMBRE 2014, SUR L'IMPACT ÉCONOMIQUE DU BAN RUSSE SUR L'AGRICULTURE EUROPÉENNNE ET LES PRODUITS AGRICOLES

Italian Presidency
of the Council
of the European Union italia2014.eu

Conseil 10 11 2014

LETTER

Dear President,

During the debate held today at the Agrifish Council, a large number of Ministers expressed their strong concern regarding the Commission's proposal to reduce the 2015 EAGF budget by 448 Million euro.

This decision would strongly penalize the agricultural sector and, in particular, generate heavy consequences for the European farmers, who are already facing the problems stemming from the Russian ban on several EU agricultural and agri-food products.

In this context, it is worth stressing that the crisis caused by the Russian ban was not caused by the agricultural market but is due to a political crisis, of which the European farmers are suffering the consequences.

The economic difficulties this situation is causing may jeopardize the viability of a significant number of already vulnerable farms.

Since August 2014, the Russian embargo has been depriving the European agricultural sectors of a significant outlet of exports, representing around €5 billion per year. The additional availability of these quantities inside the European market is leading to a collapse in prices affecting all European producers.

To face the crisis the European Commission adopted, since last August, emergency measures in the sectors most affected by the ban : fruit and vegetables and dairy sectors. The measures already implemented today and those to be implemented in the near future should be financed by the appropriate resources in the 2015 budget, as the Commission declared.

There was accordingly a widely shared call not to reduce the credits for 2015 in Heading II of the budget, so that these resources can be available to finance the crisis measures related to the Russian ban adopted by Commission, and the 2015 reserve for crisis must not be used to fund these measures. Indeed, the reserve should be preserved to maintain our response capacity, should a deeper or a new crisis arise during the next year.

Within the Council, a common statement, annexed to this letter, has been signed by 22 Member States.

Overall, the wish was largely expressed that every effort be made within the "conciliation procedure" *in itinere*, in order to ensure that the EU agricultural sector is not penalized and remains able to cope with the difficult situation it is currently facing, continuing to bring an active contribution to the promotion of growth in Europe.

Kind regards,

Maurizio MARTINA

ANNEX

Common declaration on the economic impact of the Russian ban on European agricultural and agrifood products by the Ministers of Agriculture of Austria, Belgium, Bulgaria, Croatia, Cyprus, Czech Republic, Estonia, Finland, France, Greece, Hungary, Ireland, Latvia, Lithuania, Luxembourg, Malta, Poland, Portugal, Romania, Slovakia, Slovenia and Spain

The situation of several important European agricultural sectors is a matter of concern. Despite the measures adopted during the last few months, the economic conditions for some of the main products in the fruit and vegetables sector are still heavy-laden. Moreover, livestock markets – in particular dairy, beef and pigs – are significantly disrupted, with prices on a clear downward trend. The economic difficulties that this situation is causing may jeopardize a significant number of already vulnerable livestock farms.

Those difficulties stem in particular from the ban on certain agricultural and agrifood products from the European Union decided by Russia. This embargo has been depriving since August 2014 the European agricultural sectors of a significant outlet, representing around €5 billion per year. The shift of these quantities to the European market is leading to a collapse in prices affecting all European producers.

Given this context, the Commission must monitor the market situation with care and must regularly report to the Council the precise evolution of the situation in the different sectors. The Commission must be, if necessary, in a position to adopt swiftly further measures to prevent a deepening of the crisis.

This requires a clear identification of the origin of the budgetary resources dedicated to this type of action. Accordingly, the necessary budgetary appropriations must be provided in Budget 2015 so that the European Union is able to comprehensively address these market disruptions. It is therefore imperative that the measures already agreed for the fruit and vegetables and dairy sectors be underpinned by the appropriate resources in the 2015 EU budget, as the Commission undertook to do when these measures were announced.

The 2015 reserve for crises in the agricultural sector must not be used for funding these measures, because the high level of the assigned revenue anticipated for 2015 in heading II of the budget should be sufficient to fund all the measures implemented since last August or which could be implemented in the near future without resorting to the reserve. The reserve should therefore be preserved to maintain our response capacity in the course of 2015 in the event of a deeper or a new crisis.

The Ministers of Agriculture of Austria, Belgium, Bulgaria, Croatia, Cyprus, Czech Republic, Estonia, Finland, France, Greece, Hungary, Ireland, Latvia, Lithuania, Luxembourg, Malta, Poland, Portugal, Romania, Slovakia, Slovenia and Spain are therefore opposed to the Commission's proposal to reduce the EAGF appropriations by €448 million in the 2015 budget and request that these appropriations be used to finance the crisis measures related to the Russian embargo.

TERMES DE RÉFÉRENCE DU GROUPE DE TRAVAIL INTERINSTITUTIONNEL SUR LES RESSOURCES DES AGENCES DÉCENTRALISÉES[1]

Interinstitutional working group on resources of decentralised agencies

Terms of Reference

In the joint statement on decentralised agencies agreed on 12 November 2013 as part of the Conciliation on the 2014 budget[*], the three institutions have agreed on the establishment of a specific interinstitutional working group. In this regard, the European Parliament, the Council and the Commission agree on the following:

1. Composition

- The working group will be composed of a limited number of representatives of the three institutions, nominated according to their respective rules of procedure. Given that the working group will focus on agency resources and budget-related matters, the nominees will include representatives involved in the decision-making process on the annual budget.

- The working group will have a single configuration. It will meet at expert level to carry out technical analysis and preparation, which will feed into the work of the working group operating at political level. This arrangement will be tested in 2014 and could be reviewed later on if needed.

- The Commission will prepare the agenda and circulate it before the meeting for approval and it will chair the meetings. The secretariat of the working group will be provided by the Commission, in close cooperation with the European Parliament and the Council.

2. Mandate and scope

- As set out in the joint statement, the working group will look at ways to define a clear development path for agencies, based on objective criteria, to progressively reduce the staffing levels of decentralised agencies by 5% over five years, as agreed in Point 27 of the Interinstitutional Agreement on budgetary discipline, on cooperation in budgetary matters and on sound financial management of 2 December 2013.

- The working group will examine possible ways of achieving synergies and efficiency gains leading to the requested global result in terms of overall staff reductions. These may include more structural measures, such as potential mergers, closures or transfers of tasks. The working group will furthermore discuss ways to provide adequate appropriations and staff for additional tasks, assigned to individual agencies by the legislative authority.

- The working group will formulate recommendations, which the European Parliament and the Council as the two arms of the budgetary and legislative authority, and the Commission in its proposals, may take into account as appropriate in their deliberations, without prejudice to their respective prerogatives. In light of progress made, the working group may also suggest recommendations in relation to the annual budgetary procedure.

---

[1] Doc. *Conseil 8539/14 FIN 281 INST 201* du 3 avril 2014, Annexe 2.

[*] Doc. *EP P7_TA(2013)0472* of 20 November 2013, p. 13-15 of Annex, and *Council 16025/13 PV/CONS 54 ECOFIN 1004 BUDGET 63* of 21 January 2014, p. 11-13.

3. Working method

- The working group will identify a shortlist of cross-cutting issues – such as the administrative structure, contiguous or overlapping set of tasks, or geographical location of agencies – with the potential for reaching synergies and savings. It will also address the specificities of partially and fully self-financed agencies.

- On the basis of the list of items to be discussed, an analytical «fiche» will be developed for each item, in the first instance to make an assessment of the situation, with a critical analysis of the issue at hand. Secondly, the fiches should present possible solutions to address identified problems (including an assessment of advantages and disadvantages of each option), combined with possible ways to implement the viable solutions.

- Based on the experience gained with the previous Inter-Institutional Working Group on agency governance issues, the working method will be the following one. Before each meeting at the political level:

- the Commission will transmit draft texts to the European Parliament and the Council at least two weeks in advance of meetings;

- in turn, the European Parliament and the Council will send their comments in writing at the latest three working days in advance of meetings; if no comments are received by then, the draft texts are considered tacitly endorsed.

- The fiches will feed the discussions of the working group, who may validate some of the proposals and/or request additional inputs.

- The working group may invite, if needed, representatives of the agencies.

4. Timetable

- In order to take stock on a regular basis of the progress made towards reaching the 5 % staff reduction over five years, the working group will continue its work until the end of 2017, when the 2018 budget is expected to be adopted and the 5 % target achieved. A final meeting will be organised in 2018 to assess the accomplishment of the target.

- In 2014, the working group will meet in April and September at political level.

LES ENTREPRISES COMMUNES ET LES INITIATIVES TECHNOLOGIQUES CONJOINTES EN 2015

Nom	Période	Acte de base	Date	Implantation	JO L
TFUE :					
Entreprise commune IMI* 2	Jusqu'au 31.12.2024	Règlement (UE) n° 557/2014 du Conseil	6.5.2014	Bruxelles	169 du 7.6.2014, pp. 54/76
Entreprise commune Clean Sky** 2	Jusqu'au 31.12.2024	Règlement (UE) n° 558/2014 du Conseil	6.5.2014	Bruxelles	169 du 7.6.2014, pp. 77/107
Entreprise commune "Piles à combustible et Hydrogène" (PCH 2)	Jusqu'au 31.12.2024	Règlement (UE) n° 559/2014 du Conseil	6.5.2014	Bruxelles	169 du 7.6.2014, pp. 108/129
Entreprise commune "Bio-industries" (BBI)***	Jusqu'au 31.12.2024	Règlement (UE) n° 560/2014 du Conseil	6.5.2014	Bruxelles	169 du 7.6.2014, pp. 130/151
Entreprise commune ECSEL** **	Jusqu'au 31.12.2024	Règlement (UE) n° 561/2014 du Conseil	6.5.2014	Bruxelles	169 du 7.6.2014, pp. 152/178
Entreprise commune SESAR** ** *	Jusqu'au 31.12.2024	Règlement (CE) n° 721/2014 du Conseil *(1)*	16.6.2014	Bruxelles	192 du 1.7.2014, pp. 1/8
Entreprise commune "Shift2Rail" (S2R)***	Jusqu'au 31.12.2024	Règlement (UE) n° 642/2014 du Conseil	16.6.2014	Bruxelles	177 du 17.6.2014, pp. 9/33
Traité Euratom :					
Entreprise commune pour ITER** ** ** et le développement de l'énergie de fusion (*Fusion for Energy – F4E*)	Jusqu'au 19.4.2042	Décision du Conseil 2013/791/Euratom *(2)*	13.12.2013	Barcelone	349 du 21.12.2013, pp. 100/102

** Initiative en matière de médicaments innovants*
*** Mise au point de technologies de transport aérien propres*
**** Nouvelle entreprise commune*
*** ** Electronic Components and Systems for European Leadership (Composants et systèmes électroniques pour un leadership européen). Cette nouvelle entreprise commune remplace les entreprises communes ENIAC et Artemis (voir Tome III, pp. 303 et 355)*
*** ** * Système européen de nouvelle génération pour la gestion du trafic aérien*
*** ** ** International Thermonuclear Experimental Reactor (Réacteur thermonucléaire expérimental international)*

(1) Modification du règlement (CE) n° 219/2007 du Conseil, du 27 février 2007 (JO L 64 du 2.3.2007, pp. 1/11)
(2) Modification de la décision 2007/198/Euratom du Conseil, du 27 mars 2007 (JO L 90 du 30.3.2007, pp. 58/72)

DEUXIÈME PARTIE

LE BUDGET DE L'UNION EUROPÉENNE POUR 2016 – UN BUDGET SOUS D'IMPORTANTES CONTRAINTES

Comparée à la procédure précédente[1], *la procédure budgétaire pour 2016 a été bien moins complexe. Ceci tient à plusieurs raisons, notamment l'accord des deux branches de l'autorité budgétaire sur un échéancier de paiement 2015-2016 avant que la Commission ne présente son projet de budget pour 2016*[2], *l'adoption par le Conseil et le Parlement européen de tous les projets de budgets rectificatifs en attente*[3] *avant le début de la procédure de conciliation sur le budget pour 2016*[4], *l'augmentation du plafond des crédits pour paiements du cadre financier pluriannuel pour 2014-2020 en 2016 comparé aux deux premières années du CFP et aussi les enseignements tirés de la procédure budgétaire pour 2015.*

Ceci ne veut naturellement pas dire que les négociateurs n'aient pas été confrontés en 2015 à d'épineux problèmes, notamment en ce qui concerne la manière de faire face aux besoins de financement découlant de la crise migratoire et des réfugiés à laquelle l'Union a été confrontée à partir de 2015[5].

Le budget pour 2016 tel qu'adopté le 25 novembre 2015 a épuisé une importante partie des marges de flexibilité du CFP et du budget de l'Union. Ce dernier n'a ainsi laissé aucune marge sous le plafond de la sous-rubrique 1a (Compétitivité pour la croissance et l'emploi). De plus, l'instrument de flexibilité a été mobilisé dans son entièreté[6] *afin de permettre d'inclure dans le budget des crédits d'engagement supplémentaires pour les rubriques 3 (Sécurité et citoyenneté) et 4 (L'Europe dans le monde) du CFP, destinés à faire face à la crise migratoire et des réfugiés en 2016 (ces deux rubriques ayant elles aussi épuisé toute leur marge sous le plafond).*

L'instrument de flexibilité a en effet fait l'objet, dans le cadre de l'accord sur le budget pour 2016, d'une mobilisation record de 1 530 millions d'euros en crédits d'engagement. Par ailleurs, 66,1 millions d'euros en crédits d'engagement ont été mobilisés dans le contexte du budget rectificatif n° 7/2015, afin de répondre à la crise des réfugiés en 2015. Ce n'est que la troisième fois, depuis sa création en 2000, que l'instrument de flexibilité est activé par le biais d'un budget rectificatif.

L'histoire retiendra, en plus du troisième succès de la procédure de conciliation budgétaire[7] *en six procédures budgétaires entièrement gouvernées par le traité de Lisbonne, que l'accord sur le projet commun de budget pour 2016 a été scellé alors que, cette même nuit du 13 novembre 2015, de tragiques attaques terroristes se déroulaient à Paris.*

---

[1] Voir première partie (pages 17-160).

[2] Comme convenu dans le cadre de l'accord sur le budget pour 2015 (voir première partie, page 107).

[3] Le PBR n° 8/2015 (traitant avant tout de l'actualisation des montants des ressources propres) étant la seule exception due à sa présentation tardive (voir chapitre II).

[4] Dont deux budgets rectificatifs (n° 5 et 7/2015, adoptés le 7 juillet et 14 octobre 2015 respectivement) augmentant en urgence les ressources budgétaires (de 490,3 millions d'euros en crédits d'engagement et 133,6 millions d'euros en crédits de paiement au total) et humaines (de 143 nouveaux postes dans trois agences décentralisées de l'UE en "première ligne") afin que l'Union européenne puisse faire face à la crise migratoire et des réfugiés (voir chapitre II).

[5] D'autres dossiers épineux en 2015 (en plus des questions liées à la sécurité interne et extérieure) ont été notamment les questions ayant trait à la relance économique et à la création d'emplois dans l'Union, à la situation économique en Grèce et à la crise dans le secteur du lait (voir chapitre III).

S'agissant de la relance économique, 2015 a vu notamment la mise en place d'un des projets phares de la nouvelle Commission, le Fonds européen pour les investissements stratégiques (FEIS), le PE et le Conseil adoptant le règlement concerné le 25 juin 2015 (voir pages 173-174).

Il convient de relever que le projet de budget pour 2016 a été le premier PB préparé et défendu dans son entièreté par la nouvelle Commission, qui a pris ses fonctions le 1er novembre 2014.

[6] Un nouveau montant de 530 millions d'euros en crédits d'engagement ne sera disponible qu'à partir du 1er janvier 2017 (voir troisième partie, page 304).

[7] L'accord a été conclu quatre jours avant la fin de la période de vingt et un jours maximum prévue par le traité pour la procédure de conciliation budgétaire (article 314, paragraphe 5 du TFUE).

I. – Introduction

Le budget de l'Union européenne pour l'exercice 2016, arrêté le 25 novembre 2015[8], s'élève à 155 004 millions d'euros en crédits pour engagements (-4,5 % par rapport au budget pour 2015[9]) et à 143 885 millions d'euros en crédits pour paiements (+1,8 %). Ceci représente 1,05 % et 0,98 % respectivement du revenu national brut (RNB) estimé de l'Union européenne. Les marges laissées sous les plafonds du CFP sont de 2 331 millions d'euros en crédits pour engagements[10] et de 2 022 millions d'euros en crédits pour paiements[11].

Avant d'aborder les différents aspects détaillés de la procédure budgétaire pour 2016, il convient de présenter l'environnement budgétaire en 2015 (chapitre II).

II. – L'environnement budgétaire en 2015

1. Huit budgets rectificatifs

Les budgets rectificatifs adoptés en 2015 sont présentés, avec leur montant, dans le tableau 37 ci-dessous[12].

Le *BR nº 1/2015* inclut dans le budget de l'Union pour 2015 les crédits d'engagement transférés de 2014 à 2015, pour un montant total de 16 478,9 millions d'euros, à la suite de la révision du cadre financier pluriannuel pour 2014-2020 effectuée conformément à l'article 19[13] du règlement fixant le CFP[14] (voir pages 169-171).

Ce montant se répartit comme suit[15] :

- 11 172,7 millions d'euros concernent le Fonds européen de développement régional (FEDER), le Fonds de cohésion, le Fonds social européen (FSE) et l'Initiative pour l'emploi des jeunes[16] (IEJ),

Tableau 37. Les budgets rectificatifs adoptés en 2015

Section III – Commission – sauf indication contraire, en millions d'euros

PBR		Lectures		Budget rectificatif			Dépenses		Remarques
N:o	*Date*	*Conseil*	*PE*	*N:o*	*Date*	*JO L*	*c/e*	*c/p*	
2/15	20.1.	21.4.	28.4.	**1/15**	28.4.	190 du 17.7.2015, pp. 1/50	16.478,9	0	Révision du CFP (article 19 du règlement fixant le CFP)
1/15	13.1.	26.6.	7.7.	**2/15**	7.7.	261 du 7.10.2015, pp. 1/41	0	0	Fonds européen pour les investissements stratégiques
3/15	15.4.	19.6.	7.7.	**3/15**	7.7.	261 du 7.10.2015, pp. 42/59	-	-	Inscription du solde définitif (article 18, paragraphe 3 du RF de 2012)
4/15	15.4.	19.6.	7.7.	**4/15**	7.7.	261 du 7.10.2015, pp. 60/79	66,5	66,5	Fonds de solidarité (Bulgarie, Italie et Roumanie)
5/15	13.5.	19.6. *(1)*	7.7.	**5/15**	7.7.	261 du 7.10.2015, pp. 80/103	75,8	0	Pressions migratoires
6/15	15.7.	18.9.	14.10.	**6/15**	14.10.	320 du 4.12.2015, pp. 1/43	0	0	Actualisation des montants des ressources propres ; Fonds fiduciaires de l'Union et tableau des effectifs de l'Office de l'ORECE
7/15	30.9.	8.10. *(2)*	14.10.	**7/15**	14.10.	320 du 4.12.2015, pp. 44/108	330,7*	0	Crise des réfugiés
8/15	19.10.	10.11. *(3)*	25.11.	**8/15**	25.11.	18 du 26.1.2016, pp. 1/59**	-0,1	-0,1	Actualisation des montants des ressources propres ; CEPD (section *IX*)

(1) Réduction du délai de consultation des Parlements nationaux afin de permettre l'adoption de la position du Conseil le 19 juin 2015
(2) Réduction du délai de consultation des Parlements nationaux afin de permettre l'adoption de la position du Conseil le 8 octobre 2015
(3) Réduction du délai de consultation des Parlements nationaux afin de permettre l'adoption de la position du Conseil le 10 novembre 2015
** Mobilisation de l'instrument de flexibilité, pour un montant de 66,1 millions d'euros en crédits d'engagement (JO L 318 du 4.12.2015, pp. 36/37)*
*** Rectificatif au JO L 67 du 12.3.2016, p. 69*

---

[8] Le budget de l'UE pour 2016 a été publié en deux tomes au JO L 48 du 24.2.2016, pp. 1/2283, avec un rectificatif concernant le tableau des effectifs de la Cour de justice au JO L 53 du 1.3.2016, pp. 24/25.

[9] Budgets rectificatifs nº 1-8/2015 compris (voir chapitre II).

[10] L'instrument de flexibilité est mobilisé pour un montant de 1 530 millions d'euros en crédits d'engagement afin de pouvoir financer dans les rubriques *3* (*Sécurité et citoyenneté*) et *4* (*L'Europe dans le monde*) du CFP des mesures budgétaires immédiates pour faire face à la crise des réfugiés (voir chapitre III).

Le montant disponible pour 2016 de la marge globale pour des engagements en faveur de la croissance et de l'emploi, en particulier celui des jeunes (soit 543 millions d'euros), est utilisé en totalité pour la sous-rubrique *1a* (*Compétitivité pour la croissance et l'emploi*) du CFP afin de financer en 2016 une partie du provisionnement du fonds de garantie du Fonds européen pour les investissements stratégiques (voir chapitres II et III).

[11] Selon la présentation de la Commission. Ce montant exclut les 389 millions d'euros en crédits de paiement inscrits dans le budget pour 2016 pour la réserve pour aides d'urgence, le Fonds de solidarité de l'UE et le Fonds européen d'ajustement à la mondialisation, ainsi que les 832,8 millions d'euros en crédits de paiement liés aux mobilisations en crédits d'engagement de l'instrument de flexibilité (soit un montant total de 1 221,8 millions d'euros en crédits de paiement ; voir chapitre III).

[12] Un tiret dans la colonne "dépenses" du tableau 37 indique que le budget rectificatif ne concerne que la partie "recettes" du budget de l'Union européenne.

[13] Voir page 169, note en bas de page 54.

[14] Règlement (UE, Euratom) nº 1311/2013 du Conseil, du 2 décembre 2013, fixant le cadre financier pluriannuel pour la période 2014-2020 (JO L 347 du 20.12.2013, pp. 884/891).

[15] Voir également tableau 39, page 171.

[16] Pour un montant de 7 482,6 millions d'euros, 1 826,7 millions d'euros, 1 766 millions d'euros et 97,4 millions d'euros respectivement.

relevant de la sous-rubrique *1b* (*Cohésion économique, sociale et territoriale*) ;

- 5 093,4 millions d'euros concernent le développement rural et le Fonds européen pour les affaires maritimes et la pêche[17] (FEAMP), relevant de la rubrique *2* (*Croissance durable : ressources naturelles*) ;

- 210,3 millions d'euros concernent le Fonds pour la sécurité intérieure (FSI) et le Fonds "Asile, migration et intégration"[18] (AMIF), relevant de la rubrique *3* (*Sécurité et citoyenneté*), et

- 2,5 millions d'euros concernent l'Instrument d'aide de préadhésion[19] (IAP), relevant de la rubrique *4* (*L'Europe dans le monde*) du CFP.

Le *BR nº 2/2015* inclut dans le budget pour 2015 les effets de l'accord sur le Fonds européen pour les investissements stratégiques (voir pages 173-174), et plus particulièrement les effets du provisionnement du fonds de garantie du FEIS à partir du budget de l'UE[20], à la suite de l'adoption du règlement l'établissant[21].

Plus précisément, ce budget rectificatif crée la structure budgétaire pour le FEIS et sa garantie, avec l'ajout dans le budget pour 2015, sous le chapitre *04* (*Opérations et instruments financiers*) du titre *01* (*Affaires économiques et financières*), des trois nouveaux articles suivants :

- *01 04 04*, intitulé "*Garantie au Fonds européen pour les investissements stratégiques (EFSI)*", doté d'une mention "p.m." (pour mémoire) ;

- *01 04 05*, intitulé "*Provisionnement du fonds de garantie EFSI*[22], doté de 1 350 millions d'euros en crédits d'engagement et d'un "p.m." en crédits de paiement, et

- *01 04 06*, intitulé "*Plateforme européenne de conseil en investissement (EIAH) et Portail européen de projets d'investissement (IPP)*", doté de 10 millions d'euros en crédits d'engagement et de paiement.

Le BR redéploie ainsi un montant total de 1 350 millions d'euros en crédits d'engagement vers le nouvel article *01 04 05* et transfère 10 millions d'euros en crédits d'engagement et de paiement vers le nouvel article *01 04 06*. Les lignes budgétaires réduites en conséquence sont :

- le Mécanisme pour l'interconnexion en Europe (MIE), pour un montant total de 790 millions d'euros en crédits d'engagement (articles *06 02 01* et *32 02 01*) ;

- ITER[23], pour un montant total de 500 millions d'euros en crédits d'engagement et 10 millions d'euros en crédits de paiement (poste *08 04 01 02*[24]), et

- le programme-cadre pour la recherche et l'innovation "Horizon 2020"[25], pour un montant total de 70 millions d'euros en crédits d'engagement (chapitres *02 04*, *10 02*, *15 03* et *32 04*).

Le *BR nº 3/2015* traite, conformément à l'article 18, paragraphe 3 du règlement financier du 25 octobre 2012[26] (le "RF de 2012"), de la budgétisation du

---

[17] Pour un montant de 4 352,7 millions d'euros et 740,7 millions d'euros respectivement.

[18] Pour un montant de 141 millions d'euros et 69,3 millions d'euros respectivement.

[19] Ceci afin de garder le même niveau de contributions de la sous-rubrique *1b* et de la rubrique *4* du CFP aux programmes de coopération territoriale européenne (CTE).

[20] La Commission, dans son projet de budget rectificatif présenté le 13 janvier 2015, a inclus des montants correspondants à sa proposition législative (doc. *COM(2015) 10 final* du 13 janvier 2015 ; voir tableau 41, page 173). L'autorité budgétaire a adopté le BR nº 2/2015 avec un contenu conforme à l'accord sur la base légale établissant le FEIS (voir tableau 42, page 174).

S'agissant de 2016, la Commission a inclus les effets de l'accord sur le FEIS dans le projet de budget pour 2016 par le biais de la lettre rectificative nº 1/2016, présentée le 26 juin 2015 (voir chapitre III).

[21] Il s'agit du règlement (UE) 2015/1017 du Parlement européen et du Conseil, du 25 juin 2015, sur le Fonds européen pour les investissements stratégiques, la plateforme européenne de conseil en investissement et le portail européen de projets d'investissement et modifiant les règlements (UE) nº 1291/2013 et (UE) nº 1316/2013 (JO L 169 du 1.7.2015, pp. 1/38).

[22] *European Fund for Strategic Investments* ou Fonds européen pour les investissements stratégiques (FEIS dans le texte).

[23] *International Thermonuclear Experimental Reactor* ou réacteur thermonucléaire expérimental international.

[24] Intitulé "*Construction, fonctionnement et exploitation des installations ITER – Entreprise commune ITER – Fusion for Energy (F4E)*".

[25] JO L 347 du 20.12.2013, pp. 104/173.

[26] JO L 298 du 26.10.2012, pp. 1/96.

solde définitif de l'année antérieure. L'excédent résultant de l'exécution de l'exercice budgétaire 2014 s'élève à 1 435 millions d'euros[27].

Le *BR n° 4/2015* est lié au financement de la mobilisation du Fonds de solidarité de l'UE en faveur des pays touchés par des intempéries en 2014 (Bulgarie, Italie et Roumanie), pour un montant total de 66,5 millions d'euros en crédits d'engagement et de paiement (voir page 169).

Le *BR n° 5/2015* renforce, pour un montant total de 89 millions d'euros en crédits d'engagement et de 76,6 millions d'euros en crédits de paiement[28], les ressources dont dispose l'Union européenne pour gérer les flux migratoires et de réfugiés, à la suite des développements intervenus début 2015 dans les pays du sud de la Méditerranée[29].

À ce titre, le BR octroie des crédits supplémentaires[30] :

- au Fonds "Asile, migration et intégration", pour un montant de 57 millions d'euros en crédits d'engagement et de 45,6 millions d'euros en crédits de paiement ;

- au Fonds pour la sécurité intérieure, pour un montant de 5 millions d'euros en crédits d'engagement et de 4 millions d'euros en crédits de paiement, et

- à Frontex, pour un montant de 26,3 millions d'euros en crédits d'engagement et de paiement.

Par ailleurs, le BR augmente, pour un total de 23 postes et pour un coût supplémentaire de 0,8 million d'euros en crédits d'engagement et de paiement en 2015, le nombre des postes repris dans les tableaux des effectifs des trois agences décentralisées suivantes dont les activités concernent les questions migratoires :

- Frontex : +16 postes, pour un coût de 528 000 euros ;

- Bureau européen d'appui en matière d'asile (EASO) : +4 postes, pour un coût de 132 000 euros, et

- Office européen de police (Europol) : +3 postes, pour un coût de 99 000 euros.

Comme les crédits de paiement supplémentaires sont entièrement financés soit par des recettes affectées provenant des crédits destinés à l'ancien Fonds pour les frontières extérieures, soit par des redéploiements émanant du programme "Galileo"[31] (relevant de la sous-rubrique *1a* (*Compétitivité pour la croissance et l'emploi*) du CFP), le BR n° 5/2015 n'augmente pas le total des crédits de paiement du budget pour 2015. L'augmentation "nette" des cré-

---

27 L'excédent pour 2014 se compose comme suit : enregistrement de recettes (et notamment d'amendes dans les cas de concurrence et de droits de douane) plus important que le montant budgétisé (+1 183 millions d'euros), sous-exécution des crédits de paiement (+142 millions d'euros) et solde positif des échanges monétaires (+110 millions d'euros).

Pour rappel, l'excédent pour 2011 s'élevait à 1 497 millions d'euros, celui pour 2012 à 1 023 millions d'euros et celui pour 2013 à 1 005 millions d'euros (voir page 437).

28 Y inclus la prise en compte de recettes affectées additionnelles. En effet, un total de 13,2 millions d'euros en crédits d'engagement et de 7 millions d'euros en crédits de paiement provient du recouvrement de montants destinés à l'ancien Fonds pour les frontières extérieures pour la période 2007-2013.

29 Ces mesures font suite à l'appel lancé par le Conseil européen extraordinaire du 23 avril 2015 (doc. *Conseil européen EUCO 18/15 CO EUR 4* du 23 avril 2015), demandant notamment :

- le renforcement des opérations conjointes "Triton" et "Poséidon" menées respectivement par l'Italie et la Grèce, auxquelles participent d'autres États membres qui fournissent matériel et ressources, et qui sont coordonnées et cofinancées (dans le cadre du budget de l'Union) par l'intermédiaire de l'Agence européenne pour la gestion de la coopération opérationnelle aux frontières extérieures (l'agence "Frontex") ;
- l'augmentation de l'aide d'urgence destinée aux États membres qui se trouvent en première ligne ;
- la mise en place d'un projet pilote volontaire en matière de réinstallation des réfugiés actuellement bloqués dans des pays tiers ;
- la mise en place d'un nouveau programme de retour en vue d'assurer le retour rapide des migrants clandestins, et
- le lancement de programmes régionaux de développement et de protection pour l'Afrique du Nord et la Corne de l'Afrique.

"Triton" est une opération effective à partir du 1er novembre 2014, destinée à soutenir l'Italie pour faire face à l'afflux de migrants par voie maritime. "Poséidon" est une opération similaire destinée à aider la Grèce.

30 Tous ces crédits relèvent de la rubrique *3* (*Sécurité et citoyenneté*) du CFP.

31 JO L 347 du 20.12.2013, pp. 1/24.

dits d'engagement est en même temps de 75,8 millions d'euros (voir tableau 37, page 162).

Le *BR n° 6/2015* traite :

- de la révision des prévisions relatives aux ressources propres traditionnelles (RPT[32]) et aux assiettes TVA et RNB, ainsi que la budgétisation des corrections britanniques correspondantes, ainsi que de leur financement[33] ;

- de la création de deux nouveaux postes *21 01 04 08* et *22 01 04 03* (intitulés tous les deux "*Dépenses d'appui pour les fonds fiduciaires gérés par la Commission européenne*" et dotés de mentions "p.m."), destinés à accueillir la compensation pour les frais liés à la gestion des fonds fiduciaires de l'Union pour les actions extérieures, conformément à l'article 187, paragraphe 7 du RF de 2012, et

- de la modification du tableau des effectifs de l'Office de l'Organe des régulateurs européens des communications électroniques[34] (ORECE).

Le *BR n° 7/2015*[35] concerne l'octroi de crédits supplémentaires pour répondre (dans le cadre du nouvel agenda européen en matière de migration) à la crise migratoire, à la suite de la réunion informelle des chefs d'État ou de gouvernement[36] et à la Communication de la Commission au Parlement euro-

---

[32] C'est-à-dire les droits de douane et les cotisations dans le secteur du sucre.

[33] Ces modifications ont pour effet de modifier la répartition entre États membres de leurs contributions au budget de l'UE au titre des ressources propres.

[34] Ces modifications n'entraînent pas de changement dans le budget global ou le nombre total des postes inscrits dans le tableau des effectifs de l'Office.

[35] Il s'agit de la deuxième fois (après le BR n° 5/2015, adopté le 7 juillet 2015 ; voir *supra*), que le budget de l'Union pour 2015 est augmenté au profit de mesures relatives aux flux migratoires et de réfugiés.

Il convient de relever l'extrême célérité dans l'adoption de ce BR par les deux branches de l'autorité budgétaire, à la suite de la proposition de la Commission du 30 septembre 2015 (voir tableau 37, page 162).

[36] Selon la déclaration faite dans le contexte de la réunion informelle des chefs d'État ou de gouvernement du 23 septembre 2015 à Bruxelles : "*Nous nous sommes réunis ce soir pour faire face à la crise, sans précédent, des migrants et des réfugiés à laquelle nous sommes confrontés. Nous avons décidé d'un certain nombre de priorités immédiates et avons eu un échange de vues approfondi sur les moyens de parvenir à des solutions qui s'inscrivent dans la durée. Nous sommes tous conscients qu'il n'existe pas de solutions faciles et que nous ne pouvons gérer cette crise qu'en coopérant, dans un esprit de solidarité et de responsabilité. Pour l'heure, nous devons tous respecter, appliquer et mettre en œuvre nos règles existantes, y compris le règlement de Dublin et l'acquis de Schengen.*

Nous demandons aux institutions de l'UE et à nos gouvernements de travailler rapidement sur les actions prioritaires proposées par la Commission. Nous voulons que des décisions opérationnelles sur les questions les plus pressantes soient prises avant la réunion du Conseil européen d'octobre, selon les orientations suivantes :

- répondre aux besoins urgents des réfugiés dans la région en aidant le Haut Commissariat des Nations unies pour les réfugiés, le Programme alimentaire mondial et d'autres organismes à hauteur d'un milliard d'euros supplémentaire au moins ;

- aider le Liban, la Jordanie, la Turquie et d'autres pays à faire face à la crise des réfugiés syriens, notamment en augmentant de façon substantielle le fonds régional d'affectation spéciale de l'UE en réponse à la crise syrienne ("fonds Madad") ;

- renforcer le dialogue avec la Turquie à tous les niveaux, y compris lors de la visite à venir du président turc (5 octobre), afin d'intensifier notre coopération pour ce qui est d'endiguer et de gérer les flux migratoires ;

- aider les pays des Balkans occidentaux à gérer les flux de réfugiés, notamment au moyen des instruments de préadhésion, et assurer une préparation rapide et minutieuse de la conférence sur la route des Balkans occidentaux (8 octobre) ;

- accroître, au moyen de contributions supplémentaires des États membres, le financement du fonds d'affectation spéciale d'urgence pour la stabilité et la lutte contre les causes profondes de la migration irrégulière et du phénomène des personnes déplacées en Afrique, et faire en sorte que le sommet de La Valette (11 et 12 novembre) soit préparé de manière optimale afin qu'un maximum de progrès puissent être réalisés ;

- faire face à la situation dramatique à laquelle l'Union est confrontée à ses frontières extérieures et renforcer les contrôles à ces frontières, notamment en dotant Frontex, l'EASO et Europol de moyens supplémentaires, et grâce à du personnel et des équipements fournis par les États membres ;

- répondre aux demandes d'aide que les États membres qui se trouvent en première ligne adressent aux institutions, aux agences et à d'autres États membres afin de procéder à l'identification, à l'enregistrement et au relevé des empreintes digitales des migrants ("hotspots"), et dans le même temps, d'assurer la relocalisation et les retours au plus tard d'ici novembre 2015 ;

- accroître le financement du Fonds d'urgence "Asile, migration et intégration" et du Fonds pour la sécurité intérieure – Frontières.

En ce qui concerne la Syrie, nous appelons à de nouveaux efforts sur le plan international, sous l'égide des Nations

péen, au Conseil européen et au Conseil[37], du 23 septembre 2015.

Ces crédits s'élèvent à 401,3 millions d'euros en crédits d'engagement et à 57 millions d'euros en crédits de paiement, dont :

- 300 millions d'euros en crédits d'engagement destinés à l'Instrument européen de voisinage pour fournir, *via* le fonds "Madad"[38], une assistance aux pays tiers qui accueillent des réfugiés en provenance de Syrie ;

- 100 millions d'euros en crédits d'engagement destinés à financer l'aide d'urgence fournie au titre du Fonds "Asile, migration et intégration" et du Fonds pour la sécurité intérieure, et

- 55,7 millions d'euros en crédits de paiement destinés à l'aide humanitaire.

Le BR augmente également, cette fois de 120 postes et pour un coût supplémentaire de 1,3 million d'euros en crédits d'engagement et de paiement en 2015[39], le nombre des postes repris dans les tableaux des effectifs des trois agences décentralisées suivantes :

- Frontex : +60 postes, pour un coût de 650 000 euros ;

- EASO : +30 postes, pour un coût de 325 000 euros, et

- Europol : +30 postes, pour un coût de 325 000 euros.

Étant donné que l'augmentation des crédits d'engagement est en partie financée par des redéploiements, l'augmentation "nette" du budget pour 2015 est de 330,7 millions d'euros en crédits d'engagement. Les crédits de paiement sont couverts dans leur entièreté par des redéploiements.

Il convient de relever que l'autorité budgétaire a mobilisé dans ce contexte, conformément à l'article 11 du règlement fixant le CFP et du point 12 de la Partie I de l'AII de 2013, l'instrument de flexibilité, pour un montant de 66,1 millions d'euros en crédits d'engagement, afin de renforcer les crédits au-delà du plafond des dépenses de la rubrique *3* (*Sécurité et citoyenneté*) du CFP[40]. Ce n'est que la troisième fois que l'instrument de flexibilité est mobilisé dans le cadre d'un budget rectificatif (voir page 443).

Finalement, le *BR n° 8/2015* porte avant tout sur la révision des prévisions relatives aux ressources propres à laquelle la Commission procède avant la fin du mois d'octobre de chaque exercice, conformément à l'article 16 du règlement (CE, Euratom) n° 1150/2000 du Conseil du 22 mai 2000[41].

---

unies, pour mettre un terme à la guerre, qui a causé tant de souffrances et contraint près de douze millions de personnes à quitter leur foyer ; l'UE s'engage à assumer la part qui lui revient à cet égard, ainsi que dans le cadre de la formation d'un gouvernement d'union nationale en Libye.

Les orientations adoptées aujourd'hui doivent être complétées par la transposition et la mise en œuvre des règles du régime d'asile commun par les États membres. Dans ce contexte, il est important de créer les conditions permettant à tous les États membres de participer pleinement au système de Dublin.

Nous demandons instamment aux institutions, aux agences et aux États membres d'accélérer leurs travaux sur tous les aspects de la crise migratoire. La Commission présentera des propositions sur la mobilisation du budget de l'UE pour soutenir ces orientations. Les États membres feront correspondre leurs contributions à celles-ci.

Nous reviendrons sur le problème des migrations lors du Conseil européen [du 15 octobre 2015 ; voir doc. *Conseil européen 26/15 CO EUR 10 CONCL 4* du 16 octobre 2015]".

[37] Intitulée "*Gestion de la crise des réfugiés : mesures opérationnelles, budgétaires et juridiques immédiates au titre de l'agenda européen en matière de migration*" (doc. *COM(2015) 490 final*).

[38] Il s'agit d'un fonds fiduciaire de l'Union européenne, mis en place à partir de fin 2014 afin de répondre à des besoins humanitaires urgents découlant de la crise en Syrie.

[39] Il convient de relever que ces trois agences s'étaient déjà vues octroyer 23 postes supplémentaires par le biais du BR n° 5/2015 (voir *supra*). La Commission proposera d'inclure un total de 120 nouveaux postes pour ces trois agences dans le budget pour 2016 par le biais de la lettre rectificative n° 2/2016, adoptée par la Commission le 14 octobre 2015 (voir chapitre III).

[40] JO L 318 du 4.12.2015, pp. 36/37. Les crédits de paiement correspondants à la mobilisation de l'instrument de flexibilité (en crédits d'engagement) s'élèvent selon la décision à 52,9 millions d'euros en 2016 et à 13,2 millions d'euros en 2017.

[41] JO L 130 du 31.5.2000, pp. 1/12, et modification au JO L 367 du 23.12.2014, pp. 14/15 (voir première partie, pages 30-31).

Le budget rectificatif comprend en conséquence les éléments suivants :

- la budgétisation du restant des soldes des ressources propres TVA et RNB de 2014[42] (5,7 milliards d'euros) ;

- la budgétisation des soldes des ressources propres TVA et RNB de 2015 (1,4 milliard d'euros), et

- la révision à la hausse des prévisions relatives aux ressources propres traditionnelles (droits de douane ; 0,8 milliard d'euros).

Le BR nº 8/2015 comporte en outre une mise à jour des prévisions relatives aux "autres recettes" (1,5 milliard d'euros).

L'incidence globale en termes de recettes est une diminution de 9,4 milliards d'euros de la contribution fondée sur le RNB.

Par ailleurs, le budget rectificatif nº 8/2015 réduit, pour un montant de 123 474 euros en crédits d'engagement et de paiement, le budget administratif pour 2015 du Contrôleur européen de la protection des données[43].

Il convient de noter qu'à la grande différence de l'année 2014 (pendant laquelle les PBR ont grandement compliqué les négociations budgétaires interinstitutionnelles ; voir première partie, pages 17-112), tous les projets de budgets rectificatifs ont été adoptés en 2015 en une "seule lecture"[44], l'autorité budgétaire ayant adopté déjà *avant* le début de la période de conciliation sur le budget pour 2016 (le 29 octobre 2015 ; voir chapitre III) sept budgets rectificatifs[45].

2. Huit appels à la réserve pour aides d'urgence

La réserve pour aides d'urgence a été mobilisée huit fois en 2015, pour un montant total de 282,5 millions d'euros en crédits d'engagement et de 150 millions d'euros en crédits de paiement[46]. Un total de 198,9 millions d'euros de crédits d'engagement provient de crédits reportés de 2014, conformément à l'article 9, paragraphe 2 du règlement fixant le CFP (voir tableau 38, page 168).

La première mobilisation, intervenue en mai 2015 pour un montant de 40 millions d'euros en crédits d'engagement et de paiement, était destinée à financer une aide humanitaire et alimentaire au Soudan du Sud.

La deuxième mobilisation, également intervenue en mai 2015 pour un montant de 15 millions d'euros en crédits d'engagement et de paiement, était destinée à financer une aide humanitaire et alimentaire en Ukraine.

La troisième mobilisation, intervenue en juillet 2015 pour un montant de 50 millions d'euros en crédits d'engagement et de paiement, était destinée à financer une aide humanitaire et alimentaire en Syrie.

La quatrième mobilisation, intervenue en septembre 2015 pour un montant de 2,5 millions d'euros en crédits d'engagement et de 13,3 millions d'euros en crédits paiement, était destinée à financer une aide humanitaire et alimentaire en Syrie et en Iraq.

La cinquième mobilisation, intervenue en octobre 2015 pour un montant de 175 millions d'euros en crédits d'engagement et de 12,8 millions d'euros

---

[42] Il s'agit en d'autres termes de la "dernière tranche" des versements reportés de 2014 à 2015 par un certain nombre d'États membres suite à leur demande (voir première partie, pages 22-24).

[43] Section IX du budget de l'Union européenne. Ces montants font suite à la nomination de l'ancien adjoint du CEPD au poste de Contrôleur (ce qui a permis d'économiser une partie des indemnités transitoires – soit 56 160 euros – prévues en cas de son départ). Par ailleurs, le Centre de traduction des organes de l'Union européenne a remboursé au CEPD en 2015 un montant de 67 314 euros.

[44] C'est-à-dire que le Parlement européen a été en mesure d'accepter les positions du Conseil sans amendement, celles-ci retenant les propositions de la Commission sans modification. Le budget rectificatif nº 2/2015 est néanmoins une exception, la Commission ayant inclus dans son projet de BR des montants en ligne avec sa proposition législative. L'autorité budgétaire a adopté le BR nº 2/2015 avec un contenu conforme à l'accord sur la base légale (voir pages 173-174).

[45] Le dernier PBR nº 8/2015 n'a été présenté par la Commission que le 19 octobre 2015 (voir tableau 37, page 162).

[46] Les mobilisations en 2015 de la réserve pour aides d'urgence, du Fonds de solidarité de l'UE et du Fonds européen d'ajustement à la mondialisation sont récapitulées dans le tableau 38, page 168.

Tableau 38. Les recours à la réserve pour aides d'urgence, au Fonds de solidarité et au Fonds européen d'ajustement à la mondialisation en 2015

En crédits d'engagement (sauf indication contraire) et en millions d'euros

Réserve pour aides d'urgence :

Date	Montant c/e	Montant c/p	Destination	–
Mai 2015	40,0*	40,0	Soudan du Sud (aide humanitaire et alimentaire)	–
Mai 2015	15,0*	15,0	Ukraine (aide humanitaire et alimentaire)	–
Juillet 2015	50,0*	50,0	Syrie (aide humanitaire et alimentaire)	–
Septembre 2015	2,5*	13,3	Syrie et Iraq (aide humanitaire et alimentaire)	–
Octobre 2015	175,0**	12,8	Syrie, Iraq et réfugiés (aide humanitaire et alimentaire)	–
Décembre 2015	0	1,8	Afghanistan (aide humanitaire et alimentaire)	–
Décembre 2015	0	2,1	Soudan du Sud (aide humanitaire et alimentaire)	–
Décembre 2015	0	15,0	Yémen (aide humanitaire et alimentaire)	–
Total :	*282,5*	*150,0*		

* *À partir de crédits reportés de 2014*   ** *Dont 91,4 millions d'euros à partir de crédits reportés de 2014*

Fonds de solidarité de l'Union européenne :

Date	Montant	Destination et fait générateur	JO L
8 juillet 2015	66,5	Bulgarie, Italie et Roumanie (inondations)	192 du 18.7.2015, pp. 13/14
6 octobre 2015*	16,3	Bulgarie et Grèce (intempéries)	275 du 20.10.2015, pp. 30/31
Total :	*82,8*		

* *À partir des crédits pour les avances inscrits à l'article 13 06 01 (Fonds de solidarité de l'UE – États membres) du budget pour 2015*

Fonds européen d'ajustement à la mondialisation :

Date	Montant	Destination et secteur	JO L
11 mars 2015	1,0	Belgique (fabrication de métaux de base)	76 du 20.3.2015, pp. 52/53
11 mars 2015	0,1	Pologne (chimie et fabrication de produits chimiques)	76 du 20.3.2015, pp. 54/55
11 mars 2015	1,3	Belgique (verre et produits verriers)	76 du 20.3.2015, pp. 56/57
11 mars 2015	1,2	Belgique (fabrication de machines et équipements)	76 du 20.3.2015, pp. 58/59
11 mars 2015	1,6	Belgique (métaux de base)	76 du 20.3.2015, pp. 60/61
11 mars 2015	1,1	Allemagne (électronique et produits optiques)	76 du 20.3.2015, pp. 62/63
15 avril 2015	3,7	Grèce (édition)	106 du 24.4.2015, pp. 25/26
15 avril 2015	2,5	Irlande (réparation et installation de machines et d'équipements aéronautiques)	106 du 24.4.2015, pp. 27/28
15 avril 2015	5,0	Grèce (diffusion)	106 du 24.4.2015, pp. 29/30
29 avril 2015	6,1	France (transports)	117 du 8.5.2015, pp. 47/48
8 juillet 2015	0,6	Commission (assistance technique*)	192 du 18.7.2015, pp. 11/12
17 juillet 2015	1,4	Finlande (commerce de gros)	225 du 28.8.2015, pp. 14/15
6 octobre 2015	6,3	Belgique (construction de véhicules automobiles)	275 du 20.10.2015, pp. 24/25
6 octobre 2015	1,4	Italie (transport aérien)	275 du 20.10.2015, pp. 26/27
6 octobre 2015	7,0	Allemagne (véhicules automobiles)	275 du 20.10.2015, pp. 28/29
16 décembre 2015	2,6	Finlande (programmation et conseils en informatique)	339 du 24.12.2015, pp. 44/45
16 décembre 2015	0,4	Irlande (réparation et installation de machines et d'équipements)	339 du 24.12.2015, pp. 46/47
Total :	*43,4*		

* *Conformément à l'article 11 du règlement n° 1309/2013 instituant le FEM*

en crédits paiement, était destinée à venir en aide à la population de réfugiés en Turquie, au Liban, en Jordanie et dans les Balkans occidentaux, eu égard à la crise en Syrie, et aux personnes déplacées à l'intérieur de la Syrie ou pour couvrir les besoins des personnes déplacées en Iraq.

Les trois dernières mobilisations, pour un montant total de 18,9 millions d'euros en crédits paiement, sont intervenues en décembre 2015 afin de financer une aide humanitaire et alimentaire en Afghanistan, au Soudan du Sud et au Yémen.

3. Deux appels au Fonds de solidarité de l'Union européenne

Le Fonds de solidarité de l'Union européenne a été mobilisé deux fois en 2015, pour un montant total de 82,8 millions d'euros en crédits d'engagement et de paiement.

La première mobilisation a eu lieu le 8 juillet 2015, à la suite des intempéries qui ont touchées la Bulgarie, l'Italie et la Roumanie en 2014[47]. Elle s'élève à 66,5 millions d'euros en crédits d'engagement et de paiement[48] et a été effectuée par le biais du budget rectificatif n° 4/2015 (voir page 164).

La deuxième mobilisation a eu lieu le 6 octobre 2015 en faveur de la Bulgarie et de la Grèce, touchées par des intempéries en 2014[49]. La mobilisation s'élève à 16,3 millions d'euros en crédits d'engagement et de paiement[50]. Il convient de relever que ces montants proviennent des crédits inscrits[51] dans le budget pour 2015[52] à l'origine pour des avances[53].

4. Dix-sept appels au Fonds européen d'ajustement à la mondialisation

Le Fonds européen d'ajustement à la mondialisation (FEM) a été mobilisé dix-sept fois en 2015, pour un montant total de 43,4 millions d'euros en crédits d'engagement et de paiement. Il s'agit du montant le moins élevé après ceux de 2007 (première année d'existence du FEM ; 16,6 millions d'euros) et 2013 (36,5 millions d'euros).

Les mobilisations du FEM en 2015 sont résumées pages 256-257.

5. Révision du cadre financier pluriannuel à la suite de l'adoption tardive des bases légales ou des programmes en gestion partagée

Conformément à l'article 19 du règlement fixant le CFP[54] la Commission a présenté, le 20 janvier

---

[47] JO L 192 du 18.7.2015, pp. 13/14.

[48] Dont 56 millions d'euros pour l'Italie, 8,5 millions d'euros pour la Roumanie et 2 millions d'euros pour la Bulgarie. Il convient de relever que les crédits de paiement proviennent "d'argent frais", c'est-à-dire d'un appel à des fonds supplémentaires en 2015 aux États membres (cette question soulevant en 2014 une forte réticence de la part d'une "minorité de blocage" d'États membres au sein du Conseil – voir première partie).

[49] JO L 275 du 20.10.2015, pp. 30/31.

[50] Dont 9,9 millions d'euros pour la Grèce et 6,4 millions d'euros pour la Bulgarie.

[51] En ligne avec l'article 4 *bis*, paragraphe 4 du règlement (CE) n° 2012/2002 du Conseil, du 11 novembre 2002, instituant le Fonds de solidarité de l'UE (JO L 311 du 14.11.2002, pp. 3/8), tel qu'il résulte du règlement (UE) n° 661/2014 du Parlement européen et du Conseil, du 15 mai 2014, modifiant le règlement (CE) n° 2012/2002 (JO L 189 du 27.6.2014, pp. 143/154).

Ces avances avaient fait l'objet d'une mobilisation du Fonds de solidarité le 17 décembre 2014 (JO L 68 du 13.3.2015, p. 47 ; voir première partie, page 97).

[52] À l'article *13 06 01* (*Fonds de solidarité de l'UE – États membres* ; voir première partie, page 48).

[53] En d'autres termes, cette mobilisation du Fonds de solidarité n'a pas nécessité l'adoption d'un BR.

[54] L'article 19 du règlement fixant le CFP, intitulé "*Révision à la suite de l'adoption de nouvelles règles ou de nouveaux programmes concernant les Fonds structurels, le Fonds de cohésion, le Fonds européen agricole pour le développement rural, le Fonds européen pour les affaires maritimes et la pêche, le Fonds "Asile et migration" et le Fonds pour la sécurité intérieure*", se lit comme suit :

"*1. Dans le cas de l'adoption après le 1er janvier 2014 de nouvelles règles ou de nouveaux programmes en gestion partagée concernant les Fonds structurels, le Fonds de cohésion, le Fonds européen agricole pour le développement rural, le Fonds européen pour les affaires maritimes et la pêche, le Fonds "Asile et migration" et le Fonds pour la sécurité intérieure, le cadre financier est révisé en vue du transfert aux années ultérieures, au-delà des plafonds correspondants de dépenses, des dotations non utilisées en 2014.*

2. La révision concernant le transfert des dotations non utilisées en 2014 est adoptée avant le 1er mai 2015" (JO L 347 du 20.12.2013, p. 889).

2015, une proposition de révision du règlement nº 1311/2013[55].

Selon la Commission, à la "*suite du retard intervenu dans la conclusion de l'accord sur le CFP pour la période 2014-2020, les différents actes juridiques fixant les règles d'exécution des Fonds ont été adoptés en décembre 2013 pour le Fonds européen de développement régional (FEDER), le Fonds social européen (FSE), le Fonds de cohésion (FC) et le Fonds européen agricole pour le développement rural (Feader), et seulement en mai 2014 pour le Fonds européen pour les affaires maritimes et la pêche (FEAMP), le Fonds "Asile, migration et intégration" (AMIF) et le Fonds pour la sécurité intérieure (FSI). Une série d'actes d'exécution et d'actes délégués a ensuite été adoptée dans le courant de l'année 2014 pour chaque Fonds.* [...]

Un grand nombre de programmes[56] *n'ont* [ainsi] *pas pu être adoptés en 2014 et n'étaient pas non plus à un stade suffisamment avancé pour bénéficier de la procédure de report de crédits prévue à l'article 13 du règlement financier*[57]*: les programmes "prêts pour adoption" à la fin de 2014, mais qui n'ont pas pu être adoptés formellement faute de temps, peuvent bénéficier de la procédure de "report" en vertu de l'article 13* [...] *du règlement financier en ce qui concerne les engagements de 2014. Dans ce contexte, le terme "prêts pour adoption" signifie que les étapes préparatoires sont achevées et qu'aucune autre action n'est requise avant le lancement de la procédure en vue de la décision de la Commission visant à l'adoption du programme. En pareils cas, la procédure de report permet de reporter à 2015 les engagements de 2014, à condition que les montants de 2014 soient engagés pour le 31 mars 2015.*

Les dotations n'ayant pas été utilisées en 2014 et qui n'ont pas été reportées doivent être transférées aux années ultérieures au moyen d'une révision du cadre financier pluriannuel conformément à l'article 19 du règlement CFP"[58].

Il convient de relever qu'ensemble avec sa proposition, la Commission a présenté le projet de budget rectificatif nº 2/2015[59], dont l'objet était d'inscrire dans le budget pour 2015 des crédits d'engagement qui ne pourront être ni engagés en 2014, ni reportés automatiquement en 2015. Selon la Commission "*tant la révision* [du règlement fixant le CFP] *que* [l'adoption du projet de] *budget rectificatif* [nº 2/2015] *constitu(ent) une condition préalable à l'adoption des programmes qui déclenchent l'engagement budgétaire et le paiement du préfinancement initial*"[60].

Le tableau 39 (page 171) récapitule la proposition de la Commission de transférer – en augmentation des plafonds des crédits d'engagement en 2015-2017 – les crédits d'engagement qui n'ont pu être engagés en 2014 (ou reportés automatiquement en 2015) à la suite de retards dans l'adoption des bases légales ou des programmes en gestion partagée relevant de la période de programmation 2014-2020, aussi bien par fonds que par année de transfert[61].

Le Conseil, qui a été en mesure d'accepter la proposition de la Commission sans modification, a adopté sa "position de principe" lors de sa session du 17 février 2015[62], demandant par la même occasion l'approbation du PE.

À la suite de l'approbation du Parlement européen, adopté le 15 avril 2015 (par 591 votes pour, 24 votes contre et 28 abstentions), le Conseil a

[55] Doc. *COM(2015) 15 final.*

[56] Il s'agit plus exactement de 300 programmes opérationnels (sur un total de 649) relevant de tous les États membres de l'Union.

[57] JO L 298 du 26.10.2012, pp. 19/20.

[58] Doc. *COM(2015) 15 final*, pp. 2/3.

[59] Il convient de rappeler que le PBR nº 2/2015 est devenu le BR nº 1/2015, adopté le 28 avril 2015 (voir chapitre II).

[60] Doc. *COM(2015) 15 final*, p. 3. En ce qui qui concerne 2016, la Commission a inclus les crédits d'engagement reportés dans le projet de budget pour 2016 (voir chapitre III).

[61] Il convient de relever que la Commission ne proposait pas de modifier les crédits de paiement.

Un exercice similaire avait été mené en 2008, sur la base du point 48 de la Partie III de l'AII de 2006. Il concernait néanmoins moins de fonds et des montants bien moins importants, le nombre de programmes concernés étant par ailleurs relativement limité (voir Tome II, pp. 26/27). En outre, le Conseil a décidé en 2008 de cette adaptation du cadre financier (et non d'une révision) à la majorité qualifiée.

[62] Doc. *Conseil 5479/15 FIN 49 CADREFIN 5 REGIO 7 FSTR 6 FC 7 SOC 21 AGRISTR 2 PECHE 25 JAI 38 ASIM 3* du 2 février 2015.

Tableau 39. Les dotations non utilisées en 2014 et transférées à des années ultérieures (par fonds en gestion partagée et par année)

En crédits d'engagement et en euros

Fonds et IEJ	Montant transféré	à 2015	à 2016	à 2017
Fonds européen de développement régional*	7.172.685.391	7.172.685.391		
Fonds de cohésion	1.826.702.791	1.826.702.791		
Fonds social européen	1.765.956.889	1.765.956.889		
Fonds européen de développement régional**	309.951.374	309.951.374		
Initiative pour l'emploi des jeunes (IEJ)	97.409.219	97.409.219		
Fonds européen de développement régional***	31.467.990			31.467.990
Fonds européen de développement régional** **	12.013.672			12.013.672
Fonds européen d'aide aux plus démunis	0			
Sous-total sous-rubrique *1b* du CFP	**11.216.187.326**	**11.172.705.664**	**0**	**43.481.662**
Fonds européen agricole pour le développement rural	8.705.326.059	4.352.663.052	4.352.663.007	
Fonds européen pour les affaires maritimes et la pêche	740.724.593	740.724.593		
Sous-total rubrique *2* du CFP	**9.446.050.652**	**5.093.387.645**	**4.352.663.007**	**0**
Fonds pour la sécurité intérieure	269.606.238	141.073.125	101.229.143	27.303.970
Fonds "Asile, migration et intégration"	172.712.858	69.272.185	66.697.980	36.742.693
Sous-total rubrique *3* du CFP	**442.319.096**	**210.345.310**	**167.927.123**	**64.046.663**
TOTAL	**21.104.557.074**	**16.476.438.619**	**4.520.590.130**	**107.528.325**

** Régions moins développées, régions plus développées, régions en transition et régions à faible densité de population*
*** Coopération territoriale*
**** Contribution de la coopération territoriale à l'Instrument européen de voisinage (IEV)*
*** ** Contribution de la coopération territoriale à l'Instrument d'aide de préadhésion (IAP)*

adopté formellement[63] (en tant que "point A") la révision du CFP le 21 avril 2015[64], soit une semaine avant la date-butoir du 1er mai 2015.

Le tableau 40 (page 172) présente le cadre financier pluriannuel tel qu'il résulte de sa révision conformément à l'article 19 du règlement fixant le CFP aussi bien en prix 2011 qu'en prix courants.

6. Troisième modification du règlement financier de 2012 et adoption de nouveaux actes délégués par la Commission

Le Parlement européen et le Conseil ont adopté, le 28 octobre 2015, une troisième modification au RF de 2012[65]. Cette modification a pour objet d'aligner les procédures de marchés publics utilisées par les institutions de l'Union avec les règles prévues dans les directives sur la passation des marchés publics et sur l'attribution de contrats de concession[66].

A la suite des demandes du Parlement européen, cette modification apporte également un certain nombre d'autres changements au règlement financier, et notamment :

- une obligation pour les institutions, les organes et les organismes de l'Union d'inclure dans leurs *rapports annuels d'activités* des informations indiquant notamment dans quelle mesure les dépenses opérationnelles autorisées ont contribué à atteindre les résultats obtenus et à produire une valeur ajoutée de l'Union, et de publier ces rapports "*sur le site internet de l'institution, de l'organe ou de l'organisme en question au plus tard le 1er juillet de l'année suivant l'exercice concerné, sous réserve des considérations dûment justifiées en matière de confidentialité et de sécurité*"[67] ;

- une obligation pour la Commission de transmettre sur demande son *rapport d'audit interne annuel*, "*dans le respect des exigences de confidentialité*"[68] ;

- des clarifications concernant les délais liés à la préparation et l'adoption des *rapports spéciaux de la Cour des comptes* "*sans préjudice de l'indépen-*

[63] Suite à l'entrée vigueur du traité de Lisbonne et de l'article 312 du TFUE, le Conseil adopte toutes les révisions du CFP (après approbation du PE) à l'unanimité.
[64] JO L 103 du 22.4.2015, pp. 1/3.
[65] Règlement (UE, Euratom) 2015/1929 du Parlement européen et du Conseil modifiant le règlement (UE, Euratom) n°966/2012 relatif aux règles financières applicables au budget général de l'Union (JO L 286 du 30.10.2015, pp. 1/29). Le RF de 2012 a été modifié deux fois en 2014 (voir première partie, page 29).
[66] JO L 94 du 28.3.2014, pp. 65/242 et 1/64.
[67] Article 66, paragraphe 9 du RF de 2012.
[68] Article 99, paragraphe 3bis du RF de 2012.

Tableau 40. Le cadre financier pluriannuel pour 2014-2020 révisé à la suite de l'adoption tardive des bases légales ou des programmes en gestion partagée, du 21 avril 2015

En millions d'euros et en prix de 2011 (UE-28)
(Source : JO L 103 du 22.4.2015, p. 3)

Crédits pour engagements	2014	2015	2016	2017	2018	2019	2020	Total 2014-2020
1. Croissance intelligente et inclusive	**49.713**	**72.047**	**62.771**	**64.277**	**65.528**	**67.214**	**69.004**	**450.554**
1a Compétitivité pour la croissance et l'emploi	15.605	16.321	16.726	17.693	18.490	19.700	21.079	125.614
1b Cohésion économique, sociale et territoriale	34.108	55.726	46.045	46.584	47.038	47.514	47.925	324.940
2. Croissance durable : ressources naturelles	**46.981**	**59.765**	**58.204**	**53.448**	**52.466**	**51.503**	**50.558**	**372.925**
dont : dépenses relatives au marché et paiements directs	41.254	40.938	40.418	39.834	39.076	38.332	37.602	277.454
3. Sécurité et citoyenneté	**1.637**	**2.269**	**2.306**	**2.289**	**2.312**	**2.391**	**2.469**	**15.673**
4. L'Europe dans le monde	**7.854**	**8.083**	**8.281**	**8.375**	**8.553**	**8.764**	**8.794**	**58.704**
5. Administration	**8.218**	**8.385**	**8.589**	**8.807**	**9.007**	**9.206**	**9.417**	**61.629**
dont : dépenses administratives des institutions	6.649	6.791	6.955	7.110	7.278	7.425	7.590	49.798
6. Compensations	**27**	**0**	**0**	**0**	**0**	**0**	**0**	**27**
Total des crédits pour engagements	**114.430**	**150.549**	**140.151**	**137.196**	**137.866**	**139.078**	**140.242**	**959.512**
en pourcentage du RNB	0,88%	1,13%	1,03%	1,00%	0,99%	0,98%	0,98%	1,00%
Total des crédits pour paiements	**128.030**	**131.095**	**131.046**	**126.777**	**129.778**	**130.893**	**130.781**	**908.400**
en pourcentage du RNB	0,98%	0,98%	0,97%	0,92%	0,93%	0,93%	0,91%	0,95%
Marge disponible	0,25%	0,25%	0,26%	0,31%	0,30%	0,30%	0,32%	0,28%
Plafond des ressources propres en pourcentage du RNB	1,23%	1,23%	1,23%	1,23%	1,23%	1,23%	1,23%	1,23%

En millions d'euros et en prix courants (UE-28)
(Source : doc. COM(2015) 15 final, p. 7)

Crédits pour engagements	2014	2015	2016	2017	2018	2019	2020	Total 2014-2020
1. Croissance intelligente et inclusive	**52.756**	**77.986**	**69.304**	**72.386**	**75.271**	**78.752**	**82.466**	**508.921**
1a Compétitivité pour la croissance et l'emploi	16.560	17.666	18.467	19.925	21.239	23.082	25.191	142.130
1b Cohésion économique, sociale et territoriale	36.196	60.320	50.837	52.461	54.032	55.670	57.275	366.791
2. Croissance durable : ressources naturelles	**49.857**	**64.692**	**64.262**	**60.191**	**60.267**	**60.344**	**60.421**	**420.034**
dont : dépenses relatives au marché et paiements directs	43.779	44.313	44.624	44.859	44.885	44.912	44.937	312.309
3. Sécurité et citoyenneté	**1.737**	**2.456**	**2.546**	**2.578**	**2.656**	**2.801**	**2.951**	**17.725**
4. L'Europe dans le monde	**8.335**	**8.749**	**9.143**	**9.432**	**9.825**	**10.268**	**10.510**	**66.262**
5. Administration	**8.721**	**9.076**	**9.483**	**9.918**	**10.346**	**10.786**	**11.254**	**69.584**
dont : dépenses administratives des institutions	7.056	7.351	7.679	8.007	8.360	8.700	9.071	56.224
6. Compensations	**29**	**0**	**0**	**0**	**0**	**0**	**0**	**29**
Total des crédits pour engagements	**121.435**	**162.959**	**154.738**	**154.505**	**158.365**	**162.951**	**167.602**	**1.082.555**
en pourcentage du RNB	0,90%	1,17%	1,08%	1,04%	1,03%	1,03%	1,03%	1,04%
Total des crédits pour paiements	**135.866**	**141.901**	**144.685**	**142.771**	**149.074**	**153.362**	**156.295**	**1.023.954**
en pourcentage du RNB	1,01%	1,02%	1,01%	0,96%	0,97%	0,97%	0,96%	0,99%
Marge disponible	0,22%	0,21%	0,22%	0,27%	0,26%	0,26%	0,27%	0,24%
Plafond des ressources propres en pourcentage du RNB	1,23%	1,23%	1,23%	1,23%	1,23%	1,23%	1,23%	1,23%

dance de la Cour des comptes pour ce qui est de déterminer la durée et le calendrier de ses audits"[69], et

- des précisions concernant l'habilitation donnée à la Commission pour adopter des *actes délégués* en lien avec la mise en œuvre du budget de l'Union européenne, et notamment en ce qui concerne la *possibilité d'assimiler les organisations à but non lucratif à des organisations internationales*[70].

Par ailleurs, le RF de 2012 prévoit désormais des décharges distinctes pour les *organismes de partenariat public-privé* visés à l'article 209 du règlement financier, conformément à la déclaration conjointe agréée dans le cadre de l'adoption de la modification du RF le 15 mai 2014[71].

Cette modification du règlement financier, qui est d'application à partir du 1er janvier 2016, est accompagnée par l'adoption par la Commission, le 30 octobre 2015, de deux actes délégués, le premier concernant l'application des modifications mentionnées ci-dessus au RF de 2012[72] et le second portant règlement financier type pour les organismes de partenariat public-privé[73].

---

[69] Considérant n° 46 et article 163, paragraphe 1. L'institution ou l'organisme concerné dispose désormais en règle générale d'un "*délai de six semaines après la transmission de ces observations pour communiquer à la Cour des comptes les réponses qu'appellent les observations en question. Ce délai est suspendu, dans les cas dûment justifiés, en particulier lorsque, durant la procédure contradictoire, il est nécessaire à l'institution ou à l'organisme concerné d'obtenir un retour d'information des États membres pour parachever sa réponse*" [...] *La Cour des comptes veille à ce que les rapports spéciaux soient établis et adoptés dans un délai raisonnable, qui, en règle générale, n'excède pas treize mois*".

[70] Article 58, paragraphe 8 du RF de 2012.

[71] Voir Tome III, p. 243, et page 29, note en bas de page 65.

[72] Règlement délégué (UE) 2015/2462 de la Commission modifiant le règlement délégué (UE) n° 1268/2012 relatif aux règles d'application du règlement (UE, Euratom) n° 966/2012 du Parlement européen et du Conseil relatif aux règles financières applicables au budget général de l'Union (JO L 342 du 29.12.2015, pp. 7/56).

[73] Règlement délégué (UE) 2015/2461 de la Commission modifiant le règlement délégué (UE) n° 110/2014 portant règlement financier type pour les organismes de partenariat public-privé visés à l'article 209 du règlement (UE, Euratom)

7. *Le Fonds européen pour les investissements stratégiques*

Dans le cadre de son nouveau "Plan d'investissement pour l'Europe", présenté le 26 novembre 2014[74], la Commission a adopté, le 13 janvier 2015, une proposition législative[75] visant à mettre à profit des crédits existants de l'UE et des contributions nationales pour créer un nouveau Fonds européen pour les investissements stratégiques, destiné à être mis en place en collaboration avec la Banque européenne d'investissement (BEI).

Selon la Commission, ce nouveau Fonds est "*au cœur de l'offensive pour l'investissement* [...], *qui mobilisera au moins 315 milliards d'euros d'investissements privés et publics dans toute l'Union européenne. Il soutiendra des investissements stratégiques d'intérêt européen dans les infrastructures, notamment les réseaux à haut débit et les réseaux d'énergie, dans les infrastructures de transport, en particulier dans les centres industriels, ainsi que dans l'éducation, la recherche et l'innovation, les énergies renouvelables et l'efficacité énergétique. Il a également pour objectif d'appuyer le financement du risque pour les petites et moyennes entreprises de moins de 3 000 salariés*"[76].

Le tableau 41 ci-dessous récapitule la proposition de la Commission concernant le provisionnement du fonds de garantie du FEIS à partir du budget de l'Union européenne. Il convient de souligner que la Commission a basé aussi bien le projet de budget rectificatif n° 1/2015 que le projet de budget pour 2016 sur ces montants (voir page 163 et chapitre III).

Le Parlement européen et le Conseil sont parvenus à un accord politique sur ce projet phare de la Commission le 28 mai 2015. S'agissant du budget de l'Union, l'accord contient le principe de diminuer globalement d'un milliard d'euros les redéploiements de crédits d'engagement à partir du programme "Horizon 2020" et du Mécanisme pour l'interconnexion en Europe par rapport à la proposition de la Commission concernant la création du FEIS.

Cette réduction est compensée par une augmentation correspondante de l'utilisation de la marge sous le plafond de la sous-rubrique *1a* du CFP et de la marge globale pour les engagements, prévue à l'article 14 du règlement fixant le CFP (voir page 180).

Le contenu de l'accord, y inclus en ce qui concerne le financement des dépenses pour la nouvelle pla-

Tableau 41. Proposition de la Commission du provisionnement du fonds de garantie du Fonds européen pour les investissements stratégiques et des dépenses pour la plateforme européenne de conseil en investissement

En millions d'euros

	2015*	2016**	2017	2018	2019	2020	Total
Crédits d'engagement							
Mécanisme pour l'interconnexion en Europe	790	770	770	970			**3.300**
ITER***	500			-80	-150	-270	**0**
Horizon 2020	70	860	871	479	150	270	**2.700**
Marge non allouée** **		420	1.020	630	20	20	**2.110**
Total	**1.360**	**2.050**	**2.661**	**1.999**	**20**	**20**	**8.110**
*Crédits de paiement** ** **							
ITER	10			-10			**0**
Total	**10**	**520**	**1.020**	**2.020**	**2.270**	**2.270**	**8.110**

* *La Commission a inclus ces montants dans le projet de budget rectificatif n° 1/2015, présenté le 13 janvier 2015 (voir tableau 37, page 162)*
** *La Commission a inclus ces montants dans le projet de budget pour 2016 (voir chapitre III)*
*** *Reprogrammation*
** ** *Marge restant sous le plafond de la sous-rubrique 1a (Compétitivité pour la croissance et l'emploi) du CFP et marge globale pour des engagements en faveur de la croissance et de l'emploi (article 14 du règlement fixant le CFP)*
** ** * *Montants indicatifs*

n° 966/2012 du Parlement européen et du Conseil (JO L 342 du 29.12.2015, pp. 1/6).

[74] Doc. *COM(2014) 903 final*. Ce "Plan d'investissement pour l'Europe" vise notamment à combler le déficit d'investissement dans l'Union européenne, en ligne avec les dix priorités politiques de la Commission (voir chapitre III), et surtout la première, intitulée "Un nouvel élan pour l'emploi, la croissance et l'investissement".

[75] Doc. *COM(2015) 10 final*.

[76] Doc. *COM(2015) 300* du 24 juin 2015, p. 7.

Tableau 42. Provisionnement du fonds de garantie du Fonds européen pour les investissements stratégiques et des dépenses pour la plateforme européenne de conseil en investissement et pour le portail européen de projets d'investissement selon l'accord du 28 mai 2015 entre le PE et le Conseil

En millions d'euros

	2015*	2016**	2017	2018	2019	2020	2021	2022	Total
Crédits d'engagement									
Mécanisme pour l'interconnexion en Europe	790	620	620	770					**2.800**
ITER***	500			-80	-150	-270			**0**
Horizon 2020	70	707	587	416	150	270			**2.200**
Marge non allouée** **		723	1.454	893	20	20			**3.110**
Total	**1.360**	**2.050**	**2.661**	**1.999**	**20**	**20**			**8.110**
*Crédits de paiement*** *** *									
ITER	10			-10					**0**
Total	**10**	**520**	**1.820**	**1.620**	**1.770**	**1.770**	**200**	**400**	**8.110**

* *Ces montants ont été inclus dans le budget pour 2015 par le biais du budget rectificatif n° 2/2015, adopté le 7 juillet 2015 (voir tableau 37, page 162)*

** *La Commission a inclus ces montants dans le projet de budget pour 2016 par le biais de la lettre rectificative n° 1/2016 (voir chapitre III)*

*** *Reprogrammation*

** ** *Marge restant sous le plafond de la sous-rubrique 1a (Compétitivité pour la croissance et l'emploi) du CFP et marge globale pour des engagements en faveur de la croissance et de l'emploi (article 14 du règlement fixant le CFP)*

** *** * *Montants indicatifs*

teforme européenne de conseil en investissement et pour le portail européen de projets d'investissement, est repris dans le tableau 42 ci-dessus.

Le Parlement européen a, dans ce contexte, souligné qu'il souhaitait réexaminer la question des redéploiements de crédits d'engagement à partir de lignes budgétaires relevant d'"Horizon 2020" et du MIE dans le cadre de la procédure budgétaire pour 2016 (voir chapitre III).

La Commission, quant à elle, a précisé lors de la conclusion de l'accord politique sur le FEIS qu'"*elle analyserait l'impact que les contributions au FEIS à partir des différentes lignes budgétaires d'"Horizon 2020" pourraient avoir sur la mise en œuvre effective des programmes concernés*"[77].

Comme indiqué page 163, le Parlement européen et le Conseil ont adopté le règlement établissant le Fonds européen pour les investissements stratégiques le 25 juin 2015[78].

III. – La procédure budgétaire pour 2016

Le budget de l'Union européenne pour 2016 est présenté par rubrique et sous-rubrique du cadre financier pluriannuel (en crédits d'engagement et de paiement) page 244. Les différentes étapes chiffrées de la procédure budgétaire pour 2016 sont présentées pages 248-255. Ces différentes étapes sont résumées dans le tableau 43 (page 175).

1. Le calendrier des travaux

Le calendrier des travaux[79] qui ont conduit à l'adoption du budget de l'Union européenne pour 2016 est résumé dans le tableau 44 (page 175).

Le Parlement européen, le Conseil et la Commission ont organisé en 2015 *quatre* trilogues formels dans le domaine budgétaire, dont *un* trilogue dans le contexte de la procédure de conciliation en novembre 2015. En outre, *deux* trilogues spécifiques se sont tenus les 12 et 19 mai 2015 afin d'obtenir un accord sur une déclaration commune relative à un échéancier de paiement 2015-2016 (voir pages 176-179).

Par ailleurs, les trois institutions ont organisé, conformément à la déclaration commune relative aux crédits de paiement adoptée dans le cadre de l'accord sur le budget pour 2015 (voir première partie, pages 91-92), *trois* réunions interinstitutionnelles sur les crédits de paiement[80], les 26 mai

[77] Doc. *SEC(2015) 317 final*, p. 4.

[78] JO L 169 du 1.7.2015, pp. 1/38.

[79] Un calendrier plus détaillé est présenté page 247. Il convient de relever qu'en raison de sa date de présentation, le projet de budget pour 2016 (ou plus exactement l'état prévisionnel de la Commission) n'a pas fait l'objet de présentation au Conseil "Ecofin" (mais seulement au Coreper le 25 mai 2015).

[80] Ces réunions, qui ont été organisées selon un principe de "rotation" dans les locaux du Parlement européen et du

Tableau 43. La procédure budgétaire pour 2016

En millions d'euros	Budget pour 2015*		CFP 2016**	PB pour 2016***		Position du Conseil** **		Amendements du PE** **		Budget adopté		
	c/e	*c/p*	*c/e*	*c/e*	*c/p*	*c/e*	*c/p*	*c/e*	*c/p*	*c/e*	*c/p*	*Marges*
1. Croissance intelligente et inclusive	77.955	66.853	69.304	69.440	66.578	69.600	65.923	71.631	68.234	69.841	66.263	
1a Compétitivité pour la croissance et l'emploi	*17.552*	*15.729*	*18.467*	*18.618*	*17.518*	*18.781*	*17.083*	*20.327*	*18.010*	*19.010*	*17.418*	*0*** *** *
1b Cohésion économique, sociale et territoriale	*60.403*	*51.125*	*50.837*	*50.822*	*49.060*	*50.819*	*48.840*	*51.304*	*50.224*	*50.831*	*48.844*	*6*
2. Croissance durable : ressources naturelles	63.877	55.979	64.262	63.104	55.866	62.904	55.615	63.615	56.386	62.484	55.121	*1.778*
dont dépenses de marché et paiements directs	*43.455*	*43.447*	*43.950*	*42.868*	*42.859*	*42.669*	*42.660*	*43.367*	*43.359*	*42.220*	*42.212*	*1.729*
3. Sécurité et citoyenneté	2.522	1.927	2.546	2.670	2.259	2.645	2.225	3.601	2.846	4.052	3.022	** ** **
4. L'Europe dans le monde	8.711	7.478	9.143	8.882	9.539	8.718	9.089	9.143	9.672	9.167	10.156	** ** ** *
5. Administration	8.660	8.659	9.483	8.909	8.910	8.878	8.879	8.913	8.913	8.935	8.935	*548*
dont dépenses administratives des institutions	*6.941*	*6.939*	*7.679*	*7.096*	*7.098*	*7.065*	*7.066*	*7.100*	*7.100*	*7.123*	*7.122*	*556*
Commission	*3.275*	*3.273*		*3.326*	*3.327*	*3.306*	*3.308*	*3.328*	*3.328*	*3.352*	*3.352*	
Autres institutions	*3.666*	*3.666*		*3.770*	*3.771*	*3.759*	*3.758*	*3.772*	*3.772*	*3.771*	*3.770*	
Pensions	*1.559*	*1.559*		*1.641*	*1.641*	*1.641*	*1.641*	*1.641*	*1.641*	*1.641*	*1.641*	
Écoles européennes	*160*	*160*		*172*	*172*	*172*	*172*	*172*	*172*	*172*	*172*	
Total	**161.725**	**140.896**	**154.738**	**153.005**	**143.153**	**152.744**	**141.731**	**156.903**	**146.050**	**154.480**	**143.496**	*2.331*
Instruments spéciaux :												
Réserve pour aides d'urgence	303	150	-	309	309	309	309	309	309	309	309	
Fonds européen d'ajustement à la mondialisation	162	25	-	166	30	166	30	166	50	166	30	
Fonds de solidarité de l'Union européenne	83	210	-	50	50	50	50	50	50	50	50	
Total	**548**	**385**	-	**525**	**389**	**525**	**389**	**525**	**409**	**525**	**389**	
Total général	**162.273**	**141.280**		**153.529**	**143.541**	**153.269**	**142.120**	**157.428**	**146.459**	**155.004**	**143.885**	
c/e et c/p (% du RNB)	1,16%	1,01%		1,04%	0,98%	1,04%	0,97%	1,07%	1,00%	1,05%	0,98%	

** Budgets rectificatifs n° 1-8/2015 compris* *** Voir tableau 45, page 179* **** Lettres rectificatives non comprises* *** ** Lettre rectificative n° 1/2016 comprise*
*** ** * Utilisation de la marge globale pour les engagements pour un montant de 543 millions d'euros* *** ** ** Mobilisation de l'instrument de flexibilité pour un montant de 1.506 millions d'euros*
*** ** ** * Mobilisation de l'instrument de flexibilité pour un montant de 24 millions d'euros*

Tableau 44. Calendrier de la procédure budgétaire pour 2016 et des réunions interinstitutionnelles en 2015

Date	Événement
17 février 2015	Adoption des orientations budgétaires du Conseil (Bruxelles)
11 mars 2015	Adoption des orientations budgétaires du Parlement européen (section III) (Strasbourg)
30 mars 2015	*Trilogue – priorités budgétaires (Bruxelles)*
12 mai 2015	Trilogue – échéancier de paiement (Bruxelles)
19 mai 2015	Trilogue – échéancier de paiement (Strasbourg)
26 mai 2015	Réunion interinstitutionnelle sur les crédits de paiement (Bruxelles)
27 mai 2015	**Adoption du projet de budget* (PB) (Commission)**
26 juin 2015	***Lettre rectificative n° 1/2016 au PB (provisionnement du fonds de garantie du FEIS)*****
14 juillet 2015	Réunion interinstitutionnelle sur les crédits de paiement (Bruxelles)
14 juillet 2015	*Trilogue – position du Conseil sur le PB (Bruxelles)*
4 septembre 2015	**Position du Conseil sur le projet de budget*** (Bruxelles)**
8 septembre 2015	Présentation de la position du Conseil au Parlement européen (Strasbourg)
15 septembre 2015	Réunion du groupe de travail interinstitutionnel sur les ressources des agences (Bruxelles)
14 octobre 2015	***Lettre rectificative n° 2/2016 au PB (migration, agriculture, pêche et dépenses administratives)*****
19 octobre 2015	Réunion interinstitutionnelle sur les crédits de paiement (Bruxelles)
19 octobre 2015	*Trilogue – amendements du Parlement européen (Bruxelles)*
28 octobre 2015	**Amendements du Parlement européen** ** (Strasbourg)**
28 octobre 2015	Lettre du Conseil au Parlement européen** ** *
29 octobre 2015	Début de la période de conciliation
9 novembre 2015	**Réunion du comité de conciliation (Bruxelles)**
11 novembre 2015	*Trilogue (Bruxelles)*
13/14 novembre 2015	**Réunion du comité de conciliation (Bruxelles)**
18 novembre 2015	Fin de la période de conciliation
24 novembre 2015	**Approbation du projet commun de budget par le Conseil*****
25 novembre 2015	**Approbation du projet commun de budget par le Parlement européen (Strasbourg)**
25 novembre 2015	**Constatation de l'adoption définitive et signature du budget par le président du PE (Strasbourg)**

** Adoption formelle du PB le 24 juin et sa mise à disposition de l'autorité budgétaire et des parlements nationaux dans toutes les langues officielles de l'UE le 25 juin 2015*
*** Adoption par la Commission*
**** Adoption par "procédure écrite"*
*** ** Et convocation, en accord avec le président du Conseil, du comité de conciliation*
*** ** * Confirmation que le Conseil ne peut pas accepter tous les amendements votés par le Parlement européen*

Conseil à Bruxelles (les réunions des 14 juillet et 19 octobre 2015 se déroulant le même jour qu'un trilogue ; voir tableau 44), ont avant tout permis à l'autorité budgétaire de disposer d'une vision claire sur l'état d'exécution du budget de l'Union et des besoins en crédits de paiement. Elles ont contribué à l'obtention d'un accord sur le budget pour 2016 en novembre 2015, le Parlement européen et le Conseil disposant d'une bonne compréhension des différents besoins.

(avant la présentation du PB pour 2016[81]), 14 juillet (avant l'adoption de la position du Conseil sur le PB pour 2016) et 19 octobre 2015 (avant l'adoption des amendements du PE sur la position du Conseil).

À ceci s'ajoute *une* réunion du groupe de travail interinstitutionnel sur les ressources des agences, qui s'est tenue le 15 septembre 2015[82].

A. Lors du trilogue du *30 mars 2015* (organisé à Bruxelles dans les locaux du Conseil) les deux branches de l'autorité budgétaire et la Commission ont discuté, conformément au point 2 de l'annexe de l'AII de 2013, des priorités budgétaires pour 2016 (voir page 179). Elles ont également convenu, conformément aux points 1 et 19 de l'annexe de l'AII de 2013, sous forme d'une déclaration commune, du "calendrier pragmatique" s'appliquant à la procédure budgétaire pour 2016[83].

Les trois institutions ont en outre fait le point sur la situation des crédits de paiement, à la suite des déclarations communes relatives aux crédits de paiement et à un échéancier de paiement, agréées dans le cadre de l'accord sur le budget pour 2015 (voir page 177). Comme base des discussions, la Commission a transmis aux deux branches de l'autorité budgétaire une analyse des différentes causes ainsi que du contenu et du montant exact des "arriérés de paiement" concernant la période 2007-2013[84].

S'agissant du budget pour 2015, le Parlement européen, le Conseil et la Commission ont fait le point sur le calendrier d'adoption des PBR n° 1/2015[85] (lié au Fonds européen pour les investissements stratégiques) et 2/2015[86] (lié à la révision du cadre financier pluriannuel, conformément à l'article 19 du règlement fixant le CFP), présentés par la Commission le 13 et 20 janvier 2015 respectivement (voir chapitre II).

Enfin, sous le point "divers", les trois institutions ont convenu de relancer les travaux du groupe de travail interinstitutionnel sur les ressources des agences décentralisées (voir première partie, pages 108-109), avec l'organisation d'une réunion du groupe le 15 septembre 2015[87].

Le Conseil a également insisté sur l'importance du suivi de la mise en œuvre effective de la réduction des postes inscrits dans les tableaux des effectifs de chaque institution, organe ou agence de -5 % pendant la période 2013-2017, conformément au point 27 de la Partie II de l'AII de 2013 sur la coopération des institutions en matière de dépenses administratives[88].

B. Lors du trilogue du *19 mai 2015*[89], organisé dans les locaux du PE à Strasbourg, le Parlement européen, le Conseil et la Commission sont parvenus, à la suite de la déclaration commune relative

[81] La déclaration commune relative à un échéancier de paiement 2015-2016 a été confirmée lors de cette réunion (voir page 178).

[82] Cette réunion, organisée dans les locaux du Conseil à Bruxelles, fait suite à la déclaration commune du Parlement européen, du Conseil et de la Commission sur les agences décentralisées, agréée dans le cadre de l'accord sur le budget pour 2014 (voir Tome III, pp. 295/296).

Lors de la réunion, et en accord avec les termes de référence du groupe (voir page 159), les deux branches de l'autorité budgétaire ont eu un échange de vues sur la base de deux fiches préparées par la Commission, la première sur *l'évolution du nombre des postes dans les agences pendant la période 2014-2020* et la deuxième sur le *traitement de nouvelles tâches*.

Des représentants du réseau des agences décentralisées étaient présents au début de la réunion, afin de leur permettre de présenter le point de vue des agences pris dans leur ensemble.

[83] Doc. *Conseil 7916/15 FIN 271 INST 110* du 15 avril 2015 et *PE P8_TA(2015)0263* du 8 juillet 2015, Annexe I. Le Conseil a confirmé son accord sur cette déclaration commune (en tant que "point A") lors de sa session le 11 mai 2015. Le Parlement européen l'a fait en plénière le 7 juillet 2015. Cette déclaration commune est reproduite page 264.

[84] Il s'agit du document intitulé "*Éléments d'un échéancier de paiement pour ramener le budget de l'UE sur une trajectoire viable*", du 23 mars 2015 (voir doc. *Conseil 9115/15 FIN 369* du 26 mai 2015, pp. 7/48, et *PE P8_TA(2015)0263* du 8 juillet 2015, Annexe II).

[85] Le PBR n° 1/2015, qui est devenu le budget rectificatif n° 2/2015, a été adopté le 7 juillet 2015 (voir tableau 37, page 162).

[86] Le PBR n° 2/2015, qui est devenu le BR n° 1/2015, a été adopté le 28 avril 2015 (voir tableau 37, page 162).

[87] Voir *supra*, note en bas de page 82.

[88] Voir page 33, note en bas de page 85.

[89] Ce trilogue a été préparé par un premier trilogue organisé le 12 mai 2015 dans les locaux du Parlement européen à Bruxelles (voir tableau 44, page 175).

à un échéancier de paiement, agréée dans le cadre de l'accord sur le budget pour 2015[90], à un accord "*ad referendum*" sur une déclaration commune relative à un échéancier de paiement 2015-2016.

Cette déclaration commune se lit comme suit :

"*S'appuyant sur la déclaration commune relative à un échéancier de paiement approuvée en décembre 2014 dans le cadre de l'accord intervenu sur les budgets 2014 et 2015, les trois institutions ont évalué conjointement l'état de la situation et les perspectives concernant les paiements au titre du budget de l'UE, sur la base du document transmis par la Commission le 23 mars 2015.*

Le Parlement européen, le Conseil et la Commission sont d'accord sur les points suivants :

1. État de la situation

Le Parlement européen et le Conseil prennent acte de l'évaluation approfondie présentée par la Commission dans le document [du 23 mars 2015] *intitulé "Elements for a payment plan to bring the EU budget back onto a sustainable track"*[91] [...], *qui constitue une base analytique devant permettre de repérer les principaux facteurs qui sont à l'origine de l'augmentation du niveau des demandes de paiement en attente en fin d'année et d'atteindre l'objectif consistant à réduire le niveau des factures impayées, l'accent étant mis en particulier sur la mise en œuvre des programmes relevant de la politique de cohésion pour la période 2007-2013.*

a) La contrainte liée aux crédits de paiement autorisés dans les budgets précédents, conjuguée au cycle de mise en œuvre des programmes de cohésion, a entraîné l'accumulation progressive d'un arriéré intenable de demandes de paiement en attente en fin d'année, atteignant le niveau sans précédent de 24,7 milliards d'euros à la fin de l'année 2014. Néanmoins, les institutions constatent que les décisions difficiles qui ont été prises en ce qui concerne les budgets 2014 et 2015 ont largement permis de stabiliser cet arriéré.

b) Par ailleurs, l'insuffisance des paiements s'est traduite par un ralentissement de la mise en œuvre des programmes pour la période 2014-2020 dans d'autres rubriques, dû notamment au souci de remplir les obligations contractuelles découlant d'engagements antérieurs et d'éviter ainsi le risque de devoir verser des intérêts de retard, à un moment où l'on espère que certains programmes clés contribueront à la croissance et à l'emploi en Europe et assureront le rôle de l'Union sur la scène internationale.

---

[90] Selon la déclaration commune : "*Les institutions souscrivent à l'objectif visant à réduire le niveau des factures impayées, l'accent étant mis en particulier sur la politique de cohésion, en fin d'exercice pour qu'il soit ramené à son niveau structurel au cours du CFP actuel.*

Pour atteindre cet objectif :

- la Commission accepte de présenter, parallèlement aux conclusions communes sur le budget pour 2015, les toutes dernières prévisions actualisées du niveau des factures qui seront impayées d'ici la fin 2014 ; elle mettra ces données à jour et présentera des scénarios alternatifs en mars 2015, lorsque l'on disposera, pour les principaux domaines d'action, d'une vue globale du niveau des factures impayées à la fin de 2014 ;

- sur cette base, les trois institutions s'efforceront de parvenir à un accord sur un niveau cible maximum de factures impayées en fin d'exercice pouvant être considéré comme viable ;

- sur cette base et dans le respect du règlement sur le CFP, des enveloppes financières arrêtées pour les programmes et de tout autre accord contraignant, les trois institutions s'engageront à mettre en œuvre, dès 2015, un plan visant à réduire, d'ici le réexamen à mi-parcours de l'actuel cadre financier pluriannuel, le niveau des factures impayées correspondant à la mise en œuvre des programmes pour la période 2007-2013 jusqu'au niveau approuvé d'un commun accord. Ce plan sera validé par les trois institutions en temps utile avant la présentation du projet de budget 2016. Compte tenu du niveau exceptionnellement élevé des factures impayées, les trois institutions conviennent d'examiner toutes les solutions envisageables pour réduire le niveau de ces factures.

La Commission accepte de joindre chaque année à son projet de budget un document évaluant le niveau des factures impayées et expliquant comment le projet de budget permettra de réduire le niveau de ces factures et dans quelles proportions. Ce document annuel fera le point des progrès réalisés jusqu'ici et proposera d'adapter le plan sur la base de données actualisées" (doc. *PE P7_TA(2014)0100* du 17 décembre 2014, pp. 13/18 de l'annexe, et *Conseil 16707/1/14 REV 1 FIN 988 INST 616 PE-L 94* du 11 décembre 2014, pp. 16/20).

[91] Doc. *PE P8_TA(2015)0263*, Annexe II, et *Conseil 9115/15 FIN 369*, pp. 7/48.

2. *Perspectives*

c) Le Parlement européen et le Conseil prennent acte des perspectives présentées par la Commission pour 2015 et 2016 : l'analyse indique qu'il pourrait être possible de ramener l'arriéré des demandes de paiement en attente en fin d'année pour les programmes de cohésion de la période 2007-2013 à un niveau se situant autour de 2 milliards d'euros d'ici la fin de 2016, compte tenu notamment du fait que les programmes de cohésion approchent de leur phase de clôture, et pour autant que des crédits de paiement suffisants soient autorisés dans le cadre du budget 2016. Cela devrait permettre d'éviter des répercussions négatives et des retards inutiles en ce qui concerne la mise en œuvre des programmes pour la période 2014-2020.

d) Le Parlement européen et le Conseil soulignent qu'ils sont déterminés à éliminer progressivement l'arriéré intenable des demandes de paiement en attente pour les programmes de cohésion relevant de la période 2007-2013. Ils s'engagent à coopérer pleinement en vue d'autoriser, dans le cadre du budget 2016, un niveau de crédits de paiement permettant d'atteindre cet objectif. Dans leurs délibérations, ils tiendront compte des perspectives actuelles, que la Commission prendra en considération et précisera dans ses estimations pour le projet de budget 2016.

e) La Commission continuera de suivre de près l'évolution de l'arriéré et, si nécessaire, proposera des mesures appropriées pour garantir une progression ordonnée des crédits de paiement, qui soit compatible avec les crédits d'engagement autorisés.

f) Les trois institutions rappellent leur engagement à suivre de près l'état de l'exécution des paiements tout au long de 2015. Dans le cadre de leur échange de vues régulier, elles confirment leur volonté d'organiser des réunions interinstitutionnelles spéciales à ce sujet le 26 mai, le 14 juillet et le 19 octobre, afin de garantir la viabilité de la procédure budgétaire. À cet égard, ces réunions interinstitutionnelles devraient également porter sur les prévisions à plus long terme concernant l'évolution attendue des paiements jusqu'à la fin du cadre financier pluriannuel (CFP) actuel, la Commission étant invitée à présenter, le cas échéant, des scénarios alternatifs.

g) Afin de faciliter le processus de suivi de la situation pour les programmes de la période 2007-2013, la Commission présentera en juillet et en octobre des rapports sur la mise en œuvre du budget, tant par rapport aux prévisions mensuelles pour l'année concernée que par rapport à l'année précédente, ainsi que sur l'évolution de l'arriéré des demandes de paiement en attente dans la sous-rubrique 1b.

h) Ayant à cœur d'éviter à l'avenir l'accumulation d'un tel arriéré, le Parlement européen et le Conseil demandent à la Commission d'examiner minutieusement la mise en œuvre des programmes pour la période 2014-2020 et de mettre en place un système d'alerte précoce. Afin de parvenir à ce résultat, la Commission s'engage à élaborer des outils appropriés pour présenter, au cours de la procédure budgétaire, des prévisions à cycle continu concernant les paiements, par (sous)rubrique, pour les (sous)rubriques 1b, 2 et 5, et par programme, pour les (sous) rubriques 1a, 3 et 4, l'accent étant mis sur les années N et N+1, y compris l'évolution des factures impayées et des restes à liquider (RAL) ; ces prévisions seront mises à jour à intervalles réguliers sur la base des décisions budgétaires et de toute évolution pertinente ayant une incidence sur les profils de paiement des programmes ; les prévisions de paiement seront présentées en juillet, dans le cadre des réunions interinstitutionnelles consacrées aux paiements prévues au point 36, troisième alinéa, de l'annexe de l'accord interinstitutionnel.

i) Cela devrait permettre à l'autorité budgétaire de prendre les décisions nécessaires en temps utile, afin d'éviter à l'avenir l'accumulation d'un arriéré intenable de demandes de paiement en attente en fin d'année, tout en respectant et en mettant en œuvre pleinement les accords dégagés dans le cadre du CFP et des procédures budgétaires annuelles"[92].

Cette déclaration commune a été confirmée lors de la réunion interinstitutionnelle sur les paiements du 26 mai 2015 (voir page 176). A la suite de ceci, le Conseil l'a adopté (en tant que point "A") le 19 juin 2015 et le PE en plénière le 7 juillet 2015.

[92] Doc. *Conseil 9115/15 FIN 369* du 26 mai 2015, pp. 3/6, et *PE P8_TA(2015)0263* du 8 juillet 2015, Annexe II.

Cet accord sur un échéancier de paiement 2015-2016 a certainement facilité l'obtention d'un accord sur le budget pour 2016 dans le cadre de la procédure de conciliation budgétaire (voir pages 238-239).

C. Les autres trilogues organisés en 2015 sont traités pages 193-221.

2. Les travaux préparatoires (décembre 2014 – mai 2015)

A. La Direction générale du budget de la Commission a établi, le 19 décembre 2014, sa note concernant les paramètres à retenir pour établir les états prévisionnels des institutions et le projet de budget pour 2016[93]. Elle a envoyé sa circulaire budgétaire pour 2016 aux directions générales de la Commission fin décembre 2014.

La Commission a présenté le 28 janvier 2015 une programmation financière 2016-2020 mise à jour à la suite de l'adoption du budget pour 2015[94], conformément au point 30 de la Partie III de l'AII de 2013.

Selon une démarche similaire à celle suivie depuis la procédure budgétaire pour 2012, la vice-présidente de la Commission chargée du budget et des ressources humaines a adressé, le 3 février 2015, aux présidents des institutions, au Médiateur européen, au Contrôleur européen de la protection des données et à la Haute représentante de l'Union pour les affaires étrangères et la politique de sécurité une lettre concernant la préparation des états prévisionnels des institutions pour 2016[95].

La Commission invite toutes les institutions notamment à élaborer leurs estimations en visant un gel nominal au niveau de 2015 de toutes les dépenses non salariales et de continuer de réduire de 1 % le nombre de postes inscrits dans les tableaux des effectifs, conformément au point 27 de l'AII de 2013 visant à réduire le niveau des effectifs des institutions de 5 % sur cinq ans[96].

B. Le Conseil et le Parlement européen ont adopté leurs "orientations budgétaires" pour 2016 le 17 février et le 11 mars 2015 respectivement[97]. Ces orientations ont fait l'objet d'une présentation et d'un échange de vues (conformément au point 2 de l'annexe de l'AII de 2013) lors du trilogue du 30 mars 2015 (voir page 176).

3. Le cadre financier pour l'exercice 2016

Conformément à l'article 6 du règlement fixant le CFP[98], la Commission a adopté, le 22 mai 2015[99], sa communication au PE et au Conseil sur l'ajustement technique du CFP à l'évolution du RNB.

Le cadre financier pour l'exercice 2016 tel qu'il ressort de cet ajustement technique est présenté dans le tableau 45 ci-dessous.

Tableau 45. Le cadre financier pluriannuel pour l'exercice 2016

UE-28, crédits pour engagements (sauf indication contraire), en millions d'euros

Rubrique ou sous-rubrique du CFP	**Montant**
1. Croissance intelligente et inclusive	69.304
1a Compétitivité pour la croissance et l'emploi	*18.467*
1b Cohésion économique, sociale et territoriale	*50.837*
2. Croissance durable : ressources naturelles	64.262
*dont : dépenses relatives au marché et paiements directs**	*43.950*
3. Sécurité et citoyenneté	2.546
4. L'Europe dans le monde	9.143
5. Administration	9.483
dont : dépenses administratives des institutions	*7.679*
6. Compensations	0
Instruments spéciaux :	
Fonds de solidarité de l'Union européenne	552
Réserve pour aides d'urgence	309
Fonds européen d'ajustement à la mondialisation	166
Instrument de flexibilité	*520*
Marge pour imprévus	*4.438*
*Marge globale pour des engagements en faveur de la croissance et de l'emploi***	*543*
Total des crédits pour engagements	154.738
Crédits pour engagements (en % du RNB***)	1,05
Total des crédits pour paiements	144.685
Crédits pour paiements (en % du RNB***)	0,98
Marge disponible (%)	0,25
Plafond des ressources propres (en % du RNB)	1,23

** Ce montant ne tient pas compte du transfert net entre le FEAGA et le Feader (569 millions d'euros)*
*** Article 14 du règlement fixant le CFP*
**** Avec un RNB pour UE-28 estimé à 14.794.058 millions d'euros*

---

[93] Doc. *Ares(2014)4287483*. Cette note est reproduite pages 260-261.
[94] Doc. *Ares(2015)240264*. La Commission a présenté une programmation financière mise à jour pour une seconde fois en mai 2015, ensemble avec le projet de budget pour 2016 (doc. *SEC(2015) 240 final*).
[95] Cette lettre est reproduite pages 262-263.
[96] Voir page 33, note en bas de page 85.
[97] Doc. *Conseil 5310/15 FIN 31 PE-L 6 INST 7* du 30 janvier 2015 et *PE P8_TA(2015)0061* du 11 mars 2015. Il convient de noter que comme en 2014 (voir page 34), le PE n'a adopté des orientations budgétaires que concernant la section III – Commission – du budget de l'Union européenne.
[98] Règlement (UE, Euratom) n° 1311/2013 fixant le cadre financier pluriannuel pour la période 2014-2020 (JO L 347 du 20.12.2013, pp. 884/891).
[99] Doc. *COM(2015) 320 final*.

Il convient de relever que la Commission a calculé, pour la première fois et conformément à l'article 14 du règlement fixant le CFP, la marge globale pour des engagements en faveur de la croissance et de l'emploi, en particulier celui des jeunes. Le montant disponible pour 2016 s'élève à 543 millions d'euros en crédits d'engagement.

Elle a également calculé pour la première fois, conformément à l'article 5 du règlement fixant le CFP, la marge globale pour les paiements. En conséquence, le plafond des crédits pour paiements pour 2014 est réduit de 104 millions d'euros et celui pour 2015 augmenté de 106 millions d'euros.

4. Le projet de budget pour 2016 (27 mai 2015[100])

A. Le projet de budget pour 2016 adopté par la Commission s'élève à 153 529 millions d'euros en crédits pour engagements (-5,1 % par rapport au budget pour 2015[101]) et à 143 541 millions d'euros en crédits pour paiements (+1,7 %). Ceci représente 1,04 % et 0,98 % respectivement du RNB estimé de l'UE. Les marges laissées sous les plafonds du CFP sont de 2 209 millions d'euros en crédits pour engagements[102] et de 1 578 millions d'euros en crédits pour paiements[103].

B. La Commission a préparé le PB en tenant compte notamment des éléments suivants :

Le projet de budget pour 2016 est le premier budget de l'Union élaboré en fonction des orientations politiques définies pour la nouvelle Commission dans le "*Programme pour l'Emploi, la Croissance, l'Équité et le Changement démocratique*", de juillet 2014, devant donner un "nouvel élan pour l'Europe".

Selon la Commission, les "*programmes de dépenses de l'Union, qui sont adoptés par le Parlement européen et le Conseil sur la base de propositions de la Commission, portent sur toute la période couverte par le cadre financier pluriannuel (CFP). À présent que les principaux programmes relevant du CFP pour 2014-2020 sont en place et peuvent commencer à produire les résultats escomptés, le premier projet de budget proposé par la Commission Juncker pour l'exercice 2016 reflète les dix priorités politiques que celle-ci s'est fixées lors de sa prise de fonctions*"[104].

La première priorité du PB pour 2016 est de *stimuler l'emploi, la croissance et l'investissement*, c'est-à-dire de "*donner une nouvelle impulsion à l'emploi, à la croissance et à l'investissement*"[105]. En particulier, à travers la proposition de création

---

[100] Comme les années précédentes, la Commission a adopté, le 27 mai 2015, l'état prévisionnel de la Commission [pour l'exercice 2016] (doc. *SEC(2015) 240 final*). Elle a adopté le projet de budget pour 2016 le 24 juin 2015 (doc. *COM(2015) 300*) et l'a mis à la disposition de l'autorité budgétaire et des parlements nationaux dans toutes les langues officielles de l'UE le 25 juin 2015. Tous les montants présentés sous ce point concernent ce PB "formel".

Le Comité des représentants permanents a approuvé l'état prévisionnel pour 2016 pour le Conseil européen et le Conseil (section II du budget de l'Union) le 25 mars 2015 (doc. *Conseil 6897/15 FIN 183* du 11 mars 2015). Le Parlement européen a arrêté l'état prévisionnel pour 2016 pour la section I en plénière le 29 avril 2015 (doc. *PE P8_TA(2015)0172*).

[101] Budget rectificatif n° 1/2015 compris (voir chapitre II). Sans ce BR (c'est-à-dire sans la prise en compte des effets pour 2015 de la révision du cadre financier pluriannuel, conformément à l'article 19 du règlement fixant le CFP ; voir chapitre II), les crédits pour engagements proposés augmentent de +5,7 % par rapport au budget pour 2015 adopté et les crédits pour paiements de +1,7 %.

[102] La Commission propose de mobiliser l'instrument de flexibilité pour un montant de 124 millions d'euros en crédits d'engagement afin de financer une série de mesures temporaires en matière d'asile pour contribuer à atténuer la pression immédiate et exceptionnelle pesant sur les régimes d'asile et de migration de l'Italie et de la Grèce (rubrique *3 – Sécurité et citoyenneté* – du CFP).

Un montant de 351,4 millions d'euros provient de la marge globale pour les engagements afin de financer le provisionnement du fonds de garantie du FEIS (voir chapitre II).

Ces deux montants seront augmentés par le biais de la lettre rectificative n° 1/2016 en ce qui concerne l'utilisation de la marge globale pour les engagements et de la LR n° 2/2016 en ce qui concerne le montant de la mobilisation de l'instrument de flexibilité (voir pages 235-237).

[103] Selon la présentation de la Commission (voir page 162). Il convient de relever que ce montant ne tient pas compte des 309 millions d'euros (en crédits de paiement) proposés par la Commission pour la réserve pour aides d'urgence, des 50 millions d'euros proposés pour le Fonds de solidarité de l'UE et des 30 millions d'euros proposés pour le Fonds européen d'ajustement à la mondialisation, ainsi que des 45,7 millions d'euros en crédits de paiement liés aux 124 millions d'euros en crédits d'engagement que la Commission propose de mobiliser par le biais de l'instrument de flexibilité.

[104] Doc. *COM(2015) 300* du 24 juin 2015, p. 6.

[105] Cette nécessité d'innover et d'investir est reconnue dans les dix priorités politiques de la Commission, et notamment dans la première, intitulée "Un nouvel élan pour l'emploi, la croissance et l'investissement". Le nouveau "Plan

du Fonds européen pour les investissements stratégiques (voir chapitre II), la Commission "*entend optimiser l'utilisation du budget de l'UE afin de faire face au ralentissement des investissements, qui s'explique par une aversion accrue pour le risque et par les incertitudes qui continuent de planer sur la relance économique*"[106].

La deuxième priorité du projet de budget est de *faire face aux évolutions récentes*. Le PB cible ainsi la *promotion de l'équité, renforçant le rôle de l'UE sur la scène mondiale* et permettant de passer à une politique en matière de *migration* renouvelée[107]. "*Le PB pour 2016 vise à garantir la solidarité entre les États membres et entre les régions par le biais des Fonds structurels et d'investissement européens et à favoriser la formation et l'emploi des jeunes grâce à l'Initiative pour l'emploi des jeunes. De plus, il dote l'UE des moyens de faire face aux récents événements survenus dans le voisinage de l'Europe (par exemple, sur son versant oriental, en Ukraine, et, dans la région méditerranéenne, en Syrie) et ailleurs dans le monde, ainsi qu'aux pressions migratoires croissantes dans le sud de la Méditerranée*"[108].

La troisième priorité est de *satisfaire les besoins de paiement*[109]. Selon la Commission, "*après plusieurs années marquées par de sérieuses contraintes ayant pesé sur sa capacité à effectuer dans les délais pré-*

---

d'investissement pour l'Europe", présenté par la Commission le 26 novembre 2014 (doc. *COM(2014) 903 final*), est un exemple de proposition visant à combler le déficit d'investissement dans l'Union européenne (voir chapitre II).

[106] Doc. *COM(2015) 300*, p. 6.

[107] Le projet de budget pour 2016 propose ainsi d'allouer, en partie par le biais d'une mobilisation de l'instrument de flexibilité (pour un montant de 124 millions d'euros en crédits d'engagement ; voir pages 180 et 232), des crédits supplémentaires pour des mesures temporaires en matière d'asile en Italie et en Grèce (pour un total de 150 millions d'euros en crédits d'engagement), afin de contribuer à atténuer la pression immédiate et exceptionnelle pesant sur les régimes d'asile et de migration de ces pays en instaurant, pour une durée de 24 mois, un mécanisme de relocalisation temporaire, de l'Italie et de la Grèce vers les autres États membres, des demandeurs ayant manifestement besoin d'une protection internationale.

Cette initiative fait suite à la communication de la Commission sur l'agenda européen en matière de migration (doc. *COM(2015) 240* du 13 mai 2015 ; voir chapitre II), dans le cadre de laquelle le PB pour 2016 entend renforcer les mécanismes permettant de faire face aux situations d'urgence de façon plus systémique et plus globale sur le plan géographique, notamment en étendant le mandat des opérations Triton et Poséidon, en augmentant l'aide d'urgence aux États membres situés en première ligne, en lançant un programme de réinstallation à l'échelle de l'UE et en renforçant des agences essentielles telles que Frontex et l'EASO.

[108] Doc. *COM(2015) 300*, p. 6.

[109] Selon la Commission "(l)*e fait de devoir traiter un niveau élevé de demandes de paiement issues de la précédente période de programmation a été au centre des négociations sur le budget annuel de l'UE au cours des dernières années. La nécessité de prévoir un niveau suffisant de crédits de paiement fait problème depuis longtemps et préoccupe tant la nouvelle Commission que le Parlement et le Conseil.*

En 2016, le plafond des paiements (144,7 milliards d'euros) retrouve un niveau qui n'avait plus été observé depuis 2013 (144,3 milliards d'euros), année d'exécution intégrale. Ces dernières années ont été très difficiles : la mise en œuvre des politiques de l'UE a été freinée par de fortes contraintes pesant sur le niveau des crédits de paiement autorisés, ce qui a donné lieu à la multiplication des budgets rectificatifs pour combler une partie des besoins. L'affaissement du plafond des paiements de 2014 a conduit la Commission à proposer la mobilisation de la marge pour imprévus pour les paiements, qui a été finalement approuvée par le Conseil et le Parlement. Malgré cette mesure correctrice, l'arriéré de demandes de paiement pour la politique de cohésion (sous-rubrique 1b) a atteint un niveau sans précédent, soit 24,7 milliards d'euros, à la fin de 2014. Devant un tel défi, la Commission a pris des mesures pour mettre en place une gestion active du faible volume de crédits de paiement dont elle dispose ; elle a ainsi entrepris d'accélérer les actions en recouvrement de tout montant indu, de limiter les crédits inutilisés sur les comptes fiduciaires, de diminuer les pourcentages de préfinancement, d'exploiter au mieux les échéances de paiement autorisées, de différer les appels de propositions ou les appels d'offres et les passations de contrats correspondantes et de donner un degré de priorité plus élevé aux pays bénéficiant d'une aide financière.Le relèvement du plafond des paiements en 2016 (+1,9 % par rapport à 2015), conjuguée aux effets du démarrage plus tardif que prévu initialement des nouveaux programmes en gestion partagée avec les États membres, crée la marge de manœuvre nécessaire pour les crédits de paiement qui, selon les estimations, sont nécessaires pour résorber progressivement, d'ici à la fin de 2016, l'arriéré anormal de demandes de paiement pour les programmes 2007-2013 de la politique de cohésion, comme le prévoit la déclaration commune relative à un "échéancier de paiement" sur laquelle les trois institutions ont marqué leur accord en décembre 2014 [voir page 177]. *Globalement, le total des besoins en crédits de paiement pour 2016 traduit l'achèvement progressif des programmes 2007-2013, tandis que les programmes 2014-2020 sont en passe d'atteindre graduellement leur vitesse de croisière, du fait que les principaux programmes opérationnels (en termes de dotation) en gestion partagée avec les États membres sont adoptés et que les nouveaux contrats gérés directement par la Commission donnent lieu à une combinaison de préfinancements, de paiements intermédiaires et de paiements finaux. En termes de résultat net, le niveau des crédits de paiement estimés dans le projet de budget 2016 (143,2 milliards d'euros) affiche une hausse modérée (+1,6 %) par*

vus la totalité des paiements aux États membres, aux régions, aux communautés de chercheurs, aux organisations non gouvernementales (ONG) et aux autres bénéficiaires des fonds de l'UE, la Commission espère, en 2016, pouvoir résorber l'arriéré de factures impayées issues de la précédente période de programmation et procéder à tous les paiements dus dans l'année. Ce "retour à la normale" tient au relèvement du plafond des paiements pour 2016, qui retrouve le niveau de 2013 (année d'exécution intégrale), après les réductions substantielles opérées en 2014 et 2015. Il permet aussi d'honorer les engagements correspondants tout en laissant [dans le PB pour 2016 tel que proposé par la Commission] *une importante marge sous le plafond des paiements, de 1 578,2 millions d'euros, qui restera disponible pour faire face aux éventuels besoins imprévus en 2016, ainsi que durant les années ultérieures du CFP grâce à la marge globale pour les paiements*"[110].

Enfin, la quatrième priorité est de *faire preuve de rigueur administrative. "La Commission continuera de faire preuve* [de bonne gestion administrative et de rigueur en la matière], *notamment en réduisant ses effectifs de 1 % pour la quatrième année consécutive. Une approche analogue a été suivie par plusieurs autres institutions ; pour certaines, la Commission a adapté leurs états prévisionnels initiaux des dépenses pour les rapprocher des orientations générales en matière de dépenses salariales et non salariales* [voir *infra*]"[111].

Pour la quatrième année consécutive, et en conformité avec le point 27 de l'AII de 2013, la Commission propose ainsi de diminuer ses effectifs de 1 % en 2016. Elle prévoit en outre de continuer à diminuer ses effectifs à mesure qu'elle déléguera certaines tâches d'exécution à des agences exécutives. "*Les nouvelles tâches, telles que la création de l'Union de l'énergie, la mise en œuvre du plan d'investissement pour l'Europe, le marché unique numérique, la politique de migration et la sécurité intérieure* [...] *seront menées à bien grâce à des redéploiements internes (460 postes redéployés en 2016 au sein des directions générales et 94 postes redéployés en 2015 entre celles-ci)*"[112].

"*Compte tenu de l'objectif de réduction du personnel fixé dans l'AII de 2013 et des prévisions d'inflation en 2016*"[113], la Commission a revu, dans son projet de budget, à la baisse les états prévisionnels de la *Cour de justice* (section IV du budget de l'Union), du *Comité des régions* (section VII), du *Médiateur européen* (section VIII) et du *Service européen pour l'action extérieure* (section X ; voir page 190).

Selon la Commission, la réalisation de ces priorités s'inscrit dans le contexte des plafonds annuels, globalement stables, du CFP, une importance accrue étant par ailleurs accordée aux résultats afin d'optimiser l'usage de ressources limitées. "*L'élément nouveau du PB pour 2016 réside dans le fait que les politiques et actions financées par l'UE pourront enfin être pleinement mises en œuvre sur le terrain dès lors que les nouvelles bases légales sont en place et les programmes opérationnels sont adoptés. Pour de nombreux programmes en gestion partagée avec les États membres*[114] *(principalement pour la politique de cohésion), l'adoption tardive de certains programmes opérationnels a nécessité une reprogrammation des crédits d'engagement inutilisés, qui s'élèvent à 21,1 milliards* d'euros,

---

rapport au budget 2015, compte tenu de leur basculement, en part relative, de la précédente période de programmation (2007-2013) à l'actuelle (2014-2020). À la suite de la proposition de la Commission, il subsiste une marge de 1 578,2 millions d'euros sous le plafond des paiements pour 2016. Toute marge non allouée restera disponible pour d'éventuels besoins imprévus, ainsi que pour les années suivantes par l'intermédiaire de la marge globale pour les paiements, dans le cadre des mécanismes de flexibilité instaurés par le règlement fixant le CFP pour 2014-2020 pour faire face au resserrement des plafonds des paiements. La Commission va continuer à suivre attentivement l'exécution des paiements, et elle proposera des mesures correctrices en cas de besoin pour s'assurer qu'elle pourra intégralement mettre en œuvre les politiques dont elle a la charge" (doc. *COM(2015) 300*, pp. 7/8).

[110] *Ibid.*, pp. 6/7.

[111] *Ibid.*, p. 6.

[112] *Ibid.*, p. 8.

[113] *Ibid.*, p. 9.

[114] Les programmes en question relèvent du Fonds européen de développement régional, du Fonds social européen, du Fonds de cohésion, du développement rural, du Fonds européen pour les affaires maritimes et la pêche, du Fonds "Asile, migration et intégration" et du Fonds pour la sécurité intérieure et concernent l'ensemble des 28 États membres (voir page 170).

de 2014 à 2015 voire, dans certains cas, à des années ultérieures[115]*. Cela signifie que les programmes démarreront plus tard que prévu à l'origine. En collaboration avec les États membres, la Commission fera tout ce qui est en son pouvoir pour rattraper le temps perdu lors de cette phase initiale, de manière à ce que la phase de mise en œuvre atteigne sa vitesse de croisière dans les plus brefs délais*"[116].

C. Le projet de budget pour 2016 se présente par rubrique et sous-rubrique du cadre financier pluriannuel pour 2014-2020 comme suit :

- la Commission propose de doter la sous-rubrique *1a* (*Compétitivité pour la croissance et l'emploi*) de 18 618 millions d'euros en crédits d'engagement (+6,1 % par rapport à 2015[117]) et de 17 518 millions d'euros en crédits de paiement (+10,9 %). La marge restante sous le plafond de cette sous-rubrique s'établit ainsi à 200 millions d'euros, après recours à un montant de 351,4 millions d'euros[118] provenant de la marge globale pour les engagements (voir page 180), qui est utilisée pour le provisionnement du fonds de garantie du FEIS (voir pages 173-174).

Les augmentations proposées en crédits d'engagement sont essentiellement liées à la mise en place du nouveau Fonds européen pour les investissements stratégiques (voir chapitre II), ainsi qu'à l'augmentation des crédits destinés au Mécanisme pour l'interconnexion en Europe et à "Erasmus+".

Les crédits de paiement proposés sont destinés non seulement à contenir l'augmentation des engagements restant à liquider, mais également à permettre la mise en œuvre des nouveaux programmes relevant de la période 2014-2020.

Les propositions de la Commission concernant la sous-rubrique *1a* sont récapitulées dans le tableau 46 (page 184) ;

- les crédits proposés pour la sous-rubrique *1b* (*Cohésion économique, sociale et territoriale*) s'élèvent à 50 822 millions d'euros en crédits d'engagement (-15,9 %[119]) et à 49 060 millions d'euros en crédits de paiement (-4 %). La marge restante sous le plafond de la rubrique s'établit ainsi à 15 millions d'euros.

Selon la Commission, il "*est à prévoir que la concentration en 2014 et 2015 des crédits d'engagement en faveur de l'Initiative pour l'emploi des jeunes (IEJ, enveloppe spécifique complémentaire*[120]*) entraîne une forte exécution des paiements sur le terrain, estimée à 1 050,0 millions d'euros en 2016. Les crédits de paiement pour la rubrique dans son ensemble diminuent de -4,0 % par rapport au budget 2015, reculant à 49 060,1 millions d'euros. Cette situation témoigne du recul progressif des besoins en crédits de paiement pour les programmes de la période 2007-2013, alors que les programmes de la période 2014-2020 sont en passe d'atteindre progressivement leur vitesse de croisière : des paiements intermédiaires élevés se combinent à la dernière tranche des préfinancements initiaux et à la première tranche des préfinancements annuels*"[121].

Les propositions de la Commission concernant la sous-rubrique *1b* sont reprises dans les tableau 47 et 48 (pages 184 et 185) ;

- les crédits proposés pour la rubrique *2* (*Croissance durable : ressources naturelles*) sont de 63 104 millions d'euros en crédits d'engagement (-1,3 %[122]), dont 42 868 millions d'euros pour les dépenses de marché et paiements directs (-1,4 %), et de 55 866 millions d'euros en crédits de paiement (-0,2 %), dont 42 859 millions d'euros pour les dépenses de marché et paiements directs (-1,4 %). La marge restante sous le plafond de la rubrique est de 1 158 millions d'euros.

---

[115] Voir page 171.
[116] Doc. *COM(2015) 300*, p. 6.
[117] Budget rectificatif nº 1/2015 compris.
[118] Ce montant sera revu à la hausse par la lettre rectificative nº 1/2016, adoptée par la Commission le 26 juin 2015 suite à l'accord sur le FEIS (voir pages 235-236).
[119] Ou +3,2 % hors budget rectificatif.
[120] Voir Tome III, p. 259.
[121] Doc. *COM(2015) 300*, p. 14.
[122] Ou +7,3 % hors budget rectificatif.

Tableau 46. Proposition de la Commission concernant la sous-rubrique *1a* (*Compétitivité pour la croissance et l'emploi*) du cadre financier pluriannuel dans le PB pour 2016

En millions d'euros et en pourcentage

	Crédits d'engagement			Crédits de paiement		
	PB pour 2016	**%**	**Budget pour 2015***	**PB pour 2016**	**%**	**Budget pour 2015***
Cadre stratégique commun (CSC) pour la recherche et l'innovation	9.671	*51,9*	9.842	10.345	*59,1*	9.366
- Horizon 2020 (2014-2020)	*9.355*	*50,2*	*9.539*	*10.069*	*57,5*	*9.024*
Défis de société	*2.777*	*14,9*	*2.535*	*1.955*	*11,2*	*1.367*
Excellence scientifique	*2.764*	*14,8*	*2.914*	*1.523*	*8,7*	*1.209*
Primauté industrielle	*1.780*	*9,6*	*1.907*	*1.742*	*9,9*	*1.093*
Entreprises communes	*917*	*4,9*	*1.077*	*562*	*3,2*	*345*
Dépenses d'appui	*634*	*3,4*	*634*	*634*	*3,6*	*634*
Institut européen d'innovation et de technologie (IET)	*198*	*1,1*	*254*	*252*	*1,4*	*228*
Propager l'excellence et élargir la participation participation	*150*	*0,8*	*148*	*88*	*0,5*	*87*
Activités horizontales de "Horizon 2020"	*109*	*0,6*	*48*	*80*	*0,5*	*10*
Activités non nucléaires du centre commun de recherches (CCR)	*25*	*0,1*	*24*	*25*	*0,1*	*28*
Achèvement des activités antérieures (avant 2014)	*0*	*0,0*	*0*	*3.208*	*18,3*	*4.023*
- Programme Euratom de recherche et de formation (2014-2018)	*317*	*1,7*	*302*	*276*	*1,6*	*342*
Euratom	*202*	*1,1*	*187*	*144*	*0,8*	*187*
Dépenses d'appui	*115*	*0,6*	*115*	*115*	*0,7*	*115*
Achèvement des activités antérieures (avant 2014)	*0*	*0,0*	*0*	*17*	*0,1*	*41*
Mécanisme pour l'interconnexion en Europe (MIE)	2.062	*11,1*	1.435	1.674	*9,6*	1.449
- Transports	*1.281*	*6,9*	*929*	*749*	*4,3*	*630*
- Énergie	*621*	*3,3*	*396*	*161*	*0,9*	*64*
- Technologies de l'information et des communications (TIC)	*140*	*0,8*	*92*	*79*	*0,5*	*69*
- Dépenses d'appui	*20*	*0,1*	*20*	*20*	*0,1*	*20*
- Achèvement des activités antérieures (avant 2014)	*0*	*0,0*	*0*	*665*	*3,8*	*667*
Fonds européen pour les investissements stratégiques (FEIS)	2.050	*11,0*	1.360	520	*3,0*	10
- Provisionnement du fonds de garantie du FEIS	*2.030*	*10,9*	*1.350*	*500*	*2,9*	*p.m.*
*- Plateforme européenne de conseil en investissement (EIAH)***	*20*	*0,1*	*10*	*20*	*0,1*	*10*
- Garantie au FEIS	*p.m.*		*p.m.*	*p.m.*		*p.m.*
Grands projets d'infrastructures	1.768	*9,5*	2.009	1.701	*9,7*	1.881
- Systèmes européens de navigation par satellite (GNSS) "Egnos" et "Galileo"	*848*	*4,6*	*1.057*	*523*	*3,0*	*782*
- Programme européen d'observation de la Terre (Copernicus)	*584*	*3,1*	*554*	*600*	*3,4*	*510*
- Réacteur thermonucléaire expérimental international (ITER)	*276*	*1,5*	*338*	*150*	*0,9*	*116*
- Dépenses d'appui	*61*	*0,3*	*60*	*61*	*0,3*	*59*
- Achèvement des activités antérieures (avant 2014)	*0*	*0,0*	*0*	*367*	*2,1*	*414*
Éducation, formation, jeunesse et sport ("Erasmus+")	1.727	*9,3*	1.608	1.805	*10,3*	1.387
Compétitivité des entreprises et des petites et moyennes entreprises ("COSME")	281	*1,5*	295	262	*1,5*	321
- Promouvoir l'esprit d'entreprise	*160*	*0,9*	*109*	*100*	*0,6*	*72*
- Améliorer l'accès au financement pour les PME	*108*	*0,6*	*175*	*48*	*0,3*	*99*
- Dépenses d'appui	*12*	*0,1*	*12*	*12*	*0,1*	*12*
- Achèvement des activités antérieures (avant 2014)	*0*	*0,0*	*0*	*102*	*0,6*	*138*
Sûreté nucléaire et démantèlement	136	*0,7*	133	150	*0,9*	157
Programme pour l'emploi et l'innovation sociale	127	*0,7*	125	90	*0,5*	90
Programmes "Douane 2020" et "Fiscalis 2020" et lutte contre la fraude	126	*0,7*	122	124	*0,7*	95
Projets énergétiques en vue d'aider à la relance économique (plan de relance)	p.m.		p.m.	176	*1,0*	407
Autres programmes et actions	211	*1,1*	217	203	*1,2*	187
Prérogatives et compétences spécifiques de la Commission	135	*0,7*	132	123	*0,7*	103
Projets pilotes et actions préparatoires	p.m.		22	18	*19,0*	26
Subventions pour quinze agences décentralisées et l'IET***	325	*1,7*	252	326	*1,9*	250
Total	**18.618**	***100,0***	**17.552**	**17.518**	***100,0***	**15.729**

** Budgets rectificatifs n° 1 à 5/2015 inclus ** Et Portail européen de projets d'investissement (EIPP) *** Voir tableau 68, page 234*

Tableau 47. Proposition de la Commission concernant la sous-rubrique *1b* (*Cohésion économique, sociale et territoriale*) du cadre financier pluriannuel dans le PB pour 2016

En millions d'euros et en pourcentage

	Crédits d'engagement			Crédits de paiement		
	PB pour 2016	**%**	**Budget pour 2015***	**PB pour 2016**	**%**	**Budget pour 2015***
Investissement pour la croissance et l'emploi	46.657	*91,8*	55.912	45.999	*93,8*	48.007
- Convergence régionale (régions moins développées)	*24.767*	*48,7*		*27.988*	*57,0*	
- Compétitivité (régions plus développées)	*7.905*	*15,6*		*8.451*	*17,2*	
- Régions en transition	*5.029*	*9,9*		*2.793*	*5,7*	
- Régions ultrapériphériques et à faible densité de population	*218*	*0,4*		*108*	*0,2*	
- Fonds de cohésion	*8.739*	*17,2*		*6.658*	*13,6*	
Coopération territoriale européenne	1.049	*2,1*	1.048	966	*2,0*	1.146
Assistance technique et actions innovatrices	201	*0,4*	193	193	*0,4*	179
Initiative pour l'emploi des jeunes (IEJ)**	-		1.505	1.050	*2,1*	1.027
Mécanisme pour l'interconnexion en Europe (MIE)***	2.377	*4,7*	1.217	383	*0,8*	394
Aide européenne aux plus démunis (FEAD)	536	*1,1*	525	461	*0,9*	364
Projets pilotes et actions préparatoires	3	*0,0*	4	8	*0,0*	9
Total	**50.822**	***100,0***	**60.403**	**49.060**	***100,0***	**51.125**

** Budgets rectificatifs n° 1 à 5/2015 inclus ** Enveloppe spécifique complémentaire *** Contribution du Fonds de cohésion*

Tableau 48. Proposition de la Commission concernant la sous-rubrique *1b* (*Cohésion économique, sociale et territoriale*) du cadre financier pluriannuel dans le PB pour 2016 par Fonds

En millions d'euros et en pourcentage

Période		Crédits d'engagement			Crédits de paiement		
		PB pour 2016	%	Budget pour 2015*	PB pour 2016	%	Budget pour 2015*
2000-2006	FEDER	0		0	0		0
	Fonds de cohésion	p.m.		p.m.	90	*0,2*	432
	FSE	0		0	0		0
	Total	**0**		**0**	**90**	***0,2***	**432**
2007-2013	FEDER	0		0	14.525	*29,6*	21.795
	Fonds de cohésion	p.m.		p.m.	2.468	*5,0*	10.488
	FSE	0		0	4.600	*9,4*	7.274
	Total	**0**		**0**	**21.593**	***44,0***	**39.557**
2014-2020	FEDER	26.861	*52,9*	34.159	14.543	*29,6*	5.577
	Fonds de cohésion	8.739	*17,2*	10.173	4.100	*8,4*	1.641
	FSE	12.015	*23,6*	14.115	7.600	*15,5*	2.924
	- dont enveloppe spécifique complémentaire de l'IEJ	-		*1.505*	*1.050*	*2,1*	*1.027*
	FEAD	536	*1,1*	525	461	*0,9*	364
	Contribution MIE	2.377	*4,7*	1.217	383	*0,8*	394
	Contribution aux programmes de l'IAP II et de l'IEV	91	*0,2*	18	49	*0,1*	0
	Total	**50.618**	***99,6***	**60.207**	**27.136**	***55,3***	**10.900**
Total	FEDER	26.861	*52,9*	34.159	29.067	*59,2*	27.372
	Fonds de cohésion	8.739	*17,2*	10.173	6.658	*13,6*	12.561
	FSE	12.015	*23,6*	14.115	12.200	*24,9*	10.198
	- dont enveloppe spécifique complémentaire de l'IEJ	-		*1.505*	*1.050*	*2,1*	*1.027*
	FEAD	536	*1,1*	525	461	*0,9*	364
	Contribution MIE	2.377	*4,7*	1.217	383	*0,8*	394
	Contribution aux programmes de l'IAP II et de l'IEV	91	*0,2*	18	49	*0,1*	0
	Total	**50.618**	***99,6***	**60.207**	**48.819**	***99,5***	**50.888**
Assistance technique et actions innovatrices		201	*0,4*	193	193	*0,4*	179
Autres		3	*0,0*	4	48	*0,1*	58
Total général		**50.822**	***100,0***	**60.403**	**49.060**	***100,0***	**51.125**

** Budgets rectificatifs n° 1 à 5/2015 inclus*

La marge pour les dépenses de marché et paiements directs est de 1 082 millions d'euros. Une marge subsiste en dépit du fait que la Commission a demandé l'activation du mécanisme de discipline financière afin de constituer la réserve pour les crises dans le secteur agricole.

Selon la commission, "(c)*onformément aux dispositions du règlement financier et du règlement sur le financement de la PAC*[123]*, certaines opérations (essentiellement corrections pour apurements des comptes et de conformité, irrégularités et prélèvement supplémentaire sur le lait) génèrent des recettes qui sont affectées au FEAGA et servent à couvrir partiellement les besoins de lignes spécifiques comme requis par l'exécution budgétaire. Étant donné l'existence de ces recettes affectées, il convient de faire la distinction entre les crédits budgétaires demandés et les dépenses estimées nécessaires ("besoins"). Les crédits inscrits au projet de budget 2016 sont inférieurs aux dépenses estimées, car un montant de 1 702,0 millions d'euros de recettes est affecté au FEAGA. Les recettes affectées pour 2016 sont attribuées au chapitre budgétaire 05 02 pour les fonds opérationnels des organisations de producteurs (400 millions d'euros sur le poste budgétaire 05 02 08 03) et au chapitre budgétaire 05 03 pour le régime de paiement de base – RPB (1 302 millions d'euros sur le poste budgétaire 05 03 01 10)*[124]*.*

La différence au niveau du montant des recettes affectées par rapport au budget 2015 (1 768,6 millions d'euros) est plutôt faible (-66,6 millions d'euros). À cette date précoce de l'année, le projet de budget 2016 ne prend pas en considération l'hypothèse d'éventuelles recettes affectées à reporter de 2015 à 2016, le cas échéant[125]*. Les recettes affectées résultant des décisions d'apurement*

[123] Règlement (UE) n° 1306/2013 du Parlement européen et du Conseil relatif au financement, à la gestion et au suivi de la politique agricole commune, et notamment son article 43.

[124] Les années précédentes, les recettes affectées au chapitre *05 03* (*Aides directes*) étaient affectées au régime de paiement unique (RPU ; poste *05 03 01 01*). Ce régime est désormais remplacé par un nouveau système de paiements directs.

[125] Conformément aux dispositions de l'article 26, paragraphe 5 du règlement (UE) n° 1306/2013 et à l'article 169, paragraphe 3 du RF de 2012, il est possible de reporter de 2015 à 2016 les crédits inutilisés du FEAGA pour le remboursement au titre de la discipline financière appliquée en 2015 aux fins de l'établissement de la réserve de crise pour 2015, dans le cas où cette dernière n'est pas nécessaire.

comptable (1 100 millions d'euros dans le projet de budget 2016) devraient être supérieures à leur montant dans le budget 2015 (868,6 millions d'euros). Cette situation est due à l'incidence de plusieurs décisions concernant l'apurement des comptes du FEAGA prises par la Commission en 2014 et 2015 qui autorisent certains États membres à régler les montants des corrections financières en trois tranches annuelles égales. Les autres sources et montants de recettes affectées dans le projet de budget 2016 sont les "Irrégularités FEAGA" (161 millions d'euros) et le prélèvement supplémentaire sur le lait (441 millions d'euros), qui devrait être supérieur à son montant dans le budget 2015"[126].

S'agissant des crédits de paiement proposés pour les nouveaux programmes pour la période 2014-2020 "(ceux) *afférents au Feader consistent principalement en des paiements intermédiaires, mais ils comprennent également la dernière tranche du préfinancement initial représentant 1 % du montant du soutien au programme opérationnel pour l'ensemble de la période de programmation. Par ailleurs, les crédits de paiement pour les nouveaux programmes au titre du FEAMP, pour lesquels l'adoption de la plupart des programmes opérationnels n'interviendra qu'en 2015, correspondent essentiellement aux préfinancements. À la dernière tranche du préfinancement initial, qui s'élève à 1 % de l'enveloppe globale de programmation pour le développement rural, s'ajoute également le premier préfinancement annuel représentant 2 % de l'enveloppe globale, comme pour la sous-rubrique 1b.*

Dans le domaine du développement rural, les crédits de paiement pour les paiements intermédiaires couvrent principalement les remboursements de mesures à caractère pluriannuel nécessitant des paiements annuels récurrents, ainsi que les premiers remboursements concernant les mesures d'investissement. Dans le cas du FEAMP, le niveau des crédits correspond uniquement aux paiements intermédiaires prévus pour les mesures récurrentes concernant la collecte de données, les régions ultrapériphériques, l'aide au stockage ainsi que le contrôle et l'exécution. Pour les deux Fonds, en ce qui concerne les mesures d'investissement, les retards dans l'adoption des programmes et le passage à une échéance à "n+3" pour l'exécution des engagements, au lieu d'une échéance à "n+2" pour la période précédente, ont été pris en considération. Hors assistance technique, les crédits de paiement destinés aux nouveaux programmes opérationnels s'élèvent à 8 574,0 millions d'euros pour le développement rural et à 335,0 millions d'euros pour le FEAMP. Un montant supplémentaire de 92,7 millions d'euros est ajouté, en ce qui concerne le FEAMP, pour des mesures gérées directement par la Commission. En outre, des crédits de paiement se montant à 150,0 millions d'euros, dont les crédits d'engagement inscrits en réserve, sont demandés pour les accords de partenariat dans le domaine de la pêche durable (APPD), les organisations régionales de gestion des pêches (ORGP) et d'autres organisations internationales de pêche.

Pour "Life+", des crédits de paiement s'élevant à 200,4 millions d'euros sont prévus pour la nouvelle période de programmation ; ils sont essentiellement liés aux versements effectués en faveur des instruments financiers et au préfinancement des projets dans le cadre du premier appel à propositions pour la nouvelle période de programmation qui seront lancés dès 2015"[127].

S'agissant des crédits de paiement proposés pour des paiements relatifs aux engagements restant à liquider (c'est-à-dire antérieurs à 2014), "(p)*rès de 28 % des crédits de paiement afférents aux dépenses dissociées de la rubrique 2 dans le projet de budget 2016 sont requis pour des engagements restant à liquider antérieurs à 2014. Sur un montant total d'environ 3 554,9 millions d'euros, le développement rural s'adjuge la part la plus importante (3 268,0 millions d'euros). Viennent ensuite les crédits allant à des mesures financées dans le cadre de l'ancien Fonds européen pour la pêche (FEP ; 132,0 millions d'euros), qui serviront à éliminer totalement l'arriéré des demandes de paiement, et les crédits destinés à "Life+" (154,9 millions d'euros). Si les besoins en paiements correspondant à la période couverte par le précédent CFP sont encore*

[126] Doc. *COM(2015) 300*, pp. 36/37.
[127] *Ibid.*, pp. 42/43.

Tableau 49. Proposition de la Commission concernant la rubrique *2* (*Croissance durable : ressources naturelles*) du cadre financier pluriannuel dans le PB pour 2016

En millions d'euros et en pourcentage

	Crédits d'engagement			Crédits de paiement		
	PB pour 2016	***%***	**Budget pour 2015***	**PB pour 2016**	***%***	**Budget pour 2015***
Fonds européen agricole de garantie (FEAGA)**	42.868	*67,9*	43.456	42.859	*76,7*	43.448
Fonds européen agricole pour le développement rural (Feader)	18.676	*29,6*	18.176	11.866	*21,2*	11.167
Fonds européen pour les affaires maritimes et la pêche (FEAMP)***	1.047	*1,7*	1.776	721	*1,3*	959
Environnement et action pour le climat (Life+)	463	*0,7*	435	355	*0,6*	351
Prérogatives et compétences spécifiques de la Commission	0	*0,0*	5	1	*0,0*	5
Projets pilotes et actions préparatoires	p.m.		3	13	*0,0*	19
Subventions pour trois agences décentralisées** **	50	*0,1*	50	50	*0,1*	50
Total	**63.104**	***100,0***	**63.902**	**55.866**	***100,0***	**55.999**

** Budgets rectificatifs n° 1 à 5/2015 inclus   ** Dépenses relatives aux marchés et paiements directs   *** Y inclus accords de pêche durable, contributions obligatoires aux organisations régionales de gestion des pêches et aux autres organisations internationales, dépenses d'appui et achèvement des mesures d'avant 2014   ** ** Voir tableau 68, page 234*

importants, ils sont à la baisse dans le projet de budget 2016, certains programmes au titre du Feader et du FEP approchant de la phase de clôture. Dans les deux cas, les derniers paiements intermédiaires avant la clôture sont inscrits au budget, et un montant limité pour les premiers paiements de clôture est également prévu pour le Feader. En ce qui concerne le programme "Life+", certains paiements finaux seront réalisés, tandis que les crédits seront majoritairement utilisés aux fins des paiements intermédiaires relatifs aux projets sélectionnés dans le cadre des appels à propositions lancés au cours des dernières années de la période de programmation précédente"[128].

Les propositions de la Commission concernant la rubrique *2* sont reprises dans le tableau 49 ci-dessus ;

- les crédits proposés pour la rubrique *3* (*Sécurité et citoyenneté*) s'élèvent à 2 670 millions d'euros en crédits d'engagement (+13,3 %[129]) et à 2 259 millions d'euros en crédits de paiement[130] (+21,5 %).

La Commission propose de mobiliser l'instrument de flexibilité pour un montant de 124 millions d'euros en crédits d'engagement "*afin de financer*[131] *un ensemble de mesures temporaires en matière d'asile en Italie et en Grèce (150 millions d'euros), en recourant à la clause d'urgence de l'article 78, paragraphe 3, du traité en vue de réduire la pression directe et exceptionnelle à laquelle sont soumis les régimes d'asile et de migration de ces pays par la mise en place, pendant 24 mois, d'un mécanisme temporaire de relocalisation des demandeurs qui ont manifestement besoin d'une protection internationale depuis l'Italie et la Grèce vers les autres États membres. Les autres États membres prendraient alors en charge l'accueil de ces personnes et le traitement de leurs demandes. Au total, 40 000 demandeurs d'asile seraient relocalisés depuis l'Italie (60 %) et la Grèce (40 %) vers les autres États membres figurant aux annexes I et II de la proposition de la Commission relative à une décision du Conseil*[132]*. Des clés de répartition permettraient de définir le nombre de demandeurs à relocaliser depuis l'Italie et la Grèce vers les autres États membres, pour lesquels ces États recevraient une aide financière au titre du Fonds "Asile, migration et intégration" (AMIF) équivalente à 6 000 euros par personne ayant fait l'objet d'une relocalisation.*

En outre, la Commission renforce les mesures proposées dans le projet de budget rectificatif n° 5 au budget 2015 [voir chapitre II] *afin de réagir aux pressions migratoires à la suite d'un événement tragique survenu en Méditerranée en avril 2015. Ces mesures consistent notamment en l'extension du mandat des opérations Triton et Poséidon, le renforcement de l'aide d'urgence destinée aux États membres les plus concernés, le lancement d'un programme de réinstallation à l'échelle de l'UE et la consolidation des agences clés comme Frontex et*

---

[128] Doc. *COM(2015) 300*, p. 43.

[129] Ou +24,4 % hors budget rectificatif.

[130] Les crédits de paiement proposés augmentent avant tout sous l'effet des crédits de paiement liés aux mesures renforcées en matière de migration (voir *infra*), ainsi que des besoins accrus en crédits de paiement pour le Fonds "Asile, migration et intégration" et le Fonds pour la sécurité.

[131] Dans le cadre du "paquet migration".

[132] Doc. *COM(2015) 286* du 27 mai 2015.

Tableau 50. Proposition de la Commission concernant la rubrique *3* (*Sécurité et citoyenneté*) du cadre financier pluriannuel dans le PB pour 2016

En millions d'euros et en pourcentage

	Crédits d'engagement			Crédits de paiement		
	PB pour 2016	**%**	**Budget pour 2015***	**PB pour 2016**	**%**	**Budget pour 2015***
Fonds "Asile, migration et intégration" (FAM)	712	*26,7*	543	516	*22,8*	382
Fonds pour la sécurité intérieure (FSI)	531	*19,9*	541	317	*14,0*	275
Denrées alimentaires et aliments pour animaux	264	*9,9*	259	262	*11,6*	215
Europe créative	192	*7,2*	178	196	*8,7*	165
Santé	62	*2,3*	60	70	*3,1*	57
Droits, égalité et citoyenneté	60	*2,2*	57	52	*2,3*	48
Justice	52	*1,9*	49	45	*2,0*	42
Mécanisme de protection civile de l'Union	31	*1,2*	29	28	*1,2*	27
Consommateurs	26	*1,0*	25	21	*0,9*	21
L'Europe pour les citoyens	25	*0,9*	24	24	*1,1*	18
Systèmes informatiques	19	*0,7*	19	30	*1,3*	22
- Système d'information Schengen (SIS II)	*10*	*0,4*	*9*	*13*	*0,6*	*9*
- Système d'information sur les visas (VIS)	*10*	*0,4*	*9*	*16*	*0,7*	*13*
- Base de données européenne des empreintes digitales (Eurodac)	*0*	*0,0*	*0*	*0*	*0,0*	*0*
Autres programmes et actions	p.m.		p.m.	p.m.		p.m.
Prérogatives et compétences spécifiques de la Commission	97	*3,6*	85	88	*3,9*	86
- dont actions de communication	*71*	*2,7*	*65*	*64*	*2,8*	*58*
Projets pilotes et actions préparatoires	p.m.		16	12	*0,5*	18
Subventions pour douze agences décentralisées**	599	*22,4*	548	599	*26,5*	553
Total général	**2.670**	***100,0***	**2.433**	**2.259**	***100,0***	**1.929**

** Budgets rectificatifs n° 1 à 5/2015 inclus   ** Voir tableau 68, page 234*

l'EASO. Les ressources additionnelles demandées à cet effet dans le PB pour 2016 s'élèvent à 123,2 millions d'euros en crédits d'engagement et à 121,6 millions d'euros en crédits de paiement, afin de couvrir le préfinancement à 80 % des engagements de 2016 et le solde de 20 % des engagements de 2015"[133].

Les propositions de la Commission concernant la rubrique *3* sont reprises dans le tableau 50 ci-dessus ;

- les crédits proposés pour la rubrique *4* (*L'Europe dans le monde*) s'élèvent à 8 882 millions d'euros en crédits d'engagement (+5,6 %) et à 9 539 millions d'euros en crédits de paiement (+28,5 %). La marge restante sous le plafond de cette rubrique est ainsi de 261 millions d'euros.

La Commission propose que les trois plus grands instruments financiers à finalité politique[134] conservent leur part du financement de l'action extérieure, soit 71,8 % (6 374,4 millions d'euros en crédits d'engagement).

Par ailleurs, "(d)*omaine d'action à forte visibilité permettant de venir rapidement en aide aux populations, pays et régions confrontés à des catastrophes d'origine naturelle ou humaine, l'aide humanitaire reçoit 11 % des ressources de la rubrique 4, soit une dotation* [proposée] *de 932,8 millions d'euros. Des besoins importants imprévus supérieurs à la dotation allouée à l'aide humanitaire peuvent également être couverts par la réserve pour aides d'urgence.*

L'Instrument européen pour la démocratie et les droits de l'homme (IEDDH) reste un élément primordial pour la diffusion des valeurs européennes sur le long terme. Le financement envisagé pour lui (185,5 millions d'euros) est maintenu globalement au même niveau [qu'en 2015]. *Cet instrument couvre aussi les missions d'observation électorale entreprises en coopération avec le Parlement européen.*

L'Instrument contribuant à la stabilité et à la paix, qui vise à faire face aux crises, et la politique étrangère et de sécurité commune (PESC), deux instruments mobilisant respectivement 326,7 millions d'euros et 327,3 millions d'euros, couvrent des opérations de grande visibilité, telle que, pour la PESC, la mission de conseil de l'Union européenne (EUAM) en Ukraine ainsi que l'EUCAP[135] *Sahel Mali et l'EUCAP Sahel Niger, qui concernent le domaine de la sécurité, ou, pour l'instrument contribuant à la stabilité et à la paix, les mesures liées à la crise syrienne et le soutien à la mission spéciale d'observation en Ukraine menée par l'Organisation pour la sécurité et la coopération en Europe (OSCE).*

---

[133] Doc. *COM(2015) 300*, p. 45.

[134] Soit l'Instrument d'aide de préadhésion (IAP), l'Instrument européen de voisinage (IEV) et l'Instrument de financement de la coopération au développement (ICD).

[135] EUCAP pour "*EU Capacity Building Mission*".

Tableau 51. Proposition de la Commission concernant la rubrique *4* (*L'Europe dans le monde*) du cadre financier pluriannuel dans le PB pour 2016

En millions d'euros et en pourcentage

	Crédits d'engagement			Crédits de paiement		
	PB pour 2016	**%**	**Budget pour 2015***	**PB pour 2016**	**%**	**Budget pour 2015***
Instrument de financement de la coopération au développement (ICD)	2.614	*29,4*	2.446	2.729	*28,6*	2.142
Instrument européen de voisinage (IEV)	2.135	*24,0*	2.036	2.119	*22,2*	1.579
Instrument d'aide de préadhésion (IAP II)	1.625	*18,3*	1.575	2.079	*21,8*	1.555
Aide humanitaire	933	*10,5*	929	1.066	*11,2*	919
Instrument contribuant à la stabilité et à la paix (IdS)	327	*3,7*	320	316	*3,3*	234
Politique étrangère et de sécurité commune (PESC)	327	*3,7*	321	299	*3,1*	268
Fonds de garantie relatif aux actions extérieures	257	*2,9*	144	257	*2,7*	144
Instrument européen pour la démocratie et les droits de l'homme (IEDDH)	186	*2,1*	182	181	*1,9*	154
Instrument de partenariat pour la coopération avec les pays tiers (IP)	126	*1,4*	119	109	*1,1*	94
Assistance macrofinancière (AMF)	80	*0,9*	78	78	*0,8*	74
Instrument relatif à la coopération en matière de sûreté nucléaire (ICSN)	72	*0,8*	61	97	*1,0*	60
Mécanisme de protection civile de l'Union	18	*0,2*	17	19	*0,2*	13
Initiative "Volontaires de l'aide de l'UE" (VAUE)	18	*0,2*	15	14	*0,1*	11
Autres programmes et actions	82	*0,9*	76	78	*0,8*	66
Prérogatives et compétences spécifiques de la Commission	64	*0,7*	64	61	*0,6*	72
Projets pilotes et actions préparatoires	p.m.		9	16	*0,2*	16
Subvention pour la Fondation européenne pour la formation	20	*0,2*	20	20	*0,2*	20
Total général	**8.882**	***100,0***	**8.411**	**9.539**	***100,0***	**7.423**

** Budgets rectificatifs n° 1 à 5/2015 inclus*

La part de l'Instrument de partenariat (125,6 millions d'euros) spécifiquement réservée à la diffusion des intérêts de l'UE sur la scène internationale demeure constante"[136].

Les crédits de paiement proposés augmentent par rapport à 2015 selon la Commission essentiellement en raison de la croissance rapide du volume des engagements restant à liquider.

Les propositions de la Commission concernant la rubrique *4* sont reprises dans le tableau 51 ci-dessus ;

- les crédits proposés pour la rubrique *5* (*Administration*) s'élèvent à 8 909 millions d'euros en crédits d'engagement et à 8 910 millions d'euros en crédits de paiement (+2,9 %). La marge restante sous le plafond de cette rubrique s'établit ainsi à 574 millions d'euros.

Les crédits proposés pour les dépenses administratives des institutions s'élèvent à 7 096 millions d'euros en crédits d'engagement (+2,2 %) et à 7 908 millions d'euros en crédits de paiement (+2,3 %). La marge est de 583 millions d'euros.

L'approche retenue par la Commission en ce qui concerne ses dépenses administratives a été présentée *supra*, page 182.

Les dépenses administratives de la Commission telles que proposées augmentent de 1,5 % par rapport à 2015, ce qui équivaut globalement à un gel de ces dépenses en termes réels, compte tenu d'un taux d'inflation prévu (soit 1,3 % pour Bruxelles et 1,9 % pour Luxembourg ; voir page 261). Cette évolution est selon la Commission imputable à la réduction des effectifs, au gel nominal des dépenses administratives autres que les rémunérations du personnel ainsi qu'aux effets de la réforme du statut des fonctionnaires et le régime applicable aux autres agents de l'UE opérée en 2013.

S'agissant des autres institutions, la Commission indique que la "*plupart des autres institutions ont appliqué une réduction de 1 % à leurs effectifs. Cependant, le projet de budget prévoit une augmentation du nombre d'emplois auprès de la Cour de justice de l'Union européenne et du Contrôleur européen de la protection des données, afin de tenir compte de l'évolution structurelle dans ces institutions. Le Parlement européen a bien appliqué une réduction de 1 % de ses effectifs (57 emplois), mais comme il a demandé 48 emplois supplémentaires, le résultat est une réduction nette de 9 emplois. Les dépenses administratives des autres institutions dans leur ensemble augmentent de 2,8 %, dans une fourchette comprise entre +0,6 % pour le Conseil et +5,8 % pour la Cour de justice, à la suite de la réforme proposée de cette dernière*"[137].

[136] Doc. *COM(2015) 300*, p. 53.
[137] *Ibid.*, p. 9.

Comme indiqué *supra*, la Commission a revu à la baisse dans le projet de budget pour 2016 les états prévisionnels de la Cour de justice[138], du Comité des régions[139], du Médiateur européen[140] et du Service européen pour l'action extérieure[141].

La Commission souligne par ailleurs une hausse attendue du nombre des retraités (+3,8 %) par rapport à 2015[142]. Les dépenses proposées pour les pensions et les Écoles européennes s'établissent ainsi à 1 812,6 millions d'euros (soit +5,4 %).

Les montants proposés par la Commission concernant la rubrique *5* sont présentées dans le tableau 52 ci-contre.

Les modifications aux tableaux des effectifs des institutions proposées dans le projet de budget pour 2016 sont présentées dans le tableau 65 (page 231). Le tableau inclut également les nouveaux postes proposés pour les agences décentralisées, les agences exécutives et les entreprises communes.

Tableau 52. Montants proposés pour la rubrique *5* (*Administration*) du cadre financier pluriannuel dans le PB pour 2016

En crédits d'engagement (en millions d'euros) et en pourcentage

Parlement européen*	1.838	*20,6%*
Conseil européen et Conseil	545	*6,1%*
Commission*	3.326	*37,3%*
OP	*79*	*0,9%*
OLAF	*59*	*0,7%*
EPSO et EUSA	*26*	*0,3%*
PMO	*38*	*0,4%*
OIB	*68*	*0,8%*
OIL	*24*	*0,3%*
Cour de justice*	378	*4,2%*
Cour des comptes	136	*1,5%*
CESE	130	*1,5%*
Comité des régions	90	*1,0%*
Médiateur européen*	10	*0,1%*
CEPD	9	*0,1%*
SEAE	634	*7,1%*
Écoles européennes**	172	*1,9%*
Pensions	1.641	*18.4%*
- Fonctionnaires etc.	*1.619*	*18,2%*
- Anciens membres des institutions	*22*	*0,2%*
Total	**8.909**	***100,0%***

** Hors contributions aux Écoles européennes*

*** Y compris les contributions des institutions aux Écoles européennes de type "II", soit : Parlement européen : 200 000 euros ; Commission : 746 635 euros ; Cour de justice : 21 000 euros, et Médiateur européen : 275 000 euros*

---

[138] S'agissant de la Cour de justice (section IV du budget), la Commission a intégré dans le projet de budget pour 2016 les 88 emplois supplémentaires demandés pour tenir compte de la réforme prévue dans la structure de la Cour, les crédits correspondants étant inscrits (en l'absence de base légale adoptée) en réserve.

La Commission n'a toutefois pas retenu 7 emplois supplémentaires demandés par la Cour pour répondre à l'augmentation des besoins dans le domaine de la sécurité et de la sûreté (-0,3 million d'euros sur une base de six mois). Par ailleurs, la Commission a réduit dans le projet de budget le tableau des effectifs de la Cour de 20 emplois supplémentaires (-1,1 million d'euros), "*ce qui correspond à la réduction annuelle des effectifs de 1 % prévue* [au point 27 de l'AII de 2013]" (doc. *COM(2015) 300*, p. 63). La Commission a ainsi retenu dans le PB pour 2016 un total de 68 nouveaux postes sur les 95 proposés par la Cour.

Par rapport à 2015, ceci conduit à une hausse proposée des crédits de la section IV de +5,8 %, alors que la Cour avait initialement demandé dans son état prévisionnel une augmentation de +6,2 %.

Un montant de 14 millions d'euros (dont 39 000 euros à l'article *1 0 4* destinés aux crédits pour les missions) avant tout lié à la réforme de la Cour de justice est inscrit en réserve.

[139] S'agissant du Comité des régions (section VII), la Commission a revu à la baisse la demande du Comité en appliquant un gel nominal aux dépenses autres que salariales (-0,96 million d'euros). Globalement, par rapport à 2015, il en résulte une hausse de la demande pour la section VII de +1,5 % (par rapport au +2,5 % initialement demandé).

[140] S'agissant du Médiateur européen (section VIII), la Commission n'a pas retenu dans le PB la demande de quatre postes AD supplémentaires "*étant donné que l'augmentation d'un emploi dans le tableau des effectifs est compensée par une réduction correspondante du nombre d'experts nationaux détachés, ce qui permet de maintenir le nombre total des effectifs de l'institution*" (doc. *COM(2015) 300*, p. 64). La réduction correspondante des crédits demandés s'élève à 0,1 million d'euros. Ainsi, par rapport à 2015, il en résulte globalement une hausse proposée de la section VIII pour le budget 2016 de +2,9 % (au lieu des +4,3 % demandés par le Médiateur).

[141] S'agissant du SEAE (section X), la Commission a revu à la baisse la demande initiale du SEAE pour un montant total de -24,1 millions d'euros. "*La Commission a cependant accepté les crédits demandés (19,0 millions d'euros selon les estimations du SEAE) pour compenser l'incidence de l'affaiblissement de l'euro par rapport au dollar américain et à d'autres devises, étant donné que le SEAE est nettement plus exposé aux risques de change que les autres institutions. La Commission a en outre inclus le montant demandé pour l'ouverture de deux nouvelles délégations en Somalie et dans la région du Golfe (6,6 millions d'euros)*" (doc. *COM(2015) 300*, p. 64).

Par ailleurs, la Commission a apporté "*des corrections pour tenir compte de l'impact de la proposition de transfert des coûts communs dans les délégations financés par le Fonds européen de développement (FED) vers le budget du SEAE, ce qui n'est pas autorisé dans le cadre juridique actuel*" (*Ibid*., p. 64).

Globalement, la Commission a inclus dans le PB pour 2016 (par rapport à 2015) une demande de hausse des crédits pour la section X de +5,1 % (alors que le SEAE avait sollicité +9,1 %).

[142] Selon la Commission, cette hausse des dépenses pour les pensions découle de l'évolution démographique du personnel des institutions et du nombre accru d'anciens membres du Parlement européen ayant pris leur retraite à la suite des élections du PE de mai 2014.

S'agissant des *instruments spéciaux* disposant de lignes budgétaires spécifiques dans le budget de l'Union[143], la Commission propose :

- 309 millions d'euros en crédits d'engagement et de paiement pour la réserve pour aides d'urgence (article *40 02 42*) ;

- 165,6 millions d'euros en crédits d'engagement et 30 millions d'euros en crédits de paiement pour le Fonds européen d'ajustement à la mondialisation (articles *04 04 01* et *40 02 43*[144]), et

- 50 millions d'euros en crédits d'engagement et de paiement pour le Fonds de solidarité de l'Union européenne (article *13 06 01*[145]). Ces montants sont destinés au paiement d'avances en cas de catastrophe naturelle dans les États membres. À ce titre, la Commission a présenté, comme en 2014[146], ensemble avec le PB, une proposition de décision de mobilisation du Fonds de solidarité de l'Union européenne[147].

S'agissant des *agences décentralisées de l'UE*, les demandes en effectifs et en crédits reposent sur la communication de la Commission de 2013 intitulée "*Programmation des ressources humaines et financières destinées aux organismes décentralisés pour 2014-2020*"[148], visant à réduire de 5 % le niveau global des effectifs des agences sur cinq ans, tout en permettant encore à certains d'entre eux de renforcer leur personnel afin d'accomplir de nouvelles tâches. Cependant, le PB pour 2016 tient compte selon la Commission "*des résultats de la conciliation sur les budgets 2014 et 2015, ce qui a conduit à une augmentation globale de 35 emplois, par rapport à la communication de la Commission, pour 2015, notamment pour les trois autorités de surveillance financière*"[149].

Par ailleurs, la Commission propose dans le projet de budget pour 2016 de "*renforcer les ressources de Frontex, de l'EASO, d'Europol ainsi que d'Eurojust, pour répondre à l'augmentation de leurs besoins découlant des défis liés à la migration dans la région méditerranéenne, qui sont considérés par la Commission comme s'inscrivant dans le cadre d'une "nouvelle politique" n'entrant pas dans le calcul de l'objectif de réduction de 5 % du personnel. La Commission fait observer que le groupe de travail interinstitutionnel sur les ressources des organismes décentralisés devrait se saisir d'un certain nombre de questions en vue de définir conjointement un axe de développement clair pour ces organismes, sur la base de critères objectifs*"[150].

S'agissant des *agences exécutives*, les effectifs et les niveaux de subventions prévus dans le PB pour 2016 sont conformes au "paquet délégation" de la Commission pour la période 2014-2020, d'octobre 2013[151], tout en tenant compte de l'incidence du redéploiement proposé de certains programmes de dépenses en faveur du financement du fonds de garantie du FEIS. L'augmentation des effectifs des agences entraîne une hausse de 13,1 millions d'euros de la contribution de l'UE à leurs dépen-

---

[143] Il s'agit de la réserve pour aides d'urgence, du Fonds de solidarité de l'Union européenne et du Fonds européen d'ajustement à la mondialisation.

[144] Intitulés "*FEM – pour soutenir les travailleurs licenciés et les travailleurs indépendants en cessation d'activité en raison de la mondialisation*" et "*Réserve pour le Fonds européen d'ajustement à la mondialisation*" respectivement. Le premier article contient un "p.m." en crédits d'engagement et 30 millions d'euros en crédits de paiement et le second 165,6 millions d'euros en crédits d'engagement et un "p.m." en crédits de paiement.

[145] Intitulé "*Assistance aux États membres en cas de catastrophe naturelle majeure ayant de graves répercussions sur les conditions de vie, l'environnement naturel et l'économie*". Le second article *13 06 02* (*Assistance aux pays dont l'adhésion est en cours de négociation en cas de catastrophe naturelle majeure ayant de graves répercussions sur les conditions de vie, l'environnement naturel et l'économie*) ne contient que des "p.m.".

[146] Voir première partie, page 48.

[147] Doc. *COM(2015) 281 final* du 27 mai 2015.

[148] Doc. *COM(2013) 519* du 10 juillet 2013. En d'autres termes, la Commission a poursuivi la mise en œuvre de son "*pool* de redéploiement" (ou "cadre de redéploiement inter-agences") du personnel des agences décentralisées de l'UE (voir Tome III, pp. 254 et 277, et première partie, page 39).

[149] C'est-à-dire l'Autorité bancaire européenne, l'Autorité européenne des assurances et des pensions professionnelles et l'Autorité européenne des marchés financiers (doc. *COM(2015) 300*, p. 9).

[150] *Ibid.*, p. 9.

[151] Note d'information de la Commission au Parlement européen et au Conseil, du 4 octobre 2013.

ses de fonctionnement. Cette augmentation est toutefois plus que compensée par une baisse, de 17,3 millions d'euros, des dépenses administratives correspondantes de la Commission, laquelle découle de la nouvelle diminution de 151 équivalents temps plein inscrits dans les tableaux des effectifs et agents contractuels à la Commission, en plus de la réduction de 1 % des effectifs visant à atteindre l'objectif de réduction de 5 % du personnel.

Enfin, la Commission a prévu dans le PB pour 2016, sous différentes rubriques et sous-rubriques du CFP, un total de 35,4 millions d'euros en crédits de paiement pour les *projets pilotes*, ainsi qu'un total de 33,6 millions d'euros en crédits de paiement pour les *actions préparatoires* (voir tableau 55, page 210).

La Commission demande en outre 3 millions d'euros en crédits d'engagement pour "*une nouvelle action préparatoire visant à apporter une assistance technique aux États membres, afin de renforcer les capacités et les institutions en vue de soutenir la mise en œuvre de réformes économiques, pour laquelle un nouveau poste budgétaire 01 02 77 01 est créé. Cette action préparatoire est destinée à financer le soutien au renforcement des capacités dans les États membres en ce qui concerne la gestion des finances publiques, la mise en place d'une administration publique favorable à la croissance et la compétitivité, en vue d'exercer un effet de levier sur la croissance, les investissements et la création d'emplois. L'assistance technique sera fournie par la Commission sur demande et est ouverte à tous les États membres*"[152].

Selon la Commission, "(l)*e projet de budget 2016 tel que proposé reflète les priorités politiques qui ont été fixées dans les programmes 2014-2020 et les dix priorités stratégiques de la Commission Juncker, et procure les moyens nécessaires pour garantir leur réalisation. Dans le même temps, la clôture des programmes 2007-2013 doit être progressivement menée à bonne fin ; pour ce faire, un niveau suffisant de crédits de paiement est nécessaire, notamment pour résorber progressivement, d'ici à la fin de 2016, l'arriéré anormal de demandes de paiement pour les programmes de cohésion de 2007-2013. Enfin, les propositions de la Commission se rapportant aux dépenses en faveur des institutions, organes et organismes de l'UE témoignent d'une gestion administrative saine et d'une démarche rigoureuse, tout en répondant aux développements récents qui entraînent un accroissement des activités*"[153].

5. La position du Conseil sur le projet de budget pour 2016 (4 septembre 2015[154])

A. La position du Conseil sur le projet de budget pour 2016 (lettre rectificative n° 1/2016 incluse[155]) s'élève à 153 269 millions d'euros en crédits pour engagements et à 142 120 millions d'euros en crédits pour paiements[156], ce qui correspond à une diminution de -5,4 % et à une augmentation de +0,6 % respectivement par rapport au budget pour 2015[157]. Les crédits pour engagements correspondent à 1,04 % et les crédits pour paiements à 0,97 % du RNB. Les marges laissées sous les plafonds du CFP sont de 2 636 millions d'euros en crédits pour engagements et de 3 000 millions d'euros en crédits pour paiements[158].

---

[152] Doc. *COM(2015) 300*, p. 93.

[153] *Ibid*., p. 9.

[154] Afin de respecter les délais prévus à l'article 4 du protocole n° 1 sur le rôle des parlements nationaux dans l'Union européenne (JO C 83 du 30.3.2010, p. 204), le Conseil a adopté sa position sur le projet de budget pour 2016 (à l'unanimité) par "procédure écrite".

La décision arrêtant la position du Conseil a été publiée au JO C 295 du 8.9.2015, p. 2. Afin de respecter les 42 jours réservés au PE par l'article 314, paragraphe 4 du TFUE, la lettre de transmission de la position du Conseil au Parlement européen est datée du 17 septembre 2015 (voir page 247).

[155] Contrairement à 2014 (voir première partie, page 49, et page 451), le Comité budgétaire du Conseil est parvenu, lors de sa réunion du 6 juillet 2015, à un accord à son niveau sur un projet de position du Conseil sur le PB pour 2016. Le Coreper a confirmé cet accord le 9 juillet 2015. Ceci a permis, de nouveau à la différence de l'année précédente, au Conseil de présenter lors du trilogue du 14 juillet 2015 le contenu de cet accord (voir page 193).

[156] En d'autres termes, le Conseil a réduit les crédits pour engagements proposés par la Commission dans son PB (LR n° 1/2016 incluse) de 564 millions d'euros et les crédits pour paiements de 1 422 millions d'euros. Par rapport au budget pour 2015 (hors BR), la position du Conseil augmente les crédits pour engagements de 7 947 millions d'euros et les crédits pour paiements de 906 millions d'euros.

[157] Budgets rectificatifs n° 1-5/2015 compris (voir chapitre II).

[158] Selon la présentation de la Commission. Le Conseil a retenu dans sa position les 309 millions d'euros en crédits de paiement proposés pour la réserve pour aides d'urgence, les 166 millions d'euros en crédits de paiement proposés pour

Le Conseil a retenu une mobilisation de l'instrument de flexibilité pour un montant de 98,9 millions d'euros en crédits d'engagement (soit 25,1 millions d'euros de moins que proposés par la Commission avec le PB pour 2016), afin de financer une série de mesures temporaires en matière d'asile pour contribuer à atténuer la pression immédiate et exceptionnelle pesant sur les régimes d'asile et de migration de l'Italie et de la Grèce.

B. Lors du trilogue du *14 juillet 2015* (organisé dans les locaux du Conseil à Bruxelles) qui, conformément au point 10 de l'annexe de l'AII de 2013, a précédé la lecture du Conseil, les deux branches de l'autorité budgétaire et la Commission ont en premier lieu abordé la question du contenu de la position du Conseil sur le PB pour 2016.

Le Conseil a souligné que la position qu'il s'apprête à adopter sur le PB pour 2016 sera basée sur les orientations budgétaires pour 2016, adoptées par le Conseil "Ecofin" le 17 février 2015 (voir page 179) et qu'elle combinera ainsi, d'une part, discipline budgétaire et bonne gestion financière, tout en reconnaissant les contraintes économiques et budgétaires actuelles dans les États membres et, d'autre part, la promotion de la croissance et des emplois. Par ailleurs, elle tiendra compte des besoins et des urgences politiques, tout en veillant à laisser des marges suffisantes en crédits d'engagement et de paiement afin de pouvoir faire face à des circonstances imprévues au cours de l'exercice budgétaire.

Plus spécifiquement, le Conseil a indiqué que sa position :

- prévoira des crédits suffisants pour garantir l'exécution des nouveaux programmes dans la troisième année du CFP ;

- mettra à la disposition de l'Union les crédits nécessaires pour le suivi des conclusions des réunions du Conseil européen d'avril et de juin 2015 sur les mesures migratoires ;

- respectera l'accord conclu en mai 2015 sur le provisionnement du fonds de garantie du FEIS, et

- inclura les crédits de paiement nécessaires pour la mise en œuvre de l'échéancier de paiement 2015-2016 agréé en 2015 (voir chapitre II).

Selon le Conseil, sa position visera à maîtriser le volume des crédits de paiement dans toutes les rubriques et sous-rubriques du cadre financier pluriannuel, et surtout dans les rubriques et sous-rubriques *1a* (*Compétitivité pour la croissance et l'emploi*), *1b* (*Cohésion économique, sociale et territoriale*), *2* (*Croissance durable : ressources naturelles*) et *4* (*L'Europe dans le monde*), "en privilégiant des ajustements ciblés et équilibrés, fondés sur une analyse approfondie des taux d'exécution en 2014 et 2015 et des capacités réalistes d'absorption".

Le Parlement européen a rappelé ses propres priorités pour 2016, à savoir les trois "e" ("emploi", "entreprises" et "entreprenariat"[159]) afin de promouvoir une croissance intelligente, soutenable et incluse dans toute l'Union européenne, ensemble avec une solidarité interne et extérieure[160].

Le PE a vivement regretté les réductions que le Conseil s'apprêtait à apporter – comme tous les ans – à la proposition de la Commission, en indiquant ne "pas comprendre la logique des coupes", notamment au détriment d'"Horizon 2020" et du Mécanisme pour l'interconnexion en Europe, "deux programmes déjà affectés par les redéploiements de crédits en faveur du FEIS", ainsi qu'au détriment des politiques de développement et de voisinage, "compte tenu des événements récents".

Le Parlement a notamment indiqué "être préoccupé par le fait qu'en proposant des réductions aussi importantes au projet de budget, le Conseil ignore largement la valeur ajoutée du budget de l'Union". Il a avant tout été très critique envers l'"intention annoncée du Conseil de s'attaquer aux lignes budgétaires dont le taux d'exécution ou la capacité

le Fonds européen d'ajustement à la mondialisation et les 50 millions d'euros en crédits de paiement proposés pour le Fonds de solidarité de l'Union européenne (voir pages 175 et 203).

[159] Ou "esprit d'entreprise".

[160] Le mandat du PE pour ce trilogue est repris dans le doc. *PE P8_TA(2015)0263* du 8 juillet 2015, pp. 1/12.

d'absorption est faible", étant donné qu'il est "difficile d'obtenir à ce stade des données sur l'exécution réelle du budget" et que cette façon d'opérer "ne tient pas suffisamment compte des modalités d'exécution différentes des divers programmes de l'Union européenne".

Sur des points plus spécifiques, le Parlement européen a notamment apporté les observations suivantes :

- concernant la sous-rubrique *1a* (*Compétitivité pour la croissance et l'emploi*) le PE, tout en rappelant sa position sur le financement du FEIS, a souligné le fait qu'environ la moitié des réductions de crédits envisagées par le Conseil visent le programme "Horizon 2020", ce qui "revient à une réduction supplémentaire de l'enveloppe de ce programme en 2016 après qu'une partie de ses crédits ont été redéployés en faveur du FEIS". Contrairement au Conseil, le PE a également indiqué s'attendre "à une nette accélération de la mise en œuvre des programmes" relevant de cette sous-rubrique ;

- concernant la sous-rubrique *1b* (*Cohésion économique, sociale et territoriale*), le PE a notamment demandé au Conseil d'indiquer comment les réductions envisagées sont compatibles avec, d'une part, l'objectif de réduire l'arriéré des factures impayées et, de l'autre, l'objectif d'éviter des répercussions négatives et des retards inutiles en ce qui concerne la mise en œuvre des programmes pour la période 2014-2020. Il a également soulevé le problème du manque de crédits d'engagement pour l'Initiative pour l'emploi des jeunes en 2016 ;

- concernant la rubrique *2* (*Croissance durable : ressources naturelles*), le PE a partagé l'avis exprimé par le Conseil selon lequel la lettre rectificative "*ad hoc*" agricole d'octobre (voir pages 236-237) doit demeurer le fondement de toute révision des crédits proposés notamment pour le Fonds européen agricole de garantie ;

- concernant la rubrique *3* (*Sécurité et citoyenneté*), le PE a avant tout regretté les réductions de crédits retenues par le Conseil par rapport au PB, estimant que "ces baisses mettent en danger la bonne mise en œuvre des programmes et des actions relevant de cette rubrique" et rappelant que "même si certaines de ces réductions semblent limitées, il ne faut pas oublier que plusieurs programmes essentiels et utiles sont de taille relativement petite, ce qui les rend particulièrement sensibles aux réductions de crédits". Par ailleurs, le PE a rappelé que la rubrique *3* est soumise en 2015 et 2016 à d'importantes contraintes et qu'un "plan financier à long terme est indispensable pour faire face à la crise des réfugiés", cette question devant impérativement être réglée dans le cadre de la révision à venir du CFP (voir page 240), et

- concernant la rubrique *4* (*L'Europe dans le monde*), le PE a surtout souligné que c'est la rubrique qui subira dans la position du Conseil les réductions de crédits les plus importantes, ce qui selon le Parlement est en "contradiction avec les déclarations du Conseil européen et du Conseil sur l'agenda en matière de migration, sur la crise des réfugiés et sur la coopération avec les pays d'origine et de transit".

La Commission, quant à elle, a avant tout défendu les propositions incluses dans le projet de budget pour 2016, lettre rectificative n° 1/2016 incluse[161]. Elle a également rappelé l'approche "stricte et rigoureuse" qu'elle a appliquée aux dépenses administratives de l'Union, qu'il s'agisse des institutions, des organes ou des agences décentralisées (voir page 182).

Le Conseil est intervenu dans ce contexte pour rappeler l'importance qu'il attache au respect, par toutes les institutions, organes et agences de l'UE, à la réduction de 5 % en cinq ans de leurs effectifs, tel que repris au point 27 de l'AII de 2013.

Le Parlement européen a indiqué partager ce point de vue. Il a néanmoins insisté pour que deux éléments soient respectés dans ce contexte : les prérogatives et droits budgétaires des deux branches de l'autorité budgétaire (tel qu'indiqué dans la dernière phrase

---

[161] La lettre rectificative n° 1/2016 avait pour objet d'inclure dans le PB pour 2016 le contenu de l'accord politique du 28 mai 2015 entre le Parlement européen et le Conseil concernant le provisionnement du fonds de garantie du Fonds européen pour les investissements stratégiques à partir du budget de l'Union. Le Conseil l'a inclus dans sa position sur le PB pour 2016 (voir pages 192 et 200).

du point 27) et le fait que ces réductions d'effectifs soient appliquées dans un contexte de charge de travail constant. À ce titre, par exemple les nouveaux postes demandés et destinés à remplir de nouvelles tâches devraient être exclus du calcul des 5 %.

La Commission, pour sa part, a indiqué qu'elle avait l'intention de tout faire pour mettre en œuvre la réduction de 5 % des effectifs "dans l'esprit et la lettre de l'AII de 2013". Elle s'est engagée à assurer un "suivi rigoureux" de l'application pratique du point 27 par toutes les institutions, organes et agences[162].

Les trois institutions ont également discuté, conformément au point 11 de l'annexe de l'AII de 2013, des projets pilotes et des actions préparatoires à retenir dans le budget de l'UE pour 2016, sur la base d'une réponse de la Commission à un projet de liste du Parlement européen de projets et actions à retenir en 2016[163].

S'agissant des agences décentralisées de l'Union européenne, les institutions ont confirmé leur volonté d'organiser une réunion du groupe de travail interinstitutionnel sur les ressources des agences le 15 septembre 2015[164].

En ce qui concerne 2015, la Commission a fait part de son intention de proposer de mobiliser le Fonds de solidarité de l'Union européenne en faveur de la Bulgarie et de la Grèce, touchées par des intempéries en 2014, pour un montant de 16,3 millions d'euros en crédits d'engagement et de paiement à partir de crédits inscrits dans le budget pour 2015 pour des avances (voir chapitre II).

Finalement, sous le point "divers", la Commission a informé de son intention de lancer un important travail interinstitutionnel sur la budgétisation basée sur la performance (*Performance-based Budgeting*), que la Commission appelle la budgétisation axée sur les résultats (le budget axé sur les résultats – *Budget Focused on Results (BFOR)* ; voir pages 241-242).

C. Lors de l'adoption de sa position sur le projet de budget pour 2016, le Conseil a tenu compte notamment des principes suivants[165] :

- s'inscrire dans le cadre des orientations budgétaires définies pour le budget pour 2016 dans les conclusions du Conseil adoptées le 17 février 2015 (voir page 179) ;

- suivre une approche débouchant sur un budget respectant la discipline budgétaire et la bonne gestion financière, et tenant également dûment compte des contraintes budgétaires et économiques actuelles dans les États membres ;

- veiller à ce que les différentes priorités de l'UE bénéficient d'un financement adéquat, en déterminant les crédits sur la base de l'exécution budgétaire passée et en cours et de capacités d'absorption réalistes ;

- prévoir en 2016 des crédits nécessaires pour respecter l'accord intervenu sur l'échéancier de paiement 2015-2016 (voir pages 176-179) ;

- respecter l'accord intervenu sur le financement du Fonds européen pour les investissements stratégiques (voir pages 173-174) ;

---

[162] Dans ce contexte, le Parlement européen, le Conseil et la Commission ont organisé le 23 septembre 2015 à Bruxelles une réunion "technique" sur le suivi de la réduction de 5 % des effectifs.

Lors de la réunion, le Parlement européen a notamment fait part de son interprétation du point 27 de l'AII de 2013 en indiquant qu'il exclurait de cet exercice non seulement tout le personnel des groupes politiques (c'est-à-dire les postes d'agents temporaires pour les groupes politiques, ce qui représente quelques 1 000 postes dans le tableau des effectifs du PE), mais qu'il avait créé ou avait l'intention de créer de nouveaux postes au-delà du nombre d'effectifs existant à la date du 1er janvier 2013, et sans en tenir compte dans l'exercice de réduction des effectifs, afin de couvrir de nouvelles tâches et des internalisations de certaines tâches existantes. Le Parlement a également insisté dans ce contexte sur l'importance de la dernière phrase du point 27 ("*Cela ne préjuge pas les droits budgétaires du Parlement européen et du Conseil*").

Le Conseil, quant à lui, a souligné que le même point précise "clairement" que "*le tableau des effectifs à la date du 1er janvier 2013*" est la base "commune" pour calculer la réduction de 5 %. Selon le Conseil, "le tableau des effectifs du Parlement européen *inclut* le personnel des groupes politiques. En même temps, ce paragraphe *exclut* pour toutes les institutions une augmentation de leurs effectifs pour faire face aux nouveaux défis politiques ou à de nouvelles tâches".

Les deux branches de l'autorité budgétaire sont parvenues à un accord sur l'application pratique du point 27 en ce qui concerne le Parlement européen lors de la seconde réunion de conciliation le 14 novembre 2015 (voir page 223).

[163] Doc. *Ares(2015)2941344* du 13 juillet 2015.

[164] Voir page 176, note en bas de page 82.

[165] Doc. *Conseil 11706/15 BUDGET 28* du 4 septembre 2015.

- prévoir les crédits nécessaires pour la mise en œuvre des conclusions du Conseil européen d'avril et de juin 2015 concernant des mesures dans le domaine de la migration (voir page 164) ;

- prévoir les crédits nécessaires pour permettre la mise en œuvre sans heurts des nouveaux programmes au cours de la troisième année du cadre financier pluriannuel pour 2014-2020 ;

- dégager des marges suffisantes (en crédits d'engagement) sous les plafonds de toutes les rubriques et sous-rubriques du cadre financier pluriannuel, sauf en ce qui concerne la sous-rubrique *1b*[166] (*Cohésion économique, sociale et territoriale*) et la rubrique *3* (*Sécurité et citoyenneté*), afin de pouvoir faire face à des situations imprévues, et

- conserver une maîtrise rigoureuse des crédits de paiement pour toutes les rubriques et sous-rubriques du CFP et créer une marge suffisante pour faire face à des événements imprévus, ce qui entraîne une diminution des crédits de paiement par rapport aux propositions de la Commission, en particulier pour les sous-rubriques *1a* (*Compétitivité pour la croissance et l'emploi*) et *1b* et les rubriques *2* (*Croissance durable : ressources naturelles*) et *4* (*L'Europe dans le monde*) du CFP.

Le Conseil a, à ce titre, approuvé la déclaration suivante sur les crédits de paiement[167] :

"*Le Conseil examinera attentivement la lettre rectificative portant sur l'agriculture (en incluant les informations relatives aux recettes affectées) afin d'évaluer le niveau adéquat des ressources devant figurer au budget 2016 au titre de la rubrique 2 (Croissance durable : ressources naturelles).*

Conformément à la déclaration commune relative à un échéancier de paiement 2015-2016[168]*, le Conseil demande à la Commission d'examiner minutieusement la mise en œuvre des programmes pour la période 2014-2020. À cette fin, il invite la Commission à présenter en temps utile des chiffres actualisés concernant la situation et les estimations relatives aux crédits de paiement en 2016 en vue de permettre à l'autorité budgétaire d'arrêter les décisions nécessaires en temps voulu pour des besoins justifiés*"[169].

En ce qui concerne les *dépenses administratives*[170], le Conseil a rappelé qu'il importait de limiter l'augmentation pour l'exercice 2016 et de réduire les effectifs conformément à l'objectif d'une diminution de 5 % au cours de la période 2013-2017 fixé dans l'AII de 2013[171]. Le Conseil a adopté à ce titre, comme l'année précédente[172], une déclaration sur la réduction de 5 % du personnel. Selon la déclaration du Conseil :

"*Le Conseil rappelle que le Parlement européen, le Conseil et la Commission sont convenus d'une réduction progressive de 5 % des effectifs figurant dans le tableau des effectifs à la date du 1er janvier 2013, qui devrait être effectuée entre 2013 et 2017, ainsi que le prévoit, au point 27, l'accord interinstitutionnel du 2 décembre 2013 entre le Parlement européen, le Conseil et la Commission sur la discipline budgétaire, la coopération en matière budgétaire et la bonne gestion financière.*

Le Conseil prend note du suivi effectué par la Commission concernant les progrès qui ont déjà été enregistrés à ce jour, en ce qui concerne l'objectif de réduction de 5 % du personnel, dans un certain nombre d'institutions, d'organes et d'agences. Il demande à l'ensemble des institutions et organes de continuer de mettre en œuvre la réduction d'effectifs restant à accomplir jusqu'à la fin de la période de cinq ans 2013-2017, comme indiqué dans le tableau figurant à l'annexe 1[173]*. Il invite la Commission à fournir éga-*

---

[166] Voir page 53, note en bas de page 173.

[167] Il convient de relever que le contenu de la déclaration est plus "ciblé" que l'année précédente (cf. première partie, page 53).

[168] Doc. *Conseil 9115/15 FIN 369*, pp. 3/6.

[169] Doc. *Conseil 11706/15 BUDGET 28*, p. 11.

[170] Parlement européen exclu, conformément au "*Gentlemen's agreement*" (voir première partie, page 53).

[171] Voir page 33, note en bas de page 85.

[172] Voir première partie, pages 53-54. Il convient de noter l'ajout d'une référence au personnel externe employé par l'Union (et du tableau retraçant leur évolution de 2012 à 2016 par institution ; voir page 197, note en bas de page 174).

[173] La déclaration du Conseil est accompagnée du premier tableau suivant (repris du document de la Commission

lement à cette occasion des données globales comparables pour les agences décentralisées et exécutives.

Le Conseil rappelle que l'échéance fixée pour la mise en œuvre complète de la réduction des effectifs de 5 % approche. Il engage dès lors vivement les institutions qui sont en retard à cet égard à redoubler d'efforts afin d'atteindre cet objectif d'ici 2017.

Le Conseil souligne en outre l'importance d'un suivi attentif des crédits en ce qui concerne toutes les catégories de personnel externe, en gardant à l'esprit la capacité supplémentaire résultant de l'augmentation du temps de travail à 40 heures par semaine. Il salue l'aperçu des données consolidées relatives à tout le personnel externe employé par l'Union, que la Commission présente à l'annexe 2[174]*,*

SEC(2015)240 de mai 2015, p. 73) :

POSTES FIGURANT AU TABLEAU DES EFFECTIFS – TOUTES INSTITUTIONS										
Évolution à ce jour au regard de l'objectif de réduction de 5 % sur 5 ans 2013-2017										
Institutions	**Budget 2012**[1]	**Objectif de réduction 2013-2017 -5%**	**Objectif annuel de référence**[2] **-1%**	**Mise en œuvre de la réduction des postes**[3]					**Écart restant par rapport à l'objectif de -5 %**	
				2013	**2014**	**2015**	**2016**	**Total**	**Postes**	**Points %**
Parlement européen	6.618	-331	-66	59	-17	-47	-9	-14	317	4,8%
Conseil européen et Conseil	3.136	-157	-31	- 46	- 42	-22	-32	-142	15	0,5%
Commission	25.073	-1.254	-251	-250	-250	-263	-252	-1.015	239	1,0%
Cour de justice de l'Union européenne	1.952	-98	-20	-20	-20	-7	-20	-67	31	1,6%
Cour des comptes	885	-44	-9	-9	-9	-9	-9	-36	8	0,9%
Comité économique et social européen	685	-34	-7	-7	-7	-7	-7	-28	6	0,9%
Comité des régions	500	-25	-5	-	-5	-5	-7	-17	8	1,6%
Médiateur européen	64	-3[4]	-1	-	-	-1	-1	-2	1	1,9%
Contrôleur européen de la protection des données	43	-2[4]	-	-	-	-1	-1	-2	0	0,3%
Service européen pour l'action extérieure	1 679	-84	-17	-	-17	-17	-17	-51	33	2,0%
TOTAL institutions	**40.635**	**-2.032**	**-407**	**-273**	**-367**	**-379**	**-355**	**-1.374**	**658**	**1,6%**

1 Emplois 2012 autorisés, hors emplois liés à l'élargissement à la Croatie (140 postes) avec les ajustements suivants :

- 60 postes ont été ajoutés au Parlement européen et ôtés au Comité économique et social européen (-36) et au Comité des régions (-24) afin de refléter l'incidence de l'accord de coopération signé par ces institutions le 5 février 2014 ;
- 10 postes ont été transférés du Conseil au SEAE en 2014 ;
- 2 postes ont été transférés du SEAE à la Commission (PMO) en 2014 ;
- 1 poste a été transféré de la Cour des comptes à la Commission (PMO) en 2015 ;
- 1 poste a été transféré du Conseil au SEAE en 2015 ;
- 6 postes ont été transférés du Conseil à la Commission (PMO) en 2015 ;
- 2 postes seront transférés du Parlement européen à la Commission en 2016 ;
- 1 poste sera transféré de la Cour des comptes à la Commission en 2016.

2 Projection linéaire sur 5 ans à 1 % par an, chiffres arrondis.

3 Sources : budgets approuvés pour 2013, 2014 et 2015 (y compris budgets rectificatifs), projet de budget pour 2016.

4 D'ici fin 2017, le Médiateur européen et le Contrôleur européen de la protection des données devraient respectivement réduire de 3 et 2 les postes dont ils disposent.

[174] La déclaration du Conseil est accompagnée du second tableau suivant (repris d'un document préparé par la Commission):

ÉVOLUTION DU PERSONNEL EXTERNE DANS TOUTES LES INSTITUTIONS 2012-2016															
Institutions	**Budget 2012**		**Budget 2013**		**Budget 2014**		**Budget 2015**		**PB 2016**		**Évolution 2016/2015**			**Évolution 2016/2012**		
	Mio euros	**ETP***	**Mio euros**	**ETP**	**Mio euros**	**ETP**	**Mio euros**	**ETP**	**Mio euros**	**ETP**	**Euros**	**ETP**	**% ETP**	**Euros**	**ETP**	**% ETP**
Parlement européen	220,9	6.675	217,7	6.854	231,0	7.515	237,3	7.253	253,8	7.824	7,0%	571	7,9%	14,9%	1.149	17,2%
Conseil européen et Conseil	8,9	220	10,7	240	9,9	234	10,2	234	10,2	234	0,6%	0	0,0%	15,1%	14	6,4%
Commission	452,6	8.570	455,5	8.412	448,9	8.313	449,2	8.162	454,0	8.040	1,1%	-123	-1,5%	0,3%	-530	-6,2%
Cour de justice de l'Union européenne	5,2	142	6,1	158	6,2	163	6,4	171	6,7	177	4,9%	6	3,6%	29,9%	36	25,1%
Cour des comptes	3,5	77	3,5	74	3,4	69	3,5	71	3,9	76	10,7%	5	7,7%	9,7%	-1	-1,2%
Comité économique et social européen	2,7	51	2,7	50	2,5	47	2,6	47	2,5	46	-1,4%	-1	-2,6%	-6,7%	-5	-9,4%
Comité des régions	2,6	88	2,6	88	2,5	88	2,5	55	2,7	59	7,6%	4	7,7%	3,0%	-29	-33,0%
Médiateur européen	0,2	4	0,3	6	0,4	9	0,5	10	0,5	11	4,8%	1	5,0%	143,8%	7	162,5%
Contrôleur européen de la protection des données	0,3	7	0,4	8	0,4	8	0,4	9	0,4	9	4,9%	0	0,0%	40,8%	2	28,9%
Service européen pour l'action extérieure	79,2	1.816	83,1	1.853	80,6	1.894	81,3	1 828	85,9	1.760	5,6%	-68	-3,7%	8,5%	-56	-3,1%
TOTAL institutions	**776,1**	**17.649**	**782,6**	**17.743**	**785,7**	**18.338**	**793,8**	**17.840**	**820,6**	**18.235**	**3,4%**	**396**	**2,2%**	**5,7%**	**586**	**3,3%**

* *Équivalent(s) temps plein*

conformément à l'article 38, paragraphe 3, point b), du règlement financier. Il invite la Commission à continuer de fournir ces informations à l'autorité budgétaire lors de la présentation des projets de budget pour les exercices futurs.

Le Conseil souligne que les progrès réalisés en vue d'atteindre l'objectif de réduction du personnel de 5 % devraient permettre aux institutions de réaliser des économies dans leurs dépenses de fonctionnement administratif"[175].

Plus précisément, le Conseil a établi les budgets administratifs des institutions (à l'exception du Parlement européen) sur la base des éléments suivants :

- conserver une maîtrise rigoureuse du volume des dépenses administratives des institutions, conformément à l'approche suivie par les États membres pour leurs fonctions publiques respectives ;

- fixer au niveau approprié le budget administratif de chaque institution, en tenant compte de ses spécificités et de ses besoins réels et justifiés ;

- procéder à des réductions ciblées et augmenter l'abattement forfaitaire standard sur les salaires[176] pour certaines institutions et certains offices[177], en tenant compte de leur exécution budgétaire passée et en cours et de leurs taux de vacance ;

- attacher une attention particulière à la réduction des effectifs de 1 % par an (voir *supra*), et

- accepter toutes les conversions, transformations et revalorisations de postes demandées, en conformité avec le statut des fonctionnaires et le régime applicable aux autres agents de l'UE.

Selon le Conseil, "(c)*ette approche s'est traduite par un niveau de dépenses administratives approprié pour assurer le bon fonctionnement des institutions*"[178].

Le Conseil a également axé ses travaux sur les *dépenses d'appui administratif* liées aux programmes opérationnels et sur les crédits destinés aux *agences exécutives*. À cet égard, il a décidé de procéder à des réductions ciblées en se fondant sur les mêmes principes que ceux suivis pour les dépenses administratives des institutions.

S'agissant des *agences décentralisées de l'UE*, le Conseil a décidé de réduire de 5,1 millions d'euros en crédits d'engagement et de 5,3 millions d'euros en crédits de paiement le niveau général des contributions proposées par la Commission. Ces réductions concernent uniquement les agences ayant atteint leur vitesse de croisière, et pour lesquelles la Commission propose dans le PB pour 2016 d'augmenter les contributions du budget de l'Union par

---

[175] Doc. *Conseil 11706/15 BUDGET 28*, pp. 11/12.

[176] Voir première partie, page 54.

[177] Le Conseil a augmenté les taux d'abattement forfaitaire de 0,7 point comme suit, avec néanmoins comme maximum un taux de 5 % :
- Commission (de 3,6 à 4,3 % pour le personnel statutaire au siège) ;
- Cour de justice (de 2,5 à 3,2 %) ;
- Cour des comptes (de 2,8 à 3,5 %) ;
- Comité économique et social européen (de 4,5 à 5 %) ;
- Médiateur européen (de 0 à 0,7 %) ;
- Contrôleur européen de la protection des données (de 0 à 0,7 %), et
- Service européen pour l'action extérieure (de 4,3 à 5 % pour le personnel statutaire au siège et de 2,3 à 3 % pour le personnel statutaire dans les délégations).

En dehors du Parlement européen, le Conseil a ainsi laissé inchangés les taux d'abattement forfaitaire proposés dépassant 5 %, à savoir ceux du Conseil européen et du Conseil (5,5 %), de la Commission pour le personnel statutaire dans les délégations (5,9 %) et du Comité des régions (6 %).

S'agissant des offices, le Conseil a augmenté les taux d'abattement forfaitaire comme suit :
- Office des publications (OP ; de 4,1 à 4,8 %) ;
- Office européen de lutte antifraude (OLAF ; de 1,4 à 2,1 %) ;
- Office européen de sélection du personnel (EPSO ; de 0 à 0,7 %) ;
- Office de gestion et de liquidation des droits individuels (PMO ; de 2,2 à 2,9 %) ;
- Office pour les infrastructures et la logistique à Bruxelles (OIB ; de 1,1 à 1,8 %), et
- Office pour les infrastructures et la logistique à Luxembourg (OIL ; de 0,7 à 1,4 %).

[178] Doc. *Conseil 11706/15 BUDGET 28*, p. 10.

rapport à leur budget pour 2015. Le Conseil a estimé que, pour ces agences, les capacités d'absorption seront inférieures aux prévisions de la Commission. Par contre, le Conseil a retenu les postes proposés dans le PB[179].

S'agissant des *projets pilotes* et des *actions préparatoires*, le Conseil a accepté les propositions présentées par la Commission dans le PB.

S'agissant des *réserves*, le Conseil a placé en réserve 75 % des crédits prévisionnels demandés par la Commission et le SEAE pour couvrir une éventuelle détérioration du taux de change de l'euro (voir *infra*).

En ce qui concerne enfin la *nomenclature* du budget de l'UE, le Conseil a accepté le projet de budget pour 2016 tel que modifié par la lettre rectificative n° 1/2016 (voir pages 235-237).

Le tableau 53 ci-dessous résume les montants des réductions de crédits opérées par le Conseil dans sa position sur le projet de budget pour 2016. Il indique également le montant des marges laissées par le Conseil sous les différentes rubriques et sous-rubriques du CFP.

En règle générale, le Conseil a souhaité limiter les augmentations de crédits (par rapport à 2015) proposées par la Commission que le Conseil considérait "exagérées", ou concernant lesquelles le Conseil entretenait de forts doutes quant aux capacités d'absorption en 2016 (notamment en tenant compte des taux d'exécution passés). Le Conseil a de ce fait ciblé avant tout les lignes budgétaires avec les plus fortes hausses proposées.

Ainsi, concernant par exemple la sous-rubrique *1a* (*Compétitivité pour la croissance et l'emploi*) du CFP – et ce malgré les réductions opérées – les crédits d'engagement augmentent dans la position du Conseil de 7 % (par rapport à 2015) et les crédits de paiement de 8,6 %. Par ailleurs, la position du Conseil ne modifie pas les crédits proposés par la Commission notamment pour des programmes tels que "Erasmus+" ou "COSME" (voir *supra*). En même temps, en ce qui concerne "Horizon 2020" et le Mécanisme pour l'interconnexion en Europe, le Conseil a réduit surtout les crédits proposés dans le PB pour les dépenses d'appui administratif liées aux programmes opérationnels et les entreprises communes. À ce titre, le Conseil a rappelé que ces dernières n'avaient utilisé jusqu'en juin 2015 pratiquement aucun des crédits mis à leur disposition. Malgré les réductions opérées par le Conseil dans sa position, le budget pour "Horizon 2020" augmente encore de plus de 9 % et celui pour le MIE de plus de 14 % par rapport à l'année précédente.

Concernant la rubrique *4* (*l'Europe dans le monde*), et ce malgré les ajustements apportés par le Conseil (celui-ci n'ayant modifié aucun des crédits proposés pour l'aide humanitaire, pour l'aide à la Palestine et à l'UNRWA ou pour l'assistance macro-financière à des pays tiers ; voir *supra*), les crédits d'engagement augmentent de près de 3,7 % par rapport à 2015 et par exemple s'agissant de l'Instrument européen de

Tableau 53. Les réductions de crédits opérées par le Conseil dans sa position sur le projet de budget pour 2016

En millions d'euros

Rubrique ou sous-rubrique du CFP	Crédits d'engagement*	Crédits de paiement*	Agences décentr. Montant (c/e)	*Nb*	Total c/e	Total c/p	*Marge c/e*	*Marge c/p***
1a (Compétitivité pour la croissance et l'emploi)	136,9	431,3	4,0	*5*	140,9	435,4	*229,5****	
1b (Cohésion économique, sociale et territoriale)	3,1	220,1	0	*0*	3,1	220,1	*18,5*	
2 (Croissance durable : ressources naturelles)	199,9	251,1	0,05	*2*	199,9	251,1	*1.357,5*	
3 (Sécurité et citoyenneté)	24,0	32,5	1,1	*5*	25,1	33,6	*[98,9]** ***	
4 (L'Europe dans le monde)	163,4	450,4	0	*0*	163,4	450,4	*424,7*	
*5 (Administration)** ** **	31,2	31,2	0	*0*	31,2	31,2	*605,5*	
Instruments spéciaux	0	0	–	–	0	0	–	
Total	**558,5**	**1.416,6**	**5,1**	*12*	**563,6**	**1.421,8**	***2.635,6***	***2.954,4***

** Hors subventions pour les agences décentralisées de l'Union européenne*
*** Selon la présentation de la Commission*
**** Et utilisation de la marge globale pour les engagements, pour un montant de 543,0 millions d'euros*
*** ** Mobilisation de l'instrument de flexibilité (voir page 232)*
*** ** * Pour le détail, voir tableau 56, page 219*

[179] Le Conseil a également retenu les postes proposés dans le projet de budget pour les agences exécutives et les entreprises communes (voir tableau 65, page 231).

voisinage, la réduction en crédits d'engagement ne concerne qu'une ligne budgétaire pour laquelle la Commission proposait une augmentation de 160 % (le Conseil a réduit dans sa position cette augmentation à 37 % par rapport à 2015). Quant aux crédits de paiement, pour lesquels la Commission avait proposé une augmentation de 2,1 milliards d'euros (soit +28,5 % par rapport à 2015), le Conseil a considéré une telle augmentation "disproportionnée", même en tenant compte – comme souligné par la Commission – d'un "arriéré" de paiement de l'ordre de 0,6 milliard d'euros à la fin de 2014. De ce fait, le Conseil a apporté dans sa position une réduction d'environ un demi milliard d'euros. En dépit de ceci, les crédits de paiement augmentent dans la position du Conseil de près de 14 % par rapport à 2015, le Conseil étant par ailleurs convaincu que ce niveau de crédits permettra également de faire face d'une façon "adéquate" à l'"arriéré de paiement".

D. Les résultats de la lecture du Conseil s'établissent par rubrique et sous-rubrique du cadre financier pluriannuel comme suit :

- les crédits de la sous-rubrique *1a* (*Compétitivité pour la croissance et l'emploi*) s'élèvent à 18 781 millions d'euros en crédits d'engagement et à 17 083 millions d'euros en crédits de paiement (+7 % et +8,6 % respectivement par rapport à 2015[180]).

La marge sous le plafond de la sous-rubrique laissée par le Conseil s'élève à 229 millions d'euros. Comme proposé par la Commission dans sa lettre rectificative n° 1/2016 (voir pages 235-236), la marge globale pour les engagements pour 2016 est utilisée dans sa totalité, soit pour un montant de 543 millions d'euros, afin de financer le provisionnement du fonds de garantie du FEIS.

Le Conseil a établi le niveau des crédits d'engagement en réduisant, pour un montant total de 140,9 millions d'euros, les montants proposés dans le PB pour 65 lignes budgétaires, y compris des lignes budgétaires pour des dépenses d'appui administratif.

S'agissant des crédits de paiement, le Conseil a opéré une réduction par rapport aux crédits demandés dans le PB d'un montant total de 435,4 millions d'euros[181], dont :

- 219,1 millions d'euros concernent le cadre stratégique commun (CSC) pour la recherche et l'innovation ;

- 110 millions d'euros concernent le domaine des grands projets d'infrastructures ;

- 26,5 millions d'euros concernent le domaine "Douane, Fiscalis et lutte contre la fraude" ;

- 21,4 millions d'euros concernent le Mécanisme pour l'interconnexion en Europe ;

- 17,5 millions d'euros concernent les actions financées dans le cadre des prérogatives de la Commission et des compétences spécifiques conférées à la Commission ;

- 13,7 millions d'euros concernent l'emploi et l'innovation sociale, et

- 5 millions d'euros concernent les projets énergétiques en vue d'aider à la relance économique.

Un total de 18 millions d'euros est réduit dans les crédits de paiement proposés pour d'autres programmes relevant de la sous-rubrique *1a* du CFP.

Les montants (et le nombre de lignes budgétaires) mentionnés ci-dessus tiennent également compte des réductions opérées dans les contributions destinées aux agences décentralisées, d'un montant total de 4 millions d'euros en crédits d'engagement et de 4,1 millions d'euros en crédits de paiement (pour cinq agences au total relevant de cette sous-rubrique[182]) ;

[180] Budgets rectificatifs nº 1-5/2015 compris (voir chapitre II).

[181] Un total de 107 lignes budgétaires.

[182] Il s'agit de l'Agence européenne des produits chimiques (pour la partie "législation sur les produits chimiques"), de l'Agence européenne pour la sécurité et la santé au travail, de l'Agence européenne pour la sécurité maritime, de l'Agence ferroviaire européenne et de l'Office de l'Organe des régulateurs européens des communications électronique.

- les crédits de la sous-rubrique *1b* (*Cohésion économique, sociale et territoriale*) s'élèvent à 50 819 millions d'euros en crédits d'engagement (-15,9 %) et à 48 840 millions d'euros en crédits de paiement (-4,5 %). La marge restante sous le plafond de cette sous-rubrique est ainsi de 18 millions d'euros.

Le Conseil a établi le niveau des crédits d'engagement en réduisant, pour un montant total de 3,1 millions d'euros, les crédits demandés pour deux lignes budgétaires spécifiques liées aux dépenses d'appui administratif au titre de cette sous-rubrique[183].

S'agissant des crédits de paiement, le Conseil a opéré une réduction d'un montant total de 220,1 millions d'euros dans les crédits proposés pour les programmes relevant de la nouvelle période de programmation (quinze lignes budgétaires), dont :

- 109,7 millions d'euros dans le domaine de la compétitivité (régions plus développées) ;

- 43,5 millions d'euro dans le domaine de la coopération territoriale européenne ;

- 42,2 millions d'euros concernant le Fonds de cohésion ;

- 19,6 millions d'euros concernant l'assistance technique et des actions innovantes, et

- 5,1 millions d'euros dans le domaine des régions en transition ;

- les crédits de la rubrique *2* (*Croissance durable : ressources naturelles*) s'élèvent à 62 904 millions d'euros en crédits d'engagement (-1,6 %), dont 42 669 millions d'euros pour les dépenses de marché et paiements directs (-1,8 %), et à 55 615 millions d'euros en crédits de paiement (-0,7 %), dont 42 660 millions d'euros pour les dépenses de marché et paiements directs (-1,8 %).

La marge laissée par le Conseil sous le plafond de cette rubrique est ainsi de 1 358 millions d'euros. La marge pour les dépenses de marché et paiements directs est de 1 281 millions d'euros.

Le Conseil a établi le niveau des crédits d'engagement en réduisant les crédits demandés dans le PB pour 2016 de 199,9 millions d'euros sur les lignes opérationnelles au titre du Fonds européen agricole de garantie[184], du Fonds européen agricole pour le développement rural, du Fonds européen pour les affaires maritimes et la pêche et du programme pour l'environnement et l'action pour le climat (Life+), ainsi que sur les lignes budgétaires relatives aux dépenses d'appui administratif 185.

S'agissant des crédits de paiement, le Conseil a réduit les crédits demandés d'un montant total de 251,1 millions d'euros[186], dont :

- 198,9 millions d'euros concernent le Fonds européen agricole de garantie ;

- 45,6 millions d'euros concernent le Fonds européen agricole pour le développement rural ;

- 4,5 millions d'euros concernent le Fonds européen pour les affaires maritimes et la pêche, et

- 2,1 millions d'euros concernent le programme "Life+".

Selon le Conseil "*ces montants, estimés sur la base des informations actuellement disponibles, sont susceptibles d'être réexaminés à la lumière de la lettre rectificative pour l'agriculture attendue à l'automne*"[187].

---

[183] Il s'agit des deux postes suivants :
- *04 01 04 01* (*Dépenses d'appui pour le Fonds social européen et l'assistance technique non opérationnelle* ; -1,8 million d'euros), et
- *13 01 04 01* (*Dépenses d'appui pour le Fonds européen de développement régional (FEDER)* ; -1,3 million d'euros).

[184] Le Conseil a notamment anticipé sur des recettes affectées supplémentaires (par rapport aux estimation retenues par la Commission dans son PB ; voir page 185) surtout à partir du prélèvement supplémentaire sur le lait.

[185] Soit un total de 29 lignes budgétaires.

[186] Un total de 43 lignes budgétaires.

[187] Doc. *Conseil 11706/15*, p. 17.

Les montants mentionnés ci-dessus tiennent également compte des réductions opérées dans la contribution à l'Agence européenne pour l'environnement et à l'Agence communautaire de contrôle des pêches, soit 0,05 million d'euros en crédits d'engagement et de paiement ;

- les crédits de la rubrique *3* (*Sécurité et citoyenneté*) s'élèvent à 2 645 millions d'euros en crédits d'engagement (+8,7 %) et à 2 225 millions d'euros en crédits de paiement (+15,4 %).

Le Conseil a retenu une mobilisation de l'instrument de flexibilité, pour un montant de 98,9 millions d'euros en crédits d'engagement[188].

Le Conseil a établi le niveau des crédits d'engagement avec une réduction totale de 25,1 millions d'euros dans les crédits demandés dans le PB pour 2016 pour 33 lignes budgétaires concernant les dépenses opérationnelles pour de nouveaux programmes et les dépenses d'appui administratif.

S'agissant des crédits de paiement, le Conseil a établi leur niveau en réduisant les montants proposés pour 32 lignes budgétaires au total de 33,6 millions d'euros. Ces lignes concernent les dépenses opérationnelles pour les nouveaux programmes (-32,3 millions d'euros) et les dépenses d'appui administratif (-0,2 million d'euros).

Les montants (et nombre de lignes) mentionnés ci-dessus tiennent également compte des réductions opérées dans les contributions accordées cinq agences décentralisées relevant de cette rubrique[189], soit 1,1 million d'euros en crédits d'engagement et de paiement ;

- les crédits de la rubrique *4* (*L'Europe dans le monde*) s'élèvent à 8 718 millions d'euros en crédits d'engagement (+3,7 %) et à 9 089 millions d'euros en crédits de paiement (+22,5 %). La marge restante sous le plafond de cette rubrique est de 425 millions d'euros.

Le Conseil a réduit les crédits d'engagement proposés de 163,4 millions d'euros (23 lignes budgétaires).

S'agissant les crédits de paiement, il a opéré une réduction dans les crédits demandés d'un montant total de 450,4 millions d'euros (49 lignes budgétaires), dont :

- 143 millions d'euros concernent l'Instrument de financement de la coopération au développement ;

- 119,1 millions d'euros concernent l'Instrument d'aide de préadhésion ;

- 100,3 millions d'euros concernent l'Instrument européen de voisinage ;

- 44,1 millions d'euros concernent l'Instrument contribuant à la stabilité et à la paix ;

- 25,1 millions d'euros concernent l'Instrument européen pour la démocratie et les droits de l'homme ;

- 11 millions d'euros concernent l'Instrument de partenariat pour la coopération avec les pays tiers ;

- 2,3 millions d'euros concernent l'Instrument relatif à la coopération en matière de sûreté nucléaire, et

- 0,05 million d'euros concernent l'Initiative des volontaires de l'aide de l'UE.

Un total de 5,6 millions d'euros est réduit dans les crédits de paiement proposés pour d'autres programmes relevant de la rubrique *4* du CFP.

S'agissant du "budget PESC"[190], le Conseil a accepté les montants proposés dans le projet de budget

---

[188] Selon le Conseil, "(c)*e montant sert à compléter le financement de la relocalisation temporaire et exceptionnelle sur deux ans, depuis l'Italie et la Grèce, États membres situés en première ligne, vers d'autres États membres, de 40 000 personnes ayant manifestement besoin d'une protection internationale, en attendant l'adoption rapide des instruments nécessaires à la lumière des conclusions du Conseil européen de juin 2015, et notamment leur point 4 a) et b)* [doc. *Conseil européen EUCO 22/15 CO EUR 8 CONCL 3* du 26 juin 2015, p. 2]" (doc. *Conseil 11706/15*, p. 18).

[189] Il s'agit de l'Autorité européenne de sécurité des aliments, de l'Observatoire européen des drogues et des toxicomanies, de l'Agence européenne pour la gestion opérationnelle des systèmes d'information à grande échelle, de l'Institut européen pour l'égalité entre les hommes et les femmes et d'"Eurojust".

[190] Y inclus les crédits pour les dépenses d'appui pour la PESC.

pour 2016, soit 327,3 millions d'euros en crédits d'engagement et 298,6 millions d'euros en crédits de paiement, et

- les crédits de la rubrique *5* (*Administration*) s'élèvent à 8 878 millions d'euros en crédits d'engagement et à 8 879 millions d'euros en crédits de paiement (+2,5 %). La marge restante sous le plafond de cette rubrique est ainsi de 605 millions d'euros.

Les crédits pour les dépenses administratives des institutions s'élèvent à 7 065 millions d'euros en crédits d'engagement et à 7 066 millions d'euros en crédits de paiement (+1,8 %). La marge s'élève à 614 millions d'euros.

À la suite de l'application de l'approche et des principes présentés *supra* (voir pages 196-198), le Conseil a réduit les montants proposés dans les budgets administratifs des institutions, pour un montant total de 31,2 millions d'euros, comme suit :

- Commission (section III), y inclus les offices[191] : -19,3 millions d'euros[192] (ce qui conduit à retenir un taux d'augmentation de +1,1 % par rapport à 2015[193]) ;

- Cour de justice (section IV) : -2 millions d'euros (+5,3 %) ;

- Cour des comptes (section V) : -1,1 million d'euros (+1,1 %) ;

- Comité économique et social européen (section VI) : -304 325 euros (+0,6 %) ;

- Comité des régions (section VII) : -200 000 euros (+1,2 %) ;

- Médiateur européen (section VIII) : -135 000 euros (+1,6 %) ;

- Contrôleur européen de la protection des données (section IX) : -135 000 euros (+3 %), et

- Service européen pour l'action extérieure[194] (section X) : -8 millions d'euros (+3,8 %).

Les modifications aux tableaux des effectifs retenues par le Conseil dans sa position sur le projet de budget pour 2016 sont récapitulées pour leur part dans le tableau 65 (page 231).

S'agissant enfin des *instruments spéciaux* disposant de lignes budgétaires spécifiques dans le budget de l'UE[195], le Conseil a accepté les propositions de la Commission.

En tout, le Conseil a modifié dans sa position (par rapport au projet de budget pour 2016, LR n° 1/2016 incluse) *248 lignes budgétaires*[196] concernant les dépenses de la section III – Commission – relevant des différentes rubriques et sous-rubriques du CFP, *hors* rubrique *5* (*Administration*). Le nombre des

[191] Pour un montant de total 1,6 million d'euros, dont :
- Office des publications (OP) : -302 636 euros (-1,1 %) ;
- Office européen de lutte antifraude (OLAF) : -355 980 euros (+1,7 %) ;
- Office européen de sélection du personnel (EPSO) : -159 495 euros (-1,4 %) ;
- Office de gestion et de liquidation des droits individuels (PMO) : -222 260 euros (+0,7 %) ;
- Office pour les infrastructures et la logistique à Bruxelles (OIB) : -334 066 euros (-0,6 %), et
- Office pour les infrastructures et la logistique à Luxembourg (OIL) : -215 503 euros (-2,7 %).

[192] Le Conseil a procédé à des réductions ciblées en appliquant une diminution spécifique aux crédits liés à la sécurité (-2,6 millions d'euros), aux immeubles (-1,8 million d'euros), aux locations et achats (-1,2 million d'euros), aux agents contractuels (-1 million d'euros), aux frais de recrutement (-372 250 euros), aux fonctionnaires de l'institution affectés temporairement dans des administrations nationales, des organisations internationales ou dans des institutions ou entreprises publiques ou privées (-50 000 euros), aux frais de missions et de représentation (-46 000 euros) et à l'équipement général, les véhicules et le mobilier (-11 000 euros).

[193] Le Conseil a placé 75 % des crédits demandés pour couvrir une éventuelle détérioration du taux de change de l'euro en réserve (soit un montant de 1,7 million d'euros). Selon le Conseil, "(l)*a réserve sera levée si, dans le courant de l'exercice budgétaire, l'évolution du taux de change de l'euro rend nécessaire l'emploi de ces montants*" (doc. *Conseil 11706/15*, p. 32).

[194] Comme pour la Commission (voir note en bas de page précédente), le Conseil a placé 75 % des crédits prévisionnels demandés pour couvrir une éventuelle détérioration du taux de change de l'euro en réserve (soit un montant de 14,2 millions d'euros), avec la même condition que dans le cas de la Commission pour la levée de la réserve.

[195] Voir page 191, note en bas de page 143.

[196] Il convient de relever qu'il s'agit d'un nombre de lignes budgétaires moins important qu'en 2015 (288 lignes ; voir page 449).

lignes réduites par rubrique et sous-rubrique du CFP est résumé dans le tableau 54 ci-dessous.

S'agissant des autres sections que de la section III, le Conseil a modifié *44 lignes budgétaires*.

6. Les amendements du Parlement européen (28 octobre 2015)

A. Le projet de budget pour 2016 (lettre rectificative nº 1/2016 incluse) assorti des amendements du Parlement européen s'élève à 157 427 millions d'euros en crédits pour engagements et à 146 459 millions d'euros en crédits pour paiements, en diminution de -2,8 % et en augmentation de +3,7 % respectivement par rapport au budget pour 2015[197]. Les crédits pour engagements correspondent à 1,07 % et les crédits pour paiements à 1 % du RNB de l'Union européenne. Le PE a dépassé les plafonds globaux des crédits pour engagements[198] et des crédits pour paiements, en appelant à financer ces montants "par tous les moyens disponibles que prévoit le règlement sur le CFP en matière de flexibilité après épuisement des marges disponibles" (voir *infra*).

Le Parlement a retenu la mobilisation de l'instrument de flexibilité pour un montant de 124 millions d'euros en crédits d'engagement (comme proposé par la Commission avec le PB), afin de financer des mesures dans le domaine de la migration, tout en demandant en même temps sa "pleine mobilisation"[199].

B. Lors du trilogue du *19 octobre 2015*[200] qui, conformément à la possibilité offerte par le point 12 de l'annexe de l'AII de 2013, a précédé la lecture du PE, les deux branches de l'autorité budgétaire et la Commission ont avant tout discuté des amendements que le Parlement s'apprêtait à voter à la position du Conseil.

Le Parlement européen a surtout rappelé les principes qui ont guidé sa lecture, à savoir :

- accroissement des crédits d'engagement et de paiement proposés par la Commission dans le projet de budget pour 2016 et destinés aux programmes et actions considérés comme prioritaires par le Parlement, et notamment les crédits finançant les trois "e" ("emploi", "entreprises" et "entreprenariat"), ainsi que la solidarité interne et extérieure ;

- augmentation des crédits pour les lignes budgétaires liées à la migration, à l'échéancier de paiement 2015-2016, aux mesures spécifiques pour la Grèce[201]

Tableau 54. Lignes budgétaires modifiées par le Conseil dans sa position sur le projet de budget pour 2016

Crédits opérationnels et pour la gestion administrative et lignes destinées aux subventions aux agences décentralisées (section III – Commission)

Rubrique ou sous-rubrique du CFP	Nombre de lignes modifiées	Dont lignes avec c/e	Dont lignes avec c/p	Dont lignes avec crédits non dissociés	Dont lignes concernant les agences décentralisées
1a (Compétitivité pour la croissance et l'emploi)	108	27	69	33	5
1b (Cohésion économique, sociale et territoriale)	15	0	13	2	0
2 (Croissance durable : ressources naturelles)	43	5	19	22	2
3 (Sécurité et citoyenneté)	33	18	17	10	5
4 (L'Europe dans le monde)	49	14	40	9	0
Instruments spéciaux	0	0	0	–	–
Total	**248**	**64**	**158**	**76**	**12**

[197] Budgets rectificatifs nº 1-5/2015 compris (voir chapitre II).Le Parlement européen a ainsi augmenté les crédits pour engagements de 4 159 millions d'euros et les crédits pour paiements de 4 340 millions d'euros par rapport à la position du Conseil sur le PB pour 2016 (LR nº 1/2016 incluse). Par rapport au budget pour 2015 (hors BR), les amendements du PE augmentent les crédits pour engagements de 12 106 millions d'euros et les crédits pour paiements de 5 245 millions d'euros.

[198] De 1 498 millions d'euros au total, en tenant compte d'une mobilisation de l'instrument de flexibilité, pour un montant de 124 millions d'euros, dans le cadre de la rubrique *3* (*Sécurité et citoyenneté*) du CFP.

[199] Doc. *PE P8_TA(2015)0376*, point 12.

[200] Ce trilogue a été organisé dans les locaux du Parlement européen à Bruxelles.

[201] Afin de remédier en partie aux conséquences de la crise financière et suite à un appel du Conseil européen, la Commission a présenté, le 17 juillet 2015, une proposition pour financer l'avancement des programmes et projets relevant du FEDER, du FSE, du Fonds de cohésion et du FEAMP en Grèce (doc. *COM(2015) 365*). Elle s'élève à deux milliards d'euros, dont un milliard en 2015 et un milliard en 2016.

S'agissant de 2015, la Commission considère que les crédits disponibles dans le budget adopté sont suffisants pour couvrir ces nouveaux besoins. Ceci est notamment dû aux retards pris dans la nomination des autorités de gestion et de

et à la crise dans le secteur laitier ou concernées par l'accord sur le Fonds européen pour les investissements stratégiques (voir chapitre II) ;

- inclusion dans le budget pour 2016 de crédits d'engagement (à hauteur de 473,2 millions d'euros) pour l'Initiative pour l'emploi des jeunes ;

- rétablissement de tous les montants proposés par la Commission dans le PB pour 2016 et réduits par le Conseil dans sa position ;

- rétablissement de tous les montants demandés par les institutions de l'Union et réduits par le Conseil, avec une augmentation des budgets (par rapport au PB) de la Cour de justice et du Comité des régions, et

- augmentation du nombre de postes repris aux tableaux des effectifs de la Cour de justice et de nombreuses agences décentralisées (voir *infra*).

Le Parlement a avant tout indiqué que ses amendements conduiront à dépasser de nombreux plafonds fixés par le règlement établissant le cadre financier pluriannuel pour 2014-2020. À ce titre, le PE a demandé d'ouvrir des négociations afin de voir quels instruments de flexibilité prévus dans le règlement fixant le CFP mobiliser pour couvrir ces dépassements.

Le Conseil a souligné que suite à la position que le Parlement européen s'apprêtait de voter ("consistant à dépasser d'une manière importante non seulement le niveau des crédits proposés dans le projet de budget présenté par la Commission, mais également les plafonds du cadre financier pluriannuel"), l'écart entre les positions des deux branches de l'autorité budgétaire atteindrait plus de 4 milliards d'euros aussi bien en crédits d'engagement que de paiement. Il a indiqué à ce titre que l'Union européenne était confrontée à des défis politiques majeurs – comme il n'a jamais été le cas dans l'histoire de l'UE – ce qui oblige l'autorité budgétaire à "prendre des mesures exceptionnelles et d'accepter des engagements financiers extraordinaires".

Selon le Conseil, "l'Union européenne n'est pas seulement confrontée à trois "e", mais plus encore à trois "c" ("crises") : la crise des refugiés, la crise géopolitique et la crise monétaire. Comme elle est confrontée à tous ces défis en même temps, et comme l'Union est obligée de les maîtriser sous d'importantes contraintes financières, l'autorité budgétaire ne peut pas établir sans cesse de nouvelles priorités et augmenter en conséquence les crédits budgétaires, sans créer un lien entre les dépenses et les mesures concrètes prises, ainsi que les capacités réalistes d'exécution".

Sur des points plus spécifiques, et en réponse au Parlement européen, le Conseil a notamment fait les remarques suivantes[202] :

- concernant le renforcement d'un milliard d'euros en crédits de paiement proposé par le PE pour financer les mesures spécifiques pour la Grèce, le Conseil a souligné que la Commission avait confirmé à plusieurs reprises[203] que le budget pour 2015 et le projet de budget pour 2016 peuvent accommoder les crédits nécessaires sans augmentation des montants ;

---

certification pour les programmes relevant de la période 2014-2020 (ce qui conduit à une exécution du budget moins importante qu'escomptée). Ainsi, selon la Commission, "les besoins en crédits de paiement découlant de la proposition seront couverts par des économies sur les lignes budgétaires du budget pour 2015 pour les programmes de la période 2014-2020. Ceci ne mettra nullement en question la mise en œuvre des objectifs de l'échéancier de paiement 2015-2016 [voir pages 176-179]".

S'agissant de 2016, la Commission s'est également déclarée confiante que le milliard d'euros supplémentaire (qui n'était pas prévu quand la Commission a présenté son PB) pourra être couvert par les crédits proposés dans le PB pour 2016, notamment suite aux prévisions de demandes de paiements révisées à la baisse en juillet 2015 par rapport aux prévisions initiales, à l'état d'adoption des nouveaux programmes pour la période de programmation 2014-2020 et au rythme de désignation des autorités chargées de la gestion des programmes (voir page 213, note en bas de page 239).

Le Parlement européen et le Conseil ont adopté le règlement (UE) 2015/1839 modifiant le règlement (UE) n° 1303/2013 en ce qui concerne des mesures spécifiques pour la Grèce le 14 octobre 2015 (JO L 270 du 15.10.2015, pp. 1/3). Il permet d'octroyer deux milliards d'euros supplémentaires à la Grèce en 2015 et 2016.

202 Le Conseil a également souligné que sa position respecte pleinement le contenu de l'accord sur l'échéancier de paiement 2015-2016.

203 Voir notes en bas de page 201, page 204, et 239, page 213.

- concernant le renforcement de l'Initiative pour l'emploi des jeunes, et "tout en concédant que sa mise en œuvre a bien progressée en 2015", le Conseil a rappelé que, suite à une concentration en amont de la totalité de l'enveloppe prévue sur les exercices 2014 et 2015, la programmation financière ne prévoit pas de crédits d'engagement en 2016 ;

- concernant les renforcements proposés pour "Horizon 2020" et le Mécanisme pour l'interconnexion en Europe, le Conseil a indiqué qu'ils ne sont pas en ligne avec l'accord politique sur le Fonds européen pour les investissements stratégiques, et qu'il convient de s'en tenir à l'accord politique sur le règlement instituant le FEIS conclu en mai 2015 (voir chapitre II), et

- concernant la relocalisation des réfugiés et la crise laitière, le Conseil a rappelé que la Commission avait proposé des renforcements de crédits dans sa lettre rectificative n° 2/2016 au projet de budget (voir pages 236-237), "cette lettre rectificative devant désormais servir de base aux négociations budgétaires interinstitutionnelles".

S'agissant du budget pour 2015, la Commission a fait état du contenu du projet de budget rectificatif n° 8/2015 (concernant les ressources propres et le budget administratif du CEPD), adopté le jour même (voir chapitre II).

Finalement, et de nouveau à la demande expresse du Conseil, les trois institutions ont poursuivi leur échange de vues (entamé lors des trilogues du 30 mars et du 14 juillet 2015) sur l'application du point 27 de l'AII de 2013.

C. La lecture du Parlement européen a notamment été marquée par les éléments suivants :

Le financement des mesures contribuant à la solidarité interne et extérieure, et notamment à une solution "effective" à la crise migratoire et des réfugiés, ainsi qu'au renforcement de la compétitivité par la création d'emplois "décents et de qualité" et au développement des entreprises et de l'esprit d'entreprise dans toute l'Union (les trois "e") ont été les grandes priorités du Parlement européen lors de la procédure budgétaire pour 2016.

Selon le Parlement, "*l'Union est actuellement confrontée à une série d'urgences extrêmes, notamment la crise migratoire et des réfugiés sans précédent.* [Le PE] *est convaincu que des moyens financiers doivent être dégagés en volume suffisant dans le budget de l'Union pour répondre aux défis politiques et permettre à l'Union d'agir et de répondre à ces crises avec toute l'efficacité voulue, et ce prioritairement et de toute urgence.*[...] *La crise migratoire et des réfugiés ne saurait être résolue par des moyens financiers uniquement et (il) faut une stratégie globale portant à la fois sur sa dimension interne et extérieure.* [À ce titre, le PE] *estime que des situations extraordinaires appellent des mesures extraordinaires et qu'une volonté politique sans faille est indispensable pour s'assurer de la disponibilité de moyens nouveaux à cet effet*"[204].

Le Parlement européen a décidé par conséquent de "*présenter immédiatement une importante série d'amendements destinés à augmenter le projet de budget de 1 161 millions d'euros à la rubrique 3 (Sécurité et citoyenneté) et à la rubrique 4 (L'Europe dans le monde) afin d'apporter une première réponse à la crise migratoire.* [Le PE] *souligne, en ce qui concerne la dimension interne de cette crise, que (ses) amendements* [...] *intègrent déjà pleinement les deux dispositifs de mise en œuvre sur la relocalisation des demandeurs d'asile et s'alignent sur ceux-ci tout en proposant des hausses supplémentaires pour le Fonds "Asile, migration et intégration" et les agences de l'Union dans ce domaine.* [...]

En ce qui concerne la dimension extérieure, [le PE souligne] *une série de hausses ciblées supplémentaires pour des programmes précis de la rubrique 4 tels que l'Instrument européen de voisinage, l'Instrument de financement de la coopération au développement, l'aide humanitaire et l'Instrument d'aide de préadhésion.*

---

[204] Doc. *PE P8_TA(2015)0376*, point 2.

[Ces] *amendements doivent être examinés avec la lettre rectificative n° 2/2016 de la Commission, qui comprend, outre le deuxième dispositif de mise en œuvre sur la relocalisation, les mesures supplémentaires figurant dans la communication de la Commission* [...] *du 23 septembre 2015*[205].

[Le PE] *regrette que le Parlement et le Conseil ne disposent pas de plus de temps pour examiner l'adéquation de cette lettre rectificative, mais comprend que le temps presse et qu'une réponse immédiate est indispensable.* [Le PE] *souligne que le Parlement approuve totalement ces nouvelles mesures et qu'il compte défendre leur financement au moyen de nouveaux crédits d'un montant supérieur à celui qu'il a proposé dans sa propre position sur le budget 2016*"[206].

S'agissant de l'amélioration de la compétitivité, de la relance de la croissance et de la création d'emplois le Parlement, soulignant "*le rôle essentiel des microentreprises, des petites et moyennes entreprises et des entreprises sociales*", a notamment décidé d'augmenter l'enveloppe du programme "COSME" de 16,5 millions d'euros (voir *infra*). Il a également proposé de nouveaux crédits d'engagement (à hauteur de 473,2 millions d'euros, soit le montant annuel prévu au départ pour cette initiative) pour la poursuite de l'Initiative pour l'emploi des jeunes, dont la totalité de l'enveloppe avait été concentrée sur les exercices 2014 et 2015 (voir Tome III, p. 259).

Par ailleurs, le Parlement européen se déclare "*convaincu que le budget de l'Union ne doit pas financer de nouvelles initiatives aux dépens des politiques et des programmes existants de l'Union et des engagements politiques déjà pris*". Ainsi, "*tout en reconnaissant et en confirmant pleinement le large soutien politique et financier au lancement du Fonds européen pour les investissements stratégiques,* [le PE] *entend tenir l'engagement qu'il a pris lors des négociations sur le FEIS, à savoir de limiter au maximum l'incidence sur "Horizon 2020" et le Mécanisme pour l'interconnexion en Europe dans le cadre de la procédure budgétaire annuelle*". Le Parlement européen propose ainsi de "compenser intégralement" les réductions apportées à ces deux programmes en raison du provisionnement du fonds de garantie du FEIS en 2016 (soit 1 326 millions d'euros ; voir chapitre II) "*afin de leur permettre de réaliser pleinement les objectifs fixés il y a à peine deux ans lors de l'adoption de leurs bases juridiques respectives*[207]"[208].

S'agissant de l'échéancier de paiement 2015-2016 convenu entre le Parlement, le Conseil et la Commission, le PE "*reproche au Conseil, sur ce point, de proposer des restrictions qui vont à l'opposé de l'échéancier*". Le Parlement souligne qu'il "*faut éviter à l'avenir l'accumulation d'un tel arriéré intenable et demande à la Commission de présenter des propositions concrètes à cet effet.* [Le PE] *estime, pour cette raison, que les besoins de paiement imprévus doivent être financés au moyen de nouveaux crédits et que la concentration de 1 milliard d'euros en 2016 en faveur de la Grèce doit donc être financée par la marge disponible sous le plafond du cadre financier pluriannuel pour les paiements*"[209].

S'agissant des dépenses agricoles relevant de la rubrique *2* (*Croissance durable : ressources naturelles*) du CFP, le PE a décidé "*d'agir face à la crise actuelle qui frappe les agriculteurs européens, notamment dans le secteur laitier, et d'intégrer d'ores et déjà dans sa position sur le budget 2016 les 500 millions d'euros d'aide d'urgence annoncés par la Commission.* [La] *lettre rectificative n° 2/2016 de la Commission permettra de déterminer les postes budgétaires précis qui seront renforcés dans ce contexte*"[210].

S'agissant des crédits de la rubrique *3* (*Sécurité et citoyenneté*), et "*compte tenu des flux exceptionnels de migrants et de réfugiés à l'heure actuelle*", le PE

---

[205] Il s'agit de la communication intitulée "*Gestion de la crise des réfugiés : mesures opérationnelles, budgétaires et juridiques immédiates au titre de l'agenda européen en matière de migration*" (doc. *COM(2015) 490*).
[206] Doc. *PE P8_TA(2015)0376*, points 4 et 5.
[207] JO L 347 du 20.12.2013, pp. 104/173, et L 348 du 20.12.2013, pp. 129/171.
[208] Doc. *PE P8_TA(2015)0376*, point 8.
[209] *Ibid.*, point 9.
[210] Doc. *PE P8_TA(2015)0376*, point 6.

a décidé de concentrer les renforcements de crédits sur le Fonds "Asile, migration et intégration". Le PE "*soutient vivement, dans ce contexte, le deuxième dispositif de 780 millions d'euros destiné à la relocalisation de 120 000 personnes supplémentaires.* [Le PE a décidé] *d'intégrer les crédits requis au projet de budget* [...] *et d'aligner le premier dispositif sur le deuxième en ajoutant 20 millions d'euros afin de financer les frais de transport (500 euros par migrant à l'intention de l'Italie et de la Grèce).* [Le PE a également approuvé] *une hausse supplémentaire de 79 millions d'euros pour le renforcement général du Fonds "Asile, migration et intégration".* [Il] *souligne qu'il faut aussi s'assurer que ce Fonds disposera de possibilités de financement suffisantes au cours des prochaines années*"[211].

Par ailleurs, le Parlement européen "*salue la communication de la Commission du 23 septembre 2015* [voir *supra*] *et les mesures correspondantes qui figurent dans la lettre rectificative nº 2/2016, notamment 600 millions d'euros de financement supplémentaire d'urgence à l'intention des États membres les plus touchés*"[212].

S'agissant de la rubrique *4* (*L'Europe dans le monde*), le Parlement a rétabli le niveau des crédits prévu dans le projet de budget, tout en prenant acte que "*la situation des paiements de la rubrique 4 demeure une source de préoccupation particulière, eu égard tant au report des importants arriérés de factures impayées que du report artificiel des engagements contractuels, destiné à faire face à la sous-budgétisation chronique des crédits de paiement.* [Le PE] *réaffirme donc que les augmentations de crédits de paiement proposées par la Commission sont tout simplement indispensables, sans parler du fait que l'action extérieure de l'Union se voit entretemps confrontée à de nouveaux défis découlant de la crise migratoire et des réfugiés sans précédent que nous connaissons.*

[Le Parlement] *complète l'ensemble des amendements portant sur la crise migratoire et des réfugiés en adoptant une hausse ciblée des crédits d'engagement*[213]. [Le PE] *souligne, tout en étant favorable, le cas échéant, à une redéfinition des priorités au sein de ces programmes pour privilégier les enjeux au plus près de l'actualité, que cela ne doit pas se traduire par une réduction des mesures visant les objectifs initiaux définis dans les bases juridiques respectives, au risque de déstabiliser les pays du voisinage européen ou d'autres régions concernées.* [Le Parlement] *rappelle la nécessité d'adopter une approche globale fondée sur les droits de l'homme liant l'immigration au développement et œuvrant à l'intégration des migrants en situation régulière, des demandeurs d'asile et des réfugiés.* [Le PE] *souligne qu'il faut renforcer la coopération et l'engagement à l'égard des pays d'origine et de transit afin de surmonter la crise migratoire actuelle, et notamment de répondre aux besoins des personnes déplacées dans des pays tiers en matière de santé et d'éducation.* [Il] *estime que ces dotations revues à la hausse sont donc indispensables pour financer des actions s'ajoutant aux objectifs initiaux définis dans les bases juridiques respectives*"[214].

S'agissant des *dépenses administratives* des institutions, le Parlement européen a prôné une approche au cas par cas, tenant compte des spécificités de chaque institution.

S'agissant des *crédits de paiement*[215] le Parlement européen "*a décidé de rétablir le projet de budget pour* [...] *toutes les lignes amputées par le Conseil*

---

[211] *Ibid.*, point 35. Le PE rappelle dans ce contexte la flexibilité offerte par le point 17 de la partie II de l'AII de 2013 en ce qui concerne les enveloppes financières des programmes pluriannuels adoptés suivant la procédure législative ordinaire.

[212] Doc. *PE P8_TA(2015)0376*, point 38.

[213] Le Parlement européen propose ainsi d'augmenter les crédits d'engagement essentiellement pour l'Instrument européen de voisinage (+178,1 millions d'euros), mais aussi au titre de l'Instrument de financement de la coopération au développement (+26,6 millions d'euros), de l'aide humanitaire (+26 millions d'euros), de l'Instrument contribuant à la stabilité et à la paix (+12,6 millions d'euros), de l'Instrument d'aide de préadhésion (+11,2 millions d'euros) et de l'Instrument européen pour la démocratie et les droits de l'homme (+1 million d'euros).

[214] Doc. *PE P8_TA(2015)0376*, points 44 et 45.

[215] Dans ce contexte, le PE "*regrette que, malgré les hausses modérées qui en découlent et les marges conséquentes proposées par la Commission, le Conseil ait décidé de raboter les crédits de paiement de 1,4 milliard d'euros en ciblant des postes destinés à l'achèvement des programmes et des programmes qui battent leur plein, remettant ainsi en cause la résorption de ces arriérés*

en partant de l'hypothèse que le niveau des paiements proposé par la Commission dans son projet de budget correspond à ce qui est nécessaire pour atteindre les objectifs de l'échéancier de paiement.

[Dans ce contexte, le Parlement a notamment décidé d'augmenter] *en appliquant un coefficient approprié, les crédits de paiement de l'ensemble des lignes où les crédits d'engagement ont été modifiés, tenant compte ainsi des domaines caractérisés par un profil de déboursement rapide ou un niveau élevé d'urgence, à savoir "Erasmus+", les deux dispositifs de relocalisation* [voir pages 165 et 181], *l'UNRWA*[216] *et l'aide humanitaire.* [Par ailleurs, le PE a augmenté] *de 1 milliard d'euros les crédits de paiement nouveaux et nécessaires pour concentrer en début de période les paiements en faveur de la Grèce.* [Enfin, le PE a décidé], *au regard du taux d'exécution passé, d'augmenter les crédits de paiement du Fonds européen d'ajustement à la mondialisation*"[217].

S'agissant des *agences décentralisées de l'UE*, le Parlement européen a, pour la troisième année de suite, rejeté l'approche horizontale retenue par la Commission (et suivie par le Conseil dans sa position), et notamment la classification des agences en des groupes distincts (voir tableau 68, page 234), ainsi que le recours à un "*pool* de redéploiement"[218].

Le PE a de nouveau opté pour une approche au cas par cas pour les agences, conduisant soit à rétablir les montants proposés pour leur subvention dans le projet de budget pour 2016 (tout en observant que la Commission avait révisé à la baisse les demandes initiales de la plupart des agences) quand celles-ci ont été réduites par le Conseil dans sa position, soit à augmenter les montants proposés dans le PB, pour un montant total de 37,3 millions d'euros en crédits d'engagement et de paiement[219] (ou les deux[220]). Le PE propose également d'augmenter le nombre des postes des agences de 227[221], notamment pour faire face à la crise migratoire[222].

---

anormaux. [Le PE] *rappelle que, pour les programmes en gestion directe, la pénurie de crédits de paiement ne se traduit pas seulement par une évolution des arriérés mais aussi par des retards artificiels dans la mise en œuvre des programmes, notamment en reportant les appels à proposition ou la signature de nouveaux contrats*" (doc. *PE P8_TA(2015)0376*, point 69).

216 Il s'agit de l'Office de secours et de travaux des Nations unies pour les réfugiés de Palestine.

217 Doc. *PE P8_TA(2015)0376*, points 70 et 71.

218 Voir Tome III, pp. 254 et 277, et première partie, page 39. Le Parlement européen indique cependant qu'il est "*ouvert à l'idée de libérer des postes en réalisant des gains d'efficacité entre agences grâce à une meilleure coopération administrative, voire en analysant les possibilités de fusions ponctuelles et en mutualisant certaines fonctions avec la Commission ou une autre agence*" (doc. *PE P8_TA(2015)0376*, point 64).

219 Ainsi, le PE a augmenté, de 26 millions d'euros, les crédits des "principales agences travaillant dans le domaine de la migration", à savoir l'Agence des droits fondamentaux, l'Agence européenne pour la gestion opérationnelle des systèmes d'information à grande échelle, le Bureau européen d'appui en matière d'asile, le Collège européen de police, Eurojust, Europol et Frontex "*car ces agences jouent un rôle essentiel dans la gestion efficace des préoccupations actuelles liées aux flux migratoires* " (doc. *PE P8_TA(2015)0376*, point 60).

Par ailleurs, le PE a décidé d'augmenter les crédits destinés aux trois agences de surveillance financière (voir *infra*) "*en raison des missions additionnelles qui leur sont confiées et de leur charge de travail supplémentaire*" (*Ibid.*, point 61).

Enfin, s'agissant de l'Agence de coopération des régulateurs de l'énergie, de l'Agence européenne de contrôle des pêches et de l'Observatoire européen des drogues et des toxicomanies, le Parlement a augmenté les montants de leurs subventions "*pour mieux mettre en adéquation les missions des agences et les ressources disponibles*" (*Ibid.*, point 62).

220 Le PE souligne dans ce contexte qu'il ne peut pas "*adhérer à la politique de dotation en personnel des agences préconisée par la Commission et le Conseil*" et modifie à ce titre "*de nombreux tableaux des effectifs.* [Le PE] *souligne une fois de plus que chaque agence doit procéder à une réduction de 5 % de ses effectifs sur 5 ans, comme convenu dans l'accord interinstitutionnel, mais que les nouveaux postes qui s'imposent pour effectuer les tâches supplémentaires découlant des nouvelles évolutions politiques et, depuis 2013, de la nouvelle législation doivent s'accompagner de ressources supplémentaires qui ne doivent pas être prises en compte dans la réduction des effectifs visée par l'accord interinstitutionnel*" (doc. *PE P8_TA(2015)0376*, point 66).

Le PE souligne en outre que les postes financés par les entreprises n'ont pas d'incidence sur le budget de l'Union et qu'ils ne doivent donc faire l'objet d'aucune réduction des effectifs (*Ibid.*, point 65).

221 Le Parlement européen indique qu'il a modifié les tableaux des effectifs de plusieurs agences "*pour répondre aux priorités énoncées* [par le PE] *et mettre en adéquation les missions supplémentaires et la dotation en personnel ;* [le PE] *révise certains autres pour les mettre en conformité avec la réduction effective de 5 % sur 5 ans et pour réserver un traitement différent aux postes financés par des honoraires ;* [le PE] *rappelle que la réduction de 5 % des effectifs sur 5 ans a vu le jour pour faire baisser le coût de l'administration ;* [le PE] *souligne, à cet égard, que l'ajout de postes au tableau des effectifs n'a pas d'incidence financière automatique sur le budget de l'Union puisque les agences pourvoient leurs postes en fonction de leurs besoins, de sorte que les postes figurant à leur tableau des effectifs ne sont pas toujours tous pourvus*" (doc. *PE P8_TA(2015)0376*, point 66).

222 Dans sa lettre d'exécutabilité (voir page 76), la Commission considère que le PB, y inclus la lettre rectificative n° 2/2016, présente l'estimation "la plus précise" des besoins en 2016 – aussi bien en personnel qu'en crédits – des dif-

Le Parlement européen a, par ailleurs, adopté un "paquet" de *89* nouveaux *projets pilotes* et nouvelles *actions préparatoires* sous les différentes rubriques et sous-rubriques du CFP[223], pour un montant total de 64,9 millions d'euros en crédits d'engagement et de 47,2 millions d'euros en crédits de paiement[224].

Selon le Parlement, "*pour pouvoir financer comme il se doit ces besoins urgents et compte tenu des marges très limitées du CFP en 2016, il y a lieu de déployer tous les moyens disponibles que prévoit le règlement sur le CFP en matière de flexibilité, y compris la pleine mobilisation de l'instrument de flexibilité.* [Le PE] *attend du Conseil qu'il partage cette façon de voir et espère qu'un accord pourra être conclu sans difficulté en conciliation afin que l'Union puisse se montrer à la hauteur de la situation et répondre comme il se doit aux défis qui l'attendent*"[225].

L'*approche générale* du Parlement européen lors de l'adoption de ses amendements a ainsi été :

- d'accroître les crédits d'engagement et de paiement proposés par la Commission dans le projet de budget pour 2016 et destinés aux programmes et actions qu'il considère prioritaires, et notamment liés aux *trois "e"* ("emploi", "entreprises" et "esprit d'entreprise") et à la *solidarité interne et extérieure* ;

- plus spécifiquement, d'augmenter les crédits pour les lignes budgétaires liées à la *migration*, à *l'échéancier de paiement 2015-2016*, aux *mesures spécifiques pour la Grèce* et à la *crise dans le secteur laitier* (voir pages 214 et 236) ou concernées par l'accord sur le *FEIS* (voir chapitre II) ;

- d'inclure des crédits d'engagement pour l'*Initiative pour l'emploi des jeunes* ;

- de rétablir les montants proposés par la Commission dans le projet de budget pour 2016 concernant les *lignes budgétaires réduites par le Conseil* dans sa position ;

- de rétablir les montants demandés pour les *budgets administratifs des institutions* et réduits par le Conseil dans sa position, tout en augmentant par rapport au PB les budgets de la Cour de justice et du Comité des régions ;

- d'augmenter le nombre de *postes* repris aux tableaux des effectifs de la Cour de justice, tout en diminuant le nombre total des postes repris au tableau des effectifs du Parlement européen par rapport au PB et en tenant compte de l'accord de coopération interinstitutionnelle (du 5 février 2014) pour le Comité économique et social européen et le Comité des régions ;

férentes agences décentralisées. La Commission émet des doutes avant tout à l'égard des augmentations de postes proposées par le Parlement européen et non accompagnées par une augmentation correspondante des crédits. Elle souligne également la difficulté de concilier, d'une part, l'augmentation proposée du nombre de postes et, d'une part, l'objectif de réduction des postes des agences de -5 % en cinq ans.

[223] Le PE a également proposé de reconduire un nombre de projets pilotes et d'actions préparatoires.

[224] Les montants proposés par la Commission dans le PB pour 2016 pour les projets pilotes et les actions préparatoires, ainsi que les montants retenus par le Parlement européen, sont repris par rubrique et sous-rubrique du CFP dans le tableau 55 ci-dessous :

Tableau 55. Les montants proposés et retenus pour les projets pilotes et les actions préparatoires pour 2016

En euros

Rubrique ou sous-rubrique du CFP	PB pour 2016*		Amendements du PE		Position du PE		*Montants retenus*	
	c/e	*c/p*	*c/e*	*c/p*	*c/e*	*c/p*	*c/e*	*c/p*
1a (Compétitivité pour la croissance et l'emploi)	p.m.	18.242.586	29.575.000	22.975.000	29.575.000	41.217.586	*29.575.000*	*32.130.086*
1b (Cohésion économique, sociale et territoriale)	3.000.000**	7.803.949	9.500.000	6.303.174	12.500.000	14.107.123	*12.500.000*	*12.107.123*
2 (Croissance durable : ressources naturelles)	p.m.	13.121.152	9.300.000	6.800.000	9.300.000	19.921.152	*9.300.000*	*17.671.152*
3 (Sécurité et citoyenneté)	p.m.	12.307.210	11.075.000	7.450.000	11.075.000	19.757.210	*11.075.000*	*16.807.210*
4 (L'Europe dans le monde)	p.m.	15.996.878	3.000.000	2.400.000	3.000.000	18.396.878	*3.000.000*	*17.371.878*
5 (Administration)	p.m.	1.500.000	2.450.000	1.250.000	2.450.000	2.750.000	*2.450.000*	*2.350.000*
Total	**3.000.000**	**68.971.775**	**64.900.000**	**47.178.174**	**67.900.000**	**116.149.949**	***67.900.000***	***98.437.449***

** Et position du Conseil ** Voir page 192*

Dans sa lettre d'exécutabilité, la Commission indique qu'elle pourrait mettre en œuvre de nouveaux projets pilotes et de nouvelles actions préparatoires tels que proposés par le PE pour un montant total de 33,7 millions d'euros en crédits d'engagement et de 23,3 millions d'euros en crédits de paiement.

[225] Doc. *PE P8_TA(2015)0376*, point 12.

- de créer de nouveaux *projets pilotes* et de nouvelles *actions préparatoires* sous différentes rubriques et sous-rubriques du CFP[226], et

- d'inscrire en *réserve* un certain nombre de crédits[227], inscriptions assorties de conditions pour "lever" ces réserves (voir *infra*).

S'agissant de la *nomenclature* du budget, le Parlement européen a créé un certain nombre de nouvelles lignes budgétaires sous différentes rubriques et sous-rubriques du CFP (voir *infra*).

S'agissant enfin des *commentaires*, le Parlement européen a introduit plusieurs modifications notamment dans le but d'inciter la Commission à mettre en œuvre le budget pour 2016 dans le sens souhaité par le Parlement (voir *infra*).

D. La lecture du Parlement européen s'établit par rubrique et sous-rubrique du cadre financier pluriannuel pour 2014-2020 comme suit :

- le montant total de la sous-rubrique *1a* (*Compétitivité pour la croissance et l'emploi*) s'élève à 20 327 millions d'euros en crédits d'engagement (+15,8 % par rapport à 2015[228]) et à 18 010 millions d'euros en crédits de paiement (+14,5 %). Le Parlement a ainsi dépassé le plafond de cette sous-rubrique de 1 317 millions d'euros, "qui seront financés par tous les moyens disponibles que prévoit le règlement sur le CFP en matière de flexibilité après épuisement des marges disponibles"[229].

Le Parlement européen propose d'augmenter les crédits de la sous-rubrique *1a* de 1 405,5 millions d'euros en crédits d'engagement et de 491,5 millions d'euros en crédits de paiement au-delà de ce qui était proposé dans le PB pour 2016, lettre rectificative n° 1/2016 incluse[230].

Dans ce contexte, le PE a augmenté au-delà de ce qui était proposé dans le PB les crédits :

- de vingt-cinq lignes budgétaires concernant le programme "Horizon 2020", pour un montant total de 706,9 millions d'euros en crédits d'engagement et de 235,6 millions d'euros en crédits paiement, et

- de sept lignes budgétaires concernant le MIE, pour un montant total de 620 millions d'euros en crédits d'engagement et de 206,7 millions d'euros en crédits paiement[231].

Par ailleurs, le Parlement a augmenté au-delà de ce qui était proposé dans le PB pour 2016 douze lignes budgétaires concernant avant tout "Erasmus+", "COSME" et le programme pour l'emploi et l'innovation sociale, pour un montant total de 41,4 millions d'euros en crédits d'engagement et de 18,6 millions d'euros en crédits paiement[232].

Selon le PE, "*compte tenu de la priorité qu'il accorde à l'emploi, aux entreprises et à l'esprit d'entreprise en 2016 et après examen approfondi de leur capacité d'absorption à ce jour,* [le PE propose], *en plus de la compensation intégrale des réductions de crédits d'"Horizon 2020" et du Mécanisme pour l'interconnexion en Europe liées au FEIS, d'augmenter les crédits de "COSME", d'"Horizon 2020", du programme de l'Union européenne pour l'emploi et l'innovation sociale et d'"Erasmus+" au-delà du niveau du projet de budget.*

[Le PE] *souligne, notamment, que la concentration des crédits de "COSME" en 2014-2015 s'est avérée extrêmement utile au vu de l'augmentation constante des demandes d'aide déposées ces dernières années par les PME en ce qui concerne l'accès aux marchés et au financement.* [Le PE] *s'oppose par conséquent à la baisse des crédits de "COSME" dans le projet*

[226] Voir tableau 55, page 210.

[227] Le PE n'a pourtant pas retenu la mise en réserve de crédits de la Commission et du SEAE pour couvrir une éventuelle détérioration du taux de change de l'euro, proposée par le Conseil (voir pages 199 et 203).

[228] Budgets rectificatifs n° 1-5/2015 compris.

[229] Doc. *PE P8_TA(2015)0376*, point 23.

[230] Cette lettre rectificative est incluse dans tous les montants concernant le PB pour 2016 présentés sous ce point.

[231] Dans sa lettre d'exécutabilité, la Commission indique que ces augmentations (d'un montant total de 1 326,9 millions d'euros en crédits d'engagement et de 442,3 millions d'euros en crédits de paiement) vont à l'encontre de l'accord sur le financement du FEIS (voir chapitre II).

[232] Le Conseil, dans sa position sur le PB, avait réduit les montants proposés pour six de ces lignes.

de budget par rapport à 2015 et décide d'augmenter les crédits de ce programme au-delà des chiffres du projet de budget. [Il] *rappelle que la Commission a déjà souligné les insuffisances des instruments financiers de "COSME" pour 2015, 2016 et 2017, preuve du manque de crédits d'engagement disponibles par rapport aux demandes escomptées.* [Le PE] *demande, au sein de "COSME", le net renforcement des crédits du programme "Erasmus pour les jeunes entrepreneurs" car les moyens disponibles ne suffisent pas à couvrir les importantes demandes de participation*"[233].

Le Parlement européen a également créé une nouvelle ligne budgétaire (nouveau poste *10 01 05 05*) pour le Centre d'information européen sur l'Arctique, doté de 200 000 euros en crédits d'engagement et de paiement[234].

S'agissant des agences décentralisées relevant de cette sous-rubrique, le PE a renforcé au-delà de ce qui était proposé dans le PB les montants proposés pour les subventions pour l'Agence de coopération des régulateurs de l'énergie, l'Autorité bancaire européenne, l'Autorité européenne des assurances et des pensions professionnelles et l'Autorité européenne des marchés financiers, pour un montant total de 7,6 millions d'euros en crédits d'engagement et de paiement.

S'agissant des projets pilotes et des actions préparatoires, le Parlement a créé de nouveaux projets et de nouvelles actions ou a renforcé des actions et des projets existants pour un montant total de 29,6 millions d'euros en crédits d'engagement et de 23 millions d'euros en crédits de paiement par rapport au PB.

Enfin, le PE a inscrit en réserve 1 million d'euros en crédits d'engagement et de paiement pour l'article *12 02 03* (*Normes dans les domaines de l'information financière et du contrôle des comptes*), avec le commentaire suivant : "*Les réformes du groupe consultatif pour l'information financière en Europe (EFRAG), telles qu'elles sont prévues dans les recommandations du rapport Maystadt, devraient permettre de réduire les ressources, comme cela a été proposé. La condition du déblocage de la réserve est la pleine mise en œuvre des recommandations prévues dans le rapport Maystadt sur la réforme de la gouvernance*"[235] ;

- le montant de la sous-rubrique *1b* (*Cohésion économique, sociale et territoriale*) s'élève à 51 304 millions d'euros en crédits d'engagement (-15,1 %) et à 50 224 millions d'euros en crédits de paiement (-1,8 %).

Le Parlement européen propose d'augmenter les crédits de cette sous-rubrique de 482,7 millions d'euros en crédits d'engagement et de 1 164 millions d'euros en crédits de paiement au-delà de ce qui était proposé dans le PB pour 2016. Ceci conduit à un dépassement du plafond de la sous-rubrique de 467,3 millions d'euros, qui "*seront financés par tous les moyens disponibles que prévoit le règlement sur le CFP en matière de flexibilité*"[236].

Un montant de 473,2 millions d'euros en crédits d'engagement est destiné à l'Initiative pour l'emploi des jeunes[237] (article *04 02 64*).

---

[233] Doc. *PE P8_TA(2015)0376*, points 17 et 18.

[234] Cette nouvelle ligne budgétaire est accompagnée du commentaire suivant : "*Ce crédit est destiné à assurer le financement partiel constant du personnel et des moyens du Centre d'information de l'Union européenne sur l'Arctique afin de garantir que les intérêts de l'Europe dans cette région seront protégés et que l'élaboration de politiques européennes à l'égard de l'Arctique repose sur le savoir. Le centre d'information sur l'Arctique a pour but de s'attacher à la recherche indépendante et de veiller à la cohérence des domaines d'action sectorielle*".

Dans sa lettre d'exécutabilité, la Commission souligne que cet amendement ne peut pas être mis en œuvre par manque de base légale.

[235] Dans sa lettre d'exécutabilité, la Commission s'oppose à cette inscription de crédits en réserve car suite à l'adoption d'un nouveau statut et de nouvelles règles internes pour le *groupe consultatif pour l'information financière en Europe* (EFRAG) "la Commission a donné suite à toutes les conditions posées par le Parlement européen".

[236] Doc. *PE P8_TA(2015)0376*, point 27.

[237] Le Parlement européen regrette dans ce contexte "*qu'en raison de la concentration des crédits en 2014-2015, la Commission n'a*[it] *proposé aucun crédit d'engagement pour l'Initiative pour l'emploi des jeunes en 2016.* [Le PE décide ainsi], *conformément au règlement sur le Fonds social européen* [JO L 347 du 20.12.2013, pp. 470/486], *qui prévoit la possibilité de poursuivre le financement, de doter l'Initiative pour l'emploi des jeunes de 473,2 millions d'euros en crédits d'engagement, montant qui correspond à l'enveloppe annuelle initiale prévue pour ce programme.* [Le PE]

Un montant total de 1 milliard d'euros augmente les crédits de paiement proposés pour douze lignes budgétaires[238] concernant aussi bien la période 2007-2013 que la période 2014-2020[239], à savoir :

+256 millions d'euros pour *l'achèvement du Fonds européen de développement régional (FEDER) – Convergence* (article *13 03 16*) ;

+208 millions d'euros pour le *Fonds européen de développement régional (FEDER) – Régions moins développées – Objectif "Investissement pour la croissance et l'emploi"* (article *13 03 60*) ;

+89 millions d'euros pour le *Fonds de cohésion – Objectif "Investissement pour la croissance et l'emploi"* (article *13 04 60*) ;

+75 millions d'euros pour *l'achèvement du Fonds social européen – Convergence (2007-2013)* (article *04 02 17*) ;

+75 millions d'euros pour le *Fonds social européen – Régions moins développées – Objectif "Investissement pour la croissance et l'emploi"* (article *04 02 60*) ;

+60 millions d'euros pour le *Fonds européen de développement régional (FEDER) – Régions plus développées – Objectif "Investissement pour la croissance et l'emploi"* (article *13 03 62*) ;

+53 millions d'euros pour *l'achèvement du Fonds de cohésion (2007-2013)* (article *13 04 02*) ;

+51 millions d'euros pour *l'achèvement du Fonds européen de développement régional (FEDER) – Compétitivité régionale et emploi* (article *13 03 18*) ;

+48 millions d'euros pour le *Fonds social européen – Régions plus développées – Objectif "Investissement pour la croissance et l'emploi"* (article *04 02 62*) ;

+40 millions d'euros pour le *Fonds européen de développement régional (FEDER) – Régions en transition – Objectif "Investissement pour la croissance et l'emploi"* (article *13 03 61*) ;

+25 millions d'euros pour *l'achèvement du Fonds social européen – Compétitivité régionale et emploi (2007-2013)* (article *04 02 19*), et

+20 millions d'euros pour le *Fonds social européen – Régions en transition – Objectif "Investissement pour la croissance et l'emploi"* (article *04 02 61*).

Par ailleurs, le Parlement européen a proposé d'augmenter les crédits de paiement pour *l'Initiative pour l'emploi des jeunes* de 157,7 millions d'euros.

Enfin, le PE a créé de nouveaux projets pilotes et de nouvelles actions préparatoires ou a renforcé

---

se dit convaincu que le financement de ce programme important, qui s'attaque à l'un des problèmes les plus urgents de l'Union, ne doit pas prendre fin en 2015 [et] *souligne que cette enveloppe supplémentaire doit servir à renforcer le programme et donc à aider un plus grand nombre de jeunes dans la recherche d'un emploi permanent décent.* [Le PE] *presse les États membres de s'efforcer dans toute la mesure du possible d'accélérer la mise en œuvre de l'initiative sur le terrain afin que les jeunes européens en bénéficient directement* [et] *demande instamment à la Commission d'informer le Parlement des mesures mises en place pour lutter contre le chômage des jeunes au moyen du budget de l'Union ainsi que des résultats enregistrés grâce à ces mesures*" (doc. *PE P8_TA(2015)0376*, point 26).

Dans sa lettre d'exécutabilité la Commission, outre rappeler la concentration en amont ("*frontloading*") des crédits d'engagement de l'IEJ effectuée en 2014 et 2015 (voir Tome III, p. 259), indique que "le fait qu'il n'y ait plus de crédits d'engagement prévus pour l'IEJ ne signifie pas l'arrêt de cette initiative – elle continue sous forme de paiements, un milliard d'euros étant prévu à ce titre dans le PB pour 2016. La Commission doit également lancer l'évaluation de l'IEJ début 2016. Les résultats serviront de base pour éventuellement proposer de nouveaux engagements pour les années à venir".

[238] Le Conseil, dans sa position sur le PB, avait réduit les montants proposés pour six de ces lignes.

[239] Dans sa lettre d'exécutabilité, la Commission indique qu'en ce qui concerne les crédits de paiement supplémentaires destinés à financer des mesures spécifiques pour la Grèce (+1 milliard d'euros ; voir page 204, note en bas de page 201), elle est convaincue que le niveau des crédits de paiement proposé dans le PB pour 2016 est suffisant pour couvrir les besoins et qu'il n'est ainsi pas nécessaire d'ajouter des crédits, comme proposé par le PE. "La mise à jour de juillet 2015 des prévisions de paiement transmises par les États membres confirme par ailleurs des délais dans le lancement des programmes opérationnels. C'est pourquoi des montants prévus dans le PB ne seront pas nécessaires. Par ailleurs, l'assignation de ces montants au financement des mesures spécifiques pour la Grèce ne mettra nullement en cause l'objectif de réduction du montant des factures impayées".

La Commission ne voit pas non plus de besoin pour une augmentation (au-delà des montants proposés dans le PB) des crédits de paiement pour l'IEJ.

des actions et des projets existants pour un montant de 9,5 millions d'euros en crédits d'engagement et 6,3 millions d'euros en crédits de paiement par rapport au PB ;

- le montant de la rubrique *2* (*Croissance durable : ressources naturelles*) s'élève à 63 615 millions d'euros en crédits d'engagement (-0,5 %), dont 43 367 millions d'euros pour les dépenses de marché et paiements directs (-0,2 %), et à 56 386 millions d'euros en crédits de paiement (+0,7 %), dont 43 359 millions d'euros pour les dépenses de marché et paiements directs (-0,2 %).

Le Parlement européen propose d'augmenter les crédits de cette rubrique de 510,4 millions d'euros en crédits d'engagement et de 520,6 millions d'euros en crédits de paiement au-delà de ce qui était proposé dans le PB pour 2016. Ceci laisse une marge 647,2 millions d'euros sous le plafond de la rubrique. La marge pour les dépenses de marché et paiements directs est de 582 millions d'euros.

Le PE a ainsi augmenté au-delà de ce qui était proposé dans le PB les crédits des trois lignes budgétaires suivantes, pour un total de 500,2 millions d'euros en crédits d'engagement et de 512,9 millions d'euros en crédits de paiement[240] :

+500 millions d'euros en crédits d'engagement et de paiement pour le *lait et les produits laitiers*[241] (poste *05 02 12 99*) ;

+12,8 millions d'euros pour *promouvoir une pêche et une aquaculture durables et compétitives ainsi que le développement territorial équilibré et solidaire des zones tributaires de la pêche, et favoriser la mise en œuvre de la politique commune de la pêche*[242] (article *11 06 60*), et

+0,2 million d'euros en crédits d'engagement et 64 771 euros en crédits de paiement pour les *avis et connaissances scientifiques*[243] (poste *11 06 62 01*).

Le Parlement indique que ni les crédits de la PAC ni aucun autre crédit inscrit au budget ne devraient être utilisés pour le financement d'activités de tauromachie avec mise à mort.

En même temps, le Parlement a remplacé les montants de deux lignes budgétaires traitant des "reliquats" des restitutions à l'exportation[244] par des mentions "p.m.".

Le PE justifie ces réductions comme suit : "*Toutes les restitutions à l'exportation devraient être supprimées afin de mettre fin au dumping de produits agricoles sur les marchés des pays en développement et de renforcer de façon crédible la position de négociation de l'Union au sein de l'Organisation mondiale du commerce (OMC). Les crédits ainsi libérés pourraient servir entre autres à financer la promotion du développement rural et de la production durable de denrées alimentaires dans les pays en développement*".

S'agissant des agences décentralisées, le Parlement européen propose de renforcer au-delà de ce qui était proposé dans le PB le montant de la contribution de l'UE à l'Agence communautaire de contrôle des pêches de 1,1 million d'euros en crédits d'engagement et de paiement, "*afin de soutenir son action de coordination et de mise en œuvre de la politique commune de la pêche*".

S'agissant des projets pilotes et des actions préparatoires, le Parlement a créé de nouveaux projets et de nouvelles actions ou a renforcé des actions et des projets existants pour un montant total de

---

[240] Le Conseil, dans sa position, avait réduit les montants proposés pour les lignes budgétaires *11 06 60* et *11 06 62 01*.

[241] Dans sa lettre d'exécutabilité, la Commission indique qu'elle a inclus dans sa lettre rectificative "agricole" n° 2/2016 les montants nécessaires (et selon une répartition adéquate entre différentes lignes budgétaires) suite notamment à la session extraordinaire du Conseil "Agriculture" du 7 septembre 2015 à Bruxelles (voir page 236).

[242] Dans sa lettre d'exécutabilité, la Commission souligne le risque de ne pouvoir mettre en œuvre les montants supplémentaires demandés par le PE au-delà du PB.

[243] Le Parlement européen justifie son augmentation comme suit : "*Au vu de l'importance que constitue la collecte de données pour toutes les prises de décisions en matière de pêche, il n'y a pas lieu de les réduire et propose de maintenir les montants qui étaient alloués à cette ligne budgétaire en 2015*".

[244] Il s'agit des lignes budgétaires suivantes :
- article *05 02 03* (*Restitutions pour les produits hors annexe 1* ; -100 000 euros), et
- poste *05 02 13 01* (*Restitutions pour les viandes bovines* ; -100 000 euros).

9,3 millions d'euros en crédits d'engagement et de 6,8 millions d'euros en crédits de paiement par rapport au PB ;

- le montant de la rubrique *3* (*Sécurité et citoyenneté*) s'élève à 3 601 millions d'euros en crédits d'engagement (+48 %) et à 2 846 millions d'euros en crédits de paiement (+47,5 %). Ceci conduit à dépasser le plafond de la rubrique de 1 055,1 millions d'euros (dont un total de 124 millions d'euros est couvert par une mobilisation de l'instrument de flexibilité). Le PE demande de "*mobiliser tous les moyens disponibles que prévoit le CFP pour financer les divers renforcements de crédits liés à la migration*"[245].

Le Parlement européen propose ainsi d'augmenter les crédits de cette rubrique de 931,1 millions d'euros en crédits d'engagement et de 586,5 millions d'euros en crédits de paiement au-delà de ce qui était proposé dans le PB pour 2016.

Dans ce contexte, le PE a augmenté au-delà de ce qui était proposé dans le PB les crédits de six lignes budgétaires[246], pour un montant total de 889,9 millions d'euros en crédits d'engagement et de 550 millions d'euros en crédits paiement[247]. Il s'agit de :

+879 millions d'euros en crédits d'engagement et +546,3 millions d'euros en crédits de paiement pour *renforcer et développer le régime d'asile européen commun et approfondir la solidarité et le partage des responsabilités entre les États membres* (poste *18 03 01 01*) ;

+10,4 millions d'euros en crédits d'engagement et +3,4 millions d'euros en crédits de paiement pour renforcer notamment les sous-programmes "Culture" et "MEDIA"[248], et

+0,4 million d'euros en crédits d'engagement et +0,1 million d'euros en crédits de paiement pour le *troisième programme d'action de l'Union dans le domaine de la santé (2014-2020)* (article *17 03 01*).

Par ailleurs, le Parlement européen propose de scinder l'article *18 04 01*[249] (*Initiative citoyenne européenne*) en deux nouveaux postes comme suit :

- poste *18 04 01 01*, intitulé "*L'Europe pour les citoyens – Conforter la mémoire et renforcer la capacité de participation civique au niveau de l'Union*", et doté de 23 millions d'euros en crédits d'engagement et de 18,7 millions d'euros en crédits de paiement, et

---

245 Doc. *PE P8_TA(2015)0376*, point 42.

246 Quatre de ces lignes avaient été réduites par le Conseil dans sa position.

247 Dans sa lettre d'exécutabilité, la Commission indique que la lettre rectificative n° 2/2016 inclut des montants plus à même pour faire face à la crise migratoire et des réfugiés. Par ailleurs, elle rappelle les mesures prises dans ce contexte par le biais des budgets rectificatifs n° 5 et 7/2015 (voir chapitre II).

248 À savoir :

- +2,8 millions d'euros en crédits d'engagement et +0,9 million d'euros en crédits de paiement pour le *sous-programme MEDIA – Opérer à l'échelle transnationale et internationale et promouvoir la circulation transnationale et la mobilité* (article *09 05 01*) ;

- +2,8 millions d'euros en crédits d'engagement et +0,9 million d'euros en crédits de paiement pour le *sous-programme Culture – Soutenir les actions transfrontières et promouvoir la circulation transnationale et la mobilité* (article *15 04 02*) ;

- +2,8 millions d'euros en crédits d'engagement et +0,9 million d'euros en crédits de paiement pour *renforcer la capacité financière des PME et des organisations dans les secteurs européens de la culture et de la création, et favoriser l'élaboration des politiques et la création de nouveaux modèles commerciaux* (article *15 04 01*), et

- +2 millions d'euros en crédits d'engagement et +0,7 million d'euros en crédits de paiement pour les *actions multimédia* (article *09 05 05*).

Selon le Parlement européen, il est "*nécessaire, étant donné leur rôle essentiel dans le soutien des secteurs culturels et créatifs qui représentent les valeurs européennes essentielles, d'augmenter* [...] *les crédits d'engagement des sous-programmes "Culture" et "MEDIA" prévus pour 2016, dont les actions multimédia et le mécanisme de garantie en faveur des secteurs culturels et créatifs, afin d'apporter une solution au problème critique de l'accès des PME et des associations du secteur culturel et créatif au financement*" (doc. *PE P8_TA(2015)0376*, point 40).

249 La Commission avait proposé de doter dans le PB pour 2016 l'article *18 04 01* de 23 millions d'euros en crédits d'engagement et de 18,7 millions d'euros en crédits de paiement. Le Parlement européen a décidé d'augmenter les montants de 1,5 million d'euros en crédits d'engagement et de 0,5 million d'euros en crédits de paiement.

- poste *18 04 01 02*, intitulé "*Initiative citoyenne européenne*", et doté de 1,5 million d'euros en crédits d'engagement et de 0,5 million d'euros en crédits de paiement.

S'agissant des agences décentralisées, le PE propose de renforcer au-delà de ce qui était proposé dans le PB les montants des subventions destinées à huit agences relevant de cette rubrique[250], pour un montant total de 28,6 millions d'euros en crédits d'engagement et de paiement.

S'agissant enfin des projets pilotes et des actions préparatoires, le Parlement a créé de nouveaux projets et de nouvelles actions ou a renforcé des actions et des projets existants pour un montant total de 11,1 millions d'euros en crédits d'engagement et de 7,4 millions d'euros en crédits de paiement par rapport au PB ;

- le montant de la rubrique *4* (*L'Europe dans le monde*) s'élève à 9 143 millions d'euros en crédits d'engagement (+8,7 %) et à 9 672 millions d'euros en crédits de paiement (+30,3 %). Le PE a épuisé toute la marge sous le plafond.

Le Parlement européen propose ainsi d'augmenter les crédits de cette rubrique de 261,3 millions d'euros en crédits d'engagement et de 132,5 millions d'euros en crédits de paiement au-delà de ce qui était proposé dans le PB pour 2016. Il s'agit de vingt-trois lignes budgétaires[251], dont (en crédits d'engagement[252]) :

+40,3 millions d'euros pour les *pays méditerranéens – droits de l'homme et mobilité* (poste *22 04 01 01*) ;

+40 millions d'euros pour le *soutien au processus de paix et l'aide financière à la Palestine et à l'UNRWA* (poste *22 04 01 04*) ;

+30,6 millions d'euros pour les *pays méditerranéens – mesures propres à instaurer la confiance, sécurité et prévention et règlement des conflits* (poste *22 04 01 03*) ;

+26 millions d'euros pour la *mise à disposition rapide et efficace d'une aide humanitaire et d'une aide alimentaire en fonction des besoins* (article *23 02 01*) ;

+20,1 millions d'euros pour les *pays méditerranéens – réduction de la pauvreté et développement durable* (poste *22 04 01 02*) ;

+17,2 millions d'euros pour le *partenariat oriental – réduction de la pauvreté et développement durable* (poste *22 04 02 02*) ;

+16 millions d'euros pour la *migration et l'asile* (poste *21 02 07 05*) ;

+12 millions d'euros pour le *partenariat oriental – droits de l'homme et mobilité* (poste *22 04 02 01*) ;

+11,3 millions d'euros pour la *réponse aux situations de crise et de crise émergente* (article *19 02 01*), et

+10 millions d'euros pour le *soutien à d'autres coopérations plurinationales dans les pays relevant du voisinage – programme-cadre* (poste *22 04 03 03*).

S'agissant des crédits de paiement, le PE a augmenté au-delà du PB les montants proposés notamment pour les lignes budgétaires suivantes :

+40 millions d'euros pour le poste *22 04 01 04* ;

+26 millions d'euros pour l'article *23 02 01* ;

+13,4 millions d'euros pour le poste *22 04 01 01* ;

---

[250] Il s'agit de l'Agence des droits fondamentaux de l'Union européenne, de l'Agence européenne pour la gestion opérationnelle des systèmes d'information à grande échelle, du Bureau européen d'appui en matière d'asile, du Collège européen de police, d'Eurojust, de Frontex, de l'Observatoire européen des drogues et des toxicomanies et de l'Office européen de police.

[251] Quatorze de ces lignes avaient été réduites par le Conseil dans sa position.

[252] Dans sa lettre d'exécutabilité, la Commission considère que la LR n° 2/2016 contient la meilleure estimation des besoins prévisibles. Par ailleurs, elle recommande de laisser une marge sous le plafond de la rubrique afin de pouvoir faire face à des événements imprévus en 2016.

+10,2 millions d'euros pour le poste *22 04 01 03* ;

+6,7 millions d'euros pour le poste *22 04 01 02*, et

+5,6 millions d'euros pour le poste *21 02 07 05*.

Il convient également de relever que le Parlement européen a augmenté, de 300 000 euros en crédits d'engagement et de 100 000 euros en crédits de paiement, le montant du poste *19 03 01 04* (*Autres mesures et opérations de gestion de crise*) relevant du "budget PESC", accompagné du commentaire suivant : "*La migration doit devenir un volet spécifique de la politique de sécurité et de défense commune (PSDC) et les missions qui sont déjà déployées dans des pays tels que le Niger ou le Mali doivent être renforcées pour ce qui est de la gestion des frontières*"[253].

Le PE souligne par ailleurs qu'il "*juge nécessaire d'augmenter les crédits du poste budgétaire consacré à la communauté chypriote turque (+2 millions d'euros) afin d'apporter une aide décisive à la poursuite et au renforcement de la mission du comité des personnes disparues à Chypre et de soutenir le comité technique bicommunautaire sur le patrimoine culturel pour encourager de la sorte la confiance et la réconciliation des deux communautés*"[254].

Concernant les représentants spéciaux de l'Union européenne[255], le Parlement indique qu'il "*salue la réflexion engagée, au sein du Service européen pour l'action extérieure, sur l'avenir des représentants spéciaux de l'Union et sur les liens qu'ils entretiennent avec celui-ci ;* [il] *estime que le poste budgétaire relatif aux représentants spéciaux de l'Union*[256] *ne devrait être modifié, le cas échéant, qu'à l'issue dudit processus de réflexion*"[257].

S'agissant enfin des projets pilotes et des actions préparatoires, le Parlement a créé de nouveaux projets et de nouvelles actions ou a renforcé des actions et des projets existants pour un montant total de 3 millions d'euros en crédits d'engagement et de 2,4 millions d'euros en crédits de paiement par rapport au PB ;

- le montant de la rubrique 5 (*Administration*) s'élève à 8 913 millions d'euros en crédits d'engagement et de paiement (+2,9 %), ce qui laisse une marge sous le plafond de la rubrique de 570,4 millions d'euros.

Les crédits pour les dépenses administratives des institutions s'élèvent à 7 100 millions d'euros en crédits d'engagement et de paiement (+2,3 %). La marge est ainsi de 579 millions d'euros.

Le Parlement européen propose d'augmenter les crédits de cette rubrique de 3,9 millions d'euros en crédits d'engagement et de 2,7 millions d'euros en crédits de paiement au-delà de ce qui était proposé dans le PB pour 2016.

Le Parlement a en grande partie rétabli les montants proposés dans le PB pour 2016 pour la section III – Commission – et modifiés par le Conseil dans sa position, avec une augmentation de 40 000 euros en crédits d'engagement et de paiement. Il n'a pas retenu la réserve instaurée par le Conseil pour les crédits destinés à couvrir une éventuelle détérioration du taux de change de l'euro (voir pages 199 et 203).

Le PE propose de nouveau, comme les années précédentes[258], de créer une nouvelle ligne budgétaire[259] pour les dépenses destinées au secrétariat du comité de surveillance de l'Office européen de lutte

---

[253] Dans sa résolution accompagnant ses amendements sur la position du Conseil sur le PB pour 2016, le Parlement européen indique qu'il "*approuve une hausse symbolique du budget de la PESC en vue de favoriser les actions visant à faire de la migration un volet à part entière des missions civiles de la PSDC et appuie sans réserve la mission militaire EUNAVFOR Med destinée à lutter contre les passeurs et les trafiquants d'êtres humains*" (doc. *PE P8_TA(2015)0376*, point 49).

[254] *Ibid*., point 51.

[255] Il convient de rappeler que les représentants spéciaux de l'UE avaient fait l'objet de débats lors des deux procédures budgétaires précédentes (voir Tome III, pp. 284/297, et première partie, pages 64-92).

[256] Il s'agit du poste *19 03 01 07*.

[257] Doc. *PE P8_TA(2015)0376*, point 50.

[258] Voir Tome III, pp. 285/286, et première partie, page 70.

[259] Article *A3 01 01 02*, intitulé "*Dépenses relatives aux fonctionnaires et aux agents temporaires – Secrétariat du comité de surveillance*" et dotée de 1,1 million d'euros. Selon le PE, "*Huit postes de l'OLAF sont réservés pour le secrétariat du comité de surveillance, comme l'a demandé à plusieurs reprises par le comité de surveillance (CS) et le PE. Aucun nouveau poste et aucuns moyens supplémentaires ne sont demandés. Les crédits correspondants sont virés*

antifraude, tout en plaçant 10 % des crédits proposés pour l'OLAF en réserve[260].

Par ailleurs, le Parlement européen a inscrit au poste *30 01 13 01* (*Indemnités transitoires*) un montant de 0,6 million d'euros en réserve. Selon le PE, "(l)*a réserve sera débloquée lorsque la Commission aura présenté une proposition de réforme des indemnités transitoires pour les anciens membres de la Commission ayant occupé leurs fonctions pendant moins de deux ans*"[261].

Le Parlement a également créé sous la rubrique *5* de nouveaux projets pilotes et de nouvelles actions préparatoires ou a renforcé des actions et des projets existants pour un montant total de 2,4 millions d'euros en crédits d'engagement et de 1,2 million d'euros en crédits de paiement par rapport au PB.

Pour ce qui est des autres sections[262], le PE a adopté la position suivante par institution :

- Parlement européen : acceptation des montants globaux proposés dans le PB (soit d'une augmentation de +2,4 % par rapport à 2015 des crédits de la section I), mais avec des redéploiements entre lignes budgétaires. Les postes permanents inscrits au tableau des effectifs sont réduits de 57, alors que les postes temporaires pour les partis politiques sont augmentés de 43, suite à la création d'un nouveau groupe politique au Parlement[263] ;

- Cour de justice : augmentation des crédits au-delà des montants proposés dans le PB, pour un montant de 1,4 million d'euros, et augmentation des postes repris dans le tableau des effectifs de +27[264]. Par ailleurs, la réserve à l'article *1 0 4* pour les crédits pour les missions (de 39 000 euros ; voir page 190) a été remplacée par une réserve sur les activités extérieures des juges[265].

- Cour des comptes : rétablissement des montants proposés dans le PB ;

- Comité économique et social européen : rétablissement des montants proposés dans le PB et suppression de 36 postes du tableau des effectifs afin de refléter la mise en œuvre de l'accord de coopération

---

sur une ligne distincte. Ceci est nécessaire pour garantir la stabilité du CS par rapport à son budget et au tableau des effectifs et pour donner au CS plus d'autonomie dans sa gestion budgétaire et sa gestion du personnel".

Dans sa lettre d'exécutabilité, la Commission indique être contre la création d'une telle nouvelle ligne budgétaire pour le secrétariat du comité de surveillance. La question de la "transparence" et de l'"indépendance" des ressources du comité de surveillance de l'OLAF et de son secrétariat pourrait selon la Commission être adressée par d'"autres moyens".

260 Soit 5,9 millions d'euros (article *24 01 07*). Selon le PE "*La réserve sera débloquée lorsque l'OLAF :*

a) confirmera le droit d'accès du comité de surveillance aux dossiers de l'OLAF ;

b) garantira la transparence de sa politique en matière de ressources humaines en formalisant la participation du comité de surveillance aux jurys de sélection de la direction de l'OLAF ;

c) assurera le fonctionnement en toute indépendance du secrétariat du comité de surveillance en établissant des dispositions formelles concernant la délégation des compétences tant budgétaires qu'en matière de ressources humaines".

Dans sa lettre d'exécutabilité, la Commission considère qu'elle a déjà donné suite à ces conditions.

261 Dans sa lettre d'exécutabilité, la Commission souligne qu'il appartient au Conseil (et non à la Commission) de fixer les salaires, indemnités et pensions des membres des institutions de l'Union européenne.

262 S'agissant de la section II – Conseil européen et Conseil – le Parlement européen a respecté le "*Gentlemen's agreement*".

263 Dans sa lettre d'exécutabilité, la Commission prend note que les amendements du PE conduisent à diminuer les postes repris dans le tableau des effectifs de la section I de seulement 14 postes, ce qui est en-deçà de l'objectif de -1 %.

264 En d'autres termes, le PE a accepté pratiquement tous les montants (retenant seulement une petite réduction de crédits) et tous les nouveaux postes proposés par la Cour de justice dans son état prévisionnel (et non retenus par la Commission dans son PB ; voir page 190).

Dans sa lettre d'exécutabilité, la Commission souligne que ces augmentations de postes conduisent à dévier de l'objectif de -5 % comme prévu au point 27 de l'AII de 2013.

265 Pour un montant de 60 600 euros. Le PE a posé la condition suivante à remplir pour débloquer les crédits de la réserve : "*La réserve sera débloquée lorsque la Cour publiera, sur sa page d'accueil, un registre comportant des informations détaillées sur les activités extérieures de chaque juge*". Le Parlement justifie sa décision comme suit : "*Étant donné que la proposition portant augmentation du nombre de juges du Tribunal et fusion du Tribunal de la fonction publique et du Tribunal est encore à l'examen par le Parlement, il y a lieu de supprimer la réserve correspondante. La Cour est invitée à demander un budget rectificatif en cas d'approbation par le législateur de la proposition susmentionnée. 20 % des crédits restants sont placés dans une nouvelle réserve, qui sera débloquée lorsque la Cour publiera des informations détaillées sur les activités extérieures de chaque juge, conformément à la demande formulée par le Parlement européen dans sa résolution sur la décharge 2013 du budget de la Cour*".

interinstitutionnelle, du 5 février 2014, entre le PE et les deux comités[266] ;

- Comité des régions : augmentation des crédits au-delà des montants proposés dans le PB, pour un montant de 80 000 euros[267]. Par ailleurs, le tableau des effectifs du comité est réduit de 4 postes afin de refléter la mise en œuvre de l'accord de coopération interinstitutionnelle avec le PE ;

- Médiateur européen : rétablissement des montants proposés dans le PB ;

- Contrôleur européen de la protection des données : rétablissement des montants proposés dans le PB, et

- Service européen pour l'action extérieure : rétablissement des montants proposés dans le PB et non-acceptation de la réserve instaurée par le Conseil pour les crédits destinés à couvrir une éventuelle détérioration du taux de change de l'euro (voir page 203).

Le tableau 56 ci-dessous récapitule les montants par institution retenus par le Parlement européen. Les modifications des postes inscrits aux tableaux des effectifs retenues sont présentées dans le tableau 65, page 231.

S'agissant des *instruments spéciaux* disposant de lignes budgétaires spécifiques dans le budget de l'UE, le Parlement européen a augmenté les crédits de paiement proposés par la Commission (et retenus par le Conseil dans sa position) pour le Fonds européen d'ajustement à la mondialisation de +20 millions d'euros.

Au total, le Parlement européen a adopté *517 amendements*[268] à la position du Conseil[269]. Le Parlement européen n'a retenu aucune des modifications apportées au PB par le Conseil dans sa position.

Le tableau 57 (page 220) récapitule les augmentations de crédits par rapport au projet de budget pour 2016 adoptées par le Parlement européen lors de sa lecture.

Enfin, le tableau 58 (page 220) présente le nombre de lignes budgétaires augmentées par le Parlement européen au-delà du projet de budget pour 2016.

Tableau 56. Montants pour 2016 par institution retenus par le Parlement européen

Rubrique 5 (Administration) du CFP, en euros

Institution(s)	Montants demandés dans le PB pour 2016		Montants retenus par le Conseil		Montants retenus par le PE		*Différence par rapport au PB*	*Différence par rapport au CNS*
	c/e	c/p	c/e	c/p	c/e	c/p	*c/e*	*c/e*
Parlement européen	1.838.448.600	1.838.448.600	1.838.448.600	1.838.448.600	1.838.448.600	1.838.448.600	*0*	*0*
Conseil européen et Conseil	545.054.000	545.054.000	545.054.000	545.054.000	545.054.000	545.054.000	*0*	*0*
Commission*	3.031.247.000	3.031.247.000	3.013.540.936	3.013.540.936	3.031.287.000	3.031.287.000	*40.000*	*17.746.064*
OP	*79.251.200*	*79.251.200*	*78.948.564*	*78.948.564*	*79.251.200*	*79.251.200*	*0*	*302.636*
OLAF	*59.055.000*	*59.055.000*	*58.699.020*	*58.699.020*	*59.055.000*	*59.055.000*	*0*	*355.980*
EPSO et EUSA	*26.430.000*	*26.430.000*	*26.270.505*	*26.270.505*	*26.430.000*	*26.430.000*	*0*	*159.495*
PMO	*37.520.000*	*37.520.000*	*37.297.740*	*37.297.740*	*37.520.000*	*37.520.000*	*0*	*222.260*
OIB	*68.440.000*	*68.440.000*	*68.105.934*	*68.105.934*	*68.440.000*	*68.440.000*	*0*	*334.066*
OIL	*23.658.000*	*23.658.000*	*23.442.497*	*23.442.497*	*23.658.000*	*23.658.000*	*0*	*215.503*
Commission (total)	3.325.601.200	3.325.601.200	3.306.305.196	3.306.305.196	3.325.641.200	3.325.641.200	*40.000*	*19.336.004*
Écoles européennes	*172.085.480*	*172.085.480*	*172.085.480*	*172.085.480*	*172.085.480*	*172.085.480*	*0*	*0*
Pensions (toutes institutions)	*1.640.510.000*	*1.640.510.000*	*1.640.510.000*	*1.640.510.000*	*1.640.510.000*	*1.640.510.000*	*0*	*0*
Projets pilotes et actions préparatoires	*0*	*1.500.000*	*0*	*1.500.000*	*2.450.000*	*2.750.000*	*2.450.000*	*2.450.000*
Section III – Commission**	5.138.196.680	5.139.696.680	5.118.900.676	5.120.400.676	5.140.686.680	5.140.986.680	*2.490.000*	*21.786.004*
Cour de justice***	377.866.000	377.866.000	375.872.000	375.872.000	379.227.000	379.227.000	*1.361.000*	*3.355.000*
Cour des comptes	135.487.100	135.487.100	134.362.100	134.362.100	135.487.100	135.487.100	*0*	*1.125.000*
CESE	130.171.475	130.171.475	129.867.150	129.867.150	130.171.475	130.171.475	*0*	*304.325*
Comité des régions***	90.168.203	90.168.203	89.968.203	89.968.203	90.248.203	90.248.203	*80.000*	*280.000*
Médiateur européen***	10.383.951	10.383.951	10.248.951	10.248.951	10.383.951	10.383.951	*0*	*135.000*
CEPD	9.288.043	9.288.043	9.153.043	9.153.043	9.288.043	9.288.043	*0*	*135.000*
SEAE*	633.628.000	633.628.000	625.663.750	625.663.750	633.628.000	633.628.000	*0*	*7.964.250*
Total "autres institutions"	***3.770.495.372***	***3.770.495.372***	***3.758.637.797***	***3.758.637.797***	***3.771.936.372***	***3.771.936.372***	***1.441.000***	***13.298.575***
Total général	**8.908.692.052**	**8.910.192.052**	**8.877.538.473**	**8.879.038.473**	**8.912.623.052**	**8.912.923.052**	***3.931.000***	***35.084.579***

** Hors offices européens, Écoles européennes et pensions*

*** Y inclus les projets pilotes et les actions préparatoires relevant de la rubrique 5 du CFP*

**** La Commission a réduit dans le PB pour 2016 les montants demandés par la Cour de justice (-1,4 million d'euros), le Comité des régions (-1 million d'euros), le Médiateur européen (-0,1 million d'euros) et le SEAE (-24,1 millions d'euros ; voir page 190)*

[266] Voir première partie, page 38.

[267] Ces augmentations concernent notamment les crédits pour les missions, l'externalisation des services de traduction et l'entretien des bâtiments. Elles sont partiellement compensées par une réduction des montants proposés pour les rémunérations et les indemnités. Il convient de rappeler que la Commission avait réduit dans le PB les montants proposés par le Comité des régions (voir page 190).

[268] Un total de 18 amendements concernent la section I – Parlement européen – du budget de l'UE.

[269] Il s'agit d'un nombre bien plus important d'amendements que l'année précédente (469 amendements ; voir page 453).

Tableau 57. Les augmentations par rapport au projet de budget pour 2016 adoptées par le Parlement européen

Nouvelles lignes budgétaires incluses, en millions d'euros

Rubrique ou sous-rubrique du CFP	Total*		Dont agences décentralisées			Dont projets pilotes et act. prép.		*Marge*
	c/e	c/p	c/e	c/p	*Nb*	c/e	c/p	*c/e*
1a (Compétitivité pour la croissance et l'emploi)	1.405,5	491,5	7,6	7,6	*4*	29,6	23,0	*(1.317)****
1b (Cohésion économique, sociale et territoriale)	482,7	1.164,0	0	0	*0*	9,5	6,3	*(467,3)****
2 (Croissance durable : ressources naturelles)	510,4	520,6	1,1	1,1	*1*	9,3	6,8	*647,2*
3 (Sécurité et citoyenneté)	931,1	586,5	28,6	28,6	*8*	11,1	7,4	*(1.055,1)****
4 (L'Europe dans le monde)	261,3	132,5	0	0	*0*	3,0	2,4	*0*
*5 (Administration)***	3,9	2,7	0	0	*0*	2,4	1,2	*570,4*
Instruments spéciaux	0	20,0	–	–	–	–	–	–
Total	**3.594,9**	**2.917,8**	**37,3**	**37,3**	*13*	**64,9**	**47,1**	***(1.497,8)** *****

** Y inclus les subventions pour les agences décentralisées de l'Union européenne, les projets pilotes et les actions préparatoires*

*** Pour le détail, voir tableau 56, page 219*

**** Dépassement du plafond et demande d'ouverture des négociations avec le Conseil sur la mobilisation des moyens de flexibilité prévus par le règlement fixant le CFP*

*** ** En tenant compte d'une mobilisation de l'instrument de flexibilité, pour un montant de 124 millions d'euros, pour la rubrique 3 du CFP*

Tableau 58. Nombre de lignes budgétaires augmentées par le Parlement européen au-delà du projet de budget pour 2016

Crédits opérationnels et pour la gestion administrative et lignes destinées aux subventions aux agences décentralisées (section III – Commission)

Rubrique ou sous-rubrique du CFP	Nombre de lignes modifiées	Dont lignes avec c/e	Dont lignes avec c/p	Dont nouvelles lignes	Dont lignes concernant les agences décentralisées
1a (Compétitivité pour la croissance et l'emploi)	48	44	44	1*	4
1b (Cohésion économique, sociale et territoriale)	13	1	13	0	0
2 (Croissance durable : ressources naturelles)	4**	2	3	0	1
3 (Sécurité et citoyenneté)	15	7	7	1***	8
4 (L'Europe dans le monde)	23	23	23	0	0
Instruments spéciaux	1	0	1	0	–
Total	**104**	**77**	**91**	**2**	**13**

** Poste 10 01 05 05 (Centre d'information européen sur l'Arctique), doté de 200 000 euros en crédits d'engagement et de paiement*

*** Par ailleurs, le PE a réduit les montants de deux lignes budgétaires, pour un total de 200 000 euros en crédits d'engagement et de paiement*

**** Poste 18 04 01 02 (Initiative citoyenne européenne), doté de 1,5 million d'euros en crédits d'engagement et de 0,5 million d'euros en crédits de paiement*

7. La procédure de conciliation (29 octobre – 18 novembre 2015)

A. La procédure de conciliation s'est composée :

- d'un trilogue, organisé le 11 novembre 2015, et

- de deux réunions du comité de conciliation, qui se sont tenues les 9 et 13/14 novembre 2015.

Elle a permis aux deux branches de l'autorité budgétaire d'aboutir, pour la troisième fois sur les six procédures budgétaires entièrement gouvernées par le traité de Lisbonne, à un accord sur un projet commun de budget, conformément à l'article 314, paragraphe 5 du TFUE.

B. La première réunion du comité de conciliation, organisée le *9 novembre 2015* dans les locaux du Parlement européen à Bruxelles, a – comme les années précédentes – servi avant tout à ouvrir officiellement les négociations interinstitutionnelles finales sur le budget de l'année à venir[270].

Après avoir pris note du projet de budget rectificatif n° 8/2015 (concernant les ressources propres et le budget administratif du CEPD ; voir chapitre II), les deux branches de l'autorité budgétaire ont entamé, avec l'aide de la Commission, leurs travaux sur le budget pour 2016, comme les années précédentes, par "blocs thématiques", cette fois dans l'ordre suivant :

- lettre rectificative n° 2/2016 (concernant la migration, les dépenses agricoles, la pêche et les dépenses administratives ; voir page 236-237) ;

- niveau des crédits d'engagement (par rubrique et sous-rubrique du CFP[271]) ;

- niveau des crédits de paiement, et

- questions horizontales :

i) agences décentralisées de l'UE,

ii) projets pilotes et actions préparatoires,

[270] Lors de cette réunion, les deux branches de l'autorité n'ont fait pour l'essentiel que de repéter leurs positions de négociations initiales sur le projet de budget, la Commission tentant de présenter quelques premiers terrains d'ententes.
Les trois institutions ont néanmoins fortement réafirmé leur volonté de travailler ensemble afin d'aboutir à un accord sur le buget pour 2016 dans le cadre de la procédure de conciliation.

[271] Y inclus les propositions de mobilisation de l'instrument de flexibilité (concernant la migration) et du Fonds de solidarité de l'UE (concernant le paiement d'avances éventuelles ; voir pages 180 et 191).

iii) réserves, et

iv) nomenclature et commentaires budgétaires.

C. Le trilogue du *11 novembre 2015*, organisé dans les locaux du Conseil à Bruxelles, a surtout servi à préparer la deuxième réunion du comité de conciliation (voir *infra*, point D). À ce titre, le PE et le Conseil ont notamment évoqué plus en détail, sur la base d'un "projet de conclusions communes" présenté par la Commission[272], les amendements adoptés par le Parlement en plénière le 28 octobre 2015 et la lettre rectificative n° 2/2016 (concernant avant tout la migration et l'agriculture). Ils ont également pris note de la "lettre d'exécutabilité", du 29 octobre 2015[273], présentée par la Commission[274].

D. Lors de sa réunion du *13 et 14 novembre 2015*[275], organisée dans les locaux du Conseil à Bruxelles, le comité de conciliation est parvenu à un accord sur un projet commun de budget. Cet accord est acté sous forme de "conclusions communes"[276], cosignées par les deux coprésidents du comité de conciliation[277].

Les conclusions communes comportent trois parties :

- le budget 2016 (voir *infra*, points a) – k)) ;

- le budget rectificatif n° 8/2015 (voir *infra*, point E), et

- les déclarations approuvées par le comité de conciliation (voir *infra*, point F).

Ces conclusions communes sont reproduites pages 265-276.

a) L'accord sur le budget pour 2016 est basé sur les éléments suivants :

- le montant global des *crédits pour engagements* dans le budget pour 2016 s'élève à *155 004,2 millions d'euros*. Ceci laisse une marge sous les plafonds du CFP de 2 331,4 millions d'euros ;

- il est fait appel à *l'instrument de flexibilité* pour fournir la somme de *1 506 millions d'euros* en crédits d'engagement à la rubrique *3* (*Sécurité et citoyenneté*) et de *24 millions d'euros* en crédits d'engagement à la rubrique *4* (*L'Europe dans le monde*)[278], et

- le montant global des *crédits pour paiements* dans le budget pour 2016 s'élève à *143 885,3 millions d'euros*.

b) L'accord a été bâti sur le principe selon lequel, *sauf décision contraire* du comité de conciliation, *toutes les lignes budgétaires qui n'ont été modifiées ni par le Conseil ni par le Parlement européen* ainsi que celles pour lesquelles *le Parlement a accepté les modifications apportées par le Conseil lors de leurs lectures respectives* du projet de budget (soit les lignes budgétaires "techniquement closes" ou "clôturées") sont *confirmées*.

c) S'agissant des *crédits d'engagement*, et sans préjudice des lignes budgétaires "clôturées", des agences décentralisées de l'Union européenne (voir

---

[272] La Commission a diffusé son premier "projet de conclusions communes" (voir page 79, note en bas de page 264) la veille du trilogue. Il traite aussi bien des crédits d'engagement que de paiement.

La Commission a diffusé deux versions révisées successives du projet lors de la réunion du comité de conciliation des 13 et 14 novembre 2015 (voir *infra*).

[273] Voir page 76, note en bas de page 256.

[274] Doc. *Ares(2015)4688603* du 29 octobre 2015. Le comité de conciliation a également reçu des "lettres d'exécutabilité" de la Cour de justice (pour la section IV du budget de l'Union), du Comité économique et social européen (pour la section VI), du Médiateur européen (pour la section VIII) et du Service européen pour l'action extérieure (pour la section X).

[275] Cette seconde réunion du comité de conciliation, prévue à l'origine seulement pour le vendredi 13 novembre 2015 (voir page 264), s'est conclue sur un accord sur le projet commun de budget pour 2016 le samedi 14 novembre 2015, à 0 heure 30 du matin.

[276] Doc. *PE P8_TA(2015)0407* du 25 novembre 2015, annexe, et *Conseil 14153/15 PV/CONS 61 ECOFIN 855 BUDGET 41* du 3 décembre 2015, pp. 4/15.

[277] C'est-à-dire le président de la commission des budgets du PE et le ministre des Finances du Luxembourg, pays assumant lors du deuxième semestre 2015 la présidence tournante du Conseil (voir page 429).

[278] Selon les conclusions communes "*la Commission estime à 832,8 millions d'euros les crédits de paiement 2016 relatifs à la mobilisation de l'instrument de flexibilité en 2014, en 2015 et en 2016*".

infra, point e)) et des projets pilotes et des actions préparatoires (voir *infra*, point g)), le comité de conciliation a convenu des *modifications suivantes* par rubrique et sous-rubrique du CFP :

i) sous-rubrique *1a* (*Compétitivité pour la croissance et l'emploi*) : le comité de conciliation a fixé les crédits d'engagement au niveau proposé par la Commission dans le projet de budget, tel que modifié par les lettres rectificatives n° 1/2016 et 2/2016 (voir pages 235-237) avec les exceptions suivantes, suite à des demandes du Parlement européen[279] :

- augmentation des crédits d'engagement relatifs au programme "Horizon 2020" de 31,8 millions d'euros[280] ;

- augmentation des crédits d'engagement relatifs au programme "COSME" de 14,3 millions d'euros[281], et

- augmentation des crédits d'engagement relatifs au programme "Erasmus+" de 6,6 millions d'euros[282] ;

ii) sous-rubrique *1b* (*Cohésion économique, sociale et territoriale*) : les crédits d'engagement sont fixés au niveau proposé dans le projet de budget, tel que modifié par les lettres rectificatives[283].

Le comité de conciliation a approuvé la déclaration commune suivante sur l'Initiative pour l'emploi des jeunes : "*Le Parlement européen, le Conseil et la Commission rappellent que la réduction du chômage des jeunes demeure une priorité politique de premier ordre qu'ils partagent et, à cet égard, ils réaffirment leur détermination à utiliser au mieux les ressources budgétaires disponibles pour résoudre le problème du chômage des jeunes, et en particulier l'enveloppe au titre de l'Initiative pour l'emploi des jeunes.*

Ils rappellent que, conformément à l'article 14, paragraphe 1, du règlement (UE, Euratom) n° 1311/2013 du Conseil du 2 décembre 2013 fixant le cadre financier pluriannuel pour la période 2014-2020, "(l)es marges laissées disponibles sous les plafonds du cadre financier pour les crédits d'engagement pour les années 2014-2017 constituent une marge globale du cadre financier en engagements, à mobiliser au-delà des plafonds établis dans le cadre financier pour les années 2016 à 2020 afin d'atteindre les objectifs des politiques liées à la croissance et à l'emploi, en particulier celui des jeunes*"*.

Dans le cadre du réexamen/ révision à mi-parcours du cadre financier pluriannuel [conformément à l'article 2 du règlement fixant le CFP], *la Commission tirera des enseignements des résultats de l'évaluation de l'Initiative pour l'emploi des jeunes, qu'elle accompagnera, le cas échéant, de propositions pour le maintien de l'initiative jusqu'en 2020.*

Le Conseil et le Parlement européen s'engagent à examiner rapidement les propositions présentées par la Commission à cet égard" ;

iii) rubrique 2 (*Croissance durable : ressources naturelles*) : les crédits d'engagement sont fixés au niveau proposé par la Commission dans le projet de budget, tel que modifié par les lettres rectificatives n° 1/2016 et 2/2016, mais avec une réduction

---

[279] Il s'agit de demandes visant soit à limiter les effets de l'accord sur le FEIS sur le programme "Horizon 2020" et sur le MIE, soit à augmenter (via "COSME") le financement de mesures visant à améliorer la compétitivité, à relancer la croissance et à créer des emplois (voir pages 207-212).

Ces modifications conduisent (après prise en compte des agences décentralisées, des projets pilotes et des actions préparatoires) à ne laisser aucune marge sous le plafond de la sous-rubrique et à utiliser dans la totalité la marge globale pour les engagements pour 2016 (soit 543 millions d'euros) pour financer le provisionnement du fonds de garantie du FEIS en 2016.

[280] Il s'agit de vingt-cinq lignes budgétaires (voir pages 267-268).

[281] Il s'agit des articles *02 02 01* (*Promouvoir l'esprit d'entreprise et améliorer la compétitivité et l'accès aux marchés des entreprises de l'Union*) et *02 02 02* (*Améliorer l'accès au financement pour les petites et moyennes entreprises (PME) sous forme d'investissements en capital-risque et sous forme de prêts*).

[282] Poste *15 02 01 01* (*Promouvoir l'excellence et la coopération dans le domaine de l'éducation et de la formation en Europe ainsi que son adéquation par rapport au marché du travail*).

[283] Ceci conduit (après prise en compte des projets pilotes et des actions préparatoires) à laisser une marge de 5,8 millions d'euros sous le plafond de la sous-rubrique.

supplémentaire de 140 millions d'euros du poste *05 03 01 10* (*Régime de paiement de base (RPB)*) due à une augmentation des recettes affectées au FEAGA, et – suite à une demande du Parlement européen – une augmentation (de 194 314 euros) du montant du poste *11 06 62 01* (*Avis et connaissances scientifiques*)[284] ;

iv) rubrique *3* (*Sécurité et citoyenneté*) : le comité de conciliation a fixé les crédits d'engagement au niveau proposé par la Commission dans le projet de budget, tel que modifié par les lettres rectificatives n° 1 et 2/2016, avec les cinq exceptions suivantes :

- augmentation, suite à une demande du PE, des crédits d'engagement destinés aux *actions multimédia* de 2 millions d'euros (article *09 05 05*), et

- diminution, pour un montant total de 11,1 millions d'euros, des crédits d'engagement destinés à quatre lignes budgétaires[285].

L'instrument de flexibilité est mobilisé pour un montant de 1 506 millions d'euros, afin de financer des mesures dans le domaine de la migration[286] (voir page 234) ;

v) rubrique 4 (*L'Europe dans le monde*) : le comité de conciliation a retenu les crédits d'engagement proposés par la Commission dans le projet de budget, tel que modifié par les lettres rectificatives n° 1/2016 et 2/2016, tout augmentant, suite à des demandes du Parlement européen, les montants proposés pour quinze lignes budgétaires, pour un montant total de 132,3 millions d'euros (voir pages 270-271).

Afin de financer des mesures dans le domaine de la migration, l'instrument de flexibilité est mobilisé pour un montant de 24 millions d'euros[287] (voir page 235) ;

vi) rubrique *5* (*Administration*) : le comité de conciliation a retenu le nombre de *postes* repris dans les tableaux des effectifs respectifs des institutions et les *crédits* proposés par la Commission dans le projet de budget tel que modifié par les lettres rectificatives, à l'exception[288] :

- de la section I – Parlement européen, avec une réduction de 9 postes par rapport à la lecture du PE[289]. Le Parlement a, en outre, fait une déclaration au procès-verbal du comité de conciliation en ce qui concerne l'application du point 27 de l'AII de 2013 pour la section I (voir page 276) ;

- de la section IV – Cour de justice, pour laquelle 7 postes supplémentaires par rapport au PB sont octroyés[290]. En conséquence, les crédits de la section IV augmentent de 300 000 euros par rapport au PB, et

---

[284] Ceci conduit (après prise en compte des agences décentralisées, des projets pilotes et des actions préparatoires) à laisser une marge de 1 777,8 millions d'euros sous le plafond de la rubrique *2*.

[285] Il s'agit des articles suivants :

- *17 04 01* (*Veiller à l'amélioration du statut sanitaire des animaux et à un niveau élevé de protection des animaux dans l'Union*) : -5,1 millions d'euros ;
- *17 04 03* (*Veiller à l'efficacité, à l'efficience et à la fiabilité des contrôles*) : -3 millions d'euros ;
- *17 04 02* (*Veiller à la détection à temps des organismes nuisibles aux végétaux et à leur éradication*) : -2 millions d'euros, et
- *17 04 04* (*Fonds pour les mesures d'urgence liées à la santé animale et végétale*) : -1 million d'euros.

Ces diminutions permettent d'inclure dans la rubrique *3* des crédits d'engagement supplémentaires pour des projets pilotes et des actions préparatoires, conformément aux demandes du Parlement européen (voir page 216).

[286] Soit 2 millions d'euros de plus que ce que la Commission avait proposé dans son PB, lettre rectificative n° 2/2016 incluse (voir pages 232-234).

[287] Il convient de rappeler que la Commission n'avait pas proposé de mobiliser l'instrument de flexibilité pour la rubrique *4* du CFP.

[288] Par conséquent, et après prise en compte des projets pilotes et des actions préparatoires, la marge retenue sous le plafond de la rubrique *5* s'établit à 547,8 millions d'euros.

[289] Par rapport au budget pour 2015, ceci conduit à diminuer les postes permanents de la section I de 18 postes. Le nombre de postes temporaires pour les partis politiques augmente en même temps de 41 (voir tableau 65, page 231).

[290] Ces nouveaux postes sont destinés à renforcer la sécurité (4 postes) et le système de protection de document très confidentiels (Fiducia ; 3 postes). L'autorité budgétaire a retenu pour la section IV un montant supplémentaire de 0,3 million d'euros par rapport au PB pour 2016.

- des sections VI – Comité économique et social européen – et VII – Comité des régions, pour lesquelles la lecture du Parlement européen (voir pages 218-219) est retenue[291].

Il convient de relever que le comité de conciliation n'a pas inclus dans le budget pour 2016 les effets de l'adaptation des rémunérations et des pensions en 2015, dans l'attente de l'approbation par la Commission du rapport sur l'incidence budgétaire de cette adaptation[292] ;

vii) instruments spéciaux : les crédits d'engagement pour la réserve pour aides d'urgence et pour le Fonds européen d'ajustement à la mondialisation sont fixés au niveau proposé dans le projet de budget. S'agissant du *Fonds de solidarité de l'Union européenne*, le comité de conciliation est convenu d'accepter la proposition de mobilisation présentée par la Commission ensemble avec le PB (voir page 191), et d'inscrire en conséquence 50 millions d'euros dans le budget pour 2016 au titre des avances (article *13 06 01* ; voir page 191).

d) S'agissant des *crédits de paiement*, l'accord a été établi sur les bases suivantes :

i) le *montant total des crédits pour paiements* pour le budget pour 2016 s'élève à *143 885,3 millions d'euros*[293] ;

ii) la *ventilation* des crédits de paiement est fixée au niveau proposé par la *Commission* dans le *projet de budget tel que modifié par les lettres rectificatives n° 1/2016 et 2/2016* et intégrant les *ajustements* ci-après convenus par le comité de conciliation :

- premièrement, il est tenu compte du niveau convenu de crédits d'engagement pour les *dépenses non dissociées*, pour lesquelles le niveau des crédits de paiement est égal à celui des crédits d'engagement. Les *agences décentralisées*, pour lesquelles la contribution de l'Union en crédits d'engagement est fixée au niveau présenté ci-dessous au point e)), sont également incluses. L'effet combiné est une *réduction* de *140 millions d'euros* des crédits de paiement proposés dans le PB, lettre rectificative incluse ;

- deuxièmement, les crédits de paiement pour tous les *nouveaux projets pilotes* et toutes les *nouvelles actions préparatoires* sont fixés à 50 % des crédits d'engagement correspondants ou au niveau proposé par le Parlement européen s'il est inférieur. Dans le cas d'une prolongation de projets pilotes ou d'actions préparatoires *existants*, le niveau des crédits de paiement correspond au montant fixé dans le projet de budget (LR incluse), auquel on ajoute un montant équivalent à 50 % des nouveaux crédits d'engagement correspondants, ou au niveau proposé par le Parlement européen s'il est inférieur. L'effet combiné est une *hausse* de *29,5 millions d'euros* par rapport au PB, LR incluses (voir tableau 55, page 210) ;

- troisièmement, les crédits de paiement proposés dans le PB (LR incluses) pour 22 lignes budgétaires[294] (voir pages 272-274) sont *réduits* pour un montant total de *460,1 millions d'euros.*

---

[291] C'est-à-dire que les nouveaux postes octroyés prennent en compte l'incidence en 2016 de l'accord de coopération interinstitutionnelle entre le PE et les deux comités, signé le 5 février 2014 (voir page 38). L'autorité budgétaire a retenu pour le Comité des régions un montant supplémentaire de 80.000 euros par rapport au PB.

[292] La Commission a adopté le 2 décembre 2015, conformément à l'article 65, paragraphe 1 du statut des fonctionnaires et du régime applicable aux autres agents de l'Union européenne, le rapport concernant les informations relatives à l'incidence budgétaire de l'actualisation annuelle 2015 des rémunérations et pensions des fonctionnaires et autres agents de l'Union européenne ainsi que des coefficients correcteurs dont celles-ci sont affectées (doc. *COM(2015) 597 final*). L'adaptation s'élève à +2,4 % (au lieu des +1,2 % inclus dans le PB), avec effet rétroactif à compter du 1er juillet 2015.

Pour 2015, ceci représente un montant additionnel pour toutes les institutions de près de 21 millions d'euros (ce montant inclut également les pensions et les Écoles européennes), couvert notamment par des redéploiements de crédits.

Pour 2016, les montants supplémentaires nécessaires s'élèvent à quelque 73 millions d'euros, dont près de 30 millions d'euros pour la section III – Commission (hors pensions et Écoles européennes, soit 21,6 millions d'euros).

[293] Dont 832,8 millions d'euros sont liés à la mobilisation de l'instrument de flexibilité en crédits d'engagement (voir pages 221 et 235).

[294] Ces réductions de crédits de paiement concernent non seulement les grands projets d'infrastructures (comme proposé par le Conseil), mais également des crédits pour le développement régional, le développement rural et la cohésion, ce qui a posé à un certain moment des problèmes notamment à des États membres "bénéficiaires nets".

Les trois ajustements énumérés ci-dessus ont une incidence nette de *-570,6 millions d'euros* par rapport au montant proposé par la Commission dans son projet de budget tel que modifié par les lettres rectificatives ;

iii) Le comité de conciliation a, en outre, approuvé la déclaration commune suivante sur les *prévisions de paiement 2016-2020* :

"S'appuyant sur l'accord intervenu sur un échéancier de paiement 2015-2016[295]*, le Parlement européen, le Conseil et la Commission prennent acte des dispositions prises pour résorber progressivement l'arriéré de demandes de paiement en attente, provenant des programmes de cohésion 2007-2013, et pour améliorer le suivi des factures impayées dans l'ensemble des rubriques. Ils réaffirment leur volonté d'éviter à l'avenir toute accumulation similaire d'un arriéré, notamment par la mise en place d'un système d'alerte précoce.*

Le Parlement européen, le Conseil et la Commission suivront de près l'état de l'exécution du budget 2016 pendant tout l'exercice, conformément à l'échéancier de paiement sur lequel ils se sont accordés. En particulier, les crédits inscrits au budget 2016 permettront à la Commission de ramener l'arriéré de demandes de paiement en attente en fin d'exercice, provenant des programmes de cohésion 2007-2013, à un niveau proche de 2 milliards d'euros d'ici la fin 2016.

Le Parlement européen, le Conseil et la Commission continueront de faire le point sur l'exécution des paiements et les prévisions actualisées, dans le cadre de réunions interinstitutionnelles spécialement organisées à cet effet, conformément au point 36 de l'annexe de l'accord interinstitutionnel, qui devraient se tenir au moins à trois reprises en 2016 et se dérouler au niveau politique.

À cet égard, le Parlement européen, le Conseil et la Commission rappellent que ces réunions devraient aussi permettre l'examen des prévisions à plus long terme de l'évolution des paiements jusqu'au terme du cadre financier pluriannuel 2014-2020".

e) S'agissant des *agences décentralisées de l'Union européenne*, la contribution de l'Union européenne (en crédits d'engagement et en crédits de paiement) et le nombre de postes sont fixés au niveau proposé par la Commission dans le projet de budget, tel que modifié par la lettre rectificative n° 2/2016, le comité de conciliation étant convenu des ajustements suivants :

i) augmentation du tableau des effectifs (financé par des redevances) de l'*Agence européenne des produits chimiques* (ECHA Biocides ; +3 postes) et réduction des crédits de 1 350 000 euros ;

ii) augmentation du tableau des effectifs (financé par des redevances) de l'*Agence européenne de la sécurité aérienne* (EASA ; +6 postes) ;

iii) augmentation du tableau des effectifs (financé par des redevances) de l'*Agence européenne des médicaments* (EMA ; +3 postes) ;

iv) augmentation du tableau des effectifs et des crédits connexes de l'*Agence de coopération des régulateurs de l'énergie* (ACER ; +5 postes et +325 000 euros) ;

v) augmentation du tableau des effectifs et des crédits connexes de l'*Agence des droits fondamentaux de l'Union européenne* (FRA ; +2 postes et +130 000 euros)

vi) augmentation du tableau des effectifs et des crédits connexes d'*Eurojust* (+2 postes et +130 000 euros) ;

vii) augmentation des crédits de l'*Autorité bancaire européenne* (ABE ; +928 000 euros), et

viii) réduction des crédits de l'*Agence européenne pour la gestion opérationnelle des systèmes d'information à grande échelle au sein de l'espace de liberté, de sécurité et de justice* (eu-LISA ; -260 000 euros).

f) S'agissant des *agences exécutives* et des *entreprises communes*, leur financement (en crédits d'engagement et de paiement) et le nombre de postes sont

[295] Voir pages 176-179.

fixés au niveau proposé par la Commission dans le projet de budget, tel que modifié par les lettres rectificatives.

g) Pour ce qui est des *projets pilotes* et des *actions préparatoires*, le comité de conciliation est convenu d'un ensemble de 89 projets pilotes et actions préparatoires tel que l'a proposé le Parlement européen, pour un montant de 64,9 millions d'euros en crédits d'engagement au-delà de ce qui était proposé dans le PB (voir tableau 55, page 210).

"*Lorsqu'un projet pilote ou une action préparatoire semble couvert par une base juridique existante, la Commission peut proposer le virement des crédits vers la base juridique correspondante afin de faciliter la mise en œuvre de l'action en question.*

Cet ensemble de projets et d'actions respecte intégralement les plafonds prévus par le règlement financier[296] *pour les projets pilotes et les actions préparatoires*".

h) S'agissant des *commentaires budgétaires*, "(l)*es amendements introduits par le Parlement européen ou par le Conseil concernant le texte des commentaires budgétaires sont approuvés, pour autant qu'ils ne modifient ou n'étendent pas le champ d'application d'une base juridique existante, qu'ils n'entravent pas l'autonomie administrative des institutions, qu'ils ne causent pas de difficultés opérationnelles et* [s'ils peuvent] *être financés par des ressources disponibles (comme indiqué dans la lettre d'exécutabilité)*".

Un différent d'opinion a éclaté lors de la finalisation des textes budgétaires concernant le commentaire du poste *05 03 01 10* (*Régime de paiement de base (RPB)*), et doté *in fine* dans le budget pour 2016 de 15,9 millions d'euros.

En effet, le Parlement européen a insisté, conformément à son amendement (voir page 214), pour ajouter au texte proposé par la Commission dans le projet de budget ("*Ce crédit est destiné à couvrir les dépenses au titre du régime de paiement de base conformément au chapitre 1 du titre III du règlement (UE) no 1307/2013*[297]") la précision suivante : "[Ce crédit] *ne sera pas utilisé pour la reproduction ou l'élevage de taureaux destinés à des combats mortels*".

Le Conseil n'a pas souhaité retenir cet ajout, notamment pour des raisons juridiques soulevées par la Commission dans sa lettre d'exécutabilité (voir *infra*).

Finalement, un accord a été trouvé pour retenir la nouvelle phrase proposée par le Parlement, tout en ajoutant à la fin du commentaire du poste *05 03 01 10* la note en bas de page suivante : "*Concernant cette dernière phrase, la lettre d'exécutabilité de la Commission indiquait ce qui suit : "Les commentaires budgétaires devraient être pleinement conformes aux dispositions des bases légales adoptées et du règlement financier. Étant donné qu'elle modifie les dispositions juridiques de la PAC, notamment le règlement (UE) nº 1307/2013 du Parlement européen et du Conseil, cette modification ne peut pas être mise en œuvre*""[298].

Par ailleurs, les trois institutions ont convenu d'inclure au début du budget pour 2016 le rappel suivant : "*Les commentaires budgétaires sont applicables uniquement s'ils ne modifient pas ou n'étendent pas le champ d'application d'une base légale existante, s'ils n'affectent pas l'autonomie administrative des institutions et s'ils peuvent être couverts par des ressources disponibles (comme indiqué dans l'annexe de la lettre d'exécutabilité du 28 octobre 2015)*".

i) Quant à la *nomenclature budgétaire*, "(s)*auf indication contraire dans les conclusions communes arrêtées par le comité de conciliation ou adoptées conjointement par les deux branches de l'autorité budgétaire dans leur lecture respective, la nomenclature budgétaire telle que proposée par la Com-*

[296] Article 54, paragraphe 2 du RF de 2012.

[297] Il s'agit du règlement établissant les règles relatives aux paiements directs en faveur des agriculteurs au titre des régimes de soutien relevant de la politique agricole commune, du 17 décembre 2013 (JO L 347 du 20.12.2013, pp. 608/670).

[298] JO L 48 du 24.2.2016, p. 635.

mission dans son projet de budget tel que modifié par les lettres rectificatives n° 1/2016 et n° 2/2016 demeurera inchangée, à l'exception des intitulés des projets pilotes et des actions préparatoires".

i) Quant à la *nomenclature budgétaire*, "(s)*auf indication contraire dans les conclusions communes arrêtées par le comité de conciliation ou adoptées conjointement par les deux branches de l'autorité budgétaire dans leur lecture respective, la nomenclature budgétaire telle que proposée par la Commission dans son projet de budget tel que modifié par les lettres rectificatives n° 1/2016 et n° 2/2016 demeurera inchangée, à l'exception des intitulés des projets pilotes et des actions préparatoires*".

Par ailleurs, suite à une demande du Parlement européen, l'article *18 04 01* (portant dorénavant le même intitulé que le poste *18 04 01 01*) est scindé en deux nouveaux postes, à savoir :

- *18 04 01 01* "*L'Europe pour les citoyens – Conforter la mémoire et renforcer la capacité de participation civique au niveau de l'Union*", doté de 23 millions d'euros en crédits d'engagement et de 18,7 millions d'euros en crédits de paiement, et

- *18 04 01 02* "*Initiative citoyenne européenne*", doté de mentions "p.m.".

j) S'agissant des *réserves*, elles sont retenues comme proposées par la Commission dans le projet de budget, tel que modifié par les lettres rectificatives n° 1/2016 et 2/2016, à l'exception de la section IV du budget de l'Union, les crédits liés à la réforme de la Cour de justice étant inscrits sur les lignes budgétaires correspondantes, suite à l'accord politique sur la base légale[299].

k) S'agissant enfin du volet *recettes* du budget pour 2016, il est approuvé tel que proposé par la Commission dans le projet de budget tel que modifié par les lettres rectificatives, moyennant les effets de l'ajustement du niveau des crédits de paiement conformément à l'accord obtenu au sein du comité de conciliation (voir *supra*, point d).

E. S'agissant du *budget pour 2015*, le comité de conciliation a acté un accord sur le *projet de budget rectificatif n° 8/2015* (concernant l'actualisation des montants des ressources propres et une modification du budget du administratif du Contrôleur européen de la protection des données) tel que proposé par la Commission. Il convient de relever que le contenu de ce PBR n'a pas soulevé d'objections particulières, le Parlement européen souhaitant néanmoins garder ce BR dans le "paquet" avec le budget pour 2016[300] (voir chapitre II).

F. L'accord comporte également deux déclarations communes portant sur[301] :

- l'*Initiative pour l'emploi des jeunes* (voir page 222), et

- les *prévisions de paiement 2016-2020* (voir page 225).

[299] Le Parlement européen et le Conseil ont adopté le règlement (UE, Euratom) 2015/2422 modifiant le protocole n° 3 sur le statut de la Cour de justice de l'Union européenne le 16 décembre 2015 (JO L 341 du 24.12.2015, pp. 14/17).
Selon le Conseil, cette réforme représenterait des dépenses supplémentaires annuelles sous la section IV de l'ordre de 13,5 millions d'euros en chiffres nets et à "vitesse de croisière" (doc. Conseil 9375/15 JUR 341 COUR 21 INST 181 CODEC 797 ADD 1 du 11 juin 2015, point 15).

[300] Par ailleurs, le Parlement européen a fortement appelé les États membres à utiliser "*l'argent qui leur est rendu par le biais du BR n° 8/2015 afin de contribuer aux différents Fonds fiduciaires de l'Union ("Madad", Afrique etc.)*". La Commission a repris le même argument dans le considérant 14 de sa décision initiale relative à la coordination des actions de l'Union et des États membres au moyen d'un mécanisme de coordination (la "Facilité pour la Turquie en faveur des réfugiés", devenue depuis la "Facilité en faveur des réfugiés en Turquie" ; JO C 60 du 16.2.2016, pp. 3/6), du 24 novembre 2015. Ce considérant se lit comme suit : "*La Commission note l'abondance soudaine d'"autres recettes" et droits de douane, qui s'élèvent à 2 300 000 000 euros dans le budget 2015 ; ces recettes sont dues au niveau plus élevé que prévu des amendes pour infractions aux règles de la concurrence, des revenus des fonds placés ou prêtés, des sanctions financières, des intérêts de retard et des droits de douanes collectés. Cette enveloppe de 2 300 000 000 euros fait partie du* [...] *budget rectificatif n° 8/2015, adopté récemment* [soit le 25 novembre 2015 ; voir chapitre II] *par le Parlement européen et le Conseil. Ces recettes exceptionnelles du budget 2015 seront déduites des contributions des États membres au budget de l'Union européenne*" (JO C 407 du 8.12.2015, p. 9).

[301] Doc. *PE P8_TA(2015)0407* du 25 novembre 2015, annexe, et *Conseil 14195/15 FIN 775* du 19 novembre 2015, pp. 6/8.

Par ailleurs, le *Parlement européen* a fait une déclaration sur *l'application du point 27 de l'AII de 2013* (voir page 240).

Ces déclarations sont reproduites pages 275-276.

8. La confirmation de l'accord par le Conseil et le Parlement européen et la constatation de l'adoption définitive du budget (24 et 25 novembre 2015)

Le Conseil a approuvé le projet commun de budget pour 2016 (par "procédure écrite") le 24 novembre 2015 à l'unanimité[302].

Le Parlement européen l'a fait (par 516 voix pour, 179 voix contre et 8 abstentions) lors de sa plénière à Strasbourg le jour suivant.

Après avoir constaté, conformément à l'article 314, paragraphe 9 du TFUE, son adoption définitive, le président du Parlement européen a signé le budget de l'Union européenne pour 2016 le 25 novembre 2015.

9. Le budget de l'UE pour 2016

A. Le budget de l'UE pour 2016 s'élève comme déjà mentionné dans l'introduction à 155 004 millions d'euros en crédits pour engagements et à 143 885 millions d'euros en crédits pour paiements (voir page 162).

B. En termes de *recettes*, le budget de l'UE est destiné à être financé pour 72,9 % par des ressources fondées sur la ressource RNB, pour 13,1 % par des ressources fondées sur la TVA et pour 12,9 % par des ressources fondées sur les ressources propres traditionnelles (principalement les droits de douane). Les recettes diverses représentent environ 1 % du financement prévisionnel.

C. Le budget de l'UE pour 2016 s'établit par rubrique et sous-rubrique du cadre financier pluriannuel pour 2014-2020 comme suit :

- les dépenses de la sous-rubrique *1a* (*Compétitivité pour la croissance et l'emploi*) s'élèvent à 19 010 millions d'euros en crédits d'engagement (soit +8,3 % par rapport au budget pour 2015[303]) et à 17 418 millions d'euros en crédits de paiement (+10,7 %).

Il ne reste aucune marge sous le plafond de la sous-rubrique. La marge globale pour les engagements pour 2016 (soit 543 millions d'euros) est utilisée pour financer le provisionnement du fonds de garantie du FEIS.

Les crédits (en engagement et en paiement) de la sous-rubrique *1a* inscrits dans le budget pour 2016 sont récapitulés dans le tableau 59 (page 229) ;

- les crédits de la sous-rubrique *1b* (*Cohésion économique, sociale et territoriale*) s'élèvent à 50 831 millions d'euros en crédits d'engagement (-15,9 %) et à 48 844 millions d'euros en crédits de paiement (-4,5 %). La marge s'établit à 6 millions d'euros.

Les crédits d'engagement et de paiement retenus sont récapitulés dans le tableau 60 (page 229) ;

- les crédits de la rubrique *2* (*Croissance durable : ressources naturelles*) s'élèvent à 62 484 millions d'euros en crédits d'engagement (-2,2 %) et à 55 121 millions d'euros en crédits de paiement (-1,5 %).

Les dépenses de marché et paiements directs agricoles budgétisés s'élèvent à 42 220 millions d'euros en crédits d'engagement et à 42 212 millions d'euros en crédits de paiement (-2,8 %).

La marge laissée sous le plafond de la rubrique est de 1 778 millions d'euros. La marge pour les dépenses de marché et paiements directs est de 1 729 millions d'euros.

Les principales catégories de dépenses retenues sont récapitulées dans le tableau 61 (page 229) ;

- les crédits de la rubrique *3* (*Sécurité et citoyenneté*) s'établissent à 4 052 millions d'euros en crédits d'engagement (+60,7 %) et à 3 022 millions d'euros en crédits de paiement (+56,8 %). L'instrument de flexibilité est mobilisé pour un montant de

---

302 Comme en novembre 2011 en ce qui concerne le budget pour 2012 (voir Tome III, p. 71 et page 453).

303 Budgets rectificatifs n° 1-8/2015 compris (voir chapitre II).

Tableau 59. Montants retenus pour la sous-rubrique *1a* (*Compétitivité pour la croissance et l'emploi*) du cadre financier pluriannuel dans le budget pour 2016

En millions d'euros et en pourcentage

	Crédits d'engagement		Crédits de paiement	
CSC* pour la recherche et l'innovation	9.856	*51,8*	10.345	*59,4*
Mécanisme pour l'interconnexion en Europe (MIE)	2.212	*11,6*	1.674	*9,6*
Fonds européen pour les investissements stratégiques (FEIS)	2.055	*10,8*	525	*3,0*
Grands projets d'infrastructures**	1.768	*9,3*	1.581	*9,1*
Éducation, formation, jeunesse et sport (Erasmus+)	1.734	*9,1*	1.805	*10,4*
Compétitivité des entreprises et des PME (COSME)	295	*1,6*	262	*1,5*
Sûreté nucléaire et démantèlement	136	*0,7*	150	*0,9*
Emploi et innovation sociale (EaSI)	127	*0,7*	90	*0,5*
Douane 2020, Fiscalis 2020 et lutte contre la fraude	126	*0,7*	124	*0,7*
Projets énergétiques en vue d'aider à la relance économique	p.m.		176	*1,0*
Autres programmes et actions	211	*1,1*	203	*1,2*
Prérogatives et compétences spécifiques de la Commission	135	*0,7*	123	*0,7*
Projets pilotes et actions préparatoires	30	*0,2*	32	*0,2*
Agences décentralisées***	326	*1,7*	327** **	*1,9*
Total	**19.010**	***100,0***	**17.418**	***100,0***

* *Cadre stratégique commun* ** *Copernicus, Egnos, Galileo et ITER* *** *Voir tableau 68, page 234*

** ** *La différence de 4,7 millions d'euros avec le montant repris dans le tableau 68 s'explique par la prise en compte dans ce tableau de l'article 06 02 53 (Achèvement des mesures antipollution)*

Tableau 60. Montants retenus pour la sous-rubrique *1b* (*Cohésion économique, sociale et territoriale*) du cadre financier pluriannuel dans le budget pour 2016

En millions d'euros et en pourcentage

	Crédits d'engagement		Crédits de paiement	
Convergence régionale (régions moins développées)	24.767	*48,7*	27.988	*57,3*
Fonds de cohésion	8.738	*17,2*	6.616	*13,5*
Compétitivité (régions plus développées)	7.905	*15,6*	8.341	*17,1*
Régions en transition	5.029	*9,9*	2.788	*5,7*
Coopération territoriale européenne	1.049	*2,1*	923	*1,9*
Régions ultrapériphériques et à faible densité de pop.	218	*0,4*	108	*0,2*
Assistance technique et actions innovatrices	201	*0,4*	174	*0,4*
Initiative pour l'emploi des jeunes (IEJ)*	-		1.050	*2,1*
Mécanisme pour l'interconnexion en Europe (MIE)**	2.377	*4,7*	383	*0,8*
Aide européenne aux plus démunis (FEAD)	536	*1,1*	461	*0,9*
Projets pilotes et actions préparatoires	13	*0,0*	12	*0,0*
Total	**50.831**	***100,0***	**48.844**	***100,0***

* *Enveloppe spécifique complémentaire* ** *Contribution du Fonds de cohésion*

Tableau 61. Montants retenus pour la rubrique *2* (*Croissance durable : ressources naturelles*) du cadre financier pluriannuel dans le budget pour 2016

En millions d'euros et en pourcentage

	Crédits d'engagement		Crédits de paiement	
Fonds européen agricole de garantie (FEAGA)*	42.220	*67,6*	42.212	*76,6*
Fonds européen agricole pour le développement rural (Feader)	18.676	*29,9*	11.746	*21,3*
Fonds européen pour les affaires maritimes et la pêche (FEAMP)	897	*1,4*	571	*1,0*
Accords de pêche durables et contributions aux organisations	140	*0,2*	139	*0,3*
Environnement et action pour le climat (Life+)	463	*0,7*	355	*0,6*
Autres actions et mesures et prérogatives spécifiques de la Commission	30	*0,0*	31	*0,1*
Projets pilotes et actions préparatoires	9	*0,0*	18	*0,0*
Agences décentralisées**	49	*0,1*	49	*0,1*
Total	**62.484**	***100,0***	**55.121**	***100,0***

* *Dépenses relatives au marché et paiements directs* ** *Voir tableau 68, page 234*

1 506 millions d'euros afin de financer des mesures dans le domaine de la migration.

Les principaux domaines de dépenses sont récapitulés (en crédits d'engagement et de paiement) dans le tableau 62 ci-dessous[304] ;

- les crédits de la rubrique *4* (*L'Europe dans le monde*) s'établissent à 9 167 millions d'euros en crédits d'engagement (+5,2 %) et à 10 156 millions d'euros en crédits de paiement (+35,8 %). L'instrument de flexibilité est mobilisé pour un montant de 24 millions d'euros afin de financer des mesures dans le domaine de la migration.

Les principaux domaines de dépenses sont récapitulés dans le tableau 63 ci-dessous, et

Tableau 62. Montants retenus pour la rubrique *3* (*Sécurité et citoyenneté*) du cadre financier pluriannuel dans le budget pour 2016

En millions d'euros et en pourcentage

	Crédits d'engagement		Crédits de paiement	
Fonds "Asile, migration et intégration" (FAM)	1.890	*46,6*	1.129	*37,4*
Fonds pour la sécurité intérieure (FSI)	648	*16,0*	397	*13,1*
Denrées alimentaires et aliments pour animaux	253	*6,2*	242	*8,0*
Europe créative	192	*4,7*	196	*6,5*
Santé	62	*1,5*	70	*2,3*
Droits, égalité et citoyenneté	60	*1,5*	52	*1,7*
Justice	51	*1,3*	45	*1,5*
Mécanisme de protection civile de l'Union	31	*0,8*	28	*0,9*
Consommateurs	26	*0,6*	21	*0,7*
L'Europe pour les citoyens	25	*0,6*	24	*0,8*
Systèmes informatiques	19	*0,5*	30	*1,0*
Prérogatives et compétences spécifiques de la Commission	99	*2,4*	88	*2,9*
- dont actions de communication	*71*		*64*	
Projets pilotes et actions préparatoires	11	*0,3*	17	*0,6*
Agences décentralisées*	684	*16,9*	684	*22,6*
Total	**4.052**	***100,0***	**3.022**	***100,0***

* *Voir tableau 68, page 234*

Tableau 63. Montants retenus pour la rubrique *4* (*L'Europe dans le monde*) du cadre financier pluriannuel dans le budget pour 2016

En millions d'euros et en pourcentage

	Crédits d'engagement		Crédits de paiement	
Instrument de financement de la coopération au développement (ICD)	2.630	*28,7*	2.729	*26,9*
Instrument européen de voisinage (IEV)	2.187	*23,9*	2.329	*22,9*
Instrument d'aide de préadhésion (IAP II)	1.662	*18,1*	2.079	*20,5*
Aide humanitaire	1.109	*12,1*	1.471	*14,5*
Politique étrangère et de sécurité commune (PESC)	327	*3,6*	299	*2,9*
Instrument contribuant à la stabilité et à la paix (IdS)	327	*3,6*	316	*3,1*
Fonds de garantie relatif aux actions extérieures	257	*2,8*	257	*2,5*
Instrument européen pour la démocratie et les droits de l'homme (IEDDH)	186	*2,0*	181	*1,8*
Instrument de partenariat pour la coopération avec les pays tiers (IP)	126	*1,4*	109	*1,1*
Assistance macrofinancière (AMF)	80	*0,9*	80	*0,8*
Instrument relatif à la coopération en matière de sûreté nucléaire (ICSN)	72	*0,8*	97	*1,0*
Mécanisme de protection civile de l'Union	18	*0,2*	19	*0,2*
Initiative "Volontaires de l'aide de l'UE" (VAUE)	18	*0,2*	14	*0,1*
Autres programmes et actions	84	*0,9*	78	*0,8*
Prérogatives et compétences spécifiques de la Commission	64	*0,7*	61	*0,6*
Projets pilotes et actions préparatoires	3	*0,0*	17	*0,2*
Subvention pour la Fondation européenne pour la formation	20	*0,2*	20	*0,2*
Total	**9.167**	***100,0***	**10.156**	***100,0***

[304] Il convient avant tout de relever l'importante augmentation des crédits d'engagement destinés au Fonds "Asile, migration et intégration" (mais également au Fonds pour la sécurité intérieure) par rapport au PB pour 2016 (voir tableau 50, page 188), afin d'aider l'UE et les États membres à faire face à la crise migratoire et des réfugiés.

- les dépenses de la rubrique *5* (*Administration*) s'élèvent à 8 935 millions d'euros en crédits d'engagement et de paiement (+3,2 %). Ceci laisse une marge sous le plafond de la rubrique de 548 millions d'euros.

Les crédits pour les dépenses administratives des institutions s'élèvent à 7 123 millions d'euros en crédits d'engagement et à 7 122 millions d'euros en crédits de paiement (+2,6 %). La marge est ainsi de 556 millions d'euros.

Le montant des dépenses octroyées aux différentes institutions dans le budget pour 2015 est récapitulé dans le tableau 64 ci-contre.

Les modifications concernant les postes inscrits aux tableaux des effectifs retenues lors de la procédure budgétaire pour 2016 sont récapitulées dans le tableau 65 ci-dessous.

Tableau 64. Montants retenus pour la rubrique *5* (*Administration*) du cadre financier pluriannuel dans le budget pour 2016

En millions d'euros et en pourcentage

	Crédits d'engagement*	
Parlement européen	1.838	*20,6*
Conseil européen et Conseil	545	*6,1*
Commission	3.352	*37,5*
OP	*79*	*0,9*
OLAF	*59*	*0,7*
EPSO et EUSA	*26*	*0,3*
PMO	*38*	*0,4*
OIB	*68*	*0,8*
OIL	*24*	*0,3*
Cour de justice	378	*4,2*
Cour des comptes	135	*1,5*
CESE	130	*1,5*
Comité des régions	90	*1,0*
Médiateur européen	10	*0,1*
CEPD	9	*0,1*
SEAE	634	*7,1*
Écoles européennes	172	*1,9*
Pensions	1.641	*18,4*
Total	**8.935**	***100,0***

** Et crédits de paiement*

Tableau 65. Modifications concernant les postes repris aux tableaux des effectifs lors de la procédure budgétaire pour 2016

Postes permanents et temporaires

Institution(s)	Projet de budget			Position du Conseil			Position du PE			**Budget adopté**		
Groupe de fonctions	AD	AST/SC	Total	AD	AST/SC	Total	AD	AST/SC	Total	AD	AST/SC	**Total**
Parlement européen*	25	21	46	25	21	46	23	9	32	20	3	**23**
Conseil européen et Conseil	13	-45	-32	13	-45	-32	13	-45	-32	13	-45	**-32**
Commission (hors offices)	7	-328	-321	7	-328	-321	7	-328	-321	7	-328	**-321**
OP	*3*	*-23*	*-20*	*3*	*-23*	*-20*	*3*	*-23*	*-20*	*3*	*-23*	***-20***
OLAF	*-2*	*-7*	*-9*	*-2*	*-7*	*-9*	*-2*	*-7*	*-9*	*-2*	*-7*	***-9***
EPSO et EUSA	*2*	*-2*	*0*	*2*	*-2*	*0*	*2*	*-2*	*0*	*2*	*-2*	***0***
PMO	*0*	*-10*	*-10*	*0*	*-10*	*-10*	*0*	*-10*	*-10*	*0*	*-10*	***-10***
OIB	*1*	*-19*	*-18*	*1*	*-19*	*-18*	*1*	*-19*	*-18*	*1*	*-19*	***-18***
OIL	*0*	*-6*	*-6*	*0*	*-6*	*-6*	*0*	*-6*	*-6*	*0*	*-6*	***-6***
Commission (total)	11	-395	-384	11	-395	-384	11	-395	-384	11	-395	**-384**
Cour de justice**	42	26	68	42	26	68	53	42	95	45	30	**75**
Cour des comptes	4	-14	-10	4	-14	-10	4	-14	-10	4	-14	**-10**
CESE***	0	-7	-7	0	-7	-7	-27	-16	-43	-27	-16	**-43**
Comité des régions***	-20	-7	-27	-20	-7	-27	-22	-9	-31	-22	-9	**-31**
Médiateur européen** **	1	-1	0	1	-1	0	1	-1	0	1	-1	**0**
CEPD	1	0	1	1	0	1	1	0	1	1	0	**1**
SEAE	-6	-11	-17	-6	-11	-17	-6	-11	-17	-6	-11	**-17**
Total	**71**	**-433**	**-362**	**71**	**-433**	**-362**	**51**	**-440**	**-389**	**40**	**-458**	**-418**
Agences décentralisées de l'UE** ** *	-40			-40			67			**-19**		
Institut européen de technologie	0			0			0			**0**		
Agences exécutives	27			27			27			**27**		
Entreprises communes	21			21			21			**21**		
Total	**8**			**8**			**115**			**29**		

** Le PE a réduit par voie d'amendement de 14 (2 AD et 12 AST/SC) le nombre de postes proposés dans le PB*

*** Dans son état prévisionnel des dépenses, la Cour de justice avait demandé 95 postes supplémentaires (53 AD et 42 AST/SC)*

**** Prise en compte par le Parlement européen de l'incidence de l'accord de coopération interinstitutionnelle signé le 5 février 2014 (voir page 219)*

*** ** Dans son état prévisionnel des dépenses, le Médiateur européen avait demandé 4 postes AD supplémentaires*

*** ** * Lettre rectificative n° 2/2016 incluse, proposant d'octroyer 120 postes supplémentaires pour Frontex, l'EASO et Europol (voir page 237)*

Le tableau 66 (page 233) retrace l'évolution du nombre des postes repris aux tableaux des effectifs lors de la procédure budgétaire pour 2016.

Le tableau 67 (page 233) récapitule pour sa part les effectifs autorisés pour 2016 aussi bien dans les différentes institutions que dans différents organismes de l'UE.

Enfin, s'agissant des différents *instruments spéciaux* disposant de lignes budgétaires spécifiques dans le budget de l'UE, le budget pour 2016 prévoit :

- 309 millions d'euros en crédits d'engagement et de paiement pour la réserve pour aides d'urgence (article *40 02 42*) ;

- 165,6 millions d'euros en crédits d'engagement et 30 millions d'euros en crédits de paiement pour le Fonds européen d'ajustement à la mondialisation (articles *40 02 43* et *04 04 01* respectivement), et

- 50 millions d'euros en crédits d'engagement et de paiement pour le Fonds de solidarité de l'UE (article *13 06 01*), destinés au paiement d'avances en cas de catastrophe naturelle dans les États membres ou dans un pays participant aux négociations d'adhésion avec l'UE[305].

Enfin, les montants retenus pour les subventions pour les agences décentralisées de l'UE relevant des différentes rubriques et sous-rubriques du CFP (et pour l'Institut européen d'innovation et de technologie) sont présentés dans le tableau 68 (page 234).

10. Mobilisations de l'instrument de flexibilité

A. Dans le contexte de son projet de budget rectificatif n° 7/2015 (voir chapitre II), la Commission a proposé de mobiliser, conformément à l'article 11 du règlement fixant le CFP et du point 12 de la Partie I de l'AII de 2013, l'instrument de flexibilité, pour un montant de 66,1 millions d'euros en crédits d'engagement, afin de renforcer les crédits au-delà du plafond des dépenses de la rubrique *3* (*Sécurité et citoyenneté*) du CFP pour financer des mesures budgétaires immédiates au titre de l'agenda européen en matière de migration (voir chapitre II).

L'autorité budgétaire ayant accepté cette proposition (et le budget rectificatif n° 7/2015 ; voir chapitre II), la décision de mobilisation de l'instrument de flexibilité a été signée par le Parlement européen et le Conseil le 28 octobre 2015 à Strasbourg[306].

Ce s'est que de la troisième fois depuis sa création en 2000 que l'instrument de flexibilité est mobilisé dans le cadre d'un budget rectificatif (voir page 443).

B. Pour 2016, la Commission a présenté, ensemble avec son projet de budget, une proposition de recours à l'instrument de flexibilité à hauteur de 124 millions d'euros en crédits d'engagement[307] (voir page 180).

Cette proposition de mobilisation était destinée à financer une série de mesures temporaires en matière d'asile relevant de la rubrique *3* (*Sécurité et citoyenneté*) du CFP pour contribuer à atténuer la pression immédiate et exceptionnelle pesant sur les régimes d'asile et de migration de l'Italie et de la Grèce.

Lors de l'adoption de sa position sur le PB pour 2016 le 4 septembre 2015, le Conseil a retenu dans ce cadre une mobilisation de l'instrument de flexibilité pour un montant de 98,9 millions d'euros en crédits d'engagement, car il a dégagé une marge supplémentaire sous le plafond de la rubrique *3* en réduisant les crédits d'engagement proposés par la

---

[305] Conformément à l'article 4 *bis*, paragraphe 4 du règlement (CE) n° 2012/2002 du Conseil, du 11 novembre 2002, instituant le Fonds de solidarité de l'UE (JO L 311 du 14.11.2002, pp. 3/8), tel qu'il résulte du règlement (UE) n° 661/2014 du Parlement européen et du Conseil, du 15 mai 2014, modifiant le règlement (CE) n° 2012/2002 (JO L 189 du 27.6.2014, pp. 143/154).

Ces montants ont fait l'objet d'une décision de mobilisation spécifique du Fonds de solidarité de l'Union européenne, du 25 novembre 2015 (JO L 47 du 24.2.2016, p. 5).

[306] JO L 318 du 4.12.2015, pp. 36/37. Les crédits de paiement correspondants à la mobilisation de l'instrument de flexibilité (en crédits d'engagement) s'élèvent selon la décision à 52,9 millions d'euros en 2016 et à 13,2 millions d'euros en 2017.

[307] Doc. *COM(2015) 238 final* du 27 mai 2015.

Tableau 66. Évolution du nombre des postes repris aux tableaux des effectifs lors de la procédure budgétaire pour 2016

Postes permanents et temporaires

Institution(s)	Projet de budget			Position du Conseil			Position du PE			**Budget adopté**		
Groupe de fonctions	AD	AST/SC	Total	AD	AST/SC	Total	AD	AST/SC	Total	AD	AST/SC	**Total**
Parlement européen	3.156	3.629	6.785	3.156	3.629	6.785	3.154	3.617	6.771	3.151	3.611	**6.762**
Conseil européen et Conseil	1.434	1.606	3.040	1.434	1.606	3.040	1.434	1.606	3.040	1.434	1.606	**3.040**
Commission (hors offices)	13.580	8.708	22.288	13.580	8.708	22.288	13.580	8.708	22.288	13.580	8.708	**22.288**
OP	*131*	*482*	*613*	*131*	*482*	*613*	*131*	*482*	*613*	*131*	*482*	***613***
OLAF	*202*	*166*	*368*	*202*	*166*	*368*	*202*	*166*	*368*	*202*	*166*	***368***
EPSO et EUSA	*31*	*81*	*112*	*31*	*81*	*112*	*31*	*81*	*112*	*31*	*81*	***112***
PMO	*34*	*135*	*169*	*34*	*135*	*169*	*34*	*135*	*169*	*34*	*135*	***169***
OIB	*82*	*278*	*360*	*82*	*278*	*360*	*82*	*278*	*360*	*82*	*278*	***360***
OIL	*30*	*104*	*134*	*30*	*104*	*134*	*30*	*104*	*134*	*30*	*104*	***134***
Commission (total)	14.090	9.954	24.044	14.090	9.954	24.044	14.090	9.954	24.044	14.090	9.954	**24.044**
Cour de justice	1.255	811	2.066	1.255	811	2.066	1.266	827	2.093	1.258	815	**2.073**
Cour des comptes	608	254	862	608	254	862	608	254	862	608	254	**862**
CESE	362	344	706	362	344	706	335	335	670	335	335	**670**
Comité des régions	300	200	500	300	200	500	298	198	496	298	198	**496**
Médiateur européen	39	27	66	39	27	66	39	27	66	39	27	**66**
CEPD	33	14	47	33	14	47	33	14	47	33	14	**47**
SEAE	958	670	1.628	958	670	1.628	958	670	1.628	958	670	**1.628**
Total	**22.235**	**17.509**	**39.744**	**22.235**	**17.509**	**39.744**	**22.215**	**17.502**	**39.717**	**22.204**	**17.484**	**39.688**
Agences décentralisées de l'UE*		5.204			5.204			5.311			**5.225**	
Institut européen de technologie		39			39			39			**39**	
Agences exécutives		571			571			571			**571**	
Entreprises communes		322			322			322			**322**	
Total		**6.136**			**6.136**			**6.243**			**6.157**	

** Lettre rectificative n° 2/2016 incluse (voir page 237)*

Tableau 67. Les effectifs autorisés pour 2016

Personnel inscrit au tableau des effectifs
(Source : JO L 48 du 24.2.2016, p. 152)

Institution(s)	**2016**		**2015***		***Différence 2016-2015***	
	Permanents	Temporaires	Permanents	Temporaires	Permanents	Temporaires
Parlement européen	5.573	1.189	5.591	1.148	-18	41
Conseil européen et Conseil	3.004	36	3.036	36	-32	0
Commission (fonctionnement)	18.482	375	18.645	394	-163	-19
Commission (RDT)	3.431	-	3.570	-	-139	-
OP	613	-	633	-	-20	-
OLAF	317	51	315	62	2	-11
EPSO et EUSA	111	1	110	2	1	-1
PMO	169	-	179	-	-10	-
OIB	360	-	378	-	-18	-
OIL	134	-	140	-	-6	-
Commission (total)	23.617	427	23.970	458	-353	-31
Cour de justice	1.551	522	1.547	451	4	71
Cour des comptes	725	137	733	139	-8	-2
CESE	635	35	678	35	-43	0
Comité des régions	446	50	477	50	-31	0
Médiateur européen	47	19	47	19	0	0
CEPD	47	-	46	-	1	-
SEAE	1.627	1	1.644	1	-17	0
Total	**37.272**	**2.416**	**37.769**	**2.337**	**-497**	**79**

Organismes	**2016**		**2015***		***Différence 2016-2015***	
	Permanents	Temporaires	Permanents	Temporaires	Permanents	Temporaires
Agences décentralisées de l'UE**	116	5.109	120	5.246	-4	-137
Institut européen de technologie	-	39	-	39	-	0
Agences exécutives	-	571	-	544	-	27
Entreprises communes	55	267	56	245	-1	22
Total	**171**	**5.986**	**176**	**6.074**	**-5**	**-88**

** Budgets rectificatifs n° 1 à 8/2015 inclus*

*** Les postes pour 2015 incluent 122 postes pour le Conseil de résolution unique. Le CRU est devenu autofinancé à partir de 2016*

Tableau 68. Les agences décentralisées de l'Union européenne dans le budget de l'Union pour 2016

En euros, crédits inscrits en réserve inclus

	*	Article	Montant c/e	Montant c/p
Sous-rubrique ***1a*** **(*Compétitivité pour la croissance et l'emploi*)**				
*Agence européenne des produits chimiques (Helsinki)** ***	A	*02 03 03*	*72.805.000*	*72.805.000*
Agence du GNSS européen (Prague)	B	*02 05 11*	*27.888.400*	*27.888.400*
Fondation européenne pour l'amélioration des conditions de vie et de travail (Dublin)	A	*04 03 11*	*20.360.000*	*20.360.000*
Agence européenne pour la sécurité et la santé au travail (Bilbao)	A	*04 03 12*	*14.663.000*	*14.663.000*
Centre européen pour le développement de la formation professionnelle (Thessalonique)	A	*04 03 13****	*17.051.000*	*17.051.000*
Agence européenne de la sécurité aérienne (Cologne)	B	*06 02 02*	*34.818.550*	*34.818.550*
Agence européenne pour la sécurité maritime (Lisbonne)	A**	*06 02 03*	*51.149.032* [a]	*47.334.874* [a]
Agence ferroviaire européenne (Lille-Valenciennes)	A**	*06 02 04*	*25.213.000*	*25.213.000*
Agence européenne chargée de la sécurité des réseaux et de l'information (Heraklion)	B	*09 02 03*	*10.070.000*	*10.070.000*
Office de l'Organe des régulateurs européens des communications électroniques (Riga)	A	*09 02 04*	*4.072.000*	*4.072.000*
Autorité bancaire européenne (Londres)	B	*12 02 04****	*14.565.400*	*14.565.400*
Autorité européenne des assurances et des pensions professionnelles (Francfort-sur-le-Main)	B	*12 02 05****	*8.122.000*	*8.122.000*
Autorité européenne des marchés financiers (Paris)	B	*12 02 06****	*10.230.000*	*10.203.000*
*Conseil de résolution unique (Bruxelles)** ** ** **	A**	*12 02 07****	*p.m.*	*p.m.*
Agence de coopération des régulateurs de l'énergie (Ljubljana)	B	*32 02 10*	*15.164.582*	*15.164.582*
	Total		**326.171.964**	**322.330.806**
Rubrique ***2*** **(*Croissance durable : ressources naturelles*)**				
*Agence européenne des produits chimiques (Helsinki)** ** **	A**	*07 02 05*	*1.039.880*	*1.039.880*
Agence européenne pour l'environnement (Copenhague)	A	*07 02 06*	*35.556.854*	*35.556.854*
Agence communautaire de contrôle des pêches (Vigo)	A	*11 06 64*	*9.070.000*	*9.070.000*
*Agence européenne des produits chimiques (Helsinki)** ** ***	A**	*17 04 07****	*3.319.628*	*3.319.628*
	Total		**48.986.362**	**48.986.362**
Rubrique ***3*** **(*Sécurité et citoyenneté*)**				
Centre européen de prévention et de contrôle des maladies (Stockholm)	A	*17 03 10*	*53.683.000*	*53.683.000*
Autorité européenne de sécurité des aliments (Parme)	A	*17 03 11*	*76.244.000*	*76.075.000*
Agence européenne des médicaments (Londres)	B	*17 03 12*	*24.475.000* [b]	*24.475.000* [b]
Ag. eur. pour la gestion de la coopération opérationnelle aux frontières extérieures (Varsovie)	B	*18 02 03*	*238.686.000*	*238.686.000*
Office européen de police (La Haye)	B	*18 02 04*	*97.660.000*	*97.660.000*
Collège européen de police (Budapest)	B	*18 02 05*	*8.411.000*	*8.411.000*
Agence eur. pour la gestion opérationnelle des systèmes d'information à grande échelle (Tallinn)	A**	*18 02 07*	*80.022.000*	*80.022.000*
Bureau européen d'appui en matière d'asile (La Valette)	A**	*18 03 02*	*18.665.600*	*18.665.600*
Observatoire européen des drogues et des toxicomanies (Lisbonne)	A	*18 06 02****	*14.724.000*	*14.724.000*
Agence des droits fondamentaux de l'Union européenne (Vienne)	A	*33 02 06*	*21.203.000*	*21.203.000*
Institut européen pour l'égalité entre les hommes et les femmes (Vilnius)	A	*33 02 07*	*7.527.000*	*7.527.000*
Unité de coopération judiciaire de l'Union européenne (Eurojust ; La Haye)	A	*33 03 04*	*42.948.737*	*42.948.737*
	Total		**684.249.337**	**684.080.337**
Rubrique ***4*** **(*L'Europe dans le monde*)**				
Fondation européenne pour la formation (Turin)	A	*04 03 14****	*19.956.000*	*19.956.000*
	Total		**19.956.000**	**19.956.000**
Rubrique ***5*** **(*Administration*)**				
Centre de traduction des organes de l'Union européenne (Luxembourg)	A	*31 01 10*	*p.m.*	*p.m.*
	Total		**p.m.**	**p.m.**
Total général			**1.079.363.663**	**1.075.353.505**
Sous-rubrique ***1a*** **(*Compétitivité pour la croissance et l'emploi*)**				
*Institut européen d'innovation et de technologie (IET ; Budapest)** ** ** **		*15 03 05*	*224.938.881*	*251.833.221*
Total général, y inclus l'IET			**1.304.302.544**	**1.327.186.726**

** Classification utilisée par la Commission dans le PB pour 2016 :* **A** *: en "vitesse de croisière" ;* **B** *: avec de nouvelles tâches*

*** Changement dans la classification par rapport au PB initial pour 2015 (voir tableau 30, page 99)*

**** Modification de la ligne budgétaire par rapport au budget de l'Union pour 2015   ** ** Législation sur les produits chimiques*

*** ** * Activités dans le domaine de la législation concernant les exportations et importations de produits chimiques dangereux*

*** ** ** Activités dans le domaine de la législation relative aux biocides   ** ** ** * Cas spécial*

[a] Avec les mesures antipollution (poste 06 02 03 02 ; 21,6 millions d'euros en crédits d'engagement et 17,8 millions d'euros en crédits de paiement)

[b] Avec la contribution spéciale en faveur des médicaments orphelins (poste 17 03 12 02 ; 10 millions d'euros en crédits d'engagement et de paiement)

Commission dans le PB pour un certain nombre de lignes budgétaires non liées à l'immigration (voir pages 195-202).

Dans sa lettre rectificative n° 2/2016, adoptée le 14 octobre 2015, la Commission a proposé d'augmenter le montant mobilisé par l'instrument de flexibilité à 1 504 millions d'euros en crédits d'engagement (voir page 237).

Lors de l'adoption de ses amendements sur la position du Conseil, le 28 octobre 2015, le PE a retenu le montant proposé par la Commission pour la mobilisation de l'instrument de flexibilité, tout en demandant la "*pleine mobilisation de l'instrument de flexibilité*"[308].

Dans le contexte de l'accord sur le budget pour 2016 intervenu lors de la deuxième réunion du comité de conciliation le 14 novembre 2015 (voir page 221), le Parlement européen et le Conseil ont convenu de mobiliser l'instrument de flexibilité en 2016 afin de couvrir des crédits supplémentaires pour un montant (en crédits d'engagement) de :

- 1 506 millions d'euros[309] dans la rubrique *3* (*Sécurité et citoyenneté*), et

[308] Doc. *PE P8_TA(2015)0376*, point 12.

[309] Soit 2 millions d'euros de plus que ce que proposé par la Commission dans le PB, lettre rectificative n° 2/2016 incluse (voir pages 180 et 236-237).

- 24 millions d'euros[310] dans la rubrique *4* (*L'Europe dans le monde*) du CFP.

Ces montants sont destinés à financer des mesures budgétaires immédiates pour faire face à la crise des réfugiés[311].

Il convient de relever que ce montant total de 1 530 millions d'euros épuise, ensemble avec les 66,1 millions d'euros mobilisés dans le contexte du budget rectificatif nº 7/2015, toutes les possibilité de recourrir à l'instrument de flexibilité (en crédits d'engagement) jusqu'au 1er janvier 2017 (voir page 443).

11. Les deux lettres rectificatives présentées lors de la procédure budgétaire pour 2016

La Commission a présenté au cours de la procédure budgétaire pour 2016 *deux* lettres rectificatives au PB (voir tableau 44, page 175).

A. La *LR nº 1/2016*, adoptée par la Commission le 26 juin 2015[312], est liée à l'incidence sur le budget pour 2016 de l'accord politique concernant le Fonds européen pour les investissements stratégiques, intervenu entre le Parlement européen et le Conseil le 28 mai 2015. Cet accord politique a conduit à l'adoption du règlement établissant le FEIS le 25 juin 2015[313] (voir chapitre II).

L'adoption du règlement établissant le FEIS mène, d'une part, à ce que la Commission propose dans la lettre rectificative que les crédits destinés au provisionnement du fonds de garantie du FEIS, ainsi qu'au financement de la plateforme européenne de conseil en investissement et du portail européen de projets d'investissement soient transférés de la réserve vers les lignes budgétaires "opérationnelles" corespondantes[314].

D'autre part, la Commission propose dans la LR de compléter la structure budgétaire d'accueil destinée au FEIS en créant un nouvel article *01 04 07* (intitulé "*Frais dus au Fonds européen d'investissement pour l'assistance accrue fournie dans le cadre du Fonds européen pour les investissements stratégiques*"), avec une mention "p.m." (pour mémoire), dans la perspective d'une éventuelle contribution du budget de l'UE devant venir s'ajouter aux frais dus pour les travaux effectués par le Fonds européen d'investissement (FEI) dans le cadre de la mise en œuvre des nouveaux instruments financiers du FEIS.

Par ailleurs, la Commission propose dans la lettre rectificative de réduire le redéploiement inclus dans le projet de budget pour 2016 à partir d'un certain nombre de lignes budgétaires relatives à "Horizon 2020" et au Mécanisme pour l'interconnexion en Europe, ce qui entraîne (par rapport au PB) une augmentation des crédits d'engagement proposés :

- de 153 millions d'euros pour le programme "Horizon 2020", et

- de 150 millions d'euros pour le Mécanisme pour l'interconnexion en Europe – Transports.

Cette opération est compensée par une augmentation correspondante de l'utilisation des marges disponibles pour le provisionnement du fonds de garantie du FEIS, c'est-à-dire :

---

[310] Il convient de relever que la Commission n'avait pas proposé de mobiliser l'instrument de flexibilité en 2016 pour financer des dépenses relevant de la rubrique *4* du CFP.

[311] La décision de mobilisation indique (article premier, paragraphe 2) : "*Sur la base du profil des paiements escompté, les crédits de paiement correspondant à la mobilisation de l'instrument de flexibilité s'établissent comme suit :*

a) 734,2 millions d'euros en 2016 ;
b) 654,2 millions d'euros en 2017 ;
c) 83,0 millions d'euros en 2018 ;
d) 58,6 millions d'euros en 2019.

Les montants spécifiques de chaque exercice sont autorisés conformément à la procédure budgétaire annuelle" (JO L 47 du 24.2.2016, pp. 6/7).

[312] Doc. *COM(2015) 317 final.*

[313] JO L 169 du 1.7.2015, pp. 1/38.

[314] Dans le projet de budget pour 2016, la Commission avait inscrit les crédits (basés sur sa proposition de règlement établissant le FEIS ; voir chapitre II) en réserve, en l'absence de base légale adoptée au moment de la présentation du PB (voir page 173).

- une augmentation de 191,6 millions d'euros de l'utilisation de la marge globale pour les engagements[315], et

- une augmentation de 111,4 millions d'euros de l'utilisation de la marge non allouée en 2016 de la sous-rubrique *1a* (*Compétitivité pour la croissance et l'emploi*) du CFP[316].

L'incidence nette de ces modifications est ainsi une augmentation de 303 millions d'euros des crédits d'engagement proposés pour la sous-rubrique *1a* par rapport au projet de budget pour 2016. Le niveau global des crédits de paiement proposé dans le PB demeure inchangé[317].

B. La *LR nº 2/2016*, adoptée par la Commission le 14 octobre 2015[318], est d'une part la traditionnelle lettre rectificative d'octobre ("LR *ad hoc*") qui, conformément à l'article 39 du RF de 2012 et au point 9 de l'annexe de l'AII de 2013, a notamment pour but d'actualiser les données concernant les dépenses agricoles et les accords internationaux de pêche.

La LR nº 2/2016 actualise à ce titre les estimations des besoins, des recettes affectées et des crédits pour les dépenses agricoles en 2016. Outre la modification des éléments de marché, elle intègre ainsi l'impact des décisions agricoles adoptées depuis la présentation projet de budget pour 2016, ainsi que d'autres propositions qui sont susceptibles d'avoir un effet important au cours de l'exercice budgétaire à venir.

La Commission propose d'augmenter les dépenses pour l'agriculture de 660,7 millions d'euros par rapport au PB pour 2016. "*Cette augmentation des besoins s'explique principalement par les conséquences financières des mesures de soutien temporaires à la suite de la prolongation de l'embargo russe sur les importations de certains produits agricoles en provenance de l'Union européenne, ainsi que par certaines des mesures supplémentaires de soutien aux secteurs qui connaissent des situations difficiles sur le marché, notamment les produits laitiers et la viande porcine. Si l'on exclut l'incidence de ces mesures exceptionnelles, qui s'élèvent à près de 700 millions d'euros*[319] [...], *les estimations actualisées des dépenses du FEAGA sont inférieures de 37 millions d'euros par rapport au PB pour 2016*"[320].

Cependant, après prise en compte des recettes affectées supplémentaires au FEAGA[321], le résultat net pour les crédits proposés par la Commission pour la rubrique *2* (*Croissance durable : ressources naturelles*) du CFP est une baisse de 477,3 millions d'euros tant en crédits d'engagement que de paiement par rapport au PB pour 2016.

En même temps, l'actualisation de la situation relative aux accords de partenariat dans le domaine de la pêche durable, afin de tenir compte des dernières estimations, conduit la Commission à proposer de baisser les crédits de 11 millions d'euros aussi bien en crédits d'engagement que de paiement par rapport aux estimations initiales[322].

Ces réductions de crédits proposées sont contrebalancées par des demandes de renforcements des crédits et postes pour financer des mesures destinées à gérer la crise des réfugiés au titre de l'agenda européen en matière de migration[323], à savoir :

---

[315] Ce qui porte le recours à la marge globale pour les engagements à son maximum, soit 543 millions d'euros en 2016 (voir chapitre II).

[316] La marge (en crédits d'engagement) sous le plafond de la sous-rubrique *1a* diminue ainsi de 200 millions d'euros (proposée initialement dans le PB) à 88,6 millions d'euros.

[317] La Commission considérant que l'augmentation des crédits d'engagement pour "Horizon 2020" et le MIE en 2016 n'entraînera des demandes de crédits de paiement supplémentaires qu'en 2017.

[318] Doc. *COM(2015) 513final*.

[319] Dont près de 500 millions d'euros pour faire face à la crise dans le secteur du lait, suite notamment aux délibérations lors de la session extraordinaire du Conseil "Agriculture" du 7 septembre 2015.

[320] Doc. *COM(2015) 513final*, p. 5.

[321] Le Conseil, dans sa position sur le projet de budget pour 2016, avait déjà anticipé sur des recettes affectées supplémentaires à partir du prélèvement supplémentaire sur le lait (voir page 201). Il convient de relever qu'il s'agit de la dernière année pour ce système.

[322] La Commission propose ainsi de réduire (par rapport au PB) les crédits de paiement proposés pour la rubrique *2* pour un montant nettement supérieur à celui retenu par le Conseil dans sa position (-488,3 contre -251,1 millions d'euros en crédits de paiement).

[323] Des mesures similaires avaient été proposées pour 2015 dans les projets de budgets rectificatifs nº 5 et 7/2015 (voir chapitre II).

i) pour la rubrique *3* (*Sécurité et citoyenneté*) du CFP : le renforcement de l'aide d'urgence en faveur des États membres les plus exposés, l'accroissement des capacités des trois agences décentralisées de l'Union situées en première ligne[324], ainsi que l'intégration des deux décisions de relocalisation prises en septembre 2015 et la prise en compte de la nécessité d'un nouveau complément de financement au titre du Fonds "Asile, migration et intégration" et du Fonds pour la sécurité intérieure.

Globalement, ces mesures proposées pour 2016 nécessitent selon la Commission un renforcement de 1 380 millions d'euros en crédits d'engagement et de 778,8 millions d'euros en crédits de paiement.

En conséquence, la Commission propose de mobiliser l'instrument de flexibilité pour un montant total de 1 504 millions d'euros en lien avec la rubrique *3*[325] ;

ii) pour la rubrique *4* (*L'Europe dans le monde*) : un renforcement de l'aide humanitaire, pour un montant de 150 millions d'euros en crédits d'engagement et de 405 millions d'euros en crédits de paiement, ainsi qu'un renforcement de 210 millions d'euros des crédits de paiement en faveur de l'Instrument européen de voisinage, et

iii) pour la rubrique *5* (*Administration*) : un renforcement de 23,9 millions d'euros en crédits d'engagement et de paiement destiné à financer les rémunérations et les missions dans la section III – Commission – du budget de l'Union européenne.

Par ailleurs, la lettre rectificative propose d'augmenter de 5 millions d'euros en crédits d'engagement et de paiement les montants destinés au Fonds européen d'investissement (FEI), afin de couvrir le montant des frais dus pour la mise en œuvre des nouveaux produits du volet "petites et moyennes entreprises" au titre du nouveau Fonds européen pour les investissements stratégiques (voir pages 173-174).

La LR n° 2/2016 propose en outre de réduire de 20 millions d'euros en crédits de paiement le montant pour le programme "Alimentation humaine et animale"[326].

Enfin, la lettre rectificative contient une modification, neutre sur le plan budgétaire, du tableau des effectifs de l'Agence de coopération des régulateurs de l'énergie.

Pris dans leur ensemble, ces modifications ont pour incidence budgétaire nette d'augmenter (par rapport au PB) les crédits d'engagement de 1 070,6 millions d'euros et les crédits de paiement de 914,5 millions d'euros[327].

12. Quelques aspects importants de la procédure budgétaire pour 2016

A. Les différentes étapes de la procédure budgétaire pour 2016 sont récapitulées dans le tableau 69 (page 238).

Malgré les spécificités de l'année (et les problèmes particuliers à la procédure budgétaire pour 2016 ; voir *infra,* point B), le *cours des négociations* a suivi le même modèle que celui des années précédentes[328] : afin d'obtenir un accord sur le budget, le Conseil a fait dans le "paquet final" des concessions au Parlement

---

[324] À ce titre, la Commission propose, comme dans le PBR n° 7/2015 (voir chapitre II), d'augmenter (cette fois pour 2016) le nombre des postes inscrits aux tableaux des effectifs de Frontex, du Bureau européen d'appui en matière d'asile et d'Europol comme suit :
- Frontex : +60 postes, pour un coût supplémentaire en 2016 de 7,8 millions d'euros ;
- EASO : +30 postes, pour un coût supplémentaire de 3,9 millions d'euros, et
- Europol : +30 postes, pour un coût supplémentaire de 3,9 millions d'euros.

[325] Doc. *COM(2015) 514 final.* Il convient de relever que ce montant *inclut* les 124 millions d'euros que la Commission avait proposé de mobiliser dans le cadre de son projet de budget pour 2016 (voir page 180).

[326] Article *17 04 01* intitulé "*Veiller à l'amélioration du statut sanitaire des animaux et à un niveau élevé de protection des animaux dans l'Union*". Il convient de relever que le Conseil, dans sa position sur le projet de budget pour 2016, avait déjà proposé de diminuer le montant alloué à ce programme de 3 millions d'euros en crédits d'engagement et de 4,5 millions d'euros en crédits de paiement suite au faible taux d'exécution des crédits.

[327] Les crédits supplémentaires proposés dans le LR pour répondre à la crise des réfugiés s'élèvent à +1,6 milliard d'euros en crédits d'engagement et à +1,4 milliard d'euros en crédits de paiement (rubriques *3*, *4* et *5* du CFP) par rapport au PB.

[328] Pour plus de détails, voir l'étude de Ilkka SAARILAHTI et Luis PASCUAL HERCE, intitulée "*The Negotiations on the EU Budget: Past, Present and Future*". Harvard Kennedy School of Government. Mars 2017.

Tableau 69. Les différentes phases de la procédure budgétaire pour 2016

En millions d'euros

			Différence par rapport au budget adopté	
	c/e	*c/p*	*c/e*	*c/p*
Projet de budget	*153.529*	*143.541*	*-1.475*	*-344*
*Projet de budget**	*154.903*	*144.456*	*-101*	*+571*
Position du Conseil**	153.269	142.120	*-1.735*	*-1.766*
Amendements du PE**	157.427	146.459	*+2.423*	*+2.574*
Budget de l'UE pour 2016	**155.004**	**143.885**	–	–

** Lettres rectificatives n° 1 et 2/2016 telles que présentées par la Commission incluses* *** Lettre rectificative n° 1/2016 incluse*

européen en ce qui concerne le montant des crédits d'engagement à retenir dans le budget, en contrepartie de concessions du PE en ce qui concerne le niveau des crédits de paiement à retenir dans le budget.

Dans ce contexte, il convient de relever également l'importance du "facteur temps" : les concessions de la part des États membres (et surtout des "contributeurs nets", formant une "minorité de blocage" au Conseil) n'ont de nouveau été faites qu'à la fin de la période de conciliation, lors de la deuxième réunion du comité de conciliation.

Les attentats de Paris ont certainement précipité l'obtention d'un accord, car il aurait été politiquement très difficile dans ces conditions pour les deux branches de l'autorité budgétaire de ne pas parvenir à un accord sur le budget de l'Union, à cause de divergences portant sur quelques centaines de millions d'euros.

B. Les discussions lors de la procédure budgétaire ont surtout porté sur la question du financement en urgence des mesures permettant à l'Union européenne et aux États membres les plus exposés de faire face à la *crise migratoire et des réfugiés* à laquelle ils sont confrontés, et plus généralement sur les questions du financement des mesures de sécurité interne et extérieure de l'Union européenne (voir *infra*).

Les autres sujets de discussions interinstitutionnelles ont concerné avant tout les questions liées au financement des mesures destinées à relancer les *emplois* et les *investissements* dans l'Union, aux conséquences pour le budget pour 2016 de l'accord sur le provisionnement du fonds de garantie du *Fonds européen pour les investissements stratégiques*, conclu en mai 2015, aux crédits d'engagement en 2016 pour l'*Initiative pour l'emploi des jeunes*, aux crédits de paiement en 2015 et 2016 pour les *mesures spécifiques pour la Grèce*[329] ou encore à la réponse à apporter à la *crise dans le secteur laitier*.

C. Deux aspects ont certainement contribué à "détendre" (après la très difficile procédure budgétaire pour 2015[330]) l'atmosphère dans laquelle se sont déroulées les négociations interinstitutionnelles sur le budget pour 2016[331], à savoir l'accord sur l'*échéancier de paiement 2015-2016*, obtenu avant que la Commission ne présente son projet de budget pour 2016, et le fait que le Conseil et le Parlement européen aient été en mesure d'adopter tous les *projets de budgets rectificatifs* en attente[332] avant le début de la procédure de conciliation sur le budget pour 2016[333].

La mise en place début 2015 d'un plan de paiement destiné à apporter une réponse aux impayés était une des grandes revendications du Parlement européen

[329] JO L 270 du 15.10.2015, pp. 1/3.

[330] Il convient de rappeler que les grandes divergences de vues entre les deux branches de l'autorité budgétaire sur les "arriérés" de paiement (la fameuse "boule de neige" des factures impayées) et sur les nombreux projets de budgets rectificatifs en attente avaient grandement contribué à l'échec de la procédure de conciliation sur le budget pour 2015 (voir première partie).

[331] Ainsi par exemple à la différence de 2014 (voir première partie, pages 21, 75 et 79), le virement global proposé par la Commission (DEC n° 29/2015 du 30 septembre 2015 ; voir page 448) n'a causé aucun problème, le Conseil l'acceptant le 8 octobre et le Parlement européen le 12 octobre 2015.

[332] Le dernier PBR n° 8/2015 (traitant avant tout de l'actualisation des montants des ressources propres) étant la seule exception due à sa présentation tardive (voir chapitre II).

[333] Le PBR n° 8/2015 étant une exception (voir chapitre II). Il convient de relever dans ce contexte que la Commission n'a pas proposé en 2015 – contrairement à 2014, quand le PBR n° 2/2014 (proposant d'augmenter les crédits de paiement du budget de plus de 4,7 milliards d'euros et accompagné d'une mobilisation de la marge pour imprévus pour un

lors des négociations budgétaires interinstitutionnelles en 2014, et une des conditions *sine qua non* pour donner son accord au budget pour 2015 en décembre 2014 (voir première partie). Le fait que le Conseil ait été en mesure d'accepter rapidement la proposition de déclaration commune proposée par la Commission a été un élément non négligeable ouvrant la voie à des négociations couronnées de succès sur le budget pour 2016, ceci en dépit d'une déclaration commune avec un contenu certainement en deçà des attentes du Parlement et des doutes émis par celui-ci quant au respect par le Conseil de l'accord dans sa position sur le PB pour 2016 (voir page 205).

Cet échéancier confirme avant tout qu'il devrait être possible de ramener l'arriéré des demandes de paiement en attente en fin d'année pour les programmes de cohésion de la période 2007-2013 à un niveau se situant autour de 2 milliards d'euros fin 2016, compte tenu notamment du fait que les programmes approchent de leur phase de clôture, ceci d'autant que les crédits de paiement demandés par la Commission dans ce contexte ont été inclus dans le budget pour 2016. Selon le PE, le Conseil et la Commission, "(cet accord sur l'échéancier de paiement 2015-2016) *devrait* (également) *permettre d'éviter des répercussions négatives et des retards inutiles en ce qui concerne la mise en œuvre des programmes pour la période 2014-2020*"[334].

Les budgets rectificatifs adoptés ont pour leur part permis de répondre notamment aux besoins supplémentaires en crédits et en postes en 2015. Il convient avant tout de rappeler dans ce contexte les budgets rectificatifs n° 5 et 7/2015, adoptés le 7 juillet et 14 octobre 2015, qui augmentent les ressources budgétaires (de 490,3 millions d'euros en crédits d'engagement et 133,6 millions d'euros en crédits de paiement au total) et humaines (octroyant au total 76 postes supplémentaires à Frontex, 34 postes supplémentaires au Bureau européen d'appui en matière d'asile et 33 postes supplémentaires à Europol), afin de permettre à l'Union européenne et aux États membres de faire face à la crise migratoire et des réfugiés (voir chapitre II).

Il convient également de relever que la *révision du cadre financier pluriannuel* suite à l'adoption tardive des bases légales ou des programmes en gestion partagée, conformément à l'article 19 du règlement fixant le CFP a, elle aussi, été adoptée à l'unanimité par le Conseil, après l'approbation du PE du 15 avril, le 21 avril 2015 sans aucune complication, et comme proposé par la Commission. Il convient de noter le grand nombre des programmes (soit 300 programmes opérationnels sur 649 et concernant tous les États membres) et l'importance des montants concernés par cet exercice (voir pages 169-171).

D. Afin de pouvoir faire face avant tout à la crise migratoire et des réfugiés, mais également pour relancer l'économie européenne, le budget pour 2016 a épuisé une importante partie des *marges de flexibilité* du cadre financier pluriannuel et du budget de l'Union européenne.

Le budget n'a ainsi laissé aucune marge sous le plafond de la sous-rubrique *1a* (*Compétitivité pour la croissance et l'emploi*). De plus, l'instrument de flexibilité a été mobilisé dans son entièreté jusqu'à fin 2016 afin de permettre d'inclure dans le budget des crédits d'engagement supplémentaires pour les rubriques *3* (*Sécurité et citoyenneté*) et *4* (*L'Europe dans le monde*) du CFP.

L'instrument de flexibilité a en effet fait l'objet, dans le cadre de l'accord sur le budget pour 2016, d'une mobilisation record de 1 530 millions d'euros en crédits d'engagement. Par ailleurs, 66,1 millions d'euros en crédits d'engagement ont été mobilisés dans le contexte du budget rectificatif n° 7/2015,

---

montant de plus de 4 milliards d'euros) a été très difficile à accepter pour de nombreux États membres "contributeurs nets" – de projets de budgets rectificatifs qui se soient avérés controversés.Le PBR n° 4/2015, proposant de financer la mobilisation du Fonds de solidarité de l'Union européenne au profit de la Bulgarie, de l'Italie et de la Roumanie avec de l'"argent frais" (pour un montant total de 66,5 millions d'euros), n'a pas soulevé d'objections (de nouveau à la différence de 2014) de la part des États membres. Il est vrai que le plafond des crédits pour paiements était en 2016 en augmentation par rapport à 2013, ce qui explique également le caractère "moins tendu" de la procédure budgétaire pour 2016 (et l'absence de tensions lors de l'adoption de budgets rectificatifs augmentant les crédits de paiement du budget de l'année en cours) par rapport aux procédures budgétaires précédentes.

Il convient de relever que la deuxième mobilisation du Fonds de solidarité en 2015 (pour un montant total de 16,3 millions d'euros) a été effectuée à partir des avances inscrites dans le budget pour 2015 (voir pages 169 et 445).

[334] Doc. *Conseil 9115/15 FIN 369* du 26 mai 2015, p. 4, et *PE P8_TA(2015)0263* du 8 juillet 2015, Annexe II.

afin de répondre à la crise migratoire et des réfugiés en 2015. Il convient de relever que toutes les institutions (et tous les États membres en ce qui concerne le Conseil) ont accepté le principe du report des crédits d'engagement prévus pour l'instrument de flexibilité en 2013 à 2015, c'est-à-dire d'un cadre financier pluriannuel à un autre[335] (voir page 443).

E. Le budget pour 2016 crée les bases pour les négociations dans le cadre du *réexamen/ révision à mi-parcours du CFP*, conformément à l'article 2 du règlement fixant le CFP[336], et qui débuteront en 2016. Ces négociations s'annoncent dès lors délicates, notamment en raison du peu de marges existantes dans le cadre financier pluriannuel et le budget de l'UE et par la grande volatilité de l'environnement international dans lequel l'Union évolue.

F. S'agissant des *dépenses administratives* et des *postes*, le Conseil a beaucoup insisté lors de la procédure budgétaire pour 2016 sur le respect par chaque institution, organe ou agence de la réduction des postes inscrits dans les tableaux des effectifs de -5 % pendant la période 2013-2017, conformément au point 27 de la Partie II de l'AII de 2013.

Les discussions interinstitutionnelles ont avant tout porté sur les réductions de postes du Parlement européen (section I du budget de l'Union).

In fine, dans le cadre de l'accord global sur le budget pour 2016, le Parlement a fait une déclaration sur l'application du point 27, selon laquelle il "*s'engage à poursuivre la réduction du nombre total d'emplois inscrits à son tableau des effectifs* [pour un total de -179 postes, dont -60 en 2017 et 2018 et le reste en 2019] *et à la mener à bien avant 2019* [...], *en tenant compte d'une réduction nette de 18 postes en 2016*"[337].

G. S'agissant enfin des *agences décentralisées de l'Union européenne*, les négociations budgétaires interinstitutionnelles se sont avant tout focalisées sur les besoins des agences en "première ligne" dans la crise migratoire et des réfugiées. À ce titre, Frontex, le Bureau européen d'appui en matière d'asile et Europol se sont vus octroyer pour 2016 d'importants moyens supplémentaires[338].

Le *groupe de travail interinstitutionnel sur les ressources des agences* s'est réuni une fois en 2015, afin d'étudier deux fiches préparées par la Commission, la première sur l'évolution du nombre des postes dans les agences pendant la période 2014-2020 et la deuxième sur le traitement de nouvelles tâches. Cette réunion n'a pas influencé directement le contenu des négociations budgétaires interinstitutionnelles en 2015, mais son organisation[339] a certainement contribuée à la meilleure entente entre les deux branches de l'autorité budgétaire lors de la procédure budgétaire par rapport à l'année précédente.

---

[335] Avec l'application de la règle "*n+2*" (et non "*n+3*" comme pour les montants relevant du CFP pour 2014-2020 ; voir Tome III, p. 239) pour les montants relevant du CF pour 2007-2013.

[336] Selon l'article 2 du règlement fixant le CFP, intitulé "*Réexamen/ révision à mi-parcours du cadre financier*" : "*Avant la fin de 2016 au plus tard, la Commission présente un réexamen du fonctionnement du cadre financier, en tenant pleinement compte de la situation économique qui existera à ce moment-là ainsi que des projections macroéconomiques les plus récentes. Le cas échéant, ce réexamen obligatoire est accompagné d'une proposition législative de révision du présent règlement en conformité avec les procédures prévues dans le TFUE. Sans préjudice de l'article 7 du présent* règlement [sur l'ajustement des enveloppes en faveur de la politique de cohésion ; voir chapitre II], *les enveloppes nationales préallouées ne sont pas réduites dans le cadre d'une telle révision*" (JO L 347 du 20.12.2013, p. 885).

La Commission a fait à ce titre, lors de l'adoption du règlement fixant le CFP, la déclaration suivante au procès-verbal du Conseil : "*En ce qui concerne les dispositions de l'article 2 du règlement relatif au CFP, compte tenu des résultats du réexamen, la Commission confirme son intention de présenter des propositions législatives en vue d'une révision du règlement relatif au CFP. Dans ce contexte, elle accordera une attention particulière au fonctionnement de la marge globale pour les paiements afin de veiller à ce que les plafonds globaux des paiements restent disponibles pendant toute la période concernée. Elle examinera par ailleurs l'évolution de la marge globale pour les engagements. La Commission tiendra également compte des exigences particulières prévues par le programme "Horizon 2020". La Commission étudiera aussi la possibilité de mettre ses propositions relatives aux prochain CFP en cohérence avec les cycles politiques des institutions*" (doc. *Conseil 15997/13 ADD 1 POLGEN 216 CADREFIN 297* du 25 novembre 2013, p. 5).

[337] Doc. *PE P8_TA(2015)0407* du 25 novembre 2015, annexe, et *Conseil 14195/15 FIN 775* du 19 novembre 2015, p. 8.

[338] Voir pages 180-237.

[339] À la différence de 2014 (voir première partie, pages 108-109).

[340] Ces travaux font notamment suite à une résolution du Parlement européen concernant le cadre de contrôle interne intégré, du 3 juillet 2013, où le PE "*partage l'idée exprimée par la Cour des comptes européenne selon laquelle il ne sert à rien d'essayer de mesurer la performance si le budget ne s'appuie pas sur des indicateurs de performance et plaide en faveur de*

IV. – L'établissement du budget par activités

1. Développement de la nomenclature budgétaire

Les *35 titres* (et *domaines politiques,* à l'exception notable du titre *40*) de la section III – Commission – du budget de l'Union européenne pour 2016 sont présentés dans le tableau 70 ci-dessous.

Sept titres ont subi des changements dans leur intitulé par rapport au budget pour 2015 (voir première partie, page 110) comme suit :

- titre *02* : appelé désormais "*Marché intérieur, industrie, entrepreneuriat et PME*" (au lieu de "*Entreprises et industrie*" du budget pour 2015) ;

- titre *12* : "*Stabilité financière, services financiers et union des marchés de capitaux*" (au lieu de "*Marché intérieur et services*") ;

- titre *17* : "*Santé et sécurité alimentaire*" (au lieu de "*Santé et protection des consommateurs*") ;

- titre *18* : "*Migration et affaires intérieures*" (au lieu de "*Affaires intérieures*") ;

- titre *21* : "*Coopération internationale et développement*" (au lieu de "*Développement et coopération*") ;

- titre *22* : "*Voisinage et négociations d'élargissement*" (au lieu de "*Élargissement*"), et

- titre *33* : "*Justice et consommateurs*" (au lieu de "*Justice*").

2. La budgétisation axée sur les résultats

L'année 2015 a vu le début des travaux interinstitutionnels[340] destinés à introduire une budgétisation basée sur la performance (*Performance-based budgeting*) – que la Commission appelle "budgétisation axée sur les résultats" – au niveau du budget de l'Union (le "budget axé sur les résultats" – *Budget Focused on Results* ou *BFOR*).

Tableau 70. Les domaines politiques dans la section III – Commission – du budget de l'Union européenne pour 2016

Titre	*Titre*
01 *Affaires économiques et financières*	***19*** *Instruments de politique étrangère*
02 *Marché intérieur, industrie, entrepreneuriat et PME*	***20*** *Commerce*
03 *Concurrence*	***21*** *Coopération internationale et développement*
04 *Emploi, affaires sociales et inclusion*	***22*** *Voisinage et négociations d'élargissement*
05 *Agriculture et développement rural*	***23*** *Aide humanitaire et protection civile*
06 *Mobilité et transports*	***24*** *Lutte contre la fraude*
07 *Environnement*	***25*** *Coordination des politiques de la Commission et conseil juridique*
08 *Recherche et innovation*	***26*** *Administration de la Commission*
09 *Réseaux de communication, contenu et technologies*	***27*** *Budget*
10 *Recherche directe*	***28*** *Audit*
11 *Affaires maritimes et pêche*	***29*** *Statistiques*
12 *Stabilité financière, services financiers et union des marchés de capitaux*	***30*** *Pensions et dépenses connexes*
13 *Politique régionale et urbaine*	***31*** *Services linguistiques*
14 *Fiscalité et union douanière*	***32*** *Énergie*
15 *Éducation et culture*	***33*** *Justice et consommateurs*
16 *Communication*	***34*** *Action pour le climat*
17 *Santé et sécurité alimentaire*	***40*** *Réserves*
18 *Migration et affaires intérieures*	***XX*** *Dépenses administratives par domaine politique*

l'établissement d'un modèle de budget public basé sur la performance, dans lequel chaque ligne budgétaire s'accompagne d'objectifs et de résultats à mesurer au moyen d'indicateurs de la performance", et où le Parlement "*demande à la Commission de constituer un groupe de travail composé de représentants de la Commission, du Parlement, du Conseil et de la Cour des comptes afin d'étudier les mesures à prendre pour mettre en place un tel budget basé sur la performance et de mettre au point un plan d'action s'accompagnant d'un calendrier à cet égard*" (doc. *PE P7_TA(2013)0319*, points 39 et 40).

Le Parlement européen a produit à ce titre en 2015 une étude, intitulée "*Performance-based budgeting*" (Directorate-General for Internal Policies, Policy Department D – Budgetary Affairs. Budgets/ Budgetary Control. Note *PE 552.302* du 9 septembre 2015).

[341] Voir troisième partie, page 378.

[342] Ces deux rubriques ayant elles aussi épuisé toute leur marge sous le plafond.

[343] La "révision post-électorale", comme appelée par le Parlement européen. Dans ce contexte le PE, dans sa résolution du

Ces travaux se sont concrétisés avant tout par l'organisation par la Commission d'une première conférence sur un budget de l'UE axé sur les résultats (la "*1st BFOR Conference*") le 22 septembre 2015 à Bruxelles.

Suite à une invitation de la Commission du 17 décembre 2015 (reproduite pages 281-282), ces travaux se poursuivront en 2016 avec l'organisation de réunions d'experts et d'une deuxième conférence le 27 septembre 2016 à Bruxelles[341].

V. – Conclusion

La procédure budgétaire pour 2016 s'est conclue sur un accord dans un climat dramatique, suite aux attaques terroristes qui ont ensanglanté Paris.

Le budget pour 2016 adopté reflète les contraintes et les défis auxquels l'UE est actuellement confrontée, c'est-à-dire les questions de sécurité interne et extérieure et de migration, sans oublier les questions liées à la relance économique et à la création d'emplois.

Le budget pour 2016 prévoit (en crédits d'engagement) sous la rubrique *1* (*Croissance intelligente et inclusive*) du CFP près de 70 milliards d'euros pour financer des mesures de compétitivité, de cohésion, de relance économique et de création d'emplois, y inclus par le biais du nouveau FEIS. En même temps, plus de 5 milliards d'euros sont destinés aux rubriques *3* (*Sécurité et citoyenneté*) et *4* (*L'Europe dans le monde*) à aider l'UE et les États membres à faire mieux face à la crise migratoire et des réfugiés, ainsi qu'à renforcer l'aide d'urgence et l'aide humanitaire dans ce contexte.

Face à cette situation, le budget de l'Union européenne se trouve de plus en plus dans une position qui montre qu'il ne peut plus que difficilement répondre à ces différents défis et aux besoins qui en découlent, ceci seulement un peu plus de deux ans après la conclusion de l'accord sur le CFP.

En effet, confronté à une incertitude croissante de son environnement et suite aux différentes crises que l'UE a dû affronter ces dernières années, le budget de l'Union pour 2016 a épuisé dès son adoption une partie importante des marges de flexibilité, ne laissant – notamment suite à la mise en place du Fonds européen pour les investissements stratégiques – aucune marge sous le plafond de la sous-rubrique *1a* (*Compétitivité pour la croissance et l'emploi*) du CFP, et l'instrument de flexibilité étant mobilisé dans son entièreté jusqu'à début 2017 pour financer des dépenses supplémentaires urgentes relevant des rubriques *3* et *4*[342] du CFP.

Ceci annonce non seulement des procédures budgétaires annuelles à venir (du moins à moyen terme) sans doute compliquées, mais également des négociations qui risquent de s'avérer difficiles dans le cadre du réexamen/ révision à mi-parcours du CFP[343], qui débuteront en 2016[344].

---

28 octobre 2015 sur le budget pour 2016, indique notamment que : "*deux ans à peine après le début du CFP actuel, la Commission a dû demander à deux reprises la mobilisation de l'instrument de flexibilité et le recours à la marge pour imprévus* [voir pages 441 et 443] *afin de couvrir des besoins pressants et imprévus qui ne pouvaient pas être financés dans les limites des plafonds existants du CFP ; fait également observer qu'en 2015, première année de son fonctionnement, la marge globale pour les engagements a été immédiatement utilisée au maximum tandis que les moyens de deux grands programmes de l'Union* [il s'agit d'"Horizon 2020" et du MIE ; voir pages 173-174] *ont dû être amputés pour permettre le financement de nouvelles initiatives ; souligne qu'en raison de la concentration de leurs crédits en 2014-2015, plusieurs programmes de l'Union disposent de moins de crédits d'engagement, voire d'aucun à partir de 2016 ; constate donc que les plafonds du CFP sont manifestement trop bas dans de nombreuses rubriques et qu'ils paralysent l'Union dans les domaines où les besoins sont les plus élevés, alors que les mécanismes de flexibilité disponibles dans le CFP ont déjà été exploités au maximum de leurs possibilités ; estime que cette situation justifie une véritable révision à moyen terme du CFP ; attend avec intérêt les propositions ambitieuses que la Commission doit présenter à cet effet en 2016*" (doc. *PE P8_TA(2015)0376*, point 118).

S'agissant plus spécialement de l'assistance humanitaire et du développement, le résolution souligne que dans le cadre du réexamen/ révision du CFP, il "*faudra trouver une solution plus globale pour que l'aide apportée par le budget de l'Union dans* (c)*e domaine* [...] *soit plus efficace et plus rapidement disponible et pour mener à bien sa fusion avec le Fonds européen de développement et l'aide bilatérale fournie par les États membres*" (*Ibid.*, point 46).

[344] Cette révision devrait également aborder d'autres questions en attente, et notamment la question du traitement des crédits de paiement des instruments spéciaux par rapport au plafond global des crédits pour paiements, question qui a fortement compliqué les négociations budgétaires en 2014 (voir première partie), mais qui n'a pas été traitée pendant la procédure budgétaire pour 2016 (en partie dû au plafond des crédits pour paiements plus élevé en 2016 qu'en 2014 ou 2015, ce qui a créé plus de "marge" pour les négociations).

ANNEXES CONCERNANT LA PROCÉDURE BUDGÉTAIRE POUR 2016

LE BUDGET DE L'UNION EUROPÉENNE POUR 2016 PAR RUBRIQUE DU CFP
(en crédits pour engagements)

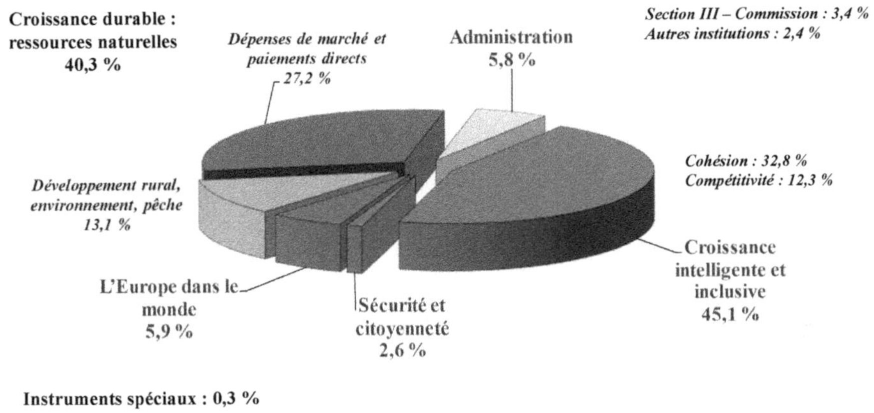

LE BUDGET DE L'UNION EUROPÉENNE POUR 2016 PAR RUBRIQUE DU CFP
(en crédits pour paiements)

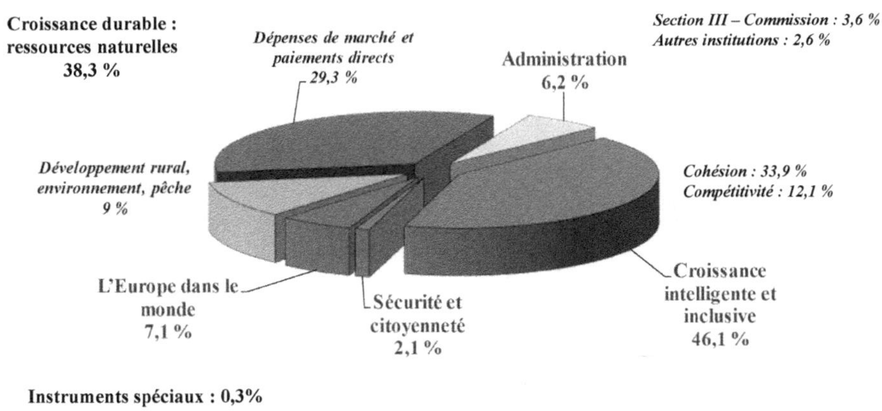

LA DYNAMIQUE DES NÉGOCIATIONS CONCERNANT LE BUDGET DE L'UNION EUROPÉENNE POUR 2016[1]

Crédits pour engagements *(en millions d'euros)*

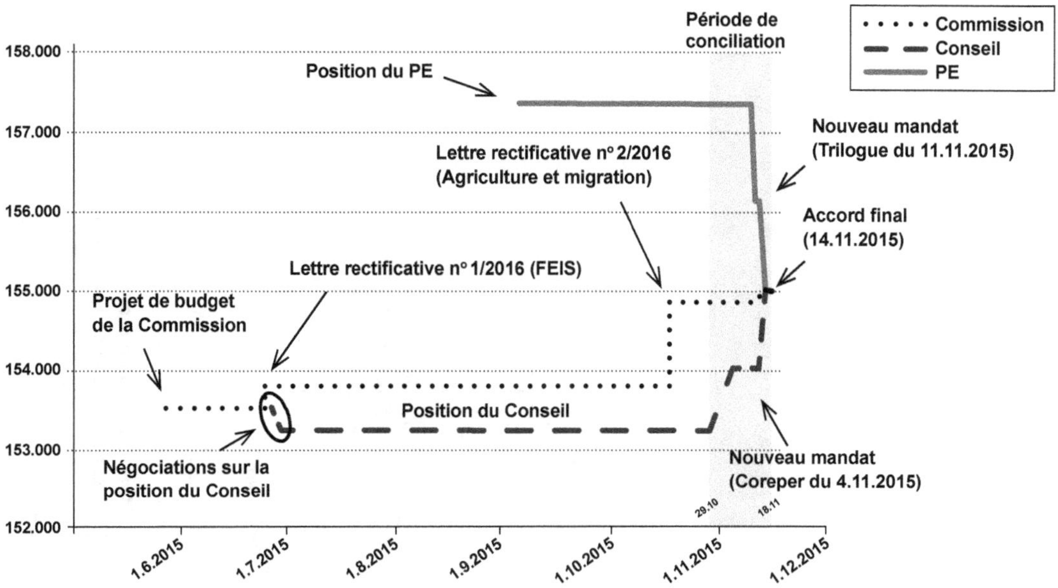

Crédits pour paiements *(en millions d'euros)*

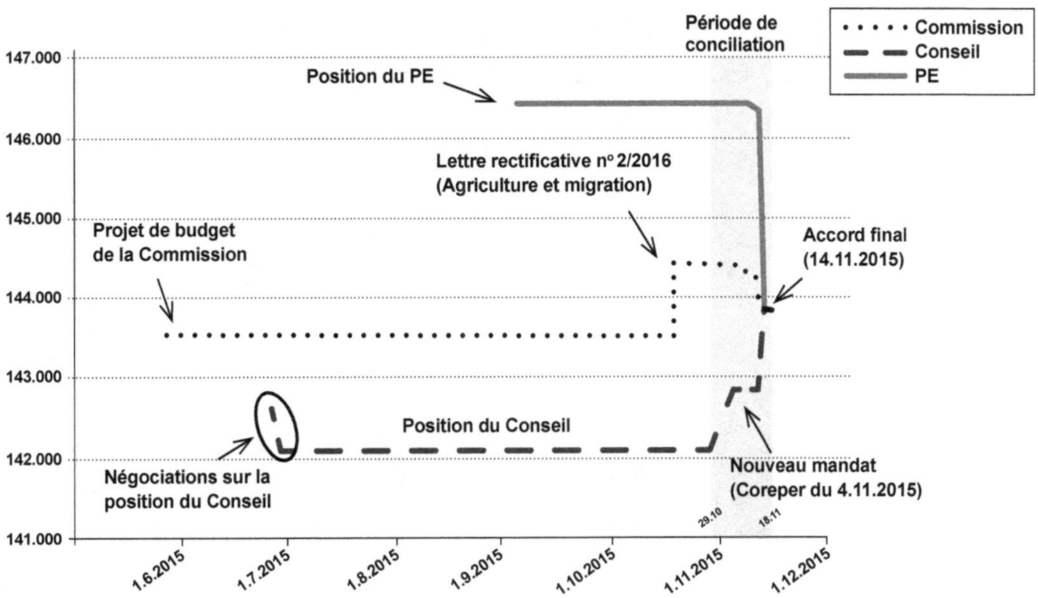

[1] Source : Ilkka SAARILAHTI et Luis PASCUAL HERCE : *The Negotiations on the EU Budget: Past, Present and Future*. Harvard Kennedy School of Government. Mars 2017.

LA PROCÉDURE BUDGÉTAIRE DE L'UNION EUROPÉENNE POUR 2016
(Article 314 du TFUE, AII de 2013 et déclaration commune du 30 mars 2015)

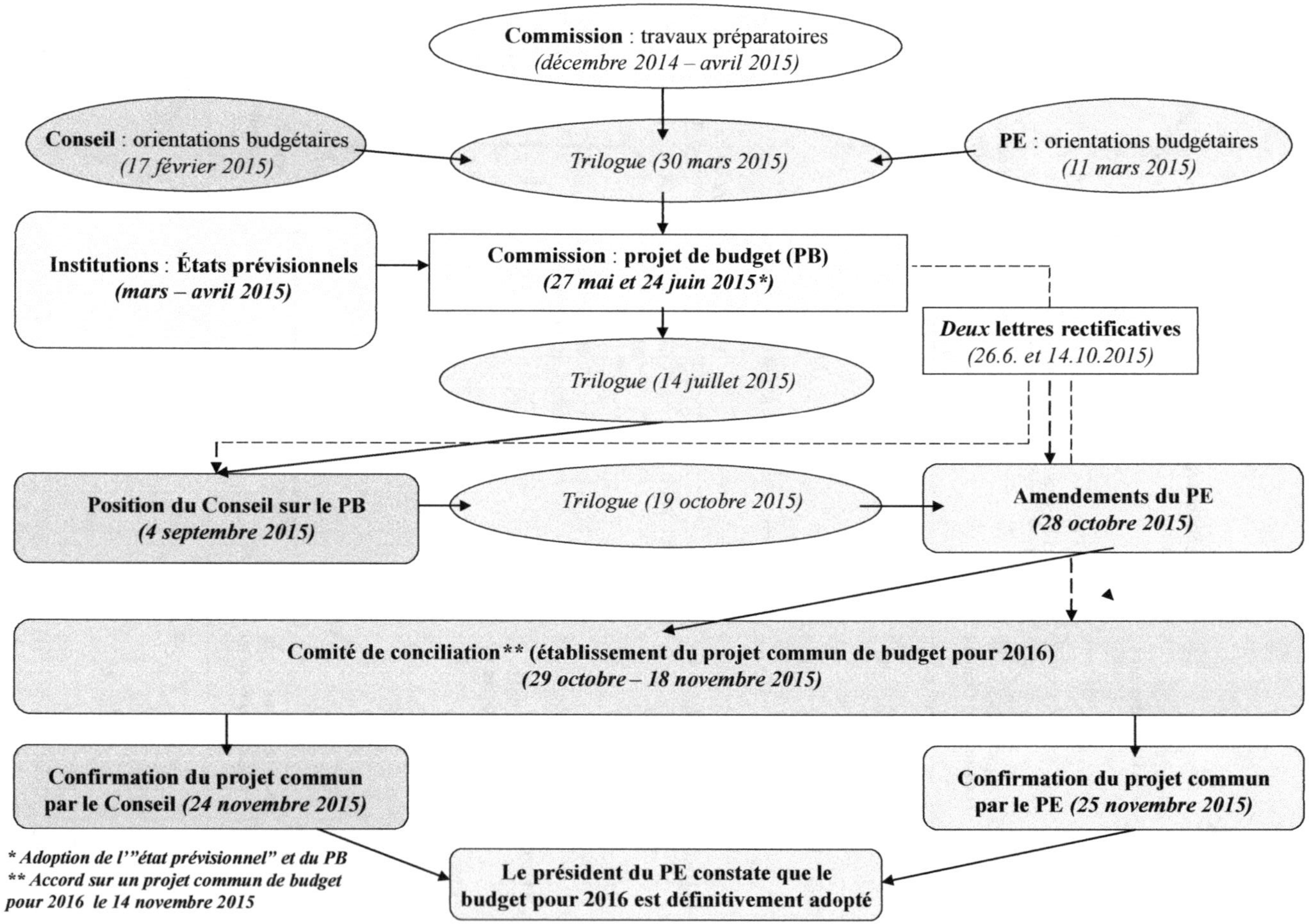

** Adoption de l'"état prévisionnel" et du PB*
*** Accord sur un projet commun de budget pour 2016 le 14 novembre 2015*

LES ÉTAPES PRINCIPALES DE LA PROCÉDURE BUDGÉTAIRE POUR 2016

Date	Étape
19 décembre 2014	Établissement des paramètres à retenir pour établir les états prévisionnels pour 2016 des institutions et le projet de budget pour 2016 (Commission)
3 janvier 2015	Lettre de la Commission aux institutions concernant l'établissement des états prévisionnels pour 2016 des institutions
17 février 2015	Adoption des orientations budgétaires du Conseil pour 2016 (Bruxelles)
11 mars 2015	Adoption des orientations budgétaires du Parlement européen pour 2016 (section III) (Strasbourg)
mars-avril 2015	Adoption des états prévisionnels pour 2016 des institutions[1]
30 mars 2015	*Trilogue – priorités budgétaires pour 2016 (Bruxelles)*
12 mai 2015	*Trilogue – échéancier de paiement (Bruxelles)*
19 mai 2015	*Trilogue – échéancier de paiement (Strasbourg)*
26 mai 2015	Réunion interinstitutionnelle sur les crédits de paiement (Bruxelles)
27 mai 2015	**Adoption de l'état prévisionnel de la Commission pour l'exercice 2016**
27 mai 2015	Présentation de l'état prévisionnel pour 2016 à la Commission des budgets du Parlement européen (Bruxelles)
27 mai 2015	Présentation de l'état prévisionnel pour 2016 au Coreper (Bruxelles)
24 juin 2015	**Adoption du projet de budget (PB) pour 2016[2] (Commission)**
26 juin 2015	***Lettre rectificative n° 1/2016 au PB pour 2016[3] (financement du fonds de garantie du Fonds européen pour les investissements stratégiques)***
6 juillet 2015	Accord au niveau du Comité budgétaire sur la position du Conseil sur le PB pour 2016 (troisième proposition de compromis de la Présidence) (Bruxelles)
9 juillet 2015	Confirmation de l'accord obtenu au sein du Comité budgétaire par le Coreper (Bruxelles)
14 juillet 2015	Réunion interinstitutionnelle sur les crédits de paiement (Bruxelles)
14 juillet 2015	*Trilogue – position du Conseil sur le PB pour 2016 (Bruxelles)*
4 septembre 2015	**Position du Conseil sur le projet de budget pour 2016[4] (Bruxelles)**
8 septembre 2015	Présentation de la position du Conseil sur le PB pour 2016 au Parlement européen (Strasbourg)
15 septembre 2015	Réunion du groupe de travail interinstitutionnel sur les ressources des agences (Bruxelles)
17 septembre 2015	Transmission de la position du Conseil sur le PB pour 2016 au Parlement européen
28-29 septembre 2015	Vote final sur les amendements du Parlement européen à la position du Conseil sur le PB pour 2016 par la Commission des budgets (Bruxelles)
14 octobre 2015	***Lettre rectificative n° 2/2016 au PB pour 2016[3] (agriculture et accords internationaux de pêche ; migration)***
19 octobre 2015	Réunion interinstitutionnelle sur les crédits de paiement (Bruxelles)
19 octobre 2015	*Trilogue – amendements du Parlement européen sur la position du Conseil sur le PB pour 2016 (Bruxelles)*
28 octobre 2015	**Amendements du Parlement européen sur la position du Conseil sur le PB pour 2016[5] (Strasbourg)**
28 octobre 2015	Lettre du Conseil au Parlement européen (confirmation que le Conseil ne peut pas accepter tous les amendements votés par le PE)
29 octobre 2015	Début de la période de conciliation
9 novembre 2015	**Réunion du comité de conciliation (Bruxelles)**
11 novembre 2015	*Trilogue[6] (Bruxelles)*
13/14 novembre 2015	**Réunion du comité de conciliation[7] (Bruxelles) (*Accord* sur un projet commun de budget pour 2016 le 14 novembre 2015)**
18 novembre 2015	Fin de la période de conciliation
24 novembre 2015	**Approbation du projet commun de budget pour 2016 par le Conseil[4]**
25 novembre 2015	**Approbation du projet commun de budget pour 2016 par le Parlement européen (Strasbourg)**
25 novembre 2015	**Constatation de l'adoption définitive et signature du budget pour 2016 par le président du Parlement européen (Strasbourg)**
24 février 2016	Publication du budget pour 2016 au JO[8]

[1] *Parlement européen (section I du budget de l'Union) en plénière le 29 avril 2015*

[2] *Adoption formelle. Mise à disposition de l'autorité budgétaire et des parlements nationaux dans toutes les langues officielles de l'UE le 25 juin 2015*

[3] *Adoption par la Commission*

[4] *Adoption par "procédure écrite"*

[5] *Et convocation, en accord avec le président du Conseil, du comité de conciliation*

[6] *Présentation par la Commission du premier projet de "conclusions communes" (traitant des crédits d'engagement et de paiement) le 10 novembre 2015*

[7] *Présentation par la Commission de deux nouveaux projets de "conclusions communes"*

[8] *JO L 48 du 24.2.2016, pp. 1/2283 (avec un rectificatif pour le tableau des effectifs de la Cour de justice au JO L 53 du 1.3.2016, pp. 24/25)*

	Description	1		2		3		4		5		5/1	
		Budget pour 2015 (BR n° 1/2015 à 8/2015 inclus)		Projet de budget pour 2016 (lettre rectificative n° 1/2016 incluse)		Position du Conseil sur le projet de budget pour 2016 (lettre rectificative n° 1/2016 incluse)		Amendements du Parlement européen		Budget pour 2016		Différence (%)	
		c/e	c/p	c/e	c/p	c/e	c/p	c/e	c/p	c/e	c/p	c/e	c/p
1	**Croissance intelligente et inclusive**	**77 954 679 684**	**66 853 308 910**	**69 743 081 847**	**66 578 193 962**	**69 599 083 960**	**65 922 682 873**	**71 631 286 260**	**68 233 729 503**	**69 841 150 263**	**66 262 537 636**	**-10,41%**	**-0,88%**
	marge globale pour engagements			*543 000 000*		*543 000 000*		*543 000 000*		*543 000 000*			
	plafond			*69 304 000 000*		*69 304 000 000*		*69 304 000 000*		*69 304 000 000*			
	marge			*103 918 153*		*247 916 040*		*- 1 784 286 260*		*5 849 737*			
1a	***Compétitivité pour la croissance et l'emploi***	***17 551 688 425***	***15 728 578 894***	***18 921 431 584***	***17 518 123 082***	***18 780 533 697***	***17 082 711 993***	***20 326 958 510***	***18 009 629 620***	***19 010 000 000***	***17 418 263 582***	***+8,31%***	***+10,74%***
	marge globale pour engagements			*543 000 000*		*543 000 000*		*543 000 000*		*543 000 000*			
	plafond			*18 467 000 000*		*18 467 000 000*		*18 467 000 000*		*18 467 000 000*			
	marge			*88 568 416*		*229 466 303*		*- 1 316 958 510*		*0*			
	Grands projets d'infrastructures	2 008 893 000	1 881 341 495	1 767 856 000	1 700 644 908	1 735 542 285	1 590 622 193	1 767 856 000	1 700 644 908	1 767 856 000	1 580 644 908	-12,00%	-15,98%
	Systèmes européens de radionavigation par satellite (Egnos et Galileo) (02 — Marché intérieur, industrie, entrepreneuriat et PME)	1 060 599 000	862 657 989	851 569 000	543 400 000	835 276 000	513 385 000	851 569 000	543 400 000	851 569 000	523 400 000	-19,71%	-39,33%
	Réacteur thermonucléaire expérimental international (ITER) (32 — Énergie)	391 924 000	506 386 911	330 120 000	554 644 908	324 183 285	522 647 193	330 120 000	554 644 908	330 120 000	474 644 908	-15,77%	-6,27%
	Programme européen d'observation de la Terre (Copernicus) (02 — Marché intérieur, industrie, entrepreneuriat et PME)	556 370 000	512 296 595	586 167 000	602 600 000	576 083 000	554 590 000	586 167 000	602 600 000	586 167 000	582 600 000	+5,36%	+13,72%
	Sûreté nucléaire et démantèlement (32 — Énergie)	132 984 000	157 167 657	135 644 000	150 000 000	135 644 000	150 000 000	135 644 000	150 000 000	135 644 000	150 000 000	+2,00%	-4,56%
	Fonds européen pour les investissements stratégiques (FEIS) (01 — Affaires économiques et financières)	1 360 000 000	10 000 000	2 050 000 000	520 000 000	2 050 000 000	520 000 000	2 050 000 000	520 000 000	2 055 000 000	525 000 000	+51,10%	+5150,00%
	Cadre stratégique commun (CSC) pour la recherche et l'innovation	9 841 516 334	9 365 976 082	9 824 334 314	10 344 859 789	9 741 670 200	10 125 750 675	10 534 934 314	10 581 859 789	9 856 162 332	10 344 859 789	+0,15%	+10,45%
	Horizon 2020	9 539 427 334	9 024 094 836	9 507 599 314	10 069 144 060	9 434 431 050	9 863 890 796	10 218 199 314	10 306 144 060	9 539 427 332	10 069 144 060	0,00%	+11,58%
	02 — Marché intérieur, industrie, entrepreneuriat et PME	*288 683 136*	*310 846 854*	*282 894 172*	*355 735 877*	*282 760 172*	*355 101 877*	*321 894 172*	*368 735 877*	*284 650 138*	*355 735 877*	*-1,40%*	*+14,44%*
	05 — Agriculture et développement rural	*103 853 887*	*21 474 327*	*215 592 874*	*82 016 277*	*215 052 610*	*81 476 013*	*245 592 874*	*92 016 277*	*216 943 618*	*82 016 277*	*+108,89%*	*+281,93%*
	06 — Mobilité et transports	*242 136 329*	*185 837 404*	*222 517 081*	*322 838 806*	*217 385 081*	*292 338 806*	*259 517 081*	*335 172 139*	*224 182 998*	*322 838 806*	*-7,41%*	*+73,72%*
	08 — Recherche et innovation	*5 605 495 829*	*5 225 186 740*	*5 626 609 946*	*5 226 690 366*	*5 581 731 446*	*5 105 126 866*	*5 835 709 946*	*5 296 390 367*	*5 635 867 041*	*5 226 690 366*	*+0,54%*	*+0,03%*
	09 — Réseaux de communication, contenu et technologies	*1 570 092 749*	*1 587 889 088*	*1 447 462 695*	*2 087 631 295*	*1 428 038 795*	*2 071 175 395*	*1 651 362 695*	*2 155 597 962*	*1 456 643 248*	*2 087 631 295*	*-7,23%*	*+31,47%*
	10 — Recherche directe	*253 391 815*	*261 240 731*	*255 339 960*	*256 793 560*	*252 910 360*	*254 363 960*	*267 539 960*	*260 993 560*	*255 880 257*	*256 793 560*	*+0,98%*	*-1,70%*
	15 — Éducation et culture	*995 282 340*	*996 877 370*	*992 530 492*	*1 068 171 402*	*992 230 492*	*1 055 371 402*	*1 106 930 492*	*1 106 304 735*	*997 681 327*	*1 068 171 402*	*+0,24%*	*+7,15%*
	18 — Migration et affaires intérieures	*148 683 315*	*136 015 224*	*138 256 584*	*238 879 376*	*137 926 584*	*226 049 376*	*163 256 584*	*247 212 709*	*139 382 204*	*238 879 376*	*-6,26%*	*+75,63%*
	32 — Énergie	*331 807 934*	*298 727 098*	*326 395 510*	*430 387 101*	*326 395 510*	*422 887 101*	*366 395 510*	*443 720 434*	*328 196 501*	*430 387 101*	*-1,09%*	*+44,07%*
	Programme Euratom de recherche et de formation	302 089 000	341 881 246	316 735 000	275 715 729	307 239 150	261 859 879	316 735 000	275 715 729	316 735 000	275 715 729	+4,85%	-19,35%
	08 — Recherche et innovation	*190 283 600*	*231 094 749*	*204 823 600*	*162 070 329*	*200 827 750*	*154 714 479*	*204 823 600*	*162 070 329*	*204 823 600*	*162 070 329*	*+7,64%*	*-29,87%*
	10 — Recherche directe	*111 805 400*	*110 786 497*	*111 911 400*	*113 645 400*	*106 411 400*	*107 145 400*	*111 911 400*	*113 645 400*	*111 911 400*	*113 645 400*	*+0,09%*	*+2,58%*
	Compétitivité des entreprises et petites et moyennes entreprises (COSME)	295 256 725	320 666 032	280 972 000	262 254 033	280 972 000	262 254 033	297 502 581	267 764 227	295 256 725	262 254 033		-18,22%
	01 — Affaires économiques et financières	*p.m.*	*100 267 609*	*p.m.*	*96 000 000*	*p.m.*	*96 000 000*	*p.m.*	*96 000 000*	*p.m.*	*96 000 000*		*-4,26%*
	02 — Marché intérieur, industrie, entrepreneuriat et PME	*295 256 725*	*220 398 423*	*280 972 000*	*166 254 033*	*280 972 000*	*166 254 033*	*297 502 581*	*171 764 227*	*295 256 725*	*166 254 033*		*-24,57%*
	Éducation, formation et sport (Erasmus+) (15 — Éducation et culture)	1 608 146 000	1 386 935 540	1 727 342 000	1 805 095 178	1 727 342 000	1 805 095 178	1 741 342 000	1 814 428 512	1 733 969 673	1 805 095 178	+7,82%	+30,15%
	Emploi et innovation sociale (EaSI) (04 — Emploi, affaires sociales et inclusion)	124 643 000	89 768 723	127 094 800	90 278 000	124 665 800	76 531 000	132 094 800	91 944 666	127 094 800	90 278 000	+1,97%	+0,57%
	Douane, Fiscalis et lutte contre la fraude	122 039 600	94 760 649	125 591 800	124 292 500	124 286 800	97 767 500	125 591 800	124 292 500	125 591 800	124 292 500	+2,91%	+31,16%

01 — Affaires économiques et financières	*1 024 800*	*696 886*	*1 038 500*	*992 500*	*1 038 500*	*742 500*	*1 038 500*	*992 500*	*1 038 500*	*992 500*	*+1,34%*	*+42,42%*
14 — Fiscalité et union douanière	*100 026 000*	*76 451 862*	*103 382 000*	*96 700 000*	*102 237 000*	*76 675 000*	*103 382 000*	*96 700 000*	*103 382 000*	*96 700 000*	*+3,36%*	*+26,48%*
24 — Lutte contre la fraude	*20 988 800*	*17 611 901*	*21 171 300*	*26 600 000*	*21 011 300*	*20 350 000*	*21 171 300*	*26 600 000*	*21 171 300*	*26 600 000*	*+0,87%*	*+51,03%*
Mécanisme pour l'Interconnexion en Europe (MIE)	1 435 015 770	1 448 585 091	2 211 563 706	1 673 822 170	2 195 230 362	1 652 395 826	2 831 563 706	1 880 488 836	2 211 563 706	1 673 822 170	+54,11%	+15,55%
Énergie (32 — Énergie)	397 159 000	78 394 663	622 591 818	177 848 614	608 796 818	168 123 614	742 591 818	217 848 613	622 591 818	177 848 614	+56,76%	+126,86%
Transports (06 — Mobilité et transports)	945 891 000	1 297 395 687	1 448 057 227	1 415 931 647	1 446 859 883	1 406 430 303	1 948 057 227	1 582 598 314	1 448 057 227	1 415 931 647	+53,09%	+9,14%
Technologies de l'information et de la communication (TIC) (09 — Réseaux de communication, contenu et technologies)	91 965 770	72 794 741	140 914 661	80 041 909	139 573 661	77 841 909	140 914 661	80 041 909	140 914 661	80 041 909	+53,23%	+9,96%
Projets énergétiques en vue d'aider à la relance économique (plan de relance) (32 — Énergie)	p.m.	406 598 676	p.m.	176 000 000	p.m.	171 000 000	p.m.	176 000 000	p.m.	176 000 000		-56,71%
Autres actions et programmes	216 572 000	187 162 001	211 280 000	203 430 527	210 419 000	185 430 527	213 480 000	204 163 860	211 280 000	203 430 527	-2,44%	+8,69%
01 — Affaires économiques et financières	*50 000 000*	*43 514 489*	*41 000 000*	*41 000 000*	*41 000 000*	*41 000 000*	*41 000 000*	*41 000 000*	*41 000 000*	*41 000 000*	*-18,00%*	*-5,78%*
02 — Marché intérieur, industrie, entrepreneuriat et PME	*21 820 000*	*18 436 105*	*21 973 000*	*21 960 000*	*21 973 000*	*18 760 000*	*21 973 000*	*21 960 000*	*21 973 000*	*21 960 000*	*+0,70%*	*+19,11%*
04 — Emploi, affaires sociales et inclusion	*12 000 000*	*8 180 763*	*12 707 000*	*9 000 000*	*12 707 000*	*8 000 000*	*14 907 000*	*9 733 333*	*12 707 000*	*9 000 000*	*+5,89%*	*+10,01%*
06 — Mobilité et transports	*p.m.*	*131 512*	*p.m.*	*p.m.*	*p.m.*	*p.m.*	*p.m.*	*p.m.*	*p.m.*	*p.m.*		*-100,00%*
08 — Recherche et innovation	*p.m.*	*3 979 778*	*p.m.*	*1 467 147*	*p.m.*	*1 467 147*	*p.m.*	*1 467 147*	*p.m.*	*1 467 147*		*-63,13%*
09 — Réseaux de communication, contenu et technologies	*p.m.*	*p.m.*	*p.m.*	*p.m.*	*p.m.*	*p.m.*	*p.m.*	*p.m.*	*p.m.*	*p.m.*		
10 — Recherche directe	*27 773 000*	*30 025 140*	*28 543 000*	*32 000 000*	*28 543 000*	*30 500 000*	*28 543 000*	*32 000 000*	*28 543 000*	*32 000 000*	*+2,77%*	*+6,58%*
12 — Stabilité financière, services financiers et union des marchés de capitaux	*7 959 000*	*6 589 174*	*8 118 000*	*8 600 000*	*8 118 000*	*6 600 000*	*8 118 000*	*8 600 000*	*8 118 000*	*8 600 000*	*+2,00%*	*+30,52%*
13 — Politique régionale et urbaine	*p.m.*	*p.m.*	*p.m.*	*3 000 000*	*p.m.*	*3 000 000*	*p.m.*	*3 000 000*	*p.m.*	*3 000 000*		
26 — Administration de la Commission	*34 200 000*	*30 412 521*	*34 448 000*	*33 653 380*	*34 398 000*	*32 903 380*	*34 448 000*	*33 653 380*	*34 448 000*	*33 653 380*	*+0,73%*	*+10,66%*
27 — Budget	*p.m.*	*p.m.*	*p.m.*	*p.m.*	*p.m.*	*p.m.*	*p.m.*	*p.m.*	*p.m.*	*p.m.*		
29 — Statistiques	*57 822 000*	*39 626 403*	*59 393 000*	*47 750 000*	*58 582 000*	*39 700 000*	*59 393 000*	*47 750 000*	*59 393 000*	*47 750 000*	*+2,72%*	*+20,50%*
32 — Énergie	*4 998 000*	*6 266 116*	*5 098 000*	*5 000 000*	*5 098 000*	*3 500 000*	*5 098 000*	*5 000 000*	*5 098 000*	*5 000 000*	*+2,00%*	*-20,21%*
Actions financées dans le cadre des prérogatives de la Commission et des compétences spécifiques conférées à la Commission	132 434 000	103 439 420	134 861 000	123 437 386	133 861 000	105 987 386	134 861 000	123 437 386	134 861 000	123 437 386	+1,83%	+19,33%
01 — Affaires économiques et financières	*11 802 585*	*10 001 744*	*11 952 000*	*11 700 000*	*11 952 000*	*10 450 000*	*11 952 000*	*11 700 000*	*11 952 000*	*11 700 000*	*+1,27%*	*+16,98%*
02 — Marché intérieur, industrie, entrepreneuriat et PME	*25 885 000*	*20 136 695*	*26 343 000*	*22 000 000*	*25 843 000*	*20 250 000*	*26 343 000*	*22 000 000*	*26 343 000*	*22 000 000*	*+1,77%*	*+9,25%*
04 — Emploi, affaires sociales et inclusion	*41 458 800*	*25 466 897*	*42 299 000*	*35 550 000*	*42 049 000*	*27 000 000*	*42 299 000*	*35 550 000*	*42 299 000*	*35 550 000*	*+2,03%*	*+39,59%*
06 — Mobilité et transports	*14 945 000*	*19 107 826*	*14 905 000*	*17 321 386*	*14 905 000*	*17 071 386*	*14 905 000*	*17 321 386*	*14 905 000*	*17 321 386*	*-0,27%*	*-9,35%*
09 — Réseaux de communication, contenu et technologies	*3 258 000*	*3 702 485*	*3 530 000*	*4 100 000*	*3 530 000*	*3 400 000*	*3 530 000*	*4 100 000*	*3 530 000*	*4 100 000*	*+8,35%*	*+10,74%*
12 — Stabilité financière, services financiers et union des marchés de capitaux	*3 326 615*	*3 201 565*	*3 306 000*	*3 500 000*	*3 306 000*	*3 000 000*	*3 306 000*	*3 500 000*	*3 306 000*	*3 500 000*	*-0,62%*	*+9,32%*
14 — Fiscalité et union douanière	*3 100 000*	*2 697 521*	*3 200 000*	*3 200 000*	*3 200 000*	*2 900 000*	*3 200 000*	*3 200 000*	*3 200 000*	*3 200 000*	*+3,23%*	*+18,63%*
32 — Énergie	*27 175 000*	*18 363 202*	*27 926 000*	*25 336 000*	*27 676 000*	*21 186 000*	*27 926 000*	*25 336 000*	*27 926 000*	*25 336 000*	*+2,76%*	*+37,97%*
33 — Justice et consommateurs	*1 483 000*	*761 485*	*1 400 000*	*730 000*	*1 400 000*	*730 000*	*1 400 000*	*730 000*	*1 400 000*	*730 000*	*-5,60%*	*-4,13%*
Projets pilotes et actions préparatoires	22 370 000	26 005 535	p.m.	18 242 586	p.m.	18 242 586	29 575 000	41 217 586	29 575 000	32 130 086	+32,21%	+23,55%
01 — Affaires économiques et financières	*500 000*	*250 000*	*p.m.*	*250 000*	*p.m.*	*250 000*	*1 000 000*	*650 000*	*1 000 000*	*650 000*	*+100,00%*	*+160,00%*
02 — Marché intérieur, industrie, entrepreneuriat et PME	*9 450 000*	*8 468 000*	*p.m.*	*7 098 600*	*p.m.*	*7 098 600*	*8 900 000*	*13 498 600*	*8 900 000*	*11 298 600*	*-5,82%*	*+33,43%*
04 — Emploi, affaires sociales et inclusion	*3 500 000*	*6 967 780*	*p.m.*	*4 000 000*	*p.m.*	*4 000 000*	*4 400 000*	*7 450 000*	*4 400 000*	*5 950 000*	*+25,71%*	*-14,61%*
06 — Mobilité et transports	*1 800 000*	*2 213 600*	*p.m.*	*1 573 986*	*p.m.*	*1 573 986*	*2 575 000*	*3 698 986*	*2 575 000*	*2 861 486*	*+43,06%*	*+29,27%*
08 — Recherche et innovation	*1 750 000*	*875 000*	*p.m.*	*800 000*	*p.m.*	*800 000*	*2 700 000*	*2 650 000*	*2 700 000*	*2 100 000*	*+54,29%*	*+140,00%*
09 — Réseaux de communication, contenu et technologies	*2 000 000*	*2 526 672*	*p.m.*	*2 500 000*	*p.m.*	*2 500 000*	*3 200 000*	*5 700 000*	*3 200 000*	*4 100 000*	*+60,00%*	*+62,27%*
10 — Recherche directe							*500 000*	*500 000*	*500 000*	*250 000*		
12 — Stabilité financière, services financiers et union des marchés de capitaux	*1 750 000*	*1 638 000*	*p.m.*	*1 000 000*	*p.m.*	*1 000 000*	*1 500 000*	*1 500 000*	*1 500 000*	*1 500 000*	*-14,29%*	*-8,42%*

	14 — Fiscalité et union douanière							*1 000 000*	*850 000*	*1 000 000*	*500 000*		
	15 — Éducation et culture	*500 000*	*2 506 483*	*p.m.*	*p.m.*	*p.m.*	*p.m.*	*3 800 000*	*3 700 000*	*3 800 000*	*1 900 000*	*+660,00%*	*-24,20%*
	17 — Santé et sécurité alimentaire	—	*p.m.*	*p.m.*	*p.m.*	*p.m.*	*p.m.*	*p.m.*	*p.m.*	*p.m.*	*p.m.*		
	32 — Énergie	*1 120 000*	*560 000*	*p.m.*	*1 020 000*	*p.m.*	*1 020 000*	*p.m.*	*1 020 000*	*p.m.*	*1 020 000*	*-100,00%*	*+82,14%*
	33 — Justice et consommateurs	*p.m.*	*p.m.*	*p.m.*	*p.m.*	*p.m.*	*p.m.*	*p.m.*	*p.m.*	*p.m.*	*p.m.*		
	Organismes décentralisés	251 817 996	250 171 993	324 891 964	325 766 005	320 900 250	321 635 089	332 513 309	333 387 350	326 144 964	327 019 005	+29,52%	+30,72%
	02 — Marché intérieur, industrie, entrepreneuriat et PME	*34 591 000*	*34 591 000*	*100 693 400*	*100 693 400*	*96 793 100*	*96 793 100*	*100 693 400*	*100 693 400*	*100 693 400*	*100 693 400*	*+191,10%*	*+191,10%*
	04 — Emploi, affaires sociales et inclusion	*52 129 000*	*52 129 000*	*52 074 000*	*52 074 000*	*52 066 260*	*52 066 260*	*52 074 000*	*52 074 000*	*52 074 000*	*52 074 000*	*-0,11%*	*-0,11%*
	06 — Mobilité et transports	*111 176 090*	*109 730 087*	*111 180 582*	*112 054 623*	*111 131 339*	*111 866 178*	*111 180 582*	*112 054 623*	*111 180 582*	*112 054 623*	*0,00%*	*+2,12%*
	09 — Réseaux de communication, contenu et technologies	*12 598 755*	*12 598 755*	*14 142 000*	*14 142 000*	*14 107 569*	*14 107 569*	*14 142 000*	*14 142 000*	*14 142 000*	*14 142 000*	*+12,25%*	*+12,25%*
	12 — Stabilité financière, services financiers et union des marchés de capitaux	*30 472 151*	*30 272 151*	*31 962 400*	*31 962 400*	*31 962 400*	*31 962 400*	*37 347 745*	*37 347 745*	*32 890 400*	*32 890 400*	*+7,94%*	*+8,65%*
	32 — Énergie	*10 851 000*	*10 851 000*	*14 839 582*	*14 839 582*	*14 839 582*	*14 839 582*	*17 075 582*	*17 075 582*	*15 164 582*	*15 164 582*	*+39,75%*	*+39,75%*
1b	***Cohésion économique, sociale et territoriale***	***60 402 991 259***	***51 124 730 016***	***50 821 650 263***	***49 060 070 880***	***50 818 550 263***	***48 839 970 880***	***51 304 327 750***	***50 224 099 883***	***50 831 150 263***	***48 844 274 054***	***-15,85%***	***-4,46%***
	plafond			*50 837 000 000*		*50 837 000 000*		*50 837 000 000*		*50 837 000 000*			
	marge			*15 349 737*		*18 449 737*		*- 467 327 750*		*5 849 737*			
	Investissement pour la croissance et l'emploi	55 911 916 868	48 006 648 981	46 656 745 437	45 998 643 000	46 656 745 437	45 841 643 000	46 656 745 437	46 998 643 000	46 656 745 437	45 841 643 000	-16,55%	-4,51%
	Convergence régionale (régions moins développées)	30 172 992 101	27 804 193 754	24 766 663 613	27 988 260 000	24 766 663 613	27 988 260 000	24 766 663 613	28 602 260 000	24 766 663 613	27 988 260 000	-17,92%	+0,66%
	04 — Emploi, affaires sociales et inclusion	*7 381 001 397*	*5 946 020 000*	*6 904 001 096*	*6 890 000 000*	*6 904 001 096*	*6 890 000 000*	*6 904 001 096*	*7 040 000 000*	*6 904 001 096*	*6 890 000 000*	*-6,46%*	*+15,88%*
	13 — Politique régionale et urbaine	*22 791 990 704*	*21 858 173 754*	*17 862 662 517*	*21 098 260 000*	*17 862 662 517*	*21 098 260 000*	*17 862 662 517*	*21 562 260 000*	*17 862 662 517*	*21 098 260 000*	*-21,63%*	*-3,48%*
	Régions en transition	6 419 932 888	892 623 429	5 028 786 709	2 793 122 000	5 028 786 709	2 788 002 650	5 028 786 709	2 853 122 000	5 028 786 709	2 788 002 650	-21,67%	+212,34%
	04 — Emploi, affaires sociales et inclusion	*2 054 985 763*	*284 757 420*	*1 631 895 346*	*930 000 000*	*1 631 895 346*	*927 965 850*	*1 631 895 346*	*950 000 000*	*1 631 895 346*	*927 965 850*	*-20,59%*	*+225,88%*
	13 — Politique régionale et urbaine	*4 364 947 125*	*607 866 009*	*3 396 891 363*	*1 863 122 000*	*3 396 891 363*	*1 860 036 800*	*3 396 891 363*	*1 903 122 000*	*3 396 891 363*	*1 860 036 800*	*-22,18%*	*+205,99%*
	Compétitivité (régions plus développées)	8 867 220 086	6 711 943 667	7 905 138 012	8 450 978 000	7 905 138 012	8 341 290 914	7 905 138 012	8 634 978 000	7 905 138 012	8 341 290 914	-10,85%	+24,28%
	04 — Emploi, affaires sociales et inclusion	*3 174 368 240*	*2 941 064 764*	*3 479 119 793*	*3 330 000 000*	*3 479 119 793*	*3 287 687 069*	*3 479 119 793*	*3 403 000 000*	*3 479 119 793*	*3 287 687 069*	*+9,60%*	*+11,79%*
	13 — Politique régionale et urbaine	*5 692 851 846*	*3 770 878 903*	*4 426 018 219*	*5 120 978 000*	*4 426 018 219*	*5 053 603 845*	*4 426 018 219*	*5 231 978 000*	*4 426 018 219*	*5 053 603 845*	*-22,25%*	*+34,02%*
	Régions ultrapériphériques et à faible densité de population (13 — Politique régionale et urbaine)	278 520 741	37 296 511	217 673 091	108 017 000	217 673 091	108 017 000	217 673 091	108 017 000	217 673 091	108 017 000	-21,85%	+189,62%
	Fonds de cohésion (13 — Politique régionale et urbaine)	10 173 251 052	12 560 591 620	8 738 484 012	6 658 266 000	8 738 484 012	6 616 072 436	8 738 484 012	6 800 266 000	8 738 484 012	6 616 072 436	-14,10%	-47,33%
	Mécanisme pour l'Interconnexion en Europe (MIE) — Contribution du Fonds de cohésion (06 — Mobilité et transports)	1 216 978 479	393 517 540	2 376 533 929	382 812 931	2 376 533 929	382 812 931	2 376 533 929	382 812 931	2 376 533 929	382 812 931	+95,28%	-2,72%
	Coopération territoriale européenne	1 048 313 233	1 146 258 878	1 048 838 716	966 010 182	1 048 838 716	922 510 182	1 048 838 716	966 010 182	1 048 838 716	922 510 182	+0,05%	-19,52%
	13 — Politique régionale et urbaine	*1 048 313 233*	*1 097 485 780*	*983 238 716*	*902 010 182*	*983 238 716*	*858 510 182*	*983 238 716*	*902 010 182*	*983 238 716*	*858 510 182*	*-6,21%*	*-21,77%*
	22 — Voisinage et négociations d'élargissement	*p.m.*	*48 773 098*	*65 600 000*	*64 000 000*	*65 600 000*	*64 000 000*	*65 600 000*	*64 000 000*	*65 600 000*	*64 000 000*		*+31,22%*
	Aide européenne aux plus démunis (FEAD) (04 — Emploi, affaires sociales et inclusion)	525 082 709	363 500 586	535 582 658	461 430 000	535 582 658	461 430 000	535 582 658	461 430 000	535 582 658	461 430 000	+2,00%	+26,94%
	Projets pilotes et actions préparatoires	3 500 000	9 365 315	3 000 000	7 803 949	3 000 000	7 803 949	12 500 000	14 107 123	12 500 000	12 107 123	+257,14%	+29,28%
	01 — Affaires économiques et financières			*3 000 000*	*2 000 000*	*3 000 000*	*2 000 000*	*3 000 000*	*2 000 000*	*3 000 000*	*2 000 000*		
	09 — Réseaux de communication, contenu et technologies							*2 000 000*	*1 000 000*	*2 000 000*	*1 000 000*		
	13 — Politique régionale et urbaine	*3 500 000*	*9 365 315*	*p.m.*	*5 803 949*	*p.m.*	*5 803 949*	*7 500 000*	*11 107 123*	*7 500 000*	*9 107 123*	*+114,29%*	*-2,76%*
2	**Croissance durable : ressources naturelles**	**63 877 118 420**	**55 978 784 039**	**63 104 378 823**	**55 865 891 958**	**62 904 465 705**	**55 614 755 357**	**63 614 773 137**	**56 386 456 729**	**62 484 234 833**	**55 120 803 654**	**-2,18%**	**-1,53%**
	plafond			*64 262 000 000*		*64 262 000 000*		*64 262 000 000*		*64 262 000 000*			
	marge			*1 157 621 177*		*1 357 534 295*		*647 226 863*		*1 777 765 167*			
	Fonds européen agricole de garantie (FEAGA) — dépenses relatives au marché et paiements directs	**43 454 880 762**	**43 446 724 585**	**42 867 624 128**	**42 859 334 601**	**42 668 687 439**	**42 660 397 912**	**43 367 424 128**	**43 359 134 601**	**42 220 335 824**	**42 212 046 297**	**-2,84%**	**-2,84%**
	sous-plafond			*43 950 000 000*		*43 950 000 000*		*43 950 000 000*		*43 950 000 000*			
	exclu lors du calcul de la sous-marge (1)			*- 718 000*		*- 718 000*		*- 718 000*		*- 718 000*			

	sous-marge			*1 081 657 872*		*1 280 594 561*		*581 857 872*		*1 728 946 176*			
	Fonds européen agricole pour le développement rural (Feader) (05 — Agriculture et développement rural)	18 169 779 129	11 166 752 959	18 676 290 495	11 866 393 443	18 676 203 135	11 820 757 748	18 676 290 495	11 866 393 443	18 676 290 495	11 746 393 443	+2,79%	+5,19%
	Fonds européen pour les affaires maritimes et la pêche, accords de pêche durable et contributions obligatoires aux organisations régionales de gestion des pêches et autres organisations internationales	1 758 710 403	940 358 581	1 047 031 838	720 647 758	1 046 475 031	716 194 803	1 047 226 152	733 512 529	1 036 226 152	709 647 758	-41,08%	-24,53%
	Fonds européen pour les affaires maritimes et la pêche (FEAMP) (11 — Affaires maritimes et pêche)	1 623 110 168	809 368 206	896 531 838	570 647 758	895 975 031	566 194 803	896 726 152	583 512 529	896 726 152	570 647 758	-44,75%	-29,49%
	Accords de pêche durable et contributions obligatoires aux organisations régionales de gestion des pêches et autres organisations internationales (11 — Affaires maritimes et pêche)	135 600 235	130 990 375	150 500 000	150 000 000	150 500 000	150 000 000	150 500 000	150 000 000	139 500 000	139 000 000	+2,88%	+6,11%
	Environnement et action pour le climat (Life+)	435 097 000	350 489 565	462 796 000	355 253 642	462 510 747	353 189 389	462 796 000	355 253 642	462 796 000	355 253 642	+6,37%	+1,36%
	07 — Environnement	*327 199 120*	*288 316 471*	*347 792 000*	*297 071 642*	*347 539 567*	*295 570 209*	*347 792 000*	*297 071 642*	*347 792 000*	*297 071 642*	*+6,29%*	*+3,04%*
	34 — Action pour le climat	*107 897 880*	*62 173 094*	*115 004 000*	*58 182 000*	*114 971 180*	*57 619 180*	*115 004 000*	*58 182 000*	*115 004 000*	*58 182 000*	*+6,59%*	*-6,42%*
	Autres actions et mesures (05 — Agriculture et développement rural)									30 000 000	30 000 000		
	Actions financées dans le cadre des prérogatives de la Commission et des compétences spécifiques conférées à la Commission (05 — Agriculture et développement rural)	5 303 400	5 108 405	300 000	805 000	300 000	805 000	300 000	805 000	300 000	805 000	-94,34%	-84,24%
	Projets pilotes et actions préparatoires	2 900 000	18 902 218	p.m.	13 121 152	p.m.	13 121 152	9 300 000	19 921 152	9 300 000	17 671 152	+220,69%	-6,51%
	02 — Marché intérieur, industrie, entrepreneuriat et PME	*p.m.*	*597 360*	*p.m.*	*p.m.*	*p.m.*	*p.m.*	*p.m.*	*p.m.*	*p.m.*	*p.m.*		*-100,00%*
	05 — Agriculture et développement rural	*p.m.*	*3 549 905*	*p.m.*	*3 094 199*	*p.m.*	*3 094 199*	*1 700 000*	*4 794 199*	*1 700 000*	*3 944 199*		*+11,11%*
	07 — Environnement	*1 400 000*	*6 220 000*	*p.m.*	*1 965 000*	*p.m.*	*1 965 000*	*4 700 000*	*4 865 000*	*4 700 000*	*4 215 000*	*+235,71%*	*-32,23%*
	08 — Recherche et innovation	*p.m.*	*p.m.*	*p.m.*	*75 000*	*p.m.*	*75 000*	*1 400 000*	*775 000*	*1 400 000*	*775 000*		
	11 — Affaires maritimes et pêche	*1 500 000*	*2 319 953*	*p.m.*	*2 589 953*	*p.m.*	*2 589 953*	*1 500 000*	*4 089 953*	*1 500 000*	*3 339 953*		*+43,97%*
	17 — Santé et sécurité alimentaire	*p.m.*	*3 005 000*	*p.m.*	*2 895 000*	*p.m.*	*2 895 000*	*p.m.*	*2 895 000*	*p.m.*	*2 895 000*		*-3,66%*
	23 — Aide humanitaire et protection civile	*p.m.*	*p.m.*	*p.m.*	*p.m.*	*p.m.*	*p.m.*	*p.m.*	*p.m.*	*p.m.*	*p.m.*		
	32 — Énergie	*p.m.*	*500 000*	*p.m.*	*1 250 000*	*p.m.*	*1 250 000*	*p.m.*	*1 250 000*	*p.m.*	*1 250 000*		*+150,00%*
	33 — Justice et consommateurs	*p.m.*	*100 000*	*p.m.*	*p.m.*	*p.m.*	*p.m.*	*p.m.*	*p.m.*	*p.m.*	*p.m.*		*-100,00%*
	34 — Action pour le climat	*p.m.*	*2 610 000*	*p.m.*	*1 252 000*	*p.m.*	*1 252 000*	*p.m.*	*1 252 000*	*p.m.*	*1 252 000*		*-52,03%*
	Organismes décentralisés	50 447 726	50 447 726	50 336 362	50 336 362	50 289 353	50 289 353	51 436 362	51 436 362	48 986 362	48 986 362	-2,90%	-2,90%
	07 — Environnement	*36 016 601*	*36 016 601*	*36 596 734*	*36 596 734*	*36 556 505*	*36 556 505*	*36 596 734*	*36 596 734*	*36 596 734*	*36 596 734*	*+1,61%*	*+1,61%*
	11 — Affaires maritimes et pêche	*8 957 000*	*8 957 000*	*9 070 000*	*9 070 000*	*9 063 220*	*9 063 220*	*10 170 000*	*10 170 000*	*9 070 000*	*9 070 000*	*+1,26%*	*+1,26%*
	17 — Santé et sécurité alimentaire	*5 474 125*	*5 474 125*	*4 669 628*	*4 669 628*	*4 669 628*	*4 669 628*	*4 669 628*	*4 669 628*	*3 319 628*	*3 319 628*	*-39,36%*	*-39,36%*
3	**Sécurité et citoyenneté**	**2 522 148 847**	**1 926 965 795**	**2 669 966 698**	**2 258 959 739**	**2 644 855 260**	**2 225 365 701**	**3 601 052 637**	**2 845 500 227**	**4 051 966 698**	**3 022 287 739**	**+60,66%**	**+56,84%**
	instrument de flexibilité			*123 966 698*		*98 855 260*		*123 966 698*		*1 505 966 698*			
	plafond			*2 546 000 000*		*2 546 000 000*		*2 546 000 000*		*2 546 000 000*			
	marge			*0*		*0*		*- 931 085 939*		*0*			
	Fonds "Asile, migration et intégration" (18 — Migration et affaires intérieures)	623 008 567	382 183 689	712 289 494	515 925 000	712 289 494	515 925 000	1 591 301 867	1 062 262 458	1 890 289 494	1 129 285 000	+203,41%	+195,48%
	Fonds pour la sécurité intérieure (18 — Migration et affaires intérieures)	560 830 820	274 677 206	531 133 867	317 116 556	531 133 867	317 116 556	531 133 867	317 116 556	647 533 867	396 984 556	+15,46%	+44,53%
	Systèmes informatiques (18 — Migration et affaires intérieures)	18 943 000	22 051 921	19 321 000	29 783 000	19 321 000	29 783 000	19 321 000	29 783 000	19 321 000	29 783 000	+2,00%	+35,06%
	Justice	49 251 000	42 378 180	51 450 000	44 610 433	49 926 000	44 086 433	51 450 000	44 610 433	51 450 000	44 610 433	+4,46%	+5,27%
	18 — Migration et affaires intérieures	*3 074 920*	*2 975 367*	*2 612 000*	*2 700 000*	*2 610 000*	*2 698 000*	*2 612 000*	*2 700 000*	*2 612 000*	*2 700 000*	*-15,05%*	*-9,25%*
	33 — Justice et consommateurs	*46 176 080*	*39 402 813*	*48 838 000*	*41 910 433*	*47 316 000*	*41 388 433*	*48 838 000*	*41 910 433*	*48 838 000*	*41 910 433*	*+5,76%*	*+6,36%*
	Droits, égalité et citoyenneté (33 — Justice et consommateurs)	57 369 000	47 632 099	59 952 000	51 700 000	57 820 000	50 178 000	59 952 000	51 700 000	59 952 000	51 700 000	+4,50%	+8,54%
	Mécanisme de protection civile de l'Union (23 — Aide humanitaire et protection civile)	29 258 000	27 285 897	30 574 000	27 750 000	30 074 000	27 250 000	30 574 000	27 750 000	30 574 000	27 750 000	+4,50%	+1,70%

	L'Europe pour les citoyens (18 — Migration et affaires intérieures)	24 250 000	18 327 440	25 340 000	23 813 000	24 336 800	21 809 800	26 840 000	24 313 000	25 340 000	23 813 000	+4,49%	+29,93%
	Denrées alimentaires et aliments pour animaux (17 — Santé et sécurité alimentaire)	246 530 000	211 827 226	264 071 000	261 860 000	255 041 000	250 830 000	264 071 000	261 860 000	252 996 000	241 860 000	+2,62%	+14,18%
	Santé (17 — Santé et sécurité alimentaire)	59 750 000	57 042 997	62 160 000	70 209 000	61 130 000	66 679 000	62 535 000	70 334 000	62 160 000	70 209 000	+4,03%	+23,08%
	Consommateurs (33 — Justice et consommateurs)	24 657 000	20 916 720	25 893 000	20 991 000	24 771 000	19 969 000	25 893 000	20 991 000	25 893 000	20 991 000	+5,01%	+0,36%
	Europe créative	177 674 000	165 168 638	191 813 000	195 987 203	186 168 080	184 942 283	200 306 303	198 818 303	191 813 000	195 987 203	+7,96%	+18,66%
	09 — Réseaux de communication, contenu et technologies	*102 944 030*	*94 412 981*	*102 126 980*	*105 001 963*	*101 098 680*	*101 973 663*	*104 958 081*	*105 945 663*	*102 126 980*	*105 001 963*	*-0,79%*	*+11,22%*
	15 — Éducation et culture	*74 729 970*	*70 755 657*	*89 686 020*	*90 985 240*	*85 069 400*	*82 968 620*	*95 348 222*	*92 872 640*	*89 686 020*	*90 985 240*	*+20,01%*	*+28,59%*
	Autres actions et programmes (16 — Communication)	p.m.	p.m.	p.m.	p.m.	p.m.	p.m.	p.m.	p.m.	p.m.	p.m.		
	Actions financées dans le cadre des prérogatives de la Commission et des compétences spécifiques conférées à la Commission	84 913 000	85 564 045	97 320 000	88 427 000	95 265 780	87 149 960	99 320 000	89 093 667	99 320 000	88 427 000	+16,97%	+3,35%
	dont actions de communication (16 — Communication)	65 323 000	57 593 646	71 072 500	64 137 000	69 018 280	62 859 960	71 072 500	64 137 000	71 072 500	64 137 000	+8,80%	+11,36%
	09 — Réseaux de communication, contenu et technologies	*19 590 000*	*27 970 399*	*25 247 500*	*23 790 000*	*25 247 500*	*23 790 000*	*27 247 500*	*24 456 667*	*27 247 500*	*23 790 000*	*+39,09%*	*-14,95%*
	18 — Migration et affaires intérieures	—	*p.m.*	*p.m.*	*p.m.*	*p.m.*	*p.m.*	*p.m.*	*p.m.*	*p.m.*	*p.m.*		
	33 — Justice et consommateurs	*p.m.*	*p.m.*	*1 000 000*	*500 000*	*1 000 000*	*500 000*	*1 000 000*	*500 000*	*1 000 000*	*500 000*		
	Projets pilotes et actions préparatoires	16 350 000	18 127 807	p.m.	12 307 210	p.m.	12 307 210	11 075 000	19 757 210	11 075 000	16 807 210	-32,26%	-7,28%
	02 — Marché intérieur, industrie, entrepreneuriat et PME	*p.m.*	*350 000*	*p.m.*	*285 000*	*p.m.*	*285 000*	*p.m.*	*285 000*	*p.m.*	*285 000*		*-18,57%*
	04 — Emploi, affaires sociales et inclusion	*p.m.*	*360 525*	*p.m.*	*p.m.*	*p.m.*	*p.m.*	*p.m.*	*p.m.*	*p.m.*	*p.m.*		*-100,00%*
	09 — Réseaux de communication, contenu et technologies	*4 500 000*	*3 603 579*	*p.m.*	*1 714 515*	*p.m.*	*1 714 515*	*3 100 000*	*3 964 515*	*3 100 000*	*2 839 515*	*-31,11%*	*-21,20%*
	15 — Éducation et culture	*2 300 000*	*2 066 889*	*p.m.*	*1 150 000*	*p.m.*	*1 150 000*	*850 000*	*1 400 000*	*850 000*	*1 325 000*	*-63,04%*	*-35,89%*
	16 — Communication	*1 000 000*	*1 154 280*	*p.m.*	*475 000*	*p.m.*	*475 000*	*500 000*	*500 000*	*500 000*	*500 000*	*-50,00%*	*-56,68%*
	17 — Santé et sécurité alimentaire	*3 050 000*	*3 449 000*	*p.m.*	*3 088 000*	*p.m.*	*3 088 000*	*3 800 000*	*5 363 000*	*3 800 000*	*4 863 000*	*+24,59%*	*+41,00%*
	18 — Migration et affaires intérieures	*500 000*	*2 125 603*	*p.m.*	*1 385 000*	*p.m.*	*1 385 000*	*p.m.*	*1 385 000*	*p.m.*	*1 385 000*	*-100,00%*	*-34,84%*
	23 — Aide humanitaire et protection civile	*2 500 000*	*1 000 000*	*p.m.*	*1 000 000*	*p.m.*	*1 000 000*	*p.m.*	*1 000 000*	*p.m.*	*1 000 000*	*-100,00%*	
	33 — Justice et consommateurs	*2 500 000*	*4 017 931*	*p.m.*	*3 209 695*	*p.m.*	*3 209 695*	*2 825 000*	*5 859 695*	*2 825 000*	*4 609 695*	*+13,00%*	*+14,73%*
	Organismes décentralisés	549 364 460	553 781 930	598 649 337	598 480 337	597 578 239	597 339 459	627 279 600	627 110 600	684 249 337	684 080 337	+24,55%	+23,53%
	17 — Santé et sécurité alimentaire	*164 694 000*	*162 831 470*	*154 402 000*	*154 233 000*	*154 402 000*	*154 163 220*	*154 402 000*	*154 233 000*	*154 402 000*	*154 233 000*	*-6,25%*	*-5,28%*
	18 — Migration et affaires intérieures	*323 467 460*	*329 747 460*	*372 828 600*	*372 828 600*	*372 375 366*	*372 375 366*	*397 111 600*	*397 111 600*	*458 168 600*	*458 168 600*	*+41,64%*	*+38,95%*
	33 — Justice et consommateurs	*61 203 000*	*61 203 000*	*71 418 737*	*71 418 737*	*70 800 873*	*70 800 873*	*75 766 000*	*75 766 000*	*71 678 737*	*71 678 737*	*+17,12%*	*+17,12%*
4	**L'Europe dans le monde**	**8 710 899 029**	**7 478 225 907**	**8 881 729 361**	**9 539 215 403**	**8 718 289 361**	**9 088 775 403**	**9 143 000 000**	**9 671 705 617**	**9 167 033 302**	**10 155 590 403**	**+5,24%**	**+35,80%**
	instrument de flexibilité									*24 033 302*			
	plafond			*9 143 000 000*		*9 143 000 000*		*9 143 000 000*		*9 143 000 000*			
	marge			*261 270 639*		*424 710 639*		*0*		*0*			
	Instrument d'aide de préadhésion (IAP II)	1 574 767 662	1 555 339 842	1 625 286 986	2 079 167 706	1 560 236 986	1 960 117 706	1 636 486 986	2 082 901 040	1 662 286 986	2 079 167 706	+5,56%	+33,68%
	04 — Emploi, affaires sociales et inclusion	*p.m.*	*74 547 800*	*p.m.*	*65 000 000*	*p.m.*	*65 000 000*	*p.m.*	*65 000 000*	*p.m.*	*65 000 000*		*-12,81%*
	05 — Agriculture et développement rural	*94 497 475*	*177 666 467*	*112 552 600*	*425 952 600*	*112 502 600*	*418 902 600*	*112 552 600*	*425 952 600*	*112 552 600*	*425 952 600*	*+19,11%*	*+139,75%*
	13 — Politique régionale et urbaine	*25 516 296*	*386 023 273*	*32 095 269*	*483 883 282*	*22 095 269*	*467 883 282*	*32 095 269*	*483 883 282*	*32 095 269*	*483 883 282*	*+25,78%*	*+25,35%*
	22 — Voisinage et négociations d'élargissement	*1 454 753 891*	*917 102 302*	*1 480 639 117*	*1 104 331 824*	*1 425 639 117*	*1 008 331 824*	*1 491 839 117*	*1 108 065 158*	*1 517 639 117*	*1 104 331 824*	*+4,32%*	*+20,42%*
	Instrument européen de voisinage	2 335 997 381	1 579 301 972	2 135 219 007	2 118 574 743	2 079 719 007	2 018 274 743	2 313 351 465	2 204 618 896	2 186 519 007	2 328 574 743	-6,40%	+47,44%
	13 — Politique régionale et urbaine	*p.m.*	*p.m.*	*1 414 450*	*264 000*	*1 414 450*	*264 000*	*1 414 450*	*264 000*	*1 414 450*	*264 000*		
	22 — Voisinage et négociations d'élargissement	*2 335 997 381*	*1 579 301 972*	*2 133 804 557*	*2 118 310 743*	*2 078 304 557*	*2 018 010 743*	*2 311 937 015*	*2 204 354 896*	*2 185 104 557*	*2 328 310 743*	*-6,46%*	*+47,43%*
	Instrument de coopération au développement (ICD) (21 — Coopération internationale et développement)	2 445 501 297	2 141 729 802	2 613 886 297	2 728 965 194	2 574 036 297	2 585 965 194	2 640 549 170	2 737 852 818	2 629 886 297	2 728 965 194	+7,54%	+27,42%
	Instrument de partenariat pour la coopération avec les pays tiers	118 551 000	94 302 324	125 648 000	109 044 493	124 688 000	98 034 493	125 648 000	109 044 493	125 648 000	109 044 493	+5,99%	+15,63%

19 — Instruments de politique étrangère	*118 551 000*	*71 244 090*	*125 648 000*	*87 992 136*	*124 688 000*	*79 032 136*	*125 648 000*	*87 992 136*	*125 648 000*	*87 992 136*	*+5,99%*	*+23,51%*
21 — Coopération internationale et développement	—	*23 058 234*	—	*21 052 357*	—	*19 002 357*	—	*21 052 357*	—	*21 052 357*		*-8,70%*
Instrument européen pour la démocratie et les droits de l'homme (IEDDH)	181 825 927	154 241 160	185 505 584	180 507 311	185 425 584	155 427 311	186 505 584	180 840 644	185 505 584	180 507 311	+2,02%	+17,03%
19 — Instruments de politique étrangère	*41 853 813*	*30 749 475*	*45 313 292*	*36 993 727*	*45 233 292*	*36 913 727*	*45 313 292*	*36 993 727*	*45 313 292*	*36 993 727*	*+8,27%*	*+20,31%*
21 — Coopération internationale et développement	*139 972 114*	*123 491 685*	*140 192 292*	*143 513 584*	*140 192 292*	*118 513 584*	*141 192 292*	*143 846 917*	*140 192 292*	*143 513 584*	*+0,16%*	*+16,21%*
Instrument contribuant à la stabilité et à la paix	320 146 177	234 045 798	326 650 177	316 419 452	326 600 177	272 369 452	339 325 485	320 644 555	326 650 177	316 419 452	+2,03%	+35,20%
19 — Instruments de politique étrangère	*254 046 177*	*184 177 696*	*260 050 177*	*229 401 200*	*260 050 177*	*210 401 200*	*272 725 485*	*233 626 303*	*260 050 177*	*229 401 200*	*+2,36%*	*+24,55%*
21 — Coopération internationale et développement	*66 100 000*	*49 868 102*	*66 600 000*	*87 018 252*	*66 550 000*	*61 968 252*	*66 600 000*	*87 018 252*	*66 600 000*	*87 018 252*	*+0,76%*	*+74,50%*
Aide humanitaire (23 — Aide humanitaire et protection civile)	928 842 000	974 578 000	932 768 000	1 066 155 205	932 768 000	1 066 155 205	958 768 000	1 092 155 205	1 108 771 941	1 471 155 205	+19,37%	+50,95%
Politique étrangère et de sécurité commune (PESC) (19 — Instruments de politique étrangère)	320 766 000	267 906 623	327 270 000	298 635 000	327 270 000	298 635 000	327 570 000	298 735 000	327 270 000	298 635 000	+2,03%	+11,47%
Instrument relatif à la coopération en matière de sûreté nucléaire (ICSN) (21 — Coopération internationale et développement)	61 159 000	60 185 571	71 802 000	96 986 572	71 802 000	94 686 572	71 802 000	96 986 572	71 802 000	96 986 572	+17,40%	+61,15%
Assistance macrofinancière (AMF) (01 — Affaires économiques et financières)	77 955 000	74 218 061	79 669 000	79 669 000	79 669 000	79 669 000	79 669 000	79 669 000	79 669 000	79 669 000	+2,20%	+7,34%
Fonds de garantie relatif aux actions extérieures (01 — Affaires économiques et financières)	144 409 518	144 409 518	257 121 792	257 121 792	257 121 792	257 121 792	257 121 792	257 121 792	257 121 792	257 121 792	+78,05%	+78,05%
Mécanisme de protection civile de l'Union (23 — Aide humanitaire et protection civile)	16 934 000	13 097 306	17 551 000	18 861 429	17 551 000	18 861 429	17 551 000	18 861 429	17 551 000	18 861 429	+3,64%	+44,01%
Initiative "Volontaires de l'aide de l'UE" (VAUE) (23 — Aide humanitaire et protection civile)	14 765 000	10 975 812	17 874 000	14 189 000	17 824 000	14 139 000	17 874 000	14 189 000	17 874 000	14 189 000	+21,06%	+29,28%
Autres actions et programmes	76 404 067	65 959 864	81 759 518	78 209 648	79 859 518	72 609 648	83 759 518	78 876 315	83 759 518	78 209 648	+9,63%	+18,57%
01 — Affaires économiques et financières	*p.m.*	*p.m.*	*p.m.*	*p.m.*	*p.m.*	*p.m.*	*p.m.*	*p.m.*	*p.m.*	*p.m.*		
05 — Agriculture et développement rural	*4 675 000*	*4 201 456*	*6 966 518*	*6 966 518*	*6 016 518*	*4 436 518*	*6 966 518*	*6 966 518*	*6 966 518*	*6 966 518*	*+49,02%*	*+65,81%*
07 — Environnement	*3 600 000*	*3 235 347*	*4 000 000*	*4 000 000*	*4 000 000*	*3 415 000*	*4 000 000*	*4 000 000*	*4 000 000*	*4 000 000*	*+11,11%*	*+23,63%*
13 — Politique régionale et urbaine	*30 600 000*	*18 722 539*	*31 212 000*	*23 782 000*	*31 212 000*	*23 782 000*	*33 212 000*	*24 448 667*	*33 212 000*	*23 782 000*	*+8,54%*	*+27,02%*
14 — Fiscalité et union douanière	*1 218 352*	*1 094 941*	*1 115 000*	*1 115 000*	*1 115 000*	*1 040 000*	*1 115 000*	*1 115 000*	*1 115 000*	*1 115 000*	*-8,48%*	*+1,83%*
17 — Santé et sécurité alimentaire	*486 000*	*436 772*	*490 000*	*490 000*	*490 000*	*455 000*	*490 000*	*490 000*	*490 000*	*490 000*	*+0,82%*	*+12,19%*
21 — Coopération internationale et développement	*34 974 715*	*37 504 908*	*37 092 000*	*40 972 130*	*36 142 000*	*38 672 130*	*37 092 000*	*40 972 130*	*37 092 000*	*40 972 130*	*+6,05%*	*+9,24%*
34 — Action pour le climat	*850 000*	*763 901*	*884 000*	*884 000*	*884 000*	*809 000*	*884 000*	*884 000*	*884 000*	*884 000*	*+4,00%*	*+15,72%*
Actions financées dans le cadre des prérogatives de la Commission et des compétences spécifiques conférées à la Commission	63 940 000	71 598 599	63 762 000	60 755 980	63 762 000	60 755 980	64 062 000	60 855 980	63 762 000	60 755 980	-0,28%	-15,14%
19 — Instruments de politique étrangère	*12 500 000*	*12 236 901*	*12 500 000*	*12 500 000*	*12 500 000*	*12 500 000*	*12 500 000*	*12 500 000*	*12 500 000*	*12 500 000*		*+2,15%*
20 — Commerce	*15 802 000*	*24 473 802*	*16 500 000*	*15 000 000*	*16 500 000*	*15 000 000*	*16 800 000*	*15 100 000*	*16 500 000*	*15 000 000*	*+4,42%*	*-38,71%*
21 — Coopération internationale et développement	*35 638 000*	*34 887 896*	*34 762 000*	*33 255 980*	*34 762 000*	*33 255 980*	*34 762 000*	*33 255 980*	*34 762 000*	*33 255 980*	*-2,46%*	*-4,68%*
22 — Voisinage et négociations d'élargissement	*p.m.*	*p.m.*	*p.m.*	*p.m.*	*p.m.*	*p.m.*	*p.m.*	*p.m.*	*p.m.*	*p.m.*		
Projets pilotes et actions préparatoires	8 990 000	16 390 655	p.m.	15 996 878	p.m.	15 996 878	3 000 000	18 396 878	3 000 000	17 371 878	-66,63%	+5,99%
07 — Environnement	*p.m.*	*335 789*	*p.m.*	*p.m.*	*p.m.*	*p.m.*	*p.m.*	*p.m.*	*p.m.*	*p.m.*		*-100,00%*
08 — Recherche et innovation	*p.m.*	*p.m.*	*p.m.*	*p.m.*	*p.m.*	*p.m.*	*p.m.*	*p.m.*	*p.m.*	*p.m.*		
18 — Migration et affaires intérieures	*p.m.*	*p.m.*	*p.m.*	*p.m.*	*p.m.*	*p.m.*	*p.m.*	*p.m.*	*p.m.*	*p.m.*		
19 — Instruments de politique étrangère	*p.m.*	*p.m.*	*p.m.*	*p.m.*	*p.m.*	*p.m.*	*p.m.*	*p.m.*	*p.m.*	*p.m.*		
20 — Commerce							*300 000*	*300 000*	*300 000*	*150 000*		
21 — Coopération internationale et développement	*8 990 000*	*12 635 162*	*p.m.*	*13 955 508*	*p.m.*	*13 955 508*	*2 700 000*	*16 055 508*	*2 700 000*	*15 180 508*	*-69,97%*	*+20,14%*
22 — Voisinage et négociations d'élargissement	*p.m.*	*2 731 338*	*p.m.*	*2 041 370*	*p.m.*	*2 041 370*	*p.m.*	*2 041 370*	*p.m.*	*2 041 370*		*-25,26%*
23 — Aide humanitaire et protection civile	*p.m.*	*688 366*	*p.m.*	*p.m.*	*p.m.*	*p.m.*	*p.m.*	*p.m.*	*p.m.*	*p.m.*		*-100,00%*
Organismes décentralisés (04 — Emploi, affaires sociales et inclusion)	19 945 000	19 945 000	19 956 000	19 956 000	19 956 000	19 956 000	19 956 000	19 956 000	19 956 000	19 956 000	+0,06%	+0,06%

5	**Administration**	**8 660 345 589**	**8 658 632 705**	**8 908 692 052**	**8 910 192 052**	**8 877 538 473**	**8 879 038 473**	**8 912 623 052**	**8 912 923 052**	**8 935 176 052**	**8 935 076 052**	**+3,17%**	**+3,19%**
	plafond			*9 483 000 000*		*9 483 000 000*		*9 483 000 000*		*9 483 000 000*			
	marge			*574 307 948*		*605 461 527*		*570 376 948*		*547 823 948*			
	Pensions et Écoles européennes	1 719 280 400	1 719 280 400	1 812 595 480	1 812 595 480	1 812 595 480	1 812 595 480	1 812 595 480	1 812 595 480	1 812 595 480	1 812 595 480	+5,43%	+5,43%
	Pensions	1 559 377 435	1 559 377 435	1 640 510 000	1 640 510 000	1 640 510 000	1 640 510 000	1 640 510 000	1 640 510 000	1 640 510 000	1 640 510 000	+5,20%	+5,20%
	Écoles européennes	159 902 965	159 902 965	172 085 480	172 085 480	172 085 480	172 085 480	172 085 480	172 085 480	172 085 480	172 085 480	+7,62%	+7,62%
	Dépenses administratives des institutions	**6 941 065 189**	**6 939 352 305**	**7 096 096 572**	**7 097 596 572**	**7 064 942 993**	**7 066 442 993**	**7 100 027 572**	**7 100 327 572**	**7 122 580 572**	**7 122 480 572**	**+2,62%**	**+2,64%**
	sous-plafond			*7 679 000 000*		*7 679 000 000*		*7 679 000 000*		*7 679 000 000*			
	sous-marge			*582 903 428*		*614 057 007*		*578 972 428*		*556 419 428*			
	Parlement européen	1 794 729 112	1 794 729 112	1 838 448 600	1 838 448 600	1 838 448 600	1 838 448 600	1 838 448 600	1 838 448 600	1 838 188 600	1 838 188 600	+2,42%	+2,42%
	Conseil européen et Conseil	541 791 500	541 791 500	545 054 000	545 054 000	545 054 000	545 054 000	545 054 000	545 054 000	545 054 000	545 054 000	+0,60%	+0,60%
	Commission	3 274 965 000	3 273 252 116	3 325 601 200	3 327 101 200	3 306 305 196	3 307 805 196	3 328 091 200	3 328 391 200	3 351 965 200	3 351 865 200	+2,35%	+2,40%
	Commission (hors offices)	2 978 096 000	2 977 763 116	3 031 247 000	3 031 247 000	3 013 540 936	3 013 540 936	3 031 287 000	3 031 287 000	3 055 161 000	3 055 161 000	+2,59%	+2,60%
	Annexe 2 - Office des publications	79 839 000	79 839 000	79 251 200	79 251 200	78 948 564	78 948 564	79 251 200	79 251 200	79 251 200	79 251 200	-0,74%	-0,74%
	Annexe 3 - Office européen de lutte antifraude	57 746 000	57 746 000	59 055 000	59 055 000	58 699 020	58 699 020	59 055 000	59 055 000	59 055 000	59 055 000	+2,27%	+2,27%
	Annexe 4 - Office européen de sélection du personnel	26 648 000	26 648 000	26 430 000	26 430 000	26 270 505	26 270 505	26 430 000	26 430 000	26 430 000	26 430 000	-0,82%	-0,82%
	Annexe 5 - Office de gestion et de liquidation des droits individuels	37 025 000	37 025 000	37 520 000	37 520 000	37 297 740	37 297 740	37 520 000	37 520 000	37 520 000	37 520 000	+1,34%	+1,34%
	Annexe 6 - Office pour les infrastructures et la logistique — Bruxelles	68 528 000	68 528 000	68 440 000	68 440 000	68 105 934	68 105 934	68 440 000	68 440 000	68 440 000	68 440 000	-0,13%	-0,13%
	Annexe 7 - Office pour les infrastructures et la logistique — Luxembourg	24 083 000	24 083 000	23 658 000	23 658 000	23 442 497	23 442 497	23 658 000	23 658 000	23 658 000	23 658 000	-1,76%	-1,76%
	Projets pilotes et actions préparatoires	3 000 000	1 620 000	p.m.	1 500 000	p.m.	1 500 000	2 450 000	2 750 000	2 450 000	2 350 000	-18,33%	+45,06%
	Organismes décentralisés	p.m.	p.m.	p.m.	p.m.	p.m.	p.m.	p.m.	p.m.	p.m.	p.m.		
	Cour de justice de l'Union européenne	357 062 000	357 062 000	377 866 000	377 866 000	375 872 000	375 872 000	379 227 000	379 227 000	378 166 000	378 166 000	+5,91%	+5,91%
	Cour des comptes	132 906 000	132 906 000	135 487 100	135 487 100	134 362 100	134 362 100	135 487 100	135 487 100	135 487 100	135 487 100	+1,94%	+1,94%
	Comité économique et social européen	129 055 970	129 055 970	130 171 475	130 171 475	129 867 150	129 867 150	130 171 475	130 171 475	130 171 475	130 171 475	+0,86%	+0,86%
	Comité des régions	88 867 199	88 867 199	90 168 203	90 168 203	89 968 203	89 968 203	90 248 203	90 248 203	90 248 203	90 248 203	+1,55%	+1,55%
	Médiateur européen	10 091 105	10 091 105	10 383 951	10 383 951	10 248 951	10 248 951	10 383 951	10 383 951	10 383 951	10 383 951	+2,90%	+2,90%
	Contrôleur européen de la protection des données	8 760 417	8 760 417	9 288 043	9 288 043	9 153 043	9 153 043	9 288 043	9 288 043	9 288 043	9 288 043	+6,02%	+6,02%
	Service européen pour l'action extérieure	602 836 886	602 836 886	633 628 000	633 628 000	625 663 750	625 663 750	633 628 000	633 628 000	633 628 000	633 628 000	+5,11%	+5,11%
6	**Compensations**	**p.m.**	**p.m.**	**p.m.**	**p.m.**	**p.m.**	**p.m.**	**p.m.**	**p.m.**	**p.m.**	**p.m.**		
	plafond			*0*		*0*		*0*		*0*			
	marge			*0*		*0*		*0*		*0*			
	Compensations (27 — Budget)	p.m.	p.m.	p.m.	p.m.	p.m.	p.m.	p.m.	p.m.	p.m.	p.m.		
	Rubriques du CFP	**161 725 191 569**	**140 895 917 356**	**153 307 848 781**	**143 152 453 114**	**152 744 232 759**	**141 730 617 807**	**156 902 735 086**	**146 050 315 128**	**154 479 561 148**	**143 496 295 484**	**-4,48%**	**+1,85%**
	instrument de flexibilité			*123 966 698*	*45 700 000*	*98 855 260*	*0*	*123 966 698*	*45 700 000*	*1 530 000 000*	*0*		
	marge globale pour engagements			*543 000 000*		*543 000 000*		*543 000 000*		*543 000 000*			
	plafond			*154 738 000 000*	*144 685 000 000*	*154 738 000 000*	*144 685 000 000*	*154 738 000 000*	*144 685 000 000*	*154 738 000 000*	*144 685 000 000*		
	marge (2)			*2 097 117 917*	*1 578 246 886*	*2 635 622 501*	*2 954 382 193*	*- 1 497 768 388*	*- 1 319 615 128*	*2 331 438 852*	*1 188 704 516*		
	Crédits en % du RNB (3)(4)	**1,16%**	**1,01%**	**1,04%**	**0,97%**	**1,04%**	**0,96%**	**1,07%**	**0,99%**	**1,05%**	**0,98%**		

(1) Ce montant, résultant de l'arrondi des calculs du sous-plafond et du transfert net, est exclu lors du calcul de la sous-marge

(2) Ces montants sont calculés sans tenir compte des crédits pour instruments spéciaux (réserve pour aides d'urgence, Fonds européen d'ajustement à la mondialisation, Fonds de solidarité de l'UE)

(3) Le RNB pour 2015 est basé sur les prévisions de RNB publiées après la réunion tenue le 19 mai 2014 par le Comité consultatif des ressources propres (CCRP)

(4) Le RNB pour 2016 est basé sur les prévisions de RNB publiées après la réunion tenue le 19 mai 2015 par le Comité consultatif des ressources propres (CCRP)

INSTRUMENTS SPÉCIAUX

Description	1		2		3		4		5		5/1	
	Budget pour 2015 (BR n° 1/2015 à 8/2015 inclus)		Projet de budget pour 2016 (lettre rectificative n° 1/2016 incluse)		Position du Conseil sur le projet de budget pour 2016 (lettre rectificative n° 1/2016 incluse)		Amendements du Parlement européen		Budget pour 2016		Différence (%)	
	c/e	c/p	c/e	c/p	c/e	c/p	c/e	c/p	c/e	c/p	c/e	c/p
Réserve pour aides d'urgence (RAU)	303 000 000	150 000 000	309 000 000	309 000 000	309 000 000	309 000 000	309 000 000	309 000 000	309 000 000	309 000 000	+1,98%	+106,00%
Fonds européen d'ajustement à la mondialisation (FEM)	162 365 000	25 000 000	165 612 000	30 000 000	165 612 000	30 000 000	165 612 000	50 000 000	165 612 000	30 000 000	+2,00%	+20,00%
Fonds de solidarité de l'Union européenne (FSUE)	82 780 615	209 505 583	50 000 000	50 000 000	50 000 000	50 000 000	50 000 000	50 000 000	50 000 000	50 000 000	-39,60%	-76,13%
Instruments spéciaux	548 145 615	384 505 583	524 612 000	389 000 000	524 612 000	389 000 000	524 612 000	409 000 000	524 612 000	389 000 000	-4,29%	+1,17%

TOTAL

Description	1		2		3		4		5		5/1	
	Budget pour 2015 (BR n° 1/2015 à 8/2015 inclus)		Projet de budget pour 2016 (lettre rectificative n° 1/2016 incluse)		Position du Conseil sur le projet de budget pour 2016 (lettre rectificative n° 1/2016 incluse)		Amendements du Parlement européen		Budget pour 2016		Différence (%)	
	c/e	c/p	c/e	c/p	c/e	c/p	c/e	c/p	c/e	c/p	c/e	c/p
Rubriques du CFP	161 725 191 569	140 895 917 356	153 307 848 781	143 152 453 114	152 744 232 759	141 730 617 807	156 902 735 086	146 050 315 128	154 479 561 148	143 496 295 484	-4,48%	+1,85%
Instruments spéciaux	548 145 615	384 505 583	524 612 000	389 000 000	524 612 000	389 000 000	524 612 000	409 000 000	524 612 000	389 000 000	-4,29%	+1,17%
Total général	162 273 337 184	141 280 422 939	153 832 460 781	143 541 453 114	153 268 844 759	142 119 617 807	157 427 347 086	146 459 315 128	155 004 173 148	143 885 295 484	-4,48%	+1,84%
Crédits en % du RNB (1)(2)	1,16%	1,01%	1,05%	0,98%	1,04%	0,97%	1,07%	1,00%	1,05%	0,98%		

(1) Le RNB pour 2015 est basé sur les prévisions de RNB publiées après la réunion tenue le 19 mai 2014 par le Comité consultatif des ressources propres (CCRP)

(2) Le RNB pour 2016 est basé sur les prévisions de RNB publiées après la réunion tenue le 19 mai 2015 par le Comité consultatif des ressources propres (CCRP)

LES MOBILISATIONS DU FONDS EUROPÉEN D'AJUSTEMENT À LA MONDIALISATION EN 2015

Le Fonds européen d'ajustement à la mondialisation (FEM) a été mobilisé dix-sept fois en 2015, pour un montant total de 43,4 millions d'euros en crédits d'engagement et de paiement.

Les trois premières mobilisations ont été effectuées sur la base du règlement de 2006[1], le reste des mobilisations étant effectuées sur la base du nouveau règlement de 2013[2].

Ces mobilisations peuvent être résumées comme suit :

- la première mobilisation, pour un montant de 1 million d'euros, est intervenue le 11 mars 2015 à la suite de 708 licenciements dans deux entreprises exerçant leur activité dans le secteur de la fabrication de métaux de base en Belgique[3] ;

- la deuxième mobilisation, pour un montant de 0,1 million d'euros, est intervenue le 11 mars 2015 à la suite de 615 licenciements dans trois entreprises exerçant leur activité dans le secteur de la chimie et des produits chimiques en Pologne[4] ;

- la troisième mobilisation, pour un montant de 1,3 million d'euros, est intervenue le 11 mars 2015 à la suite de 257 licenciements au sein de l'entreprise Saint-Gobain Sekurit exerçant son activité dans le secteur du verre et des produits verriers en Belgique[5] ;

- la quatrième mobilisation, pour un montant de 1,2 million d'euros, est intervenue le 11 mars 2015 à la suite de 1 030 licenciements dans l'entreprise Caterpillar exerçant son activité dans le secteur de la fabrication de machines et équipements en Belgique[6] ;

- la cinquième mobilisation, pour un montant de 1,6 million d'euros, est intervenue le 11 mars 2015 à la suite de 1 285 licenciements dans l'entreprise Arcelor-Mittal opérant dans le secteur des métaux de base en Belgique[7] ;

- la sixième mobilisation, pour un montant de 1,1 million d'euros, est intervenue le 11 mars 2015 à la suite de 657 licenciements dans trois entreprises exerçant leur activité dans les secteurs de l'électronique et des produits optiques en Allemagne[8] ;

- la septième mobilisation, pour un montant de 3,7 millions d'euros, est intervenue le 15 avril 2015 à la suite de 705 licenciements dans 46 entreprises exerçant leur activité dans le secteur de l'édition en Grèce[9] ;

---

[1] Règlement (CE) n° 1927/2006 du Parlement européen et du Conseil, du 20 décembre 2006, portant création du FEM, tel que modifié par le règlement n° 546/2009 (JO L 167 du 29.6.2009, pp. 26/29).

[2] Règlement (UE) n° 1309/2013 du Parlement européen et du Conseil, du 17 décembre 2013, relatif au Fonds européen d'ajustement à la mondialisation pour la période 2014-2020 et abrogeant le règlement (CE) n° 1927/2006 (JO L 347 du 20.12.2013, pp. 855/864).

[3] JO L 76 du 20.3.2015, pp. 52/53.

[4] *Ibid.*, pp. 54/55.

[5] *Ibid.*, pp. 56/57.

[6] *Ibid.*, pp. 58/59.

[7] *Ibid.*, pp. 60/61.

[8] *Ibid.*, pp. 62/63.

[9] JO L 106 du 24.4.2015, pp. 25/26.

- la huitième mobilisation pour un montant de 2,5 millions d'euros, est intervenue le 15 avril 2015 à la suite de 424 licenciements dans trois entreprises exerçant leur activité dans le secteur de la réparation et de l'installation de machines et d'équipements aéronautiques en Irlande[10] ;

- la neuvième mobilisation, pour un montant de 5 millions d'euros, est intervenue le 15 avril 2015 à la suite de 928 licenciements dans 16 entreprises exerçant leur activité dans le secteur de la diffusion en Grèce[11] ;

- la dixième mobilisation, pour un montant de 6,1 millions d'euros, est intervenue le 29 avril 2015 à la suite de 2 513 licenciements dans l'entreprise Mory-Ducros exerçant son activité dans le secteur des transports en France[12] ;

- la onzième mobilisation, pour un montant de 0,6 million d'euros, est intervenue le 8 juillet 2015[13]. Elle est destinée à financer l'assistance technique, conformément à l'article 11 du règlement n° 1309/2013 relatif au FEM[14] ;

- la douzième mobilisation, pour un montant de 1,4 million d'euros, est intervenue le 17 juillet 2015 à la suite de 568 licenciements dans trois entreprises exerçant leur activité dans le secteur du commerce de gros en Finlande[15] ;

- la treizième mobilisation, pour un montant de 6,3 millions d'euros, est intervenue le 6 octobre 2015 à la suite de 5 111 licenciements dans douze entreprises exerçant leur activité dans le secteur de la construction de véhicules automobiles en Belgique[16] ;

- la quatorzième mobilisation, pour un montant de 1,4 million d'euros, est intervenue le 6 octobre 2015 à la suite de 1 249 licenciements dans l'entreprise Alitalia exerçant son activité dans le secteur du transport aérien en Italie[17] ;

- la quinzième mobilisation, pour un montant de 7 millions d'euros, est intervenue le 6 octobre 2015 à la suite de 2 881 licenciements dans deux entreprises exerçant leur activité dans le secteur de la construction de véhicules automobiles en Allemagne[18] ;

- la seizième mobilisation, pour un montant de 2,6 millions d'euros, est intervenue le 16 décembre 2015 à la suite de 1 603 licenciements dans 69 entreprises exerçant leur activité dans le secteur de la programmation et des conseils en informatique en Finlande[19], et

- la dix-septième mobilisation, pour un montant de 0,4 million d'euros, est intervenue le 16 décembre 2015 à la suite de 108 licenciements dans deux entreprises exerçant leur activité dans le secteur de la réparation et de l'installation de machines et d'équipements en Irlande[20].

---

[10] JO L 106 du 24.4.2015, pp. 27/28.
[11] *Ibid.*, pp. 29/30.
[12] JO L 117 du 8.5.2015, pp. 47/48.
[13] JO L 192 du 18.7.2015, pp. 11/12.
[14] JO L 347 du 20.12.2013, p. 860.
[15] JO L 225 du 28.8.2015, pp. 14/15.
[16] JO L 275 du 20.10.2015, pp. 24/25.
[17] *Ibid.*, pp. 26/27.
[18] *Ibid.*, pp. 28/29.
[19] JO L 339 du 24.12.2015, pp. 44/45.
[20] *Ibid.*, pp. 46/47.

DÉCLARATION COMMUNE, DU 19 MAI 2015, RELATIVE À UN ÉCHÉANCIER DE PAIEMENT 2015-2016[1]

"S'appuyant sur la déclaration commune relative à un échéancier de paiement approuvée en décembre 2014 dans le cadre de l'accord intervenu sur les budgets 2014 et 2015, les trois institutions ont évalué conjointement l'état de la situation et les perspectives concernant les paiements au titre du budget de l'UE, sur la base du document transmis par la Commission le 23 mars 2015.

Le Parlement européen, le Conseil et la Commission sont d'accord sur les points suivants :

1. État de la situation

Le Parlement européen et le Conseil prennent acte de l'évaluation approfondie présentée par la Commission dans le document intitulé "*Elements for a payment plan to bring the EU budget back onto a sustainable track*" (voir annexe[2]), qui constitue une base analytique devant permettre de repérer les principaux facteurs qui sont à l'origine de l'augmentation du niveau des demandes de paiement en attente en fin d'année et d'atteindre l'objectif consistant à réduire le niveau des factures impayées, l'accent étant mis en particulier sur la mise en œuvre des programmes relevant de la politique de cohésion pour la période 2007-2013.

a) La contrainte liée aux crédits de paiement autorisés dans les budgets précédents, conjuguée au cycle de mise en œuvre des programmes de cohésion, a entraîné l'accumulation progressive d'un arriéré intenable de demandes de paiement en attente en fin d'année, atteignant le niveau sans précédent de 24,7 milliards d'euros à la fin de l'année 2014. Néanmoins, les institutions constatent que les décisions difficiles qui ont été prises en ce qui concerne les budgets 2014 et 2015 ont largement permis de stabiliser cet arriéré.

b) Par ailleurs, l'insuffisance des paiements s'est traduite par un ralentissement de la mise en œuvre des programmes pour la période 2014-2020 dans d'autres rubriques, dû notamment au souci de remplir les obligations contractuelles découlant d'engagements antérieurs et d'éviter ainsi le risque de devoir verser des intérêts de retard, à un moment où l'on espère que certains programmes clés contribueront à la croissance et à l'emploi en Europe et assureront le rôle de l'Union sur la scène internationale.

2. Perspectives

c) Le Parlement européen et le Conseil prennent acte des perspectives présentées par la Commission pour 2015 et 2016 : l'analyse indique qu'il pourrait être possible de ramener l'arriéré des demandes de paiement en attente en fin d'année pour les programmes de cohésion de la période 2007-2013 à un niveau se situant autour de 2 milliards d'euros d'ici la fin de 2016, compte tenu notamment du fait que les programmes de cohésion approchent de leur phase de clôture, et pour autant que des crédits de paiement suffisants soient autorisés dans le cadre du budget 2016. Cela devrait permettre d'éviter des répercussions négatives et des retards inutiles en ce qui concerne la mise en œuvre des programmes pour la période 2014-2020.

d) Le Parlement européen et le Conseil soulignent qu'ils sont déterminés à éliminer progressivement l'arriéré intenable des demandes de paiement en attente pour les programmes de cohésion relevant de la période 2007-2013. Ils s'engagent à coopérer pleinement en vue d'autoriser, dans le cadre du budget 2016, un niveau

---

[1] Doc. *PE P8_TA(2015)0263* du 8 juillet 2015, Annexe II, et *Conseil 9115/15 FIN 369* du 26 mai 2015, pp. 3/6.

[2] Doc. *PE P8_TA(2015)0263*, Annexe II, et *Conseil 9115/15 FIN 369*, pp. 7/48.

de crédits de paiement permettant d'atteindre cet objectif. Dans leurs délibérations, ils tiendront compte des perspectives actuelles, que la Commission prendra en considération et précisera dans ses estimations pour le projet de budget 2016.

e) La Commission continuera de suivre de près l'évolution de l'arriéré et, si nécessaire, proposera des mesures appropriées pour garantir une progression ordonnée des crédits de paiement, qui soit compatible avec les crédits d'engagement autorisés.

f) Les trois institutions rappellent leur engagement à suivre de près l'état de l'exécution des paiements tout au long de 2015. Dans le cadre de leur échange de vues régulier, elles confirment leur volonté d'organiser des réunions interinstitutionnelles spéciales à ce sujet le 26 mai, le 14 juillet et le 19 octobre, afin de garantir la viabilité de la procédure budgétaire. À cet égard, ces réunions interinstitutionnelles devraient également porter sur les prévisions à plus long terme concernant l'évolution attendue des paiements jusqu'à la fin du cadre financier pluriannuel (CFP) actuel, la Commission étant invitée à présenter, le cas échéant, des scénarios alternatifs.

g) Afin de faciliter le processus de suivi de la situation pour les programmes de la période 2007-2013, la Commission présentera en juillet et en octobre des rapports sur la mise en œuvre du budget, tant par rapport aux prévisions mensuelles pour l'année concernée que par rapport à l'année précédente, ainsi que sur l'évolution de l'arriéré des demandes de paiement en attente dans la sous-rubrique *1b*.

h) Ayant à cœur d'éviter à l'avenir l'accumulation d'un tel arriéré, le Parlement européen et le Conseil demandent à la Commission d'examiner minutieusement la mise en œuvre des programmes pour la période 2014-2020 et de mettre en place un système d'alerte précoce. Afin de parvenir à ce résultat, la Commission s'engage à élaborer des outils appropriés pour présenter, au cours de la procédure budgétaire, des prévisions à cycle continu concernant les paiements, par (sous)rubrique, pour les (sous)rubriques *1b*, *2* et *5*, et par programme, pour les (sous)rubriques *1a*, *3* et *4*, l'accent étant mis sur les années N et N+1, y compris l'évolution des factures impayées et des restes à liquider (RAL) ; ces prévisions seront mises à jour à intervalles réguliers sur la base des décisions budgétaires et de toute évolution pertinente ayant une incidence sur les profils de paiement des programmes ; les prévisions de paiement seront présentées en juillet, dans le cadre des réunions interinstitutionnelles consacrées aux paiements prévues au point 36, troisième alinéa, de l'annexe de l'accord interinstitutionnel.

i) Cela devrait permettre à l'autorité budgétaire de prendre les décisions nécessaires en temps utile, afin d'éviter à l'avenir l'accumulation d'un arriéré intenable de demandes de paiement en attente en fin d'année, tout en respectant et en mettant en œuvre pleinement les accords dégagés dans le cadre du CFP et des procédures budgétaires annuelles."

NOTE DE LA COMMISSION, DU 19 DÉCEMBRE 2014, SUR LES PARAMÈTRES À RETENIR POUR L'ÉTABLISSEMENT DES ÉTATS PRÉVISIONNELS ET DU PROJET DE BUDGET POUR 2016

EUROPEAN COMMISSION
Budget

Director-General

Brussels,

NOTE TO

Mr KLETHI
Director General for Finance, European Parliament
Mr SHAPCOTT
Director General for Administration, Council
Mr PLANAS PUCHADES
Secretary General of European Economic and Social Committee
Mr BURIÁNEK
Secretary-General of the Committee of the Regions
Mr CALOT ESCOBAR
Registrar of the European Court of Justice
Mr RUIZ GARCIA
Secretary General of the Court of Auditors
Ms O'REILLY
European Ombudsman
Mr HUSTINX
European Data Protection Supervisor
Mr CHILD
Managing Director Administration and Finances of the European External Action Service

Subject: **Establishment of the 2016 Statement of estimates and Draft Budget (DB)**

Please find hereafter the key parameters for establishing the 2016 Statement of estimates and Draft Budget (DB 2016).

1. ESTIMATION OF APPROPIRATIONS IN EUROS

The exchange rate to be used, where necessary, corresponds to the value of the euro on 30 September 2014, which may be found at the following address:

http://ec.europa.eu/budget/inforeuro/

2. APPROPRIATIONS OF CHAPTERS 10, 11 AND 12

The Commission requests the Institutions to base their assessments on the following estimates for the 2016 adaptations of the staff remuneration:

Pay adjustment to be decided in December 2015 with effect from 1 July 2015

	Reference period	Estimates
Purchasing Power	1.7.2014 - 30.6.2015	0,3%
Cost of living	June 2014 - June 2015	0,9%
2015 Adjustment of Staff remuneration		**1,2%**

Pay adjustment to be decided in December 2016 with effect from 1 July 2016

	Reference period	Estimates
Purchasing Power	1.7.2015 - 30.6.2016	0,3%
Cost of living	June 2015 - June 2016	1,5%
2016 Adjustment of Staff remuneration		**1,8%**

3. MACRO-ECONOMIC DATA (PROVISIONAL FIGURES)

The amounts for administrative expenditure should be expressed in current prices. The evolution of the cost of living for the period December 2015 to December 2016 is estimated at 1,3% for Brussels and 1,9% for Luxembourg.

4. EXPENDITURE RELATING TO PENSIONS OF MEMBERS OF THE INSTITUTION

All Institutions with Members are requested to provide the Commission with accurate forecasts of pension expenditure for their Members (for DB 2016 as well as for the period 2017 – 2020), to enable the Commission to include this type of expenditure in its own Section, for all Institutions concerned.

5. EVOLUTION OF THE NUMBER OF EXTERNAL STAFF

In accordance with Article 38 of the Financial Regulation a summary table on the evolution of external staff shall be sent to the Budget Authority along with the Draft Budget. All Institutions are therefore requested to provide the Commission with the estimated number of full-time equivalents (FTE) per type of external staff[1] and the related appropriations in budget 2015 and requested for 2016, along with the official transmission of the draft statement of estimates. The data should be transmitted by using the template annexed to the present note.

6. CALENDAR

In accordance with article 36 of the Financial Regulation, all the Institutions should send the Commission an estimate of their revenue and expenditure before 1 July.

However, to enable the Commission to comply with the pragmatic budget calendar, I would be grateful if you could send us the estimates according to the following calendar:

- **by 18 March** at the latest
  - the total amount in revenue and expenditure of your 2016 estimates, including a breakdown between salary-related and non-salary related expenditure and expenditure relating to Members;
  - the indicative programming for the years 2017-2020 of the total amount in expenditure and the number of posts.
- **by 27 March** at the latest, a copy of the official transmission of your estimates to the Commission.

Nadia Calviño

Annex: Template 'Evolution of external staff'

c.c.: Messrs.: Kessler (OLAF), Bearfield (EPSO);
Mrs Souka (HR), Reicherts (OP); Messrs Guerend, O'Neill (EEAS)
Mrs Philaniotou, Hevicke, Vanderlinden (BUDG);
Messrs.: Presa, Bertrand (BUDG)

[1] Contract agents, local agents, seconded national experts, "intérimaires", parliamentary assistants

LETTRE DE LA COMMISSION, DU 3 FÉVRIER 2015, CONCERNANT L'ÉTABLISSEMENT DES ÉTATS PRÉVISIONNELS POUR 2016 DES INSTITUTIONS DE L'UNION EUROPÉENNE

European
Commission

Kristalina Georgieva
Vice-president
Budget and Human Resources

Brussels, 03 FEB. 2015
ju-ca-04.cab staff.dir(2015)472168

Subject: Establishment of estimates of administrative expenditure of Institutions for the 2016 Draft Budget

Dear President,

As substantial fiscal consolidation in Member States is set to continue, administrative expenditure will continue to be subject to close scrutiny. It is our common duty to follow a rigorous approach in the preparation of the 2016 Draft Budget.

Point 27 of the Interinstitutional Agreement on budgetary discipline, cooperation in budgetary matters and on sound financial management requires that all Institutions reduce staffing levels by 5% over five years. The Commission already implemented three annual 1% reduction steps in the 2013, 2014 and 2015 budgets. In 2016, the Commission will further reduce the number of its human resources (establishment plans and other personnel) by another 1%. This means that any new tasks will be met through available (and decreasing) human resources. I would like to recall that this commitment concerns all Institutions, which are expected to contribute to containing the evolution of administrative expenditure, therefore similar letter has been sent to: **Mr Martin Schulz**, President of the European Parliament; **Mr Vassilios Skouris**, President of the European Court of Justice; **Mr Vítor Manuel Da Silva Caldeira**, President of the Court of Auditors; **Ms Federica Mogherini**, High Representative, European External Action Service; **Mr Henri Malosse**, President of European Economic and Social Committee; **Mr Michel Lebrun**, President of the Committee of the Regions; **Ms Emily O'Reilly**, European Ombudsman; **Mr Giovanni Buttarelli**, European Data Protection Supervisor.

I would also like to draw your attention to the requirements of Article 38.3 (b)(v) of the Financial Regulation, concerning the information on the number of full-time equivalents for each category of external staff and related appropriations. As the Commission will have to submit the consolidated data of all Institutions to the Budget Authority together with the Draft Budget, the related information should be sent to the Commission by 27 March at the latest.

The Commission will base its budget request for salary expenditure on an expected annual increase of 1.8% for 2016 (i.e. 0.9% on a six month basis). For all non-salary related expenditure (excluding pensions and the European Schools) the Commission will aim at a nominal freeze at the 2015 level. Since part of such expenditure is often subject to indexation (e.g. for rents), a nominal freeze will require further savings in other expenditure items. As in previous years, Institutions are invited to make similar efforts and exploit to the maximum extent all possibilities for rationalisation and savings.

Mr Jānis Reirs,
President of the Council

Rue de la Loi/Wetstraat 200
1049 Bruxelles - Office: BERL 12/297
Tel.: +32-2-298.71.37 - Fax: +32-2-299.53.72
E-mail: kristalina.georgieva@ec.europa.eu

Based on the expenditure levels authorised in the 2015 budget, the Commission's share accounts for 38% c total administrative expenditure under Heading 5, compared to 42% for the other Institutions (pensions an European schools, common to all Institutions, account for the remainder). Therefore, the overall evolution c administrative expenditure depends on budgetary demands from other Institutions at least as much as on th Commission.

That is why I would like to call on all Institutions to follow the Commission approach, and pursue their effort towards containing their requests when preparing their own estimates of expenditure for the draft budge 2016. It is of utmost importance to continue to demonstrate that the European Institutions are actin responsibly.

On this note, I would like to recall the Commission's role in consolidating the draft budget. Article 314§1 c the TFEU states that: "...*each Institution shall...draw up estimates of its expenditure for the following financi year. The Commission shall consolidate these estimates in a draft budget, which may contain differer estimates.*"

I trust you share my concerns and count on your support for submitting estimates of expenditure that th Commission would be able to easily integrate, without modifications, in the 2016 draft budget.

Yours sincerely,

Kristalina Georgieva

DÉCLARATION COMMUNE, DU 30 MARS 2015, SUR LES DATES DE LA PROCÉDURE BUDGÉTAIRE POUR 2016 ET LES MODALITÉS DE FONCTIONNEMENT DU COMITÉ DE CONCILIATION EN 2015[1]

"A. Conformément à la partie A de l'annexe de l'accord interinstitutionnel entre le Parlement européen, le Conseil et la Commission sur la discipline budgétaire, la coopération en matière budgétaire et la bonne gestion financière, le Parlement européen, le Conseil et la Commission fixent les dates pivots ci-après pour la procédure budgétaire pour 2016 :

1. un trilogue sera convoqué le 14 juillet, avant l'adoption de la position du Conseil ;

2. le Conseil fera le nécessaire pour adopter sa position et la transmettre au Parlement européen pour la semaine 38 (troisième semaine de septembre) au plus tard, afin de dégager plus facilement en temps voulu un accord avec le Parlement européen ;

3. la commission des budgets du Parlement européen s'efforcera de voter sur les amendements à la position du Conseil avant la fin de la semaine 42 (mi-octobre) au plus tard ;

4. un trilogue sera convoqué le 19 octobre, avant la lecture du Parlement européen ;

5. le Parlement européen votera en séance plénière dans le cadre de la lecture du projet pendant la semaine 44 (session plénière du 26 au 29 octobre) ;

6. la période de conciliation débutera le 29 octobre. En accord avec les dispositions de l'article 314, paragraphe 4, point c), du TFUE, le délai prévu pour la conciliation prendra fin le 18 novembre 2015 ;

7. le comité de conciliation se réunira le 9 novembre dans les locaux du Parlement européen et le 13 novembre dans ceux du Conseil et peut se réunir à nouveau, le cas échéant ; les réunions du comité de conciliation seront préparées par un ou des trilogues. Un trilogue est prévu pour le 11 novembre. Un ou des trilogues supplémentaires peuvent être convoqués pendant les 21 jours que dure la période de conciliation.

B. Les modalités de fonctionnement du comité de conciliation figurent dans la partie E de l'annexe de l'accord interinstitutionnel susvisé."

---

[1] Doc. *Conseil 7916/15 FIN 271 INST 110* du 15 avril 2015, pp. 2/3, et *PE P8_TA(2015)0263* du 8 juillet 2015, Annexe I.

CONCLUSIONS COMMUNES DE LA RÉUNION DU COMITÉ DE CONCILIATION DES 13 ET 14 NOVEMBRE 2015[1]

Budget 2016 – Conclusions communes
Final 14.11.2015

Les présentes conclusions communes portent sur les sections suivantes :

1. Budget 2016
2. Budget 2015 – Budget rectificatif n° 8/2015
3. Déclarations communes

Aperçu général

A. Budget 2016

Selon les éléments des conclusions communes :

– le montant global des crédits d'engagement dans le budget 2016 s'élève à 155 004,2 millions d'euros. Dans l'ensemble, cela laisse une marge sous les plafonds du CFP pour 2016 de 2 331,4 millions d'euros en crédits d'engagement ;

– le montant global des crédits de paiement dans le budget 2016 s'élève à 143 885,3 millions d'euros ;

– il est fait appel à l'instrument de flexibilité pour fournir la somme de 1 506,0 millions d'euros en crédits d'engagement à la rubrique *3* (*Sécurité et citoyenneté*) et de 24,0 millions d'euros en crédits d'engagement à la rubrique *4* (*L'Europe dans le monde*) ;

– la Commission estime à 832,8 millions d'euros les crédits de paiement 2016 relatifs à la mobilisation de l'instrument de flexibilité en 2014, en 2015 et en 2016.

B. Budget 2015

Selon les éléments des conclusions communes :

– le projet de budget rectificatif n° 8/2015 est accepté tel que proposé par la Commission.

1. Budget 2016

1.1. Lignes "clôturées"

Sauf indication contraire dans les conclusions ci-après, toutes les lignes budgétaires qui n'ont été modifiées ni par le Conseil ni par le Parlement européen ainsi que celles pour lesquelles le Parlement a accepté les modifications apportées par le Conseil lors de leurs lectures respectives du budget sont confirmées.

---

[1] Doc. *PE P8_TA(2015)0407* du 25 novembre 2015, annexe, et *Conseil 14153/15 PV/CONS 61 ECOFIN 855 BUDGET 41* du 3 décembre 2015, pp. 4/15.

En ce qui concerne les autres lignes budgétaires, le comité de conciliation est convenu des conclusions figurant aux points 1.2 à 1.6 ci-après.

1.2. Questions horizontales

Agences décentralisées

La contribution de l'Union européenne (en crédits d'engagement et en crédits de paiement) et le nombre de postes destinés à toutes les agences décentralisées sont fixés au niveau proposé par la Commission dans le projet de budget, tel que modifié par les lettres rectificatives n° 1/2016 et n° 2/2016, le comité de conciliation étant convenu des ajustements suivants :

– augmentation du tableau des effectifs (financé par des redevances) de l'*Agence européenne des produits chimiques* (ECHA Biocides, +3 postes) et réduction des crédits de 1 350 000 euros ;

– augmentation du tableau des effectifs (financé par des redevances) de l'*Agence européenne de la sécurité aérienne* (EASA, +6 postes) ;

– augmentation du tableau des effectifs (financé par des redevances) de l'*Agence européenne des médicaments* (EMA, +3 postes) ;

– augmentation du tableau des effectifs et des crédits connexes de l'*Agence de coopération des régulateurs de l'énergie* (ACER, +5 postes et +325 000 euros) ;

– augmentation du tableau des effectifs et des crédits connexes de l'*Agence des droits fondamentaux de l'Union européenne* (FRA, +2 postes et +130 000 euros) ;

– augmentation du tableau des effectifs et des crédits connexes d'*Eurojust* (+2 postes et +130 000 euros) ;

– augmentation des crédits de l'*Autorité bancaire européenne* (ABE, +928 000 euros) ;

– réduction des crédits de l'*Agence européenne pour la gestion opérationnelle des systèmes d'information à grande échelle au sein de l'espace de liberté, de sécurité et de justice* (eu-LISA, -260 000 euros).

Agences exécutives

La contribution de l'Union européenne (en crédits d'engagement et en crédits de paiement) et le nombre de postes destinés aux agences exécutives sont fixés au niveau proposé par la Commission dans le projet de budget, tel que modifié par les lettres rectificatives n° 1/2016 et n° 2/2016.

Projets pilotes/actions préparatoires

Un ensemble de 89 projets pilotes et actions préparatoires ont été convenus pour un montant de 64,9 millions d'euros en crédits d'engagement, tel que l'a proposé le Parlement européen.

Lorsqu'un projet pilote ou une action préparatoire semble couvert par une base juridique existante, la Commission peut proposer le virement des crédits vers la base juridique correspondante afin de faciliter la mise en œuvre de l'action en question.

Cet ensemble de projets et d'actions respecte intégralement les plafonds prévus par le règlement financier pour les projets pilotes et les actions préparatoires.

1.3. Rubriques de dépenses du cadre financier – crédits d'engagement

Compte tenu des conclusions qui précèdent sur les lignes budgétaires "clôturées", les agences, les projets pilotes et les actions préparatoires, le comité de conciliation est convenu de ce qui suit :

Sous-rubrique 1a

Les crédits d'engagement sont fixés au niveau proposé par la Commission dans le projet de budget tel que modifié par les lettres rectificatives n° 1/2016 et n° 2/2016 et intégrant les ajustements ci-après convenus par le comité de conciliation :

– Les crédits d'engagement relatifs à "Horizon2020" sont augmentés selon la ventilation suivante :

(en euros)

Ligne budgétaire	Intitulé	PB 2016 (y compris LR 1 et 2)	Budget 2016	Différence
02 04 02 01	Primauté dans l'espace	158 446 652	159 792 893	1 346 241
02 04 02 03	Accroître l'innovation dans les petites et moyennes entreprises (PME)	35 643 862	35 738 414	94 552
02 04 03 01	Parvenir à une économie à basse consommation de ressources et résistante au changement climatique, et à un approvisionnement durable en matières premières	74 701 325	75 016 498	315 173
05 09 03 01	Assurer des approvisionnements suffisants en aliments sûrs et de qualité et en autres bioproduits	212 854 525	214 205 269	1 350 744
06 03 03 01	Parvenir à un système de transport européen économe en ressources, respectueux de l'environnement, sûr et continu	109 250 820	110 916 737	1 665 917
08 02 01 03	Renforcement des infrastructures de recherche européennes, notamment les infrastructures en ligne	183 108 382	183 905 321	796 939
08 02 02 01	Position de tête dans les nanotechnologies, les matériaux avancés, les lasers, les biotechnologies, les productions et les processus avancés	502 450 912	504 175 361	1 724 449
08 02 02 03	Accroître l'innovation dans les petites et moyennes entreprises (PME)	35 967 483	36 120 567	153 084
08 02 03 01	Améliorer la santé et le bien-être tout au long de la vie	522 476 023	524 745 272	2 269 249
08 02 03 02	Assurer des approvisionnements suffisants en aliments sûrs, sains et de qualité et en bioproduits	141 851 093	142 233 804	382 711

08 02 03 03	Assurer le passage à un système énergétique fiable, durable et compétitif	333 977 808	335 369 074	1 391 266
08 02 03 04	Parvenir à un système de transport européen économe en ressources, respectueux de l'environnement, sûr et continu	330 992 583	331 555 393	562 810
08 02 03 05	Parvenir à une économie à basse consommation de ressources, résistante au changement climatique, et à un approvisionnement durable en matières premières	283 265 173	284 530 369	1 265 196
08 02 03 06	Promouvoir des sociétés européennes assurant l'insertion de tous, innovantes et capables de réflexion	111 929 624	112 411 389	481 765
08 02 06	La science avec et pour la société	53 267 640	53 497 266	229 626
09 04 01 01	Renforcement de la recherche dans le domaine des technologies émergentes et futures	213 825 023	215 400 890	1 575 867
09 04 01 02	Renforcement des infrastructures de recherche européennes, notamment les infrastructures en ligne	97 173 367	97 889 261	715 894
09 04 02 01	Primauté dans les technologies de l'information et de la communication	718 265 330	723 681 812	5 416 482
09 04 03 01	Améliorer la santé et le bien-être tout au long de la vie	117 323 526	118 188 002	864 476
09 04 03 02	Promouvoir des sociétés européennes ouvertes à tous, innovantes et capables de réflexion	36 289 820	36 564 471	274 651
09 04 03 03	Promouvoir des sociétés européennes sûres	45 457 909	45 791 092	333 183
10 02 01	Horizon 2020 – Appui scientifique et technique orienté vers le client en faveur des politiques de l'Union	24 646 400	25 186 697	540 297
15 03 05	Institut européen d'innovation et de technologie – Intégrer le triangle de la connaissance que constituent l'enseignement supérieur, la recherche et l'innovation	219 788 046	224 938 881	5 150 835
18 05 03 01	Promouvoir des sociétés européennes sûres	134 966 551	136 092 171	1 125 620
32 04 03 01	Assurer le passage à un système énergétique fiable, durable et compétitif	322 875 370	324 676 361	1 800 991
	Total			**31 828 018**

– Les crédits d'engagement relatifs à "COSME" sont augmentés selon la ventilation suivante :

(en euros)

Ligne budgétaire	Intitulé	PB 2016 (y compris LR 1 et 2)	Budget 2016	Différence
02 02 01	Promouvoir l'esprit d'entreprise et améliorer la compétitivité et l'accès aux marchés des entreprises de l'Union	108 375 000	110 264 720	1 889 720

02 02 02	Améliorer l'accès au financement pour les petites et moyennes entreprises (PME) sous forme d'investissements en capital-risque et sous forme de prêts	160 447 967	172 842 972	12 395 005
	Total			**14 284 725**

– Les crédits d'engagement relatifs à "Erasmus+" sont augmentés selon la ventilation suivante :

(en euros)

Ligne budgétaire	Intitulé	PB 2016 (y compris LR 1 et 2)	Budget 2016	Différence
15 02 01 01	Promouvoir l'excellence et la coopération dans le domaine de l'éducation et de la formation en Europe ainsi que son adéquation par rapport au marché du travail	1 451 010 600	1 457 638 273	6 627 673
	Total			**6 627 673**

Par conséquent, et après prise en compte des agences décentralisées ainsi que des projets pilotes et des actions préparatoires, le niveau convenu des crédits d'engagement est fixé à 19 010,0 millions d'euros, sans marge sous le plafond des dépenses de la sous-rubrique *1a* et avec utilisation de la marge globale pour les engagements pour un montant de 543 millions d'euros.

Sous-rubrique 1b

Les crédits d'engagement sont fixés au niveau proposé dans le projet de budget tel que modifié par les lettres rectificatives n° 1/2016 et n° 2/2016.

Après prise en compte des projets pilotes et des actions préparatoires, le niveau convenu des crédits d'engagement est fixé à 50 831,2 millions d'euros, ce qui laisse une marge de 5,8 millions d'euros sous le plafond des dépenses de la sous-rubrique *1b*.

Rubrique 2

Les crédits d'engagement sont fixés au niveau proposé par la Commission dans le projet de budget tel que modifié par les lettres rectificatives n° 1/2016 et n° 2/2016, avec une réduction supplémentaire de 140 millions d'euros due à une augmentation des recettes affectées au FEAGA et une augmentation de la ligne budgétaire *11 06 62 01*. Par conséquent, le comité de conciliation est convenu de ce qui suit :

(en euros)

Ligne budgétaire	Intitulé	PB 2016 (y compris LR 1 et 2)	Budget 2016	Différence
05 03 01 10	Régime de paiement de base (RPB)	16 067 000 000	15 927 000 000	-140 000 000
11 06 62 01	Avis et connaissances scientifiques	8 485 701	8 680 015	194 314
	Total			**-139 805 686**

Après prise en compte des agences décentralisées ainsi que des projets pilotes et des actions préparatoires, le niveau convenu des crédits d'engagement est fixé à 62 484,2 millions d'euros, ce qui laisse une marge de 1 777,8 millions d'euros sous le plafond des dépenses de la rubrique *2*.

Rubrique 3

Les crédits d'engagement sont fixés au niveau proposé par la Commission dans le projet de budget tel que modifié par les lettres rectificatives n° 1/2016 et n° 2/2016 et intégrant les ajustements ci-après convenus par le comité de conciliation :

(en euros)

Ligne budgétaire	Intitulé	PB 2016 (y compris LR 1 et 2)	Budget 2016	Différence
09 05 05	Actions multimédias	24 186 500	26 186 500	2 000 000
17 04 01	Veiller à l'amélioration du statut sanitaire des animaux et à un niveau élevé de protection des animaux dans l'Union	177 000 000	171 925 000	-5 075 000
17 04 02	Veiller à la détection à temps des organismes nuisibles aux végétaux et à leur éradication	14 000 000	12 000 000	-2 000 000
17 04 03	Veiller à l'efficacité, à l'efficience et à la fiabilité des contrôles	50 401 000	47 401 000	-3 000 000
17 04 04	Fonds pour les mesures d'urgence liées à la santé animale et végétale	20 000 000	19 000 000	-1 000 000
	Total			**-9 075 000**

Par conséquent, et après prise en compte des agences décentralisées, des projets pilotes, des actions préparatoires et de la mobilisation de l'instrument de flexibilité pour la migration, le niveau convenu des crédits d'engagement est fixé à 4 052,0 millions d'euros, sans marge sous le plafond des dépenses de la rubrique *3* et avec mobilisation d'un montant de 1 506,0 millions d'euros au titre de l'instrument de flexibilité.

Rubrique 4

Les crédits d'engagement sont fixés au niveau proposé par la Commission dans le projet de budget tel que modifié par les lettres rectificatives n° 1/2016 et n° 2/2016 et intégrant les ajustements ci-après convenus par le comité de conciliation :

(en euros)

Ligne budgétaire	Intitulé	PB 2016 (y compris LR 1 et 2)	Budget 2016	Différence
13 07 01	Soutien financier visant à encourager le développement économique de la communauté chypriote turque	31 212 000	33 212 000	2 000 000
21 02 07 03	Développement humain	161 633 821	163 633 821	2 000 000
21 02 07 04	Sécurité alimentaire et nutritionnelle et agriculture durable	187 495 232	189 495 232	2 000 000

21 02 07 05	Migration et asile	45 257 470	57 257 470	12 000 000
22 02 01 01	Soutenir les réformes politiques et l'alignement progressif connexe sur l'acquis de l'Union	188 000 000	190 000 000	2 000 000
22 02 01 02	Soutenir le développement économique, social et territorial et l'alignement progressif connexe sur l'acquis de l'Union	326 960 000	327 960 000	1 000 000
22 02 03 01	Soutenir les réformes politiques et l'alignement progressif connexe sur l'acquis de l'Union	240 300 000	255 300 000	15 000 000
22 02 03 02	Soutenir le développement économique, social et territorial et l'alignement progressif connexe sur l'acquis de l'Union	321 484 000	340 484 000	19 000 000
22 04 01 01	Pays méditerranéens – Droits de l'homme et mobilité	135 000 000	144 000 000	9 000 000
22 04 01 02	Pays méditerranéens – Réduction de la pauvreté et développement durable	636 900 000	640 900 000	4 000 000
22 04 01 03	Pays méditerranéens – Mesures propres à instaurer la confiance, sécurité et prévention et règlement des conflits	116 000 000	131 000 000	15 000 000
22 04 01 04	Soutien au processus de paix et aide financière à la Palestine et à l'Office de secours et de travaux des Nations unies pour les réfugiés de Palestine (UNRWA)	272 100 000	290 100 000	18 000 000
22 04 02 03	Partenariat oriental – Mesures propres à instaurer la confiance, sécurité et prévention et règlement des conflits	8 000 000	9 300 000	1 300 000
22 04 03 03	Soutien à d'autres coopérations plurinationales dans les pays relevant du voisinage – Programme-cadre	189 500 000	193 500 000	4 000 000
23 02 01	Mise à disposition rapide et efficace d'une aide humanitaire et d'une aide alimentaire en fonction des besoins	1 035 818 000	1 061 821 941	26 003 941
	Total			**132 303 941**

Par conséquent, et après prise en compte des projets pilotes et des actions préparatoires, le niveau convenu des crédits d'engagement est fixé à 9 167,0 millions d'euros, sans marge sous le plafond des dépenses de la rubrique *4* et avec mobilisation d'un montant de 24,0 millions d'euros au titre de l'instrument de flexibilité.

Rubrique 5

Le nombre de postes dans le tableau des effectifs des institutions et les crédits proposés par la Commission dans le projet de budget tel que modifié par les lettres rectificatives n° 1/2016 et n° 2/2016 sont approuvés, à l'exception des points suivants :

- le Parlement européen, dont la lecture est approuvée, avec une réduction de 9 postes ;

- le Conseil, dont la lecture est approuvée ;

- la Cour de justice, à qui 7 postes supplémentaires sont octroyés (+300 000 euros) ;

- le Comité économique et social européen et le Comité des régions, dont la lecture par le Parlement européen est approuvée.

Le 26 novembre 2015, la Commission devrait approuver le rapport sur l'incidence budgétaire de l'adaptation 2015 des rémunérations, avec effet rétroactif à compter du 1er juillet 2015 sur la rémunération du personnel de toutes les institutions de l'Union et sur les pensions.

Par conséquent, après prise en compte des projets pilotes et des actions préparatoires, le niveau convenu des crédits d'engagement est fixé à 8 935,2 millions d'euros, ce qui laisse une marge de 547,8 millions d'euros sous le plafond des dépenses de la rubrique 5.

Fonds de solidarité de l'Union européenne

Les crédits d'engagement sont fixés au niveau proposé par la Commission dans le projet de budget tel que modifié par les lettres rectificatives n° 1/2016 et n° 2/2016, une mobilisation de 50 millions d'euros étant prévue au titre du Fonds de solidarité de l'Union européenne pour le paiement des avances.

1.4. Crédits de paiement

Le montant global des crédits de paiement dans le budget 2016 s'élève à 143 885,3 millions d'euros, dont 832,8 millions d'euros liés à la mobilisation de l'instrument de flexibilité.

La ventilation des crédits de paiement est fixée au niveau proposé par la Commission dans le projet de budget tel que modifié par les lettres rectificatives n° 1/2016 et n° 2/2016 et intégrant les ajustements ci-après convenus par le comité de conciliation :

1. Premièrement, il est tenu compte du niveau convenu de crédits d'engagement pour les dépenses non dissociées, pour lesquelles le niveau des crédits de paiement est égal à celui des crédits d'engagement. Les agences décentralisées, pour lesquelles la contribution de l'Union en crédits d'engagement est fixée au niveau proposé au point 1.2 ci-dessus, sont également incluses. L'effet combiné est une réduction de 140 millions d'euros.

2. Les crédits de paiement pour tous les *nouveaux* projets pilotes et actions préparatoires sont fixés à 50 % des crédits d'engagement correspondants ou au niveau proposé par le Parlement européen s'il est inférieur. Dans le cas d'une prolongation de projets pilotes ou d'actions préparatoires *existants*, le niveau des crédits de paiement correspond au montant fixé dans le projet de budget, auquel on ajoute un montant équivalent à 50 % des nouveaux crédits d'engagement correspondants, ou au niveau proposé par le Parlement européen s'il est inférieur. L'effet combiné est une hausse de 29,5 millions d'euros.

3. Les crédits de paiement sont réduits de 460,1 millions d'euros comme suit :

(en euros)

Ligne budgétaire	Intitulé	PB 2016 (y compris LR 1 et 2)	Budget 2016	Différence
02 05 01	Développer et fournir des infrastructures et services mondiaux de radionavigation par satellite (Galileo) d'ici à 2020	308 000 000	297 000 000	-11 000 000

02 05 02	Fournir des services satellitaires permettant d'améliorer les performances du GPS couvrant graduellement l'intégralité de la région de la conférence européenne de l'aviation civile (CEAC) d'ici à 2020 (Egnos)	215 000 000	207 000 000	-8 000 000
02 05 51	Achèvement des programmes européens de radionavigation par satellite (Egnos et Galileo)	17 000 000	16 000 000	-1 000 000
02 06 01	Fournir des services opérationnels basés sur les observations spatiales et les données in situ (programme Copernicus)	125 000 000	121 000 000	-4 000 000
02 06 02	Mettre en place une capacité autonome de l'Union en matière d'observation de la Terre (Copernicus)	475 000 000	459 000 000	-16 000 000
04 02 19	Achèvement du Fonds social européen – Compétitivité régionale et emploi (2007-2013)	1 130 000 000	1 109 595 811	-20 404 189
04 02 61	Fonds social européen – Régions en transition – Objectif "Investissement pour la croissance et l'emploi"	930 000 000	927 965 850	-2 034 150
04 02 62	Fonds social européen – Régions plus développées – Objectif "Investissement pour la croissance et l'emploi"	2 200 000 000	2 178 091 258	-21 908 742
04 02 63 01	Fonds social européen – Assistance technique opérationnelle	12 000 000	7 200 000	-4 800 000
05 04 05 01	Programmes de développement rural	3 268 000 000	3 235 000 000	-33 000 000
05 04 60 01	Promouvoir le développement rural durable et un secteur agricole de l'Union plus équilibré d'un point de vue territorial et environnemental, plus respectueux du climat et plus innovant	8 574 000 000	8 487 000 000	-87 000 000
13 03 18	Achèvement du Fonds européen de développement régional (FEDER) – Compétitivité régionale et emploi	2 345 348 000	2 302 998 509	-42 349 491
13 03 61	Fonds européen de développement régional (FEDER) – Régions en transition – Objectif "Investissement pour la croissance et l'emploi"	1 863 122 000	1 860 036 800	-3 085 200
13 03 62	Fonds européen de développement régional (FEDER) – Régions plus développées – Objectif "Investissement pour la croissance et l'emploi"	2 775 630 000	2 750 605 336	-25 024 664
13 03 64 01	Fonds européen de développement régional (FEDER) – Coopération territoriale européenne	328 430 000	284 930 000	-43 500 000
13 03 65 01	Fonds européen de développement régional (FEDER) – Assistance technique opérationnelle	66 215 941	57 415 941	-8 800 000
13 03 66	Fonds européen de développement régional (FEDER) – Actions innovatrices dans le domaine du développement urbain durable	53 149 262	48 649 262	-4 500 000

13 04 01	Achèvement des programmes du Fonds de cohésion antérieurs à 2007	90 000 000	70 000 000	-20 000 000
13 04 60	Fonds de cohésion – Objectif "investissement pour la croissance et l'emploi"	4 100 000 000	4 077 806 436	-22 193 564
13 04 61 01	Fonds de cohésion – Assistance technique opérationnelle	22 106 496	20 606 496	-1 500 000
32 05 01 02	Construction, fonctionnement et exploitation des installations ITER – Entreprise commune ITER – Fusion for Energy (F4E)	150 000 000	131 000 000	-19 000 000
32 05 51	Achèvement de l'entreprise commune ITER – Fusion for Energy (F4E) (2007-2013)	350 000 000	289 000 000	-61 000 000
	Total			**-460 100 000**

4. Le niveau combiné des crédits de paiement visés aux paragraphes 1 à 3 ci-dessus est 570,6 millions d'euros inférieur au montant proposé par la Commission dans son projet de budget tel que modifié par les lettres rectificatives n° 1/2016 et n° 2/2016 pour les postes de dépenses concernés.

1.5. Commentaires budgétaires

Les amendements introduits par le Parlement européen ou par le Conseil concernant le texte des commentaires budgétaires sont approuvés, pour autant qu'ils ne modifient ou n'étendent pas le champ d'application d'une base juridique existante, qu'ils n'entravent pas l'autonomie administrative des institutions, qu'ils ne causent pas de difficultés opérationnelles et [s'ils peuvent] être financés par des ressources disponibles (comme indiqué dans la lettre d'exécutabilité).

1.6. Nouvelles lignes budgétaires

Sauf indication contraire dans les conclusions communes arrêtées par le comité de conciliation ou adoptées conjointement par les deux branches de l'autorité budgétaire dans leur lecture respective, la nomenclature budgétaire telle que proposée par la Commission dans son projet de budget tel que modifié par les lettres rectificatives n° 1/2016 et n° 2/2016 demeurera inchangée, à l'exception des intitulés des projets pilotes et des actions préparatoires et de la division de l'article *18 04 01 "Initiative citoyenne européenne"* en deux postes : *18 04 01 01 "L'Europe pour les citoyens – Conforter la mémoire et renforcer la capacité de participation civique au niveau de l'Union"* et *18 04 01 02 "Initiative citoyenne européenne"*.

2. Budget 2015

Le projet de budget rectificatif (PBR) n° 8/2015 est approuvé tel que proposé par la Commission.

3. Déclarations communes

[Voir pages 275-276]

LES DÉCLARATIONS APPROUVÉES LORS DE LA RÉUNION DU COMITÉ DE CONCILIATION DES 13 ET 14 NOVEMBRE 2015[1]

1. Déclaration commune sur l'Initiative pour l'emploi des jeunes

"Le Parlement européen, le Conseil et la Commission rappellent que la réduction du chômage des jeunes demeure une priorité politique de premier ordre qu'ils partagent et, à cet égard, ils réaffirment leur détermination à utiliser au mieux les ressources budgétaires disponibles pour résoudre le problème du chômage des jeunes, et en particulier l'enveloppe au titre de l'Initiative pour l'emploi des jeunes.

Ils rappellent que, conformément à l'article 14, paragraphe 1, du règlement (UE, Euratom) n° 1311/2013 du Conseil du 2 décembre 2013 fixant le cadre financier pluriannuel pour la période 2014-2020, "*[l]es marges laissées disponibles sous les plafonds du cadre financier pour les crédits d'engagement pour les années 2014-2017 constituent une marge globale du cadre financier en engagements, à mobiliser au-delà des plafonds établis dans le cadre financier pour les années 2016 à 2020 afin d'atteindre les objectifs des politiques liées à la croissance et à l'emploi, en particulier celui des jeunes*".

Dans le cadre du réexamen/de la révision à mi-parcours du cadre financier pluriannuel, la Commission tirera des enseignements des résultats de l'évaluation de l'Initiative pour l'emploi des jeunes, qu'elle accompagnera, le cas échéant, de propositions pour le maintien de l'initiative jusqu'en 2020.

Le Conseil et le Parlement européen s'engagent à examiner rapidement les propositions présentées par la Commission à cet égard."

2. Déclaration commune sur les prévisions de paiement 2016-2020

"S'appuyant sur l'accord intervenu sur un échéancier de paiement 2015-2016, le Parlement européen, le Conseil et la Commission prennent acte des dispositions prises pour résorber progressivement l'arriéré de demandes de paiement en attente, provenant des programmes de cohésion 2007-2013, et pour améliorer le suivi des factures impayées dans l'ensemble des rubriques. Ils réaffirment leur volonté d'éviter à l'avenir toute accumulation similaire d'un arriéré, notamment par la mise en place d'un système d'alerte précoce.

Le Parlement européen, le Conseil et la Commission suivront de près l'état de l'exécution du budget pour 2016 pendant tout l'exercice, conformément à l'échéancier de paiement sur lequel ils se sont accordés. En particulier, les crédits inscrits au budget pour 2016 permettront à la Commission de ramener l'arriéré de demandes de paiement en attente en fin d'exercice, provenant des programmes de cohésion 2007-2013, à un niveau proche de 2 milliards d'euros d'ici la fin 2016.

Le Parlement européen, le Conseil et la Commission continueront de faire le point sur l'exécution des paiements et les prévisions actualisées, dans le cadre de réunions interinstitutionnelles spécialement organisées à cet effet, conformément au point 36 de l'annexe de l'accord interinstitutionnel, qui devraient se tenir au moins à trois reprises en 2016 et se dérouler au niveau politique.

---

[1] Doc. *PE P8_TA(2015)0407* du 25 novembre 2015, annexe, et *Conseil 14195/15 FIN 775* du 19 novembre 2015, pp. 6/8.

À cet égard, le Parlement européen, le Conseil et la Commission rappellent que ces réunions devraient aussi permettre l'examen des prévisions à plus long terme de l'évolution des paiements jusqu'au terme du cadre financier pluriannuel 2014-2020."

3. Déclaration du Parlement européen sur l'application du point 27 de l'accord interinstitutionnel

"Le Parlement européen s'engage à poursuivre la réduction du nombre total d'emplois inscrits à son tableau des effectifs et à la mener à bien avant 2019, conformément au calendrier figurant ci-après, en tenant compte d'une réduction nette de 18 postes en 2016 :

Réductions nettes annuelles du nombre total de postes autorisés au tableau des effectifs du Parlement européen en comparaison avec l'année précédente

Réduction exceptionnelle visant à atteindre l'objectif de 5 %[1]	2017	2018	2019	2017-2019
179	-60	-60	-59	-179

[1] Le Parlement européen considère que le champ d'application de la réduction de 5 % ne couvre pas les postes d'agents temporaires pour les groupes politiques qui figurent dans son tableau des effectifs."

LETTRES DE LA COMMISSION, DU 30 AVRIL ET DU 17 DÉCEMBRE 2015, SUR LA BUDGÉTISATION AXÉE SUR LA PERFORMANCE

Ref. Ares(2015)1855084 - 30/04/2015

European Commission

Kristalina Georgieva
Vice-president
Budget and Human Resources

Brussels,
Ares(2015)

Dear Chair Arthuis,

Dear Chair Gräßle,

Dear Ambassador Juhansone,

Dear President Caldeira,

It is my pleasure to address you on a highly important subject of mutual interest: the establishment of the Inter-institutional Working Group on Performance-Based Budgeting.

I am honoured that President Juncker has entrusted me to help the Commission to contribute to a stronger performance culture in relation to the EU budget, including by enhancing performance-based budgeting across the Commission.

In the pursuit of this mission, I am encouraged by the support of my fellow Commissioners, the European Parliament, the Council and the European Court of Auditors. Without a doubt, an EU budget that is focused on results is a priority on which the European Institutions and Member States are unified. Thus I am enthusiastic and optimistic that we can successfully accomplish the task ahead.

The European Parliament's resolution of 3 July 2013 on the Integrated Internal Control Framework (2012/2291(INI)) laid a solid foundation for "the establishment of a performance-based public budgeting model in which each budget line is accompanied by objectives and outputs to be measured by performance indicators." The resolution also called upon the setup of the Working Group composed of representatives of the Commission, the Parliament, the Council and the Court of Auditors.

Over the years, the Commission has put in place a framework for a performance-informed budgeting cycle. The requisite performance information is included in the programmes' legal bases and programme statements accompanying the draft budget. It is further developed in the Directorates'-General management plans, and reported on in their annual activity reports, the synthesis report of the Commission's management achievements and the consolidated Art. 318 report on the Union's finances based on the results achieved. The time is ripe for collaborative action.

Building on this framework, the Inter-Institutional Working Group will provide a platform for all parties involved in the design, implementation, control and audit of the EU budget to reach a common understanding on the methods and principles of performance-based budgeting applicable to the EU budget and possible improvements to the existing framework.

This process should be based on good knowledge of the international experience, realistic appreciation of what can be achieved within the current legal framework, and a common understanding of EU institutions' and Member States' roles and responsibilities for budget implementation established in the Treaty on the Functioning of the European Union.

The composition of the working group will fully respect institutional roles, responsibilities and rules of procedure. This necessitates that the European Court of Auditors is invited as a valuable and much appreciated member with observer status.

Attached you will find the draft Terms of Reference further elaborating on the scope, objectives and working methods.

Our collective engagement is essential for the success of this initiative. Without prejudice to your institution's membership status in the working group, I invite you to:

- Provide your comments on the draft Terms of Reference so that the agreed final text is adopted unanimously at the first meeting of the working group
- Appoint persons representing your institution at the political and technical levels as well as your institution respective contact points

Without further delay, the Commission will offer all the necessary support to have the working group's first meeting at the political level in the week of 13 July 2015.

Directorate-General for Budget will provide a dedicated secretariat for the working group. The Performance-Based Budgeting unit will coordinate the information exchange and provide any additional information you may need.

I welcome your views and proposals regarding the establishment of the Inter-institutional Working Group on Performance-Based Budgeting. The secretariat will liaise with your institutions to plan bilateral talks at your earliest convenience.

I am looking forward to working with you for an EU budget focused on results: for the benefit of our citizens and based on the core European values that we share, the respect for our governing treaties and the performance budgeting principles that best fit our unique democratic system of checks and balances.

Yours sincerely,

Kristalina Georgieva

Annex: Draft Terms of Reference of the Inter-Institutional Working Group on Performance-Based Budgeting

DRAFT

INTER-INSTITUTIONAL WORKING GROUP ON PERFORMANCE-BASED BUDGETING

Terms of Reference

I. MANDATE

Objectives and Scope

The Inter-Institutional Working Group on Performance-Based Budgeting (henceforth, the Group) will aim at achieving the following objectives:

- Reach a common understanding of performance-based budgeting principles applicable to the EU budget commensurate with the applicable legal framework
- Discuss the mutual expectations regarding the roles and responsibilities of EU Institutions and Member States in ensuring that EU budget implementation is focused on results
- Identify possible improvements to the performance budgeting model currently applied in the EU budget and feasible timing for their implementation, taking into account the needs for simplification, reduction of administrative burden, and the need to adapt to the specificities and size of the programmes

The work of the Group will be carried out in two phases. The first phase is characterised by conceptual work, focusing on the assessment of existing systems within and outside the EU in order to identify common definitions and concepts suitable to the specific EU context. The second phase is practice-oriented, assessing the actual application of the identified concepts to existing spending programmes, in order to identify possible improvements to be implemented in the short, medium and long term.

In line with these objectives, the scope of work foreseen for the Group will cover:

- **main performance-based budgeting models in use** and their key features
- the **performance-based budgeting concept** in use for the EU Budget
- the **key constituents of the performance-based budgeting concept**, its operational implications also for what concerns shared management and how to improve them having due regards to the **associated costs**
- the **relationship** between performance-based budgeting, the annual budget procedure, the Multiannual Financial Framework and the discharge procedure
- mechanisms to ensure that budget proposals are increasingly supported by relevant and reliable performance information, so that that **the budget authority allocates resources in full knowledge of past performance**
- the relationship between performance-based budgeting and incentives to achieve results aimed at ensuring that EU money is spent in ways that **maximise the use and added value of EU funds**
- The link between reporting on performance and performance-based budgeting.

II. COMPOSITION

The Working Group is composed of representatives of the four institutions, appointed according to these institutions' respective rules of procedures and without prejudice to their institutional roles and responsibilities:

- The European Parliament
- The Council
- The European Commission
- The European Court of Auditors

Each Institution nominates three members that may represent it at the Working Group's meetings at political level and three members for the experts level. The Working Group meets at expert level to carry out technical analysis and preparation, which will feed into the work of the Working Group at political level. Academic and technical experts, representatives of institutions, international organisations and Member States may be invited to attend meetings at the expert level on an ad-hoc basis.

The Secretariat of the Working Group is provided by the Commission, in close cooperation with the Parliament, the Council and the Court.

III. Working Methods

Meetings

The Working Group meets at least annually at political level and at least twice a year at expert level under the chairmanship of the Commission. The Working Group will meet for the first time before July 2015 and will have a four-year mandate to complete its work.

The Secretariat drafts the agenda and circulates it before the meeting for approval. The Secretariat also drafts the meeting minutes and distributes them to the Working Group's members.

Deliverables

At the end of its mandate, the IIWG will prepare a joint declaration. The declaration will be a legally non-binding document, summarising the work done, the common conclusions on each objective and the actions agreed. The declaration will be without prejudice to the respective roles and responsibilities of each of the participating Institutions and without prejudice to their attributions in the legislative and annual budgetary procedures.

The joint declaration will be discussed in a draft form in the meetings of the IIWG. The approval of the final version by all participating members will be subject to the internal procedures of each participating Institution. The approval decision is documented by the Secretariat when all the participating Institutions have confirmed their agreement on the joint declaration.

European Commission

Kristalina Georgieva
Vice-president
Budget and Human Resources

Brussels, 17 DEC. 2015
A(2015)

Dear Chair Arthuis,

Dear Chair Gräßle,

Dear Ambassador Braun,

Dear President Caldeira,

I wrote to you on 30 April 2015 to announce my intention to establish an Inter-institutional Working Group on Performance-Based Budgeting (IIWG).

This initiative was inspired by the European Parliament's resolution of 3 July 2013 on the Integrated Internal Control Framework (2012/229KINI), pledging for "the establishment of a performance-based public budgeting model in which each budget line is accompanied by objectives and outputs to be measured by performance indicators." The resolution also called upon the setup of the Working Group composed of representatives of the Commission, the Parliament, the Council and the Court of Auditors.

This initiative is part of a larger work done at the Commission to put in place, over the years, a framework for a performance budgeting cycle. This framework has been reinforced over time in particular with the 2014-2020 Multiannual Financial Framework which introduced performance features such as macro-economic conditionality taking account of Country Specific Recommendations, performance reserves in cohesion policy, doubling the use of financial instruments – just to name a few. All these actions aimed at attaining more results for each euro spent from the EU budget and are at the core of the Commission's strategy on EU budget focused on results. The effectiveness of these novelties still needs to be assessed but we believe these steps established the right foundation which we can now build on.

Mr Jean ARTHUIS
MEP and Chair of the EP Committee on Budgets

Ms Ingeborg GRÄßLE
MEP and Chair of the EP Committee on Budgetary Control

Mr Christian BRAUN
Ambassador Extraordinary and Plenipotentiary
Permanent Representative of Luxembourg

Mr Vítor Manuel DA SILVA CALDEIRA
President of the European Court of Auditors

The Commission presented its proposal for an IIWG to the Council on May 21 (COMBUDG meeting) and to the European Parliament in the Joint CONT/BUDG meeting on 15 September 2015.

The valuable feedback received on these occasions was integrated in a revised version of the Terms of Reference discussed at technical level. However, further contacts highlighted some critical differences among the Institutions' views concerning the structure and objective of the working group. Despite the readiness of political leaders to address the topic, hands-on work has been slow to start, including due to particularities in each institution's nomination procedures. I am grateful to the European Court of Auditors for nominating a representative at my initial invitation.

I am firmly committed to overcome the differences expressed over this process and to arrive to a constructive exchange of views between the Council, European Parliament and the Court of Auditors in order to establish a common understanding on the methods and principles of performance-based budgeting applicable to the EU budget and possible improvements to the existing framework.

In this respect I propose a pragmatic approach: the work should be started with a series of expert meetings. These meetings will be organized by the Commission for practitioners, academic experts, European Parliament, Council, European Court of Auditors and Commission experts who will be invited to participate and discuss topics related to performance-based budgeting.

The work of these expert meetings will feed into the work of the annual high-level Conference on EU Budget Focused on Results. Once the work at expert level has sufficiently progressed, a political meeting at inter-institutional level would be organised with the objective to jointly agree on the methods and principles of performance-based budgeting applicable to the EU budget.

I am confident that this configuration of technical and political elements would allow the flexibility and the technical knowledge required to elaborate such concept at the core of the performance structure of the EU Budget.

I am hopeful that this proactive and pragmatic approach will receive your favourable reply and I will count on your support and on an active participation of your experts to these meetings. I suggest having the first of these meetings on 22 April 2016.

I am looking forward to working with you for an EU budget focused on results.

Yours sincerely,

Kristalina Georgieva

TROISIÈME PARTIE

LE BUDGET DE L'UNION EUROPÉENNE POUR 2017 – UNE ANNÉE DE RÉEXAMEN/ RÉVISION À MI-PARCOURS DU CADRE FINANCIER PLURIANNUEL POUR 2014-2020

La procédure budgétaire de l'Union européenne pour 2017 a été largement influencée par les négociations sur le financement des mesures destinées non seulement à relancer la croissance et les emplois, notamment des jeunes, mais également dans le domaine de la migration, des réfugiés et de la sécurité.

Malgré les discussions (qui se sont révélées – comme prévu – délicates, et qui n'ont pas abouti en 2016), suite aux différentes propositions de la Commission présentées le 14 septembre 2016, sur le réexamen/ révision à mi-parcours du cadre financier pluriannuel pour 2014-2020, l'autorité budgétaire est parvenue à un accord sur le budget pour 2017 lors de la procédure de conciliation budgétaire en novembre 2016. Il s'agit d'un résultat important d'autant plus que, jamais auparavant, deux procédures de conciliation budgétaire[1] successives n'ont été couronnées de succès.

Par ailleurs, et ce également pour la première fois[2], le Conseil a pu directement influencer, lors de la procédure de conciliation, la lecture de la section du budget du Parlement européen[3], ce dernier acceptant de renoncer à demander 76 nouveaux postes en 2017 à son tableau des effectifs[4] suite à l'insistance du Conseil sur l'importance de la mise en œuvre de la réduction progressive de 5 % des postes figurant dans les tableaux des effectifs de chaque institution entre 2013 et 2017[5].

Les autres sujets de discussions budgétaires interinstitutionnelles ont notamment concerné la mise en œuvre de l'accord sur le Fonds européen pour les investissements stratégiques (FEIS), conclu en mai 2015 (voir deuxième partie), les crédits d'engagement en 2017 pour l'Initiative pour l'emploi des jeunes (IEJ), les mesures spécifiques dans les secteurs laitier et de l'élevage (notamment suite aux effets de l'embargo sur les importations pratiqué par la Russie en réaction aux sanctions de l'UE) ou encore le financement de la Facilité en faveur des réfugiés en Turquie (voir pages 291-293).

Il convient également de relever que l'ajustement des enveloppes en faveur de la politique de cohésion, conformément à l'article 7 du règlement fixant le cadre financier pluriannuel pour 2014-2020, a été opéré sans créer de problèmes pour la procédure budgétaire annuelle et comme proposé par la Commission, et ce malgré les sommes importantes concernées par l'exercice (voir pages 304-307).

Enfin, le résultat en tant que tel du référendum du 23 juin 2016 sur le maintien ou non du Royaume-Uni dans l'Union européenne n'a pas eu de répercussions sur le déroulement des négociations budgétaires interinstitutionnelles en 2016 ou sur le contenu du budget de l'Union européenne pour 2017, tel qu'adopté le 1er décembre 2016.

---

[1] La procédure de conciliation a été introduite dans la procédure budgétaire de l'Union par l'article 314 du Traité sur le fonctionnement de l'Union européenne (TFUE).

[2] À la différence de la procédure budgétaire pour 2016 pendant laquelle, suite à des demandes du Conseil mais sans influence "directe" de celui-ci, le Parlement européen s'était limité à accepter de poursuivre la réduction du nombre total d'emplois inscrits à son tableau des effectifs, engagement acté sous forme de déclaration du PE sur l'application du point 27 de la Partie II de l'Accord interinstitutionnel, du 2 décembre 2013, sur la discipline budgétaire, la coopération en matière budgétaire et la bonne gestion financière (l'"AII de 2013" ; JO C 373 du 20.12.2013, pp. 1/11) faite lors de la réunion du comité de conciliation du 14 novembre 2015 (voir deuxième partie, page 276, et page 376).

[3] Il s'agit de la section I du budget de l'Union européenne.

[4] Les 76 postes supplémentaires accordés en 2017 aux groupes politiques du PE étant intégralement compensés par une baisse d'un nombre de postes équivalent dans le tableau des effectifs de l'administration du Parlement, sans incidence sur le budget (voir chapitre III).

[5] Conformément au point 27 sur la coopération des institutions en matière de dépenses administratives de l'AII de 2013.

I. – Introduction

Le budget de l'Union européenne pour l'exercice 2017, arrêté le 1er décembre 2016[6], s'élève à 157 858 millions d'euros en crédits pour engagements (+1,7 % par rapport au budget pour 2016[7]) et à 134 490 millions d'euros en crédits pour paiements (-1,6 %). Ceci représente 1,05 % et 0,89 % respectivement du revenu national brut (RNB) estimé de l'Union européenne. Les marges laissées sous les plafonds du CFP sont de 1 100 millions d'euros en crédits pour engagements[8] et de 9 787 millions d'euros en crédits pour paiements[9].

Il convient de relever que de nouveau, suite à la présentation tardive de l'état prévisionnel et du projet de budget par la Commission[10], le Conseil n'a disposé que de très peu de temps pour adopter sa position sur le PB pour 2017. Dans la pratique, les instances préparatoires du Conseil sont arrivées à un accord politique sur la position du Conseil (au niveau du Comité des représentants permanents ; voir page 387) au bout de vingt jours[11] seulement.

Ce retard résulte du fait que la Commission ne souhaitait pas présenter de projet de budget (ou plus exactement d'état prévisionnel) pour 2017 avant la tenue du référendum sur le maintien (ou non) du Royaume-Uni dans l'Union européenne[12].

Face à cette situation, le Conseil a approuvé, lors de l'adoption de sa position sur le PB, la déclaration suivante sur la présentation de l'état prévisionnel de la Commission pour 2017 :

"*Le Conseil rappelle le calendrier pragmatique qu'il a arrêté avec le Parlement européen et la Commission européenne lors du trilogue qui s'est tenu le 14 mars 2016*[13] *et qui fixait les dates de la procédure budgétaire pour 2017. Ce calendrier pragmatique est indispensable en vue d'améliorer le fonctionnement de la procédure budgétaire et il contribue à assurer l'adoption en temps voulu du budget, conformément à l'accord interinstitutionnel du 2 décembre 2013 entre le Parlement européen, le Conseil et la Commission sur la discipline budgétaire, la coopération en matière budgétaire et la bonne gestion financière.*

Il est important que la Commission présente à un stade précoce l'état prévisionnel, de manière à laisser suffisamment de temps au Conseil pour entreprendre une analyse technique détaillée des estimations fournies, à maintenir un équilibre pour ce qui est du temps dont dispose chaque institution et à assurer le respect des différentes échéances fixées dans le calendrier pragmatique.

---

[6] Le budget de l'UE pour 2017 a été publié au JO L 51 du 28.2.2017, pp. 1/2341, avec un rectificatif (en ce qui concerne les tableaux récapitulatifs de la section III – Commission) au JO L 68 du 14.3.2017, pp. 1/3.

[7] Budgets rectificatifs n° 1-6/2016 compris (voir chapitre II).

[8] La *marge pour imprévus* est mobilisée pour un montant de 1 906 millions d'euros en crédits d'engagement en faveur des rubriques *3* (*Sécurité et citoyenneté*) et *4* (*L'Europe dans le monde*) du CFP. Ce montant est compensé par :

i) 575 millions d'euros provenant de la marge non allouée de la rubrique *2* (*Croissance durable : ressources naturelles*) en 2017, et

ii) 507 millions d'euros en 2017, 570 millions d'euros en 2018 et 254 millions d'euros en 2019 provenant des marges non allouées de la rubrique *5* (*Administration*).

L'*instrument de flexibilité* est pour sa part mobilisé pour un montant de 530 millions d'euros en crédits d'engagement en faveur de la rubrique *3* du CFP.

Enfin, la *marge globale pour des engagements en faveur de la croissance et de l'emploi* (MGE) est utilisée pour fournir un montant de 1 439 millions d'euros à la sous-rubrique *1a* (*Compétitivité pour la croissance et l'emploi*) du CFP.

[9] Selon la présentation de la Commission (c'est-à-dire que les crédits de paiement liés aux instruments spéciaux sont exclus du calcul).

[10] La Commission a présenté l'état prévisionnel pour 2017 le 30 juin 2016 (soit le dernier jour prévu par l'article 314, paragraphe 1 du TFUE), et le projet de budget pour 2017 le 18 juillet 2016 (voir page 307). Cette présentation tardive n'a de nouveau pas permis d'organiser de présentation du PB (ou de l'état prévisionnel) au Conseil "Ecofin" (mais seulement au Comité des représentants permanents ; voir page 322).

[11] Ce qui est deux jours de moins que lors de la procédure pour 2014, avec un délai déjà extrêmement court pour le Conseil (voir Tome III, p. 220).

[12] Le référendum a eu lieu le 23 juin 2016.

[13] Doc. *Conseil 7572/16 FIN 201 INST 122* du 7 avril 2016, pp. 2/3 (voir page 302).

Le calendrier pragmatique indique que la Commission "*s'efforcera de présenter l'état prévisionnel pour 2017 avant la fin mai*".

Le Conseil invite la Commission à veiller à présenter en temps voulu l'état prévisionnel pour les exercices à venir, conformément aux bonnes pratiques établies au cours des années précédentes ainsi qu'à l'objectif de l'accord interinstitutionnel consistant à assurer le bon fonctionnement de la procédure budgétaire annuelle"[14].

Avant d'aborder les différents aspects détaillés de la procédure budgétaire pour 2017, il convient de présenter l'environnement budgétaire en 2016 (chapitre II).

II. – L'environnement budgétaire en 2016

1. Six budgets rectificatifs

Les budgets rectificatifs adoptés en 2016 sont présentés, avec leur montant, dans le tableau 71 ci-dessous[15].

Le *BR n° 1/2016*[16] :

– crée la structure budgétaire nécessaire[17] au nouvel instrument pour fournir une aide d'urgence au sein de l'Union[18] et met à sa disposition, pour les besoins de financement immédiats, un montant de 100 millions d'euros en crédits d'engagement et de 80,2 millions d'euros en crédits de paiement[19] en redéployant au sein de la rubrique *3* (*Sécurité et citoyenneté*) du CFP des montants disponibles au titre du Fonds "Asile, migration et intégration"[20] (AMIF), et

– renforce les effectifs du Centre européen de la lutte contre le terrorisme[21] au sein d'Europol, afin de permettre à l'agence de jouer un rôle plus important dans la lutte contre le terrorisme au sein de l'Union européenne, en particulier suite aux attaques terroristes perpétrées à Paris le 13 novembre 2015. Les montants correspondants supplémentaires destinés à la rémunération des nouveaux effectifs (soit 25 postes AD supplémentaires pour le tableau des effectifs, 5 agents contractuels et 5 experts nationaux détachés) s'élèvent à 2 millions d'euros en crédits

Tableau 71. Les budgets rectificatifs adoptés en 2016

Section III – Commission – sauf indication contraire, en millions d'euros

PBR		Lectures		Budget rectificatif			Dépenses		Remarques
N:o	*Date*	*Conseil*	*PE*	*N:o*	*Date*	*JO L*	*c/e*	*c/p*	
1/16	9.3.	16.3. *(1)*	13.4.	**1/16**	13.4.	143 du 31.5.2016, pp. 1/35	0	0	Fourniture d'une aide d'urgence au sein de l'Union ; tableau des effectifs d'Europol
2/16	15.4.	17.6.	6.7.	**2/16**	6.7.	248 du 15.9.2016, pp. 1/18	-	-	Inscription du solde définitif (article 18, paragraphe 3 du RF de 2012)
3/16	30.6.	11.10.	25.10.	**3/16**	25.10.	343 du 16.12.2016, pp. 1/93	15,8	0	Sécurité des institutions (Sections *I*, *III*, *IV*, *V*, *VI*, *VII* et *X*)
4/16	30.9.	8.11. *(2)*	1er.12.	**4/16**	1er.12.	52 du 28.2.2017, pp. 1/115**	225,4*	-7.274,3	Diminution des crédits d'engagement pour la rubrique *2* et des crédits de paiement pour les (sous-)rubriques 1b et 2 et augmentation des crédits d'engagement et de paiement pour la rubrique 3 ; tableau des effectifs de Frontex ; recettes
5/16	7.10.	8.11. *(2)*	1er.12.	**5/16**	1er.12.	52 du 28.2.2017, pp. 116/180***	-	-	Conséquences de l'entrée en vigueur de la nouvelle décision "ressources propres"
6/16	19.10.	15.11. *(3)*	1er.12.	**6/16**	1er.12.	52 du 28.2.2017, pp. 181/206** **	31,5	31,5	Fonds de solidarité (Allemagne)

(1) Réduction du délai de consultation des Parlements nationaux afin de permettre l'adoption de la position du Conseil le 16 mars 2016
(2) Réduction du délai de consultation des Parlements nationaux afin de permettre l'adoption de la position du Conseil le 8 novembre 2016
(3) Réduction du délai de consultation des Parlements nationaux afin de permettre l'adoption de la position du Conseil le 15 novembre 2016
** Mobilisation de la marge pour imprévus pour un montant de 240,1 millions d'euros au profit de la rubrique 3 (Sécurité et citoyenneté) du CFP, compensée pour une baisse correspondante du plafond de la rubrique 5 (Administration) du CFP en 2016 (JO L 40 du 28.2.2017, pp. 47/48)*
*** Rectificatif au JO L 68 du 14.3.2017, p. 4 *** Rectificatif au JO L 68 du 14.3.2017, p. 5 ** ** Rectificatif au JO L 68 du 14.3.2017, p. 6*

---

[14] Doc. *Conseil 11900/16 BUDGET 23* du 12 septembre 2016, p. 11.

[15] Un tiret dans la colonne "dépenses" du tableau 71 indique que le budget rectificatif ne concerne que la partie "recettes" du budget de l'Union européenne.

[16] Il convient de relever l'extrême célérité de l'adoption du BR n° 1/2016 (octroyant de nouveaux fonds pour venir en aide aux réfugiés et pour combattre le terrorisme), le Conseil adoptant sa position seulement sept jours après la présentation par la Commission de son projet de budget rectificatif (ce qui est un record), et le Parlement européen approuvant la position du Conseil sans amendement quatre semaines plus tard.

[17] Il s'agit du nouvel article *18 07 01* (*Aide d'urgence au sein de l'Union*), avec 99 millions d'euros en crédits d'engagement et 79,2 millions d'euros en crédits de paiement, et du nouveau poste *18 01 04 05* (*Dépenses d'appui relatives à l'aide d'urgence au sein de l'Union*), avec 1 million d'euros en crédits d'engagement et de paiement.

[18] Le règlement (UE) 2016/369 du Conseil relatif à la fourniture d'une aide d'urgence au sein de l'Union a été adopté le 15 mars 2016 (JO L 70 du 16.3.2016, pp. 1/6).

L'objectif de cette nouvelle base légale est de fournir dans un premier temps 100 millions d'euros (et 700 millions d'euros à terme) d'aide d'urgence de l'UE, afin de faire face aux conséquences humanitaires de la crise des réfugiés au sein du territoire de l'UE (et notamment pour financer des mesures et actions en faveur des réfugiés se trouvant dans l'Union). Les montants peuvent ainsi être utilisés entre autre pour financer une aide alimentaire d'urgence et des soins de santé d'urgence ou pour procurer de la protection, des abris, de l'eau ou des services d'hygiène ou de l'éducation.

[19] Ces montants seront augmentés par le biais du BR n° 4/2016 (voir pages 286-287).

[20] Il s'agit du poste *18 03 01 01* (*Renforcer et développer le régime d'asile européen commun et approfondir la solidarité et le partage des responsabilités entre les États membres*).

[21] Ce nouveau centre a été mis en place en tout début 2016.

d'engagement et de paiement, redéployés au sein de la rubrique *3* du CFP à partir des actions de police de l'Union relevant du Fonds pour la sécurité intérieure (FSI).

Suite aux redéploiements de crédits, le BR n° 1/2016 n'a pas d'incidence nette sur le niveau des crédits retenus dans le budget pour 2016.

Le *BR n° 2/2016* traite, conformément à l'article 18, paragraphe 3 du règlement financier du 25 octobre 2012[22], de la budgétisation du solde définitif de l'année antérieure. L'excédent résultant de l'exécution de l'exercice budgétaire 2015 s'élève à 1 349 millions d'euros[23].

Le *BR n° 3/2016* concerne l'allocation de crédits d'engagement et de paiement supplémentaires, pour un montant total de 15,8 millions d'euros[24], afin de couvrir l'augmentation des dépenses de sécurité dans la quasi-totalité des institutions[25] et dans les Écoles européennes, suite aux attaques terroristes à Paris (en novembre 2015) et à Bruxelles (en mars 2016).

Ce budget rectificatif inclut également une modification du tableau des effectifs du Parlement européen, avec la création de 35 postes supplémentaires[26] pour le recrutement d'agents de sécurité.

Au total, le BR n° 3/2016 occasionne une augmentation des crédits d'engagement dans le budget pour 2016 relevant de la rubrique *5* (*Administration*). Les crédits de paiement nécessaires sont redéployés de la ligne opérationnelle d'ITER[27] relevant de la sous-rubrique *1a* (*Compétitivité pour la croissance et l'emploi*) du CFP.

Le *BR n° 4/2016* :

- diminue les crédits de paiement inscrits dans le budget pour 2016 de 7 284,3 millions d'euros, essentiellement pour des lignes budgétaires relevant de la sous-rubrique *1b* (*Cohésion économique, sociale et territoriale*) en raison des retards dans la mise en œuvre des programmes pour la période 2014-2020 et, dans une bien moindre mesure, des rubriques *2* (*Croissance durable : ressources naturelles*) et *3* (*Sécurité et citoyenneté*) du CFP, ainsi que pour la réserve pour aides d'urgence[28] (-170 millions d'euros), après la prise en compte des redéploiements de crédits effectués suite au "virement global"[29] ;

- augmente[30] les crédits inscrits sous la rubrique *3* du CFP dans le budget pour 2016 afin de tenir compte de l'état de la mise en œuvre et de l'évolution de la situation dans le domaine de la migration et de la sécurité, dont 130 millions d'euros en cré-

[22] JO L 298 du 26.10.2012, pp. 1/96.

[23] L'excédent pour 2015 se compose comme suit : enregistrement de recettes plus important que le montant budgétisé (+980 millions d'euros), sous-exécution des crédits de paiement (+187 millions d'euros) et solde positif des échanges monétaires (+182 millions d'euros).

Pour rappel, l'excédent pour 2012 s'élevait à 1 023 millions d'euros, celui pour 2013 à 1 005 millions d'euros et celui pour 2014 à 1 435 millions d'euros (voir page 437).

[24] Dont 0,2 million d'euros suite à la modification du tableau des effectifs du Parlement européen.

[25] Il s'agit du Parlement européen (section I du budget de l'Union), de la Commission (section III), de la Cour de justice (section IV), de la Cour des comptes (section V), du Comité économique et social européen (section VI), du Comité des régions (section VII) et du Service européen pour l'action extérieure (section X).

[26] Dont un poste AD 5 et 34 postes AST/SC 1.

[27] Il s'agit du poste *32 05 01 02*.

[28] Selon la Commission "*À la mi-septembre, le solde disponible en crédits de paiement dans la réserve pour aides d'urgence en 2016 s'établit à 190 millions d'euros. Sur la base des dernières prévisions et en conservant une partie de la réserve pour faire face à d'éventuelles autres situations d'urgence jusqu'à la fin de l'exercice, un montant de 170 millions d'euros en crédits de paiement peut être libéré*" (doc. *COM(2016) 623 final* du 30 septembre 2016, p. 10).

[29] Il s'agit du virement de crédits DEC 23/2016. Le PE l'a approuvé le 24 octobre et le Conseil le 8 novembre 2016.

[30] Eu égard à l'absence de marge sous le plafond des crédits de la rubrique *3* du CFP et aucun montant n'étant plus disponible pour l'instrument de flexibilité en 2016 (voir page 235), les augmentations des crédits d'engagement nécessitent la mobilisation de la marge pour imprévus (pour un montant total de 240,1 millions d'euros ; voir *infra*), après la prise en compte d'un redéploiement de 9,9 millions d'euros de la ligne budgétaire destinée à la subvention de l'Union à l'Agence européenne des médicaments (article *17 03 12*), résultant de variations du taux de change entre l'euro et la livre sterling (l'agence étant établie à Londres).

dits d'engagement pour le Fonds "Asile, migration et intégration", 70 millions d'euros en crédits d'engagement pour le Fonds pour la sécurité intérieure et 50 millions d'euros en crédits d'engagement et 10 millions d'euros en crédits de paiement pour le nouvel Instrument destiné à fournir une aide d'urgence au sein de l'Union (voir page 285) ;

- concentre de manière anticipée (*"frontloading"*) le provisionnement de la garantie du Fonds européen pour les investissements stratégiques (FEIS) pour 2015-2018[31], en augmentant de 73,9 millions d'euros les crédits d'engagement[32] ;

- réduit, pour un montant total de 14,7 millions d'euros, les crédits d'engagement de plusieurs lignes budgétaires relevant de la rubrique *2* du CFP, afin de les adapter à l'évaluation la plus récente des besoins, et

- anticipe en 2016 une partie du renforcement des effectifs de l'agence "Frontex"[33], en lien avec l'entrée en vigueur du nouveau règlement relatif au corps européen de garde-frontières et de garde-côtes[34].

L'incidence nette globale du budget rectificatif n° 4/2016, dans le volet des dépenses du budget pour 2016, est ainsi une augmentation des crédits d'engagement de 225,4 millions d'euros et une baisse des crédits de paiement de 7 274,3 millions d'euros.

En ce qui concerne les recettes, le BR inclut une révision des prévisions relatives aux ressources propres traditionnelles (droits de douane et cotisations dans le secteur du sucre) et aux assiettes de la taxe sur la valeur ajoutée (TVA) et du revenu national brut, et la budgétisation des corrections britanniques correspondantes ainsi que de leur financement, ce qui a une incidence sur la répartition des contributions des États membres au budget de l'UE au titre des ressources propres.

Par ailleurs, selon la Commission, "*Au début du mois de septembre 2016, un montant de 1 134 millions d'euros d'amendes (montant principal) est devenu définitif. Conformément à l'article 83 du règlement financier, les amendes définitives* "sont enregistrées [...] dans les plus brefs délais et au plus tard dans l'année qui suit l'épuisement de toutes les voies de recours"*. À ce stade, la Commission propose d'utiliser ces amendes pour compenser les pertes de change résultant de la dépréciation de la livre sterling (GBP) vis-à-vis de l'euro. L'incidence de cette dépréciation est estimée à quelque 1,8 milliard d'euros*"[35].

---

[31] Il convient de relever que le Conseil, lors de l'adoption de sa position sur le projet de budget rectificatif n° 4/2016, a inscrit la déclaration suivante à son procès-verbal : "*En acceptant le projet de budget rectificatif n° 4/2016 et le provisionnement anticipatif de 73,9 millions d'euros du fonds de garantie du FEIS, le Conseil ne préjuge d'aucune décision concernant la proposition COM(2016) 597 final de la Commission concernant la prolongation de la durée d'existence du FEIS jusqu'en 2020. Il considère que ce montant fait partie du financement du paquet FEIS déjà décidé en 2015* [voir deuxième partie, pages 173-174]" (doc. *Conseil 13316/1/16 REV 1 FIN 663 PE-L 60* du 3 novembre 2016, p. 6).

[32] Cette augmentation est financée par une réduction des crédits prévus dans le budget pour 2016 pour les instruments financiers relevant du volet "Énergie" du Mécanisme pour l'interconnexion en Europe (MIE – Énergie), accompagnée d'une compensation correspondante en 2018.

[33] Il s'agit d'une modification du tableau des effectifs de Frontex (soit un ajout de 38 postes AD et de 12 postes AST, c'est-à-dire un total de 50 nouveaux postes), sans l'octroi de crédits supplémentaires en 2016.

Ces renforcements des postes de Frontex ont également été retenus (cette fois avec les crédits correspondants), sur proposition de la Commission, dans le budget pour 2017 (voir chapitre III).

[34] Règlement (UE) 2016/1624 du Parlement européen et du Conseil, du 14 septembre 2016, relatif au corps européen de garde-frontières et de garde-côtes, modifiant le règlement (UE) 2016/399 du Parlement européen et du Conseil et abrogeant le règlement (CE) n° 863/2007 du Parlement européen et du Conseil, le règlement (CE) n° 2007/2004 du Conseil et la décision 2005/267/CE du Conseil (JO L 251 du 16.9.2016, pp. 1/76). Cette nouvelle Agence européenne de garde-frontières et de garde-côtes (également appelée "Frontex") a été lancée officiellement le 6 octobre 2016.

[35] Doc. *COM(2016) 623 final* du 30 septembre 2016, p. 20. À ce titre le Conseil, lors de l'adoption de sa position sur le projet de budget rectificatif n° 4/2016, a inscrit la déclaration suivante à son procès-verbal : "*Compte tenu des circonstances particulières qui caractérisent le budget rectificatif n° 4/2016, le Conseil note que les amendes qui sont déjà devenues définitives ne sont pas inscrites au budget en tant que recettes budgétaires. Le Conseil rappelle qu'il importe que les amendes soient inscrites au budget en tant que recettes budgétaires dès que possible et au plus tard dans l'année qui suit l'épuisement de toutes les voies de recours, conformément à l'article 83 du règlement financier et à ses règles d'application.*

Le Conseil invite la Commission à informer le Parlement européen et le Conseil aussi régulièrement que possible des amendes qui peuvent être enregistrées à titre de recettes budgétaires, afin d'améliorer la prévisibilité des contributions des États membres" (doc. *Conseil 13316/1/16 REV 1 FIN 663 PE-L 60* du 3 novembre 2016, p. 6).

Il convient de relever que l'adoption du BR n° 4/2016 est accompagnée par une mobilisation de la marge pour imprévus[36], prévue à l'article 13 du règlement fixant le CFP[37], pour un montant de 240,1 millions d'euros en crédits d'engagement au profit de la rubrique *3* (*Sécurité et citoyenneté*), compensée par une baisse correspondante du plafond de la rubrique *5* (*Administration*) du CFP en 2016.

Le *BR n° 5/2016* porte sur la mise en œuvre de la nouvelle décision 2014/335/UE, Euratom relative au système des ressources propres, à la suite de l'entrée en vigueur de cette décision le 1er octobre 2016 (voir pages 298-299).

Il prend en considération l'effet rétroactif de cette décision à partir du 1er janvier 2014 et comprend, pour les exercices 2014, 2015 et 2016, les ajustements nécessaires aux montants mis à disposition par les États membres.

Les conséquences générales de ce budget rectificatif sur le budget pour 2016 résultent de l'inclusion dans la décision de nouveaux éléments qui ne faisaient pas partie de la précédente décision relative aux ressources propres de 2007. Ces nouveaux éléments sont :

- un nouveau taux de frais de perception pour les ressources propres traditionnelles ;

- la réduction du taux d'appel de la TVA pour l'Allemagne, les Pays-Bas et la Suède ;

- l'utilisation de données du système européen de comptes de 2010 (SEC 2010) pour le RNB, et

- la réduction brute de la contribution RNB annuelle pour l'Autriche, le Danemark, les Pays-Bas et la Suède[38].

Enfin, le *BR n° 6/2016* est lié au financement de la mobilisation du Fonds de solidarité de l'UE en faveur de l'Allemagne, pour un montant de 31,5 millions d'euros en crédits d'engagement et de paiement (voir page 291).

Il convient de relever que tous les budgets rectificatifs ont de nouveau été adoptés en 2016 en "une seule lecture"[39] et comme proposés par la Commission.

Il convient également de noter la rapidité dans l'adoption par l'autorité budgétaire de nombreux budgets rectificatifs. Dans ce contexte, afin de pouvoir respecter le délai de huit semaines (entre la proposition de la Commission et la position du Conseil) prévu à l'article 4 du protocole n° 1 (sur le rôle des parlements nationaux dans l'UE) annexé aux traités[40], le Conseil[41] a dû avoir recours à une réduction du délai quatre fois en 2016 (voir tableau 71, page 285), ce qui est un record.

Le Conseil a en effet souhaité, suite aux enseignements tirés des procédures budgétaires pour 2015 et 2016 (voir première partie, page 104, et deuxième partie, pages 238-239), adopter en 2016 sa position sur tous les projets de budgets rectificatifs en attente avant le début de la procédure de conciliation sur le budget pour 2017[42]. Ceci a de nouveau certainement contribué à simplifier les négociations budgétaires interinstitutionnelles lors de la procédure budgétaire pour 2017 (voir chapitre III).

---

[36] JO L 50 du 28.2.2017, pp. 47/48.

[37] Règlement (UE, Euratom) n° 1311/2013 du Conseil, du 2 décembre 2013, fixant le cadre financier pluriannuel pour la période 2014-2020 (JO L 347 du 20.12.2013, pp. 884/891).

[38] Voir première partie, page 30. Le financement de la correction britannique pour 2014 et 2015 a également dû être adapté en conséquence.

[39] C'est-à-dire que le PE a été en mesure d'accepter les positions du Conseil sans amendement, ce dernier ayant été en mesure de retenir en 2016 les propositions de la Commission sans les modifier.

[40] JO C 202 du 7.6.2016, p. 204.

[41] Conformément à l'article 3, paragraphe 3 de son règlement intérieur et eu égard notamment au caractère d'urgence de la question.

[42] Dans la pratique, le Conseil a été en mesure d'adopter sa position sur les PBR n° 4 et 5/2016 le 8 novembre 2016 (soit le matin de la première réunion du comité de conciliation), et sur le PBR n° 6/2016 le 15 novembre 2016 (soit la veille de la deuxième réunion du comité de conciliation ; voir tableau 77, page 301).

2. Dix appels à la réserve pour aides d'urgence

La réserve pour aides d'urgence a été mobilisée dix fois en 2016, pour un montant total de 429,8 millions d'euros en crédits d'engagement et de 118 millions d'euros en crédits de paiement[43]. Un total de 219,4 millions d'euros provient de crédits reportés de 2015, conformément à l'article 9, paragraphe 2 du règlement fixant le CFP.

La première mobilisation, intervenue en mars 2016 pour un montant de 150 millions d'euros en crédits d'engagement, était destinée à fournir une aide humanitaire et alimentaire pour répondre aux besoins croissants provoqués par la crise en Syrie et en Iraq.

Les quatre mobilisations suivantes, intervenues en juillet 2016 pour un montant total de 155 millions d'euros en crédits d'engagement et de 118 millions d'euros en crédits de paiement, étaient destinées à financer une aide humanitaire et alimentaire pour répondre aux besoins urgents en Irak, au Soudan, au Soudan du Sud, en Turquie et au Yémen.

Les trois mobilisations suivantes, toutes intervenues en octobre 2016 pour un montant total de 90 millions d'euros en crédits d'engagement, étaient destinées à financer une aide humanitaire et alimentaire en Irak, en Ouganda, au Soudan, au Soudan du Sud et au Yémen.

Enfin, les deux dernières mobilisations, intervenues en décembre 2016 pour un montant total de 34,8 millions d'euros en crédits d'engagement, étaient destinées à financer une aide alimentaire et humanitaire dans la région du lac Chad et en Irak.

3. Deux appels au Fonds de solidarité de l'Union européenne

Le Fonds de solidarité de l'Union européenne a été mobilisé deux fois en 2016, pour un montant total de 33,1 millions d'euros en crédits d'engagement et de paiement.

La première mobilisation a eu lieu le 11 octobre 2016 en faveur de la Grèce, en raison du séisme qui a frappé la région des Îles ioniennes en novembre 2015[44]. Elle s'élève à 1,7 million d'euros en crédits d'engagement et de paiement et a été financée à partir des crédits inscrits dans le budget pour 2016[45] pour des avances[46].

---

[43] Les mobilisations en 2016 de la réserve pour aides d'urgence, du Fonds de solidarité de l'UE et du Fonds européen d'ajustement à la mondialisation sont récapitulées dans le tableau 72, page 290.

[44] JO L 284 du 20.10.2016, pp. 21/22.

[45] À l'article *13 06 01* (*Fonds de solidarité de l'UE – États membres* ; voir première partie, page 48). Cette mobilisation du Fonds de solidarité n'a ainsi pas nécessité l'adoption d'un BR.

L'utilisation des avances en 2016 est la suivante :

En euros

Utilisation	**Montant**
Mobilisation du Fonds de solidarité de l'UE pour la Grèce*	1.651.834
Financement d'autres besoins par le biais du virement global**	13.000.000
Paiement d'avances pour le Portugal (incendies en août 2016 à Madère)***	392.500
Paiement d'avances pour Chypre (sécheresse et incendies en 2016)** **	729.876
Paiement d'avances pour l'Italie (tremblements de terre en août et octobre 2016)** ** *	30.000.000
Montant restant disponible	*4.225.790*
Total ** **	**50.000.000**

* *Voir supra* ** *Virement de crédits DEC 23/2016 (voir page 286)*

*** *Décision d'exécution de la Commission (C(2016) 7250 du 9 novembre 2016)*

** ** *Décision d'exécution de la Commission (C(2016) 7572 du 17 novembre 2016)*

** ** * *Décision d'exécution de la Commission (C(2016) 7861 du 29 novembre 2016)*

** ** ** *Article 13 06 01 (Assistance aux États membres en cas de catastrophe naturelle majeure ayant de graves répercussions sur les conditions de vie, l'environnement naturel et l'économie)*

[46] Voir page 232, note en bas de page 305. Ces avances avaient fait l'objet d'une mobilisation spécifique du Fonds de solidarité le 25 novembre 2015 (JO L 47 du 24.2.2016, p. 5 ; voir deuxième partie, page 232).

Tableau 72. Les recours à la réserve pour aides d'urgence, au Fonds de solidarité et au Fonds européen d'ajustement à la mondialisation en 2016

En crédits d'engagement (sauf indication contraire) et en millions d'euros

Réserve pour aides d'urgence :

Date	Montant c/e	Montant c/p	Destination (aide alimentaire et/ou humanitaire)	–
Mars 2016*	150,0	0	Personnes déplacées et réfugiés suite à la crise en Syrie***	–
Juillet 2016*	40,0	27,0	Soudan et Soudan du Sud	–
Juillet 2016**	30,0	24,0	Yémen	–
Juillet 2016	30,0	23,0	Irak	–
Juillet 2016	55,0	44,0	Turquie	–
Octobre 2016	50,0	0	Ouganda, Soudan et Soudan du Sud	–
Octobre 2016	10,0	0	Yémen	–
Octobre 2016	30,0	0	Irak	–
Décembre 2016	9,8	0	Région du lac Chad	–
Décembre 2016	25,0	0	Irak	–
Total :	***429,8***	***118,0***		

* *À partir de crédits reportés de 2015* ** *À partir de crédits reportés de 2015, pour un montant de 29,4 millions d'euros* *** *En lien avec la lettre rectificative n° 2/2016 (voir page 237)*

Fonds de solidarité de l'Union européenne :

Date	Montant	Destination et fait générateur	JO L
11.10.2016	1,7*	Grèce (séisme ayant touché la région des Îles ioniennes)	284 du 20.10.2016, pp. 21/22
14.12.2016	31,5	Allemagne (inondations en Bavière)	50 du 28.2.2017, pp. 49/50
Total :	***33,1***		

* *À partir des crédits pour les avances inscrits à l'article 13 06 01 (Fonds de solidarité de l'UE – États membres) du budget pour 2016*

Fonds européen d'ajustement à la mondialisation :

Date	Montant	Destination et secteur	JO L
9.3.2016	1,1	Belgique (fabrication de verre)	74 du 19.3.2016, pp. 34/35
13.4.2016	1,8	Suède (production de poids lourds)	105 du 21.4.2016, pp. 20/21
13.4.2016	0,4	Commission (assistance technique*)	105 du 21.4.2016, pp. 22/23
8.6.2016	5,1	France (transports terrestres)	162 du 21.6.2016, pp. 10/11
8.6.2016	6,5	Grèce (commerce de détail)	162 du 21.6.2016, pp. 12/13
6.7.2016	1,8	Belgique (fabrication de machines et équipements)	189 du 14.7.2016, pp. 46/47
11.10.2016	5,4	Finlande (téléphonie mobile)	284 du 20.10.2016, pp. 23/24
11.10.2016	4,0	Suède (téléphonie mobile)	284 du 20.10.2016, pp. 25/26
23.11.2016	1,1	Estonie (raffinage)	326 du 1er.12.1016, pp. 14/15
14.12.2016	0,9	Espagne (fabrication d'automobiles)	50 du 28.2.2017, pp. 51/52
Total :	***28,1***		

* *Conformément à l'article 11 du règlement n° 1309/2013 instituant le FEM*

La deuxième mobilisation a eu lieu le 14 décembre 2016 en faveur de l'Allemagne, suite aux inondations en Bavière (dans le district de Rottal-Inn) pendant l'été 2016[47]. Elle s'élève à 31,5 millions d'euros en crédits d'engagement et de paiement et a été financée par le biais du BR nº 6/2016 (voir page 288).

4. Dix appels au Fonds européen d'ajustement à la mondialisation

Le Fonds européen d'ajustement à la mondialisation (FEM) a été mobilisé dix fois en 2016, pour un montant total de 28 millions d'euros en crédits d'engagement et de paiement, ce qui constitue le deuxième montant le moins élevé après celui de 2007, première année d'existence du FEM.

Les mobilisations du FEM en 2016 sont résumées pages 396-397.

5. La Facilité en faveur des réfugiés en Turquie

Dans le cadre du plan d'action commun UE-Turquie[48], qui inclut la fourniture d'une assistance financière de 3 milliards d'euros à la Turquie dans le but de l'aider à gérer la crise migratoire sur son territoire, la Commission a adopté, le 24 novembre 2015[49], une décision sur la coordination des actions de l'Union et des États membres au moyen d'un nouveau mécanisme de coordination – la "Facilité pour la Turquie en faveur des réfugiés". Sur le total de 3 milliards d'euros, 500 millions d'euros seraient financés par le budget de l'Union européenne[50], le reste (soit 2,5 milliards d'euros) devant être couvert par des contributions des États membres, basées sur la part des États membres dans le RNB de l'Union.

Les représentants des États membres ont examiné en détail, en décembre 2015 et janvier 2016, différents aspects légaux et pratiques concernant le cadre pour la coordination des ressources sous une telle Facilité, ainsi que les conséquences financières de la décision de la Commission, y inclus les différents instruments et options disponibles pour financer les 3 milliards d'euros requis. Une large majorité d'États membres ont vite conditionné leur accord à la mise en place d'une telle Facilité à l'augmentation de la part de son financement qui serait à la charge du budget de l'Union[51].

Le 3 février 2016, les représentants des 28 États membres et la Commission sont finalement parvenus à un accord de principe sur le "cadre de gouvernance et de conditionnalité" de la Facilité qui inclut, notamment, les conditions pour le versement des contributions financières des États membres et leur gestion par la Commission (les contributions des États membres devant être confirmées par tous les États membres individuellement à la Commission).

S'agissant des montants, l'accord est basé sur le principe d'une répartition d'un tiers à partir du

---

[47] JO L 50 du 28.2.2017, pp. 49/50.

[48] Ce plan d'action commun a été activé lors du sommet UE-Turquie du 29 novembre 2015.

[49] JO C 407 du 8.12.2015, pp. 8/13.

[50] Selon la Commission, ces 500 millions d'euros seraient couverts, à part égales, par différentes lignes des budgets de l'Union pour 2016 (à partir de montants déjà inscrits dans le budget) et pour 2017.

[51] Lors des discussions en décembre 2015 et janvier 2016, de nombreux représentants des États membres ont notamment souhaité renforcer la gouvernance de la Facilité, en insistant sur un contrôle et suivi rigoureux de son fonctionnement, ainsi que sur le besoin de coordination entre les différentes actions envisagées. Par ailleurs, les représentants des États membres ont insisté sur l'importance d'une stricte conditionnalité pour le versement des contributions des États membres à la Facilité respectant les conditions incluses dans le plan d'action commun UE-Turquie.

Plusieurs États membres ont également souhaité que ces contributions ne soient pas prises en compte dans le calcul du déficit des États membres dans le cadre du Pacte de stabilité et de croissance.

Certains États membres ont, par ailleurs, été particulièrement attentifs sur la formulation, dans tous les documents liés à la création de la Facilité, concernant le versement de contributions financières (même volontaires) par les États membres afin d'éviter de devoir ratifier la création de la Facilité selon les dispositions constitutionnelles nationales s'appliquant à la conclusion d'accords internationaux ayant des conséquences financières.

Pour des raisons politiques, Chypre a souhaité que ses contributions servent directement à financer des actions en soutien de la Jordanie et du Liban.

La Commission et le Conseil ont informé le Parlement européen, lors de sa session plénière du 2 février 2016, de l'avancement des travaux concernant la mise en place et le mode de financement envisagé de la Facilité.

Tableau 73. Les contributions des États membres* à la Facilité en faveur des réfugiés en Turquie selon l'accord du 3 février 2016

En euros et en pour cents

État membre	1 % du RNB	Clef RNB (en %)**	Montant
Belgique	4.044.908.000	*2,88*	57.644.021
Bulgarie	412.388.025	*0,29*	5.876.945
République tchèque	1.429.950.658	*1,02*	20.378.240
Danemark	2.691.551.852	*1,92*	38.357.330
Allemagne	29.998.426.500	*21,38*	427.507.849
Estonie	195.941.500	*0,14*	2.792.364
Irlande	1.605.484.000	*1,14*	22.879.767
Grèce	1.758.757.000	*1,25*	25.064.062
Espagne	10.723.591.000	*7,64*	152.821.993
France	21.697.735.000	*15,46*	309.214.619
Croatie	414.701.663	*0,30*	5.909.917
Italie	15.782.177.500	*11,25*	224.911.955
Chypre	162.048.000	*0,09*	***
Lettonie	245.937.500	*0,18*	3.504.858
Lituanie	363.756.951	*0,26*	5.183.904
Luxembourg	302.768.000	*0,22*	4.314.750
Hongrie	1.028.794.578	*0,73*	14.661.361
Malte	79.473.735	*0,06*	1.132.581
Pays-Bas	6.589.010.000	*4,70*	93.900.041
Autriche	3.201.701.000	*2,28*	45.627.470
Pologne	3.997.275.344	*2,85*	56.965.207
Portugal	1.708.890.500	*1,22*	24.353.414
Roumanie	1.517.506.692	*1,08*	21.626.002
Slovénie	366.916.000	*0,26*	5.228.923
Slovaquie	737.276.500	*0,53*	10.506.934
Finlande	1.992.220.500	*1,42*	28.391.152
Suède	4.301.727.510	*3,07*	61.303.958
Royaume-Uni	22.990.023.751	*16,38*	327.631.037
Total ** **	**140.340.939.259**	***100,00***	**2.000.000.000**

** Selon l'accord, le montant de ces contributions pourrait être réduit en 2017 en fonction du montant final de la contribution du budget de l'Union européenne, sans préjudice du montant total destiné aux instruments sous-jacents et sans préjudice des prérogatives de l'autorité budgétaire*

Selon la Commission ces contributions ne seront pas prises en compte dans le calcul du déficit des États membres dans le cadre du pacte de stabilité et de croissance

*** Budget pour 2015*

**** Une contribution de Chypre, de 2 309 348 euros, sera faite au budget de l'Union européenne pour la Jordanie et le Liban*

*** ** Y inclus Chypre*

budget de l'Union[52] et de deux tiers à partir de contributions *volontaires* des États membres[53], la Commission ayant été en mesure d'identifier au cours des discussions des possibilités de reprogrammations des fonds plus importantes qu'initialement escompté. L'accord confirme aussi des "termes de référence"[54], qui incluent un tableau récapitulant le montant des contributions par État membre. Il est repris dans le tableau 73 ci-dessus.

La Commission a modifié en conséquence, le 10 février 2016[55], sa décision de création de la Facilité, afin de refléter le contenu de l'accord[56].

Tout au long du processus, le Parlement européen a critiqué le fait d'être tenu en dehors de la prise de décision, et de ne pas être consulté notamment sur les aspects du financement de la Facilité. Le président de la commission des budgets du PE

[52] Dont 250 millions d'euros du budget pour 2016 et 750 millions d'euros de budget pour 2017, avant tout à partir de reprogrammations concernant des programmes et des actions existants (voir chapitre III).

[53] Il a été convenu que, du point de vue du budget de l'Union, ces contributions seraient traitées comme des recettes affectées externes, en conformité avec l'article 21, paragraphe 2, point b) du RF de 2012.

[54] Selon les termes de référence, le montant de ces contributions pourrait être réduit en 2017 en fonction du montant final de la contribution à partir du budget de l'Union européenne pour 2017 (voir chapitre III), "sans préjudice du montant total destiné aux instruments sous-jacents et sans préjudice des prérogatives de l'autorité budgétaire".

[55] JO C 60 du 16.2.2016, pp. 3/6. Il convient de relever le changement du nom de la Facilité (en "Facilité en faveur des réfugiés en Turquie") par rapport à la décision de novembre 2015, afin de mieux refléter son objectif.

[56] La Commission a fait parvenir le 23 février 2016 aux États membres une note sur l'échelonnement des besoins financiers de la Facilité et sur l'étalement dans le temps des contributions des État membres afin de garantir une bonne gestion financière de la Facilité.

a envoyé à ce titre, le 23 février 2016[57], une lettre à la Commission. Dans celle-ci, il émet de sérieux doutes quant à la manière dont la Facilité a été mise en place et évoque le peu d'implication du PE dans ce processus[58].

Il convient de relever que la Facilité a été instaurée par la Commission et les États membres de l'Union européenne, ces derniers contribuant volontairement, sur la base d'un accord intergouvernemental, au financement de la Facilité. Le Parlement européen ou le Conseil en tant que tel ne sont pas partie prenante à cet accord[59].

En tout état de cause, dans le cadre de l'accord sur le budget pour 2017 obtenu lors de la réunion du comité de conciliation des 16 et 17 novembre 2016, les trois institutions ont approuvé une déclaration commune sur la Facilité en faveur des réfugiés en Turquie et les fonds fiduciaires de l'Union, dans laquelle elles conviennent que la mise en place de la Facilité (et des fonds fiduciaires) devrait être claire, transparente et conforme au principe d'unité du budget de l'Union, aux prérogatives de l'autorité budgétaire et aux objectifs des bases légales existantes, tout en s'engageant à examiner, comme il convient, ces questions dans le cadre de la révision du règlement financier (voir page 294), de manière à "trouver un juste équilibre entre flexibilité et responsabilité".

Par la même occasion, la Commission s'est engagée à présenter, à partir de 2017, un document de travail accompagnant le projet de budget pour l'exercice financier suivant sur le financement (notamment en ce qui concerne les contributions des États membres) et les opérations des fonds fiduciaires, et à proposer des mesures "visant à associer dûment le Parlement européen" (voir chapitre III).

6. Le réexamen/ révision à mi-parcours du cadre financier pluriannuel pour 2014-2020

Conformément à l'article 2 du règlement fixant le CFP[60], la Commission a présenté, le 14 septembre 2016, son paquet "réexamen/ révision à mi-parcours du cadre financier pluriannuel pour 2014-2020", composé[61] :

---

[57] Cette lettre est reproduite page 398. Suite cette lettre et à la demande du Parlement européen, les trois institutions ont discuté du financement de la Facilité lors du trilogue budgétaire du 14 mars 2016 (voir chapitre III).

[58] Plus spécialement, le PE a critiqué le fait que l'accord entre les États membres et la Commission préjuge de l'affectation de montants inscrits dans le budget pour 2016 et du résultat des négociations interinstitutionnelles sur le budget pour 2017. Le Parlement a également été très critique envers l'approche des "recettes affectées" retenue dans l'accord (voir page 292, note en bas de page 53), considérant ceci comme un "contournement" des discussions et décisions des deux branches de l'autorité budgétaire lors des procédures budgétaires annuelles de l'Union.

Avant tout, le Parlement européen s'est interrogée de savoir si la Commission a respecté les prérogatives du PE telles que définies par les traités et l'égalité de traitement entre les deux branches de l'autorité budgétaire, tout en demandant que le Parlement soit pleinement associé à de telles initiatives.

La Commission a envoyé une lettre au PE le 4 mars 2016, où elle répond à ces différents points. Cette lettre est reproduite pages 399-401.

[59] En d'autres termes, d'un point de vue juridique et institutionnel, il faut établir une distinction claire entre, d'une part, les contributions à partir du budget de l'UE pour lesquelles le Parlement européen et le Conseil sont tous les deux compétents en tant que branches de l'autorité budgétaire et, d'autre part, les contributions nationales à la Facilité, du ressort de chaque État membre pris individuellement.

[60] L'article 2 du règlement fixant le CFP (intitulé "*Réexamen/ révision à mi-parcours du cadre financier*") indique : "*Avant la fin de 2016 au plus tard, la Commission présente un réexamen du fonctionnement du cadre financier, en tenant pleinement compte de la situation économique qui existera à ce moment-là ainsi que des projections macroéconomiques les plus récentes. Le cas échéant, ce réexamen obligatoire est accompagné d'une proposition législative de révision du présent règlement en conformité avec les procédures prévues dans le TFUE. Sans préjudice de l'article 7 du présent règlement, les enveloppes nationales préallouées ne sont pas réduites dans le cadre d'une telle révision*".

La Commission a fait à ce titre, lors de l'adoption du règlement fixant le CFP, la déclaration suivante au procès-verbal du Conseil : "*En ce qui concerne les dispositions de l'article 2 du règlement relatif au CFP, compte tenu des résultats du réexamen, la Commission confirme son intention de présenter des propositions législatives en vue d'une révision du règlement relatif au CFP. Dans ce contexte, elle accordera une attention particulière au fonctionnement de la marge globale pour les paiements afin de veiller à ce que les plafonds globaux des paiements restent disponibles pendant toute la période concernée. Elle examinera par ailleurs l'évolution de la marge globale pour les engagements. La Commission tiendra également compte des exigences particulières prévues par le programme "Horizon 2020". La Commission étudiera aussi la possibilité de mettre ses propositions relatives aux prochain CFP en cohérence avec les cycles politiques des institutions*" (doc. *Conseil 15997/13 ADD 1 POLGEN 216 CADREFIN 297* du 25 novembre 2013, p. 5).

[61] Le réexamen/ révision à mi-parcours du CFP comprend en outre une proposition de "*top-ups*" (c'est-à-dire de

- d'une communication de la Commission au Parlement européen et au Conseil, intitulée "*Réexamen/ révision à mi-parcours du cadre financier pluriannuel 2014-2020 – Un budget de l'UE axé sur les résultats*"[62] ;

- d'une proposition de la Commission de modification du règlement fixant le CFP[63] ;

- d'une proposition de la Commission de modification de l'AII de 2013[64] ;

- d'une proposition de la Commission de décision du Parlement européen et du Conseil modifiant la décision (UE) 2015/435 relative à la mobilisation de la marge pour imprévus[65], et

- d'une proposition de la Commission modifiant le RF de 2012 et quinze bases légales sectorielles, surtout dans le domaine des Fonds structurels et d'investissement européens[66] (proposition "*Omnibus*").

Par ailleurs, elle a proposé, conformément à sa communication au Parlement européen et au Conseil intitulée "*Renforcer les investissements européens pour l'emploi et la croissance : vers une deuxième phase du Fonds européen pour les investissements stratégiques et un nouveau plan d'investissement extérieur européen*"[67] de :

- prolonger jusqu'à 2020 et d'augmenter le montant disponible pour le Fonds européen pour les investissements stratégiques[68] (FEIS), mis en place en 2015, et

- créer un nouveau Fonds européen pour le développement durable (FEDD), accompagné d'un nouveau fonds de garantie FEDD[69].

Au total, les différentes propositions de la Commission s'élèvent à quelque 6,3 milliards d'euros en crédits d'engagement sur la période 2017-2020[70] (voir tableau 74 ci-dessous).

Tableau 74. Les propositions de la Commission dans le contexte du réexamen/ révision à mi-parcours du cadre financier pluriannuel pour 2014-2020, du 14 septembre 2016

En crédits d'engagement et en millions d'euros

Emplois et croissance	**2.400**
Programmes avec de très bons taux d'exécution* :	1.200
- Horizon 2020	*400*
- Mécanisme pour l'interconnexion en Europe – Transports	*400*
- COSME	*200*
- Erasmus+	*200*
Initiative pour l'emploi des jeunes	1.000
Fonds européen pour les investissements stratégiques ("FEIS 2.0")	150
Wi-Fi pour l'Europe** (Wifi4EU)	50
Migration et sécurité	**3.935**
Aspects internes (Frontex, Europol, asile, système d'entrée/sortie etc.)	2.549
Aspects externes :	1.385
- Processus du cadre de partenariat ("compacts" de migration avec les pays tiers)	*750*
- Aide macrofinancière	*270*
- Fonds européen pour le développement durable	*250*
- Mandat extérieur pour les prêts de la Banque européenne d'investissement	*115*
Total	**6.334**
Pour mémoire :	
*Ajustement technique des enveloppes en faveur de la politique de cohésion****	*4.642*
Projet de budget pour 2017 – dépenses additionnelles proposées pour la migration	*1.822*
Total général	***12.798***

** Dans la lettre rectificative n° 1/2017, la Commission a proposé 50 millions d'euros supplémentaires en 2017 pour chacun de ces programmes (voir page 371)*

*** Dans la LR n° 1/2017, la Commission a proposé 20 millions d'euros supplémentaires en 2017 pour "Wifi4EU" (voir page 371)*

**** Voir tableau 80, page 307*

renforcements de crédits d'engagement par rapport aux montants prévus dans les bases légales et la programmation financière à l'origine) pour des programmes relevant notamment de la sous-rubrique *1a* (*Compétitivité pour la croissance et l'emploi*) du CFP et ayant fait preuve de très bons taux d'exécution (soit "Horizon 2020", la partie "Transports" du Mécanisme pour l'interconnexion en Europe, "COSME" et "Erasmus+" ; voir tableau 74).

[62] Doc. *COM(2016) 603 final*. Cette communication est accompagnée par un document de travail des services de la Commission (doc. *SWD(2016)299 final* du 14 septembre 2016), qui fournit des explications techniques aux propositions de la Commission.

[63] Doc. *COM(2016) 604 final*.

[64] Doc. *COM(2016) 606 final*.

[65] Doc. *COM(2016) 607 final*.

[66] Doc. *COM(2016) 605 final*. Cette proposition a avant tout pour but selon la Commission de simplifier les règles financières, notamment pour augmenter la flexibilité de la dépense de l'Union à partir de 2018, et pour mettre d'avantage l'accent sur la performance. Il s'agit de la première fois que ce dernier propose un tel "*omnibus*" incluant le RF, l'objectif étant notamment de créer, en ce qui concerne ce dernier, un "livre unique" ("*Single rule book*") des règles financières de l'Union, y inclus par le biais d'une "fusion" du règlement financier et de ses règles d'application.

[67] Doc. *COM(2016) 581 final* du 14 septembre 2016.

[68] C'est-à-dire de créer le "FEIS 2.0" (doc. *COM(2016) 597 final* du 14 septembre 2016). La base légale modifiée pour le FEIS a été adoptée le 13 décembre 2017 (JO L 345 du 27.12.2017, pp. 34/52 et rectificatif au JO L 127 du 23.5.2018, p.8).

[69] Doc. *COM(2016) 586 final* du 14 septembre 2016.

[70] Ou à quelque 12,8 milliards d'euros si l'on prend également en compte les montants additionnels résultant de l'ajustement des enveloppes en faveur de la politique de cohésion (voir page 307) ou ceux inclus dans le PB pour 2017 pour la migration (voir tableau 86, page 318).

L'objectif de la modification proposée du règlement fixant le CFP est, selon la Commission, "d'accroître la flexibilité et la réactivité du budget de l'UE". À ce titre, elle propose notamment de[71] :

- doubler les montants destinés à l'instrument de flexibilité et à la réserve pour aides d'urgence ;

- créer une nouvelle réserve de crise de l'Union européenne, destinée à permettre à l'Union de réagir rapidement aux crises, ainsi qu'aux événements ayant des répercussions graves sur le plan humanitaire ou celui de la sécurité[72], et financée à partir de crédits dégagés de l'exercice *n-2*, et

- lever les restrictions concernant la marge globale pour des engagements en faveur de la croissance et de l'emploi, en particulier celui des jeunes (MGE), et la marge globale pour les paiements[73] (MGP).

S'agissant de l'AII de 2013, la Commission propose uniquement de le modifier afin d'ajouter un nouveau point 14a concernant la mobilisation de la nouvelle réserve de crise de l'Union européenne.

La proposition de la Commission de modifier la décision de mobilisation de la marge pour imprévus (prise dans le cadre de l'accord sur le budget pour 2015 ; voir première partie, pages 27-29) est, quant à elle, liée à deux éléments :

- compenser la mobilisation dans sa totalité en 2017 (à la place de 2018-2020, due à l'existence de crédits de paiement disponibles sous le plafond global des crédits pour paiements en 2017 et à la pression prévisible sur les crédits de paiement pendant les dernières années couvertes par le CFP), et

- résoudre la question de la compensation (ou non) des 350 millions d'euros de crédits de paiement[74] des instruments spéciaux (laissée en attente lors de la décision de mobilisation).

Le Parlement européen[75] et le Conseil[76] ont examiné ces différentes propositions à partir de l'automne 2016.

---

[71] Il convient avant tout de relever que la Commission n'a *pas* proposé de *réviser le CFP*, conformément à l'article 17 du règlement fixant le CFP, et ceci en dépit des appels répétés du PE (voir page 242, note en bas de page 343).

[72] Le but de la Commission étant notamment de pouvoir éviter de devoir recourir à des solutions "*ad hoc*" ou "hybrides", telles que dans le cas de la Facilité en faveur des réfugiés en Turquie ou des fonds fiduciaires de l'Union (voir pages 291-293).

[73] L'article 14 (intitulé "*Marge globale pour des engagements en faveur de la croissance et de l'emploi, en particulier celui des jeunes*") du règlement fixant le CFP dispose que : "*1. Les marges laissées disponibles sous les plafonds du cadre financier pour les crédits d'engagement pour les années 2014-2017 constituent une marge globale du cadre financier en engagements, à mobiliser au-delà des plafonds établis dans le cadre financier pour les années 2016 à 2020 afin d'atteindre les objectifs des politiques liées à la croissance et à l'emploi, en particulier celui des jeunes.*

2. Chaque année, dans le cadre des ajustements techniques prévus à l'article 6, la Commission calcule le montant disponible. La marge globale du cadre financier ou une partie de celle-ci peut être mobilisée par le Parlement européen et le Conseil dans le cadre de la procédure budgétaire en vertu de l'article 314 du TFUE".

L'article 5 (intitulé "*Marge globale pour les paiements*") indique pour sa part : "*1. Chaque année, à partir de 2015, dans le cadre des ajustements techniques prévus à l'article 6, la Commission ajuste à la hausse les plafonds des paiements pour les années 2015 à 2020 d'un montant correspondant à la différence entre les paiements exécutés et le plafond des paiements fixés dans le cadre financier pour l'exercice n-1.*

2. Pour les années 2018 à 2020, les ajustements annuels n'excèdent pas les montants maximaux ci-après (aux prix de 2011) par rapport au plafond initial des paiements des exercices en question :

2018 - 7 milliards d'euros

2019 - 9 milliards d'euros

2020 - 10 milliards d'euros.

3. Tout ajustement à la hausse est pleinement compensé par une réduction correspondante du plafond des paiements de l'exercice n-1".

[74] Dont 150 millions d'euros concernent la réserve pour aides d'urgence et le Fonds de solidarité de l'UE chacun, et 50 millions d'euros le Fonds européen d'ajustement à la mondialisation.

Selon sa position de principe depuis la création des instruments spéciaux, la Commission propose de ne *pas* compenser ces montants, les considérant *hors* du plafond des crédits pour paiements du CFP.

[75] Le Parlement européen a adopté deux résolutions sur le réexamen/ révision à mi-parcours du CFP, le 6 juillet 2016 (contenant les recommandations du PE en amont des différentes propositions de la Commission ; doc. *PE P8_TA(2016)0309*) et le 26 octobre 2016 (suite aux propositions de la Commission. Le Parlement confirme à cette occasion que la résolution du 6 juillet 2016 reste son "mandat de négociation" ; doc. *PE P8_TA(2016)0412*).

Le PE a organisé ses travaux (tout comme pour le budget pour 2017) par le biais de sa commission des budgets.

[76] Le Conseil a organisé ses travaux autour d'un groupe "amis de la présidence", le CFP et l'AII (tous deux traitant de

En ce qui le concerne, le Conseil est parvenu, le 15 novembre 2016, à un "large support"[77] en son sein sur les éléments suivants[78] :

- *augmentation* du plafond annuel de l'*instrument de flexibilité* à *600 millions d'euros* au prix de 2011 (au lieu de 471 millions d'euros). Par ailleurs, chaque année à compter de 2017, le montant annuel disponible pour l'instrument serait augmenté d'un montant équivalent à la part de la dotation annuelle du Fonds de solidarité de l'Union européenne et du Fonds européen d'ajustement à la mondialisation qui ont été annulée au cours de l'exercice précédent[79]. Enfin, la part de la dotation annuelle de l'instrument de flexibilité qui n'est pas utilisée pourrait être reportée jusqu'à l'exercice *n+3*[80] (au lieu de *n+2*) ;

- *augmentation* du plafond annuel de la *réserve pour aides d'urgence* à *300 millions d'euros* au prix de 2011 (au lieu de 280 millions d'euros) ;

- *élargissement* de la possibilité d'utiliser de la *MGE* en faveur de mesures en *matière de migration et de sécurité*[81] et *suppression des restrictions temporelles* pour la constituer[82], et

- *modifications* des *montants maximaux* des ajustements annuels concernant la *MGP*[83] comme suit (aux prix de 2011) :

i) 2019 : 11 milliards d'euros (au lieu de 9 milliards d'euros), et

ii) 2020 : 13 milliards d'euros (au lieu de 10 milliards d'euros).

S'agissant du traitement des *crédits de paiement* des *instruments spéciaux*, le Conseil a souhaité garder le "*statu quo*" existant et de ne pas établir de règle générale et globale concernant leur traitement.

Enfin, les "*top-ups*" retenus par le Conseil sont résumés dans le tableau 75 (page 297).

Le Parlement européen a exprimé à plusieurs reprises son insatisfaction sur les résultats des travaux du Conseil[84], considérant qu'ils s'éloignent trop des propositions de la Commission[85].

S'agissant plus particulièrement des "*top-ups*", le Parlement a fortement critiqué les montants retenus et leur traitement par le Conseil[86] (voir chapitre III).

---

questions horizontales) relevant du Conseil dans sa formation "Affaires générales". Le groupe a également été en charge de la proposition de modification de la décision de mobilisation de la marge pour imprévus (à cause de la "question de principe" du traitement des crédits de paiement des instruments spéciaux) et – à partir de 2017 – de la coordination et de la consolidation des travaux sur les différents éléments contenus dans la proposition "omnibus".

[77] L'Italie ne souhaitant pas se rallier au compromis (appuyant les renforcements pour "Horizon 2020", "COSME" et "Erasmus+", ainsi que l'augmentation de la flexibilité, comme proposés par la Commission), et le Conseil ayant besoin, en vertu de l'article 312 du TFUE, de l'unanimité pour adopter une "position de principe" avant de demander l'approbation du PE.

Les règles de vote au Conseil sous différents articles du TFUE sont résumées page 429.

[78] Doc. *Conseil 14942/16 POLGEN 151 CADREFIN 117*, du 6 décembre 2016, en ce qui concerne les modifications proposées au règlement fixant le CFP et doc. *Conseil 15126/16 CADREFIN 120 POLGEN 158 FIN 848*, du 6 décembre 2016, en ce qui concerne la modification de la décision de mobilisation de la marge pour imprévus et les déclarations faisant partie du "paquet de compromis" (voir note en bas de page 86).

[79] Ceci à la place de l'instauration de la nouvelle réserve de crise de l'Union européenne, proposée par la Commission, que le Conseil n'a pas souhaité retenir.

[80] La part du montant annuel issue des exercices précédents étant utilisée en premier lieu, dans l'ordre d'ancienneté.

[81] À l'article 14 du règlement fixant le CFP.

[82] La constitution de la MGE n'étant plus limitée aux marges laissées disponibles sous les plafonds de dépenses pour les années 2014-2017.

[83] À l'article 5, paragraphe 2 du règlement fixant le CFP, et ceci "afin d'instaurer une flexibilité spécifique aussi grande que possible et de garantir un niveau suffisant de crédits de paiement pour permettre à l'Union de remplir ses obligations en conformité avec l'article 323 du traité sur le fonctionnement de l'Union européenne". Il convient de relever que le montant pour 2018 (7 milliards d'euros) reste inchangé.

[84] Le Conseil "Affaires générales" du 13 décembre 2016 (le dernier Conseil en 2016 à s'être penché sur la question du réexamen/ révision à mi-parcours du CFP) n'a pas progressé sur ce dossier, malgré de nombreux contacts à différents niveaux avec le Parlement européen (et l'Italie maintenant toujours son opposition au "paquet de compromis").

[85] En plus de la baisse des moyens de flexibilité retenus par rapport aux propositions de la Commission, le Parlement européen a regretté que le Conseil ne retienne pas l'idée de créer une réserve de crise de l'Union européenne.

[86] D'après le Parlement européen, le "*ringfencing*" des renforcements de crédits d'engagement tel que prévu par le Conseil dans son compromis va à l'encontre de l'augmentation de la flexibilité du CFP et du budget de l'UE recherchée par le réexamen/ révision à mi-parcours du CFP, en imposant à l'autorité budgétaire un "carcan artificiel".

Tableau 75. Les renforcements ("*Top-ups*") de crédits d'engagement retenus par le Conseil dans le contexte du réexamen/ révision à mi-parcours du cadre financier pluriannuel pour 2014-2020

En crédits d'engagement et en millions d'euros

Rubrique ou sous-rubrique du CFP	**Propositions de la Commission** du 14 septembre 2016	**Proposition de compromis au sein du Conseil*** du 15 novembre 2016**
Sous-rubrique 1a (Compétitivité pour la croissance et l'emploi)	***1.400***	***875***
- Mécanisme pour l'interconnexion en Europe – Transports	*400*	*300*
- Horizon 2020	*400*	*200*
*- Fonds européen pour les investissements stratégiques*** ("FEIS 2.0")*	*150*	*150*
- COSME	*200*	*100*
- Erasmus+	*200*	*100*
*- Wi-Fi pour l'Europe*** (Wifi4EU)*	*50*	*25*
Sous-rubrique 1b (Cohésion économique, sociale et territoriale)	***1.000***	***1.200** *****
- Initiative pour l'emploi des jeunes	*1.000*	*1.200** ***
Rubrique 3 (Sécurité et citoyenneté)	***2.549***	***2.549***
Rubrique 4 (L'Europe dans le monde)***	***1.385***	***1.385***
Total	**6.334**	**6.009**

** "Top-ups" devant être mis en œuvre au cours des années 2017-2020 dans le cadre des procédures budgétaires annuelles, sans préjudice des prérogatives de l'autorité budgétaire. Des redéploiements de crédits, d'un montant global de 945 millions d'euros, dont 875 millions d'euros dans la sous-rubrique 1a et 70 millions d'euros dans la rubrique 4 du CFP, seront identifiés dans le cadre de la procédure budgétaire annuelle*

*** L'Italie a souhaité retenir la majeure partie des propositions de la Commission concernant la sous-rubrique 1a et le Royaume-Uni s'est abstenu*

**** Sans préjudice du résultat des discussions en cours sur certaines propositions de bases légales*

*** ** Réparti sur quatre années (2017-2020)*

Le PE a également vivement regretté que le Conseil n'arrive pas à trouver un accord en son sein sur le traitement des crédits de paiement des instruments spéciaux comme proposé par la Commission.

De ce fait, la modification de la décision de mobilisation de la marge pour imprévus du 17 décembre 2014 n'a pas non plus été faite en 2016, même en ce qui concerne la modification de son *mode de compensation*, et ce en dépit d'un large consensus entre les trois institutions sur ce point.

Lors de la réunion de conciliation du 17 novembre 2016, le Parlement européen et le Conseil sont néanmoins arrivés à un accord sur l'augmentation en 2017 des crédits d'engagement pour "Horizon 2020", la partie "Transports" du Mécanisme pour l'interconnexion en Europe, "COSME"[87] et "Erasmus+" dans la sous-rubrique *1a* (*Compétitivité pour la croissance et l'emploi*) du CFP, pour un montant total de 200 millions d'euros en crédits d'engagement.

Par ailleurs, le Parlement européen, le Conseil et la Commission ont adopté deux déclarations communes sur l'Initiative pour l'emploi des jeunes et le Fonds européen pour le développement durable[88] (voir chapitre III).

Selon le PE, de tels "*top-ups*" doivent être décidés dans le cadre de la procédure budgétaire annuelle. En d'autres termes, le Parlement ne veut pas se lier politiquement à des montants plafonnés pour la période couverte par le cadre financier pluriannuel, en se réservant la possibilité de défendre des montants supérieurs à ceux proposés par la Commission – ou retenus par le Conseil – dans le cadre de la procédure budgétaire (le budget, contrairement au règlement fixant le CFP, étant "co-décidé"). Le Parlement européen s'est également fermement opposé au principe de devoir couvrir ces renforcements par des redéploiements de crédits, comme retenu par le Conseil dans son compromis (voir tableau 75).

Le Conseil, pour sa part, considère que les "*top-ups*" retenus dans le compromis forment une partie essentielle de l'accord sur le réexamen/ révision à mi-parcours : bien que les renforcements soient liés aux procédures budgétaires annuelles en ce qui concerne l'inscription des crédits d'engagement supplémentaires dans les budgets annuels, ils ont été présentés par la Commission, ainsi que négociés et agréés au Conseil, comme faisant partie intégrante du "paquet d'accord" sur le réexamen/ révision à mi-parcours du CFP.

Le Parlement européen a également fait part de sérieuses réserves sur certains projets de déclarations communes faisant partie du "paquet de compromis" au sein du Conseil, et avant tout sur la déclaration sur les renforcements de crédits d'engagement pour la période restante du CFP. Les autres projets de déclarations communes proposées concernent la nécessité d'éviter l'accumulation de factures impayées, les paiements relatifs aux instruments spéciaux et une évaluation indépendante des résultats obtenus au regard de l'objectif de réduction progressive de 5 % des effectifs entre 2013 et 2017 (voir doc. *Conseil 15126/16*, pp. 7/10).

[87] Il s'agit d'un programme pour améliorer la compétitivité des entreprises et des petites et moyennes entreprises.

[88] Le budget pour 2017 adopté le 1er décembre 2016 ne contient pas de nouveaux montants à ces deux titres, le PE et le Conseil ayant convenu de traiter de ces questions par voie de budget rectificatif en 2017 (voir chapitre III). La base légale pour le FEDD a été adoptée le 26 septembre 2017 (Règlement (UE) 2017/1601 du Parlement européen et du Conseil instituant le Fonds européen pour le développement durable (FEDD), la garantie FEDD et le fonds de garantie FEDD ; JO L 249 du 27.9.2017, pp. 1/16).

7. Adoption d'un nouveau règlement relatif aux modalités et à la procédure de mise à disposition des ressources propres

Suite à la déclaration commune du Conseil et de la Commission adoptée le 26 mai 2014 (voir première partie, page 30), la Commission a présenté, le 14 septembre 2015, une proposition de modification du règlement du Conseil n° 609/2014[89].

Le Conseil a adopté le règlement (UE, Euratom) n° 2016/804 modifiant le règlement (UE, Euratom) n° 609/2014 relatif aux modalités et à la procédure de mise à disposition des ressources propres traditionnelles, de la ressource propre fondée sur la TVA et de la ressource propre fondée sur le RNB et aux mesures visant à faire face aux besoins de trésorerie le 17 mai 2016[90].

Il apporte notamment les changements suivants :

a) de nouvelles règles pour calculer les intérêts sur les montants mis à disposition tardivement, pour donner suite à la déclaration commune du 26 mai 2014[91] ;

b) une nouvelle procédure rationalisant l'ajustement annuel des ressources propres fondées sur la TVA et le RNB avec un calendrier différent pour la communication et l'échéance de la mise à disposition des montants correspondant à ces ajustements ;

c) des dispositions garantissant que les intérêts négatifs éventuels appliqués aux comptes ouverts par les États membres au nom de la Commission aux fins du dépôt des ressources propres de l'UE soient compensés par les États membres concernés afin d'éviter des pertes pour le budget de l'UE ;

d) des dispositions donnant à la Commission la possibilité de demander aux États membres, au cours du premier semestre d'un exercice, d'anticiper une part supplémentaire (jusqu'à un demi-douzième) des montants des ressources propres fondées sur la TVA et le RNB inscrits dans le budget afin de mieux respecter les exigences réglementaires en matière de paiements relatifs aux Fonds structurels et d'investissement européens, et

e) d'autres modifications de nature technique, concernant notamment l'évaluation des données RNB par la Commission, l'incidence des enquêtes pénales sur la constatation et la mise à disposition des ressources propres traditionnelles et la communication des montants de ressources propres traditionnelles irrécouvrables.

Le règlement UE, Euratom) n° 609/2014, tel que modifié par le règlement (UE, Euratom) n° 2016/804, est entré en vigueur le même jour que la nouvelle décision "ressources propres" (voir pages 298-299). Il conduit avant tout à faire l'économie du budget rectificatif traitant de l'ajustement annuel des ressources propres fondées sur la TVA et le RNB[92], cet ajustement se faisant désormais par le net[93].

8. Entrée en vigueur de la septième décision "ressources propres"

Dans le contexte du nouveau cadre financier pluriannuel pour 2014-2020, le Conseil a adopté une nouvelle décision "ressources propres" le 26 mai 2014[94].

Conformément à l'article 311, troisième paragraphe du TFUE, les États membres de l'Union européenne ont achevé leurs procédures d'approbation de cette décision conformément à leurs règles constitutionnelles respectives en 2016, le dernier pays ayant notifié son approbation étant, le 26 septembre 2016, la Roumanie.

---

[89] Doc. *COM(2015) 447 final.*

[90] JO L 132 du 21.5.2016, pp. 85/94.

[91] Doc. *Conseil 9826/14 RESPR 16 FIN 359 CADREFIN 79 POLGEN 66* du 15 mai 2014, p. 4.

[92] Cet ajustement avait fait en 2014 l'objet de beaucoup de critiques notamment en raison de son calendrier "tardif" et des très importants montants en question (voir première partie, pages 22 et 106). Il a conduit le Conseil à modifier de toute urgence le règlement n° 1150/2000 portant application de la décision "ressources propres" (voir première partie, pages 30-31).

[93] Conformément à l'article 10b du règlement (UE, Euratom) n° 609/2014, tel que modifié par le règlement (UE, Euratom) n° 2016/804.

[94] Décision (2014/335/UE, Euratom) du Conseil relative au système des ressources propres de l'Union européenne (JO L 168 du 7.6.2014, pp. 105/111 ; voir première partie, page 29).

Cette nouvelle décision "ressources propres" est ainsi entrée en vigueur le 1er octobre 2016, avec effet rétroactif au 1er janvier 2014.

L'autorité budgétaire a adopté le 1er décembre 2016 le budget rectificatif nº 5/2016, qui prend en compte l'effet rétroactif de cette nouvelle décision à partir du 1er janvier 2014 et comprend, pour les exercices 2014, 2015 et 2016, les ajustements nécessaires aux montants mis à disposition par les États membres (voir page 288).

9. Le groupe de haut niveau sur les ressources propres

Le groupe de haut niveau sur les ressources propres[95], présidé par Monsieur MONTI, a poursuivi ses travaux en 2016[96].

Conformément au point 5 de son mandat, il organisé les 7 et 8 septembre 2016, à Bruxelles, une conférence interinstitutionnelle, des représentants des parlements nationaux y ayant également été conviés.

Le groupe a adopté son rapport final contenant le résultat de ses travaux fin 2016 et l'a présenté le 12 janvier 2017[97], mettant de la sorte fin à ses travaux. Il appartient désormais à la Commission, conformément au point 6 de la déclaration commune établissant le groupe de haut niveau, d'évaluer sur la base du rapport final s'il convient d'entreprendre de nouvelles initiatives concernant les ressources propres de l'Union.

III. – La procédure budgétaire pour 2017

Le budget de l'Union européenne pour 2017 est présenté par rubrique et sous-rubrique du cadre financier pluriannuel (en crédits d'engagement et de paiement) page 384. Les différentes étapes chif-

---

[95] Ce groupe de haut niveau est basé sur la déclaration commune sur les ressources propres suivante, agréée dans le cadre de l'accord sur le règlement fixant le CFP : "*1. Selon l'article 311 du TFUE, l'Union se dote des moyens nécessaires pour atteindre ses objectifs et pour mener à bien ses politiques ; cet article prévoit également que le budget est, sans préjudice des autres recettes, intégralement financé par des ressources propres. L'article 311, troisième alinéa, précise que le Conseil, statuant conformément à une procédure législative spéciale, à l'unanimité et après consultation du Parlement européen, adopte une décision relative au système des ressources propres de l'Union et que, dans ce cadre, le Conseil peut établir de nouvelles catégories de ressources propres ou abroger une catégorie existante.*

2. C'est sur cette base que la Commission a présenté, en juin 2011, une série de propositions visant à réformer le système de ressources propres de l'Union. Lors de sa réunion des 7 et 8 février, le Conseil européen est convenu que les arrangements relatifs aux ressources propres devraient être guidés par l'objectif général de simplicité, de transparence et d'équité. Par ailleurs, le Conseil européen a demandé au Conseil de poursuivre les travaux sur la proposition de la Commission en vue d'une nouvelle ressource propre fondée sur la taxe sur la valeur ajoutée (TVA). Il a en outre invité les États membres participant à la coopération renforcée dans le domaine de la taxe sur les transactions financières (TTF) à examiner si celle-ci pourrait servir de base à une nouvelle ressource propre pour le budget de l'UE.

3. Il est nécessaire de poursuivre les travaux sur la question des ressources propres. À cette fin, un groupe de haut niveau, composé de membres désignés par les trois institutions, sera invité à se réunir. Il prendra en considération toutes les contributions existantes et futures que les trois institutions européennes et les parlements nationaux pourraient apporter. Il devrait s'appuyer sur des compétences adéquates, y compris celles des autorités budgétaires et fiscales nationales et celles d'experts indépendants.

4. Le groupe procédera à un réexamen général du système des ressources propres en tenant compte des objectifs généraux de simplicité, de transparence, d'équité et de responsabilité démocratique. Une première évaluation sera disponible à la fin de 2014. L'état d'avancement des travaux sera évalué au niveau politique dans le cadre de réunions organisées régulièrement, tous les six mois au moins.

5. Les parlements nationaux seront invités à participer à une conférence interinstitutionnelle dans le courant de l'année 2016 afin d'examiner les résultats des travaux menés.

6. Se fondant sur les résultats de ces travaux, la Commission évaluera s'il convient d'entreprendre de nouvelles initiatives concernant les ressources propres. Cette évaluation sera menée parallèlement au réexamen visé à l'article 1er bis du règlement relatif au CFP afin d'envisager d'éventuelles réformes pour la période couverte par le prochain cadre financier pluriannuel" (doc. *Conseil 11961/13 POLGEN 135 CADREFIN 190 ADD1*, pp. 2/3).

Le Parlement européen avait fait de la mise en place de ce groupe une des préconditions pour son approbation du règlement fixant le CFP (voir Tome III, pp. 278/279).

[96] Il convient de rappeler que le groupe avait présenté, conformément au point 4 de son mandat (voir *supra*), un premier rapport d'évaluation le 17 décembre 2014. Le groupe a également commandé, à des experts externes, une étude sur le potentiel et les limites d'une réforme du financement du budget de l'Union européenne ("*Study on the potential and limitations of reforming the financing of the EU budget*"). Ce rapport a été rendu public en juin 2016.

[97] "*Future Financing of the EU. Final report and recommendations of the High Level Group on Own Resources*". Décembre 2016. Ce rapport a été rendu public le 17 janvier 2017.

frées de la procédure budgétaire pour 2017 sont présentées pages 388-395. Ces différentes étapes sont résumées dans le tableau 76, page 301.

1. Le calendrier des travaux

Le calendrier des travaux[98] qui ont conduit à l'adoption du budget de l'Union européenne pour 2017 est résumé dans le tableau 77 (page 301).

Le Parlement européen, le Conseil et la Commission ont organisé en 2016 *quatre* trilogues formels dans le domaine budgétaire, dont *un* trilogue dans le contexte de la procédure de conciliation en novembre 2016.

Les trois institutions ont également organisé, conformément à la déclaration commune sur les prévisions de paiement 2016-2020 adoptée dans le cadre de l'accord sur le budget pour 2016 (voir deuxième partie, page 275), *trois* réunions interinstitutionnelles sur les crédits de paiement[99], les 14 mars, 1er septembre et 19 octobre 2016.

À ceci s'ajoute *deux* réunions du groupe de travail interinstitutionnel sur les ressources des agences, organisées les 14 mars et 19 octobre 2016[100].

Par ailleurs, la Commission a organisé en 2016 *une* conférence et *trois* réunions d'experts sur la budgétisation axée sur la performance (voir chapitre IV et page 387).

A. Lors du trilogue du *14 mars 2016* (organisé dans les locaux du Parlement européen à Bruxelles) les deux branches de l'autorité budgétaire et la Commission ont discuté, conformément au point 2 de l'annexe de l'AII de 2013, des priorités budgétaires pour 2017 (voir page 304).

Le Conseil, tout en reconnaissant la nécessité d'adopter un budget de l'Union qui soit à même de répondre aux différents défis auxquels l'Union européenne est confrontée, a notamment insisté sur le besoin de laisser dans ce même budget des marges suffisantes afin de pouvoir faire face à des situations imprévues en 2017.

Il a également souligné l'importance du suivi de la mise en œuvre effective de la réduction des postes inscrits dans les tableaux des effectifs de chaque institution, organe ou agence de 5 % pendant la période 2013-2017, conformément au point 27 de la Partie II de l'AII de 2013 sur la coopération des institutions en matière de dépenses administratives[101].

Le Parlement européen a surtout insisté sur la nécessité absolue d'apporter dans le budget pour 2017 des réponses adéquates aux différentes crises, tout en préservant le financement des priorités du PE telles que la croissance et les emplois, la stratégie "Europe 2020" ou encore l'Initiative pour l'emploi des jeunes. Le Parlement a également souligné que faire face à la crise migratoire ne devrait pas mener à réduire les montants destinés à financer les programmes en cours (en évoquant notamment la "nécessité" de mobiliser différents instruments spéciaux afin de créer la flexibilité requise pour pouvoir financer de nouvelles mesures avant tout dans le domaine de la sécurité interne et extérieure et de la migration).

---

[98] Un calendrier plus complet est présenté page 387.

[99] Ces trois réunions ont eu lieu le même jour que des trilogues budgétaires (voir tableau 77, page 301).

[100] Ces réunions font suite à la déclaration commune du Parlement européen, du Conseil et de la Commission sur les agences décentralisées, agréée dans le cadre de l'accord sur le budget pour 2014 (voir Tome III, pp. 295/296).

Lors de la réunion du *14 mars 2016* (qui s'est tenue dans les locaux du PE à Bruxelles), et en accord avec les termes de référence du groupe, agréés en 2014 (voir pages 158-159), les deux branches de l'autorité budgétaire ont poursuivi leur échange de vues sur la base de deux fiches préparées par la Commission, la première sur les *agences financées par des redevances* et les *agences financées en partie par des autorités publiques nationales* et la deuxième sur la question des *gains d'efficience* et des *synergies*.

Lors de la réunion du *19 octobre 2016* (organisée de nouveau dans les locaux du PE à Bruxelles), les discussions se sont basées sur une fiche présentée par la Commission et traitant de nouveau des *agences financées par des redevances*, cette fois en utilisant comme exemple un projet pilote portant sur l'Agence européenne de la sécurité aérienne.

Comme lors de la réunion du groupe de travail du 15 septembre 2015 (voir deuxième partie, page 176), des représentants du réseau des agences décentralisées étaient présents au début des deux réunions, afin de présenter le point de vue des agences.

[101] Voir page 33, note en bas de page 85.

Tableau 76. La procédure budgétaire pour 2017

En millions d'euros	**Budget pour 2016***		**CFP 2017****	**PB pour 2017*****		**Position du Conseil*****		**Amendements du PE** ****		**Budget adopté**		
	c/e	*c/p*	*c/e*	*c/e*	*c/p*	*c/e*	*c/p*	*c/e*	*c/p*	*c/e*	*c/p*	*Marges*
1. Croissance intelligente et inclusive	69.841	59.291	73.512	74.683	56.647	74.283	56.116	77.507	57.855	74.899	56.522	
1a Compétitivité pour la croissance et l'emploi	*19.010*	*17.402*	*19.925*	*21.109*	*19.298*	*20.712*	*18.966*	*22.417*	*19.993*	*21.312*	*19.321*	*52** ** **
1b Cohésion économique, sociale et territoriale	*50.831*	*41.888*	*53.587*	*53.574*	*37.349*	*53.571*	*37.150*	*55.091*	*37.862*	*53.587*	*37.201*	*0*
2. Croissance durable : ressources naturelles	62.470	54.972	60.191	58.902	55.236	58.722	55.038	59.529	55.862	58.584	54.914	*1.032*
dont dépenses de marché et paiements directs	*42.219*	*42.212*	*44.146*	*42.938*	*42.889*	*42.761*	*42.712*	*43.538*	*43.489*	*42.613*	*42.563*	*1.533*
3. Sécurité et citoyenneté	4.292	3.022	2.578	4.272	3.782	4.248	3.760	4.355	3.862	4.284	3.787	** ** **
4. L'Europe dans le monde	9.167	10.156	9.432	9.432	9.290	9.327	9.220	9.939	9.790	10.162	9.483	** ** ** *
5. Administration	8.951	8.951	9.918	9.322	9.324	9.263	9.266	9.353	9.355	9.395	9.395	*16*
dont dépenses administratives des institutions	*7.135*	*7.135*	*8.007*	*7.365*	*7.368*	*7.307*	*7.309*	*7.397*	*7.399*	*7.419*	*7.419*	*81*
Commission	*3.356*	*3.356*		*3.466*	*3.468*	*3.427*	*3.429*	*3.470*	*3.472*	*3.499*	*3.499*	
Autres institutions	*3.778*	*3.778*		*3.899*	*3.899*	*3.880*	*3.880*	*3.926*	*3.926*	*3.920*	*3.920*	
Pensions	*1.641*	*1.641*		*1.771*	*1.771*	*1.771*	*1.771*	*1.771*	*1.771*	*1.790*	*1.790*	
Écoles européennes	*176*	*176*		*186*	*186*	*186*	*186*	*186*	*186*	*186*	*186*	
Total	**154.721**	**136.392**	**155.631**	**156.611**	**134.279**	**155.843**	**133.400**	**160.684**	**136.724**	**157.324**	**134.100**	*1.100*
Instruments spéciaux :												
Réserve pour aides d'urgence	309	139	-	315	315	315	315	1.000	1.000	315	315	
Fonds européen d'ajustement à la mondialisation	166	30	-	169	55	169	25	169	55	169	25	
Fonds de solidarité de l'Union européenne	81	81	-	563	250	50	50	563	250	50	50	
Total	**556**	**250**	-	**1.047**	**620**	**534**	**390**	**1.732**	**1.305**	**534**	**390**	
Total général	**155.277**	**136.642**		**157.657**	**134.899**	**156.377**	**133.790**	**162.416**	**138.029**	**157.858**	**134.490**	
c/e et c/p (% du RNB)	1,06%	0,93%		1,05%	0,90%	1,04%	0,89%	1,08%	0,92%	1,05%	0,89%	

** Budgets rectificatifs n° 1-6/2016 compris* *** Voir tableau 78, page 304* **** Lettre rectificative non comprise* *** ** Lettre rectificative n° 1/2017 comprise*

*** ** * Utilisation de la marge globale pour les engagements pour un montant de 1.439 millions d'euros* *** ** ** Mobilisation de l'instrument de flexibilité, pour un montant de 530 millions d'euros, et de la marge pour imprévus, pour un montant de 1.176 millions d'euros* *** ** ** * Mobilisation de la marge pour imprévus pour un montant de 730 millions d'euros*

Tableau 77. Calendrier de la procédure budgétaire pour 2017 et des réunions interinstitutionnelles en 2016

12 février 2016	Adoption des orientations budgétaires du Conseil (Bruxelles)
9 mars 2016	Adoption des orientations budgétaires du Parlement européen (section III) (Strasbourg)
14 mars 2016	Réunion interinstitutionnelle sur les crédits de paiement (Bruxelles)
14 mars 2016	*Trilogue – priorités budgétaires (Bruxelles)*
14 mars 2016	Réunion du groupe de travail interinstitutionnel sur les ressources des agences (Bruxelles)
22 avril 2016	Réunion d'experts sur la budgétisation axée sur la performance (Bruxelles)
21 juin 2016	Réunion d'experts sur la budgétisation axée sur la performance (Bruxelles)
30 juin 2016	**Adoption du projet de budget* (PB) (Commission)**
1er septembre 2016	Réunion interinstitutionnelle sur les crédits de paiement (Bruxelles)
1er septembre 2016	*Trilogue – position du Conseil sur le PB (Bruxelles)*
12 septembre 2016	**Position du Conseil sur le projet de budget** (Bruxelles)**
13 septembre 2016	Présentation de la position du Conseil au Parlement européen (Strasbourg)
27 septembre 2016	Conférence sur la budgétisation axée sur la performance (Bruxelles)
17 octobre 2016	***Lettre rectificative n° 1/2017 au PB*** (agriculture ; réexamen/révision à mi-parcours du CFP ; migration etc.)****
19 octobre 2016	Réunion interinstitutionnelle sur les crédits de paiement (Bruxelles)
19 octobre 2016	*Trilogue – amendements du Parlement européen (Bruxelles)*
19 octobre 2016	Réunion du groupe de travail interinstitutionnel sur les ressources des agences (Bruxelles)
26 octobre 2016	**Amendements du Parlement européen** ** (Strasbourg)**
26 octobre 2016	Lettre du Conseil au Parlement européen** ** *
28 octobre 2016	Début de la période de conciliation
8 novembre 2016	**Réunion du comité de conciliation (Bruxelles)**
10 novembre 2016	*Trilogue (Bruxelles)*
16/17 novembre 2016	**Réunion du comité de conciliation (Bruxelles)**
17 novembre 2016	Fin de la période de conciliation
28 novembre 2016	**Approbation du projet commun de budget par le Conseil** ** ** (Bruxelles)**
1er décembre 2016	**Approbation du projet commun de budget par le Parlement européen (Bruxelles)**
1er décembre 2016	**Constatation de l'adoption définitive et signature du budget par le président du PE (Bruxelles)**
6 décembre 2016	Réunion d'experts sur la budgétisation axée sur la performance (Bruxelles)

** Adoption formelle du PB et mise à disposition de l'autorité budgétaire et des parlements nationaux dans toutes les langues officielles de l'UE le 18 juillet 2016*

*** Adoption par "procédure écrite"*

**** Adoption par la Commission. Mise à jour le 7 novembre 2016*

*** ** Et convocation, en accord avec le président du Conseil, du comité de conciliation*

*** ** * Confirmation que le Conseil ne peut pas accepter tous les amendements votés par le Parlement européen*

*** ** ** Adoption en tant que "point A"*

La Commission, pour sa part, a insisté sur le fait que 2017 présente des défis bien particuliers, en indiquant que la relance de l'économie européenne sera une priorité absolue, sans pour autant oublier des solutions "innovantes" pour faire face aux différentes crises ou les contraintes d'une discipline budgétaire "adéquate". Pour la Commission, le réexamen/ révision à mi-parcours du cadre financier pluriannuel pour 2014-2020 sera un élément important à prendre en compte lors de la procédure budgétaire pour 2017 (mais il faudra s'assurer que ces deux exercices "parallèles" ne se "gênent pas" mutuellement).

Les trois institutions ont également convenu, conformément aux points 1 et 19 de l'annexe de l'AII de 2013, sous forme d'une déclaration commune, du "calendrier pragmatique" s'appliquant à la procédure budgétaire pour 2017[102].

À l'occasion de ce trilogue, les institutions ont, en outre, discuté du financement de la Facilité en faveur des réfugiés en Turquie à la suite d'une demande du Parlement européen (voir chapitre II).

Ce dernier a, avant tout, rappelé le contenu de la lettre du président de sa commission des budgets à la Commission, du 23 février 2016[103], dans laquelle le PE critique le fait d'être tenu en dehors des discussions et des prises de décision dans ce contexte, en rappelant son rôle en tant qu'une des deux branches de l'autorité budgétaire et en regrettant de telles dérogations au principe d'unité du budget[104].

Le Conseil a surtout souligné l'urgence dans laquelle les discussions pour trouver un accord sur le financement de la Facilité se sont déroulées, tout en assurant que le Conseil respectera toutes les prérogatives du Parlement européen, y inclus ses prérogatives budgétaires (en indiquant que l'accord du PE était nécessaire notamment dans le contexte de la procédure budgétaire pour 2017[105]).

La Commission, quant à elle, et tout en rappelant le contenu de sa lettre de réponse au Parlement européen du 4 mars 2016[106], a insisté sur les conditions très particulières qui ont conduit à la création de la Facilité, à savoir :

- la décision d'activer le plan d'action conjoint UE-Turquie, prise en novembre 2015, et qui inclut la fourniture d'une assistance financière de 3 milliards d'euros dans le but d'aider la Turquie à gérer la crise migratoire sur son territoire (notamment par le biais d'un accroissement des contrôles aux frontières, de l'accueil des réfugiés de Syrie et du rapatriement des migrants illégaux) ;

- les contraintes pesant sur le budget pour 2016 en ce qui concerne les montants disponibles à une telle fin dans le cadre des programmes et actions existants, et

- la promesse des 28 États membres de couvrir une partie importante des montants requis par le biais de contributions nationales (voir pages 291-292).

Ensuite, s'agissant du budget pour 2016, le Parlement européen, le Conseil et la Commission ont fait le point sur le projet de budget rectificatif n° 1/2016, portant sur la fourniture d'une aide d'urgence au sein de l'Union et adopté par la Commission le 9 mars 2016 (voir chapitre II). Les deux branches de l'autorité budgétaire ont souligné la nécessité de l'approuver le plus rapidement possible, le Conseil indiquant avoir l'intention d'adopter sa position dès le 16 mars 2016.

Enfin, sur la base du point 31 de la Partie III de l'AII de 2013, les trois institutions ont discuté de l'état d'adoption des modifications des bases légales proposées par la Commission concernant les cinq agences décentralisées suivantes :

---

[102] Doc. *Conseil 7572/16 FIN 201 INST 122* du 7 avril 2016. Le Conseil a confirmé son accord sur cette déclaration commune (en tant que "point A") lors de sa session le 21 avril 2016. Cette déclaration commune est reproduite page 405.

[103] Cette lettre est reproduite page 398.

[104] Conformément à l'article 310, paragraphe 1 du TFUE et aux articles 7 et 8 du RF de 2012.

[105] Il convient de rappeler qu'un montant de 750 millions d'euros est destiné de venir du budget de l'Union européenne pour 2017 pour financer la Facilité en 2017 (voir chapitre II).

[106] Cette lettre est reproduite pages 399-401.

- l'Agence de l'Union européenne pour la coopération des services répressifs (Europol) ;

- l'Agence européenne de contrôle des pêches, Frontex (destinée à devenir l'Agence européenne de garde-frontières et de garde-côtes) et l'Agence européenne pour la sécurité maritime (les modifications aux bases légales de ces trois agences ont été proposées par la Commission dans le cadre du "paquet frontières" le 15 décembre 2015), et

- l'Agence européenne de la sécurité aérienne[107].

Elles ont adopté la déclaration commune suivante sur le financement des "nouvelles tâches" d'Europol :

"*Conformément au point 31 de l'accord interinstitutionnel (AII) du 2 décembre 2013, le Parlement européen, le Conseil et la Commission conviennent de ce qui suit, sur la base des informations transmises par la Commission :*

- le financement des montants présentés dans la fiche financière pour les "nouvelles tâches" d'Europol peut être assuré dans la limite du plafond de dépenses approuvé pour la rubrique 3 du cadre financier pluriannuel pour la période 2014-2020. La contribution annuelle de l'UE et le nombre total d'emplois inscrits au tableau des effectifs concernant Europol pour les exercices 2017 à 2020 seront fixés dans le cadre de la procédure budgétaire annuelle"[108].

L'autorité législative a adopté le nouveau règlement sur Europol le 11 mai 2016[109].

B. Les autres trilogues organisés en 2016 sont traités pages 302-353.

2. Les travaux préparatoires (décembre 2015 – mai 2016)

A. La Direction générale du budget de la Commission a établi, le 2 décembre 2015, sa note concernant les paramètres à retenir pour établir les états prévisionnels des institutions et le projet de budget pour 2017[110]. Elle a envoyé sa circulaire budgétaire pour 2017 aux directions générales de la Commission fin décembre 2015.

La Commission a présenté le 27 janvier 2016 une programmation financière mise à jour suite à l'adoption du budget pour 2016, conformément au point 30 de la Partie III de l'AII de 2013[111].

Selon une démarche similaire à celle suivie lors des procédures budgétaires précédentes, la vice-présidente de la Commission chargée du budget et des ressources humaines a adressé, le 17 décembre 2015, aux présidents des institutions, au Médiateur européen, au Contrôleur européen de la protection des données et à la Haute représentante de l'Union pour les affaires étrangères et la politique de sécurité une lettre concernant la préparation des états prévisionnels des institutions pour 2017[112].

Dans la lettre[113], la Commission invite toutes les institutions à continuer à faire preuve de grande rigueur en ce qui concerne tout particulièrement les dépenses non salariales (en indiquant que la

---

[107] Doc. *COM(2013) 173* du 27 mars 2013, *COM(2015) 669* du 15 décembre 2015, *COM(2015) 671* du 15 décembre 2015, *COM(2015) 667* du 15 décembre 2015 et *COM(2015) 613 final* du 7 décembre 2015 respectivement.

[108] Doc. *Conseil 7573/16 FIN 202 ENFOPOL 85 INST 123* du 7 avril 2016, p. 2. Le Conseil a confirmé son accord sur cette déclaration commune (en tant que "point A") lors de sa session le 21 avril 2016.

[109] Règlement (UE) 2016/794 du Parlement européen et du Conseil relatif à l'Agence de l'Union européenne pour la coopération des services répressifs (Europol) et remplaçant et abrogeant les décisions du Conseil 2009/371/JAI, 2009/934/JAI, 2009/935/JAI, 2009/936/JAI et 2009/968/JAI (JO L 135 du 24.5.2016, pp. 53/114).

[110] Doc. *Ares(2015)5522067*. Cette note est reproduite pages 402-403. Les évolutions du coût de vie (de décembre 2016 à décembre 2017) sont estimées à ce stade à +1,5 % à Bruxelles et à +1,7 % à Luxembourg. Les paramètres pour les adaptations et les ajustements des salaires à être utilisés sont de +2,1 % et de +1,8 % pour 2016 et 2017.

[111] Doc. *Ares(2016)438618*. La Commission a présenté une programmation financière 2018-2020 mise à jour pour une seconde fois ensemble avec le projet de budget pour 2017 (doc. *COM(2016) 300* du 18 juillet 2016, pp. 119/216).

[112] Doc. *Ares(2015)593092*. Cette lettre est reproduite page 404.

[113] La lettre de la Commission rappelle également la fin de la période transitoire (de 2017 à 2022) en ce qui concerne des dérogations aux traductions de tous les documents officiels en langue irlandaise. La Commission invite dès lors les institutions concernées à trouver des solutions les plus économes et à "*identifier clairement les ressources additionnelles éventuellement demandées pour 2017*" (voir pages 312 et 319-320).

Commission visera un gel nominal pour l'ensemble des dépenses non liées aux rémunérations), tout en demandant de continuer de réduire de 1 % le nombre de postes inscrits dans les tableaux des effectifs, conformément au point 27 de l'AII de 2013 visant à réduire le niveau des effectifs des institutions de 5 % sur cinq ans[114].

B. Le Conseil et le Parlement européen ont adopté leurs "orientations budgétaires" pour 2017 le 12 février et le 9 mars 2016[115]. Ces orientations ont fait l'objet d'une présentation et d'un échange de vues (conformément au point 2 de l'annexe de l'AII de 2013) lors du trilogue du 14 mars 2016 (voir page 300).

Tableau 78. Le cadre financier pluriannuel pour l'exercice 2017

*UE-28, crédits pour engagements (sauf indication contraire), en millions d'euros**

Rubrique ou sous-rubrique du CFP	Montant
1. Croissance intelligente et inclusive	73.512
1a Compétitivité pour la croissance et l'emploi	*19.925*
1b Cohésion économique, sociale et territoriale	*53.587*
2. Croissance durable : ressources naturelles	60.191
*dont : dépenses relatives au marché et paiements directs***	*44.146*
3. Sécurité et citoyenneté	2.578
4. L'Europe dans le monde	9.432
5. Administration	9.918
dont : dépenses administratives des institutions	*8.007*
6. Compensations	0
Instruments spéciaux :	
Fonds de solidarité de l'Union européenne	563
Réserve pour aides d'urgence	315
Fonds européen d'ajustement à la mondialisation	169
Instrument de flexibilité	*530*
Marge pour imprévus	*4.497*
*Marge globale pour des engagements en faveur de la croissance et de l'emploi***	*1.439*
Total des crédits pour engagements	155.631
Crédits pour engagements (en % du RNB** **)	1,04
Total des crédits pour paiements	142.906
Crédits pour paiements (en % du RNB** **)	0,95
Marge disponible (%)	0,28
Plafond des ressources propres (en % du RNB)	1,23

** Y inclus l'ajustement des enveloppes en faveur de la politique de cohésion conformément à l'article 7 du règlement fixant le CFP*

*** Ce montant ne tient pas compte du transfert net entre le FEAGA et le Feader*

**** Article 14 du règlement fixant le CFP*

*** ** Avec un RNB pour UE-28 estimé à 14.989.356 millions d'euros*

3. Le cadre financier pour l'exercice 2017

3.1 L'ajustement technique

Conformément à l'article 6 du règlement fixant le CFP, la Commission a adopté, le 30 juin 2016[116], sa communication au Parlement européen et au Conseil sur l'*ajustement technique du CFP à l'évolution du RNB*.

Le cadre financier pluriannuel pour l'exercice 2017 tel qu'il ressort de cet ajustement technique est présenté dans le tableau 78[117] ci-contre.

La marge restant disponible sous le plafond des crédits pour engagements en 2015 s'élève à 1 383,2 millions d'euros. Ceci conduit à une marge globale pour des engagements en faveur de la croissance et de l'emploi, en particulier celui des jeunes[118] (MGE), calculée conformément aux articles 14 et 6, paragraphe 2 (en ce qui concerne le déflateur de 2 %) du règlement fixant le CFP, à un montant disponible (en crédits d'engagement) de 1 410,9 millions d'euros en 2016 (en prix de 2016) ou de 1 439,1 millions d'euros en 2017 (en prix 2017).

Sur cette MGE découlant de 2015, déterminée au titre de cet ajustement technique, un montant de 1 265 millions d'euros est préalloué au financement de la garantie du Fonds européen pour les investissements stratégiques en 2017[119], conformément à l'acord sur le FEIS de mai 2015 (voir deuxième partie, pages 173-174, et chapitre III).

3.2 L'ajustement des enveloppes en faveur de la politique de cohésion

Conformément à l'article 7 du règlement fixant le CFP[120], la Commission a procédé en 2016[121] à un "*réexamen des montants totaux alloués à*

---

[114] Voir page 33, note en bas de page 85.

[115] Doc. *Conseil 6073/16 FIN 94 INST 51* du 12 février 2016 et *PE P8_TA(2016)0080* du 9 mars 2016 respectivement. Le PE a continué à adopter des orientations budgétaires uniquement concernant la section III – Commission – du budget de l'Union européenne.

[116] Doc. *COM(2016) 311 final*. Il convient de noter que la Commission a présenté cet ajustement technique bien plus tard que d'habitude, en partie car la communication présentée par la Commission inclut également un ajustement des enveloppes en faveur de la politique de cohésion, conformément à l'article 7 du règlement fixant le CFP (voir point 3.2).

[117] Il convient de relever que le tableau 78 inclut les effets de l'ajustement des enveloppes en faveur de la politique de cohésion.

[118] La Commission a également calculé, conformément à l'article 5 du règlement fixant le CFP, la marge globale pour les paiements ou MGP (pour le détail, voir le doc. *COM(2016) 311 final*, pp. 11/13).

[119] Pour rappel, le montant de la MGE découlant de 2014 déterminé au titre de l'ajustement technique pour 2016 (soit 543 millions d'euros) a été utilisé de la même façon (voir deuxième partie).

[120] Selon l'article 7 du règlement fixant le CFP (intitulé "*Ajustement des enveloppes en faveur de la politique de*

l'ensemble des États membres au titre de l'objectif "Investissement pour la croissance et l'emploi" de la politique de cohésion pour la période 2017-2020, en appliquant la méthode de détermination des montants définie dans l'acte de base[122] *sur la base des statistiques les plus récentes qui seront disponibles et de la comparaison, pour les États membres soumis à l'écrêtement, entre le PIB national cumulé observé pour les années 2014-2015 et le PIB national cumulé estimé en 2012. Les montants sont ajustés chaque fois qu'il existe un écart cumulé supérieur à +/- 5 %. En outre, dans le même temps, l'éligibilité au bénéfice du Fonds de cohésion est réexaminée et, s'il apparaît qu'un État membre devient éligible au Fonds de cohésion ou qu'un État membre perd son éligibilité, ces montants sont ajoutés aux fonds octroyés aux États membres pour les années 2017-2020 ou en sont soustraits*"[123].

La Commission a procédé à l'examen comme suit :

a) pour tous les États membres, le réexamen des dotations pour 2017-2020 sur la base des statistiques les plus récentes disponibles et en appliquant la même méthode que celle utilisée pour déterminer les dotations initiales[124] ;

b) pour les États membres soumis à l'écrêtement (Bulgarie, Croatie, Estonie, Hongrie, Lettonie, Lituanie, Pologne, Roumanie et Slovaquie), la comparaison entre les niveaux de PIB observés pour 2014 et 2015 et les niveaux prévus en 2012 pour ces deux exercices, et

c) le réexamen de l'égibilité au bénéfice du Fonds de cohésion[125] sur la base des données RNB/habitant pour la période 2012-2014 par rapport à la moyenne de l'UE-27[126].

Selon la Commission, "(c)*ompte tenu de l'incidence de la crise économique sur la situation socioéconomique dans l'Union, l'application de la méthode de détermination des montants alloués fondée sur les statistiques les plus récentes disponibles se traduirait par un montant supplémentaire total supérieur au montant maximal de 4 milliards d'euros (aux*

---

cohésion") : "*1. Afin de tenir compte de la situation particulièrement difficile des États membres touchés par la crise, la Commission procède, en 2016, à la fois à l'ajustement technique pour l'exercice 2017 et au réexamen des montants totaux alloués à l'ensemble des États membres au titre de l'objectif "Investissement pour la croissance et l'emploi" de la politique de cohésion pour la période 2017-2020, en appliquant la méthode de détermination des montants définie dans l'acte de base pertinent sur la base des statistiques les plus récentes qui seront alors disponibles et de la comparaison, pour les États membres soumis à l'écrêtement, entre le PIB* [produit intérieur brut] *national cumulé observé pour les années 2014-2015 et le PIB national cumulé estimé en 2012. Elle ajuste ces montants totaux chaque fois qu'il existe un écart cumulé supérieur à +/- 5 %.*

2. Les ajustements nécessaires sont répartis en proportions égales sur les années 2017-2020 et les plafonds correspondants du cadre financier sont modifiés en conséquence. Les plafonds des paiements sont également modifiés en conséquence pour assurer une évolution ordonnée par rapport aux crédits pour engagements.

3. S'il apparaît, dans le cadre de l'ajustement technique pour l'année 2017 suivant le réexamen à mi-parcours de l'éligibilité des États membres au bénéfice du Fonds de cohésion prévu à l'article 90, paragraphe 5, du règlement (UE) n° 1303/2013 du Parlement européen et du Conseil, qu'un État membre devient éligible au Fonds de cohésion ou qu'un État membre perd son éligibilité, la Commission ajoute les montants qui en résultent aux fonds octroyés aux États membres pour les années 2017-2020 ou les en soustrait.

4. Les ajustements nécessaires découlant du paragraphe 3 sont répartis en proportions égales sur les années 2017-2020 et les plafonds correspondants du cadre financier sont modifiés en conséquence. Les plafonds des paiements sont également modifiés en conséquence pour assurer une évolution ordonnée par rapport aux crédits pour engagements.

5. L'effet total net, positif ou négatif, des ajustements visés aux paragraphes 1 et 3 ne dépasse pas 4 milliards d'euros".

[121] Doc. *COM(2016) 311 final*, pp. 4/7.

[122] Annexe VII du règlement (UE) n° 1303/2013 du Parlement européen et du Conseil, du 17 décembre 2013, portant dispositions communes relatives au Fonds européen de développement régional, au Fonds social européen, au Fonds de cohésion, au Fonds européen agricole pour le développement rural et au Fonds européen pour les affaires maritimes et la pêche, portant dispositions générales applicables au Fonds européen de développement régional, au Fonds social européen, au Fonds de cohésion et au Fonds européen pour les affaires maritimes et la pêche, et abrogeant le règlement (CE) n° 1083/2006 du Conseil (JO L 347 du 20.12.2013, pp. 320/469).

[123] Doc. *COM(2016) 311 final*, p. 4.

[124] Telle qu'exposée aux points 1 à 16 de l'annexe VII du règlement (UE) n° 1303/2013.

[125] Mené conformément à l'article 90, paragraphe 5, du règlement (UE) n° 1303/2013. Ce réexamen a entraîné une modification, Chypre devenant pleinement éligible au soutien du Fonds de cohésion en 2017-2020, ce qui débouche sur un montant supplémentaire de 19,4 millions d'euros.

[126] C'est-à-dire l'UE-28 moins Chypre.

Tableau 79. Les conséquences de l'application de l'article 7 du règlement fixant le CFP par État membre

Au prix de 2011 et en millions d'euros

État membre	Montant initial de référence 2017-2020	Écart cumulé *en %**	Ajustement**	Nouveaux montants ajustés 2017-2020
Belgique	969,5	*8,05*	9,4***	979,0
Bulgarie	4.133,2	*3,73*	0,0	4.133,2
République tchèque	11.078,2	*-7,39*	-99,1	10.979,1
Danemark	168,4	*27,12*	5,5***	173,9
Allemagne	8.942,4	*-3,83*	0,0	8.942,4
Estonie	1.960,7	*-12,85*	-30,5	1.930,2
Irlande	439,3	*5,92*	3,1***	442,4
Grèce	7.351,3	*94,07*	836,6***	8.187,9
Espagne	12.971,3	*117,07*	1.837,1***	14.808,4
France	7.503,6	*2,17*	0,0	7.503,6
Croatie	4.714,4	*-7,52*	-42,9	4.671,5
Italie	15.338,8	*76,40*	1.417,8***	16.756,6
Chypre	156,0	*76,75*	31,5***	187,6
Lettonie	2.453,9	*1,88*	0,0	2.453,9
Lituanie	3.723,7	*-2,49*	0,0	3.723,7
Luxembourg	22,2	*4,34*	0,0	22,2
Hongrie	10.756,5	*3,48*	0,0	10.756,5
Malte	267,9	*0,39*	0,0	267,9
Pays-Bas	518,9	*8,14*	5,1***	524,1
Autriche	507,6	*0,44*	0,0	507,6
Pologne	42.973,5	*0,01*	0,0	42.973,5
Portugal	10.566,8	*-0,50*	0,0	10.566,8
Roumanie	12.836,5	*-2,32*	0,0	12.836,5
Slovénie	1.577,6	*25,30*	48,3***	1.625,9
Slovaquie	7.629,3	*-6,43*	-59,3	7.570,0
Finlande	676,1	*6,09*	5,0***	681,1
Suède	880,0	*-16,59*	-17,7	862,3
Royaume-Uni	5.488,2	*7,53*	50,0***	5.538,2
Total	**176.605,7**		**4.000,0**	**180.605,7**

** Basé sur l'article 7, paragraphes 1 et 3 du règlement fixant le CFP*

*** En respectant le montant maximal fixé à l'article 7, paragraphe 5 du règlement fixant le CFP*

**** Montants à être reprogrammés*

prix de 2011) fixé à l'article 7, paragraphe 5. Par conséquent, les ajustements positifs et négatifs sont réduits proportionnellement pour que cette limite soit respectée"[127].

Le tableau 79 ci-dessus récapitule pour chaque État membre les montants déterminés initialement pour 2017 à 2020, l'écart cumulé résultant des calculs précités, les ajustements correspondants (qui respectent le montant maximal de 4 milliards d'euros) et les nouveaux montants ajustés pour 2017-2020.

La Commission a indiqué avoir l'intention d'engager, dans le courant de l'année 2016, des discussions avec les États membres dont les dotations sont nettement renforcées[128] "*afin de concentrer les*

[127] Doc. *COM(2016) 311 final*, p. 5. Étant donné que l'article 7, paragraphe 3 du règlement fixant le CFP traite séparément les effets du réexamen de l'éligibilité au bénéfice du Fonds de cohésion, le montant qui en résulte n'est pas soumis à l'ajustement proportionnel opéré pour que soit respecté le montant maximal de 4 milliards d'euros (aux prix de 2011) fixé dans le règlement.

[128] Il s'agit des onze pays suivants :
- Espagne (concernant un montant de 1 837,1 millions d'euros) ;
- Italie (1 417,8 millions d'euros) ;
- Grèce (836,6 millions d'euros) ;
- Royaume-Uni (50 millions d'euros) ;
- Slovénie (48,3 millions d'euros) ;
- Chypre (31,5 millions d'euros) ;

Tableau 80. Augmentation du plafond de la sous-rubrique *1b* (*Cohésion économique, sociale et territoriale*) et du plafond global des crédits pour paiements du CFP suite à l'ajustement des enveloppes en faveur de la politique de cohésion en 2016 (article 7 du règlement fixant le CFP)

En millions d'euros

Sous-rubrique *1b* du CFP	**2017**	**2018**	**2019**	**2020**	**Total**
Crédits d'engagement					
Prix 2011	1.000	1.000	1.000	1.000	**4.000**
Prix courants	1.126	1.149	1.172	1.195	**4.642**
Déflateur (2 %)	*1,126162*	*1,148686*	*1,171659*	*1,195093*	
Crédits pour paiements					
Prix 2011	120	161	392	493	**1.166**
Prix courants	135	184	459	589	**1.367**

montants supplémentaires sur des mesures contribuant à agir sur la crise migratoire et le chômage des jeunes ainsi que sur des investissements réalisés au moyen d'instruments financiers et en association avec le Fonds européen pour les investissements stratégiques, en tenant compte des besoins dans ces domaines prioritaires et de leur utilité dans chacun des États membres"[129].

S'agissant des ajustements correspondants nécessaires aux plafonds pour 2017-2020 de la sous-rubrique *1b* (*Cohésion économique, sociale et territoriale*) du CFP, ils sont étalés, conformément à l'article 7, paragraphe 4 du règlement fixant le CFP, en parts égales sur les années 2017-2020[130].

L'article 7, paragraphe 4 du règlement précité dispose en outre que "(l)*es plafonds des paiements sont également modifiés en conséquence pour assurer une évolution ordonnée par rapport aux crédits pour engagements*". Ainsi, les plafonds annuels pour les crédits pour paiements sont ajustés sur la base des profils de paiement prévus pour les engagements supplémentaires pour la sous-rubrique *1b*. Selon la Commission, "(é)*tant donné que la plupart des paiements se rapportant à cette augmentation des engagements devraient avoir lieu après 2020, le relèvement des plafonds des paiements reste limité*"[131].

Le tableau 80 ci-dessus présente les montants des augmentations (aux prix de 2011 et à prix courants) du plafond de la sous-rubrique *1b* et du plafond global des crédits pour paiements du CFP suite à l'ajustement des enveloppes en faveur de la politique de cohésion.

Le tableau 81 (page 308) présente quant à lui le cadre financier pluriannuel pour 2014-2020 aux prix de 2011 et à prix courants tel qu'ajusté conformément aux articles 3, paragraphe 1, 5 et 7 du règlement fixant le CFP.

4. Le projet de budget pour 2017 (30 juin 2016[132])

A. Le projet de budget pour 2017 adopté par la Commission s'élève à 157 657 millions d'euros en

- Belgique (9,4 millions d'euros) ;
- Danemark (5,5 millions d'euros) ;
- Pays-Bas (5,1 millions d'euros) ;
- Finlande (5 millions d'euros), et
- Irlande (3,1 millions d'euros).

Les cinq pays suivants voient leurs dotations diminuer :
- République tchèque (-99,1 millions d'euros) ;
- Slovaquie (-59,3 millions d'euros) ;
- Croatie (-42,9 millions d'euros) ;
- Estonie (-30,5 millions d'euros), et
- Suède (-17,7 millions d'euros).

[129] Doc. *COM(2016) 311 final*, p. 6.

[130] Afin de recalculer les montants à prix courants, un déflateur de 2 % par an (défini à l'article 6, paragraphe 2 du règlement fixant le CFP) est appliqué.

[131] Doc. *COM(2016) 311 final*, p. 7.

[132] Comme les années précédentes, la Commission a adopté, le 30 juin 2016, l'état prévisionnel de la Commission [pour l'exercice 2017] (doc. *SEC(2016) 280 final*). Elle a adopté le projet de budget pour 2017 le 18 juillet 2016 (doc.

Tableau 81. Le cadre financier pluriannuel pour 2014-2020 ajusté en 2016 (conformément aux articles 3, paragraphe 1, 5 et 7 du règlement fixant le CFP)

En millions d'euros et en prix de 2011 (UE-28)
(Source : doc. COM(2016) 311 final, Annexe, p. 2)

Crédits pour engagements	2014	2015	2016	2017	2018	2019	2020	Total 2014-2020
1. Croissance intelligente et inclusive	**49713**	**72047**	**62771**	**65277**	**66528**	**68214**	**70004**	**454554**
1a Compétitivité pour la croissance et l'emploi	15605	16321	16726	17693	18490	19700	21079	125614
1b Cohésion économique, sociale et territoriale	34108	55726	46045	47584	48038	48514	48925	328940
2. Croissance durable : ressources naturelles	**46981**	**59765**	**58204**	**53448**	**52466**	**51503**	**50558**	**372925**
dont : dépenses relatives au marché et paiements directs	41254	40825	39808	39201	38446	37759	37038	274331
3. Sécurité et citoyenneté	**1637**	**2269**	**2306**	**2289**	**2312**	**2391**	**2469**	**15673**
4. L'Europe dans le monde	**7854**	**8083**	**8281**	**8375**	**8553**	**8764**	**8794**	**58704**
5. Administration	**8218**	**8385**	**8589**	**8807**	**9007**	**9206**	**9417**	**61629**
dont : dépenses administratives des institutions	6649	6791	6955	7110	7278	7425	7590	49798
6. Compensations	**27**	**0**	**0**	**0**	**0**	**0**	**0**	**27**
Total des crédits pour engagements	**114430**	**150549**	**140151**	**138196**	**138866**	**140078**	**141242**	**963512**
en pourcentage du RNB	0,88%	1,13%	1,03%	1,01%	1,00%	0,99%	0,98%	1,00%
Total des crédits pour paiements	**127932**	**130003**	**131046**	**126897**	**130335**	**131682**	**131671**	**909566**
en pourcentage du RNB	0,98%	0,99%	0,97%	0,92%	0,94%	0,93%	0,92%	0,95%
Marge disponible	0,25%	0,24%	0,26%	0,31%	0,29%	0,30%	0,31%	0,28%
Plafond des ressources propres en pourcentage du RNB	1,23%	1,23%	1,23%	1,23%	1,23%	1,23%	1,23%	1,23%

En millions d'euros et en prix courants (UE-28)
(Source : doc. COM(2016) 311 final, Annexe, p. 3)

Crédits pour engagements	2014	2015	2016	2017	2018	2019	2020	Total 2014-2020
1. Croissance intelligente et inclusive	**52756**	**77986**	**69304**	**73512**	**76420**	**79924**	**83661**	**513563**
1a Compétitivité pour la croissance et l'emploi	16560	17666	18467	19925	21239	23082	25191	142130
1b Cohésion économique, sociale et territoriale	36196	60320	50837	53587	55181	56842	58470	371433
2. Croissance durable : ressources naturelles	**49857**	**64692**	**64262**	**60191**	**60267**	**60344**	**60421**	**420034**
dont : dépenses relatives au marché et paiements directs	43779	44190	43951	44146	44163	44241	44264	308734
3. Sécurité et citoyenneté	**1737**	**2456**	**2546**	**2578**	**2656**	**2801**	**2951**	**17725**
4. L'Europe dans le monde	**8335**	**8749**	**9143**	**9432**	**9825**	**10268**	**10510**	**66262**
5. Administration	**8721**	**9076**	**9483**	**9918**	**10346**	**10786**	**11254**	**69584**
dont : dépenses administratives des institutions	7056	7351	7679	8007	8360	8700	9071	56224
6. Compensations	**29**	**0**	**0**	**0**	**0**	**0**	**0**	**29**
Total des crédits pour engagements	**121435**	**162959**	**154738**	**155631**	**159514**	**164123**	**168797**	**1087197**
en pourcentage du RNB	0,90%	1,17%	1,08%	1,04%	1,04%	1,04%	1,03%	1,04%
Total des crédits pour paiements	**135762**	**140719**	**144685**	**142906**	**149713**	**154286**	**157358**	**1025429**
en pourcentage du RNB	1,01%	1,02%	0,98%	0,95%	0,97%	0,97%	0,96%	0,98%
Marge disponible	0,22%	0,21%	0,25%	0,28%	0,26%	0,26%	0,27%	0,25%
Plafond des ressources propres en pourcentage du RNB	1,23%	1,23%	1,23%	1,23%	1,23%	1,23%	1,23%	1,23%

crédits pour engagements (+1,7 %[133] par rapport au budget pour 2016[134]) et à 134 899 millions d'euros en crédits pour paiements[135] (-6,3 %). Ceci représente 1,05 % et 0,9 % respectivement du RNB estimé de l'UE. Les marges laissées sous les plafonds du CFP sont de 815 millions d'euros en crédits pour engagements et de 9 609 millions d'euros en crédits pour paiements[136].

La Commission propose de mobiliser (en crédits d'engagement) la marge pour imprévus, pour un montant de 1 164,4 millions d'euros[137], et l'instru-

---

COM(2016) 300 final) et l'a mis à la disposition de l'autorité budgétaire et des parlements nationaux dans toutes les langues officielles de l'UE. Tous les montants présentés sous ce point concernent ce PB "formel".

Le Comité des représentants permanents a approuvé l'état prévisionnel pour 2017 pour le Conseil européen et le Conseil (section II du budget de l'Union) le 23 mars 2016 (doc. *Conseil 6393/1/16 REV 1 FIN 120* du 10 mars 2016 et *6923/16 FIN 156* du 11 mars 2016). Le Parlement européen a arrêté l'état prévisionnel pour 2017 pour la section I en plénière le 14 avril 2016 (doc. *PE P8_TA(2016)0132*).

[133] Ou +4,8 % si l'on ne prend pas en compte l'incidence de la reprogrammation de la tranche annuelle 2014 du Fonds européen agricole pour le développement rural (Feader), du Fonds "Asile, migration et intégration" (AMIF) et du Fonds pour la sécurité intérieure (FSI), effectuée conformément à l'article 19 du règlement fixant le CFP en avril 2014 (voir deuxième partie, pages 169-171).

[134] Budget rectificatif n° 1/2016 compris (voir chapitre II).

[135] Par rapport au budget pour 2016 (hors BR), le projet de budget pour 2017 augmente les crédits pour engagements de 2 653 millions d'euros et diminue les crédits pour paiements de 8 987 millions d'euros. Selon la Commission, la réduction des crédits pour paiements s'explique essentiellement par l'achèvement de la mise en œuvre des programmes relevant de la période de programmation 2007-2013 et la "*lente mise en œuvre de la nouvelle génération de programmes dans certains domaines d'action*" (doc. *COM(2016) 300* du 18 juillet 2016, p. 6).

[136] Selon la présentation de la Commission.

[137] Doc. *COM(2016) 314 final* du 30 juin 2016, p. 6. Cette mobilisation est compensée sur les marges en 2017 des deux rubriques suivantes :
- rubrique *2* (*Croissance durable : ressources naturelles*) : -650,0 millions d'euros, et
- rubrique *5* (*Administration*) : -514,4 millions d'euros.

ment de flexibilité, pour un montant de 530 millions d'euros (soit le montant maximum disponible en 2017), afin de financer des mesures pour répondre à la crise des migrants, des réfugiés et de la sécurité dans la rubrique *3* (*Sécurité et citoyenneté*) du CFP[138].

Par ailleurs, la Commission propose d'utiliser (en crédits d'engagement) la marge globale pour des engagements en faveur de la croissance et de l'emploi pour la somme de 1 265 millions d'euros[139] afin de financer la garantie du Fonds européen pour les investissements stratégiques à la sous-rubrique *1a* (*Compétitivité pour la croissance et l'emploi*) du CFP, en ligne avec l'accord sur le FEIS, du 28 mai 2015 (voir deuxième partie, pages 173-174).

B. La Commission a préparé le projet de budget en tenant compte notamment des éléments suivants[140] :

Les grandes priorités de la Commission lors de l'établissement du PB pour 2017 ont été *l'emploi, la croissance et l'investissement*, la *gestion* de la *crise des réfugiés* et de la *migration*, ainsi que la *lutte contre le terrorisme et la criminalité organisée*.

Selon la Commission "*2017 sera la quatrième année de l'actuel cadre financier pluriannuel et marquera le tiers du mandat de la Commission. Cette dernière propose un projet de budget qui reflète et soutient les priorités politiques fixées par le Président, Jean-Claude Juncker, notamment en contribuant dans toute la mesure du possible à l'emploi, à la croissance et à l'investissement, et en apportant une réponse européenne aux défis posés par la gestion de la migration et la lutte contre le terrorisme et la criminalité organisée. Conformément au programme européen en matière de sécurité et à l'agenda européen en matière de migration, le budget de l'UE continuera à aider les États membres à bien gérer les flux migratoires, à protéger les frontières extérieures de l'Union et à préserver l'intégrité de l'espace Schengen, tout en favorisant un partenariat coordonné et collaboratif avec les régions voisines et d'autres pays tiers afin de s'attaquer aux causes profondes de la migration*"[141].

S'agissant des réfugiés et de la migration, "(l)*a crise des réfugiés et le défi de la migration ont figuré en tête des priorités de la Commission ces deux dernières années. S'appuyant sur les mesures déjà prises en 2015 et en 2016, qui se chiffrent à un total cumulé supérieur à 10,5 milliards d'euros, le projet de budget 2017 prévoit 5,2 milliards d'euros de dépenses spécifiques liées à la migration pour des actions tant sur le plan intérieur que sur le plan extérieur*"[142].

---

[138] Dans la lettre rectificative n° 1/2017, présentée le 17 octobre 2016, la Commission propose d'augmenter le recours à la marge pour imprévus à 2 150,6 millions d'euros, en l'étendant à des actions relevant de la rubrique *4* du CFP (voir pages 370-371).

[139] Ce qui laisse une somme disponible de 174,1 millions d'euros. Dans la lettre rectificative n° 1/2017, la Commission propose d'augmenter l'utilisation de la MGE à son maximum de 1 439,1 millions d'euros, afin de financer des renforcements de crédits à la sous-rubrique *1a* dans le contexte du réexamen/ révision à mi-parcours du CFP (voir page 371).

[140] Il convient de relever que le droit de l'Union européenne continuant à s'appliquer pleinement au Royaume-Uni jusqu'à ce que celui-ci ne soit plus membre, le résultat du référendum du 23 juin 2016 n'a pas eu d'effet en tant que tel sur le contenu projet de budget pour 2017, celui étant un PB pour une Union à 28 États membres.

Le projet de budget pour 2017 tient également compte de l'ajustement technique des enveloppes nationales en faveur de la politique de cohésion pour la période 2017-2020, conformément à l'article 7 du règlement fixant le CFP (voir chapitre II). Selon la Commission, "(t)*outes les dotations des États membres au titre de l'objectif "Investissement pour la croissance et l'emploi" de la politique de cohésion pour la période 2017-2020 ont été réexaminées et comparées à l'évolution réelle du PIB. Cet ajustement, qui a pour effet de relever de 4,6 milliards d'euros (à prix courants) les plafonds 2017-2020 des engagements dans la sous-rubrique 1b "Cohésion économique, sociale et territoriale", concerne les États membres particulièrement touchés par le ralentissement économique des dernières années. La Commission incite ces États membres à consacrer les fonds supplémentaires à l'emploi des jeunes en 2017-2020, à l'intégration des réfugiés et à la promotion de l'investissement en combinaison avec le Fonds européen pour les investissements stratégiques*" (doc. *COM(2016) 300*, p. 7).

La Commission rappelle également son intention de présenter "(a)*u cours de l'année 2016* [...] *des propositions concernant le réexamen/ révision à mi-parcours du CFP, tel que le prévoit l'article 2 du règlement fixant le CFP*" (*Ibid.*, p. 6). La Commission a présenté ses différentes propositions dans ce contexte le 14 septembre 2016 (voir chapitre II).

[141] Doc. *COM(2016) 300*, p. 6.

[142] *Ibid.*, p. 6.

En ce qui concerne le "plan intérieur", "(l)*e montant proposé pour 2017 en faveur de rubrique 3 "Sécurité et citoyenneté" est supérieur de 1,8 milliard d'euros au montant initialement prévu pour l'exercice, ce qui représente une légère hausse par rapport au niveau de financement renforcé dans le budget 2016. Compte tenu de l'ampleur sans précédent des besoins, la Commission propose de mobiliser à la fois l'instrument de flexibilité et la marge pour imprévus en faveur des engagements afin de financer un large éventail d'actions, notamment en matière d'aide d'urgence, de relocalisation, de réinstallation, de retour et d'intégration pour les réfugiés et demandeurs d'asile*"[143].

Le projet de budget pour 2017 prévoit en outre 200 millions d'euros pour le nouvel instrument permettant la fourniture d'une aide humanitaire d'urgence au sein de l'Union pour faire face à l'actuel afflux de réfugiés et de migrants en Europe[144].

En ce qui concerne le "plan extérieur" de la réponse à la crise des réfugiés et au défi de la migration, et en partenariat avec les pays tiers, "*le budget de l'UE poursuivra (en 2017) le financement de diverses actions visant à s'attaquer aux causes profondes de la migration, ainsi qu'à relever les défis en matière de sécurité posés par les troubles économiques, politiques et sociaux dans les pays du voisinage. Outre la mise en œuvre de programmes tels que l'Instrument de coopération au développement et la concentration d'actions dans telle ou telle région par l'intermédiaire du Fonds fiduciaire pour l'Afrique récemment créé, le budget fournira une aide importante aux pays d'accueil confrontés à de vastes flux migratoires en dehors de l'Union.*

En particulier, le projet de budget prévoit 750 millions d'euros en vue d'atteindre le montant de 1 milliard d'euros au titre de la contribution du budget de l'UE aux 3 milliards d'euros convenus pour la Facilité en faveur des réfugiés en Turquie en 2016-2017[145]. *Il intègre aussi les implications budgétaires de l'engagement pris à l'égard du Liban et de la Jordanie lors de la conférence des Nations unies qui s'est tenue à Londres en février 2016.*

Afin d'honorer tous les engagements et de répondre aux besoins, la Commission propose une certaine réorientation de fonds au sein des instruments et entre ceux-ci, ainsi que l'utilisation intégrale du plafond de dépenses de la rubrique 4 "L'Europe dans le monde". En complément aux crédits proposés dans le projet de budget, des fonds supplémentaires seront mis à disposition par l'intermédiaire de contributions financières des États membres et d'autres donateurs, qui seront mobilisées au moyen de fonds fiduciaires et de la Facilité en faveur des réfugiés en Turquie (2 milliards d'euros)"[146].

Le projet de budget pour 2017 contribue également à financer d'"*autres priorités*" de l'Union européenne.

Il est ainsi destiné, ensemble avec d'autres instruments, à faire progresser notamment "*un marché unique numérique connecté, une Union de l'énergie résiliente, un marché intérieur et une Union*

---

[143] Doc. *COM(2016) 300*, p. 7. Le projet de budget pour 2017 intègre à ce titre les conséquences budgétaires des propositions suivantes :
- la proposition relative au corps européen de garde-frontières et de garde-côtes (doc. *COM(2015) 671* du 15 décembre 2015) ;
- la proposition de la Commission relative à un nouveau système d'entrée/sortie visant à améliorer la gestion des frontières (doc. *COM(2016) 194* du 6 avril 2016) ;
- la proposition de révision du régime d'asile commun de Dublin (doc. *COM(2016) 270* du 4 mai 2016) ;
- la refonte de la base de données européenne des empreintes digitales (Eurodac ; doc. *COM(2016) 272* du 4 mai 2016), et
- la proposition relative à l'Agence de l'Union européenne pour l'asile (doc. *COM(2016) 271* du 4 mai 2016). Cette proposition vise à élargir le mandat du Bureau européen d'appui en matière d'asile, avec un montant supplémentaire à ce titre de 248,9 millions d'euros sur la période 2018-2020.

[144] JO L 70 du 16.3.2016, pp. 1/6 (voir chapitre II). Selon la Commission, "(c)*et instrument comble une lacune en permettant la mise en œuvre d'actions au niveau européen à l'intérieur des frontières de l'Union, et il contribuera à atténuer les souffrances des réfugiés, en particulier lorsque l'impact est d'une ampleur exceptionnelle et entraîne d'importantes conséquences dans un ou plusieurs États membres*" (doc. *COM(2016) 300*, p. 8).

[145] JO C 60 du 16.2.2016, pp. 3/6 (voir chapitre II).

[146] Doc. *COM(2016) 300*, p. 8.

économique et monétaire plus approfondis et plus équitables, un accord de libre-échange raisonnable et équilibré avec les États-Unis et une Union européenne plus forte sur la scène internationale. À la base de tous ces éléments figurent les priorités visant à garantir un espace de justice et de droits fondamentaux et à modifier la nature de la relation de l'Union européenne avec le citoyen"[147].

Par ailleurs, et bien qu'elles soient "*principalement mises en œuvre par la législation et d'autres mesures, les dix priorités fixées par le Président Juncker s'appuient d'une manière ou d'une autre sur les programmes de dépenses dans le budget de l'Union. À titre d'exemple,* [on peut citer] *la stratégie pour l'Union de l'énergie, qui traite de la sécurité de l'approvisionnement énergétique, du marché intérieur de l'énergie, des mesures d'efficacité énergétique, de la recherche et de l'innovation, et de l'action pour le climat. Les Fonds structurels et d'investissement, les programmes "environnement", la politique agricole commune, Horizon 2020 et la diplomatie en matière de climat sont autant d'éléments qui vont encore contribuer à ces objectifs. À la suite de la COP 21 qui s'est tenue à Paris, la Commission poursuit ses efforts pour honorer son engagement de consacrer 20 % du budget à la lutte contre le changement climatique et pour mettre en œuvre le cadre d'action de l'UE en matière de climat et d'énergie à l'horizon 2030* [...].

La plupart des grands programmes de dépenses soutiennent également la stratégie pour un marché unique numérique, ce qui constitue pour les États membres une autre façon d'utiliser le budget 2017 afin de stimuler une croissance intelligente. Ces programmes mettent en place des infrastructures numériques dans toute l'UE, ce qui contribuera à créer un environnement dans lequel les réseaux et services numériques peuvent prospérer et où l'industrie est mieux à même d'intégrer de nouvelles technologies.

Un autre exemple est le programme européen en matière de sécurité : les échanges d'informations et les actions de lutte contre la cybercriminalité, ainsi que les investissements dans les systèmes de gestion des frontières et la sécurité des frontières sont essentiellement financés par le Fonds pour la sécurité intérieure, le Système d'information Schengen (SIS II) et le Système d'information sur les visas (VIS), la base de données européenne des empreintes digitales (Eurodac) et les programmes Justice, formant les éléments fondamentaux de la priorité "Justice et droits fondamentaux".

L'Union européenne et ses institutions doivent faire preuve de fermeté et œuvrer ensemble pour vaincre le terrorisme. Dans ce contexte, le projet de budget 2017 consolide l'important renforcement d'Europol qui figurait dans le budget 2016. En outre, le budget contient une proposition de contribution à une action préparatoire sur la recherche en matière de défense et de sécurité, d'activités technologiques et de développement, qui visera à illustrer très concrètement la valeur ajoutée de ce type de recherche au niveau de l'UE [voir *infra*]"[148].

S'agissant des *crédits de paiement*, "(c)*omme les programmes du CFP précédent ont atteint les étapes finales de leur mise en œuvre, la pénurie de crédits de paiement subie en 2013 et en 2014 s'est atténuée en 2015. Conformément à l'"échéancier de paiement" approuvé par le Parlement européen, le Conseil et la Commission au milieu de 2015*[149]*, la Commission ne s'attend donc pas à un arriéré "anormal" de factures impayées à la fin de 2016, ce qui permettra de commencer l'année 2017 dans un climat de stabilité.* [...]

La proposition de la Commission laisse [ainsi] *subsister une très importante marge de 9,6 milliards d'euros sous le plafond des paiements pour 2017. Alors que le calendrier des plafonds du CFP prévoyait déjà une diminution du niveau des paiements en 2017, la baisse de 6,2 % par rapport au budget pour 2016 est plus prononcée que celle initialement attendue. Cette situation reflète l'achèvement de la plupart des programmes de la période 2007-2013 ainsi qu'un recours plus lent aux Fonds structurels et d'investissement (sous-rubrique 1b) pendant la période de programmation actuelle (2014-2020).*

---

[147] Doc. *COM(2016) 300*, p. 6.
[148] *Ibid.*, p. 6.
[149] Voir deuxième partie, pages 258-259.

Dans les autres rubriques, le niveau des paiements demeure relativement stable alors que les programmes de dépenses atteignent leur vitesse de croisière, ou augmente, à la suite du renforcement des engagements dans les programmes correspondants au cours des deux dernières années, en particulier dans le cas de la rubrique 3. La Commission continuera à surveiller de très près l'exécution des paiements, afin de pouvoir prendre les devants en cas de difficultés dans la suite de la période de programmation, lorsque l'ensemble des programmes seront mis en œuvre à plein régime"[150].

S'agissant des *dépenses administratives* et des *postes*, en 2017, "*avec la suppression de 239 emplois, la Commission aura atteint l'objectif d'une réduction du personnel de 5 % au cours de la période 2013-2017*[151]*, qui a abouti à une diminution de 1 254 emplois au total. Les autres institutions ont aussi réduit leurs effectifs de 1 %*[152].

En dépit de la diminution des effectifs, le niveau des dépenses administratives est lié à l'augmentation du nombre des départs à la retraite (+3,5 %) ainsi qu'à trois développements importants : 1) la nécessité de renforcer la sécurité ; 2) l'intégration d'une nouvelle langue officielle[153] *(l'irlandais) et 3) l'alignement des crédits pour tenir compte de l'actualisation des rémunérations et des pensions de la fin 2015, qui n'a été que partiellement intégrée dans le budget 2016.* [...] *La plupart des institutions ont aussi augmenté leurs dépenses en matière de sécurité*"[154].

La Commission a modifié les états prévisionnels du *Comité économique et social européen* et du *Comité des régions* (sections VI et VII du budget de l'Union ; voir *infra*).

S'agissant des *agences décentralisées de l'Union européenne*, le projet de budget pour 2017 "*demande du personnel et des crédits pour les organismes décentralisés, en prenant en considération l'objectif de réduction du total des effectifs de ces organismes de 5 % sur cinq ans, tout en permettant encore à certaines d'entre eux de renforcer leur personnel afin de mener à bien de nouvelles missions. L'évolution d'un ensemble d'indicateurs, portant sur la charge de travail, l'efficience et la qualité, a été utilisée pour estimer les effectifs nécessaires à une agence partiellement financée par des redevances, l'Agence européenne de la sécurité aérienne*[155]*, afin d'évaluer une proposition de flexibilité qui puisse être étendue à d'autres organismes financés par des redevances.*

Le PB tient compte des décisions prises par le Parlement européen et le Conseil dans les budgets précédents, qui ont conduit à une augmentation globale de 84 emplois par rapport à la trajectoire définie dans la communication de la Commission sur les organismes décentralisés[156]*. Dans cette optique, le projet de budget propose une réduction des effectifs de 1 % par rapport au budget 2016 (budget rectificatif n° 1/2016 inclus*[157]*).*

Dans le projet de budget, la Commission propose cependant de renforcer les effectifs de Frontex, du Bureau européen d'appui en matière d'asile, d'Europol, du Collège européen de police (CEPOL) et de l'Agence européenne pour la gestion opérationnelle des systèmes d'information à grande échelle au sein de l'espace de liberté, de sécurité et de justice (eu-LISA), compte tenu des réponses stratégiques à apporter aux questions de migration et aux menaces pesant sur la sécurité, lesquelles consti-

---

[150] Doc. *COM(2016) 300*, p. 9.

[151] Conformément au point 27 de l'AII de 2013.

[152] Selon la Commission, "(l)*e Parlement européen s'est engagé, dans son état prévisionnel, à appliquer la réduction de 1 % des effectifs en 2017 (soit une réduction de 60 emplois, si l'on exclut les emplois relatifs aux groupes politiques) lors de sa lecture du projet de budget 2017*" (doc. *COM(2016) 300*, p. 10).

[153] Au total 53 emplois supplémentaires sont demandés dans le PB pour 2017 pour différentes institutions afin de prendre en charge, en 2017, l'introduction de la langue irlandaise, dont 13 postes pour la Commission (le Parlement européen demandant 14 agents contractuels supplémentaires).

[154] Doc. *COM(2016) 300*, p. 10.

[155] Voir page 300, note en bas de page 100.

[156] Doc. *COM(2013) 519* du 10 juillet 2013.

[157] Voir chapitre II.

tuent des événements nouveaux qui n'avaient pas été prévus lors de l'adoption du CFP"[158].

S'agissant des *projets pilotes* et des *actions préparatoires*, la Commission demande dans le PB 25 millions d'euros en crédits d'engagement en faveur d'une nouvelle action préparatoire sur la recherche en matière de défense[159]. "*Cette action préparatoire couvrira les projets de recherche en matière de défense qui ne peuvent pas être financés au titre d'Horizon 2020 en raison de leur nature militaire. Il est proposé que l'action soit mise en œuvre par l'Agence européenne de défense intergouvernementale (AED). L'action consistera à tester un mécanisme de coopération avec l'AED, qui serait chargée de préparer, organiser et mener des activités de recherche, technologiques et de développement en matière de défense en garantissant la compatibilité avec les conditions et règles de l'Union*"[160].

Finalement, la Commission indique que le projet de budget pour 2017 vise à *mettre davantage l'accent sur les résultats*.

Selon la Commission, "(t)*rois principes directeurs ont été fixés pour le budget de l'UE : rapidité, priorité et impact. La stratégie de la Commission en faveur d'un "budget axé sur les résultats" vise à davantage orienter le budget vers l'obtention de résultats et vers la performance, à savoir en le mettant mieux en adéquation avec les priorités d'action de la Commission ; en assurant la valeur ajoutée européenne ; en augmentant l'effet de levier des fonds de l'UE et en améliorant les indicateurs de performance. Cette stratégie aborde aussi la manière dont les effets du budget de l'UE sont portés à la connaissance du public : la communication relative aux résultats des programmes doit occuper une place plus importante que les informations concernant le processus de dépense. La stratégie vise aussi à simplifier le mode de gestion des programmes, ce qui, ensuite, devrait contribuer à améliorer le rapport coût/ efficacité des contrôles*"[161].

C. Le projet de budget pour 2017 se présente par rubrique et sous-rubrique du cadre financier pluriannuel pour 2014-2020 comme suit :

- la Commission propose de doter la sous-rubrique *1a* (*Compétitivité pour la croissance et l'emploi*) de 21 109 millions d'euros en crédits d'engagement (+11 % par rapport à 2016[162]) et de 19 298 millions d'euros en crédits de paiement (+10,8 %). La marge restante sous le plafond de cette sous-rubrique s'établit ainsi à 81 millions d'euros.

Un total de 1 265 millions d'euros de la marge globale pour les engagements (voir page 304) est utilisé pour le financement du fonds de garantie du FEIS.

La hausse (par rapport à l'année précédente) proposée des crédits d'engagement est principalement au profit du le Fonds européen pour les investissements stratégiques (FEIS), du Mécanisme pour l'interconnexion en Europe (MIE) et d'"Erasmus+".

Les propositions de la Commission concernant la sous-rubrique *1a* sont récapitulées dans le tableau 82 (page 314) ;

- les crédits proposés pour la sous-rubrique *1b* (*Cohésion économique, sociale et territoriale*) s'élèvent à 53 574 millions d'euros en crédits d'engagement (+5,4 %) et à 37 349 millions d'euros en crédits de paiement (-23,5 %). La marge restante sous le plafond de la rubrique s'établit ainsi à 13 millions d'euros.

Le projet de budget ne prévoit pas de crédits d'engagement supplémentaire en 2017 en faveur de l'Initiative pour l'emploi des jeunes (IEJ), "*étant donné que tous les crédits en la matière ont été concentrés en amont sur 2014 et 2015 pour que les bénéficiaires en profitent dans les plus brefs délais. La Commission s'attend à une accélération de la mise en œuvre sur le terrain en 2016 et 2017, pour atteindre l'objectif fixé de 2,3 millions de partici-*

[158] Doc. *COM(2016) 300*, p. 10.
[159] Nouveau poste *02 04 77 03.*
[160] Doc. *COM(2016) 300*, p. 92.
[161] *Ibid.*, p. 9.
[162] Budget rectificatif n° 1/2016 compris (voir chapitre II).

Tableau 82. Proposition de la Commission concernant la sous-rubrique *1a* (*Compétitivité pour la croissance et l'emploi*) du cadre financier pluriannuel dans le PB pour 2017

En millions d'euros et en pourcentage

	Crédits d'engagement			Crédits de paiement		
	PB pour 2017	**%**	**Budget pour 2016***	**PB pour 2017**	**%**	**Budget pour 2016***
Cadre stratégique commun (CSC) pour la recherche et l'innovation	10.637	*50,4*	9.856	10.537	*54,6*	10.345
- Horizon 2020 (2014-2020)	*10.296*	*48,8*	*9.539*	*10.189*	*52,8*	*10.069*
Excellence scientifique	*3.188*	*15,1*	*2.889*	*2.196*	*11,4*	*1.523*
Défis de société	*2.981*	*14,1*	*2.792*	*2.436*	*12,6*	*1.955*
Primauté industrielle	*1.993*	*9,4*	*1.789*	*1.838*	*9,5*	*1.742*
Entreprises communes	*872*	*4,1*	*917*	*706*	*3,7*	*563*
Dépenses d'appui	*638*	*3,0*	*634*	*638*	*3,3*	*634*
Institut européen d'innovation et de technologie (IET)	*300*	*1,4*	*225*	*314*	*1,6*	*251*
Propager l'excellence et élargir la participation	*182*	*0,9*	*159*	*158*	*0,8*	*88*
Activités horizontales de "Horizon 2020"	*115*	*0,5*	*109*	*105*	*0,5*	*80*
Activités non nucléaires du centre commun de recherches (CCR)	*27*	*0,1*	*25*	*26*	*0,1*	*25*
Achèvement des activités antérieures (avant 2014)	*0*	*0,0*	*0*	*1.774*	*9,2*	*3.208*
- Programme Euratom de recherche et de formation (2014-2018)	*341*	*1,6*	*317*	*348*	*1,8*	*276*
Euratom	*226*	*1,1*	*202*	*225*	*1,2*	*144*
Dépenses d'appui	*115*	*0,5*	*115*	*115*	*0,6*	*115*
Achèvement des activités antérieures (avant 2014)	*0*	*0,0*	*0*	*8*	*0,0*	*17*
Fonds européen pour les investissements stratégiques (FEIS)	2.661	*12,6*	2.055	2.317	*12,0*	525
- Provisionnement du fonds de garantie du FEIS	*2.641*	*12,5*	*2.030*	*2.300*	*11,9*	*500*
*- Plateforme européenne de conseil en investissement (EIAH)***	*20*	*0,1*	*20*	*17*	*0,1*	*20*
- Frais dus au FEIS	*p.m.*		*5*	*p.m.*		*5*
- Garantie au FEIS	*p.m.*		*p.m.*	*p.m.*		*p.m.*
Mécanisme pour l'interconnexion en Europe (MIE)	2.537	*12,0*	2.212	1.219	*6,3*	1.674
- Transports	*1.657*	*7,8*	*1.431*	*606*	*3,1*	*749*
- Énergie	*737*	*3,5*	*621*	*119*	*0,6*	*161*
- Technologies de l'information et des communications (TIC)	*124*	*0,6*	*140*	*118*	*0,6*	*79*
- Dépenses d'appui	*19*	*0,1*	*20*	*19*	*0,1*	*20*
- Achèvement des activités antérieures (avant 2014)	*0*	*0,0*	*0*	*358*	*1,9*	*665*
Éducation, formation, jeunesse et sport ("Erasmus+")	2.014	*9,5*	1.734	1.887	*9,8*	1.805
Grands projets d'infrastructures	1.828	*8,7*	1.768	1.811	*9,4*	1.565
- Systèmes européens de navigation par satellite (GNSS) "Egnos" et "Galileo"	*895*	*4,2*	*848*	*645*	*3,3*	*504*
- Programme européen d'observation de la Terre (Copernicus)	*605*	*2,9*	*584*	*694*	*3,6*	*580*
- Réacteur thermonucléaire expérimental international (ITER)	*267*	*1,3*	*276*	*188*	*1,0*	*115*
- Dépenses d'appui	*61*	*0,3*	*61*	*61*	*0,3*	*61*
- Achèvement des activités antérieures (avant 2014)	*0*	*0,0*	*0*	*222*	*1,2*	*305*
Compétitivité des entreprises et des petites et moyennes entreprises ("COSME")	299	*1,4*	295	369	*1,9*	262
- Améliorer l'accès au financement pour les PME	*167*	*0,8*	*173*	*120*	*0,6*	*100*
- Promouvoir l'esprit d'entreprise	*120*	*0,6*	*110*	*140*	*0,7*	*48*
- Dépenses d'appui	*13*	*0,1*	*12*	*13*	*0,1*	*12*
- Achèvement des activités antérieures (avant 2014)	*0*	*0,0*	*0*	*97*	*0,5*	*102*
Sûreté nucléaire et démantèlement	138	*0,7*	136	150	*0,8*	150
Programmes "Douane 2020" et "Fiscalis 2020" et lutte contre la fraude	137	*0,6*	126	117	*0,6*	124
Programme pour l'emploi et l'innovation sociale	130	*0,6*	127	94	*0,5*	90
Projets énergétiques en vue d'aider à la relance économique (plan de relance)	p.m.		p.m.	110	*0,6*	176
Autres programmes et actions	220	*1,0*	211	196	*1,0*	203
Prérogatives et compétences spécifiques de la Commission	138	*0,7*	135	125	*0,6*	123
Projets pilotes et actions préparatoires	25	*0,1*	30	30	*0,2*	32
Subventions pour quinze agences décentralisées et l'IET***	348	*1,6*	326	336	*1,7*	327
Total	**21.109**	***100,0***	**19.010**	**19.298**	***100,0***	**17.402**

** Budget rectificatif n° 1/2016 inclus ** Et Portail européen de projets d'investissement (EIPP) *** Voir tableau 103, page 368* *pants d'ici à 2018. Elle réévaluera l'IEJ dans le contexte du réexamen/ de la révision à mi-parcours et du résultat de l'évaluation de l'initiative*"[163].

La diminution des crédits de paiement proposée est, quant à elle, le "*résultat combiné de l'achèvement progressif des programmes de la période 2007-2013, qui n'est compensé que partiellement par l'augmentation des crédits de paiement au titre des nouveaux programmes. Le démarrage des nouveaux programmes a pris plus de temps que prévu*"[164].

Les propositions de la Commission concernant la sous-rubrique *1b* sont reprises dans les tableau 83 et 84 (page 316) ;

- les crédits proposés pour la rubrique *2* (*Croissance durable : ressources naturelles*) sont de 58 902 millions d'euros en crédits d'engagement (-5,7 %[165]), dont 42 938 millions d'euros pour les dépenses de marché et paiements directs (+1,7 %), et de 55 236 millions d'euros en crédits de paiement (+0,2 %), dont 42 889 millions d'euros pour les dépenses de marché et paiements directs (+1,6 %). La marge restante sous le plafond de la rubrique est de 639 millions d'euros, étant donné que la Commission propose d'utiliser un montant de 650 millions d'euros pour compenser la mobilisation de la marge pour imprévus en faveur des dépenses liées aux migrants et aux réfugiés dans la rubrique *3* du CFP.

Le montant des recettes affectées étant estimé à 1 880,0 millions d'euros[166], les crédits demandés dans le projet de budget pour 2017 pour le *Fonds européen agricole de garantie* (FEAGA) au titre des dépenses de marché et paiements directs s'établissent ainsi à 42 937,6 millions d'euros, ce qui est nettement inférieur au solde net du FEAGA.

---

[163] Doc. *COM(2016) 300*, p. 7.

[164] *Ibid*., p. 15. Selon la Commission, "(l)*e lancement de la mise en œuvre pour les programmes 2014-2020 a été plus lent que prévu, principalement en raison de l'adoption tardive de nombreux programmes à la suite de la reprogrammation qui a eu lieu en 2015 et des retards imprévus dans le processus de désignation des autorités de gestion, en l'absence desquelles un État membre ne peut pas introduire de demandes de paiement auprès de la Commission.*

Les crédits de paiement pour la période 2014-2020 (34 505,3 millions d'euros) couvriront les paiements intermédiaires et le préfinancement annuel pour 2017 [y compris la contribution de la sous-rubrique 1b au Mécanisme pour l'interconnexion en Europe (MIE) et aux programmes Instrument d'aide de préadhésion (IAP)/ Instrument européen de voisinage (IEV)]. En ce qui concerne les programmes de la période 2007-2013, il est prévu un montant de 2 615,9 millions d'euros pour les premiers paiements de clôture, y compris un faible montant résiduel d'environ 530 millions d'euros nécessaire pour couvrir les demandes de paiements intermédiaires qui devraient arriver en 2017. Le restant des crédits de paiement requis (d'un montant de 227,5 millions d'euros) se rapporte à l'assistance technique (y compris le nouveau Programme d'appui à la réforme structurelle – PARS), à des actions innovatrices ainsi qu'à des projets pilotes et à des actions préparatoires" (doc. *COM(2016) 300*, p. 33).

[165] Selon la Commission, "*il s'agit en réalité d'une augmentation de 1,3 % si l'on ne tient pas compte de l'effet de distorsion de la reprogrammation de la tranche de 2014 des engagements en faveur du développement rural*" (doc. *COM(2016) 300*, p. 15).

[166] S'agissant des *recettes affectées*, la Commission indique que "(c)*onformément aux dispositions du règlement financier et du règlement sur le financement de la PAC, certaines opérations (essentiellement corrections pour apurements des comptes et de conformité et irrégularités) génèrent des recettes qui sont affectées au FEAGA et servent à couvrir partiellement les besoins de lignes spécifiques comme requis par l'exécution budgétaire. En raison de ces recettes affectées, il convient de faire la distinction entre les crédits budgétaires demandés et les dépenses estimées ("besoins").*

Les crédits inscrits au projet de budget 2017 sont inférieurs aux dépenses estimées étant donné qu'un montant de 1 880,0 millions d'euros de recettes est affecté au FEAGA. Les recettes affectées pour 2017 sont attribuées au chapitre budgétaire 05 02 pour les fonds opérationnels des organisations de producteurs (400,0 millions d'euros sur le poste budgétaire 05 02 08 03) et au chapitre budgétaire 05 03 pour le régime de paiement de base – RPB (1 480,0 millions d'euros sur le poste budgétaire 05 03 01 10).

La différence au niveau du montant des recettes affectées par rapport au budget 2016 (2 980,0 millions d'euros) est importante (-1 100,0 millions d'euros). Ce montant nettement inférieur s'explique principalement par l'absence de recettes provenant du prélèvement supplémentaire sur le lait après la fin du système des quotas laitiers en 2015. Les recettes affectées résultant des décisions d'apurement des comptes (1 275,0 millions d'euros dans le projet de budget 2017) devraient être légèrement supérieures à celles dans le budget de 2016 (1 125,0 millions d'euros). Il existe en outre un montant supplémentaire de 450,0 millions d'euros résultant de ces décisions d'apurement des comptes déjà adoptées, qui, selon les estimations, sera disponible dans le courant de l'année 2016 et sera reporté à 2017. Ces estimations tiennent compte de l'incidence de plusieurs décisions concernant l'apurement des comptes du FEAGA prises par la Commission en 2014, 2015 et 2016 qui autorisent certains États membres à régler les montants des corrections financières après des reports et/ou en plusieurs tranches annuelles. L'autre source de recettes affectées dans le projet de budget 2017 est les "Irrégularités FEAGA" (155,0 millions d'euros), le même montant que dans le budget 2016" (doc. *COM(2016) 300*, p. 37).

Tableau 83. Proposition de la Commission concernant la sous-rubrique *1b* (*Cohésion économique, sociale et territoriale*) du cadre financier pluriannuel dans le PB pour 2017

En millions d'euros et en pourcentage

	Crédits d'engagement			Crédits de paiement		
	PB pour 2017	%	Budget pour 2016*	PB pour 2017	%	Budget pour 2016*
Investissement pour la croissance et l'emploi	49.279	*92,0*	46.657	34.657	*92,8*	45.842
- Convergence régionale (régions moins développées)	*26.122*	*48,8*		*19.315*	*51,7*	
- Compétitivité (régions plus développées)	*8.252*	*15,4*		*5.896*	*15,8*	
- Régions en transition	*5.627*	*10,5*		*3.324*	*8,9*	
- Régions ultrapériphériques et à faible densité de population	*222*	*0,4*		*140*	*0,4*	
- Fonds de cohésion	*9.056*	*16,9*		*5.981*	*16,0*	
Coopération territoriale européenne	1.940	*3,6*	1.049	1.070	*2,9*	923
Assistance technique et actions innovatrices	216	*0,4*	201	190	*0,5*	174
Initiative pour l'emploi des jeunes (IEJ)**	-		-	600	*1,6*	1.050
Mécanisme pour l'interconnexion en Europe (MIE)***	1.593	*3,0*	2.377	383	*1,0*	383
Aide européenne aux plus démunis (FEAD)	546	*1,0*	536	441	*1,2*	461
Projets pilotes et actions préparatoires	p.m.		13	8	*0,0*	12
Total	**53.574**	***100,0***	**50.831**	**37.349**	***100,0***	**48.844**

** Budget rectificatif n° 1/2016 inclus   ** Enveloppe spécifique complémentaire   *** Contribution du Fonds de cohésion*

Tableau 84. Proposition de la Commission concernant la sous-rubrique *1b* (*Cohésion économique, sociale et territoriale*) du cadre financier pluriannuel dans le PB pour 2017 par Fonds

En millions d'euros et en pourcentage

Période		Crédits d'engagement			Crédits de paiement		
		PB pour 2017	%	Budget pour 2016*	PB pour 2017	%	Budget pour 2016*
2000-2006	FEDER	0		0	0		0
	Fonds de cohésion	p.m.		p.m.	p.m.		70
	FSE	0		0	0		0
	Total	**0**		**0**	**0**		**70**
2007-2013	FEDER	0		0	1.587	*4,2*	14.482
	Fonds de cohésion	p.m.		p.m.	329	*0,9*	2.468
	FSE	0		0	700	*1,9*	4.580
	Total	**0**		**0**	**2.615**	***7,0***	**21.530**
2014-2020	FEDER	29.070	*54,3*	26.861	18.764	*50,2*	14.471
	Fonds de cohésion	9.055	*16,9*	8.739	5.652	*15,1*	4.078
	FSE	12.884	*24,0*	12.015	9.198	*24,6*	7.576
	- dont enveloppe spécifique complémentaire de l'IEJ	-		-	*600*	*1,6*	*1.050*
	FEAD	546	*1,0*	534	441	*1,2*	461
	Contribution MIE	1.593	*3,0*	2.377	383	*1,0*	383
	Contribution aux programmes de l'IAP II et de l'IEV	208	*0,4*	91	67	*0,2*	49
	Total	**53.358**	***99,6***	**50.618**	**34.505**	***92,4***	**27.018**
Total	FEDER	29.071	*54,3*	26.861	20.351	*54,5*	28.953
	Fonds de cohésion	9.056	*16,9*	8.739	5.981	*16,0*	6.616
	FSE	12.884	*24,0*	12.015	9.898	*26,5*	12.156
	- dont enveloppe spécifique complémentaire de l'IEJ	-		-	*600*	*1,6*	*1.050*
	FEAD	546	*1,0*	536	441	*1,2*	461
	Contribution MIE	1.593	*3,0*	2.377	383	*1,0*	383
	Contribution aux programmes de l'IAP II et de l'IEV	208	*0,4*	91	67	*0,2*	49
	Total	**53.358**	***99,6***	**50.618**	**37.121**	***99,4***	**46.618**
Assistance technique et actions innovatrices		216	*0,4*	201	190	*0,5*	174
Autres		0	*0,0*	13	37	*0,1*	52
Total général		**53.574**	***100,0***	**50.831**	**37.349**	***100,0***	**48.844**

** Budget rectificatif n° 1/2016 inclus*

Tableau 85. Proposition de la Commission concernant la rubrique *2* (*Croissance durable : ressources naturelles*) du cadre financier pluriannuel dans le PB pour 2017

En millions d'euros et en pourcentage

	Crédits d'engagement			Crédits de paiement		
	PB pour 2017	%	Budget pour 2016*	PB pour 2017	%	Budget pour 2016*
Fonds européen agricole de garantie (FEAGA)**	42.938	*72,9*	42.220	42.889	*77,6*	42.212
Fonds européen agricole pour le développement rural (Feader)	14.366	*24,4*	18.676	11.209	*20,3*	11.746
Fonds européen pour les affaires maritimes et la pêche (FEAMP)	912	*1,5*	897	577	*1,0*	571
Environnement et action pour le climat (Life+)	494	*0,8*	463	364	*0,7*	355
Accords de pêche durable***	138	*0,2*	140	133	*0,2*	139
Autres actions et mesures	p.m.		*30*	p.m.		30
Prérogatives et compétences spécifiques de la Commission	p.m.		0	p.m.		1
Projets pilotes et actions préparatoires	p.m.		9	10	*0,0*	18
Subventions pour trois agences décentralisées** **	55	*0,1*	49	55	*0,1*	49
Total	**58.902**	***100,0***	**62.484**	**55.236**	***100,0***	**55.121**

** Budget rectificatif n° 1/2016 inclus   ** Dépenses relatives aux marchés et paiements directs*

**** Y inclus contributions obligatoires aux organisations régionales de gestion des pêches et aux autres organisations internationales*   *** ** Voir tableau 103, page 368*

"La proposition de la Commission, adoptée en mars 2016, consistant à réduire le niveau des paiements directs au moyen du mécanisme de discipline financière a pour seule finalité la constitution de la "réserve pour les crises dans le secteur agricole"[167] *pour 2017, soit un montant de 450,5 millions d'euros à inscrire dans un article distinct du chapitre budgétaire 05 03 ("Paiements directs"). L'ajustement au titre de la discipline financière s'applique uniquement aux montants supérieurs à 2 000 euros et ne concerne pas les États membres qui sont toujours dans la phase d'introduction progressive des paiements directs. Le taux proposé de discipline financière est de 1,366744 %"*[168].

Concernant le *Fonds européen agricole pour le développement rural (Feader)* "(l)*a diminution apparente de -4 310,8 millions d'euros des crédits d'engagement par rapport au budget 2016 est due à la reprogrammation au titre de l'article 19 du CFP pour 2014-2020 dans le cadre de laquelle un montant de 8 705,3 millions d'euros a été transféré des engagements de 2014 et ajouté aux engagements de 2015 et 2016. Plus précisément, l'ajout de 4 352,7 millions d'euros en 2016 "fausse" la comparaison directe entre le projet de budget 2017 et le budget 2016. En réalité, les engagements pour 2017 sont légèrement supérieurs aux niveaux de 2016 si l'incidence de cette reprogrammation n'est pas prise en compte, reflétant les enveloppes financières annuelles initialement approuvées pour le Feader après les transferts entre les piliers*"[169].

Les propositions de la Commission concernant la rubrique *2* sont reprises dans le tableau 85 (page 316) ;

- les crédits proposés pour la rubrique *3* (*Sécurité et citoyenneté*) s'élèvent à 4 272 millions d'euros en crédits d'engagement (+5,4 %) et à 3 782 millions d'euros en crédits de paiement (+25,1 %).

La Commission propose de mobiliser la marge pour imprévus, pour un montant de 1 164,4 millions d'euros, et l'instrument de flexibilité, pour un montant de 530 millions d'euros, afin de financer des mesures pour répondre à la crise des migrants, des réfugiés et de la sécurité dans cette rubrique.

Selon la Commission, "(l)*e budget pour cette rubrique dépassait déjà largement la programmation financière en 2016 à la suite de la mobilisation de l'instrument de flexibilité (1,5 milliard d'euros*[170]*). Compte tenu de l'ampleur de la tâche qu'impliquent les crises des réfugiés et des migrants, la Commission propose de maintenir le niveau de financement consenti en faveur de la migration et de la sécurité dans cette rubrique en 2017, y compris le nouvel instrument d'aide d'urgence au sein de l'Union*[171]"[172].

Selon les estimations de la Commission, un montant total de 3,2 milliards d'euros sera nécessaire en 2017 au titre de la rubrique *3* pour relever les défis liés à la crise des migrants, des réfugiés et de la sécurité. "*Les mesures prises ou les actions en cours dans le domaine des migrations incluent : la révision du règlement de Dublin pour que l'Europe puisse mieux gérer les arrivées massives et garantir un partage équitable des responsabilités ; la nécessité d'intégrer le nombre considérable de personnes qui sont arrivées en 2015-16 et d'assurer le retour effectif des personnes qui n'ont pas droit à une protection internationale ; la poursuite des mesures d'aide d'urgence ; et l'extension du mandat du Bureau européen d'appui en matière d'asile*[173] *afin qu'il devienne un acteur de la mise en œuvre des politiques et qu'il joue un rôle opérationnel renforcé en tant que nouvelle agence de l'UE chargée de l'asile. Les mesures prises pour atteindre les objectifs du programme européen en matière de sécurité, dans le cadre de la lutte contre le terrorisme et la*

[167] Les crédits en faveur de la réserve pour les crises sont destinés à financer les mesures nécessaires à la résolution des situations de crise majeure affectant la production ou la distribution dans le secteur agricole. Les crédits non utilisés de la réserve pour les crises du budget pour 2016 (soit 441,6 millions d'euros) seront reportés sur l'exercice budgétaire 2017 et serviront à rembourser les bénéficiaires des paiements directs soumis à la discipline financière en 2017.

[168] Doc. *COM(2016) 300*, p. 36.

[169] *Ibid.*, p. 40.

[170] Voir deuxième partie, page 234.

[171] Voir page 285.

[172] Doc. *COM(2016) 300*, p. 15.

[173] Voir page 310, note en bas de page 143.

Tableau 86. Proposition de la Commission concernant la rubrique *3* (*Sécurité et citoyenneté*) du cadre financier pluriannuel dans le PB pour 2017

En millions d'euros et en pourcentage

	Crédits d'engagement			**Crédits de paiement**		
	PB pour 2017	**%**	**Budget pour 2016***	**PB pour 2017**	**%**	**Budget pour 2016***
Fonds "Asile, migration et intégration" (FAM)	1.622	*38,0*	1.790	1.183	*31,3*	1.049
Fonds pour la sécurité intérieure (FSI)	739	*17,3*	646	748	*19,8*	395
Denrées alimentaires et aliments pour animaux	256	*6,0*	253	235	*6,2*	242
Europe créative	207	*4,8*	192	176	*4,7*	196
Santé	65	*1,5*	62	58	*1,5*	70
Droits, égalité et citoyenneté	63	*1,5*	60	47	*1,2*	52
Justice	54	*1,3*	52	42	*1,1*	45
Mécanisme de protection civile de l'Union	31	*0,7*	31	31	*0,8*	28
Consommateurs	27	*0,6*	26	21	*0,6*	21
L'Europe pour les citoyens	26	*0,6*	25	26	*0,7*	24
Systèmes informatiques	20	*0,5*	19	17	*0,4*	30
- Système d'information Schengen (SIS II)	*10*	*0,2*	*10*	*8*	*0,2*	*13*
- Système d'information sur les visas (VIS)	*10*	*0,2*	*10*	*9*	*0,2*	*16*
- Base de données européenne des empreintes digitales (Eurodac)	*0*	*0,0*	*0*	*0*	*0,0*	*0*
Autres programmes et actions	200	*4,7*	100	219	*5,8*	80
Prérogatives et compétences spécifiques de la Commission	98	*2,3*	99	99	*2,6*	88
- dont actions de communication	*76*	*1,8*	*71*	*74*	*2,0*	*64*
Projets pilotes et actions préparatoires	p.m.		11	14	*0,4*	17
Subventions pour douze agences décentralisées**	866	*20,3*	686	867	*22,9*	686
Total général	**4.272**	***100,0***	**4.052**	**3.782**	***100,0***	**3.022**

** Budget rectificatif n° 1/2016 inclus   ** Voir tableau 103, page 368*

cybercriminalité, sont exposées dans la communication de la Commission intitulée "Des systèmes d'information plus robustes et plus intelligents au service des frontières et de la sécurité".

La Commission a lancé une série de propositions afin que les systèmes d'information existants [tels que le système d'information sur les visas (VIS), le système d'information Schengen (SIS) et Eurodac] et les systèmes d'information futurs [le système d'entrée/sortie, le système européen de dossiers passagers (PNR)] contribuent à améliorer la gestion des frontières extérieures et la sécurité intérieure dans l'UE. Ces actions s'ajoutent à la création d'un corps européen de garde-frontières et de garde-côtes et à l'amélioration de la prévention des crises et de l'intervention aux frontières extérieures"[174].

Les propositions de la Commission concernant la rubrique *3* sont reprises dans le tableau 86 ci-dessus ;

- les crédits proposés pour la rubrique *4* (*L'Europe dans le monde*) s'élèvent à 9 432 millions d'euros en crédits d'engagement (+2,9 %) et à 9 290 millions d'euros en crédits de paiement (-8,5 %). La Commission n'a laissé aucune marge sous le plafond de cette rubrique.

Selon la Commission, ce renforcement en crédits d'engagement "*permettra de s'attaquer à la dimension extérieure de la crise des réfugiés, plus particulièrement en honorant les engagements pris à l'égard des pays voisins qui supportent une lourde charge tels que la Turquie, la Jordanie et le Liban. Les crédits de paiement diminuent* [quant à eux] *à présent que l'arriéré des engagements restant à liquider sous cette rubrique est maîtrisé*"[175].

Les trois plus grands instruments à finalité politique, à savoir l'Instrument d'aide de préadhésion (IAP), l'Instrument européen de voisinage (IEV) et l'Instrument de financement de la coopération au développement (ICD), accroissent leur part du financement de l'action extérieure, laquelle atteint 74,4 % (7 013,3 millions d'euros), essentiellement en raison de l'augmentation pour l'IAP en lien avec la mise en place de la Facilité en faveur des réfugiés en Turquie.

L'aide humanitaire représente 10,1 % des ressources de la rubrique *4*, avec une allocation de 945,4 millions d'euros. Des besoins importants imprévus supérieurs à la dotation allouée à l'aide humanitaire peuvent également être couverts par la réserve pour aides d'urgence.

[174] Doc. *COM(2016) 300*, p. 44.
[175] *Ibid.*, p. 15.

"L'Instrument européen pour la démocratie et les droits de l'homme (IEDDH) reste un élément primordial pour la promotion des valeurs européennes. Son financement demeure globalement stable, avec un montant de 189,0 millions d'euros.

L'Instrument contribuant à la stabilité et à la paix, qui vise à faire face aux crises, et la politique étrangère et de sécurité commune (PESC), deux instruments mobilisant respectivement 273,3 millions d'euros et 333,9 millions d'euros[176]*, financent des opérations d'une extrême importance et d'une grande visibilité sur le plan politique, ainsi que des actions contribuant à la paix et à la stabilité aux frontières de l'UE et au-delà. Un montant de 60 millions d'euros provenant de l'Instrument contribuant à la stabilité et à la paix a été mis à la disposition de l'IAP pour la Facilité en faveur des réfugiés en Turquie, ce qui explique la réduction du programme en 2017.*

La part de l'Instrument de partenariat (133,7 millions d'euros), spécifiquement conçu pour promouvoir les intérêts de l'UE sur la scène internationale, demeure constante.

La plupart des instruments de la rubrique 4 contribueront également à faire face à la crise des migrants et des réfugiés en aidant directement les pays et les communautés qui accueillent des réfugiés, ainsi qu'en luttant contre les causes premières de la migration dans l'ensemble des régions d'origine.

Cette démarche comprend entre autres la réponse donnée à la crise syrienne, abordée lors de la conférence de Londres en février 2016. L'UE s'est engagée à verser un montant de 2,39 milliards d'euros pour la période 2016-2017, notamment afin de fournir des produits alimentaires, des abris, des services d'éducation et de reconversion professionnelle aux réfugiés, et d'encourager les pays d'accueil, en particulier la Jordanie, le Liban et la Turquie, à rechercher des solutions durables de coexistence pacifique avec les réfugiés.

Au total, un montant de 525 millions d'euros est prévu dans le PB pour 2017 pour l'assistance à la Syrie, à la Jordanie et au Liban, conformément aux engagements pris.

Un montant de 750 millions d'euros est affecté à la Facilité en faveur des réfugiés en Turquie en 2017. Si l'on y ajoute la contribution fournie en 2016 (250 millions d'euros), cela signifie que le budget de l'UE apportera une part d'un milliard d'euros dans le montant total convenu de 3 milliards d'euros pour la Facilité, les 2 milliards restants provenant des États membres sous la forme de recettes affectées[177]"[178].

Les propositions de la Commission concernant la rubrique *4* sont reprises dans le tableau 87 (page 320) ;

- les crédits proposés pour la rubrique *5* (*Administration*) s'élèvent à 9 322 millions d'euros en crédits d'engagement et à 9 324 millions d'euros en crédits de paiement (+4,3 %). La marge restante sous le plafond de cette rubrique s'établit ainsi à 82 millions d'euros, étant donné qu'un montant de 514 millions d'euros est utilisé pour compenser la mobilisation de la marge pour imprévus

Les crédits proposés pour les dépenses administratives des institutions s'élèvent à 7 365 millions d'euros en crédits d'engagement et à 7 368 millions d'euros en crédits de paiement (+3,4 %). La marge est de 127 millions d'euros en tentant compte de la compensation suite à la mobilisation de la marge pour imprévus.

Selon la Commission, "(c)*omme pour les exercices précédents, le projet de budget 2017 assure une gestion rigoureuse des dépenses administratives. Ces dernières augmentent, toutes institutions confondues, de 3,2 % (hors pensions et Écoles européennes). La hausse proposée est de 3,2 % pour la Commission et de 3,2 % pour les autres institutions. Cette hausse comprend les crédits supplémentaires relatifs à la suppression progressive de la déroga-*

[176] S'agissant du "budget PESC" (chapitre *19 03* et poste *19 01 04 02* pour les dépenses d'appui), la Commission propose dans le PB pour 2017 un total de 333,9 millions d'euros en crédits d'engagement et 297,2 millions d'euros en crédits de paiement.

[177] Voir chapitre II.

[178] Doc. *COM(2016) 300*, p. 52.

Tableau 87. Proposition de la Commission concernant la rubrique *4* (*L'Europe dans le monde*) du cadre financier pluriannuel dans le PB pour 2017

En millions d'euros et en pourcentage

	Crédits d'engagement			Crédits de paiement		
	PB pour 2017	**%**	**Budget pour 2016***	**PB pour 2017**	**%**	**Budget pour 2016***
Instrument de financement de la coopération au développement (ICD)	2.712	*28,8*	2.630	2.658	*28,6*	2.729
Instrument européen de voisinage (IEV)	2.187	*23,2*	2.187	2.294	*24,7*	2.329
Instrument d'aide de préadhésion (IAP II)	2.115	*22,4*	1.662	1.716	*18,5*	2.079
Aide humanitaire	945	*10,0*	1.109	1.146	*12,3*	1.471
Politique étrangère et de sécurité commune (PESC)	334	*3,5*	327	297	*3,2*	299
Instrument contribuant à la stabilité et à la paix (IdS)	273	*2,9*	327	294	*3,2*	316
extérieures	241	*2,6*	257	241	*2,6*	257
Instrument européen pour la démocratie et les droits de l'homme (IEDDH)	189	*2,0*	186	168	*1,8*	181
Instrument de partenariat pour la coopération avec les pays tiers (IP)	134	*1,4*	126	136	*1,5*	109
Instrument relatif à la coopération en matière de sûreté nucléaire (ICSN)	62	*0,7*	72	81	*0,9*	97
Assistance macrofinancière (AMF)	31	*0,3*	80	31	*0,3*	80
Initiative "Volontaires de l'aide de l'UE" (VAUE)	22	*0,2*	18	24	*0,3*	14
Mécanisme de protection civile de l'Union	21	*0,2*	18	20	*0,2*	19
Autres programmes et actions	81	*0,9*	84	90	*1,0*	78
Prérogatives et compétences spécifiques de la Commission	66	*0,7*	64	67	*0,7*	61
Projets pilotes et actions préparatoires	p.m.		3	7	*0,1*	17
Subvention pour la Fondation européenne pour la formation	20	*0,2*	20	20	*0,2*	20
Total général	**9.432**	***100,0***	**9.167**	**9.290**	***100,0***	**10.156**

** Budget rectificatif n° 1/2016 inclus*

tion relative à la langue irlandaise pour l'ensemble des institutions (5,8 millions d'euros).

Pour le Parlement européen[179]*, cette augmentation résulte principalement de la demande de crédits supplémentaires relatifs à la sécurité (46,6 millions d'euros) ainsi que de l'internalisation des chauffeurs (2,4 millions d'euros).*

Pour le Service européen pour l'action extérieure, la demande de crédits supplémentaires se rapporte essentiellement à la sécurité (8,2 millions d'euros) et à la coopération interinstitutionnelle (1,2 million d'euros).

L'augmentation prévue pour la Cour de justice est principalement due à l'incidence budgétaire, sur l'exercice entier, de la réforme structurelle de la Cour (2,0 millions d'euros), aux crédits supplémentaires relatifs à la sécurité (1,7 million d'euros) et aux crédits supplémentaires demandés pour renforcer les services linguistiques (3,2 millions d'euros).

En ce qui concerne sa propre section du budget, la Commission a accompli de nouveaux efforts pour maintenir les dépenses non liées aux rémunérations à un niveau légèrement inférieur à celui du budget 2016, en réduisant fortement d'autres dépenses administratives se rapportant à des obligations non contractuelles. En conséquence, ses dépenses administratives totales[180] *sont maintenues à un niveau proche du taux d'inflation attendu (estimé à +1,5 % pour Bruxelles et +1,7 % pour Luxembourg*[181]*), ce qui représente un chiffre stable en termes réels. Ce résultat a été obtenu en diminuant de 0,7 % l'ensemble des dépenses non liées aux rémunérations, à l'exception des crédits liés à la réinstallation du personnel quittant le bâtiment JMO et à la suppression progressive de la dérogation pour l'irlandais*"[182].

En ce qui concerne les *ressources humaines*, "*compte tenu de l'objectif d'une baisse des effectifs de 5 % sur cinq ans et de la délégation aux agences exécutives de certaines tâches d'exécution, la Commission propose de réduire de 1,2 % le nombre d'emplois inscrits à son tableau des effectifs, tout en limitant les crédits consacrés à son personnel externe (agents contractuels, agents locaux, intérimaires et experts nationaux détachés) sous toutes*

---

[179] Selon la Commission, le Parlement européen "*enregistrera une réduction de 60 emplois équivalente à la tranche 2017 de la réduction de 5 % des effectifs, lorsqu'il entamera sa lecture du projet de budget 2017. L'engagement pris par déclaration lors de la conciliation pour le budget 2016* [voir page 276] *sera ainsi respecté. En ce qui concerne les 35 emplois supplémentaires liés à la sécurité demandés par le Parlement européen dans le projet de budget rectificatif n° 3/2016* [voir chapitre II], *l'institution devra confirmer son intention de maintenir ces emplois lors de la lecture du projet de budget 2017*" (doc. *COM(2016) 300*, p. 62).

[180] Selon la Commission, à l'exclusion des dépenses supplémentaires liées à la réinstallation des services situés dans le bâtiment Jean Monnet (JMO) à Luxembourg, de la suppression progressive de la dérogation relative à la langue irlandaise et de l'impact de l'actualisation des rémunérations 2015.

[181] Voir page 303.

[182] Doc. *COM(2016) 300*, p. 61.

les rubriques, ce qui entraîne une réduction totale du personnel de la Commission de 1,24 %. En outre, la Commission procède au redéploiement en son sein d'un grand nombre d'emplois (547 en 2017) pour faire face à de nouvelles priorités.

Elle a encouragé l'ensemble des institutions et organes de l'UE à adopter une démarche tout aussi rigoureuse lors de l'établissement de leurs états prévisionnels, tant en ce qui concerne les effectifs que les dépenses administratives. Toutes les autres institutions devaient procéder à une réduction des effectifs dans leurs états prévisionnels respectifs pour 2017 afin d'atteindre l'objectif de réduction du personnel de 5 %, conformément à [l'AII de 2013]"[183].

Comme indiqué *supra*, la Commission a revu dans ce contexte à la baisse dans le projet de budget pour 2017 les états prévisionnels du *Comité économique et social européen*[184] et du *Comité des régions*[185].

Les montants proposés par la Commission concernant la rubrique *5* sont présentées dans le tableau 88 (page 322).

Les modifications aux tableaux des effectifs des institutions proposées dans le projet de budget pour 2017 sont présentées dans le tableau 101 (page 367).

S'agissant des *instruments spéciaux* disposant de lignes budgétaires spécifiques dans le budget de l'Union[186], la Commission propose :

- 315 millions d'euros en crédits d'engagement et de paiement pour la réserve pour aides d'urgence (article *40 02 42*) ;

- 168,9 millions d'euros en crédits d'engagement et 55 millions d'euros en crédits de paiement pour le Fonds européen d'ajustement à la mondialisation (articles *04 04 01* et *40 02 43*[187]), et

- 50 millions d'euros en crédits d'engagement et de paiement pour le Fonds de solidarité de l'Union européenne (article *13 06 01*[188]). Ces montants sont destinés au paiement d'avances en cas de catastrophe naturelle dans les États membres. À ce titre, la Commission a présenté, comme en 2014 et 2015[189], ensemble avec le PB, une proposition de

[183] Doc. *COM(2016) 300*, p. 61.

[184] S'agissant du Comité économique et social européen (section VI du budget), la Commission a appliqué un gel nominal aux dépenses non liées aux rémunérations (ce qui conduit à une réduction des crédits de 0,2 million d'euros par rapport à la demande du Comité). En outre, "*afin de garantir le plein respect du principe de neutralité budgétaire prévu dans l'accord de coopération signé en 2013 entre le Parlement européen, le Comité économique et social et le Comité des régions*", la Commission a diminué le tableau des effectifs du Comité de 12 postes et retiré les crédits correspondants (-1,2 million d'euros).

Globalement, par rapport à 2016, il en résulte une hausse de 1,0 % de la demande du Comité pour 2017, alors qu'il avait initialement sollicité une augmentation de 2,4 % (doc. *COM(2016) 300*, p. 62).

La Commission rappelle dans ce contexte que dans le cadre de l'accord de coopération signé en 2013, 80 postes avaient été ajoutés au tableau des effectifs du Parlement européen en 2014. "*À ce jour, le tableau des effectifs du Comité économique et social a été réduit de 36 emplois et celui du Comité des régions de 24 emplois. À ce stade, cependant, aucune réduction équivalente n'a été opérée dans les tableaux des effectifs des Comités pour les 20 emplois restants*" (doc. *COM(2016) 300*, p. 62).

[185] S'agissant du Comité des régions (section VII), la Commission a revu à la baisse la demande du Comité en appliquant un gel nominal aux dépenses non liées aux rémunérations (-0,7 million d'euros). Comme dans le cas du Comité économique et social européen (voir *supra*), "*afin de garantir le plein respect du principe de neutralité budgétaire prévu dans l'accord de coopération susmentionné, la Commission a diminué le tableau des effectifs du Comité de 8 emplois et retiré les crédits correspondants (-0,8 million d'euros). En outre, elle a intégré la réduction des crédits (-23 577 euros) résultant de la modification du tableau des effectifs du Comité en 2016*" (doc. *COM(2016) 300*, p. 62).

Globalement, par rapport à 2016, il en résulte une hausse de 1,6 % de la demande du Comité pour 2017, alors que le Comité avait demandé une augmentation de 3,5 %.

[186] Réserve pour aides d'urgence, Fonds de solidarité de l'Union européenne et Fonds européen d'ajustement à la mondialisation (voir page 47).

[187] Intitulés "*FEM – pour soutenir les travailleurs licenciés et les travailleurs indépendants en cessation d'activité en raison de la mondialisation*" et "*Réserve pour le Fonds européen d'ajustement à la mondialisation*" respectivement. Le premier article contient un "p.m." en crédits d'engagement et 25 millions d'euros en crédits de paiement et le second 168,9 millions d'euros en crédits d'engagement et 30 millions d'euros (à la place de la mention traditionnelle "p.m.") en crédits de paiement.

[188] Intitulé "*Assistance aux États membres en cas de catastrophe naturelle majeure ayant de graves répercussions sur les conditions de vie, l'environnement naturel et l'économie*". Le second article *13 06 02* (*Assistance aux pays dont l'adhésion est en cours de négociation en cas de catastrophe naturelle majeure ayant de graves répercussions sur les conditions de vie, l'environnement naturel et l'économie*) ne contient que des "p.m.".

[189] Voir première partie, page 48, et deuxième partie, page 191.

Tableau 88. Montants proposés pour la rubrique *5* (*Administration*) du cadre financier pluriannuel dans le PB pour 2017

En millions d'euros et en pourcentage

	PB pour 2017*	%	Budget pour 2016
Parlement européen**	1.901	*20,4*	1.838
Conseil européen et Conseil	560	*6,0*	545
Commission**	3.466	*37,2*	3.357
OP	*82*	*0,9*	79
OLAF	*59*	*0,6*	58
EPSO et EUSA	*27*	*0,3*	26
PMO	*39*	*0,4*	38
OIB	*68*	*0,7*	68
OIL	*24*	*0,3*	24
Cour de justice**	396	*4,2*	380
Cour des comptes	140	*1,5*	138
CESE	132	*1,4*	131
Comité des régions	92	*1,0*	91
Médiateur européen**	11	*0,1*	10
CEPD	11	*0,1*	9
SEAE	657	*7,0*	636
Écoles européennes***	186	*2,0*	176
Pensions	1.771	*19,0*	1.641
- Pensions du personnel	*1.746*	*18,7*	*1.619*
- Anciens membres des institutions	*25*	*0,3*	*22*
Total	**9.322**	***100,0%***	**8.951**

** Y inclus BR n° 1 à 3/2016 ** Hors contributions aux Écoles européennes*
**** Y compris les contributions des institutions aux Écoles européennes de type "II", soit : Parlement européen : 295 000 euros ; Commission : 818 473 euros ; Cour de justice : 21 000 euros, et Médiateur européen : 255 000 euros*

décision de mobilisation du Fonds de solidarité de l'Union européenne[190].

La Commission propose en outre d'inscrire, à titre de réserve (nouvel article *40 02 44* intitulé "*Réserve pour le Fonds de solidarité de l'Union européenne*"), un montant de 513 millions d'euros en crédits d'engagement et de 200 millions d'euros en crédits de paiement "*pour permettre la mobilisation du FSUE par des virements à partir de la réserve parallèlement à la décision de mobilisation du Parlement européen et du Conseil. Cette nouvelle approche vise à réduire la nécessité d'adopter des budgets rectificatifs à hauteur du niveau des crédits placés en réserve et à accélérer ainsi le processus de mobilisation du FSUE*"[191].

5. La position du Conseil sur le projet de budget pour 2017 (12 septembre 2016[192])

A. La position du Conseil sur le projet de budget pour 2017[193] s'élève à 156 377 millions d'euros en crédits pour engagements et à 133 790 millions d'euros en crédits pour paiements[194], ce qui cor-

[190] Doc. *COM(2016) 312 final* du 30 juin 2016.

[191] Doc. *COM(2016) 300 final*, p. 69.

[192] Afin de respecter les délais prévus à l'article 4 du protocole n° 1 sur le rôle des parlements nationaux dans l'Union européenne (JO C 202 du 7.6.2016, p. 204), le Conseil a adopté sa position sur le projet de budget pour 2017 (à l'unanimité) par "procédure écrite".

La décision arrêtant la position du Conseil a été publiée au JO C 336 du 13.9.2016, p. 1. Afin de respecter les 42 jours réservés au PE par l'article 314, paragraphe 4 du TFUE, la lettre de transmission de la position du Conseil au Parlement européen est datée du 14 septembre 2016 (voir page 387).

[193] L'état prévisionnel pour 2017 n'a fait l'objet d'une présentation qu'au Coreper (le 30 juin 2016) et non comme d'habitude au Conseil "Ecofin" (voir pages 284 et 387).

[194] En d'autres termes, le Conseil a réduit les crédits pour engagements proposés par la Commission dans son PB de 1 280 millions d'euros et les crédits pour paiements de 1 109 millions d'euros. Par rapport au budget pour 2016 (hors

respond à une augmentation de +0,9 % et à une diminution de -7 % respectivement par rapport au budget pour 2016[195]. Les crédits pour engagements correspondent à 1,04 % et les crédits pour paiements à 0,89 % du RNB. Les marges laissées sous les plafonds du CFP sont de 1 583 millions d'euros en crédits pour engagements et de 9 506 millions d'euros en crédits pour paiements[196].

Le Conseil a inclus dans sa position une mobilisation (en crédits d'engagement) de la marge pour imprévus, pour un montant de 1 140 millions d'euros, afin de financer des mesures pour répondre à la crise des migrants, des réfugiés et de la sécurité dans la rubrique *3* (*Sécurité et citoyenneté*) du CFP[197].

Par ailleurs, il a retenu la proposition de mobilisation de l'instrument de flexibilité faite par la Commission dans le cadre du PB, soit 530 millions d'euros en crédits d'engagement en faveur de la rubrique *3*.

Enfin, le Conseil a retenu l'utilisation de la marge globale pour les engagements pour fournir (en crédits d'engagement) la somme de 1 265 millions d'euros au financement de la garantie du Fonds européen pour les investissements stratégiques à la sous-rubrique *1a* (*Compétitivité pour la croissance et l'emploi*) du CFP.

B. Lors du trilogue du *1er septembre 2016*[198] (organisé dans les locaux du Conseil à Bruxelles) qui, conformément au point 10 de l'annexe de l'AII de 2013, a précédé la lecture du Conseil, les deux branches de l'autorité budgétaire et la Commission ont, en premier lieu, abordé la question du contenu de la position du Conseil sur le PB pour 2017.

Le Conseil a, avant tout, défendu le contenu de sa position sur le projet de budget, tout en espérant qu'un équilibre soit trouvé lors de la procédure de conciliation entre "souhaits" et "réalités".

Il est également de nouveau intervenu pour rappeler l'importance qu'il attache au respect, par toutes les institutions, organes et agences de l'UE, à la réduction de 5 % en cinq ans de leurs effectifs, tel que repris au point 27 de l'AII de 2013.

Le Parlement européen a surtout critiqué l'approche du Conseil (qualifiée par le PE de "usuelle") visant à créer des marges supplémentaires afin de pouvoir faire face à des situations imprévues comme "cosmétique" ("vu le peu de possibilités d'effectuer des coupes ayant un sens à une proposition de la Commission déjà très réduite") ou "contradictoire", surtout dans le cas de la sous-rubrique *1a* (*Compétitivité pour la croissance et l'emploi*) du CFP ("concernant laquelle le Conseil, tout en indiquant la création de la croissance et d'emplois comme une de ses priorités principales pour 2017, a opéré certaines des coupes les plus importantes lors de sa lecture") et de la rubrique *4* (*L'Europe dans le monde*) dans laquelle, selon le PE, "la petite marge créée artificiellement par le Conseil ne conduira qu'à des problèmes dans le financement des programmes cruciaux pour la position de l'Union européenne dans le monde".

Le PE a également critiqué les réductions de crédits que le Conseil envisageait d'apporter aux sous-rubriques *1a* (notamment en ce qui concerne "Horizon 2020", Copernicus et le MIE) et *1b* (notamment concernant la coopération territoriale

---

BR), la position du Conseil augmente les crédits pour engagements de 1 373 millions d'euros et diminue les crédits pour paiements de 10 095 millions d'euros.

[195] Budgets rectificatifs n° 1 et 2/2016 compris (voir chapitre II).

[196] Selon la présentation de la Commission.

[197] Le Conseil a également modifié la compensation (par rapport à la proposition de la Commission ; voir page 308, note en bas de page 137) en augmentant la part de la rubrique *5* par rapport à la rubrique *2* comme suit :

- rubrique *2* (*Croissance durable : ressources naturelles*) : -530,0 millions d'euros provenant de la marge non allouée en 2017, et
- rubrique *5* (*Administration*) : -610,0 millions d'euros provenant de la marge non allouée en 2017.

[198] Selon le calendrier pragmatique agréé par le Parlement européen, le Conseil et la Commission lors du trilogue du 14 mars 2016, ce trilogue aurait dû se tenir le 13 juillet 2016 (voir page 405). Suite à la présentation tardive du projet de budget (voir chapitre I), les deux branches de l'autorité budgétaire ont convenu de reporter la tenue de ce trilogue à septembre, afin de s'assurer que le Conseil soit parvenu à un accord politique (au niveau du Coreper) sur la position du Conseil sur le PB *avant* le trilogue.

Le Comité des représentants permanents a confirmé l'accord obtenu le 18 juillet au sein du comité budgétaire du Conseil le 20 juillet 2016 (voir page 387).

européenne) et à la rubrique *3* (en particulier ce qui concerne le programme "culture"). S'agissant de la rubrique *5* du CFP, le Parlement s'est surtout interrogé sur le bien-fondé des réductions de crédits concernant la Cour de justice.

La Commission a défendu les propositions incluses dans le projet de budget pour 2017, considérant le PB "le scénario le probable et le plus raisonnable". Elle a souligné le fait que le projet de budget a été préparé avec soin, en gardant toujours à l'esprit le principe de discipline budgétaire, tout en proposant d'allouer des "moyens suffisants" aux différentes priorités de l'Union européenne. À ce titre, la Commission a exprimé beaucoup de doutes concernant la position du Conseil avant tout sur la sous-rubrique *1a*.

En outre, elle s'est déclarée d'accord avec la position défendue par le PE concernant la rubrique *4*, en soulignant l'impossibilité de créer une marge crédible sous le plafond des dépenses.

Par ailleurs, la Commission a rappelé – elle aussi – l'importance de respecter l'accord concernant la réduction de 5 % des postes repris dans les tableaux des effectifs de chaque institution, organe ou agence sur cinq ans.

S'agissant des projets pilotes et des actions préparatoires la Commission a indiqué que la liste reçue du PE cette année "était très longue". Elle a indiqué que cette multiplication de propositions de projets et d'actions conduisait inévitablement à réduire les montants alloués à chaque action ou projet, ce qui risquait de diminuer leur impact. La Commission a ainsi appelé le PE à adopter une approche plus restrictive en ce qui concerne ses propositions concernant de nouveaux projets pilotes ou de nouvelles actions préparatoires.

Le Parlement européen, tout en prenant note des commentaires de la Commission, a rappelé l'importance "innovante" et "innovatrice" des projets pilotes et des actions préparatoires pour le budget de l'Union européenne.

Le Conseil, pour sa part, a souligné les différentes contraintes pesant sur le budget de l'Union, qui "devraient conduire à adopter une approche plus stricte et sélective également en ce qui concerne les projets pilotes et les actions préparatoires, y compris lors de l'évaluation de leur valeur ajoutée européenne".

S'agissant du budget pour 2016, la Commission a invité le Conseil à adopter sa position sur le projet de budget rectificatif n° 3/2016 (traitant de la sécurité des institutions et présenté par la Commission le 30 juin 2016 ; voir chapitre II) "le plus rapidement possible".

Le Parlement européen a fortement appuyé cet appel, en indiquant qu'il souhaitait lui aussi adopter ce projet de budget rectificatif sans délais en raison de l'urgence des besoins, y inclus du point de vue de la sécurité des Écoles européennes, également concernées par ce PBR. Il a, par ailleurs, indiqué que les 35 postes supplémentaires destinés au recrutement d'agents de sécurité additionnels, inclus dans le PBR pour le Parlement, étaient liés à "nouvelles tâches" et devaient, à ce titre, être exclus de l'exercice de réduction de 5 % des postes repris au tableau des effectifs du PE.

La Commission a, en outre, informé l'autorité budgétaire de son intention de présenter "sous peu" un projet de budget rectificatif dont l'objet principal sera de proposer de réduire "de manière considérable" les crédits de paiement inscrits dans le budget pour 2016 avant tout pour les programmes et projets de développement régional et de cohésion relevant de la sous-rubrique *1b* (*Cohésion économique, sociale et territoriale*) du CFP, en raison des retards dans leur démarrage[199].

La Commission a également présenté le contenu de sa proposition de mobilisation du Fonds de solidarité de l'Union européenne en faveur de la Grèce, du 13 juillet 2016, financée à partir des avances inscrites dans le budget pour 2016 (voir chapitre II).

Les deux branches de l'autorité budgétaire se sont engagées à examiner cette proposition sans délais.

---

[199] La Commission a finalement présenté le PBR n° 4/2016 notamment à cet effet le 30 septembre 2016 (voir chapitre II).

S'agissant des agences décentralisées de l'Union européenne, les trois institutions ont poursuivi l'examen, entamé lors du trilogue du 14 mars 2016, des trois agences concernées par le "paquet frontière" proposé par la Commission le 15 décembre 2015 (voir page 303). Elles sont parvenues à un accord "*ad referendum* "[200] sur la déclaration commune suivante sur l'Agence européenne pour la sécurité maritime, l'Agence européenne de contrôle des pêches et l'Agence européenne de garde-frontières et de garde-côtes :

"*Conformément au point 31 de l'accord interinstitutionnel (AII) du 2 décembre 2013, le Parlement européen, le Conseil et la Commission conviennent de ce qui suit, sur la base des informations transmises par la Commission :*

- le financement des montants présentés dans la fiche financière concernant l'Agence européenne pour la sécurité maritime[201] *(AESM) peut, comme convenu lors du trilogue législatif du 21 juin 2016 sur la base de la proposition initiale de la Commission COM(2015) 667, être assuré dans la limite du plafond de dépenses approuvé pour la sous-rubrique 1a du cadre financier pluriannuel pour la période 2014-2020. La contribution annuelle de l'UE et le nombre total d'emplois inscrits au tableau des effectifs concernant l'Agence pour les exercices 2017 à 2020 seront fixés dans le cadre de la procédure budgétaire annuelle ;*

- le financement des montants présentés dans la fiche financière concernant l'Agence européenne de contrôle des pêches[202] *(AECP) peut, comme convenu lors du trilogue législatif du 21 juin 2016 sur la base de la proposition initiale de la Commission COM(2015) 669, être assuré dans la limite du plafond de dépenses approuvé pour la rubrique 2 du cadre financier pluriannuel pour la période 2014-2020. La contribution annuelle de l'UE et le nombre total d'emplois inscrits au tableau des effectifs concernant l'Agence pour les exercices 2017 à 2020 seront fixés dans le cadre de la procédure budgétaire annuelle ;*

- le financement des montants présentés dans la fiche financière concernant l'Agence européenne de garde-frontières et de garde-côtes[203] *(Frontex) peut, comme convenu lors du trilogue législatif du 21 juin 2016 sur la base de la proposition initiale de la Commission COM(2015) 671, être assuré dans la limite du plafond de dépenses approuvé pour la rubrique 3 du cadre financier pluriannuel pour la période 2014-2020, mais peut impliquer le recours à des instruments spéciaux tels que définis dans le règlement (fixant le) CFP. La contribution annuelle de l'UE et le nombre total d'emplois inscrits au tableau des effectifs concernant l'Agence pour les exercices 2017 à 2020 seront fixés dans le cadre de la procédure budgétaire annuelle*"[204].

Finalement, le Parlement européen, le Conseil et la Commission ont discuté de l'Agence européenne de la sécurité aérienne et de l'Agence européenne pour la gestion opérationnelle des systèmes d'information à grande échelle, sans que ces discussions n'aboutissent à un accord, les négociations sur les bases légales se poursuivant encore.

C. Lors de l'adoption de sa position sur le projet de budget pour 2017, le Conseil a tenu compte notamment des principes suivants[205] :

---

[200] Le Conseil a confirmé son accord sur cette déclaration commune (en tant que "point A") lors de sa session le 20 septembre 2016.

[201] Le Parlement européen et le Conseil ont adopté le règlement (UE) 2016/1625 modifiant le règlement (CE) n° 1406/2002 instituant une Agence européenne pour la sécurité maritime le 14 septembre 2016 (JO L 251 du 16.9.2016, pp. 77/79).

[202] Le Parlement européen et le Conseil ont adopté le règlement (UE) 2016/1626 modifiant le règlement (CE) n° 768/2005 du Conseil instituant une agence communautaire de contrôle des pêches le 14 septembre 2016 (JO L 251 du 16.9.2016, pp. 80/82).

[203] Le Parlement européen et le Conseil ont adopté le règlement (UE) 2016/1624 du Parlement européen et du Conseil relatif au corps européen de garde-frontières et de garde-côtes, modifiant le règlement (UE) 2016/399 du Parlement européen et du Conseil et abrogeant le règlement (CE) n° 863/2007 du Parlement européen et du Conseil, le règlement (CE) n° 2007/2004 du Conseil et la décision 2005/267/CE du Conseil le 14 septembre 2016 (JO L 251 du 16.9.2016, pp. 1/76).

[204] Doc. *Conseil 11930/16 FIN 533 FRONT 335 MAR 219 PECHE 302 INST 352* du 6 septembre 2016, p. 2.

[205] Doc. *Conseil 11900/16 BUDGET 23* du 12 septembre 2016, pp. 9/11.

- s'inscrire dans le cadre des orientations budgétaires définies pour le budget pour 2017 dans les conclusions du Conseil adoptées le 12 février 2016 (voir page 304) ;

- suivre une approche débouchant sur un budget respectant la discipline budgétaire et la bonne gestion financière, et tenant également dûment compte des contraintes économiques et budgétaires actuelles dans les États membres ;

- veiller à ce que les différentes priorités de l'UE bénéficient d'un financement adéquat, en déterminant les crédits sur la base de l'exécution budgétaire passée et en cours et de capacités d'absorption réalistes ;

- prévoir les crédits nécessaires pour permettre la mise en œuvre sans heurts des nouveaux programmes au cours de la quatrième année du CFP ;

- prévoir les crédits nécessaires pour soutenir les priorités politiques de l'Union, notamment en favorisant les emplois et la croissance et en apportant une réponse aux défis posés dans le domaine de la migration ;

- respecter l'accord intervenu en 2015 sur le financement du Fonds européen pour les investissements stratégiques (voir deuxième partie, pages 173-174) ;

- dégager des marges suffisantes en crédits d'engagement[206] sous les plafonds des rubriques et sous-rubriques du CFP, sauf en ce qui concerne la sous-rubrique *1b* (*Cohésion économique, sociale et territoriale*) et la rubrique *3* (*Sécurité et citoyenneté*), afin de pouvoir faire face à des situations imprévues, et

- conserver une maîtrise rigoureuse des crédits de paiement pour toutes les rubriques et sous-rubriques du CFP et créer une marge suffisante pour faire face à des événements imprévus, ce qui entraîne une diminution des crédits de paiement, en particulier pour les sous-rubriques *1a* (*Compétitivité pour la croissance et l'emploi*) et *1b* et les rubriques *2* (*Croissance durable : ressources naturelles*) et *4* (*L'Europe dans le monde*) du CFP.

Le Conseil a, à ce titre, approuvé la déclaration suivante sur les crédits de paiement[207] :

"*Le Conseil examinera attentivement la lettre rectificative portant sur l'agriculture (en incluant les informations relatives aux recettes affectées) afin d'évaluer le niveau adéquat des ressources devant figurer au budget 2017 au titre de la rubrique 2 (Croissance durable : ressources naturelles).*

Le Conseil demande à la Commission de continuer d'examiner minutieusement la mise en œuvre des programmes pour la période 2014-2020. À cette fin, il invite la Commission à présenter en temps utile des chiffres actualisés concernant la situation et les estimations relatives aux crédits de paiement en 2017 en vue de permettre à l'autorité budgétaire d'arrêter les décisions nécessaires en temps voulu pour des besoins justifiés"[208].

En ce qui concerne les *dépenses administratives*[209], le Conseil a rappelé qu'il importait de limiter l'augmentation pour l'exercice 2017 et de réduire les effectifs conformément à l'objectif d'une diminution de 5 % au cours de la période 2013-2017 fixé dans l'AII de 2013[210].

---

[206] Il convient de relever que la réduction des crédits d'engagement (proposés par la Commission dans le PB) opérée par le Conseil dans sa position (soit près de 1,3 milliard d'euros) est la plus importante réduction jamais opérée par le Conseil. Ce dernier a avancé plusieurs raisons à ceci, et notamment : le besoin de "priorétiser" les dépenses de l'Union (l'augmentation des dépenses pour faire face à la crise migratoire et des réfugiés devant être accompagnée par une réduction significative des crédits d'engagement pour des domaines "non prioritaires", surtout dans une situation de faible croissance économique dans les États membres), la nécessité de laisser des marges sous les différentes rubriques et sous-rubriques du CFP afin de pouvoir faire face à des situations imprévues lors de l'exercice budgétaire, le besoin d'éviter d'augmenter les "restes à liquider" (RAL) ou encore le souhait de limiter l'augmentation des crédits de paiement que toute augmentation des crédits d'engagement est à même d'engendrer.

[207] Il convient de relever que le contenu de la déclaration est *mutatis mutandis* identique à celui de l'année précédente (voir deuxième partie, page 196).

[208] Doc. *Conseil 11900/16 BUDGET 23*, p. 12.

[209] Parlement européen exclu, conformément au "*Gentlemen's agreement*".

[210] JO C 373 du 20.12.2013, p. 5.

Le Conseil a adopté à ce titre, comme les années précédentes[211], une déclaration sur la réduction de 5 % du personnel. Selon la déclaration du Conseil :

"*Le Conseil rappelle que le Parlement européen, le Conseil et la Commission sont convenus d'une réduction progressive de 5 % des effectifs figurant dans le tableau des effectifs à la date du 1er janvier 2013, applicable à l'ensemble des institutions, organes et agences et qui devrait être effectuée entre 2013 et 2017, ainsi que le prévoit, au point 27, l'accord interinstitutionnel du 2 décembre 2013 entre le Parlement européen, le Conseil et la Commission sur la discipline budgétaire, la coopération en matière budgétaire et la bonne gestion financière.*

Le Conseil prend note du suivi effectué par la Commission concernant les progrès qui ont été enregistrés à ce jour par les institutions en ce qui concerne l'objectif de réduction de 5 % du personnel, tel qu'il est présenté dans le tableau de l'appendice 1[212]*. Il invite la Commission à fournir également à cette occasion des données globales comparables pour les agences décentralisées et exécutives.*

Le Conseil rappelle que l'échéance pour la mise en œuvre complète de la réduction des effectifs de 5 % est fixée à 2017. Il est très déçu de constater que les institutions, organes et agences ne parviendront pas tous à réaliser la réduction de 5 % des effectifs d'ici la fin de 2017 et il insiste pour que des mesures de suivi appropriées soient immédiatement prises pour faire le point de la situation et veiller à ce que tous les efforts soient mis en œuvre afin d'éviter tout nouveau retard dans la mise en œuvre de l'objectif de réduction de 5 % du personnel par l'ensemble des institutions, organes et agences.

---

[211] Voir première partie, pages 53-54, et deuxième partie, pages 196-198.

[212] La déclaration du Conseil est accompagnée du premier tableau suivant (repris du document de la Commission *COM(2016) 300* du 18 juillet 2016, p. 77) :

Évolution à ce jour au regard de l'objectif de réduction de 5 % sur 5 ans 2013-2017

Postes figurant au tableau des effectifs – Toutes institutions

Institutions	Budget 2012[1]	Objectif de réduction 2013-2017 -5 %	Objectif annuel de référence[2] -1 %	Mise en œuvre de la réduction des postes[3]						Écart restant par rapport à l'objectif de -5 %	
				2013	2014	2015	2016	2017	Total	Postes	Points %
Parlement européen[5,6]	5 623	- 281	- 56	-	- 37	- 47	- 18	-	- 102	179	3,2%
Conseil européen et Conseil	3 136	- 157	- 31	- 46	- 42	- 22	- 32	- 15	- 157	-	0,0%
Commission	25 073	- 1 254	- 251	- 250	- 250	- 263	- 252	- 239	- 1 254	-	0,0%
Cour de justice de l'Union européenne	1 952	- 98	- 20	- 20	- 20	- 7	- 13	- 19	- 79	19	1,0%
Cour des comptes européenne	885	- 44	- 9	- 9	- 9	- 9	- 9	- 9	- 45	- 1	- 0,1%
Comité économique et social européen	673	- 34	- 7	- 7	- 7	- 7	- 7	- 6	- 34	-	0,0%
Comité des régions	492	- 25	- 5	-	- 5	- 5	- 7	- 9	- 26	- 1	- 0,2%
Médiateur européen	64	- 3[4]	- 1	-	-	- 1	- 1	- 1	- 3	-	0,0%
Contrôleur européen de la protection des données	43	- 2[4]	-	-	-	- 1	- 1	-	- 2	-	0,0%
Service européen pour l'action extérieure[7]	1 679	- 84	- 17	-	- 17	- 17	- 17	- 17	- 68	16	1,0%
Total institutions	**39 620**	**- 1 982**	**- 397**	**- 332**	**- 387**	**- 379**	**- 357**	**- 315**	**- 1 770**	**212**	**0,5%**

[1] Emplois 2012 autorisés, hors élargissement à la Croatie (140 postes) et groupes politiques du PE (1 015 postes) avec les ajustements suivants :
- 80 postes ont été ajoutés au PE et ôtés au CESE (- 48) et au Comité des régions (- 32) afin de refléter l'incidence de l'accord de coopération signé par ces institutions le 5 février 2014 ;
- 10 postes ont été transférés du Conseil au SEAE en 2014 ;
- 2 postes ont été transférés du SEAE à la Commission (PMO) en 2014 ;
- 1 poste a été transféré de la Cour des comptes à la Commission (PMO) en 2015 ;
- 1 poste a été transféré du Conseil au SEAE en 2015 ;
- 6 postes ont été transférés du Conseil à la Commission (PMO) en 2015 ;
- 2 postes ont été transférés du PE à la Commission en 2016 ;
- 1 poste a été transféré de la Cour des comptes à la Commission en 2016.

[2] Projection linéaire sur 5 ans à 1 % par an, chiffres arrondis.

[3] Sources : budgets approuvés 2013, 2014, 2015, 2016 (y compris les budgets rectificatifs et/ou projets de budgets rectificatifs) et projet de budget 2017.

[4] D'ici fin 2017, le Médiateur européen et le Contrôleur européen de la protection des données devraient respectivement réduire de 3 et 2 les postes dont ils disposent.

[5] L'objectif de réduction pour le PE se fonde sur le budget 2014 (hors postes relatifs aux groupes politiques), comme indiqué dans la déclaration du PE sur l'application du point 27 de l'accord interinstitutionnel (*voir Budget 2016 – Conclusions communes* [page 276]). Le PE s'est engagé à poursuivre la réduction du nombre global de postes portés à son tableau des effectifs et à clôturer la procédure d'ici à 2019 (suppression de 60 postes en 2017-2018, et de 59 postes en 2019). Dans son état prévisionnel, le PE s'engage à exécuter la réduction de 60 emplois prévue pour 2017 lors de sa lecture du projet de budget 2017.

[6] Pour le PE, la colonne "2016" ne comprend pas les 35 emplois demandés dans le PBR n° 3/2016. Le PE devra confirmer son intention de maintenir ces postes lors de sa lecture du projet de budget 2017.

[7] Le SEAE s'est engagé à exécuter en 2018 la dernière tranche de la réduction des effectifs de 5 % (soit 16 postes).

Le Conseil souligne en outre l'importance d'un suivi attentif des crédits en ce qui concerne toutes les catégories de personnel externe, en gardant à l'esprit la capacité supplémentaire résultant de l'augmentation du temps de travail à 40 heures par semaine. Il salue l'aperçu des données consolidées relatives à tout le personnel externe employé par les institutions, que la Commission présente à l'appendice 2[213]*, conformément à l'article 38, paragraphe 3, point b), du règlement financier. Il invite la Commission à continuer de fournir ces informations à l'autorité budgétaire lors de la présentation des projets de budget pour les exercices futurs.*

Le Conseil souligne que la réalisation de l'objectif de réduction du personnel de 5 % devrait permettre aux institutions de réaliser des économies dans leurs dépenses de fonctionnement administratif. Dans cette perspective, il invite la Commission à commencer à évaluer les résultats de l'exercice afin de tirer des enseignements pour l'avenir"[214].

Plus précisément, le Conseil a établi les budgets administratifs des institutions (à l'exception du Parlement européen) sur la base des éléments suivants :

- conserver une maîtrise rigoureuse du volume des dépenses administratives des institutions, conformément à l'approche suivie par les États membres pour leurs fonctions publiques respectives ;

- fixer au niveau approprié le budget administratif de chaque institution, en tenant compte de ses spécificités et de ses besoins réels et justifiés ;

- procéder à des réductions ciblées et augmenter l'abattement forfaitaire standard sur les salaires pour quasiment l'ensemble des institutions et offices, en tenant compte de leur exécution budgétaire passée et en cours et de leurs taux de vacance ;

- appliquer la proposition de la Commission visant à réduire les effectifs de 1 %, conformément à l'objectif d'une diminution de 5 % au cours de la période 2013-2017, et

- accepter toutes les conversions, transformations et revalorisations de postes demandés, en conformité avec le statut des fonctionnaires et le régime applicable aux autres agents de l'UE.

Le Conseil a également axé ses travaux sur les *dépenses d'appui administratif* liées aux programmes opérationnels et sur les crédits destinés aux *agences exécutives*. À cet égard, il a décidé de procéder à des réductions ciblées en se fondant sur les mêmes principes que ceux suivis pour les dépenses administratives des institutions[215].

S'agissant des *agences décentralisées de l'UE*, le Conseil a réduit le niveau général des contributions du budget de l'Union de 5 millions d'euros en crédits d'engagement et de paiement. Sont affectées par ces réductions les agences n'ayant pas complètement mis en œuvre les contributions reçues du budget de l'Union dans le passé et/ou pour lesquelles les capacités d'absorption pourraient être inférieures aux prévisions de la Commission.

---

[213] La déclaration du Conseil est accompagnée du second tableau suivant (repris d'un document préparé par la Commission) :

Évolution du personnel externe dans toutes les institutions 2012-2017

Institution	Budget 2012		Budget 2013		Budget 2014		Budget 2015		Budget 2016*		PB 2017		Évolution 2017/2016			Évolution 2017/2012		
	En Mio €	ETP**	En	ETP	En Mio €	ET	En Mio	ETP	En	ETP	En	ETP	€	ETP	% ETP	€	ETP	% ETP
Parlement européen	220,9	6,675	217,7	6,854	231,0	7,515	237,3	7,253	257,6	7,672	265,7	7,718	3,1%	46	0,6%	20,3%	1,043	15,6%
Conseil européen et Conseil	8,9	220	10,7	240	9,9	234	10,2	234	10,2	234	10,8	234	5,4%	0	0,0%	21,4%	14	6,4%
Commission	452,6	8,570	455,5	8,412	448,9	8,313	449,2	8,162	454,1	8,040	462,0	7,928	1,7%	- 112	- 1,4%	2,1%	- 642	- 7,5%
Cour de justice de l'Union européenne	5,2	142	6,1	158	6,2	163	6,4	156	6,7	162	7,7	176	15,3%	14	8,3%	49,7%	34	24,0%
Cour des comptes européenne	3,5	77	3,5	74	3,4	69	3,5	71	3,9	77	4,2	80	7,2%	3	3,9%	19,7%	3	4,0%
Comité économique et social européen	2,7	51	2,7	50	2,5	47	2,6	47	2,6	45	2,6	47	3,6%	2	3,7%	- 2,5%	- 4	- 7,4%
Comité des régions	2,6	88	2,6	88	2,5	88	2,5	55	2,7	59	2,9	58	6,7%	-1	- 2,1%	10,8%	- 30	- 34,0%
Médiateur européen	0,2	4	0,3	6	0,4	9	0,5	10	0,5	12	0,7	15	42,4%	3	22,9%	247,0%	11	262,5%
Contrôleur européen de la protection des	0,3	7	0,4	8	0,4	8	0,4	9	0,6	12	0,9	16	38,5%	4	33,5%	178,5%	9	129,9%
Service européen pour l'action extérieure	79,2	1,816	83,1	1,853	80,6	1,894	81,3	1,828	86,3	1,764	89,5	1,809	3,7%	45	2,5%	13,1%	- 7	- 0,4%
Total institutions	**776,1**	**17,649**	**782,6**	**17,743**	**785,7**	**18,33**	**793,8**	**17,825**	**825,3**	**18,077**	**847,0**	**18,080**	**4,0%**	**2**	**1,4%**	**9,1%**	**431**	**2,4%**
Commission : toutes les rubriques, à l'exclusion des agences exécutives																		

** Y compris PBR n° 3/2016   ** Équivalent(s) temps plein*

[214] Doc. *Conseil 11900/16 BUDGET 23*, pp. 12/15.

[215] Voir pages 326-327.

Tableau 89. Les réductions de crédits opérées par le Conseil dans sa position sur le projet de budget pour 2017

En millions d'euros

Rubrique ou sous-rubrique du CFP	Crédits d'engagement*	Crédits de paiement*	Agences décentr. Montant	Agences décentr. *Nb*	Total c/e	Total c/p	*Marge* c/e	*Marge* c/p**
1a (Compétitivité pour la croissance et l'emploi)	394,7	329,2	2,3	*6*	397,0	331,5	*478,0****	
1b (Cohésion économique, sociale et territoriale)	3,0	199,0	0	*0*	3,0	199,0	*16,2*	
2 (Croissance durable : ressources naturelles)	179,2	197,7	0,3	*1*	179,5	198,0	*938,8** ***	
3 (Sécurité et citoyenneté)	21,9	19,2	2,4	*4*	24,3	21,6	*[1.670,0]** ** **	
4 (L'Europe dans le monde)	105,2	70,2	0	*0*	105,2	70,2	*105,2*	
*5 (Administration)*** ** **	58,2	58,2	0	*0*	58,2	58,2	*44,5** ** ** **	
Instruments spéciaux	513,0	230,0	–	–	513,0	230,0	–	
Total	**1.275,3**	**1.103,6**	**5,0**	*11*	**1.280,3**	**1.108,6**	***1.582,8***	***9.506***

** Hors subventions pour les agences décentralisées de l'Union européenne*
*** Selon la présentation de la Commission*
**** Et utilisation de la marge globale pour les engagements, pour un montant de 1.265,0 millions d'euros*
*** ** Compensation pour la marge pour imprévus, pour un montant de 530,0 millions d'euros*
*** ** * Recours à la marge pour imprévus, pour un montant de 1.140,0 millions d'euros, et de l'instrument de flexibilité, pour un montant de 530,0 millions d'euros*
*** ** ** Pour le détail, voir tableau 92, page 350*
*** ** ** * Compensation pour la marge pour imprévus, pour un montant de 610,0 millions d'euros*

S'agissant enfin des *projets pilotes*, des *actions préparatoires* et de la *nomenclature du budget de l'UE*, le Conseil a accepté les propositions présentées par la Commission dans le PB.

Le tableau 89 ci-dessus résume les montants des réductions de crédits opérées par le Conseil dans sa position sur le projet de budget pour 2017. Il indique également le montant des marges laissées par le Conseil sous les différentes rubriques et sous-rubriques du CFP.

En règle générale, le Conseil a souhaité limiter les augmentations de crédits proposées par la Commission dans les cas où le Conseil les considérait comme trop importantes en fonction soit des capacités d'absorption escomptée et/ou réalistes, soit des taux d'exécution passée ou soit des besoins réels et justifiés, ceci sous couvert de bonne gestion financière, afin de laisser dans le budget adopté des marges dans le but de pouvoir répondre à de nouveaux besoins en 2017 ou dans un souci de contenir la pression sur les finances publiques des États membres.

Dans ce contexte, le Conseil n'a modifié les montants proposés par la Commission dans le projet de budget pour aucune ligne budgétaire (y inclus concernant les subventions aux agences décentralisées en "première ligne") liée à la crise migratoire ou des réfugiés ou destinée à renforcer la sécurité interne et extérieure. Il n'a pas modifié non plus les lignes liées à l'achèvement des programmes relevant de la période de programmation 2007-2013, en ligne avec l'échéancier de paiement 2015-2016 agréé en 2015 (voir deuxième partie, pages 176-179). Enfin, le Conseil n'a pas modifié les montants proposés pour l'aide humanitaire, l'assistance macrofinancière pour les pays tiers ou la coopération au développement avec l'Afrique[216].

D. Les résultats de la lecture du Conseil s'établissent par rubrique et sous-rubrique du cadre financier pluriannuel comme suit :

- les crédits de la sous-rubrique *1a* (*Compétitivité pour la croissance et l'emploi*) s'élèvent à 20 712 millions d'euros en crédits d'engagement et à

[216] Le Conseil a également épargné de toute réduction de crédits les lignes budgétaires concernées par l'accord sur le financement du Fonds européen pour les investissements stratégiques, intervenu en 2015 (voir deuxième partie, pages 173-174) ou par l'accord sur le financement de la Facilité en faveur des réfugiés en Turquie, intervenu début 2016 (voir pages 291-293), ou encore une grande partie des lignes budgétaires contribuant à générer de la croissance et créer des emplois. "COSME" et "Erasmus+" ont été écartés de toute réduction, ainsi la majeure partie des lignes budgétaires concernant "Horizon 2020".

En d'autres termes, le Conseil, en ligne avec ses orientations budgétaires (voir pages 304 et 326), a souhaité "priorétiser" les dépenses de l'Union en réduisant les montants proposés par la Commission pour certaines lignes budgétaires liées à des domaines et actions considérés comme "moins importants" dans le contexte politique, économique et social actuel (en se basant sur les taux d'exécution observées et sur les progrès escomptés dans leur mise en œuvre), mais en épargnant des réductions les dépenses liées aux priorités politiques pour 2017. Par ailleurs, toutes les dépenses administratives de l'Union ont été soumises à un examen rigoureux.

18 966 millions d'euros en crédits de paiement (+9 % et +8,9 % respectivement par rapport à 2016[217]).

La marge sous le plafond de la sous-rubrique est ainsi de 478 millions d'euros. Le Conseil a utilisé comme proposé par la Commission 1 265 millions d'euros de la marge globale pour les engagements pour le financement de la garantie du Fonds européen pour les investissements stratégiques.

Le Conseil a réduit les crédits d'engagement proposés par la Commission de 397 millions d'euros pour un certain nombre de lignes budgétaires spécifiques, y compris les dépenses d'appui administratif, dont :

-125,3 millions d'euros en ce qui concerne le cadre stratégique commun (CSC) pour la recherche et l'innovation ;

-116,5 millions d'euros dans le domaine des grands projets d'infrastructures ;

-111,5 millions d'euros en ce qui concerne le Mécanisme pour l'interconnexion en Europe ;

-18,6 millions d'euros dans l'emploi et l'innovation sociale ;

-12,1 millions d'euros dans le domaine "Douane, Fiscalis et lutte contre la fraude" ;

-6,6 millions d'euros pour les actions financées dans le cadre des prérogatives de la Commission et des compétences spécifiques conférées à la Commission, et

-4 millions d'euros dans un nombre d'autres programmes relevant de la sous-rubrique.

S'agissant des crédits de paiement, le Conseil les a diminués pour un montant total de 331,5 millions d'euros, dont ;

-219,7 millions d'euros dans le domaine des grands projets d'infrastructures ;

-74,3 millions d'euros en ce qui concerne le CSC ;

-15,4 millions d'euros en ce qui concerne le MIE ;

-7,1 millions d'euros dans le domaine "Douane, Fiscalis et lutte contre la fraude" ;

-5 millions d'euros pour les projets énergétiques en vue d'aider à la relance économique ;

-3,7 millions d'euros pour les actions financées dans le cadre des prérogatives de la Commission et des compétences spécifiques conférées à la Commission ;

-1,2 million d'euros dans l'emploi et l'innovation sociale, et

-2,9 millions d'euros dans d'autres programmes.

Les montants totaux mentionnés ci-dessus tiennent également compte des réductions opérées dans les contributions proposées par la Commission pour six agences décentralisées relevant de cette sous-rubrique, d'un montant total de 2,3 millions d'euros en crédits d'engagement et de paiement ;

- les crédits de la sous-rubrique *1b* (*Cohésion économique, sociale et territoriale*) s'élèvent à 53 571 millions d'euros en crédits d'engagement (+5,4 %) et à 37 150 millions d'euros en crédits de paiement (-23,9 %). La marge restante sous le plafond de cette sous-rubrique est ainsi de 16 millions d'euros.

Le Conseil a réduit les crédits d'engagement pour un nombre de lignes budgétaires spécifiques liées aux dépenses d'appui administratif, pour un montant de 3 millions d'euros.

Il a par ailleurs réduit le niveau des crédits de paiement d'un montant total de 199 millions d'euros, en particulier pour les programmes relevant de la période de programmation 2014-2020, et notamment dans :

- la coopération territoriale européenne (-81 millions d'euros) ;

[217] Budgets rectificatifs n° 1 et 2/2016 compris (voir chapitre II).

- la compétitivité (régions plus développées) (-43 millions d'euros) ;

- l'assistance technique et les actions innovantes (-25 millions d'euros) ;

- le Fonds de cohésion (-20 millions d'euros) ;

- l'aide européenne aux plus démunis (-20 millions d'euros), et

- les régions en transition (-10 millions d'euros).

Le Conseil a, en outre, décidé d'inscrire en réserve la somme de 18,6 millions d'euros en crédits d'engagement et 9,8 millions d'euros en crédits de paiement pour le Programme d'appui à la réforme structurelle (article *13 08 01* et poste *13 01 04 04* pour les dépenses d'appui administratif) suite à l'absence de base légale adoptée au moment de la lecture du Conseil ;

- les crédits de la rubrique *2* (*Croissance durable : ressources naturelles*) s'élèvent à 58 722 millions d'euros en crédits d'engagement (-6 %), dont 42 761 millions d'euros pour les dépenses de marché et paiements directs (+1,3 %), et à 55 038 millions d'euros en crédits de paiement (-0,2 %), dont 42 712 millions d'euros pour les dépenses de marché et paiements directs (+1,2 %). La marge laissée par le Conseil sous le plafond de cette rubrique est ainsi de 939 millions d'euros, étant donné qu'un montant de 530 millions d'euros est utilisé pour compenser la mobilisation de la marge pour imprévus.

Le Conseil a réduit le niveau des crédits d'engagement demandés dans le PB pour 2017 de 179,5 millions d'euros sur des lignes relatives à l'appui administratif et à l'assistance technique opérationnelle, ainsi que sur des lignes opérationnelles au titre du Fonds européen agricole de garantie.

S'agissant des crédits de paiement, le Conseil les a réduit d'un montant total de 198 millions d'euros, dont :

-177,1 millions d'euros en ce qui concerne le Fonds européen agricole de garantie ;

-20,2 millions d'euros en ce qui concerne le Fonds européen agricole pour le développement rural ;

-0,2 million d'euros en ce qui concerne le Fonds européen pour les affaires maritimes et la pêche, et

-0,2 million d'euros en ce qui concerne le programme "Life+".

Les montants totaux mentionnés ci-dessus tiennent également compte de la réduction opérée dans la contribution proposée à l'Agence européenne pour l'environnement, c'est-à-dire un montant de 0,3 million d'euros en crédits d'engagement et de paiement.

Par ailleurs, le Conseil a inscrit en réserve un montant de 5,1 millions d'euros en crédits d'engagement et 2,5 millions d'euros en crédits de paiement pour le Programme d'appui à la réforme structurelle (article *13 08 02*), de nouveau suite à l'absence de base légale adoptée (voir *supra*) ;

- les crédits de la rubrique *3* (*Sécurité et citoyenneté*) s'élèvent à 4 248 millions d'euros en crédits d'engagement (+4,8 %) et à 3 760 millions d'euros en crédits de paiement (+24,4 %).

Le Conseil a retenu une mobilisation de la marge pour imprévus, pour un montant de 1 140 millions d'euros (soit 24,3 millions d'euros de moins que proposé par la Commission, suite à des réductions de crédits sur des lignes budgétaires non liées aux crises), et de l'instrument de flexibilité, pour un montant de 530 millions d'euros, afin de financer des mesures pour répondre à la crise des migrants, des réfugiés et de la sécurité dans cette rubrique.

Le Conseil a réduit les crédits d'engagement demandés dans le PB pour un montant total de 24,3 millions d'euros pour un certain nombre de lignes budgétaires concernant les dépenses opérationnelles pour les nouveaux programmes (-21,5 millions d'euros) et les dépenses d'appui administratif (-0,5 million d'euros).

S'agissant des crédits de paiement, il les a réduit de 21,6 millions d'euros, dont -8,8 millions d'euros pour les dépenses opérationnelles pour les nouveaux programmes et -0,5 million d'euros pour des lignes budgétaires concernant les dépenses d'appui administratif.

Tous ces montants tiennent également compte des réductions opérées dans les contributions demandées à quatre agences décentralisées relevant de cette rubrique[218], pour un montant total de 2,4 millions d'euros en crédits d'engagement et de paiement ;

- les crédits de la rubrique *4* (*L'Europe dans le monde*) s'élèvent à 9 327 millions d'euros en crédits d'engagement (+1,7 %) et à 9 220 millions d'euros en crédits de paiement (-9,2 %). La marge restante sous le plafond de cette rubrique est de 105 millions d'euros.

Le Conseil a diminué les crédits d'engagement de 27 lignes budgétaires, pour un montant total de 105,2 millions d'euros.

Il convient de relever que le Conseil a réduit d'une façon exceptionnelle, en fonction des sous-exécutions répétées constatées, le montant proposé dans le "budget PESC" pour les actions d'urgence (poste *19 03 01 05*) de 6,6 millions d'euros.

Il a réduit les crédits de paiement demandés d'un montant total de 70,2 millions d'euros, dont :

-47,1 millions d'euros en ce qui concerne l'Instrument de financement de la coopération au développement ;

-7,3 millions d'euros en ce qui concerne l'Instrument de partenariat pour la coopération avec les pays tiers ;

-4,6 millions d'euros en ce qui concerne l'Initiative des volontaires de l'aide de l'UE ;

-4,3 millions d'euros pour les actions financées dans le cadre des prérogatives de la Commission et des compétences spécifiques conférées à la Commission ;

-2,8 millions d'euros en ce qui concerne l'Instrument d'aide de préadhésion ;

-2,4 millions d'euros en ce qui concerne l'Instrument européen de voisinage ;

-0,4 million d'euros en ce qui concerne l'Instrument contribuant à la stabilité et à la paix ;

-0,2 million d'euros en ce qui concerne l'Instrument européen pour la démocratie et les droits de l'homme, et

-1,1 million d'euros dans d'autres actions et programmes relevant de cette rubrique.

- les crédits de la rubrique *5* (*Administration*) s'élèvent à 9 263 millions d'euros en crédits d'engagement et à 9 266 millions d'euros en crédits de paiement (+3,7 %). La marge restante sous le plafond de cette rubrique est ainsi de 45 millions d'euros, en tenant compte de la compensation pour la mobilisation de la marge pour imprévus de 610 millions d'euros.

Les crédits pour les dépenses administratives des institutions s'élèvent à 7 307 millions d'euros en crédits d'engagement et à 7 309 millions d'euros en crédits de paiement (+2,6 %). La marge s'élève à 90 millions d'euros (en tenant compte de la compensation).

À la suite de l'application de l'approche et des principes présentés *supra* (voir pages 326-328), le Conseil a réduit les montants proposés dans les budgets administratifs des institutions, pour un montant total de 58,2 millions d'euros, comme suit :

- Conseil européen et Conseil (section II) : -1,2 million d'euros[219] (ce qui conduit à retenir un taux d'augmentation de +2,4 % par rapport à 2016) ;

- Commission (section III), y inclus les offices[220] : -38,8 millions d'euros (ce qui conduit à retenir un taux d'augmentation de +2,3 % par rapport à 2016) ;

---

[218] Il s'agit de l'Agence des droits fondamentaux de l'Union européenne, de l'Agence européenne des médicaments, de l'Autorité européenne de sécurité des aliments et d'Eurojust.

[219] Le Conseil a réduit les crédits liés à l'interprétation sur la base des sous-exécutions constatées de la ligne budgétaire.

[220] Pour un montant de total 2,5 millions d'euros, dont :
- Office des publications (OP) : -982 611 euros (+2,4 %) ;
- Office européen de lutte antifraude (OLAF) : -425 035 euros (+1,5 %) ;

Tableau 90. Lignes budgétaires modifiées par le Conseil dans sa position sur le projet de budget pour 2017

Crédits opérationnels et pour la gestion administrative et lignes destinées aux subventions aux agences décentralisées (section III – Commission)

Rubrique ou sous-rubrique du CFP	Nombre de lignes modifiées	Dont lignes avec c/e	Dont lignes avec c/p	Dont lignes avec crédits non dissociés	Dont lignes concernant les agences décentralisées
1a (Compétitivité pour la croissance et l'emploi)	77	37	43	22	6
1b (Cohésion économique, sociale et territoriale)	13	0	10	3	0
2 (Croissance durable : ressources naturelles)	16	2	3	12	1
3 (Sécurité et citoyenneté)	32	18	16	8	4
4 (L'Europe dans le monde)	28	18	14	9	0
Instruments spéciaux	2	1	2	–	–
Total	**168**	**76**	**88**	**54**	**11**

- Cour de justice (section IV) : -8 millions d'euros (+2,7 %) ;

- Cour des comptes (section V) : -2,3 millions d'euros (+1,8 %) ;

- Comité économique et social européen (section VI) : -154 333 euros (+1,2 %) ;

- Comité des régions (section VII) : -100 000 euros (+1,8 %) ;

- Médiateur européen (section VIII) : -195 000 euros (+0,5 %) ;

- Contrôleur européen de la protection des données (section IX) : -395 000 euros (+16,7 %), et

- Service européen pour l'action extérieure (section X) : -7,1 millions d'euros (+2,6 %).

En ce qui concerne les effectifs, le Conseil a accepté les tableaux des effectifs proposés dans le PB pour 2017.

Le Conseil a également retenu les montants proposés par la Commission en ce qui concerne les pensions et les Écoles européennes.

S'agissant enfin des *instruments spéciaux* disposant de lignes budgétaires spécifiques dans le budget de l'UE, le Conseil a souhaité maintenir dans la budgétisation des montants la "pratique antérieure". À ce titre, il n'a pas retenu :

- à l'article *40 02 43* (*Réserve pour le Fonds européen d'ajustement à la mondialisation*) le montant de 30 millions d'euros en crédits de paiement inclus par la Commission (retenant à la place la mention traditionnelle "p.m."), et

- au nouvel article *40 04 44* (*Réserve pour le Fonds de solidarité de l'Union européenne*) les montants proposés par la Commission (soit 513 millions d'euros en crédits d'engagement et 200 millions d'euros en crédits de paiement).

Pour le reste, le Conseil a accepté les montants proposés dans le PB, y inclus les 50 millions d'euros en crédits d'engagement et de paiement pour les avances du Fonds de solidarité.

En tout, le Conseil a modifié dans sa position (par rapport au projet de budget pour 2017) *168 lignes budgétaires*[221] concernant les dépenses de la section III – Commission – relevant des différentes rubriques et sous-rubriques du CFP, *hors* rubrique *5* (*Administration*). Le nombre des lignes réduites par rubrique et sous-rubrique du CFP est résumé dans le tableau 90 ci-dessus.

S'agissant des autres sections que de la section III, le Conseil a modifié *25 lignes budgétaires* (voir page 449).

- Office européen de sélection du personnel (EPSO) : -228 031 euros (-0,4 %) ;
- Office de gestion et de liquidation des droits individuels (PMO) : -252 054 euros (-0,4 %) ;
- Office pour les infrastructures et la logistique à Bruxelles (OIB) : -459 306 euros (-1,6 %), et
- Office pour les infrastructures et la logistique à Luxembourg (OIL) : -135 527 euros (+1,9 %).

[221] Il convient de relever qu'il s'agit du nombre de lignes budgétaires le moins important depuis l'entrée en vigueur du traité de Lisbonne (voir page 449).

6. Les amendements du Parlement européen (26 octobre 2016)

A. Le projet de budget pour 2017 (lettre rectificative nº 1/2017 incluse) assorti des amendements du PE s'élève à 162 416 millions d'euros en crédits pour engagements et à 138 029 millions d'euros en crédits pour paiements[222], en augmentation de +4,8 % et en diminution de -4,1 % respectivement par rapport au budget pour 2016[223]. Les crédits pour engagements correspondent à 1,08 % et les crédits pour paiements à 0,92 % du RNB de l'Union européenne.

Le Parlement européen a retenu la proposition de mobilisation de l'instrument de flexibilité faite par la Commission dans le cadre du PB (soit 530 millions d'euros en crédits d'engagement[224] en faveur de la rubrique *3 – Sécurité et citoyenneté –* du CFP).

Il a également accepté l'utilisation, proposée par la Commission dans le cadre du PB, de la marge globale pour les engagements pour fournir (en crédits d'engagement) la somme de 1 265 millions d'euros au financement de la garantie du Fonds européen pour les investissements stratégiques à la sous-rubrique *1a* (*Compétitivité pour la croissance et l'emploi*) du CFP.

Nonobstant les recours à l'instrument de flexibilité et à la MGE, les amendements votés par le Parlement européen conduisent à dépasser les plafonds de dépenses[225] des sous-rubriques *1a* et *1b* (*Cohésion économique, sociale et territoriale*) et des rubriques *3* et *4* (*L'Europe dans le monde*) du CFP (voir *infra*). Ceci amène le PE à demander d'engager des discussions avec le Conseil dans le but de mobiliser la marge pour imprévus afin de couvrir ces nouveaux montants[226], pour un montant bien plus important que celui proposé par la Commission dans le cadre du PB pour 2017, lettre rectificative nº 1/2017 incluse (soit 2 150,6 millions d'euros).

Contrairement à l'année précédente (voir deuxième partie, page 204), il convient de relever que le PE n'a pas dépassé le plafond des crédits pour paiements fixé pour 2017 dans le CFP[227].

La différence entre les positions des deux branches de l'autorité budgétaire s'élève ainsi à 6 milliards d'euros en ce qui concerne les crédits pour engagements et à 4,2 milliards d'euros en ce qui concerne les crédits pour paiements. Lors de la procédure budgétaire pour 2016, ces différences étaient de 4,2 et 4,3 milliards d'euros respectivement.

B. Lors du trilogue du *19 octobre 2016* (organisé dans les locaux du Parlement européen à Bruxelles) qui, conformément à la possibilité offerte par le point 12 de l'annexe de l'AII de 2013, a précédé la lecture du PE, les trois institutions ont, avant tout,

---

222 En d'autres termes, le Parlement européen a augmenté les crédits pour engagements de 6 039 millions d'euros et les crédits pour paiements de 4 239 millions d'euros par rapport à la position du Conseil.

Par rapport au PB pour 2017 (LR incluse), le Parlement européen a augmenté les crédits pour engagements de 4,8 milliards d'euros et les crédits pour paiements de 3,1 milliards d'euros.

223 Budgets rectificatifs nº 1-3/2016 compris (voir chapitre II).

224 C'est-à-dire le montant maximum disponible pour 2017.

225 Les amendements votés par le PE dépassent le plafond des crédits pour engagements du CFP de quelque 3 258 millions d'euros.

Dans sa résolution du 26 octobre 2016, le Parlement européen "*fait savoir que, aux fins du financement approprié (des) nécessités pressantes et eu égard aux marges très faibles du CFP au titre de 2017,* [le PE] *financera les augmentations dépassant les sommes inscrites au projet de budget en épuisant l'ensemble des marges disponibles et en recourant davantage à la marge pour imprévus* " (doc. *PE P8_TA(2016)0411* du 26 octobre 2016, point 14).

226 Le Parlement européen propose de compenser cette mobilisation par les marges non allouées subsistant sous certaines rubriques (et avant tout sous les rubriques *2 – Croissance durable : ressources naturelles –* et *5 – Administration*) du CFP en 2016 et 2017. Ces marges ne sont néanmoins pas suffisantes pour compenser tout le dépassement du plafond des crédits pour engagements résultant des amendements du Parlement européen.

227 Dans sa lettre d'exécutabilité (voir page 76, note en bas de page 256), la Commission émet des doutes quant au niveau des crédits de paiement retenu par le PE. La Commission se réfère dans ce contexte notamment au contenu de sa note d'information d'automne sur la mise en œuvre du budget ("*Active Monitoring and Forecast of Budget Implementation – Autumn Information Note*"), du 11 octobre 2016, où elle indique entre autre que la pénurie des crédits de paiement en cours d'année budgétaire, constatée ces dernières années, a "désormais été surmontée". Ainsi, la Commission considère que les estimations contenues dans le PB pour 2017, lettre rectificative nº 1/2017 incluse, sont les plus à même de garantir une réponse adéquate aux différents besoins en 2017, "tenant notamment compte des dernières données sur les besoins prévisibles communiquées par les États membres".

fait le point sur la lecture du Parlement européen de la position du Conseil sur le PB pour 2017.

Le Parlement européen a surtout prôné une "réforme ambitieuse du budget de l'Union européenne" dans le cadre du réexamen/ révision à mi-parcours du cadre financier pluriannuel pour 2014-2020, demandant de réviser le CFP en contrepartie d'un accord sur le budget pour 2017, ces deux dossiers étant "indissociablement liés"[228].

Selon le PE, la gestion avant tout de la crise migratoire et des réfugiés requièrent d'importants nouveaux moyens qui n'avaient pas été prévus en 2013 quand le cadre financier pluriannuel a été agréé. En même temps, "les nouvelles mesures sont souvent financées au détriment des programmes existant. "Le "Plan Juncker" a déjà lourdement ponctionné "Horizon 2020" et le MIE, alors que la PAC ou "Erasmus+" sont eux aussi à court de moyens". Dans ce contexte, le Parlement a fortement critiqué le Conseil pour son manque de position en ce qui concerne le réexamen/ révision à mi-parcours du CFP[229].

Le Conseil a, à ce titre, rappelé sa position quant à l'étendue des discussions lors des réunions du comité de conciliation. Selon le Conseil, le comité de conciliation est mandaté, conformément à l'article 314, paragraphe 5 du TFUE, pour trouver un accord sur le budget de l'année à venir. Le souhait exprimé par le Parlement européen de discuter ensemble du budget pour 2017 et du réexamen/ révision à mi-parcours du CFP, en tant que "paquet", conduirait à fusionner ces deux négociations qui sont pourtant soumises à différents articles du TFUE et à différente règles de procédure qui en découlent. Le Conseil a rappelé à ce titre l'organisation interne de ses travaux en ce qui concerne le budget et le réexamen/ révision à mi-parcours du CFP[230], confirmant sa position de vouloir mener ces deux discussions à terme séparément.

S'agissant du budget pour 2017, le Conseil a indiqué qu'à son sens, les plus grands défis pour trouver un accord lors de la procédure de conciliation sont liés :

- au *CFP*, le Parlement souhaitant augmenter les crédits d'engagement bien au-delà des plafonds retenus ce qui, selon le Conseil, ne reflète ni les besoins avérés[231], ni l'accord sur le CFP, et limiterait de façon préoccupante la capacité de l'Union européenne de faire face à des besoins imprévus en 2017 ;

- à l'*estimation des besoins en crédits de paiement* en 2017, le PE souhaitant retenir un niveau de crédits "manifestement surévalué par rapport aux besoins réalistes et prévisibles"[232]. Selon le Conseil, ceci conduirait les États membres à devoir mettre à la disposition de l'Union européenne des fonds "bien au-delà de ce qui est nécessaire", aggravant d'autant la situation financière déjà fragile des États membres, "sans raison valable" ;

---

[228] En d'autres termes, le Parlement européen n'a pas fait de la révision du CFP une "précondition" pour son accord sur le budget pour 2017, mais il a insisté pour que ces deux dossiers soient traités en tant que "paquet" (celui-ci devant également comprendre le PBR n° 4/2016 en ce qui concerne la réduction des crédits de paiement proposée ; voir chapitre II), "ces dossiers étant clairement liés". Le PE a également insisté dans ce contexte sur la nécessité de trouver un accord entre les trois institutions sur la question du traitement des crédits de paiement des instruments spéciaux, "une solution commune à cette question étant également primordiale dans ce contexte" (voir chapitre II).

[229] Le Conseil ne sera en mesure d'avaliser une proposition de compromis que le 15 novembre 2016 (voir chapitre II), c'est-à-dire la veille de la deuxième réunion du comité de conciliation (voir page 354).

[230] Le budget pour 2017 (et les budgets rectificatifs pour 2016) relevant du Conseil dans sa formation "Ecofin/Budget", celui-ci étant assisté par le comité budgétaire, et le réexamen/ révision à mi-parcours du CFP relevant du Conseil dans sa formation "Affaires générales", celui-ci étant assisté par un groupe "amis de la présidence" spécifique (voir chapitre II).

[231] Le Conseil a, à ce titre, appelé le Parlement européen à concentrer les ressources limitées sur les deux priorités actuelles de l'Union les plus importantes, c'est-à-dire, premièrement, "sur les mesures visant à adresser la crise migratoire et ses causes, telles que le renforcement des contrôles aux frontières, la procuration de la nourriture, des soins de santés ou de l'éducation aux réfugiés se trouvant en Grèce ou en Bulgarie, ou l'aide donnée aux pays d'origine ou de transit" et, deuxièmement, "sur les mesures aidant l'économie européenne à devenir plus compétitive et plus à même de créer de nouveaux emplois".

[232] Le Conseil a utilisé à ce titre l'exemple du PBR n° 4/2016 (voir chapitre II), "qui démontre clairement que les crédits de paiement prévus dans le budget pour 2016 avaient été fortement surestimés, de plus de 7,3 milliards d'euros". Le Conseil a également dénoncé "toute tendance à une surbudgétisation des crédits de paiement dans le budget de l'Union".

- au respect de l'accord conclu en 2015 sur le *financement du Fonds européen pour les investissements stratégiques*, le Parlement souhaitant de nouveau – comme lors de la procédure budgétaire pour 2016 – sa réouverture. Cette demande conduirait selon le Conseil à "réduire la capacité de l'Union de faire face à des demandes additionnelles notamment dans le domaine de la recherche et de l'innovation ou concernant d'autres politiques d'avenir de l'Union", et

- au respect par chaque institution, organe et agence de l'engagement de *réduction des postes inscrits dans les tableaux des effectifs de 5 % pendant la période 2013-2017*, conformément au point 27 de l'AII de 2013. Selon le Conseil "ne pas respecter cet objectif porterait gravement atteinte à la crédibilité des institutions de l'Union".

La Commission a salué les amendements visant à restaurer les montants proposés dans le PB et réduits par le Conseil dans sa position, en soulignant toutefois que des renforcements notamment pour "Horizon 2020" et le MIE étaient déjà inclus, suite aux propositions faites dans le cadre du réexamen/révision à mi-parcours du cadre financier pluriannuel pour 2014-2020, dans la lettre rectificative nº 1/2017, présentée par la Commission le 17 octobre 2016 (voir pages 370-372).

Elle a également salué les amendements visant à apporter une aide aux agriculteurs dans le secteur laitier, tout en indiquant que dans ce contexte également, elle avait fait des propositions dans ce sens dans la LR nº 1/2017.

Par ailleurs, la Commission a indiqué qu'elle analysait encore la "meilleure façon" de poursuivre le financement de l'Initiative pour l'emploi des jeunes, tout en étant fermement opposée à l'idée du PE de créer des lignes spécifiques dans le budget de l'UE destinées à recevoir les contributions aux fonds fiduciaires de l'Union (voir *infra*). Elle a également rappelé son opposition aux projets du Parlement européen d'accroître le nombre de postes au Parlement ou au SEAE ou dans les agences décentralisées, "ceux-ci n'étant pas compatibles avec l'objectif de -5 %".

Finalement, la Commission a rappelé que sa "lettre d'exécutabilité" (voir page 353) contiendra des réponses et des commentaires précis aussi bien aux amendements du PE qu'à la position du Conseil sur le PB.

C. La lecture du Parlement européen est notamment basée sur les éléments suivants :

Le Parlement européen souligne avant tout qu'il "*convient de replacer l'examen du budget 2017 dans le cadre plus large de la révision à mi-parcours du cadre financier pluriannuel*". Dans ce contexte, le PE "*insiste sur la nécessité de garantir un équilibre entre les priorités à long terme et les nouveaux défis, et souligne par conséquent que le budget 2017 doit être conforme aux objectifs de la stratégie Europe 2020, qui représente sa principale orientation et sa priorité générale.* [...]

[L'Union européenne] *est actuellement confrontée à une série d'urgences extrêmes et de nouveaux défis qui ne pouvaient pas être prévus à l'époque où le CFP pour 2014-2020 a été établi.* [Le PE est dès lors] *convaincu que des moyens financiers accrus doivent être dégagés du budget de l'Union pour répondre aux défis politiques et permettre à l'Union d'apporter des réponses et de réagir à ces crises avec toute l'efficacité voulue, et ce prioritairement et de toute urgence.* [Il] *estime qu'une réelle volonté politique est de mise pour garantir à cette fin la mise à disposition de nouveaux crédits en 2017 et jusqu'à la fin de la période de programmation.*

[Il est ainsi] *nécessaire que le budget 2017 réponde aux besoins liés au défi de la migration et au ralentissement de la croissance à la suite de la crise économique.* [Le PE] *observe que le financement devrait être renforcé pour les projets de recherche et d'infrastructure, ainsi que pour la lutte contre le chômage des jeunes*"[233].

Si les financements supplémentaires destinés à surmonter les défis liés à la migration et aux réfugiés ont été des priorités pour le PE, le Parlement "*n'a pas moins toujours insisté pour que* [ces défis ne relèguent] *pas au second plan les autres grandes*

[233] Doc. *PE P8_TA(2016)0411* du 26 octobre 2016, points 1, 5 et 6.

politiques déployées par l'Union, en particulier la création d'emplois décents et de qualité et le développement d'entreprises et de l'entrepreneuriat pour une croissance intelligente, durable et inclusive"[234].

Dans ce contexte, le Parlement européen a "*intégralement compensé toutes les coupes concernant le Fonds européen pour les investissements stratégiques dans sa dimension afférente au Mécanisme pour l'interconnexion en Europe (MIE) et au programme Horizon 2020, soit 1 240 millions d'euros de crédits d'engagement pour 2017, en mobilisant de nouveaux crédits qui seront obtenus dans le cadre de la révision à mi-parcours du CFP.* [Il] *insiste sur la nécessité d'apporter une réponse efficace au problème du chômage des jeunes dans l'ensemble de l'Union* [et] *augmente par conséquent l'Initiative pour l'emploi des jeunes grâce à une enveloppe supplémentaire de 1 500 millions d'euros en crédits d'engagement afin de permettre sa poursuite.* [Par ailleurs, le PE] *estime que le financement supplémentaire adéquat pour ces grands programmes de l'Union devrait être déterminé dans le cadre de la révision à mi-parcours du CFP*"[235].

S'agissant de la rubrique *3* (*Sécurité et citoyenneté*) du CFP, le Parlement européen "*constate que le plafond de la rubrique 3 est largement insuffisant pour financer de manière appropriée la dimension interne des défis actuels liés à la migration et aux réfugiés et insiste sur la nécessité d'adopter une approche globale et fondée sur les droits de l'homme qui fasse le lien entre migration et développement et garantisse l'intégration des travailleurs migrants, des demandeurs d'asile et des réfugiés ainsi que les programmes prioritaires, tels que les programmes culturels*"[236].

Les demandes de financements additionnels nécessaires pour répondre aux défis actuels ne devraient pas non plus "*pénaliser les actuelles actions externes de l'Union telles que sa politique de développement.* [Le PE] *répète que la mise en place de la Facilité en faveur des réfugiés en Turquie, les fonds d'affectation spéciale et les divers instruments* ad hoc *ne peuvent être financés en procédant à des coupes dans les budgets des autres instruments existants*[237]. [Il] *met fortement en doute le caractère suffisant du plafond de la rubrique 4 (L'Europe dans le monde) pour pouvoir apporter une réponse pérenne et efficace aux défis extérieurs actuels, notamment aux défis actuels liés à la migration et aux réfugiés*"[238].

S'agissant des *crédits de paiement*, le Parlement européen fait part de ses préoccupations au sujet de l'importante diminution proposée des crédits de paiement par rapport au budget pour 2016. Le PE souligne que "*cette situation est révélatrice de retards de mise en œuvre qui sont non seulement préoccupants pour la mise en place des politiques de l'Union, mais qui présentent également un risque de reconstitution d'un arriéré de factures impayées à la fin de l'actuelle période de programmation,* [...] *cette question devant être abordée dans le cadre de la révision du CFP.* [Le PE] *regrette, en outre, les coupes opérées par le Conseil dans les paiements, en dépit des marges importantes laissées disponibles sous les plafonds des paiements du CFP.* [Le PE] *estime que les trois institutions devraient élaborer et adopter un plan de paiement conjoint*[239] *à caractère contraignant pour la période 2016-2020* [et] *insiste pour que ce nouveau plan de paiement repose sur une gestion financière saine et fournisse une stratégie claire permettant de répondre à tous*

[234] Doc. *PE P8_TA(2016)0411*, point 7.
[235] *Ibid*., point 15.
[236] *Ibid*., point 7.
[237] Le PE exprime dans ce contexte sa "*préoccupation au sujet de la mise en place d'instruments* ad hoc *en dehors du budget de l'Union, étant donné qu'ils pourraient menacer l'unité du budget et contourner la procédure budgétaire qui requiert la participation et le contrôle du Parlement européen*" (doc. *PE P8_TA(2016)0411*, point 8).
[238] *Ibid*., point 8.
[239] Le Parlement européen rappelle, dans ce contexte, l'échéancier de paiement 2015-2016 convenu, à la demande du PE, entre les trois institutions en 2015, "*dans le but de réduire l'arriéré des demandes de paiement en souffrance relevant de la politique de cohésion pour la période 2007-2013 à un niveau "normal" de 2 milliards d'euros à la fin de 2016.* [Le PE] *souligne qu'au moins 8,2 milliards d'euros de factures impayées ont été recensés à la fin de 2015 pour 2007-2013 dans le domaine de la politique de cohésion, un chiffre qui devrait passer en-dessous de 2 milliards d'euros à la fin de 2016*" (doc. *PE P8_TA(2016)0411*, point 84).

les besoins de paiements dans l'ensemble des rubriques jusqu'à la fin de l'actuel CFP, et d'éviter un "arriéré caché" causé par un ralentissement artificiel de l'exécution de certains programmes pluriannuels et d'autres mesures d'atténuation telles que la réduction des taux de préfinancement"[240].

S'agissant des *dépenses administratives* des institutions, le Parlement européen a prôné une approche au cas par cas, tenant compte des spécificités de chaque institution (voir page 349).

Le Parlement a de nouveau rejeté l'approche horizontale retenue par la Commission (et suivie par le Conseil dans sa position) concernant les *agences décentralisées de l'UE*, et notamment leur classification en des groupes distincts, ainsi que le recours à un "cadre de redéploiement inter-agences" (ou "*pool* de redéploiement"[241]). Il a de nouveau opté pour une approche au cas par cas, conduisant soit à rétablir les montants proposés pour leur subvention dans le projet de budget pour 2017 quand celles-ci ont été réduites par le Conseil dans sa position, soit à augmenter les montants proposés dans PB, pour un montant total de 17,9 millions d'euros en crédits d'engagement et de 18,4 millions d'euros en crédits de paiement. Le PE propose également d'augmenter le nombre des postes dans seize agences de 89 postes au total, dont 30 nouveaux postes pour Europol[242].

Le Parlement européen a, par ailleurs, adopté un "paquet" de *78 projets pilotes* et *actions préparatoires*[243] sous les différentes rubriques et sous-rubriques du CFP, pour un montant total de 101,9 millions d'euros en crédits d'engagement et de 123,6 millions d'euros en crédits de paiement, soit 76,9 millions d'euros en crédits d'engagement et

---

[240] Doc. *PE P8_TA(2016)0411*, points 83 et 84.

[241] Le PE "*réaffirme son désaccord avec la politique de dotation en personnel des agences préconisée par la Commission et le Conseil et modifie donc de nombreux tableaux des effectifs.* [II] *souligne une fois de plus que chaque agence doit procéder à une réduction de 5 % de ses effectifs sur 5 ans, comme convenu dans l'accord interinstitutionnel, mais que les nouveaux postes qui s'imposent pour effectuer les tâches supplémentaires découlant des nouvelles évolutions politiques et, depuis 2013, de la nouvelle législation, doivent s'accompagner de ressources supplémentaires et ne doivent pas être pris en considération dans le cadre de l'objectif de réduction des effectifs de l'accord interinstitutionnel.* [Le PE] *rappelle donc son opposition à un cadre de redéploiement inter-agences, mais réaffirme qu'il est ouvert à l'idée de libérer des postes en réalisant des gains d'efficacité, grâce à une meilleure coopération administrative ou à un rapprochement ponctuel des agences, et en mutualisant certaines fonctions avec la Commission ou une autre agence*" (doc. *PE P8_TA(2016)0411*, point 78).

Par ailleurs, le Parlement "*souligne que des économies notables sur les plans opérationnel et du personnel pourraient être réalisées si les agences opérant à partir de plusieurs endroits (Agence européenne chargée de la sécurité des réseaux et de l'information, eu-LISA, Agence de l'Union européenne pour les chemins de fer) étaient réunies en un même lieu ; estime que les actuels besoins opérationnels de ces agences rendent possible cette modification ; souligne que le déménagement de l'Autorité bancaire européenne (ABE) en dehors de Londres et sa fusion avec au moins une des deux autres autorités de surveillance pourraient permettre d'importantes économies sur les coûts des deux agences* [et] *invite la Commission à présenter une proposition à cet égard*" (doc. *PE P8_TA(2016)0411*, point 79).

[242] Dans sa lettre d'exécutabilité, la Commission réaffirme son point de vue selon lequel le PB présente l'estimation la plus précise des besoins, aussi bien en personnel qu'en crédits, des différentes agences décentralisées, en émettant des doutes à l'égard de certaines des augmentations votées par le Parlement européen. La Commission souligne également dans ce contexte la difficulté de concilier, d'une part, l'augmentation proposée du nombre de postes et, d'autre part, l'objectif de réduction des postes des agences de 5 % en cinq ans.

S'agissant d'Europol, la Commission indique qu'elle a proposé d'octroyer 20 postes AD temporaires supplémentaires dans la lettre rectificative n° 1/2017 (voir page 372).

[243] Le Parlement européen a retenu la nouvelle action préparatoire concernant la recherche en matière de défense, proposée par la Commission dans le PB pour 2017 (voir page 313). Cependant, le Parlement européen se dit "*préoccupé par le fait que l'action préparatoire pour la recherche en matière de défense, qui s'élèvera à 80 millions d'euros au cours des trois prochaines années, sera considérablement réduite dans le cadre du budget actuel du CFP ; est convaincu que, au regard d'un budget de l'Union déjà insuffisant, tout effort supplémentaire en termes d'opérations, de frais administratifs, d'actions préparatoires ou de projets pilotes concernant la politique de sécurité et de défense commune passe obligatoirement par la mise à disposition de moyens financiers supplémentaires par les États membres ; est d'avis que les États membres ne devraient donc pas laisser passer l'occasion que leur offrent à cet égard le réexamen et la révision à mi-parcours du CFP ; souligne la nécessité de clarifier le financement à long terme des activités de recherche en matière de défense commune*". Par ailleurs, le PE "*réaffirme sa conviction selon laquelle le budget de l'Union devrait trouver des moyens de financer de nouvelles initiatives qui ne portent pas préjudice aux programmes et aux politiques existants de l'Union, et souhaite qu'une solution durable soit trouvée pour financer de nouvelles initiatives*" (doc. *PE P8_TA(2016)0411*, point 11).

54,4 millions d'euros en crédits de paiement au-delà de ce qui était proposé par la Commission dans le projet de budget[244].

L'*approche générale* du Parlement européen lors de l'adoption de ses amendements a été :

- d'accroître les crédits d'engagement et de paiement proposés par la Commission dans le projet de budget pour 2017 et destinés aux programmes et actions qu'il considère prioritaires notamment dans le cadre de la relance économique et de la création d'emplois (tels "Horizon 2020", le Mécanisme pour l'interconnexion en Europe ou l'Initiative pour l'emploi des jeunes), liés à la réponse à donner aux différentes crises (et en particulier à la crise migratoire et des réfugiés) ou encore concernés par le réexamen/ révision à mi-parcours du CFP (voir pages 293-297) ;

- de rétablir les montants proposés par la Commission dans le projet de budget pour 2017 concernant les lignes budgétaires réduites par le Conseil[245] dans sa position. Le Parlement européen n'a ainsi retenu aucune des réductions de crédits opérées par le Conseil dans sa position sur le projet de budget pour 2017 ;

- de rétablir les montants demandés pour les budgets administratifs des institutions[246] et réduits soit par la Commission dans le projet de budget pour 2017[247], soit par le Conseil dans sa position[248] ;

- d'accepter les modifications concernant les postes repris aux tableaux des effectifs des institutions proposées par la Commission et retenues dans la position du Conseil, à l'exception du Comité économique et social européen et du Comité des régions[249], tout en augmentant de 75 par rapport au PB le nombre total des postes repris au tableau des effectifs du Parlement européen ;

- de créer de nouveaux projets pilotes et de nouvelles actions préparatoires sous différentes rubriques et sous-rubriques du CFP (voir tableau 91 ci-dessous), et

- d'inscrire en réserve un certain nombre de crédits, inscriptions assorties de conditions pour "lever" ces réserves (voir *infra*).

S'agissant de la *nomenclature* du budget, le Parlement européen a créé un certain nombre de nouvelles lignes budgétaires sous certaines rubriques et sous-rubriques du CFP (voir *infra*).

S'agissant enfin des *commentaires*, le Parlement européen a introduit plusieurs modifications notamment dans le but d'inciter la Commission à mettre

---

[244] Les montants proposés par la Commission dans le PB pour 2017 pour les projets pilotes et les actions préparatoires, la position du Parlement européen et les montants retenus dans le budget de l'Union pour 2017 sont présentés par rubrique et sous-rubrique du CFP dans le tableau 91 ci-dessous :

Tableau 91. Les montants proposés et retenus pour les projets pilotes et les actions préparatoires en 2017
En euros

Rubrique ou sous-rubrique du CFP	PB pour 2017*		Amendements du PE		Position du PE		*Montants retenus*	
	c/e	*c/p*	*c/e*	*c/p*	*c/e*	*c/p*	*c/e*	*c/p*
1a (Compétitivité pour la croissance et l'emploi)	25.000.000**	30.021.043	31.390.000	22.115.000	56.390.000	52.136.043	*56.390.000*	*43.831.043*
1b (Cohésion économique, sociale et territoriale)	p.m.	8.106.898	12.800.000	9.100.000	12.800.000	17.206.898	*12.800.000*	*14.256.898*
2 (Croissance durable : ressources naturelles)	p.m.	9.561.294	7.700.000	6.200.000	7.700.000	15.761.294	*7.700.000*	*13.311.294*
3 (Sécurité et citoyenneté)	p.m.	14.212.870	11.650.000	7.992.395	11.650.000	22.205.265	*11.650.000*	*19.462.870*
4 (L'Europe dans le monde)	p.m.	7.259.484	8.750.000	5.100.000	8.750.000	12.359.484	*8.750.000*	*11.159.484*
5 (Administration)	p.m.	p.m.	4.650.000	3.950.000	4.650.000	3.950.000	*4.650.000*	*4.736.000*
Total	**25.000.000**	**69.161.589**	**76.940.000**	**54.457.395**	**101.940.000**	**123.618.984**	***101.940.000***	***106.757.589***

** Et position du Conseil*
*** Nouvelle action préparatoire sur la recherche en matière de défense proposée par la Commission (nouveau poste 02 04 77 03 ; voir page 313)*

[245] Dans sa résolution du 26 octobre 2016, le Parlement européen indique qu'elle "*ne comprend pas la logique sous-tendant les coupes proposées (par le Conseil) et dénonce l'intention déclarée du Conseil de recréer des marges artificielles dans certaines rubriques telles que la sous-rubrique 1a (Compétitivité pour la croissance et l'emploi) et la rubrique 4 (L'Europe dans le monde), d'autant plus que ces marges seraient en toute hypothèse trop faibles pour pouvoir faire face à une crise ou à des situations imprévues*" (doc. *PE P8_TA(2016)0411*, point 12).

[246] Conseil européen et Conseil (section II du budget de l'Union) exclus, dans le respect du *Gentlemen's agreement*.

[247] Il s'agit du Comité économique et social européen et du Comité des régions (voir page 321).

[248] Le Parlement européen a toutefois retenu une petite réduction, de 280 000 euros, au budget administratif de la Cour des comptes (section V du budget de l'Union ; voir *infra*).

[249] Y inclus pour tenir compte des conséquences en 2017 de l'accord de coopération, de février 2014, entre le PE et les deux comités (voir Tome III, p. 287).

en œuvre le budget pour 2017 dans le sens souhaité par le Parlement.

Le Parlement européen "*est convaincu que le budget de l'Union (pour 2017) est de nature à répondre avec efficacité aux conséquences, mais aussi aux causes, de la crise dans laquelle l'Union est aujourd'hui plongée.* [Il] *estime toutefois que les évènements imprévus présentant une dimension européenne doivent être abordés en mutualisant les efforts et en mobilisant des moyens supplémentaires au niveau de l'Union plutôt qu'en remettant en cause des engagements passés ou en s'accrochant à l'illusion de solutions purement nationales.* [Le Parlement] *souligne, dans ces conditions, qu'il existe des instruments de flexibilité qui permettent d'apporter la réponse conjointe et rapide qui s'impose et qu'il convient de s'en servir pleinement pour se réconcilier avec le caractère particulièrement contraignant des plafonds du CFP*"[250].

D. La lecture du Parlement européen s'établit par rubrique et sous-rubrique du cadre financier pluriannuel pour 2014-2020 comme suit :

- le montant total de la sous-rubrique *1a* (*Compétitivité pour la croissance et l'emploi*) s'élève à 22 417 millions d'euros en crédits d'engagement (+17,9 % par rapport à 2016[251]) et à 19 993 millions d'euros en crédits de paiement (+14,9 %). Les amendements du PE dépassent ainsi la marge de la sous-rubrique de 1 227 millions d'euros.

Le Parlement a utilisé comme proposé par la Commission 1 265 millions d'euros de la marge globale pour les engagements pour le financement de la garantie du Fonds européen pour les investissements stratégiques.

Le Parlement européen propose ainsi d'augmenter les crédits de cette sous-rubrique de 1 307,8 millions d'euros en crédits d'engagement et de 695 millions d'euros en crédits de paiement au-delà de ce qui était proposé dans le PB pour 2017.

Premièrement, le PE a augmenté au-delà des montants proposés dans le projet de budget les crédits de 25 lignes budgétaires concernant "Horizon2020", pour un montant total de 587 millions d'euros en crédits d'engagement et de 293,5 millions d'euros en crédits de paiement[252].

Deuxièmement le PE a augmenté, de nouveau au-delà des montants proposés dans le PB pour 2017, les crédits de huit budgétaires concernant le Mécanisme pour l'interconnexion en Europe, pour un montant total de 620 millions d'euros en crédits d'engagement et de 310 millions d'euros en crédits de paiement[253].

Le but de ces amendements (qui s'élèvent au total à 1 207 millions d'euros en crédits d'engagement et à 603,5 millions d'euros en crédits de paiement[254]) est de rétablir le niveau des crédits précédant l'accord concernant le Fonds européen pour les investissements stratégiques, du 28 mai 2015 (voir deuxième partie, pages 173-174).

---

[250] Doc. *PE P8_TA(2016)0411*, point 120.

[251] Budgets rectificatifs n° 1-3/2016 compris (voir chapitre II).

[252] Le Conseil avait réduit dans sa position les montants proposés par la Commission pour une de ces lignes budgétaires (il s'agit de l'article *15 03 05*, intitulé "*Institut européen d'innovation et de technologie (EIT) – Intégrer le triangle de la connaissance que constituent la recherche, l'innovation et l'éducation*").

[253] Le Conseil avait réduit, dans sa position sur le PB, les montants proposés par la Commission concernant cinq de ces lignes budgétaires.

[254] Dans sa lettre d'exécutabilité, la Commission se prononce contre ces augmentations de crédits pour "Horizon2020" et le MIE car elles vont à l'encontre de l'accord sur le financement de la garantie du Fonds européen pour les investissements stratégiques. La Commission regrette également que ces amendements conduisent à dépasser le plafond des dépenses de la sous-rubrique *1a*, dans une situation où par exemple un recours à l'instrument de flexibilité n'est pas envisageable, la Commission proposant de le mobiliser dans son entièreté pour des besoins urgents liés à la migration et la sécurité, relevant de la rubrique *3* du CFP (voir page 309).

Plus généralement, la Commission renvoie à la lettre rectificative n° 1/2017 au PB, dans laquelle elle propose, dans le contexte du réexamen/ révision à mi-parcours du cadre financier pluriannuel 2014-2020, un certain nombre d'augmentations ("*top-ups*") pour des programmes relevant de la sous-rubrique *1a* ayant connu de très bons taux d'exécution (en proposant de financer ces crédits d'engagement supplémentaires au moyen de la MGE encore disponible et de la marge non allouée encore existant sous le plafond de la sous-rubrique ; voir pages 293-297 et 371-372).

Troisièmement, le Parlement européen a augmenté au-delà de ce qui était proposé dans le PB les crédits d'engagement et de paiement de dix lignes budgétaires, pour un montant total de 61,3 millions d'euros[255], dont :

+15 millions d'euros pour le *renforcement de la recherche aux frontières de la connaissance au Conseil européen de la recherche* (poste *08 02 01 01*) ;

+14 millions d'euros pour *promouvoir l'excellence et la coopération dans le domaine de l'éducation et de la formation en Europe ainsi que son adéquation par rapport au marché du travail* (poste *15 02 01 01*) ;

+10 millions d'euros pour les *actions* Marie Skłodowska-Curie – produire, développer et transférer de nouvelles compétences, de nouveaux savoirs et de l'innovation (poste *15 03 01 01*) ;

+9 millions d'euros pour *promouvoir l'esprit d'entreprise et améliorer la compétitivité et l'accès aux marchés des entreprises de l'Union* (article *02 02 01*) ;

+5,8 millions d'euros pour *améliorer l'accès au financement pour les petites et moyennes entreprises, sous forme d'investissements en fonds propres et d'emprunts* (article *02 02 02*) ;

+5 millions d'euros pour *"Progress" – soutenir l'élaboration, la mise en œuvre, le suivi et l'évaluation de la politique sociale et de l'emploi ainsi que de la législation relative aux conditions de travail de l'Union* (poste *04 03 02 01*) ;

+1 million d'euros pour *"EURES" – encourager la mobilité géographique volontaire des travailleurs et multiplier les possibilités d'emploi* (poste *04 03 02 02*), et

+1 million d'euros pour *promouvoir l'excellence et la coopération auprès de la jeunesse européenne ainsi que la participation des jeunes à la vie démocratique en Europe* (poste *15 02 01 02*).

Le Parlement a également créé une nouvelle ligne budgétaire (nouvel article *15 02 10*) pour les événements annuels spéciaux, doté de 6 millions d'euros en crédits d'engagement et de paiement[256].

S'agissant des agences décentralisées relevant de cette sous-rubrique, le PE a renforcé au-delà de ce qui était proposé dans le PB les montants proposés pour la subvention de l'Agence européenne chargée de la sécurité des réseaux et de l'information de 2 millions d'euros en crédits d'engagement et de paiement.

S'agissant des projets pilotes et des actions préparatoires, le Parlement a créé de nouveaux projets et de nouvelles actions ou a renforcé des actions et des projets existants pour un montant total de 31,4 millions d'euros en crédits d'engagement et de 22,1 millions d'euros en crédits de paiement par rapport au PB[257] ;

---

[255] Le Conseil avait réduit, dans sa position, les montants proposés par la Commission pour une ligne budgétaire (il s'agit du poste *04 03 02 02*, intitulé *"EURES – Encourager la mobilité géographique volontaire des travailleurs et multiplier les possibilités d'emploi"*).

[256] Cette ligne est accompagnée du commentaire suivant : *"Un montant de 6 000 000 euros est accordé au cofinancement des Jeux olympiques spéciaux européens d'hiver qui auront lieu à Graz/Schladming (Autriche) du 14 au 25 mars 2017. Ce financement permettra également aux athlètes participants des 28 États membres de s'entraîner, de se préparer et d'assister aux Jeux en Autriche.*

La manifestation verra concourir pendant 8 jours 3 000 athlètes et leurs délégations originaires de 110 pays dans 8 disciplines sportives. Plus de 3 000 bénévoles apporteront leur aide à la réussite de cette manifestation sportive. Parallèlement au programme, d'autres manifestations scientifiques, éducatives et culturelles, ainsi que des activités familiales seront organisées. Un programme mis en place par la ville organisatrice ainsi que de nombreuses manifestations spéciales auront lieu avant, pendant et après les Jeux, afin d'inscrire dans la durée l'inclusion et l'acceptation des personnes ayant un handicap mental en Autriche et dans les États membres de l'Union".

[257] Dans sa résolution du 26 octobre 2016, le Parlement européen demande également à la Commission *"de présenter, au titre du budget 2017 et avec les crédits appropriés, une initiative visant à offrir à de jeunes Européens, sélectionnés sur la base d'un concours, des bons de voyage sur les transports publics. Un objectif clé de cette initiative serait l'évaluation de la faisabilité et de l'impact potentiel d'un système plus généralisé favorisant, notamment, la mobilité des jeunes, la sensibilisation des jeunes Européens et la promotion de l'égalité des chances"* (doc. *PE P8_TA(2016)0411*, point 11).

- le montant de la sous-rubrique *1b* (*Cohésion économique, sociale et territoriale*) s'élève à 55 091 millions d'euros en crédits d'engagement (+8,4 %) et à 37 862 millions d'euros en crédits de paiement (-22,5 %). Les amendements du PE dépassent la marge de la sous-rubrique de 1 504 millions d'euros.

Le Parlement européen propose d'augmenter les crédits de cette sous-rubrique de 1 516,8 millions d'euros en crédits d'engagement et de 513,1 millions d'euros en crédits de paiement au-delà de ce qui était proposé dans le PB pour 2017.

S'agissant des crédits d'engagement, le Parlement propose 1 500 millions d'euros supplémentaires pour l'Initiative pour l'emploi des jeunes[258] (article *04 02 64*) et 4 millions d'euros pour favoriser la cohésion sociale et atténuer les formes les plus graves de pauvreté dans l'Union[259] (article *04 06 01*).

S'agissant des crédits de paiement, il propose 500 millions d'euros pour l'IEJ et 4 millions d'euros la ligne budgétaire *04 06 01*[260].

Le Parlement a retenu la mise en réserve, proposée par le Conseil (voir page 331), des montants proposés par la Commission dans le PB concernant les crédits pour le Programme d'appui à la réforme structurelle, suite à l'absence de base légale adoptée au moment de la lecture du PE.

Par ailleurs, le PE a créé de nouveaux projets pilotes et de nouvelles actions préparatoires ou a renforcé des actions et des projets existants pour un montant de 12,8 millions d'euros en crédits d'engagement et 9,1 millions d'euros en crédits de paiement par rapport au PB ;

- le montant de la rubrique *2* (*Croissance durable : ressources naturelles*) s'élève à 59 529 millions d'euros en crédits d'engagement (-4,7 %), dont 43 538 millions d'euros pour les dépenses de marché et paiements directs (+3,1 %), et à 55 862 millions d'euros en crédits de paiement (+1,4 %), dont 43 489 millions d'euros pour les dépenses de marché et paiements directs (+3 %). La marge sous le plafond de la rubrique est de 12 millions d'euros, étant donné qu'un montant de 650 millions d'euros est utilisé pour compenser la mobilisation de la marge pour imprévus.

Le Parlement européen propose d'augmenter les crédits de cette rubrique de 627,5 millions d'euros en crédits d'engagement et de 626 millions d'euros en crédits de paiement au-delà de ce qui était proposé dans le PB pour 2017.

Il a ainsi augmenté au-delà de ce qui était proposé dans le PB les crédits des huit lignes budgétaires suivantes, pour un total de 617,3 millions d'euros :

---

258 Le Parlement européen regrette dans ce contexte "*qu'en raison de la concentration des crédits en 2014-2015, la Commission n'ait proposé aucun crédit d'engagement pour l'Initiative pour l'emploi des jeunes au titre de 2017.* [Le PE] *réitère son soutien sans réserve en faveur de la poursuite de l'Initiative.* [Il] *décide, dans un premier temps et conformément au règlement sur le Fonds social européen (JO L 347 du 20.12.2013, pp. 470/486), qui prévoit la possibilité de poursuivre le financement, de doter l'Initiative pour l'emploi des jeunes de 1 500 millions d'euros supplémentaires en crédits d'engagement et de 500 millions d'euros supplémentaires en crédits de paiement pour apporter une réponse efficace au chômage des jeunes, en se basant sur les leçons tirées des résultats de l'évaluation de la mise en œuvre de l'Initiative pour l'emploi des jeunes par la Commission ; observe que, conformément au souhait du Parlement, un accord global sur un financement supplémentaire approprié de l'Initiative pour l'emploi des jeunes pour le reste de la période de programmation actuelle devrait être trouvé dans le contexte de la prochaine révision à mi-parcours du CFP ; presse les États membres de faire le maximum pour accélérer la mise en œuvre de l'Initiative sur le terrain afin que les jeunes Européens en bénéficient directement*" (doc. *PE P8_TA(2016)0411*, point 28).

Dans sa lettre d'exécutabilité, la Commission regrette que l'amendement du PE concernant l'IEJ ne peut être retenue en l'état, car il conduit à dépasser le plafond des dépenses de la sous-rubrique *1b*.

Tout en indiquant son attachement à la poursuite de l'Initiative, la Commission rappelle avoir proposé, dans le cadre du réexamen/ révision à mi-parcours du CFP (voir chapitre II), un montant additionnel de 1 milliard d'euros pour la poursuite de l'IEJ jusqu'en 2020. Ces nouveaux crédits d'engagement seraient néanmoins financés, comme proposé dans la lettre rectificative n° 1/2017, en ayant recours aux montants devenant disponibles par le biais de la MGE en 2017 et 2018 (voir page 371).

259 Dans sa lettre d'exécutabilité, la Commission est contre un tel renforcement des crédits du Fonds européen d'aide aux plus démunis, car ceci conduirait à réduire les allocations aux États membres au titre des Fonds structurels.

260 Il s'agit d'une ligne budgétaire dont le montant avait été réduit par le Conseil dans sa position.

+600 millions d'euros pour le *lait* et les *produits laitiers*[261] (poste *05 02 12 99*) ;

+6,5 millions d'euros pour *stopper et inverser le processus d'appauvrissement de la biodiversité* (article *07 02 02*) ;

+5 millions d'euros pour *contribuer à une économie plus verte et plus efficace dans l'utilisation des ressources et à l'élaboration et à la mise en œuvre de la politique et de la législation environnementales de l'Union* (article *07 02 01*) ;

+1,5 million d'euros pour *contribuer à une meilleure gouvernance en matière d'environnement et à une meilleure information à tous les niveaux* (article *07 02 03*) ;

+1,5 million d'euros pour *réduire les émissions de gaz à effet de serre dans l'Union* (article *34 02 01*) ;

+1,5 million d'euros pour *accroître la résilience de l'Union au changement climatique* (article *34 02 02*) ;

+0,8 million d'euros afin d'*établir un cadre de gouvernance pour les activités de pêche menées par les navires de pêche de l'Union dans les eaux des pays tiers* (article *11 03 01)*, et

+0,5 million d'euros pour *améliorer la gouvernance climatique et l'information à tous les niveaux* (article *34 02 03*).

Par ailleurs, le PE a créé une nouvelle ligne budgétaire (article *11 06 65*) pour le *Programme de recherche et développement pour la sélectivité et le débarquement des rejets*,doté de 2,5 millions d'euros[262].

Le Parlement européen a retenu la mise en réserve des crédits pour le Programme d'appui à la réforme structurelle, comme proposé par le Conseil (voir page 331).

S'agissant des projets pilotes et des actions préparatoires, le Parlement a créé de nouveaux projets et de nouvelles actions ou a renforcé des actions et des projets existants pour un montant total de 7,7 millions d'euros en crédits d'engagement et de 6,2 millions d'euros en crédits de paiement par rapport au PB ;

- le montant de la rubrique *3* (*Sécurité et citoyenneté*) s'élève à 4 355 millions d'euros en crédits d'engagement (+7,5 %) et à 3 862 millions d'euros en crédits de paiement (+27,8 %).

Le Parlement européen a retenu une mobilisation de la marge pour imprévus pour un montant de 1 164,4 millions d'euros et de l'instrument de flexibilité, pour un montant de 530 millions d'euros (comme proposés par la Commission), afin de financer des mesures pour répondre à la crise des migrants, des réfugiés et de la sécurité dans cette rubrique. Les amendements du Parlement dépassent néanmoins la marge des dépenses de la rubrique de 83 millions d'euros (ce qui a conduit à une demande de la part du PE d'ouvrir des négociations avec le Conseil sur une mobilisation supplémentaire de la marge pour imprévus pour couvrir les besoins).

---

[261] Selon le Parlement européen, "*500 millions d'euros correspondent au "paquet lait" présenté par le commissaire Hogan le 18 juillet 2016. Les 100 millions d'euros supplémentaires sont destinés aux producteurs laitiers les plus touchés par l'embargo sur les importations pratiqué par la Russie en réaction aux sanctions de l'Union. Cet embargo a des incidences financières majeures sur les producteurs laitiers car une grande proportion des produits laitiers étaient exportés vers la Russie*".

La Commission rappelle dans sa lettre d'exécutabilité qu'elle a inclus, dans la lettre rectificative nº 1/2017, 500 millions d'euros supplémentaires pour des mesures en faveur des secteurs de l'élevage, financés par un montant de recettes affectées plus important que prévu dans le PB pour 2017 (voir page 315).

[262] Ce nouvel article est accompagné du commentaire suivant : "*Bon nombre de pêcheries mixtes seront soumises à l'obligation de débarquement des rejets à compter du 1er janvier 2017. Or, les technologies de sélectivité nécessaires ne sont pas encore mises au point pour tous les types de pêche et les pêcheurs ont besoin de nouveaux engins propres à leur permettre d'éviter les captures involontaires*". Le PE justifie la création de cette ligne budgétaire de la façon suivante : "*Il y a nécessité de créer une ligne budgétaire distincte pour la recherche et le développement de la sélectivité, afin de sanctuariser des fonds pour faire face à l'obligation de débarquement dans les pêcheries mixtes en 2017. Il est important de prévoir une ligne budgétaire pour accompagner cette mesure qui aura un lourd impact économique sur les territoires*".

Le Parlement propose d'augmenter les crédits de cette rubrique de 82,9 millions d'euros en crédits d'engagement[263] et de 79,8 millions d'euros en crédits de paiement au-delà de ce qui était proposé dans le PB pour 2017.

Dans ce contexte, le PE a augmenté au-delà de ce qui était proposé dans le PB, les crédits des neuf lignes budgétaires suivantes, pour un montant total de 49,4 millions d'euros[264] :

+13,7 millions d'euros pour le *sous-programme "Culture" – Soutenir les actions transfrontières et promouvoir la circulation transnationale et la mobilité* (article *15 04 02*) ;

+10,9 millions d'euros pour le *sous-programme "MEDIA" – Opérer à l'échelle transnationale et internationale et promouvoir la circulation transnationale et la mobilité* (article *09 05 01*) ;

+13 millions d'euros[265] pour les *actions multimédias* (article *09 05 05*) ;

+4,7 millions d'euros pour l'*Europe pour les citoyens – Conforter la mémoire et renforcer la capacité de participation civique au niveau de l'Union* (poste *18 04 01 01*) ;

+4,1 millions d'euros pour *renforcer la capacité financière des PME et des petites et très petites organisations dans les secteurs européens de la culture et de la création, et favoriser l'élaboration des politiques et la création de nouveaux modèles commerciaux* (article *15 04 01*) ;

+1 million d'euros pour les *informations destinées aux médias et productions audiovisuelles* (poste *16 03 01 02*) ;

+1 million d'euros pour les *outils d'information et de communication écrite et en ligne* (poste *16 03 02 03*) ;

+1 million d'euros pour *garantir la protection des droits et donner des moyens d'action aux citoyens* (article *33 02 01*), et

+0,2 million d'euros pour l'*Initiative citoyenne européenne* (poste *18 04 01 02*).

Par ailleurs, le PE a créé les deux nouvelles lignes budgétaires suivantes :

- poste *18 02 01 05* pour le *financement en faveur des victimes du terrorisme*, et doté de 5 millions d'euros en crédits d'engagement et de paiement[266], et

---

[263] Dans sa lettre d'exécutabilité, la Commission indique qu'elle ne pourrait pas mettre en œuvre ces nouveaux montants (en soulignant tout particulièrement l'importante augmentation proposée pour l'"Europe créative"). Par ailleurs, la Commission souligne que ces nouveaux montants ne peuvent pas être financés sous le plafond de la rubrique et que les instruments spéciaux devraient servir à financer avant tout les besoins urgents découlant notamment de la crise migratoire.

[264] Seuls les montants proposés par la Commission pour l'Initiative citoyenne européenne n'avaient pas été réduits par le Conseil dans sa position.

[265] Dont 3 millions d'euros ont été placés en réserve, avec les conditions suivantes à remplir : "*Le montant placé dans la réserve sera débloqué lorsque la condition suivante sera remplie : la Commission assure le maintien d'Euranet Plus grâce à un cadre de financement stable pour l'avenir sous la forme d'un partenariat-cadre.*

Les commentaires du budget 2016 de l'Union soulignaient que ce crédit devait être utilisé pour garantir un cadre de financement stable pour l'avenir des réseaux européens existants déjà financés dans le cadre de cette action et mentionnaient explicitement Euranet Plus. Pour parvenir à cet objectif, et pour assurer qu'Euranet Plus puisse continuer à tirer parti de sa position unique et de dix ans d'expérience dans l'accomplissement de sa mission de service public européen, il y a lieu de recourir à un partenariat-cadre. Le montant placé dans la réserve devrait être prélevé sur les engagements du projet de budget de la Commission".

Dans sa lettre d'exécutabilité, la Commission indique qu'un telle mise en réserve n'est pas conforme aux principes énoncés dans le règlement financier.

[266] Selon le PE : "*Ce crédit contribuera aux objectifs spécifiques suivants :*

- favoriser la mise à disposition de ressources pour répondre aux principaux besoins des victimes grâce à des services fournis immédiatement après l'attentat et aussi longtemps que nécessaire, y compris aux ressortissants ou résidents d'autres États membres.

Il est destiné à couvrir les dépenses afférentes aux actions menées dans ou par des États membres, et plus particulièrement celles portant sur :

- la santé physique et mentale de la victime, notamment la prise en charge psychologique, les thérapies, les réseaux sociaux de soutien et l'insertion sociale ;

- l'aide financière aux victimes, y compris pour couvrir le coût de l'inhumation et des services funéraires, l'éducation

- article *15 04 03* pour la *préparation de l'année européenne du patrimoine culturel (2018)*, et doté de 1 million d'euros en crédits d'engagement et de paiement[267].

Le Parlement européen a inscrit en réserve les montants proposés (soit 40 millions d'euros en crédits d'engagement et 28 millions d'euros en crédits de paiement) pour le poste *18 02 01 03* concernant le financement de la *création d'un système d'entrée/sortie (EES) pour l'enregistrement des données relatives aux entrées et aux sorties des ressortissants de pays tiers qui franchissent les frontières extérieures des États membres de l'Union européenne ainsi qu'aux refus d'entrée les concernant*[268].

Le Parlement a également proposé de créer les deux nouveaux postes suivants, dotés de mentions "p.m." :

- *18 02 01 06* pour le *Fonds européen de recherche et de sauvetage*[269], et

- *18 03 01 06* pour le *Mécanisme de solidarité financière*[270].

S'agissant des agences décentralisées, le PE propose de renforcer au-delà de ce qui était proposé dans le PB les montants destinés à l'Agence européenne pour la gestion opérationnelle des systèmes d'information à grande échelle, à Eurojust et à Europol[271], ainsi qu'au Bureau européen d'appui

---

et la formation, l'emploi et l'évolution de carrière ;
- l'accès à des informations fiables sur les victimes du terrorisme".

[267] Selon le PE : "*Dans sa résolution du 8 septembre 2015 intitulée "Vers une approche intégrée du patrimoine culturel européen" (doc. PE P8_TA(2015)0293), le Parlement a demandé à la Commission de proclamer, de préférence pour 2018, une année européenne du patrimoine culturel, dotée d'un budget adéquat, dans le but, notamment, de diffuser et d'accroître la sensibilisation et l'éducation aux valeurs du patrimoine culturel européen et à sa protection auprès des générations futures*".

[268] Selon le PE : "*Les crédits ont été placés en réserve et seront libérés dès que :*
- la Commission aura fourni au Parlement une explication et une justification concernant le montant réservé à la mise en place du système d'entrée/sortie, et
- la procédure législative établissant le système d'entrée/sortie sera achevée [...].
Sachant que la proposition législative relative à la mise en place du système d'entrée/sortie en est actuellement à un stade précoce et qu'une explication et une justification du montant prévu sont nécessaires, il est exclus de libérer des crédits au titre du budget pour 2017, et il y a lieu de les inscrire en réserve".
Dans sa lettre d'exécutabilité, la Commission considère une telle mise en réserve de crédits non fondée car selon elle, le règlement établissant le Fonds pour la sécurité intérieure prévoit la possibilité d'utiliser des crédits dans un tel contexte.

[269] Cette ligne est accompagnée du commentaire suivant : "*Ce crédit est destiné à couvrir les opérations de recherche et de sauvetage effectuées par les États membres, en particulier en Méditerranée, et coordonnées au niveau européen*". La justification de sa création est la suivante : "*La Commission devrait présenter une proposition législative visant à créer un Fonds européen de recherche et de sauvetage. En effet, compte tenu des problèmes concernés, il semble nettement plus utile de créer un fonds ad hoc plutôt que de majorer continuellement le budget de Frontex/ de l'Agence européenne de garde-frontières et de garde-côtes. Ce fonds pourrait également financer un plus large éventail d'opérations que celles couvertes par Frontex/ l'Agence européenne de garde-frontières et de garde-côtes*".

[270] Cette ligne est accompagnée du commentaire suivant : "*Conformément à la procédure 2016/0133 (COD), les États membres qui, temporairement, ne participent pas au mécanisme d'attribution correcteur doivent fournir une contribution de solidarité de 250 000 euros par demandeur. Cette ligne budgétaire établit des recettes affectées qui seront gérées par la Commission. Les États membres qui ne participent pas au mécanisme paient 250 000 euros en faveur de cette ligne budgétaire. Les recettes de cette ligne seront affectées à l'État membre qui accepte finalement le réfugié ou, si l'allocation n'a pas lieu à temps, à l'État membre considéré comme responsable d'examiner les demandes concernées*". La justification de sa création est la suivante : "*Le Parlement a demandé la mise en place d'un mécanisme qui favorise la solidarité dans le contexte de la crise des réfugiés, en donnant une pénalité aux pays qui refusent la demande d'un réfugié et un bonus aux pays qui accueillent des réfugiés. Conformément à la procédure 2016/0133 (COD), les États membres qui, temporairement, ne participent pas au mécanisme d'attribution correcteur doivent fournir une contribution de solidarité de 250 000 euros par demandeur. L'objectif de cette ligne budgétaire est d'inciter les États membres à accueillir des réfugiés conformément à la position du Parlement, en leur accordant un bonus*".

[271] Si le Parlement européen salue les augmentations proposées par la Commission dans le PB pour 2017 du budget des "*agences JAI performantes, notamment celles en charge de la migration et de la sécurité*" (soulignant que "*ces agences doivent disposer d'effectifs et de moyens suffisants (permettant notamment d'investir dans les nouvelles technologies), dès lors que leur mandat est élargi*"), il "*estime que, sans perdre de vue la nécessité d'une réponse européenne coordonnée, plusieurs de ces augmentations ne sont pas suffisantes au regard des défis actuels en matière de sécurité et décide donc de revoir à la hausse les crédits alloués à l'Office européen de police (Europol), à l'unité de coopération judiciaire de l'Union européenne (et) à l'Agence européenne pour la gestion opérationnelle des systèmes d'information à grande échelle (eu-LISA)*". Le PE "*souligne plus spécifiquement la nécessité de doter le Centre européen de la lutte*

en matière d'asile[272], pour un montant total de 15,9 millions d'euros en crédits d'engagement et de 16,4 millions d'euros en crédits de paiement[273].

S'agissant enfin des projets pilotes et des actions préparatoires, le Parlement a créé de nouveaux projets et de nouvelles actions ou a renforcé des actions et des projets existants pour un montant total de 11,6 millions d'euros en crédits d'engagement et de 8 millions d'euros en crédits de paiement par rapport au PB ;

- le montant de la rubrique *4* (*L'Europe dans le monde*) s'élève à 9 939 millions d'euros en crédits d'engagement (+8,4 %) et à 9 790 millions d'euros en crédits de paiement (-3,6 %). Les amendements du PE dépassent la marge de la rubrique de 507 millions d'euros.

Le Parlement européen propose ainsi d'augmenter les crédits de cette rubrique de 506,7 millions d'euros en crédits d'engagement et de 500,2 millions d'euros en crédits de paiement au-delà de ce qui était proposé dans le PB pour 2017[274].

Dans ce contexte, le PE a augmenté au-delà de ce qui était proposé dans le PB les crédits d'engagement et de paiement de dix-sept lignes budgétaires, pour un montant total de 521,9 millions d'euros[275], dont :

+300 millions d'euros pour la *mise à disposition rapide et efficace d'une aide humanitaire et d'une aide alimentaire en fonction des besoins* (article *23 02 01*) ;

+67,8 millions d'euros pour le *soutien au processus de paix et aide financière à la Palestine et à l'Office de secours et de travaux des Nations unies pour les réfugiés de Palestine (UNRWA)* (poste *22 04 01 04*) ;

+51 millions d'euros pour une *réponse aux situations de crise et de crise émergente* (article *19 02 01*) ;

+15 millions d'euros pour l'*aide macrofinancière* (article *01 03 02*) ;

+15 millions d'euros pour la *migration* et l'*asile* (poste *21 02 07 05*) ;

+12 millions d'euros pour des mesures propres à *instaurer la confiance, sécurité et prévention et règlement des conflits dans les pays méditerranéens* (poste *22 04 01 03*) ;

+10 millions d'euros pour la *coopération avec l'Asie* (article *21 02 02*) ;

---

contre le terrorisme, le Centre européen anti-cybercriminalité (EC3) et l'Unité référente Internet (IRU), tous nouvellement mis en place par d'Europol, de ressources humaines et matérielles, notamment en ce qui concerne la planification opérationnelle conjointe et l'évaluation des menaces, afin de renforcer l'approche coordonnée des États membres dans la lutte contre la criminalité organisée, la cybercriminalité et la criminalité liée à Internet, le terrorisme et les autres formes de criminalité grave [et] *demande des moyens supplémentaires pour financer les équipes communes d'enquête*" (doc. *PE P8_TA(2016)0411*, points 73 et 74).

[272] Selon le Parlement européen, "*compte tenu de la détérioration de la situation humanitaire dans le voisinage méridional de l'Europe et du nombre croissant de demandeurs d'asile,* [le PE a décidé] *d'augmenter les crédits budgétaires alloués en 2016 au Bureau européen d'appui en matière d'asile, notamment en raison de son intention d'élargir son mandat par rapport à la proposition de la Commission*" (doc. *PE P8_TA(2016)0411*, point 77).

[273] Dans sa lettre d'exécutabilité, la Commission indique que ces augmentations ne sont pas en ligne avec les demandes des agences elles mêmes, et demande en particulier que le besoin de nouveaux postes pour Europol soit examiné par le comité de conciliation.

[274] Ces montants tiennent compte de la proposition de transférer les crédits concernant les représentants spéciaux de l'UE de la section III – Commission – à la section X – Service européen pour l'action extérieure – du budget et de la rubrique *4* à la rubrique *5* (*Administration*) du CFP (voir *infra*).

Dans sa lettre d'exécutabilité, la Commission défend les montants proposés dans son PB tel que modifié par la lettre rectificative n° 1/2017, qui proposent d'augmenter les crédits d'engagement de la rubrique *4* de 986 millions d'euros afin de financer (notamment par le biais de l'Instrument de financement de la coopération au développement et de l'Instrument européen de voisinage) un nouveau cadre de partenariat avec les pays tiers sous le couvert du nouvel agenda européen sur la migration. La Commission appelle également le PE à retenir les montants proposés dans la LR n° 1/2017 pour le fonds de garantie du nouveau Fonds européen pour le développement durable (voir page 372).

[275] Deux de ces lignes budgétaires avaient été réduites par le Conseil dans sa position.

+10 millions d'euros pour la *réduction de la pauvreté et le développement durable dans les pays méditerranéens* (poste *22 04 01 02*) ;

+8 millions d'euros pour *renforcer le respect des droits de l'homme et des libertés fondamentales et soutenir les réformes démocratiques* (article *21 04 01*) ;

+7,5 millions d'euros pour la *coopération avec le Moyen-Orient* (article *21 02 04*) ;

+7 millions d'euros pour les *relations commerciales extérieures, y compris l'accès aux marchés des pays tiers* (article *20 02 01*), et

+6 millions d'euros pour *les menaces pesant sur la sécurité mondiale et transrégionale et menaces émergentes* (article *21 05 01*).

S'agissant du "budget PESC", le Parlement a rétabli les 6,6 millions d'euros en crédits d'engagement pour les actions d'urgence, réduits par le Conseil dans sa position (voir page 332).

Par ailleurs, le PE propose de transférer les crédits concernant les représentants spéciaux de l'UE[276] de la section III – Commission – à la section X – Service européen pour l'action extérieure – du budget[277] (et de la rubrique *4* à la rubrique *5* du CFP[278]).

En conséquence, le Parlement a remplacé les montants proposés par la Commission dans le PB au poste *19 03 01 07* (24 millions d'euros en crédits d'engagement et 26,9 millions d'euros en crédits de paiement) par des mentions "p.m.". Selon le Parlement, "(l)*e fait de transférer les représentants spéciaux de l'Union du chapitre PESC vers le budget du SEAE a pour but d'assurer la cohérence et l'efficacité de la représentation extérieure de l'Union*".

Dans le but de "*garantir pleinement la transparence du contrôle exercé par l'autorité budgétaire* [sur] *la contribution du budget de l'Union*", le PE a également créé douze nouvelles lignes budgétaires sous les titres *21* (*Coopération internationale et développement*), *22* (*Voisinage et négociations d'élargissement*) et *23* (*Aide humanitaire et protection civile*) pour les contributions du budget aux différents fonds fiduciaires de l'Union et à la Facilité en faveur des réfugiés en Turquie[279].

Le Parlement européen a inscrit en réserve un montant de 400 millions d'euros en crédits d'engagement destiné pour le poste *22 02 03 02* concernant le financement du *soutien du développement écono-*

---

[276] Il s'agit du poste *19 03 01 07*. Dans sa lettre d'exécutabilité, la Commission rappelle qu'elle a inclus une telle proposition de transfert dans la lettre rectificative nº 1/2017, mais uniquement en ce qui concerne les trois représentants spéciaux de l'UE "*à double casquette*" (voir page 372).

[277] Le PE propose de créer à cet effet, sous la section X, une nouvelle ligne *4 0 0* intitulée "*Représentants spéciaux de l'Union européenne*", et munie du commentaire suivant : "*Ce crédit est destiné à couvrir toutes les dépenses liées à la nomination des représentants spéciaux de l'Union européenne (RSUE) conformément à l'article 33 du traité sur l'Union européenne.*

Les RSUE devraient être désignés dans le respect des politiques d'égalité des chances et d'intégration de la dimension de genre, c'est pourquoi il convient de promouvoir la nomination de femmes à ce poste.

Ce crédit est destiné à couvrir les dépenses liées au traitement des RSUE et à la mise en place de leurs équipes et/ou de leurs structures d'appui, y compris les frais de personnel autres que ceux liés au personnel détaché par des États membres ou les institutions de l'Union. Il couvre aussi les coûts relatifs aux projets éventuels mis en œuvre sous la responsabilité directe d'un RSUE.

Les recettes éventuelles provenant des contributions financières des États membres et de pays tiers, y compris, dans les deux cas, de leurs agences publiques, d'entités ou de personnes physiques, relatives à certains projets ou programmes d'aide extérieure financés par l'Union et gérés pour leur compte par la Commission, pourront donner lieu à l'ouverture de crédits supplémentaires. Ces contributions imputées à l'article 6 3 3 de l'état des recettes constituent des recettes affectées conformément à l'article 21, paragraphe 2, point b), du règlement financier. Les montants inscrits sur la ligne qui se réfère aux dépenses d'appui administratif seront déterminés, sans préjudice de l'article 187, paragraphe 7, du règlement financier, par la convention de contribution pour chaque programme opérationnel et ne dépasseront pas, en moyenne, 4 % des contributions allouées au programme correspondant pour chaque chapitre".

[278] Ce transfert permet ainsi d'inclure par voie d'amendements, sous le plafond des dépenses de la rubrique *4*, des montants supplémentaires en crédits d'engagement par rapport au PB.

[279] Dans sa lettre d'exécutabilité, la Commission est contre la création de telles nouvelles lignes budgétaires, l'inscription de crédits sur ces lignes risquant, selon la Commission, de retarder la mise en œuvre des fonds fiduciaires de l'Union et de la Facilité.

mique, social et territorial et de l'alignement progressif connexe sur l'acquis de l'Union[280].

S'agissant enfin des projets pilotes et des actions préparatoires, le Parlement a créé de nouveaux projets et de nouvelles actions ou a renforcé des actions et des projets existants pour un montant total de 8,7 millions d'euros en crédits d'engagement et de 5,1 millions d'euros en crédits de paiement par rapport au PB ;

- le montant de la rubrique *5* (*Administration*) s'élève à 9 353 millions d'euros en crédits d'engagement et à 9 355 millions d'euros en crédits de paiement (+4,5 %), ce qui laisse une marge sous le plafond de la rubrique de 50 millions d'euros, étant donné qu'un montant de 514 millions d'euros est utilisé pour compenser la mobilisation de la marge pour imprévus.

Les crédits pour les dépenses administratives des institutions s'élèvent à 7 397 millions d'euros en crédits d'engagement et à 7 399 millions d'euros en crédits de paiement (+3,7 %). La marge est de 96 millions d'euros en tentant compte de la compensation suite à la mobilisation de la marge pour imprévus.

Le Parlement européen propose d'augmenter les crédits de cette rubrique de 31,7 millions d'euros en crédits d'engagement et de 31 millions d'euros en crédits de paiement au-delà de ce qui était proposé dans le PB pour 2017[281].

Il a rétabli les montants proposés dans le PB pour 2017 pour la section III – Commission – et modifiés par le Conseil dans sa position, tout en proposant de transférer les crédits pour les RSUE à la section X – Service européen pour l'action extérieure (voir *supra*).

Le Parlement européen a accepté – tout comme le Conseil – les montants proposés par la Commission dans le PB pour 2017 pour les pensions et les Écoles européennes.

Le PE a inscrit en réserve[282] un montant de 0,5 million d'euros concernant le poste *30 01 13 01* pour les *indemnités transitoires de la Commission*, car "(l)*a Commission devrait adopter un code de conduite plus strict avant tout déblocage des crédits de la réserve*"[283].

Le Parlement a créé sous la rubrique *5* de nouveaux projets pilotes et de nouvelles actions préparatoires ou a renforcé des actions et des projets existants pour un montant total de 4,6 millions d'euros en crédits d'engagement et de 3,9 millions d'euros en crédits de paiement par rapport au PB.

---

280 Le Parlement européen a ajouté la justification suivante : "*Aux fins de la Facilité en faveur des réfugiés en Turquie, un montant de 400 millions d'euros a été ajouté à la programmation financière initiale de l'IAP pour la Turquie en 2017, grâce à des réductions dans d'autres programmes et à l'utilisation de la marge. Il est proposé de concentrer le montant en 2016 (par une mobilisation de la marge pour imprévus) afin de soulager la pression qui s'exerce sur d'autres priorités de l'action extérieure en 2017*". Par ailleurs, le PE indique que : "*Le Parlement européen propose de concentrer en 2016 l'utilisation d'une partie de l'enveloppe budgétaire allouée par l'Union à la Facilité en faveur des réfugiés en Turquie, en raison des bons résultats obtenus lors de sa mise en œuvre et des marges importantes disponibles dans le budget 2016, qui permettent de compenser la mobilisation de la marge pour imprévus en 2016. L'idée est de réduire la pression sans précédent qui s'exerce sur d'autres instruments de financement extérieur en 2017, dans la limite du plafond de la rubrique 4, à un moment où le recours à ceux-ci est indispensable pour toute une série de défis mondiaux.*

La réserve sera levée seulement dans la mesure où les crédits n'ont pas été mis à disposition en 2016, et à condition qu'il soit convenu d'un autre mode de financement par le biais d'une mobilisation de la marge pour imprévus en 2017".

Dans sa lettre d'exécutabilité, la Commission est contre une telle inscription de crédits en réserve visant à modifier le budget pour 2016. Elle souligne également son opposition à tout recours à la marge pour imprévus dans ce contexte.

281 Ces montants tiennent compte de la proposition de transférer les crédits concernant les représentants spéciaux de l'UE de la section III – Commission – à la section X – Service européen pour l'action extérieure – du budget et de la rubrique *4* (*L'Europe dans le monde*) à la rubrique *5*.

282 Selon le PE, "*Afin de consolider la démocratie européenne et de renforcer la confiance des citoyens de l'Union en les institutions européennes, les commissaires et les anciens commissaires devraient être liés par les normes les plus ambitieuses au monde notamment en matière de conflits d'intérêts et de pantouflage*".

283 Dans sa lettre d'exécutabilité, la Commission s'oppose à une telle inscription de crédits en réserve, "le traité et le code de conduite existant s'appliquant aux membres de la Commission (et) définissant déjà les standards éthiques pour la Commission, en ligne avec les recommandations internationales". La Commission souligne par ailleurs que changer le code de conduite ne saurait affecter un droit à des allocations basé sur des obligations légales.

Pour ce qui est des autres sections[284], le PE a adopté la position suivante par institution :

- Parlement européen : confirmation du montant total demandé dans le projet de budget pour 2017 (soit 1 900,6 millions d'euros). Le nombre de postes repris au tableau des effectifs a été réduit de 80, dont -60 postes dans le cadre de la réduction de -5 % sur cinq ans et -20 postes suite au transfert de ces postes au Comité économique et social européen[285] (voir *infra*), dans le cadre de la mise en œuvre de l'accord de coopération interinstitutionnelle de février 2014. En même temps, le nombre de postes demandé augmente de 111 suite, d'une part, aux 35 postes supplémentaires octroyés en 2016[286] pour le recrutement d'agents de sécurité dans le cadre du budget rectificatif nº 3/2016 (voir chapitre II) et, d'autre part, afin d'inclure dans le tableau des effectifs du PE 76 postes temporaires additionnels[287] pour les groupes politiques[288] ;

- Cour de justice : rétablissement des montants proposés dans le PB[289] ;

- Cour des comptes : rétablissement des montants proposés dans le PB, à l'exception d'un montant de 280 000 euros[290] ;

- Comité économique et social européen : renforcement des crédits demandés dans le PB, pour un montant de 1,4 million d'euros, et augmentation du nombre de postes dans le tableau des effectifs de 12, suite au transfert de postes du PE, dans le cadre de la mise en œuvre de l'accord de coopération interinstitutionnelle ;

- Comité des régions : renforcement des crédits demandés dans le PB, pour un montant de 1,2 million d'euros, et augmentation du nombre de postes dans le tableau des effectifs de 8, suite au transfert de postes du PE, dans le cadre de la mise en œuvre de l'accord de coopération interinstitutionnelle ;

- Médiateur européen : rétablissement des montants proposés dans le PB ;

- Contrôleur européen de la protection des données : rétablissement des montants proposés dans le PB, et

- Service européen pour l'action extérieure : augmentation des crédits au-delà de ce qui était proposé dans le PB, pour un montant de 25,9 millions d'euros. Ce montant comprend, d'une part, les dépenses des représentants spéciaux de l'UE transférés de la section III – Commission[291] (voir *supra*). D'autre part, le Parlement a augmenté de 16 le nombre de postes dans le tableau des effectifs dans le but d'accroître la capacité de communication stratégique du SEAE[292].

---

[284] S'agissant de la section II – Conseil européen et Conseil – le Parlement européen a respecté le "*Gentlemen's agreement*".

[285] Ce transfert a également été inclus par la Commission dans la lettre rectificative nº 1/2017 (voir page 372).

[286] Soit un poste AD 5 et 34 postes AST/SC 1.

[287] Soit 35 postes AD 5 et 41 postes AST 1. Le PE rappelle dans ce contexte "*sa décision politique d'exempter les groupes politiques de la réduction de 5 % du personnel, comme souligné dans ses résolutions sur les budgets pour 2014* [doc. *PE P7_TA(2013)0437* du 23 octobre 2013], *2015* [doc. *PE P8_TA(2014)0036* du 23 octobre 2014] *et 2016* [doc. *PE P8_TA(2015)037* du 22 octobre 2015]" (doc. *PE P8_TA(2016)0411*, point 91).

[288] L'effet net est ainsi une augmentation demandée de 31 postes. Dans sa lettre d'exécutabilité, la Commission indique que ceci conduit le PE à s'éloigner de l'objectif de réduction des postes de 5 % sur cinq ans, comme prévu dans l'AII de 2013.

[289] Concernant les postes de la Cour de justice, le Parlement européen "*fait part de son mécontentement vis-à-vis de la déclaration unilatérale du Conseil et de l'annexe correspondante sur la réduction de 5 % des effectifs dans la position du Conseil sur le projet de budget 2017* [voir page 327], *selon lesquelles la Cour devrait encore supprimer 19 postes dans son tableau des effectifs ; souligne que ces 19 postes correspondent aux 12 postes et aux 7 postes dûment octroyés par le Parlement et le Conseil dans les procédures budgétaires 2015 et 2016, respectivement, pour répondre aux besoins supplémentaires, et insiste dès lors pour que ces 19 postes ne soient pas repris, la Cour ayant déjà dûment rempli son obligation de réduction des effectifs de 5 % en supprimant 98 postes au cours de la période 2013-2017*" (doc. *PE P8_TA(2016)0411*, point 104).

[290] Cette réduction concerne avant tout les crédits proposés pour les missions, les études et les publications.

[291] Le Parlement a créé à cet effet une nouvelle ligne budgétaire *4 0 0*, dotée de 24 millions d'euros en crédits d'engagement et de paiement.

[292] Selon le PE, "*La communication stratégique est aujourd'hui un instrument puissant dans les relations internationales. L'Union et ses voisins font face à un problème croissant de désinformation de la part de pays tiers et d'acteurs non étatiques. Le Conseil européen a décidé d'établir, au sein du SEAE, une équipe de communication stratégique qui ne dispose néanmoins à ce jour d'aucun budget propre. La capacité de communication stratégique vise à doter le SEAE des outils (en ligne, graphiques, sociologiques, linguistiques, etc.) dont il manque aujourd'hui*".

Tableau 92. Montants pour 2017 par institution retenus par le Parlement européen

Rubrique 5 (Administration) du CFP, en euros

Institution(s)	Montants demandés dans le PB pour 2017		Montants retenus par le Conseil		Montants retenus par le PE		*Différence par rapport au PB*	*Différence par rapport au CNS*
	c/e	c/p	c/e	c/p	c/e	c/p	*c/e*	*c/e*
Parlement européen	1.900.578.000	1.900.578.000	1.900.578.000	1.900.578.000	1.900.578.000	1.900.578.000	*0*	*0*
Conseil européen et Conseil	559.475.000	559.475.000	558.275.000	558.275.000	558.275.000	558.275.000	*-1.200.000*	*0*
Commission*	3.167.271.000	3.167.271.000	3.130.992.573	3.130.992.573	3.167.271.000	3.167.271.000	*0*	*36.278.427*
OP	*82.133.200*	*82.133.200*	*81.150.589*	*81.150.589*	*82.133.200*	*82.133.200*	*0*	*982.611*
OLAF	*59.491.500*	*59.491.500*	*59.066.465*	*59.066.465*	*59.491.500*	*59.491.500*	*0*	*425.035*
EPSO et EUSA	*26.557.000*	*26.557.000*	*26.328.969*	*26.328.969*	*26.557.000*	*26.557.000*	*0*	*228.031*
PMO	*38.519.500*	*38.519.500*	*38.267.446*	*38.267.446*	*38.519.500*	*38.519.500*	*0*	*252.054*
OIB	*67.805.000*	*67.805.000*	*67.345.694*	*67.345.694*	*67.805.000*	*67.805.000*	*0*	*459.306*
OIL	*24.234.000*	*24.234.000*	*24.098.473*	*24.098.473*	*24.234.000*	*24.234.000*	*0*	*135.527*
Commission (total)	3.466.011.200	3.466.011.200	3.427.250.209	3.427.250.209	3.466.011.200	3.466.011.200	0	38.760.991
Écoles européennes	*1.770.780.000*	*1.770.780.000*	*1.770.780.000*	*1.770.780.000*	*1.770.780.000*	*1.770.780.000*	*0*	*0*
Pensions (toutes institutions)	*185.755.156*	*185.755.156*	*185.755.156*	*185.755.156*	*185.755.156*	*185.755.156*	*0*	*0*
Projets pilotes et actions préparatoires	*0*	*2.411.000*	*0*	*2.411.000*	*4.650.000*	*6.361.000*	*4.650.000*	*4.650.000*
Section III – Commission**	5.422.546.356	5.424.957.356	5.383.785.365	5.386.196.365	5.427.196.356	5.428.907.356	*4.650.000*	*43.410.991*
Cour de justice	396.264.000	396.264.000	388.238.600	388.238.600	396.264.000	396.264.000	*0*	*8.025.400*
Cour des comptes	140.152.000	140.152.000	137.878.179	137.878.179	139.872.000	139.872.000	*-280.000*	*1.993.821*
CESE***	131.898.058	131.898.058	131.743.725	131.743.725	133.272.073	133.272.073	*1.374.015*	*1.528.348*
Comité des régions***	91.955.426	91.955.426	91.855.426	91.855.426	93.169.117	93.169.117	*1.213.691*	*1.313.691*
Médiateur européen	10.650.441	10.650.441	10.455.441	10.455.441	10.650.441	10.650.441	*0*	*195.000*
CEPD	11.236.735	11.236.735	10.841.735	10.841.735	11.236.735	11.236.735	*0*	*395.000*
SEAE	656.936.000	656.936.000	649.799.600	649.799.600	682.867.000	682.867.000	*25.931.000*	*33.067.400*
Total "autres institutions"	***3.899.145.660***	***3.899.145.660***	***3.879.665.706***	***3.879.665.706***	***3.926.184.366***	***3.926.184.366***	***27.038.706***	***46.518.660***
Total général	**9.321.692.016**	**9.324.103.016**	**9.263.451.071**	**9.265.862.071**	**9.353.380.722**	**9.355.091.722**	***31.688.706***	***89.929.651***

** Hors offices européens, Écoles européennes et pensions*

*** Y inclus les projets pilotes et les actions préparatoires relevant de la rubrique 5 du CFP*

**** La Commission a réduit dans le PB pour 2017 les montants demandés par le Comité économique et social européen (-1,4 million d'euros) et le Comité des régions (-0,7 million d'euros ; voir page 321)*

Tableau 93. Les augmentations par rapport au projet de budget pour 2017 adoptées par le Parlement européen

Nouvelles lignes budgétaires incluses, en millions d'euros

Rubrique ou sous-rubrique du CFP	Total*		Dont agences décentralisées			Dont projets pilotes et act. prép.		*Marge*
	c/e	c/p	c/e	c/p	*Nb*	c/e	c/p	*c/e*
1a (Compétitivité pour la croissance et l'emploi)	1.307,8	695,0	2,0	2,0	*1*	31,4	22,1	*(1.226,7)*** ***
1b (Cohésion économique, sociale et territoriale)	1.516,8	513,1	0	0	*0*	12,8	9,1	*(1.503.6)*** ***
2 (Croissance durable : ressources naturelles)	627,5	626,0	0	0	*0*	7,7	6,2	*11,8*
3 (Sécurité et citoyenneté)	82,9	79,8	15,9	16,4	*3*	11,6	8,0	*(82,9)*** ** **
4 (L'Europe dans le monde)	506,7	500,2	0	0	*0*	8,7	5,1	*(506,7)*** ***
*5 (Administration)****	31,7	31,0	0	0	*0*	4,6	3,9	*50,2*
Instruments spéciaux	685,0	685,0	–	–	–	–	–	–
Total	**4.758,4**	**3.130,0**	**17,9**	**18,4**	*4*	**64,0**	**54,4**	***(3.258,0)*** ** ***

** Y inclus les subventions pour les agences décentralisées de l'Union européenne, les projets pilotes et les actions préparatoires*
*** Y inclus le transfert des dépenses des représentants spéciaux de l'UE de la rubrique 4 à la rubrique 5*
**** Pour le détail, voir tableau 92, page 350*
*** ** Dépassement du plafond et demande d'ouverture des négociations avec le Conseil sur la mobilisation des moyens de flexibilité prévus par le règlement fixant le CFP*
*** ** * Mobilisation de la marge pour imprévus, pour un montant de 1 164,4 millions d'euros, et de l'instrument de flexibilité, pour un montant de 530 millions d'euros, dépassement du plafond et demande d'ouverture des négociations avec le Conseil sur la mobilisation des moyens de flexibilité prévus par le règlement fixant le CFP*
*** ** ** En tenant compte de l'utilisation de la MGE, pour un montant de 1 265 millions d'euros au profit de la sous-rubrique 1a, et de la mobilisation de l'instrument de flexibilité, pour un montant de 530 millions d'euros, pour la rubrique 3 du CFP*

Tableau 94. Nombre de lignes budgétaires augmentées par le Parlement européen au-delà du projet de budget pour 2017

Crédits opérationnels et pour la gestion administrative et lignes destinées aux subventions aux agences décentralisées (section III – Commission)

Rubrique ou sous-rubrique du CFP	Nombre de lignes modifiées	Dont lignes avec c/e	Dont lignes avec c/p	Dont nouvelles lignes	Dont lignes concernant les agences décentralisées
1a (Compétitivité pour la croissance et l'emploi)	45	45	45	1*	2**
1b (Cohésion économique, sociale et territoriale)	2	2	2	0	0
2 (Croissance durable : ressources naturelles)	9	9	9	1***	0
3 (Sécurité et citoyenneté)	14	14	14	2** **	3
4 (L'Europe dans le monde)	17** ** *	17	17	0	0
Instruments spéciaux	1	0	1	0	–
Total	**88**	**87**	**88**	**4**	**5**

** Article 15 02 10 (Événements annuels spéciaux), doté de 6 millions d'euros en crédits d'engagement et de paiement*
*** Y inclus l'Institut européen d'innovation et de technologie*
**** Article 11 06 65 (Programme de développement pour la sélectivité et le débarquement des rejets), doté de 2,5 millions d'euros en crédits d'engagement et de paiement*
*** ** Article 15 04 03 (Préparation de l'année européenne du patrimoine culturel (2018)), doté de 1 million d'euros en crédits d'engagement et de paiement, et poste 18 02 01 05 (Financement en faveur des victimes du terrorisme), doté de 5 millions d'euros en crédits d'engagement et de paiement*
*** ** * Le PE a réduit les montants du poste 19 03 01 07 (Représentants spéciaux de l'Union européenne), pour un total de 24 millions d'euros en crédits d'engagement et de 26,9 millions d'euros en crédits de paiement*

Le tableau 92 (page 350) récapitule les montants par institution retenus par le Parlement européen. Les modifications des postes inscrits aux tableaux des effectifs retenues sont présentées dans le tableau 101, page 367.

S'agissant des *instruments spéciaux* disposant de lignes budgétaires spécifiques dans le budget de l'UE, le Parlement européen a non seulement accepté les propositions de la Commission contenues dans le PB, mais a augmenté à 1 000 millions d'euros les crédits d'engagement et de paiement proposés pour la réserve pour aides d'urgences, "(a)*fin de garantir que la réserve d'aide d'urgence dispose de suffisamment de ressources pour apporter une réponse rapide aux besoins spécifiques de pays tiers en cas d'événements imprévus* [...]. *Ces ressources seront débloquées à la faveur de la révision à mi-parcours du CFP*".

Au total, le Parlement européen a adopté *428 amendements* à la position du Conseil (voir page 453). *Dix* des amendements concernent sa section I du budget de l'UE.

Le tableau 93 ci-dessus récapitule les augmentations de crédits par rapport au projet de budget pour 2017 adoptés par le Parlement européen lors de sa lecture, ainsi que les marges laissées sous les différentes rubriques et sous-rubriques du CFP.

Enfin, le tableau 94 ci-dessus présente le nombre de lignes budgétaires augmentées par le Parlement européen au-delà du projet de budget pour 2017.

7. La procédure de conciliation (28 octobre – 17 novembre 2016)

A. La procédure de conciliation s'est composée :

- d'un trilogue, organisé le 10 novembre 2016, et

- de deux réunions du comité de conciliation, qui se sont tenues les 8 et 16/17 novembre 2016.

Elle a permis aux deux branches de l'autorité budgétaire d'aboutir, pour la quatrième fois depuis l'entrée en vigueur du traité de Lisbonne et pour la deuxième année de suite, à un accord sur un projet commun de budget, conformément à l'article 314, paragraphe 5 du TFUE.

B. La première réunion du comité de conciliation, organisée le *8 novembre 2015* dans les locaux du Parlement européen à Bruxelles, a – comme les années précédentes – servi à ouvrir officiellement les négociations interinstitutionnelles finales sur le budget de l'année à venir.

Les trois institutions ont commencé la réunion en évoquant les projets de budgets rectificatifs pour 2016 encore en attente, c'est-à-dire les PBR nº 4/2016 (concernant notamment des crédits supplémentaires pour faire face à la crise des réfugiés, ainsi qu'une importante diminution des crédits de paiement inscrits dans le budget pour 2016), 5/2016 (concernant l'entrée en vigueur de la nouvelle décision "ressources propres") et 6/2016 (concernant une mobilisation du Fonds de solidarité de l'UE en faveur de l'Allemagne ; voir chapitre II).

Le Conseil a indiqué avoir adopté sa position sur les deux premiers PBR le matin même (acceptant les propositions de la Commission sans aucune modification) et ayant l'intention d'adopter sa position sur le PBR nº 6/2016 le 15 novembre 2016 (en acceptant le financement de la mobilisation du Fonds de solidarité comme proposé par la Commission).

Le Parlement européen a informé qu'il était en mesure d'accepter les projets de budgets rectificatifs nº 5 et 6/2016 comme proposés (les considérants soit "technique" pour le premier, soit ayant trait à la "solidarité" entre les États membres de l'Union pour le second), mais en souhaitant garder le PBR nº 4/2016[293] dans un "paquet" avec le budget pour 2017 et le réexamen/ révision à mi-parcours du CFP.

S'agissant du budget pour 2017, le Parlement européen a réitéré sa volonté de le négocier en même temps que le réexamen/ révision à mi-parcours du cadre financier pluriannuel pour 2014-2020, surtout depuis la présentation par la Commission de sa lettre rectificative nº 1/2017 au PB, qui "lie en ce qui concerne 2017 ces deux dossiers d'une façon indissociable".

À cet effet, le Parlement a fortement critiqué le Conseil pour son manque de position sur le réexamen/ révision à mi-parcours et la LR nº 1/2017 dans sa totalité (allant jusqu'à considérer l'organisation des travaux du Conseil sur ces deux dossiers comme "schizophrène").

Le Conseil a confirmé sa volonté de traiter séparément le réexamen/ révision à mi-parcours du CFP et le budget pour 2017, soulignant qu'il n'avait aucun mandat pour discuter, dans le cadre de la procédure de conciliation portant sur le budget pour 2017, du réexamen/ révision à mi-parcours, mais qu'il était "pleinement en position de négocier le budget pour 2017, y inclus la lettre rectificative nº 1/2017 pour ses aspects n'ayant pas trait au réexamen/ révision à mi-parcours".

La Commission a, quant à elle, plaidé pour un accord rapide sur le réexamen/ révision à mi-parcours du CFP, le budget de l'Union pour 2017 et les trois projets de budgets rectificatifs pour 2016 en attente, "dans l'intérêt de l'Union européenne et de ses citoyens, tenant compte des nombreux défis auxquels l'Union est actuellement confrontée, appelant des réponses sans tarder".

Après cet échange de vues relativement tendu entre les deux branches de l'autorité budgétaire, les trois institutions ont entamé l'examen du budget pour l'année à venir, comme les années précédentes par "blocs thématiques", dans l'ordre suivant :

- niveau des crédits d'engagement (par rubrique et sous-rubrique du CFP[294]), et

- niveau des crédits de paiement.

Le Parlement européen et le Conseil n'ont fait pour l'essentiel que répéter leurs positions de négocia-

---

[293] À ce titre, le Parlement européen a indiqué considérer l'adoption d'un amendement visant à utiliser les crédits de paiement "proposés par la Commisson à être retournés aux États membres" pour financer la Facilité en faveur des réfugiés en Turquie et les fonds fiduciaires de l'Union européenne (voir chapitre II).

[294] Y inclus les propositions de mobilisation de la marge pour imprévus, de l'instrument de flexibilité et du Fonds de solidarité de l'UE (cette dernière concernant les avances ; voir pages 308-309 et 321-322).

tions initiales sur le projet de budget, la Commission tentant de présenter quelques premiers terrains d'ententes, notamment sur la base de sa "lettre d'exécutabilité"[295], du 28 octobre 2016[296].

Les trois institutions ont néanmoins toutes réaffirmé à plusieurs reprises leur volonté de travailler ensemble afin d'aboutir à un accord sur le buget pour 2017 dans le cadre de la procédure de conciliation.

Par manque de temps, les institutions n'ont pas évoqué les blocs thématiques traitant des "questions horizontales" suivants, également inscrits à l'ordre du jour :

i) les agences décentralisées de l'Union européenne ;

ii) les projets pilotes et actions préparatoires ;

iii) les réserves ;

iv) les commentaires budgétaires, et

v) la nomenclature budgétaire.

À la fin de la réunion, et afin de faciliter l'avancement des négociations, les deux branches de l'autorité budgétaire ont demandé à la Commission de présenter, dans les meilleurs délais, un "projet de conclusions communes"[297].

C. Lors du trilogue du *10 novembre 2016*, organisé dans les locaux du Conseil à Bruxelles, les deux branches de l'autorité budgétaire et la Commission ont poursuivi leurs travaux en vue d'un accord sur le budget pour 2017.

S'agissant du réexamen/ révision à mi-parcours du CFP, le Conseil, tout en maintenant sa position sur la portée des discussions dans le cadre de la procédure de conciliation budgétaire (voir *supra*, point B), a fait état de l'avancement des travaux au sein de ses "enceintes compétentes"[298]. Le Parlement européen, pour sa part, a réitéré sa volonté d'obtenir un accord global sur le réexamen/ révision à mi-parcours, le projet de budget pour 2017, y inclus la lettre rectificative n° 1/2017 dans son intégralité, et le projet de budget rectificatif n° 4/2016.

S'agissant du budget pour 2017, les deux banches de l'autorité budgétaire ont poursuivi leur échange de vues sur la position du Conseil et les amendements du PE.

Le Parlement européen a, avant tout, rappelé l'importance de répondre d'une façon suffisamment forte au niveau européen aux différentes crises auxquelles l'Union européenne est actuellement confrontée, sans pour autant sacrifer les priorités traditionnelles, y inclus dans le domaine de la croissance et de l'emploi.

Le Conseil a surtout demandé au PE de tirer les "bonnes leçons" de la mise en œuvre du budget pour 2016, le budget prévoyant des crédits de paiement "bien au-delà des besoins avérés".

Par manque de temps, les trois institutions n'ont de nouveau pas évoqué les "questions horizontales" (voir *supra*, point B).

Afin de rapprocher les positions des deux branches de l'autorité budgétaire, la Commission a présenté en fin de réunion le contenu de son premier "projet de conclusions communes".

---

[295] Voir page 76, note en bas de page 256.

[296] Doc. *A(2016)6615478*. Le comité de conciliation a également reçu des "lettres d'exécutabilité" de la Cour de justice (pour la section IV du budget de l'Union), du Comité économique et social européen (pour la section VI), du Médiateur européen (pour la section VIII), du Contrôleur européen de la protection des données (pour la section IX) et du Service européen pour l'action extérieure (pour la section X).

[297] La Commission a diffusé son premier projet de conclusions communes quelques heures avant le trilogue du 10 novembre 2016. Il traite aussi bien des crédits d'engagement que de paiement.

Elle a diffusé une première version révisée du projet le 11 novembre 2016 soir, et trois versions révisées successives lors de la réunion du comité de conciliation des 16 et 17 novembre 2016 (la dernière formant le texte de l'accord ; voir *infra*).

[298] Voir page 295, note en bas de page 76. Le Conseil a, à ce titre, indiqué que le Coreper discutera de la question les 11 et 15 novembre, en vue de préparer le Conseil "Affaires générales" du 15 novembre 2016 (voir chapitre II). Par ailleurs, le Conseil a fait état de rencontres sur ce dossier entre les négociateurs du Parlement européen, du Conseil et de la Commission.

D. Lors de sa réunion des *16 et 17 novembre 2016*[299], organisée dans les locaux du Conseil à Bruxelles[300], le comité de conciliation est parvenu à un accord sur un projet commun de budget. Cet accord est acté sous forme de "conclusions communes"[301], co-signées par les deux coprésidents du comité de conciliation[302].

Les conclusions communes comportent trois parties :

- le budget pour 2017 (voir *infra*, points a) – k)) ;

- les budgets rectificatifs n° 4, 5 et 6/2016 (voir *infra*, point E), et

- les déclarations adoptées par le comité de conciliation (voir *infra*, point F).

Ces conclusions communes sont reproduites pages 409-422.

a) L'accord sur le budget pour 2017 se base sur les éléments suivants :

- le montant global des *crédits pour engagements* dans le budget pour 2017 s'élève à *157 857,8 millions d'euros*. Ceci laisse une marge sous les plafonds du CFP de 1 100,1 millions d'euros ;

- il est fait appel à *la marge pour imprévus* pour fournir la somme de *1 906,2 millions d'euros* à la rubrique *3* (*Sécurité et citoyenneté*) et à la rubrique *4* (*L'Europe dans le monde*). Ce montant est compensé par :

i) 575,0 millions d'euros provenant de la marge non allouée de la rubrique *2* (*Croissance durable : ressources naturelles*) en 2017, et

ii) 507,3 millions d'euros en 2017, 570,0 millions d'euros en 2018 et 253,9 millions d'euros en 2019 provenant des marges non allouées de la rubrique *5* (*Administration*) ;

- il est fait appel à *l'instrument de flexibilité* pour fournir la somme de *530 millions d'euros* en crédits d'engagement (soit le montant maximum disponible en 2017) à la rubrique *3*[303] ;

- il est fait appel à la *marge globale pour les engagements* pour fournir la somme de *1 439,1 millions d'euros* (soit le montant maximum disponible) à la sous-rubrique *1a* (*Compétitivité pour la croissance et l'emploi*), et

- le montant global des *crédits pour paiements* dans le budget pour 2017 s'élève à *134 490,4 millions d'euros*.

b) L'accord a été bâti sur le principe selon lequel, *sauf décision contraire* du comité de conciliation reprise dans les conclusions communes, *toutes les lignes budgétaires qui n'ont été modifiées ni par le Conseil ni par le Parlement européen* ainsi que celles pour lesquelles *le Parlement a accepté les modifications apportées par le Conseil lors de leurs lectures respectives* du projet de budget (soit les lignes budgétaires "techniquement closes" ou "clôturées") sont *confirmées*.

En ce qui concerne les autres lignes budgétaires, le comité de conciliation est convenu de ce qui suit :

c) S'agissant des *crédits d'engagement*, et sans préjudice des lignes budgétaires "clôturées" (voir *supra*, point b)), des *agences décentralisées de*

[299] Cette seconde réunion du comité de conciliation, prévue à l'origine pour le mercredi 16 novembre 2016 (voir page 405), s'est terminée sur un accord le jeudi 17 novembre 2016, à 3 heures 30 du matin.

[300] La réunion a été précédée par un trilogue informel, organisé le 14 novembre 2016 à la représentation permanente de la Slovaquie (pays assurant lors du deuxième semestre 2016 la présidence tournante du Conseil ; voir page 429). Pendant la réunion, les deux branches de l'autorité budgétaire et la Commission ont poursuivi leurs discussions sur le budget pour 2017, sur base de la première version révisée du projet de conclusions communes, diffusée par la Commission le vendredi 11 novembre 2016 soir (voir page 353, note en bas de page 297).

[301] Doc. *PE P8_TA(2015)0407* du 25 novembre 2015, annexe, et *Conseil 14153/15 PV/CONS 61 ECOFIN 855 BUDGET 41* du 3 décembre 2015, pp. 4/15.

[302] C'est-à-dire le président de la commission des budgets du PE et le secrétaire d'État au ministère des Finances de la Slovaquie.

[303] Selon les conclusions communes "*la Commission estime à 981,1 millions d'euros les crédits de paiement 2017* (découlant de) *la mobilisation de l'instrument de flexibilité en 2014, en 2015 et en 2016*" (voir page 370, note en bas de page 335).

l'Union européenne (voir *infra*, point e)) et des *projets pilotes* et des *actions préparatoires* (voir *infra*, point g)), le comité de conciliation a convenu des *modifications suivantes* par rubrique et sous-rubrique du CFP :

i) sous-rubrique *1a* (*Compétitivité pour la croissance et l'emploi*) : les crédits d'engagement sont fixés au niveau proposé par la Commission dans le projet de budget pour 2017 tel que modifié par la lettre rectificative n° 1/2017, à l'exception des lignes budgétaires suivantes :

i) *augmentation*, suite à une demande du PE et pour un montant total de *6 millions d'euros*, des crédits de "*Progress*" et "*EURES*" comme suit :

- poste *04 03 02 01* (*Progress – Soutenir l'élaboration, la mise en œuvre, le suivi et l'évaluation de la politique sociale et de l'emploi ainsi que de la législation relative aux conditions de travail de l'Union*) : +5 millions d'euros, et

- poste *04 03 02 02* (*EURES – Encourager la mobilité géographique volontaire des travailleurs et multiplier les possibilités d'emploi*) : +1 million d'euros ;

ii) *diminution*, pour un montant total de *-39,7 millions d'euros*, des crédits des *quatre* lignes budgétaires suivantes :

- poste *32 02 01 01* (*L'intégration plus poussée du marché intérieur de l'énergie et l'interopérabilité des réseaux d'électricité et de gaz à travers les frontières*) : -10,9 millions d'euros ;

- poste *32 02 01 03* (*Contribuer au développement durable et à la protection de l'environnement*) : -10,9 millions d'euros ;

- poste *32 02 01 02* (*Renforcer la sécurité d'approvisionnement énergétique de l'Union*) : -10 millions d'euros, et

- poste *32 02 01 04* (*Créer un environnement plus favorable aux investissements privés pour des projets en matière d'énergie*) : -7,9 millions d'euros.

Un nouvel article *15 02 10*, doté de *6 millions d'euros*, est créé pour les "événements spéciaux", comme prévu lors de la lecture du budget par le Parlement européen.

Le comité de conciliation a *explicitement* confirmé les montants, pour un total de *200 millions d'euros*[304], de *sept* lignes budgétaires concernant *"Horizon 2020", la partie "Transports" du MIE, "COSME" et "Erasmus+"* au niveau proposé par la Commission dans la lettre rectificative n° 1/2017 dans le cadre du *réexamen/ révision à mi-parcours du CFP*[305] (voir pages 297 et 371).

Il a, en même temps, indiqué, à la demande expresse du Conseil, que "(c)*es montants font partie de l'augmentation globale des crédits de la sous-rubrique 1a jusque 2020 dans le cadre du réexamen/ révision du CFP*". Par ailleurs, le Parlement et le Conseil confirment dans les conclusions communes que "*les augmentations convenues à la sous-rubrique 1a dans le cadre du budget 2017 respectent pleinement les accords antérieurs et sont sans préjudice des procédures législatives en cours*" (voir page 412).

Par conséquent, et après prise en compte des agences, des projets pilotes et des actions préparatoires, le niveau convenu des crédits d'engagement est fixé à 21 312,2 millions d'euros, ce qui laisse une marge de 51,9 millions d'euros sous le plafond des dépenses de la sous-rubrique *1a* en utilisant la marge globale pour les engagements pour un montant de 1 439,1 millions d'euros ;

---

[304] Il convient de relever que pour des raisons "d'affichage politique", le tableau traitant dans les conclusions communes de ces 200 millions d'euros (voir page 411) est le seul tableau qui fait référence au PB *hors* LR.

[305] Il convient de relever que les positions de principe des deux branches de l'autorité budgétaire sur le traitement du réexamen/ révision à mi-parcours du CFP se sont "inversées" lors de la seconde réunion du comité de conciliation, le Conseil souhaitant, suite au compromis du 15 novembre 2016 sur le réexamen/ révision à mi-parcours (voir chapitre II), un accord global aussi bien sur le budget pour 2017 que sur les éléments du compromis portant sur 2017, le PE pour sa part insistant pour que l'accord sur le budget pour 2017 ne préjuge en rien du résultat du réexamen/ révision à mi-parcours et des procédures budgétaires des années à venir.

ii) sous-rubrique *1b* (*Cohésion économique, sociale et territoriale*) : les crédits sont fixés au niveau proposé dans le projet de budget pour 2017[306].

Le comité de conciliation a, en outre, approuvé la déclaration commune suivante sur l'Initiative pour l'emploi des jeunes : "*Le Parlement européen, le Conseil et la Commission rappellent que la réduction du chômage des jeunes demeure une priorité politique de premier ordre qu'ils partagent et, à cet égard, ils réaffirment leur détermination à utiliser au mieux les ressources budgétaires disponibles pour résoudre le problème du chômage des jeunes, et en particulier l'enveloppe au titre de l'Initiative pour l'emploi des jeunes.*

Ils rappellent que, conformément à l'article 14, paragraphe 1, du règlement (UE, Euratom) nº 1311/2013 du Conseil du 2 décembre 2013 fixant le cadre financier pluriannuel pour la période 2014-2020, "(l)es marges laissées disponibles sous les plafonds du cadre financier pour les crédits d'engagement pour les années 2014-2017 constituent une marge globale du cadre financier pour les engagements, à mobiliser au-delà des plafonds établis dans le cadre financier pour les années 2016 à 2020 afin d'atteindre les objectifs des politiques liées à la croissance et à l'emploi, en particulier celui des jeunes*".*

Le Conseil et le Parlement européen invitent la Commission à présenter, en 2017, un budget rectificatif visant à prévoir, dès que l'ajustement technique visé à l'article 6 du règlement fixant le cadre financier pluriannuel aura été adopté, un montant de 500 millions d'euros[307] *dans la dotation de l'Initiative pour l'emploi des jeunes pour 2017, financé par la marge globale du cadre financier pour les engagements.*

Le Conseil et le Parlement s'engagent à examiner rapidement ce projet de budget rectificatif pour 2017 présenté par la Commission" ;

iii) rubrique *2* (*Croissance durable : ressources naturelles*) : les crédits d'engagement sont fixés au niveau proposé par la Commission dans le projet de budget tel que modifié par la lettre rectificative nº 1/2017, avec une *réduction* supplémentaire de *325 millions d'euros* du poste *05 03 01 10* (*Régime de paiement de base (RPB)*) due à une augmentation des recettes affectées au FEAGA communiquée par la Commission le 7 novembre 2016 dans la mise à jour de sa LR[308] (voir page 371).

Le comité de conciliation a approuvé la déclaration commune suivante sur l'agriculture : "*Le budget pour 2017 contient un ensemble de mesures d'urgence destinées à aider les agriculteurs à faire face aux difficultés qu'ils ont récemment connues sur le marché. La Commission confirme que la marge de la rubrique 2 est suffisante pour répondre à d'éventuels besoins imprévus. Elle s'engage à surveiller régulièrement la situation du marché et à présenter, si nécessaire, les mesures appropriées pour répondre à des besoins qui ne peuvent être couverts par les crédits autorisés dans le budget. En pareil cas, le Parlement européen et le Conseil s'engagent à examiner les propositions budgétaires correspondantes dans les meilleurs délais*" ;

iv) rubrique *3* (*Sécurité et citoyenneté*) : les crédits d'engagement sont fixés au niveau proposé par la Commission dans le projet de budget tel que modifié par la lettre rectificative nº 1/2017, avec les *deux* ajustements suivants convenus, suite à des demandes du PE, par le comité de conciliation :

- *augmentation* des crédits destinés aux *actions multimédia* (article *09 05 05*) de *3 millions d'euros*, et

- *augmentation* des crédits destinés au *sous-programme "Culture" – Soutenir les actions transfrontières et promouvoir la circulation transnationale et la mobilité* (article *15 04 02*) de *1 million d'euros.*

---

[306] Ceci conduit (après prise en compte des projets pilotes et des actions préparatoires) à laisser une marge de 0,4 million d'euros sous le plafond des dépenses de la sous-rubrique.

[307] "*Ce montant fait partie de l'augmentation globale de l'Initiative pour l'emploi des jeunes jusqu'en 2020 dans le cadre du réexamen/ révision à mi-parcours du CFP*".

[308] Ceci conduit (après prise en compte des agences décentralisées, des projets pilotes et des actions préparatoires) à laisser une marge de 1 031,6 millions d'euros sous le plafond de la rubrique *2* étant donné qu'un montant de 575,0 millions d'euros est utilisé pour compenser la mobilisation de la marge pour imprévus.

Par ailleurs, les commentaires de l'article *09 05 05* sont modifiés par l'ajout de la phrase suivante : "*Au besoin, les procédures de passation de marché ou d'octroi de subventions peuvent prévoir la conclusion de partenariats-cadres afin d'encourager la mise en place d'un cadre de financement stable pour les réseaux paneuropéens financés au moyen de ce crédit*".

Les commentaires de l'article *15 04 02* sont modifiés, pour leur part, par l'ajout de la phrase suivante : "*Ce crédit peut également servir à financer la préparation de l'année européenne du patrimoine culturel*".

La marge pour imprévus est utilisée pour un montant de 1 176,0 millions d'euros et l'instrument de flexibilité pour un montant de 530 millions d'euros, afin de financer des mesures dans le domaine de la migration, des réfugiés et de la sécurité (voir pages 368-370) ;

v) rubrique *4* (*L'Europe dans le monde*) : les crédits sont fixés au niveau proposé par la Commission dans le projet de budget tel que modifié par la lettre rectificative nº 1/2017 mais avec les *huit* ajustements convenus par le comité de conciliation suivants :

i) *augmentation*, suite à des demandes du PE et pour un montant total de *54,1 millions d'euros*, des crédits pour les *quatre* lignes budgétaires suivantes :

- poste *22 04 01 04* (*Soutien au processus de paix et aide financière à la Palestine et à l'Office de secours et de travaux des Nations unies pour les réfugiés de Palestine (UNRWA)*) : +27,8 millions d'euros ;

- article *01 03 02* (*Aide macrofinancière*) : +15 millions d'euros ;

- poste *22 04 02 02* (*Partenariat oriental – Réduction de la pauvreté et développement durable*) : +8,3 millions d'euros, et

- article *13 07 01* (*Soutien financier visant à encourager le développement économique de la communauté chypriote turque*) : +3 millions d'euros ;

ii) *réduction*, pour un montant total de *332,8 millions d'euros*, des crédits pour les *quatre* lignes budgétaires suivantes :

- article *01 03 08* (*Provisionnement du fonds de garantie FEDD*) : -275 millions d'euros[309] ;

- poste *21 02 07 05* (*Migration et asile*) : -43,3 millions d'euros ;

- poste *22 04 01 03* (*Pays méditerranéens – Mesures propres à instaurer la confiance, sécurité et prévention et règlement des conflits*) : -7,9 millions d'euros, et

- poste *19 03 01 05* (*Actions d'urgence*) : -6,6 millions d'euros.

Soit un total net de *-278,6 millions d'euros* par rapport au PB pour 2017, lettre rectificative nº 1/2017 comprise.

Pour le poste *19 03 01 07* (*Représentants spéciaux de l'Union européenne*), les crédits sont fixés au niveau proposé dans le projet de budget pour 2017[310].

La marge pour imprévus est utilisée pour un montant de 730,1 millions d'euros.

Le comité de conciliation a approuvé la déclaration commune suivante sur le Fonds européen pour le développement durable : "*Pour s'attaquer aux causes profondes de la migration, la Commission a mis sur pied le Fonds européen pour le développement durable (FEDD), fondé sur la mise en place de la garantie FEDD et du fonds de garantie FEDD. La Commission propose de doter le fonds de garantie FEDD de 750 millions d'euros pour la période 2017-2020, dont 400 millions d'euros provenant, sur les quatre années, du Fonds européen*

[309] Le comité de conciliation a approuvé à ce titre une déclaration commune (voir *infra*).

[310] Ce qui signifie que le transfert des trois représentants spéciaux de l'UE "*à double casquette*" de la rubrique *4* à la rubrique *5* du CFP, inclus par la Commission dans la LR nº 1/2017 mais auquel le Conseil s'est fermement opposé (voir page 373), n'est pas retenu.

de développement (FED), 100 millions d'euros provenant de l'Instrument européen de voisinage pour la période 2017-2020 (dont 25 millions d'euros en 2017) et 250 millions d'euros prenant la forme de crédits d'engagement (et de paiement) en 2017.

Le Conseil et le Parlement européen invitent la Commission à demander les crédits nécessaires dans un budget rectificatif pour 2017 afin de pourvoir au financement du FEDD au titre du budget de l'UE dès que la base juridique aura été adoptée.

Le Conseil et le Parlement s'engagent à examiner rapidement le projet de budget rectificatif pour 2017 présenté par la Commission".

vi) rubrique *5* (*Administration*) : le comité de conciliation a retenu le nombre de *postes* repris dans les tableaux des effectifs des institutions et les *crédits* proposés par la Commission dans le projet de budget tel que modifié par la lettre rectificative nº 1/2017, sauf pour la :

- section I – Parlement européen, la lecture du PE étant retenue, à l'exception du fait que les 76 postes supplémentaires accordés aux groupes politiques sont intégralement compensés par une baisse d'un nombre de postes équivalent dans le tableau des effectifs de l'administration du Parlement, sans incidence sur le budget (voir page 414). En outre, le comité de conciliation convient d'intégrer dans le budget pour 2017 l'impact de l'actualisation automatique des salaires applicable à compter du 1er juillet 2016 (soit 8 717 000 euros[311] ; voir page 372) ;

- section II – Conseil européen et Conseil, la lecture du Conseil étant retenue, moyennant l'intégration dans le budget pour 2017 de l'impact de l'actualisation automatique des salaires applicable à compter du 1er juillet 2016 (soit 3 301 000 euros[312]) ;

- section V – Cour des comptes, dont les réductions par rapport au projet de budget pour 2017 figurant dans la lecture du Parlement sont approuvées (soit -280 000 euros), et

- section X – Service européen pour l'action extérieure, pour lequel un montant de 560 250 euros (poste *1 2 0 0*) est alloué à la ligne relative aux agents contractuels, le poste *3 0 0 3* (*Immeubles et frais accessoires*) étant réduit d'un montant identique.

Par ailleurs, les commentaires du poste *1 2 0 0* sont modifiés par l'ajout de la phrase suivante : "*Ce crédit couvre également le coût des agents contractuels qui participent aux activités de communication stratégique*".

En outre, *quatre* lignes budgétaires (voir page 415) sont ajustées (pour un montant de *-10,1 millions d'euros*) afin d'en retirer le transfert des représentants spéciaux de l'Union européenne à "double casquette" proposé dans la lettre rectificative nº 1/2017[313].

Le comité de conciliation a, en outre, approuvé la déclaration commune suivante sur la réduction de 5 % du personnel : "*Le Parlement européen, le Conseil et la Commission rappellent qu'ils sont convenus d'une réduction progressive de 5 % des effectifs figurant dans le tableau des effectifs à la date du 1er janvier 2013, applicable à l'ensemble des institutions, organes et agences, ainsi que le prévoit, au point 27, l'Accord interinstitutionnel du 2 décembre 2013 sur la discipline budgétaire, la coopération en matière budgétaire et la bonne gestion financière.*

Les trois institutions rappellent que l'échéance pour la mise en œuvre complète de la réduction des effectifs de 5 % est fixée à 2017. Elles conviennent que les mesures de suivi appropriées seront prises pour faire le point de la situation et veiller à ce que tous les efforts soient mis en œuvre afin d'éviter tout nouveau retard dans la mise en œuvre de l'objectif

[311] Ce montant n'a pas été inclus dans la LR nº 1/2017 (voir page 372).

[312] Ce montant n'a pas été inclus dans la position du Conseil sur le PB pour 2017, la lecture du Conseil ayant été antérieure à la présentation de la LR.

[313] Par conséquent, et après prise en compte des projets pilotes et des actions préparatoires, la marge sous le plafond de la rubrique *5* s'établit à 16,2 millions d'euros, après utilisation de 507,3 millions d'euros de la marge pour compenser la mobilisation de la marge pour imprévus.

de réduction de 5 % du personnel par l'ensemble des institutions, organes et agences.

Les trois institutions saluent l'aperçu des données consolidées relatives à tout le personnel externe employé par les institutions, que la Commission a présenté dans le projet de budget conformément à l'article 38, paragraphe 3, point b), du règlement financier[314]*. Elles invitent la Commission à continuer de fournir ces informations à l'autorité budgétaire lors de la présentation des projets de budget pour les exercices futurs.*

Le Conseil et le Parlement soulignent que la réalisation de l'objectif de réduction du personnel de 5 % devrait permettre aux institutions de réaliser des économies dans leurs dépenses de fonctionnement administratif. Dans cette perspective, ils invitent la Commission à commencer à évaluer les résultats de l'exercice afin de tirer des enseignements pour l'avenir" ;

vii) instruments spéciaux : les crédits d'engagement sont fixés au niveau proposé par la Commission dans le projet de budget pour 2017, à l'exception de la réserve pour le Fonds de solidarité de l'Union européenne (nouvel article *40 02 44* proposé dans le PB ; voir page 322), qui est supprimée (soit *-513 millions d'euros*).

d) S'agissant des *crédits de paiement*, l'accord a été établi sur les bases suivantes :

Le montant global des crédits de paiement est fixé au *niveau du projet de budget tel que modifié par la lettre rectificative n° 1/2017* (soit *135 422 millions d'euros*), moyennant les ajustements ci-après convenus par le comité de conciliation :

i) premièrement, il est tenu compte du niveau convenu de *crédits d'engagement pour les dépenses non dissociées*, pour lesquelles *le niveau des crédits de paiement est égal à celui des crédits d'engagement.* Ce niveau comprend notamment :

- la *réduction* des *dépenses agricoles* de *-325 millions d'euros* (voir *supra*, point c, *iii)*) ;

- les ajustements des *dépenses administratives* des différentes sections du budget[315], pour un montant total de *+13,4 millions d'euros* (voir *supra*, point c, *vi)*), et

- les ajustements des *contributions aux agences décentralisées*, pour un montant total de *-4,5 millions d'euros* (voir *infra*, point e).

L'effet combiné des différents éléments est une *réduction* des crédits de paiement de *-332,3 millions d'euros* ;

ii) les crédits de paiement de tous les *nouveaux projets pilotes* et *actions préparatoires* proposés par le Parlement sont fixés à 50 % des crédits d'engagement correspondants ou au niveau proposé par le Parlement s'il est inférieur. Dans le cas d'une prolongation de projets pilotes ou d'actions préparatoires *existants*, le niveau des crédits de paiement correspond au montant fixé dans le projet de budget, auquel on ajoute un montant équivalent à 50 % des nouveaux crédits d'engagement correspondants, ou au niveau proposé par le Parlement s'il est inférieur. L'effet combiné est une *hausse* de *+35,2 millions d'euros* ;

iii) les crédits de paiement pour les "*événements spéciaux*" (nouvel article *15 02 10*) sont fixés au niveau indiqué lors de la lecture du Parlement européen. L'effet est une *hausse* de *+6 millions d'euros* ;

iv) les crédits de paiement à l'article *01 03 08* pour le *provisionnement du fonds de garantie FEDD* ne comportent que la mention "p.m."[316]. L'effet est une *diminution* de *-275 millions d'euros* ;

v) les montants des crédits de paiement de *quinze* lignes budgétaires (voir pages 416-417) sont ajustés en lien avec les *modifications des montants des crédits d'engagement correspondants* apportées par

[314] Voir page 328, note en bas de page 213.
[315] La section VIII – Médiateur européen – n'est pas concernée par cet ajustement.
[316] Le comité de conciliation a approuvé à ce titre une déclaration commune (voir pages 357-358).

le comité de conciliation. L'effet combiné est une *hausse* de *+5 millions d'euros* ;

vi) les crédits de paiement du *Fonds européen d'ajustement à la mondialisation* (article *40 02 43*) sont fixés à zéro étant donné que les crédits de paiement disponibles en provenance des recettes affectées devraient suffire à couvrir la totalité de l'exercice 2017. L'effet est une *réduction* de *-30 millions d'euros* ;

vii) la réserve pour le *Fonds de solidarité de l'Union européenne* (nouvel article *40 02 44* proposé dans le PB pour 2017) est supprimée. L'effet est une *réduction* de *-200 millions d'euros* ;

viii) d'autres *réductions* des crédits de paiement sont effectuées, en ligne avec la position du Conseil, aux *quatre* lignes budgétaires suivantes relevant de la sous-rubrique *1b* du CFP :

- poste *13 03 64 01* (*Fonds européen de développement régional (FEDER) – Coopération territoriale européenne*) : -101 millions d'euros[317] ;

- article *13 03 62* (*Fonds européen de développement régional (FEDER) – Régions plus développées – Objectif "Investissement pour la croissance et l'emploi"*) : -25 millions d'euros ;

- article *04 02 62* (*Fonds social européen (FSE) – Régions plus développées – Objectif "Investissement pour la croissance et l'emploi"*) : -18 millions d'euros, et

- article *13 03 61* (*Fonds européen de développement régional (FEDER) – Régions en transition – Objectif "Investissement pour la croissance et l'emploi"*) : -10 millions d'euros.

L'effet combiné est une *baisse* de *-154 millions d'euros*, et

ix) un montant de *13,8 millions d'euros* est ajouté au poste *19 03 01 07* (*Représentants spéciaux de l'Union européenne*) suite au rejet du transfert des trois représentants spéciaux de l'UE "*à double casquette*", proposé dans la LR n° 1/2017.

Tous ces différents ajustements énumérés ci-dessus conduisent à une *réduction* du niveau des crédits de paiement de *931,4 millions d'euros* par rapport au projet de budget tel que modifié par la lettre rectificative n° 1/2017.

x) Le comité de conciliation a, en outre, approuvé la déclaration commune suivante relative aux *crédits de paiement* :

"Le Parlement européen et le Conseil rappellent la nécessité de veiller, en fonction de l'exécution, à une évolution ordonnée des paiements par rapport aux crédits d'engagement afin d'éviter un niveau anormal de factures impayées en fin d'exercice.

Le Parlement européen et le Conseil demandent à la Commission de continuer d'assurer un suivi minutieux et actif de la mise en œuvre des programmes pour la période 2014-2020. À cette fin, ils invitent la Commission à présenter en temps utile des chiffres actualisés concernant l'état de la mise en œuvre et les estimations relatives aux crédits de paiement pour 2017.

Le Conseil et le Parlement européen arrêteront les décisions nécessaires en temps voulu pour des besoins dûment justifiés, afin d'éviter l'accumulation de factures impayées pour un montant excessif et de faire en sorte que les demandes de paiement soient dûment acquittées".

e) S'agissant des *agences décentralisées de l'Union européenne*, la contribution de l'Union européenne (en crédits d'engagement et de paiement) et le nombre de postes sont fixés au niveau proposé par la Commission dans le projet de budget, tel que modifié par la lettre rectificative n° 1/2017, à l'exception des *cinq* agences suivantes[318] :

i) l'*Office européen de police* (Europol, article *18 02 04*), pour lequel *10 postes supplémentaires*

[317] Le Conseil, dans sa position sur le PB pour 2017, avait réduit cette ligne de 81 millions d'euros (voir page 330).
[318] L'effet combiné est une baisse des montants proposés dans le PB pour 2017 (LR n° 1/2017 incluse) de 4,5 millions d'euros.

sont alloués, ainsi que *675 000 euros supplémentaires* en crédits d'engagement et de paiement ;

ii) l'*Unité de coopération judiciaire de l'Union européenne* (Eurojust, article *33 03 04*), pour laquelle *10 postes supplémentaires* sont alloués, ainsi que *675 000 euros supplémentaires* en crédits d'engagement et de paiement ;

iii) l'*Autorité bancaire européenne* (ABE, article *12 02 04*), dont les crédits d'engagement et de paiement sont *réduits de 500 000 euros* ;

iv) le *Bureau européen d'appui en matière d'asile* (EASO, article *18 03 02*), dont les crédits d'engagement et de paiement sont *augmentés de 3 000 000 euros*, et

v) l'*Agence européenne des médicaments* (EMA, poste *17 03 12 01*), dont les crédits d'engagement et de paiement sont *réduits de 8 350 000* euros.

f) S'agissant des *agences exécutives* et des *entreprises communes*, la contribution de l'Union européenne (en crédits d'engagement et de paiement) et le nombre de postes sont fixés au niveau proposé par la Commission dans le projet de budget pour 2017.

g) Pour ce qui est des *projets pilotes* et des *actions préparatoires*, le comité de conciliation est convenu d'un ensemble de *78* projets pilotes et actions préparatoires[319] comme proposé par le Parlement européen, pour un montant total de 76,9 millions d'euros en crédits d'engagement au-delà de ce qui était proposé dans le PB pour 2017 (voir tableau 91, page 339).

Lorsqu'un projet pilote ou une action préparatoire semble couvert par une base juridique existante, la Commission peut proposer le virement des crédits vers la base juridique correspondante afin de faciliter la mise en œuvre de l'action en question.

Cet ensemble de projets et d'actions respecte intégralement les plafonds fixés par le règlement financier pour les projets pilotes et les actions préparatoires.

h) S'agissant des *commentaires budgétaires*, et sauf indication contraire expresse dans les conclusions communes, les modifications apportées par le Parlement européen ou le Conseil au texte des commentaires budgétaires sont approuvées, à l'exception de six lignes budgétaires figurant dans le tableau repris dans les conclusions communes (voir page 418), pour lesquelles le texte des commentaires proposé dans le projet de budget tel que modifié par la lettre rectificative n° 1/2017 et l'actualisation du FEAGA est approuvé.

Il est entendu que les modifications introduites par le Parlement européen ou le Conseil ne peuvent pas modifier ou étendre le champ d'application d'une base juridique existante ou entraver l'autonomie administrative des institutions et que l'action doit pouvoir être financée par des ressources disponibles.

i) Quant à la *nomenclature budgétaire* et aux *nouvelles lignes budgétaires*, la nomenclature budgétaire proposée par la Commission dans le projet de budget tel que modifié par la lettre rectificative n° 1/2017, comprenant les projets pilotes et les actions préparatoires, ainsi que le nouvel article *15 02 10* consacré aux événements annuels spéciaux sont approuvés.

j) S'agissant des *réserves*, le comité de conciliation n'a pas retenu de réserves autres que celles du projet de budget tel que modifié par la lettre rectificative n° 1/2017, sauf pour :

i) le poste *13 01 04 04* (*Dépenses de soutien au programme d'appui à la réforme structurelle (PARS)*) et l'article *13 08 01* (*Programme d'appui à la réforme structurelle (PARS) – Assistance technique opérationnelle transférée de la sous-rubrique 1b (FSE, FEDER et FC)*), pour lesquels le total des crédits d'engagement et de paiement est placé en réserve dans l'attente de l'adoption de la base légale du Programme d'appui à la réforme structurelle ;

[319] Y inclus la nouvelle action préparatoire concernant la recherche en matière de défense, proposée par la Commission dans le PB pour 2017, et dotée de 25 millions d'euros en crédits d'engagement (nouveau poste *02 04 77 03*).

ii) l'article *13 08 02* (*Programme d'appui à la réforme structurelle (PARS) – Assistance technique opérationnelle transférée de la rubrique 2 (Feader)*), pour lequel le total des crédits d'engagement et de paiement est placé en réserve dans l'attente de l'adoption de la base légale de ce programme, et

iii) le poste *18 02 01 03* (*Mise en place de nouveaux systèmes informatisés permettant la gestion des flux migratoires aux frontières extérieures de l'Union*), pour lequel 40 000 000 euros en crédits d'engagement et 28 000 000 euros en crédits de paiement sont placés en réserve dans l'attente de la conclusion de la procédure législative créant le système d'entrée/sortie.

k) S'agissant enfin du volet *recettes* du budget pour 2017, il est approuvé tel que proposé par la Commission dans le projet de budget tel que modifié par la lettre rectificative n° 1/2017 (y inclus la proposition de la Commission visant à inclure dans le budget les recettes provenant d'amendes pour un montant de 1 milliard d'euros ; voir page 373), moyennant les effets de l'ajustement du niveau des crédits de paiement conformément à l'accord obtenu au sein du comité de conciliation (voir *supra*, point d)).

E. S'agissant du *budget pour 2016*, le comité de conciliation a acté un accord sur :

- le projet de budget rectificatif n° 4/2016 (concernant une réduction des crédits de paiement et d'engagement et une actualisation des crédits visant à prendre en considération l'évolution de la situation dans le domaine de la migration et de la sécurité) et la mobilisation de la marge pour imprévus qui l'accompagne tels que proposés par la Commission (voir pages 286-288 et 368-369) ;

- le projet de budget rectificatif n° 5/2016 (concernant la mise en œuvre de la nouvelle décision relative au système des ressources propres) tel que proposé par la Commission (voir pages 288 et 299), et

- le projet de budget rectificatif n° 6/2016 et la mobilisation du Fonds de solidarité de l'Union européenne pour venir en aide à l'Allemagne qui en découle tels que proposés par la Commission (voir pages 288 et 291).

F. L'accord comporte également l'approbation de *six déclarations communes* portant sur[320] :

- l'*Initiative pour l'emploi des jeunes* (voir page 356) ;

- les *crédits de paiement* (voir page 360) ;

- la *réduction de 5 % du personnel des institutions, organes et agences de l'Union* (voir pages 358-359) ;

- le *Fonds européen pour le développement durable* (voir pages 357-358) ;

- les *fonds fiduciaires de l'Union* et la *Facilité en faveur des réfugiés en Turquie*[321], et

- l'*agriculture* (voir page 356).

Le contenu de ces déclarations est repris pages 420-422.

---

[320] Doc. *PE P8_TA(2016)0475*, annexe, et *Conseil 14365/16 FIN 804* du 24 novembre 2016, pp. 6/9.

[321] Selon la déclaration commune sur les fonds fiduciaires de l'Union et la Facilité en faveur des réfugiés en Turquie approuvée par le comité de conciliation : "*Le Parlement européen, le Conseil et la Commission conviennent que la mise en place des fonds fiduciaires et de la Facilité en faveur des réfugiés en Turquie devrait être transparente et claire, conforme au principe d'unité du budget de l'Union, aux prérogatives de l'autorité budgétaire et aux objectifs des bases juridiques existantes.*

Ils s'engagent à examiner, comme il convient, ces questions dans le cadre de la révision du règlement financier de manière à trouver un juste équilibre entre flexibilité et responsabilité.

La Commission s'engage à :

- tenir l'autorité budgétaire régulièrement informée du financement (notamment des contributions des États membres) et des opérations, en cours et prévus, des fonds fiduciaires ;

- présenter, à partir de 2017, un document de travail accompagnant le projet de budget pour l'exercice financier suivant ;

- proposer des mesures visant à associer dûment le Parlement européen".

8. *La confirmation de l'accord par le Conseil et le Parlement européen et la signature du budget (28 novembre et 1er décembre 2016)*

Le Conseil a approuvé le projet commun de budget pour 2017 (en tant que "point A" lors de la session du Conseil "Compétitivité") le 28 novembre 2016. La Grèce, l'Italie et le Royaume-Uni se sont abstenus.

Le Parlement européen l'a fait (par 438 voix pour, 194 voix contre et 7 abstentions) lors de sa "mini-plénière" le 1er décembre 2016 à Bruxelles[322].

Après avoir constaté, conformément à l'article 314, paragraphe 9 du TFUE, son adoption définitive, le président du Parlement européen a signé le budget de l'Union européenne pour 2017 le 1er décembre 2016.

9. *Le budget de l'UE pour 2017*

A. Le budget de l'UE pour 2017 s'élève comme déjà mentionné dans l'introduction à 157 858 millions d'euros en crédits pour engagements et à 134 490 millions d'euros en crédits pour paiements (voir page 284).

B. En termes de *recettes*, le budget de l'UE est destiné à être financé pour 69,6 % par des ressources fondées sur la ressource RNB, pour 12,3 % par des ressources fondées sur la TVA et pour 16 % par des ressources fondées sur les ressources propres traditionnelles (dont 15,9 % par les droits de douane). Les recettes diverses représentent environ 2 % du financement prévisionnel.

C. Le budget de l'UE pour 2017 s'établit par rubrique et sous-rubrique du cadre financier pluriannuel pour 2014-2020 comme suit[323] :

- les dépenses de la sous-rubrique *1a* (*Compétitivité pour la croissance et l'emploi*) s'élèvent à 21 312 millions d'euros en crédits d'engagement (soit +12,1 % par rapport au budget pour 2015[324]) et à 19 321 millions d'euros en crédits de paiement (+11 %). La marge sous le plafond des dépenses s'établit à 52 millions d'euros. La marge globale pour les engagements est utilisée pour un montant de 1 439 millions d'euros (soit la totalité du montant disponible).

Les crédits (en engagement et en paiement) de la sous-rubrique *1a* inscrits dans le budget pour 2016 sont récapitulés dans le tableau 95 (page 364)[325] ;

- les crédits de la sous-rubrique *1b* (*Cohésion économique, sociale et territoriale*) s'élèvent à 53 587 millions d'euros en crédits d'engagement (+5,4 %) et à 37 201 millions d'euros en crédits de paiement (-11,2 %). Ceci laisse une marge de 0,4 million d'euros.

Les crédits d'engagement[326] et de paiement retenus sont récapitulés dans le tableau 96 (page 364) ;

- les crédits de la rubrique *2* (*Croissance durable : ressources naturelles*) s'élèvent à 58 584 millions d'euros en crédits d'engagement (-6,2 %) et à 54 914 millions d'euros en crédits de paiement (-0,1 %). Ceci laisse une marge de 1 032 millions d'euros sous le plafond des dépenses de la rubrique, étant donné qu'un montant de 575 millions d'euros est utilisé pour compenser la mobilisation de la marge pour imprévus.

---

[322] Il convient de relever qu'il s'agit de la première fois que le PE approuve un projet commun de budget lors d'une session plénière additionnelle à Bruxelles et non lors d'une session plénière mensuelle ordinaire à Strasbourg (l'approbation par le Parlement du projet commun de budget pour 2012 le 1er décembre 2011 à Bruxelles [voir Tome III, p. 71] est liée à la tenue de toutes les sessions plénières du PE à Bruxelles, suite aux travaux urgents dans l'hémicycle à Strasbourg, celui-ci étant inutilisable). Le 9 février 2017, la France a introduit dans ce contexte un recours devant la Cour de justice de l'Union européenne pour non-respect du protocole n° 6 (sur la fixation des sièges des institutions et de certains organes, organismes et services de l'Union européenne) annexé aux traités (Affaire C-73/17 ; JO C 104 du 3.4.2017, pp 37/38). Selon le protocole, "*Le Parlement européen a son siège à Strasbourg, où se tiennent les douze périodes de sessions plénières mensuelles, y compris la session budgétaire*" (JO C 202 du 7.6.2016, p. 265).

[323] Il convient de relever que le budget pour 2017 inclut un montant de près de 6 milliards d'euros afin de faire face à la crise migratoire et des réfugiés et pour renforcer la sécurité (soit +11,3 % par rapport à 2016).

[324] Budgets rectificatifs n° 1-6/2016 compris (voir chapitre II).

[325] Les crédits d'engagement pour le FEIS augmentent de +25 % par rapport à 2016, pour s'établir à 2,7 milliards d'euros. Les crédits d'engagement pour "Erasme+" augmentent quant à eux de +19 % par rapport à 2016 à 2,1 milliards d'euros.

[326] Un montant de 500 millions d'euros en crédits d'engagement s'ajoutera par voie de budget rectificatif en 2017 (voir page 356).

Tableau 95. Montants retenus pour la sous-rubrique *1a* (*Compétitivité pour la croissance et l'emploi*) du cadre financier pluriannuel dans le budget pour 2017

En millions d'euros et en pourcentage

	Crédits d'engagement		Crédits de paiement	
CSC* pour la recherche et l'innovation	10.687	*50,1*	10.544	*54,6*
Fonds européen pour les investissements stratégiques (FEIS)	2.661	*12,5*	2.317	*12,0*
Mécanisme pour l'interconnexion en Europe (MIE)	2.547	*12,0*	1.212	*6,3*
Éducation, formation, jeunesse et sport (Erasmus+)	2.064	*9,7*	1.887	*9,8*
Grands projets d'infrastructures**	1.828	*8,6*	1.811	*9,4*
Compétitivité des entreprises et des PME (COSME)	349	*1,6*	369	*1,9*
Sûreté nucléaire et démantèlement	138	*0,6*	150	*0,8*
Douane 2020, Fiscalis 2020 et lutte contre la fraude	137	*0,6*	117	*0,6*
Emploi et innovation sociale (EaSI)	136	*0,6*	97	*0,5*
Projets énergétiques en vue d'aider à la relance économique	p.m.		110	*0,6*
Autres programmes et actions	220	*1,0*	196	*1,0*
Prérogatives et compétences spécifiques de la Commission	144	*0,7*	131	*0,7*
Projets pilotes et actions préparatoires	56	*0,3*	44	*0,2*
Agences décentralisées***	344	*1,6*	336	*1,9*
Total	**21.312**	***100,0***	**19.321**	***100,2***

** Cadre stratégique commun ** Copernicus, Egnos, Galileo et ITER *** Voir tableau 103, page 368*

Tableau 96. Montants retenus pour la sous-rubrique *1b* (*Cohésion économique, sociale et territoriale*) du cadre financier pluriannuel dans le budget pour 2017

En millions d'euros et en pourcentage

	Crédits d'engagement		Crédits de paiement	
Convergence régionale (régions moins développées)	26.122	*48,7*	19.315	*51,9*
Fonds de cohésion	9.056	*16,9*	5.981	*16,1*
Compétitivité (régions plus développées)	8.251	*15,4*	5.853	*15,7*
Régions en transition	5.627	*10,5*	3.314	*8,9*
Coopération territoriale européenne	1.940	*3,6*	969	*2,6*
Régions ultrapériphériques et à faible densité de pop.	222	*0,4*	140	*0,4*
Assistance technique et actions innovatrices	216	*0,4*	190	*0,5*
Initiative pour l'emploi des jeunes (IEJ)*	-		600	*1,6*
Mécanisme pour l'interconnexion en Europe (MIE)**	1.593	*3,0*	383	*1,0*
Aide européenne aux plus démunis (FEAD)	546	*1,0*	441	*1,2*
Projets pilotes et actions préparatoires	13	*0,0*	14	*0,0*
Total	**53.587**	***100,0***	**37.201**	***100,0***

** Enveloppe spécifique complémentaire ** Contribution du Fonds de cohésion*

Tableau 97. Montants retenus pour la rubrique *2* (*Croissance durable : ressources naturelles*) du cadre financier pluriannuel dans le budget pour 2017

En millions d'euros et en pourcentage

	Crédits d'engagement		Crédits de paiement	
Fonds européen agricole de garantie (FEAGA)*	42.613	*72,7*	42.563	*77,5*
Fonds européen agricole pour le développement rural (Feader)	14.366	*24,5*	11.208	*20,4*
Fonds européen pour les affaires maritimes et la pêche (FEAMP)	912	*1,6*	577	*1,1*
Accords de pêche durables et contributions aux organisations	138	*0,2*	133	*0,2*
Environnement et action pour le climat (Life+)	494	*0,8*	364	*0,7*
Autres actions et mesures et prérogatives spécifiques de la Commission	p.m.		p.m.	
Projets pilotes et actions préparatoires	8	*0,0*	13	*0,0*
Agences décentralisées**	55	*0,1*	55	*0,1*
Total	**58.584**	***100,0***	**54.914**	***100,0***

** Dépenses relatives au marché et paiements directs ** Voir tableau 103, page 368*

Tableau 98. Montants retenus pour la rubrique *3* (*Sécurité et citoyenneté*) du cadre financier pluriannuel dans le budget pour 2017

En millions d'euros et en pourcentage

	Crédits d'engagement		Crédits de paiement	
Fonds "Asile, migration et intégration" (FAM)	1.620	*37,8*	1.182	*31,2*
Fonds pour la sécurité intérieure (FSI)	739	*17,3*	748	*19,8*
Denrées alimentaires et aliments pour animaux	256	*6,0*	234	*6,2*
Europe créative	208	*4,9*	177	*4,7*
Instrument pour fournir une aide d'urgence au sein de l'Union	200	*4,7*	219	*5,8*
Santé	65	*1,5*	58	*1,5*
Droits, égalité et citoyenneté	63	*1,5*	47	*1,2*
Justice	54	*1,3*	41	*1,1*
Mécanisme de protection civile de l'Union	31	*0,7*	31	*0,8*
Consommateurs	27	*0,6*	21	*0,6*
L'Europe pour les citoyens	26	*0,6*	26	*0,7*
Systèmes informatiques	20	*0,5*	17	*0,4*
Prérogatives et compétences spécifiques de la Commission	101	*2,4*	102	*2,7*
- dont actions de communication	*76*		*74*	
Projets pilotes et actions préparatoires	12	*0,3*	19	*0,5*
Agences décentralisées*	863	*20,1*	864	*22,8*
Total	**4.284**	***100,0***	**3.787**	***100,0***

** Voir tableau 103, page 368*

Les dépenses de marché et paiements directs agricoles budgétisés s'élèvent à 42 613 millions d'euros en crédits d'engagement (+0,9 %) et à 42 563 millions d'euros en crédits de paiement (+0,8 %).

Les principales catégories de dépenses retenues sont récapitulées dans le tableau 97 (page 364) ;

- les crédits de la rubrique *3* (*Sécurité et citoyenneté*) s'établissent à 4 284 millions d'euros en crédits d'engagement (-0,2 %) et à 3 787 millions d'euros en crédits de paiement (+25,3 %).

La marge pour imprévus est mobilisée pour un montant de 1 176 millions d'euros et l'instrument de flexibilité pour 530 millions d'euros (soit le montant maximum disponible pour 2017).

Les principaux domaines de dépenses sont récapitulés (en crédits d'engagement et de paiement) dans le tableau 98 ci-dessus ;

- les crédits de la rubrique *4* (*L'Europe dans le monde*) s'établissent à 10 162 millions d'euros en crédits d'engagement (+10,9 %) et à 9 483 millions d'euros en crédits de paiement (-6,6 %). La marge pour imprévus est mobilisée pour un montant de 730 millions d'euros.

Les principaux domaines de dépenses sont récapitulés dans le tableau 99 (page 366), et

- les dépenses de la rubrique *5* (*Administration*) s'élèvent à 9 395 millions d'euros en crédits d'engagement et de paiement (+5 %). Ceci laisse une marge sous le plafond de la rubrique de 16 millions d'euros, après utilisation de 507 millions d'euros de la marge pour compenser la mobilisation de la marge pour imprévus.

Les crédits pour les dépenses administratives des institutions s'élèvent à 7 419 millions d'euros en crédits d'engagement et de paiement (+4 %). La marge est de 81 millions d'euros après compensation.

Le montant des dépenses octroyées aux différentes institutions dans le budget pour 2017 est récapitulé dans le tableau 100 (page 366).

Les modifications concernant les postes inscrits aux tableaux des effectifs retenues lors de la procédure budgétaire pour 2017 sont récapitulées dans le tableau 101 (page 367).

Le tableau 102 (page 367) récapitule pour sa part les effectifs autorisés pour 2017 aussi bien dans les différentes institutions que dans différents organismes de l'UE.

Tableau 99. Montants retenus pour la rubrique *4* (*L'Europe dans le monde*) du cadre financier pluriannuel dans le budget pour 2017

En millions d'euros et en pourcentage

	Crédits d'engagement		Crédits de paiement	
Instrument de financement de la coopération au développement (ICD)	3.168	*31,2*	2.769	*29,2*
Instrument européen de voisinage (IEV)	2.440	*24,0*	2.358	*24,9*
Instrument d'aide de préadhésion (IAP II)	2.115	*20,8*	1.716	*18,1*
Aide humanitaire	945	*9,3*	1.146	*12,1*
Politique étrangère et de sécurité commune (PESC)	327	*3,2*	294	*3,1*
Instrument contribuant à la stabilité et à la paix (IdS)	273	*2,7*	294	*3,1*
Fonds de garantie relatif aux actions extérieures	241	*2,4*	241	*2,5*
Instrument européen pour la démocratie et les droits de l'homme (IEDDH)	189	*1,9*	168	*1,8*
Instrument de partenariat pour la coopération avec les pays tiers (IP)	134	*1,3*	136	*1,4*
Instrument relatif à la coopération en matière de sûreté nucléaire (ICSN)	62	*0,6*	81	*0,9*
Assistance macrofinancière (AMF)	46	*0,5*	46	*0,5*
Initiative "Volontaires de l'aide de l'UE" (VAUE)	22	*0,2*	24	*0,3*
Mécanisme de protection civile de l'Union	21	*0,2*	20	*0,2*
Fonds européen pour le développement durable (FEDD)	p.m.		p.m.	
Autres programmes et actions	84	*0,8*	93	*1,0*
Prérogatives et compétences spécifiques de la Commission	66	*0,6*	67	*0,7*
Projets pilotes et actions préparatoires	9	*0,1*	11	*0,1*
Subvention pour la Fondation européenne pour la formation	20	*0,2*	20	*0,2*
Total	**10.162**	***100,0***	**9.483**	***100,0***

Tableau 100. Montants retenus pour la rubrique *5* (*Administration*) du cadre financier pluriannuel dans le budget pour 2017

En millions d'euros et en pourcentage

	Crédits d'engagement*	
Parlement européen	1.909	*20,3*
Conseil européen et Conseil	562	*6,0*
Commission	3.498	*37,2*
OP	*83*	*0,9*
OLAF	*60*	*0,6*
EPSO et EUSA	*27*	*0,3*
PMO	*39*	*0,4*
OIB	*68*	*0,7*
OIL	*24*	*0,3*
Cour de justice	399	*4,2*
Cour des comptes	141	*1,5*
CESE	134	*1,4*
Comité des régions	93	*1,0*
Médiateur européen	11	*0,1*
CEPD	11	*0,1*
SEAE	660	*7,0*
Écoles européennes	186	*2,0*
Pensions	1.790	*19,1*
Total	**9.395**	***100,0***

* *Et crédits de paiement*

S'agissant des différents *instruments spéciaux* disposant de lignes budgétaires spécifiques dans le budget de l'UE, le budget pour 2017 prévoit :

- 315 millions d'euros en crédits d'engagement et de paiement pour la réserve pour aides d'urgence (article *40 02 42*) ;

- 168,9 millions d'euros en crédits d'engagement et 25 millions d'euros en crédits de paiement pour le Fonds européen d'ajustement à la mondialisation (articles *40 04 01 et 40 02 43*), et

- 50 millions d'euros en crédits d'engagement et de paiement pour le Fonds de solidarité de l'UE (article *13 06 01*), destinés au paiement d'avances en cas de catastrophe naturelle dans les États membres ou dans un pays participant aux négociations d'adhésion avec l'UE[327].

Enfin, les montants retenus pour 2017 pour les subventions des agences décentralisées de l'UE relevant des différentes rubriques et sous-rubriques du CFP sont présentés dans le tableau 103 (page 368).

[327] Ces montants ont fait l'objet d'une décision de mobilisation spécifique du Fonds de solidarité de l'Union européenne (JO L 50 du 28.2.2017, pp. 55/56).

Tableau 101. Modifications concernant les postes repris aux tableaux des effectifs lors de la procédure budgétaire pour 2017

Postes permanents et temporaires

Institution(s)	Projet de budget			Position du Conseil			Position du PE			**Budget adopté**		
Groupe de fonctions	AD	AST/SC	Total	AD	AST/SC	Total	AD	AST/SC	Total	AD	AST/SC	**Total**
Parlement européen*	25	-34	-9	25	-34	-9	31	-9	22	-3	-51	**-54**
Conseil européen et Conseil	1	-14	-13	1	-14	-13	1	-14	-13	1	-14	**-13**
Commission (hors offices)	52	-269	-217	52	-269	-217	52	-269	-217	52	-269	**-217**
OP	*3*	*-21*	*-18*	*3*	*-21*	*-18*	*3*	*-21*	*-18*	*3*	*-21*	***-18***
OLAF	*-2*	*-17*	*-19*	*-2*	*-17*	*-19*	*-2*	*-17*	*-19*	*-2*	*-17*	***-19***
EPSO et EUSA	*1*	*-4*	*-3*	*1*	*-4*	*-3*	*1*	*-4*	*-3*	*1*	*-4*	***-3***
PMO	*4*	*-8*	*-4*	*4*	*-8*	*-4*	*4*	*-8*	*-4*	*4*	*-8*	***-4***
OIB	*2*	*-23*	*-21*	*2*	*-23*	*-21*	*2*	*-23*	*-21*	*2*	*-23*	***-21***
OIL	*0*	*-6*	*-6*	*0*	*-6*	*-6*	*0*	*-6*	*-6*	*0*	*-6*	***-6***
Commission (total)	60	-348	-288	60	-348	-288	60	-348	-288	60	-348	**-288**
Cour de justice	5	-15	-10	5	-15	-10	5	-15	-10	5	-15	**-10**
Cour des comptes	-2	-7	-9	-2	-7	-9	-2	-7	-9	-2	-7	**-9**
CESE**	-12	-5	-17	-12	-5	-17	-3	-2	-5	-3	-2	**-5**
Comité des régions**	-10	-5	-15	-10	-5	-15	-4	-3	-7	-4	-3	**-7**
Médiateur européen	0	-1	-1	0	-1	-1	0	-1	-1	0	-1	**-1**
CEPD***	8	1	9	8	1	9	8	1	9	8	1	**9**
SEAE	-8	-9	-17	-8	-9	-17	8	-9	-1	-8	-9	**-17**
Total	**67**	**-437**	**-370**	**67**	**-437**	**-370**	**104**	**-407**	**-303**	**54**	**-449**	**-395**

** Le Parlement européen a augmenté par voie d'amendement de 31 (6 AD et 25 AST/SC) le nombre de postes proposés dans le PB*

*** Prise en compte par le Parlement européen dans sa position de l'incidence pour 2017 de l'accord de coopération interinstitutionnelle signé le 5 février 2014 (12 postes [9 AD et 3 AST/SC] pour le Comité économique et social européen et 8 postes [6 AD et 2 AST/SC] pour le Comité des régions)*

**** Y inclus 3 nouveaux postes AD pour la task-force dans le cadre de la mise en place du comité européen de la protection des données*

Tableau 102. Les effectifs autorisés pour 2017

Personnel inscrit au tableau des effectifs
(Source : JO L 51 du 28.2.2017, p. 160)

Institution(s)	**2017**		**2016***		***Différence 2017-2016***	
	Permanents	Temporaires	Permanents	Temporaires	Permanents	Temporaires
Parlement européen	5.467	1.276	5.596	1.201	-129	75
Conseil européen et Conseil	2.991	36	3.004	36	-13	0
Commission (fonctionnement)	18.411	375	18.482	375	-71	0
Commission (RDT)	3.285	-	3.431	-	-146	-
OP	595	-	613	-	-18	-
OLAF	304	45	317	51	-13	-6
EPSO et EUSA	108	1	111	1	-3	0
PMO	165	-	169	-	-4	-
OIB	339	-	360	-	-21	-
OIL	128	-	134	-	-6	-
Commission (total)	23.335	421	23.617	427	-282	-6
Cour de justice	1.541	522	1.551	522	-10	0
Cour des comptes	712	141	721	141	-9	0
CESE	626	39	635	35	-9	4
Comité des régions	435	54	442	54	-7	0
Médiateur européen	46	19	47	19	-1	0
CEPD	56	-	47	-	9	-
SEAE	1.610	1	1.627	1	-17	0
Total	**36.819**	**2.509**	**37.287**	**2.436**	**-468**	**73**

Organismes	**2017**		**2016***		***Différence 2017-2016***	
	Permanents	Temporaires	Permanents	Temporaires	Permanents	Temporaires
Agences décentralisées de l'UE	111	5.409	116	5.134	-5	275
Institut européen de technologie	-	41	-	39	-	2
Agences exécutives	-	590	-	571	-	19
Entreprises communes	52	270	55	267	-3	3
Total	**163**	**6.310**	**171**	**6.011**	**-8**	**299**

** Budgets rectificatifs n° 1 à 6/2016 inclus*

Tableau 103. Les agences décentralisées de l'Union européenne dans le budget de l'Union pour 2017

En euros, crédits inscrits en réserve inclus

	*	Article	Montant	
			c/e	c/p
Sous-rubrique *1a* (*Compétitivité pour la croissance et l'emploi*)				
*Agence européenne des produits chimiques (Helsinki)****	A	02 03 03	69.489.500	69.489.500
Agence du GNSS européen (Prague)	B	02 05 11	26.523.436	26.523.436
Fondation européenne pour l'amélioration des conditions de vie et de travail (Dublin)	A	04 03 11	20.364.000	20.364.000
Agence européenne pour la sécurité et la santé au travail (Bilbao)	A	04 03 12	14.514.000	14.514.000
Centre européen pour le développement de la formation professionnelle (Thessalonique)	A	04 03 13	17.375.000	17.375.000
Agence européenne de la sécurité aérienne (Cologne)	B	06 02 02	34.184.000	34.184.000
Agence européenne pour la sécurité maritime (Lisbonne)	B**	06 02 03	71.397.565 [a]	62.896.014 [a]
Agence de l'Union européenne pour les chemins de fer (Lille-Valenciennes)	B**	06 02 04	29.643.000	29.643.000
Agence de l'Union européenne chargée de la sécurité des réseaux et de l'information (Heraklion)	A**	09 02 03	10.242.000	10.242.000
Office de l'Organe des régulateurs européens des communications électroniques (Riga)	A	09 02 04	4.026.000	4.026.000
Autorité bancaire européenne (Londres)	B	12 02 04	14.390.504	14.390.504
Autorité européenne des assurances et des pensions professionnelles (Francfort-sur-le-Main)	B	12 02 05	8.736.301	8.736.301
Autorité européenne des marchés financiers (Paris)	B	12 02 06	10.843.997	10.843.997
*Conseil de résolution unique (Bruxelles)** ** ***	B**	12 02 07	-	-
Agence de coopération des régulateurs de l'énergie (Ljubljana)	A**	32 02 10	12.520.160	12.520.160
Total			**344.249.463**	**335.747.912**
Rubrique *2* (*Croissance durable : ressources naturelles*)				
*Agence européenne des produits chimiques (Helsinki)** ***	B**	07 02 05	1.139.537	1.139.537
Agence européenne pour l'environnement (Copenhague)	A	07 02 06	35.166.405	35.166.405
Agence européenne de contrôle des pêches (Vigo)	B**	11 06 64	17.021.000	17.021.000
*Agence européenne des produits chimiques (Helsinki)** ** **	B**	17 04 07	1.450.000	1.450.000
Total			**54.776.942**	**54.776.942**
Rubrique *3* (*Sécurité et citoyenneté*)				
Centre européen de prévention et de contrôle des maladies (Stockholm)	A	17 03 10	51.687.000	51.687.000
Autorité européenne de sécurité des aliments (Parme)	A	17 03 11	76.595.000	77.795.000
Agence européenne des médicaments (Londres)	B	17 03 12	16.125.000 [b]	16.125.000 [b]
Agence européenne de garde-frontières et de garde-côtes (Frontex ; Varsovie)	B	18 02 03	281.267.000	281.267.000
Agence de l'Union européenne pour la coopération des services répressifs (Europol ; La Haye)	B	18 02 04	113.726.613	113.726.613
Collège européen de police (Budapest)	B	18 02 05	8.721.000	8.721.000
Agence eur. pour la gestion opérationnelle des systèmes d'information à grande échelle (Tallinn)	B**	18 02 07	153.334.200	153.334.200
Bureau européen d'appui en matière d'asile (La Valette)	B**	18 03 02	69.206.000	69.206.000
Observatoire européen des drogues et des toxicomanies (Lisbonne)	B**	18 06 02	15.081.600	15.081.600
Agence des droits fondamentaux de l'Union européenne (Vienne)	A	33 02 06	22.463.000	22.463.000
Institut européen pour l'égalité entre les hommes et les femmes (Vilnius)	A	33 02 07	7.458.000	7.458.000
Unité de coopération judiciaire de l'Union européenne (Eurojust ; La Haye)	A	33 03 04	47.782.237	47.282.237
Total			**863.446.650**	**864.146.650**
Rubrique *4* (*L'Europe dans le monde*)				
Fondation européenne pour la formation (Turin)	A	04 03 14	19.771.000	19.771.000
Total			**19.771.000**	**19.771.000**
Rubrique *5* (*Administration*)				
Centre de traduction des organes de l'Union européenne (Luxembourg)	A	31 01 10	p.m.	p.m.
Total			**p.m.**	**p.m.**
Total général			**1.282.244.055**	**1.274.442.504**
Sous-rubrique *1a* (*Compétitivité pour la croissance et l'emploi*)				
*Institut européen d'innovation et de technologie (IET ; Budapest)** ** ***		15 03 05	300.426.789	314.253.296
Total général, y inclus l'IET			**1.582.670.844**	**1.588.695.800**

** Classification utilisée par la Commission dans le PB pour 2017 : **A** : en "vitesse de croisière" ; **B** : avec de nouvelles tâches*

*** Changement dans la classification par rapport au PB pour 2016 (voir tableau 68, page 234)   *** Législation sur les produits chimiques*

*** ** Activités dans le domaine de la législation concernant les exportations et importations de produits chimiques dangereux*

*** ** * Activités dans le domaine de la législation relative aux biocides   ** ** ** Cas spécial*

[a] Avec les mesures antipollution (poste 06 02 03 02 ; 22,8 millions d'euros en crédits d'engagement et 20,2 millions d'euros en crédits de paiement)

[b] Avec la contribution spéciale en faveur des médicaments orphelins (poste 17 03 12 02 ; 13,7 millions d'euros en crédits d'engagement et de paiement)

10. Mobilisations de la marge pour imprévus

A. Dans le contexte de l'adoption du budget rectificatif n° 4/2016 visant notamment à augmenter les crédits du budget pour 2016 suite à l'évolution de la situation dans le domaine de la migration et de la sécurité (voir chapitre II), et suite au manque de marge existant sous le plafond de la rubrique *3* (*Sécurité et citoyenneté*) du CFP, l'autorité budgétaire a mobilisé le 14 décembre 2016[328], comme proposée par la Commission et sur la base de l'article 13 du règlement fixant le CFP et du point 14 de la Partie I de l'AII de 2013, la marge pour imprévus.

Cette mobilisation s'élève à 240,1 millions d'euros en crédits d'engagement et est effectuée au profit de

[328] JO L 50 du 28.2.2017, pp. 47/48.

la rubrique *3* du CFP en 2016, compensée pour une baisse correspondante du plafond de la rubrique *5* (*Administration*) également en 2016.

Il s'agit de la première fois que la marge pour imprévus est mobilisée en crédits d'engagement dans le contexte d'un budget rectificatif[329] (voir page 442).

B. Dans le cadre de son projet de budget pour 2017, la Commission a proposé de mobiliser (de nouveau en crédits d'engagement) la marge pour imprévus, cette fois pour un montant de 1 164,4 millions d'euros[330], afin de financer des mesures pour répondre à la crise des migrants, des réfugiés et de la sécurité dans la rubrique *3* du CFP.

Le Conseil a inclus dans sa position sur le PB pour 2017 une mobilisation (en crédits d'engagement) de la marge pour imprévus pour un montant de 1 140 millions d'euros (soit -24,4 millions d'euros de moins que proposé par la Commission, suite à des réductions de crédits sur des lignes budgétaires non liées au financement de mesures et actions destinées à faire face aux crises)[331].

Dans la lettre rectificative n° 1/2017, présentée le 17 octobre 2016, la Commission a proposé d'augmenter le recours à la marge pour imprévus à 2 150,6 millions d'euros[332] afin de pouvoir financer également des actions relevant de la rubrique *4* du CFP (pour un montant de 986,2 millions d'euros).

Le Parlement européen, lors de l'adoption de ses amendements sur la position du Conseil, a non seulement accepté la proposition de mobilisation de la marge pour imprévus faite par la Commission, mais a demandé d'augmenter le montant de la mobilisation afin de couvrir la totalité de ses amendements qui dépassent les plafonds de dépenses de différentes rubriques et sous-rubriques du CFP (voir page 334).

Dans le cadre de l'accord sur le budget pour 2017 obtenu lors de la réunion de conciliation du 17 novembre 2016, les deux branches de l'autorité budgétaire sont arrivées à un accord pour faire appel à la marge pour imprévus pour fournir la somme de 1 906,2 millions d'euros[333] afin de financer des mesures pour répondre à la crise des migrants, des réfugiés et de la sécurité, dont :

- 1 176,0 millions d'euros à la rubrique *3*, et

- 730,1 millions d'euros à la rubrique *4* du CFP.

Ce montant est compensé par :

- 575,0 millions d'euros provenant de la marge non allouée de la rubrique *2* (*Croissance durable : ressources naturelles*) en 2017, et

- 1331,2 millions d'euros provenant des marges non allouées de la rubrique *5* (*Administration*) du CFP dont :

---

[329] La mobilisation de la marge pour imprévus en 2014, effectuée en lien avec le budget rectificatif n° 2/2014, concernait des crédits de paiement (voir première partie, pages 27-29).

[330] Doc. *COM(2016) 314 final* du 30 juin 2016, p. 6. Cette mobilisation serait compensée sur les marges non allouées des deux rubriques suivantes en 2017 :
- rubrique *2* (*Croissance durable : ressources naturelles*) : -650,0 millions d'euros (soit 50 % de la marge non allouée), et
- rubrique *5* (*Administration*) : -514,4 millions d'euros (soit 86 % de la marge non allouée).

[331] Le Conseil a, par ailleurs, modifié la compensation par rapport à la proposition de la Commission, en augmentant la part de la rubrique *5* par rapport à la rubrique *2* comme suit :
- rubrique *2* (*Croissance durable : ressources naturelles*) : -530,0 millions d'euros à partir de la marge non allouée en 2017, et
- rubrique *5* (*Administration*) : -610,0 millions d'euros à partir de la marge non allouée en 2017.

[332] Doc. *COM(2016) 678 final*. Cette mobilisation serait compensée par :
- 850,0 millions d'euros provenant de la marge non allouée de la rubrique *2* (*Croissance durable : ressources naturelles*) en 2017, et
- 1 300,6 millions d'euros provenant de la marge non allouée de la rubrique *5* (*Administration*) du CFP dont :
i) 514,4 millions d'euros en 2017,
ii) 570,0 millions d'euros en 2018, et
iii) 216,2 millions d'euros en 2019.

[333] JO L 50 du 28.2.2017, pp. 57/58.

i) 507,3 millions d'euros en 2017 ;

ii) 570,0 millions d'euros en 2018, et

iii) 253,9 millions d'euros en 2019.

11. Mobilisation de l'instrument de flexibilité

La Commission a présenté, ensemble avec son projet de budget pour 2017 et sur la base de l'article 11 du règlement fixant le CFP et du point 12 de la Partie I de l'AII de 2013, une proposition de recours à l'instrument de flexibilité, à hauteur de 530 millions d'euros en crédits d'engagement[334]. Il s'agit, comme en 2016, du montant maximum disponible pour l'année à venir (voir tableau 78, page 304).

Cette proposition de mobilisation était destinée à compléter le financement disponible au titre du budget de l'Union pour l'exercice 2017 au-delà du plafond de la rubrique *3* (*Sécurité et citoyenneté*) du CFP afin de financer des mesures dans le domaine de la migration, des réfugiés et de la sécurité.

Lors de leurs lectures respectives du projet de budget pour 2017, le Conseil et le Parlement européen ont retenu une mobilisation de l'instrument de flexibilité comme proposée par la Commission.

Ainsi, dans le contexte de l'accord sur le budget pour 2017 intervenu lors de la deuxième réunion du comité de conciliation le 17 novembre 2016 (voir page 354), les deux branches de l'autorité budgétaire ont retenu une mobilisation de l'instrument de flexibilité pour un montant de 530,0 millions d'euros en crédits d'engagement au profit de la rubrique *3* du CFP[335].

Il convient de relever que ce montant de 530 millions d'euros épuise toutes les possibilités de recourrir à l'instrument de flexibilité jusqu'en 2018[336] (voir page 443).

12. Une lettre rectificative présentée lors de la procédure budgétaire pour 2017

La Commission a présenté au cours de la procédure budgétaire pour 2017 une lettre rectificative au projet de budget, adoptée le 17 octobre 2016[337] (voir tableau 77, page 301).

Cette lettre rectificative n° 1/2017 est accompagnée par une proposition de décision modifiée de recours à la marge pour imprévus[338], pour fournir la somme de 2 150,6 millions d'euros en crédits d'engagement[339], dont :

---

[334] Doc. *COM(2016) 313 final* du 30 juin 2016.

[335] JO L 50 du 28.2.2017, pp. 53/54. Selon l'article premier, paragraphe 2 de la décision de mobilisation, "*Sur la base du profil des paiements escompté, les crédits de paiement correspondant à la mobilisation de l'instrument de flexibilité* [en crédits d'engagement] *s'établissent comme suit :*

a) 238,3 millions d'euros en 2017 ;

b) 91,0 millions d'euros en 2018 ;

c) 141,9 millions d'euros en 2019 ;

d) 58,8 millions d'euros en 2020.

Les montants spécifiques de chaque exercice sont autorisés conformément à la procédure budgétaire annuelle".

Pour mémoire, les montants des crédits de paiement associés aux différentes mobilisations de l'instrument de flexibilité (voir page 443) sont les suivants (voir également page 354) :

Montants des crédits de paiement associés à des mobilisations de l'instrument de flexibilité de 2014 à 2017
(Source : Commission)
En millions d'euros

Année	Utilisation	Montant
2014	Fonds structurels pour Chypre	75,4
2015	Crise des réfugiés*	13,2
2016	Migration et réfugiés	654,2
2017	Migration, réfugiés et sécurité	238,3
Total		**981,1**

** En lien avec le budget rectificatif n° 7/2015 (voir page 166)*

[336] Sauf à modifier la base légale (voir chapitre II et page 443).

[337] Doc. *COM(2016) 679 final*. Cette lettre rectificative a exceptionnellement fait l'objet d'une mise à jour le 7 novembre 2016 (doc. *Ares(2016)6290881*). Elle concerne le montant des recettes affectées au FEAGA et des crédits supplémentaires nécessaires relatifs à l'année 2017 pour les rémunérations et les pensions de toutes les institutions (voir *infra*).

[338] Doc. *COM(2016) 678 final* du 17 octobre 2016.

[339] Pour la compensation proposée, voir page 369.

- 1 164,4 millions d'euros à la rubrique *3* (*Sécurité et citoyenneté*), comme proposé avec le PB pour 2017 (voir page 308), et

- 986,2 millions d'euros à la rubrique *4* (*L'Europe dans le monde*) du CFP.

La LR nº 1/2017 est en partie la traditionnelle lettre rectificative d'octobre ("LR *ad hoc*") qui, conformément à l'article 39 du RF de 2012 et au point 9 de l'annexe de l'AII de 2013, a notamment pour but d'actualiser les données concernant les dépenses agricoles et les accords internationaux de pêche.

La lettre rectificative actualise à ce titre les estimations des besoins, des recettes affectées et des crédits pour les dépenses agricoles en 2017. Outre la modification des éléments de marché, elle intègre ainsi l'impact des décisions agricoles adoptées depuis la présentation projet de budget pour 2017, ainsi que d'autres propositions qui sont susceptibles d'avoir un effet important au cours de l'exercice budgétaire à venir.

Après l'intégration de l'aide supplémentaire globale en faveur des secteurs de l'élevage annoncée en juillet 2016[340] et la prise en compte des recettes supplémentaires affectées au Fonds européen agricole de garantie[341] (FEAGA), le niveau des crédits d'engagement proposé par la Commission reste inchangé. Les crédits de paiement quant à eux affichent une légère baisse de -1 million d'euros par rapport aux montants inclus dans le PB.

Le deuxième élément important de la LR est l'inclusion dans le projet de budget des montants liés aux renforcements proposés par la Commission dans le contexte du réexamen/ révision à mi-parcours du cadre financier pluriannuel 2014-2020, présenté par la Commission le 14 septembre 2016 (voir chapitre II).

La Commission propose pour 2017 un montant supplémentaire de 200 millions d'euros en crédits d'engagement et de 7 millions d'euros en crédits de paiement pour la sous-rubrique *1a* (*Compétitivité pour la croissance et l'emploi*) du CFP, en financant les crédits d'engagement au moyen de la marge globale pour les engagements encore disponible[342] et de la marge non allouée encore existant sous le plafond de la sous-rubrique. Ces montants se décomposent comme suit par programme et action :

a) "Horizon 2020" : +50 millions d'euros en crédits d'engagement et +7 millions d'euros en crédits de paiement (article *08 02 04* et postes *08 02 01 01* et *09 04 02 01*) ;

b) Compétitivité des entreprises et des petites et moyennes entreprises (COSME) : +50 millions d'euros en crédits d'engagement (article *02 02 02*) ;

c) Mécanisme pour l'interconnexion en Europe (MIE) – partie "Transports" : +50 millions d'euros en crédits d'engagement (poste *06 02 01 03*) ;

d) "Erasmus+" : +50 millions d'euros en crédits d'engagement (postes *15 02 01 01* et *15 02 01 02*), et

e) "Wi-Fi pour l'Europe"[343] (WiFi4EU) : +20 millions d'euros en crédits d'engagement, redéployés à partir du volet "Technologies de l'information et de la communication" (TIC) du MIE (article *09 03 04* et postes *06 01 06 01* et *09 01 04 01*).

S'agissant de l'Initiative pour l'emploi des jeunes, la Commission "*tient également à souligner qu'elle a l'intention de* [la] *financer* [...], *en 2017, à concurrence de 500 millions d'euros en crédits d'engagement. Toutefois, la Commission ne propose pas, à ce stade, les enveloppes budgétaires dans la présente lettre rectificative étant donné qu'elle a l'intention de financer ce montant par la MGE qui sera dis-*

[340] Pour un montant de 500 millions d'euros.

[341] La mise à jour de la lettre rectificative, du 7 novembre 2016, indique un montant de 1 302 millions d'euros pour les recettes affectées au FEAGA (à la place des 977 millions d'euros inscrits dans la LR).

[342] Soit un montant de 174,1 millions d'euros.

[343] Il s'agit d'une initiative visant à aider les communautés locales de l'Union européenne à offrir des points d'accès Wi-Fi gratuits à tous les citoyens.

ponible après l'ajustement technique de 2017. Par conséquent, la Commission proposera d'ajouter ces dotations au moyen d'un projet de budget rectificatif à présenter au Parlement européen et au Conseil immédiatement après l'ajustement technique au début de 2017"[344].

Le troisième élèment contenu dans la lettre rectificative est le renforcement, à hauteur de 1 milliard d'euros en crédits d'engagement et de 210 millions d'euros en crédits de paiement par rapport au PB, des ressources budgétaires affectées à la rubrique *4*, "*pour s'attaquer aux causes profondes des migrations et promouvoir la mise en œuvre rapide de conventions avec les pays tiers au titre du processus du nouveau cadre de partenariat et en vue de la création d'un Fonds européen pour le développement durable (FEDD) accompagné d'un nouveau fonds de garantie FEDD*[345] [...]

Compte tenu de la très faible marge disponible sous la rubrique 4 (créée par le transfert des représentants spéciaux de l'UE de la rubrique 4 à la rubrique 5, Administration [voir *infra*]*), la majeure partie de cette augmentation des crédits d'engagement est financée par une mobilisation correspondante de la marge pour imprévus qu'il convient de compenser en 2017 sur les marges non allouées de la rubrique 2, Croissance durable : Ressources naturelles et en 2018-2019 sur les marges non allouées de la rubrique 5*"[346].

La Commission propose en outre d'augmenter le nombre des emplois dans le tableau des effectifs d'Europol (de 20 postes AD temporaires) "*afin de renforcer l'appui opérationnel, et notamment de fournir un service 24 heures sur 24 et 7 jours sur 7 ainsi que des capacités de déploiement sur le terrain, comme annoncé dans la communication de la Commission intitulée "Accroître la sécurité dans un monde de mobilité"*[347]"[348].

Le quatrième élèment est le transfert proposé des dépenses relatives aux trois représentants spéciaux de l'UE "*à double casquette*"[349] de la rubrique *4* à la rubrique *5* du CFP.

La LR contient en outre l'"alignement" des tableaux des effectifs du Parlement européen, du Comité économique et social européen et du Comité des régions[350], "*afin de tenir compte de l'accord intervenu entre eux*", ainsi qu'une mise à jour des besoins probables de crédits supplémentaires relatifs à l'année 2017 pour les rémunérations de toutes les institutions et les pensions. Ces montants ont été actualisés, après la mise au point finale du rapport statistique officiel à la base des calculs, le 7 novembre 2016[351].

Dans l'ensemble, l'impact net de la LR n° 1/2017 sur les dépenses prévues dans le projet de budget pour 2017 est une augmentation de 1 257,2 millions d'euros en crédits d'engagement et de 523,1 millions d'euros en crédits de paiement.

---

[344] Doc. *COM(2016) 679final*, p. 5.

[345] Doc. *COM(2016) 586final* du 14 septembre 2016.

[346] Doc. *COM(2016) 679final*, pp. 4/5.

[347] Doc. *COM(2016) 602final* du 14 septembre 2016.

[348] Doc. *COM(2016) 679final*, p. 5. La Commission propose en outre une revalorisation des emplois supplémentaires demandés pour Frontex (motivant sa proposition par une évaluation plus détaillée des profils professionnels requis) et des adaptations techniques aux tableaux des effectifs de l'Agence européenne pour la sécurité et la santé au travail et de la Fondation européenne pour l'amélioration des conditions de vie et de travail.

[349] Il s'agit de trois représentants spéciaux de l'Union européenne (RSUE) en Afghanistan, en Bosnie-Herzégovine et au Kosovo. Selon la Commission "(l)*'organisation administrative actuelle des bureaux des RSUE/délégations de l'UE à double casquette est loin d'être idéale. Elle est financée sur deux lignes différentes du budget de l'UE, ce qui donne lieu à des circuits administratifs, financiers et logistiques parallèles*" (doc. *COM(2016) 679final*, p. 21).

Dans la pratique, la lettre rectificative propose une réduction de 13,8 millions d'euros des crédits proposés dans le PB sur la ligne budgétaire de la PESC et une augmentation du budget du SEAE à hauteur de 10,1 millions d'euros, soit une réduction nette des dépenses de 3,7 millions d'euros en 2017.

[350] Soit -20 postes pour le tableau des effectifs du PE, +12 postes pour le tableau du Comité économique et social européen et +8 postes pour celui du Comité des régions.

[351] Ces besoins s'élèvent au total à +64,4 millions d'euros par rapport aux montants demandés dans le PB (ou +5,4 millions d'euros par rapport aux montants inscrits dans la LR), le taux d'augmentation définitif des salaires et des pensions s'établissant à +3,3 % (au lieu des +3,2 % retenus dans la LR).

Il convient de relever qu'un montant de 8,7 millions d'euros pour la section I – Parlement européen – n'a pas été intégré par la Commission dans la LR, ce montant étant inclus dans le budget pour 2017 par le comité de conciliation (voir page 358).

Tableau 104. Les différentes phases de la procédure budgétaire pour 2017

En millions d'euros

	c/e	c/p	Différence par rapport au budget adopté c/e	c/p
Projet de budget	*157.657*	*134.899*	*-200*	*+408*
*Projet de budget**	*158.915*	*135.422*	*+1.057*	*+931*
Position du Conseil	156.377	133.790	*-1.481*	*-700*
Amendements du PE**	162.416	138.029	*+4.558*	*+3.538*
Budget de l'UE pour 2017	**157.858**	**134.490**	–	–

** Lettre rectificative n° 1/2017 telle que présentée par la Commission incluse* *** Lettre rectificative n° 1/2017 incluse*

S'agissant de la partie "recettes" du budget, "*certaines amendes infligées récemment par la Commission seront payées et toutes les voies de recours seront épuisées à la fin de 2016 pour un montant estimé à 1 milliard d'euros. La Commission propose d'augmenter de ce montant les lignes budgétaires concernées de la partie "recettes" du budget. La contribution des budgets nationaux calculée en fonction du RNB s'en trouvera réduite du même montant*"[352].

Le Parlement européen a inclus une grande partie des éléments proposés par la Commission dans la lettre rectificative dans ses amendements à la position du Conseil (voir pages 334-351).

Pour le Conseil, le point le plus problématique a été le traitement de la partie liée au réexamen/ révision à mi-parcours du CFP (voir pages 293-297 et 334-353). Par ailleurs, comme les années précédentes, le Conseil s'est unanimement opposé à la proposition de la Commision de transférer des dépenses relatives à des représentants spéciaux de l'UE de la section III – Commission – à la section X – Service européen pour l'action extérieure – du budget, en insistant sur le fait qu'une telle décision doit préalablement être prise dans les "enceintes appropriées", et non préjugée par une décision de l'autorité budgétaire avec un tel transfert de crédits[353].

Dans le cadre de l'accord global sur le budget pour 2017, obtenu lors de la deuxième réunion du comité de conciliation (voir pages 354-362), les deux branches de l'autorité ont toutefois été en mesure d'inclure dans le budget pour 2017 tous les *éléments* proposés par la Commission[354], y inclus ceux présentés par la Commission sous le couvert du réexamen/ révision à mi-parcours du CFP (voir pages 293-297).

13. Quelques aspects importants de la procédure budgétaire pour 2017

A. Les différentes phases de la procédure budgétaire pour 2017 sont récapitulées dans le tableau 104 ci-dessus.

Les *sujets de discussions* ont de nouveau surtout porté sur les questions liées au financement des mesures destinées à *relancer la croissance et l'emploi*, notamment des jeunes, dans l'Union européenne, ainsi que des mesures permettant à l'Union et aux États membres de faire face à la *crise migratoire et des réfugiés* ou liées à la *sécurité interne et extérieure* de l'Union européenne[355]. Une partie des négociations a eu lieu dans le cadre des discussions sur le réexamen/ révision à mi-parcours du cadre financier pluriannuel pour 2014-2020 (voir *infra*, point C).

Les autres sujets de discussions interinstitutionnelles ont notamment concerné la mise en œuvre de l'accord sur le *Fonds européen pour les investissements stratégiques*, conclu en mai 2015, les

[352] Doc. *COM(2016) 679 final*, p. 5.

[353] Même si un tel transfert engendrait des économies au niveau du budget de l'Union.

[354] À l'exception du transfert des trois RSUE de la rubrique *3* à la rubrique *5* du CFP, suite à l'opposition du Conseil (voir *supra*).

[355] Le budget pour 2017 contient ainsi plus de 5,2 milliards d'euros de dépenses spécifiques liées à la migration pour des actions tant sur le plan intérieur que sur le plan extérieur. Ce montant comprend, outre les 750 millions d'euros pour la Facilité en faveur des réfugiés en Turquie, 200 millions d'euros pour l'aide d'urgence au sein de l'Union, suite au nouveau règlement, adopté le 15 mars 2016 (voir page 285), visant à aider la Grèce et les autres États membres de l'Union à faire face à une arrivée importante de réfugiés.

crédits d'engagement en 2017 pour l'*Initiative pour l'emploi des jeunes*, les *mesures spécifiques* dans les *secteurs laitier* et de *l'élevage* (notamment suite aux effets de l'embargo sur les importations pratiqué par la Russie en réaction aux sanctions de l'UE) ou encore le financement de la *Facilité en faveur des réfugiés en Turquie*[356].

L'accord sur le budget pour 2017, obtenu lors de la réunion de conciliation des 16 et 17 novembre 2016, comporte la mobilisation (en crédits d'engagement) de la *marge pour imprévus*[357], pour un montant de 1 906 millions d'euros[358], et de l'*instrument de flexibilité*, pour son montant maximal pour 2017 de 530 millions d'euros. Ces mobilisations permettent de financer des mesures supplémentaires dans le domaine de la migration, des réfugiés et de la sécurité relevant des rubriques *3* (*Sécurité et citoyenneté*) et *4* (*L'Europe dans le monde*) du CFP[359].

B. En raison de la tenue, le 23 juin 2016, du référendum sur le maintien ou non du Royaume-Uni dans l'Union européenne, la Commission a présenté très tardivement[360] *l'état prévisionnel* et le *projet de budget pour 2017*. De ce fait, le Conseil n'a disposé que de peu de temps[361] pour trouver un accord politique en son sein sur sa position sur le PB pour 2017. Ceci a naturellement compliqué le travail du Conseil.

Par contre, le résultat du référendum en tant que tel n'a pas eu de répercussions sur le déroulement des négociations budgétaires interinstitutionnelles en 2016 ou sur le contenu du budget de l'Union européenne pour 2017, tel qu'adopté le 1er décembre 2016[362].

C. Un élément qui a rendu les négociations budgétaires en 2016 plus complexes que d'habitude a été la question du *réexamen/ révision à mi-parcours du cadre financier pluriannuel pour 2014-2020*, suite aux différentes propositions présentées par la Commission le 14 septembre 2016 (voir chapitre II).

En raison notamment des différentes bases juridiques, procédures de décision et règles de vote applicables (et en raison de l'organisation interne des travaux au Conseil qui en découle ; voir pages 295-296), ce dernier a souhaité traiter le réexamen/ révision à mi-parcours du CFP séparément des négociations sur le budget pour 2017. Le Parlement européen, par contre, a fortement insisté pour traiter ces deux dossiers ensemble[363].

---

356 Comme indiqué *supra*, le budget pour 2017 contient un montant de 750 millions d'euros en crédits d'engagement pour financer la Facilité.

357 Les institutions ont mobilisé la marge pour imprévus suite au manque de crédits disponibles suffisants au titre de l'instrument de flexibilité en 2017. Pour mémoire, l'instrument de flexibilité avait été mobilisé en 2016 pour un montant record de 1 530 millions d'euros, épuisant par la même occasion tous les montants reportés des années précédentes disponibles (voir pages 239 et 443).

358 Ce montant est compensé par :

i) 575 millions d'euros provenant de la marge non allouée de la rubrique *2* (*Croissance durable : ressources naturelles*) en 2017, et

ii) 507 millions d'euros en 2017, 570 millions d'euros en 2018 et 254 millions d'euros en 2019 provenant des marges non allouées de la rubrique *5* (*Administration*).

359 La *marge globale pour des engagements en faveur de la croissance et de l'emploi* est également utilisée pour son montant maximal de 1 439 millions d'euros afin de financer la garantie du Fonds européen pour les investissements stratégiques, relevant de la sous-rubrique *1a* (*Compétitivité pour la croissance et l'emploi*) du CFP.

360 C'est-à-dire, en ce qui concerne l'état prévisionnel pour 2017, le dernier jour prévu par l'article 314, paragraphe 1 du TFUE (soit le 30 juin 2016).

361 Soit vingt jours seulement (voir page 284). Dans une déclaration adoptée lors de l'adoption de sa position sur le PB pour 2017, le Conseil appelle la Commission à s'assurer dans l'avenir que le Conseil dispose de suffisamment de temps pour entreprendre une analyse technique détaillée des estimations fournies, à maintenir un équilibre pour ce qui est du temps dont dispose chaque institution lors de la procédure budgétaire annuelle et à assurer le respect des différentes échéances fixées dans le calendrier pragmatique convenu par les trois institutions en amont de la procédure budgétaire, conformément aux points 1 et 19 de l'annexe de l'AII de 2013 (doc. *Conseil 11900/16* du 12 septembre 2016, p. 11).

362 Le Royaume-Uni demeurant membre à part entière de l'Union européenne en 2017, avec tous les droits et les obligations (y inclus dans le domaine budgétaire) qui en découlent.

363 Il est intéressant de relever que lors de la deuxième réunion du comité de conciliation, le 16 novembre 2016, les positions de principe des deux branches de l'autorité budgétaires se sont pourtant "inversées" le Conseil souhaitant, suite au compromis en son sein du 15 novembre 2016 sur le réexamen/ révision à mi-parcours du cadre financier pluriannuel pour 2014-2020 (voir page 296), un accord global incluant le budget pour 2017 *et* les éléments du compromis portant sur 2017, le PE insistant par contre pour que l'accord sur le budget pour 2017 ne préjuge en rien du résultat du réexamen/

Le réexamen/ révision à mi-parcours du CFP n'a pas abouti en 2016[364], le Conseil n'étant pas en mesure de trouver une unanimité en son sein[365] et le Parlement européen critiquant la position du Conseil qui s'éloigne trop des propositions de la Commission[366] (voir chapitre II). Les travaux se poursuivront ainsi en 2017. Il est cependant très peu probable que le résultat des travaux du Conseil (qui reflète un compromis déjà difficile à obtenir et l'Italie et le Royaume-Uni devant encore s'y rallier en 2017 ; voir chapitre II) soit modifié[367].

Nonobstant les désaccords sur le contenu du réexamen/ révision à mi-parcours[368], le Parlement européen et le Conseil sont parvenus à un accord sur le budget pour 2017 lors de la réunion du comité de conciliation des 16 et 17 novembre 2016.

Cet accord comprend l'inclusion dans le budget pour 2017 de crédits d'engagement supplémentaires pour "Horizon 2020", la partie "Transports" du Mécanisme pour l'interconnexion en Europe, "COSME" et "Erasmus+" dans la sous-rubrique *1a* (*Compétitivité pour la croissance et l'emploi*) du CFP, pour un montant total de 200 millions d'euros.

Le Conseil a insisté pour inclure dans les conclusions communes du comité de conciliation la mention que ces montants font partie de l'augmentation globale des crédits de la sous-rubrique *1a* jusqu'en 2020 dans le cadre du réexamen/ révision du CFP[369]. En même temps, le comité de conciliation indique dans ses conclusions que les augmentations convenues dans le cadre du budget pour 2017 respectent pleinement les accords antérieurs et sont sans préjudice des procédures législatives en cours.

Le Parlement européen et le Conseil sont également convenus de prévoir, dans le cadre d'un budget rectificatif en 2017, un montant de 500 millions d'euros[370] dans la sous-rubrique *1b* (*Cohésion économique, sociale et territoriale*) en faveur de l'Initiative pour l'emploi des jeunes en 2017, financé par la marge globale pour les engagements. Le Parlement européen et le Conseil ont en outre invité la Commission à demander les crédits nécessaires

---

révision à mi-parcours du CFP et des procédures budgétaires des années à venir (voir pages 296-297). La Commission, pour sa part, a souligné non seulement la nécessité de trouver un accord sur le réexamen/ révision à mi-parcours et sur la modification de la décision de mobilisation de la marge pour imprévus, du 17 décembre 2014, le plus rapidement possible, mais également sur le fait que, suite à la présentation de la lettre rectificative nº 1/2017 au PB, le 17 octobre 2016 (voir pages 371-372), le réexamen/ révision à mi-parcours et la procédure budgétaire pour 2017 sont intrinsèquement liés.

[364] De ce fait, la modification proposée par la Commission de la décision de mobilisation de la marge pour imprévus, du 17 décembre 2014 (voir chapitre II), n'a pas non plus été faite en 2016, même en ce qui concerne la modification de son mode de compensation (c'est-à-dire la compensation de la mobilisation dans sa totalité en 2017 à la place de 2018-2020, comme prévue dans la décision, due à l'existence de crédits de paiement disponibles sous le plafond global des crédits pour paiements en 2017 et à la pression prévisible sur les crédits de paiement pendant les dernières années couvertes par le CFP), et ce en dépit d'un large consensus entre les trois institutions sur ce point.

La question du traitement des crédits de paiement des instruments spéciaux sera elle aussi restée sans interprétation commune, et ceci malgré les demandes appuyées de la Commission, du PE et de nombreux États membres "bénéficiaires nets".

[365] Les États membres, à l'exception de l'Italie (le Royaume-Uni s'abstenant), ont en effet été en mesure de soutenir, lors de la session du Conseil "Affaires générales" du 15 novembre 2016, la proposition de compromis de la présidence du Conseil (voir chapitre II). Ce manque d'unanimité au sein du Conseil a empêché toute demande d'approbation (conformément à l'article 312, paragraphe 2 du TFUE) du Parlement européen en 2016.

[366] Le Parlement européen a également critiqué la façon du Conseil de traiter les "*top-ups*" (c'est-à-dire les renforcements de crédits d'engagement par rapport aux montants prévus dans les bases légales et la programmation financière) proposés par la Commission (voir chapitre II).

[367] Les changements éventuels concerneront selon toute probabilité le contenu des déclarations faisant partie du paquet d'accord (voir chapitre II), comme c'est souvent le cas dans le cadre des accords dans le domaine budgétaire de l'Union européenne (voir Tomes I, p. 207-208, II, p. 302, et III, p. 359).

[368] Il convient de noter que, à la différence du réexamen éventuel du cadre financier pour 2007-2013 (JO C 139 du 14.6.2006, p. 15) qui n'a abouti à aucun résultat avant tout par manque de volonté de la part du Conseil, celui-ci a été en mesure en 2016 de bien avancer sur le réexamen/ révision du cadre financier pluriannuel pour 2014-2020.

[369] Ceci afin de respecter le contenu du compromis au sein du Conseil, du 15 novembre 2016, qui prévoit des redéploiements futurs de crédits pour couvrir ces augmentations (voir tableau 75, page 297). Il était prévisible que le PE ne partage pas ce point de vue, considérant qu'il relève des prérogatives de l'autorité budgétaire (Parlement européen *et* Conseil) de décider librement des montants à être inclus dans le budget au cours des procédures budgétaires annuelles de l'Union, conformément à l'article 314 du TFUE et à la législation en vigueur.

[370] Le Conseil a insisté pour que soit indiqué dans les conclusions communes que ce montant fait partie de l'augmentation globale de l'Initiative jusqu'en 2020 dans le cadre du réexamen/ révision à mi-parcours du CFP.

dans un projet de budget rectificatif en 2017 afin de pourvoir au financement du Fonds européen pour le développement durable au titre du budget de l'UE dès que la base légale aura été adoptée.

D. L'*ajustement des enveloppes en faveur de la politique de cohésion*, conformément à l'article 7 du règlement fixant le CFP, a été fait sans créer de problèmes pour la procédure budgétaire annuelle et ce malgré les sommes importantes concernées par l'exercice (voir chapitre II). Il convient néanmoins de relever la présentation tardive (par rapport aux années précédentes) de la communication de la Commission sur l'ajustement technique du CFP à l'évolution du RNB, soit le 30 juin 2016, celle-ci incluant exceptionnellement également l'ajustement des enveloppes en faveur de la politique de cohésion et la Commission ne souhaitant pas présenter sa communication ou l'état prévisionnel pour 2017 avant la tenue du référendum au Royaume-Uni (voir *supra*, point B).

E. S'agissant des *crédits de paiement*[371], la "boule de neige" des factures impayées ou la pénurie des crédits de paiement dans le budget adopté – facteurs qui ont beaucoup compliqué les procédures budgétaires pour 2014 et 2015 – n'ont plus été des problèmes auxquels les négociateurs budgétaires ont dû être confrontés, le budget pour 2017 laissant même une importante marge sous le plafond des crédits pour paiements (soit près de 9,8 milliards d'euros[372]), et le budget rectificatif n° 4/2016 diminuant les crédits de paiement en 2016 de plus de 7,3 milliards d'euros (voir *infra*, point G).

Si la question des crédits de paiement n'a pas été complexe à résoudre en 2016, le problème du niveau des crédits de paiement à retenir dans le budget resurgira néanmoins lors des procédures budgétaires concernant les dernières années du cadre financier pluriannuel, notamment suite aux retards pris dans le démarrage de nombreux programmes relevant de la période de programmation 2014-2020[373].

F. Lors de la procédure de conciliation sur le budget pour 2017 le Conseil a pu, pour la première fois[374], influencer directement la lecture du *Parlement européen* de sa section I du budget de l'Union européenne.

En effet, suite à l'insistance du Conseil sur l'importance de la mise en œuvre de la réduction progressive de 5 % des postes figurant dans les tableaux des effectifs de chaque institution entre 2013 et 2017[375], le Parlement a accepté de renoncer à demander 76 nouveaux postes en 2017 à son tableau des effectifs, ces 76 postes supplémentaires accordés en 2017 aux groupes politiques du PE étant intégralement compensés par une baisse d'un nombre de postes équivalent dans le tableau des effectifs de l'administration du Parlement, sans incidence sur le budget.

Ceci ne remet pas en cause en soi le "*Gentlemen's agreement*", appliqué depuis les années 1970[376], car le traitement des 76 nouveaux postes a été agréé par le comité de conciliation, dans le cadre de l'accord global sur le budget pour 2017, le Conseil n'ayant pas modifié la section du budget du Parlement européen.

---

[371] Le montant des crédits pour paiements retenu dans le budget de l'UE reste cependant un sujet important lors des procédures budgétaires annuelles non seulement pour la Commission, mais également pour le Conseil, car il conditionne le montant des ressources que les États membres doivent mettre à la disposition de l'Union.

[372] Selon la présentation de la Commission. Du fait de la marge importante existant sous le plafond, la question du traitement (vis-à-vis du plafond des crédits pour paiements) des crédits de paiement des instruments spéciaux n'est plus pour l'instant une "question essentielle" du point de vue du déroulement des procédures budgétaires annuelles, comme elle l'était notamment lors de la procédure budgétaire pour 2015 (voir première partie).

[373] Il convient de relever que le Parlement européen n'est pas parvenu à inclure, dans l'accord sur le budget pour 2017, la mise en place d'un "plan de paiement à caractère contraignant pour la période 2016-2020" (voir page 337).

[374] À la différence de la procédure budgétaire pour 2016 pendant laquelle, suite à des demandes du Conseil mais sans influence "directe" de celui-ci, le Parlement européen s'était limité à accepter de poursuivre la réduction du nombre total d'emplois inscrits à son tableau des effectifs, engagement acté sous forme de déclaration du PE sur l'application du point 27 de l'AII de 2013 (traitant de la coopération des institutions en matière de dépenses administratives) faite lors de la réunion du comité de conciliation du 14 novembre 2015.

[375] Conformément au point 27 de l'AII de 2013.

[376] Le "*Gentlemen's agreement*" tient son origine de la résolution du Conseil suivante, inscrite au procès-verbal de sa session du 22 avril 1970 : "*Le Conseil s'engage à ne pas modifier l'état prévisionnel des dépenses* [du Parlement européen]. *Cet engagement ne vaut que pour autant que cet état prévisionnel ne porte atteinte aux dispositions communautaires, notamment en ce qui concerne le statut des fonctionnaires et le régime applicable aux autres agents ainsi que le*

G. S'agissant des *budgets rectificatifs* adoptés en 2016[377] le Conseil a, de nouveau, souhaité, suite aux enseignements tirés des procédures budgétaires pour 2015 et 2016, adopter en 2016 sa position sur tous les projets de budgets rectificatifs en attente le plus rapidement possible. Ceci a, de même, certainement contribué à simplifier les négociations budgétaires interinstitutionnelles lors de la procédure de conciliation.

Nombre de ces budgets rectificatifs (et surtout le BR nº 1/2016 octroyant avant tout une aide d'urgence au sein de l'Union) ont été adoptés en un temps record[378].

Il convient également de relever que tous les budgets rectificatifs ont été acceptés en 2016 en "une seule lecture" et comme proposés par la Commission[379].

H. Concernant les *agences décentralisées de l'Union européenne*, les négociations budgétaires interinstitutionnelles se sont de nouveau concentrées avant tout sur les besoins des agences en "première ligne" dans la crise migratoire et des réfugiées. À ce titre, Frontex, le Bureau européen d'appui en matière d'asile et Europol (mais également l'Agence européenne pour la gestion opérationnelle des systèmes d'information à grande échelle, le Collège européen de police et Eurojust) se sont vus octroyer pour 2017 de nouveau d'importants moyens supplémentaires par rapport à la programmation financière initiale.

I. S'agissant enfin des *projets pilotes* et des *actions préparatoires*, leur nombre et les montants qui leur sont alloués reflètent, comme les années précédentes, la position du Parlement européen[380], le Conseil ayant pour sa part appuyé, tout au long de la procédure budgétaire, les propositions et les positions (telles qu'exprimées notamment dans la "lettre d'exécutabilité") de la Commission[381].

Le budget pour 2017 contient, suite à une proposition de la Commision (voir page 313), 25 millions d'euros en crédits d'engagement en faveur d'une nouvelle action préparatoire sur la recherche en matière de défense. Il s'agit d'une action préparatoire instaurée dans le contexte de la communication de la Commission au Parlement européen, au Conseil européen, au Conseil, au Comité économique et social européen et au Comité des régions intitulée "*Plan d'action européen de la défense*"[382].

---

siège des institutions" (Recueil des Traités instituant les Communautés européennes, Édition 1978, Office des publications officielles des Communautés européennes, Luxembourg 1978, p. 885).

Il a été appliqué à partir de la procédure budgétaire pour 1971, le Parlement européen procédant depuis de la même façon avec les états prévisionnels du Conseil (et à partir de 2010 du Conseil européen et du Conseil).

[377] Les budgets rectificatifs adoptés en 2016 augmentent notamment les crédits du budget de l'Union afin de financer des mesures pour répondre à la crise des migrants et des réfugiés, ainsi que pour augmenter la sécurité (y inclus au sein des institutions de l'Union). Le budget rectificatif nº 4/2016, quant à lui, diminue les crédits de paiement inscrits dans le budget pour 2016, pour un montant de plus de 7,3 milliards d'euros, en raison des retards dans la mise en œuvre des programmes relevant de la période 2014-2020.

[378] Le Conseil a dû, à cet effet, raccourcir le délai de huit semaines entre la proposition de la Commission et la position du Conseil prévu à l'article 4 du protocole n° 1 sur le rôle des parlements nationaux dans l'UE à quatre reprises, ce qui est également un record.

[379] Par ailleurs, dans le contexte du budget rectificatif nº 4/2016 visant notamment à augmenter les crédits du budget pour 2016 suite à l'évolution de la situation dans le domaine de la migration et de la sécurité, et suite au manque de marge existant sous le plafond de la rubrique *3* (*Sécurité et citoyenneté*) du CFP, l'autorité budgétaire a mobilisé la marge pour imprévus, pour un montant de 240,1 millions d'euros en crédits d'engagement, compensée pour une baisse correspondante du plafond de la rubrique *5* (*Administration*) également en 2016.

C'est la première fois que la marge pour imprévus est mobilisée en crédits d'engagement dans le cadre d'un budget rectificatif.

[380] Voir tableau 91, page 339. Les différences dans les montants des crédits de paiement proviennent du fait qu'ils sont fixés dans le cadre de l'accord global sur les crédits pour paiements (voir page 359).

[381] Lors de la procédure budgétaire pour 2017, la Commission a critiqué le Parlement européen notamment de la multiplication des propositions de projets et d'actions (ce qui conduit à réduire les montants alloués à chaque action ou projet, ceci risquant de diminuer par la même occasion leur impact) et des retards dans leur sousmission. Elle a avant tout appelé le Parlement à adopter une approche plus restrictive en ce qui concerne ses propositions concernant de nouveaux projets pilotes ou de nouvelles actions préparatoires (voir page 324).

Le Conseil, pour sa part, a surtout insisté sur le besoin de s'assurer que les nouveaux projets pilotes et les nouvelles actions préparatoires produisent suffisamment de "valeur ajoutée européenne", tout en reconnaissant l'"importance politique" de ces projets et actions pour le PE.

Il convient avant tout de rappeler que les montants pour les projets pilotes et les actions préparatoires (y inclus pour les nouveaux projets pilotes et pour les nouvelles actions préparatoires) sont strictement encadrés par l'article 54 du RF de 2012.

[382] Doc. *COM(2016) 950 final* du 30 novembre 2016.

Tableau 105. Les domaines politiques dans la section III – Commission – du budget de l'Union européenne pour 2017

Titre	*Titre*
01 *Affaires économiques et financières*	***19*** *Instruments de politique étrangère*
02 *Marché intérieur, industrie, entrepreneuriat et PME*	***20*** *Commerce*
03 *Concurrence*	***21*** *Coopération internationale et développement*
04 *Emploi, affaires sociales et inclusion*	***22*** *Voisinage et négociations d'élargissement*
05 *Agriculture et développement rural*	***23*** *Aide humanitaire et protection civile*
06 *Mobilité et transports*	***24*** *Lutte contre la fraude*
07 *Environnement*	***25*** *Coordination des politiques de la Commission et conseil juridique*
08 *Recherche et innovation*	***26*** *Administration de la Commission*
09 *Réseaux de communication, contenu et technologies*	***27*** *Budget*
10 *Recherche directe*	***28*** *Audit*
11 *Affaires maritimes et pêche*	***29*** *Statistiques*
12 *Stabilité financière, services financiers et union des marchés de capitaux*	***30*** *Pensions et dépenses connexes*
13 *Politique régionale et urbaine*	***31*** *Services linguistiques*
14 *Fiscalité et union douanière*	***32*** *Énergie*
15 *Éducation et culture*	***33*** *Justice et consommateurs*
16 *Communication*	***34*** *Action pour le climat*
17 *Santé et sécurité alimentaire*	***40*** *Réserves*
18 *Migration et affaires intérieures*	***XX*** *Dépenses administratives par domaine politique*

IV. – L'établissement du budget par activités

1. Développement de la nomenclature budgétaire

Les *35 titres* (et *domaines politiques*[383]) de la section III – Commission – du budget de l'Union européenne pour 2017 sont présentés dans le tableau 105 ci-dessus. Ces titres restent les mêmes que dans le budget pour 2016 (voir page 241).

Le tableau 106 ci-contre retrace l'évolution de la nomenclature du budget de l'Union de 2015 à 2017. Il convient avant tout de relever l'augmentation du nombre d'imputations (articles ou postes) de la section III.

Finalement, le tableau 107 (page 379) présente le détail du développement de la nomenclature de la section III de 2015 à 2017.

Tableau 106. Développement de la nomenclature du budget de l'Union européenne de 2015 à 2017

Année	**2015**	**2017**	***Différence***	**2015**	**2017**	***Différence***
Section I – Parlement européen :			***2017-2015***	**Section VI – CESE :**		***2017-2015***
Titres	5	6	*1*	3	3	*0*
Chapitres	19	20	*1*	12	12	*0*
Articles	43	44	*1*	26	26	*0*
Postes	59	62	*3*	47	47	*0*
Imputations*	95	98	*3*	62	62	*0*
Section II – Conseil européen et Conseil :				**Section VII – Comité des régions :**		
Titres	3	3	*0*	3	3	*0*
Chapitres	9	9	*0*	12	12	*0*
Articles	22	22	*0*	27	27	*0*
Postes	72	72	*0*	46	46	*0*
Imputations*	78	78	*0*	62	63	*1*
Section III – Commission :**				**Section VIII – Médiateur :**		
Titres	35	35	*0*	4	4	*0*
Chapitres	126	128	*2*	13	13	*0*
Articles	625	642	*17*	27	27	*0*
Postes	832	896	*64*	27	27	*0*
Imputations*	1.182	1.296	*114*	43	43	*0*
Annexes de la section III* :**				**Section IX – CEPD :**		
Titres	6	6	*0*	4	4	*0*
Chapitres	17	17	*0*	6	6	*0*
Articles	58	57	*-1*	12	12	*0*
Postes	18	18	*0*	51	52	*1*
Imputations*	68	67	*-1*	52	55	*3*
Section IV – Cour de justice :				**Section X – SEAE :**		
Titres	4	4	*0*	4	4	*0*
Chapitres	12	12	*0*	11	11	*0*
Articles	34	33	*-1*	16	16	*0*
Postes	36	39	*3*	57	56	*-1*
Imputations*	60	62	*2*	61	60	*-1*
Section V – Cour des comptes :				**Total :**		
Titres	3	3	*0*	**74**	**75**	*1*
Chapitres	11	11	*0*	**248**	**251**	*3*
Articles	33	33	*0*	**923**	**939**	*16*
Postes	28	35	*7*	**1.273**	**1.350**	*77*
Imputations*	59	59	*0*	**1.822**	**1.943**	*121*

** Articles ou postes ** Les chiffres n'incluent pas le titre "XX" *** OP, OLAF, EPSO (avec l'EUSA), PMO, OIB et OIL*

2. La budgétisation axée sur les résultats

Suite aux propositions de la vice-présidente de la Commission chargée du budget et des ressources humaines de lancer un travail en profondeur sur la budgétisation axée sur la performance[384], trois réunions d'experts se sont tenues en 2016, le 22 avril (il s'agit de la réunion constitutive du groupe d'experts sur la budgétisation axée sur la performance), le 21 juin (la réunion s'est avant tout penchée sur les indicateurs de performance) et le 6 décembre (les experts discutant surtout des indicateurs dans le contexte de la gestion partagée).

Par ailleurs, comme en 2015 (voir deuxième partie, page 242), la Commission a organisé le 27 septembre 2016 à Bruxelles une conférence sur la budgétisation axée sur la performance.

---

[383] À l'exception notable du titre technique *40* "*Réserves*".

[384] Les deux lettres de la Commission sur la budgétisation axée sur la performance à la base de ces réunions, du 30 avril et du 17 décembre 2015, sont reproduites pages 277-282.

Tableau 107. Le développement de la nomenclature de la section III – Commission – de 2015 à 2017

Titre	Chapitres			Articles			Postes			Imputations*		
	2015	2017	*Diff.*	2015	2017	*Diff.*	2015	2017	*Diff.*	2015	2017	*Diff.*
01 (Affaires économiques et financières)	4	4	*0*	17	27	*10*	8	11	*3*	20	32	*12*
02 (Entreprises et industrie)/ (Marché intérieur, industrie, entrepreneuriat et PME)	6	6	*0*	29	29	*0*	41	50	*9*	58	68	*10*
03 (Concurrence)	1	1	*0*	4	4	*0*	2	2	*0*	5	5	*0*
04 (Emploi, affaires sociales et inclusion)	6	6	*0*	40	42	*2*	44	46	*2*	75	79	*4*
05 (Agriculture et développement rural)	9	9	*0*	48	50	*2*	115	108	*-7*	126	127	*1*
06 (Mobilité et transports)	3	3	*0*	21	21	*0*	29	39	*10*	40	50	*10*
07 (Environnement)	2	2	*0*	13	13	*0*	34	31	*-3*	38	40	*2*
08 (Recherche et innovation)	5	4	*-1*	25	22	*-3*	49	45	*-4*	61	56	*-5*
09 (Réseaux de communication, contenu et technologies)	4	5	*1*	23	28	*5*	28	47	*19*	38	63	*25*
10 (Recherche directe)	5	5	*0*	13	14	*1*	14	15	*1*	20	24	*4*
11 (Affaires maritimes et pêche)	3	3	*0*	26	21	*-5*	19	21	*2*	35	36	*1*
12 (Marché intérieur et services)/ (Stabilité financière, services financiers et union des marchés de capitaux)	3	2	*-1*	12	11	*-1*	8	5	*-3*	18	14	*-4*
13 (Politique régionale et urbaine)	5	7	*2*	48	51	*3*	40	44	*4*	76	83	*7*
14 (Fiscalité et union douanière)	4	4	*0*	11	12	*1*	4	6	*2*	13	15	*2*
15 (Éducation et culture)	4	4	*0*	28	24	*-4*	31	40	*9*	46	55	*9*
16 (Communication)	3	2	*-1*	15	9	*-6*	28	18	*-10*	32	21	*-11*
17 (Santé et protection des consommateurs)/ (Santé et sécurité alimentaire)	4	3	*-1*	22	20	*-2*	39	41	*2*	53	54	*1*
18 (Affaires intérieures)/ (Migration et affaires intérieures)	3	7	*4*	20	30	*10*	20	32	*12*	32	51	*19*
19 (Instruments de politique étrangère)	6	6	*0*	18	17	*-1*	23	21	*-2*	32	31	*-1*
20 (Commerce)	2	2	*0*	5	6	*1*	8	9	*1*	10	11	*1*
21 (Développement et coopération)/ (Coopération internationale et développement)	9	8	*-1*	40	34	*-6*	77	65	*-12*	101	88	*-13*
22 (Élargissement)/ (Voisinage et négociations d'élargissement)	3	3	*0*	12	18	*6*	21	39	*18*	23	43	*20*
23 (Aide humanitaire et protection civile)	4	4	*0*	13	13	*0*	13	11	*-2*	19	17	*-2*
24 (Lutte contre la fraude)	4	3	*-1*	8	5	*-3*	1	0	*-1*	8	5	*-3*
25 (Coordination des politiques de la Commission et conseil juridique)	2	1	*-1*	10	8	*-2*	9	8	*-1*	12	13	*1*
26 (Administration de la Commission)	3	3	*0*	18	19	*1*	45	46	*1*	55	58	*3*
27 (Budget)	2	2	*0*	8	8	*0*	7	7	*0*	13	13	*0*
28 (Audit)	1	1	*0*	3	3	*0*	2	2	*0*	4	4	*0*
29 (Statistiques)	2	2	*0*	7	7	*0*	3	3	*0*	8	8	*0*
30 (Pensions et dépenses connexes)	1	1	*0*	4	4	*0*	15	15	*0*	15	15	*0*
31 (Services linguistiques)	1	1	*0*	7	7	*0*	9	9	*0*	12	12	*0*
32 (Énergie)	4	5	*1*	24	27	*3*	23	30	*7*	38	47	*9*
33 (Justice)/ (Justice et consommateurs)	3	4	*1*	16	20	*4*	18	24	*6*	27	37	*10*
34 (Action pour le climat)	2	2	*0*	10	10	*0*	5	6	*1*	12	13	*1*
40 (Réserves)	3	3	*0*	7	8	*1*	0	0	*0*	7	8	*1*
Total	**126**	**128**	*2*	**625**	**642**	*17*	**832**	**896**	*64*	**1.182**	**1.296**	*114*

** Articles ou postes*

Dans sa présentation politique du projet de budget pour 2017, la Commission souligne son intention de mettre davantage l'accent sur les résultats comme suit :

"Trois principes directeurs ont été fixés pour le budget de l'UE : rapidité, priorité et impact. La stratégie de la Commission en faveur d'un "budget axé sur les résultats" vise à davantage orienter le budget vers l'obtention de résultats et vers la performance, à savoir en le mettant mieux en adéquation avec les priorités d'action de la Commission ; en assurant la valeur ajoutée européenne ; en augmentant l'effet de levier des fonds de l'UE et en améliorant les indicateurs de performance. Cette stratégie aborde aussi la manière dont les effets du budget de l'UE sont portés à la connaissance du public : la communication relative aux résultats des programmes doit occuper une place plus importante que les informations concernant le processus de dépense. La stratégie vise aussi à simplifier le mode de gestion des programmes, ce qui, ensuite, devrait contribuer à améliorer le rapport coût/ efficacité des contrôles"[385].

Le Conseil, dans sa recommandation de décharge pour l'exercice 2015, indique notamment ce qui suit concernant la budgétisation axée sur la performance et les résultats (et l'obtention de résultats à l'aide du budget de l'UE en général) :

"Il est capital d'obtenir des résultats et de mettre l'accent sur la performance, en particulier dans un contexte de discipline budgétaire et de ressources financières limitées. Étant entendu qu'il est nécessaire de poursuivre les progrès en matière de conformité des dépenses avec les règles existantes et les efforts visant à améliorer le cadre de contrôle interne, le Conseil reconnaît qu'il convient de chercher à mettre en place, à tous les niveaux de la gestion des fonds de l'UE, un cadre de performance solide au sein des institutions et des États membres.

Dans ce cadre, le Conseil salue l'initiative de la Commission "Un budget de l'UE axé sur les résultats", lancée en 2015 avec comme objectif final de réunir des experts des institutions et des États membres[386]*, constituant ainsi une enceinte pour examiner et débattre de divers aspects de l'élaboration de budgets axés sur les performances applicables au niveau de l'UE.*

[385] Doc. *COM(2016) 300final,* p. 9.
[386] Voir pages 277-282.

Dans le même temps, l'évaluation des résultats constitue un élément important dans l'évaluation annuelle de la bonne gestion financière des fonds de l'UE.

[S'agissant par exemple du programme "Horizon 2020"] (l)*e cadre juridique du programme Horizon 2020 introduit plusieurs éléments importants en matière de gestion de la performance, tels que des objectifs et des indicateurs de performance clés. Le Conseil prend note de l'observation de la Cour (des comptes) selon laquelle les objectifs et les indicateurs adoptés par le législateur pour Horizon 2020 représentent une véritable amélioration par rapport aux précédents programmes-cadres. Il note, toutefois, que la Cour a relevé de nombreuses faiblesses affectant la conception du cadre de gestion de la performance du programme Horizon 2020, en particulier l'utilisation des indicateurs servant au suivi et au compte-rendu. Les insuffisances concernaient en particulier l'incohérence de la terminologie utilisée en matière de performances, avec le recours à des termes tels que "réalisations", "résultats" ou "impact", ou l'attention trop importante portée aux intrants et aux réalisations plutôt qu'aux résultats et à l'impact. Pour certains indicateurs, les valeurs de référence, valeurs intermédiaires ou valeurs cibles faisaient défaut ou étaient ambiguës d'une manière ou d'une autre. La Cour a également relevé que certains objectifs avaient été fixés sans respecter totalement les critères SMART* [*Specific*, *Measurable*, *Achievable*, *Realistic* et *Time-bound*, c'est-à-dire spécifique, mesurable, atteignable, réaliste et temporellement défini] *ou ne cadraient pas avec les besoins en matière de gestion en raison d'un champ d'application trop général ou trop large.*

Toutefois, le Conseil est conscient du fait qu'il est intrinsèquement compliqué de mesurer la performance dans le domaine de la recherche. Les résultats et l'impact de la recherche, de par leur nature, sont difficilement prévisibles et, d'une manière générale, impliquent plutôt, d'être évalués à plus long terme pour être significatifs. Le Conseil prend note de la difficulté d'obtenir suffisamment d'éléments probants aux fins des évaluations intermédiaires du programme Horizon 2020, en raison du fait que pour plusieurs indicateurs, seules des données limitées seront disponibles avant 2018 ou 2019. De l'avis de la Cour, cela peut donner lieu à des conclusions d'évaluations intermédiaires ne rendant pas correctement compte des résultats et de l'impact des programmes. Le Conseil demande à la Commission d'atténuer, dans la mesure du possible, ces difficultés.

[...] *Le Conseil invite (dès lors) la Commission à poursuivre ses efforts pour mettre en place des mesures de la performance uniformes et cohérentes à tous les niveaux de la gestion des programmes afin de permettre une évaluation fiable de ceux-ci par rapport aux objectifs fixés. À ce titre, il est également nécessaire de faire coïncider les niveaux opérationnels avec les objectifs stratégiques. Le Conseil souligne, toutefois, que la mise en place du cadre de performance devrait respecter l'équilibre entre le coût et les avantages liés à l'obtention des informations sur la performance, et que le nombre d'indicateurs nécessaires devrait être fixé de manière à fournir des données pertinentes tout en évitant de créer une charge administrative supplémentaire. Le Conseil rappelle par ailleurs que le suivi et le compte-rendu de la performance devraient être considérés comme faisant partie d'un processus de prise de décision et non comme une activité séparée. Les indicateurs relevés devraient s'inscrire dans un processus analytique qui permette d'élaborer des politiques mieux ciblées. Tout cadre fondé sur les performances qui ne serait pas lié à une action stratégique ne conduira qu'à introduire des niveaux supplémentaires de bureaucratie.*

[...] *Enfin, le Conseil souligne qu'il importe d'évaluer la performance afin de rendre plus visibles les résultats des interventions de l'UE, et insiste sur la nécessité pour les États membres et la Commission, dans la mesure du possible, de concentrer leur analyse sur des indicateurs de résultat plutôt que sur les résultats, en prenant en compte le cycle de vie des programmes*"[387].

Dans sa résolution sur le budget pour 2017, du 26 octobre 2016, le Parlement européen, quant à lui, fait les remarques suivantes sur la budgétisation

[387] Doc. *Conseil 5876/17 FIN 64 PE-L 7 ADD 1* du 7 février 2017, pp. 12/14.

axée sur les performances : "[Le PE] *rappelle que, dans sa résolution du 3 juillet 2013 concernant le cadre de contrôle interne intégré*[388]*, il a dit partager l'idée exprimée par la Cour des comptes selon laquelle il ne sert à rien d'essayer de mesurer la performance si le budget ne s'appuie pas sur des indicateurs de performance, et plaide en faveur de l'établissement d'un modèle de budget public basé sur la performance, dans lequel chaque ligne budgétaire s'accompagne d'objectifs et de résultats à mesurer au moyen d'indicateurs de la performance.*

[Le PE] *salue les états des dépenses opérationnelles par programme accompagnant le projet de budget (pour 2017), dans la mesure où ils répondent partiellement à la demande formulée par le Parlement au sujet des objectifs, des résultats et des indicateurs ; constate que ces états des dépenses complètent la méthode habituelle d'établissement du budget par activité par quelques données relatives à la performance ;*

[Le PE] *met l'accent sur le fait qu'en vue de simplifier les outils de gestion interne de la Commission, les directeurs généraux doivent s'en tenir aux objectifs politiques et aux indicateurs figurant dans l'état des dépenses opérationnelles par programme lors de l'adoption de leur plan de gestion et des rapports d'activité annuels et que la Commission doit élaborer sur cette base son rapport d'évaluation au titre de l'article 318 du traité sur le fonctionnement de l'Union européenne*"[389].

V. – Conclusion

La procédure budgétaire pour 2017 a été largement influencée par les négociations sur le financement des mesures destinées à relancer la croissance et l'emploi, notamment des jeunes, mais également dans le domaine de la migration, des réfugiés et de la sécurité.

Comme prévu, les négociations sur le réexamen/ révision à mi-parcours du cadre financier pluriannuel pour 2014-2020 se sont révélées complexes et n'ont pas abouti en 2016 malgré les efforts des institutions.

Ceci n'a pourtant pas empêché l'autorité budgétaire de parvenir à un accord sur le budget pour 2017 lors de la deuxième réunion du comité de conciliation les 16 et 17 novembre 2016.

Il s'agit d'un résultat important non seulement car il a permis de doter l'Union européenne d'un budget qui lui permet de faire face à différents défis qui l'attendent en 2017, mais également parce que jamais auparavant deux procédures de conciliation budgétaire successives n'ont été couronnées de succès. Ceci démontre que, en dépit de négociations parfois compliquées et des situations difficiles auxquelles l'Union doit actuellement faire face, l'autorité budgétaire, avec l'aide de la Commission, peut arriver – sans dramastime excessif – à un accord sur le budget annuel de l'Union dans les délais impartis[390].

---

[388] JO C 75 du 26.2.2016, pp. 100/104 (voir page 240, note en bas de page 340).

[389] Doc. *PE P8_TA(2016)0411*, points 86-88.

[390] En d'autres termes, la nouvelle procédure budgétaire instaurée par le traité de Lisbonne commence finalement à entrer dans une phase de "maturité", après plusieurs années de "recherche de repères" en ce qui concerne notamment les pouvoirs budgétaires respectifs des institutions de l'Union européenne, suite à ce nouveau traité.

Il est en même temps clair que la question épineuse de la suffisance des crédits de paiement inscrits dans les budgets de l'Union (et du respect du plafond des crédits pour paiements) n'est plus d'actualité, le budget présentant même pour l'instant une importante sous-exécution, conduisant à une augmentation de l'excédent constaté par rapport aux années précédentes (voir page 437). Cet état de fait, qui découle notamment du démarrage plus lent qu'escompté de nombreux programmes et projets, surtout dans le domaine du développement régional et de la cohésion relevant de la période de programmation 2014-2020 (dû à des retards dans l'adoption des programmes et projets ou dans la désignation des autorités de gestion, de paiement ou de certification, ou encore à cause de l'absence de projets éligibles), facilite certainement pour l'instant le déroulement des procédures budgétaires annuelles de l'Union par rapport à celles d'il y a encore quelques années, et ceci en dépit de la diminution du plafond des crédits pour paiements du CFP en 2017 par rapport à 2016 (voir page 308).

ANNEXES CONCERNANT LA PROCÉDURE BUDGÉTAIRE POUR 2017

LE BUDGET DE L'UNION EUROPÉENNE POUR 2017 PAR RUBRIQUE DU CFP
(en crédits pour engagements)

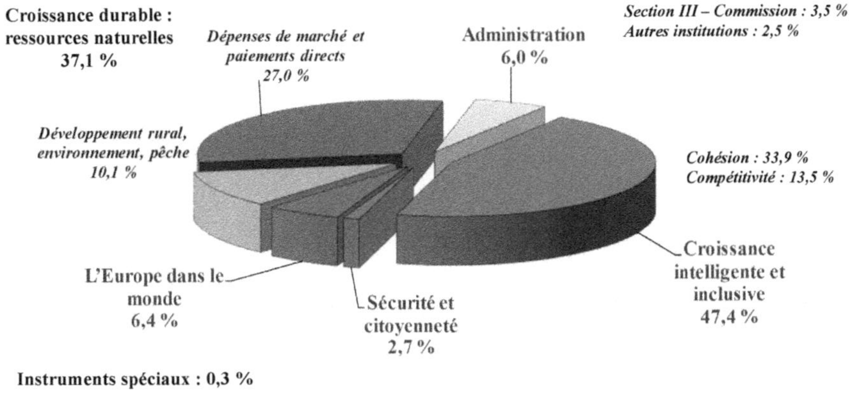

LE BUDGET DE L'UNION EUROPÉENNE POUR 2017 PAR RUBRIQUE DU CFP
(en crédits pour paiements)

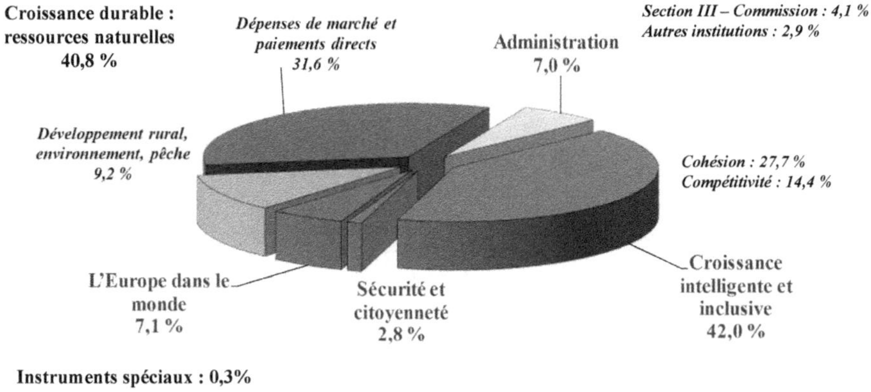

LA DYNAMIQUE DES NÉGOCIATIONS CONCERNANT LE BUDGET DE L'UNION EUROPÉENNE POUR 2017

Crédits pour engagements *(en millions d'euros)*

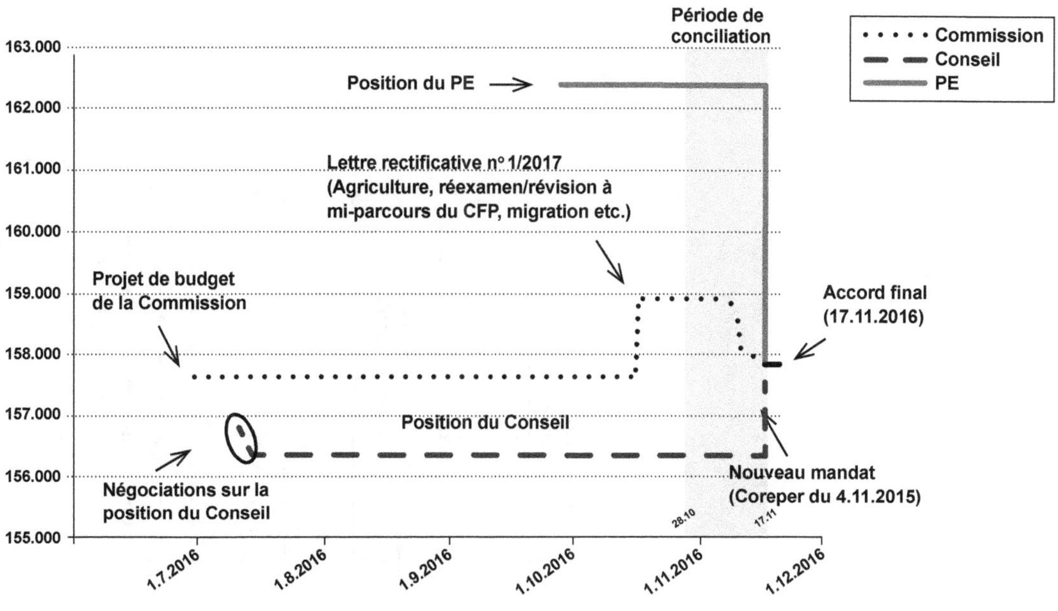

Crédits pour paiements *(en millions d'euros)*

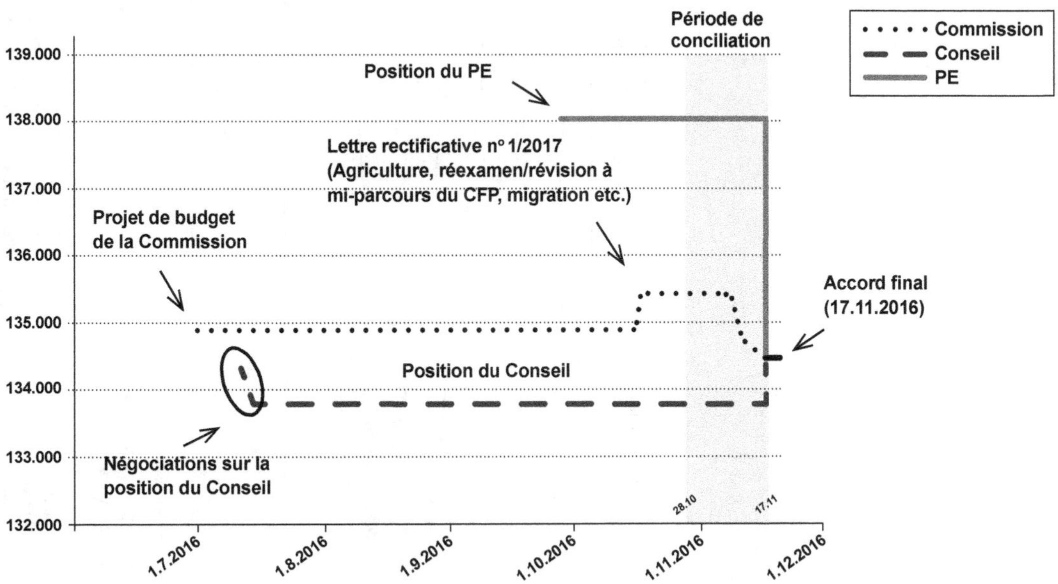

LA PROCÉDURE BUDGÉTAIRE DE L'UNION EUROPÉENNE POUR 2017
(Article 314 du TFUE, AII de 2013 et déclaration commune du 14 mars 2016)

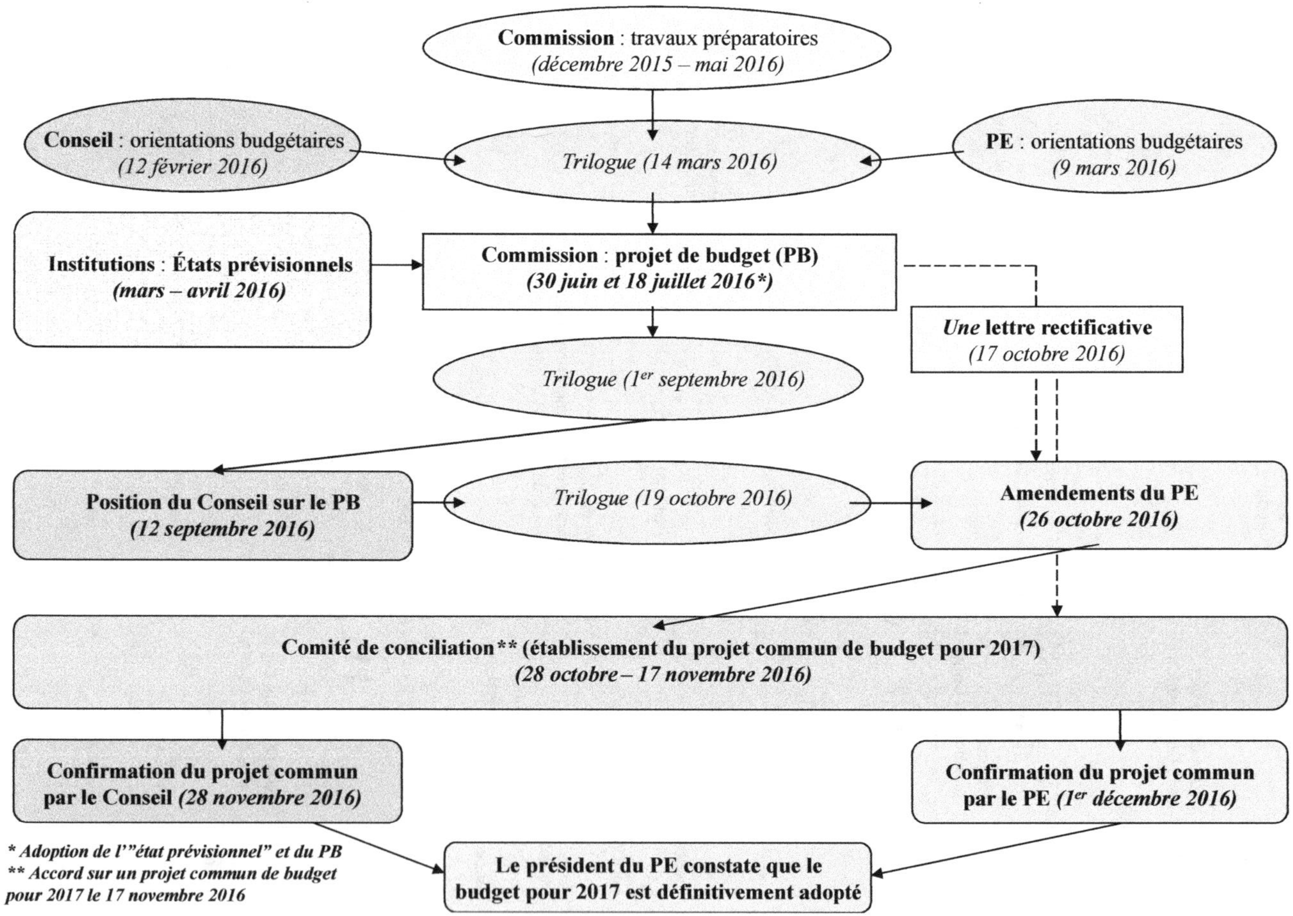

** Adoption de l'"état prévisionnel" et du PB*
*** Accord sur un projet commun de budget pour 2017 le 17 novembre 2016*

LES ÉTAPES PRINCIPALES DE LA PROCÉDURE BUDGÉTAIRE POUR 2017

2 décembre 2015	Établissement des paramètres à retenir pour établir les états prévisionnels pour 2017 des institutions et le projet de budget pour 2017 (Commission)
17 décembre 2015	Lettre de la Commission aux institutions concernant l'établissement des états prévisionnels pour 2017 des institutions
12 février 2016	Adoption des orientations budgétaires du Conseil pour 2017 (Bruxelles)
9 mars 2016	Adoption des orientations budgétaires du Parlement européen pour 2017 (section III) (Strasbourg)
mars-avril 2016	Adoption des états prévisionnels pour 2017 des institutions[1]
14 mars 2016	Réunion interinstitutionnelle sur les crédits de paiement (Bruxelles)
14 mars 2016	*Trilogue – priorités budgétaires pour 2017 (Bruxelles)*
14 mars 2016	Réunion du groupe de travail interinstitutionnel sur les ressources des agences (Bruxelles)
22 avril 2016	Réunion d'experts sur la budgétisation axée sur la performance (Bruxelles)
21 juin 2016	Réunion d'experts sur la budgétisation axée sur la performance (Bruxelles)
30 juin 2016	**Adoption de l'état prévisionnel de la Commission pour l'exercice 2017**
30 juin 2016	Présentation de l'état prévisionnel pour 2017 à la Commission des budgets du Parlement européen (Bruxelles)
30 juin 2016	Présentation de l'état prévisionnel pour 2017 au Coreper (Bruxelles)
18 juillet 2016	**Adoption du projet de budget (PB) pour 2017[2] (Commission)**
18 juillet 2016	Accord au niveau du Comité budgétaire sur la position du Conseil sur le PB pour 2017 (troisième proposition de compromis de la Présidence) (Bruxelles)
20 juillet 2016	Confirmation de l'accord obtenu au sein du Comité budgétaire par le Coreper (Bruxelles)
1er septembre 2016	Réunion interinstitutionnelle sur les crédits de paiement (Bruxelles)
1er septembre 2016	*Trilogue – position du Conseil sur le PB pour 2017 (Bruxelles)*
12 septembre 2016	**Position du Conseil sur le projet de budget pour 2017[3] (Bruxelles)**
13 septembre 2016	Présentation de la position du Conseil sur le PB pour 2017 au Parlement européen (Strasbourg)
14 septembre 2016	Transmission de la position du Conseil sur le PB pour 2017 au Parlement européen
27 septembre 2016	Conférence sur la budgétisation axée sur la performance (Bruxelles)
28 et 29 septembre 2016	Vote sur les amendements du Parlement européen à la position du Conseil sur le PB pour 2017 par la Commission des budgets (Bruxelles)
17 octobre 2016	***Lettre rectificative n° 1/2017 au PB[4] (agriculture et accords internationaux de pêche ; réexamen/révision à mi-parcours du CFP ; migration etc.)***
19 octobre 2016	Réunion interinstitutionnelle sur les crédits de paiement (Bruxelles)
19 octobre 2016	*Trilogue – amendements du Parlement européen sur la position du Conseil sur le PB pour 2017 (Bruxelles)*
19 octobre 2016	Réunion du groupe de travail interinstitutionnel sur les ressources des agences (Bruxelles)
26 octobre 2016	**Amendements du Parlement européen sur la position du Conseil sur le PB pour 2017[5] (Strasbourg)**
26 octobre 2016	Lettre du Conseil au Parlement européen (confirmation que le Conseil ne peut pas accepter tous les amendements votés par le Parlement européen)
28 octobre 2016	Début de la période de conciliation
8 novembre 2016	**Réunion du comité de conciliation (Bruxelles)**
10 novembre 2016[6,7]	*Trilogue (Bruxelles)*
14 novembre 2016	*Trilogue informel (Bruxelles)*
16/17 novembre 2016	**Réunion du comité de conciliation[8] (Bruxelles) (*Accord* sur un projet commun de budget pour 2017 le 17 novembre 2016)**
17 novembre 2016	Fin de la période de conciliation
28 novembre 2016	**Approbation du projet commun de budget pour 2017 par le Conseil[9] (Bruxelles)**
1er décembre 2016	**Approbation du projet commun de budget pour 2017 par le Parlement européen (Bruxelles)**
1er décembre 2016	**Constatation de l'adoption définitive et signature du budget pour 2017 par le président du PE (Bruxelles)**
6 décembre 2016	Réunion d'experts sur la budgétisation axée sur la performance (Bruxelles)
28 février 2017	Publication du budget pour 2017 au JO[10]

[1] *Parlement européen (section I du budget de l'Union) en plénière le 14 avril 2016*

[2] *Et sa mise à disposition de l'autorité budgétaire et des parlements nationaux dans toutes les langues officielles de l'UE*

[3] *Adoption par "procédure écrite"*

[4] *Adoption par la Commission. Mise à jour le 7 novembre 2016*

[5] *Et convocation, en accord avec le président du Conseil, du comité de conciliation*

[6] *Présentation par la Commission, quelques heures avant le trilogue du 10 novembre 2016, du premier projet de "conclusions communes" (traitant des crédits d'engagement et de paiement)*

[7] *Présentation par la Commission d'un deuxième projet de "conclusions communes" le 11 novembre 2016*

[8] *Présentation par la Commission de trois projets de "conclusions communes" les 16 et 17 novembre 2016*

[9] *Adoption en tant que "point A"*

[10] *JO L 51 du 28.2.2017, pp. 1/2341 (avec un rectificatif au JO L 68 du 14.3.2017, pp. 1/3)*

	Description	1		2		3		4		5		5/1	
		Budget pour 2016 (BR n° 1/2016 à 6/2016 inclus)		Projet de budget pour 2017 (hors lettre rectificative)		Position du Conseil sur le projet de budget pour 2017		Amendements du Parlement européen		Budget pour 2017		Différence (%)	
		c/e	c/p	c/e	c/p	c/e	c/p	c/e	c/p	c/e	c/p	c/e	c/p
1	**Croissance intelligente et inclusive**	**69 841 150 263**	**59 290 697 648**	**74 682 751 585**	**56 646 663 545**	**74 282 752 193**	**56 116 168 158**	**77 507 308 757**	**57 854 745 717**	**74 898 754 456**	**56 521 763 545**	**+7,24%**	**-4,67%**
	marge globale pour engagements			*1 265 000 000*		*1 265 000 000*		*1 265 000 000*		*1 439 100 000*			
	plafond			*73 512 000 000*		*73 512 000 000*		*73 512 000 000*		*73 512 000 000*			
	marge			*94 248 415*		*494 247 807*		*- 2 730 308 757*		*52 345 544*			
1a	***Compétitivité pour la croissance et l'emploi***	***19 010 000 000***	***17 402 423 594***	***21 108 952 950***	***19 297 994 503***	***20 711 953 558***	***18 966 499 116***	***22 416 710 122***	***19 992 976 675***	***21 312 155 821***	***19 320 944 503***	***+12,11%***	***+11,02%***
	marge globale pour engagements			*1 265 000 000*		*1 265 000 000*		*1 265 000 000*		*1 439 100 000*			
	plafond			*19 925 000 000*		*19 925 000 000*		*19 925 000 000*		*19 925 000 000*			
	marge			*81 047 050*		*478 046 442*		*- 1 226 710 122*		*51 944 179*			
	Grands projets d'infrastructures	1 767 856 000	1 564 804 920	1 827 610 000	1 810 612 003	1 711 129 917	1 590 932 616	1 827 610 000	1 810 612 003	1 827 610 000	1 810 612 003	+3,38%	+15,71%
	Systèmes européens de radionavigation par satellite (Egnos et Galileo) (02 — Marché intérieur, industrie, entrepreneuriat et PME)	851 569 000	523 400 000	897 465 000	687 500 000	850 419 000	604 861 975	897 465 000	687 500 000	897 465 000	687 500 000	+5,39%	+31,35%
	Réacteur thermonucléaire expérimental international (ITER) (32 — Énergie)	330 120 000	458 804 920	322 713 000	426 340 003	280 615 917	368 080 151	322 713 000	426 340 003	322 713 000	426 340 003	-2,24%	-7,08%
	Programme européen d'observation de la Terre (Copernicus) (02 — Marché intérieur, industrie, entrepreneuriat et PME)	586 167 000	582 600 000	607 432 000	696 772 000	580 095 000	617 990 490	607 432 000	696 772 000	607 432 000	696 772 000	+3,63%	+19,60%
	Sûreté nucléaire et démantèlement (32 — Énergie)	135 644 000	150 000 000	138 357 000	150 091 776	138 357 000	150 091 776	138 357 000	150 091 776	138 357 000	150 091 776	+2,00%	+0,06%
	Fonds européen pour les investissements stratégiques (FEIS) (01 — Affaires économiques et financières)	2 128 908 000	525 000 000	2 661 000 000	2 316 800 000	2 661 000 000	2 316 800 000	2 661 000 000	2 316 800 000	2 661 000 000	2 316 800 000	+24,99%	+341,30%
	Cadre stratégique commun (CSC) pour la recherche et l'innovation	9 856 162 332	10 344 859 789	10 637 139 274	10 537 086 934	10 511 830 302	10 462 795 934	11 249 139 274	10 855 586 934	10 687 139 274	10 543 976 934	+8,43%	+1,92%
	Horizon 2020	9 539 427 332	10 069 144 060	10 295 931 274	10 189 409 651	10 195 422 302	10 139 663 651	10 907 931 274	10 507 909 651	10 345 931 274	10 196 299 651	+8,45%	+1,26%
	02 — Marché intérieur, industrie, entrepreneuriat et PME	*284 650 138*	*355 735 877*	*310 935 503*	*332 248 886*	*310 535 503*	*330 478 886*	*343 735 503*	*348 648 886*	*310 935 503*	*332 248 886*	*+9,23%*	*-6,60%*
	05 — Agriculture et développement rural	*216 943 618*	*82 016 277*	*239 923 466*	*124 447 778*	*239 923 466*	*124 447 778*	*270 723 466*	*139 847 778*	*239 923 466*	*124 447 778*	*+10,59%*	*+51,74%*
	06 — Mobilité et transports	*224 182 998*	*322 838 806*	*272 158 818*	*274 313 706*	*216 876 354*	*270 646 706*	*302 958 818*	*289 713 706*	*272 158 818*	*274 313 706*	*+21,40%*	*-15,03%*
	08 — Recherche et innovation	*5 635 867 041*	*5 226 690 366*	*5 919 418 492*	*5 657 887 530*	*5 903 539 735*	*5 625 436 530*	*6 088 518 492*	*5 749 937 530*	*5 952 748 492*	*5 663 947 530*	*+5,62%*	*+8,37%*
	09 — Réseaux de communication, contenu et technologies	*1 456 643 248*	*2 087 631 295*	*1 651 680 131*	*1 832 156 645*	*1 635 289 047*	*1 829 058 645*	*1 821 780 131*	*1 917 206 645*	*1 668 350 131*	*1 832 986 645*	*+14,53%*	*-12,20%*
	10 — Recherche directe	*255 880 257*	*256 793 560*	*260 407 930*	*259 323 970*	*258 467 930*	*257 353 970*	*270 307 930*	*264 273 970*	*260 407 930*	*259 323 970*	*+1,77%*	*+0,99%*
	15 — Éducation et culture	*997 681 327*	*1 068 171 402*	*1 124 560 048*	*1 108 740 085*	*1 114 384 381*	*1 102 391 085*	*1 241 560 048*	*1 172 240 085*	*1 124 560 048*	*1 108 740 085*	*+12,72%*	*+3,80%*
	18 — Migration et affaires intérieures	*139 382 204*	*238 879 376*	*153 269 504*	*208 298 926*	*152 969 504*	*207 998 926*	*174 069 504*	*218 698 926*	*153 269 504*	*208 298 926*	*+9,96%*	*-12,80%*
	32 — Énergie	*328 196 501*	*430 387 101*	*363 577 382*	*391 992 125*	*363 436 382*	*391 851 125*	*394 277 382*	*407 342 125*	*363 577 382*	*391 992 125*	*+10,78%*	*-8,92%*
	Programme Euratom de recherche et de formation	316 735 000	275 715 729	341 208 000	347 677 283	316 408 000	323 132 283	341 208 000	347 677 283	341 208 000	347 677 283	+7,73%	+26,10%
	08 — Recherche et innovation	*204 823 600*	*162 070 329*	*229 189 600*	*235 831 883*	*207 589 600*	*212 081 883*	*229 189 600*	*235 831 883*	*229 189 600*	*235 831 883*	*+11,90%*	*+45,51%*
	10 — Recherche directe	*111 911 400*	*113 645 400*	*112 018 400*	*111 845 400*	*108 818 400*	*111 050 400*	*112 018 400*	*111 845 400*	*112 018 400*	*111 845 400*	*+0,10%*	*-1,58%*
	Compétitivité des entreprises et petites et moyennes entreprises (COSME)	295 256 725	262 254 033	299 313 563	369 163 563	299 313 563	369 163 563	314 126 535	383 976 535	349 313 563	369 163 563	+18,31%	+40,77%
	01 — Affaires économiques et financières	*p.m.*	*96 000 000*	*p.m.*	*96 000 000*	*p.m.*	*96 000 000*	*p.m.*	*96 000 000*	*p.m.*	*96 000 000*		
	02 — Marché intérieur, industrie, entrepreneuriat et PME	*295 256 725*	*166 254 033*	*299 313 563*	*273 163 563*	*299 313 563*	*273 163 563*	*314 126 535*	*287 976 535*	*349 313 563*	*273 163 563*	*+18,31%*	*+64,30%*
	Éducation, formation et sport (Erasmus+) (15 — Éducation et culture)	1 733 969 673	1 805 095 178	2 014 157 000	1 886 871 811	2 014 157 000	1 886 871 811	2 029 654 100	1 902 368 911	2 064 157 000	1 886 871 811	+19,04%	+4,53%
	Emploi et innovation sociale (EaSI) (04 — Emploi, affaires sociales et inclusion)	127 094 800	90 278 000	130 043 800	93 500 000	111 435 200	92 325 000	136 043 800	99 500 000	136 043 800	97 420 000	+7,04%	+7,91%
	Douane, Fiscalis et lutte contre la fraude	125 591 800	124 292 500	137 052 700	117 246 581	124 920 700	110 196 581	137 052 700	117 246 581	137 052 700	117 246 581	+9,13%	-5,67%
	01 — Affaires économiques et financières	*1 038 500*	*992 500*	*1 047 500*	*1 000 000*	*1 047 500*	*1 000 000*	*1 047 500*	*1 000 000*	*1 047 500*	*1 000 000*	*+0,87%*	*+0,76%*

14 — Fiscalité et union douanière	103 382 000	96 700 000	113 904 000	96 200 000	102 792 000	90 450 000	113 904 000	96 200 000	113 904 000	96 200 000	+10,18%	-0,52%
24 — Lutte contre la fraude	21 171 300	26 600 000	22 101 200	20 046 581	21 081 200	18 746 581	22 101 200	20 046 581	22 101 200	20 046 581	+4,39%	-24,64%
Mécanisme pour l'interconnexion en Europe (MIE)	2 137 655 706	1 673 822 170	2 536 707 450	1 218 774 449	2 425 191 046	1 203 404 449	3 156 707 450	1 528 774 449	2 547 020 321	1 211 604 449	+19,15%	-27,61%
Énergie (32 — Énergie)	548 683 818	177 848 614	739 416 910	130 413 919	699 479 781	126 163 919	859 416 910	190 413 919	699 729 781	123 243 919	+27,53%	-30,70%
Transports (06 — Mobilité et transports)	1 448 057 227	1 415 931 647	1 672 753 282	969 947 530	1 601 224 007	958 877 530	2 122 753 282	1 194 947 530	1 723 333 282	970 527 530	+19,01%	-31,46%
Technologies de l'information et de la communication (TIC) (09 — Réseaux de communication, contenu et technologies)	140 914 661	80 041 909	124 537 258	118 413 000	124 487 258	118 363 000	174 537 258	143 413 000	123 957 258	117 833 000	-12,03%	+47,21%
Projets énergétiques en vue d'aider à la relance économique (plan de relance) (32 — Énergie)	p.m.	176 000 000	p.m.	110 000 000	p.m.	105 000 000	p.m.	110 000 000	p.m.	110 000 000		-37,50%
Autres actions et programmes	211 280 000	203 430 527	219 944 500	196 307 079	215 904 500	193 407 079	219 944 500	196 307 079	219 944 500	196 307 079	+4,10%	-3,50%
01 — Affaires économiques et financières	41 000 000	41 000 000	44 500 000	44 500 000	44 500 000	44 500 000	44 500 000	44 500 000	44 500 000	44 500 000	+8,54%	+8,54%
02 — Marché intérieur, industrie, entrepreneuriat et PME	21 973 000	21 960 000	22 692 000	22 760 000	22 692 000	22 760 000	22 692 000	22 760 000	22 692 000	22 760 000	+3,27%	+3,64%
04 — Emploi, affaires sociales et inclusion	12 707 000	9 000 000	12 840 500	9 025 000	12 840 500	9 025 000	12 840 500	9 025 000	12 840 500	9 025 000	+1,05%	+0,28%
06 — Mobilité et transports	p.m.	p.m.	p.m.	p.m.	p.m.	p.m.	p.m.	p.m.	p.m.	p.m.		
08 — Recherche et innovation	p.m.	1 467 147	p.m.	p.m.	p.m.	p.m.	p.m.	p.m.	p.m.	p.m.		-100,00%
09 — Réseaux de communication, contenu et technologies	p.m.	p.m.	p.m.	p.m.	p.m.	p.m.	p.m.	p.m.	p.m.	p.m.		
10 — Recherche directe	28 543 000	32 000 000	29 310 000	30 000 000	29 310 000	30 000 000	29 310 000	30 000 000	29 310 000	30 000 000	+2,69%	-6,25%
12 — Stabilité financière, services financiers et union des marchés de capitaux	8 118 000	8 600 000	9 781 000	8 985 000	9 781 000	8 985 000	9 781 000	8 985 000	9 781 000	8 985 000	+20,49%	+4,48%
13 — Politique régionale et urbaine	p.m.	3 000 000	p.m.	p.m.	p.m.	p.m.	p.m.	p.m.	p.m.	p.m.		-100,00%
26 — Administration de la Commission	34 448 000	33 653 380	34 715 000	32 000 000	32 195 000	31 100 000	34 715 000	32 000 000	34 715 000	32 000 000	+0,78%	-4,91%
29 — Statistiques	59 393 000	47 750 000	61 108 000	45 148 000	59 588 000	43 148 000	61 108 000	45 148 000	61 108 000	45 148 000	+2,89%	-5,45%
32 — Énergie	5 098 000	5 000 000	4 998 000	3 889 079	4 998 000	3 889 079	4 998 000	3 889 079	4 998 000	3 889 079	-1,96%	-22,22%
Actions financées dans le cadre des prérogatives de la Commission et des compétences spécifiques conférées à la Commission	134 861 000	123 437 386	137 878 200	125 271 352	131 304 867	121 581 352	143 881 000	131 274 152	143 878 200	131 271 352	+6,69%	+6,35%
01 — Affaires économiques et financières	11 952 000	11 700 000	11 500 000	12 000 000	11 000 000	12 000 000	11 500 000	12 000 000	11 500 000	12 000 000	-3,78%	+2,56%
02 — Marché intérieur, industrie, entrepreneuriat et PME	26 343 000	22 000 000	30 809 000	24 200 000	27 335 667	23 200 000	30 809 000	24 200 000	30 809 000	24 200 000	+16,95%	+10,00%
04 — Emploi, affaires sociales et inclusion	42 299 000	35 550 000	43 232 200	35 872 000	40 832 200	33 982 000	43 235 000	35 874 800	43 232 200	35 872 000	+2,21%	+0,91%
06 — Mobilité et transports	14 905 000	17 321 386	13 771 000	14 130 452	13 771 000	14 130 452	13 771 000	14 130 452	13 771 000	14 130 452	-7,61%	-18,42%
09 — Réseaux de communication, contenu et technologies	3 530 000	4 100 000	3 615 000	3 580 000	3 615 000	3 580 000	3 615 000	3 580 000	3 615 000	3 580 000	+2,41%	-12,68%
12 — Stabilité financière, services financiers et union des marchés de capitaux	3 306 000	3 500 000	3 700 000	5 094 000	3 500 000	4 294 000	3 700 000	5 094 000	3 700 000	5 094 000	+11,92%	+45,54%
14 — Fiscalité et union douanière	3 200 000	3 200 000	3 200 000	3 200 000	3 200 000	3 200 000	3 200 000	3 200 000	3 200 000	3 200 000		
15 — Éducation et culture							6 000 000	6 000 000	6 000 000	6 000 000		
32 — Énergie	27 926 000	25 336 000	27 156 000	25 494 900	27 156 000	25 494 900	27 156 000	25 494 900	27 156 000	25 494 900	-2,76%	+0,63%
33 — Justice et consommateurs	1 400 000	730 000	895 000	1 700 000	895 000	1 700 000	895 000	1 700 000	895 000	1 700 000	-36,07%	+132,88%
Projets pilotes et actions préparatoires	29 575 000	32 130 086	25 000 000	30 021 043	25 000 000	30 021 043	56 390 000	52 136 043	56 390 000	43 831 043	+90,67%	+36,42%
01 — Affaires économiques et financières	1 000 000	650 000	p.m.	600 000	p.m.	600 000	p.m.	600 000	p.m.	600 000	-100,00%	-7,69%
02 — Marché intérieur, industrie, entrepreneuriat et PME	8 900 000	11 298 600	25 000 000	16 681 432	25 000 000	16 681 432	33 750 000	22 821 432	33 750 000	20 446 432	+279,21%	+80,96%
04 — Emploi, affaires sociales et inclusion	4 400 000	5 950 000	p.m.	2 850 000	p.m.	2 850 000	4 500 000	5 350 000	4 500 000	4 350 000	+2,27%	-26,89%
06 — Mobilité et transports	4 075 000	4 111 486	p.m.	2 462 500	p.m.	2 462 500	3 340 000	5 712 500	3 340 000	4 132 500	-18,04%	+0,51%
08 — Recherche et innovation	1 200 000	850 000	p.m.	1 165 796	p.m.	1 165 796	p.m.	1 165 796	p.m.	1 165 796	-100,00%	+37,15%
09 — Réseaux de communication, contenu et technologies	3 200 000	4 100 000	p.m.	3 061 315	p.m.	3 061 315	7 200 000	6 936 315	7 200 000	6 136 315	+125,00%	+49,67%
10 — Recherche directe	500 000	250 000	p.m.	400 000	p.m.	400 000	p.m.	400 000	p.m.	400 000	-100,00%	+60,00%
12 — Stabilité financière, services financiers et union des marchés de capitaux	1 500 000	1 500 000	p.m.	750 000	p.m.	750 000	850 000	1 600 000	850 000	1 175 000	-43,33%	-21,67%

	14 — Fiscalité et union douanière	*1 000 000*	*500 000*	*p.m.*	*500 000*	*p.m.*	*500 000*	*500 000*	*750 000*	*500 000*	*750 000*	*-50,00%*	*+50,00%*
	15 — Éducation et culture	*3 800 000*	*1 900 000*	*p.m.*	*1 150 000*	*p.m.*	*1 150 000*	*3 250 000*	*3 900 000*	*3 250 000*	*2 775 000*	*-14,47%*	*+46,05%*
	32 — Énergie	*p.m.*	*1 020 000*	*p.m.*	*400 000*	*p.m.*	*400 000*	*3 000 000*	*2 900 000*	*3 000 000*	*1 900 000*		*+86,27%*
	33 — Justice et consommateurs	*p.m.*	*p.m.*	*p.m.*	*p.m.*	*p.m.*	*p.m.*	*p.m.*	*p.m.*	*p.m.*	*p.m.*		
	Organismes décentralisés	326 144 964	327 019 005	344 749 463	336 247 912	342 409 463	333 907 912	346 803 763	338 302 212	344 249 463	335 747 912	+5,55%	+2,67%
	02 — Marché intérieur, industrie, entrepreneuriat et PME	*100 693 400*	*100 693 400*	*96 012 936*	*96 012 936*	*95 818 936*	*95 818 936*	*96 012 936*	*96 012 936*	*96 012 936*	*96 012 936*	*-4,65%*	*-4,65%*
	04 — Emploi, affaires sociales et inclusion	*52 074 000*	*52 074 000*	*52 253 000*	*52 253 000*	*51 929 000*	*51 929 000*	*52 253 000*	*52 253 000*	*52 253 000*	*52 253 000*	*+0,34%*	*+0,34%*
	06 — Mobilité et transports	*111 180 582*	*112 054 623*	*135 224 565*	*126 723 014*	*133 767 565*	*125 266 014*	*135 224 565*	*126 723 014*	*135 224 565*	*126 723 014*	*+21,63%*	*+13,09%*
	09 — Réseaux de communication, contenu et technologies	*14 142 000*	*14 142 000*	*14 268 000*	*14 268 000*	*14 268 000*	*14 268 000*	*16 322 300*	*16 322 300*	*14 268 000*	*14 268 000*	*+0,89%*	*+0,89%*
	12 — Stabilité financière, services financiers et union des marchés de capitaux	*32 890 400*	*32 890 400*	*34 470 802*	*34 470 802*	*34 105 802*	*34 105 802*	*34 470 802*	*34 470 802*	*33 970 802*	*33 970 802*	*+3,28%*	*+3,28%*
	32 — Énergie	*15 164 582*	*15 164 582*	*12 520 160*	*12 520 160*	*12 520 160*	*12 520 160*	*12 520 160*	*12 520 160*	*12 520 160*	*12 520 160*	*-17,44%*	*-17,44%*
1b	***Cohésion économique, sociale et territoriale***	***50 831 150 263***	***41 888 274 054***	***53 573 798 635***	***37 348 669 042***	***53 570 798 635***	***37 149 669 042***	***55 090 598 635***	***37 861 769 042***	***53 586 598 635***	***37 200 819 042***	***+5,42%***	***-11,19%***
	plafond			*53 587 000 000*		*53 587 000 000*		*53 587 000 000*		*53 587 000 000*			
	marge			*13 201 365*		*16 201 365*		*- 1 503 598 635*		*401 365*			
	Investissement pour la croissance et l'emploi	46 656 745 437	39 112 643 000	49 278 457 372	34 656 458 143	49 278 457 372	34 583 458 143	49 278 457 372	34 656 458 143	49 278 457 372	34 603 458 143	+5,62%	-11,53%
	Convergence régionale (régions moins développées)	24 766 663 613	24 674 260 000	26 121 899 253	19 314 948 177	26 121 899 253	19 314 948 177	26 121 899 253	19 314 948 177	26 121 899 253	19 314 948 177	+5,47%	-21,72%
	04 — Emploi, affaires sociales et inclusion	*6 904 001 096*	*5 717 000 000*	*7 346 787 700*	*5 489 660 000*	*7 346 787 700*	*5 489 660 000*	*7 346 787 700*	*5 489 660 000*	*7 346 787 700*	*5 489 660 000*	*+6,41%*	*-3,98%*
	13 — Politique régionale et urbaine	*17 862 662 517*	*18 957 260 000*	*18 775 111 553*	*13 825 288 177*	*18 775 111 553*	*13 825 288 177*	*18 775 111 553*	*13 825 288 177*	*18 775 111 553*	*13 825 288 177*	*+5,11%*	*-27,07%*
	Régions en transition	5 028 786 709	1 960 002 650	5 627 242 959	3 323 970 000	5 627 242 959	3 313 970 000	5 627 242 959	3 323 970 000	5 627 242 959	3 313 970 000	+11,90%	+69,08%
	04 — Emploi, affaires sociales et inclusion	*1 631 895 346*	*735 965 850*	*1 907 753 625*	*1 109 539 000*	*1 907 753 625*	*1 109 539 000*	*1 907 753 625*	*1 109 539 000*	*1 907 753 625*	*1 109 539 000*	*+16,90%*	*+50,76%*
	13 — Politique régionale et urbaine	*3 396 891 363*	*1 224 036 800*	*3 719 489 334*	*2 214 431 000*	*3 719 489 334*	*2 204 431 000*	*3 719 489 334*	*2 214 431 000*	*3 719 489 334*	*2 204 431 000*	*+9,50%*	*+80,10%*
	Compétitivité (régions plus développées)	7 905 138 012	5 764 290 914	8 251 457 936	5 896 378 990	8 251 457 936	5 853 378 990	8 251 457 936	5 896 378 990	8 251 457 936	5 853 378 990	+4,38%	+1,55%
	04 — Emploi, affaires sociales et inclusion	*3 479 119 793*	*2 807 687 069*	*3 629 184 747*	*2 698 475 000*	*3 629 184 747*	*2 680 475 000*	*3 629 184 747*	*2 698 475 000*	*3 629 184 747*	*2 680 475 000*	*+4,31%*	*-4,53%*
	13 — Politique régionale et urbaine	*4 426 018 219*	*2 956 603 845*	*4 622 273 189*	*3 197 903 990*	*4 622 273 189*	*3 172 903 990*	*4 622 273 189*	*3 197 903 990*	*4 622 273 189*	*3 172 903 990*	*+4,43%*	*+7,32%*
	Régions ultrapériphériques et à faible densité de population (13 — Politique régionale et urbaine)	217 673 091	98 017 000	222 029 433	139 873 000	222 029 433	139 873 000	222 029 433	139 873 000	222 029 433	139 873 000	+2,00%	+42,70%
	Fonds de cohésion (13 — Politique régionale et urbaine)	8 738 484 012	6 616 072 436	9 055 827 791	5 981 287 976	9 055 827 791	5 961 287 976	9 055 827 791	5 981 287 976	9 055 827 791	5 981 287 976	+3,63%	-9,59%
	Mécanisme pour l'interconnexion en Europe (MIE) — Contribution du Fonds de cohésion (06 — Mobilité et transports)	2 376 533 929	382 812 931	1 593 294 593	382 682 095	1 593 294 593	382 682 095	1 593 294 593	382 682 095	1 593 294 593	382 682 095	-32,96%	-0,03%
	Coopération territoriale européenne	1 048 838 716	695 510 182	1 939 823 546	1 069 900 629	1 939 823 546	988 900 629	1 939 823 546	1 069 900 629	1 939 823 546	968 900 629	+84,95%	+39,31%
	13 — Politique régionale et urbaine	*983 238 716*	*631 510 182*	*1 789 131 727*	*1 005 612 538*	*1 789 131 727*	*924 612 538*	*1 789 131 727*	*1 005 612 538*	*1 789 131 727*	*904 612 538*	*+81,96%*	*+43,25%*
	22 — Voisinage et négociations d'élargissement	*65 600 000*	*64 000 000*	*150 691 819*	*64 288 091*	*150 691 819*	*64 288 091*	*150 691 819*	*64 288 091*	*150 691 819*	*64 288 091*	*+129,71%*	*+0,45%*
	Initiative pour l'emploi des jeunes (enveloppe spécifique complémentaire) (04 — Emploi, affaires sociales et inclusion)	—	1 050 000 000	—	600 000 000	—	600 000 000	1 500 000 000	1 100 000 000	—	600 000 000		-42,86%
	Assistance technique et actions innovatrices	200 949 523	173 770 818	215 966 212	190 091 277	212 966 212	165 091 277	215 966 212	190 091 277	215 966 212	190 091 277	+7,47%	+9,39%
	04 — Emploi, affaires sociales et inclusion	*33 400 000*	*24 100 000*	*30 500 000*	*26 567 079*	*29 000 000*	*23 067 079*	*30 500 000*	*26 567 079*	*30 500 000*	*26 567 079*	*-8,68%*	*+10,24%*
	13 — Politique régionale et urbaine	*167 549 523*	*149 670 818*	*185 466 212*	*163 524 198*	*183 966 212*	*142 024 198*	*185 466 212*	*163 524 198*	*185 466 212*	*163 524 198*	*+10,69%*	*+9,26%*
	Aide européenne aux plus démunis (FEAD) (04 — Emploi, affaires sociales et inclusion)	535 582 658	461 430 000	546 256 912	441 430 000	546 256 912	421 430 000	550 256 912	445 430 000	546 256 912	441 430 000	+1,99%	-4,33%
	Projets pilotes et actions préparatoires	12 500 000	12 107 123	p.m.	8 106 898	p.m.	8 106 898	12 800 000	17 206 898	12 800 000	14 256 898	+2,40%	+17,76%
	01 — Affaires économiques et financières	*3 000 000*	*2 000 000*	*p.m.*	*1 000 000*	*p.m.*	*1 000 000*	*p.m.*	*1 000 000*	*p.m.*	*1 000 000*	*-100,00%*	*-50,00%*
	09 — Réseaux de communication, contenu et technologies	*2 000 000*	*1 000 000*	*p.m.*	*1 500 000*	*p.m.*	*1 500 000*	*2 500 000*	*3 500 000*	*2 500 000*	*2 750 000*	*+25,00%*	*+175,00%*
	13 — Politique régionale et urbaine	*7 500 000*	*9 107 123*	*p.m.*	*5 606 898*	*p.m.*	*5 606 898*	*10 300 000*	*12 706 898*	*10 300 000*	*10 506 898*	*+37,33%*	*+15,37%*
2	**Croissance durable : ressources naturelles**	**62 469 514 833**	**54 972 403 654**	**58 901 743 884**	**55 236 239 537**	**58 722 206 884**	**55 038 202 537**	**59 529 243 884**	**55 862 239 537**	**58 584 443 884**	**54 913 969 537**	**-6,22%**	**-0,11%**
	plafond			*60 191 000 000*		*60 191 000 000*		*60 191 000 000*		*60 191 000 000*			
	compensation de la marge pour imprévus			*- 650 000 000*		*- 530 000 000*		*- 650 000 000*		*- 575 000 000*			
	marge			*639 256 116*		*938 793 116*		*11 756 116*		*1 031 556 116*			

	Fonds européen agricole de garantie (FEAGA) — dépenses relatives au marché et paiements directs	42 219 085 824	42 212 046 297	42 937 572 079	42 888 987 974	42 760 509 079	42 711 924 974	43 537 572 079	43 488 987 974	42 612 572 079	42 562 967 974	+0,93%	+0,83%
	sous-plafond			*44 146 000 000*		*44 146 000 000*		*44 146 000 000*		*44 146 000 000*			
	exclu lors du calcul de la sous-marge (1)			*- 318 000*		*- 318 000*		*- 318 000*		*- 318 000*			
	sous-marge			*1 208 109 921*		*1 385 172 921*		*608 109 921*		*1 533 109 921*			
	Fonds européen agricole pour le développement rural (Feader)	18 676 290 495	11 746 393 443	14 365 515 785	11 208 460 943	14 363 768 785	11 188 213 943	14 365 515 785	11 208 460 943	14 365 515 785	11 208 460 943	-23,08%	-4,58%
	05 — Agriculture et développement rural	*18 676 290 495*	*11 746 393 443*	*14 360 458 697*	*11 205 932 443*	*14 358 711 697*	*11 185 685 443*	*14 360 458 697*	*11 205 932 443*	*14 360 458 697*	*11 205 932 443*	*-23,11%*	*-4,60%*
	13 — Politique régionale et urbaine			*5 057 088*	*2 528 500*	*5 057 088*	*2 528 500*	*5 057 088*	*2 528 500*	*5 057 088*	*2 528 500*		
	Fonds européen pour les affaires maritimes et la pêche, accords de pêche durable et contributions obligatoires aux organisations régionales de gestion des pêches et autres organisations internationales	1 027 026 152	564 117 758	1 050 142 078	710 784 562	1 049 911 078	710 553 562	1 053 442 078	714 084 562	1 050 142 078	710 784 562	+2,25%	+26,00%
	Fonds européen pour les affaires maritimes et la pêche (FEAMP) (11 — Affaires maritimes et pêche)	891 356 152	431 852 758	911 742 078	577 384 562	911 511 078	577 153 562	914 242 078	579 884 562	911 742 078	577 384 562	+2,29%	+33,70%
	Accords de pêche durable et contributions obligatoires aux organisations régionales de gestion des pêches et autres organisations internationales (11 — Affaires maritimes et pêche)	135 670 000	132 265 000	138 400 000	133 400 000	138 400 000	133 400 000	139 200 000	134 200 000	138 400 000	133 400 000	+2,01%	+0,86%
	Environnement et action pour le climat (LIFE+)	462 796 000	355 253 642	493 737 000	363 667 822	493 557 000	363 487 822	510 237 000	380 167 822	493 737 000	363 667 822	+6,69%	+2,37%
	07 — Environnement	*347 792 000*	*297 071 642*	*371 252 205*	*285 885 822*	*371 172 205*	*285 805 822*	*384 252 205*	*298 885 822*	*371 252 205*	*285 885 822*	*+6,75%*	*-3,77%*
	34 — Action pour le climat	*115 004 000*	*58 182 000*	*122 484 795*	*77 782 000*	*122 384 795*	*77 682 000*	*125 984 795*	*81 282 000*	*122 484 795*	*77 782 000*	*+6,50%*	*+33,69%*
	Autres actions et mesures (05 — Agriculture et développement rural)	30 000 000	30 000 000	p.m.	p.m.	p.m.	p.m.	p.m.	p.m.	p.m.	p.m.	-100,00%	-100,00%
	Actions financées dans le cadre des prérogatives de la Commission et des compétences spécifiques conférées à la Commission (05 — Agriculture et développement rural)	300 000	805 000	p.m.	p.m.	p.m.	p.m.	p.m.	p.m.	p.m.	p.m.	-100,00%	-100,00%
	Projets pilotes et actions préparatoires	7 900 000	17 671 152	p.m.	9 561 294	p.m.	9 561 294	7 700 000	15 761 294	7 700 000	13 311 294	-2,53%	-24,67%
	02 — Marché intérieur, industrie, entrepreneuriat et PME	*p.m.*	*p.m.*	*p.m.*	*p.m.*	*p.m.*	*p.m.*	*p.m.*	*p.m.*	*p.m.*	*p.m.*		
	05 — Agriculture et développement rural	*1 700 000*	*3 944 199*	*p.m.*	*1 096 495*	*p.m.*	*1 096 495*	*200 000*	*1 096 495*	*200 000*	*1 096 495*	*-88,24%*	*-72,20%*
	07 — Environnement	*4 700 000*	*4 215 000*	*p.m.*	*3 491 000*	*p.m.*	*3 491 000*	*5 250 000*	*7 491 000*	*5 250 000*	*6 116 000*	*+11,70%*	*+45,10%*
	08 — Recherche et innovation	*p.m.*	*775 000*	*p.m.*	*50 000*	*p.m.*	*50 000*	*400 000*	*400 000*	*400 000*	*250 000*		*-67,74%*
	11 — Affaires maritimes et pêche	*1 500 000*	*3 339 953*	*p.m.*	*2 273 799*	*p.m.*	*2 273 799*	*750 000*	*3 023 799*	*750 000*	*2 648 799*	*-50,00%*	*-20,69%*
	17 — Santé et sécurité alimentaire	*p.m.*	*2 895 000*	*p.m.*	*1 990 000*	*p.m.*	*1 990 000*	*600 000*	*2 590 000*	*600 000*	*2 290 000*		*-20,90%*
	23 — Aide humanitaire et protection civile	*p.m.*	*p.m.*	*p.m.*	*p.m.*	*p.m.*	*p.m.*	*p.m.*	*p.m.*	*p.m.*	*p.m.*		
	32 — Énergie	*p.m.*	*1 250 000*	*p.m.*	*p.m.*	*p.m.*	*p.m.*	*p.m.*	*p.m.*	*p.m.*	*p.m.*		*-100,00%*
	33 — Justice et consommateurs	*p.m.*	*p.m.*	*p.m.*	*p.m.*	*p.m.*	*p.m.*	*p.m.*	*p.m.*	*p.m.*	*p.m.*		
	34 — Action pour le climat	*p.m.*	*1 252 000*	*p.m.*	*660 000*	*p.m.*	*660 000*	*500 000*	*1 160 000*	*500 000*	*910 000*		*-27,32%*
	Organismes décentralisés	46 116 362	46 116 362	54 776 942	54 776 942	54 460 942	54 460 942	54 776 942	54 776 942	54 776 942	54 776 942	+18,78%	+18,78%
	07 — Environnement	*36 596 734*	*36 596 734*	*36 305 942*	*36 305 942*	*35 989 942*	*35 989 942*	*36 305 942*	*36 305 942*	*36 305 942*	*36 305 942*	*-0,79%*	*-0,79%*
	11 — Affaires maritimes et pêche	*9 070 000*	*9 070 000*	*17 021 000*	*17 021 000*	*17 021 000*	*17 021 000*	*17 021 000*	*17 021 000*	*17 021 000*	*17 021 000*	*+87,66%*	*+87,66%*
	17 — Santé et sécurité alimentaire	*449 628*	*449 628*	*1 450 000*	*1 450 000*	*1 450 000*	*1 450 000*	*1 450 000*	*1 450 000*	*1 450 000*	*1 450 000*	*+222,49%*	*+222,49%*
3	**Sécurité et citoyenneté**	**4 292 066 698**	**3 022 387 739**	**4 272 380 960**	**3 781 908 287**	**4 248 044 760**	**3 760 272 087**	**4 355 316 460**	**3 861 686 182**	**4 284 030 960**	**3 786 957 287**	**-0,19%**	**+25,30%**
	instrument de flexibilité			*530 000 000*		*530 000 000*		*530 000 000*		*530 000 000*			
	mobilisation de la marge pour imprévus			*1 164 380 960*		*1 140 044 760*		*1 164 380 960*		*1 176 030 960*			
	plafond			*2 578 000 000*		*2 578 000 000*		*2 578 000 000*		*2 578 000 000*			
	marge			*0*		*0*		*- 82 935 500*		*0*			
	Fonds "Asile, migration et intégration" (18 — Migration et affaires intérieures)	1 920 289 494	1 049 085 000	1 621 599 120	1 183 442 892	1 621 599 120	1 183 442 892	1 621 599 120	1 183 442 892	1 620 259 120	1 182 102 892	-15,62%	+12,68%
	Fonds pour la sécurité intérieure (18 — Migration et affaires intérieures)	715 533 867	394 984 556	738 555 190	747 655 159	738 555 190	747 655 159	743 555 190	752 655 159	738 555 190	747 655 159	+3,22%	+89,29%
	Systèmes informatiques (18 — Migration et affaires intérieures)	19 321 000	29 783 000	19 708 000	16 906 850	19 708 000	16 906 850	19 708 000	16 906 850	19 708 000	16 906 850	+2,00%	-43,23%
	Justice	51 450 000	44 610 433	53 831 000	41 488 720	53 131 000	40 688 720	53 831 000	41 488 720	53 831 000	41 488 720	+4,63%	-7,00%

	18 — Migration et affaires intérieures	2 612 000	2 700 000	3 232 000	3 288 720	2 732 000	2 988 720	3 232 000	3 288 720	3 232 000	3 288 720	+23,74%	+21,80%
	33 — Justice et consommateurs	48 838 000	41 910 433	50 599 000	38 200 000	50 399 000	37 700 000	50 599 000	38 200 000	50 599 000	38 200 000	+3,61%	-8,85%
	Droits, égalité et citoyenneté (33 — Justice et consommateurs)	59 952 000	51 700 000	62 615 000	46 800 000	61 215 000	45 700 000	63 615 000	47 800 000	62 615 000	46 800 000	+4,44%	-9,48%
	Mécanisme de protection civile de l'Union (23 — Aide humanitaire et protection civile)	30 574 000	27 750 000	31 025 000	30 925 000	30 525 000	26 925 000	31 025 000	30 925 000	31 025 000	30 925 000	+1,48%	+11,44%
	L'Europe pour les citoyens (18 — Migration et affaires intérieures)	25 340 000	23 813 000	26 441 000	26 370 000	26 437 200	24 366 200	31 251 000	31 180 000	26 441 000	26 370 000	+4,34%	+10,74%
	Denrées alimentaires et aliments pour animaux (17 — Santé et sécurité alimentaire)	252 996 000	241 860 000	256 228 000	234 470 000	251 928 000	230 670 000	256 228 000	234 470 000	256 228 000	234 470 000	+1,28%	-3,06%
	Santé (17 — Santé et sécurité alimentaire)	62 160 000	70 209 000	64 529 000	57 709 000	63 429 000	57 609 000	64 529 000	57 709 000	64 529 000	57 709 000	+3,81%	-17,80%
	Consommateurs (33 — Justice et consommateurs)	25 893 000	20 991 000	26 923 000	20 731 000	26 323 000	20 331 000	26 923 000	20 731 000	26 923 000	20 731 000	+3,98%	-1,24%
	Europe créative	191 813 000	195 987 203	206 912 000	176 061 691	197 366 920	173 516 611	236 512 000	205 661 691	207 912 000	176 860 691	+8,39%	-9,76%
	09 — Réseaux de communication, contenu et technologies	102 126 980	105 001 963	108 589 680	102 867 096	104 061 280	100 838 696	119 471 680	113 749 096	108 589 680	102 867 096	+6,33%	-2,03%
	15 — Éducation et culture	89 686 020	90 985 240	98 322 320	73 194 595	93 305 640	72 677 915	117 040 320	91 912 595	99 322 320	73 993 595	+10,74%	-18,68%
	Instrument pour fournir une aide d'urgence au sein de l'Union (18 — Migration et affaires intérieures)	150 000 000	90 200 000	200 000 000	219 000 000	200 000 000	219 000 000	200 000 000	219 000 000	200 000 000	219 000 000	+33,33%	+142,79%
	Actions financées dans le cadre des prérogatives de la Commission et des compétences spécifiques conférées à la Commission	99 320 000	88 427 000	97 908 000	99 328 455	94 072 680	94 793 135	112 908 000	114 328 455	100 908 000	102 328 455	+1,60%	+15,72%
	dont actions de communication (16 — Communication)	71 072 500	64 137 000	76 253 000	73 805 000	73 617 680	70 769 680	78 253 000	75 805 000	76 253 000	73 805 000	+7,29%	+15,07%
	09 — Réseaux de communication, contenu et technologies	27 247 500	23 790 000	20 655 000	25 023 455	19 455 000	23 523 455	33 655 000	38 023 455	23 655 000	28 023 455	-13,18%	+17,80%
	18 — Migration et affaires intérieures	p.m.	p.m.	p.m.	p.m.	p.m.	p.m.	p.m.	p.m.	p.m.	p.m.		
	33 — Justice et consommateurs	1 000 000	500 000	1 000 000	500 000	1 000 000	500 000	1 000 000	500 000	1 000 000	500 000		
	Projets pilotes et actions préparatoires	11 075 000	16 807 210	p.m.	14 212 870	p.m.	14 212 870	11 650 000	22 205 265	11 650 000	19 462 870	+5,19%	+15,80%
	02 — Marché intérieur, industrie, entrepreneuriat et PME	p.m.	285 000	p.m.	p.m.	p.m.	p.m.	p.m.	p.m.	p.m.	p.m.		-100,00%
	04 — Emploi, affaires sociales et inclusion	p.m.	p.m.	p.m.	p.m.	p.m.	p.m.	p.m.	p.m.	p.m.	p.m.		
	09 — Réseaux de communication, contenu et technologies	3 100 000	2 839 515	p.m.	2 801 828	p.m.	2 801 828	4 000 000	4 451 828	4 000 000	4 401 828	+29,03%	+55,02%
	15 — Éducation et culture	850 000	1 325 000	p.m.	1 180 947	p.m.	1 180 947	4 850 000	4 823 342	4 850 000	3 430 947	+470,59%	+158,94%
	16 — Communication	500 000	500 000	p.m.	936 000	p.m.	936 000	p.m.	936 000	p.m.	936 000	-100,00%	+87,20%
	17 — Santé et sécurité alimentaire	3 800 000	4 863 000	p.m.	3 205 000	p.m.	3 205 000	500 000	3 605 000	500 000	3 455 000	-86,84%	-28,95%
	18 — Migration et affaires intérieures	p.m.	1 385 000	p.m.	1 968 000	p.m.	1 968 000	p.m.	1 968 000	p.m.	1 968 000		+42,09%
	23 — Aide humanitaire et protection civile	p.m.	1 000 000	p.m.	1 250 000	p.m.	1 250 000	p.m.	1 250 000	p.m.	1 250 000		+25,00%
	33 — Justice et consommateurs	2 825 000	4 609 695	p.m.	2 871 095	p.m.	2 871 095	2 300 000	5 171 095	2 300 000	4 021 095	-18,58%	-12,77%
	Organismes décentralisés	676 349 337	676 180 337	866 106 650	866 806 650	863 754 650	864 454 650	881 982 150	883 182 150	863 446 650	864 146 650	+27,66%	+27,80%
	17 — Santé et sécurité alimentaire	144 502 000	144 333 000	152 757 000	153 957 000	151 290 000	152 490 000	152 757 000	153 957 000	144 407 000	145 607 000	-0,07%	+0,88%
	18 — Migration et affaires intérieures	460 168 600	460 168 600	636 321 413	636 321 413	636 321 413	636 321 413	648 889 413	648 889 413	641 336 413	641 336 413	+39,37%	+39,37%
	33 — Justice et consommateurs	71 678 737	71 678 737	77 028 237	76 528 237	76 143 237	75 643 237	80 335 737	80 335 737	77 703 237	77 203 237	+8,40%	+7,71%
4	**L'Europe dans le monde**	**9 167 033 302**	**10 155 590 403**	**9 432 000 000**	**9 289 727 178**	**9 326 770 000**	**9 219 507 178**	**9 938 678 061**	**9 789 913 801**	**10 162 120 000**	**9 483 081 178**	**+10,86%**	**-6,62%**
	instrument de flexibilité									0			
	mobilisation de la marge pour imprévus									730 120 000			
	plafond			9 432 000 000		9 432 000 000		9 432 000 000		9 432 000 000			
	marge			0		105 230 000		- 506 678 061		0			
	Instrument d'aide de préadhésion (IAP II)	1 662 286 986	2 079 167 706	2 114 742 602	1 716 168 576	2 111 972 602	1 713 398 576	2 114 742 602	1 716 168 576	2 114 742 602	1 716 168 576	+27,22%	-17,46%
	04 — Emploi, affaires sociales et inclusion	p.m.	65 000 000	p.m.	50 000 000	p.m.	50 000 000	p.m.	50 000 000	p.m.	50 000 000		-23,08%
	05 — Agriculture et développement rural	112 552 600	425 952 600	199 459 960	90 429 960	199 459 960	90 429 960	199 459 960	90 429 960	199 459 960	90 429 960	+77,21%	-78,77%
	13 — Politique régionale et urbaine	32 095 269	483 883 282	68 878 391	214 323 926	68 808 391	214 253 926	68 878 391	214 323 926	68 878 391	214 323 926	+114,61%	-55,71%
	22 — Voisinage et négociations d'élargissement	1 517 639 117	1 104 331 824	1 846 404 251	1 361 414 690	1 843 704 251	1 358 714 690	1 846 404 251	1 361 414 690	1 846 404 251	1 361 414 690	+21,66%	+23,28%

Instrument européen de voisinage	2 186 519 007	2 328 574 743	2 187 056 566	2 294 089 263	2 184 656 566	2 291 689 263	2 281 504 627	2 388 537 324	2 440 356 566	2 357 990 263	+11,61%	+1,26%
13 — Politique régionale et urbaine	*1 414 450*	*264 000*	*1 459 650*	*231 000*	*1 459 650*	*231 000*	*1 459 650*	*231 000*	*1 459 650*	*231 000*	*+3,20%*	*-12,50%*
22 — Voisinage et négociations d'élargissement	*2 185 104 557*	*2 328 310 743*	*2 185 596 916*	*2 293 858 263*	*2 183 196 916*	*2 291 458 263*	*2 280 044 977*	*2 388 306 324*	*2 438 896 916*	*2 357 759 263*	*+11,61%*	*+1,26%*
Instrument de coopération au développement (ICD) (21 — Coopération internationale et développement)	2 629 886 297	2 728 965 194	2 711 485 991	2 657 814 334	2 637 855 991	2 610 704 334	2 743 985 991	2 690 314 334	3 168 185 991	2 768 536 334	+20,47%	+1,45%
Instrument de partenariat pour la coopération avec les pays tiers	125 648 000	109 044 493	133 713 000	135 871 214	126 413 000	128 571 214	133 713 000	135 871 214	133 713 000	135 871 214	+6,42%	+24,60%
19 — Instruments de politique étrangère	*125 648 000*	*87 992 136*	*133 713 000*	*111 078 006*	*126 413 000*	*103 778 006*	*133 713 000*	*111 078 006*	*133 713 000*	*111 078 006*	*+6,42%*	*+26,24%*
21 — Coopération internationale et développement	—	*21 052 357*	*p.m.*	*24 793 208*	*p.m.*	*24 793 208*	*p.m.*	*24 793 208*	*p.m.*	*24 793 208*		*+17,77%*
Instrument européen pour la démocratie et les droits de l'homme (IEDDH)	185 505 584	180 507 311	188 997 927	168 352 547	188 767 927	168 122 547	198 997 927	178 352 547	188 997 927	168 352 547	+1,88%	-6,73%
19 — Instruments de politique étrangère	*45 313 292*	*36 993 727*	*46 084 605*	*38 243 711*	*46 054 605*	*38 213 711*	*48 084 605*	*40 243 711*	*46 084 605*	*38 243 711*	*+1,70%*	*+3,38%*
21 — Coopération internationale et développement	*140 192 292*	*143 513 584*	*142 913 322*	*130 108 836*	*142 713 322*	*129 908 836*	*150 913 322*	*138 108 836*	*142 913 322*	*130 108 836*	*+1,94%*	*-9,34%*
Instrument contribuant à la stabilité et à la paix (IcSP)	326 650 177	316 419 452	273 280 000	294 180 000	272 850 000	293 750 000	333 280 000	354 180 000	273 280 000	294 180 000	-16,34%	-7,03%
19 — Instruments de politique étrangère	*260 050 177*	*229 401 200*	*206 180 000*	*230 980 000*	*205 750 000*	*230 550 000*	*260 180 000*	*284 980 000*	*206 180 000*	*230 980 000*	*-20,72%*	*+0,69%*
21 — Coopération internationale et développement	*66 600 000*	*87 018 252*	*67 100 000*	*63 200 000*	*67 100 000*	*63 200 000*	*73 100 000*	*69 200 000*	*67 100 000*	*63 200 000*	*+0,75%*	*-27,37%*
Aide humanitaire (HUMA) (23 — Aide humanitaire et protection civile)	1 108 771 941	1 471 155 205	945 429 000	1 145 809 853	945 429 000	1 145 809 853	1 245 429 000	1 445 809 853	945 429 000	1 145 809 853	-14,73%	-22,11%
Politique étrangère et de sécurité commune (PESC) (19 — Instruments de politique étrangère)	327 270 000	298 635 000	333 900 000	297 220 000	327 270 000	297 220 000	309 880 000	270 358 562	327 270 000	294 051 000		-1,53%
Instrument relatif à la coopération en matière de sûreté nucléaire (ICSN) (21 — Coopération internationale et développement)	71 802 000	96 986 572	62 331 000	81 446 869	62 331 000	81 446 869	62 331 000	81 446 869	62 331 000	81 446 869	-13,19%	-16,02%
Assistance macrofinancière (AMF) (01 — Affaires économiques et financières)	79 669 000	79 669 000	30 828 000	30 828 000	30 828 000	30 828 000	45 828 000	45 828 000	45 828 000	45 828 000	-42,48%	-42,48%
Fonds de garantie relatif aux actions extérieures (GF) (01 — Affaires économiques et financières)	257 121 792	257 121 792	240 540 250	240 540 250	240 540 250	240 540 250	240 540 250	240 540 250	240 540 250	240 540 250	-6,45%	-6,45%
Mécanisme de protection civile de l'Union (23 — Aide humanitaire et protection civile)	17 551 000	18 861 429	20 711 000	19 577 707	17 551 000	19 577 707	20 711 000	19 577 707	20 711 000	19 577 707	+18,00%	+3,80%
Initiative "Volontaires de l'aide de l'UE" (VAUE) (23 — Aide humanitaire et protection civile)	17 874 000	14 189 000	22 011 000	23 717 550	17 461 000	19 167 550	22 011 000	23 717 550	22 011 000	23 717 550	+23,15%	+67,15%
Fonds européen pour le développement durable (FEDD) (01 — Affaires économiques et financières)									p.m.	p.m.		
Autres actions et programmes	83 759 518	78 209 648	81 147 868	89 770 290	80 017 868	88 640 290	84 147 868	92 770 290	84 147 868	92 770 290	+0,46%	+18,62%
01 — Affaires économiques et financières	*p.m.*	*p.m.*	*p.m.*	*p.m.*	*p.m.*	*p.m.*	*p.m.*	*p.m.*	*p.m.*	*p.m.*		
05 — Agriculture et développement rural	*6 966 518*	*6 966 518*	*8 105 849*	*8 105 849*	*6 975 849*	*6 975 849*	*8 105 849*	*8 105 849*	*8 105 849*	*8 105 849*	*+16,35%*	*+16,35%*
07 — Environnement	*4 000 000*	*4 000 000*	*3 900 000*	*3 900 000*	*3 900 000*	*3 900 000*	*3 900 000*	*3 900 000*	*3 900 000*	*3 900 000*	*-2,50%*	*-2,50%*
13 — Politique régionale et urbaine	*33 212 000*	*23 782 000*	*31 836 240*	*36 031 865*	*31 836 240*	*36 031 865*	*34 836 240*	*39 031 865*	*34 836 240*	*39 031 865*	*+4,89%*	*+64,12%*
14 — Fiscalité et union douanière	*1 115 000*	*1 115 000*	*1 129 779*	*1 229 779*	*1 129 779*	*1 229 779*	*1 129 779*	*1 229 779*	*1 129 779*	*1 229 779*	*+1,33%*	*+10,29%*
17 — Santé et sécurité alimentaire	*490 000*	*490 000*	*520 000*	*520 000*	*520 000*	*520 000*	*520 000*	*520 000*	*520 000*	*520 000*	*+6,12%*	*+6,12%*
21 — Coopération internationale et développement	*37 092 000*	*40 972 130*	*34 756 000*	*39 082 797*	*34 756 000*	*39 082 797*	*34 756 000*	*39 082 797*	*34 756 000*	*39 082 797*	*-6,30%*	*-4,61%*
22 — Voisinage et négociations d'élargissement	*p.m.*	*p.m.*	*p.m.*	*p.m.*	*p.m.*	*p.m.*	*p.m.*	*p.m.*	*p.m.*	*p.m.*		
23 — Aide humanitaire et protection civile							*p.m.*	*p.m.*				
34 — Action pour le climat	*884 000*	*884 000*	*900 000*	*900 000*	*900 000*	*900 000*	*900 000*	*900 000*	*900 000*	*900 000*	*+1,81%*	*+1,81%*
Actions financées dans le cadre des prérogatives de la Commission et des compétences spécifiques conférées à la Commission	63 762 000	60 755 980	66 054 796	67 310 241	63 054 796	63 010 241	73 054 796	74 310 241	66 054 796	67 310 241	+3,60%	+10,79%
05 — Agriculture et développement rural			*180 000*	*180 000*	*180 000*	*180 000*	*180 000*	*180 000*	*180 000*	*180 000*		
19 — Instruments de politique étrangère	*12 500 000*	*12 500 000*	*12 000 000*	*12 000 000*	*12 000 000*	*12 000 000*	*12 000 000*	*12 000 000*	*12 000 000*	*12 000 000*	*-4,00%*	*-4,00%*
20 — Commerce	*16 500 000*	*15 000 000*	*17 500 000*	*16 000 000*	*16 600 000*	*15 500 000*	*24 500 000*	*23 000 000*	*17 500 000*	*16 000 000*	*+6,06%*	*+6,67%*
21 — Coopération internationale et développement	*34 762 000*	*33 255 980*	*36 374 796*	*39 130 241*	*34 274 796*	*35 330 241*	*36 374 796*	*39 130 241*	*36 374 796*	*39 130 241*	*+4,64%*	*+17,66%*
Projets pilotes et actions préparatoires	3 000 000	17 371 878	p.m.	7 259 484	p.m.	7 259 484	8 750 000	12 359 484	8 750 000	11 159 484	+191,67%	-35,76%
07 — Environnement	*p.m.*	*p.m.*	*p.m.*	*p.m.*	*p.m.*	*p.m.*	*p.m.*	*p.m.*	*p.m.*	*p.m.*		
18 — Migration et affaires intérieures	*p.m.*	*p.m.*	*p.m.*	*p.m.*	*p.m.*	*p.m.*	*500 000*	*500 000*	*500 000*	*250 000*		
19 — Instruments de politique étrangère	*p.m.*	*p.m.*	*p.m.*	*p.m.*	*p.m.*	*p.m.*	*p.m.*	*p.m.*	*p.m.*	*p.m.*		

	20 — Commerce	*300 000*	*150 000*	*p.m.*	*p.m.*	*p.m.*	*p.m.*	*p.m.*	*p.m.*	*p.m.*	*p.m.*	*-100,00%*	*-100,00%*
	21 — Coopération internationale et développement	*2 700 000*	*15 180 508*	*p.m.*	*6 180 433*	*p.m.*	*6 180 433*	*7 500 000*	*10 280 433*	*7 500 000*	*9 455 433*	*+177,78%*	*-37,71%*
	22 — Voisinage et négociations d'élargissement	*p.m.*	*2 041 370*	*p.m.*	*1 079 051*	*p.m.*	*1 079 051*	*750 000*	*1 579 051*	*750 000*	*1 454 051*		*-28,77%*
	23 — Aide humanitaire et protection civile	*p.m.*	*p.m.*	*p.m.*	*p.m.*	*p.m.*	*p.m.*	*p.m.*	*p.m.*	*p.m.*	*p.m.*		
	Organismes décentralisés (04 — Emploi, affaires sociales et inclusion)	19 956 000	19 956 000	19 771 000	19 771 000	19 771 000	19 771 000	19 771 000	19 771 000	19 771 000	19 771 000	-0,93%	-0,93%
5	**Administration**	**8 951 016 040**	**8 950 916 040**	**9 321 692 016**	**9 324 103 016**	**9 263 451 071**	**9 265 862 071**	**9 353 380 722**	**9 355 091 722**	**9 394 513 816**	**9 394 599 816**	**+4,95%**	**+4,96%**
	plafond			*9 918 000 000*		*9 918 000 000*		*9 918 000 000*		*9 918 000 000*			
	compensation de la marge pour imprévus			*- 514 380 960*		*- 610 044 760*		*- 514 380 960*		*- 507 268 804*			
	marge			*81 927 024*		*44 504 169*		*50 238 318*		*16 217 380*			
	Pensions et Écoles européennes	1 816 146 480	1 816 146 480	1 956 535 156	1 956 535 156	1 956 535 156	1 956 535 156	1 956 535 156	1 956 535 156	1 975 611 156	1 975 611 156	+8,78%	+8,78%
	Pensions	1 640 510 000	1 640 510 000	1 770 780 000	1 770 780 000	1 770 780 000	1 770 780 000	1 770 780 000	1 770 780 000	1 789 856 000	1 789 856 000	+9,10%	+9,10%
	Écoles européennes	175 636 480	175 636 480	185 755 156	185 755 156	185 755 156	185 755 156	185 755 156	185 755 156	185 755 156	185 755 156	+5,76%	+5,76%
	Dépenses administratives des institutions	**7 134 869 560**	**7 134 769 560**	**7 365 156 860**	**7 367 567 860**	**7 306 915 915**	**7 309 326 915**	**7 396 845 566**	**7 398 556 566**	**7 418 902 660**	**7 418 988 660**	**+3,98%**	**+3,98%**
	sous-plafond			*8 007 000 000*		*8 007 000 000*		*8 007 000 000*		*8 007 000 000*			
	compensation de la marge pour imprévus			*- 514 380 960*		*- 610 044 760*		*- 514 380 960*		*- 507 268 804*			
	sous-marge			*127 462 180*		*90 039 325*		*95 773 474*		*80 828 536*			
	Parlement européen	1 838 413 983	1 838 413 983	1 900 578 000	1 900 578 000	1 900 578 000	1 900 578 000	1 900 578 000	1 900 578 000	1 909 295 000	1 909 295 000	+3,86%	+3,86%
	Conseil européen et Conseil	545 054 000	545 054 000	559 475 000	559 475 000	558 275 000	558 275 000	558 275 000	558 275 000	561 576 000	561 576 000	+3,03%	+3,03%
	Commission	3 356 929 200	3 356 829 200	3 466 011 200	3 468 422 200	3 427 250 209	3 429 661 209	3 470 661 200	3 472 372 200	3 498 411 200	3 498 497 200	+4,21%	+4,22%
	Commission (hors offices)	3 060 073 000	3 060 073 000	3 167 271 000	3 167 271 000	3 130 992 573	3 130 992 573	3 167 271 000	3 167 271 000	3 193 167 000	3 193 167 000	+4,35%	+4,35%
	Annexe 2 - Office des publications	79 303 200	79 303 200	82 133 200	82 133 200	81 150 589	81 150 589	82 133 200	82 133 200	82 761 200	82 761 200	+4,36%	+4,36%
	Annexe 3 - Office européen de lutte antifraude	58 175 500	58 175 500	59 491 500	59 491 500	59 066 465	59 066 465	59 491 500	59 491 500	59 945 500	59 945 500	+3,04%	+3,04%
	Annexe 4 - Office européen de sélection du personnel	26 430 000	26 430 000	26 557 000	26 557 000	26 328 969	26 328 969	26 557 000	26 557 000	26 667 000	26 667 000	+0,90%	+0,90%
	Annexe 5 - Office de gestion et de liquidation des droits individuels	38 399 500	38 399 500	38 519 500	38 519 500	38 267 446	38 267 446	38 519 500	38 519 500	38 698 500	38 698 500	+0,78%	+0,78%
	Annexe 6 - Office pour les infrastructures et la logistique — Bruxelles	68 440 000	68 440 000	67 805 000	67 805 000	67 345 694	67 345 694	67 805 000	67 805 000	68 153 000	68 153 000	-0,42%	-0,42%
	Annexe 7 - Office pour les infrastructures et la logistique — Luxembourg	23 658 000	23 658 000	24 234 000	24 234 000	24 098 473	24 098 473	24 234 000	24 234 000	24 369 000	24 369 000	+3,01%	+3,01%
	Projets pilotes et actions préparatoires	2 450 000	2 350 000	p.m.	2 411 000	p.m.	2 411 000	4 650 000	6 361 000	4 650 000	4 736 000	+89,80%	+101,53%
	Organismes décentralisés	p.m.	p.m.	p.m.	p.m.	p.m.	p.m.	p.m.	p.m.	p.m.	p.m.		
	Cour de justice de l'Union européenne	379 981 000	379 981 000	396 264 000	396 264 000	388 238 600	388 238 600	396 264 000	396 264 000	399 323 000	399 323 000	+5,09%	+5,09%
	Cour des comptes	137 557 100	137 557 100	140 152 000	140 152 000	137 878 179	137 878 179	139 872 000	139 872 000	141 240 000	141 240 000	+2,68%	+2,68%
	Comité économique et social européen	130 586 475	130 586 475	131 898 058	131 898 058	131 743 725	131 743 725	133 272 073	133 272 073	133 807 338	133 807 338	+2,47%	+2,47%
	Comité des régions	90 545 808	90 545 808	91 955 426	91 955 426	91 855 426	91 855 426	93 169 117	93 169 117	93 294 946	93 294 946	+3,04%	+3,04%
	Médiateur européen	10 383 951	10 383 951	10 650 441	10 650 441	10 455 441	10 455 441	10 650 441	10 650 441	10 650 441	10 650 441	+2,57%	+2,57%
	Contrôleur européen de la protection des données	9 288 043	9 288 043	11 236 735	11 236 735	10 841 735	10 841 735	11 236 735	11 236 735	11 324 735	11 324 735	+21,93%	+21,93%
	Service européen pour l'action extérieure	636 130 000	636 130 000	656 936 000	656 936 000	649 799 600	649 799 600	682 867 000	682 867 000	659 980 000	659 980 000	+3,75%	+3,75%
	Rubriques du CFP	**154 720 781 136**	**136 391 995 484**	**156 610 568 445**	**134 278 641 563**	**155 843 224 908**	**133 400 012 031**	**160 683 927 884**	**136 723 676 959**	**157 323 863 116**	**134 100 371 363**	**+1,68%**	**-1,68%**
	instrument de flexibilité			*530 000 000*	*981 093 985*	*530 000 000*	*0*	*530 000 000*	*981 093 985*	*530 000 000*	*0*		
	marge globale pour engagements			*1 265 000 000*		*1 265 000 000*		*1 265 000 000*		*1 439 100 000*			
	mobilisation de la marge pour imprévus			*1 164 380 960*		*1 140 044 760*		*1 164 380 960*		*1 906 150 960*			
	plafond			*155 631 000 000*	*142 906 000 000*	*155 631 000 000*	*142 906 000 000*	*155 631 000 000*	*142 906 000 000*	*155 631 000 000*	*142 906 000 000*		
	compensation de la marge pour imprévus			*- 1 164 380 960*		*- 1 140 044 760*		*- 1 164 380 960*		*- 1 082 268 804*	*0*		
	marge (2)			*815 431 555*	*9 608 452 422*	*1 582 775 092*	*9 505 987 969*	*- 3 257 927 884*	*7 163 417 026*	*1 100 119 040*	*8 805 628 637*		
	Crédits en % du RNB (3)(4)	**1,05%**	**0,93%**	**1,04%**	**0,89%**	**1,04%**	**0,89%**	**1,07%**	**0,91%**	**1,05%**	**0,89%**		

(1) Ce montant, résultant de l'arrondi des calculs du sous-plafond et du transfert net, est exclu lors du calcul de la sous-marge

(2) Ces montants sont calculés sans tenir compte des crédits pour instruments spéciaux (réserve pour aides d'urgence, Fonds européen d'ajustement à la mondialisation, Fonds de solidarité de l'UE)

(3) Le RNB pour 2016 est basé sur les prévisions de RNB publiées après la réunion tenue le 19 mai 2015 par le Comité consultatif des ressources propres (CCRP)

(4) Le RNB pour 2017 est basé sur les prévisions de RNB publiées après la réunion tenue le 18 mai 2016 par le Comité consultatif des ressources propres (CCRP)

INSTRUMENTS SPÉCIAUX

Description	1		2		3		4		5		5/1	
	Budget pour 2016 (BR n° 1/2016 à 6/2016 inclus)		Projet de budget pour 2017 (hors lettre rectificative)		Position du Conseil sur le projet de budget pour 2017		Amendements du Parlement européen		Budget pour 2017		Différence (%)	
	c/e	c/p	c/e	c/p	c/e	c/p	c/e	c/p	c/e	c/p	c/e	c/p
Réserve pour aides d'urgence (RAU)	309 000 000	139 000 000	315 000 000	315 000 000	315 000 000	315 000 000	1 000 000 000	1 000 000 000	315 000 000	315 000 000	+1,94%	+126,62%
Fonds européen d'ajustement à la mondialisation (FEM)	165 612 000	30 000 000	168 924 000	55 000 000	168 924 000	25 000 000	168 924 000	55 000 000	168 924 000	25 000 000	+2,00%	-16,67%
Fonds de solidarité de l'Union européenne (FSUE)	81 475 125	81 475 125	563 000 000	250 000 000	50 000 000	50 000 000	563 000 000	250 000 000	50 000 000	50 000 000	-38,63%	-38,63%
Instruments spéciaux	556 087 125	250 475 125	1 046 924 000	620 000 000	533 924 000	390 000 000	1 731 924 000	1 305 000 000	533 924 000	390 000 000	-3,99%	+55,70%

TOTAL

Description	1		2		3		4		5		5/1	
	Budget pour 2016 (BR n° 1/2016 à 6/2016 inclus)		Projet de budget pour 2017 (hors lettre rectificative)		Position du Conseil sur le projet de budget pour 2017		Amendements du Parlement européen		Budget pour 2017		Différence (%)	
	c/e	c/p	c/e	c/p	c/e	c/p	c/e	c/p	c/e	c/p	c/e	c/p
Rubriques du CFP	154 720 781 136	136 391 995 484	156 610 568 445	134 278 641 563	155 843 224 908	133 400 012 031	160 683 927 884	136 723 676 959	157 323 863 116	134 100 371 363	+1,68%	-1,68%
Instruments spéciaux	556 087 125	250 475 125	1 046 924 000	620 000 000	533 924 000	390 000 000	1 731 924 000	1 305 000 000	533 924 000	390 000 000	-3,99%	+55,70%
Total général	155 276 868 261	136 642 470 609	157 657 492 445	134 898 641 563	156 377 148 908	133 790 012 031	162 415 851 884	138 028 676 959	157 857 787 116	134 490 371 363	+1,66%	-1,57%
Crédits en % du RNB (1)(2)	1,06%	0,93%	1,05%	0,90%	1,04%	0,89%	1,08%	0,92%	1,05%	0,89%		

(1) Le RNB pour 2016 est basé sur les prévisions de RNB publiées après la réunion tenue le 19 mai 2015 par le Comité consultatif des ressources propres (CCRP)

(2) Le RNB pour 2017 est basé sur les prévisions de RNB publiées après la réunion tenue le 18 mai 2016 par le Comité consultatif des ressources propres (CCRP)

LES MOBILISATIONS DU FONDS EUROPÉEN D'AJUSTEMENT À LA MONDIALISATION EN 2016

Le Fonds européen d'ajustement à la mondialisation[1] (FEM) a été mobilisé dix fois en 2016, pour un montant total de 28 millions d'euros en crédits d'engagement et de paiement.

Ces mobilisations peuvent être résumées comme suit :

- la première mobilisation, pour un montant de 1,1 million d'euros, est intervenue le 9 mars 2016 à la suite de 412 licenciements dans deux entreprises (Hainaut et Namur Glass) exerçant leur activité dans le secteur de la production de verre en Belgique[2] ;

- la deuxième mobilisation, pour un montant de 1,8 million d'euros, est intervenue le 13 avril 2016 à la suite de 647 licenciements dans l'entreprise Volvo Group Truck Operation EMEA et quatre de ses fournisseurs exerçant leur activité dans le secteur de la production de poids lourds en Suède[3] ;

- la troisième mobilisation, pour un montant de 0,4 million d'euros, est intervenue le 13 avril 2016[4]. Elle est destinée à financer l'assistance technique, conformément à l'article 11 du règlement n° 1309/2013 relatif au FEM[5] ;

- la quatrième mobilisation, pour un montant de 5,1 millions d'euros, est intervenue le 8 juin 2016 à la suite de 2 132 licenciements dans l'entreprise MoryGlobal exerçant son activité dans le secteur des transports terrestres en France[6] ;

- la cinquième mobilisation, pour un montant de 6,5 millions d'euros, est intervenue le 8 juin 2016 à la suite de 557 licenciements dans l'entreprise Supermarket Larissa exerçant son activité dans le secteur du commerce de détail en Grèce[7] ;

- la sixième mobilisation, pour un montant de 1,8 million d'euros, est intervenue le 6 juillet 2016 à la suite de 488 licenciements dans trois entreprises exerçant leur activité dans le secteur de la fabrication de machines et équipements en Belgique[8] ;

- la septième mobilisation, pour un montant de 5,4 millions d'euros, est intervenue le 11 octobre 2016 à la suite de 2 035 licenciements dans l'entreprise Microsoft Mobile Oy et huit de ses fournisseurs et producteurs en aval exerçant leurs activités dans le secteur de la téléphonie mobile, de la programmation et du conseil informatiques en Finlande[9] ;

---

[1] Règlement (UE) n° 1309/2013 du Parlement européen et du Conseil, du 17 décembre 2013, relatif au Fonds européen d'ajustement à la mondialisation pour la période 2014-2020 et abrogeant le règlement (CE) n° 1927/2006 (JO L 347 du 20.12.2013, pp. 855/ 864, et rectificatif au JO 330 du 3.12.2016, pp. 6/7).
[2] JO L 74 du 19.3.2016, pp. 34/35.
[3] JO L 105 du 21.4.2016, pp. 20/21.
[4] *Ibid.*, pp. 22/23.
[5] JO L 347 du 20.12.2013, p. 860.
[6] JO L 162 du 21.6.2016, pp. 10/11.
[7] *Ibid.*, pp. 12/13.
[8] JO L 189 du 14.7.2016, pp. 46/47.
[9] JO L 284 du 20.10.2016, pp. 23/24.

- la huitième mobilisation, pour un montant de 4 millions d'euros, est intervenue le 11 octobre 2016 à la suite de 1 556 licenciements dans l'entreprise Telefonaktiebolaget LM Ericsson exerçant son activité dans le secteur de la fabrication de produits informatiques, électroniques et optiques et dans le secteur de la programmation, du conseil et autres activités informatiques en Suède[10] ;

- la neuvième mobilisation, pour un montant de 1,1 million d'euros, est intervenue le 23 novembre 2016 à la suite de 1 550 licenciements dans trois entreprises (Eesti Energia AS, Nitrofert AS et Viru Keemia Grupp AS) exerçant leurs activités dans les secteurs de la cokéfaction et du raffinage et dans celui de l'industrie chimique en Estonie[11], et

- la dixième mobilisation, pour un montant de 0,9 million d'euros, est intervenue le 14 décembre 2016 à la suite de 250 licenciements dans vingt-neuf entreprises du secteur automobile en Espagne[12].

---

[10] JO L 284 du 20.10.2016, pp. 25/26.
[11] JO L 326 du 1er.12.2016, pp. 14/15.
[12] JO L 50 du 28.2.2017, pp. 51/52.

LETTRE DU PRÉSIDENT DE LA COMMISSION DES BUDGETS DU PARLEMENT EUROPÉEN À LA COMMISSION SUR LE FINANCEMENT DE LA FACILITÉ EN FAVEUR DES RÉFUGIÉS EN TURQUIE, DU 23 FÉVRIER 2016

European Parliament

Commission des Budgets
Le Président

D(2016) 8740

D 303363 23.02.2016

Ms Kristalina Georgieva
Vice-President
European Commission
Rue de la Loi / Wetstraat 200
1049 Brussels
Belgium

Dear Vice-President,

The Commission recently adopted two decisions and signed a Common Understanding with Member States on a three billion Euros Facility for Refugees in Turkey.

The budgetary impact is all but minor. It is of major relevance for the 2016 budget, but also pre-empts the upcoming 2017 budgetary negotiations by creating a 'fait accompli' which cannot realistically be challenged. Furthermore, the assigned revenue approach is a way to circumvent the budgetary procedure and would at least deserve some discussion by the budgetary authority.

But while the Commission engaged with the Member States in Council format in a two-month negotiation, Parliament has not been consulted at any stage of the process of adoption. It has not even been proactively informed by the Commission about these initiatives, neither in writing nor orally. Information given during committee meetings was always provided at our explicit request, with some delay and incompleteness.

This raises serious doubts as to whether the Commission respects the prerogatives granted by the Treaty to Parliament as one arm of the budgetary authority, and the equality of treatment between Parliament and the Council. Despite concerns expressed in several meetings since December, including in the presence of your Director General, the Commission has not taken a single initiative to improve our information and involvement.

On behalf of my committee, I am formally objecting to this way of proceeding and consider that this demonstrates a blatant lack of consideration and, ultimately, democratic accountability. Although we duly acknowledge its right of initiative, the Commission is not exonerated from the obligation of loyal cooperation.

I don't need to recall that we have, over the past year, always acted swiftly in support of initiatives on the refugee crisis, secured reinforcements in external instruments, and expressed readiness to consider any further means. While in mission to Turkey, we have faithfully defended the ongoing EU initiatives with all third parties. But neither our overall support and loyalty nor the urgency of the refugee crisis should mean a blank cheque for the Commission and the Council, or be a reason for upsetting the institutional balance by side-lining Parliament.

I would like these issues of concern to be addressed in our upcoming exchanges, particularly at the trilogue on 14 March and as part of the MFF review/revision. I also expect full involvement as regards future initiatives of this kind, such as the follow-up to be given to the London conference on Syria.

Sincerely yours,

Jean Arthuis

Copy:
Martin Schulz, President of the European Parliament

RÉPONSE DE LA COMMISSION AU PRÉSIDENT DE LA COMMISSION DES BUDGETS DU PARLEMENT EUROPÉEN SUR LE FINANCEMENT DE LA FACILITÉ EN FAVEUR DES RÉFUGIÉS EN TURQUIE, DU 4 MARS 2016

Ref. Ares(2016)11306

European Commission

Kristalina Georgieva
Vice-president
Budget and Human Resources

Brussels,
A(2016)1105851

Dear President Arthuis, dear Jean,

In response to your letter of 23 February in relation to the Facility for Refugees in Turkey let me start by stating my firm commitment to working closely with the European Parliament on all aspects of the budgetary process.

The Refugee Facility for Turkey and its financing as we know it has occurred in a difficult context, against a background of massive inflow of refugees in the EU. An EU-Turkey Joint Action Plan was agreed on 15 October 2015, with Turkey proposing an additional contribution of EUR 3 billion to help refugees in Turkey and the hosting communities and to reduce the flow of refugees directed to the EU. Speed was of the essence. The Commission proposed a coordination mechanism pooling resources from the EU budget and contributions from Member States. The Facility was intended as a coordination mechanism, making use of existing programmes (such as Humanitarian Aid and the Instrument for Pre-Accession (IPA)) which have an already adopted legal base with a reference envelope for the period 2014-2020, and an indicative financial programming for the period 2017-2020. The decision had a specific provision (article 8) dealing with information and annual reporting on implementation to the European Parliament and the Council.

The budget committee of the Parliament has been informed ahead of any developments on this file. Since the presentation of the Commission proposal on 10 December 2015, there have been two discussions in the Committee and information has been promptly submitted orally and in writing (see Annex). The Commission has always made it clear that all budgetary implications for 2016 and 2017 would be subject to the agreement of the European Parliament as budget authority.

EUR 250 million for the Facility have already been identified in the 2016 budget. The remaining EUR 750 million has to be found in the EU budget 2016/2017. The Commission will propose the precise sources of financing when presenting the draft budget 2017, at the latest. The European Parliament and the Council will then deliberate according to the annual budget process.

In our Communication on the matter, a majority of the Members of the Committee are in favour of decisive action to address the refugee crisis. It was in this spirit that we have kept you informed. The Facility is an exceptional action for an exceptional crisis and, as always, we count on the support of the European Parliament to make it a success.

I am looking forward to discussing this subject in more depth at the budgetary trilogue of 14 March. Loyal inter-institutional cooperation is needed more than ever in the current difficult situation in Europe and in our neighbourhood. I recognise a sense of insufficient advance involvement on behalf of the Committee, which I regret. I want to assure you that I will continue to seek transparency and good advance communication with both the European Parliament and the Council throughout the annual budget procedure and on any dossiers with financial implications, building on the trustful relations established during previous budget negotiations, and the fast and efficient cooperation notably with the Parliament on all financial issues related to the refugee crisis.

Yours sincerely,

Kristalina Georgieva

Annex 1: Extract of the slides presented by Nadia Calviño to the EP Committee on Budgets on 10 December 2015

Annex 2: Technical information sent by the Commission to the Secretariat of the EP Committee on Budgets on 15 January 2016

The Refugee Facility for Turkey
Commission Decision C(2015)9500

The Decision establishes a coordination mechanism

- Coordinating and streamlining actions financed from the Union's budget and bilateral contributions from Member States
- In order to enhance the efficiency and complementarity of support provided to refugees and host communities in Turkey

1

The Refugee Facility for Turkey

Sources of financing:

EU Budget: ***EUR 0.5 billion***

Fin. Contributions EU Member States ***EUR 2.5 billion***

Total: ***EUR 3.0 billion***

3

Breakdown of contribution from EU budget

Commitments, EUR million

Financial Instruments Heading 4	2016	2017*	2016-2017
Humanitarian Aid	165**	80	245
IPA	37	-	37
IcSP	20	20	40
DCI	10	10	20
ENI	18	-	18
Heading 4 margin	-	140	140
Total***	250	250	500

* Based on current programming and to be requested as part of the draft budget 2017.
** Including a transfer from the Emergency Aid Reserve to be proposed in early 2016.
*** All these amounts are on top of the foreseen IPA financial envelope for Turkey.

4

The Refugee Facility for Turkey
Implementation

- Member States contributions included into the EU budget as external assigned revenue
- Implementation by the Commission in accordance with the Financial Regulation and the existing basic acts on external aid and humanitarian assistance, including comitology requirements

5

Annex 2: Technical information sent by the Commission to the Secretariat of the BUDG Committee on 15 January 2016

The Refugee Facility for Turkey

The Commission Decision of 24.11.2015 establishes a coordination mechanism - the Refugee Facility for Turkey ("the Facility") - to assist Turkey in addressing the humanitarian and development needs of the refugees and their host communities.

The Facility shall coordinate an amount of EUR 3 billion over 2016-2017.

The initial Commission proposal entailed EUR 500 million from the EU budget and EUR 2.5 billion from financial contributions from Member States. The latter shall be included into the Union's budget as external assigned revenue in accordance with Article 21(2)(b) of the Financial Regulation.

A consensus is emerging in Council in favour of a revised split: EUR 1 billion from the EU budget and the remaining EUR 2 billion from financial contributions from Member States.

Under such a scenario, the indicative sources of the EUR 1 billion from the EU budget would be the following:

(Commitment appropriations- EUR million)

Financing Instruments Heading 4	2016	2017*	2016-2017
Humanitarian Aid	165**	80	**245**
IPA	37	-	**37**
IcSP	20	20	**40**
DCI	10	10	**20**
ENI	18	-	**18**
Heading 4 margin	-	140	**140**
Top-up	500		**500**
Total EU budget* **			**1 000**

* Based on current programming and to be requested as part of the draft budget 2017.

** Including a transfer from the Emergency Aid Reserve to be proposed in early 2016.

*** All these amounts are on top of the foreseen IPA financial envelope for Turkey.

The Commission will make appropriate proposals at the latest at the moment of the presentation of the DB 2017 in order to ensure a EUR 1 billion contribution to the Facility from the EU Budget over 2016 and 2017.

NOTE DE LA COMMISSION, DU 2 DÉCEMBRE 2015, SUR LES PARAMÈTRES À RETENIR POUR L'ÉTABLISSEMENT DES ÉTATS PRÉVISIONNELS ET DU PROJET DE BUDGET POUR 2017

Ref. Ares(2015)5522067 - 02/12/2015

EUROPEAN COMMISSION
Budget

Director-General

Brussels,

NOTE TO

Mr KLETHI
Director General for Finance, European Parliament
Mr SHAPCOTT
Director General for Administration, Council
Mr CALOT ESCOBAR
Registrar of the European Court of Justice
Mr RUIZ GARCIA
Secretary-General of the Court of Auditors
Mr PLANAS PUCHADES
Secretary-General of European Economic and Social Committee
Mr BURIÁNEK
Secretary-General of the Committee of the Regions
Ms GMINDER
Secretary-General of the European Ombudsman
Mr DOCKSEY
Director of the Secretariat of the EDPS
Mr CHILD
Director General for Budget and Administration,
European External Action Service

Subject: **Establishment of the 2017 Statement of estimates and Draft Budget (DB)**

Please find hereafter the key parameters for establishing the 2017 Statement of estimates and Draft Budget (DB 2017).

1. ESTIMATION OF CREDITS IN EUROS

The exchange rate to be used, where necessary, corresponds to the value of the euro on 30 September 2015, which may be found at the following address:

http://ec.europa.eu/budget/inforeuro/

2. CREDITS OF CHAPTERS 10, 11 AND 12

The Commission requests the Institutions to base their assessments on the following estimates for the 2017 adaptations of the staff remuneration:

Pay adjustment to be decided in December 2016 with effect from 1 July 2016

	Reference period	Estimates
Purchasing Power	1.7.2015 30.6.2016	0,5%
Cost of living	June 2015 June 2016	1,6%
2016 Adjustment of Staff remuneration		**2,1%**

Pay adjustment to be decided in December 2017 with effect from 1 July 2017

	Reference period	Estimates
Purchasing Power	1.7.2016 30.6.2017	0,3%
Cost of living	June 2016 June 2017	1,5%
2017 Adjustment of Staff remuneration		**1,8%**

3. MACRO-ECONOMIC DATA (PROVISIONAL FIGURES)

The amounts for administrative expenditure should be expressed in current prices. The evolution of the cost of living for the period December 2016 to December 2017 is estimated at 1,5% for Brussels and 1,7% for Luxembourg.

4. EXPENDITURE RELATING TO PENSIONS OF MEMBERS OF THE INSTITUTION

All Institutions with Members are requested to provide the Commission with accurate forecasts of pension expenditure for their Members (for DB 2017 as well as for the period 2018 – 2020), to enable the Commission to include this type of expenditure in its own Section, for all Institutions concerned.

5. EVOLUTION OF THE NUMBER OF EXTERNAL STAFF

In accordance with Article 38 of the Financial Regulation a summary table on the evolution of external staff shall be sent to the Budget Authority along with the Draft Budget. All Institutions are therefore requested to provide the Commission with the estimated number of full-time equivalents (FTE) per type of external staff[1] and the related appropriations in budget 2016 and requested for 2017, along with the official transmission of the draft statement of estimates. The data should be transmitted by using the template annexed to the present note.

6. CALENDAR

In accordance with article 36 of the Financial Regulation, all the Institutions should send the Commission an estimate of their revenue and expenditure before 1 July.

However, to enable the Commission to comply with the pragmatic budget calendar, I would be grateful if you could send us the estimates according to the following calendar:

- **by 18 March** at the latest
    - the total amount in revenue and expenditure of your 2017 estimates, including a breakdown between salary-related and non-salary related expenditure and expenditure relating to Members;
    - the indicative programming for the years 2018-2020 of the total amount in expenditure and the number of posts.
- **by 29 March** at the latest, a copy of the official transmission of your estimates to the Commission.

Nadia Calviño

Annex: Template 'Evolution of external staff'

c.c.: Messrs.: Kessler (OLAF), Bearfield (EPSO);
Mrs Souka (HR), Mrs Beňová (OP);
Mrs Philaniotou, Hevicke, Andrzejczak (BUDG);
Messrs.: Presa, Bertrand (BUDG)

[1] Contract agents, local agents, seconded national experts, "intérimaires", parliamentary assistants

LETTRE DE LA COMMISSION, DU 17 DÉCEMBRE 2015, CONCERNANT L'ÉTABLISSEMENT DES ÉTATS PRÉVISIONNELS POUR 2017 DES INSTITUTIONS DE L'UNION EUROPÉENNE

Ref. Ares(2015)5930926 - 17/12/2015

European Commission

Kristalina Georgieva
Vice-president
Budget and Human Resources

Brussels,
budg.a.5(2015) 6353150

Dear President,

As substantial fiscal consolidation in Member States is set to continue, administrative expenditure will continue to be subject to close scrutiny. It is our common duty to follow a rigorous approach in the preparation of the 2017 Draft Budget.

Point 27 of the Interinstitutional Agreement (IIA) on budgetary discipline, cooperation in budgetary matters and on sound financial management requires that all Institutions reduce staffing levels by 5% over five years. In 2017, the Commission will further reduce the number of its human resources (establishment plans and other personnel) by another 1% to reach the total 5% reduction target set in the IIA. Any new tasks will be met through available human resources.

There is, however, a new development, which will affect most institutions: between 2017 and 2022 the derogation for the non-translation of all official documents into Irish will gradually phase out, entailing the translation of all official documents into Irish, too. This will require additional administrative resources, either in terms of posts and/or appropriations for free-lance translations to build the necessary capacity. All institutions should aim at finding the most cost-effective manner to comply with the new linguistic requirement, and clearly identify the possible additional resources requested for 2017.

I would like to recall that this commitment concerns all Institutions, which are expected to contribute to containing the evolution of administrative expenditure, therefore a similar letter has been sent to: **Mr Martin Schulz,** President of the European Parliament; **Mr Vassilios Skouris**, President of the European Court of Justice; **Mr Vítor Manuel Da Silva Caldeira,** President of the Court of Auditors; **Ms Federica Mogherini**, High Representative, European External Action Service; **Mr Henri Malosse**, President of the European Economic and Social Committee; **Mr Markku Markkula**, President of the Committee of the Regions; **Ms Emily O'Reilly**, European Ombudsman; **Mr Giovanni Buttarelli**, European Data Protection Supervisor.

As the Commission will have to submit the consolidated data of all Institutions to the Budget Authority together with the Draft Budget, the Statement of Estimates and the related information should be sent to the Commission by 29 March at the latest.

The Commission will base its 2017 budget request for salary expenditure on the latest forecast available with an expected annual increase of 2.1% as of 1 July 2016 and of 1.8% as of 1 July 2017 (i.e. 0.9% on a six month basis). For all non-salary related expenditure (excluding pensions and the European Schools) the Commission will aim at a nominal freeze at the 2016 level. Since part of such expenditure is often subject to indexation (e.g. for rents), a nominal freeze will require further savings in other expenditure items. As in previous years, Institutions are invited to make similar efforts and exploit to the maximum extent all possibilities for rationalisation and savings.

Based on the expenditure levels authorised in the 2016 budget, the Commission's share accounts for 38% of total administrative expenditure under Heading 5, compared to 42% for the other Institutions (pensions and European schools, common to all Institutions, account for the remainder). Therefore, the overall evolution of administrative expenditure depends on budgetary demands from other Institutions at least as much as on the Commission and it is of utmost importance to continue to demonstrate that the European Institutions are acting responsibly.

I would also like to recall the Commission's role in consolidating the draft budget. Article 314§1 of the TFEU states that: "*...each Institution shall draw up estimates of its expenditure for the following financial year. The Commission shall consolidate these estimates in a draft budget, which may contain different estimates.*"

I trust you share my concerns and count on your support for submitting estimates of expenditure that the Commission would be able to easily integrate, without modifications, in the 2017 draft budget.

Yours sincerely,

Kristalina Georgieva

DÉCLARATION COMMUNE, DU 14 MARS 2016, SUR LES DATES DE LA PROCÉDURE BUDGÉTAIRE POUR 2017 ET LES MODALITÉS DE FONCTIONNEMENT DU COMITÉ DE CONCILIATION EN 2016[1]

"A. Conformément à la partie A de l'annexe de l'accord interinstitutionnel entre le Parlement européen, le Conseil et la Commission sur la discipline budgétaire, la coopération en matière budgétaire et la bonne gestion financière, le Parlement européen, le Conseil et la Commission fixent les dates pivots ci-après pour la procédure budgétaire 2017 :

1. un trilogue sera convoqué dans l'après-midi du 13 juillet avant l'adoption de la position du Conseil[2] ;

[La Commission s'efforcera de présenter l'état prévisionnel pour 2017 avant la fin mai.][3]

2. le Conseil fera le nécessaire pour adopter sa position et la transmettre au Parlement européen pour la semaine 37 (troisième semaine de septembre) au plus tard, afin de parvenir plus facilement et en temps voulu à un accord avec le Parlement européen ;

3. la commission des budgets du Parlement européen s'efforcera de voter sur les amendements à la position du Conseil avant la fin de la semaine 41 (mi-octobre) au plus tard ;

4. un trilogue sera convoqué dans l'après-midi du 19 octobre avant la lecture du Parlement européen ;

5. le Parlement européen votera en séance plénière dans le cadre de sa lecture pendant la semaine 43 (séance plénière du 24 au 27 octobre) ;

6. la période de conciliation débutera le 28 octobre. En accord avec les dispositions de l'article 314, point 4) c), du TFUE, le délai prévu pour la conciliation prendra fin le 17 novembre 2016 ;

7. le comité de conciliation se réunira le 8 novembre dans les locaux du Parlement européen et le 16 novembre dans ceux du Conseil et peut se réunir à nouveau, le cas échéant ; les réunions du comité de conciliation seront préparées par un ou plusieurs trilogues. Un trilogue est prévu pour le 10 novembre. Un ou plusieurs trilogues supplémentaires peuvent être convoqués pendant les 21 jours que dure la période de conciliation, notamment, par exemple, le 14 novembre.

B. Les modalités de fonctionnement du comité de conciliation figurent dans la partie E de l'annexe de l'accord interinstitutionnel susvisé."

---

[1] Doc. *Conseil 7572/16 FIN 201 INST 122* du 7 avril 2016, pp. 2/3.
[2] *Ce trilogue s'est tenu le 1er septembre 2016 (voir page 323).*
[3] *La Commission a présenté l'état prévisionnel pour 2017 le 30 juin 2016 (voir page 307).*

LETTRE DU PRÉSIDENT DU PARLEMENT EUROPÉEN AU PRÉSIDENT DU CONSEIL, DU 21 OCTOBRE 2016

European Parliament

The President

D 318542 21.10.2016

Mr Robert Fico
President in Office
Council of the European Union
rue de la Loi 175
B - 1048 BRUSSELS

Dear President,

I am writing to you in relation to the upcoming negotiations between the European Parliament and the Council on the 2017 Budget of the European Union and mid-term revision of the Multiannual Financial Framework 2014-2020.

On 14 September 2016 the Commission presented a package on revision of the current Multiannual Financial Framework which not only enhances the flexibility of the EU budget but also increases the financial envelopes of some priority programs. These top-ups of the programs will be spread over the years until the end of the current Multiannual Financial Framework and most of them will start already in 2017. Additional needs in 2017, mainly to tackle the refugee crisis, will be financed by the Flexibility Instrument, which will be fully exhausted, and by recourse to the Contingency Margin. For these reasons, it becomes clear that negotiations on the EU 2017 Budget and revision of the Multiannual Financial Framework must take place in parallel. Only by putting these two packages on the table simultaneously will we have the opportunity of assuring tangible and clear agreement on the future financing of our priorities and challenges to be applicable from January 2017onwards.

Parliament's expectations regarding this revision are well-known; they were set out in its resolution of 6 July 2016. On 26 October Parliament will adopt its reading of the 2017 Budget and a follow-up resolution responding to the Commission's proposal on the mid-term revision of the Multiannual Financial Framework. At the opening of the Budgetary Conciliation we will have a clear mandate to negotiate both packages.

Following the request of the Conference of Presidents, I would like to ask you to encourage the Council to step up its preparation and approve its mandates on both dossiers in time to allow for the negotiations on the 2017 Budget and the revision of the Multiannual Financial Framework to take place simultaneously.

I have also written to President Juncker, to ask the Commission to support this approach which would allow for a timely and coincident political agreement on these two important budgetary dossiers. This agreement will be crucial for the setting up of our collective response to the unprecedented challenges to the European Union's unity and will deliver for the European citizens.

Yours sincerely,

Martin Schulz

RÉPONSE DU PRÉSIDENT DU CONSEIL À LA LETTRE DU PRÉSIDENT DU PARLEMENT EUROPÉEN, DU 26 OCTOBRE 2016

Prime Minister of the Slovak Republic

Bratislava, 26. *October 2016*

Your Excellency,

Thank you for your personal involvement in this file and for bringing to my attention the European Parliament's position as regards the review/revision of the Multiannual financial framework (MFF) 2014-2020.

The Presidency is well aware of the importance of making progress with the package of proposals presented by the European Commission on 14 September 2016. To this end, the Presidency has given maximum priority to this file both at political and expert level. The Council is reviewing the proposals at full speed and is sparing no efforts with a view to concluding the work before the end of the year.

The Presidency is determined to conduct the work on the review/revision of the MFF 2014-2020 in full respect of the provisions of the Treaty of Lisbon and in a spirit of openness and constructive cooperation. In line with Article 312(5) of the TFEU, throughout the procedure, our institutions will take any measure necessary to facilitate its adoption.

However, I note that all Member States are of the opinion that both of the processes (the 2017 EU budget negotiations and the review/revision of the MFF 2014-2020) are governed by two different legal bases.

It is important in my view, that each institution fully understands the position of the other. For that reason, I have asked the State Secretary Ivan Korčok to meet with BUDG Committee Chair Jean Arthuis and co-rapporteurs Jan Olbrycht and Isabelle Thomas. I understand that this meeting took place yesterday in a constructive atmosphere in the margins of the adoption by the European Parliament of its position on the review/revision. I am confident that both institutions, the European Parliament as well as the Council, will find a satisfactory solution on this issue.

I am sure you share this spirit of good interinstitutional cooperation.

Yours sincerely

Your Excellency

Martin Schulz
President
European Parliament

Brussels

LETTRE DE LA COMMISSION AU PRÉSIDENT DU PARLEMENT EUROPÉEN, DU 25 OCTOBRE 2016

Ref. Ares(2016)6111067 - 25/10/2016

European Commission

Kristalina Georgieva
Vice-president
Budget and Human Resources

Brussels, 25 October 2016

Dear President Schulz,

I have been tasked by President Juncker to address the concerns which you have expressed in your letter of 21 October 2016 with regard to the upcoming negotiations on the 2017 Budget and the mid-term revision of the Multiannual Financial Framework 2014-2020 (MFF).

The Commission has tabled its proposals in the context of the mid-term review/revision on 14 September 2016 with the expectation that its budgetary aspects are agreed in parallel with the Budget 2017. As you point out in your letter, there is a continued need for the Union to address the refugee crisis as well as other economic, social and security challenges it is facing. Based on its MFF review, the Commission has proposed to address these challenges and needs comprehensively by tabling proposals which have budgetary implications for both the year 2017 and the following years of the MFF and which require at the same time amending the MFF Regulation in order to endow the budget with a sufficient level of flexibility as from the next year.

We have to acknowledge that components of the package are following parallel, but different legislative procedures, with the requirement for Council to agree unanimously on the amended MFF Regulation after obtaining the consent of the European Parliament. In order to keep with the ambitious timetable of having the package agreed by year end, close informal contacts between the three institutions will be needed. The first informal tripartite meeting with Jean Arthuis and State Secretary Ivan Korčok has just taken place in Strasbourg today.

The Commission is determined to do its utmost to allow Parliament and Council to agree on all elements of that package, i.e. the Budget 2017, the "top-ups" covering the period until the end of this MFF and the amended MFF Regulation, before the end of this year.

Given that the Union is at a critical juncture, I count on all sides to be as constructive and pragmatic as possible so that the MTR package can be agreed together with the Budget 2017 without putting the crucially important budgetary endowment of our policies at risk. The Commission stands ready, as always, to facilitate this process.

Yours sincerely,

Kristalina Georgieva

Mr Martin Schulz
President of the European Parliament

CONCLUSIONS COMMUNES DE LA RÉUNION DU COMITÉ DE CONCILIATION DES 16 ET 17 NOVEMBRE 2016[1]

Budget 2017 – Conclusions communes
Final 17.11.2016

Les présentes conclusions communes portent sur les sections suivantes :

1. Budget 2017
2. Budget 2016 – Projets de budgets rectificatifs n° 4, 5 et 6/2016
3. Déclarations communes

Aperçu général

A. Budget 2017

Selon les éléments des conclusions communes :

- le montant global des crédits d'engagement du budget 2017 est fixé à 157 857,8 millions d'euros. Dans l'ensemble, cela laisse une marge sous les plafonds du CFP pour 2017 de 1 100,1 millions d'euros en crédits d'engagement ;

- le montant global des crédits de paiement du budget 2017 est fixé à 134 490,4 millions d'euros ;

- il est fait appel à l'instrument de flexibilité pour 2017 pour fournir la somme de 530 millions d'euros en crédits d'engagement à la rubrique 3 (*Sécurité et citoyenneté*) ;

- il est fait appel à la marge globale pour les engagements pour fournir la somme de 1 439,1 millions d'euros à la sous-rubrique 1a (*Compétitivité pour la croissance et l'emploi*) ;

- il est fait appel à la marge pour imprévus pour fournir la somme de 1 906,2 millions d'euros à la rubrique 3 et à la rubrique 4. Ce montant est compensé par 575,0 millions d'euros provenant de la marge non allouée de la rubrique 2 (*Croissance durable : ressources naturelles*) en 2017 ainsi que par 507,3 millions d'euros en 2017, 570,0 millions d'euros en 2018 et 253,9 millions d'euros en 2019 provenant des marges non allouées de la rubrique 5 (*Administration*) ;

- la Commission estime à 981,1 millions d'euros les crédits de paiement 2017 relatifs à la mobilisation de l'instrument de flexibilité en 2014, en 2015 et en 2016.

B. Budget 2016

Selon les éléments des conclusions communes :

- le projet de budget rectificatif n° 4/2016 et la mobilisation de la marge pour imprévus qui l'accompagne sont acceptés tels qu'ils sont proposés par la Commission ;

---

[1] Doc. *PE P8_TA(2016)00475* du 1er décembre 2016, annexe, et *Conseil 14496/16 PV/CONS 59 ECOFIN 1053 BUDGET 39* du 5 décembre 2016, pp. 4/16.

- le projet de budget rectificatif n° 5/2016 est accepté tel que proposé par la Commission ;

- le projet de budget rectificatif n° 6/2016 et la mobilisation du Fonds de solidarité de l'Union européenne qui en découle sont acceptés tels qu'ils sont proposés par la Commission.

1. Budget 2017

1.1. Lignes "clôturées"

Sauf indication contraire dans les conclusions ci-après, toutes les lignes budgétaires qui n'ont été modifiées ni par le Conseil ni par le Parlement ainsi que celles pour lesquelles le Parlement a accepté les modifications apportées par le Conseil lors de leurs lectures respectives du budget sont confirmées.

En ce qui concerne les autres lignes budgétaires, le comité de conciliation est convenu des conclusions figurant aux points 1.2 à 1.8 ci-après.

1.2. Questions horizontales

Agences décentralisées

La contribution de l'Union européenne (en crédits d'engagement et en crédits de paiement) et le nombre de postes destinés à toutes les agences décentralisées sont fixés au niveau proposé par la Commission dans le projet de budget, tel que modifié par la lettre rectificative n° 1/2017, à l'exception des agences suivantes :

• l'Office européen de police (Europol, article 18 02 04), pour lequel 10 postes supplémentaires sont alloués, ainsi que 675 000 euros supplémentaires en crédits d'engagement et de paiement ;

• l'Unité de coopération judiciaire de l'Union européenne (Eurojust, article 33 03 04), pour laquelle 10 postes supplémentaires sont alloués, ainsi que 675 000 euros supplémentaires en crédits d'engagement et de paiement ;

• l'Autorité bancaire européenne (ABE, article 12 02 04), dont les crédits d'engagement et de paiement sont réduits de 500 000 euros ;

• le Bureau européen d'appui en matière d'asile (EASO, article 18 03 02), dont les crédits d'engagement et de paiement sont augmentés de 3 000 000 euros ;

• l'Agence européenne des médicaments (EMA, poste 17 03 12 01), dont les crédits d'engagement et de paiement sont réduits de 8 350 000 euros.

Agences exécutives

La contribution de l'Union européenne (en crédits d'engagement et en crédits de paiement) et le nombre de postes destinés aux agences exécutives sont fixés au niveau proposé par la Commission dans le projet de budget 2017.

Projets pilotes/actions préparatoires

Un ensemble de 78 projets pilotes et actions préparatoires ont été convenus pour un montant total de 76,9 millions d'euros en crédits d'engagement, tel que l'a proposé le Parlement en plus de l'action préparatoire proposée par la Commission dans le projet de budget 2017 ;

Lorsqu'un projet pilote ou une action préparatoire semble couvert par une base juridique existante, la Commission peut proposer le virement des crédits vers la base juridique correspondante afin de faciliter la mise en œuvre de l'action en question.

Cet ensemble de projets et d'actions respecte intégralement les plafonds fixés par le règlement financier pour les projets pilotes et les actions préparatoires.

1.3. Rubriques de dépenses du cadre financier – crédits d'engagement

Compte tenu des conclusions qui précèdent sur les lignes budgétaires "clôturées", les agences, les projets pilotes et les actions préparatoires, le comité de conciliation est convenu de ce qui suit :

Sous-rubrique 1a – Compétitivité pour la croissance et l'emploi

Les crédits d'engagement des lignes suivantes sont fixés au niveau proposé par la Commission dans le projet de budget 2017 tel que modifié par la lettre rectificative n° 1/2017 :

(en euros)

Ligne budgétaire	Intitulé	PB 2017	Budget 2017	Différence
02 02 02	Améliorer l'accès au financement pour les petites et moyennes entreprises (PME) sous forme d'investissements en fonds propres et d'emprunts	167 030 000	217 030 000	50 000 000
06 02 01 03	Optimiser l'intégration et l'interconnexion des modes de transport et renforcer l'interopérabilité	360 321 493	410 321 493	50 000 000
08 02 01 01	Renforcement de la recherche aux frontières de la connaissance au CER – Conseil européen de la recherche	1 736 471 644	1 753 136 644	16 665 000
08 02 04	Propager l'excellence et élargir la participation	123 492 850	140 157 850	16 665 000
09 04 02 01	Primauté dans les technologies de l'information et de la communication	779 380 777	796 050 777	16 670 000
15 02 01 01	Promouvoir l'excellence et la coopération dans le domaine de l'éducation et de la formation en Europe ainsi que son adéquation par rapport au marché du travail	1 701 963 700	1 725 463 700	23 500 000
15 02 01 02	Promouvoir l'excellence et la coopération auprès de la jeunesse européenne ainsi que la participation des jeunes à la vie démocratique en Europe	201 400 000	227 900 000	26 500 000
	Total			**200 000 000**[2]

[2] Ces montants font partie de l'augmentation globale des crédits de la sous-rubrique 1a jusque 2020 dans le cadre du réexamen/révision du CFP.

Le Conseil et le Parlement confirment que les augmentations convenues à la sous-rubrique 1a dans le cadre du budget 2017 respectent pleinement les accords antérieurs et sont sans préjudice des procédures législatives en cours.

Tous les autres crédits d'engagement de la sous-rubrique 1a sont fixés au niveau proposé par la Commission dans le projet de budget tel que modifié par la lettre rectificative n° 1/2017, intégrant les ajustements convenus par le comité de conciliation et repris dans le tableau ci-après. Un article budgétaire séparé est créé pour les "événements spéciaux", comme prévu lors de la lecture du budget par le Parlement.

(en euros)

Ligne budgétaire	Intitulé	PB 2017 (y compris LR 1)	Budget 2017	Différence
32 02 01 01	L'intégration plus poussée du marché intérieur de l'énergie et l'interopérabilité des réseaux d'électricité et de gaz à travers les frontières	217 403 954	206 508 927	-10 895 027
32 02 01 02	Renforcer la sécurité d'approvisionnement énergétique de l'Union	217 403 954	207 441 809	-9 962 145
32 02 01 03	Contribuer au développement durable et à la protection de l'environnement	217 404 002	206 509 070	-10 894 932
32 02 01 04	Créer un environnement plus favorable aux investissements privés pour des projets en matière d'énergie	85 227 000	77 291 975	-7 935 025
15 02 10	Événements annuels spéciaux		6 000 000	6 000 000
04 03 02 01	Progress – Soutenir l'élaboration, la mise en œuvre, le suivi et l'évaluation de la politique sociale et de l'emploi ainsi que de la législation relative aux conditions de travail de l'Union	60 000 000	65 000 000	5 000 000
04 03 02 02	EURES – Encourager la mobilité géographique volontaire des travailleurs et multiplier les possibilités d'emploi	22 578 000	23 578 000	1 000 000
	Total			**-27 687 129**

Par conséquent, et après prise en compte des agences, des projets pilotes et des actions préparatoires, le niveau convenu des engagements est fixé à 21 312,2 millions d'euros, ce qui laisse une marge de 51,9 millions d'euros sous le plafond des dépenses de la sous-rubrique 1a en utilisant la marge globale pour les engagements pour un montant de 1 439,1 millions d'euros.

Sous-rubrique 1b – Cohésion économique, sociale et territoriale

Les crédits d'engagement sont fixés au niveau proposé dans le projet de budget 2017.
Après prise en compte des projets pilotes et des actions préparatoires, le niveau convenu des engagements est fixé à 53 586,6 millions d'euros, ce qui laisse une marge de 0,4 million d'euros sous le plafond des dépenses de la sous-rubrique 1b ;

Rubrique 2 – Croissance durable : ressources naturelles

Les crédits d'engagement sont fixés au niveau proposé par la Commission dans le projet de budget tel que modifié par la lettre rectificative n° 1/2017, avec une réduction supplémentaire de 325,0 millions d'euros due à une augmentation des recettes affectées au FEAGA communiquée par la Commission le 7 novembre. Par conséquent, le comité de conciliation est convenu de ce qui suit :

(en euros)

Ligne budgétaire	Intitulé	PB 2017 (y compris LR 1)	Budget 2017	Différence
05 03 01 10	Régime de paiement de base (RPB)	15 621 000 000	15 296 000 000	-325 000 000

Après prise en compte des agences, des projets pilotes et des actions préparatoires, le niveau convenu des engagements est fixé à 58 584,4 millions d'euros, ce qui laisse une marge de 1 031,6 millions d'euros sous le plafond des dépenses de la rubrique 2 étant donné qu'un montant de 575,0 millions d'euros est utilisé pour compenser la mobilisation de la marge pour imprévus.

Rubrique 3 – Sécurité et citoyenneté

Les crédits d'engagement sont fixés au niveau proposé par la Commission dans le projet de budget tel que modifié par la lettre rectificative n° 1/2017, mais avec les ajustements convenus par le comité de conciliation et repris dans le tableau ci-après.

(en euros)

Ligne budgétaire	Intitulé	PB 2017 (y compris LR 1)	Budget 2017	Différence
09 05 05	Actions multimédia	19 573 000	22 573 000	3 000 000
15 04 02	Sous-programme "Culture" – Soutenir les actions transfrontières et promouvoir la circulation transnationale et la mobilité	54 350 000	55 350 000	1 000 000
	Total			**4 000 000**

Les commentaires de l'article 09 05 05 seront modifiés par l'ajout de la phrase suivante : "*Au besoin, les procédures de passation de marché ou d'octroi de subventions peuvent prévoir la conclusion de partenariats-cadres afin d'encourager la mise en place d'un cadre de financement stable pour les réseaux paneuropéens financés au moyen de ce crédit*".

Les commentaires de l'article 15 04 02 seront modifiés par l'ajout de la phrase suivante : "*Ce crédit peut également servir à financer la préparation de l'année européenne du patrimoine culturel*".

Par conséquent, et après prise en compte des agences, des projets pilotes et des actions préparatoires, le niveau convenu des engagements est fixé à 4 284,0 millions d'euros, sans marge sous le plafond des dépenses de la rubrique 3, avec mobilisation d'un montant de 530 millions d'euros au titre de l'instrument de flexibilité et utilisation de la marge pour imprévus pour un montant de 1 176,0 millions d'euros.

Rubrique 4 – L'Europe dans le monde

Les crédits d'engagement sont fixés au niveau proposé par la Commission dans le projet de budget tel que modifié par la lettre rectificative n° 1/2017, mais avec les ajustements convenus par le comité de conciliation et repris dans le tableau ci-après.

(en euros)

Ligne budgétaire	Intitulé	PB 2017 (y compris LR 1)	Budget 2017	Différence
01 03 02	Aide macrofinancière	30 828 000	45 828 000	15 000 000
01 03 08	Provisionnement du fonds de garantie FEDD	275 000 000	p.m.	-275 000 000
13 07 01	Soutien financier visant à encourager le développement économique de la communauté chypriote turque	31 836 240	34 836 240	3 000 000
19 03 01 05	Actions d'urgence	69 480 000	62 850 000	-6 630 000
21 02 07 05	Migration et asile	448 273 912	404 973 912	-43 300 000
22 04 01 04	Soutien au processus de paix et aide financière à la Palestine et à l'Office de secours et de travaux des Nations unies pour les réfugiés de Palestine (UNRWA)	282 219 939	310 100 000	27 880 061
22 04 01 03	Pays méditerranéens – Mesures propres à instaurer la confiance, sécurité et prévention et règlement des conflits	340 360 500	332 480 439	-7 880 061
22 04 02 02	Partenariat oriental – Réduction de la pauvreté et développement durable	313 825 583	322 125 583	8 300 000
	Total			**-278 630 000**

Toutefois, pour le poste budgétaire 19 03 01 07 (*Représentants spéciaux de l'Union européenne*), les crédits sont fixés au niveau du projet de budget 2017.

Par conséquent, et après prise en compte des agences, des projets pilotes et des actions préparatoires, le niveau convenu des engagements est fixé à 10 162,1 millions d'euros, sans marge sous le plafond des dépenses de la rubrique 4 et avec utilisation de la marge pour imprévus pour un montant de 730,1 millions d'euros.

Rubrique 5 – Administration

Le nombre de postes dans le tableau des effectifs des institutions et les crédits proposés par la Commission dans le projet de budget tel que modifié par la lettre rectificative n° 1/2017 sont approuvés par le comité de conciliation, à l'exception des points suivants :

• le Parlement, dont la lecture est approuvée, à l'exception du fait que les 76 postes supplémentaires accordés aux groupes politiques sont intégralement compensés par une baisse d'un nombre de postes équivalent dans le tableau des effectifs de l'administration du Parlement, sans incidence sur le budget. En outre, le comité de conciliation accepte d'intégrer dans le budget 2017 l'impact de l'actualisation automatique des salaires applicable à compter du 1er juillet 2016 (8 717 000 euros) ;

• le Conseil, dont la lecture est approuvée, moyennant l'intégration dans le budget 2017 de l'impact de l'actualisation automatique des salaires applicable à compter du 1er juillet 2016 (3 301 000 euros) ;

• la Cour des comptes, dont les réductions par rapport au projet de budget 2017 figurant dans la lecture du Parlement sont approuvées ;

• le Service européen pour l'action extérieure (SEAE), pour lequel un montant de 560 250 euros (poste 1 2 0 0) est alloué à la ligne relative aux agents contractuels, le poste 3 0 0 3 (*Immeubles et frais accessoires*) étant réduit d'un montant identique. Les commentaires du poste 1 2 0 0 seront modifiés par l'ajout de la phrase suivante : "*Ce crédit couvre également le coût des agents contractuels qui participent aux activités de communication stratégique*". En outre, les lignes budgétaires suivantes de la section du SEAE sont ajustées afin d'en retirer le transfert des représentants spéciaux de l'Union à double casquette proposé dans la lettre rectificative n° 1/2017.

(en euros)

Ligne budgétaire	Intitulé	Différence
3001	Personnel externe et prestations externes	-3 645 000
3002	Autres dépenses relatives au personnel	-1 980 000
3003	Immeubles et frais accessoires	-3 636 000
3004	Autres dépenses administratives	-815 000
	Total	**-10 076 000**

Par conséquent, après prise en compte des projets pilotes et des actions préparatoires, le niveau convenu des crédits d'engagement est fixé à 9 394,5 millions d'euros, ce qui laisse une marge de 16,2 millions d'euros sous le plafond des dépenses de la rubrique 5, après utilisation de 507,3 millions d'euros de la marge pour compenser la mobilisation de la marge pour imprévus.

Instruments spéciaux

Les crédits d'engagement des instruments spéciaux sont fixés au niveau proposé par la Commission dans le projet de budget 2017, à l'exception de la réserve pour le Fonds de solidarité de l'Union européenne (article 40 02 44), qui est supprimée.

Compensation de la marge pour imprévus en 2018 et 2019

L'utilisation de la marge pour imprévus en 2017 est de 1 176,0 millions d'euros pour la rubrique 3 et de 730,1 millions d'euros pour la rubrique 4, soit un total de 1 906,2 millions d'euros. Ce montant est compensé par 575,0 millions d'euros provenant de la marge non allouée de la rubrique 2 en 2017 ainsi que par 507,3 millions d'euros en 2017, 570,0 millions d'euros en 2018 et 253,9 millions d'euros en 2019 provenant des marges non allouées de la rubrique 5. La décision de mobilisation de la marge pour imprévus en 2017 adoptée en même temps que la lettre rectificative n° 1/2017 sera adaptée en conséquence.

1.4. Crédits de paiement

Le montant global des crédits de paiement du budget 2017 est fixé au niveau du projet de budget tel que modifié par la lettre rectificative n° 1/2017, moyennant les ajustements ci-après convenus par le comité de conciliation :

1. Premièrement, il est tenu compte du niveau convenu de crédits d'engagement pour les dépenses non dissociées, pour lesquelles le niveau des crédits de paiement est égal à celui des crédits d'engagement. Ce niveau comprend la réduction des dépenses agricoles de 325 millions d'euros ainsi que les ajustements des dépenses administratives des sections I, II, III, IV, V, VI, VII, IX et X (13,4 millions d'euros) et des agences décentralisées (pour lesquelles la contribution de l'Union européenne en crédits de paiement est fixée au niveau proposé au point 1.2 ci-dessus). L'effet combiné est une réduction de 332,3 millions d'euros ;

2. Les crédits de paiement de tous les *nouveaux* projets pilotes et actions préparatoires proposés par le Parlement sont fixés à 50 % des crédits d'engagement correspondants ou au niveau proposé par le Parlement s'il est inférieur. Dans le cas d'une prolongation de projets pilotes ou d'actions préparatoires *existants*, le niveau des crédits de paiement correspond au montant fixé dans le projet de budget, auquel on ajoute un montant équivalent à 50 % des nouveaux crédits d'engagement correspondants, ou au niveau proposé par le Parlement s'il est inférieur. L'effet combiné est une hausse de 35,2 millions d'euros ;

3. Les crédits de paiement des "événements spéciaux" (article 15 02 10) correspondent au montant indiqué lors de la lecture du Parlement (6 millions d'euros) ;

4. Les crédits de paiement de l'article 01 03 08 (*Provisionnement du fonds de garantie FEDD*) comportent la mention "p.m." ;

5. Il est convenu de procéder aux ajustements des lignes budgétaires suivantes en raison de l'évolution des engagements pour les crédits dissociés :

(en euros)

Ligne budgétaire	Intitulé	PB 2017 (y compris LR 1)	Budget 2017	Différence
01 03 02	Aide macrofinancière	30 828 000	45 828 000	15 000 000
04 03 02 01	Progress – Soutenir l'élaboration, la mise en œuvre, le suivi et l'évaluation de la politique sociale et de l'emploi ainsi que de la législation relative aux conditions de travail de l'Union	38 000 000	41 167 000	3 167 000
04 03 02 02	EURES – Encourager la mobilité géographique volontaire des travailleurs et multiplier les possibilités d'emploi	17 000 000	17 753 000	753 000
09 05 05	Actions multimédia	23 997 455	26 997 455	3 000 000
13 07 01	Soutien financier visant à encourager le développement économique de la communauté chypriote turque	36 031 865	39 031 865	3 000 000
15 04 02	Sous-programme "Culture" – Soutenir les actions transfrontières et promouvoir la circulation transnationale et la mobilité	43 430 071	44 229 071	799 000
22 04 01 04	Soutien au processus de paix et aide financière à la Palestine et à l'Office de secours et de travaux des Nations unies pour les réfugiés de Palestine (UNRWA)	280 000 000	307 661 000	27 661 000
22 04 02 02	Partenariat oriental – Réduction de la pauvreté et développement durable	167 700 000	172 135 000	4 435 000

19 03 01 05	Actions d'urgence	33 212 812	30 043 812	-3 169 000
21 02 07 05	Migration et asile	155 000 000	115 722 000	-39 278 000
22 04 01 03	Pays méditerranéens – Mesures propres à instaurer la confiance, sécurité et prévention et règlement des conflits	138 000 000	134 805 000	-3 195 000
32 02 01 01	L'intégration plus poussée du marché intérieur de l'énergie et l'interopérabilité des réseaux d'électricité et de gaz à travers les frontières	34 765 600	33 023 600	-1 742 000
32 02 01 02	Renforcer la sécurité d'approvisionnement énergétique de l'Union	26 032 000	24 839 000	-1 193 000
32 02 01 03	Contribuer au développement durable et à la protection de l'environnement	26 531 000	25 201 000	-1 330 000
32 02 01 04	Créer un environnement plus favorable aux investissements privés pour des projets en matière d'énergie	31 200 000	28 295 000	-2 905 000
	Total			**5 003 000**

6. Les crédits de paiement du Fonds européen d'ajustement à la mondialisation (article 40 02 43) sont fixés à zéro (soit une réduction de 30 millions d'euros) étant donné que les crédits de paiement disponibles en provenance des recettes affectées devraient suffire à couvrir la totalité de l'exercice 2017 ;

7. La réserve pour le Fonds de solidarité de l'Union européenne (article 40 02 44) est supprimée ;

8. D'autres réductions des crédits de paiement sont effectuées aux lignes suivantes :

(en euros)

Ligne budgétaire	Intitulé	PB 2017 (y compris LR 1)	Budget 2017	Différence
04 02 62	Fonds social européen (FSE) – Régions plus développées – Objectif "Investissement pour la croissance et l'emploi"	2 508 475 000	2 490 475 000	-18 000 000
13 03 61	Fonds européen de développement régional (FEDER) – Régions en transition – Objectif "Investissement pour la croissance et l'emploi"	2 214 431 000	2 204 431 000	-10 000 000
13 03 62	Fonds européen de développement régional (FEDER) – Régions plus développées – Objectif "Investissement pour la croissance et l'emploi"	3 068 052 000	3 043 052 000	-25 000 000
13 03 64 01	Fonds européen de développement régional (FEDER) – Coopération territoriale européenne	884 299 000	783 299 000	-101 000 000
	Total			**-154 000 000**

Ces actions permettront de disposer d'un niveau de crédits de paiement de 134 490,4 millions d'euros, soit une réduction de 931,4 millions d'euros par rapport au projet de budget tel que modifié par la lettre rectificative n° 1/2017.

1.5. Réserve

Il n'y a pas de réserves autres que celles du projet de budget tel que modifié par la lettre rectificative n° 1/2017, sauf pour :

• le poste 13 01 04 04 (*Dépenses de soutien au programme d'appui à la réforme structurelle (PARS)*) et l'article 13 08 01 (*Programme d'appui à la réforme structurelle (PARS) – Assistance technique opérationnelle transférée de la sous-rubrique 1b (FSE, FEDER et FC)*), pour lesquels le total des crédits d'engagement et de paiement est placé en réserve dans l'attente de l'adoption de la base juridique du programme d'appui à la réforme structurelle ;

• l'article 13 08 02 (*Programme d'appui à la réforme structurelle (PARS) – Assistance technique opérationnelle transférée de la rubrique 2 (Feader)*), pour lequel le total des crédits d'engagement et de paiement est placé en réserve dans l'attente de l'adoption de la base juridique du programme d'appui à la réforme structurelle ;

• le poste 18 02 01 03 (*Mise en place de nouveaux systèmes informatisés permettant la gestion des flux migratoires aux frontières extérieures de l'Union*), pour lequel 40 000 000 euros en crédits d'engagement et 28 000 000 euros en crédits de paiement sont placés en réserve dans l'attente de la conclusion de la procédure législative créant le système d'entrée/sortie.

1.6. Commentaires budgétaires

Sauf indication contraire expresse dans les paragraphes qui précèdent, les modifications apportées par le Parlement européen ou le Conseil au texte des commentaires budgétaires sont approuvées, à l'exception de celles des lignes budgétaires figurant dans le tableau ci-après, pour lesquelles le texte des commentaires proposé dans le projet de budget tel que modifié par la lettre rectificative n° 1/2017 et l'actualisation du FEAGA est approuvé.

Il est entendu que les modifications introduites par le Parlement européen ou le Conseil ne peuvent pas modifier ou étendre le champ d'application d'une base juridique existante ou entraver l'autonomie administrative des institutions et que l'action doit pouvoir être financée par des ressources disponibles.

Ligne budgétaire	Intitulé
04 03 02 03	Microfinance et entrepreneuriat social – Augmenter l'accès au financement et augmenter la disponibilité de ces financements pour les personnes physiques et morales, en particulier celles les plus éloignées du marché du travail, et pour les entreprises sociales
S 03 01 06 01	Agence européenne de la sécurité aérienne (AESA)
05 02 11 99	Autres mesures (autres produits végétaux/mesures)
05 04 60	Fonds européen agricole pour le développement rural – Feader (2014-2020)
05 04 60 02	Assistance technique opérationnelle
18 04 01 01	L'Europe pour les citoyens – Conforter la mémoire et renforcer la capacité de participation civique au niveau de l'Union

1.7. Nouvelles lignes budgétaires

La nomenclature budgétaire proposée par la Commission dans le projet de budget tel que modifié par la lettre rectificative n° 1/2017, comprenant les projets pilotes et les actions préparatoires, ainsi que le nouvel article consacré aux événements annuels spéciaux (15 02 10) sont approuvés.

1.8. Recettes

La proposition de la Commission, formulée dans la lettre rectificative n° 1/2017, visant à inclure dans le budget les recettes provenant d'amendes pour un montant de 1 milliard d'euros est approuvée.

2. Budget 2016

Le projet de budget rectificatif (PBR) n° 4/2016 et la mobilisation de la marge pour imprévus qui l'accompagne sont approuvés tels qu'ils sont proposés par la Commission.

Le projet de budget rectificatif (PBR) n° 5/2016 est approuvé tel que proposé par la Commission.

Le projet de budget rectificatif (PBR) n° 6/2016 et la mobilisation du Fonds de solidarité de l'Union européenne qui en découle sont approuvés tels qu'ils sont proposés par la Commission.

3. Déclarations communes

[Voir pages 420-422]

LES DÉCLARATIONS COMMUNES APPROUVÉES LORS DE LA RÉUNION DU COMITÉ DE CONCILIATION DES 16 ET 17 NOVEMBRE 2016[1]

1. Déclaration commune sur l'Initiative pour l'emploi des jeunes

"Le Parlement européen, le Conseil et la Commission rappellent que la réduction du chômage des jeunes demeure une priorité politique de premier ordre qu'ils partagent et, à cet égard, ils réaffirment leur détermination à utiliser au mieux les ressources budgétaires disponibles pour résoudre le problème du chômage des jeunes, et en particulier l'enveloppe au titre de l'Initiative pour l'emploi des jeunes.

Ils rappellent que, conformément à l'article 14, paragraphe 1, du règlement (UE, Euratom) nº 1311/2013 du Conseil du 2 décembre 2013 fixant le cadre financier pluriannuel pour la période 2014-2020, "*[l]es marges laissées disponibles sous les plafonds du cadre financier pour les crédits d'engagement pour les années 2014-2017 constituent une marge globale du cadre financier pour les engagements, à mobiliser au-delà des plafonds établis dans le cadre financier pour les années 2016 à 2020 afin d'atteindre les objectifs des politiques liées à la croissance et à l'emploi, en particulier celui des jeunes*".

Le Conseil et le Parlement européen invitent la Commission à présenter, en 2017, un budget rectificatif visant à prévoir, dès que l'ajustement technique visé à l'article 6 du règlement fixant le cadre financier pluriannuel aura été adopté, un montant de 500 millions d'euros[2] dans la dotation de l'Initiative pour l'emploi des jeunes pour 2017, financé par la marge globale du cadre financier pour les engagements.

Le Conseil et le Parlement s'engagent à examiner rapidement le projet de budget rectificatif pour 2017 présenté par la Commission."

2. Déclaration commune relative aux crédits de paiement

"Le Parlement européen et le Conseil rappellent la nécessité de veiller, en fonction de l'exécution, à une évolution ordonnée des paiements par rapport aux crédits d'engagement afin d'éviter un niveau anormal de factures impayées en fin d'exercice.

Le Parlement européen et le Conseil demandent à la Commission de continuer d'assurer un suivi minutieux et actif de la mise en œuvre des programmes pour la période 2014-2020. À cette fin, ils invitent la Commission à présenter en temps utile des chiffres actualisés concernant l'état de la mise en œuvre et les estimations relatives aux crédits de paiement pour 2017.

Le Conseil et le Parlement européen arrêteront les décisions nécessaires en temps voulu pour des besoins dûment justifiés, afin d'éviter l'accumulation de factures impayées pour un montant excessif et de faire en sorte que les demandes de paiement soient dûment acquittées."

3. Déclaration commune sur la réduction de 5 % du personnel

"Le Parlement européen, le Conseil et la Commission rappellent qu'ils sont convenus d'une réduction progressive de 5 % des effectifs figurant dans le tableau des effectifs à la date du 1er janvier 2013, applicable à

---

[1] Doc. *PE P8_TA(2016)00475* du 1er décembre 2016, annexe, et *Conseil 14365/16 FIN 804* du 24 novembre 2016, pp. 6/9.

[2] Ce montant fait partie de l'augmentation globale de l'Initiative pour l'emploi des jeunes jusqu'en 2020 dans le cadre de l'examen/ de la révision à mi-parcours du CFP.

l'ensemble des institutions, organes et agences, ainsi que le prévoit, au point 27, l'accord interinstitutionnel du 2 décembre 2013 sur la discipline budgétaire, la coopération en matière budgétaire et la bonne gestion financière.

Les trois institutions rappellent que l'échéance pour la mise en œuvre complète de la réduction des effectifs de 5 % est fixée à 2017. Elles conviennent que les mesures de suivi appropriées seront prises pour faire le point de la situation et veiller à ce que tous les efforts soient mis en œuvre afin d'éviter tout nouveau retard dans la mise en œuvre de l'objectif de réduction de 5 % du personnel par l'ensemble des institutions, organes et agences.

Les trois institutions saluent l'aperçu des données consolidées relatives à tout le personnel externe employé par les institutions, que la Commission a présenté dans le projet de budget conformément à l'article 38, paragraphe 3, point b), du règlement financier. Elles invitent la Commission à continuer de fournir ces informations à l'autorité budgétaire lors de la présentation des projets de budget pour les exercices futurs.

Le Conseil et le Parlement soulignent que la réalisation de l'objectif de réduction du personnel de 5 % devrait permettre aux institutions de réaliser des économies dans leurs dépenses de fonctionnement administratif. Dans cette perspective, ils invitent la Commission à commencer à évaluer les résultats de l'exercice afin de tirer des enseignements pour l'avenir."

4. Déclaration commune sur le Fonds européen pour le développement durable

"Pour s'attaquer aux causes profondes de la migration, la Commission a mis sur pied le Fonds européen pour le développement durable (FEDD), fondé sur la mise en place de la garantie FEDD et du fonds de garantie FEDD. La Commission propose de doter le fonds de garantie FEDD de 750 millions d'euros pour la période 2017-2020, dont 400 millions d'euros provenant, sur les quatre années, du Fonds européen de développement (FED), 100 millions d'euros provenant de l'Instrument européen de voisinage pour la période 2017-2020 (dont 25 millions d'euros en 2017) et 250 millions d'euros prenant la forme de crédits d'engagement (et de paiement) en 2017.

Le Conseil et le Parlement européen invitent la Commission à demander les crédits nécessaires dans un budget rectificatif pour 2017 afin de pourvoir au financement du FEDD au titre du budget de l'UE dès que la base juridique aura été adoptée.

Le Conseil et le Parlement s'engagent à examiner rapidement le projet de budget rectificatif pour 2017 présenté par la Commission."

5. Déclaration commune sur les fonds fiduciaires de l'Union et la Facilité en faveur des réfugiés en Turquie

"Le Parlement européen, le Conseil et la Commission conviennent que la mise en place des fonds fiduciaires et de la Facilité en faveur des réfugiés en Turquie devrait être transparente et claire, conforme au principe d'unité du budget de l'Union, aux prérogatives de l'autorité budgétaire et aux objectifs des bases juridiques existantes.

Ils s'engagent à examiner, comme il convient, ces questions dans le cadre de la révision du règlement financier de manière à trouver un juste équilibre entre flexibilité et responsabilité.

La Commission s'engage à :

- tenir l'autorité budgétaire régulièrement informée du financement (notamment des contributions des États membres) et des opérations, en cours et prévus, des fonds fiduciaires ;

- présenter, à partir de 2017, un document de travail accompagnant le projet de budget pour l'exercice financier suivant ;

- proposer des mesures visant à associer dûment le Parlement européen."

6. Déclaration commune sur l'agriculture

"Le budget 2017 contient un ensemble de mesures d'urgence destinées à aider les agriculteurs à faire face aux difficultés qu'ils ont récemment connues sur le marché. La Commission confirme que la marge de la rubrique *2* est suffisante pour répondre à d'éventuels besoins imprévus. Elle s'engage à surveiller régulièrement la situation du marché et à présenter, si nécessaire, les mesures appropriées pour répondre à des besoins qui ne peuvent être couverts par les crédits autorisés dans le budget. En pareil cas, le Parlement européen et le Conseil s'engagent à examiner les propositions budgétaires correspondantes dans les meilleurs délais."

LES PROCÉDURES BUDGÉTAIRES DE L'UNION EUROPÉENNE POUR 2015-2017

1. De la crise à la relance

Le montant du budget de l'Union européenne (hors budgets rectificatifs) a augmenté en *crédits pour engagements* de *145,3 milliards d'euros* (pour le budget pour 2015) à *157,9 milliards d'euros* (pour le budget pour 2017 ; +8,6 %), soit de *1,04 %* du revenu national brut (RNB) estimé en 2015 à *1,05 %* en 2017. Cette progression est en ligne avec le nouveau cadre financier pluriannuel pour 2014-2020 (le "CFP"), tout en incluant d'importants montants additionnels supplémentaires (par rapport à ce que contenait l'accord sur le CFP, conclu en 2013[1]) afin de permettre à l'Union européenne de faire face notamment à la crise migratoire et des réfugiés, auxquelles elle a été confrontée pendant la période sous examen[2].

En même temps, le montant des *crédits pour paiements* retenu dans les budgets adoptés a diminué de *141,2 milliards d'euros* en 2015 à *134,5 milliards d'euros* en 2017 (soit -4,8 %), ou de *1,01 %* à *0,89 %* du RNB. Cette évolution reflète notamment la disparition progressive (voir *infra*) de l'arriéré des factures impayées concernant surtout les programmes et projets de développement régional et de cohésion relevant de la période de programmation 2007-2013[3] et le démarrage bien plus lent qu'escompté (lors de l'adoption du CFP) de nombreux programmes et projets (de nouveau avant tout dans le domaine du développement régional et de la cohésion) relevant de la période de programmation 2014-2020[4].

Par ailleurs, la crise économique et financière qu'ont dû affronter les États membres de l'Union européenne depuis plusieurs années, et qui a eu un effet important sur le déroulement des procédures budgétaires annuelles de l'UE par le passé (voir Tome III), a commencé à être remplacée par une relance économique dans un nombre croissant d'États membres[5]. Ceci – ensemble avec le besoin décroissant de crédits de paiement[6] (voir *supra*) – a quelque peu "détendu" les procédures budgétaires de l'Union européenne à partir de la très compliquée procédure budgétaire pour 2015 (voir première partie), comme en attestent notamment les deux procédures de conciliation budgétaire successives couronnées de succès en 2015 et 2016 (voir deuxième et troisième parties).

Cet état de fait devrait se poursuivre en 2017 (pour la procédure budgétaire pour 2018), mais présage en même temps, probablement, de procédures budgétaires complexes lors des dernières années du CFP, quand les demandes de paiement augmenteront de manière importante pour compenser le lent démarrage des programmes et projets pour 2014-2020[7].

---

[1] Voir Tome III (intitulé "*Les procédures budgétaires de l'Union européenne de 2012 à 2014. Le passage du cadre financier 2007-2013 au nouveau cadre financier 2014-2020*"), pp. 232/243.

[2] Et surtout depuis 2015 (voir deuxième et troisième parties de cet ouvrage).

[3] La question de la gestion financière de la "boule de neige" des factures impayées a grandement compliqué les procédures budgétaires de l'Union européenne de 2013 à 2015 (voir Tome III et première partie).

[4] Ces retards sont notamment dus à des retards dans l'adoption des programmes et projets et/ou dans la désignation des autorités de gestion, de paiement ou de certification, mais aussi à cause de l'absence de projets éligibles (voir troisième partie).

[5] Cette reprise est également visible notamment dans la diminution des cas (et des montants) financés par le Fonds européen d'ajustement à la mondialisation en 2016 par rapport à 2014 ou 2015 (voir page 447). Les différentes mobilisations de la réserve pour aides d'urgence, du Fonds de solidarité de l'Union européenne et du Fonds européen d'ajustement à la mondialisation sont résumées par années pages 444-447.

[6] Le budget adopté pour 2017 laisse ainsi une marge sous le plafond des crédits pour paiements de près de 10 milliards d'euros. Il s'agit d'un montant très élevé, surtout si on le compare aux marges retenues dans les budgets adoptés pour 2014-2016 (voir page 436).

[7] À ceci s'ajoutent encore les incertitudes liées notamment au "Brexit", les négociations sur ses conséquences financières et budgétaires étant toujours en cours lors de la finalisation de ce livre.

2. Un cadre financier pluriannuel pour 2014-2020 en pleine évolution

S'agissant du *cadre financier pluriannuel pour 2014-2020*, il a premièrement été *révisé* pendant la période sous examen[8], afin de tenir compte de l'adoption tardive des bases légales ou des programmes en gestion partagée[9]. Cette révision porte sur un montant record de plus de 21 milliards d'euros en crédits d'engagement[10]. Il s'agit d'un indicateur incontestable des retards pris dans la mise en œuvre des programmes et projets en gestion partagée pendant la période de programmation 2014-2020.

La *marge pour imprévus*[11] a été mobilisée une première fois en décembre 2014, dans le cadre de l'accord global sur le budget pour 2015, pour un montant de 3,2 milliards d'euros en crédits de paiement[12]. Cette mobilisation, effectuée conjointement avec le budget rectificatif nº 2/2014[13], était destinée à permettre à l'Union européenne de faire face aux factures impayées[14]. Les négociations sur cette mobilisation ont été grandement compliquées par la question du traitement (dans le cadre du plafond des crédits pour paiements du CFP) des crédits de paiement pour les instruments spéciaux[15]. Cette question n'a toujours pas trouvé d'interprétation commune entre les trois institutions (Parlement européen, Conseil et Commission) et, ce malgré les efforts faits lors des discussions sur le réexamen/ la révision à mi-parcours du CFP en 2016[16].

La marge pour imprévus a fait l'objet de deux autres mobilisations en décembre 2016, pour un montant total de plus de 2,1 milliards d'euros en *crédits d'engagement*, afin de financer des mesures destinées à faire face aux différentes crises et à relancer l'économie[17].

L'*instrument de flexibilité* a, quant à lui, été mobilisé pendant la période sous examen en crédits d'engagement comme suit[18] :

- dans le cadre de la procédure budgétaire pour 2015 pour un montant de 83 millions d'euros afin de compléter en 2015 le financement des programmes des Fonds structurels pour Chypre au titre de la sous-rubrique *1b* (*Cohésion économique, sociale et territoriale*) du CFP[19] ;

- dans le cadre de l'accord sur le budget pour 2016 pour un montant record de plus de 1,5 milliard d'euros afin de pouvoir financer dans les rubriques *3* (*Sécurité et citoyenneté*) et *4* (*L'Europe dans le monde*) du CFP des mesures budgétaires immédiates pour faire face à la crise migratoire et des réfugiés en 2016. Par ailleurs, 66 millions d'euros ont été mobilisés dans le contexte du budget rectificatif nº 7/2015, afin de répondre à ces crises en 2015, et

---

[8] Il convient également de relever *l'ajustement des enveloppes en faveur de la politique de cohésion*, effectué en 2016 conformément à l'article 7 du règlement fixant le CFP (voir troisième partie, pages 304-307).
[9] Voir deuxième partie, pages 169-171.
[10] JO L 103 du 22.4.2015, pp. 1/3.
[11] La marge pour imprévus a été créée par l'article 13 du règlement fixant le CFP (JO L 347 du 20.12.2013, p. 888).
[12] Voir première partie. Les différentes mobilisations de la marge pour imprévus sont récapitulées pages 441-442.
[13] Voir première partie, pages 104-106.
[14] Fin 2013, le montant des "impayés" relevant de la période de programmation 2007-2013 s'élevait dans le domaine de la politique régionale et de la cohésion à quelque 23,4 milliards d'euros. Fin 2014, il s'élevait à 24,7 milliards d'euros. Suite aux différentes mesures prises par l'autorité budgétaire et la Commission (voir deuxième et troisième parties), ces impayés ont pratiquement disparu à la fin de la période sous examen.
[15] Il s'agit dans ce contexte avant tout de la réserve pour aides d'urgence, du Fonds de solidarité de l'Union européenne et du Fonds européen d'ajustement à la mondialisation.
[16] Voir troisième partie, page 375.
[17] Voir troisième partie, pages 368-370.
[18] Les différentes mobilisations de l'instrument de flexibilité sont récapitulées page 443.
[19] L'instrument de flexibilité avait déjà fait l'objet d'une mobilisation semblable en 2014 (voir Tome III, pp. 302/303).

- dans le cadre de la procédure budgétaire pour 2017 pour un montant de 530 millions d'euros afin de financer des mesures dans le domaine de la migration, des réfugiés et de la sécurité[20].

Ces recours à l'instrument de flexibilité[21] (et à la marge pour imprévus) pour financer de nouvelles mesures pour permettre à l'Union européenne de faire face aux différentes crises auxquelles elle a été confrontée pendant la période sous examen est un reflet du fait que le CFP, tel qu'adopté en 2013, ne prévoyait évidemment pas – et on peut le comprendre – de tels moyens. En même temps, ils indiquent que le CFP est suffisamment flexible pour permettre à l'autorité budgétaire de faire face à de nouveaux besoins importants et urgents, en cas d'existence de volonté politique claire pour ce faire.

Enfin, il convient de noter que *le réexamen/ la révision à mi-parcours du CFP*, démarré formellement suite aux différentes propositions présentées par la Commission conformément à l'article 2 du règlement fixant le CFP le 14 septembre 2016, n'a pas abouti pendant la période sous examen malgré les efforts des trois institutions[22].

3. De nouvelles bases légales modifiées dans le domaine budgétaire et financier

Il convient avant tout de mentionner l'entrée en vigueur, le 1er octobre 2016[23] avec effet rétroactif au 1er janvier 2014, de la nouvelle décision "*ressources propres*", adoptée par le Conseil dans le contexte du nouveau CFP le 26 mai 2014[24].

Le *règlement financier* du 25 octobre 2012 a été modifié trois fois pendant la période sous examen[25]. Par ailleurs, la Commission a présenté, le 14 septembre 2016, dans le cadre de son paquet "réexamen/ révision à mi-parcours du CFP", une proposition de modification du règlement financier et de quinze bases légales sectorielles, surtout dans le domaine des Fonds structurels et d'investissement européens[26] (proposition "*Omnibus*"). L'autorité législative est parvenue à un accord politique sur la modification du RF en décembre 2017.

---

[20] Il convient de relever que 275 millions d'euros ont été mobilisés en 2017 dans le cadre du budget rectificatif n° 5/2017 (JO L 9 du 12.1.2018, p. 8, et 7 du 12.1.2018, pp. 37/38) et ce afin d'honorer l'accord obtenu lors de la procédure budgétaire pour 2017 sur le provisionnement du Fonds européen pour le développement durable (voir troisième partie, page 358). Ces montants supplémentaires pour l'instrument de flexibilité en 2017 font suite à la modification du règlement fixant le CFP, du 20 juin 2017 (voir *infra* et page 443).

[21] Ces mobilisations épuisent totalement le montant disponible pour 2016 pour l'instrument de flexibilité, ainsi que le montant disponible pour 2017 avant la modification (de juin 2017) du règlement fixant le CFP (voir *infra*).

[22] Voir troisième partie, pages 293-297 et 374-376. Le Conseil a adopté le règlement (UE, Euratom) 2017/1123 du Conseil modifiant le règlement (UE, Euratom) n° 1311/2013 fixant le cadre financier pluriannuel pour la période 2014-2020 le 20 juin 2017 (JO L 163 du 24.6.2017, pp. 1/3), suite à l'approbation du Parlement européen adoptée le 5 avril 2017 (doc. *PE P8_TA(2017)0111*) et l'Italie et le Royaume-Uni ayant levé leurs objections. Il convient de relever que le PE n'est pas parvenu à modifier le contenu du compromis présenté au Conseil en novembre 2016 (voir pages 296-297 et 374-376).

Par ailleurs, le Parlement européen et le Conseil ont adopté le 4 juillet 2017 la décision (UE) 2017/1331 modifiant la décision (UE) 2015/435 relative à la mobilisation de la marge pour imprévus, comme proposée par la Commission (JO L 185 du 18.7.2017, pp. 35/36 ; voir troisième partie, pages 294-295 et 375).

[23] Suite à la conclusion des procédures d'approbation par tous les États membres, conformément à l'article 311, troisième paragraphe du traité sur le fonctionnement de l'UE (voir troisième partie, pages 298-299).

[24] JO L 168 du 7.6.2014, pp. 105/111 (voir première partie, page 29).

[25] Voir première partie, page 29, et deuxième partie, page 171. Les différentes modifications du règlement financier et de ses règles d'application sont récapitulées page 455.

[26] Voir troisième partie, page 294.

ANNEXES CONCERNANT L'ARTICLE 314 DU TRAITÉ SUR LE FONCTIONNEMENT DE L'UNION EUROPÉENNE

L'ARTICLE 314 DU TRAITÉ SUR LE FONCTIONNEMENT DE L'UNION EUROPÉENNE

I. – Préparation du projet de budget (PB) par la Commission

- Chaque institution[1] doit dresser, avant le 1er juillet *n-1*, un *état prévisionnel de ses dépenses* (paragraphe 1, premier alinéa)

- La Commission groupe ces états dans un *projet de budget*, qui peut comporter des prévisions divergentes (paragraphe 1, premier alinéa)

- Le PB comprend une prévision des recettes et une prévision des dépenses (paragraphe 1, deuxième alinéa)

- La Commission doit présenter la proposition contenant le PB au Parlement européen et au Conseil au plus tard le 1er septembre *n-1* (paragraphe 2, premier alinéa)

- La Commission peut modifier le PB jusqu'à la convocation du comité de conciliation[2] (paragraphe 2, deuxième alinéa)

II. – Position du Conseil sur le projet de budget

- Le Conseil adopte[3] sa *position* sur le PB et la transmet au Parlement européen au plus tard le 1er octobre *n-1* (paragraphe 3, première phrase)

- Le Conseil doit informer pleinement le PE des raisons qui l'ont conduit à adopter sa position (paragraphe 3, deuxième phrase)

III. – Amendements du Parlement européen

- Le Parlement européen dispose de *42 jours*, à compter de la date de transmission par le Conseil de sa position, pour :

1) *approuver*[4] la position du Conseil. Dans ce cas le budget est *adopté* (paragraphe 4, premier alinéa, a)), ou

2) *adopter*, à la majorité des membres qui le composent, des *amendements* (paragraphe 4, premier alinéa, c)) :

> - Le projet ainsi amendé par le PE est transmis au Conseil et à la Commission
>
> - Le président du PE, en accord avec le président du Conseil, convoque sans délai le *comité de conciliation*[2]. Toutefois, le comité de conciliation ne se réunit pas si, dans un délai de *dix jours* après cette transmission, le Conseil informe le PE qu'il *approuve tous ses amendements*

---

[1] À l'exception de la Banque centrale européenne (paragraphe 1, premier alinéa).
[2] Voir *infra*, point IV.
[3] Conformément à l'article 16, paragraphes 3 et 5 du traité sur l'Union européenne, le Conseil statue au cours de la procédure budgétaire annuelle à la *majorité qualifiée* de ses membres (voir également article 293, paragraphe 1 du TFUE).
[4] Conformément à l'article 231, premier paragraphe du TFUE, à la *majorité des suffrages exprimés*.

3) Si le Parlement européen n'a *pas statué* dans ce délai de 42 jours, le budget est réputé *adopté* (paragraphe 4, premier alinéa, b))

IV. – Le comité de conciliation

- Le comité de conciliation dispose de *vingt et un jours* à partir de sa convocation pour aboutir, sur la base des positions du Parlement européen et du Conseil, à un accord[5] sur un *projet commun* (paragraphe 5, premier alinéa)

- La Commission participe aux travaux du comité de conciliation et doit prendre toutes les initiatives nécessaires en vue de promouvoir un rapprochement des positions du Parlement européen et du Conseil

A) Si le comité de conciliation *parvient à un accord* sur un projet commun, le Parlement européen et le Conseil disposent chacun d'un délai de *quatorze jours* à compter de la date de cet accord pour *approuver* le *projet commun* (paragraphe 6) :

1) Si le PE et le Conseil *approuvent* tous deux le projet commun ou ne *parviennent pas à statuer*, ou si *l'une* de ces institutions *approuve* le projet commun tandis que l'*autre ne parvient pas à statuer*, le budget est réputé *définitivement adopté* conformément au *projet commun* (paragraphe 7, premier alinéa, a))

2) Si le PE et le Conseil *rejettent*[6] tous deux le projet commun, ou si l'*une* de ces institutions *rejette* le projet commun tandis que l'*autre* ne *parvient pas à statuer*, un *nouveau projet de budget* doit être présenté par la Commission (paragraphe 7, premier alinéa, b))

3) Si le PE *rejette*[6] le projet commun tandis que le Conseil l'*approuve*, un *nouveau projet de budget* doit être présenté par la Commission (paragraphe 7, premier alinéa, c))

4) Si le PE *approuve* le projet commun tandis que le Conseil le *rejette*, le PE peut, dans un délai de *quatorze jours à compter* de la date du rejet par le Conseil et statuant à la *majorité des membres qui le composent et des trois cinquièmes des suffrages exprimés*, décider de confirmer l'ensemble ou une partie de ses amendements[7]

Si l'un des amendements du Parlement européen n'est *pas confirmé*, la *position agréée au sein du comité de conciliation* concernant la ligne budgétaire qui fait l'objet de cet amendement *est retenue*

Le budget est réputé *définitivement adopté* sur cette base (paragraphe 7, premier alinéa, d))

B) Si le comité de conciliation *ne parvient pas à un accord* sur un projet commun, un nouveau *projet de budget* doit être présenté par la Commission (paragraphe 8)

V. – Constatation de l'adoption définitive du budget

Lorsque la procédure prévue à l'article 314 du traité sur le fonctionnement de l'UE est achevée, le *président du Parlement européen* constate que le budget est *définitivement adopté* (paragraphe 9).

---

[5]Le PE à la *majorité des membres qui le représentent* et le Conseil à la *majorité qualifiée* des *membres du Conseil ou de leurs représentants* (paragraphe 5, premier alinéa).

[6]Le PE statuant à la *majorité des membres qui le composent* (paragraphe 7, paragraphes b) et c)). Il convient de noter qu'une *majorité des suffrages exprimés* suffit pour *approuver* le projet commun.

[7]Voir *supra,* point III, 2).

LA PROCÉDURE BUDGÉTAIRE DE L'UNION EUROPÉENNE (ARTICLE 314 DU TFUE)

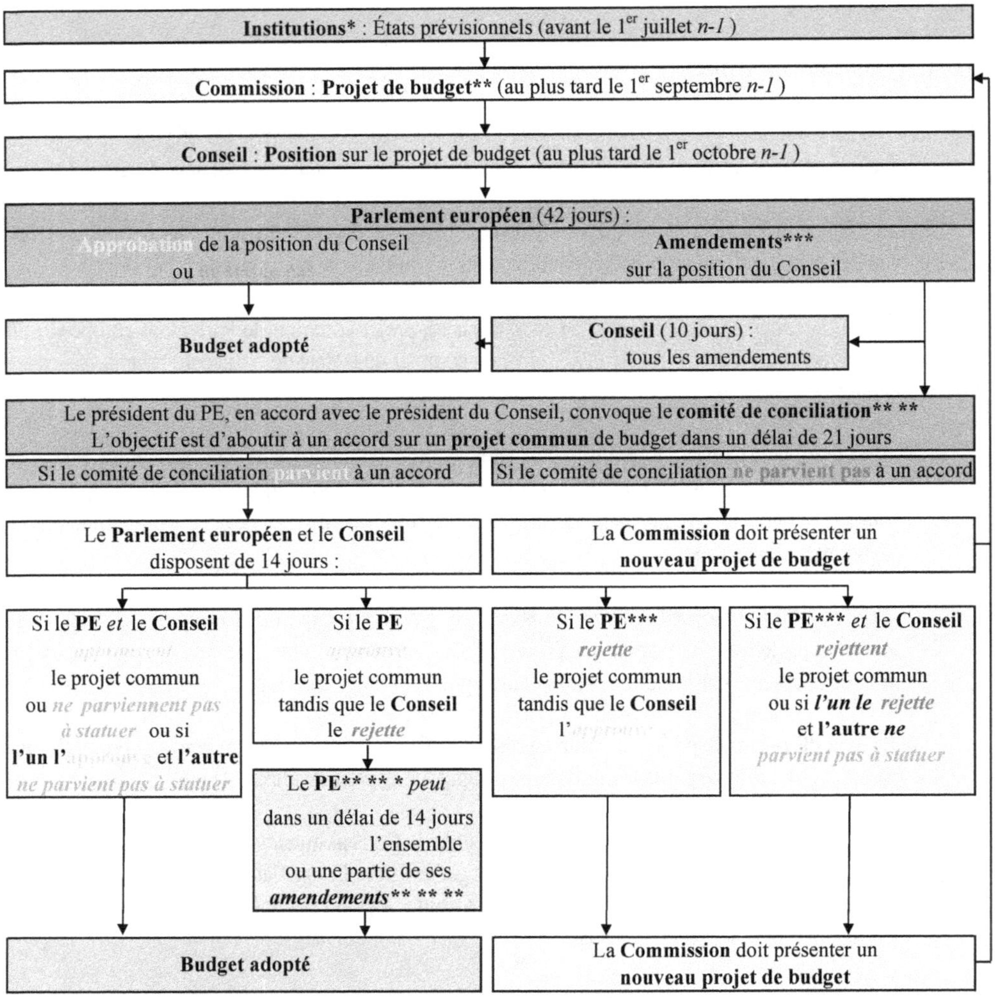

* *À l'exception de la Banque centrale européenne*

** *La Commission peut présenter des lettres rectificatives au projet de budget jusqu'à la convocation du comité de conciliation*

*** *Statuant à la majorité des membres qui le composent*

** ** *Le comité de conciliation réunit les membres du Conseil et autant de membres du PE. La Commission participe aux travaux*

** ** * *Statuant à la majorité des membres qui le composent et des 3/5 des suffrages exprimés*

** ** ** *Si l'un des amendements n'est pas confirmé, la position agréée au sein du comité de conciliation est retenue*

LES PRÉSIDENCES DU CONSEIL DE L'UNION EUROPÉENNE DE 2000 À 2017

Année	Premier semestre	Deuxième semestre
2000	Portugal	France
2001	Suède	Belgique
2002	Espagne	Danemark
2003	Grèce	Italie
2004	Irlande	Pays-Bas
2005	Luxembourg	Royaume-Uni
2006	Autriche	Finlande
2007	Allemagne	Portugal
2008	Slovénie	France
2009	République tchèque	Suède
2010	Espagne	Belgique
2011	Hongrie	Pologne
2012	Danemark	Chypre
2013	Irlande	Lituanie
2014	Grèce	Italie
2015	Lettonie	Luxembourg
2016	Pays-Bas	Slovaquie
2017	Malte	Estonie

Conformément aux conclusions du Conseil européen de Séville des 21 et 22 juin 2002, "*dans le cas particulier de l'examen du budget pour un exercice donné, les réunions des instances préparatoires du Conseil, autres que le Coreper, sont présidées par un délégué de l'État membre qui exercera la présidence au cours du deuxième semestre de l'année précédant l'exercice en cause. Il en va de même, moyennant l'accord de l'autre présidence, pour l'exercice de la présidence des sessions du Conseil au moment où les points en question sont examinés*" (doc. *Conseil 13463/02 POLGEN 52* du 24 octobre 2002, Annexe II, point 7, deuxième paragraphe)

RÈGLES DE VOTE AU CONSEIL DANS LE DOMAINE BUDGÉTAIRE ET FINANCIER SUITE À L'ENTRÉE EN VIGUEUR DU TRAITÉ DE LISBONNE

Objet	Base juridique	Procédure	Règle de vote au Conseil
Ressources propres	Article 311 du TFUE	Procédure législative *spéciale* - décision du Conseil - consultation du Parlement européen - approbation par les États membres	Unanimité
Cadre financier pluriannuel	Article 312 du TFUE	Procédure législative *spéciale* - règlement du Conseil - approbation du Parlement européen	Unanimité
Budget	Article 314 du TFUE	Procédure législative *spéciale* - accord commun entre le Parlement européen et le Conseil	Majorité qualifiée
Règlement financier	Article 322 du TFUE	Procédure législative *ordinaire* - règlement du Parlement européen et du Conseil - consultation de la Cour des comptes	Majorité qualifiée
Accords interinstitutionnels	*	Accords entre le Parlement européen, le Conseil et la Commission	Majorité qualifiée renforcée**
Déclarations	–	Déclarations du Conseil ou déclarations conjointes ou communes (avec les autres institutions)	Majorité qualifiée, unanimité ou "consensus" selon le contenu

** Mentionnés à l'article 295 du TFUE   ** Article 238, paragraphe 2 du TFUE*

ANNEXES CONCERNANT LES PROCÉDURES BUDGÉTAIRES DE L'UNION EUROPÉENNE, LES BUDGETS ET LEUR MISE EN ŒUVRE

LES BUDGETS GÉNÉRAUX ET DE L'UNION EUROPÉENNE DE 1968 À 2017

En unités de compte de 1968 à 1977, en unités de compte européennes de 1978 à 1980, en écus de 1981 à 1998 et en euros à partir de 1999

Année	N:o	JO L	Nb de pages	Adoption	Rectificatif au JO L	Total *(en c/p)*	Observations
1968	*68/211*	109 du 10.5.1968	220	25.3.1968		2 176 917 671	Première année du budget général (CE-6)
1969	*69/53*	36 du 12.2.1969	230	10.12.1968		2 701 456 707	
1970	*70/183*	60 du 16.3.1970	244	19.12.1969		3 255 553 838	
1971	*71/109*	62 du 15.3.1971	301	14.12.1970		3 709 162 939	Entrée en vigueur du traité de Luxembourg du 22 avril 1970 et de la première décision "ressources propres" (RP) le 1er janvier 1971
1972	*72/249*	202 du 4.9.1972	459	20.12.1971		4 104 634 863	Incorporation du budget de recherches et d'investissement d'Euratom, renforcement du Fonds social européen
1973	*72/505*	307 du 31.12.1972	409	6.12.1972		4 245 282 241	Adhésion du Danemark, de l'Irlande et du Royaume-Uni (CE-9)
1974	*74/144*	115 du 29.4.1974	523	6.12.1973		5 079 465 923	
1975	*75/136*	54 du 28.2.1975	591	12.12.1974		5 825 283 360	Création du Fonds européen de développement régional
1976	*76/262*	66 du 15.3.1976	617	18.12.1975		7 576 859 148	
1977	*77/224*	79 du 28.3.1977	603	16.12.1976		8 800 026 869	Entrée en vigueur du traité de Bruxelles du 22 juillet 1975 le 1er juin 1977
1978	*78/67*	36 du 6.2.1978	565	21.12.1977	121 du 8.5.1978	12 362 004 592	
1979	*79/81*	23 du 31.1.1979	657	15.12.1978		13 494 353 875	
1980	*80/782*	242 du 15.9.1980	737	9.7.1980	269 du 14.10.1980 et 324 du 29.11.1980	15 683 097 261	Pleine application de la première décision RP
1981	*80/1310*	378 du 31.12.1980	787	23.12.1980	67 du 12.3.1981	19 327 630 620	Adhésion de la Grèce (CE-10)
1982	*82/49*	31 du 8.2.1982	917	21.12.1981	67 du 11.3.1982	21 984 441 540	
1983	*83/4*	19 du 24.1.1983	981	21.12.1982		21 558 552 185	
1984	*84/2*	12 du 16.1.1984	1 129	20.12.1983	17 du 20.1.1984	25 361 461 363	
1985	*85/363*	206 du 5.8.1985	1 247	13.6.1985		28 433 192 974	
1986	*85/554*	358 du 31.12.1985	1 343	18.12.1985		35 174 125 003	Adhésion de l'Espagne et du Portugal (CE-12), entrée en vigueur de la deuxième décision RP
	86/353	214 du 4.8.1986	339	10.7.1986***			
1987	*87/186*	86 du 30.3.1987	1 235	19.2.1987		36 313 424 475	Entrée en vigueur de l'Acte unique européen le 1er juillet 1987
1988	*88/421*	226 du 16.8.1988	1 357	1er.6.1988		43 778 845 330	Accord interinstitutionnel (AII) de 1988 et perspectives financières (PF) 1988-1992, réforme des Fonds structurels etc. (Paquet "Delors I")
1989	*89/40*	26 du 30.1.1989	1 375	15.12.1988	97 du 11.4.1989	44 837 799 585	Entrée en vigueur de la troisième décision RP (avec effet rétroactif au 1er janvier 1988)
1990	*90/26*	24 du 29.1.1990	1 177	13.12.1989	62 du 12.3.1990, 67 du 15.3.1990 et 104 du 24.4.1990	46 716 818 505	Réunification de l'Allemagne
1991	*91/34*	30 du 4.2.1991	1 523	13.12.1990	179 du 8.7.1991	55 556 138 640	
1992	*92/41*	26 du 3.2.1992	1 575	18.12.1991	142 du 25.5.1992	62 827 602 349	
1993	*93/62*	31 du 8.2.1993	1 701	17.12.1992	167 du 9.7.1993	65 522 639 052	Entrée en vigueur du traité de Maastricht le 1er novembre 1993** ** *, AII de 1993 et PF 1993-1999 (Paquet "Delors II")
1994	*94/56*	34 du 7.2.1994	1 757	16.12.1993	169 du 4.7.1994	70 013 524 706	
1995	*94/943*	369 du 31.12.1994	1 913	15.12.1994		76 527 080 173	Adhésion de l'Autriche, de la Finlande et de la Suède (UE-15)
	96/200	67 du 18.3.1996	8	31.1.1996** **			
1996	*96/96*	22 du 29.1.1996	1 983	21.12.1995		81 888 440 991	Entrée en vigueur de la quatrième décision RP (avec effet rétroactif au 1er janvier 1995)
1997	*97/105*	44 du 14.2.1997	1 573	18.12.1996		82 365 587 317	
1998	*98/132*	44 du 16.2.1998	1 597	18.12.1997	98 du 31.3.1998, 161 du 4.6.1998 et 231 du 18.8.1998	83 529 167 286	
1999	*1999/105*	39 du 12.2.1999	1 567	17.12.1998	81 du 26.3.1999	85 557 738 703	Entrée en vigueur du traité d'Amsterdam le 1er mai 1999
2000	*2000/81*	40 du 14.2.2000	1 801	16.12.1999	88 du 10.4.2000 et 247 du 2.10.2000	89 386 951 293	AII de 1999 et PF 2000-2006 ("Agenda 2000")
2001	*2001/110*	56 du 26.2.2001	1 778	14.12.2000		92 569 368 837	
2002	*2002/50*	29 du 31.1.2002	1 767	13.12.2001		95 654 759 342	Entrée en vigueur de la cinquième décision RP (avec effet rétroactif au 1er janvier 2000)
2003	*2003/94*	54 du 28.2.2003	595+1.226*	19.12.2002	100 du 22.4.2003	97 502 937 098	Entrée en vigueur du traité de Nice le 1er février 2003
2004	*2004/132*	C 105 du 30.4.2004	593+1.587*	18.12.2003		99 724 386 671	UE-25 (élargissement le 1er mai 2004)
2005	*2005/144*	60 du 8.3.2005	621+1.599*	16.12.2004	80 du 29.3.2005	106 300 000 000	
2006	*2006/179*	78 du 15.3.2006	590+1.547*	15.12.2005		111 969 607 449	
2007	*2007/143*	77 du 16.3.2007	533+1.565*	14.12.2006	203 du 3.8.2007	115 497 218 621	Adhésion de la Bulgarie et de la Roumanie (UE-27), AII de 2006 et cadre financier (CF) 2007-2013
2008	*2008/165*	71 du 14.3.2008	519+1.179*	18.12.2007		120 346 758 612	
2009	*2009/165*	69 du 13.3.2009	524+1.195*	18.12.2008	157 du 19.6.2009	116 096 062 329	Entrée en vigueur de la sixième décision RP (avec effet rétroactif au 1er janvier 2007) et du traité de Lisbonne (le 1er décembre 2009)
2010	*2010/117*	64 du 12.3.2010	1 718	17.12.2009	78 du 24.3.2010 et 206 du 6.8.2010	122 937 000 000	
2011	*2011/125*	68 du 15.3.2011	549+1.277*	15.12.2010	172 du 30.6.2011	126 527 133 762	
2012	*2012/70*	56 du 29.2.2012	555+1.342*	1er.12.2011	79 du 19.3.2012 et 184 du 13.7.2012	129 088 042 948	
2013	*2013/102*	66 du 8.3.2013	567+1.368*	12.12.2012	134 du 18.5.2013	132 836 987 855	Budget pour une UE à 27 États membres (l'adhésion de la Croatie au 1er juillet 2013 est prise en compte par le biais du BR n° 1/2013)
2014	*2014/67*	51 du 20.2.2014	551+1.430*	20.11.2013	111 du 15.4.2014, 124 du 25.4.2014 et 322 du 7.11.2014	135 504 613 000	UE-28, cadre financier pluriannuel (CFP) 2014-2020 et AII de 2013
2015	*2015/339*	69 du 13.3.2015	991+1.248*	17.12.2014	102 du 21.4.2015	141 214 040 563	
2016	*2016/150*	48 du 24.2.2016	2.283**	25.11.2015	53 du 1er.3.2016	143 885 295 484	Entrée en vigueur de la septième décision RP (avec effet rétroactif au 1er janvier 2014)
2017	*2017/292*	51 du 28.2.2017	2.341**	1er.12.2016	68 du 14.3.2017	134 490 371 363	

** Le budget est publié au Journal officiel de l'Union européenne en deux tomes*
*** Version électronique*
**** Modification suite à l'arrêt de la Cour de justice dans l'affaire 34/86 (31 juillet 1986)*
*** ** Modification suite à l'arrêt de la Cour de justice dans l'affaire C-41/95 (7 décembre 1995)*
*** ** * Fonds de cohésion, Instrument financier d'orientation de la pêche (IFOP), II et III pilier*

CALENDRIER DES PROCÉDURES BUDGÉTAIRES COMMUNAUTAIRES ET DE L'UNION EUROPÉENNE DE 2000 À 2017

Procédure pour	*Trilogue "informel"*	Décision de SPA* de la Commission	Orientations budgétaires Conseil	Orientations budgétaires PE	*Trilogue* **	Adoption de l'avant-projet de budget (Commission)	*Trilogue* ***	Réunion de concertation	Adoption du PB (Conseil)	*Trilogue* ** **	I lecture du PE	*Trilogue* ** ** *	Réunion de concertation	*Trilogue* ** ** **	II lecture du Conseil	*Réunion informelle*	II lecture du PE[d]
2000	*25.2.*	–	–	30.3.	*31.3.*	28.4.	*1er.7.*	16.7.	16.7.	*20.10.*	28.10.	*18.11.*	25.11.	–	26.11.	–	**16.12.**
2001	*24.2.*	–	–	30.3.	*12.4.*	10.5.	*6.7.*	20.7.	20.7.	*18.10.*	26.10.	*16.11.*	23.11.	–	24.11.	*5.12.*	**14.12.**
2002	*6.3.*	21.2.	12.3.	3.4.	*29.3.*	8.5.	*9.7.*	20.7.	20.7.	*15.10.*	25.10.	*19.11.*	21.11.	–	22.11.	–	**13.12.**
2003	*28.2.*	27.2.	5.3.	24 et 27.2.	*18.3.*	30.4.	*11.7.*	19.7.	19.7.	*9.10.*	24.10.	*15.11.*	25.11.	–	25.11.	–	**19.12.**
2004	*20.2.*	5.3.	7.3.	11.3.	*27.3.*	30.4.	*2.7.*	16.7.	18.7.[b]	*7.10.*	23.10.	*13.11.*	24.11.	–	25.11.[a]	–	**18.12.**
2005	*6.2.*	25.2.	9.3.	26.2. et 22.4.	*16.3.*	28.4.	*5.7.*	16.7.	19.7.[a]	*14.10.*	28.10.	*11.11.*	25.11.	–	29.11.[a]	–	**16.12.**
2006	–	2.3.	8.3.	9.3. et 13.4.	*5.4.*	27.4.	*11.7.*	15.7.	15.7.	*18.10.*	27.10.	*23.11.*	24.11.	*30.11.*	1er.12.[a]	–	**15.12.**
2007	–	14.3.	14.3.	15.3. et 18.5.	*28.4.*[c]	3.5.	*10.7.*	14.7.	17.7.[a]	*18.10.*	26.10.	*16.11.*	21.11.	*28.11.*	30.11.[a]	–	**14.12.**
2008	–	21.2.	27.3.	29.3. et 24.4.	*18.4.*	2.5.	*6.7.*	13.7.	13.7.	*16.10.*	25.10.	*16.11.*	23.11.	–	26.11.[a]	–	**13.12.**[e]
2009	–	13.2.	4.3.	10 et 24.4.	*16.4.*	6.5.	*10.7.*	17.7.	17.7.	–	23.10.	*13.11.*	21.11.	–	27.11.[a]	–	**18.12.**
2010	–	18.2.	10.3.	10.3.	*2.4.*	29.4.	*7.7.*	10.7.	13.7.[a]	*15.10.*	22.10.	*12.11.*	18.11.	–	20.11.[a]	–	**17.12.**[f]

Procédure pour	*Trilogue "informel"*	Décision de SPA* de la Commission	Orientations budgétaires Conseil	Orientations budgétaires PE	*Trilogue* **	Projet de budget "État prévisionnel"	Projet de budget PB "formel"	Projet de budget *Fin huit semaines*	*Trilogue* ** ** ** *	Position du Conseil	*Trilogue* ** ** ** **	AMs du PE	Procédure de conciliation 21 jours	Procédure de conciliation *Trilogue(s)*	Procédure de conciliation Réunions du comité de conciliation	Approbation du Conseil	Approbation du PE[d]	Nouveau PB Adoption (COM)	Nouveau PB Mise à disposition	*Trilogue(s)*	Position du Conseil	Position du PE
2011	–	–	16.3.	25.3.	*25.3.*	27.4.	15.6.	*11.8.*	*30.6.*	12.8.[b]	*11.10.*	20.10.	26.10. – 15.11.	*27.10, 4 et 8.11.*	27.10. et 11/15.11.[g]	–	–	26.11.	10.12.	*6.12.*	10.12.[a i]	**15.12.**[j]
2012	–	–	15.2.	9 et 24.3.	*30.3.*	20.4.	26.5.	*22.7.*	*11.7.*	25.7.[b]	*19.10.*	26.10.	1er.11. – 21.11.	*3 et 14.11.*	8 et 18/19.11.[h]	30.11.[a]	**1er.12.**[n]	–	–	–	–	–
2013	–	–	21.2.	16.2. et 14.3.	*26.3.*	25.4.	25.5.	*21.7.*	*9.7.*	24.7.[a]	*17.10.*	23.10.	24.10. – 13.11.	*7.11.*	26.10. et 9/13.11.[g]	–	–	23.11.	27.11.	*28 et 29.11.*	6.12.[a i]	**12.12.**[j]
2014	–	–	12.2.	6.2. et 13.3.	*19.3.*	26.6.	28.6./4.7.	*30.8.*	–[k]	2.9.[b]	*16.10.*	23.10.	24.10. – 13.11.	*7.11.*	4 et 11/12.11.[h]	19.11.[a]	**20.11.**	–	–	–	–	–
2015	–	–	18.2.	13.3.[l]	*2.4.*	11.6.	25.6.	*21.8.*	*10.7.*	2.9.[b]	*15.10.*	22.10.	28.10. – 17.11.	*11, 13 et 17.11.*	6 et 14/17.11.[g]	–	–	28.11.	28.11.	*2, 3, 4 et 8.12.*	12.12.[a i]	**17.12.**[j]
2016	–	–	17.2.	11.3.[l]	*30.3.*	27.5.	24.6.	*21.8.*	*14.7.*	4.9.[b]	*19.10.*	28.10.	29.10. – 18.11.	*11.11.*	9 et 13/14.11.[h]	24.11.[b]	**25.11.**	–	–	–	–	–
2017	–	–	12.2.	9.3.[l]	*14.3.*	30.6.[m]	19.7.	*13.9.*	*1er.9.*	12.9.[b]	*19.10.*	26.10.	28.10. – 17.11.	*10 11.*	8 et 16/17.11.[h]	28.11.[a]	**1er.12.**[n]	–	–	–	–	–

* *Stratégie politique annuelle* ** *Trilogue sur les orientations budgétaires* *** *Trilogue avant la première lecture du Conseil* ** ** *Trilogue avant la première lecture du PE* ** ** * *Trilogue avant la deuxième lecture du Conseil* ** ** ** *Poursuite des négociations entamées lors de la réunion de concertation*

** ** ** * *Trilogue avant l'adoption de la position du Conseil* ** ** ** ** *Trilogue avant l'adoption des amendements du PE*

[a] *Adoption en tant que "point A"* [b] *Adoption par procédure écrite* [c] *Sous forme simplifiée* [d] *Et constatation de l'arrêt définitif et signature du budget* [e] *Signature du budget le 18 décembre 2007* [f] *Accord portant sur un "projet commun de budget au sens de l'article 314 du TFUE"*

[g] *Pas d'accord sur un projet commun de budget* [h] *Accord sur un projet commun de budget* [i] *Raccourcissement du délai de huit semaines réservé aux Parlements des États membres en raison de l'urgence* [j] *Approbation de la position du Conseil* [k] *Trilogue seulement après l'adoption formelle de la position du Conseil (le 3 septembre 2013)*

[l] *Uniquement concernant la section III – Commission – du budget* [m] *Dernier jour permis par l'article 314, paragraphe 1 du TFUE* [n] *Approbation du projet commun de budget, constatation de l'arrêt définitif et signature du budget à Bruxelles (et non à Strasbourg)*

LES PROCÉDURES BUDGÉTAIRES DE 2012 À 2017

En crédits pour engagements et en euros

Procédure budgétaire	PB*** (1)	PB avec LR(s)** ** (2)	Position du CNS (3)	AMs du PE (4)	Nouveau PB (5)	Budget adopté (6)	*Différence (%) (7) (= 6/2)*
2012*	147.435.342.140	147.762.788.241	146.245.338.276	147.763.820.009	–	147.232.172.662	*-0,36*
2013*	150.931.736.706	150.906.666.706	149.776.772.393	151.151.836.932	151.058.580.778	150.898.391.104	*-0,01*
2014**	142.467.606.684	142.562.755.684	142.226.928.627	143.082.024.383	–	142.640.479.571	*0,05*
2015**	145.599.282.810	145.150.774.383	145.077.353.519	146.380.937.170	145.226.336.152	145.321.531.152	*0,12*
2016**	153.529.460.781	154.903.086.477	153.268.844.759	157.427.347.086	–	155.004.173.148	*0,07*
2017**	157.657.492.445	158.914.733.245	156.377.148.908	162.415.851.884	–	157.857.787.116	*-0,67*

En crédits pour paiements et en euros

Procédure budgétaire	PB*** (1)	PB avec LR(s)** ** (2)	Position du CNS (3)	AMs du PE (4)	Nouveau PB (5)	Budget adopté (6)	*Différence (%) (7) (= 6/2)*
2012*	132.738.712.588	132.668.458.689	129.088.042.948	133.139.127.032	–	129.088.042.948	*-2,70*
2013*	137.924.431.213	137.899.361.213	132.695.474.598	137.898.150.740	137.797.579.285	132.836.987.855	*-3,67*
2014**	136.065.804.080	136.060.953.080	135.004.612.551	136.444.211.237	–	135.504.613.000	*-0,41*
2015**	142.137.315.595	142.137.315.595	139.996.915.640	146.416.541.092	141.337.315.595	141.214.040.563	*-0,65*
2016**	143.541.453.114	144.455.906.810	142.119.617.807	146.459.315.128	–	143.885.295.484	*-0,40*
2017**	134.898.641.563	135.421.752.363	133.790.012.031	138.028.676.959	–	134.490.371.363	*-0,69*

** UE-27 ** UE-28 *** Projet de budget mis à disposition des Parlements des États membres ** ** Lettre(s) rectificative(s) telle(s) que présentée(s) par la Commission*

LES LETTRES RECTIFICATIVES AUX PROJETS DE BUDGETS PRÉSENTÉES PAR LA COMMISSION LORS DES PROCÉDURES BUDGÉTAIRES DE 2011 À 2017

En euros

	Date	Objet	c/e	c/p
PB pour 2011*			**142.565.167.849**	**130.135.942.102**
LR n° 1/2011	15 septembre 2010	*SEAE*	*34.461.399*	*34.461.399*
LR n° 2/2011	11 octobre 2010	*Agences décentralisées*	*1.776.000*	*1.776.000*
LR n° 3/2011	20 octobre 2010	*LR "agricole"*	*-347.200.000*	*-346.200.000*
Total			**142.254.205.248**	**129.825.979.501**

** PB initial (voir Tome II, pp. 182/193)*

	Date	Objet	c/e	c/p
PB pour 2012			**147.435.342.140**	**132.738.712.588**
LR n° 1/2012	17 juin 2011	*Politique de voisinage de l'UE*	*400.000.000*	*0*
LR n° 2/2012	16 septembre 2011	*Adhésion de la Croatie*	*13.113.101*	*13.113.101*
LR n° 3/2012	25 octobre 2011	*LR "agricole"*	*-85.667.000*	*-83.367.000*
Total			**147.762.788.241**	**132.668.458.689**

	Date	Objet	c/e	c/p
PB pour 2013*			**150.931.736.706**	**137.924.431.213**
LR n° 1/2013	19 octobre 2012	*LR "agricole"*	*-25.070.000*	*-25.070.000*
Total			**150.906.666.706**	**137.899.361.213**

** PB initial (voir Tome III, pp. 147-154)*

	Date	Objet	c/e	c/p
PB pour 2014			**142.467.606.684**	**136.065.804.080**
LR n° 1/2014	18 septembre 2013	*Accord sur le CFP*	*100.000.000*	*0*
LR n° 2/2014	16 octobre 2013	*LR "agricole" et externalisation*	*-4.851.000*	*-4.851.000*
Total			**142.562.755.684**	**136.060.953.080**

	Date	Objet	c/e	c/p
PB pour 2015*			**145.599.282.810**	**142.137.315.595**
LR n° 1/2015	15 octobre 2014	*LR "agricole" et agences*	*-448.508.427*	*0*
Total			**145.150.774.383**	**142.137.315.595**

** PB initial (voir pages 34-48)*

	Date	Objet	c/e	c/p
PB pour 2016			**153.529.460.781**	**143.541.453.114**
LR n° 1/2016	26 juin 2015	*Fonds de garantie du FEIS*	*303.000.000*	*0*
LR n° 2/2016	14 octobre 2015	*LR "agricole" et migration*	*1.070.625.696*	*914.453.696*
Total			**154.903.086.477**	**144.455.906.810**

	Date	Objet	c/e	c/p
PB pour 2017			**157.657.492.445**	**134.898.641.563**
LR n° 1/2017*	17 octobre 2016	*LR "agricole", réexamen/ révision à mi-parcours du CFP et migration*	*1.257.240.800*	*523.110.800*
Total			**158.914.733.245**	**135.421.752.363**

** Mise à jour du 7 novembre 2016 non prise en compte (voir page 371)*

L'ÉVOLUTION DES CRÉDITS POUR ENGAGEMENTS DE 2011 À 2017

En millions d'euros

Année	PB[a] (1)	PB et LR(s)[b] (2)	Position du CNS (3)	AMs du PE (4)	Nouveau PB (5)	Budget adopté (6)	Budget et BRs (7)
2011*	142.565[c]	142.254[d]	141.777	143.070	141.818	141.909	142.193
2012*	147.435	147.763	146.245	147.764	–	147.232	148.428
2013*	150.932[c]	150.907[d]	149.777	151.152	151.059	150.898	152.091
2014**	142.468	142.563	142.227	143.082	–	142.640	142.690
2015**	145.599[c]	145.151	145.077	146.381	145.226	145.322	162.273
2016**	153.529	154.903	153.269	157.427	–	155.004	155.277
2017**	157.657	158.915	156.377	162.416	–	157.858	159.831

[a] *Projet de budget mis à disposition des Parlements des États membres* [b] *Lettre(s) rectificative(s) telle(s) que présentée(s) par la Commission* [c] *PB initial*

** UE-27 ** UE-28*

L'ÉVOLUTION DES CRÉDITS POUR PAIEMENTS DE 2011 À 2017

En millions d'euros

Année	PB[a] (1)	PB et LR(s)[b] (2)	Position du CNS (3)	AMs du PE (4)	Nouveau PB (5)	Budget adopté (6)	Budget et BRs (7)	Exécution[c] (8)
2011*	130.136[d]	129.826[d]	126.527	130.559	126.527	126.527	126.727	126.497
2012*	132.739	132.668	129.088	133.139	–	129.088	135.758	135.602
2013*	137.924[d]	137.899[d]	132.695	137.898	137.798	132.837	144.451	143.785
2014**	136.066	136.061	135.005	136.444	–	135.505	139.034	138.440
2015**	142.137[d]	142.137	139.997	146.417	141.337	141.214	141.280	141.586
2016**	143.541	144.456	142.120	146.459	–	143.885	136.642	131.400
2017**	134.899	135.422	133.790	138.029	–	134.490	126.771	126.416[e]

[a] *Projet de budget mis à disposition des Parlements des États membres* [b] *Lettre(s) rectificative(s) telle(s) que présentée(s) par la Commission*

[c] *Crédits de l'exercice* n *et reports de crédits* n-1 *(Source : Commission)* [d] *PB initial* [e] *Chiffre provisoire*

** UE-27 ** UE-28*

LES MARGES SOUS LES RUBRIQUES ET SOUS-RUBRIQUES DU CF ET DU CFP DANS LES BUDGETS ADOPTÉS DE 2000 À 2017

En crédits d'engagement (sauf indication contraire) et en millions d'euros, mobilisation de l'instrument de flexibilité incluse

Rubrique ou sous-rubrique du CF 2000-2006	**2000**	**2001**	**2002**	**2003**	**2004***	**2005**	**2006**
1 (Dépenses de la PAC)	744	1 232	2 332	2 598	2 524	1 763	1 567
1 (Développement rural)	0	0	0	0	0	0	0
2 (Actions structurelles)	0	0	*[200]*	*[12]*	0	*[45]*+17	62
3 (Politiques internes)	4	40	0	0	38	*[40]*	12
4 (Actions extérieures)	*[200]*+22	*[200]*+6	70	23	*[95]*	*[100]*	*[275]*
5 (Administration)	94	35	2	21	117	9	52
6 (Réserves)	0	0	0	0	0	0	0
7 (Aide/Stratégie de préadhésion)	7	0	0	0	1 723	1 391	1 085
8 (Compensation)	–	–	–	–	0	0	0
Total	**872**	**1 312**	**2 404**	**2 642**	**4 402**	**3 180**	**2 778**
Marge sous le plafond des crédits pour paiements	***2 095***	***2 324***	***4 590***	***5 435***	***11 830***	***7 935***	***7 323***

** Budget UE-25 [...] : Mobilisation de l'instrument de flexibilité (voir page 443)*

Rubrique ou sous-rubrique du CF 2007-2013	**2007**	**2008**	**2009**	**2010**	**2011**	**2012**	**2013**
1a (Compétitivité pour la croissance et l'emploi)	50	*[200]*	3	*[195]*	*[34]*	*[50]*+650*	2
1b (Cohésion pour la croissance et l'emploi)	0	11	1	0	6	8	15
2 (Conservation et gestion des ressources naturelles)	2 101	3 759	3 518	456	1 679	834	1 140
dont : dépenses de marché et paiements directs	*2 039*	*3 716*	*3 755*	*958*	*1 575*	*741*	*982*
3a (Liberté, sécurité et justice)	13	19	8	19	67	38	262
3b (Citoyenneté)	13	0	0	0	0	2	8
4 (L'UE acteur mondial)	0	*[70]*	*[420]*	1	*[71]*	*[150]*	276
5 (Administration)	173	173	76	73	243	327	750
6 (Compensations)	0	0	1	–	–	–	–
Total	**2 350**	**3 693**	**3 607**	**549**	**1 996**	**1 860**	**2 454**
Marge sous le plafond des crédits pour paiements	***8 369***	***9 650***	***8 084***	***11 681***	***7 935***	***12 446***	***11 240***

** Financement complémentaire du projet ITER (voir Tome III, pp. 82-85) [...] : Mobilisation de l'instrument de flexibilité (voir page 443)*

Rubrique ou sous-rubrique du CFP 2014-2020	**2014**	**2015**	**2016**	**2017**
1a (Compétitivité pour la croissance et l'emploi)	76	114	0	52
1b (Cohésion économique, sociale et territoriale)	*[89]*	*[83]*	6	0
2 (Croissance durable : ressources naturelles)	36	790	1 778	1 032
dont : dépenses de marché et paiements directs	*0*	*734*	*1 729*	*1 533*
3 (Sécurité et citoyenneté)	7	99	*[1.506]*	*[530]**
4 (L'Europe dans le monde)	10	341	*[24]*	**
5 (Administration)	316	416	548	16
dont : dépenses administratives des institutions	*258*	*410*	*556*	*81*
6 (Compensations)	0	–	–	–
Total	**445**	**1 760**	**2 331**	**1 100**
Marge sous le plafond des crédits pour paiements***	***711***	***1 050***	***2 022***	***9 787***

** Et mobilisation de la marge pour imprévus, pour un montant de 1.176 millions d'euros ** Mobilisation de la marge pour imprévus pour un montant de 730 millions d'euros *** Selon la présentation de la Commission [...] : Mobilisation de l'instrument de flexibilité (voir page 443)*

LES CRÉDITS POUR ENGAGEMENTS ET POUR PAIEMENTS DE 2011 À 2017 ET L'ÉVOLUTION DU RAL

Budgets adoptés, en millions d'euros

Budget pour	Crédits pour engagements	Crédits pour paiements
2011*	141.909	126.527
2012*	147.232	129.088
2013*	150.898	132.837
2014**	142.640	135.505
2015**	145.322	141.214
2016**	155.004	143.885
2017**	157.858	134.490

** UE-27   ** UE-28*

En millions d'euros

Année	RAL* à la fin de l'année
2011	207.443
2012	217.810
2013	222.410
2014	189.585
2015	217.123
2016	238.328
2017	265.681

** Reste à liquider total*

LES EXCÉDENTS DES EXERCICES BUDGÉTAIRES DE 2000 À 2017

En milliards d'euros

Année	BR "réduction des c/p"*					BR "solde"**		Excédent	
	N:o	Date	Montant			N:o	Date	Montant	% du budget***
2000	–	–	–			–	–	**11,6**	*13,0*
2001	–	–	–			–	–	**15,0**	*16,2*
2002	–	–	–			*2/03*	3.9.2003	**7,4**	*7,7*
2003	–	–	–			*7/04*	14.9.2004	**5,5**	*5,6*
2004	–	–	–			*4/05*	7.9.2005	**2,7**	*2,7*
2005	*8/05*	13.12.2005	-0,7			*2/06*	18.5.2006	**2,4**	*2,3*
2006	*6/06*	13.12.2006	-4,7			*3/07*	7.6.2007	**1,9**	*1,7*
2007	*7/07*	11.12.2007	-1,7			*4/08*	5.6.2008	**1,5**	*1,3*
2008	*9/08*	18.12.2008	-4,9			*5/09*	6.5.2009	**1,8**	*1,5*
2009	*10/09*	16.12.2009	-3,2			*2/10*	16.6.2010	**2,3**	*2,0*
2010	–	** **	–			*2/11*	5.7.2011	**4,5**	*3,7*
Année	**BR "augmentation des c/p"**			**Virement de "fin d'année"** ** ***		**BR "solde"****		**Excédent**	
	N:o	**Date**	**Montant**	**DEC N:o**	**Montant**	**N:o**	**Date**	**Montant**	**% du budget*****
2011	*6/11*	1er.12.2011	+0,2	–	–	*3/12*	5.7.2012	**1,5**	*1,2*
2012	*6/12*	12.12.2012	+6,0	*56/2012*	0,3	*3/13*	11.9.2013	**1,0**	*0,8*
2013	*2 et 8/13*	11.9 et 19.11.2013	+11,2	*45/2013*	0,1	*7/14*	17.12.2014	**1,0**	*0,8*
2014	*2/14*	17.12.2014	+3,5	*54/2014*	0,6	*3/15*	7.7.2015	**1,4**	*1,0*
2015	–	–	–	*46/2015*	0,4	*2/16*	6.7.2016	**1,3**	*0,9*
Année	**BR "réduction des c/p"***					**BR "solde"****		**Excédent**	
	N:o	**Date**	**Montant**			**N:o**	**Date**	**Montant**	**% du budget*****
2016	*4/16*	1er.12.2016	-7,3	*40/2016*	0,3	*2/17*	4.7.2017	**6,4**	*4,4*
2017	*6/17*	30.11.2017	-7,7	*34/2017*	0,6	*2/18*	4.7.2018	**0,6**	*0,4*

** Budget rectificatif "surplus" ou "excédent"*

*** Présenté et adopté conformément à l'article 15, paragraphe 3 du RF de 2002 et à l'article 18, paragraphe 3 du RF de 2012*

**** Budget adopté (en crédits pour paiements)*

*** ** Le Parlement européen n'a pas adopté le projet de BR n° 10/2010 proposé par la Commission et contre la position favorable du Conseil (voir Tome II, pp. 171/172)*

*** ** * Présenté et adopté conformément à l'article 179 du RF de 2012 (voir page 448)*

LE NOMBRE DE BUDGETS RECTIFICATIFS* ADOPTÉS DE 1968 À 2017

1968 : 1
1969 : 1
1970 : 3
1971 : 3
1972 : 2
1973 : 4
1974 : 1
1975 : 3
1976 : 3
1977 : 2
1978 : 3
1979 : 3
1980 : 2
1981 : 2
1982 : 0
1983 : 2
1984 : 1
1985 : 0
1986 : 0
1987 : 1
1988 : 1
1989 : 1
1990 : 3
1991 : 3
1992 : 3
1993 : 1
1994 : 2
1995 : 1
1996 : 1
1997 : 1
1998 : 1
1999 : 5
2000 : 2
2001 : 4
2002 : 6
2003 : 7
2004** : 10
2005 : 8
2006 : 6
2007 : 7
2008*** : 10
2009 : 10
2010 : 8
2011 : 7
2012 : 6
2013 : 9
2014 : 7
2015 : 8
2016 : 6
2017 : 6

Total : 187 budgets rectificatifs en 50 ans soit, en moyenne, près de quatre budgets rectificatifs par an

* Budgets rectificatifs et/ou supplémentaires jusqu'à fin 2002
** Introduction de budgets rectificatifs "solde" spécifiques (voir Tome I, p. 38)
*** Introduction de budgets rectificatifs spécifiques pour la mobilisation du Fonds de solidarité de l'Union européenne (voir Tome II, p. 18)

LES BUDGETS RECTIFICATIFS ET/OU SUPPLÉMENTAIRES ADOPTÉS DE 1968 À 2017

Année	N:o	Date d'adoption	JO L	Rectificatif JO L
1968	1/68	20.7.1968	189 du 1.8.1968	
1969	1/69	30.6.1969	175 du 16.7.1969	
1970	1/70	29.9.1970	218 du 3.10.1970	
	2/70	14.12.1970	8 du 11.1.1971	
	3/70	14.12.1970	8 du 11.1.1971	
1971	1/71	1er.3.1971	62 du 15.3.1971	98 du 1.5.1971
	2/71	8.11.1971	256 du 19.11.1971	
	3/71	16.11.1971	263 du 29.11.1971	
1972	1/72	20.7.1972	240 du 23.10.1972	
	2/72	6.12.1972	287 du 26.12.1972	
1973	1/73	21.5.1973	172 du 28.6.1973	
	2/73	21.9.1973	318 du 19.11.1973	
	3/73	21.9.1973	366 du 31.12.1973	74 du 19.3.1974
	4/73	21.9.1973	367 du 31.12.1973	
1974	1/74	26.11.1974	347 du 27.12.1974	
1975	1/75	29.4.1975	175 du 7.7.1975	
	2/75	29.4.1975	175 du 7.7.1975	
	3/75	3.12.1975	40 du 16.2.1976	
1976	1/76	18.6.1976	205 du 30.7.1976	
	2/76	16.9.1976	322 du 22.11.1976	
	3/76	16.12.1976	47 du 18.2.1977	
1977	1/77	7.7.1977	233 du 12.9.1977	
	2/77	27.11.1977	110 du 24.4.1978	
1978	1/78	15.2.1978	71 du 13.3.1978	
	2/78	15.3.1978	121 du 8.5.1978	
	3/78	11.5.1978	162 du 19.6.1978	
1979	1/79	25.4.1979	124 du 21.5.1979	
	2/79	11.5.1979	157 du 25.6.1979	
	3/79	13.12.1979	41 du 18.2.1980	
1980	1/80	20.11.1980	364 du 31.12.1980	
	2/80	23.12.1980	373 du 31.12.1980	
1981	1/81	17.9.1981	305 du 26.10.1981	
	2/81	21.12.1981	371 du 28.12.1981	
1982	-			
1983	1/83	10.2.1983	60 du 7.3.1983	
	2/83	24.10.1983	331 du 28.11.1983	
1984	1/84	25.10.1984	329 du 17.12.1984	
1985	-			
1986	-			
1987	1/87	17.7.1987	211 du 3.8.1987	
1988	1/88	6.7.1988	265 du 26.9.1988	
1989	1/89	13.4.1989	132 du 16.5.1989	
1990	1/90	16.2.1990	62 du 12.3.1990	
	2/90	11.7.1990	239 du 3.9.1990	
	3/90	12.12.1990	381 du 31.12.1990	
1991	1/91	15.5.1991	179 du 8.7.1991	
	2/91	20.11.1991	353 du 23.12.1991	
	3/91	20.11.1991	353 du 23.12.1991	
1992	1/92	1er.4.1992	142 du 25.5.1992	
	2/92	13.5.1992	174 du 29.6.1992	
	3/92	25.9.1992	349 du 30.11.1992	
1993	1/93	2.12.1993	345 du 31.12.1993	
1994	1/94	6.5.1994	169 du 4.7.1994	
	2/94	15.11.1994	362 du 31.12.1994	276 du 20.11.1995
1995	1/95	26.4.1995	276 du 20.11.1995	93 du 15.4.1996
1996	1/96	29.7.1996	301 du 25.11.1996	
1997	1/97	12.11.1997	-	
1998	1/98	14.12.1998	81 du 26.3.1999	
1999	1/99	16.9.1999	339 du 30.12.1999	
	2/99	23.7.1999	339 du 30.12.1999	
	3/99	16.9.1999	339 du 30.12.1999	
	4/99	16.9.1999	339 du 30.12.1999	
	5/99	18.11.1999	88 du 10.4.2000	247 du 2.10.2000
2000	1/00	2.8.2000	105 du 17.4.2001, pp. 1/67	
	2/00	6.7.2000	247 du 2.10.2000, pp. 1/23	
2001	1/01	1er.3.2001	218 du 13.8.2001, pp. 1/28	
	2/01	17.5.2001	218 du 13.8.2001, pp. 29/61	
	3/01	5.7.2001	336 du 19.12.2001, pp. 1/93	
	4/01	11.12.2001	14 du 16.1.2002, pp. 1/8	
2002	1/02	28.2.2002	81 du 25.3.2002, pp. 1/31	
	2/02	30.5.2002	199 du 29.7.2002, pp. 1/26	
	3/02	3.7.2002	226 du 22.8.2002, pp. 1/84	
	4/02	26.9.2002	303 du 6.11.2002, pp. 1/27	
	5/02	21.11.2002	339 du 16.12.2002, pp. 1/17	
	6/02	5.12.2002	21 du 24.1.2003, pp. 1/160	100 du 22.4.2003, p. 73
2003	1/03	1er.7.2003	182 du 21.7.2003, pp. 1/8	
	2/03	3.9.2003	242 du 26.9.2003, pp. 1/19	
	3/03	22.9.2003	279 du 29.10.2003, pp. 1/10	
	4/03	23.9.2003	279 du 29.10.2003, pp. 11/45	
	5/03	9.10.2003	310 du 26.11.2003, pp. 1/13	
	6/03	4.12.2003	22 du 28.1.2004, pp. 1/46	
	7/03	4.12.2003	22 du 28.1.2004, pp. 47/73	
2004	1/04	9.3.2004	128 du 29.4.2004, pp. 1/44	
	2/04	9.3.2004	128 du 29.4.2004, pp. 45/74	
	3/04	30.3.2004	128 du 29.4.2004, pp. 75/80	
	4/04	1er.4.2004	347 du 23.11.2004, pp. 3/126	
	5/04	21.4.2004	148 du 30.4.2004, pp. 1/162	
	6/04	22.4.2004	148 du 30.4.2004, pp. 163/169	
	7/04	14.9.2004	383 du 28.12.2004, pp. 1/19	
	8/04	14.9.2004	383 du 28.12.2004, pp. 21/49	
	9/04	14.10.2004	383 du 28.12.2004, pp. 51/104	
	10/04	2.12.2004	80 du 29.3.2005, pp. 1/94	
2005	1/05	10.3.2005	113 du 3.5.2005, pp. 1/59	
	2/05	13.7.2005	248 du 23.9.2005, pp. 1/360	
	3/05	7.9.2005	270 du 14.10.2005, pp. 1/16	
	4/05	7.9.2005	270 du 14.10.2005, pp. 17/36	
	5/05	7.9.2005	270 du 14.10.2005, pp. 37/84	
	6/05	17.11.2005	9 du 13.1.2006, pp. 1/26	
	7/05	1.12.2005	9 du 13.1.2006, pp. 27/71	
	8/05	13.12.2005	9 du 13.1.2006, pp. 73/144	

Année	N:o	Date d'adoption	JO L	Rectificatif JO L
2006	1/06	27.4.2006	155 du 8.6.2006, pp. 1/23	
	2/06	18.5.2006	193 du 13.7.2006, pp. 1/20	
	3/06	27.9.2006	323 du 22.11.2006, pp. 1/41	
	4/06	24.10.2006	356 du 15.12.2006, pp. 1/46	
	5/06	24.10.2006	356 du 15.12.2006, pp. 47/70	
	6/06	13.12.2006	402 du 30.12.2006, pp. 1/88	
2007	1/07	1er.2.2007	124 du 15.5.2007, pp. 1/154	
	2/07	7.6.2007	203 du 3.8.2007, pp. 1/36	
	3/07	7.6.2007	203 du 3.8.2007, pp. 37/55	
	4/07	10.7.2007	203 du 3.8.2007, pp. 57/91	
	5/07	5.9.2007	302 du 20.11.2007, pp. 1/51	
	6/07	24.10.2007	338 du 21.12.2007, pp. 1/45	
	7/07	11.12.2007	21 du 24.1.2008, pp. 1/106	
2008	1/08	9.4.2008	175 du 4.7.2008, pp. 1/52	
	2/08	22.5.2008	184 du 11.7.2008, pp. 1/25	
	3/08	5.6.2008	208 du 5.8.2008, pp. 1/150	
	4/08	5.6.2008	208 du 5.8.2008, pp. 151/169	
	5/08	2.9.2008	305 du 14.11.2008, pp. 1/32	
	6/08	23.9.2008	305 du 14.11.2008, pp. 33/65	
	7/08	21.10.2008	315 du 25.11.2008, pp. 1/9	
	8/08	20.11.2008	12 du 16.1.2009, pp. 12/39	
	9/08	18.12.2008	27 du 30.1.2009, pp. 1/90	
	10/08	18.12.2008	27 du 30.1.2009, pp. 91/100	
2009	1/09	11.3.2009	99 du 17.4.2009, pp. 1/13	
	2/09	22.4.2009	157 du 19.6.2009, pp. 1/20	
	3/09	22.4.2009	157 du 19.6.2009, pp. 21/66	
	4/09	6.5.2009	174 du 3.7.2009, pp. 1/41	
	5/09	6.5.2009	174 du 3.7.2009, pp. 43/64	
	6/09	15.9.2009	293 du 10.11.2009, pp. 1/34	
	7/09	15.9.2009	293 du 10.11.2009, pp. 35/60	
	8/09	15.9.2009	293 du 10.11.2009, pp. 61/83	
	9/09	20.10.2009	326 du 11.12.2009, pp. 1/42	
	10/09	16.12.2009	78 du 24.3.2010, pp. 1/288	
2010	1/10	19.5.2010	183 du 16.7.2010, pp. 1/42	
	2/10	16.6.2010	206 du 6.8.2010, pp. 1/20	
	3/10	7.9.2010	289 du 5.11.2010, pp. 1/5	
	4/10	21.9.2010	337 du 21.12.2010, pp. 1/37	
	5/10	22.9.2010	337 du 21.12.2010, pp. 38/57	
	6/10	20.10.2010	20 du 22.1.2011, pp. 1/175	
	7/10	24.11.2010	50 du 24.2.2011, pp. 1/14	
	8/10	14.12.2010	50 du 24.2.2011, pp. 15/28	
2011	1/11	6.4.2011	172 du 30.6.2011, pp. 1/13	
	2/11	5.7.2011	213 du 19.8.2011, pp. 1/20	
	3/11	14.7.2011	251 du 27.9.2011, pp. 1/20	
	4/11	28.9.2011	312 du 25.11.2011, pp. 1/56	
	5/11	28.10.2011	342 du 22.12.2011, pp. 1/5	
	6/11	1er.12.2011	20 du 24.1.2012, pp. 1/106	
	7/11	13.12.2011	62 du 2.3.2012, pp. 1/16	
2012	1/12	20.4.2012	184 du 13.7.2012, pp. 1/17	
	2/12	12.6.2012	214 du 10.8.2012, pp. 1/14	
	3/12	5.7.2012	221 du 17.8.2012, pp. 1/20	
	4/12	23.10.2012	355 du 21.12.2012, pp. 1/56	
	5/12	21.11.2012	15 du 18.1.2013, pp. 1/34	
	6/12	12.12.2012	57 du 28.2.2013, pp. 1/165	
2013	1/13	4.7.2013	256 du 27.9.2013, pp. 1/114	
	2/13	11.9.2013	327 du 6.12.2013, pp. 1/217	
	3/13	11.9.2013	327 du 6.12.2013, pp. 219/238	
	4/13	11.9.2013	327 du 6.12.2013, pp. 239/271	
	5/13	11.9.2013	327 du 6.12.2013, pp. 273/295	
	6/13	24.10.2013	6 du 10.1.2014, pp. 1/48	
	7/13	19.11.2013	49 du 19.2.2014, pp. 1/12	
	8/13	19.11.2013	49 du 19.2.2014, pp. 13/230	
	9/13	20.11.2013	49 du 19.2.2014, pp. 231/282	
2014	1/14	16.4.2014	204 du 11.7.2014, pp. 1/67	
	2/14	17.12.2014	73 du 17.3.2015, pp. 1/365	108 du 28.4.2015, p. 7
	3/14	17.12.2014	73 du 17.3.2015, pp. 366/459	143 du 9.6.2015, pp. 17/23
	4/14	17.12.2014	73 du 17.3.2015, pp. 460/467	
	5/14	17.12.2014	73 du 17.3.2015, pp. 468/492	
	6/14	17.12.2014	73 du 17.3.2015, pp. 493/500	
	7/14	17.12.2014	73 du 17.3.2015, pp. 501/523	127 du 22.5.2015, p. 61
2015	1/15	28.4.2015	190 du 17.7.2015, pp. 1/50	
	2/15	7.7.2015	261 du 7.10.2015, pp. 1/41	
	3/15	7.7.2015	261 du 7.10.2015, pp. 42/59	
	4/15	7.7.2015	261 du 7.10.2015, pp. 60/79	
	5/15	7.7.2015	261 du 7.10.2015, pp. 80/103	
	6/15	14.10.2015	320 du 4.12.2015, pp. 1/43	
	7/15	14.10.2015	320 du 4.12.2015, pp. 44/108	
	8/15	25.11.2015	18 du 26.1.2016, pp. 1/59	67 du 12.3.2016, p. 69
2016	1/16	13.4.2016	143 du 31.5.2016, pp. 1/35	
	2/16	6.7.2016	248 du 15.9.2016, pp. 1/18	
	3/16	25.10.2016	343 du 16.12.2016, pp. 1/93	
	4/16	1er.12.2016	52 du 28.2.2017, pp. 1/115	68 du 14.3.2017, p. 4
	5/16	1er.12.2016	52 du 28.2.2017, pp. 116/180	68 du 14.3.2017, p. 5
	6/16	1er.12.2016	52 du 28.2.2017, pp. 181/206	68 du 14.3.2017, p. 6
2017	1/17	5.4.2017	136 du 24.5.2017, pp. 1/9	
	2/17	4.7.2017	227 du 1er.9.2017, pp. 1/19	
	3/17	13.9.2017	330 du 13.12.2017, pp. 1/13	
	4/17	13.9.2017	330 du 13.12.2017, pp. 14/37	
	5/17	24.10.2017	9 du 12.1.2018, pp. 1/15	13 du 18.1.2018, p. 27
	6/17	30.11.2017	21 du 25.1.2018, pp. 1/122	

LE MONTANT CUMULÉ DES BUDGETS RECTIFICATIFS ADOPTÉS DE 2000 À 2017

En millions d'euros

Année	c/e	c/p
2000	42,6	53,6
2001	760,6	1 210,6
2002	799,6	1,6
2003	126,7	-4 978,1
2004	-1 599,9	2 082,2
2005	-598,5	-616,0
2006	-621,1	-4 591,1
2007	-167,9	-1 651,4
2008	1 420,0	-4 575,5
2009	2 730,1	-3 060,6
2010	98,8	18,9
2011	284,3	200,0
2012	1 196,1	6 670,2
2013	1 193,3	11 613,8
2014	49,8	3 529,6
2015	16 951,9*	66,4
2016	272,7	-7 242,8
2017	1 973,7	-7 719,7

** Révision du CFP (article 19 du règlement fixant le CFP ; voir pages 162-163)*

LES MODIFICATIONS DES ACCORDS INTERINSTITUTIONNELS ET LES RÉVISIONS ET ADAPTATIONS DES CADRES FINANCIERS PLURIANNUELS DE 2000 À 2017

Modifications des accords interinstitutionnels

AII du 17 mai 2006

Année	Date	Contenu	Point de l'AII	JO C
2008	18.12.2008	Montant de la réserve pour aides d'urgence en 2008 *(+240 millions d'euros)*	25	326 du 20.12.2008, p. 3

Révisions des cadres financiers pluriannuels

Perspectives financières 2000-2006

Année	Date	Contenu	Rubrique(s)	JO L
2003	19.5.2003	Révision liée à l'élargissement du 1er mai 2004 ("UE-10")	*3*	147 du 14.6.2003, pp. 31/37
2005	7.9.2005	Modulation agricole	*1a* et *1b*	269 du 14.10.2005, pp. 24/29

Cadre financier 2007-2013

Année	Date	Contenu	Rubriques	JO L
2007	18.12.2007	Financement des programmes de GNSS "Egnos" et "Galileo"	*1a* et *2*	6 du 10.1.2008, pp. 7/8
2009	6.5.2009	Financement du plan européen pour la relance économique en 2009	*1a* et *2*	132 du 29.5.2009, pp. 8/9
	17.12.2009	Financement du plan européen pour la relance économique en 2010	*1a*, *1b*, *2*, *3a* et *5*	347 du 24.12.2009, pp. 26/27
2011	13.12.2011	Financement complémentaire du projet ITER en 2012 et 2013	*1a*, *2* et *5*	4 du 7.1.2012, pp. 12/13

Cadre financier pluriannuel 2014-2020

Année	Date	Contenu	Rubriques	JO L
2015	21.4.2015	Application de l'article 19 du règlement fixant le CFP	*1b*, *2* et *3*	103 du 22.4.2015, pp. 1/3

Mobilisations de la marge pour imprévus

Cadre financier pluriannuel 2014-2020

Année	Date	Contenu	Rubrique(s)	JO L
2014	17.12.2014*	*Crédits de paiement* supplémentaires destinés à faire face aux "impayés"	*1a*, *1b*, *2* et *4*	72 du 17.3.2015, pp. 4/5
2016	14.12.2016	*Crédits d'engagement* pour la migration et la sécurité en 2016	*3*	50 du 28.2.2017, pp. 47/48
2017	14.12.2016**	*Crédits d'engagement* destinés à faire face aux crises et pour la relance en 2017	*3* et *4*	50 du 28.2.2017, pp. 57/58

** Modification du mode de compensation le 4 juillet 2017 (JO L 185 du 18.7.2017, pp. 35/36)*
*** Modification du mode de compensation le 12 décembre 2017 (JO L 3 du 6.1.2018, pp. 7/8)*

Adaptations des cadres financiers pluriannuels en fonction d'élargissements

Perspectives financières 2000-2006

Année	Date	Élargissement	JO L
2003	19.5.2003	"UE-10" (1er mai 2004)	147 du 14.6.2003, pp. 25/30

Cadre financier 2007-2013

Année	Date	Élargissement	JO L
2013	22.7.2013	Croatie (1er juillet 2013)	209 du 3.8.2013, pp. 14/15

Adaptations des cadres financiers pluriannuels liées aux conditions d'exécution

Perspectives financières 2000-2006

Année	Date	Contenu	Rubrique	JO L
2001	3.5.2001	Adaptation liée aux programmes relatifs aux actions structurelles (point 17 de l'AII de 1999)	*2a*	246 du 15.9.2001, pp. 28/32

Cadre financier 2007-2013

Année	Date	Contenu	Rubriques	JO L
2008	29.4.2008	Adaptation liée aux programmes relatifs aux actions structurelles etc. (point 48 de l'AII de 2006)	*1b* et *2*	128 du 16.5.2008, pp. 8/9

Ajustement des montants des cadres financiers pluriannuels alloués au titre des Fonds soutenant la cohésion

Cadre financier 2007-2013

Année	Date	Contenu	Rubrique	JO
2010	16.4.2010	Ajustement des montants alloués au titre des Fonds soutenant la cohésion (point 17 de l'AII de 2006)	*1b*	–

Ajustement des enveloppes en faveur de la politique de cohésion

Cadre financier pluriannuel 2014-2020

Année	Date	Contenu	Rubrique	JO
2016	30.6.2016	Application de l'article 7 du règlement fixant le CFP	*1b*	–

Les révisions des cadres financiers pluriannuels

Perspectives financières 2000-2006

Année	Date	Contenu	Montant*	Source	Destination	*Montant****
2003	19.5.2003	Révision liée à l'élargissement du 1er mai 2004 ("UE-10")	545	**	Rubrique *3* en 2004-2006	*0*
2005	7.9.2005	Modulation agricole	655	Sous-rubrique *1a* en 2006	Sous-rubrique *1b* en 2006	*0*

** En crédits d'engagement et en millions d'euros ** Pas de compensation *** Montant total sur la période en crédits pour paiements*

Cadre financier 2007-2013

Année	Date	Contenu	Montant*	Source(s)	Destination	*Montant***
2007	18.12.2007	Financement des programmes "Egnos" et "Galileo"	1 600	Rubrique *2* en 2007	Sous-rubrique *1a* en 2008-2013	*0*
2009	6.5.2009	Financement du plan européen de relance en 2009	2 000	Rubrique *2* en 2009	Sous-rubrique *1a* en 2009	*0*
	17.12.2009	Financement du plan européen de relance en 2010	1 779	En 2009 *(-1 489)* : Sous-rubrique *1a (-3)* Sous-rubrique *1b (-1)* Rubrique *2 (-1 306)* Sous-rubrique *3a (-5)* Rubrique *5 (-174)* En 2010 *(-290)* : Sous-rubrique *1b (-6)* Rubrique *2 (-158)* Rubrique *5 (-126)*	Sous-rubrique *1a* en 2010	*0*
2011	13.12.2011	Financement complémentaire d'ITER en 2012 et 2013	840	Rubrique *2* en 2011 *(-450)* Rubrique *5* en 2011 et 2012 *(-390)*	Sous-rubrique *1a* en 2012 *(+650)* Sous-rubrique *1a* en 2013 *(+190)*	*0*

** En crédits d'engagement et en millions d'euros ** Montant total sur la période en crédits pour paiements*

Cadre financier pluriannuel 2014-2020

Année	Date	Contenu	Montant*	Sources	Destination	*Montant****
2015	21.4.2015	Application de l'article 19 du règlement fixant le CFP	21 105	Sous-rubr. *1b* et rubriques *2* et *3* en 2014	*1b* (en 2015 et 2017), *2* (en 2015 et 2016) et *3* (en 2015-2017)	*0*

** En crédits d'engagement et en millions d'euros ** Pas de compensation *** Montant total sur la période en crédits pour paiements*

Les recours à la marge pour imprévus

Cadre financier pluriannuel 2014-2020

Année	Date	Contenu	Montant*	Source	Destination
2014	17.12.2014[a]	*Crédits de paiement* destinés à faire face aux "impayés"	3.168[b]	[c]	Lignes budgétaires pour 2014 relevant des rubriques et sous-rubriques *1a*, *1b*, *2* et *4*
2016	14.12.2016[d]	*Crédits d'engagement* pour la migration et la sécurité	240	[e]	Lignes budgétaires pour 2016 relevant de la rubrique *3*
2017	14.12.2016	*Crédits d'engagement* destinés à faire face aux crises et pour la relance économique	1 906	[f]	Lignes budgétaires pour 2017 relevant des rubriques *3* et *4*

** En millions d'euros*

[a] En lien avec le budget rectificatif n° 2/2014 [b] Dont 350 millions d'euros pour couvrir les crédits de paiement des instruments spéciaux

[c] 2.818 millions d'euros sont compensés, en trois tranches de 939 millions d'euros, sur les marges sous les plafonds des crédits pour paiements pour les exercices 2018, 2019 et 2020. Ce mode de compensation a été modifié le 4 juillet 2017 (JO L 185 du 18.7.2017, pp. 35/36) [d] En lien avec le budget rectificatif n° 4/2016

[e] Compensée intégralement pour une baisse correspondante du plafond de la rubrique 5 en 2016

[f] Compensée intégralement pour une baisse correspondante des plafonds de la rubrique 2 en 2017 et de la rubrique 5 en 2017-2019. Ce mode de compensation a été modifié le 12 décembre 2017 (JO L 3 du 6.1.2018, pp. 7/8)

Les adaptations des cadres financiers pluriannuels en fonction d'élargissements

Perspectives financières 2000-2006

Année	Date	Élargissement	Montant*	Source	Destination	*Montant****
2003	19.5.2003	"UE-10" (1er mai 2004)	41.334[a]	**	Rubr. *1*, *2*, *3*, *5* et *8* en 2004-2006	*+34.550[a]*

** En crédits d'engagement et en millions d'euros ** Pas de compensation *** Montant total sur la période en crédits pour paiements et en millions d'euros*

[a] Comparé au CF pour "UE-15" et en prix 1999, y compris la révision du CF augmentant le plafond de la rubrique 3 (Politiques internes) en 2004-2006, pour un montant de 545 millions d'euros en crédits d'engagement (voir supra)

Cadre financier 2007-2013

Année	Date	Élargissement	Montant*	Source	Destination	*Montant***
2013	22.7.2013	Croatie (1er juillet 2013)	603	Rubrique *5* *(-603)* en 2013	Sous-rubrique *1a* en 2013 *(+47)* Sous-rubrique *1b* en 2013 *(+450)* Sous-rubrique *3b* en 2013 *(+31)* Rubrique *6* en 2013 *(+75)*	*+374*

** En crédits d'engagement et en millions d'euros ** Montant total sur la période en crédits pour paiements et en millions d'euros*

Les adaptations des cadres financiers pluriannuels liées aux conditions d'exécution

Perspectives financières 2000-2006

Année	Date	Contenu	Montant*	Source	Destination	*Montant***
2001	3.5.2001	Application du point 17 de l'AII de 1999	6 153	Rubrique *2* en 2000	Rubrique *2* en 2001-2006	*0*

** En crédits d'engagement et en millions d'euros ** Montant total sur la période en crédits pour paiements*

Cadre financier 2007-2013

Année	Date	Contenu	Montant*	Sources	Destination	*Montant***
2008	29.4.2008	Application du point 48 de l'AII de 2006	2 034	Sous-rubrique *1b* *(-426)* en 2007 Rubrique *2* *(-1 608)* en 2007	Sous-rubrique *1b* et rubrique *2* en 2008-2013	*0*

** En crédits d'engagement et en millions d'euros ** Montant total sur la période en crédits pour paiements*

L'ajustement des montants du cadre financier alloués au titre des Fonds soutenant la cohésion

Cadre financier 2007-2013

Année	Date	Contenu	Montant*	Source	Destination	*Montant****
2010	16.4.2010	Application du point 17 de l'AII de 2006	1 008	**	Sous-rubrique *1b* en 2011-2013	*+282*

** En crédits d'engagement et en millions d'euros ** Pas de compensation *** Montant total sur la période en crédits pour paiements et en millions d'euros*

L'ajustement des enveloppes en faveur de la politique de cohésion

Cadre financier pluriannuel 2014-2020

Année	Date	Contenu	Montant*	Source	Destination	*Montant****
2016	30.6.2016	Application de l'article 7 du règlement fixant le CFP	4 642	**	Sous-rubrique *1b* en 2017-2020	*+1.367*

** En crédits d'engagement et en millions d'euros ** Pas de compensation *** Montant total sur la période en crédits pour paiements et en millions d'euros*

LES RECOURS À L'INSTRUMENT DE FLEXIBILITÉ DE 2000 À 2017

En crédits d'engagement et en millions d'euros

Procédure budgétaire	Date	Montant	Utilisation	Rubrique ou sous-rubrique	JO
2000	16.12.1999	200	Reconstruction du Kosovo	*4*	C 41 du 14.2.2000, pp. 1/3
2001	14.12.2000	200	Reconstruction de la Serbie	*4*	L 246 du 15.9.2001, p. 27
2002	13.12.2001	200	Reconversion de navires et de pêcheurs : 170 Régions frontalières aux États candidats : 30	*2* *2*	L 53 du 23.2.2002, pp. 28/29
2003	19.12.2002	12	Reconversion de navires et de pêcheurs	*2*	L 53 du 28.2.2003, pp. 43/44
2004	18.12.2003	95	Reconstruction de l'Irak	*4*	L 54 du 23.2.2004, pp. 1/2
2005	16.12.2004 7.9.2005	200	Reconstruction de l'Irak : 100 Programme "Peace II" : 45 Agences décentralisées de l'UE : 40 Tremblement de terre/ tsunami : 15 *	*4* *2* *3* *4*	– L 269 du 14.10.2005, p. 23
2006	15.12.2005	275	Réhabilitation et reconstruction de l'Irak : 100 Tremblement de terre/ tsunami : 95 PESC : 40 Réforme du protocole sur le sucre : 40	*4* *4* *4* *4*	–
Total 2000-2006 :		*1.182*			
2007	–	–	–	–	–
2008	18.12.2007	270	Programmes "Egnos" et "Galileo" : 200 PESC : 70	*1a* *4*	–
2009	18.12.2008	420	Facilité alimentaire	*4*	L 19 du 23.1.2009, p. 49
2010	17.12.2009	195	Plan européen pour la relance économique : 120 Démantèlement de la centrale de Kozloduy : 75	*1a* *1a*	L 347 du 24.12.2009, p. 29
2011	15.12.2010	105	Palestine : 71 Éducation et formation tout au long de la vie : 18 Programme-cadre pour l'innovation et la compétitivité : 16	*4* *1a* *1a*	L 14 du 19.1.2011, p. 20
2012	13.12.2011	200	Politique de voisinage de l'Union européenne : 150 Stratégie "Europe 2020" : 50	*4* *1a*	L 4 du 7.1.2012, p.10
2013	20.11.2013	134	Fonds social européen (Espagne, France et Italie) **	*1b*	L 48 du 19.2.2014, p. 8
Total 2007-2013 :		*1.324*			
2014	20.11.2013	89,3	Fonds structurels (Chypre)	*1b*	L 50 du 20.2.2014, p. 19
2015	17.12.2014 28.10.2015	149,4	Fonds structurels (Chypre) : 83,3 Immigration : 66,1 ***	*1b* *3*	L 68 du 13.3.2015, pp. 45/46 L 318 du 4.12.2015, pp. 36/37
2016	25.11.2015	1.530	Migration et réfugiés : 1.506 Migration et réfugiés : 24	*3* *4*	L 47 du 24.2.2016, pp. 6/7
2017	14.12.2016 25.10.2017	530 275	Migration, réfugiés et sécurité Fonds européen pour le développement durable ** **	*3* *4*	L 50 du 28.2.2017, pp. 53/54 L 7 du 12.1.2018, pp. 37/38
Total 2014-2017 :		*2.298,8*			

** Dans le contexte de l'adoption du budget rectificatif n° 3/2005 (JO L 270 du 14.10.2005, pp. 1/16)*

*** Dans le contexte de l'adoption du budget rectificatif n° 7/2013 (JO L 49 du 19.2.2014, pp. 1/12)*

**** Dans le contexte de l'adoption du budget rectificatif n° 7/2015 (JO L 320 du 4.12.2015, pp. 44/108)*

*** ** Dans le contexte de l'adoption du budget rectificatif n° 5/2017 (JO L 9 du 12.1.2018, pp. 1/15)*

En crédits d'engagement et en millions d'euros

Année	2000	2001	2002	2003	2004	2005	2006	Total
Montant reporté de *n-2*	–	–	0	0	0	93	93	
Montant reporté de *n-1*	–	0	0	0	188	200	200	
Plafond annuel	*200*	*200*	*200*	*200*	*200*	*200*	*200*	*1.400*
Montant maximum disponible	200	200	200	200	388	493	493	
Montant mobilisé	**200**	**200**	**200**	**12**	**95**	**200**	**275**	**1.182**

Année	2007	2008	2009	2010	2011	2012	2013	Total
Montant reporté de *n-2*	18	200	130	0	0	10	10	
Montant reporté de *n-1*	200	200	200	110	115	200	200	
Plafond annuel	*200*	*200*	*200*	*200*	*200*	*200*	*200*	*1.400*
Montant maximum disponible	418	600	530	310	315	410	410	
Montant mobilisé	**0**	**270**	**420**	**195**	**105**	**200**	**134,05**	**1.324,05**

Année	2014	2015	2016	2017	Total*
Montant reporté de *n-3*	–	–	–	0	
Montant reporté de *n-2*	75,95	186,62	500	0	
Montant reporté de *n-1*	200	500	510	0	
Plafond annuel	*500*	*510*	*520*	*530+792***	*2.852*
Montant maximum disponible	775,95	1.196,62	1.530	1.322	
Montant mobilisé	**89,33**	**149,43**	**1.530**	**805**	**2.573,76**

** Situation fin 2017 ** Suite au règlement (UE, Euratom) 2017/1123 du Conseil, du 20 juin 2017, modifiant le règlement (UE, Euratom) n° 1311/2013 fixant le cadre financier pluriannuel pour la période 2014-2020 (article 11 ; JO L 163 du 24.6.2017, p. 3)*

LES PROPOSITIONS DE MOBILISATIONS DE L'INSTRUMENT DE FLEXIBILITÉ DE 2000 À 2017

Procédure budgétaire pour	Proposition de mobilisation (Commission)	Première lecture/ Position du Conseil	Amendements/ Position du Parlement européen	Accord sur une mobilisation de l'instrument de flexibilité*
2000	10 novembre 1999	Pas de mobilisation	n.d.	Décembre 1999
2001	*Pas de mobilisation proposée*	Pas de mobilisation	Amendement "astérisque"** ** *	Accord au cours de la RC** (nov. 2000)
2002	Ensemble avec la LR n° 2/2002 (oct. 2001)	Pas de mobilisation	Acceptation de la proposition	Accord au cours de la RC** (nov. 2001)
2003	Ensemble avec l'APB pour 2003	Pas de mobilisation	Amendements "astérisques"** ** *	Accord au cours de la RC** (nov. 2002)
2004	Ensemble avec la LR n° 1/2004 (oct. 2003)	Pas de mobilisation	Acceptation de la proposition	Accord au cours de la RC** (nov. 2003)
2005	Ensemble avec l'APB pour 2005	Pas de mobilisation	Amendements "astérisques"** ** *	Accord au cours de la RC** (nov. 2004)
2006	Ensemble avec l'APB *et* la LR n° 1/2006	Pas de mobilisation	Amendements "astérisques"** ** *	Accord au cours du trilogue de nov. 2005
2007	*Pas de mobilisation proposée*	Pas de mobilisation	Pas de mobilisation	Pas de mobilisation
2008	Suite aux conclusions de la RC**	Pas de mobilisation	Amendements "astérisques"** ** *	Accord au cours de la RC** (nov. 2007)
2009	Suite aux conclusions de la RC**	Pas de mobilisation	Pas de mobilisation	Accord au cours de la RC** (nov. 2008)
2010	Suite aux conclusions de la RC**	Pas de mobilisation	Amendement "astérisque"** ** *	Accord au cours de la RC** (nov. 2009)
2011	Ensemble avec le nouveau PB pour 2011	Pas de mobilisation** **	Pas de mobilisation** **	Accord au cours du trilogue de déc. 2010
2012	Ensemble avec la LR n° 1/2012 (juin 2011)	Pas de mobilisation	Augmentation du montant des c/e	Accord au cours de la RCC** ** ** (nov. 2011)
2013	*Pas de mobilisation proposée*	Pas de mobilisation	Mobilisation en c/e	Pas de mobilisation
2014	Ensemble avec la LR n° 1/2014 (sept. 2013)	Pas de mobilisation	Augmentation du montant des c/e	Accord au cours de la RCC** ** ** (nov. 2013)
2015	Ensemble avec le PB pour 2015***	Mobilisation seulement en c/e	Augmentation du montant des c/e	Accord au cours du trilogue de déc. 2014 (en c/e)
2016	Ensemble avec le PB pour 2016	Mobilisation (mais réduction du montant)	Augmentation du montant des c/e	Accord au cours de la RCC** ** ** (nov. 2015)
2017	Ensemble avec le PB pour 2017	Acceptation de la proposition de la COM	Acceptation de la proposition	Accord au cours de la RCC** ** ** (nov. 2016)

** Voir page 443 ** Réunion de concertation *** Mobilisation en crédits d'engagement* et *en crédits de paiement ** ** Position par rapport au PB initial pour 2011*

*** ** * C'est-à-dire un ou des amendement(s) qui dépasse(nt) le plafond d'une ou de plusieurs rubrique(s) ou sous-rubrique(s) du cadre financier ** ** ** Réunion du comité de conciliation*

LES RECOURS À LA RÉSERVE NÉGATIVE DE 1986 À 2017

Section III (Commission), en millions d'euros

Année	Ligne budgétaire	Intitulé	c/e	c/p	JO L
1986	–	*Réserve négative*	***150***	–	214 du 4.8.1986, p. 337
1987	–	*Réserve négative*	***181,1***	***88,9***	86 du 30.3.1987, p. 933
1990	*[B-] 10 3*	*Réserve négative*	***38,4***	–	24 du 29.1.1990, pp.1014/1015
1992*	*B0-4 2 0*	*Réserve négative (rubrique 3)*	10 **	–	
	B0-4 2 1 et B0-4 2 3	*Réserve négative (rubrique 4)*	40	–	174 du 29.6.1992, pp. 18/19
	B0-4 2 2	*Réserve négative en paiements*	–	30	349 du 30.11.1992, pp. 118/119
Total			***50***	***30***	
1996	*B0-4 2 0*	*Réserve négative*	***200***	***100***	22 du 29.1.1996, pp. 1618/1619
1997	*B0-4 5 1*	*Réserve négative pour la rubrique 3 des PF*	26	26	44 du 14.2.1997, pp. 1253/1254
	B0-4 5 2	*Réserve négative pour les Fonds structurels*	100	70	
Total			***126***	***96***	
2011***	*40 03 01*	*Réserve négative (sous-rubrique 3b : Citoyenneté)*	p.m.	178,6	172 du 30.6.2011, pp. 12/13
	40 03 02	*Réserve négative (rubrique 4 : L'UE acteur mondial)*	p.m.	3,8	
Total			***p.m.***	***182,4***	
2017 ****	*40 03 01*	*Réserve négative** ** **	–	***70,4***	136 du 24.5.2017, p. 9

** Création par le biais des budgets rectificatifs et supplémentaires n° 2/1992 et 3/1992 (JO L 174 du 29.6.1992, pp. 18/19 et L 349 du 30.11.1992, pp. 118/119)*

*** Apurement par le biais du BRS n° 3/1992 (JO L 349 du 30.11.1992, pp. 118/119)*

**** Création par le biais du BR n° 1/2011 (JO L 172 du 30.6.2011, pp. 12/13) et apurement par le biais du BR n° 3/2011 (JO L 251 du 27.9.2011, pp. 19/20)*

*** ** Création par le biais du BR n° 1/2017 (JO L 136 du 24.5.2017, p. 9) et apurement par le biais du BR n° 4/2017 (JO L 330 du 13.12.2017, pp. 36/37)*

*** ** * Crédits de paiement pour financer la mobilisation du Fonds de solidarité de l'Union européenne en faveur de Chypre, du Portugal et du Royaume-Uni (JO L 111 du 28.4.2017, pp. 6/7)*

LES MOBILISATIONS DE LA RÉSERVE POUR AIDES D'URGENCE DE 1993 À 2017

En millions d'euros

Année	Crédits d'engagement					Crédits de paiement					Destination
	Budgétisé	*Mobilisé*	*%*	*Non mobilisé*	*%*	*Budgétisé*	*Mobilisé*	*%*	*Non mobilisé*	*%*	
1993	*209*	209	*100*			*209*	209	*100*			n.d.
1994	*212*	212	*100*			*212*	212	*100*			n.d.
1995	*323*	236	*72,9*	87	*27,1*	*323*	150	*46,4*	173	*53,6*	n.d.
1996	*326*	326	*100*			*326*	155	*47,5*	171	*52,5*	n.d.
1997	*329*	0		329	*100*	*329*	0		329	*100*	n.d.
1998	*338*	150	*44,4*	188	*55,6*	*338*	100	*29,6*	238	*70,4*	Afrique ; Afghanistan, Kosovo ; dégâts causés par El Niño
1999	*346*	346	*100*			*346*	346	*100*			Kosovo, Albanie, Monténégro, FYROM
2000	*203*	180	*88,7*	23	*11,3*	*203*	180	*88,7*	23	*11,3*	Yougoslavie
2001	*208*	50	*24,0*	158	*76,0*	*208*	40	*19,2*	168	*80,8*	Afrique, Caucase, Moyen-Orient ; Afghanistan
2002	*213*	174	*81,7*	39	*18,3*	*213*	33	*15,5*	180	*84,5*	Afrique australe, Moyen-Orient ; Afghanistan, Iran, Pakistan
2003	*217*	115	*53,0*	102	*47,0*	*217*	79	*36,4*	138	*63,6*	Afrique australe ; Éthiopie, Irak
2004	*221*	0		221	*100*	*221*	0		221	*100*	-
2005	*223*	210	*94,2*	13	*5,8*	*223*	100	*44,8*	123	*55,16*	Kashmir ; pays affectés par le tsunami dans l'océan Indien
2006	*229*	180	*78,6*	49	*21,4*	*229*	72	*31,44*	157	*68,56*	Darfour ; Palestine, Liban
2007	*235*	49	*20,9*	185	*78,72*	*235*	0		235	*100*	Palestine
2008	*479*	479	*99,8*	1	*0,2*	*239*	68	*28,5*	171	*71,5*	Facilité alimentaire ; Géorgie
2009	*244*	188	*77,0*	56	*23,0*	*244*	15	*6,1*	229	*93,85*	Facilité alimentaire ; Asie du Sud-Est, corne de l'Afrique ; Somalie, Pakistan
2010	*249*	249	*100*			*249*	56	*22,5*	193	*77,51*	Région du Sahel ; Haïti, Pakistan, Palestine, Soudan
2011	*254*	254	*100*			*100*	100	*100*			Corne de l'Afrique ; Côte d'Ivoire, Japon, Libye, Pakistan, Soudan, Soudan du Sud
2012	*259*	224	*86,5*	35	*13,4*	*90*	90	*100*			Corne de l'Afrique, région du Sahel ; Cuba, Haïti, Mali, Myanmar, Pakistan, République démocratique du Congo, Soudan, Soudan du Sud, Syrie, Yémen
2013	*264*	200	*75,8*	64	*24,3*	*80*	43	*53,8*	37	*46,3*	Région du Sahel ; Mali, République centrafricaine, République démocratique du Congo, Syrie, Tchad
2014*	*297*	98				*150*	150	*100*			Épidémie d'Ebola en Guinée, au Libéria et en Sierra Leone ; Iraq, Soudan du Sud, Syrie
2015*	*303*	283				*150*	150	*100*			Réfugiés ; Afghanistan, Iraq, Soudan du Sud, Syrie, Ukraine, Yémen
2016*	*309*	430				*309*	118	*38,2*	191	*61,8*	Région du lac Chad ; Irak, Ouganda, Soudan, Soudan du Sud, Syrie, Turquie, Yémen
2017*	*315+23***	375				*315*	216	*68,6*	99	*31,4*	Corne de l'Afrique, Région du lac Chad ; Éthiopie, Irak, Soudan du Sud, Syrie, Yémen ; Politique étrangère et de sécurité commune

** Règle n+1 à partir de 2014 ** Suite au règlement (UE, Euratom) 2017/1123 du Conseil, du 20 juin 2017, modifiant le règlement (UE, Euratom) n° 1311/2013 fixant le cadre financier pluriannuel pour la période 2014-2020 (article 9 ; JO L 163 du 24.6.2017, p. 2) et au budget rectificatif n° 5/2017 (JO L 9 du 12.1.2018, pp. 14/15)*

LES MOBILISATIONS DU FONDS DE SOLIDARITÉ DE L'UNION EUROPÉENNE DE 2002 À 2017

En crédits d'engagement et en euros

Année	Date	Montant	Destination et fait générateur	BR n°	JO L
2002	21.11.2002	728.000.000	Allemagne (444 millions), Autriche (134 millions), France (21 millions) et République tchèque* (129 millions) (inondations)	*5/02*	358 du 31.12.2002, pp. 142/143
Total :	*1*	***728.000.000***			
2003	9.10.2003	56.250.000	France (8.626.000 ; naufrage du *Prestige*) et Italie (47.624.000 ; tremblement de terre et volcan *Etna*)	*5/03*	290 du 8.11.2003, p. 40
	9.10.2003	48.539.000	Portugal (feux de forêt)	*5/03*	290 du 8.11.2003, p. 41
Total :	*2*	***104.789.000***			
2004	30.3.2004	21.916.995	Espagne (1.331.000 ; feux de forêt), France (19.625.000 ; inondations) et Malte (961.000 ; tempête et inondations)	*3/04*	104 du 8.4.2004, p. 112
Total :	*1*	***21.916.995***			
2005	7.9.2005	5.667.578	Slovaquie (tempête)	*5/05*	269 du 14.10.2005, pp. 21/22
	17.11.2005	92.880.830	Estonie (1.289.765), Lettonie (9.487.180), Lituanie (378.910) et Suède (81.724.975) (tempêtes)	*6/05*	8 du 13.1.2006, pp. 44/45
Total :	*2*	***98.548.408***			
2006	27.4.2006	106.357.627	Autriche (14.799.000), Bulgarie* (20.354.000) et Roumanie* (71.198.000) (inondations)	*1/06*	154 du 8.6.2006, pp. 20/21
Total :	*1*	***106.357.627***			
2007	7.6.2007	24.370.114	Grèce (9.306.527) et Hongrie (15.063.587) (inondations)	*2/07*	202 du 3.8.2007, p. 18
	24.10.2007	172.195.985	Allemagne (166.905.985 ; tempête *Kyrill*) et France (5.290.000 ; cyclone tropical *Gamède*)	*6/07*	337 du 21.12.2007, p. 1
Total :	*2*	***196.566.099***			
2008	11.3.2008	162.387.985	Royaume-Uni (inondations)	*1/08*	85 du 27.3.2008, p. 7
	5.6.2008	98.023.212	Grèce (89.769.009 ; feux de forêt) et Slovénie (8.254.203 ; inondations)	*3/08*	162 du 21.6.2008, p. 30
	22.10.2008	12.780.000	France (ouragan *Dean*)	*7/08*	314 du 25.11.2008, p. 13
	18.12.2008	7.605.445	Chypre (sécheresse)	*10/08*	26 du 30.1.2009, p. 3
Total :	*4*	***280.796.642***			
2009	11.3.2009	11.785.377	Roumanie (inondations)	*1/09*	98 du 17.4.2009, p. 38
	16.9.2009	109.377.165	France (tempête *Klaus*)	*7/09*	273 du 17.10.2009, p. 14
	21.10.2009	493.771.159	Italie (tremblement de terre dans les Abruzzes)	*9/09*	304 du 19.11.2009, p. 5
Total :	*3*	***614.933.701***			
2010	24.11.2010	13.022.500	Irlande (inondations)	*7/10*	318 du 4.12.2010, p. 42
	15.12.2010	66.891.540	France (35.635.750 ; tempête *Xynthia*) et Portugal (31.255.790 ; inondations sur l'île de Madère)	*8/10*	342 du 28.12.2010, p. 16
Total :	*2*	***79.914.040***			
2011	2.5.2011	182.388.893	Croatie* (3,8 millions), Hongrie (22,5 millions), Pologne (105,6 millions), République tchèque (5,1 millions), Roumanie (25 millions) et Slovaquie (20,4 millions) (inondations)	*1/11*	132 du 19.5.2011, p. 13
	6.7.2011	19.546.647	Croatie* (1,2 million), République tchèque (10,9 millions) et Slovénie (7,5 millions) (inondations)	*3/11*	236 du 13.9.2011, p. 6
	13.12.2011	37.979.875	Espagne (21,1 millions ; tremblement de terre en Murcie) et Italie (16,9 millions ; pluies torrentielles en Vénétie)	*7/11*	4 du 7.1.2012, p. 14
Total :	*3*	***239.915.415***			
2012	13.6.2012	18.061.682	Italie (inondations en Ligurie et en Toscane)	*2/12*	178 du 10.7.2012, p. 13
	21.11.2012	670.192.359	Italie (séismes en Émilie-Romagne)	*5/12*	56 du 28.2.2013, p. 15
Total :	*2*	***688.254.041***			
2013	11.9.2013	14.607.942	Autriche (0,2 million), Croatie (0,3 million) et Slovénie (14,1 millions) (inondations)	*5/13*	326 du 6.12.2013, p. 43
	20.11.2013	400.519.089[a]	Allemagne (360,5 millions), Autriche (21,7 millions) et République tchèque (15,9 millions) (inondations) et Roumanie (2,5 millions) (sécheresse et incendies de forêt)	*9/13*	49 du 19.2.2014, pp. 231/282
Total :	*2*	***415.127.031***[a]			
[a] *150 millions d'euros en crédits de paiement proviennent du budget pour 2014*					
2014	17.12.2014	46.998.528[b]	Croatie (8,6 millions), Italie (16,3 millions), Slovénie (18,4 millions) (tempêtes de verglas et/ou inondations) et Grèce (3,7 millions) (tremblement de terre)	*4/14*	72 du 17.3.2015, p. 6
	17.12.2014	79.726.440[b]	Bulgarie (60,2 millions), Croatie (10,5 millions) et Serbie* (9 millions) (inondations)	*6/14*	72 du 17.3.2015, p. 7
Total :	*2*	***126.724.968***[b]			
[b] *Les crédits de paiement proviennent du budget pour 2015*					
2015	8.7.2015	66.505.850	Bulgarie (2 millions), Italie (56 millions) et Roumanie (8,5 millions) (inondations)	*4/15*	192 du 18.7.2015, pp. 13/14
	6.10.2015	16.274.765[c]	Bulgarie (6,4 millions) et Grèce (9,9 millions) (intempéries)	[c]	275 du 20.10.2015, pp. 30/31
Total :	*2*	***82.780.615***			
[c] *À partir des crédits pour les avances inscrits à l'article 13 06 01 (Fonds de solidarité de l'UE – États membres) du budget pour 2015*					
2016	11.10.2016	1.651.834[d]	Grèce (séisme ayant touché la région des Îles ioniennes)	[d]	284 du 20.10.2016, pp. 21/22
	14.12.2016	31.475.125	Allemagne (inondations en Bavière)	*6/16*	50 du 28.2.2017, pp. 49/50
Total :	*2*	***33.126.959***			
[d] *À partir des crédits pour les avances inscrits à l'article 13 06 01 (Fonds de solidarité de l'UE – États membres) du budget pour 2016*					
2017	5.4.2017	71.524.810	Royaume-Uni (60,3 millions), Chypre (7,3 millions) et Portugal (3,9 millions) (inondations, sécheresse et incendies)	*1/17*[e]	111 du 28.4.2017, pp. 6/7
	13.9.2017	1.196.797.579	Italie (séisme dans les Abruzzes, le Latium, les Marches et l'Ombrie)	*4/17*[f]	245 du 23.9.2017, pp. 3/4
Total :	*2*	***1.268.322.389***			
[e] *Un montant de 1,1 million d'euros provient de crédits inscrits pour les avances (voir page 289)* [f] *Un montant de 30 millions d'euros provient de crédits inscrits pour les avances (voir page 289)*					

** Pays dont l'adhésion est en cours de négociation*

Avances

En crédits d'engagement et de paiement et en euros

Année	Date	Montant	Destination		JO L
2015	17.12.2014	50.000.000	Paiement d'avances	-	68 du 13.3.2015, p. 47
2016	25.11.2015	50.000.000	Paiement d'avances	-	47 du 24.2.2016, p. 5
2017	14.12.2016	50.000.000	Paiement d'avances	-	50 du 28.2.2017, pp. 55/56

LES MOBILISATIONS DU FONDS EUROPÉEN D'AJUSTEMENT À LA MONDIALISATION DE 2007 À 2017

En crédits d'engagement et de paiement et en euros

Année	Date	Montant	Destination et secteur	JO L
2007	23.10.2007	3.816.280	France (automobile)	294 du 13.11.2007, pp. 21/22
	18.12.2007	14.794.688	Allemagne (12 766 150 ; téléphonie mobile) et Finlande (2 028 538 ; téléphonie mobile)	6 du 10.1.2008, p. 9
Total :	***2***	***18.610.968***		
2008	10.4.2008	3.106.882	Malte (681 207 ; textile) et Portugal (2 425 675 ; automobile)	128 du 16.5.2008, pp. 6/7
	22.10.2008	10.770.772	Espagne (10 471 778 ; automobile) et Lituanie (298 994 ; textile)	285 du 29.10.2008, pp. 13/14
	19.11.2008	35.158.075	Italie (textile)	330 du 9.12.2008, pp. 16/17
Total :	***3***	***49.035.729***		
2009	6.5.2009	3.384.300	Espagne (2 694 300 ; automobile) et *Commission (690 000 ; assistance technique)*	132 du 29.5.2009, p. 10
	16.9.2009	4.139.550	Espagne (3 306 750 ; textile) et Portugal (832 800 ; textile)	274 du 20.10.2009, pp. 28/29
	21.10.2009	5.553.850	Allemagne (téléphonie mobile)	304 du 19.11.2009, p. 4
	25.11.2009	24.029.924	Belgique (9 198 874 ; textile) et Irlande (14 831 050 ; informatique)	325 du 11.12.2009, pp. 1/2
	17.12.2009	15.931.423	Autriche (5 705 635 ; automobile), Pays-Bas (386 114 ; construction) et Suède (9 839 674 ; automobile)	347 du 24.12.2009, p. 28
Total :	***5***	***53.039.047***		
2010	9.3.2010	1.118.893	Lituanie (construction)	88 du 8.4.2010, p. 13
	9.3.2010	6.199.341	Allemagne (automobile)	88 du 8.4.2010, p. 14
	9.3.2010	258.163	Lituanie (électroménager)	88 du 8.4.2010, p. 15
	25.3.2010	662.088	Lituanie (fabrication de meubles)	88 du 8.4.2010, p. 16
	25.3.2010	523.481	Lituanie (habillement)	88 du 8.4.2010, p. 17
	16.6.2010	6.598.735	Espagne (produits céramiques)	154 du 19.6.2010, p. 24
	16.6.2010	1.950.000	Espagne (fabrication de portes et d'encadrements de portes)	154 du 19.6.2010, p. 25
	16.6.2010	2.570.853	Irlande (verrerie)	154 du 19.6.2010, p. 26
	16.6.2010	*1.110.000*	*Commission (assistance technique)*	*154 du 19.6.2010, p. 27*
	20.10.2010	8.893.336	Danemark (fabrication de machines et d'équipements)	286 du 4.11.2010, p. 15
	20.10.2010	2.405.671	Portugal (semis-conducteurs)	286 du 4.11.2010, p. 16
	20.10.2010	1.213.508	Danemark (fabrication de machines et d'équipements)	286 du 4.11.2010, p. 17
	20.10.2010	7.521.359	Danemark (fabrication de machines et d'équipements)	286 du 4.11.2010, p. 18
	20.10.2010	2.752.935	Espagne (automobile)	286 du 4.11.2010, p. 19
	20.10.2010	1.844.700	Espagne (habillement)	286 du 4.11.2010, p. 20
	20.10.2010	1.809.434	Pays-Bas (semis-conducteurs)	286 du 4.11.2010, p. 21
	24.11.2010	7.445.863	Irlande (services aux compagnies aériennes)	318 du 4.12.2010, p. 36
	24.11.2010	2.326.459	Pays-Bas (imprimerie et reproduction)	318 du 4.12.2010, p. 37
	24.11.2010	2.890.027	Pays-Bas (imprimerie et reproduction)	318 du 4.12.2010, p. 38
	24.11.2010	549.946	Pays-Bas (imprimerie et reproduction)	318 du 4.12.2010, p. 39
	24.11.2010	2.013.619	Pays-Bas (imprimerie et reproduction)	318 du 4.12.2010, p. 40
	24.11.2010	2.266.625	Pays-Bas (imprimerie et reproduction)	318 du 4.12.2010, p. 41
	24.11.2010	453.632	Pays-Bas (imprimerie et reproduction)	318 du 4.12.2010, p. 43
	15.12.2010	633.077	Pologne (automobile)	342 du 28.12.2010, p. 17
	15.12.2010	1.422.850	Espagne (construction)	342 du 28.12.2010, p. 18
	15.12.2010	114.250	Pologne (fabrication de moteurs)	342 du 28.12.2010, p. 19
	15.12.2010	2.059.466	Espagne (textile)	342 du 28.12.2010, p. 20
	15.12.2010	2.247.940	Slovénie (fabrication textile)	342 du 28.12.2010, p. 21
	15.12.2010	1.560.000	Espagne (distribution)	342 du 28.12.2010, p. 22
	15.12.2010	8.308.555	Allemagne (fabrication d'équipements d'impression)	342 du 28.12.2010, p. 23
	15.12.2010	382.200	Espagne (automobile)	342 du 28.12.2010, p. 24
Total :	***31***	***82.107.006***		
2011	3.2.2011	2.557.135*	Pays-Bas (technologies de l'information et de la communication)	41 du 15.2.2011, p. 8
	5.4.2011	323.820	République tchèque (denrées alimentaires)	98 du 13.4.2011, p. 13
	5.4.2011	453.570	Pologne (fabrication de machines)	104 du 20.4.2011, p. 45
	6.7.2011	14.181.901	Danemark (construction navale)	195 du 27.7.2011, p. 52
	6.7.2011	6.247.415	Danemark (fabrication d'éoliennes)	195 du 27.7.2011, p. 53
	6.7.2011	9.593.931	Belgique (industrie automobile)	195 du 27.7.2011, p. 54
	27.9.2011	8.284.908	Autriche (industrie métallurgique)	263 du 7.10.2011, p. 9
	27.9.2011	1.221.128	Autriche (équippements électroniques)	263 du 7.10.2011, p. 10
	27.9.2011	667.823	Pays-Bas (imprimerie et reproduction)	263 du 7.10.2011, p. 11
	27.9.2011	718.140	Pays-Bas (imprimerie et reproduction)	263 du 7.10.2011, p. 12
	27.9.2011	2.649.148	Pays-Bas (imprimerie et reproduction)	263 du 7.10.2011, p. 13
	27.9.2011	1.849.086	Pays-Bas (imprimerie et reproduction)	263 du 7.10.2011, p. 14
	27.9.2011	*610.000*	*Commission (assistance technique)*	*263 du 7.10.2011, p. 15*
	25.10.2011	4.347.868	Allemagne (industrie automobile)	289 du 8.11.2011, p. 30
	25.10.2011	3.944.606	Danemark (fabrication d'éoliennes)	289 du 8.11.2011, p. 31
	25.10.2011	1.449.500	Portugal (habillement et production de chaussures)	289 du 8.11.2011, p. 32
	16.11.2011	3.643.770	Autriche (transport routier)	317 du 30.11.2011, p. 28
	16.11.2011	2.918.500	Grèce (vente au détail)	317 du 30.11.2011, p. 29
	16.11.2011	12.689.838	Irlande (construction de bâtiments)	317 du 30.11.2011, p. 30
	16.11.2011	21.664.148	Irlande (travaux de construction spécialisés)	317 du 30.11.2011, p. 31
	16.11.2011	1.387.819	Irlande (architecture, ingénierie, services de contrôle et analyses techniques)	317 du 30.11.2011, p. 32
	13.12.2011	1.518.465	Portugal (industrie automobile)	4 du 7.1.2012, p. 11
	13.12.2011	3.918.850	Italie (construction de bâtiments)	4 du 7.1.2012, p. 15
	21.12.2011	24.493.525	France (industrie automobile)	6 du 10.1.2012, p. 5
Total :	***24***	***131.334.894***		
** À partir de crédits pour 2010*				
2012	19.4.2012	1.642.030	Espagne (construction de bâtiments)	130 du 17.5.2012, p. 21
	13.6.2012	1.631.565	Espagne (industrie du cuir et de la chaussure)	174 du 4.7.2012, p. 23
	4.7.2012	*730.000***	*Commission (assistance technique)*	*192 du 20.7.2012, p. 11*
	12.9.2012	1.300.000	Espagne (construction de bâtiments)	269 du 4.10.2012, p. 7
	12.9.2012	6.455.104	Danemark (construction navale)	269 du 4.10.2012, p. 8
	25.10.2012	11.949.666	France (industrie automobile)	307 du 7.11.2012, p. 74
	25.10.2012	2.898.594	Pays-Bas (construction de bâtiments)	307 du 7.11.2012, p. 75
	25.10.2012	4.325.854	Suède (industrie pharmaceutique)	307 du 7.11.2012, p. 76
	25.10.2012	2.029.235	Espagne (construction navale)	307 du 7.11.2012, p. 77
	25.10.2012	1.494.008	Pays-Bas (production d'aluminium)	307 du 7.11.2012, p. 78
	25.10.2012	2.696.382	Irlande (services à la clientèle)	307 du 7.11.2012, p. 79
	21.11.2012	7.488.000	Danemark (construction d'éoliennes)	328 du 28.11.2012, p. 19
	21.11.2012	5.352.944	Allemagne (imprimerie)	328 du 28.11.2012, p. 20

	12.12.2012	5.200.650	Autriche (services sociaux mobiles)	8 du 12.1.2013, p. 12
	12.12.2012	1.370.910	Danemark (composantes électroniques)	8 du 12.1.2013, p. 13
	12.12.2012	2.942.680	Roumanie (téléphonie mobile)	8 du 12.1.2013, p. 14
	12.12.2012	1.299.545	Espagne (fabrication de produits métalliques)	8 du 12.1.2013, p. 15
	12.12.2012	2.658.495	Italie (production de motocycles)	8 du 12.1.2013, p. 16
	12.12.2012	5.454.560	Suède (industrie automobile)	8 du 12.1.2013, p. 17
	12.12.2012	5.346.000	Finlande (téléphonie mobile)	8 du 12.1.2013, p. 18
Total :	***20***	***74.266.222***		
*** La Commission avait proposé 1 120 000 euros (doc. COM(2012) 160 final du 4.4.2012)*				
2013	21.5.2013	3.941.999	Autriche (industrie du tabac)	160 du 12.6.2013, p. 11
	21.5.2013	3.689.474	Italie (technologies de l'information et de la communication)	160 du 12.6.2013, p. 12
	21.5.2013	5.037.482	Italie (fabrication d'appareils ménagers)	160 du 12.6.2013, p. 13
	22.7.2013	*750.000*	*Commission (assistance technique)*	*209 du 3.8.2013, p. 16*
	9.10.2013	2.594.672	Italie (industrie automobile)	280 du 22.10.2013, p. 24
	9.10.2013	1.164.930	Italie (technologies de l'information et de la communication et composants électroniques)	284 du 26.10.2013, p. 22
	20.11.2013	840.000	Espagne (production de matériaux de construction)	323 du 4.12.2013, p. 33
	11.12.2013	6.364.643	Danemark (fabrication d'éoliennes)	349 du 21.12.2013, p. 95
	11.12.2013	9.810.000	Finlande (téléphonie mobile)	349 du 21.12.2013, p. 96
	11.12.2013	2.305.357	Allemagne (fabrication de modules solaires)	349 du 21.12.2013, p. 97
Total :	***10***	***36.498.557***		
2014	11.3.2014	840.000	Espagne (industrie textile)	90 du 26.3.2014, pp. 18/19
	16.4.2014	1.964.407	Espagne (industrie automobile)	134 du 7.5.2014, pp. 42/43
	16.4.2014	3.010.985	Italie (fabrication de produits électroniques et techniques)	134 du 7.5.2014, pp. 44/45
	25.9.2014	3.571.150	Roumanie (production d'acier)	292 du 8.10.2014, pp. 12/13
	25.9.2014	*330.000*	*Commission (assistance technique)*	*292 du 8.10.2014, pp. 14/15*
	25.9.2014	6.096.000	Grèce (industrie alimentaire)	292 du 8.10.2014, pp. 16/17
	22.10.2014	911.934	Belgique (production d'acier)	333 du 20.11.2014, pp. 9/10
	22.10.2014	700.000	Espagne (travail du bois)	333 du 20.11.2014, pp. 11/12
	22.10.2014	570.945	Belgique (industrie automobile)	333 du 20.11.2014, pp. 13/14
	22.10.2014	1.625.781	Pays-Bas (construction de bâtiments)	333 du 20.11.2014, pp. 15/16
	22.10.2014	960.000	Espagne (restauration)	333 du 20.11.2014, pp. 17/18
	22.10.2014	1.019.184	Espagne (fabrication de produits métalliques)	333 du 20.11.2014, pp. 19/20
	22.10.2014	12.704.605	France (industrie automobile)	333 du 20.11.2014, pp. 21/22
	26.11.2014	918.000	France (industrie alimentaire)	350 du 6.12.2014, pp. 7/8
	26.11.2014	1.501.200	Irlande (articles de jouaillerie et bijouterie)	350 du 6.12.2014, pp. 9/10
	26.11.2014	1.426.800	Finlande (construction navale)	350 du 6.12.2014, pp. 11/12
	26.11.2014	7.290.900	Grèce (commerce de détail)	350 du 6.12.2014, pp. 13/14
	17.12.2014	1.259.610	Pologne (industrie automobile)	12 du 14.1.2015, pp. 12/13
	17.12.2014	1.890.000	Italie (fabrication d'équipements électriques)	12 du 14.1.2015, pp. 14/15
	17.12.2014	6.444.000***	Grèce (commerce de détail)	12 du 14.1.2015, pp. 16/17
	17.12.2014	25.937.813***	France (transport aérien)	12 du 14.1.2015, pp. 18/19
Total :	***21***	***80.973.314***		
**** Financé majoritairement à partir de recettes affectées*				
2015	11.3.2015	981.956	Belgique (fabrication de métaux de base)	76 du 20.3.2015, pp. 52/53
	11.3.2015	115.205	Pologne (chimie et des produits chimiques)	76 du 20.3.2015, pp. 54/55
	11.3.2015	1.339.928	Belgique (verre et produits verriers)	76 du 20.3.2015, pp. 56/57
	11.3.2015	1.222.854	Belgique (fabrication de machines et équipements)	76 du 20.3.2015, pp. 58/59
	11.3.2015	1.591.486	Belgique (métaux de base)	76 du 20.3.2015, pp. 60/61
	11.3.2015	1.094.760	Allemagne (électronique et produits optiques)	76 du 20.3.2015, pp. 62/63
	15.4.2015	3.746.700	Grèce (édition)	106 du 24.4.2015, pp. 25/26
	15.4.2015	2.490.758	Irlande (réparation et installation de machines et d'équipements aéronautiques)	106 du 24.4.2015, pp. 27/28
	15.4.2015	5.046.000	Grèce (diffusion)	106 du 24.4.2015, pp. 29/30
	29.4.2015	6.052.200	France (transports)	117 du 8.5.2015, pp. 47/48
	8.7.2015	*630.000*	*Commission (assistance technique)*	*192 du 18.7.2015, pp. 11/12*
	17.7.2015	1.365.000	Finlande (commerce de gros)	225 du 28.8.2015, pp. 14/15
	6.10.2015	6.268.564	Belgique (construction de véhicules automobiles)	275 du 20.10.2015, pp. 24/25
	6.10.2015	1.414.848	Italie (transport aérien)	275 du 20.10.2015, pp. 26/27
	6.10.2015	6.958.623	Allemagne (véhicules automobiles)	275 du 20.10.2015, pp. 28/29
	16.12.2015	2.623.200	Finlande (programmation et conseils en informatique)	339 du 24.12.2015, pp. 44/45
	16.12.2015	442.293	Irlande (réparation et installation de machines et d'équipements)	339 du 24.12.2015, pp. 46/47
Total :	***17***	***43.384.375***		
2016	9.3.2016	1.095.544	Belgique (fabrication de verre)	74 du 19.3.2016, pp. 34/35
	13.4.2016	1.793.710	Suède (production de poids lourds)	105 du 21.4.2016, pp. 20/21
	13.4.2016	*380.000*	*Commission (assistance technique)*	*105 du 21.4.2016, pp. 22/23*
	8.6.2016	5.146.800	France (transports terrestres)	162 du 21.6.2016, pp. 10/11
	8.6.2016	6.468.000	Grèce (commerce de détail)	162 du 21.6.2016, pp. 12/13
	6.7.2016	1.824.041	Belgique (fabrication de machines et équipements)	189 du 14.7.2016, pp. 46/47
	11.10.2016	5.364.000	Finlande (téléphonie mobile)	284 du 20.10.2016, pp. 23/24
	11.10.2016	3.957.918	Suède (téléphonie mobile)	284 du 20.10.2016, pp. 25/26
	23.11.2016	1.131.358	Estonie (raffinage)	326 du 1er.12.1016, pp. 14/15
	14.12.2016	856.800	Espagne (fabrication d'automobiles)	50 du 28.2.2017, pp. 51/52
Total :	***10***	***28.018.171***		
2017	15.3.2017	1.818.750	Pays-Bas (commerce de détail)	80 du 25.3.2017, pp. 18/19
	5.4.2017	*310.000*	*Commission (assistance technique)*	*111 du 28.4.2017, pp. 8/9*
	17.5.2017	2.641.800	Finlande (fabrication de produits informatiques et électroniques)	143 du 3.6.2017, pp. 9/10
	14.7.2017	1.002.264	Espagne (extraction de houille et de lignite)	193 du 25.7.2017, pp. 2/3
	13.9.2017	3.520.080	Finlande (informatique)	245 du 23.9.2017, pp. 5/6
	15.11.2017	3.347.370	Italie (soutien aux entreprises)	310 du 25.11.2017, pp. 47/48
	12.12.2017	2.949.150	Grèce (commerce de détail)	3 du 6.1.2018, pp. 1/2
	12.12.2017	2.499.360	Finlande (commerce de détail)	3 du 6.1.2018, pp. 3/4
Total :	***8***	***18.088.774***		

LES "VIREMENTS GLOBAUX" DE 2000 À 2017

En crédits de paiement et en millions d'euros

Année	Virement n°	Date*	Montant	%**	Nb de lignes budgétaires concernées
2000	39/2000	18.10.	1.180,1	*1,3*	82 (40 renforcements et 42 réductions)
2001	35/2001	23.10.	544,9	*0,6*	41 (33 renforcements et 8 réductions)
2002	35/2002	15.10.	745,5	*0,8*	37 (24 renforcements et 13 réductions)
2003	27/2003	27.10.	1.725,2	*1,8*	44 (15 renforcements et 29 réductions)
2004	50/2004	20.10.	753,1	*0,8*	131 (28 renforcements et 103 réductions)
2005	31/2005	20.10.	1.236,5	*1,2*	162 (34 renforcements et 128 réductions)
2006	39/2006	20.10.	776,2	*0,7*	124 (32 renforcements et 92 réductions)
2007	36/2007	8.10.	425,8	*0,4*	65 (22 renforcements et 43 réductions)
2008	28/2008	17.10.	630,5	*0,5*	95 (26 renforcements et 69 réductions)
2009	27/2009	12.10.	486,7	*0,4*	79 (31 renforcements et 48 réductions)
2010	53/2010	29.9.	1.792,0	*1,5*	95 (51 renforcements et 44 réductions)
2011	34/2011	3.10.	719,2	*0,6*	103 (57 renforcements et 46 réductions)
2012	30/2012	27.9.	419,7	*0,3*	110 (65 renforcements et 45 réductions)
2013	26/2013	25.9.	509,8***	*0,4*	96 (59 renforcements et 37 réductions** ** *)
2014	31/2014	23.9.	175,1** **	*0,1*	57 (26 renforcements et 31 réductions** ** *)
2015	29/2015	30.9.	424,0	*0,3*	73 (26 renforcements et 47 réductions)
2016	23/2016	29.9.	855,9	*0,6*	88 (12 renforcements et 76 réductions)
2017	20/2017	28.9.	682,0	*0,5*	133 (14 renforcements et 119 réductions)

** Date de la proposition de virement de crédits de la Commission   ** Du budget adopté*

**** Montant proposé par la Commission. L'autorité budgétaire a accepté le virement pour un montant de 109,3 millions d'euros (voir Tome III, p. 275)*

*** ** Montant proposé par la Commission. L'autorité budgétaire n'a pas accepté le virement suite au rejet de la proposition de virement par le Conseil, mais a inclus les renforcements et réductions de crédits proposés dans le budget rectificatif n° 2/2014, adopté le 17 décembre 2014 (voir page 21)*

*** ** * Proposition de la Commission*

LES "VIREMENTS DE FIN D'ANNÉE" DE 2012 À 2017
(Article 179 du RF de 2012)

En crédits de paiement et en millions d'euros

Année	Virement n°	Date*	Montant	%**	Nb de lignes budgétaires concernées	Renforcements de crédits
2012	56/2012	4.1.2013	290,9	*0,2*	108 (3 renforcements et 105 réductions)	211,3 pour le FEDER (Objectifs n° 1 et 2 – articles *13 03 01* et *13 03 04*) et 79,6 pour le Fonds social européen (Objectif n° 1 – article *04 02 01*) pour l'achèvement de programmes relevant de 2000-2006
2013	45/2013	3.1.2014	139,8	*0,1*	55 (3 renforcements et 52 réductions)	106 pour le Fonds de cohésion (article *13 04 02*), 28,9 pour le Fonds social européen (compétitivité régionale – article *04 02 19*) et 4,9 pour le Fonds pour les frontières extérieures (article *18 02 06*)
2014	54/2014	5.1.2015	580,5***	*0,4*	37 (3 renforcements et 34 réductions)	564,3 pour le Fonds de cohésion (article *13 04 02*), 9 pour le Fonds européen pour la pêche (article *11 06 12*) et 7,1 pour des mesures en matière de retour, de réfugiés et de flux migratoires (article *18 03 51*)
2015	46/2015	7.1.2016	415,9** **	*0,3*	65 (2 renforcements et 63 réductions)	288,5 pour les programmes de développement rural (poste *05 04 05 01*) et 127,4 pour l'achèvement des programmes du FEDER (compétitivité régionale et emploi – article *13 03 18*)
2016	40/2016	5.1.2017	264,7** ** *	*0,2*	39 (1 renforcement et 38 réductions)	264,7 pour les programmes de développement rural (poste *05 04 05 01*)
2017	34/2017	4.1.2018	567,7	*0,4*	63 (1 renforcement et 62 réductions)	567,7 pour le développement rural (poste *05 04 60 01*)

** Date de la proposition de virement de crédits de la Commission   ** Du budget adopté   *** Dont 490,1 millions d'euros sont liés au retard qu'a accusé l'approbation des programmes opérationnels de développement rural en 2014 (poste 05 04 60 01) et 64,9 millions d'euros aux retards dans le financement de l'aide à la Turquie (via l'Instrument d'aide de préadhésion ; article 13 05 02)*

*** ** Dont 285 millions d'euros sont liés à l'exécution inférieure aux prévisions des crédits de paiement en faveur du Fonds européen d'aide aux plus démunis (FEAD ; article 04 06 01)*

*** ** * Dont 199,5 millions d'euros correspondent à des retards dans la mise en œuvre de la stratégie de préadhésion et d'élargissement et dans l'achèvement de la précédente aide de préadhésion (antérieure à 2014)*

LE NOMBRE DE LIGNES BUDGÉTAIRES MODIFIÉES PAR LE CONSEIL LORS DES PROCÉDURES BUDGÉTAIRES DE 2011 À 2017

Procédure pour	Lignes budgétaires*** modifiées dans la position du Conseil			
	Section III – Commission** **		Autres sections** ** ** *	Total
	*Crédits opérationnels*** ** *	*Crédits administratifs*** ** **		
2011*	239	129	109	**477**
2012*	275	133	83	**491**
2013*	294	137	82	**513**
2014**	219	150	83	**452**
2015**	288	n.d.	47	**n.d.**
2016**	248	n.d.	44	**n.d.**
2017**	168	n.d.	25	**n.d.**

** UE-27 ** UE-28 *** Articles ou postes ** ** Y inclus pensions et Écoles européennes*

*** ** * Y inclus crédits pour la gestion administrative et pour les agences exécutives et subventions aux agences décentralisées*

*** ** ** Y inclus lignes "XX", hors annexes pour les offices européens ** ** ** * Sections II et IV – X*

LES ÉTAPES CONDUISANT À UN ACCORD SUR LA POSITION DU CONSEIL SUR LES PROJETS DE BUDGETS POUR 2011-2017

2017

En crédits d'engagement et en millions d'euros

Position du Conseil sur le PB pour 2017	Proposition de compromis de la Présidence			
Rubrique ou sous-rubrique du CFP	**1ère**	**2ème**	**Accord****	*%*
1a Compétitivité pour la croissance et l'emploi	-145,25	-397	**-397**	*51,7*
1b Cohésion économique, sociale et territoriale	-3	-3	**-3**	*0,4*
2. Croissance durable : ressources naturelles	-80,88	-180,82	**-179,54**	*23,4*
3. Sécurité et citoyenneté	-19,34	-24,34	**-24,34**	*3,2*
4. L'Europe dans le monde	-61,6	-105,23	**-105,23**	*13,7*
5. Administration	-30	-49,86	**-58,24**	*7,6*
Agences décentralisées*	-5,01	-5,01	**-5,01**	*0,7*
Total	**-340,07**	**-760,25**	**-767,34**	*100,0*
Instruments spéciaux	-513	-513	**-513**	
Total général	**-853,07**	**-1.273,24**	**-1.280,34**	

** Le montant des réductions est inclus sous les différentes rubriques et sous-rubriques du CFP*

*** Comité budgétaire du 18 juillet 2016*

En crédits de paiement et en millions d'euros

Position du Conseil sur le PB pour 2017	Proposition de compromis de la Présidence			
Rubrique ou sous-rubrique du CFP	**1ère**	**2ème**	**Accord****	*%*
1a Compétitivité pour la croissance et l'emploi	-101,8	-277,6	**-331,5**	*37,7*
1b Cohésion économique, sociale et territoriale	-50	-230	**-199**	*22,6*
2. Croissance durable : ressources naturelles	-80,88	-229,32	**-198,04**	*22,5*
3. Sécurité et citoyenneté	-16,64	-21,64	**-21,64**	*2,5*
4. L'Europe dans le monde	-61,6	-70,22	**-70,22**	*8,0*
5. Administration	-30	-49,86	**-58,24**	*6,6*
Agences décentralisées*	-5,01	-5,01	**-5,01**	*0,6*
Total	**-340,92**	**-878,63**	**-878,63**	*100,0*
Instruments spéciaux	-230	-230	**-230**	
Total général	**-570,92**	**-1.108,63**	**-1.108,63**	

** Le montant des réductions est inclus sous les différentes rubriques et sous-rubriques du CFP*

*** Comité budgétaire du 18 juillet 2016*

2016

En crédits d'engagement et en millions d'euros

Position du Conseil sur le PB pour 2016	Proposition de compromis de la Présidence			
Rubrique ou sous-rubrique du CFP	**1ère**	**2ème**	**Accord****	**%**
1a Compétitivité pour la croissance et l'emploi	-20,92	-140,9	**-140,9**	*25,0*
1b Cohésion économique, sociale et territoriale	-3,1	-3,1	**-3,1**	*0,6*
2. Croissance durable : ressources naturelles	-50,08	-199,91	**-199,91**	*35,5*
3. Sécurité et citoyenneté	-25,11	-25,11	**-25,11**	*4,5*
4. L'Europe dans le monde	-163,44	-163,44	**-163,44**	*29,0*
5. Administration	-19,23	-31,15	**-31,15**	*5,5*
Agences décentralisées*	-5,11	-5,11	**-5,11**	*0,9*
Total	**-281,88**	**-563,62**	**-563,62**	*100,0*
Instruments spéciaux	0	0	**0**	
Total général	**-281,88**	**-563,62**	**-563,62**	

** Le montant des réductions est inclus sous les différentes rubriques et sous-rubriques du CFP*
*** Comité budgétaire du 6 juillet 2015*

En crédits de paiement et en millions d'euros

Position du Conseil sur le PB pour 2016	Proposition de compromis de la Présidence			
Rubrique ou sous-rubrique du CFP	**1ère**	**2ème**	**Accord****	**%**
1a Compétitivité pour la croissance et l'emploi	-317,02	-435,41	**-435,41**	*30,6*
1b Cohésion économique, sociale et territoriale	-43,1	-220,1	**-220,1**	*15,5*
2. Croissance durable : ressources naturelles	-101,3	-251,14	**-251,14**	*17,7*
3. Sécurité et citoyenneté	-30,28	-33,59	**-33,59**	*2,4*
4. L'Europe dans le monde	-400,44	-450,44	**-450,44**	*31,7*
5. Administration	-19,23	-31,15	**-31,15**	*2,2*
Agences décentralisées*	-5,32	-5,32	**-5,32**	*0,4*
Total	**-911,37**	**-1 421,84**	**-1 421,84**	*100,0*
Instruments spéciaux	0	0	**0**	
Total général	**-911,37**	**-1 421,84**	**-1 421,84**	

** Le montant des réductions est inclus sous les différentes rubriques et sous-rubriques du CFP*
*** Comité budgétaire du 6 juillet 2015*

2015

En crédits d'engagement et en millions d'euros

Position du Conseil sur le PB initial pour 2015	Proposition de compromis de la Présidence						
Rubrique ou sous-rubrique du CFP	**1ère**	**2ème**	**3ème**	**4ème**	**5ème****	**Accord*****	**%**
1a Compétitivité pour la croissance et l'emploi	-153,59	-153,59	-213,59	-257,59	-323,55	**-323,55**	*62,0*
1b Cohésion économique, sociale et territoriale	0	0	0	0	0	**0**	*0,0*
2. Croissance durable : ressources naturelles	-45,22	-60,59	-70,59	-130,55	-70,59	**-70,59**	*13,5*
3. Sécurité et citoyenneté	-34,23	-34,23	-34,23	-36,23	-30,23	**-30,23**	*5,8*
4. L'Europe dans le monde	-60	-60	-70	-70	-70	**-70**	*13,4*
5. Administration	-6,55	-27,56	-27,56	-27,56	-27,56	**-27,56**	*5,3*
Agences décentralisées*	-7,02	-7,02	-7,02	-7,02	-7,02	**-7,02**	*1,3*
Total	**-299,59**	**-335,97**	**-415,97**	**-521,93**	**-521,93**	**-521,93**	*100,0*
Instruments spéciaux	0	0	0	0	0	**0**	
Total général	**-299,59**	**-335,97**	**-415,97**	**-521,93**	**-521,93**	**-521,93**	

** Le montant des réductions est inclus sous les différentes rubriques et sous-rubriques du CFP* *** Coreper du 9 juillet 2014*
**** Coreper du 15 juillet 2014*

En crédits de paiement et en millions d'euros

Position du Conseil sur le PB initial pour 2015	Proposition de compromis de la Présidence						
Rubrique ou sous-rubrique du CFP	**1ère**	**2ème**	**3ème**	**4ème**	**5ème****	**Accord*****	**%**
1a Compétitivité pour la croissance et l'emploi	-462,94	-482,94	-682,94	-882,94	-970,44	**-1 334,94**	*62,4*
1b Cohésion économique, sociale et territoriale	-150	-220	-220	-220	-220	**-220**	*10,3*
2. Croissance durable : ressources naturelles	-100,23	-145,27	-145,27	-235,27	-145,27	**-145,27**	*6,8*
3. Sécurité et citoyenneté	-14,18	-16,18	-16,18	-25,98	-28,48	**-28,48**	*1,3*
4. L'Europe dans le monde	-73	-88	-110,1	-120,15	-120,15	**-384,15**	*17,9*
5. Administration	-6,55	-27,56	-27,56	-27,56	-27,56	**-27,56**	*1,3*
Agences décentralisées*	-7,02	-7,02	-7,02	-7,02	-7,02	**-7,02**	*0,3*
Total	**-806,9**	**-979,95**	**-1 202,05**	**-1 511,9**	**-1 511,9**	**-2 140,4**	*100,0*
Instruments spéciaux	0	0	0	0	0	**0**	
Total général	**-806,9**	**-979,95**	**-1 202,05**	**-1 511,9**	**-1 511,9**	**-2 140,4**	

** Le montant des réductions est inclus sous les différentes rubriques et sous-rubriques du CFP* *** Coreper du 9 juillet 2014*
**** Coreper du 15 juillet 2014*

2014

En crédits d'engagement et en millions d'euros

Position du Conseil sur le PB pour 2014	**Proposition de compromis de la Présidence**			
Rubrique ou sous-rubrique du CFP	**1ère**	**2ème**	**Accord****	*%*
1a Compétitivité pour la croissance et l'emploi	-7,78	-7,78	**-59,98**	*24,9*
1b Cohésion économique, sociale et territoriale	-3,3	-3,3	**-3,3**	*1,4*
2. Croissance durable : ressources naturelles	-1,59	-1,59	**-1,59**	*0,7*
3. Sécurité et citoyenneté	-4,53	-5,24	**-5,24**	*2,2*
4. L'Europe dans le monde	-17,28	-17,28	**-17,28**	*7,2*
5. Administration	-148,74	-153,28	**-153,28**	*63,7*
Agences décentralisées*	-8,64	-8,64	**-8,64**	*3,6*
Total	**-183,23**	**-188,48**	**-240,68**	*100,0*
Instruments spéciaux	0	0	**0**	
Total général	**-183,23**	**-188,48**	**-240,68**	

** Le montant des réductions est inclus sous les différentes rubriques et sous-rubriques du CFP*

*** Comité budgétaire du 15 juillet 2013*

En crédits de paiement et en millions d'euros

Position du Conseil sur le PB pour 2014	**Proposition de compromis de la Présidence**			
Rubrique ou sous-rubrique du CFP	**1ère**	**2ème**	**Accord****	*%*
1a Compétitivité pour la croissance et l'emploi	-163,96	-240,56	**-426,56**	*40,2*
1b Cohésion économique, sociale et territoriale	-194,26	-202,26	**-202,26**	*19,1*
2. Croissance durable : ressources naturelles	-112,59	-112,59	**-112,59**	*10,6*
3. Sécurité et citoyenneté	-9,3	-10,01	**-10,01**	*0,9*
4. L'Europe dans le monde	-91,03	-141,76	**-156,59**	*14,8*
5. Administration	-148,74	-153,28	**-153,28**	*14,4*
Agences décentralisées*	-8,64	-8,64	**-8,64**	*0,8*
Total	**-719,88**	**-860,46**	**-1 061,19**	*100,0*
Instruments spéciaux	0	0	**0**	
Total général	**-719,88**	**-860,46**	**-1 061,19**	

** Le montant des réductions est inclus sous les différentes rubriques et sous-rubriques du CFP*

*** Comité budgétaire du 15 juillet 2013*

2013

En crédits d'engagement et en millions d'euros

Position du Conseil sur le PB initial pour 2013	**Proposition de compromis de la Présidence**						
Rubrique ou sous-rubrique du CF	**1ère**	**2ème**	**3ème**	**4ème**	**5ème****	**Accord*****	*%*
1a Compétitivité pour la croissance et l'emploi	-38,18	-112,14	-449,04	-449,04	-449,04	**-469,15**	*40,6*
1b Cohésion pour la croissance et l'emploi	-7,4	-7,4	-7,4	-7,4	-7,4	**-7,4**	*0,6*
2. Conservation et gestion des ress. naturelles	-205,82	-233,82	-285,82	-359,82	-359,82	**-336,07**	*29,1*
3a Liberté, sécurité et justice	-2,94	-2,95	-14,95	-14,95	-14,95	**-14,95**	*1,3*
3b Citoyenneté	-1,2	-1,22	-9,52	-9,52	-9,52	**-9,52**	*0,8*
4. L'UE acteur mondial	-106,42	-106,42	-142,7	-142,7	-142,7	**-171,7**	*14,9*
5. Administration	-110,5	-120,75	-123,75	-131,75	-131,75	**-146,18**	*12,7*
Agences décentralisées*	-7,72	-7,72	-7,72	-7,72	-7,72	**-7,72**	*0,7*
Total	**-472,46**	**-584,69**	**-1 033,17**	**-1 115,17**	**-1 115,17**	**-1 154,96**	*100,0*

** Le montant des réductions est inclus sous les différentes rubriques et sous-rubriques du CF* *** Coreper du 3 juillet 2012*

**** Coreper du 11 juillet 2012*

En crédits de paiement et en millions d'euros

Position du Conseil sur le PB initial pour 2013	**Proposition de compromis de la Présidence**						
Rubrique ou sous-rubrique du CF	**1ère**	**2ème**	**3ème**	**4ème**	**5ème****	**Accord*****	*%*
1a Compétitivité pour la croissance et l'emploi	-928,93	-1 268,94	-1 618,44	-1 838,54	-1 838,54	**-1 897,65**	*36,3*
1b Cohésion pour la croissance et l'emploi	-780,7	-1 632	-2 385,62	-2 196,96	-1 999,97	**-1 599,74**	*30,6*
2. Conservation et gestion des ress. naturelles	-360,32	-388,32	-440,32	-514,32	-514,32	**-490,57**	*9,4*
3a Liberté, sécurité et justice	-36,8	-50,97	-50,97	-50,97	-50,97	**-50,97**	*1,0*
3b Citoyenneté	-6,03	-9,55	-9,55	-9,55	-9,55	**-9,55**	*0,2*
4. L'UE acteur mondial	-287,57	-326,01	-356,29	-358,29	-554,79	**-1 034,3**	*19,8*
5. Administration	-110,5	-120,75	-123,75	-131,75	-131,75	**-146,18**	*2,8*
Agences décentralisées*	-7,72	-7,72	-7,72	-7,72	-7,72	**-7,72**	*0,1*
Total	**-2 510,85**	**-3 796,96**	**-4 984,94**	**-5 100,38**	**-5 099,88**	**-5 228,96**	*100,0*

** Le montant des réductions est inclus sous les différentes rubriques et sous-rubriques du CF* *** Coreper du 3 juillet 2012*

**** Coreper du 11 juillet 2012*

2012

En crédits d'engagement et en millions d'euros

Position du Conseil sur le PB pour 2012	Proposition de compromis de la Présidence				
Rubrique ou sous-rubrique du CF	1ère	2ème	3ème	Accord**	%
1a Compétitivité pour la croissance et l'emploi	-684,24	-695,9	-695,9	**-695,9**	*43,8*
1b Cohésion pour la croissance et l'emploi	0	0	0	**0**	*0,0*
2. Conservation et gestion des ress. naturelles	-454,6	-505,6	-700,6	**-545,6**	*34,3*
3a Liberté, sécurité et justice	-65,15	-55,65	-55,65	**-55,65**	*3,5*
3b Citoyenneté	-15,6	-15,55	-15,55	**-15,55**	*1,0*
4. L'UE acteur mondial	-203,57	-203,57	-203,57	**-203,57**	*12,8*
5. Administration	-71,3	-72,73	-72,73	**-73,73**	*4,6*
Agences décentralisées*	-38,3	-38,3	-38,3	**-38,3**	*2,4*
Total	**-1 494,42**	**-1 549,0**	**-1 744,0**	**-1 590,0**	*100,0*

** Le montant des réductions est inclus sous les différentes rubriques et sous-rubriques du CF*

*** Comité budgétaire du 1er juillet 2011*

En crédits de paiement et en millions d'euros

Position du Conseil sur le PB pour 2012	Proposition de compromis de la Présidence				
Rubrique ou sous-rubrique du CF	1ère	2ème	3ème	Accord**	%
1a Compétitivité pour la croissance et l'emploi	-660,22	-895	-927	**-1 132**	*31,0*
1b Cohésion pour la croissance et l'emploi	-757,6	-840	-1 100,49	**-1 299,28**	*35,6*
2. Conservation et gestion des ress. naturelles	-740,51	-786,51	-951,51	**-786,51**	*21,5*
3a Liberté, sécurité et justice	-44,3	-44,26	-44,26	**-44,26**	*1,2*
3b Citoyenneté	-16,53	-14,53	-14,53	**-14,53**	*0,4*
4. L'UE acteur mondial	-251,86	-268,86	-266,86	**-300,37**	*8,2*
5. Administration	-71,3	-72,73	-72,73	**-73,73**	*2,0*
Agences décentralisées*	-40,1	-40,1	-40,1	**-40,1**	*1,1*
Total	**-2 542,29**	**-2 921,87**	**-3 377,37**	**-3 650,67**	*100,0*

** Le montant des réductions est inclus sous les différentes rubriques et sous-rubriques du CF*

*** Comité budgétaire du 1er juillet 2011*

2011

En crédits d'engagement et en millions d'euros

Position du Conseil sur le PB initial pour 2011	Proposition de compromis de la Présidence					
Rubrique ou sous-rubrique du CF	1ère	2ème	3ème	4ème	Accord**	%
1a Compétitivité pour la croissance et l'emploi	-45,38	-45,38	-46,55	-46,55	**-46,55**	*5,9*
1b Cohésion pour la croissance et l'emploi	0	0	0	0	**0**	*0,0*
2. Conservation et gestion des ress. naturelles	-461,08	-415,08	-602,64	-479,64	**-474,64**	*60,2*
3a Liberté, sécurité et justice	-10,14	-10,14	-10,91	-10,91	**-10,91**	*1,4*
3b Citoyenneté	0,5	0,5	0,16	0,16	**0,16**	*0,0*
4. L'UE acteur mondial	-93,65	-93,65	-93,74	-93,74	**-93,74**	*11,9*
5. Administration	-133,0	-132,99	-158,15	-158,15	**-162,15**	*20,6*
Agences décentralisées*	-10,71	-10,71	-13,45	-13,45	**-13,45**	*1,7*
Total	**-742,74**	**-696,74**	**-911,83**	**-788,83**	**-787,83**	*100,0*

** Le montant des réductions est inclus sous les différentes rubriques et sous-rubriques du CF*

*** Comité budgétaire du 29 juin 2010*

En crédits de paiement et en millions d'euros

Position du Conseil sur le PB initial pour 2011	Proposition de compromis de la Présidence					
Rubrique ou sous-rubrique du CF	1ère	2ème	3ème	4ème	Accord**	%
1a Compétitivité pour la croissance et l'emploi	-727,16	-727,16	-842,14	-874,14	**-891,14**	*24,7*
1b Cohésion pour la croissance et l'emploi	-1 790	-1 400	-980	-1 100	**-1 075**	*29,8*
2. Conservation et gestion des ress. naturelles	-790,4	-746,4	-996,31	-820,71	**-820,71**	*22,7*
3a Liberté, sécurité et justice	-58,83	-48,83	-49,61	-49,61	**-49,61**	*1,4*
3b Citoyenneté	-19,31	-19,31	-19,3	-19,3	**-19,3**	*0,5*
4. L'UE acteur mondial	-506,81	-506,81	-586,9	-586,9	**-590,9**	*16,4*
5. Administration	-132,99	-132,99	-158,15	-158,15	**-162,15**	*4,5*
Agences décentralisées*	-9,56	-9,56	-11,81	-11,81	**-11,81**	*0,3*
Total	**-4 025,5**	**-3 581,5**	**-3 632,41**	**-3 608,81**	**-3 608,81**	*100,0*

** Le montant des réductions est inclus sous les différentes rubriques et sous-rubriques du CF*

*** Comité budgétaire du 29 juin 2010*

VOTES AU CONSEIL LORS DES PROCÉDURES BUDGÉTAIRES DE 2011 À 2017

Budget pour	Position du Conseil sur le PB*	Position du Conseil sur le nouveau PB	Adoption du projet commun de budget
2011	Majorité qualifiée[1]	Unanimité	–
2012	Majorité qualifiée[2]	–	Unanimité
2013	Majorité qualifiée[3]	Majorité qualifiée[4]	–
2014	Majorité qualifiée[5]	–	Majorité qualifiée[6]
2015	Majorité qualifiée[7]	Majorité qualifiée[7]	–
2016	Unanimité	–	Unanimité
2017	Majorité qualifiée[7]	–	Majorité qualifiée[8]

** PB initial pour 2011, 2013 et 2015*

[1] *L'Autriche, le Danemark, la Finlande, les Pays-Bas, la République tchèque, la Suède et le Royaume-Uni votant contre*

[2] *L'Autriche, le Danemark, la Finlande, les Pays-Bas, la Suède et le Royaume-Uni votant contre*

[3] *Les Pays-Bas, la Suède et le Royaume-Uni votant contre et l'Autriche s'abstenant*

[4] *L'Autriche, les Pays-Bas, la Suède et le Royaume-Uni votant contre*

[5] *La Belgique, le Danemark et le Royaume-Uni s'abstenant*

[6] *Le Danemark, les Pays-Bas, la Suède et le Royaume-Uni votant contre*

[7] *Le Royaume-Uni s'abstenant*

[8] *La Grèce, l'Italie et le Royaume-Uni s'abstenant*

LE NOMBRE D'AMENDEMENTS ADOPTÉS PAR LE PARLEMENT EUROPÉEN LORS DES PROCÉDURES BUDGÉTAIRES DE 2011 À 2017

Procédure pour	Section III – Commission	Autres*** sections	Total
2011*	346	68	**414**
2012*	369	58	**427**
2013*	411	81	**492**
2014**	445	64	**509**
2015**	409	60	**469**
2016**	456	61	**517**
2017**	371	57	**428**

** UE-27 ** UE-28 *** Sections I et IV – X*

LE DÉVELOPPEMENT DE LA NOMENCLATURE DU BUDGET DE L'UNION EUROPÉENNE DE 2011 À 2017

Année*	2011	2012	2013	2014	2015	2017
Section I – Parlement européen :						
Titres	5	5	5	5	5	6
Chapitres	19	19	19	19	19	20
Articles	43	44	50	42	43	44
Postes	65	65	60	62	59	62
Imputations**	97	98	92	95	95	98
Section II – Conseil européen et Conseil :						
Titres	5	4	4	3	3	3
Chapitres	15	10	13	9	9	9
Articles	36	24	33	21	22	22
Postes	113	76	102	72	72	72
Imputations**	120	82	109	77	78	78
Section III – Commission* :**						
Titres	33	34	34	35	35	35
Chapitres	159	162	161	126	126	128
Articles	692	718	742	615	625	642
Postes	658	638	649	784	832	896
Imputations**	1.140	1.148	1.191	1.165	1.182	1.296
Annexes de la section III ** :**						
Titres	6	6	6	6	6	6
Chapitres	17	17	17	17	17	17
Articles	58	58	58	58	58	57
Postes	18	18	18	18	18	18
Imputations**	68	68	68	68	68	67
Section IV – Cour de justice :						
Titres	4	4	4	4	4	4
Chapitres	12	12	12	12	12	12
Articles	34	34	36	34	34	33
Postes	36	36	36	36	36	39
Imputations**	60	60	60	60	60	62
Section V – Cour des comptes :						
Titres	3	3	3	3	3	3
Chapitres	11	11	11	11	11	11
Articles	33	33	35	33	33	33
Postes	34	35	35	35	28	35
Imputations**	58	58	59	59	59	59
Section VI – Comité économique et social européen :						
Titres	3	3	3	3	3	3
Chapitres	12	12	12	12	12	12
Articles	25	25	28	25	26	26
Postes	46	45	46	46	47	47
Imputations**	61	61	61	61	62	62

Année*	2011	2012	2013	2014	2015	2017
Section VII – Comité des régions :						
Titres	3	3	3	3	3	3
Chapitres	12	12	12	12	12	12
Articles	26	26	29	26	27	27
Postes	45	45	45	45	46	46
Imputations**	61	61	61	61	62	63
Section VIII – Médiateur européen :						
Titres	4	4	4	4	4	4
Chapitres	13	13	13	13	13	13
Articles	26	26	28	26	27	27
Postes	26	26	25	26	27	27
Imputations**	42	42	42	42	43	43
Section IX – Contrôleur européen de la protection des données :						
Titres	3	3	4	4	4	4
Chapitres	5	5	6	6	6	6
Articles	7	7	13	12	12	12
Postes	28	29	45	51	51	52
Imputations**	32	32	48	54	52	55
Section X – Service européen pour l'action extérieure :						
Titres	4	4	4	4	4	4
Chapitres	11	11	11	11	11	11
Articles	16	17	19	18	16	16
Postes	67	52	52	52	57	56
Imputations**	71	59	59	60	61	60
Total hors section III :						
Titres	*34*	*33*	*34*	*33*	*33*	*34*
Chapitres	*110*	*105*	*109*	*105*	*105*	*106*
Articles	*246*	*236*	*271*	*237*	*240*	*240*
Postes	*460*	*409*	*446*	*425*	*423*	*436*
Imputations**	*602*	*553*	*591*	*569*	*572*	*580*
Total général :						
Titres	**73**	**73**	**74**	**74**	**74**	**75**
Chapitres	**286**	**284**	**287**	**248**	**248**	**251**
Articles	**996**	**1.012**	**1.071**	**910**	**923**	**939**
Postes	**1.136**	**1.065**	**1.113**	**1.227**	**1.273**	**1.350**
Imputations**	**1.810**	**1.769**	**1.850**	**1.802**	**1.822**	**1.943**

** 2011-2013 : UE-27 ; 2014-2017 : UE-28 ** Articles ou postes *** Les chiffres n'incluent pas le titre "XX" ** ** OP, OLAF, EPSO (avec l'EUSA), PMO, OIB et OIL*

LES EFFECTIFS AUTORISÉS DE 2000 À 2017

Postes permanents et temporaires
(Source : Commission)

Institution(s)[1]	2000	2001	2002	2003	2004	2005	2006	2007	2008	2009	2010	2011[a]	2012	2013	2014	2015	2016	2017
Parlement européen*	4.144	4.173	4.259	4.881	5.320	5.597	5.801	5.933	5.940	6.081	6.285	6.537	6.684	6.743	6.786	6.739	6.762	6.743
Conseil européen** et Conseil	2.648	2.652	2.701	2.919	3.186	3.280	3.440	3.497	3.497	3.512	3.572	3.173	3.153	3.153	3.101	3.072	3.040	3.027
Commission***	21.537	21.613	22.282	22.363	23.141	23.841	24.390	25.235	26.020	26.209	26.179	25.061	25.065	24.942	24.781	24.428	24.044	23.756
Agences exécutives					*12*	*100*	*123*	*167*	*327*	*368*	*390*	*401*	*413*	*425*	*491*	*544*	*621*	*590*
Total "Commission"	**21.537**	**21.613**	**22.282**	**22.363**	**23.153**	**23.941**	**24.513**	**25.402**	**26.347**	**26.577**	**26.569**	**25.462**	**25.478**	**25.367**	**25.272**	**24.972**	**24.665**	**24.346**
Cour de justice	1.006	1.050	1.077	1.140	1.641	1.717	1.757	1.882	1.893	1.931	1.927	1.954	1.952	2.002	1.991	1.998	2.073	2.063
Cour des comptes	552	552	575	605	736	777	791	836	858	880	889	887	887	891	882	872	862	853
CESE Comité des régions	742	753	514	525	618	636	671	695	700	704	710	721	724	727	720	713	670	665
			250	252	408	428	457	466	491	502	506	524	531	537	532	527	496	489
Médiateur européen			27	31	38	51	57	57	57	63	63	64	66	67	67	66	66	65
CEPD					15	19	24	29	33	37	39	41	43	45	45	46	47	56
SEAE											100	1.643	1.670	1.670	1.661	1.645	1.628	1.611
Total "autres institutions"	**9.092**	**9.180**	**9.403**	**10.353**	**11.962**	**12.505**	**12.998**	**13.395**	**13.469**	**13.710**	**14.091**	**15.544**	**15.710**	**15.835**	**15.785**	**15.678**	**15.644**	**15.572**
Total "toutes institutions"	**30.629**	**30.793**	**31.685**	**32.716**	**35.115**	**36.446**	**37.511**	**38.797**	**39.816**	**40.287**	**40.660**	**41.006**	**41.188**	**41.202**	**41.057**	**40.650**	**40.309**	**39.918**
*Agences et organes** ***	*n.d.*	*n.d.*	*1.046*	*1.329*	*1.565*	*1.997*	*2.438*	*2.914*	*3.492*	*3.835*	*4.708*	*5.026*	*5.268*	*5.557*	*5.580*	*5.710*	*5.740*	*6.014*
Total général	**n.d.**	**n.d.**	**32.731**	**34.045**	**36.680**	**38.443**	**39.949**	**41.711**	**43.308**	**44.122**	**45.368**	**46.032**	**46.456**	**46.759**	**46.637**	**46.360**	**46.049**	**45.932**

[1] *Budgets adoptés pour 2000-2017, budgets rectificatifs inclus*

[a] *Transfert de 411 postes du Conseil et de 1 114 postes de la Commission au Service européen pour l'action extérieure (voir Tome II, pp. 169/170)*

* *Avec les postes pour le Médiateur européen en 2000 et 2001*

** *À partir de 2010*

*** *Y inclus les postes pour les offices européens : OPOCE/OP, OLAF, EPSO (depuis 2003 et depuis 2007 avec l'EUSA), PMO, OIB et OIL (ces trois derniers depuis 2003)*

** ** *Agences décentralisées et organes de l'Union européenne recevant une subvention du budget de l'Union*

PART DES DÉPENSES DES INSTITUTIONS DU TOTAL DE LA RUBRIQUE 5 (*ADMINISTRATION*) DU CADRE FINANCIER PLURIANNUEL DE 2000 À 2017

Institution(s)[1]	Budget 2000	Budget 2001	Budget 2002	Budget 2003	Budget 2004	Budget 2005	Budget 2006	Budget 2007	Budget 2008	Budget 2009	Budget 2010	Budget 2011	Budget 2012	Budget 2013	Budget 2014	Budget 2015	Budget 2016	Budget 2017
Parlement européen	20,11%	20,00%	19,98%	20,19%	19,99%	20,00%	19,70%	19,85%	19,68%	19,87%	20,39%	20,03%	20,16%	19,25%	20,13%	19,77%	19,38%	19,25%
Conseil européen et Conseil	–	–	–	–	–	–	–	–	–	–	8,04%	6,69%	6,26%	5,89%	6,13%	5,97%	5,75%	5,66%
Conseil	7,25%	7,44%	7,76%	8,02%	8,52%	8,94%	8,82%	8,43%	8,06%	7,83%	–	–	–	–	–	–	–	–
Commission*	49,66%	50,18%	50,04%	49,12%	46,57%	47,21%	47,18%	46,51%	46,19%	46,36%	45,73%	39,41%	39,00%	36,67%	37,45%	36,08%	35,35%	35,27%
Cour de justice	2,74%	2,87%	2,86%	2,80%	3,76%	3,65%	3,73%	3,87%	3,98%	4,09%	4,18%	4,05%	4,09%	3,90%	4,07%	3,93%	3,99%	4,03%
Cour des comptes	1,47%	1,49%	1,64%	1,43%	1,55%	1,71%	1,69%	1,72%	1,80%	2,44%	1,88%	1,71%	1,67%	1,57%	1,53%	1,46%	1,43%	1,42%
CESE	1,69%	1,58%	1,51%	1,51%	1,65%	1,63%	1,61%	1,60%	1,55%	1,57%	1,56%	1,53%	1,51%	1,43%	1,47%	1,42%	1,37%	1,35%
Comité des régions	0,73%	0,71%	0,70%	0,72%	0,96%	0,95%	0,94%	0,95%	0,96%	0,99%	1,01%	1,00%	1,01%	0,96%	1,00%	0,98%	0,95%	0,94%
Médiateur européen	0,08%	0,08%	0,08%	0,08%	0,09%	0,11%	0,11%	0,12%	0,12%	0,12%	0,12%	0,11%	0,11%	0,11%	0,11%	0,11%	0,11%	0,11%
CEPD	–	–	0,02%	p.m.	–	0,05%	0,05%	0,07%	0,07%	0,09%	0,09%	0,09%	0,09%	0,08%	0,09%	0,10%	0,10%	0,11%
SEAE	–	–	–	–	–	–	–	–	–	–	–	5,51%	5,73%	5,59%	5,95%	6,64%	6,68%	6,65%
Pensions, Écoles eur. et marge	*16,27%*	*15,66%*	*15,41%*	*16,11%*	*16,90%*	*15,75%*	*16,15%*	*16,88%*	*17,58%*	*16,65%*	*17,00%*	*19,87%*	*20,36%*	*24,55%*	*22,05%*	*23,54%*	*24,89%*	*25,21%*
Total	**100,00%**	**100,00%**	**100,00%**	**100,00%**	**100,00%**	**100,00%**	**100,00%**	**100,00%**	**100,00%**	**100,00%**	**100,00%**	**100,00%**	**100,00%**	**100,00%**	**100,00%**	**100,00%**	**100,00%**	**100,00%**

[1] *Budgets adoptés, hors budgets rectificatifs*

* *Hors pensions et Écoles européennes*

LE RÈGLEMENT FINANCIER DU 25 JUIN 2002 ET SES TROIS MODIFICATIONS

Adoption	Règlement n°	JO L	Objet
25.6.2002	*1605/2002*	*248 du 16.9.2002, pp. 1/48***	*Règlement financier du 25 juin 2002 (applicable à partir du 1er janvier 2003*)*
13.12.2006	1995/2006	390 du 30.12.2006, pp. 1/26***	Modification du RF de 2002 conformément à son article 184 (1ère révision triennale)
17.12.2007	1525/2007	343 du 27.12.2007, pp. 9/10	Partis politiques au niveau européen et règles concernant leur financement
24.11.2010	1081/2010	311 du 26.11.2010, pp. 9/14	Service européen pour l'action extérieure

** Avec exceptions (voir article 181 du RF de 2002) ** Rectificatif au JO L 25 du 30.1.2003, p. 43 *** Rectificatif au JO L 48 du 22.2.2008, p. 88*

LES MODALITÉS D'EXÉCUTION DU RÈGLEMENT FINANCIER DU 25 JUIN 2002 ET SES TROIS MODIFICATIONS

Adoption	Règlement n°	JO L	Objet
23.12.2002	*2342/2002*	*357 du 31.12.2002, pp. 1/71**	*Modalités d'exécution du règlement financier du 25 juin 2002*
20.7.2005	1261/2005	201 du 2.8.2005, pp. 3/22	Prise en compte de la directive sur les marchés publics, nouvelles formes des actes de base etc.
7.8.2006	1248/2006	227 du 19.8.2006, pp. 3/21	Modification *"Fast track"* (mise en œuvre des principes budgétaires, rôle et responsabilité des acteurs financiers etc.)
23.4.2007	478/2007	111 du 28.4.2007, pp. 13/45	Modification liée à la 1ère révision triennale du RF de 2002

** Rectificatif au JO L 345 du 28.12.2005, pp. 35/36*

LE RÈGLEMENT FINANCIER DU 25 OCTOBRE 2012 ET SES MODIFICATIONS
(Situation fin 2017)

Adoption	Règlement n°	JO L	Objet principal
25.10.2012	*966/2012*	*298 du 26.10.2012, pp. 1/96**	*Règlement financier du 25 octobre 2012 (applicable à partir du 1er janvier 2013**)*
15.5.2014	547/2014	163 du 29.5.2014, pp. 18/21	Prise en compte de l'accord sur le règlement fixant le CFP pour 2014-2020***
22.10.2014	1142/2014	317 du 4.11.2014, pp. 28/34	Partis politiques au niveau européen et règles concernant leur financement** **
28.10.2015	2015/1929	286 du 30.10.2015, pp. 1/29	Prise en compte des directives sur la passation des marchés publics et sur l'attribution de contrats de concession** ** *
Proposition de la Commission :			*Modification du règlement financier dans le cadre de la proposition "omnibus"** ** ***

** Avec un rectificatif au JO L 188 du 16.7.2015, p. 55. Les onze déclarations adoptées lors de l'adoption du RF de 2012 sont reproduites au JO C 329 du 26.10.2012, pp. 1/3*

*** Avec exceptions (voir article 214 du RF de 2012) *** Report des crédits d'engagement du MIE et de la réserve pour aides d'urgence et reconstitution des crédits en lien avec la réserve de performance et l'instrument financier spécifique en faveur des PME. Cette modification est entrée en vigueur en juin 2014*

*** ** Cette modification est d'application à partir du 1er janvier 2017 ** ** * JO L 94 du 28.3.2014, pp. 65/242 et 1/64. Cette modification est d'application à partir du 1er janvier 2016*

*** ** ** Doc. COM(2016) 605 final, du 14 septembre 2016 (voir page 294)*

RÈGLEMENTS DÉLÉGUÉS DE LA COMMISSION RELATIFS AU RÈGLEMENT FINANCIER DU 25 OCTOBRE 2012 (RÈGLES D'APPLICATION)

Adoption	Règlement n°	JO L	Objet principal
29.10.2012	*1268/2012*	*362 du 31.12.2012, pp. 1/111*	*Règles d'application du règlement financier du 25 octobre 2012*
30.9.2013	1271/2013	328 du 7.12.2013, pp. 42/68	Règlement financier-cadre des organismes visés à l'article 208 du RF de 2012
30.9.2013	110/2014	38 du 7.2.2014, pp. 2/15	Règlement financier type pour les organismes de partenariat public-privé visés à l'article 209 du RF de 2012
30.10.2015	2015/2461	342 du 29.12.2015, pp. 1/6	Règlement financier type pour les organismes de partenariat public-privé visés à l'article 209 du RF de 2012
30.10.2015	2015/2462	342 du 29.12.2015, pp. 7/56	Modification liée à modification du RF de 2012 du 28 octobre 2015

BUDGETARY PROCEDURES OF THE EUROPEAN UNION FROM 2015 TO 2017

From crisis to recovery

2015: A complicated exercise

The *budgetary procedure for 2015* was particularly difficult[1], and it took all the political willpower of the three EU institutions (European Parliament, Council and Commission) involved in the process to get an agreement in order to avoid a serious budgetary crisis in the EU, and a recourse to the system of "provisional twelfths" [2] at the beginning of 2015. This agreement was reached during an "emergency budget procedure" [3] – itself complicated – conducted in all urgency in December 2014. The budgetary conciliation procedure, introduced by the Lisbon Treaty[4], was thus not successful, for the third time in five years[5].

The most important contentious issue was the way to cope with unpaid bills, the budgetary authority (European Parliament and Council) agreeing to mobilise *in fine*, in the context of a global agreement reached in December 2014 covering both the 2015 budget and all pending amending budgets for 2014, an additional amount in 2014 of 3,5 billion euros in payment appropriations through amending budget No 2/2014.

To cover these 3,5 billion euros, the agreement includes the mobilisation of the contingency margin[6], for an amount of 3,2 billion euros in payment appropriations, as well as the adoption of a record high number of six pending draft amending budgets, and the setting up in 2015 of a payment plan destined to reduce the level of unpaid bills (see below).

2016: Learning from past experience

Compared to many past budget procedures of the EU, the *budgetary procedure for 2016* was much less complex. There are several reasons for this, notably the agreement of the two arms of the budgetary authority on a 2015-2016 payment schedule[7] before the Commission presented its draft budget for 2016, the adoption by the Council and by the European Parliament of seven draft amending budgets for 2015 presented by the Commission before the beginning of the budgetary conciliation procedure on the EU budget, the increase of the ceiling for payment appropriations of the multian-

---

[1] The negotiations were complicated by the question (in relation to the global ceiling of payment appropriations of the multiannual financial framework for 2014-2020) of the treatment of the payment appropriations of "special instruments" (and above all the Emergency Aid Reserve, the EU Solidarity Fund and the European Globalisation Adjustment Fund), and by the historically high amounts concerned by the adjustment made – on the revenue side – in 2014 to Gross National Income (GNI) and Value Added Tax (VAT) based own resources, in the context of draft amending budget No 6/2014.

[2] In line with Article 315 of the Treaty on the Functioning of the European Union (TFEU), in case of absence of an adopted budget at the beginning of the financial year.

[3] Pursuant to Article 314, paragraph 8 of the TFEU.

[4] By Article 314, paragraph 5 of the TFEU.

[5] The conciliation procedure concerning draft amending budget No 2/2014 (dealing with the budgeting of the balance of 2013), and which was running in parallel, was also a failure.

[6] Pursuant to Article 13 of Council Regulation (EU, Euratom) No 1311/2013 of 2 December 2013 laying down the multiannual financial framework for the years 2014-2020 ("MFF Regulation"; OJ L 347 of 20.12.2013, p. 884-891).

[7] Doc. *EP P8_TA(2015)0263* of 8 July 2015 (Annex II) and *Council 9115/15 FIN 369* of 26 May 2015 (pp. 3-6). The two arms of the budgetary authority committed to agree to such a payment plan in the context of the agreement on the 2015 EU budget.

nual financial framework for 2014-2020 in 2016 compared to the first two years of the financial framework, as well as the various lessons drawn from the complex 2015 budget procedure.

This does not mean that the budget negotiators did not have to face complicated questions in 2015, most notably on how to face the financial and budgetary needs arising from the migration, refugee and security crisis that the European Union had to face.

The budget for 2016, adopted in November 2015 following a successful budgetary conciliation procedure, exhausted an important part of the flexibility elements of the MFF Regulation and of the EU budget. Thus, the 2016 budget does not leave any margin under the ceiling of sub-Heading 1a (Competitiveness for growth and jobs). At the same time, the flexibility instrument[8] was mobilised for its full amount[9] in order to finance additional commitment appropriations in Headings 3 (Security and citizenship) and 4 (Global Europe) of the multiannual financial framework allowing the EU to face the migration and refugee crisis in 2016 (these two headings as well having exhausted their margin under the ceilings).

***2017*: Two in a row**

The *budgetary procedure for 2017* was largely influenced by the negotiations on the mid-term review/revision of the multiannual financial framework for 2014-2020[10], following the various proposals submitted by the Commission in September 2016[11]. These negotiations proved to be difficult, and were not able to lead to an agreement by the end of 2016. Despite this, the two arms of the budgetary authority were able to reach an agreement on the EU budget for the year 2017 during the conciliation procedure, as foreseen by Article 314 of the TFEU. This was an important achievement all the more since never before have two successive budgetary conciliation procedures been successful.

The major issues discussed during the conciliation procedure were questions related to the financing of measures destined to boost growth and jobs, especially among young people, as well as in the area of migration, refugees and (external and internal) security. At the same time, the question of the reduction (by -5 %) of staff in the establishment plans of all EU institutions, bodies and agencies between 2013 and 2017[12] was also a key topic during the interinstitutional budgetary negotiations. In this context, the Council was able to influence, for the first time, the reading by the European Parliament of its own section[13] of the budget of the EU.

---

[8] Provided for by Article 11 of the MFF Regulation.

[9] The Flexibility instrument was mobilised, in the framework of the global deal on the 2016 budget between the European Parliament and the Council, for an all time record amount of 1 530 million euros in commitment appropriations. At the same time, 66,1 million euros in commitment appropriations were mobilised in the context of amending budget No 7/2015 in order to allow the EU to cope with the refugee crisis in 2015 with additional resources.

[10] Pursuant to Article 2 of the MFF Regulation. It has to be underlined that the result of the UK referendum of 23 June 2016 did not affect in any way the conduct of the interinstitutional budgetary negotiations on the 2017 budget, or the content of the budget. The referendum had only one obvious consequence in 2016, the very late presentation by the Commission of the draft budget (draft estimates) for 2017 (on 30 June 2016, i.e. on the last possible date according to Article 314, paragraph 1 of the TFUE).

[11] Doc. *COM(2016) 603 et al.*

[12] In line with Point 27 (dealing with cooperation of the institutions in the budgetary procedure on administrative expenditure) of the Interinstitutional Agreement of 2 December 2013 between the European Parliament, the Council and the Commission on budgetary discipline, on cooperation in budgetary matters and on sound financial management (OJ C 373 of 20.12.2013, p. 5).

[13] I.e. section I of the EU budget, dealing with the administrative expenditure and posts of the European Parliament.

*
* *

Two successful budgetary conciliation procedures in a row (in the context of the 2016 and 2017 EU budget procedures) demonstrate that the budget procedure of the European Union set up by the Lisbon treaty has finally entered into a period of "maturity", after several years of uncertainty marked notably by the European Parliament, Council and Commission striving to "find their marks" under the new rules of the redesigned budget procedure.

At the same time, the problem of the "snowball" of unpaid bills[14], which greatly complicated notably the budget procedures for 2014 and 2015, is for the time being over, the EU facing currently instead a problem of "overbudgeting" of payment appropriations, due above all to a much slower than expected start-up of cohesion and regional policy programmes and projects under the new programming period 2014-2020.

If this situation currently simplifies the conduct of annual EU budget procedures (compared to previous ones), it will certainly lead again to complicated processes at the end of the current multiannual financial framework (when projects and programmes will finally arrive at maturity and thus call heavily on payment appropriations), especially in a situation where the EU would lose one of its Members[15].

This being said, and taking a shorter term view, signs of economic recovery visible in most Member States, after many years of economic downturn and crises, lead us to expect somewhat easier EU budget procedures as a reflection of this in the near future.

---

[14] The amount of unpaid bills concerning the period 2007-2013 reached at the end of 2014 nearly 25 billion euros.

[15] At the time of going to press, negotiations with the United Kingdom about how, and to what extent, her sizeable net contribution to EU revenue could continue after "Brexit day" are still ongoing.

EPAP International Politics publications

Antonio De Chiara	*Multinational Corporations*
Roberto di Quirico (Ed.)	*Europeanisation and Democratisation*
Virgil Hawkins	*The Silence of the UN Security Council*
Jan van der Harst	*The Atlantic Priority*
S. Baroncelli, G. Varvesi	*Europe in Progress*
Xiaojie Xu	*Petro Dragon' s Rise*
Minoru Nakano	*New Japanese Political Economy and Political Reform*
Ryuji Mukae	*Japan' s Refugee Policy: To be of the World*
Hugo Fazio Vengoa	*El arco latino de la Unión Europea*
Aldo Olano	*El Peru del Siglo XX*
Ilkka Saarilahti	*Les procédures budgétaires de l'Union européenne de 2004 à 2008*
Ilkka Saarilahti	*Les procédures budgétaires de l'Union européenne de 2009 à 2011*
Ilkka Saarilahti	*Les procédures budgétaires de l'Union européenne de 2012 à 2014*
Ilkka Saarilahti	*40 Years of EU Budgeting - The Development of the General Budget from 1968 to 2008*
Elena Baracani	*Democratization and Hybrid Regimes. International Anchoring and Domestic Dynamics in European post-Soviet States*
Silvia Niccolai Ilenia Ruggiu	*Dignity in Change Exploring the Constitutional Potential of EU Gender and Anti-Discrimination Law*
Ilkka Saarilahti	*Euroopan Unionin taloushallintojärjestelmän joustavuus*
Elena Baracani, Roberto Di Quirico (Eds)	*Alternatives to Democracy. Non Democratic Regimes and the Limits to Democracy Diffusion in Eurasia*

European Press Academic Publishing (EPAP)
http://www.e-p-a-p.com
http://www.europeanpress.eu
orders@e-p-a-p.com

www.ingramcontent.com/pod-product-compliance
Lightning Source LLC
LaVergne TN
LVHW080803011026
849160LV00015B/1523

* 9 7 8 8 8 8 3 9 8 0 8 3 1 *